Gott und Mensch im Dialog

I

Beihefte zur Zeitschrift für die
alttestamentliche Wissenschaft

Herausgegeben von
John Barton · Reinhard G. Kratz
Choon-Leong Seow · Markus Witte

Band 345/I

Walter de Gruyter · Berlin · New York

Gott und Mensch im Dialog

Festschrift für Otto Kaiser zum
80. Geburtstag

Herausgegeben von
Markus Witte

I

Walter de Gruyter · Berlin · New York

Gedruckt auf säurefreiem Papier,
das die US-ANSI-Norm über Haltbarkeit erfüllt.

ISBN 3-11-018354-4

Bibliografische Information Der Deutschen Bibliothek

Die Deutsche Bibliothek verzeichnet diese Publikation in der Deutschen
Nationalbibliografie; detaillierte bibliografische Daten sind im Internet
über <http://dnb.ddb.de> abrufbar.

»Ich habe die Kritik nicht angefangen; da sie einmal ihr gefährliches Spiel begonnen hatte, so mußte es durchgeführt werden, denn nur das Vollen-
dete in seiner Art ist gut. Der Genius der Menschheit wacht über sein Geschlecht und wird ihm nicht
das Edelste, was es für Menschen giebt, rauben lassen: ein Jeder handle nach Pflicht und Einsicht und
überlasse die Sorge dem Schicksal.«

(*Wilhelm Martin Leberecht de Wette*,
Beiträge zur Einleitung in das Alte Testament,
Zweiter Band, Halle 1807, S.408).

Inhaltsverzeichnis

Band I

III Zu den Büchern der Prophetie

Band II

IV Zum Psalter und zu den Büchern der Weisheit

V Zur Hermeneutik und zur Theologie
des Alten Testaments

Vorwort

Mit dem vorliegenden Sammelband grüßen Freunde, Schüler, Kollegen und Mitarbeiter den Nestor der alttestamentlichen Wissenschaft Herrn Prof. Dr. Dr. h.c. mult. Otto Kaiser (Marburg) aus Anlaß seines 80. Geburtstages.

Der Titel der Festschrift »Gott und Mensch im Dialog« verdankt sich einem wesentlichen exegetischen und hermeneutischen Anliegen des Jubilars, nämlich Grundzüge der Kommunikation zwischen Gott und Mensch im Alten Testament vor dem Hintergrund seiner literatur- und religionsgeschichtlichen Kontexte zu bestimmen und die Bedeutung der alttestamentlichen Rede über, von, mit und durch Gott für die Gegenwart fruchtbar zu machen.

Die Anordnung der folgenden Beiträge orientiert sich wissenschaftsbiographisch an den Eckpunkten des literarischen Werks von Otto Kaiser:

1.) an der Dissertation von 1956/58 über die mythische Bedeutung des Meeres in Ägypten, Ugarit und Israel (^{2}1962) und der Herausgeberschaft der »Texte aus der Umwelt des Alten Testaments« (1985-2001),

2.) an der Einleitung in das Alte Testament (1969, ^{5}1984), dem Kommentar zu Jesaja 1-39 (1960/1973; ^{5}1981/^{3}1983) und den zahlreichen Einzelstudien zu den alttestamentlichen Weisheitsschriften,

und 3.) an der dreibändigen Theologie des Alten Testaments (1993-2003).

An der punktuellen Zusammenstellung einzelner Aufsätze soll etwas von dem dialogischen Charakter deutlich werden, der Otto Kaisers eigene exegetische und editorische Arbeit bis heute kennzeichnet. Der Umfang dieser Festschrift mag auf den ersten Blick erschlagen, doch spiegeln sich in der Vielzahl und der Vielfalt der Beiträge die ungeheuren Impulse, die Otto Kaiser in seiner nunmehr fast fünfzigjährigen wissenschaftlichen Tätigkeit der alttestamentlichen Wissenschaft samt ihren Nachbardisziplinen wie der Altorientalistik, der Vorderasiatischen Archäologie, der Klassischen Philologie und der Philosophie gegeben hat. Daß der Aufsatzband mit den Grußworten des Bischofs der Evangelischen Kirche von Kurhessen und Waldeck und des Kirchenpräsidenten der Evangelischen Kirche in Hessen und Nassau eröffnet wird, entspricht dem Selbstverständnis des Jubilars, gerade als Exeget ein Lehrer der Kirche zu sein.

Als Herausgeber der Festschrift danke ich den Autoren und Autorinnen für ihre Manuskripte. Mein Dank gilt weiterhin den Mitarbeitern und Mitarbeiterinnen am Lehrstuhl für Altes Testament an der Johann Wolfgang Goethe-Universität: zuerst Herrn Dr. Johannes F. Diehl, der in aufopferungsvoller Kleinarbeit die komplizierte Druckvorlage erstellt hat, sodann Frau

Dr. Evangelia Dafni, Frau Miriam von Nordheim, Frau Daniela Opel und Herrn Christian Becker, die mich bei den Korrekturen, der Anfertigung des Registers und der Aktualisierung der Bibliographie unterstützt haben. Weiterhin danke ich dem Verlag *Walter de Gruyter* in Gestalt der Herren Dr. Claus-Jürgen Thornton, der die Festschrift anregte, und Dr. Albrecht Döhnert, der das Werk betreute.

Im Namen meiner Mitherausgeber der *Beihefte zur Zeitschrift für die Alttestamentliche Wissenschaft*, die im Jahr 2003 Otto Kaiser nach zwanzigjähriger Editionsarbeit abgelöst haben und die zu meiner Freude alle in diesem Band vertreten sind, Prof. Dr. Dr. h.c. John Barton (Oxford), Prof. Dr. Reinhard G. Kratz (Göttingen) und Prof. Dr. Choon-Leong Seow (Princeton/NJ), wünsche ich meinem verehrten Lehrer Gottes Segen.

Markus Witte   Frankfurt am Main, im September 2004

Grußworte

1.

Die Evangelische Kirche von Kurhessen-Waldeck gratuliert Prof. Dr. Dr. h.c. mult. Otto Kaiser von Herzen zu seinem 80. Geburtstag. Dies zu tun, ist für sie Freude und Ehre zugleich. Sie dankt dem international geschätzten und geehrten Wissenschaftler der Philipps-Universität Marburg und dem langjährigen akademischen Lehrer. Sie weiß sich aber auch dem Prüfer verbunden, der bis heute angehende Pfarrerinnen und Pfarrer der Landeskirche im Biblicum wie in der Ersten und Zweiten Theologischen Prüfung examiniert. So hat Otto Kaiser mehr als eine Theologengeneration in Kurhessen-Waldeck nachhaltig geprägt.

Bisweilen endet bei Otto Kaiser eine Prüfung mit der Aufforderung an die Examinanden, einen Psalm auswendig vorzutragen – nur nicht den 23. Denn den, so die Überzeugung unseres Jubilars, tragen alle Christen quasi als eiserne Ration des Glaubens stets bei und in sich.

Will man seinerseits Otto Kaiser mit einem Psalmwort charakterisieren, bietet sich Psalm 111,10 an: »Die Furcht des Herrn ist der Weisheit Anfang«, ja sie ist Anfang aller Erkenntnis (Proverbia 1,7). Dies trägt zum einen der Tatsache Rechnung, dass Otto Kaisers letzte Veröffentlichungen schwerpunktmäßig Werke weisheitlicher Literatur, vor allem Jesus Sirach, behandeln. Zum anderen ist der zu Ehrende selber weise zu nennen, indem er, wie es an vielen Stellen seiner opera magna sichtbar wird, die Wirklichkeit der Welt durchdringt, ihre Ordnung und das rechte Verhältnis von *Gott und Mensch* erkennt.

Der stupenden Gelehrsamkeit mit Blick auf das Corpus biblischer Schriften und ihres orientalischen Umfelds steht eine bewundernswürdige Kenntnis der Literatur der griechischen und römischen Antike zur Seite. Otto Kaiser ist deshalb ein Vermittler *»Zwischen Athen und Jerusalem«* zu nennen, um den Titel eines Werkes aus dem Jahr 2003 aufzunehmen. Als Gastprofessor in Pretoria oder in Tartu hat er Brücken zwischen den Welten und Kulturen unserer Zeit geschlagen.

Jerusalem und Athen: Zum Charakteristikum griechischen Denkens gehört die Kritik, also die Gabe der Unterscheidung. In Otto Kaisers Denken ist sie mit der »Gottesfurcht« in besonders glücklicher Weise verbunden. Diese Fähigkeit hat unser Jubilar nach eigenem Bekunden von seinem Vater gelernt, »dessen preußischer Pietismus sich auf eine Formel bringen lässt, dass wir vor dem Herrgott stramm zu stehen haben, unsere Gedanken aber frei sind« (im Nachwort der Trilogie »Der Gott des Alten Testaments«). Solche Freiheit hat Otto Kaiser immer wieder zur Kritik befähigt, jedoch nicht allein in philologischer Beschränkung; sie hat ihn dazu ermutigt, auch Kirche und Theologie den Spiegel kritisch vorzuhalten und hier die Geister zu unterscheiden. Ein Titel wie »Ideologie und Glaube. Eine Gefährdung christlichen Glaubens am alttestamentlichen Beispiel aufgezeigt« belegt dies und steht für viele seiner Veröffentlichungen.

Otto Kaiser versteht sein Wirken bis heute als Dienst an und in der Kirche. Dafür dankt ihm die Evangelische Kirche von Kurhessen-Waldeck, die inzwischen seine Heimatkirche geworden ist. Sie bleibt ihm dauerhaft verbunden. Mit seinem 80. Geburtstag hat der Jubilar nun ein biblisch notorisches Alter erreicht.

Wir wünschen dem Jubilar und großen Jesaja-Exegeten zu diesem Anlass, dass Gott ihm bei guter Gesundheit und Schaffenskraft zu seinen Tagen noch viele weitere Jahre – wären fünfzehn (Jesaja 38,5) vermessen? – hinzulegen möge.

Martin Hein
Bischof
der Evangelischen Kirche
von Kurhessen-Waldeck

2.

Die Evangelische Kirche in Hessen und Nassau dankt Otto Kaiser nicht nur für jahrzehntelange verantwortliche Mitarbeit in ihrem Prüfungsamt, sondern auch für die theologische Prägung, die viele unserer Pfarrerinnen und Pfarrer durch ihn erfahren durften. Seine Einführung in das Alte Testament war und ist Grundlage jeder Examensvorbereitung. Seine Forschungen zu den zwischentestamentlichen Texten haben neue Türen aufgestoßen, die geistigen Umwälzungen dieser Zeit vor Augen geführt und auf manche Analogien zu unserer Zeit aufmerksam gemacht.

Seine Theologie des Alten Testaments ist ein großartiger Versuch, historisches und systematisches Denken als Vollzug des Glaubens zusammenzubringen. Denn wer Otto Kaisers gründliche historische Arbeit als reine Geschichte der Israelitischen Religion verstehen wollte, wäre einem grundsätzlichen Missverständnis verfallen.

Ein glänzender Aufsatz über »Die Schöpfungsmacht des Wortes Gottes« schließt mit einem Hinweis auf Psalm 33,20-23 und charakterisiert das rettende und wirksame Wort Gottes: »Als das Leben rettende, zum wahren und ewigen Leben führende Wort ist es dem schaffenden Urwort gleich, das seither mit wortloser Stimme durch seine Geschöpfe dem seine Herrlichkeit verkündet (Psalm 29,2-4), der an der Grenze der Immanenz als der Endliche vor dem Ewigen und als der Relative vor dem Absoluten das Knie beugt und mit dem Psalmisten, der die Schöpfungsmacht Gottes auf die Formel des ›Denn Er sprach, und es geschah (er gebot, und es stand da!‹) gebracht hat, bekennt und bittet...: Unsere Seele wartet auf den Herrn, unsere Hilfe und Schutz ist Er...«. (Zwischen Athen und Jerusalem, 2003, 165). Schöpfungswort und rettendes Heilswort haben den selben Autor, Gott, dem wir alles verdanken, was wir sind und haben. Denken und Frömmigkeit, Vernunft und Glaube gehören zusammen, auch und gerade weil sie unterschieden werden müssen. Theologische Wissenschaft gehört sowohl in die Alma mater wie in die Kirche. Für all' dies dankt ihm unsere Kirche!

In einer solchen Festschrift sind natürlich auch persönliche Erinnerungen nicht verboten. Unvergesslich sind mir die Vorlesungen zu Genesis und Deuterojesaja, in denen ich als Student 1966 und 1967 die ersten Einblicke in das exegetische Arbeiten machen durfte, faszinierend vorgetragen, lebendig und immer wieder bis zu religionsphilosophischen und theologischen Problemstellungen damals und heute vorangetrieben. Das AT-Proseminar, mit der Einübung exegetischer Methoden war – man darf es sagen – außerordentlich hart. Otto Kaiser hat uns bis an den Rand unserer Fähigkeiten gefordert – und darüber hinaus geführt. Schließlich konnte ich ihn 1969 als harten, aber absolut fairen und freundlichen Prüfer in Darmstadt erleben. So danke ich ihm auch persönlich für Zugänge zu den Grundlagen unseres Glaubens, die er mir eröffnet hat und die Liebe zum Alten Testament, die er in mir geweckt hat.

Dieser Dank verbindet sich mit herzlichen Segenswünschen zum 80. Geburtstag. Was einst Otto Kaiser uns erschloss, soll ihn nun grüßen: »Liebes Kind, lass dich von der Weisheit erreichen von Jugend auf, so wirst du sie gewinnen bis ins hohe Alter!« (Sirach 6,18)

Peter Steinacker
Kirchenpräsident
der Evangelischen Kirche
in Hessen und Nassau

I   Zur Umwelt
und zur Welt des Alten Testaments

»Als eines der interessantesten Ereignisse in der neueren Geschichtswissenschaft darf die *Wieder-entdeckung des Alten Orients* gelten. War früher das Wissen von den alten Völkern, die in Mesopotamien und am Nil, in Syrien und Kleinasien lebten, recht dürftig, so änderte sich das grundlegend, als im 19. Jahrhundert die archäologische Forschung in jenen Gebieten einsetzte und eine Fülle von vorher unbekanntem Material verschiedenster Art zutage förderte [...]. Diese Wiederentdeckung des Alten Orients ließ auch das Alte Testament in ein neues Licht treten.«

(*Ernst Würthwein*
[Professor in Marburg von 1954-1996],
Die Weisheit Ägyptens und das Alte Testament [1958],
in: Ders., Wort und Existenz. Studien zum Alten Testament,
Göttingen 1970, S.197-216, hier: S.197).

Creaturae ad casum
»Geschöpfe für einen besonderen Fall«
Temporärnumina in antiken syro-mesopotamischen Panthea

Manfried Dietrich (Münster)

1. Einleitende Bemerkungen:
Die Erschaffung von Menschen und Numina nach Vorstellungen im antiken Vorderen Orient

Die kultisch-religiösen Texte des antiken Mesopotamiens, die auf die Schöpfung als Einführung der göttlichen Ordnung im Kosmos[1] zu sprechen kommen, postulieren für die Urzeit zwei Phasen: Eine frühere, in der der Kosmos aus einer nicht gegliederten Urmaterie bestand und in der die Hochgötter präexistent in einer u r u - u l - l a »uranfänglichen Stadt« wirkten, und eine spätere, die dadurch eingeleitet wurde, daß der ungegliederte Kosmos in die beiden Ebenen Himmel und Erde aufgeteilt worden ist, zwischen denen alle Dinge ihren Platz haben und sich das Leben abspielt. Da die Texte beide Phasen in einem genetischen Zusammenhang sehen, wird die frühere *Vorwelt* und die spätere *Jetzt-Welt* genannt.[2]

Der Ausdruck u r u - u l - l a »uranfängliche Stadt« für die *Vorwelt* ist sumerisch und wurde in Texten aus der Zeit zwischen Ende des 3. Jt. und Anfang des 2. Jt. verwendet. Sie besagt, daß sich die Träger des zugrundeliegenden Gedankens als Angehörige einer Städtekultur betrachteten und diese als Ausgangspunkt für alle Gegebenheiten ansahen. Sie sei die Basis für die *Jetzt-Welt* und habe diese mitgestaltet.

Die Vorstellungen über die Urzeit verbinden die einschlägigen Texte im Sinne der Emanation des Schöpfergottes mit den beiden wichtigsten Kulturzentren Mesopotamiens[3] – mit Nippur, der Heimat des sumerischen Hochgotts Ellil, und mit Eridu / Babylon, wo die Hochgötter Enki/Ea und Marduk ihren Sitz hatten. Sie vertreten zwei Traditionen, deren Konzepte für den Ursprung der Dinge stark von einander abweichen. Nachfolgend seien diese Konzepte knapp umrissen:

---

1 E. Becker 2001, 42-45.
2 In der älteren Literatur wird die *Vorwelt* normalerweise mit *Embryonale Welt* bezeichnet, siehe u.a. van Dijk 1964-65, 1-59; ders. 1971, 449-452; ders. 1976, 126-133; Dietrich 1984, 155-184, hier bes. 156.
3 Siehe M. Dietrich 1984, 178-182.

– Die Schule von Nippur setzt voraus, daß sich der Kosmos nach der
  Trennung von Himmel und Erde in *autogenetischer Selbstentfaltung*
  weiterentwickelt habe. Eine Größe habe sich ohne Eingriff von außen
  autogenetisch aus einer früheren entfaltet. Dieses Konzept geht also davon
  aus, daß die Kräfte, die bei der Trennung von Himmel und Erde an der
  Schwelle zur *Jetzt-Welt* freigesetzt worden sind, diesen von Anfang an
  innegewohnt hätten und dazu in der Lage gewesen seien, sich eigenge-
  setzlich bis zur aktuellen Welt des Dichters und Denkers weiterzuentwik-
  keln; dazu habe es keines erneuten Eingriffs einer Gottheit bedurft.[4]
– Demgegenüber unterbreiten die Texte der Eridu- und Babylon-Schule eine
  stark abweichende Vorstellung. Beim Umbruch von der *Vorwelt* zur *Jetzt-
  Welt* seien die Hochgötter Enki/Ea und Marduk immer wieder in Aktion
  getreten. Der Schöpfergott habe hier die Weiterentwicklung des Kosmos
  fest in Händen gehalten und alles, was in der aktuellen Welt des Dichters
  und Denkers existiert, sei es Materie oder Leben, durch einen gesonderten
  Schöpfungsakt ins Dasein gerufen. Er habe das ›tadellose‹ Urbild nicht
  nur eingesetzt, sondern ihm auch seinen Aufgabenbereich zugewiesen.
  Nichts sei einem noch so gut funktionierenden, autogenetischen Automa-
  tismus überlassen gewesen.[5]

Es liegt auf der Hand, daß diese beiden im antiken Mesopotamien einander
gegenüberstehenden Konzepte unterschiedliche Ansichten über die Erschaffung des Lebens an der Schwelle von der *Vorwelt* zur *Jetzt-Welt* vertreten.
Dies wird besonders deutlich bei der Menschenschöpfung, dem letzten Akt
der Einführung des Lebens:

– Nach dem Nippur-Konzept steht entsprechend der Erdentfaltungstheorie
  die *Anthropogenese* im Vordergrund: Der Mensch sei hier ein natürliches
  Produkt gewesen; in der Urzeit sei der erste Mensch als Endprodukt der
  Entfaltungsautomatik an einem gottgewollten, heiligen Ort wie eine
  Pflanze aus dem Erdboden herausgewachsen. Diese Vorstellung wird
  deswegen als *Emersio* bezeichnet.[6]
– Nach dem Eridu / Babylon-Konzept bildet dagegen die *Anthropogonie* den
  Mittelpunkt: Der Ursprung des Menschen gehe auf einen speziellen
  Schöpfungsakt, ein göttliches ›Kunstwirken‹ zurück. Der Schöpfergott
  Enki/Ea habe den ersten Menschen geformt, ihm seine Fähigkeiten ange-
  deihen lassen[7] und schließlich der Muttergöttin die Aufgabe erteilt, sein

---

4 Siehe Dietrich 1984, 168-169.
5 Dietrich 1984, 177-178.
6 Pettinato 1971, 39-46; Dietrich 1991, 70.
7 Derart beschenkt, sieht sich der antike Mesopotamier imstande, mit seinem Schöpfer ins
   Gespräch zu kommen, ihn um Erhalt zu bitten oder gar Einsichten in dessen Wege zu
   erhalten. Diese Einstellung findet ihren Ausdruck beispielsweise in der Semantik der
   Wörter *emēqu* »weise sein« (AHw. 213f.) und *emqu* »weise, klug« (AHw. 214; CAD E
   151f.), von denen *šutēmuqu* »inbrünstig flehen« (AHw. 214) abgeleitet ist, oder *nakālu*

Produkt durch Geburt zum Leben zu bringen. Da die Formung des Menschen und die Geburt als komplexer Vorgang betrachtet worden sind, wird diese Vorstellung *Formatio-Gnatio* genannt.[8]

Beide Vorstellungen gehen davon aus, daß das Lebewesen Mensch nach seiner Einsetzung mit der autogenerativen Kraft von Zeugung und Geburt ausgestattet worden sei. Mit der Regeneration hätte der Schöpfer dem Geschöpf die Fähigkeit zu einem gewissermaßen unendlichen Weiterleben verliehen. Bei dem Schöpfungsakt selber handelt es sich also um eine *Creatio continua*, fortlaufende Schöpfung.

Mit den Bildern der *Formatio-Gnatio*-Vorstellung für eine *Creatio continua* beschreiben die kultisch-religiösen Texte Mesopotamiens bemerkenswerterweise nicht nur die Erschaffung des ersten Menschen, sondern auch die von Numina, die der Schöpfergott nicht an der Schwelle von der *Vorwelt* zur *Jetzt-Welt*, sondern im Bedarfsfall zu irgendeinem späteren Zeitpunkt erschaffen und eingesetzt habe. Diese Texte haben also die *Creatio ad casum*,»Schöpfung (von Wesen) für einen besonderen Fall« im Blick. Die *Creaturae ad casum*,»Geschöpfe für einen besonderen Fall«, sind zweckbestimmt und sollten jeweils nur kurzzeitig aktiv sein. Sie waren nicht mit autogenerativer Kraft ausgestattet.

In den folgenden Ausführungen seien die drei bekanntesten Beispiele der *Creaturae ad casum*,»Geschöpfe für einen besonderen Fall«, aus der Literatur der syro-mesopotamischen Mythologie vorgestellt, die *Ṣaltum* – »Zwietracht, Streit«, der *Aṣû-šu-namir* – »Sein Auftritt ist glänzend«, und die *Ša'tiqat* – »Vortreffliche«. Anhand der Texte, die ihre *Creatio ad casum* beschreiben, soll versucht werden, ihren Charakter und ihre Aufgaben zu definieren.

Die Studie sei dem verehrten Jubilar *Otto Kaiser* gewidmet, den ich im Wintersemester 1955/56 anläßlich eines Ugaritisch-Kurses beim Semito-Hamitisten *Otto Rössler* in Tübingen kennengelernt und dessen Fähigkeit, den Bogen der Literatur- und Mythen-Forschung vom Iran bis in die Ägäis zu spannen, ich seither bewundert habe.

Die *Creaturae ad casum* sollen in der oben mitgeteilten Reihenfolge zur Sprache kommen: *Ṣaltum – die babylonische ›Göttin‹ »Zwietracht, Streit«* (Punkt 2), *Aṣû-šu-namir – der babylonische Lustknabe »Sein Auftritt ist glänzend«* (Punkt 3) und *Ša'tiqat – die ugaritische ›Göttin‹ »Vortreffliche«* (Punkt 4). Zusammenfassende Bemerkungen folgen dann in dem Abschnitt

---

»künstlich, kunstvoll sein, werden« (AHw. 717; CAD N/1 155-156) und *nikiltu* »kunstvolle, listige Gestaltung« (AHw. 788; CAD N/2 220-221).

8 Üblicherweise als »*Formatio*« bezeichnet, vgl. Pettinato 1971, 54-56; J. Ebach 1988, 487; Dietrich 1991, 70; da die *Formatio* aber nur einen Teilaspekt des Vorgangs der Anthropogonie beschreibt, sollte er durch den Doppelbegriff *Formatio-Gnatio* ersetzt werden, siehe M. Dietrich 1994, 46.

Aufgaben und Charakter der CREATURAE AD CASUM (Punkt 5) und abschließende in dem Abschnitt *Die* CREATURAE AD CASUM *als Temporärnumina*
(Punkt 6).

2. Ṣaltum – die ›Göttin‹ »Zwietracht, Streit«

2.1. Vorbemerkung

Ein Dichter aus der Zeit des Königs Ḫammurapi von Babylon, des Nestors
der babylonischen Geistigkeit und Literatur im 18./17. Jh. v.Chr., besingt in
einem hochpoetischen und darum sprachlich schwer verständlichen Gesang
die Göttin Ištar unter ihrem Namen *Agušaya* – darum wird der Gesang
»Agušaya-Lied« genannt. Der Göttin Ištar stellt der Dichter in diesem Lied
eine gewisse Ṣaltum (»Zwietracht, Streit«) gegenüber, die geschaffen worden
ist, um ihre Kontrahentin zu sein. Von dem Lied, das die Auseinandersetzung
zwischen den beiden Göttinnen beschreibt, sind zwei bruchstückhafte
Tontafeln auf uns gekommen, die wir mit den Buchstaben A und B auseinan-
derhalten.[9]
Das Agušaya-Lied hat dazu gedient, den göttlichen Ursprung des jährlich
ausgetragenen Sommerfestes zu Ehren der Göttinnen Ištar und Ṣaltum
nachzuweisen. Das Fest fand in der Mitte des babylonischen Jahres, im
Monat Elūlu (ca. Juli/August), in Uruk, der Heimatstadt der Ištar, statt –
dieser Monat war der Festmonat der Ištar und hieß dementsprechend
KIN.ᵈINANNA = *têrti Ištar* »Anweisung der Ištar«, d.h., in ihm hat Ištar das
Sagen – und war, wie das Ende des Liedes hervorhebt, ein Straßenfest nach
Art des Karnevals.[10] In seinem Mittelpunkt standen ausgelassene Frauen, die,
als Männer verkleidet, unter der Führung von Ištar und Ṣaltum Kampfspiele
austrugen.

2.2. Kontext

Text A beginnt mit der Beschreibung der Ištar als einer außerordentlichen
Erscheinung am Götterhimmel:

---

9 Die letzte Edition und eine Diskussion philologischer und inhaltlicher Fragen hat B.R.M.
   Groneberg 1997, 55-93, vorgelegt: Kapitel III, *Ištar* und *Ṣaltum* oder das sogenannte
   »*Agušaya*-Lied«; vgl. auch K. Hecker 1989, 731-740. – Die im folgenden unterbreitete
   Übersetzung weicht in etlichen Punkten wesentlich von den bisherigen Übersetzungen ab
   und wird an anderer Stelle gerechtfertigt.
10 K. Hecker 1989, 739: B VII 19-20: »Sie (die Menschen) mögen auf den Straßen tanzen
   (*li-me-el-lu i-sú-qi-im*) – höre ihr Kreischen!«

[1]Preisen will ich die Größte [2]unter den Göttern, die Sieggewohnte,
[3]die Erstgeborene der Ningal: [4]Ihre Stärke will ich hochpreisen, ihren Namen!
[5]Ištar, die Größte [6]unter den Göttern, die Sieggewohnte,
[7]die Erstgeborene der Ningal, [8]von ihrer Stärke will ich erneut berichten!

Ihre Ausstattung als Himmelskönigin kommt ausführlich in Kol. IV von Text A zur Sprache, gleichzeitig aber auch der Schrecken, den sie mit ihrem unbescheidenen, auftrumpfenden Verhalten in der Welt der Götter verursacht. Die von Ištar, *alias* Agušaya, verbreitete Unruhe dringt schließlich bis zum Schöpfergott Enki/Ea in den Apsû vor; dieser fühlt sich durch die Tochter des Himmelsgottes Anum gestört und ist ihr böse – ein Thema, das auch in der 1. Tafel des *Enūma eliš* ausführlich zur Sprache kommt:

[14]Sie verbreitet mehr Zittern als ein Stier, [15]wenn ihr Schrei in Zorn (erschallt).
[16]In Lumpen ist sie nie aufgetreten, [17](nur) in (vollem) Ornat ist sie ausgezogen.

[18]Bei ihrem Geschrei ist erschrocken [19]der weise Gott Ea.
[20]Er wurde voll des Zorns über sie, [21]Ea grollte ihr.

Als die Götter nach einem Weg suchten, der Ištar jemanden entgegenzusetzen, der sie mit den ihr angeborenen Eigenschaften bändigen könnte (A V 2-13), kamen sie auf den Schöpfergott Ea, der alleine dazu befähigt war, einen Bändiger ins Leben zu rufen:

[18]»Allein für dich ist es passend, [19]dieses zu tun!
Wer sonst könnte [20]etwas   Außergewöhnliches [21]in Gang setzen?«

So begann Ea erneut mit einem Schöpfungswerk, dessen Beschreibung an Formulierungen erinnert, die für die Erschaffung des Menschen nach der *Formatio / Gnatio*-Vorstellung von Eridu und Babylon gebraucht werden:

[22]Er hegte die Worte, die sie ihm entgegneten, [23]der weise Ea.
[24]Lehm krazte mit seinen Fingernägeln [25]siebenmal zusammen,
[26]nahm ihn in seine Hand   (und) buk ihn.
[27]Damit hat die Saltum geschaffen [28]der weise Ea.

[30]Als der Gott Ea loseilte, [31]sich darauf konzentrierte,
[32]schuf er die Saltum [33]zum Streit mit Ištar.

Anschließend folgt die Aufzählung der Eigenschaften von Ṣaltum, die ihre außergewöhnliche Statur hervorhebt und in der Feststellung gipfelt:

[41]Verschlagen ist sie, [42]daß niemand ihr gleicht, (und) ausdauernd.
[43]Ihr Fleisch ist Kriegführen, [44]Streiten ihr Haar.

Die Kol. VI der Tafel A führt nun breit den Auftrag aus, für den Ea sie erschaffen hat: Sie solle losziehen und Ištar bekämpfen; sie brauche keine Angst vor Ištar zu haben, weil er sie mit allen Fähigkeiten ausgestattet habe,

die sie für den Kampf brauche. Sie sei ihr keineswegs unterlegen, eher noch
überlegen:

[38]Sie wird sich auf dich stürzen,   [39](folgendes) Wort wird sie zu dir sagen,
[40]wird dich auffordern:»Mädchen, wohlan!   [41]Tu mir kund deinen Weg!«
[42]Du sei dann wirsch,   [43]beuge dich nicht vor ihr!
[44]Was das Herz beruhigt,   [45]entgegne ihr mit keinem Wort!

[46]Wann könnte sie dir schon etwas wegnehmen,   [47]die du doch ein Geschöpf meiner
Hände bist!
[48]Herrisch sei jeder deiner Sprüche,   [49]und zwar rede vor ihr vollmundig!«

Obwohl die nächstfolgenden Abschnitte teilweise schlecht erhalten sind,
geben sie zu verstehen, daß Ṣaltum ihren Auftrag bravourös erfüllt und Ištar
als gleichwertige Kontrahentin in die Knie gezwungen hat. Dies tritt
besonders klar in der Bitte der Agušaya zutage, die das Lied abschließt – B
VII[11] 1-4:

[1]»Nachdem du ihre Größe festgelegt hast,
[2]Ṣaltum ihr Geschrei   [3]gegen mich ausgeführt hat,
[4]soll sie nun in ihr Loch zurückkehren!«

Diese Aufforderung besagt, daß Ištar, *alias* Agušaya, ihren Übermut im
Kampf mit Ṣaltum abgebaut hat und dankbar ist, wenn Ṣaltum wieder aus der
Welt geschafft wird. Ea stimmt ihr zu:

[7]»Gewiß werde ich, wie du gesagt hast, [8]handeln!
[9]Du ermunterst mich,   [10]du gibst mir Freude, (sie) für dich zu entfernen!«

2.3. Aufgaben und Charakter der Ṣaltum

Aus dem Blickpunkt der *Creatio ad casum* ergibt sich folgendes:
– Ṣaltum,»Zwietracht, Streit«, war ein Pendant zur Kriegs- und Liebesgöt-
 tin Ištar, der Tochter des Himmelsgottes Anum. Sie sollte die übermütige
 Ištar, die Hauptgöttin von Uruk, bändigen, die durch ihr ungestümes
 Verhalten Turbulenzen auf den Straßen von Uruk hervorrief.
– Ṣaltum war ein Geschöpf des Enki/Ea und gehörte damit dem Götterkreis
 von Eridu und Babylon an.
– Ṣaltum wurde nach Erfüllung ihres Auftrags wieder entfernt – das
 jährliche Straßenfest für Ištar erinnert auch an Ṣaltum.
– Ṣaltum war als Kontrahentin der Ištar eine Dame, wie das grammatische
 Geschlecht ihres Namens zu erkennen gibt.

---

11 Entgegen der üblichen Annahme handelt es sich hier nicht um Kol. V, sondern um Kol.
 VII; denn Kol. IV und V sind ganz weggebrochen.

– Ṣaltum hatte einen streitbaren Charakter.
– Ṣaltum wirkte auf die Menschen positiv, weil sie Ištar in ihre Grenzen wies und Uruk wieder zur Ruhe brachte.

3. Aṣû-šu-namir – der assinnu-Lustknabe »Sein Auftritt ist glänzend«

3.1. Vorbemerkung

Der Mythos vom Besuch der Himmelsgöttin Ištar, der Göttin der Liebe und des Kriegs, bei ihrer Kollegin Ereškigal, der Göttin des Todes, in der Unterwelt, die im Sumerischen kur.nu.gi₄.a und im Babylonischen *qaqqar / erṣet lā târi* »Land ohne Rückkehr« heißt, bietet den Rahmen für die *Creatura ad casum* Aṣû-šu-namir. Aṣû-šu-namir wurde erschaffen, um Ištar aus der Unterwelt zu befreien.

Der Mythos gehörte ab dem Beginn des 2. Jt. v.Chr. offenbar zum festen Bestand einer Schul- und Gelehrtenbibliothek Mesopotamiens. Seine Beliebtheit und seine lange Traditionsgeschichte haben zahlreiche, teils besser und teils schlechter erhaltene Exemplare auf uns kommen lassen[12]. In der modernen Literatur trägt der Mythos wegen seines Themas den Titel »Ištars Höllenfahrt«.

3.2. Kontext

Der Mythos beginnt mit folgenden Zeilen[13]:

[1]Zum Kurnugia, dem Land [ohne Wiederkehr,]
[2]wandte Ištar, die Tochter des Sin, ihren Sinn.
[3]Es wandte die Tochter des Sin ihren Sinn
[4]nach dem finsteren Haus, der Wohnstatt von Erkalla,
[5]zum Haus, der, wer es betritt, nicht mehr verläßt,
[6]auf den Weg, dessen Beschreiten ohne Rückkehr ist,
[7]zum Haus, worin, wer es betritt, des Lichtes entbehrt,
[8]wo Staub ihr Hunger, ihre Speise Lehm ist,
[9]das Licht sie nicht sehen, sie in der Finsternis sitzen.

Es ist anzunehmen, daß Ištar durch ihre Aktion die Behauptung widerlegen wollte, daß die Unterwelt ein »Land ohne Wiederkehr« sei. Nachdem sie sieben Tore durchschritten hatte, begegnete sie ihrer Kontrahentin Ereškigal:

---

12 G.G.W. Müller 1994, 760-766; für den Text siehe R. Borger 1979, 95-104.
13 Zitiert nach G.G.W. Müller 1994.

[63]Sobald Ištar zum Kurnugia hinabgestiegen,
[64]erblickte Ereškigal sie und fuhr sie zornig an.

[65]Ištar, unbesonnen, stürzte auf sie zu.

Für den Übermut der Ištar bestrafte sie Ereškigal damit, daß sie ihren Wesir Namtar »Todesgeschick«, beauftragte, sie mit allen nur denkbaren Krankheiten zu belegen. Diese brachten ihr schließlich den Tod. Gleichzeitig erlosch auf Erden bei allen Lebewesen das Liebesverlangen und ihr Wille zur Zeugung. Weil damit eine der Grundregeln des Kosmos, die Autogeneration der Lebewesen, gebrochen war, sanken die Götter in Trauer und wandten sich hilfesuchend an den Schöpfergott Ea. Er sollte entweder einen Ersatz für die verstorbene Ištar erschaffen oder ein Wesen, das Ištar aus der Unterwelt herausholen konnte:

[76]Nachdem Ištar, meine Herrin, [hinabgestiegen zum Kurnugia,]
[77]bespringt nicht mehr der Stier die Kuh, der Esel schwängert die Eselin nicht mehr,
[78]das Mädchen auf der Straße schwängert nicht mehr der Mann,
[79]es liegt der Mann al[lei]n,
[80]es liegt das Mädchen al[lei]n.

[81]Papsukkal, der Wesir der großen Götter, gesenkt ist sein Haupt, sein Gesicht [verdüstert,]
[82]mit einem Trauergewand bekleidet, mit ungekämmtem Haar,
[83]er geht ermattet zu Sin, seinem Vater, er weint,
[84]vor König Ea fließen seine Tränen:

[85]»Ištar stieg in die Erde hinab und ist nicht mehr heraufgekommen.
[86]Seitdem Ištar hinabgestiegen zum Kurnugia,
[87]bespringt nicht mehr der Stier die Kuh, der Esel schwängert die Eselin nicht mehr,
[88]das Mädchen auf der Straße schwängert nicht mehr der Mann,
[89]es liegt der Mann allein,
[90]es liegt das Mädchen allein.«

Ea wählte die Variante, ein Wesen zu erschaffen, das Ištar aus der Unterwelt befreien konnte. Also erschuf er den *assinnu*-Lustknaben *Aṣû-šu-namir*, »Sein Auftritt ist glänzend«. Als *assinnu* war er eine geschlechtneutrale Person, die im antiken Mesopotamien besondere Kultdienste erfüllen konnte:

[91]Ea, in seinem weisen Herz, schuf einen Plan.
[92]Er schuf Aṣû-šu-namir, den Lustknaben (und sprach zu ihm):

[93]»Geh, Aṣû-šu-namir, wende dich dem Tor des Kurnugia zu,
[94]die sieben Tore des Kurnugia sollen geöffnet werden vor dir,
[95]Ereškigal soll dich sehen und sich freuen über deine Anwesenheit!

[96]Nachdem ihr Herz sich beruhigt, ihr Gemüt erheitert,
[97]lasse einen Eid sie schwören auf die großen Götter,
[98]erhebe dein Haupt und richte deinen Sinn auf den Wasserschlauch:

[99]›He, meine Herrin, den Wasserschlauch soll man mir geben! Wasser will ich daraus trinken!‹«

[100]Als Ereškigal das hörte,
[101]schlug sie sich auf den Schenkel, biß sich in den Finger:
[102]»Du hast mich um etwas gebeten, worum man nicht fragt!
[103]Komm, Aṣû-šu-namir! Ich will dich mit einem großen Fluch verdammen!«

Aṣû-šu-namir gelang es tatsächlich, in die Unterwelt bis zur Ereškigal vorzudringen und sie auf ihre oberirdischen und himmlischen Götterkollegen einzuschwören. Nachdem sich ihr Interesse an ihm gelegt hatte, bittet er sie um ein Erfrischungsgetränk. Dieses konnte sie ihm, obwohl die Bitte gegen die Gesetze der Unterwelt verstieß, nach dem Schwur nicht verwehren. Sie war also auf eine List hereingefallen und mußte grollend nachgeben: Als letztes Mittel gegen die Gesetze des Lebens belegte sie *Aṣû-šu-namir* ihrerseits mit einem Fluch. Da aber auch dieser in den Räumen der Unterwelt wirkungslos verscholl, erteilte sie ihrem Wesir Namtar den Auftrag, Ištar mit Wasser zu besprengen und wieder zu Leben zu erwecken:

[109]Ereškigal tat ihren Mund auf zu sprechen,
[110]sie sagte zu Namtar, ihrem Wesir:

[111]»Geh, Namtar, klopf an beim Egalgina,
[112]schmücke die Türschwellen mit Muscheln,
[113]laß die Anunnaki hinausgehen und auf goldenen Thronen sitzen:
[114]Besprenge Ištar mit dem Wasser des Lebens und bringe sie zu mir!«

Ištar konnte nun ihren Rückweg in die Oberwelt antreten und dafür sorgen, daß das Leben hier in den gewohnten Bahnen weiterging.

3.3. Aufgaben und Charakter des Aṣû-šu-namir

Aus dem Blickpunkt der *Creatio ad casum* ergibt sich folgendes:
- Aṣû-šu-namir, »Sein Auftritt ist glänzend«, sollte als ›grenzüberschreitendes‹ Wesen in die Unterwelt vordringen und Ištar auf die Oberwelt zurückholen.
- Aṣû-šu-namir war ein Geschöpf des Enki/Ea und gehörte damit in den Götterkreis von Eridu und Babylon.
- Aṣû-šu-namir ist nach Erfüllung seiner Aufgaben verschwunden, wurde also offenbar wie Ṣaltum wieder entfernt.
- Aṣû-šu-namir war ein geschlechtsneutraler Lustknabe und Kultdiener.
- Aṣû-šu-namir konnte Ereškigal überlisten und verführen.

– Aṣû-šu-namir hat für die Menschen Positives bewirkt, indem er Ištar
wieder aus der Unterwelt herausgeholt und damit das Leben auf Erden
normalisiert hat.

4. Šaʿtiqat – die ›Göttin‹ »Vortreffliche«

4.1. Vorbemerkung

Mit der Heilgöttin Šaʿtiqat, »Vortreffliche«[14], kommt das dritte syro-
mesopotamische Beispiel für eine gut bekannte *Creatura ad casum* zur
Sprache. Die Göttin tritt im ugaritischen Keret-Epos auf und wurde erschaffen, um den todkranken König Keret zu heilen.

Das Keret-Epos, von dem drei Tafeln (KTU 1.14-16) auf uns gekommen
sind, schildert in der poetischen Sprache des 14.-13. Jh. v.Chr. den Leidens-
weg eines – historisch nicht mehr greifbaren – Königs von Ugarit. Obwohl
sich Keret befleißigte, mit Recht und Gerechtigkeit zu regieren, durchschritt
er die unendlichen Tiefen des familiären und persönlichen Leids: Seine
Frauen starben, bevor sie ihm einen Thronerben schenken konnten, er selbst
sah auf dem Krankenbett dem Tod in die Augen. Also ist das Epos über
seinen Lebensweg ein literar- und religionsgeschichtlich einmaliges Beispiel
für einen »gerechten Leidenden«.[15]

4.2. Kontext

Das Keret-Epos scheint aus zwei Episoden zusammengesetzt zu sein, die
vormals literarisch selbständig überliefert waren. Die erste Episode hatte den
Verlust der Frauen des Königs und seinen Zug zur Einholung der nächsten
Frau, Ḫuriya, zum Thema, die ihm schließlich den Thronerben Yaṣṣib
geboren hat (erste und zweite Tafel, KTU 1.14 - 1.15). Mit dieser Episode ist
eine zweite verwoben worden, die sich mit dem Gelübde und seinen Folgen
befaßt, das Keret auf seinem Weg nach Udum vor der Göttin Aṯirat in Tyrus
abgelegt, dieses nach der Geburt des Thronerben aber nicht eingehalten hat.
Die Göttin hat daraufhin das Vergehen mit einer Krankheit geahndet, die den
Gelübdebrecher an den Rand des Todes gebracht hat – mit der Krankheit und
dem nahenden Tod befaßt sich die dritte erhaltene Tafel, KTU 1.16.

Im Mittelpunkt der ersten beiden Kolumnen von KTU 1.16 steht die
Krankheit, die dem König den Tod zu bringen droht. Dabei tritt die Frage

---

14 Oder »Die im Rang Erhöhte«; zur Diskussion über die unterschiedlichen Deutungen des
   Namens siehe J. Tropper 1990, 90-91; ders. 2000, 602; vgl. G. del Olmo Lete / J.
   Sanmartín 2004, 800-801 (DN, healing genie created by the god *il*).
15 M. Dietrich / O. Loretz 1999, 133-164.

auf, wie es El zulassen könne, daß sein Sprößling dahingerafft werde – KTU 1.16 II 48-49:

> »Ach, ist Keret denn kein Sohn Els,
> nicht ein Sprößling des Gütigen und des Heiligen?!«

Wie der schlecht erhaltenen Kol. III zu entnehmen ist, trauere wegen des bevorstehenden Todes des Königs die Natur: die Saat auf dem Feld sei vertrocknet, alle Lebensmittel seien aufgebraucht. Ein letzter Versuch, die Hilfe Els zu beschwören, unterbreitet Kol. IV: Denn es will sich niemand mit dem Tod des Königs abfinden.

Die Wende der Ereignisse führt Kol. V aus. Da El seinen Diener Keret nicht im Stich lassen kann, wendet er sich an den Götterrat und fragt seine Kollegen, ob sich jemand unter ihnen befinde, der bereit sei, die Krankheit Kerets zu heilen – KTU 1.16 V 9b-22:

> [Da rief] [10]der Gütige, El der Gemütvolle:
> »[Wer] [11]von den Göttern [treibt die Krankheit aus,]
> [12]verjagt das Siech[tum?]«
> [Keiner der Götter] [13]antwortete ihm.
>
> Ein zwei[tes Mal, ein drittes Mal] [14]rief er:
> »Wer von den [Göttern treibt] [15]die Krankheit [aus],
> verjag[t das Siechtum?]«
> [16]Keiner der Götter an[wortete ihm].
>
> [Ein viertes Mal], [17]ein fünftes Mal rief er:
> [»Wer von den Göttern] [18]treibt die Krankheit aus,
> ver[jagt das Siechtum?]«
> [19]Keiner der Götter ant[wortete ihm].
>
> Ein sechstes Mal, [20]ein siebtes Mal rief er:
> »[Wer] von den Göttern [21]treibt die Krankheit aus,
> verjagt das Siechtum?«
> [22]Keiner der Götter antwortete ihm.

Angesichts der Hilflosigkeit seiner Götterkollegen sucht El nach einem neuen Weg, die Krankheit zu bändigen: Er erschafft ein Wesen, das die Aufgabe der Heilung übernehmen kann – KTU 1.16 V 23-31a:

> [23]Da antwortete der Gütige, El der Gemütvolle:
> [24]»Kehrt zurück, meine Kinder, zu euren Wohnstätten,
> [25]zu euren fürstlichen Thronen!
>
> Ich selbst [26]werde zaubern und erschaffen,
> [27]erschaffen eine, die austreibt die [Kran]kheit,
> eine, die verjagt [28]das Siechtum!«

Er füllte [seine Han]dfläche mit [29]fester Masse,
[Lehm] kniff er ab [30]wie der Töpf[er].
[Er formte] eine, die [31][Krankheit] beseitigt,
[. . .]
. . .
[37]In der Bru[st der Dame Aṭirat] [38]wurde sie gefor[mt],
[im Herzen Els gebildet.]

Nach Vollendung des heilbringenden Geschöpfes, dem er den Namen
Šaʿtiqat,»Vortreffliche«, gibt, erteilt ihr El den Auftrag, Keret mit der Hilfe
einer magischen Pflanze von seinem Leiden zu befreien – KTU 1.16 V 39 -
VI 2a:

[39][El nahm] den Becher [in die Hand,]
[40]ein Trink[gefäß in seine Rechte:]

[41]»Du Saʿ[tiqat, entferne,]
[42]entferne [die Krankheit K][43]erets,
en[tferne sein Siechtum!]«

[44][Er gab eine] ›Primel‹ [in die Hand,]
[45]in den Mund der Saʿ[tiqat eine Beschwörung:]

[46]»[Gehe in die St]adt,
[47]durch die Stadt [laß deiner Beschwörung freien Lauf,]
[48]es fliege [dein] B[lumenstengel durch die Stadt!]

[49]Die Krank[heit . . .]
[50]das Siech[tum . . .].
. . .

VI
[1]Mot sei jener, der zerschlagen werde,
Šaʿtiqat jene, die [2]überwältige!«

Šaʿtiqat geht los und handelt gemäß ihrem Auftrag. Unter höchster Anstren-
gung wird sie, mit ihrer magischen Pflanze wedelnd, zur Heilerin – KTU
1.16 VI 3-24:

Und Šaʿtiqat ging los.
[3]In das Haus Kerets trat sie ein,
[4]weinend öffnete sie und trat ein,
[5]klagend ging sie ins Innere.

[6]Durch die Stadt ließ sie ihrer Beschwörung freien Lauf,
[7]durch die Stadt ließ sie fliegen den Stengel.

[8]Sie rollte zu einem Stab die ›Primel‹:
Als [9]das Siechtum aus ihm herausgetreten

und über seinem Kopf war,
[10]wusch sie sich wiederholt den Schweiß ab.

[11]Sie öffnete seinen Schlund zum Essen,
[12]seine Gurgel zum Speisen.
[13]Mot war jener, der zerschlagen wurde,
Šaʿtiqat jene, [14]die überwältigte.

Da befahl [15]der elde Keret,
er erhob seine Stimme [16]und rief:
»Höre, oh Dame, [17]Huriya!
Schlachte ein Lamm, [18]denn ich will essen,
eine Köstlichkeit, denn ich will speisen!«

[19]Es gehorchte die Dame Huriya.
[20]Sie schlachtete ein Lamm, und er aß,
[21]eine Köstlichkeit, und er speiste.

Siehe, ein Tag [22]und ein zweiter:
da saß Keret auf seinem Thron,
[23]er saß auf seinem Königsthron,
[24]auf dem Ruhesitz, auf dem Thron der Herrschaft.

Nach der Genesung und einer kräftigen Mahlzeit wendet sich Keret wieder seinen Aufgaben als Regent zu.

Über den Verbleib der Heilerin Šaʿtiqat erfahren wir nichts. Das Epos leitet unmittelbar auf die Episode über, die das oppositionelle Verhalten des Thronerben Yaṣṣib zum Thema hat – dieser hatte während der Erkrankung seines Vaters offenbar schon alle Vorbereitungen für die Übernahme der Regierungsgeschäfte getroffen und war mit dessen Genesung nicht einverstanden.

4.3. Aufgaben und Charakter der Šaʿtiqat

Aus dem Blickpunkt der *Creatio ad casum* ergibt sich folgendes:
- Šaʿtiqat, »Vortreffliche«, sollte mit einer magischen Pflanze durch die Straßen der Stadt Kerets ziehen und den König im Palast von seiner Krankheit befreien.
- Šaʿtiqat war ein Geschöpf des El und gehörte damit formal in den Götterkreis von Eridu und Babylon – die Übergabe des Geschöpfes an die Muttergöttin Aṯirat, die Gattin Els, symbolisiert Geburt und Lebensbeginn (V 37-38).
- Šaʿtiqat ist nach Erfüllung ihrer Aufgaben aus dem Blickfeld des Erzählers verschwunden.

- Ša'tiqat war, wie das grammatische Geschlecht ihres Namens anzeigt, eine Dame.
- Ša'tiqat war eine Magierin, die mit einer Pflanze die Krankheit des Königs besiegt hat.
- Ša'tiqat hat durch ihren Sieg über die Krankheit Kerets Positives für die Menschen bewirkt.

5. Aufgaben und Charaktere der *Creaturae ad casum*
– Zusammenfassende Bemerkungen –

Die syro-mesopotamische Mythologie des 2. Jahrtausends v.Chr. weiß von der Erschaffung von Wesen zu berichten, die der Schöpfergott Enki/Ea und sein ugaritisches Pendant El für besondere Aufgaben nach den Prinzipien der *Formatio / Gnatio*-Vorstellungen erschaffen haben und als *Creaturae ad casum* gelten – Anklänge an die autogenetische *Emersio*-Schöpfung liegen in keinem Fall vor. Nach Erledigung ihrer Aufgaben hatten sie keinen Grund, weiter zu existieren, und wurden darum wieder fallen gelassen: Ṣaltum sollte nach ihrer erfolgreichen Auseinandersetzung mit Ištar »in ihr Loch« zurückkehren, *Aṣû-šu-namir* und Ša'tiqat sind nach dem Geleit der Ištar in die Oberwelt bzw. nach der Heilung des Keret von seiner todbringenden Krankheit vom Erzähler schlichtweg nicht mehr erwähnt worden, als hätte es sie nie gegeben.[16]
Das Geschlecht der *Creaturae ad casum* ist bei Ṣaltum und Ša'tiqat wegen der Femininformen ihrer Namen formal weiblich, bei *Aṣû-šu-namir* dagegen männlich. Da es sich bei *Aṣû-šu-namir* jedoch um einen im Kult tätigen,

---

16 Anklänge an die *Emersio*-Schöpfung könnte man aus der Erschaffung und Bereitstellung der Dämonengruppe der Sibitti für den Kampf des kriegerischen Erra heraushören, die gemäß dem Gedicht *Išum und Erra* von Kabti-ilāni-Marduk (wohl aus dem 8. Jh.) folgendermaßen geschildert wird – zitiert nach G.G.W. Müller 1994, 784:
I.28 Anum, der König der Götter, befruchtete die Erde,
I.29 sieben Götter gebar diese ihm, und Sibitti nannte er sie.
Entsprechend den Bildern der *Emersio*-Vorstellung wachsen die Sibitti hier aus der Erde heraus, sind aber das Ergebnis der Begattung durch Anum, dem Himmelsgott mit Sitz in Uruk, und haben die Erde als ihre leibliche Mutter. Also haben wir es hier mit einer für das 1. Jahrtausend typischen Kontamination von Bildern aus der *Emersio*- und der *Formatio-Gnatio*-Vorstellung zu tun. – Die derart ins Leben gerufene Dämonengruppe der Sibitti erfüllt, wie die nachfolgenden Abschnitte des Gedichtes zeigen, die Aufgaben der *Creaturae ad casum* und sind diesen an die Seite zu stellen: Als aktiver Arm des Himmelsgottes Anum treibt sie den Kriegsgott Erra an und kämpft für ihn; zur zeitlichen Erstreckung ihres Wirkens an der Seite von Erra und ihres Verbleibs nach dem Kampf macht der Text keine Angaben. – Die Frage, ob die Sibitti, wie K. van der Toorn (2003, 73-75) ausführt, zur Dämonisierung ihres Anführers Erra beigetragen haben, sei hier nicht erörtert.

geschlechtsneutralen Lustknaben handelt, darf bei ihm das männliche Geschlecht, mit dem er die Göttin der Unterwelt verführen sollte, nicht überbewertet werden. Entsprechend ist bei Ṣaltum und Šaʿtiqat, bei denen das grammatische Geschlecht ihrer Namen auf Damen schließen läßt, zu bezweifeln, ob es sich bei ihnen tatsächlich um weibliche Wesen gehandelt hat. Sie scheinen vielmehr, wie bei *Aṣû-šu-namir* mit umgekehrten Vorzeichen, geschlechtsindifferente, also neutrische Wesen gewesen sein. Die Klassifizierung der *Creaturae ad casum* als neutrische Wesen, die aus einer *Creatio ad casum* hervorgegangen sind, paßt auf jeden Fall besser zum syromesopotamischen Konzept der Schöpfung, das ihnen keine autogenerative Kraft von Zeugung und Geburt zugedacht hat.

Die Charaktereigenschaften der *Creaturae ad casum*,»Geschöpfe für einen besonderen Fall«, hingen davon ab, zu welchem Anlaß sie erschaffen wurden: Ṣaltum war kriegerisch, weil sie Ištar Paroli bieten sollte, *Aṣû-šu-namir* war ein Lustknabe, weil er Ereškigal mit List für sein Vorhaben gewinnen mußte, und Šaʿtiqat war mit magischen Heilkräften ausgestattet, weil sie die todbringende Krankheit des Königs Keret überwinden mußte.

Auf den Menschen haben sich die Aktionen der *Creaturae ad casum* ausnahmslos positiv ausgewirkt: Ṣaltum brachte Ruhe zurück in die Straßen von Uruk, indem sie der ungestümen Ištar ihre Grenzen aufzeigte, Aṣû-šunamir hat das Liebesleben auf Erden restauriert, weil es ihm gelang, Ištar aus der Unterwelt zu befreien, und Šaʿtiqat hat mit ihrer Heilpflanze den todkranken König Keret am Leben erhalten und geheilt. Diese für den Menschen positiven Aktivitäten der *Creaturae ad casum* beruhen darauf, daß sie durch Enki / Ea und El erschaffen wurden, die als Erschaffer der Menschen auch auf deren Erhaltung und Wohlergehen bedacht waren. Mit der Erschaffung der *Creaturae ad casum* haben sie in unterschiedlichen Fällen einen Weg gefunden, ihr Geschöpf von Lasten zu befreien, die ihm schädliche Kräfte aufgebürdet hatten – hier das übermütige Verhalten der Göttin Ištar, dort die Geißel der Krankheit.

6. Die *Creaturae ad casum* als Temporärnumina

Wie die Aufgaben und Charaktereigenschaften zu erkennen geben, sind die *Creaturae ad casum* Personifizierungen – oder besser Deifizierungen – göttlicher Kräfte, die die Hochgötter Enki/Ea und El anläßlich besonderer Aufgaben erschaffen und zu besonderen Anlässen eingesetzt haben. Die Texte beschreiben sie nach Maßgabe der von ihnen durchgeführten Aufgaben als göttliche Wesen:
– *Ṣaltum* konnte nur dann als Kontrahentin von Ištar auftreten, wenn sie selbst eine Göttin war;

– *Aṣû-šu-namir* konnte nur dann die Grenzen zur Unterwelt passieren und
auf die dort machthabende Göttin Einfluß nehmen, wenn er ein Wesen mit
göttlichen Kräften war;
– *Šaʿtiqat* konnte nur dann bei Keret die Todeskrankheit heilen, wenn sie als
Göttin magische Heilkräfte hatte.

Die *Creaturae ad casum* der sumero-babylonischen und ugaritischen
Mythologie sind erschaffen worden, um einen bestimmten Auftrag auszuführen und danach wieder zu verschwinden. Bei Ṣaltum fordert dies Ištar,
nachdem sie durch Ṣaltum in ihre Grenzen gewiesen worden ist – für Aṣû-šu-
namir und Šaʿtiqat ist dies zwar nicht *expressis verbis* formuliert worden,
kann aber aus dem Kontext erschlossen werden. Also waren diese Wesen
nach Aussage der Texte einmalig und zur Ausführung einer bestimmten
Aufgabe erschaffen worden. Hinsichtlich ihrer Existenzdauer läßt sich daraus
ableiten, daß diese nur kurz war. Denn es ist nicht bezeugt, daß dieses oder
jenes Geschöpf zu einem anderen Zeitpunkt oder an einem anderen Ort ein
zweites Mal in Aktion getreten ist.

Diese Einmaligkeit nimmt wunder, wenn man diese Wesen als Personifizierungen oder Deifizierungen der Kräfte der Schöpfergötter Enki/Ea und El
klassifiziert. Sie gibt allerdings zu verstehen, daß die Einwirkung der
göttlichen Kraft auf eine andere Gottheit oder einen Menschen eine einmalige
und nicht beliebig wiederholbare Konkretisierung dieser Kraft ist. Die
Energie, die dem Wesen bei seiner Erschaffung beigegeben worden ist, ist
auf es zugeschnitten gewesen und nach seinem Einsatz offenbar aufgebraucht. Derlei Gedankengänge legen es nahe, daß die *Creaturae ad casum*
als zweckgebundene Konkretisierungen göttlicher Kräfte nicht für eine neue
Aktivität einsetzbar waren, auch dann nicht, wenn es sich um eine Situation
handelte, die einer früheren zu entsprechen schien. Es ist vielmehr davon
auszugehen, daß der Schöpfergott dann, wenn sich eine Situation ergab, die
mit einer früheren vergleichbar war, für die er schon einmal eine *Creatura ad
casum* erschaffen hatte, zur Bewältigung der neuen wiederum eine solche
erschaffen hätte.

Aus alledem ergibt sich für den Religionshistoriker die Frage, welchem
der sonst aus der alt-vorderorientalischen Mythologie bekannten Wesen die
Creaturae ad casum systematisch zugeordnet werden könnten. Um dieser
Frage nachzugehen, müssen folgende Besonderheiten festgehalten werden,
die auf den ersten Blick einander zu widersprechen scheinen: Die Wesen
agieren mit göttlicher Kraft, sind aber Geschöpfe und haben eine kurzzeitige,
auf einen einzigen Einsatz ausgerichtete Lebensdauer.

Im Hinblick auf ihre Aktivitäten mit göttlicher Kraft lassen sich die
Creaturae ad casum eindeutig an jene Gruppe von Wesen anschließen, die in
der allgemeinen Religionswissenschaft »Zwischenwesen« genannt werden
und zu denen »Geister, Dämonen, Engel, Teufel, Nymphen, Heroen, Kobolde
und ähnliche Gestalten« gehören, »die von der jeweiligen kulturellen Über-

lieferung, in der sie lebendig sind, weder als Menschen noch als Götter aufgefaßt werden«;[17] sie haben die Aufgabe, die »Verbindung zwischen himmlischer und irdischer Welt« herzustellen[18] – G. Ahn definiert sie als »eine Art Zaungänger von Diesseits und Jenseits, als Gratwanderer zwischen Göttern und Menschen, kurz als ›religiöse Grenzgänger‹«.[19]

Das trifft bei einem Vergleich mit den Gegebenheiten in der altägyptischen Mythologie auch auf hier anzutreffende »Zwischenwesen« zu, die D. Kurth in Abgrenzung zu den Göttern »Dämonen« nennt: »*Die Macht beider reicht weiter als die des Menschen, aber: Dämonen sind zweckgebunden handelnde Teilkräfte, die Götter sind jeweils die eine wirkende unergründliche Kraft hinter allem Sein. Konkreteres Denken sucht die hinter den einzelnen Dingen – jeweils – handelnde Kraft und findet Dämonen, Sendboten, Genien, Engel, Schutzengel und Heilige . . .*«.[20] Bei der Beschreibung des Aufgabenbereichs der ägyptischen »Zwischenwesen« nähert sich D. Kurth den *Creaturae ad casum* auffallend stark an, wenn er schreibt, »*daß sie zweckgebunden handelnde Teilkräfte sind, die in Gang gesetzt werden, um eine eng umrissene Aufgabe zu erfüllen*«.[21]

Dasselbe gilt beispielsweise bei einem Vergleich der Tätigkeitsfelder der *Creaturae ad casum* mit dem der »Zwischenwesen« der sumero-babylonischen und ugaritischen Mythologie, zu denen etwa die *sukkallu-*»Boten«-Götter gehören: Unter dem Aspekt der Repräsentanz von Hochgöttern lassen sich die *Creaturae ad casum* ohne Schwierigkeiten mit den *sukkallu-*Göttern zusammensehen, die ihren Hochgott im Götterkollegium und vor dem Menschen nach Art von »Engeln« – etwa im Sinne des biblischen *mal'ak-JHWH* – vertreten.[22] Im Blick auf die Wirkungs- und Lebensdauer ist eine solche Zusammenschau allerdings höchst problematisch. Denn es ist aufgrund des literarischen Befunds kaum vorstellbar, daß »Zwischenwesen«, zumal solche wie die *sukkallu-*Götter, denen wir üblicherweise Unvergänglichkeit zusprechen[23], eine derart begrenzte Aufgabe und eine derart kurze Wirkungs- und Lebensdauer hatten wie die *Creaturae ad casum.*

---

17 B. Lang 2001, 414; vgl. auch F. Winter 2003, 651: »Erscheinungen wie ›Engel‹ und ›Dämonen‹, aber auch ›Geister‹, ›Nymphen‹, ›Kobolde‹, ›Heroen‹ oder ähnliche Gestalten . . . Diese Wesenheiten werden deshalb als *Zwischen*-Wesen bezeichnet, weil sie gleichsam *zwischen* den göttlichen und den menschlichen Bereichen agieren und eine Art Mittel- und Übergangsstand einnehmen . . .«.
18 B. Lang 2001, 420.
19 G. Ahn 1997, 40.
20 D. Kurth 2003, 49.
21 D. Kurth 2003, 54-55.
22 M. Dietrich 1997, 70-72; vgl. S.A. Meier 1999, 46.
23 B. Gladigow 1993, 42: »*Grundsätzlich gilt freilich, daß Götter zwar allen Widrigkeiten des ›Lebens‹ ausgesetzt sein können, letztlich aber nicht sterben; ihre Unsterblichkeit ist der letzte und entscheidende Unterschied zu den Menschen.*«

20 Manfried Dietrich

Von daher empfiehlt es sich, die syro-mesopotamischen *Creaturae ad casum* nicht mit den von der allgemeinen Religionswissenschaft als »Zwischenwesen« bezeichneten Numina, zu denen auch die Dämonen oder die *sukkallu*-»Boten«-Götter gehören, zu verbinden. Stattdessen sollte man sie als eine eigenständige Gruppe von Numina innerhalb des polytheistischen Systems der antiken Syrer und Mesopotamier ansehen, die vom Schöpfergott zweckgebunden erschaffen worden und, mit göttlichen Kräften ausgestattet, nur kurzzeitig aktiv waren. Das rechtfertigt ihre Bezeichnung als *Temporärnumina*.

Bibliographie:

Ahn, G.
1997 Grenzgängerkonzepte in der Religionsgeschichte. Von Engeln, Dämonen, Götterboten und anderen Mittlerwesen, in: G. Ahn / M. Dietrich (Hg)., Engel und Dämonen. Theologische, Anthropologische und Religionsgeschichtliche Aspekte des Guten und Bösen. Akten des 2. Gemeinsamen Symposiums der Theologischen Fakultät der Universität Tartu und der Deutschen Religionsgeschichtlichen Studiengesellschaft am 7. und 8. April 1995 zu Tartu/Estland, FARG 29, 1-48.

AHw.
W. von Soden, Akkadisches Handwörterbuch.

Becker, E.
2001 Art. Schöpfung, HRWG 5, 42-45.

Borger, R.
1979 Babylonisch-assyrische Lesestücke, 2. Aufl., AnOr 54.

CAD
The Assyrian Dictionary.

Dietrich, M.
1984 Die Kosmogonie in Nippur und Eridu, JARG 5, 155-184.
1991 Die Tötung einer Gottheit in der Eridu-Babylon-Mythologie, in: D.R. Daniels, u.a. (Hg.), Ernten, was man sät. FS Klaus Koch, 49-73.
1994 »Wir wollen die Menschheit schaffen!« Der göttliche Ursprung des Menschenwegs nach der sumero-babylonischen Mythologie. Mitteilungen für Anthropologie und Religionsgeschichte 9 , 41-54.
1997 sukkallu – der mesopotamische Götterbote. Eine Studie zur »Angelologie« im Alten Orient, in: G. Ahn / M. Dietrich (Hg.), Engel und Dämonen. Theologische, Anthropologische und Religionsgeschichtliche Aspekte des Guten und Bösen. Akten des 2. Gemeinsamen Symposiums der Theologischen Fakultät der Universität Tartu und der Deutschen Religionsgeschichtlichen Studiengesellschaft am 7. und 8. April 1995 zu Tartu/Estland, FARG 29, 48-74.

Dietrich, M. / Loretz, O.
1999 Keret, der leidende »König der Gerechtigkeit«. Das Wortpaar ṣdq | yšr als Schlüssel zur Dramatik des Keret-Epos (KTU 1.14 I 12-21a), UF 31, 133-164.

Ebach, J.
1988 Art. Anthropogonie / Kosmogonie, HRWG 1, 476-491.

Gladigow, B.
1993 Art. Gottesvorstellungen, HRGW 3, 32-49.

Groneberg, B.R.M.

1997 Lob der Ištar. Gebet und Ritual an die altbabylonische Venusgöttin. Cuneiform Monographs 8.

Hecker, K.

1989 Aus dem Aguschaja-Lied, in: TUAT II,731-740.

Kurth, D.

2003 suum cuique. Zum Verhältnis von Dämonen und Göttern im alten Ägypten, in: A. Lange u.a. (Hg.), Die Dämonen. Die Dämonologie der israelitisch-jüdischen und frühchristlichen Literatur im Kontext ihrer Umwelt, 45-60.

Lang, B.

2001 Art. Zwischenwesen, HRWG 5, 414-440.

Meier, S.A.

1999 Art. Angel I, in: K. van der Toorn (Hg.), Dictionary of Deities and Demons in the Bible, 2. Aufl., 45-50.

Müller, G.G.W.

1994 Ischtars Höllenfahrt, in: TUAT III, 760-766.

1994 Ischum und Erra, in: TUAT III, 781-801.

Olmo Lete, G. del / Sanmartín, J.

2004 A Dictionary of the Ugaritic Language in the Alphabetic Tradition. English Version Edited and Translated by Wilfred G.E. Watson, 2. Aufl., HdO I 67.

Pettinato, G.

1971 Das altorientalische Menschenbild und die sumerischen und akkadischen Schöpfungsmythen, AHAW.PH 1971/1.

Tropper, J.

1990 Der ugaritische Kausativstamm und die Kausativbildungen des Semitischen. Eine morphologisch-semantische Untersuchung zum Š-Stamm und zu den umstrittenen nichtsibilantischen Kausativstämmen des Ugaritischen, Abhandlungen zur Literatur Alt-Syrien-Palästinas 2.

2000 Ugaritische Grammatik, AOAT 271.

Toorn, K. van der

2003 The Theology of Demons in Mesopotamia and Israel. Popular Belief and Scholarly Speculations, in: A. Lange u.a. (Hg.), Die Dämonen. Die Dämonologie der israelitisch-jüdischen und frühchristlichen Literatur im Kontext ihrer Umwelt, 61-83.

Dijk, J. van

1964f. Le motif cosmique dans la pensée sumérienne, Acta Orientalia ediderunt Societates Orientales Danica, Norvegica, Svevica, MO 28, 1-59.

1971 Art. Sumerische Religion, HRG 1, 431-496.

1976 Existe-t-il un »Poème de la Création« sumérien?, in: B.L.Eichler (Hg.), Kramer Anniversary Volume. Cuneiform Studies in Honor of Samuel Noah Kramer, AOAT 25, 125-133.

Winter, F.

2003 Zwischenwesen – Engel, Dämonen, Geister, in: J. Figl (Hg.), Handbuch Religionswissenschaft. Religionen und ihre zentralen Themen, 651-662.

Ständer – Realfunde aus Kāmid el-Lōz und Darstellungen auf altorientalischen Bilddokumenten

Martin Metzger (Kiel)

Im Herbst 1974, vor nunmehr genau 30 Jahren, nahm Otto Kaiser zum zweiten Mal an Ausgrabungen auf dem Tell Kāmid el-Lōz teil. Während er in eisenzeitlichen Schichten arbeitete, grub der Verfasser in den Arealen des mittelbronzezeitlichen Tempelbezirks. Eine Gruppe von Kleinfunden, die in diesem Bereich im Jahr zuvor ausgegraben wurden, sind der Ausgangspunkt dieser Studie, mit der der Verfasser den Jubilar in alter Verbundenheit herzlich grüßt.

1. Einleitung

Bei Ausgrabungen auf dem Tell Kāmid el-Lōz kamen in der Kampagne 1973 im Eingangsbereich zur Hauptcella des mittelbronzezeitlichen Tempelbezirks (Tafel 1) ein vollständig restaurierbarer Ständer aus gebranntem Ton (Abb. 02) und Fragmente von mindestens 17 weiteren Ständern zu Tage (Beispiele: Abb.03-06). Ein weiteres vollständig erhaltenes Exemplar (Abb. 01) wurde im Inneren der Cella C unmittelbar neben einer Feuerstelle gefunden (s. Tempelgrundriß Taf. 1). Sämtliche Ständer lagen auf dem Fußboden und damit in primärer Fundlage. Um der Frage nach der Typologie und der Funktion dieser Ständer nachzugehen, sind vergleichbare Realfunde[1] sowie bildliche Darstellungen von Ständern aus dem Vorderen Orient und aus Ägypten aus der frühen und vor allem aus der mittleren Bronzezeit heranzuziehen. Diese umfangreiche Arbeit würde aber den Rahmen eines Aufsatzes sprengen. Wir müssen uns hier auf Darstellungen von Ständern auf Bilddokumenten der altsumerischen und der akkadischen Zeit beschränken. Realfunde dieser Epochen sowie Bilddokumente der neusumerischen und altbabylonischen Zeit können hier nur am Rande berücksichtigt werden. Real-

---

1 Beispiele für Realfunde von Ständern aus Assur: W. Andrae, Die archaischen Ischtar-Tempel in Assur, 1970, 41-49, Tafel 18-20; aus Tell Chuera: H. Kühne, die Keramik von Tell Chuera, 1976, 90-92, Abb. 298-326 (dort auch Verweise auf Funde von Ständern in anderern Grabungen); aus Byblos: H. Dunand, Fouilles de Byblos, Atlas I, 1937, Taf. 139, Nr. 3924; Atlas II, 1950, Taf. 207, Nr. 14121; aus Hazor: Y. Yadin u.a., Hazor III-IV, Plates, 1961, Pl. 160,24.25; 260,14-17.

funde der mittleren Bronzezeit und syrische Rollsiegelbilder, die im Zusammenhang mit den mittelbronzezeitlichen Ständern aus Kāmid el-Lōz besonders von Belang sind, sowie Bilddokumente und Funde aus Ägypten müssen hier völlig außer Acht bleiben. Die Behandlung von Parallelfunden und bildlichen Darstellungen aus den Bereichen und Epochen, die hier übergangen werden müssen, wäre notwendig, um die Frage nach Typologie und Funktion der Ständer von Kāmid el-Lōz zureichend zu beantworten. Vorliegender Beitrag ist daher lediglich als Vorstudie zu betrachten, die die Vorgeschichte der mittelbronzezeitlichen Ständer von Kāmid el-Lōz skizziert.

Eine Beschreibung von Ständern aus Kāmid el-Lōz erfolgt in Abschnitt 2. Abschnitt 3 befaßt sich mit der Form und der Funktion von Ständern auf altsumerischen und akkadischen Bilddokumenten. Einen Vergleich der Formen von Ständern aus Kāmid el-Lōz mit denen von Ständern auf mesopotamischen Darstellungen sowie vorläufige Schlussfolgerungen im Bezug auf die Funktion der Ständer von Kāmid el-Lōz bietet Abschnitt 4. Ein kurzer Anhang (Abschn. 5) geht auf Bezüge zum Alten Testament, die sich aus den behandelten Bilddokumenten ergeben, ein.

2. Ständer aus dem mittelbronzezeitlichen Tempelbezirk von Tell Kāmid el-Lōz

Die in Kāmid el-Lōz gefundenen Ständer sind sehr niedrig. Die Höhe der vollständig erhaltenen Exemplare beträgt 11 cm (Abb. 2) und 12,25 cm (Abb. 01). Bei den nur fragmentarisch erhaltenen Ständern ist die Höhe nicht mehr sicher zu ermitteln. Das größte erhaltene Fragment (Abb. 04) ist 13,4 cm hoch. Ergänzt man hier das fehlende Unterteil spiegelbildlich zum Oberteil, so ergibt sich eine Gesamthöhe von etwa 18 cm.

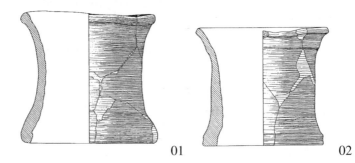

01   02

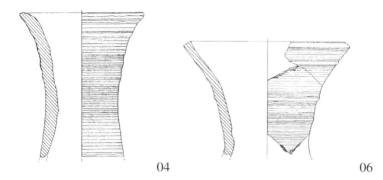

04   06

Die Ständer Abb. 01 und 02 haben keinen geschlossenen Boden sondern sind, wie Ständer aus anderen Grabungen (Beispiele: Abb. 65-76), unten offen. Analog dazu wird man das Gleiche wohl auch für die Ständer Abb. 03-06, von denen nur Fragmente des oberen Teiles erhalten sind, anzunehmen haben. Die Ständer Abb. 01-06 unterscheiden sich voneinander in den Proportionen von Breite zu Höhe sowie hinsichtlich der Führung der Wandungen und in unterschiedlicher Formgebung von Ober- und Unterteil. Bei den Ständern auf Abb. 01.02.04 und 06 ist die Wandung konkav geführt. Die engste Stelle der Einziehung liegt bei Abb. 01 und 02 in der Mitte des Körpers. Das ist wahrscheinlich auch für die Ständer auf Abb. 04 und 06 anzunehmen, läßt sich jedoch nicht nachweisen, da das Unterteil nur fragmentarisch (Abb. 04) oder nur ansatzweise (Abb. 06) erhalten ist. Der Ständer Abb. 01 hat am oberen Rand den gleichen Durchmesser wie am unteren (je 11,45 cm), bei Abb. 02 ist der Durchmesser des unteren Randes geringfügig kleiner als der des oberen (Durchmesser des oberen Randes: 12,4 cm, des unteren Randes: 11,45 cm). Bei den Ständern Abb. 01, 02, 04 und 06 ist die Wandung konkav eingezogen. Die Einziehung ist bei Abb. 01 und 02 nur geringfügig. Bei den Ständern Abb. 04 und 06 sind die Einziehungen enger als bei denen auf Abb. 01 und 02. Das Verhältnis zwischen dem Durchmesser an der engsten Stelle der Einziehung und dem am oberen Rand beträgt bei Abb. 01 1:1,32, bei Abb. 02 1:1,30, hingegen bei Abb. 04 1:1,73 und bei Abb. 06 1:1,96. Der Ständer Abb. 04 wirkt daher schlanker als die gedrungen Ständer auf Abb. 01 und 02. Beim Ständer Abb. 06 läd der obere Rand am weitesten aus.

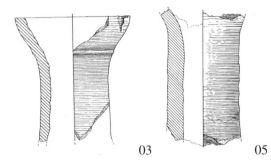

03   05

Im Unterschied zu den Ständern Abb. 01.02.04.06, bei denen die engste Stelle der Einziehung sicher (Abb. 01.02) oder wahrscheinlich (Abb. 04.06) in der Mitte der Wandung liegt, ist das bei den Ständern Abb. 03 und 05 nicht der Fall. Hier liegt die engste Stelle der Einziehung sehr viel höher, nämlich unweit des oberen Randes. Während bei den Ständern Abb. 01.02.04.06 der Bereich oberhalb der engsten Stelle der Einziehung konkav auslädt, schweift er beim Ständer Abb. 03 konvex aus. Der Bereich unterhalb der Einziehung erweitert sich nach unten hin nur geringfügig und ist fast röhrenförmig gestaltet. Vom Ständer Abb. 05 sind nur ein Teil des Schaftes und der Ansatz zum Oberteil erhalten. Der Schaft hat hier zylindrische Form, das Oberteil wird man sich ähnlich vorzustellen haben wie bei Abb. 03.

Es lassen sich somit bei den Ständern von Kāmid el-Lōz zwei Grundtypen, die wiederum in Untertypen zu untergliedern sind, unterscheiden:

1) Ständer mit konkav geführter Wandung (Abb. 01.02.04.06). Die engste Stelle der Einziehung liegt in der Mitte des Körpers, Ober- und Unterteil stehen spiegelsymmetrisch zueinander, so bei Abb. 01 und 02, wahrscheinlich auch bei Abb. 04 und 06.
1a) Die Einziehung des Körpers ist geringfügig, die Ständer wirken gedrungen (Abb. 01.02).
1b) Die Einziehung ist enger als bei Typ 1a (Abb. 04.06). Das Oberteil (und wahrscheinlich auch das Unterteil) lädt weiter aus als bei 1a.
2) Die engste Stelle der Einziehung liegt nicht in der Mitte, sondern im oberen Teil des Körpers, unweit des oberen Randes (Abb. 03.05). Der Bereich oberhalb der engsten Stelle des Körpers schwingt konvex aus.
2a) Der Körper unterhalb der Engstelle erweitert sich nach unten hin nur geringfügig (Abb. 03).
2b) Der Körper ist zylinderförmig gestaltet, die Wandung gerade geführt (Abb. 05).

In den folgenden Abschnitten ist der Form und der Funktion von Ständern auf Bilddokumenten der altsumerischen und der akkadischen Zeit nachzugehen, um Formvergleiche mit den Ständern von Kāmid el-Lōz anzustellen und um Anhaltspunkte für deren Funktion zu gewinnen.

3. Ständer auf vorderorientalischen Bilddokumenten aus altsumerischer und akkadischer Zeit

3.1. Altsumerische Zeit

3.1.1. Mesilim-Zeit (»Frühdynastisch II«)
Auf einem Mesilim-zeitlichen Weihplattenrelief (Abb. 07) aus Nippur (Nuffar) ist im Rahmen einer Trinkszene ein Ständer dargestellt. Seine Wandung ist konkav eingezogen, das Ober- und das Unterteil gehen trichterförmig auseinander und sind spiegelbildlich zueinander gestaltet. Das Ober- und das Unterteil weisen Durchbrechungen in Form von Dreiecken auf. Der Ständer dient als Untersatz für ein bauchiges Trinkgefäß, aus dem zwei sitzende Personen mit einem Saugrohr trinken.

Durchbrechungen der Wandung in Form von Dreiecken sind bei Realfunden von Ständern belegt, z.B. aus den archaischen Ischtartempeln Schicht H/G aus Assur aus dem Beginn des 3. Jahrtausends (Abb. 66.67.69)[2] sowie aus dem Steinbau I von Tell Chuéra aus der Mesilim Zeit (Abb. 74).

3.1.2. Die Zeit der Ersten Dynastie von Ur (»Frühdynastisch III«)
Auf Weihplattenreliefs aus der Zeit der 1. Dynastie von Ur (»Frühdynastisch III«) aus Girsu (Tello) (Abb. 08), aus Ur (Abb. 09) sowie auf der »Geierstele« aus Girsu (Tello) (Abb. 12) sind Ständer gleicher Formgebung dargestellt. Die Wandung des Ständers ist geringfügig konkav eingezogen, das Oberteil schwingt weiter aus als das untere, das sich nach unten hin nur geringfügig verjüngt.

Die Ständer auf zwei Rollsiegelbildern der Ur I Zeit (Abb. 10ab.11) weisen andere Formen auf als die auf den Reliefs (Abb. 08.09.12). Die Wandungen sind geringfügig eingezogen, Ober- und Unterteil sind spiegelbildlich zueinander ausgeformt.

Auf der Weihtafel von Tello (Abb. 08) und auf der Geierstele (Abb. 12) wachsen aus dem Ständer Zweige mit lanzettförmigen Blättern, beim Ständer auf dem unteren Fries der Weihplatte von Ur (Abb. 09) ist ein Zweig mit Blättern angedeutet. Die Zweige, die aus den Ständern auf den Rollsiegeln Abb. 10 und Abb. 11 wachsen, ähneln Palmblättern.

An den Seiten des Ständers auf Abb. 08 hängen Zweige mit Dattelrispen herab. Es ist nicht sicher zu entscheiden, ob beim Ständer auf der »Geier-

---

2 Weitere Beispiele: W. Andrae, Die archaischen Ischtar-Tempel in Assur, 1970, 48, Abb. 24.25; Taf. 19, Abb. 43.48, Taf. 20, Abb. h.

stele« (Abb. 12) an den Seiten Kornähren oder stilisierte Dattelrispen herabhängen. Bei den seitlich herabhängenden Elementen der Ständer auf der
Weihplatte von Ur (Abb. 09, deutlich sichtbar auf dem unteren, abgeschliffen
auf dem oberen Fries) handelt es sich möglicherweise ebenfalls um stilisierte
Dattelrispen, wahrscheinlicher aber um Bänder oder Perlenketten. Letztere
Vermutung wird gestützt durch den Ständer auf Abb 11, über den offenbar
eine Perlenkette gelegt ist, die an den Seiten des Ständers herabhängt und
links in einer Schlaufe endigt, ähnlich den Schlaufen auf Abb. 09.
Auf den Reliefbildern Abb. 08.09.12 sowie auf dem Rollsiegelbild Abb.
11 erscheint der Ständer jeweils im Rahmen einer Libationsszene. Ein Adorant – auf Abb. 08.09 nackt – gießt aus einem Gefäß mit langer seitlicher
Ausgußtülle Flüssigkeit in den Ständer, aus dem Zweige wachsen. Auf der
Weihplatte von Tello (Abb.08) erfolgt die Libation vor einer Göttin auf einem Bergthron, aus deren Krone Zweige (Kornähren?) und aus deren Rücken
Zweige mit Blüten oder Knospen wachsen. Nach U. Moortgat-Correns handelt es sich um die Göttin Ninchursag[3]. Die Libation auf dem oberen Fries
der Weihtafel aus Ur (Abb. 09) geschieht vor einem thronenden Gott. Auf
dem unteren Fries ist die Libation neben dem Tor eines Tempels dargestellt.
Es hat den Anschein, als erfolge die Libation außerhalb des Heiligtums vor
dem Betreten des Tempels. Es ist aber wahrscheinlicher, dass sich die Szene,
die auf dem Bild *neben* dem Tempeltor dargestellt ist, nur scheinbar *vor* dem
Gebäude, in der Realität jedoch *innerhalb* des Heiligtums abspielte und nur
aus Raumgründen und aus Gründen der Darstellbarkeit neben dem Tempeltor
wiedergegeben ist. Auf der Geierstele (Abb. 12) wird die Libation im Rahmen einer Bestattungsszene vollzogen. Links liegen Reihen von Gefallenen.
Korbträger bringen Erde, offenbar zur Bestattung der Verstorbenen.
Die Zweige und die Dattelrispen, die aus den Libationsständern wachsen,
lassen darauf schließen, dass das Trankopfer im Zusammenhang mit der Vegetation steht und zu deren Belebung dient. Auf der Weihtafel von Tello
(Abb. 08) erfolgt die Libation vor einer Göttin auf einem Bergthron, aus deren Rücken Zweige wachsen und deren Krone mit Kornähren oder Zweigen
bestückt ist. Dadurch wird sie als Vegetationsgöttin gekennzeichnet. Auch
der Bergthron ist charakteristisch für Vegetationsgottheiten[4]. Die Libation
dient hier nicht nur zur Belebung der Vegetation, sie wendet darüber hinaus
auch der Berg- und Vegetationsgöttin Kräfte zu. Im Rahmen der Bestattungs-

---

3   U. Moortgat-Correns, La Mesopotamia, Storia universale dell'Arte, 1989, 102, Legende
    zu Abb. 3 (hier: Abb. 08).
4   Zur Verbindung von Berg und Vegetation sowie zur Beziehung der Göttin auf dem Berg-
    thron auf der Weihplatte von Tello (Abb.08) zu der Vegetations- und Fruchtbarkeitsgöttin
    auf einem Gefäßfragment des Entemena von Lagasch (Moortgat, Kunst, Abb. 115; ANEP
    505) vgl. M. Metzger, Gottheit, Berg und Vegetation in vorderorientalischer Bildtradi-
    tion, ZDPV 99 (1983), 54-94, insbes. 59f.

szene auf der »Geierstele« (Abb. 12) dient die Libation möglicherweise zur Vermittlung von Leben, der Zuwendung von Lebenskräften.

Auf dem Rollsiegel Abb. 10ab wird zwar nicht der Vollzug einer Libation dargestellt. Unterhalb des Ständers ist jedoch eine Libationsvase abgebildet. Durch die Kombination des Ständers, aus dem Zweige wachsen, mit einer Libationsvase ist jedoch die Libation signalisiert.

Auf der »Geierstele« (Abb. 12) liegt unmittelbar vor den beiden Libations-ständern ein gefesseltes Rind auf dem Rücken, links neben den Ständern sind sechs weitere auf dem Rücken liegende, gefesselte Rinder abgebildet. Sie sind entweder bereits als Opfertiere geschlachtet oder sind zur Schlachtung und Opferung vorgesehen. Tieropfer und Libation sind hier miteinander ver-bunden. Das ist auch auf der Weihplatte von Ur (Abb. 09) und auf dem Roll-siegel Abb. 10ab der Fall. Auf dem unteren Fries der Weihplatte trägt die mittlere der drei Personen, die hinter dem Libierenden stehen, ein junges Schaf auf dem Arm. Auf dem Rollsiegelbild bringt der Adorant, der vor dem Libationsaltar steht, der thronenden Göttin eine junge Ziege als Opfergabe dar.

3.2. Die Akkad-Zeit

3.2.1. Die Höhe der Ständer
Wenn auch damit gerechnet werden muß, dass auf Rollsiegelbildern die Pro-portionen nicht immer adäquat wiedergegeben sind, so gibt der Bildzusam-menhang dennoch gewisse Anhaltspunkte für die Höhe von Ständern, wenn man sie mit der Größe der im Bildkontext dargestellten Personen vergleicht. Folgende Varianten sind zu verzeichnen.
– Der Ständer ist niedriger als die Kniehöhe sitzender Personen (Abb. 13.32.33.35.40.42.43.45.47).
– Der Ständer reicht bis zur Höhe der Knie sitzender Personen (Abb. 22.34.37.39.41.46.48).
– Der Ständer ist geringfügig höher als die Kniehöhe sitzender Personen (Abb. 20.21.25.44).
– Der Ständer reicht bis zur Höhe der Schulter sitzender Personen (Abb. 24.26.27.29.30.31.38).

3.2.2. Die Form der Ständer
Auf einer Weihplatte aus Nippur aus frühakkadischer Zeit (Abb. 13), auf der Scheibe der Encheduanna (Abb. 14) und auf dem Rollsiegel Abb. 17 kehren Formelemente wieder, die für Ständer der Ur I Zeit (vergl. Abb. 07-10) cha-rakteristisch sind: Die Wandung ist geringfügig konkav eingezogen, der Ständer lädt am oberen Rand weiter aus als am unteren; der Schaft verläuft fast zylinderförmig.

Im Übrigen unterscheiden sich die Ständer auf Bilddokumenten der Akkad Zeit voneinander hinsichtlich der Stärke der Einziehung (geringfügig, eng, sehr scharf), im Blick auf die Position der engsten Stelle der Einziehung (in der Mitte der Wandung oder weiter oberhalb), im Verhältnis von der Weite der Ausladung an den Rändern zur Höhe des Ständers und im Verhältnis der Weite der Ausladung am oberen zu der am unteren Rand. Folgende Formgruppen lassen sich unterscheiden:

Formgruppe 1: Die Wandung ist nur geringfügig konkav eingezogen (Abb. 10-30).

Formgruppe 1a

17   18 – Hierzu auch Abb. 13.14.

Der Ständer lädt am oberen Rand beträchtlich weiter aus als am unteren. Der Bereich unterhalb der engsten Stelle der Einziehung erweitert sich nur geringfügig nach unten und ist fast zylindrisch gestaltet (Abb. 13.14.17.18). Diese Form begegnet bereits in der Ur I Zeit (Abb. 07-10). Auf dem Ständer Abb. 18 verbreitert sich der Bereich unterhalb der Einziehung stärker als bei den Ständern auf Abb. 13.14.17. Der obere und der untere Rand sind mit einer wulstartigen Lippe versehen. Als Beispiele für Ständer mit wulstartiger Lippe am unteren Rand vgl. die Realfunde aus Assur Abb. 68-69 und aus Tell Ḥuēra Abb. 71.72.75.

Formgruppe 1b

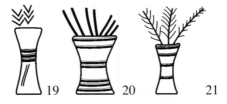

19   20   21

Die Ausladung am oberen Rand ist nur geringfügig weiter als am unteren (Abb. 19-21). Die engste Stelle der Einziehung lieg bei Abb. 20.21 etwa in der Mitte des Bauches, bei Abb. 19 etwas höher.

Formgruppe 1c

Die Wandung ist geringfügig konkav eingezogen. Die engste Stelle liegt etwa in der Mitte. Ober- und Unterteil laden gleich weit aus. Das Verhältnis von der Breite der Ausladung am oberen und am unteren Rand zur Höhe des Ständers fällt stärker zugunsten der Höhe aus, als das bei den Ständern anderer Formgruppen der Fall ist (Abb. 22-30). Diese Form kommt bereits bei dem Ur I – zeitlichen Rollsiegel Abb. 10 vor. Ständer dieses Typs sind recht hoch. Auf den Rollsiegeldarstellungen reichen sie höher als die Knie sitzender Personen. Sie kommen nur im Zusammenhang mit dem Schlangengott vor, dessen mäanderförmig gewundener, schlangenförmiger Unterkörper als Thronsitz dient.

Formgruppe 2

Wie auf Abb. 22-30, so laden auch auf Abb. 29.32-40 Ober- und Unterteil gleich weit aus, die Einziehung liegt ebenfalls in der Mitte, ist aber enger. Ober- und Unterteil sind spiegelsymmetrisch zueinander gestellt. Ständer dieser Art sind in der Regel niedriger als die der Formgruppe 1c. Sie reichen bis zur Kniehöhe einer sitzenden Person (Abb. 32.34.35.37.39) oder sind niedriger (Abb. 33.35.40), nur selten höher (Abb. 38).

Formgruppe 3
    Ständer mit sehr scharfem Einzug (Abb. 16.41-46). Ständer dieser Form-gruppe reichen bis zu den Knien von Personen (Abb.42.46.48), sind niedriger (Abb. 43.45) oder höher (Abb. 41.44).

Formgruppe 3a

Die Einziehung liegt in der Mitte. Ober- und Unterteil laden trichterförmig gleich weit aus und stehen spiegelsymmetrisch zueinander (Abb. 41.42.44). Der Ständer ist der Form einer Sanduhr vergleichbar.

Formgruppe 3b

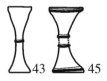

Die enge Einziehung liegt, wie bei der Untergruppe 3a, in der Mitte, das Oberteil lädt jedoch weiter aus als das untere (Abb. 43.45).

Formgruppe 3c

Die Einziehung liegt nicht in der Mitte, sondern weiter oben, der obere Rand lädt geringfügig weiter aus als der untere (Abb. 16.46).

Formgruppe 4

Der hohe Schaft verjüngt sich kontinuierlich von unten nach oben. Das Oberteil, das unmittelbar oberhalb der engsten Stelle des Schaftes ansetzt, schwingt weit aus und ist schalenartig gestaltet (Abb. 48). Den Schaft wird man sich ähnlich vorzustellen haben wie bei den hohen, schlanken Ständern der Realfunde von Assur (Abb. 65.66), bei denen der Bereich oberhalb des Schaftes allerdings nur wenig ausschwingt. Sehr wahrscheinlich wurden auf die Ständer von Assur Schalen aufgesetzt. Es muß offen bleiben, ob bei dem Ständer auf Abb. 48 das schalenförmige Oberteil mit dem Schaft fest verbunden und aus ihm heraus geformt war, oder ob das trompetenförmige Unterteil – analog zu den Ständern Abb. 65.66 aus Assur – als separater Ständer anzusehen ist, auf den eine Schale aufgesetzt war. Falls das zuträfe, müsste die Schale durchbohrt oder siebartig durchlöchert sein, da der Ständer auf Abb. 48 als Libationsaltar dient.

Formgruppe 5

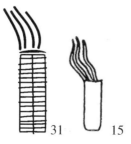

Nur selten ist der gesamte Ständer zylinderförmig, ohne Ausladungen am oberen oder unteren Rand, gestaltet (Abb. 15.31). Auf Abb. 15 scheint der Ständer unten geschlossen zu sein. Es ist jedoch nicht sicher, ob die Nachzeichnung des verschollenen Originals korrekt ist. Diese Formgruppe ist wahrscheinlich eine Weiterbildung der Formgruppe 1c: An die Stelle der nur geringfügigen Einziehung der Wandung, die für Ständer der Formgruppe 1c charakteristisch ist, tritt eine geradlinige Führung der Wandung. Vergl. hierzu auch die Ständer Abb. 27.28 der Formgruppe 1c sowie den Realfund eines Ständers aus Tell Ḫuēra (Abb. 76), bei denen der mittlere Bereich des Körpers zylindrische Form hat.

Häufig sind auf Rollsiegelbildern die Wandungen von Ständern mit Horizontalstrichen versehen. Damit sollen sehr wahrscheinlich Zierleisten oder Zierwülste wiedergegeben werden. Folgende Spielarten kommen vor:
    a) Ständer ohne Zierleisten (Abb. 16.22.24.34.40.48).

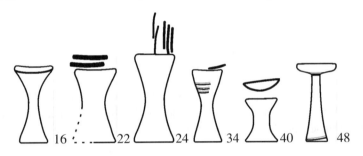

    b) Einfacher Wulst an der engsten Stelle des Einzugs (Abb. 41.42.43.46).

    c) Doppelter Wulst an der engsten Stelle des Einzugs (Abb. 44).

d) Dreifacher Wulst an der engsten Stelle des Einzugs (Abb. 19).

e) Zwei Wülste im oberen, zwei im unteren Bereich (Abb. 37).

f) Einfacher Wulst beiderseits der Mitte sowie im Ober- und im Unterteil (Abb. 23).

g) Je zwei Wülste in der Mitte sowie am oberen und am unteren Rand (Abb. 26.28.39.45).

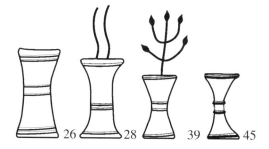

h) Einfacher Wulst am oberen und am unteren Rand, je zwei Wülste am Ansatz der Ausladung im oberen und im unteren Bereich der Wandung (Abb. 27).

27

i) Je zwei Wülste am oberen Rand, in der Mitte und im unteren Bereich (Abb. 38).

38

j) Einfacher Wulst unterhalb des oberen Randes, im oberen Bereich, in der Mitte und im unteren Bereich (Abb. 21).

21

k) Je zwei Wülste unterhalb des oberen Randes und in der Mitte, drei Wülste im unteren Bereich (Abb. 20).

20

l) Je zwei Wülste am oberen und am unteren Rand, drei Wülste in der Mitte (Abb. 18.32).

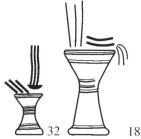

m) Der Ständer ist durchweg, von unten nach oben, mit Wülsten, Riffelung oder Riefen versehen (Abb. 24.25.29.30.31).

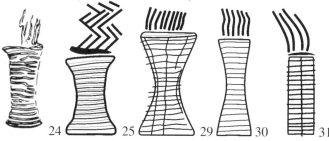

Diese Form kommt nur im Zusammenhang von Szenen mit dem Schlangengott, dessen mäanderförmig gewundener Unterköper als Thronsitz dient, bei hohen Ständern mit nur geringfügiger Einziehung vor (Abb. 24.25.29.30.31). Bei den Ständern Abb. 29.31 verlaufen – zusätzlich zu den Horizontalstrichen – Linien vom oberen zum unteren Rand parallel zur Linienführung der Wandung. Es hat den Anschein, als bestehe der Ständer aus einem Korbgeflecht oder als wolle die Verzierung die Struktur eines Korbgeflechtes nachahmen. Das lässt vielleicht darauf schließen, dass Ständer dieses Typs ursprünglich einmal korbartig aus Schilf o.ä. geflochten waren.

Verzierungen durch Wülste sind bei Realfunden von Ständern belegt, so z.B. bei Ständern aus den Ischtartempeln von Assur, Schicht G, Anfang 3. Jtsd. (Beispiele: Abb.65-67.69).[5] Die Wülste haben hier zumeist die Form von Schnur- oder Wellenbändern.

3.2.3. Funktion von Ständern
3.2.3.1. Libationsaltäre
Auf altsumerischen Bilddokumention fungieren Ständer häufig als Libationsaltäre (Abb. 08-12). Das ist in einigen Fällen auch auf akkadischen Bilddokumenten der Fall (Abb. 14.17.42.43.47.48). Ein Reliefbild auf der Scheibe

---

5 Weitere Beispiele: Andrae, Ischtar-Tempel, Taf. 18-20.

der Encheduanna, der Tochter Sargons (Abb. 14), stellt laut Inschrift[6] eine
Zeremonie im Rahmen der Stiftung eines Altars durch Encheduanna dar. Der
vierstufige zikkuratartige Altar ist für den Gott An im Tempel der Göttin
Inana-za-za in Ur bestimmt. Die Bezeichnung des Altars als »Tisch des An«
läßt darauf schließen, dass der Altar als Tisch zur Ablage von Gaben zur
Speisung der Gottheit und zu Kultmahlzeiten mit der Gottheit bestimmt wa-
ren. Vor dem Altar erfolgt eine Libation in einen Ständer, der die Form von
Libationsständern der Ur I Zeit (vergl. Abb. 08.09.12) hat. Dem Priester, der
die Libation vollzieht, folgt eine Priesterin im Falbelgewand, wahrscheinlich
Encheduanna selbst, begleitet von zwei Dienerinnen. Die zweite trägt einen
Eimer, vielleicht mit Flüssigkeit für die Libation gefüllt.
     Auf Abb. 43 und 47 erfolgt eine Libation vor Ischtar, auf Abb. 43 in einen
sanduhrförmigen Ständer mit sehr engem, auf Abb. 47 mit weniger engem
Einzug.
     Abb 48 stellt eine ähnliche Szene vor einem thronenden Gott dar. Auf den
Libationsdarstellungen Abb. 14.43.48 erscheint außer der libierenden Prieste-
rin eine Dienerin mit einem Eimer in der Hand, wahrscheinlich gefüllt mit
Flüssigkeit zum Füllen oder Nachfüllen des Libationsgefäßes.

3.2.3.2. Ständer als Deposit- und Speisentisch
In einigen Fällen dient der Ständer als Deposittisch für Weihgaben und / oder
als Speisentisch für Kultmahlzeiten (Abb. 22.34.35.42.40.44.46).

---

6 Die Inschrift auf der Rückseite der runden Scheibe, die vielleicht ein Symbol des
   Mondgottes Nanna ist, lautet:»Encheduanna, wahre Frau von Nanna, Gattin von Nanna,
   Tochter von Sargon, König von Kisch, im Tempel von Innana-za-za in Ur, hat einen Altar errichtet und hat ihm den Namen gegeben: Altar, Tisch des An« (nach PKG 18, 195,
   zu Abb. 101).

Auf dem Ständer Abb. 46 liegt ein Gegenstand, der durch eine Reihe von Punkten dargestellt ist, an der Seite herunter hängt und in einer Schlaufe endigt. Sehr wahrscheinlich handelt es sich dabei um eine Perlenkette, wie bei dem Ständer auf dem Rollsiegelbild Abb. 11 aus der Ur I Zeit und wie bei dem Libationsständer auf dem unteren Fries der altsumerischen Weihplatte aus Ur (Abb. 07). Auf der frühakkadischen Weihplatte aus Nippur (Abb. 13) ist neben dem Ständer, aus dem Pflanzen aufsteigen, ein infolge der Beschädigung der Platte nicht mehr vollständig erhaltenes größeres Kultgerät, wahrscheinlich eine Art Altar oder ein größerer Ständer, dargestellt. An ihm hängt eine gegliederte Binde oder eine Perlenkette herab, die der auf Abb. 07 ähnelt.

Die beiden flachen Gegenstände, die auf dem Ständer auf Abb. 22 liegen, sind wahrscheinlich als Fladenbrote zu deuten. Hier sitzen zwei Gottheiten, die jeweils einen Trinkbecher erheben, im Rahmen einer Symposionsszene einander gegenüber. Die Fladenbrote auf dem Ständer gehören zu den Speisen des Symposions. Auch die beiden schwer erkennbaren Objekte auf dem Ständer Abb. 44 sind wahrscheinlich Nahrungsmittel einer Kultmahlzeit, die hier von Musik begleitet wird. Bei allen Ständern, die als Gabentisch oder als Tisch für Kultmahlzeiten verwendet werden, ist wohl vorauszusetzen, dass der Ständer unterhalb des oberen Randes mit einem Einsatz versehen ist, der die Verwendung des Ständers als Tisch ermöglicht. Derartige Einsätze sind bei Realfunden von Ständern nachweisbar (Abb. 68.69)[7].

Der sanduhrförmige Ständer auf Abb. 40 dient sehr wahrscheinlich als Tragetisch für eine Schale. Im Rahmen einer Trinkszene sitzen zwei Gottheiten im Falbelgewand einander gegenüber und trinken mit Saugrohren aus einer Schale. In der bildlichen Darstellung hat es den Anschein, als schwebe die Schale über dem Ständer. Sehr wahrscheinlich ist aber anzunehmen, dass die Schale in der Realität auf dem Ständer auflag oder in ihn hineingesetzt war. Der Ständer fungiert hier als Untersatz für eine Trinkschale, analog zu dem Ständer auf einer Mesilim-zeitlichen Weihplatte (Abb. 07), der ein bauchiges Gefäß trägt, aus dem zwei Personen mit Saugrohren trinken.

Zur Funktion der Ständer Abb. 18.32.35.42 s.u. Abschn. 3.2.3.4.

3.2.3.3. Ständer als Räucheraltar

Auf zahlreichen Rollsiegelbildern erscheinen Ständer, aus denen Flammen schlagen oder Rauchschwaden quellen (Abb. 15.17.18.20.23.24.25.27.28.29. 30.31.32.38).

---

7 Weitere Beispiele aus dem Ischtartempel in Assur, Schicht G, Beginn des 3. Jtsd.: Andrae, Ischtar-Tempel, 48, Abb. 24-26, Taf. 20,k.

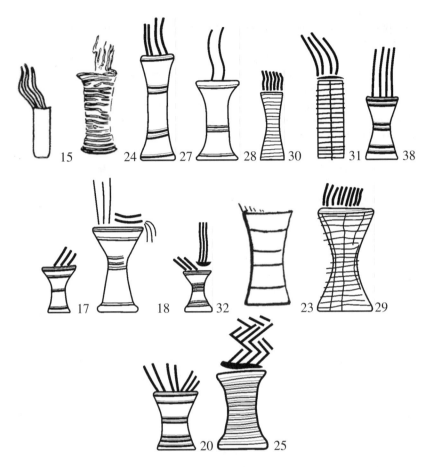

Die Flammen sind durch gewundene Linien (Abb. 15.24.27.28.30.31), parallel laufende gerade (Abb. 17.18.23.29.32.38) sowie fächerförmig auseinander gehende (Abb. 20) Striche oder durch parallel laufende Zickzacklinien
(Abb. 25) stilisiert. Die Ständer, aus denen Flammen schlagen, gehören überwiegend zu den hohen Ständern mit nur geringfügiger Einziehung (Formgruppe 1c, Abb. 23-25.27-31), die zumeist über die Kniehöhe sitzender Personen hinausreichen, selttener zu anderen Formgruppen, bei denen die Ständer niedriger und enger tailliert sind (Abb. 17.18.20.32.38).

Sehr wahrscheinlich dienen all diese Ständer als Räucheraltäre. Es ist anzunehmen, dass in das obere Teil des Ständers ein Einsatz eingefügt ist, auf
dem das Räucherwerk niedergelegt und entzündet wird; denn wenn das Räucherwerk am Boden des Ständers entzündet würde, könnten die Flammen
kaum über den Rand des Ständers austreten. Woraus die Räuchermaterie be-

steht, ist natürlich aus der Darstellung nicht ersichtlich. Es kann sich um Fett von Opfertieren[8] oder um Weihrauchkörner handeln.

Zur Doppelfunktion der Ständer Abb. 18.32.35.42 s.u. Abschn. 3.2.3.4
Ständer als Räucheraltäre kommen zumeist im Zusammenhang mit dem Schlangengott, dessen mäanderförmig gewundener Unterkörper als Sitz dient (Abb. 18.20.23-25.27-33.38) vor, jedoch nur selten im Kontext mit anderen Gottheiten. Auf Abb. 17 steht ein Ständer mit enger Einziehung und weit ausladendem Oberteil, aus dem Flammen schlagen, vor einer thronenden Göttin im Falbelgewand und mit einer Keule in der Hand. Eine Dienerin libiert über den Ständer hinweg vor der Göttin. Ein Baum, der hinter der Göttin emporwächst, weist auf den Bezug der Göttin zur Vegetation.

3.2.3.4. Ständer in Doppel- und Mehrfachfunktion

Auf einigen Darstellungen erscheinen Ständer in Doppelfunktion (Abb. 18.32.35.42).

Der Ständer auf Abb. 42 fungiert als Tisch und zugleich als Libationsaltar. Vor einer weiblichen Gottheit – wahrscheinlich Ischtar, wie der Ischtar-Stern vor der Göttin nahelegt – stehen zwei sanduhrfömige Ständer mit scharfer Einziehung. Über die beiden Ständer ist ein Zweig gelegt, an dessen Verästelungen Blüten oder Früchte durch kleine Kugeln dargestellt sind. Eine Priesterin, gefolgt von einer Göttin mit Hörnerkrone und Falbelgewand, vollzieht eine Libation, indem sie Flüssigkeit aus einem Libationsgefäß über den Zweig in den linken Ständer gießt. Hinter der thronenden Göttin steht ein Baum zwischen zwei Bergen. Dadurch wird wohl angezeigt, dass Vegetation und Fruchtbarkeit der Wirkungsbereich der thronenden Göttin sind. Die Libation dient zur Stärkung der Göttin und zur Belebung der Vegetation, worauf der Zweig über den beiden Ständern zusätzlich hinweist.

Bei den Ständern Abb. 18.32.35 sind Räucheraltar und Tisch miteinander verbunden. Auf Abb. 18 schlagen links Flammen aus dem Ständer, rechts liegen zwei flache Gegenstände, vielleicht, wie auf Abb. 22 und 44, Fladenbrote. Es ist unklar, was die drei an der rechten Seite herabhängenden, durch gebogene Striche dargestellten Elemente bedeuten. Auf dem Ständer Abb. 35 sind rechts Früchte abgelegt, links liegt ein Räucherkästchen. Zwei der drei Adoranten auf diesem Siegelbild halten Eimer in den Händen. Das ist vielleicht ein Hinweis darauf, dass der Ständer auch zur Darbringung einer Libation vorgesehen ist, wozu die Flüssigkeit in den Eimern dienen soll.

Auf Abb. 18 schlagen links Flammen aus dem Ständer, rechts ist eine Schale aufgesetzt, aus der hohe Flammen züngeln. Vielleicht handelt es sich dabei um eine Lampe.

---

8 Zu Fett als Räuchermaterie vgl. W. Zwickel, Räucherkult und Räuchergeräte. Exegetische und archäologische Studien zum Räucheropfer im Alten Testament, OBO 97, 1990.

Die Doppelfunktion von Ständern als Räucheraltar und als Gabentisch erinnert an Stufenaltäre, auf deren unterer Stufe ein Schale steht, aus der Flammen züngeln, und auf deren oberer Stufe Opfergaben – der Kopf eines Schafes (Abb. 49.51) oder Fladenbrote (Abb. 50) – liegen[9]. Bei der Schale auf diesen Ständern und Altären sowie auf dem Ständer Abb. 32 kann es sich möglicherweise, wie bei der Schale auf dem Ständer Abb. 32, ebenfalls um eine Lampe handeln. Eine Verbindung von Räucheraltar und Libation ist auf Abb. 17 und 28 wiedergegeben. Die Libation erfolgt hier nicht in den Ständer hinein, sondern vor dem Ständer, aus dem Flammen schlagen (Abb. 28), oder über ihn hinweg (Abb. 17).

3.2.3.5. Ständer, deren Funktion nicht direkt erkennbar ist

Bei einigen Ständern mit enger (Abb. 37.39) und sehr enger Einziehung (Abb. 16.44.45) ist deren Funktion nicht direkt erkennbar. Der Ständer steht jeweils vor einer thronenden Gottheit im Rahmen von Einführungs- (Abb. 37.39) und Adorationsszenen (Abb. 16.45). In einer Musikantenszene (Abb. 44) steht er zwischen der thronenden Ischtar und den Musikantinnen. Auf Abb. 37 streckt ein Adorant die Hand über den Ständer hinweg der thronenden Gottheit entgegen, der thronende Gott erhebt einen Becher. Die Göttin auf Abb. 16 thront auf einem umgestürzten Berggott. Sie hält eine Pflanze in der Hand, aus ihrem Rücken wachsen Keulen oder Pflanzenstengel mit Blüten oder Früchten. Es ist nicht sicher, ob die Ständer in diesen Szenen als Libationsaltäre, als Räucheraltäre oder als Depositische dienen.

Bei dem Ständer vor dem Gott, der einen Becher erhebt (Abb. 37), ist vielleicht am ehesten an einen Tisch für Opfergaben zu einer Kultmahlzeit zu denken, vielleicht auch bei dem Ständer im Rahmen einer Szene mit Musikantinnen vor Ischtar (Abb. 44). Auf dem Ständer liegt ein schwer erkennbares Objekt, vielleicht Speise für eine Kultmahlzeit, die von Musik begleitet wird. Der Ständer auf Abb. 16 und 45 sind vielleicht für eine Libation vorgesehen; denn bei beiden Gottheiten, vor denen der Ständer steht, werden Bezüge zur Vegetation erkennbar: Die Göttin auf Abb. 16 hält einen Zwweig in der Hand, vor der Göttin auf Abb. 45 erscheinen zwei Adorantinnen, aus deren Körper Zweige wachsen und die dadurch als Vegetationsgottheiten ausgewiesen sind. Libationen haben aber häufig Bezug zur Vegetation: Aus Libationsständern wachsen Pflanzen (Abb. 08.09.10-13), die Libationsszene wird von Bäumen gerahmt (Abb. 17), die Libation erfolgt vor Göttinnen, deren Wirkungsbereich die Vegetation ist: vor der sumerischen Berg- und Vegetationsgöttin (Abb. 08) – nach U. Moortgat-Correns handelt es sich um Ninchursag (s. Anm. 3) – , vor Ischtar (Abb. 43.47, wahrscheinlich auch Abb. 42).

---

9 Weitere Beispiele für Stufenaltäre: Porada, Morgan, 212.246. Zu Realfunden von Stufenaltären vgl. W. Andrae, Ischtar-Tempel, Taf. 12-17.

3.2.4. Form und Funktion – Funktion und Form

In welchem Verhältnis stehen Formgebung und Funktion zueinander? Gibt es eine Korrelation zwischen Form und Funktion der Ständer? Lassen sich die Ständer bestimmter Formgruppen jeweils bestimmten Funktionen zuordnen, und umgekehrt: sind bestimmte Funktionen mit bestimmten Formtypen von Ständern verbunden? Dieser Frage gehen die folgenden Überblicke nach.

Zu den im Folgenden genannten Formgruppen vgl. Abschn. 3.2.2.

Ständer der Formgruppe 1a (Abb. 13.14.17) dienen, wie die gleichartig gestalteten Ständer aus altsumerischer Zeit (Abb. 08.09.12), als Libationsständer (Abb. 14.17) und, ebenfalls wie die altsumerischen Vorgänger, als Träger von Pflanzen, die aus ihnen hervorwachsen (Abb. 13).

Die Ständer der Formgruppe 2 fungieren als Ablagetisch (Abb. 33.34), als Räucheraltar (Abb. 32.38), als Träger für eine Schale, aus der die Teilnehmer einer kultischen Trinkszene mit Saugrohren trinken (Abb. 40), als Ständer, aus denen eine Pflanze (Abb. 39) oder Baumgottheiten (Abb. 36) hervorwachsen. Sie kommen vor in Doppelfunktion als Räucheraltar und Träger für Räucherschale bzw. Lampe (Abb. 32), als Räucherständer und Ablagetisch (Abb. 35).

Ständer mit sehr enger Einziehung (Formgruppe 3abc) kommen als Libationsaltar (Abb. 42.43.47), als Depositisch (Abb.42.44.46) und in Doppelfunktion als Ablagetisch und Libationsaltar (Abb. 42) vor.

Der Ständer Abb. 48, das einzige hier vertreten Exemplar der Formgruppe 4, fungiert als Libationsaltar.

Hohe Ständer mit geringfügiger Einziehung (Formgruppe 1c, Abb. 22-30) oder mit zylindrischem Körper (Formgruppe 5, Abb. 15.31) dienen fast immer als Räucherständer und kommen zumeist im Zusammenhang einer Symposionszene mit dem Schlangengott vor (Abb. 20-22.25-27.29-31), seltener im Zusammenhang mit Adorations- (Abb. 23.24) oder Einführungsszenen (Abb. 38) vor dem Schlangengott oder, auf einem Rollsiegel der Stilstufe Akkadisch I, vor einer anderen, nicht näher bestimmbaren Gottheit (Abb. 15). Nur selten fungieren hohe Ständer mit geringfügiger Einziehung zur Ablage von Broten (Abb. 22).

Der Überblick ergibt, dass für keine Formgruppe eine bestimmte Funktion spezifisch ist, dass vielmehr jede Formgruppe (abgesehen von Formgruppe 4, die hier nur durch ein Exmplar vertreten ist) in je verschiedenen Funktionen Verwendung findet. Spezifische Verwendung ist am ehesten bei Formgruppe 1c (hohe Ständer mit nur geringfügiger Einziehung der Wandung, Formgruppe 1c) gegeben. Ständer diese Formgruppe kommen in überwiegender Zahl als Räucherständer vor (Ausnahmen: Abb. 22.26).

Während in der vorangehenden Übersicht die Frage nach dem Verhältnis der Form zur Funktion leitend war, geht es in der folgenden Übersicht umgekehrt um die Frage nach dem Verhältnis der Funktion zum Formtyp.

Zu den Formgruppen vgl. im Folgenden Abschn. 3.2.2.

Libationen erfolgen, wie in der Mesilim Zeit (Abb. 08-09-12), in Verbindung mit Ständern der Formgruppe 1a (Abb. 14.17), aber auch mit denen der Formgruppe 1c (Abb. 28), der Formgruppe 3 (Abb. 42.43.47) und der Formgruppe 4 (Abb. 48). Als Deposit- und Speisetische dienen Ständer der Formgruppe 1c (Abb. 22.26), der Formgruppe 2 (Abb. 33) und der Formgruppe 3 (Abb. 44.46). Als Räucherständer fungieren vorwiegend Ständer der Formgruppe 1c (Abb. 23.24.25.27-30), aber auch solche der Formgruppe 1a (Abb.17.18), der Formgruppe 1b (Abb. 20), der Formgruppe 2 (Abb. 32) sowie der Formgruppe 5 (Abb. 15.21). Ständer, aus denen Pflanzen hervorwachsen, sind den Formtypen 1a (Abb. 13), 1b (Abb. 19.21) und 2 (Abb. 39.36) zuzuordnen.

In Doppelfunktion kommen vor: Ständer der Formgruppen 1a (Räucherständer und Libation, Abb.17), 1b (Räucherständer und Deposittisch, Abb. 18), 1c (Räucherständer und Libation, Abb. 17.28), der Formgruppe 2 (Räucherständer und Tisch für Lampe, Abb. 32; Räucherständer und Speisetisch, Abb. 35), und der Formgruppe 3a (Deposittisch und Libationsaltar, Abb. 42). –

Diese Überblicke ergeben: Keine der Formgruppen ist ausschließlich mit nur einer Funktion in Verbindung zu bringen, und für keine Funktion ist nur eine Formgruppe spezifisch. Ständer jeder Formgruppe können in unterschiedlichen Funktionen verwendet werden, wie umgekehrt für jede Funktion Ständer verschiedener Formtypen in Gebrauch genommen werden.

Eine spezifische Verbindung von Form und Funktion ist am ehesten bei Ständern der Formgruppe 1c (hohe Ständer mit nur geringfügiger Einziehung der Wandung) gegeben. Sie fungieren fast ausschließlich als Räucherständer (Ausnahmen: Abb. 22.26), stets im Zusammenhang mit dem Schlangengott, zumeist im Rahmen von Symposionsszenen, seltener von Adorationsszenen (Abb. 23.24). Umgekehrt ist zu beobachten, dass Räucherständer vorwiegend (aber nicht ausschließlich) der Formgruppe 1c angehören.

Libationen erfolgen in der Regel in Ständern, bei denen das Oberteil weit ausschwingt (Formgruppe 1a: Abb. 14; Formgruppe 3a: Abb. 42; Formgruppe 2: Abb. 47; Formgruppe 5: Abb. 48). Das hat sicher pragmatische Gründe, da Ständer mit trichterförmig weit ausschwingendem Oberteil am besten geeignet sind zum Eingießen von Flüssigkeit. Wenn Räucherständer in Verbindung mit einer Libation verwendet werden, so erfolgt die Libation nicht, wie in anderen Fällen (Abb. 14.42.47.48), in den Ständer hinein, sondern vor dem Ständer (Abb. 28) oder über ihn hinweg (Abb. 17).

Wie sich keine feste Zuordnung einer Formgruppe zu einer bestimmten Funktion feststellen lässt, so ist auch keine bestimmte Funktion an Ständer einer bestimmten Formgruppe gebunden. Abgesehen von der fast regelmäßigen Verwendung von Ständern der Formgruppe 1c als Räucherständer und der Ständer mit weit ausladendem Oberteil als Libationsaltar besteht keine

feste Korrelation zwischen Form und Funktion und keine durchweg zu beobachtende Korrelation zwischen Funktion und Form.

3.2.5. Ständer und Gottheiten, Gottheiten und Ständer

Lassen sich bestimmte Formen von Ständern bestimmten Gottheiten zuordnen und lassen sich umgekehrt bestimmte Gottheiten mit bestimmten
Formgruppen von Ständern verbinden?

Die folgende Tabelle nennt jeweils an erster Stelle die Formtypen von
Ständern und sodann die Gottheiten, die in Verbindung mit Ständern des da-
vor genannten Formtyps vorkommen. Zu den Formgruppe der Ständer vergl.
Abschn. 3.2.2.

Formgruppe 1a: Göttin auf der Gans (Abb. 13); An und Nanna (Abb. 14)[10];
Göttin mit einer Keule in der Hand (Abb. 17).
Formgruppe 1b: Schlangengott (Abb. 18.20.21).
Formgruppe 1c: Schlangengott (Abb. 22-27.29.30.38); nicht näher bestimm-
barer Gott (Abb. 28).
Formgruppe 2: Schlangengott (Abb. 32.33.38); Baum- oder Vegetations-
gott (Abb. 35); nicht näher bestimmbare Gottheit (Abb.
35.37.39.40).
Formgruppe 3: Ischtar (Abb.43.44.46.47, wahrscheinlich auch 42); nicht
näher bestimmbare Gottheit (Abb. 16.41.45).
Formgruppe 4: Nicht näher bestimmbare Gottheit (Abb. 48).
Formgruppe 5: Schlangengott (Abb. 31), nicht näher bestimmbare Gottheit
(Abb. 15).

Hohe Ständer mit nur geringfügiger Einziehung der Wandung (Formgruppe
1c) kommen fast ausschließlich in Verbindung mit dem Schlangengott, dessen mäanderförmig gewundener Unterkörper als Thronsitz dient, vor (Abb.
20-30), nur ausnahmsweise mit einer anderen Gottheit (Abb. 28).

Sanduhrförmige Ständer mit scharfer Einziehung (Formgruppe 3) sind
zumeist mit Ischtar verbunden (Abb. 43.44.46.47, wahrscheinlich auch 42).
Auf Abb. 16 steht ein Ständer der Formgruppe 3 vor einer Göttin, die auf
einem gestürzten Berggott thront, eine Pflanze in der Hand hält und aus deren
Rücken Pflanzenstengel mit Knospen oder Früchten (oder Keulen?) wachsen
(Abb. 16). Dem thronenden Gott auf Abb. 45 und zwei der Adoranten, die
vor ihm stehen, sprießen Zweige aus dem Körper. Das sind Hinweise darauf,
dass die Gottheit, vor der der Ständer steht, in Verbindung mit der Vegetation
zu bringen ist.

---

10 Auf der Scheibe der Encheduanna (Abb. 14) ist, laut Inschrift, die Stiftung eines Altars
für den Gott An im Heiligtum des Mondgottes Nanna dargestellt (s.o. Anm. 6). In diesem
Rahmen erfolgt die Libation.

In der vorangehenden Tabelle steht der Formtyp des Ständers voran, es folgen die Gottheiten, die mit ihm verbunden sind. Die folgende Übersicht ist in umgekehrter Reihenfolge angeordnet: Zu Beginn ist jeweils eine Gottheit genannt, es folgen die Formtypen von Ständern, die in Verbindung mit der betr. Gottheit vorkommen.

Göttin auf der Gans:Formgruppe 1a (Abb. 13).
An: Formgruppe 1a (Abb.14).
Der Schlangengott: Formgruppe 1a (Abb 18), Formgruppe 1b (Abb. 20.21),
                       Formgruppe 1c (Abb. 22-30), Formgruppe 2 (Abb. 32.33.38)
Ischtar: Formgruppe 3 (Abb.43.44.47, wahrscheinlich auch 42).
Göttin mit Keule: Formgruppe 1a (Abb.17).
Nicht näher identifizierbare Gottheiten: Formgruppe 2 (Abb. 35.37), Formgruppe 3 (Abb. 41.45.48).

Der von der Ur I Zeit übernommene Ständer mit weit ausladendem Oberteil und sich nach unten hin verjüngendem Unterteil kommt im Zusammenhang mit der Göttin auf der Gans (Abb. 13)[11], mit dem Gott An (Abb. 14)[12] und mit einer Göttin, die eine Keule erhebt (Abb. 17), vor.

Der Ständer mit scharfer Einziehung (Formgruppe 3) ist häufig, wenn auch nicht ausschließlich (s. Abb. 45), mit Ischtar verbunden, wie umgekehrt Ischtar fast immer Ständer dieser Formgruppe zugeordnet sind. (Der Ständer auf Abb. 47 gehört zwar zu denen der Formgruppe 2, die Wandung ist jedoch fast so eng eingezogen wie bei den Ständern der Formgruppe 2). Sie kommen im Rahmen von Libationsszenen (Abb. 42.43.47), einer Adorationszene, verbunden mit der Darbringung einer jungen Ziege (Abb. 46), und einer Kultmahlzeit mit Musikbegleitung (Abb. 44) vor.

Dem Schlangengott sind zumeist hohe Ständer mit geringfügiger oder gar keiner Einziehung (Formgruppe 1c) zugeordnet (Abb. 22-31), seltener Ständer mit mittelstarker Einziehung (Formgruppe 2, Abb. 18.20.21.32.33.38). Umgekehrt kommen hohe Ständer mit geringfügiger Einziehung, aus denen Flammen schlagen, nur selten mit einer anderen Gottheit als dem Schlangengott vor (Abb. 28).

Der Ständer vor dem Schlangengott erscheint zumeist im Rahmen einer Symposionsszene. Dabei sitzt dem Schlangengott eine andere Gottheit gegenüber. Beide erheben eine Hand (Abb. 29.27.20) oder halten eine Schale in einer Hand empor (Abb. 21.26.30.31). Auf Abb. 21 fließen die Schalen über,

---

11 Zur Göttin auf der Gans: R.Opificius, Das altbabylonische Terrakottarelief, ZA Ergänzungsband 2, 1961, 211ff.243-251.
12 Die Libation auf Abb. 14 erfolgt im Rahmen der Stiftung eines Altars für den Gott An (vergl. Anm. 6).

so dass beiderseits des Ständers Flüssigkeit herabrieselt wie bei einer Libation. In einigen Fällen erscheint der Ständer vor dem Schlangengott im Rahmen einer Adorations- (Abb. 18.24.32.33), einer Einführungs- (Abb. 38) oder einer Libationsszene (Abb. 28), wobei die Libation durch den Adoranten vor dem Ständer, aus dem Flammen schlagen, erfolgt. Der Adorant auf Abb. 33 streckt die Hand über den Ständer und hält in der flachen Hand einen kleinen Gegenstand, wahrscheinlich einen kleinen Becher.

Mehrere Anzeichen deuten darauf hin, dass der Schlangengott und dass mehrere Gottheiten, die nicht namentlich identifizierbar sind (Abb. 15.16.17.19.36.39.40.45.48), Bezüge zur Vegetation aufweisen. Hiervon wird im folgenden Abschnitt zu reden sein.

3.2.6. Ständer und Vegetation
Während auf altsumerischen Bilddokumenten aus dem Ständer stets Zweige wachsen (Abb. 08-12), ist das in der akkadischen Ikonographie selten der Fall, so auf Abb. 13.19.21 und auf Abb. 39 (nur schwer erkennbar).

In vielen Fällen bietet jedoch der gesamte Bildzusammenhang, in dem ein Ständer erscheint, Hinweise darauf, dass die Vegetation der Wirkungsbereich der Gottheit ist, vor der der Ständer steht.

Das gilt vor allem für den Bildkontext von Darstellungen des Schlangengottes. Ein Baum wächst hinter dem Schlangengott empor und dient zugleich als Szenentrenner (Abb. 18. 29) oder er steht zwischen dem Ständer und der einführenden Gottheit (Abb. 38). Zwischen dem Schlangengott und dem Ständer ist ein Zweig dargestellt, zusätzlich steht hinter dem Schlangengott ein Baum (Abb. 30). Dem Schlangengott wächst ein Zweig aus der Schulter (Abb. 26). Der Schlangengott (Abb. 23.32) oder der ihm gegenüber sitzende Gott (Abb. 25) hält einen Zweig in der Hand; auf Abb. 25 und 32 wird das Bild zusätzlich von einem Baum begrenzt. Auf Abb. 21 wachsen aus dem Ständer drei Zweige, hinter dem Schlangengott steht ein Baum. Wenn ein Baum das Bild begrenzt (Abb. 18.25.29.30.32), kehrt der Baum bei mehrmaliger Abrollung des Siegels wieder und rahmt das gesamte Bild. Er gewinnt dadurch an Gewicht, und der Vegetations- und Fruchtbarkeitsaspekt der Gottheit wird dadurch betont.

Bezüge zur Vegetation sind auch bei fast allen der nicht namentlich identifizierbaren Gottheiten zu beobachten (Ausnahmen: Abb. 34.35.37.41). Die Göttin auf Abb. 16, die auf einem gestürzten Berggott thront, hält eine Pflanze mit lanzettförmigen Blättern und Knospen oder Blüten in der Hand, aus ihrem Rücken wachsen Pflanzenstengel mit Knospen oder Blüten (Abb. 16). Dem thronenden Gott auf Abb. 45 und zwei der Adoranten, die vor ihm stehen, sprießen Zweige aus dem Körper. Die Libationsszenen auf Abb. 17 und Abb. 48 werden von Bäumen gerahmt. Dem Ständer auf Abb. 39 entsprießen Zweige. All das sind Hinweise darauf, dass die nicht namentlich identifizierbaren Gottheiten dieser Abbildungen in Verbindung mit der Vegetation zu bringen sind.

Die folgende Übersicht fasst diese Tatbestände noch einmal zusammen.

– Die Szene wird, bei mehrfacher Abrollung, von Bäumen gerahmt (bei Ständern mit enger Einziehung: Abb. 17.28.42.48; in Szenen mit dem Schlangengott: Abb. 18.21.25.29.30.32).
– Ein Baum oder Zweig steht neben dem Ständer (Schlangengott: Abb. 30.38).
– Die Gottheit, vor der ein Ständer steht, hält einen Zweig in der Hand: die Göttin, die auf dem gestürzten Berggott thront (Abb.16); der Schlangengott (Abb.23.32); das Gegenüber des Schlangengottes (Abb. 25).
– Dem thronenden Gott und den Gottheiten, die vor ihm erscheinen, wachsen Pflanzen aus dem Körper (Abb. 45).
– Der Ständer, dem Pflanzen entsprießen, dient als Szenentrenner zwischen einer Adorationsszene vor dem aufsteigenden Sonnengott und einer Götterkampfszene (Abb. 19).
– Hinter der thronenden Gottheit (Abb. 15) oder hinter dem Adoranten (Abb. 16) winden sich Schlangen empor[13].
– Dem Ständer, der vor der Gottheit steht, entsprießen Pflanzen (Abb. 13.19.21.39).
– Besondere Beachtung verdient Abb. 36. Hier ist die altsumerische Bildtradition von Ständern, aus denen ein Baum wächst und an deren Seiten Dattelrispen herabhängen (Abb. 08.09.12), aufgenommen und in charakteristischer Weise abgewandelt. An die Stelle des Baumes ist ein Gott mit erhobenen Händen, aus dessen Körper Zweige mit lanzettförmigen Blättern wachsen, getreten. Die Dattelrispen, die auf altsumerischen Bilddokumenten an den Seiten herabhängen, sind zu Voluten stilisiert. Die Gottheit, die aus dem Ständer emporwächst, ist ein Baumgott oder eine Gottheit, deren Wirkungsbereich die Vegetation ist. – Die Vegetation gehört auch zum Wirkungsbereich der Göttin Ischtar[14] und des Mondgottes Nanna[15], in dessen Heiligtum die Libation auf Abb. 14 erfolgt (s. Anm. 6).

---

13 Zur Verbindung von Schlange und Vegetation: M. Metzger, Gottheit, Berg, 90f.

Es fällt ins Auge, dass Ständer auf dem dargelegten Bildmaterial fast immer im Zusammenhang mit Gottheiten erscheinen, deren Wirkungsbereich die Vegetation ist oder zu deren Wirkungsbereich die Vegetation gehört: mit Ischtar, mit dem Schlangengott, mit nicht namentlich identifizierbare Gottheiten, die aufgrund von Merkmalen im Bildzusammenhang mit der Vegetation in Verbindung zu bringen sind (Abb. 15-17.35.36.45.48). Das ist sicher kein Zufall. In altsumerischen Darstellungen sprießen stets Pflanzen aus den Ständern, die immer als Libationsständer dienen. Die Libation bewirkt die Belebung der Vegetation. Hierauf ist es wohl zurückzuführen, dass auch auf Darstellungen von Ständern auf akkadischen Bilddokumenten der Ständer fast immer im Zusammenhang von Szenen mit Gottheiten, die mit der Vegetation in Verbindung zu bringen sind, erscheint (Ausnahmen: Abb. 34.35.41). Das lässt vielleicht den Schluß zu, dass die Kulthandlungen, die im Zusammenhang mit dem Ständer erfolgen, zur Belebung der Vegetation dienen und der Gottheit, deren Wirkungsbereich die Vegetation ist, Kraft zuwenden.

Es sei erwähnt, dass Ständer, aus denen Pflanzen wachsen und an deren Seiten Dattelrispen herabhängen, in den folgenden Kulturperioden wiederkehren. Die herabhängen Dattelrispen sind häufig zu Voluten stilisiert. Sie sind auf »nachakkadischen« (Beispiele: Abb. 52-54), auf neusumerischen (Abb. 55-62)[16], auf Isin Larsa-zeitlichen (Abb. 63) und auf altbabylonischen (Abb. 64A.64B) Bilddokumenten belegt. Das Pflanzenelement, das aus dem Ständer herauswächst. ist immer ein Palmblatt. Die seitlich herabhängenden Dattelrispen sind entweder nahezu naturalistisch wiedergegeben (Abb. 55.56.60.61.62.64B) oder zu Voluten stilisiert (Abb. 52-54.57-59).

3.2.7. Ständer und Kultvorgänge

Ständer mit mittelenger und solche mit scharfer Einziehung (Formgruppe 2 und 3) kommen im Zusammenhang mit verschiedenen Kultvorgängen vor: im Rahmen von Adorationsszenen (Abb. 16.34.35.37.45), Einführungsszenen (Abb. 39.41.42), Libationsszenen (Abb. 17.43.47.48), im Rahmen einer Musikantenszene vor Ischtar (Abb. 44) sowie einer Trinkszene (Abb. 40). In einigen Fällen sind Kultszenen, in denen Ständer eine Rolle spielen, mit der Darbringung eines Jungtieres (Schaf oder Ziege) verbunden: in einer Einführungsszene vor der Göttin auf der Gans (Abb. 13), in einer Adorationsszene vor Ischtar (Abb. 46) sowie in Einführungsszenen vor einer nicht näher bestimmbaren Gottheit (Abb. 39.41).

Auf allen hier besprochenen Bilddokumenten sind die Ständer stets in Kultvorgänge, die offenbar im Heiligtum vollzogen werden, eingebunden.

---

14 Näheres: M. Metzger, Gottheit, Berg, insbes. 61-64.73-77.
15 Zur Beziehung des Mondgottes zur Vegetation: Metzger, Gottheit, Berg, insbes. 66-69.
16 Weitere Beispiele: Stele Gudeas (Andrae, Ischtar-Tempel, 35, Abb. 4); Rollsiegel (Collon, Cyl.Seals II, 338-358).

Auf einigen Darstellungen wird das Heiligtum durch die Darstellung des Tempeltors signalisiert (Abb. 22.24.26.32.33). Sämtliche Ständer aus Assur und Tell Ḥuēra (Abb. 65-76) wurden in Heiligtümern gefunden, die Ständer aus Assur im Sanktissimum des Ischtar-Tempels[17], die Ständer aus Tell Ḥuēra im »Steinbau I« und im »Kleinen Antentempel«[18]. Diese Tatbestände lassen den sakralen Charakter der Ständer erkennen. Sie werden als Räucheraltäre, Libationsaltäre, Depositaltäre benutzt.

4. Bezüge zwischen den Darstellungen von Ständern auf vorderorientalischen Bilddokumenten und den Ständern von Kāmid el-Lōz

4.1. Die Höhe der Ständer

Die Ständer Abb. 01-06 aus Kāmid el-Lōz sind niedriger als die auf altorientalischen Bilddokumenten dargestellten und als die Ständer der Realfunde aus Assur. Auf altsumerischen und akkadischen Bilddokumenten reichen die Ständer zumeist bis in Kniehöhe von Menschen und Gottheiten oder sie sind noch höher (s. Abschn. 3.2.1). Die nur sehr niedrigen Ständer von Kāmid el-Lōz sind hinsichtlich ihrer Höhe am ehesten den auf akkadischen Rollsiegeln nur selten vorkommenden Ständern, die niedriger sind als Kniehöhe der dargestellten Personen (Abb. 17.33.37.43.45), vergleichbar.

Die Höhe der Ständer aus Kāmid el-Lōz beträgt zwischen 11cm und 18 cm (s. Abschn. 2). Die Ständer aus Assur sind zwischen 20 cm und 82 cm hoch und damit sämtlich höher als die aus Kāmid el-Lōz. Die Höhe der Ständer von Tell Ḥuēra liegt zwischen 4 cm und 71 cm. Die größeren, trompetenförmigen Ständer (Kühne, Keramik, Abb. 309-312.324-326) haben eine Höhe zwischen 20 cm und 71 cm und sind damit höher als die Ständer von Kāmid el-Lōz. Die kleineren, gedrungenen Ständer mit konkav geführter Wandung (Kühne, a.a.O. Abb. 298-306) hingegen, die in der Form den Ständern Abb. 01 und 02 von Kāmid el-Lōz nahe stehen, sind zwischen 4 cm und 16 cm hoch und damit niedriger als die Ständer von Kāmid el-Lōz. So beträgt z.B. die Höhe der auf Tafel 15 abgebildeten Ständer 12,4 cm (Abb. 72) und 10,6 cm (Abb. 71).

4.2. Die Form der Ständer

Ständer mit sehr enger Einziehung, die auf akkadischen Rollsiegelbildern belegt sind (Abb. 41-46), kommen in Kāmid el-Lōz nicht vor.

---

17 Andrae, Ischtar-Tempel, 41f. Vgl. auch a.a.O. Taf. 11: Rekonstruktionszeichnungen der Kulträume mit den Standorten der Ständer entsprechend der Fundsituation.
18 H. Kühne, Keramik, 143f: Angaben der Fundstellen der Ständer Abb. 298-326.

Formparallelen zum Ständer Abb. 01 aus Kāmid el-Lōz

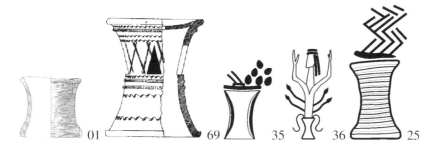

Der vollständig erhaltene Ständer Abb. 01 mit geringfügiger konkaver Einziehung des Körpers und mit gleichem Durchmesser am oberen und am unteren Rand ist am ehesten den Ständern auf Abb. 35 und 36, Formgruppe 2,
vergleichbar. Als Beispiel für einen Realfund, dessen Form der des Ständers
Abb. 01 nahekommt, sei der Ständer Assur 41 (Abb. 69) aus dem Ischtar
Tempel von Assur, Schicht G, genannt. Dieser ist allerdings mehr als doppelt
so hoch als der Ständer Abb. 01 (Höhe des Ständers Abb. 01: 12,25 cm, die
des Ständers Abb. 69: 37 cm) und weist Elemente auf, die bei dem Ständer
Abb. 01 nicht vorhanden sind: Einsatz unterhalb des oberen Randes, dreiek-
kige Einschnitte in der Wandung, Zierbänder am Körper, Wulstlippen am
oberen und unteren Rand. Bei allen genannten Parallelen fällt das Verhältnis
der Randbreiten zur Höhe des Ständers stärker zugunsten der Höhe aus als
bei dem Ständer 01 aus Kāmid el-Lōz.

Formparallelen zum Ständer Abb. 02 aus Kāmid el-Lōz.

Auch der Ständer Abb. 02 schwingt am oberen und am unteren Rand nahezu
gleich weit aus, der Körper ist jedoch, im Unterschied zu Abb. 01, fast zylindrisch gestaltet. Das ist auch bei den Ständern auf den akkadischen Rollsiegelbildern Abb. 40 und 28 und bei dem Realfund aus Assur Abb. 68 der Fall.
Auch bei diesen Parallelen, insbesondere bei Abb. 28, fällt, wie bei den Parallelen zu Abb 01, die Proportion zwischen Randbreite und Höhe stärker zugunsten der Höhe aus als bei dem Ständer Abb. 02 aus Kāmid el-Lōz. Der
Realfund aus Assur weist zudem weitere Unterschiede zu dem Ständer
Abb.02 auf: größere Ausmaße (Höhe des Ständers 02: 11 cm, die des Stän-

ders Abb. 68: 30 cm), runde Einschitte sowie Ritzverzierungen am Körper, Einsatz unterhalb des oberen Randes, Wulstlippe am unteren Rand.

Abbildungen von Ständern auf akkadischen Rollsiegeln bieten Anhaltspunkte zur Rekonstruktion der Fragmente auf Abb. 03-06 aus Kāmid el-Lōz.

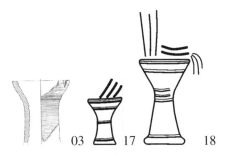

Beim Ständer Abb. 03 ist die engste Stelle des Einzugs nicht weit vom oberen Rand entfernt, das Oberteil schwingt schalenförmig weit aus, der Schaft geht nach unten hin nur geringfügig auseinander. Das ist auch bei Ständern auf Reliefs und Ritzzeichnungen der altsumerischen (Abb. 08.09.12) und der akkadischen Zeit (Abb. 13.14) sowie auf dem akkadischen Rollsiegel Abb. 17 der Fall. Es nicht sicher, ob beim Ständer Abb. 03 der untere Rand schlicht verlief wie bei den genannten Parallelen oder ob er eine Wulstlippe aufwies wie z.B. der Ständer Abb. 18.

Das Oberteil des Ständers Abb. 05 ist zwar nur im Ansatz erhalten, dieser lässt jedoch darauf schließen, dass das Oberteil weit auslud, ähnlich dem auf Abb. 03. Der Schaft ist bei dem Ständer Abb. 05 zylindrisch gestaltet wie bei den Ständern Abb. 27.28.40 und bei den Realfunden Abb. 72.73.76 aus Tell Ḥuēra. Es ist jedoch nicht sicher, ob der Schaft des Ständers am unteren Ende auslud, wie das bei den Ständern auf Abb. 27.28.40 und bei den Realfunden Abb. 73 und 76 aus Tell Ḥuēra der Fall ist, oder ob er bis unten hin kontinuierlich denselben Durchmesser hatte wie bei Abb. 31und auch zum unteren Rand hin keine Erweiterung aufwies.

Bei den Ständern Abb. 04 und 06 schwingt das Oberteil oberhalb der engsten Stelle des Einzugs weit aus (bei Abb. 06 weiter als bei Abb. 04). Es ist wahrscheinlich, dass das Unterteil unterhalb des Einzuges spiegelbildlich zum Oberteil geformt war, analog zu den Ständern auf Abb. 22.24.33.37.38.39 (zu Abb. 06) und auf Abb. 11.19.21.24.30 (zu Abb. 04). Es ist freilich nicht auszuschließen, dass bei den Ständern 04 und 06 das Unterteil weiter ausschwang als das Oberteil, wie z.B. bei den Realfunden Abb. 71 und 72 (= 75) aus Tell Ḥuēra, oder weniger weit wie bei dem Ständer auf Abb. 18.

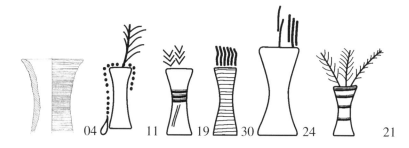

Bei all diesen Beispielen gilt die Vergleichbarkeit hinsichtlich der Form und der Proportionen, nicht hinsichtlich der absoluten Höhe, denn es ist vorauszusetzen, dass die Ständer auf den akkadischen Siegelbildern insgesamt höher sind als die der Funde aus Kāmid el-Lōz.

Ständer auf akkadischen Rollsiegelbildern sind häufig mit Zierleisten oder Wülsten versehen. Die Ständer von Kāmid el-Lōz sind zumeist schlicht gestaltet. In einigen Fällen weisen sie nur wenig ausgeprägte Wülste auf.

Folgende Spielarten kommen vor:
1) ein Wulst im Bereich der Einziehung (Abb. 03),
2) ein Wulst an der Einziehung, zusätzlich je zwei darüber und darunter (Abb. 04),
3) ein Wulst unterhalb des Randes, zwei im Bereich der Einziehung (Abb. 06).

Da all diese Wülste wenig ausgeprägt und nur sehr flach sind (besonders bei Abb. 04), ist es fraglich, ob sie als absichtlich gestaltete Zierelemente anzusehen oder auf den Herstellungsvorgang beim Drehen auf der Scheibe zurückzuführen sind.

4.3. Funktionen

Die Ständer aus Kāmid el-Lōz wurden im Bereich eines Heiligtums gefunden. Das war auch bei den Ständern aus Assur und aus Tell Ḫuēra der Fall. Auf den altorientalischen Bilddokumenten spielen sich die Kulthandlungen, zu deren Vollzug Ständer verwendet wurden, ebenfalls in Heiligtümern ab.

Ständer auf altsumerischen und akkadischen Bilddokumenten kommen in verschiedenen Funktionen vor (s. Abschn. 3.2.3): als Libationsaltäre, als Ständer zur Ablage von Weihgaben und Viktualien (Schmuck, Zweige, Fladenbrote) und als Räucheraltäre, letzteres vor allem im Zusammenhang mit dem Schlangengott. Sie erscheinen in Adorations-, Einführungs-, Trink- und Symposionszenen (s. Abschn. 3.2.7), letzteres zumeist mit dem Schlangengott. Da die Ständer von Kāmid el-Lōz nur sehr niedrig sind, könnte man sie für Untersätze von kleineren Gefäßen mit rundem Boden halten. Diese Funktion von Ständern ist auf den o.g. Bilddokumenten jedoch nur zweimal belegt (Abb. 07.40).

Trotz der geringen Ausmaße der Ständer von Kāmid el-Lōz ist deren Verwendung als Libationsaltäre, als Räucheraltäre oder als Depositische nicht völlig auszuschließen. Auf einem Rollsiegel aus altbabylonischer Zeit (Abb. 64A) dient ein sehr niedriger Ständer, der bis zum Knöchel der libierenden Person reicht, als Libationsaltar. Der Eingang zur Hauptcella C des mittelbronzezeitlichen Tempels von Kāmid el-Lōz, in dessen Bereich die Ständer Abb. 02-06 gefunden wurden, wird von turmartigen Vorsprüngen flankiert (vergl. Tempelgrundriß Tafel 1). Dem linken Vorsprung ist auf der Seite, die den Eingang flankiert, eine Bank vorgelagert. An der Außenseite des Vorsprunges – im Bereich des Raumes F – ist ein 0,98 m hohes, zweistufiges Podium angefügt, auf dem fünf unbearbeitete Stelen stehen. Es wäre möglich, dass die Ständer auf der Bank oder/und auf dem Podium standen. Dadurch erhielten sie die nötige Höhe, um als Libationsaltar, als Depositisch oder als Räucheraltar zu dienen.

Die Verwendung als Deposittisch oder als Räucheraltar war nur möglich, wenn auf den Ständern flache Schalen auflagen oder in den Ständern unter dem oberen Rand schalenartige Einsätze fest eingefügt waren, wie das z.b. bei Ständern aus den archaischen Ischtartempeln in Assur belegt ist (Abb. 68)[19]. Das war aber bei keinem der Ständer von Kāmid el-Lōz der Fall. Im Umkreis der Ständer fanden sich auch keinerlei Schalen, die als Auflage für die Ständer hätten dienen können. Im Bereich des Eingangs wurde nur eine einzige Schale gefunden. Sie ist zu klein, um als Auflage für die Ständer dienen; denn ihr Durchmesser beträgt nur 7,7 cm, während die Randdurchmesser der Ständer zwischen 9 cm und 16 cm liegen. Die Schale wies zudem keinerlei Brandspuren auf, die vorhanden sein müssten, wenn auf der Schale Räucherwerk verbrannt wurde. Bei einem einzigen Ständer (Abb. 04) fanden sich geringfügige Brandspuren unterhalb des oberen Randes. Sie sind möglicherweise auf Räuchervorgänge zurückzuführen, wiewohl sie auch vom Zerstörungsbrand des Gebäudes verursacht sein können.

Die Verwendung der Ständer Abb. 01.02 als Standring für Gefäße mit Rundboden ist nicht völlig auszuschließen, aber auch nicht sicher nachweisbar; denn im Eingangsbereich wurden zwar Randstücke von Gefäßen gefunden, es ist jedoch nicht sicher, ob sie zu Gefäßen mit Rundboden gehörten oder zu solchen mit standfesten Böden, die keines Standringes bedürfen. Im unmittelbaren Umkreis der Fundstelle des Ständers 01 im Inneren der Cella C, an der Südwestecke einer Feuerstelle (vgl. den Grundriß Tafel 1), wurde das Fragment eines Pithos (Fundnr. KL 73:466) gefunden. Von diesem Gefäß ist zwar nur der obere Teil erhalten, dessen größter Durchmesser 22,2 cm beträgt. Der Durchmesser des Bauches nahm nach unten hin mit Sicherheit beträchtlich zu, so daß sich für den Pithos Ausmaße ergeben, die zu groß waren, als dass der Ständer 01 als dessen Standring hätte fungieren können. Etwa 1 m südöstlich der Fundstelle des Ständers 01 lagen Fragmente der Schale KL 73:343, die einen eigenen Standfuß besaß und keines separaten Ständers als Untersatz bedurft hätte.

Die Funktion der Ständer als Libationsaltäre ist somit am ehesten in Erwägung zu ziehen. Die Ständer müssten dann ursprünglich auf der Bank an der linken Innenflanke des Eingangs oder auf dem Podium links neben dem Eingang gestanden haben, um die nötige Höhe zum Vollzug der Libation zu erhalten. Diese Erwägungen erfolgen jedoch mit Vorbehalt. Weiteres Bildmaterial und Realfunde[20] aus neusumerischer und vor allem aus der mittleren Bronzezeit sind einzubeziehen, um zu weiter reichenden Ergebnissen zu kommen.

Auf altsumerischen und akkadischen Bilddokumenten kommen Ständer fast immer im Zusammenhang mit Gottheiten, die mit der Vegetation in Ver-

---

19 Weitere Beispiele: W. Andrae, Ischtar-Tempel, 48, Abb. 24-26.
20 Zu Beispielen für Realfunde aus Grabungen vgl. Anm. 1.

bindung stehen, vor (s.o. Abschn. 3.2.5). Auf diesem Hintergrund ist die Möglichkeit in Erwägung zu ziehen, dass die Ständer aus dem mittelbronzezeitlichen Tempel von Kāmid el-Lōz ebenfalls dem Kult einer Gottheit dienten, die mit der Vegetation in Verbindung stand.

5. Bezüge zum Alten Testament

Ständer, die Thema und Inhalt dieses Aufsatzes waren, sind im Alten Testament nirgends belegt. Auf einigen der Bilddokumente, die diesem Aufsatz zugrunde liegen, sind jedoch Tatbestände bildlich wiedergegeben, die im Alten Testament verbalen Ausdruck finden.

Auf dem Rollsiegelbild Abb. 29 halten der Schlangengott und ein ihm gegenüber sitzender Gott im Rahmen einer Symposionsszene Schalen in der Hand, die überfließen. Das erinnert an den bis zum Überfluß gefüllten Kelch (כּוֹסִי רְוָיָה), in Ps 23,5, der ja auch in den Zusammenhang einer Kultmahlzeit gehört.

Auf Reliefdarstellungen und im Rollsiegelbild der 1. Dynastie von Ur (Abb. 09.10.12) und auf den akkadischen Rollsiegelbildern Abb. 17.39.46 ist die Libation verbunden mit Tieropfern oder der Darbringung von Tieren. Auf Abb. 17 vollzieht ein Priester vor einer thronenden Göttin über den Ständer, aus dem Flammen schlagen, hinweg eine Libation. Er hält ein Jungtier (Ziege oder Schaf) auf dem Arm. Hier sind drei Opferarten – Trankopfer, Räucheropfer, Tieropfer – miteinander verbunden. In Einführungs- (Abb. 13.46) und Adorationsszenen (Abb. 39), in denen ein Ständer vor der Gotthit steht und möglicherweise für eine Libation vorgesehen ist, halten Kultteilnehmer Opfertiere in den Armen.

Auch in alttestamentlichen Opfergesetzen sind Tieropfer mit Trankopfern (נֶסֶךְ) verbunden. In piesterschriftlichen Opferverordnungen erscheint die Libation zusammen mit der מִנְחָה, dem »Speisopfer«, das aus Mehl und Öl besteht, als Zusatzopfer zur עֹלָה, dem »Ganzopfer« (LXX ὁλοκαύτημα, ὁλοκαύτησις, ὁλοκάρπωμα), wobei das Opfertier geschlachtet und vollständig verbrannt wird, und im Zusammenhang mit verschiedenartigen anderen Opferarten (Num 28,7.8.10.11-15.24.3; 29,6.11.19.22.25.28.31.34.38.39; Lev 23,13.18,37 u.ö.)[21]. Als Material für die Libation wird Wein genannt (Lev 23,13). Die alttestamentlichen Opfertexte basieren natürlich nicht auf vorderorientalischen Bildtraditionen des dritten Jahrtausend. Die vorderorientalische Ikonographie lässt jedoch sichtbar werden, dass das Alte Testament bei der Kombination von Tieropfern mit Libationen in einem Überlieferungs-

---

21 F. Blome, Die Opfermaterie in Babylonien und Isreal, I. Teil, 1934; R. Rendtorff, Studien zur Geschichte des Opfers im Alten Testament, WMANT 24, 1967; Dohmen, Art. נָסַךְ nāsak, ThWAT V, 1985, 488-493.

strom steht, der im alten Orient weit zurückreicht und bereits im dritten
Jahrtausend bildlichen Ausdruck fand.

6. Verzeichnis der Abbildungen, zugleich Quellenverzeichnis

Die Zahl hinter der Quellenangabe bezeichnet nicht die Seite, sondern, wenn
nicht anders vermerkt, die Abbildung in der zitierten Publikation.

01–06: Ständer aus dem mittelbronzezeitlichen Tempelbezirk von Tell Kāmid el-Lōz
Der Ständer Abb. 01 stammt aus der Hauptcella C, die Ständer 02-06 wurden im Eingangsbereich zwischen dem Vorraum B und der Cella C gefunden.
Zur Fundsituation vergl. den Grundriß Tafel 1.
01 Ständer. Fund-Nr. KL 73:450. Höhe 12,25 cm, Durchmesser am oberen Rand 12,3
   cm, Bauchdurchmesser an der schmalsten Stelle 9,9 cm; Durchm. am unteren Rand
   12,5 cm. – M. Metzger, Kāmid el-Lōz 17, Der mittelbronzezeitliche Tempelbezirk (in
   Bearbeitung), Katalog-Nr. 24.
02 Ständer. Fund-Nr. KL 73:457. – Höhe 11 cm, Durchm. am oberen Rand 12,4 cm, an
   der schmalsten Stelle des Körpers 10,00 cm, am unteren Rand 11,45 cm. – Metzger,
   Kāmid el-Lōz 7, Katalog-Nr. 4.
03 Ständer, Fragment. Fund-Nr. KL 73:477 Z2p. Erhaltene Höhe 11,5 cm,
   Randdurchmesser 16 cm. – Metzger, Kāmid el-Lōz 17, Katalog-Nr. 5,14.
04 Ständer, Fragment. Fund-Nr. KL 73:477 Z2a. erhaltene Höhe 13,4 cm,
   Randdurchmesser 12,00 cm. Bauchurchm. an der engsten Stelle 7,65 cm. – Metzger,
   Kāmid el-Lōz 17, Katalog-Nr. 5,1.
05 Ständer, Fragment. Fund-Nr. KL 73: 257. Erhaltene Höhe 12,9 cm, Bauchdurchmesser 6,8 cm. – Metzger, Kāmid el-Lōz 17, Katalog-Nr. 2.
06 Fund-Nr. KL 73:477 Z2n. – Erh. Höhe 10,6 cm; Randdurchmesser 16,00 cm; Bauchdurchmesser an der schmalsten Stelle 8,1 cm. – Metzger, Kāmid el-Lōz 17, Katalog-
   Nr. 5,12.

07-10: Reliefs auf Bilddokumenten aus altsumerischer Zeit
07 Weihtafel aus Nippur (Nuffar), Nr. 7N408. Höhe 8,9 cm; Breite 15,1 cm. Mesilim-
   Vorstufe. – U. Moortgat-Correns, La Mesopotamia, Storia Universale dell'Arte, 1989,
   62; J. Boese, Altmesopotamische Weihplatten, Eine sumerische Denkmalsgattung des
   3. Jtsds. v. Chr., UAVA 6,1971, Taf. XVI,1 N3.
08 Weihtafel aus Tello. H. 17 cm, B. 15 cm. Paris, Louvre, AO 276. Ur I-Zeit. – Moortgat-Correns, La Mesopotamia, S. 102, Abb.3; ANEP 597; Boese, Weihplatten, Taf.
   XXXI,1 T10.
09 Weihtafel aus Ur. Ur 6831. H. 22 cm, B. 26 cm. London, BM 118561. Ur I-Zeit. –
   Moortgat-Correns, La Mesopotamia, 103, Abb.2; ANEP 603; Boese, Weihplatten,
   Taf. XXI,4 U4.
10 Rollsiegel der Ur I-Zeit. Abb. 10a, Foto: E. Porada, The Collection of the Pierpont
   Morgan Library, Corpus of Ancient Near Eastern Seals, I, 1948, 125; Abb. 10b,
   Zeichnung: P. Amiet, La glyptique Mésopotamienne archaïque, 1980, Abb. 1218.
11 Rollsiegel der Ur I-Zeit, Mesannipadda-Lugalanda-Stufe. – R.M. Boehmer, Die Ent-
   wicklung der Glyptik während der Akkad-Zeit, UAVA 4, 1965, 491.

12 Fragment der »Geierstele« des Eannatum, aus Tello/Girsu. Louvre. Ur I-Zeit. – A.
   Moortgat, Die Kunst des Alten Mesopotamien, 1967, 121; ANEP 299.

13-48: Bilddokumente der Akkad-Zeit
13-14: Reliefbilder der Akkad-Zeit
13 Weihtafel aus Nippur. L-29-346.. H. 4 cm; B. ca 8 cm. Philadelphia, University Museum L-29-346. Frühe Akkad-Zeit. – ANEP 601; Boese, Weihplatten, Taf. XVIII,4 N
   11. Zur Datierung, Stil und Bildinhalt dieser Platte ausführlich bei Boese, a.a.O. 122-
   125.
14 Relief auf der Scheibe der Encheduanna. Ausschnitt. Durchm. der runden Scheibe:
   26,5 cm. Zeit Sargons I. – Moorgaat-Correns, La Mesopotamia, 121; ANEP 606.

15-48: Rollsiegelbilder der Akkad-Zeit
15-16: Rollsiegelbilder der Akkad-Zeit, Stilstufe I [22]
15 Boehmer, Entwicklung, 574.
16 Boehmer, Entwicklung, 299.

17-48: Rollsiegelbilder der Akkad-Zeit, Stilstufe III
17 Boehmer, Entwicklung, 648.
18 Boehmer, Entwicklung, 579.
19 Boehmer, Entwicklung, 482.
20 Boehmer, Entwicklung, 581.
21 Archäologie zur Bibel. Kunstschätze aus den biblischen Ländern (Ausstellungskata-
   log, Liebighaus Frankfurt), 1981, 94, Abb. 45.
22 Boehmer, Entwicklung, 576.
23 a) Zeichnung: Boehmer, Entwicklung, 577; b) Foto: D. Collon, Western Asiatic Seals
   in the British Museum, Cylinder Seals II, 1982, 188. BM 102521.
24 a) Zeichnung: Boehmer, Entwicklung, 580; Foto: D. Collon, Cylinder Seals II, 186.
   BM 102511.
25 Boehmer, Entwicklung, 584.
26 Boehmer, Entwicklung, 586.
27 H. Frankfort, Cylinder Seals, A Documentary Essay on the Art and Religion of the
   Ancient Near East, 1939, Taf. XXI b
28 B. Buchanan, Catalogue of Ancient Near Eastern Seals in the Ashmolean Museum I,
   Cylinder Seals, 1966, 369.
29 Buchanan, Ashmolean, 343a.
30 Buchanan, Ashmolean, 342.
31 Boehmer, Entwicklung, 585.
32 Boehmer, Entwicklung, 583.
33 Boehmer, Entwicklung, 575.
34 Boehmer, Entwicklung, 658.
35 Stark abgegriffenes Rollsiegel. H. 2 cm (auf dem Foto um etwa 1/3 vergrößert). Museum Aleppo, Nr. M. 4567. Opferszene vor sitzender Gottheit. – H. Hammade, Cylinder Seals from the Collections of the Aleppo Museum, Syrian Arab Republic, BAR
   International Series 335, 1987, 63.
36 Boehmer, Entwicklung, 553.
37 Porada, Morgan, 241.

---

22 Zu den Stilstufen der Rollsiegel der Akkad-Zeit vergl. R.M. Boehmer, Die Entwicklung
   der Glyptik während der Akkad-Zeit, UAVA 4, 1965, Zeittabelle am Schluß des Buches.

38 Boehmer, Entwicklung, 578.
39 Buchanan, Ashmolean, 387.
40 Buchanan, Ashmolean, 352.
41 Buchanan, Ashmolean, 385a.
42 W. Orthmann, Der Alte Orient, PKG 18, 138c .
43 Moortgat-Correns, Mesopotamia, 120, Abb.1; ANEP 525.
44 Boehmer, Entwicklung, 385
45 Buchanan, Ashmolean, 371.
46 Boehmer, Entwicklung, 381.
47 Collon, Cylinder Seals II, 225.
48 Porada, Morgan, 247.

49-51: Stufenaltäre auf Rollsiegeln der Akkad-Zeit, Stilstufe III
49 Boehmer, Entwicklung, 646. Schriftkasten weggelassen.
50 Buchanan, Ashmolean, 389.
51 Boehmer, Entwicklung, 387.

52-54: Rollsiegel der »nachakkadischen Zeit« (Postaccadian)
52 Buchanan, Ashmolean, 401.
53 Buchanan, Ashmolean, 402.
54 Buchanan, Ashmolean, 403.

55-62: Bilddokumente der neusumerisschen Zeit (Ur III – Zeit)
55 Relief auf einer Stele des Urnammu (Ausschnitt). Aus Ur. Moortgat,
   Kunst, 194.
56-61: Rollsiegelbilder der neusumerischen Zeit
56 Antike Abrollung (Nachzeichnung). Zeit de Amarsu´ena. Orthmann, PKG 18, 239,
   Fig. 44g.
57 Libationsszene vor Ningirsu. Siegel des Urdun. – Frankfort, Cylinder Seals, 143, Abb.
   38.
58 Collon, Cylinder Seals II, 347.
59 Collon, Cylinder Seals II, 342.
60 Frankfort, Cylinder Seals, Taf. XXVc.
61 Frankfort, Cylinder Seals, Taf. XXVf. Schrifttkasten weggelassen.

62: Stele der Ur III-Zeit
62 Moortgat-Correns, Mesopotamia, S. 145, Abb. 2.

63: Rollsiegel der IsinLarsa-Zeit
63 Adorationsszene. – Porada, Morgan, 305.

64: Rollsiegel der altbabylonischen Zeit.
64A Libationsszene. Aus Ur. – D. Collon, First Impressions. Cylinder Seals in the
   Ancient Near East. 1987, 827.
64B Adorationsszene. – Orthmann, PKG 18, 267i.

65-69: Realfunde von Ständern aus Assur, Tempel der Schicht G (Beginn des 3. Jahrtausends)

65 Fund-Nr. Assur 22030b. Höhe 45,0 cm. – W. Andrae, Die archaischen Ischtar-Tempel in Assur, Ausgrabungen der Deutschen Orient-Gesellschaft in Assur IV, 1970, Taf. 20, Fig. e.

66 Fund-Nr. Assur 22030a. Höhe 47,5 cm. – Andrae, Ischtar-Tempel, Taf. 20, Fig. d.

67 Fund-Nr. Assur 22082. Höhe 35,00 cm. – Andrae, Ischtar-Tempel, Taf. 20, Fig.f.

68 Fund.Nr. Assur 2616. Höhe 25 cm. – Andrae, Ischtar-Tempel, Taf. 20, Fig. i.

69 Fund-Nr. Assur 22381. Höhe 30,6 cm. – Andrae, Ischtar-Tempel, Taf. 20, Fig. m.

70-76: Realfunde von Ständern aus Tell Ḫuēra

70 Inventarnr. T.Ch. 64/36. Höhe 23,6 cm. Aus dem Kleinen Antentempel, Schicht 2. Mesilim Zeit. – H. Kühne, die Keramik von Tell Ḫuēra, Vorderasiatische Forschungen der Max Freiherr von Oppenheim-Stiftung 1,1976, Abb. 309.

71 Inventarnr. T.Ch. 59/255 h (?). Höhe 10,60 cm. Aus Steinbau I, Schicht 7. 1. Übergangszeit (»Frühdynastisch I«). – Kühne, Keramik, Abb. 302.

72 Zeichnung zu Foto Abb. 75. – Inventarnr. T.Ch. 63/26. Höhe 12,4 cm. Aus dem Kleinen Antentempel Schicht 2-3. Mesilim Zeit. – Kühne, Keramik, Abb. 305.

73 Inventarnr. T.Ch. 60/43. Höhe 25,40 cm. Aus Steinbau I, Schicht 3. Übergang Mesilim / Ur I-Zeit. – Kühne, Keramik, Taf. 24,6.

74 Inventarnr. T.Ch. 58/65. Erhaltene Höhe 7,2 cm. Aus Steinbau I, Schicht 3. Übergang Mesilim / Ur I-Zeit. – Kühne, Keramik, Taf. 24,5.

75 Foto zu Zeichnung Abb. 72. – Inventarnr. T.Ch. 63/26. Höhe 12,4 cm. Aus dem Kleinen Antentempel Schicht 2-3. Mesilim Zeit. – Kühne, Keramik, Abb. 305.

76 Inventarnr. T.Ch. 63/76. Höhe 34,4 cm. Aus dem Kleinen Antentempel, Schicht 2/3. Mesilim Zeit. – Kühne, Keramik, Taf. 23,3.

Der Schwarzplan des mittelbronzezeitlichen Tempelbezirks von Kāmid el-Lōz (Taf. 1) sowie die Zeichnungen Abb. 01-06 stammen von M. L. Rodener, Institut für Vor- und Frühgeschichte und Vorderasiatische Archäologie der Universität des Saarlandes, die Zeichnungen 16-48 zu den Textabbildungen von A. Link, Institut für Ur- und Frühgeschichte der Christian-Albrechts-Universität zu Kiel.

Grundriss
des mittelbronzezeitlichen Tempelbezirks von
Tell Kāmid el-Lōz, Baustadium T4a

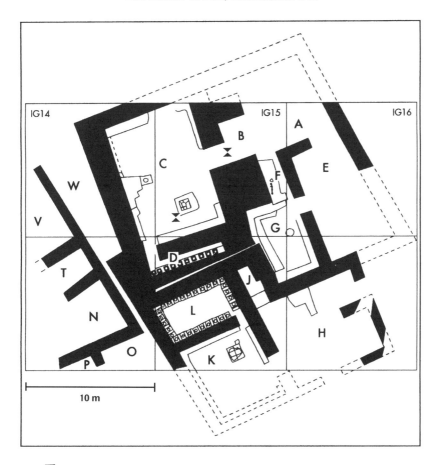

✕ – Im Durchgang zwischen Raum B und C:
   Fundstelle der Ständer Abb. 02-06 sowie der Fragmente von 13
   weiteren Ständern
✕ – Im Süden des Raumes C, unmittelbar neben einer Feuerstelle:
   Fundstelle des Ständers 01.

Tafel 1

07

08

Tafel 2

09

10a

10b

Tafel 3

11

12

13

Tafel 4

14

15

16

Tafel 5

17

18

19

20

21

Tafel 6

22

23a

23b

24a

24b

25

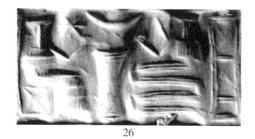

26

Tafel 7

Martin Metzger

27

28

29

30

31

Tafel 8

32

33

34

35

36

Tafel 9

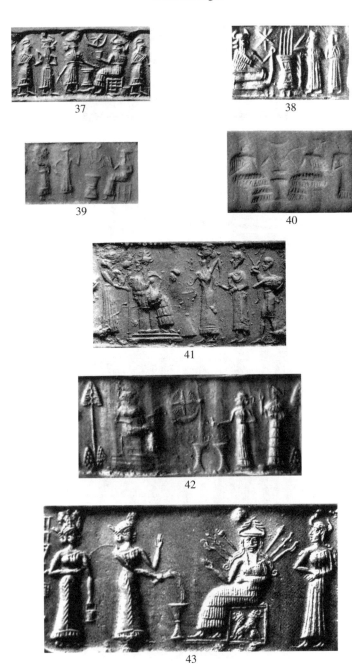

37

38

39

40

41

42

43

Tafel 10

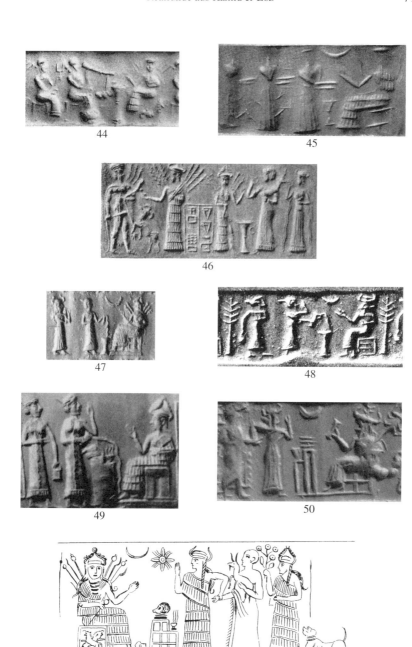

44

45

46

47

48

49

50

51

Tafel 11

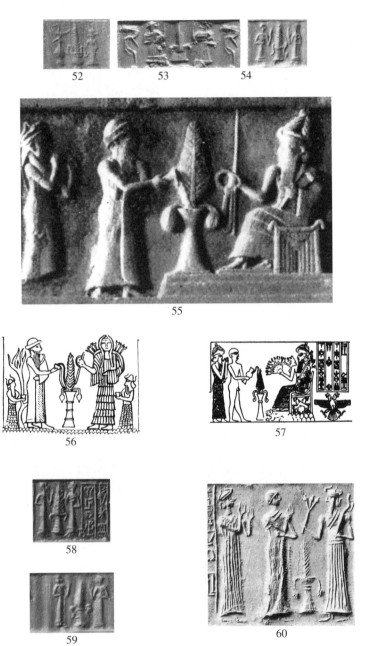

52   53   54

55

56   57

58

59   60

Tafel 12

61

62

63

64a

64b

Tafel 13

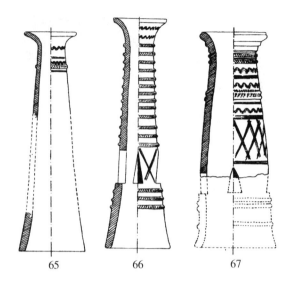

65   66   67

68   69

Tafel 14

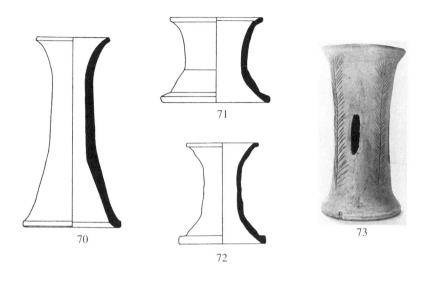

70

71

72

73

74

75

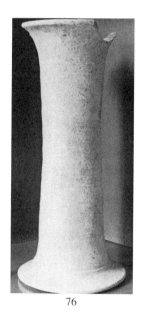

76

Tafel 15

Justice as Theme of the Dialogue in Israel and Hellas

John Pairman Brown (Berkeley/California)

This essay is a partial and inadequate expression of thanks to Otto Kaiser for allowing me to improve a number of articles on the theme »Israel and Hellas,« originally spread out in many places, and reprinting them in three volumes of the Beihefte zur Zeitschrift für die alttestamentliche Wissenschaft.[1] And he was not merely responsible for collecting them, but providing the impetus for several. Without him I would have had no coherent life work, but only scraps and tatters.

The present essay works up the agreed subject for this congratulatory book in terms of that theme. Here as elsewhere, many routes of contact invite us to compare Israelite and Greek culture. After forty years of work, I would have been very shortsighted in the past if some of those printed materials were not relevant to the present subject; cross-references to the volumes are in the format [*I&H*] I/II/III.000. But I would have been very lazy in the present if some new thoughts did not also make their way in here. Perhaps summaries of what I have written elsewhere will provide useful commentary on more original contributions to this *Festschrift*.

Here I begin (1) with preconditions on a human being (mostly male) and his society for engaging in even a marginally adequate dialogue with a divinity. I next (2) discuss what we mean by speaking in our own voice about a divinity. I then treat (3) the *form* of the dialogue, especially the role of a feminine intermediary. As my main topic (4) I look at the possible *object* of the dialogue, in particular justice (which we will have already seen personified as a feminine divine figure). Finally (5) I note possible historic routes of connection between Israel and Hellas at different periods to account for the parallels we have found. As an Appendix I boldly propose an old etymological relationship between the Hebrew and Greek names of »justice.«[2]

---

1 Israel and Hellas [Vol. I: The Vocabulary of Social Enterprises, BZAW 231, 1995. Vol. II: Sacred Institutions with Roman Counterparts, BZAW 276, 2000. Vol. III: The Legacy of Iranian Imperialism and the Individual, BZAW 299, 2001].
2 Prof. Kaiser prudently advised me not to include this treatment in vol. II of I&H, as more speculative than the rest of the matter; here where I am beyond his prudence I rashly include it.

1. Preconditions on a human being for dialogue with divinity.

As I understand it, Mensch is not »male person« but »human being.« Still in
the male-oriented societies of the ancient world, nearly all the evidence for
dialogue relates to men (which I use in the true English sense of human
males). In my ignorance of cuneiform and hieroglyphic, I bypass the
question, whether men in Mesopotamia or Egypt were in true dialogue with a
divinity. I do this by setting an intrinsic condition; the record of true dialogue
must have come down to the contemporary world by a continuous chain of
transmission. The complexity and non-phonetic character of cuneiform and
hieroglyphic made their learning and use a lifetime occupation for
professional scribes of kings, priests, businessmen; and so when Ancient
Near Eastern monarchy, cult, trade died, the scripts died with them.

Is that a reasonable limitation on dialogue? – The civilizations of the
Ancient Near East left little or no room for independent thought. The lack of
rainfall put every community in subjection to officials (equally with royal,
cultic and business mandates) opening and shutting the sluice-gates of
irrigation. No defensible citadel or citizen militia was possible. The very
themes of dialogue as independent discourse – critique of kingship, of cultic
practice, of business ethics – were unavailable. And even if they had been,
the lack of a widely accessible phonetic alphabetic script meant that the
textual record of dialogue would not survive the fall of such a civilization.

The phonetic alphabet originated somewhere in the West-Semitic world,
as the names, shapes and meanings of Hebrew letters attest (but the Semitic
dialect lying behind them is not easily defined). Greek retained the names
and shapes. That alphabet was widely taken up and imitated; Latin retained
the shapes in a version derived from Etruscan but further lost the names. The
sole fully independent literatures written in it are Hebrew and Greek; Latin
texts from the beginning are based on Greek originals; other societies using
the alphabet (in Phoenicia, Damascus, Asia Minor, Etruria) never generated
memorable texts or a scribal class committed to preserving them.

The first clear makers of literary texts arising from dialogue are men living
as far as possible separate from the societies they describe and critique:
namely, *shepherds*. Often such a one is in »transhumance« – that is, in a
summer migration to higher pastures, while his winter occupation may be
agricultural (II.2-3, 36-37). Moses was »tending the flock of Jethro« (Ex 3,1)
when he saw and heard God in the burning bush. David kept sheep for his
father (I Sam 16,11; 17,34). Amos the »dresser of sycamores« (Am 7,14-15)
was a shepherd part-time, no doubt in the summer, when he »saw« (חָזָה)
certain words (Am 1,1). Hesiod to judge by his poems knew most about
agriculture, but he was »pasturing his sheep under divine Helicon« when the
Muses »taught him sweet song« (*Theogony* 22-23). In Sophocles' *Oedipus
Rex* 1137 the Corinthian messenger reminds the shepherd that yearly they

both took their flocks up on Mount Kithairon »the six months from spring till the rising of Arcturus«, and returned to their folds in winter.

Why is the shepherd in particular granted the hearing or »seeing« of a special message? He is up there by himself, there is no representative of court, military, business, cult to prescribe or censor his observations. He meets no living creature but the lion or bear (I Sam 17,34-37; *Iliad* 5.136-142); the threat to his flock reminds him of dangers to his people. In different context, Agamemnon is »shepherd of the people« and Yahweh »shepherd of Israel« (Ps 80,2). The message very early related to the maintenance of land-tenure, and the shepherd is motivated by his own holdings to vindicate the threatened status of his sedentary cousin down below.

Whether seen or heard, the shepherd's message would be unknown to us unless it was recited to his fellows when he returned, and eventually recorded on a scroll by a scribe; and the scroll preserved, copied, recited and understood in each succeeding generation. The recorded dialogues presuppose all that infrastructure. How was the legitimacy of the message verified? By something in the demeanor of the reciting shepherd; by some stylistic feature in the message not easily imitated; above all, by its congruence with a dawning expectation in the hearts of the hearers. After the shepherd, the same message is taken up by a city man, an Isaiah or Solon; but it is the shepherd who shows the way.

2. What is a God?

It is not for the philologist or historian to say what a God capable of entering into dialogue is »in himself« (or »in herself,« or a divinity generally in itself). We may leave that up to the philosopher – or perhaps a poet or prophet of our own times. For one thing, the character of the God or gods, or their message, as proclaimed by the hearer, never goes beyond what the hearer is preconditioned to hear. How could it be otherwise? Thus in the classical period it was impossible to hear a message of nonviolence, »Love your enemies«; for the maintenance of the society was dependent on the armed defence of the citadel by a citizen militia. If the divinity had that message in the back of its mind, it prudently reserved it for a later age. And we today likewise are constrained by different, but comparable, limitations on our own knowledge. The physical constants of nature, which we do not yet understand very well, bring us a new message about what the Hebrew Bible calls the act of creation. Even the concept of another intelligent society somewhere in the cosmos constitutes a new message; much more so would an actual contact! And we need not pride ourselves for having passed beyond the ancients; for we are far from having assimilated the messages transmitted to them and handed down to us, let alone having firmly gone beyond them.

For our present purposes – namely, comparing the features of dialogue in Hebrew and Greek texts – we may say then intrinsically that the God of a dialogue is *the source, always partly hidden, of a novel message delivered to a man preconditioned to receive it.* That modestly puts the emphasis on the things we know, the man and the message he carries, rather on the dimly perceived source of the message. Messages from a man's inner self or a seer passed to the underworld share some features with a divinity more properly so defined. Listening to that source or »seeing« it puts a man in the situation where he is freed from the constraints of power structures in his society – kingship, the cult and its priesthood, patterns of land-tenure and wealth; and enabled to look at those structures independently, possibly in approbation, more likely in criticism. The language in which we speak about the God comes from the one in direct contact. For Greek writers of the Roman period – Marcus, Epictetus, Plutarch – ὁ θεός has become an optional equivalent to »Zeus« or »the gods« (III.176).

In particular, for that message to be heard, let alone acted on or preserved, back there in the social structures, its bearer needs ongoing protection already built into the society as a permanent feature. The hearer of the new message requires a *sacral immunity.* Elsewhere (II.40-42) I have shown how this works out in the societies we know. The Hebrew prophet has a special sacral status, and the community that remembers his words is privileged. The Greek refomer shares in the social prestige of the poet, his words in their memorizability carry their own permanence. The Roman tribune of the people has a special inviolability, his actions and principles are enshrined within the law itself.

3. The form of the dialogue

3.1. In general

Dialogue is a Greek word and concept. How are Greek men said to engage in dialogue? Plato's works are referred to by others as »dialogues,« and likewise the conversations by the participants they contain, »our dialogues will not be the same [without you],« οὐχ ὁμοίως ἡμῖν ἔσονται οἱ διάλογοι (*Protagoras* 335D). Latin *dialogus* is mostly the literary form. The underlying Greek verb διαλέγομαι is »discuss,« Thucydides 8.93.2 ἀνὴρ ἀνδρὶ διελέγοντο »they engaged in conversation man to man.« Hebrew hardly records men mutually discussing vital matters between each other (III.154-155).

But earlier the same Greek verb refers to the response received by a man from his inner self. At *Iliad* 11.403 Odysseus »spoke to his great-hearted spirit«: ... εἶπε πρὸς ὃν μεγαλήτορα θυμόν and (vs 407) receives back an answer in an often repeated line ἀλλὰ τίη μοι ταῦτα φίλος διελέξατο θυμός;

»But why does my spirit consider these things?« The noun can cover both halves of this inner conversation, Plato *Sophist* 263E »We have named ›thought‹ the dialogue taking place, without a voice, within the soul to itself«: ... ὁ μὲν ἐντὸς τῆς ψυχῆς πρὸς αὐτὴν διάλογος ἄνευ φωνῆς γιγνόμενος τοῦτ᾽ αὐτὸ ἡμῖν ἐπωνομάσθη διάνοια. In a pan-Mediterranean concept Hebrew so represents a man addressing his inner self, which as in Plato (but not Homer) is seen as feminine, Ps 42,12 etc »Why are you heavy, my *nephesh* (LXX ψυχή)? And why are you unquiet within me?.« The *nephesh* also can be represented as speaking in turn, Thr 3,24 »›The Lord is my portion,‹ says my *nephesh* (LXX lacking); therefore I shall trust him.«

More generally we may consider under the rubric »dialogue« a message received by a man from a source other than another human being, sometimes generating a response. Both in the Hebrew and Greek worlds such messages from time to time come through and are responded to. The messages and responses in the two societies have characteristic differences. But the differences would be unobservable if they did not emerge from similar cultural structures. I propose that the relationship between the two societies is uniquely close in that the messages:

(1) deal with fundamental social issues;
(2) are independent of existent social structures (government, cult, business);
(3) are delivered in the high style of verse or equivalent;
(4) are recorded in alphabetic script by the receiver or his agent;
(5) are preserved and understood in a continuity of generations from that time to this.

We may note archaic or inadequate forms of the dialogue.

Divination. Israel in its remarkable progressivity has at most indistinct reflections of the principal modes of divination in the West. Augury, divination by the flight of birds and otherwise, so prominent in Rome, is barely hinted at in Israel. The closest is the determination of questions by Urim and Thummim. (And perhaps the rustling of leaves at II Sam 5,24 is a form of divination.) Divination by the form of the liver spread somehow from Babylonia to Etruria; in both places liver-models with marked areas have been found (I.185). Aeschylus (*PV* 495) has Prometheus teach mortals the technique of divination by the liver; whereas at an Israelite sacrifice the lobe of the liver (Lev 3,10) is burned, surely just to prevent its use in divination.

The High God communicates with men through the *thunder*, heard as his voice (II.64). Odysseus back in Ithaca asks Zeus for a sign (*Odyssey* 20.103-104) and immediately the god thunders to indicate that he is doing so – in the prayer of the mill-woman that the banquet of the Suitors should be their last. In Israel the words of God in creation are interpreted as thunder, Ps 104,7 »At the voice of thy thunder [the primeval waters] took flight.« At Sinai (Ex 19,16) there were »›voices‹ and lightnings« which evidently implies thunder;

then the Ten Commandments were spoken in thunder, the »loud voice« of Dtn 5,22. The Greeks had a variable tradition of *ethical maxims* attributed either to the Seven Sages or at Delphi (III.163 footnote), which however never reached fixed form like the Hebrew Ten.

3.2. The feminine intermediary

Later prophets and poets do not explicitly state the form of the dialogue. Earlier the form of the dialogue, so far as discoverable, mostly consists in *a mediation by a feminine agency between the seer and the source of the message*.

3.2.1 *The inner self of the prophet*. While a strict reading of the Hebrew would make a clear distinction between the inner self and the divinity, the inner self still reveals an understanding within the seer that his primary self has missed. Socrates' *daimonion* is a neuter figure which never says Yes but only No.

3.2.2 *A concierge of the underworld*. Even less so is the spirit of a departed seer in the underworld a full-fledged divinity. But again it can only be reached by a feminine intermediary: the »witch« of En-Dor reaching Samuel, Circe reaching Tiresias, the Sibyl of Cumae introducing Aeneas to past and future in the underworld. Elsewhere (II.191) I propose that the practice came to Palestine by the people known to Greeks as Gergithes, to Semites as Girgashites.

3.2.3 *A priestess at an oracle*. While the Pythia at Delphi has no clear correspondent in Israel, her messages do have several correspondents.

The catalogue of Delphic responses has been drawn up by Parke & Wormell.[3] The principal commentary is by Fontenrose, who finds the majority of the reported responses (and in particular the riddling ones) non-authentic.[4] Fontenrose (p. 439, category »2c«) finds 62 responses where the founding of a city or colony is the main or subordinate topic. The best Hebrew parallel is at Jdc 8,5, where the Danites at Micah's house ask the Levite priest »Inquire of God, we pray thee, that we may know whether the journey on which we are setting out will succeed.« There is a nice parallel (II.217) at Herodotus 5.43 both in the topic and question: Dorieus before sailing for Italy asked at Delphi »whether he would capture the land he was sailing to.«[5] Herodotus adds that an oracle of Laius father of Oedipus was

---

3   H. W. Parke & D. E. W. Wormell, The Delphic Oracle: Volume II, The Oracular Reponses, 1956.

4   J. Fontenrose, The Delphic Oracle: Its Responses and Operations; with a Catalogue of Responses; 1978. In summer 1995 I consulted the oracle myself on a topic which need not be disclosed, and received a response as unhelpful as one I had received earlier that year from the Vatican: »Your communication has been noted.«

5   Fontenrose Q 121 (p. 308) & page 158; P-W no. 72.

involved. That Laius, Levi and the Luvians all seem to bear the Indo-European name of »People« (German *Leute*, I.36; II.310) makes a further connection between the two consultations. Like many figures both Greek and Hebrew the Delphic oracle knows the number of grains of sand on the shore (Herodotus 1.47.3);[6] many other mantic figures also can count the stars. (But the Delphic oracle like other mantic establishments has also counted the number of waves in the sea.)

Another time the oracle is reputed to have given a command which in Israel is voluntarily taken on. At Pausanias 9.33.4[7] a ruler of Haliartos asks where to find water; he is told he must kill the first one he meets, who turns out to be his son Lophis. Compare the story of Jephthah's daughter (Jdc 11,34-40).

The Spartans had been given an oracle from Delphi that either their city would be destroyed in the Persian war or their king would die (Herodotus 7.220).[8] Leonidas took it upon himself to maintain his post at Thermopylae to save his city. The Hebrew Bible comes near this theme. The king of Israel like its God can be seen as a shepherd. So David in his youth; he risks his life to ward off the lion or bear from the flock (I Sam 17,34-37; cf *Iliad* 5.136-142; II.3). Jesus carries it to the end: Joh 10,11 »The good shepherd lays down his life for the sheep.«

3.2.4 *A daughter of the High God*. Yahweh has a feminine companion »Wisdom« who says (Prov 8,22) »Yahweh got me the beginning of his way«: יהוה קָנָנִי רֵאשִׁית דַּרְכּוֹ. She is comparable to Athena »whom Zeus the Counsellor himself got from his sacred head« (*Homeric Hymn* 28.4-5):

... τὴν αὐτὸς ἐγείνατο μητίετα Ζεὺς
σεμνῆς ἐκ κεφαλῆς.

Note the agreement in words for »head.« The Hebrew and Greek verbs for »get, beget« have an old morphological agreement in the participle. Euripides *Sup*. 629 παιδογόνε of Zeus »getting children«; Gen 14,9 קֹנֵה שָׁמַיִם וָאָרֶץ of Yahweh »getting heaven and earth.«

The Muse is explicitly addressed in the vocative as »daughter of Zeus,« *Odyssey* 1.10 θύγατερ Διός – an old Indo-European formula with an exact equivalent in Sanskrit *duhitár-diváh*.[9] Other Greek divinities have the same formula. At Hesiod *Opera* 256 (below) the center of his proclamation is »Virgin Justice born of Zeus« – another daughter, who further constitutes the primary *content* of the seer's message. Elsewhere (II.42-44) the poets of both tongues develop genealogies of justice and injustice.

---

6   P-W 52; Fontenrose Q99; I&H I.315.
7   P-W 532; Fontenrose L128.
8   P-W 100; Fontenrose Q 152.
9   R. Schmitt, Dichtung und Dichtersprache in indogermanischer Zeit; 1967, 169-174.

A Greek specialty is the *renunciation* of Wisdom, falsely so called – a
theme picked up by Paul from Socrates.[10] In both it has a coloration of irony
– a style almost unknown in Hebrew. Socrates discovers that he is the wisest
of men (as the Delphic oracle claimed)[11] only in the sense (Plato *Apol.* 21D)
»I don't think I know what I don't know«; Paul has determined »not to know
anything« (I Kor 1,2) except one thing. Socrates encounters a man who
»seemed to be wise« (*Apol.* 21C); Paul has advice for one such (I Kor 3,18).
Socrates finds that »human wisdom« (*Apol.* 23A) is worth little or nothing;
Paul takes over the exact phrase ἡ ἀνθρωπίνη σοφία, he does not speak in
words »taught by human wisdom« (I Kor 2,13).

    3.2.5 *The Presence of the Hebrew God.* In post-Biblical Hebrew, the God
of Israel has his Presence *Shekhinah* (שכינה), attested also in Syriac Christian
verse and the Quran (I.179-180; II.330; III.142, 343). In secular use it may
have appeared as Greek σκηνή »tent.«

    3.2.6 *The Spirit or Spirits of the High God.* David says (II Sam 23,2; II.36)
»The Spirit of Yahweh speaks by me, his word is upon my tongue.« And so
of Yahweh's Servant (Jes 42,1) »I have put my Spirit upon him, he will bring
forth judgement to the nations.« That Spirit has seven attributes or agencies
(Jes 11,2), so that one may speak of the »seven spirits before the throne«
(Apk 1,4 etc.). At II.39 we discuss the six Avestan spirits along with the High
God Mazda. The Greek Muse can be singular, *Odyssey* 8.488 as »the child of
Zeus«; or ninefold, Hesiod *Theog.* 76; *Odyssey* 24.60-61.

4. Justice as content of the message

Our honoree has discussed Greek Dike and Hebrew Sedaqah as parallel
witnesses to the »moral law.«[12] Here rather we gather structural motifs in
which justice is treated by the two societies.

4.1. The new song

The message may be a new song, put by a divine figure in the receiver's
mouth. Ps 40,4 »And Yahweh put a new song in my mouth.« Pindar *Isthmian*
5.63 πτερόεντα νεόν ... ὕμνον »the new winged song.« Again Hesiod
Theogony »Who [the Muses] once taught Hesiod sweet song.« Numerous
texts from both cultures at II.36-38. The content of the song is the *justice* of

---

10 My »Inversion of Social Roles in Paul's Letters,« NT 33 (1991) 303-325, 315.
11 P-W 134 & 420, Fontenrose H3.
12 O. Kaiser, »Dike und Sedaqa: Zur Frage nach der sittlichen Weltordnung: Ein
   theologisches Präludium,« in: ders., Der Mensch unter dem Schicksal, BZAW 161, 1985,
   1-23.

the High God. Ps 96 begins »Sing to Yahweh a new song,« and ends »He will judge the world with Justice (צֶדֶק).« The content of Hesiod's poem (*Opera* 256) is »Virgin Justice born of Zeus«: ἡ δέ τε παρθένος ἐστὶ Δίκη, Διὸς ἐκγεγαυῖα. The feminine agencies of dialogue convey to the shepherd or seer a long series of themes defining or illustrating justice, either as abstract concept or itself personified as feminine divinity.

4.2. Definition of Justice

Plato (*Rep.* 433E) declares Justice (δικαιοσύνη) to consist in »having and doing what is one's own and belongs to one,« ἡ τοῦ οἰκείου τε καὶ ἑαυτοῦ ἕξις τε καὶ πρᾶξις. Cicero (*de fin.* 5.25) likewise makes *iustitia* »the state of mind which grants each one his own,« *animi affectio suum cuique tribuens*. Ulpian (*Digest* 1.1.10) expands that formulation as *iustitia est constans et perpetua uoluntas ius suum cuique tribuendi* »Justice is a constant and perpetual will to render each his own« (II.29). In the ancient world, what is one's own is primarily *land*. Justice is the act of the State or its representatives in guaranteeing constantly a man's possession of land by whatever means it was acquired. Thus at Jes 5,7-8 the woes on »those who join house to house, who add field to field« are preceded by the puns »And he looked for justice (מִשְׁפָּט) but behold bloodshed; for righteousness (צְדָקָה) and behold a cry.« In those definitions, ones never yet in possession of land – women, serfs, slaves, foreigners – do not appear. But, as with the U. S. Constitution, that formulation permits of expansion beyond commutative to distributive justice.

4.3. Justice as legally doubled concept

Moshe Weinfeld[13] discovered that in both societies justice was defined by *hendiadys*, a single concept in two words: »justice and judgement« (מִשְׁפָּט וּצְדָקָה); θέμις and δίκη (Pindar *Isthm.* 9); see II.33 for its antecedents in Phoenician. In Ugaritic the doubling appears in the naming of twin divinities. The source is likely to be the legal doubling of formulas to cover all contingencies: thus (II.26) Gen 23,4 Abraham says »I am a stranger and sojourner (Vg *aduena sum et peregrinus*); Cicero *de orat.* 1.249 *ne in nostra patria peregrini et aduenae uideamur* »Lest in our own fatherland we seem foreigners and strangers.«

---

13 M. Weinfeld, Social Justice in Ancient Israel and in the Ancient Near East, 1995, 25.

4.4. The eye of the High God (II.34).

Numerous formulas in both Hebrew and Greek show the eye or eyes of the High God overseeing justice. Ps 11,4-5 »His eyes behold, his eyelids test, the sons of man; Yahweh tests the righteous and wicked.« Hesiod *Opera* 267-9 »The eye of Zeus, seeing all and knowing all, looks on [events in a city] if he wishes; nor does it escape him what degree of justice a city keeps within it.« In Menander[14] the eye is transferred to personified Justice: ἔστιν Δίκης ὀφθαλμὸς ὃς τὰ πάνθ' ὁρᾳ.

4.5. The throne of justice

The new song conveyed to the seer may have Justice join the High God on his throne: a fragment of Aeschylus (II.45) has her say »I sit on the throne of Zeus,« ἵζω Διὸς θρόνοισιν ; Ps 9,5 »You sit on the throne judging [with] justice.« Alternatively, personified Justice *is* the throne: Solon[15] has »the holy bases of Justice,« σεμνὰ Δίκης θέμεθλα; Ps 97,2 »Righteousness and justice are the foundation of his throne«: צֶדֶק וּמִשְׁפָּט מְכוֹן כִּסְאוֹ.

4.6. The scales of justice (II.46)

When the Hebrew speaks of »scales of justice« (צֶדֶק מֹאזְנֵי, Lev 19,36, Ez 45,19, Hi 31,6) it can be taken two ways: impersonally in Semitic idiom, »just scales«; but also »the scales of personified Justice.« So in the *Homeric Hymn to Hermes* 4.324 δίκης κατέκειτο τάλαντα »the scales of justice were set« before Zeus on Olympus, if this is not personification, it is an approach to the Semitic idiom, »just scales.«

4.7. The straight way of justice (II.46)

Both literatures literally speak of straight and crooked ways. In Indo-Iranian the »way« is mythologized. In Avestan, *Yasna* 33.5 »the straight paths of truth (*aša*)«; the Pali Buddhist text *Dhammapada* is »the *path* of law (Sanskrit *dharma*).« Hebrew speaks frequently of a »way of justice« (Prov 16,31 etc) or »ways of justice« (Ps 23,3); John Baptist came in »the way of justice« (Mt 21,32). For Hesiod *Opera* 216-217 (cf 288-291, two ways) »the better way leads to things that are just.« The *Didache* of the Twelve Apostles begins with two ways of life and death.

---

14 Menander Sent. 225 ed. S. Jaekel, 1964, 45.
15 Quoted by Demosthenes 19.254.

5. Possible modes of contact

How did the two societies come to agree in what they say about justice? Three possible routes of transmission at different dates.

(1) *In the Ugaritic period.* If the analysis in the Appendix is correct, West-Semitic very early learned the name and nature of justice in the root *sdq* and its variants through a dialectal form of Greek, **zdik-aia*. A natural route of transmission would be by sea between the Mycenaean palace societies of mainland Greece or Crete, and such a port as Ugarit.

(2) *In the historical period generally through donkey-caravan* (II.50-51). In Hebrew, Greek and Latin the names of the ›sack‹ are identical, and the names of the ›ass‹ very likely related. The shepherd in the hills brought supplies back and forth by pannier-bags on his donkey in a local form of the very same transport by which precious goods were carried across Asia Minor. His discoveries would naturally be carried by his means of transport.

(3) *In the Egypt of exiles.* Excellent sources put Jeremiah and Solon, twin spokesmen for justice, in or near Daphnae of Egypt at almost exactly the same date, 590 BC (II.48-49). Plutarch (*Solon* 26.1) has Solon studying with Egyptian priests – either Solon had available an interpreter, or the priests had picked up some Greek. Jeremiah knows the Egyptian names at least for women's cosmetics (I.241, III.295). Here in the midst of the Greek crisis of land-tenure Solon might have learned by osmosis what Hebrews had to say about it.

Appendix: The name of »justice« in West-Semitic and Greek[16]

I reserve for this Appendix the sensational proposal that the word for »justice« (צֶדֶק etc.) in Semitic, along with its root צדק, is *a loan word from Indo-European; and specifically, from an early form of Greek.* The parallel usages of »justice« in Hebrew and Greek texts discussed above suggest strongly that Greek and Canaanite texts about justice were in touch at one or more removes, though they do not point to any priority or direction of communication. They support my proposal here, though naturally it rests only on its own linguistic arguments. If this proposal is rejected, the parallel usages remain as they were.

---

16 Abbreviations in this Appendix. CIS: Corpus Inscriptionum Semiticarum. IESL: S. Levin, The Indo-European and Semitic Languages; Albany: State Univ. of New York, 1971. KAI: H. Donner & W. Röllig, Kanaanäische und aramäische Inschriften; 1962-4. KTU: M. Dietrich et alii, The Cuneiform Alphabetic Texts from Ugarit...[Die Keilalphabetische Texte aus Ugarit, 2nd ed.]; 1995. PAT: D. R. Hillers & E. Cussini, Palmyrene Aramaic Texts; 1996. SIE: S. Levin, Semitic and Indo-Europea ... ; Amsterdam Studies ... IV.129; 1995.

The Hebrew root צֶדֶק *ṣdq* is not anchored in Semitic with complete solidity. The root occurs only once in Akkadian, an exception which proves the rule; for at Amarna letter 287.32 (from Abdi-Hepa prince of Jerusalem) *ṣa-du-uq ana* »I am right« is surely a loan from West-Semitic. Compare Jes 41,26 וְנֹאמַר צַדִּיק where the RSV has »that we might say, ›He is right‹.« The comparatively few forms of the verb in Hebrew do not point to any primary meaning more concrete than the nouns and adjectives; therefore they suggest that it is a denominative and the nouns primary. The evidence for the root *ṣadaqa* »speak the truth« in the Arabic of the Quran, so long after the Hebrew Bible, does not prove that the Hebrew nouns are derived from such a verb; the Arabic usages again are abstract and may equally well have been derived from West-Semitic. Thus Quran 19.41 »Abraham was a truthful one,« *ṣiddīqan* echoes Hab 2,4 »the just man (צַדִּיק) shall live by his faith« and the application to Abraham made by Paul. Quran 54.55 *fī maqʿadi ṣidqin* »in the seat of truth« is reminiscent of Ps 97,2 »justice (צֶדֶק) and judgement are the foundation of thy throne.«

In the old Aramaic inscriptions of Syria no verb-forms of the root appear. Of Panamuwa it is said (*KAI* 215.11) בחכמתה ובצדקה »because of his wisdom and loyalty [to the Assyrian overlord]«; so at Nerab (*KAI* 226.2) בצדקתי קדמוה »because of my righteousness before him [the god].« Naturally it appears in the Aramaic papyri of Elephantine in Egypt (written by Jews). It is occasional in Phoenician; Yehimilk of Byblos (*KAI* 4.6) is a »just king,« מלך צדק; Azitawadd like Panamuwa speaks (*KAI* 26A.I.12) of »my justice and wisdom,« בצדקי בחכמתי.

Furthermore the consonantal form of the root is unstable. On a lost statue of queen Zenobia at Palmyra the bilingual inscription has: צלמת ספטמיא בתזבי נהירתא וזדקת[א] מלכתא »Statue of Septimia Bath-Zabbay the illustrious and rightous queen«; Σεπτιμίαν Ζηνοβίαν τὴν λαμπροτάτην εὐσεβῆ βασίλισσαν »Septimia Zenobia...«[17] This is so far the only appearance of the root in Palmyrene, and an error of the stone-cutter might be suggested; but this is ruled out by the usage in Syriac, where the root is invariably *zdq*. At Ugarit once or twice the root *ṣdq* appears as in Hebrew: thus at *KTU* 1.14.I.12-13 the two phrases *att ṣdqh* and *mtrḫt yšrh* both mean »legitimate wife.« Mostly it apppears in personal names like *ṣdqšlm*.[18] Gordon[19] believes further that it appears in a range of phonetic variants, citing *ṣdkn* (*KTU* 4.277.6) and *ṣtqn* (*KTU* 1.80.2,3]) instead of *ṣdqn* (e.g. *KTU* 4.33.27), and *ṣtqšlm* (*KTU* 2.19.10]) instead of *ṣdqšlm* »with partial assimilation of d to the

17 PAT 0293 = CIS 3.3947. Greek Ζηνοβία attested at Zosimus 1.39.2. The Greek form of her name becomes a loanword in Rabbinic, זנניה מלכתא »Queen Zenobia,« Jer. Talm. Terum. 46b63.
18 KTU 4.103.28 etc.
19 C. M. Gordon, Ugaritic Textbook, AnOr 38, 1965, Glossary 472.

emphatics ṣ and q« and also of q to ḳ. While the first two of these might be questioned, the last seems unmistakable. Thus the Ugaritic usages (after the Amarna) are both the earliest testimony to the word in West Semitic, and also the most irregular. While comparable consonantal changes can occur fully within Semitic, at least the changes of the root in Palmyrene, Syriac and Ugaritic are highly compatible with variant hearings of a foreign word.

Greek δίκη (Doric δίκᾱ attested in Pindar) is a feminine noun with regular vowel gradation from δείκνῡμι »I show« and exact Indo-European descent. The verb corresponds to Latin dīcō which also has a root noun with reduced vowel, *dix in dicis causā (Cicero Verr. 2.4.53) »for the sake of appearance«; it forms masculine nouns of agent, iūdex »judge« (cf Cicero Tul. 8 iūs dīxit). In early inscriptions dīcō appears as deic-: thus in the Senatus Consultum de Bacchanalibus (bronze tablet of 186 BC)[20] lines 4-5 SEI QUES / ESENT QUEI SIBEI DEICERENT NECESUS ESE BACANAL HABERE »Should there be any who say that they must maintain a place of Bacchic worship,...« The indispensable link between the classical Greek and Semitic forms is an archaic Greek inscription in the dialect of Elis from Olympia of before 580 BC where Δ is replaced by Ζ throughout; in particular three times δίκαια is written ΖΙΚΑΙΑ.[21] Thus in this dialect we can postulate for classical δίκη (Doric δίκᾱ) a writing *ΖΙΚΑ; at this date the zeta must have been pronounced /zd/. For Palmer[22] writes:

> The inventors of the Greek alphabet appear to have regarded as units certain complex articulations, which we should analyse as consonant clusters. Ζ (ζ), for instance, must have had the value [zd] to judge by ᾿Αθήναζε < ᾿Αθήνας + δε, θύραζε < θύρας + δε.

He does suggest an occasional intermediate stage [dz]. But Levin[23] points out that in view of the »acrophonic logic of the Greek alphabet,« the initial element of Ξ̄ had to be /k̄/ and of ψ̄ had to be /p̄/, and likewise »The third compound letter ζ would also have been superfluous, had its name been pronounced [dzê:ta], as some believe, instead of [zdê:ta].« This requires a pronunciation for »justice« in the Elean dialect of zdikā.[24] Buck regards the

---

20 Very often published, recently in A. E. Gordon, Illustrated Introduction to Latin Epigraphy, 1983, no. 8 p. 83, with excellent photo. (The passages from Plautus and Cicero cited by the lexica where a MS has deic- do not inspire confidence, since none of them suggests any motive for using an archaic form.)

21 C. D. Buck, The Greek Dialects: Grammar, Selected Inscriptions, Glossary, 3rd ed., 1965, no. 61 p. 259. The tablet is a decree (Ϝρατρα) of the Eleans laid up at Olympia of uncertain meaning; Buck writes (260): »The numerous interpretations of this inscription have differed fundamentally.«

22 L. R. Palmer, The Greek Language, 1980, 210.

23 IESL 312.

24 At Hesiod Opera 263 the variant δίκᾱς at hexameter end where two longs are required could conceivably point to an anomalous */zidkās/ or the like; West ad loc. (1978)

inscription as evidence that /d/ was pronounced as a *spirant* as in Modern Greek, like *th* in English *that*; but on the face of it the inscription says that /d/ had developed a preceding voiced *sibilant* sound.

Thus suddenly the Greek word for »justice« becomes phonetically comparable with the Hebrew. In any case the 2nd syllable of the masculine צֶדֶק *sé-dεq* runs parallel to the Latin root-noun *-dex, -dic-*. The Hebrew absolute feminine צְדָקָה *sədɔqɔh* begins so far as possible with the awkward cluster /ṣd/ and ends with the regular correspondent to the Greek feminine nominative singular. The Aramaic צִדְקָה *sidqɔh* Dan 4,24 develops an /i/ vowel as in Greek and the awkward cluster is resolved; similarly the Hebrew construct צִדְקַת *ṣidqaṯ*. With attested Greek *zdik-aia* we can compare the causative imperative singular (unattested but highly probable) *הַצְדֵּק *ha-ṣdeq*.[25] It would run against Semitic morphology to have a short i-vowel in the position of δίκη. But the simplest way to bring Greek *δίκᾱ *zdikā* within the Semitic sphere was moving the vowel *i* back to stand after the first consonant, which produces exactly the Aramaic צִדְקָה *ṣidqɔh*.

It requires mental readjustment to envisage the possibility that the Hebrew for »justice« – in many ways the central concept of the Hebrew Bible – is in fact a linguistic loan from Greek. But we have already seen that the usage of »justice« runs closely parallel in the two languages. And if this linguistic suggestion is taken seriously, that is the only direction that the influence could have gone. For the Greek dialectal shift cannot go back far in Indo-European, so that we are not dealing with a primitive isogloss. But the Greek is still so rooted in Indo-European, while the Hebrew is not attested in native Akkadian, that the Semitic cannot be the source of the Greek. It may be felt that Ugarit and Amarna are too early to have undergone Greek influence. But we saw[26] with stronger evidence than here that the Greco-Latin verb for »mix« with a late »inceptive« suffix *-sk-* went into Ugaritic, again with variable forms. All this does not mean that the Hebrew *concept* of justice is secondary or illusory. For what we are seeing is that a whole range of concepts in Greek and Hebrew underwent a parallel development, in which similar environmental and social conditions were reinforced by occasional contact at one or more removes.

---

regards it as simply unmetrical and »generated by 262 and 264; it was also what the scribe expected as object.«

25 See הַצְדִּיקוּ Ps 82,3 imperative plural.

26 At I.142-3; and see now the treatment by Levin in SIE 237-9.

Recht und Ethos in der ost- und westmediterranen Antike Entwurf eines Gesamtbildes*

Eckart Otto (München)

1. Sozialanthropologische Grundlegung der Moralität in der Antike

Die Ethik reflektiert als Theorie der Moral auf die Handlungsmaximen unter dem Gesichtspunkt des normativ Guten, fragt nach seiner Begründung und den Konsequenzen des guten Handelns. Sie hebt damit Aspekte ins Bewußtsein, die das Handeln, sofern es moralisch qualifizierbar ist, implizit leiten. In der ostmediterranen Antike ist das moralische Handeln durch eine synthetische Lebensanschauung geprägt, die von der Korrespondenz des Ergehens eines Menschen mit seinen Taten ausgeht[1]. Die Trennung von Sein und Sollen sowie von moralischer Pflicht und Lebensschicksal sind der Antike fremd. Die Person wird nach antiker Vorstellung durch ihr Tun konstituiert, so daß die Realisierung des Sollens über das Sein der Person bestimmt. Die moralische Qualität des Handelns wird in der ostmediterranen Antike an seiner Gemeinschaftgemäßheit gemessen, die in der Definition von Gerechtigkeit ihren Niederschlag findet[2]. Die westsemitische Wurzel *ṣdq* drückt nicht Gerechtigkeit im Sinne einer *iustitia distributiva* aus, sondern Taten der Solidarität und Gemeinschaftstreue im Handeln, so daß das hebräische Nomen

---

* Mit diesem Beitrag grüße ich meinen verehrten Kollegen Otto Kaiser, mit dem ich mich seit dreißig Jahren freundschaftlich verbunden weiß. Er hat fast ein halbes Jahrhundert die Alttestamentliche Wissenschaft international prägend beeinflußt und das Ansehen der deutschsprachigen Forschung in der Welt gemehrt.

1 Siehe dazu jetzt G. Freuling, »Wer eine Grube gräbt ...« Der Tun–Ergehen–Zusammenhang und sein Wandel in der alttestamentlichen Weisheitsliteratur, WMANT 102, 2004. Die »synthetische Lebensauffassung« (K. Fahlgren) ist aber weit über die Weisheit hinausgehend anthropologische Grundkonstante in der gesamten Antike.

2 Siehe dazu die Beiträge in dem Sammelband von J. Assmann/B. Janowski/M. Welker (Hg.), Gerechtigkeit. Richten und Retten in der abendländischen Tradition und ihren altorientalischen Ursprüngen, 1998, sowie Verf., Gerechtigkeit in der orientalischen und okzidentalen Antike. Aspekte für den ethischen Diskurs in der Moderne im Spannungsfeld zwischen Max Weber und Ernst Troeltsch, in: C. Gestrich (Hg.), Die Aktualität der Antike. Das ethische Gedächtnis des Abendlandes. X. Werner Reihlen–Vorlesung der Theologischen Fakultät der Humboldt–Universität zu Berlin, BThZ. Beih. 19, 2002, 44-64.

צדקה in den Plural gesetzt werden kann. Auch der ägyptische Begriff Ma'at bezeichnet eine *iustitia connectiva* der aktiven Solidarität und Reziprozität des Handelns[3]. Ma'at-gemäßes Handeln zugunsten des Bedürftigen, dessen Gegenbegriff ʿwn-jb in der Bedeutung von »Raffgier in Bezug auf das Herz/Habgier« den Egoismus bezeichnet, ist im kollektiven Gedächtnis der Gemeinschaft aufgehoben und wird abgerufen, wenn der, der solidarisch war, selbst solidarischer Hilfe bedarf. In den ägyptischen »Klagen des Bauern« wird dieser Gedanke der Reziprozität zur moralischen Forderung erhoben: »Handle für den, der für dich handelt«. Demokrits stellt ähnlich fest, daß derjenige, der niemanden liebt, von niemanden geliebt wird, und derjenige, der einem anderen Menschen Übles tut, unglücklicherer κακοδαίμων ist als das Opfer. Das kollektive Gedächtnis der Gesellschaft lenkt die Tat nicht nur reziprok auf den Täter zurück, sondern gewährt in antiker Schamkultur[4] ehrenvolle Reputation dem Gemeinschaftstreuen und beschämt den Übeltäter. Den Göttern kommt zunächst nur die Aufgabe zu, die Korrespondenz von Tat und Ergehen zu garantieren. In polytheistischem Pantheon kann die Funktion, die in dieser Korrespondenz aufscheinende Weltordnung aufrecht zu erhalten, dem höchsten Gott wie dem westsemitischen El oder dem griechischen Zeus (Hesiod) zukommen, dann aber vor allem Spezialgöttern wie dem Sonnengott Schamasch in Mesopotamien, der ägyptischen Göttin Ma'at, die die Ordnung der Welt verkörpert, oder der griechischen Göttin Dike, deren Funktion die Gesetzesdurchsetzung ist. In monolatrischer und monotheistischer Religion wie der des Gottes JHWH kann die Sonnengottfunktion in die Gottesgestalt integriert (Ps 72)[5] oder auch als substituierte Gestalt wie »Frau Weisheit« (Prov 1,20-33; 8,1-26) personifiziert beigeordnet werden. Erst wenn die Einsicht Raum gewinnt, daß die Korrespondenz von Tat und Ergehen der synthetischen Lebensauffassung angesichts gegenläufiger Erfahrungen prekär ist, wird die Gottheit als Instanz einer direkten Vergeltung eingesetzt und damit ein Motiv, das aus dem Sakral- und Vertragsrecht stammt, in denen die Gottheit den Bruch sakraler Pflichten oder einer beeideten Vertragsklausel direkt sanktioniert, auf das weite Gebiet moralischen Handelns übertragen. Gleichzeitig wird auch das göttliche Eingreifen in die Welt der Menschen

---

3 Siehe J. Assmannn, Ma'at. Gerechtigkeit und Unsterblichkeit im Alten Ägypten, 1990, 67-69. 283-288.

4 Siehe dazu K.J. Dover, Greek Popular Morality In the Time of Plato and Aristotle, 1974, 226-242. S.M. Olyan, Honor, Shame, and Covenant Relations in Ancient Israel and its Environment, JBL 115, 1996, 201-218; C.S. Rodd, Glimpses of a Strange Land. Studies in Old Testament Ethics, Old Testament Studies 3, 2001, 19-27 mit weiterer Literatur.

5 Siehe dazu M. Arneth, »Sonne der Gerechtigkeit«. Studien zur Solarisierung der Jahwe–Religion im Lichte von Psalm 72, BZAR 1, 2000; ders., Ps 72 in seinen altorientalischen Kontexten, in: E. Otto/E. Zenger (Hg.), »Mein Sohn bist du« (Ps 2,7). Studien zu den Königspsalmen, SBS 192, 2002, 135-172. Siehe dazu auch B. Janowski, Die Frucht der Gerechtigkeit. Psalm 72 und die judäische Königsideologie, a.a.O., 94-134.

moralisiert. Die Willkür der Götter, deren Absichten der Mensch durch Divination zu erforschen sucht, wird durch ihre Bindung an moralische Maßstäbe menschlichen Handelns domestiziert. So kennt die Antike zahlreiche Erzählungen, in denen eine Gottheit wunderhaft eingreift, um, wie in Lykurgos »Anklage des Leokrates« (95 f.), einen guten Menschen zu retten. Da sich aber auch die Idee göttlichen Eingreifens zugunsten des moralisch Guten nicht durchgängig durch Erfahrung verifizieren läßt, kann der Zusammenhang zwischen Tat und Ergehen über mehrere Generationen ausgedehnt werden, um Erfahrungsgehalt zu gewinnen. Solon lehrt im frühen sechsten Jahrhundert, daß die göttliche Vergeltung den Übeltäter schnell, aber auch erst nach Jahren noch seine Nachfahren treffen kann. Etwa zeitgleich wird im Dekalog der Hebräischen Bibel die göttliche Vergeltung bis zur dritten oder vierten Generation ausgesetzt, um die Möglichkeit der Umkehr offen zu halten (Ex 20,6). Da sich auch diese Theorien vor der Erfahrung nicht lückenlos bewahrheiten, kann die göttliche Vergeltung als Totengericht im Jenseits interpretiert werden. Zunächst kommt der Gedanke in Ägypten zur Zeit der zwölften Dynastie auf, so in der Lehre des Merikare (Papyrus Petersburg Zeile 53-57) und findet um 1500 v. Chr. seinen klassischen Ausdruck im ägyptischen Totenbuch[6], setzt sich in der ersten Hälfte des fünften Jahrhunderts in Griechenland, so in Pindars »Olympischen Oden« (2, 58ff.), fort und erreicht im zweiten Jahrhundert vor Christus an den Grenzen des Kanons die Hebräische Bibel (Dan 12,1-3).

Für den antiken Menschen gilt vor aller Theorie der Ethik das traditionelle Verhalten im Sinne des gesellschaftlich Eingespielten und also »Normalen« als das Gute. Akkadisch *išaru(m)* und hebräisch *jšr* in der Bedeutung von »normal, richtig, angemessen« und eingebunden in die synthetische Lebensauffassung auch »glücklich, günstig« drückt als Begriff des moralisch Guten den traditionalen Charakter der antiken Wertordnungen aus. *išaru(m)* liegt das Verb *ešēru(m)* »gerade sein, geradeaus gehen« zugrunde, von dem sich das Abstraktnomen *mīšaru(m)* als Begriff für Gerechtigkeit ableitet, in den der Aspekt des Zurechtrückens des vom Normalen Abweichenden eingegangen ist[7]. Der mit *mīšaru(m)* oft einen Hendiadyoin bildende Begriff *kittu(m)*, der sich von dem Verb *kânu(m)* in der Bedeutung »fest, beständig sein« ableitet, bringt ebenfalls den traditionalen Charakter des mesopotamischen Wertesystems zum Ausdruck, das durch die Traditionalität der ethischen und rechtlichen Normen die Stabilität der Handlungserwartungen garantiert. Daß

6 Siehe E. Hornung, Das Totenbuch der Ägypter, 1990, 233-245. Zum religionshistorischen Kontext siehe K. Koch, Geschichte der ägyptischen Religion von den Pyramiden bis zu den Mysterien der Isis, 1993, 194-208.

7 Siehe dazu sowie zum folgenden Verf., Art. Recht – Rechtstheologie – Rechtsphilosophie I. Recht/Rechtswesen im Alten Orient und im Alten Testament, TRE 28, 1997, (197-209) 198f.

auch in Mesopotamien dem Begriff der Gerechtigkeit der Aspekt der Förderung sozialer Kohäsion in der Gesellschaft inhärent ist, zeigen die *mīšaru(m)*- und *(an)durāru(m)*-Edikte babylonischer und assyrischer Könige im zweiten und ersten Jahrtausend v. Chr., die dem Abbau sozialer Spannungen durch Schuldenerlaß und Sklavenbefreiung dienen[8]. Sie bestätigen aber auch den traditionalen Charakter des altorientalischen Gerechtigkeitsbegriffs, der darin paradigmatisch für das gesamte Wertesystem der Antike ist. *mīšaru(m)* impliziert nicht den Gedanken der Gerechtigkeit im Sinne der sozialen Gleichheit, so daß die *mīšaru(m)*-Edikte auch nicht die Aufhebung sozialer Ungleichheit in der Gesellschaft intendieren. Vielmehr wollen sie verhindern, daß Familien durch Expropriation infolge von Verschuldung aus ihrer angestammten Gesellschaftsschicht herausfallen. Der traditionale Charakter dieses Denkens wird durch ein sumerisches Sprichwort unterstrichen: »Der Mann des Pflügens der Feldsaat soll das Feld saatpflügen, der Mann, der die Gerste erntet, soll die Gerste ernten«[9]. Das Gute als das Gerechte ist also das schon immer im Handeln des Menschen Realisierte, nicht ein Sollen, das vom Sein getrennt ist, sondern die seit Urzeiten realisierte ethische Substanz der Gesellschaft. Das Sollen tritt dort in Spannung zum Handeln und wird zu einem Gegenüber, wo Handlungen von dem gesellschaftlich als normal Geltenden abweichen. An dieser Stelle verzahnt sich die Moralität mit dem Recht, insofern das Rechtsprechen im Gericht wie die sozialen *mīšaru(m)*-Edikte des Königs ein »Zurechtrücken« zur Wiederherstellung eines »normalen« und d.h. guten Zustandes als Inbegriff eines Rechtszustandes sind, wie der akkadische Begriff *šutēšurum* als Kausativ des Verbs *ešērum* zeigt. Entsprechend traditionell sind die in Memorialinschriften Gestorbener beschworenen und in der Erziehungsliteratur der altorientalischen und biblischen Weisheit propagierten Werte, die das moralische Handeln leiten sollen. Sie fordern weder asketische noch heroisch-kriegerische Höchstleistungen, sondern sind im modernen Sinne Werte einer bürgerlichen Durchschnittsmoralität, zu der Fleiß, Selbstbeherrschung, Verschwiegenheit, Ehrlichkeit, Gehorsam gegen Eltern, Lehrer und Vorgesetzte, aber auch Großzügigkeit gegenüber Untergebenen und sozial Schwachen sowie Geduld gehören, d.h. vor allem ein Wissen um die eigenen Grenzen und die Angewiesenheit auf die Mitmenschen und die Götter, aus dem das Bemühen um ein rechtes Maß in allen Dingen folgt. Dazu ist die ägyptische Lehre des Ptahhotep aus der er-

---

8 Siehe F.R. Kraus, Königliche Verfügungen in altbabylonischer Zeit, SDIO 11, 1984; Verf., Soziale Restitution und Vertragsrecht. *Mīšaru(m)*, *(an-)durāru(m)*. *kirenzi*, *parā tarnumar*, *š^{e}mitta* und *d^{e}rôr* in der Hebräischen Bibel und die Frage des Rechtstransfers im Alten Orient, RA 92, 1998 (ersch. 2000), 125-160. Zur hethitisch-hurritischen Bilingue KBO XXXII siehe Verf., *Kirenzi* und *d^{e}rôr* in der hurritisch-hethitischen Serie »Freilassung« (*parā tarnumar*), in: G. Wilhelm (Hg.), Akten des IV. Internationalen Kongresses für Hethitologie, StBT 45, 2001, 524-531.
9 Siehe E.I. Gordon, Sumerian Proverbs: »Collection Four«, JAOS 77, 1957, (67-79) 75.

sten Hälfte des zweiten Jahrtausends mit den biblischen Sprüchen in Proverbien 10-30, die im Kern aus der ersten Hälfte des ersten Jahrtausends stammen, zu vergleichen[10].

Der Wertekanon, der sich in der Memorial- und Erziehungsliteratur der
ostmediterranen Antike widerspiegelt, ist vom dritten bis zum ersten Jahrtausend stabil und wird nur entsprechend der Funktion der jeweiligen Literatur
akzentuiert. So betont die Lehre des Ptahhotep, die der Beamtenausbildung
dient, entsprechende Tugenden, die im Umgang mit Vorgesetzten und Untergebenen wichtig sind, während die biblischen Proverbien nicht berufsspezi-
fisch abgezweckt, allgemeiner und umfassender erziehen wollen. Der bürger-
liche Charakter dieses ostmediterranen Wertesystems, das aus dem Wissen
um die eigene Grenze und Hilfsbedürftigkeit abgeleitet ein Ethos der Barmherzigkeit propagiert, ist kulturhistorisch darin begründet, daß es im Gegensatz zu westmediterranen Ausformungen nicht aus einem Adelsethos erwachsen ist, sondern eine weisheitlich-priesterliche Intellektuellenschicht sich
jeweils des Spruchgutes volkstümlicher Moral bedient, um seine Wertesy-
stematik zu formulieren. Sind die Wertvorstellungen für sich genommen von
Mesopotamien bis Ägypten erstaunlich identisch, was sich weniger aus Re-
zeptionsvorgängen, als aus einer sozial-anthropologisch verorteten Basismo-
ralität der bäuerlich-bürgerlichen Bevölkerungsmehrheit in diesen Ländern
ergibt, so haben sie doch sehr unterschiedliche Stellenwerte in den jeweiligen
Religionssystemen, den damit verbundenen Anthropologien, in denen sich
unterschiedliche historische Erfahrung und daraus resultierend unterschiedliches Lebensgefühl der Menschen dieser antiken Länder ausdrückt. Das aus
dem ausgehenden zweiten Jahrtausend stammende mittelbabylonische Weltschöpfungsepos *Enuma elisch*[11], das mindestens seit dem achten Jahrhundert
v. Chr. regelmäßig am vierten Tag des Neujahrsfestes im Marduktempel
Esangila in Babylon rezitiert wurde, beschreibt in Tafel VI 31-40 die Erschaffung des Menschen als Diener der Götter, nachdem der babylonische
Reichsgott Marduk das Chaoswesen Tiamat, das alles, was Leben scheitern
läßt, verkörpert, getötet und aus seinem Leichnam die Welt geschaffen hat.
Der Mensch wird aus dem Blut des Kingu, des Heerführers der Tiamat, ge-

---

10 Siehe dazu sowie zum folgenden Verf., Theologische Ethik des Alten Testaments, ThW
    3/2, 1994, 117-160; ders., Woher weiß der Mensch um Gut und Böse? Philosophische
    Annäherungen der ägyptischen und biblischen Weisheit an ein Grundproblem der Ethik,
    in: S. Beyerle/G. Mayer/H. Strauß (Hg.), Recht und Ethos im Alten Testament – Gestalt
    und Wirkung. FS H. Seebaß, 1999, 207-231.
11 Siehe W.G. Lambert/S.B. Parker, Enûma eliš. The Babylonian Epic of Creation. The
    Cuneiform Text, 1966. Für die religionshistorische Interpretation siehe T. Jacobsen, The
    Treasures of Darkness. A History of Mesopotamian Religion, 1976, 167-190; W.G.
    Lambert, Ninurta Mythology in the Babylonian Epic of Creation, in: K. Hecker/ W.
    Sommerfeld (Hg.), Keilschriftliche Literaturen. Ausgewählte Vorträge der XXXI.
    Rencontre Assyriologique Internationale, 1986, 55-60.

schaffen, um den Göttern zu dienen und sie von der Schuld, dem Herrschaftsanspruch der Tiamat nicht widersprochen zu haben, zu befreien. Das
Los des Menschen ist es also, die Schuld der Götter abzuarbeiten. Sind die
Menschen aus dem Stoff des Chaos in Gestalt des Kingublutes geschaffen, so
wird verständlich, warum der Mensch also nicht nur sterblich ist, sondern
auch im Leben mit zunehmendem Alter hinfällig. Am Ende des Mythos
bauen die Götter Marduk zum Dank den Reichstempel Esangila. Die Möglichkeit zu einem gelingenden Leben hat der Mensch nur im Anschluß an den
babylonischen Reichsgott Marduk, der das Chaos überwunden hat und dessen
Statthalter der babylonische König ist. Nur also im gehorsamen Einfügen in
die staatliche Ordnung Babyloniens und in der auf den Reichsgott Aššur
übertragenen assyrischen Version des Mythos in die des assyrischen Reiches
kann es für die Menschheit ein erfülltes Leben geben. In dem assyrischen
»Mythos von der Erschaffung des Menschen und des Königs«[12] aus der ersten Hälfte des ersten Jahrtausends wird zwischen der Schöpfung des Menschen (*lullû-amēlū*), der die Götter von der harten Arbeit der Kultivierung des
Landes entlasten soll, und des Königs als »überlegen-entscheidenden
Menschen« (*malīku amēlū*), dem die Herrschaft über die Menschen und die
Macht zum Kampf im Auftrag der Götter verliehen ist, unterschieden[13]. Die
synthetische Lebensauffassung, daß gutes Handeln ein gelingendes Leben
bedeute, ist an die Loyalität dem Staat gegenüber gebunden, nur im Horizont
staatlicher Herrschaft gültig und auch hier eingeschränkt, da der Mensch
schon von der Schöpfung an zu Mühe und Entbehrung zugunsten der Götter
und des Staates in Gestalt des Königs bestimmt ist. Die Hebräische Bibel
bringt den in Juda seit dem achten Jahrhundert auf den Weg gebrachten
Kontrapunkt in der Anthropologie zur Geltung. Die in der Exilszeit auch als
Gegenentwurf zum babylonischen Weltschöpfungsepos konzipierte Priesterschrift aaronidischer Priester, die wie das *Enuma elisch* mit der Errichtung
eines Heiligtums, dem Zelt der Begegnung, am Sinai endet, erzählt von der
Welt- und Menschenschöpfung nicht als Abschluß komplexer Kosmogonie
und Theomachie, sondern rückt die Schöpfung der monotheistischen Gottes-
konzeption entsprechend an den Anfang der Erzählung. Der Mensch wird
nicht geschaffen, um die Sünden der Götter abzuarbeiten, sondern um als
Mandatar Gottes die Welt zu gestalten. Mit dem Motiv der Gottebenbildlichkeit (צלם), das in mesopotamischer Königsideologie dem König als Got-
tesrepräsentant (*ṣalmu*) vorbehalten ist, wendet sich die Priesterschrift wie

---

12 Siehe W.R. Mayer, Ein Mythos von der Erschaffung des Menschen und des Königs, Or
   (NS) 56, 1987, 55-68. Siehe dazu auch H.P. Müller, Eine neue babylonische Men-
   schenschöpfungserzählung im Licht keilschriftlicher und biblischer Parallelen – Zur
   Wirklichkeitsauffassung im Mythos, Or (NS) 58, 1988, 61-85.
13 Siehe dazu E. Cancik–Kirschbaum, Konzeption und Legitimation von Herrschaft in
   neuassyrischer Zeit. Mythos und Ritual VS 24, 94, WO 26, 1995, 5-20.

Psalm 8 gegen die negative Anthropologie in mesopotamischer Mythologie, die den Menschen an den göttlich legitimierten Staat bindet, indem sie das Motiv königlicher Gottebenbildlichkeit auf jeden Menschen überträgt und so die Königsideologie demokratisiert. Bereits im Deuteronomium wird in spät-vorexilischer Zeit der neuassyrischen Forderung nach absoluter Staatsloyali-tät die absolute Loyalität dem judäischen Gott JHWH gegenüber entgegenge-setzt, als in Dtn 13* und Dtn 28* der Loyalitätseid des Königs Asarhaddon subversiv rezipiert und auf JHWH übertragen wird[14]. Jede Forderung des Staates auf absolute Loyalität wird so in die Schranken gewiesen, der Staat in Gestalt des Königs seiner Funktion, Leitkanal göttlicher Gnade zu sein, ent-hoben und damit erstmals in der Kulturgeschichte des Alten Orients das Ethos von seiner Einbindung in die Staatsloyalität befreit. Die biblische Weisheit kann entsprechend eine Herrschaftskritik formulieren, die auch das mit Assyrien verbundene judäische Königtum trifft, indem sie es aufgrund der Naturbeobachtung als widernatürlich brandmarkt: »Die Heuschrecken haben keinen König, dennoch ziehen sie allesamt geordnet aus« (Prov 30,27). Die Emanzipation des Ethos vom Staat, die in spätvorexilischer Zeit von kleinen priesterlichen Intellektuellenzirkeln in Juda eingeleitet wird, setzt sich mit dem Ende eines judäischen Königtums in spätbabylonischer und persischer Zeit in Juda und damit in der Hebräischen Bibel durch. Sie wider-spricht auch der ägyptischen Staatsideologie, die noch die Möglichkeit des einzelnen Menschen, die Schranken des Todes zu überwinden, an die Staats-loyalität bindet, ohne daß es der so krassen negativen Anthropologie, die die mesopotamischen Menschenschöpfungsmythen kennzeichnet, bedarf. Alle Menschen verdanken der Göttin Ma'at, die dem Kosmos im Laufe des Son-nengottes Ordnung und Gesetzmäßigkeit verleiht, ihr Leben, atmen durch ihre Gabe. Doch ihre Schutzkraft ist dem König als Sohn des Sonnengottes und Bruder der Ma'at zugewandt. So wie der über den Himmel ziehende Sonnengott kosmisch das Chaos niederschlägt und von der Ma'at gelenkt Ma'at durchsetzt, realisiert sie der König unter den Menschen. Staatliche Herrschaft ist also Voraussetzung für ein Ma'at-gemäßes Leben des einzel-nen Menschen, das allein das Totengericht bestehen läßt. Ohne aber daß der König als Osiris vergöttlicht die Todesschranke überwindet, hat auch der einzelne Mensch keinen Weg in das Totenreich. Zur königlichen Ma'atpraxis gehört es, den Untertan für sein Ma'at-gemäßes Tun zu lohnen oder aber auch durch die Gerichtsbarkeit Streit zu schlichten und unheilträchtiges Tun (*isfet*) zu beseitigen. Das Wirken des Staates ist notwendig, da das Handeln des Menschen keineswegs von Natur aus Ma'at-gemäß ist, sondern im Her-zen des Menschen das Recht des Stärkeren (*isfet*), also der gemeinschaftsge-

---

14 Siehe Verf., Das Deuteronomium. Politische Theologie und Rechtsreform in Juda und Assyrien, BZAW 284, 1999, 15-90; ders., Gottes Recht als Menschenrecht. Rechts- und literaturhistorische Studien zum Deuteronomium, BZAR 2, 2002, 5-19. 94-195.

fährdende Egoismus gilt. Ma'at muß von außen vermittelt durch den König
in das Herz des Menschen gelangen. Auch in Jerusalem weiß man darum,
daß der Mensch nicht allein aus eigener Kraft »Gemeinschaftstreue« (*s*ᵉ*daqā*)
in seinem Handeln verwirklichen kann, *ṣædæq* ihm aller positiven Schöpfungstheologie (Ps 8) zum Trotz nicht von Natur gegeben ist, sondern durch
Opfer der *zibḥe ṣædæq* (Dtn 33,19; Psalm 4,6; 51,21) mit dem Segen JHWHs
auch die Gemeinschaftstreue und damit die Fähigkeit zum gemein-
schaftsgemäßen Handeln übertragen wird (Psalm 24,5; 89,15-17; 99,4; Jesaja
1,21.27; 33,5)[15]. Im Vergleich zu Ägypten und Mesopotamien tritt der König
in Juda bei dieser Übertragung von צדק/צדקה in den Hintergrund.

Das westmediterrane Wertesystem unterscheidet sich darin von dem des
ostmediterranen Alten Orients, daß es nicht primär auf einer bäuerlich-bürgerlichen Alltagsmoral, sondern einem Adelsethos ruht, das zunächst nicht
auf den Zusammenhalt der Gemeinschaft sinnt, sondern agonale Werte des
Streits betont, der Verteidigung der Ehre (τιμή) also den Vorrang vor der
Durchsetzung von Gerechtigkeit im Sinne des gemeinschaftsfördernden
Handelns einräumt[16]. Der 24. Gesang der Odyssee, in dem der Dichter Odysseus 108 junge Männer, die während seiner langen Abwesenheit um die Hand
seiner Ehefrau Penelope anhielten, umbringen läßt, verherrlicht ein Verhalten, das den Ruhm der Großtat vor einem Adelspublikum, und sei es ein
Massenmord, höher schätzt als den Frieden in der Gemeinde. Demgegenüber
erhebt Hesiod, der die homerische Verherrlichung der Ehre und des Streits in
Frage stellt, im Übergang vom achten zum siebten Jahrhundert die
Gerechtigkeit (δικαιοσύνη) zum zentralen Begriff des Wertesystems, wobei
er auf ostmediterrane Weisheitsliteratur zurückgreift. Ein Ethos, das den Sieg
im Kampf zum höchsten Wert erklärt, wird als hybrides Unrecht gebrand-
markt, das die Götter, die, allen voran Zeus, nun ebenfalls ethisiert werden,
rächen sollen. Die Adligen werden als Richter für die Durchsetzung von Gerechtigkeit verantwortlich gemacht, wobei δικαιοσύνη ausschließlich die
Bestrafung des Unrechts meint. Der Aspekt der sozialen Kohäsion und Solidarität, der den ostmediterranen Gerechtigkeitsbegriff prägt, fehlt in Griechenland weithin. Und doch impliziert die δικαιοσύνη bei Hesiod, daß der
Frieden und das Wohlergehen der Gemeinde höher bewertet werden als der
Ruhm des Helden. Der maßlosen Rache wird die Aufforderung entgegenge-
setzt, Buße, die der Kontrahent willig ist zu zahlen, auch anzunehmen und so
einen Konflikt zu beenden. Will der Gegner aber nicht einlenken, so soll man
bei bester Gelegenheit zurückschlagen. Ein Vergeltungsverzicht fordert He-

---

15 Siehe K. Koch, Wesen und Ursprung der »Gemeinschaftstreue« im Israel der Königszeit,
   in: ders., Spuren des hebräischen Denkens. Beiträge zur alttestamentlichen Theologie I,
   1991, 107-127.
16 Siehe E. Flaig, Ehre gegen Gerechtigkeit. Adelsethos und Gemeinschaftsdenken in
   Hellas, in: J. Assmann u.a. (Hg.), Gerechtigkeit (Anm. 2), 97-140.

siod im Gegensatz zu den altorientalischen Weisheitslehren ebenso wenig
wie er die Talion übernimmt, die im altbabylonischen Recht zum Schutz der
freien Bürger (*awīlū*) vor Körperverletzungen eingeführt und im biblischen
Recht des Bundesbuches auf die Körperverletzung mit Todesfolge eingeschränkt, in allen anderen Fällen aber zugunsten der Schadensregelung durch
Ersatzleistung außer Kraft gesetzt wird[17]. Wenn Hesiod dagegen den *doppelten* Gegenschlag für angemessen hält, trägt er dem Adelsethos der Ehrvertei-
digung Rechnung. Die maßlose Ehrwahrung wird noch, wie die Tragödien-
dichtung zeigt, bis weit in die klassische Zeit hinein thematisiert, um sie aber,
wie die Tragödien von Aischylos und Sophokles zeigen, der Kritik zu unterwerfen, denn nur wenn höhere Werte als die Ehre gelten, könne man der Rache eine Grenze setzen. Erst Platon destruiert endgültig in »Gorgias« und
»Politeia« den Ehrbegriff zugunsten der δικαιοσύνη mit dem Ergebnis, daß
Unrecht zu leiden besser sei als Unrecht zu tun.

Eine negative Anthropologie wie die der mesopotamischen Mythologie,
die den Menschen an den Staat als Mittler göttlicher und irdischer Welt bindet, ist dem Denken im griechischen Raum fremd, der von der archaischen
Zeit der Adelsherrschaft bis zur Bürgerpolis nicht zu einem umfassenden
Leiturgiestaatswesen wie der Alte Orient gefunden hat[18]. Im Alten Orient
dient der Gegensatz von Chaos und Ordnung, der seinen Ausdruck im Cha-
oskampfmotiv findet, das seinen Ursprung im westsemitischen Raum hat und
von dort nach Mesopotamien, aber auch in Ansätzen nach Ägypten gewan-
dert ist, auch der Begründung militärisch offensiver Politik, für die nicht
Krieg und Frieden, sondern Krieg und Chaos Gegensätze sind[19]. In Hellas
wird dieser Gegensatz nicht zur Begründung von Großreichspolitik, sondern
kulturell gefaßt als Gegensatz von Griechen und Nichtgriechen als Barbaren
zum Ausdruck des kulturell begründeten Selbstwertgefühls der Menschen des
griechischen Raumes genutzt, das sich auch als moralische Überlegenheit
formulieren kann. Durch die Abwehr der Invasion des Xerxes im frühen
fünften Jahrhundert v. Chr. wird dieses Bewußtsein moralischer Überlegenheit über die Barbaren noch verstärkt. Aber auch innerhalb des griechischen
Kulturraumes werden moralische Standards differenziert. Isokrates stellt eine
moralische Wertpyramide der Athener, Griechen und Barbaren auf. Den Barbaren wird Inzest, wie in Euripides' Andromache (173-176), und Verwand-
tenmord als üblich unterstellt. Dankbarkeit und Freundschaft sei ihnen, so
Euripides, Helena (501f.), unbekannt, wobei der Unterschied zwischen Grie-

---

17 Siehe Verf., Körperverletzungen in den Keilschriftrechten und im Alten Testament.
   Studien zum Rechtstransfer im Alten Orient, AOAT 226, 1991, 51-137.
18 Siehe dazu bereits M. Weber, Agrarverhältnisse im Altertum, in: ders., Gesammelte
   Aufsätze zur Sozial- und Wirtschaftsgeschichte, ²1988, 1-288.
19 Siehe Verf., Krieg und Frieden in der Hebräischen Bibel und im Alten Orient. Aspekte
   für eine Friedensforschung in der Moderne, ThFr 18, 1999, 13-75.

chen und Barbaren nicht ein solcher der Natur φύσις, sondern von νόμος und σοφία, also der Kultur sei. Aber auch innerhalb des griechischen Kulturraums wird differenziert. Athener halten sich, wie in Demosthenes, Gegen Leptines (109), für ehrlich und freundlich, die Spartaner, so in Aristophanes, Frieden (1066-1068; 1083), aber für treulos, die Phasaliter, so in Demosthenes, Gegen Lakritos (1f.), für betrügerisch in Geschäftsdingen. Gegen die Barbaren wird dagegen ein pangriechisches Wertesystem als Differenzierungsmerkmal in Anschlag gebracht. In dessen Mitte stehen, wie die Memorialinschriften auf Epitaphen zeigen[20], die Werte der Tapferkeit ἀρετή und σωφροσύνη, d.h. der Vermeidung schädlichen Verhaltens. Die Abgrenzung nach außen erfolgt in hellenischen Gemeinden nicht wie in Politischen Theologien des Alten Orients durch die Identifizierung der Fremden mit der mythischen Chaosmacht, die es politisch niederzuhalten gilt, sondern durch das Bewußtsein kulturell-moralischer Überlegenheit. Das hat zur Folge, daß die Politik defensiver ist, entsprechend aber auch keine religiösen Impulse zur Großreichsbildung wirksam werden und makedonisch aus dem Orient entlehnt werden müssen. Damit aber entfallen auch religiöse Impulse zur Rationalisierung der Ethik im hellenischen Raum, die erst von der Philosophie, die sich von traditioneller Religion emanzipiert, ausgehen können.

2. Götterwelt und Moral in der Antike

Der Zusammenhang zwischen menschlichem Ethos und göttlichem Handeln ist in der Antike unterschiedlich eng geknüpft, wobei die biblische Welt Israels und Judas einerseits, der hellenische Raum andererseits die Extreme des Gegensatzes sind, Mesopotamien, Syrien, Ägypten und Kleinasien jeweils Zwischenpositionen einnehmen. Der wesentliche Unterschied zwischen Mensch und Gottheit besteht für griechisches wie altorientalisches Denken darin, daß die Götter im Gegensatz zum Menschen unsterblich sind. Moralisch aber ist der Unterschied zwischen Gottheit und Mensch für griechisches Denken gering, da die Götter wie der Mensch moralisch nicht unfehlbar (ἀναμάρτητος) sind. Die Götter sind durch Eros verführbar, auf ihre Ehre bedacht und eifersüchtig wie die Menschen. Die wichtigsten Götter können in der griechischen Archaik und Klassik als gleichgültig gegenüber den sozialen Normen menschlicher Gemeinschaft bezeichnet werden. Wurzel dieses religiösen Denkens ist das archaische Adelsethos, das eine individuelle Beziehung zwischen einem einzelnen Helden und seiner Schutzgottheit zuläßt, die gemeinschaftssprengend ist. Die Logik der Reprozität im Umgang von Mensch und Gott ist die von Freundschaftsbeziehungen im Adelsethos, so

---

20 Siehe K.J. Dover, Morality (Anm. 4), 67-69.

daß die Gottheit ihren Schutzbefohlenen auch dort unterstützt, wo er gegen Normen der Gerechtigkeit verstößt, wenn er nur seine Ehre verteidigt. Normen, die den Gemeinschaftszusammenhang durch solidarisches Handeln unter Einschluß der Konfliktregelung fördern, konnten so gerade nicht durch Impulse der Religion gefördert werden. Hesiod setzt dem die Moralisierung des Gottes Zeus entgegen und nimmt für sich, einem biblischen Propheten nicht unähnlich, in Anspruch, Zeus' Willen zu kennen. Er findet Nachfolger erst in der sich von der Religion emanzipierenden Philosophie, da in Griechenland eine intellektuelle Schicht religiöser Spezialisten als Träger der ethischen Rationalisierung der Religion fehlt. Die griechische Religion als Opferreligion erwartet von jedermann nur die Wahrung der Opferpflichten und läßt neben der politischen Führungsschicht, die ihre Leitbilder aus dem kriegerischen Adelsethos bezieht, keine eigenständige Priesterschicht aufkommen. Damit fehlt auch in der Bürgerpolis eine religiöse Intellektuellenschicht, die in der Lage gewesen wäre, das Religionssystem ethisch auf sozial förderliche Werte hin so zu rationalisieren, so daß es wie in Juda als Politische Theologie der Politik gegenübertreten und den Normen politische Geltung verschaffen könnte. Ein Ausweg aus der traditionellen Religion wird in Hellas dann notwendig, wenn die Einsicht wächst, daß sich der Mensch gegen die Kontingenzen im Leben nicht magisch sichern kann und auf einen Beistand der Götter kein Verlaß ist, da sie selbst an keine Normen gebunden sind. Hat in Griechenland die politische Elite also eine ethische Rationalisierung der Religion verhindert[21], so läßt in der ägyptischen Spätzeit eine Domi-

---

21 Man wird also Max Weber widersprechen, der in einem unveröffentlichten Manuskript »Rituelle Abschließung« BSB München, Ana 446/1, Bl. 55/56 aus den Jahren 1911/12, das sich in der Bayerischen Staatsbibliothek in München befindet (siehe M. Weber, Die Wirtschaftsethik der Weltreligionen. Das antike Judentum. Schriften und Reden 1911-1920, MWG I/21, hg. von E. Otto, 2004 [im Druck]) gerade die priesterfreie Geistigkeit des Hellenentums der geistigen Priesterdespotie des Orients entgegensetzt, so daß im Falle eines persischen Sieges die griechische Literatur wie die jüdische geworden wäre: »Neben zufälligen persönlichen Beziehungen und einer offenkundigen Sympathie der Perser für die dem Zarathustrismus – von ihrem Standpunkt aus gesehen – in manchen Punkten verwandten Religion haben auch rein politische Interessen der persischen Regierung diesen für die Entstehung des ›Judentums‹ entscheidenden Akt bestimmt. Die theokratische Verwaltung des Landes war die sicherste und unschädlichste Form seiner Domestikation. Die ägyptischen Inschriften zeigen, daß zu diesem Zweck Darius I auch die Schulen der ägyptischen Priester herstellen ließ, obwohl diese damals ähnlich exclusiv gegenüber Fremden waren, wie die jüdischen. Für die Hellenen haben die Schlachten von Marathon und Salamis ein ähnliches Schicksal abgewendet: die Priester und Propheten (des delphischen Apollon) und auch eine geeignete Heilslehre standen für den Fall des entgegengesetzten Ausgangs zur Verfügung. Dann würde vielleicht statt der priesterfreien Geistigkeit des Hellenentums eine Litteratur von der Art der Spruchsammlungen des Jeremia oder des Buchs Koheleth, in Hellas entstanden sein. Ansätze zu dem Glauben, daß der Weltgott ein Volk, dem er seine Fürsorge zugewendet hat, zur Strafe seiner Sünden insbesondere der Hybris und der Habsucht politisch züchtige finden

nanz der Priester über die Politik die Religion zu einer die sozialen Normen konnektiver Gerechtigkeit aus dem Blick verlierenden »persönlichen Frömmigkeit« regredieren[22]. Diese Spätform ägyptischer Religion entläßt die Götterwelt aus den Normen der Ma'at zugunsten der willkürlichen Freiheit göttlichen Handelns, der der Mensch in einer persönlichen Frömmigkeit begegnet, indem er die Normen konnektiver Gerechtigkeit aus der sozialen Dimension entläßt und auf das Gottesverhältnis überträgt. Nicht durch soziales Verhalten soll nun das Lebensglück gesichert werden, sondern durch die Zuwendung der Gottheit gegenüber nach dem *do ut des*-Prinzip, was auch für den ägyptischen König gilt, der zum paradigmatischen Frommen in seinem Volk wird, während das Motiv des Gottessohnes vom König auf ein Gotteskind in einer Göttertriade übertragen wird. Das Religionssystem verliert immer dann, wenn eine produktive Spannung zwischen Religion und staatlicher Politik fehlt, seine Kraft zur ethischen Rationalisierung einer Gesellschaft, für die das antike Juda der Hebräischen Bibel Beispiele gibt. In den sozialen Krisen der judäischen Königszeit theologisieren priesterliche Intellektuelle Normen solidarischer Nachbarschaftsethik als Gotteswillen und entwerfen im Bundesbuch (Ex 21-23*) und im Deuteronomium (12-26*) Modelle einer solidarischen Gesellschaft, die der faktisch vollzogenen Politik entgegengehalten werden. Die Schriftpropheten und die sich auf sie berufenden Intellektuellenkreise messen das Verhalten des Volkes an den in den priesterlichen Rechtssammlungen propagierten Maßstäben ethischen Verhaltens und kündigen die Folgen ihrer Mißachtung für das Volk an. Kennzeichen der priesterlichen Theologie ist im Verhältnis zu der Mesopotamiens und Ägyptens ihre Staatsferne, die eine implizite Staatskritik ist, die die Propheten als Königskritik explizieren. JHWH als der eine sittlich handelnde und sittliches Handeln fordernde Gott wird so zum Zielpunkt einer konsequenten ethischen Durchrationalisierung aller Lebensbereiche seiner Klientel des nachexilischen Judentums, die sich im Pentateuch als Tora niederschlägt und die dadurch ihre handlungsleitende Kraft entfaltet, daß keine Magie, die in Ägypten die rationalisierende Kraft des Gedankens eines Totengerichts unterminiert, von den Folgen des Handelns zu befreien vermag. Die Magiefeindlichkeit der judäisch-jüdischen Religion verbunden mit der durch den Monotheismus unterbundenen Möglichkeit, erfahrenes Unglück auf negative Götter in einem Pantheon und eine daraus abgeleitete negative Anthropologie zurück-

---

sich in der Theologie Platons im Timaios und im Kritiasfragment. Man wird nicht fehlgehen, wenn man sie mit der durch den Niedergang der athenischen Macht seit der Schlacht bei Aigospotamoi erzeugten Stimmung in Zusammenhang bringt. Sie blieben Gelegenheits-Gedanken eines einzelnen Denkers, weil den Hellenen die priesterliche Domestikation trotz Allem erspart blieb, während die Perser diese in Jerusalem durchführen konnten«. Siehe dazu auch Verf., Max Webers Studien des Antiken Judentums. Historische Grundlegung einer Theorie der Moderne, 2002, 98-118.

22 Siehe dazu J. Assmann, Ma'at (Anm. 3), 256-272.280-288.

zuführen, verstärken das Bedürfnis nach einer ethischen Gestaltung des Lebens, da Unglück nur Folge des menschlichen Tuns sein könne. Die Rationalisierungsleistung der Religion wird weiter dadurch gesteigert, daß die Erfahrung, den Großmächten politisch ausgeliefert zu sein, mit allen Konsequenzen für das Schicksal des Einzelnen, Antworten fordert, wie diese Erfahrung mit dem einen Gott JHWH als dem gemeinschaftstreuen zusammenzudenken sei. Die Konsequenz ist eine universale Weltperspektive eschatologischen Denkens, die die gesamte Völkerwelt dem sittlichen Willen JHWHs unterwirft und darin die Lösung der Theodizeeproblematik für Juda sucht. Dieses hohe Maß ethischer Rationalisierungsleistung in der Hebräischen Bibel verbunden mit ihrer Staatsferne läßt das Judentum und an seinem Stammbaum sprossend das Christentum als Weltligionen überleben, während die Religionen der antiken Machtzentren untergegangen sind.

Die mesopotamische Religionsgeschichte bietet ein komplexes, nach literarischen Gattungen zu differenzierendes Bild, das die Vorstellung älterer Forschung ersetzt, nach der zur Zeit Hammurapis in der ersten Hälfte des zweiten Jahrtausends eine Versittlichung der Gottesidee eingesetzt habe, die aus den Göttern als sittlich fehlsamen Gestalten solche einer dem Menschen nicht erreichbaren sittlichen Vollkommenheit habe werden lassen, so daß der Mensch Unglück nicht mehr auf Dämonen, sondern auf unsittliches Verhalten zurückgeführt habe[23]. Bereits die sumerischen Überlieferungen des ausgehenden dritten und frühen zweiten Jahrtausends erfordern aber eine differenziertere Interpretation. In mythischen Erzählungen hat das Götterpantheon die Funktion, empirisch widersprüchlich erscheinende Phänomene der menschlichen Lebenswelt wie die Gegensätze von Leben und Tod, Ordnung und Chaos, Frieden und Krieg, Fruchtbarkeit und Unfruchtbarkeit, Mann und Frau zu einer für den Menschen dadurch begreiflichen Weise zu vermitteln, daß diese Erscheinungen als Götter personifiziert werden, die nach der Logik menschlicher Interaktion handeln. Eine ethische Idealisierung der Götter müßte diese Funktion des Mythos unterminieren. Von der Funktion der Götter in den Mythen ist ihre Aufgabe in den Weisheits- und Rechtsüberlieferungen abzuheben, in denen die Götter nicht primär miteinander, sondern mit dem Menschen handeln und sein Handeln durch Begründung einer Werteordnung leiten[24]. Diese ethische Bindung von Gott und Mensch kommt insbesondere in der religiösen Begründung der Rechtsschöpfungsfunktion des Königs, so im Prolog und Epilog des Kodex Hammurapi, sowie in der Zeugenfunktion der Götter im Vertragsrecht zum Tragen. Das offizielle Pantheon der Götter ist in beiden Funktionen auf den König und nur durch ihn als Leitkanal göttlichen Handelns in der Welt vermittelt auf den einzelnen Bürger

---

23 So noch W. von Soden, Religion und Sittlichkeit nach den Anschauungen der Babylonier (1935), in: ders., Aus Sprache, Geschichte und Religion Babyloniens, 1989, 1-27.
24 Siehe dazu Verf., Ethik (Anm. 10), 142-152.

ausgerichtet, auch wenn Götter wie Šamaš, Marduk oder Ištar in Gebeten von
jedermann angerufen werden können. Die Gottesbeziehung des Bürgers konzentriert sich auf seinen persönlichen Schutzgott, der seinen Lebensweg begleitet und als Vermittlungsinstanz zu höheren Göttern auftritt. Da das göttliche Pantheon aufgrund des ethisch ambivalenten Umgangs der Götter miteinander nur geringe ethische Vorbildfunktion für das Handeln des Menschen
hat, die von der Religion ausgehenden ethischen Impulse göttlicher Vergeltung noch durch magische Manipulation abgefangen werden können und die
Parteinahme eines persönlichen Gottes als Schutzgott für seinen Klienten
auch im Falle seines moralischen Versagens erwartet wird, gehen von der
Religion in Mesopotamien nur geringe Impulse ethischer Rationalisierung
aus. Eine Emanzipation der weisheitlichen Gelehrsamkeit, die in den staatlichen Schreiberschulen gepflegt wird, von der Religion als Philosophie nach
griechischem Muster, für die die ethische Indifferenz der Religion eine gute
Voraussetzung bietet, verhindert die enge Bindung der Religion an den Staat,
die auch eine Emanzipation priesterlicher Spezialisten als Träger einer
ethischen Rationalisierung der Religion verhindert. Das verbindet die mesopotamische Religionsgeschichte mit der Ägyptens. Zwar sind die ethischen
Werte konnektiver Gerechtigkeit, die das Handeln des Menschen leiten sollen, in der Göttin Ma'at im Pantheon personifiziert, mit der Ordnung des
Kosmos vermittelt und damit mit höchster religiöser Autorität versehen, doch
wird die ethische Rationalisierungsleistung ägyptischer Religion dadurch
reduziert, daß die Folgen des menschlichen Handelns von ihren Konsequenzen nach synthetischer Lebensauffassung magisch umgelenkt werden können. Der ethischen Rationalisierungsleistung der ägyptischen Religion wird
aber vor allem dadurch eine Grenze gesetzt, daß sie Staatsideologie ist, in der
der König die Ma'at verkörpert, obwohl im Gegensatz zur mesopotamischen
Religion die Funktionen der Integration widersprüchlicher Empirie und der
Stabilisierung der menschlichen Moral in der Gestalt der Göttin Ma'at durch
die Aspekte konnektiver Gerechtigkeit miteinander vermittelt sind, bis in der
Spätzeit auch diese Vermittlung zerbricht.

3. Götterwelt und Gesetz in der Antike

Des Rechts bedarf jede antike Gesellschaft zur Stärkung ihres Zusammen-
halts durch Gewalt minimierende Konfliktregelung und durch sanktionsbe-
wehrte Normensicherung, die reziproker Erwartung in sozial verträgliches
Handeln durch die Sanktionierung von sozial schädlicher Normenverletzung
Geltung verschafft. In den staatlichen Gesellschaften werden diese Funktionen des Rechts vom Staat wahrgenommen oder seiner Aufsicht unterstellt,
wobei in Monarchien das Maß der Inkarnation von Rechtsfunktionen im Kö-

nig darüber entscheidet, ob und mit welcher Funktion Gesetze kodifiziert werden. In Ägypten duldet die Inkarnation des Rechts im König als Repräsentanten der Maʿat keine Einschränkung seiner prinzipiellen Kompetenz des Rechtsentscheids, so daß der Idee nach, wenn auch faktisch nur in spezifischen Fällen von Kapitaldelikten, Rechtsentscheide aktuell vom König ohne Bindung an kodifizierte Normen gefällt werden[25]. Entsprechend sind in vordemotischer Zeit keine Gesetze des Königs, sondern nur ein Gesetzesdekret (wd njswt) des Königs Haremheb (18. Dynastie) neben Dekreten zur Regelung von Privilegien und rechtlichen Dienstanweisungen an Beamte belegt. In Mesopotamien ist der König ebensowenig Quelle des Rechts, wie die Götter, da auch der Sonnengott Schamasch kittu(m) u mīšaru(m) nur empfangen hat, das Recht also eine unableitbare Macht ist, doch werden die damit verbundenen Möglichkeiten der Emanzipation des Rechts vom Staat nicht wirksam, da der König zur Durchsetzung des Rechts von den Göttern beauftragt ist und diese Aufgabe an nachgeordnete Stellen des Staatsapparates delegieren kann. In diesem Delegationssystem können Rechtssätze als Deskription der Rechtspraxis zu Lehrzwecken kodifiziert, zur Darstellung der religiösen Legitimation der königlichen Rechtsfunktion mit einem königsideologischen Rahmen versehen und wie der Kodex Hammurapi zu propagandistischen Zwecken der Öffentlichkeit präsentiert werden[26]. Als gelehrte Texte können die keilschriftlichen Rechtssammlungen auch eine Rechtsreform wie die mittelassyrischen Gesetze propagieren oder wie die hethitischen Gesetze dokumentieren. Im Rechtswesen der Achämeniden erhalten Rechtsentscheide des Königs die Funktion unveränderbarer Gesetze für die Gerichte. In den Provinzen besiegter Völker setzt die persische Reichsregierung darüber hinaus auf die Durchsetzung kodifizierter indigener Gesetze als Ordnungsfaktor, verzichtet aber auf die Kodifizierung von Gesetzen, die Gültigkeit im gesamten persischen Reich beanspruchen. Einen ersten Ansatz zur Eigenständigkeit des Rechts dem Staat gegenüber zeigt sich in Kleinasien im zweiten Jahrtausend. Auch nach frühhethitischer Königsideologie ist der König nicht Quelle des Rechts, sondern bedarf vielmehr des göttlichen Vorbilds, um dem Recht zu gehorchen[27]. Im hethitischen Großreich gilt der König dann aufgrund der Rezeption mesopotamischer und ägyptischer Königsideologie als Stellvertreter des Wettergottes und als solcher als Gesetzgeber und

25 Siehe dazu S. Allam, Recht im pharaonischen Ägypten, in: U. Manthe (Hg.), Die Rechtskulturen der Antike. Vom Alten Orient bis zum Römischen Reich, 2003, 15-54.

26 Siehe Verf., Kodifizierung und Kanonisierung von Rechtssätzen in keilschriftlichen und biblischen Rechtssammlungen, in: E. Lévy (Hg.), La codification des lois dans l'Antiquité. Actes du colloque de Strasbourg 27-29 novembre 1997, Université de Strasbourg. Travaux du Centre de Recherche sur le Proche-Orient et la Grèce Antiques 16, 2000, 77-124.

27 Siehe R. Haase, Recht im Hethiter-Reich, in: U. Manthe (Hg.), Rechtskulturen (Anm. 25), 123- 150.

oberster Richter. Nur in Juda und in Griechenland, wo das Rechtswesen langfristig königsfern ist, können die Gesetze, als von JHWH beziehungsweise dem Demos der Polis gesetzt, dem Staat gegenübertreten. Während die Gesetze des Keilschriftrechts primär deskriptiv das faktisch vollzogene Recht dokumentieren, die präskriptiven Rechtsfunktionen aber dem König vorbehalten bleiben, nehmen in Juda und Griechenland die Gesetze selbst diese Königsfunktion als präskriptiv wahr, wie es die oft zitierte Pindar zugeschriebene Wendung zum Ausdruck bringt: νόμος ὁ πάντων βασιλεύς[28]. Auch in der hellenischen Archaik gelten zunächst wie in Juda Götter als Verkünder von Gesetzen, die an die Mauern heiliger Bezirke geschrieben sind, so in Gortyn[29]. In der alttestamentlichen Tora wird das Gesetz einer Funktionalisierung durch politische Mächte dadurch entzogen, daß sein Ursprung als göttliche Offenbarung an einen Gottesberg in der Wüste verlegt wird[30]. Während im klassischen Griechenland das Volk zur Rechtsquelle des Gesetzes werden kann, die Gesetze nicht mehr auf göttliche Orakel zurückgeführt, sondern von Göttern nur bestätigt werden, steht einer derartigen Demokratisierung der Rechtsschöpfung in Juda die in exilischer und vor allem nachexilischer Zeit im Pentateuch literarisch breit ausgebauten Theorie der göttlichen Gesetzesoffenbarung entgegen, da eine schriftgelehrte Intellektuellenschicht, die ihre Normen aus der Auslegung und Fortschreibung der Tora bezieht, zunehmend die geistige Führung im achämenidischen und hellenistischen Juda übernimmt. Die Hebräische Bibel läßt durch konsequente Theologisierung der Gesetze die Tora zum unabhängigen Gegenüber eines jeden Staates werden, der dem Gesetz unterworfen wird. In den hellenistischen Diadochenreichen des Orients werden dagegen Motive der altorientalischen Königsideologien rezipiert, das Königtum orientalisiert und der König zur Verkörperung des Gesetzes als νόμος ἔμψυχος, was zu heftigem Widerstand des Judentums führt.

---

28 Siehe dazu K.-J. Hölkeskamp, Schiedsrichter, Gesetzgeber und Gesetzgebung im archaischen Griechenland, Historia. Einzelschriften 131, 1999, 285. Siehe zu dieser Monographie die Rezension von O. Kaiser in: ZAR 6, 2000, 358-361.
29 Siehe H. und M. van Effenterre, Ecrire sur les murs, in: H.-J. Gehrke (Hg.), Rechtskodifizierung und soziale Normen im interkulturellen Vergleich, Script Oralia 66, 1994, 87-96.
30 Zur alttestamentlichen Rechtsgeschichte siehe T. Frymer-Kenski, Israel, in: R. Westbrook (Hg.), A History of Ancient Near Eastern Law II, HdO 72/2, 2003, 975-1066; Verf., Recht im antiken Israel, in U. Manthe (Hg.), Rechtskulturen (Anm. 25), 151-190; ders., Tendenzen der Geschichte des Rechts in der Hebräischen Bibel, ZAR 9, 2003, 1-55 mit weiterer Literatur.

4. Die Emanzipation der Ethik von traditioneller Religion in der griechischen Philosophie und im Christentum

Fehlt in Griechenland eine Intellektuellenschicht religiöser Spezialisten, die die überkommene Religion so rationalisieren kann, daß sie das Heilsbedürfnis ihrer Klientel unter Verzicht auf magische Befriedigung aufnimmt, die der Befriedigung dieses Bedürfnisses entgegenstehenden negativen Kontingenzerfahrungen in umfassenden Theorien erklärt und in einer gemeinschaftsfördernden Weise mit den moralischen Forderungen an die Klientel vermittelt, so wandert seit dem sechsten Jahrhundert die Befriedigung dieser Bedürfnisse zunächst an den Rändern des griechischen Kulturraumes wie Kleinasien so in Milet, dann aber auch in dessen Zentren wie Athen aus der traditionellen Religion aus. Xenophanes (570-480 v. Chr.) tritt als deren Kritiker auf, weil ihr Gottesbild sich nicht an moralischen Normen messen läßt: »Alles haben Homer und Hesiod auf die Götter geschoben, was bei den Menschen als Schimpf und Schande betrachtet wird. Diebstahl und Ehebruch auch und gegenseitige Täuschung«. Wo der Mensch sich gegen amoralische Willkür der Götter schützen will, ruft er, wie in einer späten Ergänzung der Odyssee (1,32ff.), die synthetische Lebensauffassung auf: »Nur von den Göttern, so schreien die Menschen, kommt alles Übel; und dennoch schaffen die Toren, dem Schicksal und der göttlichen Warnung zum Trotz, sich selbst ihr Unheil«. Die Götter seien als anthropomorphe Gestalten nur ein Spiegelbild der begrenzten und also divergierenden Vorstellungskraft des Menschen. Schließt Xenophanes daraus noch auf einen transzendenten Gott, was die Schwierigkeit nach sich zieht, unterschiedliche νόμοι unter den Völkern auf die Unterschiede in der Welt der Götter zurückzuführen, so tritt in der Sophistik eine grundsätzliche Skepsis den Göttern gegenüber in den Vordergrund. Rhetorische Argumentation und Sachargument treten auseinander, so daß auch in moralischen Fragen unterschiedliche Werturteile als gleichberechtigt nebeneinander stehen sollen. Die im fünften Jahrhundert erweiterte Kenntnis von nichtgriechischen Völkern und ihren Bräuchen sowie Gesetzen führt zu einer Relativierung, die die prinzipielle Festigkeit der Gesetze zugunsten ihrer Wandelbarkeit infrage stellt. Man lernt zwischen dem, was von Natur (φύσις) aus, und dem, was durch Setzung (νόμος) gegeben ist, zu unterscheiden. Ob aber der Mensch den natürlichen Triebkräften folgen oder nach Gesetz und Konvention seiner Gemeinde handeln soll, gibt zur Diskussion Anlaß. Der traditionelle νόμος steht damit zur Disposition. Platon entwickelt im vierten Jahrhundert v. Chr. in Auseinandersetzung mit der sophistischen Philosophie ein erkenntnistheoretisch wie ontologisch neu verankertes Konzept von νόμος jenseits der Berufung auf geltende Gesetze[31]. Der νόμος wird

---

31 Siehe dazu M. Gagarin, Le Code de Platon et le droit grec, in: E. Lévy (Hg.), Codification (Anm. 26), 215-227.

in einer Ideenwelt verankert, aus der die materielle Welt sinnlicher Erfahrung abgeleitet ist und der der Mensch sich durch die ihm inhärente Vernunft nähern kann. Das lebenslange Streben nach Erkenntnis wird zum Prinzip sittlicher Lebensführung. Da die vernünftige Seele des Menschen vor ihrer Einbindung in den Körper aus der intelligiblen Welt der Ideen stammt, ist jede Ideenerkenntnis eine Rückerinnerung. Da die Seele den Wert des Menschen ausmacht, handelt der Mensch gut und gerecht, wenn er seinen Seelenzustand wie den der anderen Menschen verbessert. Die Ethik wird zur Glückseligkeitslehre, die den volkstümlichen Zusammenhang von Tat und Ergehen umformuliert, denn Gerechtigkeit gehört zu dem, »was sowohl um seiner selbst willen wie wegen der daraus entspringenden Folgen von jedem geliebt werden muß, der glücklich (εὐδαίμων) werden will«[32]. Dauerhaft ist Gerechtigkeit nur im Rahmen der Polis zu sichern und Glückseligkeit des Menschen zu verwirklichen. Die konkreten ethischen Normen bestimmen sich nach der Zugehörigkeit zu einer der Gesellschaftsschichten des städtischen Gemeinwesens und ihres Seelenzustandes. Die aristotelische Ethik ist daran anknüpfend eine Theorie der menschlichen Glückseligkeit (εὐδαιμονία). Da der Mensch von Natur auf Gemeinschaft angelegt ist, kann sie erst in der Polis endgültig verwirklicht werden, so daß die Ethik Teil der Staatslehre ist. Die Glückseligkeit besteht für Aristoteles in der Tugend (ἀρετή) als vernünftiges, beherrschtes Leben und im Besitz äußerer Güter[33], so daß das Glück des Menschen nicht vollständig in der Gewalt des Menschen steht, sondern immer auch ein »Geschenk der Götter« ist.

Die hellenistischen Schulen von Stoa, Epikuräismus und phyrronischer Skepsis wollen Wege aufzeigen, wie die Eudaimonie als höchstes Ziel (τέλος) menschlichen Lebens zu erringen und, damit von der Polis und den Göttern gleichermaßen gelöst, in die vollständige Verfügung des Menschen überführt werden kann. Aus dem Begriff des Glücks wird alles ausgeschieden, was an Gütern dem Menschen nicht jederzeit erreichbar ist, so daß das höchste Gut in der Stoa die Tugend oder epikuräisch das Glück (ἡδονή) ist, die jeweils die Bedürfnislosigkeit (ἀπάθεια/ἀταραξία) den äußeren Gütern gegenüber einschließen. Christliche Ethik der Antike hat diese Philosophie, die aus eigener Kraft die Glückseligkeit erringen will, nicht nur als Verdrängung der äußeren Übel, sondern vor allem als Hochmut gekennzeichnet. Die christ-

---

32 Plato, Politeia, 358a. Siehe dazu W. Kersting, Platons »Staat«, 1999, 52-68. Zum kulturhistorischen Kontext siehe A. Demandt, Der Idealstaat. Die politischen Theorien der Antike, 2000, 71-108, sowie vor allem O. Kaiser, Zwischen Athen und Jerusalem. Studien zur griechischen und biblischen Theologie, ihrer Eigenart und ihrem Verhältnis, BZAW 320, 2003 mit mehreren Beiträgen zum Thema.
33 Aristoteles, Nikomachische Ethik, 1099 a.b. Siehe dazu U. Wolf, Aritoteles' »Nikomachische Ethik«, 2002, 47-56. 239-256.

liche Ethik des Neuen Testaments[34] gewinnt ihr Spezifikum, das sie über die Ethik der jüdischen und hellenistischen Umwelt[35] hinaushebt, dort, wo sie im Verweis auf das Christusgeschehen den Geschenkcharakter eines »neuen Lebens« und einer »neuen Gerechtigkeit« begründet. Die von Jesus angesagte Gegenwart der Gottesherrschaft fordert eine Umkehr (Mk 1,15; 6,12; Lk 13,3) als Bruch mit den Ideen des Glücks traditioneller Ethik (Lk 14,25-32) zugunsten einer in der Nachfolge Jesu auf triumphale Selbstdurchsetzung verzichtenden Ethik der Nächstenliebe, die die Feindesliebe einschließt (Mt 5,44; Lk 6,27-28). Die Makarismen der Bergpredigt (Mt 5,3-11) sprechen einer derartigen Haltung der Liebe und des Verzichts auf Selbstdurchsetzung das Versprechen der Glückseligkeit zu. Für die synoptischen Evangelien setzt der auferstandene Christus die Worte des irdischen Jesus in Kraft (Mt 28,20) und verbindet die Forderung der neuen Gerechtigkeit der Liebe mit dem Verspechen der eschatologischen Glückseligkeit im Lohn- und Gerichtsgedanken (Mt 5,46 u.ö.). Paulus verbindet das Geschehen von Tod und Auferstehung Christi als Indikativ proleptischer Eschatologie mit dem ethischen Imperativ der Bewährung des Heils in der noch nicht vollendeten Welt. Mitte der paulinischen Ethik ist das Liebesgebot (I Thess 4,9; I Kor 12,31; 13,1-13), das als »Gesetz Christi« bezeichnet wird (Gal 6,2). Der eschatologische Vorbehalt des Heils in der noch nicht vollendeten Welt läßt Paulus aber die Unterordnung der Christen unter den heidnischen Staat (Röm 13,1-7) ebenso fordern, wie den Sklavenstand akzeptieren (I Kor 7,17-24; Phlm) und zur Sexualität zwischen Askese und geschöpflicher Bejahung schwanken. Das Johannesevangelium verbindet das Motiv des Lebenswegs Christi als Ausdruck der Liebe Gottes zu den Seinen (Joh 3,16; 13,1) mit dem Imperativ, die Christen sollen dem in der Bruderliebe entsprechen (Joh 13,34; 15,12.17). So ist zusammenfassend für die christliche Ethik der Antike die wahre Tugend durch Liebe und Hoffnung definiert: »Jetzt sind wir von Übeln umringt, die wir geduldig tragen müssen, bis wir zu jenen Gütern gelangen, wo all das ist, dessen wir uns unsagbar freuen, aber nichts mehr, das wir noch erdulden müßten. Solch ein Heil, wie es die zukünftige Welt uns beschenken soll, wird dann auch die endgültige Seligkeit sein« [36].

34 Siehe dazu W.A. Meeks, The Origin of Christian Morality, 1993; F.J. Matera, New Testament Ethics, 1996.
35 Siehe dazu O. Kaiser, Athen und Jerusalem. Die Begegnung des spätbiblischen Judentums mit dem griechischen Geist, ihre Vorraussetzungen und ihre Folgen, in: M. Witte/S. Alkier (Hg.), Die Griechen und der Vordere Orient. Beiträge zum Kultur und Religionskontakt zwischen Griechenland und dem Vorderen Orient im 1. Jahrtausend v. Chr., OBO 191, 2003, 87-120.
36 Siehe Augustinus, De Civitate Dei XIX 4.

Mensch und Gott bei Xenophanes

Wolfgang Drechsler (Tartu) und Rainer Kattel (Tallinn)

Die Sprache des frühen Griechenlands, seiner Philosophie, seines Kultus, auch der *polis* insgesamt, ist die der Dichter. Aus der uns überlieferten Dichtung aber ragen die Fragmente[1] des Xenophanes von Kolophon heraus, des ersten abendländischen Philosophen im eigentlichen Sinne, wenn man sich auf Tradition und Wirkungsmächtigkeit – also den direkten Einfluss auf die Lebenswelt unseres Kulturkreises – bezieht. »Er war der erste Grieche, der Literaturkritik schrieb; der erste Ethiker; der erste Erkenntniskritiker; und der erste spekulative Monotheist.« (Karl Popper)[2] Die Wirkung Xenophanes' ist in religionsphilosophischen Fragen am bedeutendsten und auch am besten zu erkennen.

Es ist kein Zufall, dass die Entstehung der philosophischen Theologie mit der der *polis* zusammenfällt.[3] Die *polis* – sowohl griechisch-historisch als auch im abstrahierten Sinne – ist der Ort des Menschen; in der *polis* fängt er an, mit sich und seinesgleichen zu sprechen. So entsteht die *polis* als Traditions- und gleichzeitig als Kultusgemeinschaft.[4] Hierdurch gelangen auch die Götter ans Licht: »erst als der Kult in Funktion trat, wurde die Erde

---

1 Die Nummerierung der Fragmente der vorsokratischen Philosophen folgt H. Diels und W. Kranz (Hg.), Die Fragmente der Vorsokratiker, 6. Aufl., 1968 (im Folgenden zitiert als DK); alle auch implizit nicht zugeordneten Fragmentangaben beziehen sich auf Xenophanes. Der griechische Text von Xenophanes folgt B. Gentili und C. Prato, Poetarum Elegiacorum Testimonia et Fragmenta 1, Leipzig 1988. Die Dichterfragmente sind, wenn notwendig, jeweils nach der entsprechenden Ausgabe angegeben. Die Übersetzungen stammen, wenn nicht anders vermerkt, von den Autoren, natürlich auf Grundlage früherer Versionen.

2 K.R. Popper, Duldsamkeit und intellektuelle Verantwortlichkeit, in: D. Stuhlmacher und L. Abramovski (Hg.), Toleranz. Zur Verleihung des Dr.-Leopold-Lucas-Preises, 1982, 173-185, 177.

3 Zur Interdependenz von *polis* und Religion s. C. Sourvinou-Inwood, What is *Polis* Religion?, in: O. Murray und S. Price (Hg.), The Greek City. From Homer to Alexander, 1990, 295-322.

4 E.W. Böckenförde, Geschichte der Rechts- und Staatsphilosophie, 2002, 18-20; H.-G. Gadamer, Über das Göttliche im frühen Denken der Griechen, in: ders., Gesammelte Werke 6: Griechische Philosophie II, 1985, 154-170, 154; R. Bubner, Polis und Staat. Grundlinien der politischen Philosophie, 2002, 30-31; weiterführend R. Kattel, The Constitution of the Polis, Tartu 2001, 33-37.

lebendig und licht, und über ihr wölbte sich der Himmel der erschlossenen Götterwelt.«[5]

Wie aber gestaltet sich der Dialog des Menschen mit dem Göttlichen, wer und wie sind seine Götter, wer und wie ist sein Gott? Diese Fragen beinhalten das Selbstverständnis der Menschen hinsichtlich ihrer Stellung in der Welt: »In den sich in der Religionsgeschichte vollziehenden Wandlungen der Götter spiegeln sich stets die mit ihnen aufs engste verbundenen Wandlungen des menschlichen Selbstverständnisses.«[6] Im Folgenden werden wir versuchen, jene Fragen mit und bei Xenophanes zu beantworten.

1.

Xenophanes lebte etwa von 570 bis 470 v.Chr.;[7] »es ist gleichgültig, dass das Jahr seiner Geburt und seines Todes unbestimmt ist«.[8] Geboren im kleinasiatischen Kolophon, führte er ein unstetes Wanderleben; mit 25 wurde er aus seiner Heimatstadt vertrieben (Diogenes Laertius IX 18)[9] und wanderte 76 Jahre durch die griechischen Lande. (B 8, 1) Wir wissen nicht genau, wohin er kam und was er tat. Vertreter einer Zeit des Wandels, der Morgenröte des klassischen Hellas, hebt Xenophanes – ganz im Hegelschen Sinne – das Erbe der vorklassischen Welt auf; er ist der erste, der dies auf eine greifbar systematische Art tut. Nicht zufällig ist Xenophanes auch, wie Werner Jaeger sagt, »der erste griechische Denker, der als Persönlichkeit fassbar ist.«[10] Offensichtlich ist er »ein Mann zwischen den Zeiten«;[11] er ist »a figure set apart«.[12]

Xenophanes' Lehre war schon den ›Sokratikern‹, also Platon und Aristoteles, recht unklar.[13] Bereits Heraklit hatte über ihn gesagt, dass das Kennen-

5 O. Goldberg, Die Götter der Griechen, Maß und Wert 1 (1937), 163-191, 168-169.
6 O. Kaiser, Der Gott des Alten Testaments. Theologie des Alten Testaments 1: Grundlegung, UTB 1741, 1993 (im Folgenden zitiert als GAT 1), 92.
7 Zu Xenophanes' Geburt und Tod E. Zeller, Die Philosophie der Griechen in ihrer geschichtlichen Entwicklung 1, F. Lortzing und W. Nestle (Hg.), 6. Aufl., 1919, 640 n. 1; vgl. auch H. Thesleff, On dating Xenophanes, 1957. Eine wohldokumentierte Beschreibung der Probleme um die Biographie Xenophanes' findet sich in C. Schäfer, Xenophanes von Kolophon. Ein Vorsokratiker zwischen Mythos und Philosophie, 1996, 95-104.
8 G.W.F. Hegel, Vorlesungen über die Geschichte der Philosophie 1, 1971, 277.
9 U.a. C.M. Bowra zweifelt daran, dass Xenophanes ein Rhapsode war, wie Diogenes sagt und wie allgemein angenommen wird; Xenophanes and the Olympic Games, AJP 59 (1938), 257-279, 262.
10 W. Jaeger, Die Theologie der frühen Griechen, Stuttgart 1953, 50; vgl. auch K. Jaspers, The Great Philosophers 3, 1993, 9.
11 E. Heitsch (Hg.), Xenophanes. Die Fragmente, 1983, 12.
12 W.A. Heidel, Hecataeus and Xenophanes, AJP 62 (1943), 257-277, 277.
13 S. unten Abschnitt 3.

lernen vieler Dinge ihn nicht Verstehen (ἔχειν νόον) gelehrt habe (B 40 DK), und Aristoteles hielt ihn für etwas schlicht (*Metaphysik* 986b 26). Aus der Antike haben wir sonst kaum Testimonia;[14] auch zu seiner Philosophie gibt es nur wenige einzelne Bemerkungen.[15]

In der modernen Debatte änderte sich das radikal, wenn diese auch komplex und kontrovers geführt wurde und teilweise auch noch wird.[16] Die Faszination des Fragmentarischen steigert natürlich die Möglichkeit zu ›kreativer Interpretation‹ mit all ihren Gefahren; »wer nach Anfängen fragt, gerät leicht ins Uferlose.«[17] Xenophanes wird daher generell als revolutionärer Sozialkritiker und wahrer Philosoph gesehen,[18] aber auch als Vertreter der Tyrannei universeller Normen;[19] als einer der bedeutendsten prächristlichen Theologen,[20] als robuster Empirizist,[21] aber auch als eine Figur, die fälschlicherweise in die Geschichte der Philosophie gerutscht ist.[22] Seiner überragenden Bedeutung hat all dies keinen Abbruch getan.

---

14 Die vollständigen Testimonia zu Xenophanes zumal bei DK; J.H. Lesher (Hg.), Xenophanes. Fragments, 1992, 189-222 (Englische Übers.); S. Karsten zählt diejenigen antiken Autoren auf, »*qui de Xenophanae memorarunt*«; Philosophorum Graecorum Veterum praesertim qui ante Platonem floruerunt operum reliquiae 1: Xenophanis Colophonii carminum reliquiae, 1830, 20; 201-208.

15 Beispiele – die fast alle Aristoteles folgen – bei Lesher, Xenophanes, 204-221.

16 Das einzige uns bekannte – aber natürlich fiktive – Bild des Xenophanes entstammt ebenfalls der Moderne: ein Pariser Stich des 18. Jahrhunderts, reproduziert in A. Jeannière, Les Présocratiques. L'Aurore De La Pensée Grecque, 1996, 99.

17 E. Heitsch, Xenophanes und die Anfänge kritischen Denkens. AAWLM.G, 1994, H. 7, 3.

18 Vgl. z.B. Lesher, Xenophanes, 76, 135, 139; Heitsch, Xenophanes, 10-12; K. Ziegler, Xenophanes von Kolophon, ein Revolutionär des Geistes, Gym. 72 (1965), 289-302, 290-291; Jaeger, Theologie, 54; Th. Gomperz, Griechische Denker 1, 1922, 129; A. Dihle, Griechische Literaturgeschichte, 2. Aufl., 1991, 98-99; C.M. Bowra, Landmarks in Greek Literature, 1966, 160-161; H. Fränkel, Dichtung und Philosophie des frühen Griechentums. Eine Geschichte der griechischen Epik, Lyrik und Prosa bis zur Mitte des fünften Jahrhunderts, 4. Aufl., 1993, 371; J. Burnet, Greek Philosophy. Thales to Plato, 1955, 33; A. Lesky, Geschichte der griechischen Literatur, 3. Aufl., 1971, 244; W. Röd, Die Philosophie der Antike 1: Von Thales bis Demokrit, 2. Aufl., 1988, 86.

19 P. Feyerabend, Reason, Xenophanes and the Homeric Gods, KenyR (1987), 12-22.

20 Resp. Jaeger, Theologie, 62: »eine theologische Gestalt, die mit nichts zu vergleichen ist, ja er ist überhaupt nur als Theologe zu begreifen.« Zu Jaegers Interpretation von Xenophanes als Theologen s. H.-G. Gadamer, L'inizio della filosofia occidentale, 1993, 45-46.

21 Fränkel, Dichtung und Philosophie, 382.

22 H. Cherniss, The Characteristics and Effects of Presocratic philosophy, JHI 12 (1951), 319-345, 335.

2.

Fragment B 23, der für die meisten Interpreten religionsphilosophisch wichtigste Satz Xenophanes', lautet:

εἷς θεός ἔν τε θεοῖσι καὶ ἀνθρώποισι μέγιστος
οὔτι δέμας θνητοῖσιν ὁμοίιος οὐδὲ νόημα

> Ein einziger Gott, der größte unter Menschen und Göttern,
> den Sterblichen nicht gleich an Gestalt, noch an Einsicht.

Otto Kaiser hat in einem vergleichenden Aufsatz dieses Fragment als einen der Sätze markiert, die »im allgemeinen Bewusstsein des Abendlandes die Wende vom Polytheismus zum Monotheismus« darstellen; ihm komme »eine überragende Bedeutung in der Geschichte des abendländischen Geistes zu.« Es »gilt als die erste Bezeugung des philosophischen Monotheismus und als Kopfsatz aller weiteren griechischen Metaphysik und Religionsphiloso- phie.«[23] Kaiser deutet die religionsphilosophische Kritik von Xenophanes als eine Antwort auf die Frage »nach dem Ursprung einer Welt, die in sich vernünftige kosmische und soziale Strukturen besitzt, indem [Xenophanes] sie auf eine nicht mit ihr identische Urvernunft zurückführt.«[24]

Ob Xenophanes ein Vertreter des Mono- oder des Polytheismus ist, ist in der Wissenschaft ausführlichst diskutiert worden, wie das bei solch einem Thema auch zu erwarten war.[25] Clemens Alexandrinus, der uns Xenophanes' Fragmente B 14, B 15 und B 23 überliefert (*Strom.* V 110), zitiert zuerst B 23 und fügt dann mit seinem eigenen καὶ πάλιν B 14 direkt hinzu; ebenso ver- fährt er mit B 15.[26] Diese Sequenz und ihre Bedeutung lenken den Blick direkt auf den einen Gott im direkten Gegensatz (ἀλλά) zum Götterbild der Sterblichen.[27]

Xenophanes geht – wie schon der Plural in den Fragmenten B 19, 1; B 16, 1; B 12, 1; B 14, 1; B 1, 24; B 11, 1; B 13, 4; B 30, 2 und B 10, 1 zeigt – si-

---

23 O. Kaiser, Der eine Gott und die Götter der Welt, in: ders., Zwischen Athen und Jerusa- lem. Studien zur griechischen und biblischen Theologie, ihrer Eigenart und ihrem Ver- hältnis, BZAW 320, 2003, 135-152, 135; zum Monotheismus Xenophanes' in diesem Sinne auch Jaspers, The Great Philosophers, 13.

24 Kaiser, Der eine Gott, 144.

25 Trotz aller Problematik s. doch D. Einhorn, Xenophanes. Ein Beitrag zur Kritik der Grundlagen der bisherigen Philosophiegeschichte, 1917, als Überblick der älteren Dis- kussion; zum Gegensatz Monotheismus – Polytheismus O. Kaiser, Der Gott des Alten Testaments. Theologie des Alten Testaments. Wesen und Wirken 3: Jahwes Gerechtig- keit, UTB 2392, 2003 (im Folgenden zitiert als GAT 3), 343-392.

26 Zu B 14 und B 15 s. weiter unten in diesem Abschnitt.

27 Vgl. J.-P. Vernant, Mortals and Immortals: the Body of the Divine, in: ders., Mortals and Immortals, 1992, 27-49, 27.

cher von mehreren Göttern aus.[28] Insofern wirkt Fränkels Formulierung, Xenophanes sei der »Apostel eines radikalen Monotheismus« gewesen,[29] zunächst etwas übertrieben. Zur Lösung dieses *prima facie* Spannungsverhältnisses muss aber nicht einmal argumentiert werden, dass es sich bei Xenophanes um einen religiösen Mystiker handelte, wie Nietzsche sagt.[30] Die Antwort ist vielmehr, zumal wenn man sich den »Polytheismus als Voraussetzung der Vorstellung von der Einzigartigkeit eines Gottes« vergegenwärtigt (Otto Kaiser),[31] dass bei Xenophanes dem einzigen Gott andere Götter zugeordnet sind, die zwar zum »Gegenstand aufgeklärter Kritik« werden, dennoch aber verbleiben.[32] Dieser Weg scheint für die Entwicklung des Monotheismus – auch des jüdischen-christlichen Gottes – typisch zu sein.[33] Deswegen ist auch ganz unproblematisch, dass der Ausdruck μέγιστος bei Homer schon für Zeus verwendet wird.[34] »Xenophanes hat [die] dem Vater der Götter und Menschen zugeschriebenen Eigenschaften [aber] aus ihren anthropomorphen Kontexten herausgehoben und abstrahiert. So ist ihm der höchste Gott zu dem ganz Anderen und Unbewegten geworden, der trotzdem alles bewegt und leitet.«[35]

Insofern war es für frühchristliche Theologen nur folgerichtig, in Xenophanes einen Vorläufer des Christentums zu sehen – und das ist ja auch, systematisch betrachtet, nicht falsch.[36] Aber nicht nur der Monotheismus, sondern auch die Entrücktheit und Allmacht dieses Gottes[37] und seine Menschenunähnlichkeit unterstreichen die noch vorsichtige Aussage, dass

---

28 Eine gründliche Problemdiskussion um Xenophanes' Gotteskonzept und bes. der Doxographie bei A. Finkelberg, Studies in Xenophanes, HSCP 93 (1990), 103-167; s. auch E. Voegelin, Order and History 2: The World of the Polis, 1991, 171-183.

29 Fränkel, Dichtung und Philosophie, 376.

30 F. Nietzsche, Die Philosophie im tragischen Zeitalter der Griechen, Sämtliche Werke. Kritische Studienausgabe 1, G. Colli und M. Montinari (Hg.), 2. Aufl., 1988, 799-872, 841, ähnlich auch E.R. Dodds, The Greeks and the Irrational, 1951, 181.

31 Kaiser, GAT 3, 349.

32 H.-P. Müller, Anfänge der Religionskritik bei den Vorsokratikern, in: A.Th. Khoury und Gottfried Vanoni (Hg.), Geglaubt habe ich, deshalb habe ich geredet (FS Bsteh 65), 1998, 281-295, 285.

33 Zu Jahwe s. Kaiser, GAT 3, 343-392; zur umwelttheoretischen Einordnung des Unterschieds von Monotheismus und Polytheismus – trotz der populären Darstellungsart – J. v. Uexküll, Der unsterbliche Geist in der Natur. Gespräche, 1946, 8-17.

34 Vgl. R. Bakker und B. Delfgaauw (Hg.), Xenophanes van Colophon. Tegen de fabels van weleer, Kampen 1987, 61; Kaiser, Der eine Gott, 146-147; Heitsch, Anfänge, 17, m.w.N.

35 Kaiser, Der eine Gott, 147.

36 Bakker und Delfgaauw, Xenophanes, 60. Das Argument in M.J. Edwards, Xenophanes Christianus?, GRBS 32 (1991), 219-228, 223-228, das εἷς θεός in B 23 sei eine christliche Fälschung, sei nur der Kuriosität und Vollständigkeit halber hier erwähnt.

37 S. unten bes. Abschnitt 4 und 6.

»*Xenophanes' god seems more like the later Judeo-Christian god than the human-like Homeric gods.*«[38]

Noch mehr Beachtung als der Xenophanes'sche Monotheismus fand in der antiken Rezeption denn auch seine ganz und gar ungewöhnliche und wagemutige Kritik der bis dahin herrschenden und verbindlichen Göttervorstellung, der Götter Homers und Hesiods. Diese Kritik war in der Antike genauso gut bekannt, wie sie es heute noch ist; sie ist nur noch der allerdings anders gelagerten Kritik Platons an den Dichtern in der *Politeia* vergleichbar.[39] Die Werke Homers waren nämlich nicht ›irgendeine‹ Dichtung, sondern vielmehr »*taken as the single most crucial revelation about the divine world that the ancient Greeks possessed.*«[40] Xenophanes sah sich selbst, wie Nietzsche treffend bemerkte, im »Wettkampf mit Homer.«[41] Die Kritik an Homer und Hesiod vollzieht sich dennoch oder besser daher nicht nur ohne Missachtung und als »offen[e] moralische Kritik«,[42] sondern auch innerhalb des eigenen dichterischen Diskurses.[43]

πάντα θεοῖς ἀνέθηκαν Ὅμηρός θ᾽ Ἡσίοδός τε,
ὅσσα παρ᾽ ἀνθρώποισιν ὀνείδεα καὶ ψόγος ἐστίν,
κλέπτειν μοιχεύειν τε καὶ ἀλλήλους ἀπατεύειν. (B 11)[44]

Homer und Hesiod haben den Göttern alles Mögliche unterstellt,
das bei den Menschen Kritik und Tadel hervorruft:
Diebstahl, Ehebruch und gegenseitigen Betrug.

ἀλλ᾽ οἱ βροτοὶ δοκέουσι γεννᾶσθαι θεούς,
τὴν σφετέρην δ᾽ ἐσθῆτα ἔχειν φωνήν τε δέμας τε. (B 14)

Aber die Sterblichen vermuten, dass die Götter geboren werden,
ihre eigenen Kleider tragen und eine Stimme und einen Körper haben.

ἀλλ᾽ εἰ χεῖρας ἔχον βόες <ἵπποι τ᾽> ἠὲ λέοντες
καὶ γράψαι χείρεσσι καὶ ἔργα τελεῖν ἅπερ ἄνδρες,
ἵπποι μέν θ᾽ ἵπποισι, βόες δέ τε βουσιν ὁμοίας

---

38 U. DeYoung, The Homeric Gods and Xenophanes' Opposing Theory of the Divine, 2000, <http://ablemedia.com/ctcweb/showcase/deyoung1.html> usw. (Stand März 2004); vgl. auch J. Barnes, The Presocratic Philosophers, 1982, 92.
39 S. unten Abschnitt 3.
40 DeYoung, The Homeric Gods.
41 F. Nietzsche, Nachgelassene Fragmente 1869-1874, Sämtliche Werke. Kritische Studienausgabe 7, G. Colli und M. Montinari (Hg.), 2. Aufl., 1988, Winter 1869-70 – Frühjahr 1980, 84.
42 Ziegler, Xenophanes, 291. Ein großer Teil der lyrischen Poesie zeigt Respekt vor und respektvolle Distanz zu den Göttern, manchmal auch eine gewisse Scheu gegenüber der Götterdarstellung Homers; s. F.G. Jünger, Griechische Mythen, 5. Aufl., 2001, 329.
43 Popper, Duldsamkeit, 177.
44 Vgl. auch Xenophanes B 12.

καί <κε> θεῶν ἰδέας ἔγραφον καὶ σώματ᾽ ἐποίουν
τοιαῦθ᾽, οἷόν περ καὐτοὶ δέμας εἶχον ὁμοῖον. (B 15)

> Doch wenn die Ochsen, Pferde und Löwen Hände hätten oder
> mit ihren Händen malen könnten und Werke bilden wie die Menschen,
> so würden die Pferde rossähnliche, die Ochsen ochsenähnliche
> Göttergestalten malen und solche Körper skulptieren,
> wie jede Art gerade selbst das Aussehen hätte.

Αἰθίοπές τε <θεοὺς σφετέρους> σιμοὺς μέλανάς τε
Θρῆκές τε γλαυκοὺς καὶ πυρρούς <φασι πέλεσθαι>. (B 16)

> Die Äthiopier behaupten, ihre Götter seien schwarz und plattnasig,
> die Thraker, blauäugig und rothaarig.

Die in B 14 kritisierte sozusagen ›kriminelle‹ Anthropomorphologie könnte, wie z.b. Eugen Schrödinger vermutet, darauf beruhen, dass die Griechen die Homer-Hesiodschen Götter gar nicht als »niedrige Vorstellung« empfanden, sondern dass dies vielmehr ein Zeichen der Macht der Götter war; etwas, dass diese sich herausnehmen konnten, die Sterblichen aber nicht.[45] Für Xenophanes jedoch war dies einfach nicht mehr akzeptabel: »Wir kommen hier an den Punkt der geschichtlichen Entwicklung, wo der latente Gegensatz der neuen philosophischen Denkart und der mythischen Vorstellungswelt, die die maßgebenden älteren Schöpfungen des griechischen Geistes beherrschte, zu offenem Konflikt ausbrach.«[46]

B 15 und 16 sind natürlich Grundlage oder doch sicherlich erste Manifestation der anthropologischen Gottes- und Religionskritik, wie wir sie in der Antike z.B. bei Lukrez und dann in der Neuzeit besonders bei und seit Feuerbach finden, dessen *Wesen des Christentums* ja fast direkt auf der

---

45 E. Schrödinger, Die Natur und die Griechen. Kosmos und Physik, 1956, 90-91; vgl. De-Young, The Homeric Gods. – Die moderne Diskussion, die in den Homerischen Göttern selbst Metaphern, Symbolisierungen oder eine gewollte Juxtaposition fast lächerlicher Götter, die wegen ihrer Unsterblichkeit eben nicht tragisch sein können, mit den tragischen Helden (vgl. DeYoung, The Homeric Gods; grundlegend C.H. Whitman, Homer and the Homeric Tradition, 1958, 221-248), ist in unserem Kontext insoweit irrelevant, als dass all diese Perspektiven sicherlich spätere, moderne Unterfütterungen sind, die sich Xenophanes selbst eben nicht so darboten, weil sie in gewisser Weise eine Aufhebung des Olymp durch die monotheistische Perspektive voraussetzen. Anders gelagert, aber ja gerade die Xenophanes'sche Perspektive aufnehmend, sind die späteren griechischen Versuche, Homer allegorisch zu interpretieren und dadurch eine ›Entschuldigung‹ für die Art seiner Götterdarstellung zu geben, wie schon im 6. Jahrhundert bei Theagenes von Rhegion. (A 8, 1 DK) Generell zu Theagenes und zu diesem Thema s. R. Pfeiffer, Geschichte der Klassischen Philologie. Von den Anfängen bis zum Ende des Hellenismus, 2. Aufl., 1978, 26-28.
46 Jaeger, Theologie, 54. Vgl. auch A. Dihle, Vom gesunden Menschenverstand, SHAW.PH 1995, Ber. 1, 9.

entsprechenden Beobachtung aufbaut[47] und die, genau wie Nietzsches Kritik an Religion und Ethik, in der späteren Diskussion zumindest thematisiert werden muss, wenn diese glaubwürdig geraten soll. Gerade hier bemerkt man Xenophanes' »fast grenzenloses Heraustreten aus allen Conventionen«;[48] seine Ansicht war noch für Jahrhunderte extreme Außenseitermeinung und oftmals mit der Todesstrafe bedroht.[49]

Rudolf Otto hat interessanter- und unüblicherweise B 15 in *Das Heilige* kritisiert: »Xenofanes hat völlig recht. So verfährt man, wenn man ein Ochse ist. In der wirklichen Religionsgeschichte aber sind die Dinge ganz anders zugegangen. Nicht vom Bekannten, Vertrauten und Heimlichen sondern vom Unheimlichen ist hier die Entwicklung ausgegangen.« Auf B 23 verweist er jedoch später als frühes Beispiel des Gottesverständnisses als »das ganz andere«.[50] Und genau das ist natürlich der Fall, wenn wir uns anschauen, welches Gottesbild aus den Fragmenten Xenophanes' als Überwindung des Homer-Hesiodschen Olymps hervortritt.

Fassen wir zusammen und nehmen wir weitere theologische Fragmente Xenophanes' hinzu: Gott ist nicht so, wie die Menschen ihn sich vorstellen: Die Sterblichen stellen sich Gott nach ihrem eigenen Bilde vor (B 14, B 15, B 16). Gott ist aber unvorstellbar für die Menschen[51] und völlig anders als sie.[52] Gott ist οὔτι δέμας θνητοῖσιν ὁμοίιος οὐδὲ νόημα (B 23, 2), »den Sterblichen nicht gleich an Gestalt, noch an Einsicht«; οὖλος ὁρᾶι, οὖλος δὲ νοεῖ, οὖλος δέ τ᾽ ἀκούει, »ganz sieht er, ganz denkt er, ganz hört er« (B 24); ἀπάνευθε πόνοιο νόου φρενὶ πάντα κραδαίνει, »ohne jede Mühe bewegt er alle Dinge durch die Gedanken seines Geistes« (B 25). Daher wäre es für Gott absurd oder unangemessen ἐπιπρέπει,[53] »zu verschiedenen Zeiten an verschiedene Orte zu reisen« (B 26, 2).[54] Es ist aber gerade Xenophanes' eigene, bereits erwähnte und von den Umständen erzwungene

---

47 L. Feuerbach, Das Wesen des Christentums, 1984; vgl. Bakker und Delfgaauw, Xenophanes, 56-57; auch Heitsch, Anfänge, 15; Kaiser, GAT 1, 18.

48 Nietzsche, Philosophie im tragischen Zeitalter, 841. Nur Lesher behauptet demgegenüber, dass Xenophanes an keiner Stelle den anthropomorphischen Gott zurückweist, sondern dass er lediglich für eine vollständige Unähnlichkeit Gottes von den Sterblichen eintritt; Lesher, Xenophanes, 94.

49 DeYoung, The Homeric Gods.

50 R. Otto, Das Heilige. Über das Irrationale in der Idee des Göttlichen und sein Verhältnis zum Rationalen, 9. Aufl., 1922; vgl. auch E. Frank, Philosophische Erkenntnis und religiöse Wahrheit, 1949, 77.

51 Heitsch, Xenophanes, 114.

52 Lesher, Xenophanes, 94. Auch Empedokles argumentiert, genau wie Xenophanes, dass die Götter ganz anders als die Menschen und von diesen auch nicht fassbar sind. (B 133 DK)

53 Zur Bedeutung von ἐπιπρέπει im griechischen Denken s. Jaeger, Theologie, 62-64.

54 Vgl. auch G. Calogero, Xenophanes, Aischylos und die erste Definition der Allmacht Gottes, in: ders., Studien über den Eleatismus, 1970, 283-301, 285.

Reisetätigkeit, sein Umhergetriebensein, das ihn am Ende »mit unterschiedlichen Gottesvorstellungen konfrontierte«[55] und ihm so den Weg bahnte, über
die Kritik der Homerischen Götter zum einen Gott zu kommen.

3.

Schon in der Antike herrschte die Meinung, dass diese Entwicklung zum Monotheismus gleichzeitig mit der Entstehung der Ionischen Philosophie der
Einheit des Seins einhergegangen oder sogar eigentlich ein Teil von ihr
war.[56] So wird Xenophanes seit Platon gerne mit der Eleatischen Schule
verbunden; bereits für Aristoteles ist dies eine historische Tatsache (*Metaphysik* 986b 18-21).[57] Sogar Gadamer argumentiert, dass bei Xenophanes
keine »Antizipation monotheistischer Motive« vorliegt, sondern es ihm
vielmehr um »das Ganze des Seienden« geht.[58] Nicolai Hartmann hat diese
Auffassung auf den Punkt gebracht: Xenophanes beziehe »schon die Einheit
von der Gottheit wieder zurück auf den Kosmos. Denn auch er teilte das allgemeine Interesse seines Zeitalters für die Natur. Und die Gottheit ist ihm

---

55 Kaiser, Der eine Gott, 146.
56 Dies beruht wahrscheinlich auf einem Missverständnis Aristoteles' (s. Jaeger, Theologie,
   251 FN 65; Heidel, Hecataeus and Xenophanes, 276), verstärkt durch die pseudoari-
   stotelische Schrift *de Melisso Xenophane Gorgia* (s. bes. 977a-979a); vgl. auch Jaeger,
   Theologie, 66-68; Lesher, Xenophanes, 192-193; Kirk u. Raven, The Presocratic Philo-
   sophs. A Critical History with a Selection of Texts, 1957, 165-166; W.K.C. Guthrie, A
   History of Greek Philosophy 1: The Earlier Presocratics and the Pythagoreans, 1962,
   367-368.
57 Vgl. auch Finkelberg, der argumentiert, dass Aristoteles Xenophanes' Gottesbegriff unklar war und jener deshalb »*preferred to leave the issue undecided and blame Xenophanes himself*«, Studies, 103-106.
58 Gadamer, Über das Göttliche, 162 (s. auch Schäfer, Xenophanes, 167, 174-176). Gadamer hat sich allerdings später – nach der Lektüre von R. Kattel, The Political Philosophy
   of Xenophanes of Colophon, Trames 1(51/46) (1997), 125-142 – in dieser Beziehung
   korrigiert und seine vorherige Haltung auf Jaeger, Theologie, und ders., Paideia. Die
   Formung des Griechischen Menschen 1, 2. Aufl., Berlin und Leipzig 1936, zurückgeführt; Brief an W. Drechsler vom 19. August 1996. Jaeger sieht Xenophanes von der
   Perspektive der neuen Naturphilosophie des Anaximander und Anaximenes aus; Paideia
   1, 232-236. Dies erlaubt ihm zu sagen, dass Xenophanes in (nur!) dieser Beziehung kein
   origineller Denker war; 236. Jaspers argumentiert gleichermaßen, Xenophanes »*did not
   understand the clear and revolutionary cosmological notion of Anaximander*«; The Great
   Philosophers, 11. Dies heißt jedoch ebenfalls nicht, dass Jaspers Xenophanes nicht
   geschätzt hätte; er rechnet ihn im Gegenteil wie Jaeger zu den Philosophen, die »*most
   likely determined – if not dominated – the consciousness of the Western world to this very
   day*«; 7. A.A. als Jaeger und Jaspers in dieser Frage bes. Ziegler, Xenophanes, 293;
   Lesher, Xenophanes, 147.

zugleich weltbildende Kraft.«[59] Das Problem liegt aber darin, dass in den uns erhaltenen Fragmenten von Xenophanes überhaupt kein Hinweis zu finden ist, der diese Deutungsmöglichkeit rechtfertigen würde. Nietzsche hat wohl Recht, wenn er behauptet, dass es rein zufällig sei, »dass gerade am gleichen Orte, in Elea, zwei Männer [Xenophanes und Parmenides] eine Zeitlang zusammen lebten, von denen jeder eine Einheitsconception im Kopfe trug: sie bilden keine Schule und haben nichts gemeinsam, was etwa der Eine von dem Anderen hätte lernen und dann weiter lehren können.«[60]

Platon selbst sagt im *Sophistes*: τὸ δέ παρ᾽ ἡμὶν Ἐλεάτικον ἔθνος ἄπο Ξενοφάνους .... (242d 3-5) Wenn dies auch »natürlich eine scherzhafte und halb ironische Sprechweise « ist,[61] scheint es auch berechtigt anzunehmen, dass »*one of the actors in this comedy of doxographic errors misread his part*«.[62] In der Tat ist diese Erwähnung an diesem Ort nicht ganz zufällig. Der Dialog handelt vom Wesen der Sophistik, und der Weg der Diskussion führt über die Deutung der mimetischen Kunst (235b-236d) zur Frage nach dem Sein des Nicht-Seienden und zur Überwindung des Parmenides. (237a-245d) In diesem Zusammenhang wird Xenophanes als einer der Eleaten erwähnt. Der Dialog aber kommt zur Schlussfolgerung, dass Sophistik eine Kunst der trügerischen Nachahmung ist (264c-268d), womit das Thema des Dialogs in die Nähe der Platonschen *Politeia* rückt.

Die *Politeia* beginnt nämlich im I. Buch mit Sokrates' Kritik an verschiedenen sophistischen Verständnissen der Gerechtigkeit als Macht und daher als zu verteilende Eigenschaft im Zwischenmenschlichen.[63] Die im III. und X. Buch folgende Kritik an der mimetischen Kunst soll aufzeigen, dass die mimetischen Eigenschaften der ästhetischen Phänomene darauf deuten, dass die trügerische Sicherheit, etwas zu wissen und zu kennen, das Fragen und Hinterfragen zu ersetzen drohe.[64] Es ist diese trügerische Sicherheit, durch die der Mensch sich in eine Position versetzt, die es nach Platon gar nicht

---

59 N. Hartmann, Über das Seinsproblem in der griechischen Philosophie vor Plato, 1908, 39. Für Hartmann stammt die Kritik an der Vielheit der Götter »aus dem sittlich-religiösen Protest«, 38.

60 Nietzsche, Philosophie im tragischen Zeitalter, 840.

61 Jaeger, Theologie, 251 FN 65; zu Ironie und Humor bei Platon s. H.-G. Gadamer, Plato als Porträtist, in: ders., Gesammelte Werke 7: Griechische Philosophie III: Plato im Dialog, 1991, 228-257.

62 Finkelberg, Studies, 111 FN 28.

63 S. H.-G. Gadamer, Platos Staat der Erziehung, in: ders., Gesammelte Werke 5: Griechische Philosophie I, 1985, 249-262, 252-253.

64 Vgl. H.-G. Gadamer, Plato und die Dichter, 1934; jetzt auch in: ders., Gesammelte Werke 5: Griechische Philosophie I, 1985, 187-211; hierzu W. Drechsler, Les Lois de Platon, fondement de l'Économie du droit, Revue Française d'Histoire des Idées Politiques 16 (2/2002): Les Lois de Platon, 399-410, und bes. ders., Hans-Georg Gadamers Plato und die Dichter, in: Zukunft braucht Erfahrung, FS 475 Jahre Gymnasium Philippinum, E.J. Pickerodt-Uthleb (Hg.), 2002, 53-62.

gibt: oberhalb der Menschen.[65] Dort befinden sich aber nur Götter und
Tyrannen.[66] Für die Menschen und vor allem für die *polis* ist dies eine
trügerische und gefährliche Position; es ist die Position, der Ideologien
entstammen.[67] An dieser Stelle der *Politeia* erblickt man zum ersten Mal die
Grundbewegung des modernen Staates als Gerechtigkeitsgarant durch Macht
und Machtverteilung oberhalb der Gesellschaft. Nach Platon können ein
solcher Gerechtigkeitsbegriff und daher auch ein solcher Staat den Einzelnen
aber nie gerecht werden. Gerechtigkeit entsteht zwischen den Menschen. Die
platonische *Politeia* ist daher die schärfste Herausforderung sowohl an den
modernen Staat als auch an die *polis*.

Für Platon kann man hier zwischen metaphysischen und ethischen Fragen
nicht unterscheiden; die sophistische Gefahr ist für beide Bereiche gleich
groß. Daher ist es für Platon möglich, die Eleatische Schule mit ihrem
Einheitsgedanken vom Sein und Xenophanes mit seiner Kritik an der Vielheit
der Götter in einem Atemzug zu nennen. Platon geht es im *Sophistes* nämlich
nicht darum, das historisch Richtige zu berichten, sondern er versucht
vielmehr, den geistigen Zusammenhang zwischen der Philosophie des Seins
und der religiösen Kritik aufzuzeigen – beide dürften für viele seiner
zeitgenössischen Leser und Hörer bekannt gewesen sein –, um mit diesen
beiden gegen die Sophistik zu argumentieren. Xenophanes wird von Platon
für diese antisophistische Gegentradition in Anspruch genommen.

4.

Dies tut Platon nun auch keineswegs zu Unrecht, denn die Platonsche Epistemologie des Nichtwissenkönnens – und die aus ihr resultierende Ethik –
findet sich zuerst, und womöglich fast noch stärker, bei Xenophanes selbst.
Wir haben ja bereits bei diesem ein wirkungsmächtiges Bild von Gott, das in
seiner völligen Unterschiedlichkeit und Andersheit fundamental von den
Sterblichen abgesetzt wird. Die Ganzheit Gottes im Sehen, Hören und
Wissen ist das Bild eines allwissenden und allmächtigen Gottes in
grundlegendem Kontrast zur Unfähigkeit der Sterblichen, etwas zu wissen.[68]
Wenn der Mensch auch weiß, dass die Ereignisse der Welt meistens natürli-

---

65 Vgl. *Sophistes* 265b.
66 Vgl. Gadamer, Platos Staat der Erziehung, 255.
67 Zum Wesen der Ideologie s. O. Kaiser, Ideologie und Glaube. Eine Gefährdung christlichen Glaubens am alttestamentlichen Beispiel aufgezeigt, 1984, *passim*.
68 S. J.R. Warden, The Mind of Zeus, JHI 32 (1971), 3-14, 10. Vgl. K. Deichgräber, Xenophanes ΠΕΡΙ ΦΥΣΕΩΣ, RMP 28 (1938), 1-31, 21, 28; O. Gigon, Der Ursprung der
   griechischen Philosophie. Von Hesiod bis Parmenides, 1945, 186. Alkmaion (B 1 DK)
   argumentiert auf dieselbe Art, indem er Wissen und Einsicht Gottes mit denen der Menschen kontrastiert.

che und naturhafte Ursachen haben und damit erklärt werden können (B 27, B 29, B 30, B 33), so heißt dies noch lange nicht, dass der Mensch alles erklären kann:[69]

καὶ τὸ μὲν οὖν σαφὲς οὔ τις ἀνὴρ ἴδεν οὐδέ τις ἔσται
εἰδὼς ἀμφὶ θεῶν τε καὶ ἄσσα λέγω περὶ πάντων·
εἰ γὰρ καὶ τὰ μάλιστα τύχοι τετελεσμένον εἰπών,
αὐτὸς ὅμως οὐκ οἶδε, δόκος δ᾽ ἐπὶ πᾶσι τέτυκται. (B 34)[70]

> Kein Mensch hat je das Wahre gesehen, und es wird auch niemanden geben,
> der über die Götter und alles andere, worüber ich spreche, Gewissheit besitzt.
> Denn sein Gelingen, das Wahre getroffen zu haben,
> bleibt ihm unbewusst. Meinungen nur sind jedem gegeben.

Dieses Fragment B 34 ist für die epistemologische und dann auch ethische Wirkung des Xenophanes besonders bedeutend, sicherlich seit der Xenophanes-Rezeption Poppers, seinerseits des populär und politisch wirkungsmächtigsten politischen Philosophen seit Mitte des 20. Jahrhunderts.[71] Xenophanes etabliert mit dieser Aussage, aber noch mehr mit der in B 35:

ταῦτα δεδοξάσθαι μὲν ἐοικότα τοῖς ἐτύμοισι ...

> in der Tat... dies als Annahme akzeptierend, als ob es die Wahrheit sei,

eindeutig jene Position, die da sagt, dass es in der Lebenswelt nur Arbeitshypothesen geben kann – diese aber sehr wohl. Man kann daher durchaus empirische und auch normative Ansichten haben, zumal man ja nicht ausschließen kann, möglicherweise und gegen alle Wahrscheinlichkeit doch

---

69 Zur homerischen Dichtung in diesem Zusammenhang s. Kaiser, GAT 1, 96-97.
70 Diskussion der Schlüsselworte dieses Fragments bei H. Fränkel, Xenophanesstudien, Hermes 60 (1925), 174-192, 185-189; hier auch eine interessante freie Übersetzung: »und das Genaue nun hat nie ein Mensch erblickt, so wie es auch nie einen geben wird, der es kennt, hinsichtlich der Götter und der Dinge, die ich irgend <in diesem Werk> behaupte. Denn selbst wenn es jemandem vor allen anderen (oder: durchaus) gelingen sollte, das wirklich Vorhandene auszusprechen (eben das hofft Xenophanes in dem vorliegenden Gedicht geleistet zu haben), so hat er doch kein Wissen an eigener Erfahrung – –«; 189. Diese Interpretation erlaubt Fränkel, Xenophanes als rigorosen Empiriker zu sehen, was allerdings mit Xenophanes' Theologie unvereinbar wäre, wie er auch konzediert, 191-192. Ähnliche Ideen bezüglich der menschlichen Unmöglichkeit, die Wahrheit oder Realität zu wissen, finden wir bei Anaxagoras (B 21 DK) und Demokrit (B 6, B 7, B 8, B 9 DK). Zur höchst interessanten Xenophanesrezeption im Späthellenismus und besonders bei Sextus Empiricus s. A. Bächli, Untersuchungen zur pyrrhonischen Skepsis, Berner Reihe philosophischer Studien, 1990, 4-19 und bes. zu B 34 20-35, 39.
71 Popper, Duldsamkeit.

einmal richtig zu liegen.[72] Wie Popper richtig sagt, »Diese Zeilen enthalten mehr als eine Theorie der Unsicherheit des menschlichen Wissens. Sie enthalten eine Theorie der objektiven Wahrheit: Denn Xenophanes lehrt hier, dass etwas, das ich sage, wahr sein kann, ohne dass ich oder sonst jemand weiß, dass es wahr ist. Das heißt aber, dass die Wahrheit objektiv ist: Wahrheit ist die Übereinstimmung dessen, was ich sage, mit den Tatsachen, ob ich es nun weiß oder nicht weiß, dass die Übereinstimmung besteht.«[73] Auch für das Gottesbild ist dies zentral, denn es setzt notwendigerweise die Abstraktion als Ziel: Xenophanes »war sich … bewusst, dass er selbst mit seinen Abstraktionen letztendlich die Wirklichkeit Gottes nicht zu erreichen vermochte. Das hängt [eben] mit der Einsicht zusammen, dass es für den Menschen weder im Blick auf die Götter noch auf sonst etwas eine sichere Erkenntnis, sondern nur Meinungen gibt«.[74]

Wir haben hier also das Gegenteil eines epistemologischen Nihilismus; die Möglichkeit zum Erkenntnisfortschritt gibt es durchaus:

οὔ τοι ἀπ᾽ ἀρχῆς πάντα θεοὶ θνητοῖς ὑπέδειξαν,
ἀλλὰ χρόνῳ ζητοῦντες ἐφευρίσκουσιν ἄμεινον. (B 18)

> Nicht alles haben die Götter gleich von Anfang an den Sterblichen enthüllt.
> Doch mit der Zeit gelangen sie, sich herantastend, an Besseres.

Der Mensch braucht also das Vermögen, sich die Welt zu erschließen.[75] Diese Kompetenz ist jedoch nicht mit einer rationalen Suche nach Fortschritt im menschlichen Wissen zu vergleichen.[76] Im Gelingen (ἐφευρίσκω) klingt im Griechischen auch so etwas wie Vorfinden, aber auch Erfinden mit an: um das Gelingen möglich machen zu können, braucht man einen ›Gegenspieler‹ – die Welt, wo man etwas vorfindet, das von den Göttern enthüllt wurde.

---

72 Zur überragenden Bedeutung dieser Erkenntnis für Philosophie und Sozialwissenschaften s. W. Drechsler, State Socialism and Political Philosophy, in: J.G. Backhaus (Hg.), Essays on Social Security and Taxation: Gustav von Schmoller and Adolph Wagner Reconsidered, 1997, 319-339, 327-328; ders., On the Possibility of Quantitative-Mathematical Social Science, Chiefly Economics: Some Preliminary Considerations, Journal of Economic Studies 27 (2000), 246-259, bes. 255.

73 Popper, Duldsamkeit, 179; als Echo Heitsch, Anfänge, 21-23. Gerade B 34 und B 35 haben J.E. Boodin, What Pragmatism is and is not, JPhP 6 (1909), 627-635, 633, veranlasst, Xenophanes als »billiant Pragmatist« zu bezeichnen.

74 Kaiser, Der eine Gott, 147.

75 Vgl. auch B 36. Lesher argumentiert, dass Xenophanes versucht hat, »[to] displace an existing, predominantly religious outlook on the natural world«; Xenophanes, 145; vgl. auch 146-148; Jaeger, Paideia 1, 231-232.

76 Die letzte Zeile ist meistens in der Tat als eine Art Hymne auf den Fortschritt interpretiert worden (Beispiele und Argumente bei Lesher, Xenophanes, 150-151), was jedoch nicht zu belegen ist: s. schon P. Shorey, Note on Xenophanes Fr. 18 (Diels) and Isocrates Panegyricus 32, CP 6 (1911), 88-89.

Gleichsam er-findet der Mensch die Welt und die Natur.[77] Das menschliche Wissen über die Welt verändert diese. Der Mensch formt die Welt mit, und er antwortet dem allwissenden Gott in seiner völligen Unwissenheit dadurch, dass er sich die göttlichen Enthüllungen zu Eigen macht und mit seinen eigenen Meinungen umhüllt. Die Welt ist insofern den Menschen zu Eigen; dennoch wird der Mensch nie über seine Meinungen hinausgelangen, es sei denn, er hat Glück. Die Welt bleibt zugleich Geheimnis und Überlieferung. Um die Welt zu verstehen, muss man den Menschen verstehen.

5.

Die griechische Dichtung fängt bei Archilochos, dem ersten uns bekannten archaischen Dichter,[78] mit der Beschreibung eines Menschen an, der seinem Schicksal ausgeliefert ist.[79] Archilochos zeigt, wie die menschliche Existenz und der Mensch selbst von ständiger Bewegtheit gekennzeichnet sind, sie stehen im ewigen Hin und Her. »Der mythisch Denkende«, meint hierzu Gerhard Krüger, »ist unbegrenzt empfänglich: ihm zeigt sich das machtvoll Gegebene mit einer unbeschränkten, urtümlichen Gewalt.«[80] Was immer der Mensch erlebt, was immer ihm widerfährt, ist die Tat der Götter, die in die Mitte des Lebens schlägt, dem Menschen zukommt und dadurch sein Eigen wird; man muss sich dann selbst zurechtfinden.[81] Der Mensch wird in der Fremde zwar nicht heimatlos, aber er muss sich wieder fangen.

In B 1 beschreibt Xenophanes ein ›gemütliches Zusammensein‹, ein Symposion: der Boden, die Becher und Hände sind rein (1-2), jemand legt Kränze um die Häupter der Sitzenden, ein anderer reicht wohlduftendes Salböl (2-3). Ein Krug steht da, voll εὐφροσύνης, wortwörtlich »guter Gedanken« (4) – es gibt Wein; goldgelbe Brote liegen bereit, der festliche Tisch ist mit Käse und Honig beladen. (9-10) Der Altar in der Mitte ist mit Blumen bedeckt.

---

77 Vgl. W.C. Greene, Fate, Good, and Evil in Pre-Socratic Philosophy, HSCP 47 (1936), 85-129, 95.
78 So z.B. Fränkel, Dichtung und Philosophie, 147.
79 Fragment 58 von Archilochos lautet:
»Leicht ist alles für die Götter. Aus dem Unglück richten sie
Oft den Mann empor, der vordem auf der schwarzen Erde lag.
Oft auch stürzen sie uns: manchen der mit festem Schritte ging
Legten sie jäh auf den Rücken. Vieles Schlechte trifft ihn nun:
Hunger treibt ihn in die Irre, und sein Denken ist verstört.«
(Übersetzung in Fränkel, Dichtung und Philosophie, 150.)
80 Krüger, Einsicht und Leidenschaft, 23-24. Weiter zu Archilochos M. Theunissen, Pindar. Menschenlos und Wende der Zeit, 2000, 85-86 und 161-199.
81 Vgl. Kattel, Constitution of the Polis, 23.

(11) Bevor man das Zusammensein genießt,[82] wird man von Xenophanes aufgefordert:

χρὴ δὲ πρῶτον μὲν θεὸν ὑμνὲν εὔφρονας ἄνδρας
εὐφήμοις μύθοις καὶ καθαροῖσι λόγοις,
σπείσαντάς δὲ καὶ εὐξαμένους τὰ δίκαια δύνασθαι
πρήσσειν - ταῦτα γὰρ ὦν ἐστι προχειρότερον -
οὐχ ὕβρεις, πίνειν δ᾿ ὁπόσον κεν ἔχων ἀφίκοιο
οἴκαδ᾿ ἄνευ προπόλου μὴ πάνυ γηραλέος,
ἀνδρῶν δ᾿ αἰνεῖν τοῦτον ὅς ἐσθλὰ πιὼν ἀναφαίνει,
ὥς οἱ μνημοσύνη καὶ τόνος ἀμφ᾿ ἀρετῆς,
οὔ τι μάχας διέπειν Τιτήνων οὐδὲ Γιγάντων
οὐδὲ <τι> Κενταύρων, πλάσμα<τα> τῶν προτέρων,
ἢ στάσιας σφεδανάς, τοῖς οὐδὲν χρηστὸν ἔνεστι,
θεῶν <δὲ> προμηθείην αἰὲν ἔχειν ἀγαθήν. (B 1, 13-24)

> Zuerst aber müssen fröhliche Männer Gott preisen
> mit reinen Worten und frommen Geschichten,
> opfern und bitten, das Gerechte treffen zu
> können – dies ist uns wohl nahe liegender – und
> nicht in ὕβρις zu verfallen; dann trinkt man höchstens so viel, dass,
> wer kein Greis ist, auch ohne Begleiter nach Hause gelangt.
> Lobet den Mann, der nach dem Trunk das Richtige vorträgt,
> so dass die Aufmerksamkeit auf das Gute gerichtet ist,
> und nicht etwa von den Kämpfen der Titanen, Giganten
> und Kentauren, von Fabeln der Früheren,
> oder von heftigen Streitigkeiten erzählt; nein, das bringt nichts.
> Auf die Götter soll man aber immer gut gestimmt sein.

Xenophanes fordert also dazu auf, Gott im Gebet darum zu bitten, dazu fähig zu sein, das zu tun, was richtig ist, τὰ δίκαια δύνασθαι πρήσσειν (B 1, 15-16). Man bittet um die Fähigkeit, angemessen zu handeln, nicht aber um persönlichen Erfolg, Ruhm oder Reichtum, wie es beim Symposion vorher üblich war.[83] Xenophanes fordert Handlungen, die recht und gerecht (δίκαια) sind und nicht Teil der ὕβρις[84] (B 1, 17), die andere Menschen und besonders deren Interessen nicht beeinträchtigen.[85] Xenophanes bittet Gott um die Fähigkeit, gerecht zu sein, denn um δίκαια können wir bitten – *nach* dem Gotteslob. Wir hoffen, dass wir im Lichte dieser Evokation stark genug sind, rechtschaffene Handlungen auszuführen, dass wir wählen können, was

---

82 Vgl. C.M. Bowra, Xenophanes, Fragment 1, CP 33 (1938), 353-367, 357. Zur Rolle der Freundschaft in der frühen griechischen Dichtung s. Kattel, Constitution of the Polis, 26-29.

83 Heitsch, Xenophanes, 93-94; s. Schäfer, Xenophanes, 195. Vgl. auch Anakreons Fr. 357 (in D.A. Campbell, Greek Lyric 2: Anacreon, Anacreontea. Choral Lyric from Olympus to Alcman, LCL 1988).

84 Vgl. Bowra, Fragment 1, 360-361.

85 Heitsch, Xenophanes, 93-94.

uns gemäß ist (τὰ δίκαια). Wir bitten Gott, verstehen zu können, was wir tun können und tun.

Danach trinkt man maßvoll, sein Maß erkennend. In Erzählungen sollen Gerechtigkeit und das Gute gepriesen werden, Geschichten von Titanen oder Fabeln der Alten hingegen fortbleiben. Wo auch immer man ist, es sind die Geschichten über menschliche Tugend (ἀρετή) und eben nicht über Streit und Kampf, die man erzählen soll. Der Gott, und wohl auch der Götter eingedenke Mensch hofft, dass er das Richtige, das Angemessene tut, und nicht das Streitbare, das Verletzende: »dass es durch den Beistand des Gottes gelingt, diese Ordnung überall in Erscheinung treten zu lassen, in der Staatsverfassung, der Gesetzgebung, dem Tempelbau«.[86]

Durch Geschichten erweckt man Erinnerungen und damit Vorbilder.[87] Es müssen aber viele Geschichten sein, da, wie wir schon aus B 34 wissen, es immer eine Vielfalt menschlicher Meinungen gibt. Das menschliche Zusammenleben, in dem man das Richtige tun soll, lebt gerade von verschiedenen Meinungen, was das Richtige sei. Dies ist ja auch das Wesen der Demokratie, die die Möglichkeit und Notwendigkeit der Unterscheidung der Meinungen und Ansichten – und deshalb eine formelle Entscheidung – noch vor der Wahrheit oder selbst dem Anspruch darauf privilegiert,[88] denn, wie Otto Kaiser sagt, die »Geschichte lehrt, dass jeder Anspruch, auf die Fragen des menschlichen Zusammenlebens in Politik und Gesellschaft die letzte und einzig mögliche Antwort zu besitzen, über die nicht mehr diskutiert werden darf, und der es sich schlechthin zu unterwerfen gilt, die Völker und ungezählte einzelne, in ihrem Gewissen anders gebundene ins Unglück gestürzt hat, ohne dass der verheißene Segen der politischen Heilslehre eintraf.«[89]

»*Nothing would be more characteristic of the Greeks than conflict. ... The heroic conflicts sung by poets and painted or carved by artists contributed to that conviction of man's close relationship with the gods which made the epic tradition a vital force long after gods and heroes ceased to move among men.*«[90] Jedoch führen sie nach Xenophanes zu nichts Nützlichem.[91] Das gilt

---

86 Jünger, Griechische Mythen, 134, der von Apollon spricht; vgl. Kaiser, Der eine Gott, 150-151; T. Hölscher, Öffentliche Räume in frühen griechischen Städten, Schriften der Heidelberger Akademie der Wissenschaften, Phil.-hist. Abt., Bd. 7, 1998.

87 Vgl. H.-G. Gadamer, Das Vaterbild im griechischen Denken, in: ders., Gesammelte Werke 6: Griechische Philosophie II, 1985, 218-231, 222.

88 Grundlegend N. Berdjajew, Das neue Mittelalter. Betrachtungen über das Schicksal Russlands und Europas, 1927, 106-113.

89 O. Kaiser, Ideologie und Glaube, 15 und generell.

90 E.M. Sanford, The Battle of Gods and Giants, CP 36 (1941), 52-57, 54; s. Bowra, Fragment 1, 262, und Jünger, Griechische Mythen, 101-108.

91 Vgl. hier vor allem Solons Fragmente 15 und 3, Ausg. Gentili und Prato, Testimonia et Fragmenta 1.

aber auch etwa für Athleten, deren Ruhm genauso wenig weiterhilft (B 2); im Gegenteil: »*the idolization of athletic victors was not confined to religious rites and beliefs in miraculous powers. There was also a social and political side to it. Success in the Games was an excellent means to winning popularity and power, and it is significant that tyrants and would-be tyrants competed and won.*«[92]

Auch persönliche Interessen, Erfolg, Reichtum, Luxus und Ruhm sind nachrangig, da unnütz (χρηστόν; B 1, 23), für die *polis* – ganz im Gegenteil, wie Xenophanes selbst warnend von den Kolophonern sagt:

ἁβροσύνας δὲ μαθόντες ἀνωφελέας παρὰ Λυδῶν,
ὄφρα τυραννίης ἦσαν ἄνευ στυγερῆς,
ἤεσαν εἰς ἀγορὴν παναλουργέα φάρε᾽ ἔχοντες,
οὐ μείους ὥσπερ χείλιοι εἰς ἐπίπαν,
αὐχαλέοι, χαίτῃσιν ἀγάλμεν εὐπρεπέεσσιν,
ἀσκητοῖς ὀδμὴν χρίμασι δευόμενοι. (B 3)

> Sie hatten die nutzlosen Feinheiten von den Lydern gelernt,
> solange sie noch frei waren von der verhassten Tyrannis,
> gingen auf den Agora in Gewändern, ganz mit echtem Purpur gefärbt,
> nicht weniger als tausend zusammen,
> stolz, prunkend mit ihren schön frisierten Haaren,
> durch kunstvoll bereitete Salben triefend von Duft.[93]

Es ist bezeichnend, dass Xenophanes den Luxus als verderbliches Vorbild zeigt, weil hierdurch in der Öffentlichkeit der *polis*, auf der Agora, die Unterschiede der Menschen zu deutlich hervorgehoben werden.[94] Es ist wohl richtig anzunehmen, dass für Xenophanes dies die Ursache für die Tyrannei in seiner Heimatstadt Kolophon war, die zum Verfall der Stadt entscheidend beigetragen hat.[95]

Fabeln über die alten Streitereien, Ruhm der Sportler, Luxus – all dies sind Beispiele für hybrishafte Vorbilder.[96] Offensichtlich spricht Xenophanes in B 1 deshalb nicht von irgendwelchen universellen Prinzipien der Gerechtigkeit, denen man überall folgen soll. Folgen soll man vielmehr Vorbildern, Geschichten von vorbildlichen Menschen und ihren Taten[97] – heute würde man vielleicht *best practices* sagen. Vorbild bedeutet, dass man sich nach diesem bildet. Man lernt sich selbst und die menschliche Wege kennen, da das Vorbild eine Art Anwesenheit ist, die in ihrer Erscheinung aufgeht, die Vergangenheit überbrückt, die Distanz überwindet und gleichzeitig zu-

---

92 Bowra, Olympic Games, 267; vgl. auch Schäfer, Xenophanes, 156-157.
93 Die Übersetzung folgt Heitsch, Xenophanes, 23.
94 Vgl. C.M. Bowra, Xenophanes, Fragment 3, CQ 35 (1941), 119-126, 121, 123.
95 Bowra, Fragment 3, 126.
96 Vgl. Bowra, Olympic Games, 269, 276.
97 Vgl. Bowra, Fragment 1, 364.

rückgewinnt und in einem nicht vergegenständlichten Verhalten den Menschen zu sich selbst kommen lässt, da es die vergangenen Zeiten als eigene Zeit erscheinen lässt.[98] Man bildet sich, man ›bekommt‹ ἔθος. So kann schon Heraklit sagen, dass das ἔθος Schicksal des Menschen sei. (B 119 DK) Xenophanes würde präzisieren, dass das ἔθος im menschlichen Zusammenleben, in tagtäglichen Begegnungen mit Mitmenschen, Freunden und Fremden gleichermaßen, aber auch durch Geschichten, die man hört und erzählt, erst geprägt wird. Jedoch darf der Mensch nur hoffen, dass er das Richtige trifft. Es bleibt Gott vorbehalten, dies zu wissen. Sein neues Verständnis des Göttlichen als transzendenter Gott führt Xenophanes zum Verständnis der menschlichen ἀρετή als Vorbildfunktion für andere in deren Suche nach dem richtigen Handeln.

Die Götter, die Xenophanes in B 1 nennt, sind wahrscheinlich mit einem bestimmten Ort verbundene zugeeignete Götter, die je nach dem, wo man beisammen ist, geehrt werden sollen.[99] Die Wurzeln der übergeordneten monotheistischen Gottesvorstellung von Xenophanes sind gerade in dieser Erfahrung (in) der Fremde zu finden. Gott als der ganz Andere ist nicht an irgendeinen Ort gebunden; ebenso wie das ἄπειρων als Anfang der Welt nicht mit einer Stadt oder einer Familie zu verbinden ist. Gerade aus der Andersartigkeit Gottes ergibt sich eine gewisse Diesseitigkeit, ein Freimachen des Menschen *für* die *polis*, an deren Anfang im philosophischen Sinne Xenophanes ja auch steht.[100] Der – wie oben ausgeführt – dem Werk des Xenophanes ähnlichste Dialog Platons, die *Politeia*, eines der schwierigsten Werke der politischen Philosophie, das man nur allzu leicht viel zu schnell zu verstehen glaubt, hat seine Wurzeln in diesem Zusammenhang von Gott, Vorbildern und menschlicher Tugend. Insofern ist Xenophanes nicht nur bedeutender Vorläufer Platons, sondern wir finden eben bereits bei jenem die Grundzüge der Platonschen Kritik an Mimesis und Poetik.[101]

6.

Xenophanes' Gottesvorstellung, die von seiner Epistemologie und Ethik nicht zu trennen ist, zeigt die Grenzen der menschlichen Möglichkeiten in theologischen, naturwissenschaftlichen und nicht zuletzt politischen Berei-

---

98 Übernommen aus Kattel, Constitution of the Polis, 30.
99 S. z.B. E. Salin, Civitas Dei, 1926, 3-5, zur Verbindung bestimmter Götter als Schirmherren zu bestimmten *poleis*.
100 Vgl. Kattel, Political Philosophy.
101 S. Gadamer, Plato und die Dichter, 1934, 9 (= 1985, 190-191), der Xenophanes' Kritik an der herkömmlichen Göttervorstellung mit Platons Kritik der Mimesis vergleicht; ähnlich auch E. Voegelin, Plato's Egyptian Myth, Journal of Politics 9 (1947), 307-324, 321.

chen auf. Die Welt wird in Xenophanes' Dichtung den Menschen von Gott und den Göttern enthüllt. Der Mensch muss sich jedoch selbst an die Geheimnisse der Welt herantasten. »Da der Mensch das um sich selbst und seine Welt wissende Wesen ist, vollzieht sich sein Dasein im Horizont der Erschlossenheit seiner Welt und seiner Existenz.«[102]

Die Geheimnisse bleiben am Ende den Göttern vorbehalten, da die Menschen sich nur in Meinungen äußern können; der Mensch kann die Welt nicht erfassen; die Welt ist und bleibt ein Geheimnis zwischen Mensch und Gott. Dennoch – und das ist vielleicht für die heutige Zeit Xenophanes' wichtigste epistemologische Mahnung oder Erinnerung; jene, die Karl Popper wieder betont hat – *gibt* es diese objektive Wahrheit: Wie es Terry Eagleton formuliert, »*the world is significantly stratified independently of our interpretation of it*«.[103] Wie der ganz andere monotheistische Gott gibt aber auch diese Erkenntnis mehr Sicherheit, als es größere Nähe oder jede Konkretisierung je könnte.[104]

Der Monotheismus ist bei Xenophanes die Antwort des unsteten Menschen, der von Ort zu Ort geht und sein Leben immer wieder von neuem anfangen muss. Diese »eigentümliche Ortlosigkeit« gehört aber zum Wesen des Menschen »dank unserer exzentrischen Position im Jetzt und Hier«.[105] Der Monotheismus gibt dem Menschen die Möglichkeit, ganz persönlich auf Gott zu antworten, indem er durch sein Handeln Vorbildfunktion übernimmt. »Das Vermächtnis der Griechen an uns ist der Appell, die Welt, wie sie ist, zu erkennen und ohne Hybris miteinander den unendlichen Weg in eine gerechtere Welt zu suchen. Das aber ist das Wesen der Demokratie.«[106]

---

102 [Otto Kaiser in] Gottfried Adam et al., Einführung in die exegetischen Methoden, 2000, 15.

103 T. Eagleton, The illusions of postmodernism, 1996, 35.

104 Vgl. O. Kaiser, Der Gott des Alten Testaments. Theologie des Alten Testaments. Wesen und Wirken 2: Jahwe, der Gott Israels, Schöpfer der Welt und des Menschen, UTB 2024, 1998, 128-161, zur Gottesnähe und -ferne.

105 Kaiser, GAT 3, 400.

106 Kaiser, Der eine Gott, 151. – Die Autoren haben sich für das – in Theologie und Geisteswissenschaften noch etwas unübliche – Modell eines gemeinsamen Festschriftaufsatzes entschieden, weil für beide für das vorgegebene Thema und angesichts des verehrten Jubilars nur das Thema Xenophanes in Frage kam, sie zu diesem aber schon seit mehr als einem Jahrzehnt so eng zusammenarbeiten, dass ein Auseinanderdividieren der Argumente kaum mehr möglich gewesen wäre. In fast derselben Zeit haben beide, gemeinsam und einzeln, Xenophanes und seine Theologie mit Otto Kaiser viele Male in Marburg, Tartu und anderswo besprochen; hierfür sei ihm auch an dieser Stelle sehr herzlich gedankt. Dank für wichtige Diskussionen und Anregungen zum Thema schulden wir auch dem verstorbenen Hans-Georg Gadamer, sowie Ingbert Edenhofer und Gisela Drechsler für ihre höchst hilfreiche Durchsicht des vorliegenden Aufsatzes. Die Forschungsarbeit für letzteren wurde in Teilen vom Estnischen Wissenschaftsfonds (Grant Nr. 5780) unterstützt.

Platon's Theologie der Interpersonalität: Phaidros 252c3–253c6

Christian Wildberg (Princeton/New Jersey)

Eine meiner frühesten Erinnerungen an den Jubilar stammen aus der Anfangszeit meiner Studienjahre und sind eng mit einer Sommerakademie der Studienstiftung in den Alpen verbunden. Dort lasen wir in einem von ihm geleiteten Seminar Auszüge aus Platon's *Phaidros*, einem Dialog, in dem sich Mythologisches, Philosophisches und Rhetorisches kunstvoll zu einem im Zentrum des Werks stehenden Diskurs über das Wesen der Zwischenmenschlichkeit verbinden. Der ganze Platon sei darin enthalten, hat man in der Antike gesagt, und es deshalb als eine Art Einführung zu Platon gelesen. Wie in anderen Dialogen der frühen und mittleren Schaffensperiode Platons auch unterhält sich Sokrates mit einem Bekannten, in diesem Fall seinem jungen Freund Phaidros, ein Bewunderer lysianischer Rhetorik. Man hat sich aufgemacht zu einem Spaziergang vor die Tore der Stadt, und Platon gelingt es, das Gespräch, welches der Leser gleichsam belauscht, in das Ambiente einer besonders einprägsamen griechischen Sommeridylle zu tauchen. Welcher Leser spürt nicht die sengende Mittagshitze und erquickt sich zugleich an dem Anflug von Kühle am schattigen Ufer des Kephisos? Wer atmet nicht den Duft der Bäume und hört, läßt er für einen Moment die Konzentration von der Unterhaltung der beiden Freunde abschweifen, nicht den durchdringenden Gesang der Zikaden? »Ein glücklicher Sommertag,« so hatte Ulrich von Wilamowitz-Möllendorff sein Kapitel über den *Phaidros* treffend überschrieben.

Heute ist eben so ein Sommertag. Während ich schreibe, dringt gleißendes Sonnenlicht von draußen herein, und ebenso wie im *Phaidros* ertönt der intensive Gesang der Zikaden. Die periodischen Zikaden dieser Gegend (Brood X) fristen für siebzehn Jahre ein Larvendasein metertief unter der Erde, entwickeln sich dabei zu beeindruckend großen Käfern, die sich dann alle zusammen im Frühsommer des siebzehnten Jahres durch die Lehmerde ans Licht bohren. Niemand weiß, was ihnen das Signal gibt, doch der Erdboden gleicht einem Schweizer Käse, überall mit zentimeterdicken Löchern durchsetzt. Haben sie die Oberfläche erreicht, streifen sie innerhalb weniger Stunden ihre Erdpanzer ab und verharren dann eine Zeit lang wie benommen. Langsam entfalten sich filigrane Flügel. Nach einigen weiteren Stunden krabbeln sie den nächstliegenden Baumstamm oder Strauch hinauf, und von dort

schwirren sie dann als orange-schwarze Rieseninsekten in die Kronen der
Bäume. Dort oben sitzen sie nun zu abertausenden und beschallen das Land
mit ihrem sonderbaren Gesang, einem schwirrenden Ton, der von überall und
nirgends zu kommen scheint. Dieses durchdringende, leicht auf- und
abschwellende Surren hat etwas Überirdisches — oder Unterirdisches?

Was die Zikaden aus der Erde in den Himmel treibt, ist nichts anderes als
der Eros. Der Zikadengesang dient allein der Paarung. In wenigen Tagen ist
alles vorüber; die Weibchen lassen sich zur Erde fallen und deponieren dort
ihre Eier. Der geheimnisvolle Zyklus kann von neuem beginnen. Die Larven,
wie Verbannte aus einer höheren Welt, wachsen wiederum im Dunkeln unendlich langsam heran um nach über anderthalb Jahrzehnten als Reinkarna-
tion der Spezies dieselbe unerhörte Metamorphose durchzumachen. Man
könnte sich vorstellen, dass in den lichtlosen Jahren ihrer Existenz ihre Hoffnung eine vage, eingeborene Erinnerung ist, ein verschwebter Traum von
einer lichteren Welt.

Sokrates sagt im *Phaidros*, die Zikaden seien einst Menschen gewesen, die
»vor der Zeit der Musen« lebten (259b). Möglicherweise wollte Platon damit
die Seinsweise der Zikaden durchaus mit der Seinsweise heutiger Menschen
in Verbindung bringen: Die menschliche Existenz hat für Platon, so könnte
man sagen, etwas Zikadenhaftes. Und ebensowenig wie das Sein einer Zi-
kade auf die (für sie) unendlich lange Existenzweise als Larve reduziert
werden kann, besteht menschliches Sein nicht allein in der leiblichen Existenz als historische Person. Die Seele, für alle Platoniker der Kern der Indi-
vidualität, ist ewig, und die Seele der Menschen nimmt unter allen in der
Natur wirksamen Seelenkräften eine privilegierte Stellung ein. Im großen
Seelenmythos der *Phaidros* (245c-257a) berichtet Sokrates von dem Sein der
Seele im geistigen Raum, vor und zwischen den Inkarnationen, wobei die
Seelen im Gefolge der Götter die lichte Welt der Ideen schauen. Diese müh-
sam errungene Schau der ewigen Ideen verleiht diesen Seelen die ihnen zu-
kommende Rationalität, aus welchem Grund sie überhaupt erst zur Belebung
von denkenden und redenden Menschen fähig werden (249e). Doch mit dem
Trauma der Geburt verknüpft sich unvermeidlich die Narbe des Vergessens.
Wir werfen das uns geistig beflügelnde Gefieder ab und verbringen sodann
unser Leben im Halbdunkel einer sonderbaren Schattenwelt, wie die Bewohner einer dunklen Höhle. Dabei ist es ist ganz und gar nicht ausgemacht, daß
wir im natürlichen Lauf der Dinge, wie die Zikaden, in periodischen Abstän-
den wieder in der Genuß der wirklichen Oberwelt kommen; viel eher lassen
wir uns in unserer Verwirrung tiefer und tiefer in den Bereich des Irdischen
hinabziehen und verdammen damit unsere Seelensubstanz zur Assoziation
mit immer niedrigeren Wesen der natürlichen Welt.

Es sei denn, so Platon, wir würden philosophisch. Entwicklungsgeschicht-
lich gesprochen, setzt beim Menschen die Fähigkeit zum Nachdenken über
sich selbst, über die anderen, und über die Welt ungefähr zu demselben Zeit-

punkt ein, in der ihn innerlich schwer einzuordnende, verwirrende Gefühle von Zuneigung und Liebe überwältigen. Man könnte annehmen, das eine habe nichts mit dem anderen zu tun; die Entwicklung der Liebesfähigkeit und die Ausformung der Denkfähigkeit seien zwei ganz unterschiedliche, voneinander unabhängige Bereiche des inneren Lebens, in denen man eben »erwachsen« werden müsse: das Emotionale einerseits, die Ratio andererseits. Doch bei näherem Zusehen erhellt, daß das eine möglicherweise doch eng mit dem anderen verbunden ist. Denn in vielen, vielleicht nicht gerade in allen Fällen, ist es das Gefühl der Verliebtheit, das die bis dahin einigermaßen gemeisterte Welt unvermutet in Verwirrung stürzt; und dieses neue Gefühl, das in die Welt des Individuums unvermutet und ungebeten hereinbricht, verlangt danach, verstanden zu werden. Es ruft auf zum Nach-denken, vor allen Dingen über sich selbst.

Platons Œuvre läßt keinen Zweifel darüber aufkommen, daß er jedenfalls der Meinung war, Eros und Denken seien in vieler Hinsicht eng miteinander verflochten. Schon im *Symposion* hatte er den Zusammenhang zwischen körperlicher Liebeserfahrung und Weisheitsliebe breit thematisiert. In Sokrates' Rede, in der er die Lehren der Diotima wiedergibt, liegt dabei das Augenmerk auf dem Liebenden, den es, durch körperliche Schönheit angespornt, zum geistigen Austausch mit dem Anderen treibt. Die Dynamik des Übergangs von menschlicher Zuneigung zur Philosophie ist hier rein individualethisch gedacht; ja die Argumentation beruht sogar auf der Austauschbarkeit des als »schön« empfundenen Objektes der Begierde. Erst in der Erfahrung der Zuneigung zu verschiedenen Freunden kommt der Liebende zur Einsicht in das allen Gemeinsame, die Schönheit an sich, und er betritt damit in seiner geistigen Entwicklung die Welt der ewigen Formen. Der oder die anderen sind dabei in erster Linie Gegenstände der Veranschaulichung; in derselben Art und Weise, nur leidenschaftsloser, könnte der sich entwickelnde Philosoph von, sagen wir, der Gegensätzlichkeit und Verschiedenheit der Dinge in der Welt zum Begriff der »Differenz an sich« aufsteigen.

Diese Sicht der Dinge hat etwas inhärent Unbefriedigendes, und die im *Phaidros* entwickelte Vorstellung geht dann auch in vieler Hinsicht über das im *Symposion* Gesagte hinaus. Platon hat im *Phaidros*, welcher zu einem der letzten ›mittleren‹ Dialoge gerechnet wird, dem menschlichen Eros ein meisterhaftes Denkmal gesetzt, indem er ihn bildlich mit einem das Ganze des inneren Menschen in Aufruhr versetzenden Wachstum eines ›Seelengefieders‹ verglichen hat (250e-252b). Es ist dasselbe Gefieder, das wir einst bei dem Fall in die Welt der Materie verloren, und der Prozeß des Wachstums ist, ähnlich wie die dramatische Metamorphose der Zikaden, schmerzvoll und zugleich unvermeidbar.

»Bei den Menschen heißt er Eros, heißt beflügelt,
doch Unsterblichen gilt er als Pteros, der Befiedernde, Unvermeidliche.« (252b8-9)

Unvermeidlich ist auch, dass dieser Zustand nicht einfach hingenommen
werden kann. Er führt zu etwas, was man anfängliches Fragen nennen
könnte. Nicht das Staunen über den bestirnten Himmel ist der Anfang des
Philosophierens, sondern die Ratlosigkeit einer mit sich selbst ringenden,
gequälten Seele. In der weiteren Ausführung dieses großartiges Bildes, wie wir gleich sehen werden, entsteht überdies der Eindruck, daß der geliebten Person eine
viel größere Bedeutung in diesem Entwicklungsprozeß zukommt als im Dio-
tima-Mythos. Und es tritt noch ein Drittes hinzu: eine Gottheit. Der Mythos
von der Seele, ihrer Ideenschau, ihrer Inkarnation, und ihrer Erweckung zur
Eigentlichkeit in der Erfahrung der Schönheit kulminiert in einem Text, der
bislang in der Diskussion des *Phaidros* wenig Beachtung gefunden hat: Eros
und Interpersonalität haben, nimmt man den folgenden Abschnitt ernst, auch
und in erster Linie etwas mit Religion und Theologie zu tun. Zum Verständnis des Abschnitts sei angemerkt, daß dem Mythos zufolge die Seelen einst
den verschiedenen olympischen Göttern im beflügelten Reigentanz folgten
und von daher eine gewisse Charakterprägung erhalten haben. Hieraus erklären sich die verschiedenen ›erotischen‹ Verhaltensweisen, welche die Menschen an den Tag legen:

>»War derjenige, der vom Gefühl der Zuneigung ergriffen wird, ein Gefolgsmann des
Zeus, dann kann er die Bürde des befiedernden Gottes einigermaßen würdevoll ertragen.
Doch wer sich im dienstbaren Gefolge des Ares befand, wenn er von Liebe ergriffen wird
und sich von seinem Freund in einer Hinsicht gekränkt fühlt, der kann grausam dazu fähig sein, sich selbst und den Freund dahinzuopfern. Das gleiche gilt für jeden Gott, in
dessen Chor man tanzte: jedermann lebt in der Achtung und bestmöglichen Nachahmung
seines Gottes, solange er sein Leben ohne Verderbnis in der ersten Generation hier unten
verbringt. In dieser Art und Weise macht er sich mit dem Freunde vertraut, und so verhält
er sich auch zu den übrigen Menschen. Jeder einzelne erwählt sich dabei die ihm eig-
nende Zuneigung zu einem Schönen, und als wäre dieser für ihn der Gott selbst, formt
und schmückt er ihn wie ein Götterbild, um ihn festlich zu ehren.
Die nun dem Zeus folgten, suchen einen Zeusbeseelten zum Freund, und sie prüfen, ob er
ein Weisheitsliebender ist und von Natur aus dazu neigt, die Führung zu übernehmen.
Und wenn sie ihn gefunden und lieb gewonnen haben, tun sie alles, *damit er ein solcher
werde.* Auch wenn sie sich noch nie zuvor auf so eine Sache eingelassen haben, unternehmen sie dennoch dann den Versuch, *und sie lernen, wo sie nur können, wobei sie sich
selbst entwickeln.* Aber indem sie sich selbst auf die Spur kommen, gelingt es ihnen auch,
die Natur ihres eigenen Gottes zu entdecken, da sie unmittelbar dazu gezwungen sind,
den Blick auf ihren Gott zu richten; und wenn dieser ihnen in der Erinnerung zum greifen
nah ist, nehmen sie in der Begeisterung von jenem das Verhalten und Bestreben an —
soweit es für einen Menschen möglich ist, am Göttlichen teilzuhaben. Und weil ihrer
Meinung nach für all dies der Freund verantwortlich ist, schätzen sie ihn um so mehr; *wie
Bakchen aus der Quelle des Zeus schöpfend* gießen sie über der Seele des Freundes aus
und machen ihn dadurch dem eigenen Gotte so ähnlich wie möglich.
Diejenigen, die sich im Gefolge der Hera befanden, suchen einen Königlichen zum
Freund, und wenn sie ihn gefunden haben, tun sie genau dasselbe. Die Gefolgsseelen
Apolls und der anderen Götter suchen so danach, daß ihr junger Freund mit dem Gott

eine natürliche Ähnlichkeit besitze, und wenn sie Erfolg haben, dann ahmen sie den Gott nach und führen den Freund mit Rat und Tat an die Lebensweise und die Vorstellung des Gottes heran, soweit es ein jeder vermag, ohne Neid, Gemeinheit und Mißgunst dem Freund gegenüber. Vielmehr tun sic dies in der Absicht, die ganze Seele des Freundes sich selbst und dem Gotte, den sie verehren, vollkommen ähnlich zu machen.« (252c3-253-c2)

Die Grundvorstellung, die in diesem Abschnitt für die Deutung der Interpersonalität vorausgesetzt wird, ist, daß wir alle als Seelen Gefolgsleute einer der olympischen Götter gewesen sind und in unserer Wahl zwischenmenschlicher Beziehungen von denjenigen Seelen angezogen werden, die sich im Gefolge desselben Gottes befanden. So gibt es zum Beispiel Gefolgsleute des Zeus (wozu Platon offenbar Sokrates rechnete, und zweifellos sich selbst nebst seinem sizilianischen Schüler Dion), es gibt Gefolgsleute der Hera (man denke an einen Agamemnon oder Perikles), Seelen aus dem Gefolge des Ares (Achilles und Patroklos, Hektor, Aias), der Athene (Odysseus), der Artemis (Hippolytos), der Aphrodite (Paris), des Hephaistos (Phidias vielleicht), und des Dionysos: wehe dem, der dessen Führung kompromißlos ablehnt (vgl. das Schicksal des Pentheus). In der ersten Inkarnationsperiode gelingt es uns noch recht gut, der göttlichen Prägung gerecht zu werden. Doch in den meisten Fällen vergessen wir schnell, durch Geburt, Erziehung und Sozialisation, welche Idealgestalt der verschiedenen Seinsweisen die eigentlich unsere ist. Laut Platon ist es allein die auch in dieser Welt erstrahlende Schönheit, die uns den Funken der Erinnerung entzündet (250c/d). In der Schönheit des Gegenüber begegnet uns das Abbild der eigenen Eigentlichkeit.

Die Erfahrung der Schönheit, die bei den Alten stets mit dem Gefühl sehnsüchtigen Verlangens verbunden ist, zwingt den die unerwartete Erfahrung Machenden zur Suche nach einer Erklärung für das zunächst völlig Unerklärliche. Die Antwort, charakteristisch für Platon, liegt nicht in der Freude einer geschlossenen Freundschaft mit dem anderen, in einen gemeinsamen Lebensweg oder gemeinsamen Erlebnissen, sondern vielmehr in der gemeinsamen Erkenntnis eines Dritten: des transzendenten Ursprungs der gegenseitigen Zuneigung.

Da uns unsere Eigentlichkeit zunächst immer als verborgene gegeben ist, tut der Liebende alles, um diese in dem von ihm geliebten Menschen hervorzubringen. Wichtig ist, daß dieser Prozess, der am anderen »ohne Neid, Gemeinheit und Mißgunst« vollzogen wird, zugleich auch ein Prozess der Selbsterkenntnis ist. Ja, die Selbsterkenntnis könnte ohne den anderen, ohne ein Gegenüber so und in dieser Intensität überhaupt nicht stattfinden. Die Selbsterkenntnis ist gerade nicht die Nabelschau der bodenlosen Erforschung der eigenen Seele (vgl. Heraklit, DK 22B45), vorgestellt als autonomes Wesen; sie ist für Platon nichts anderes als Gotteserkenntnis, und in dieser Erkenntnis konstituiert sich erst das wahre Verhältnis zum anderen.

Interpersonalität, das Verhältnis des einen zu dem anderen, ist nie etwas
Gegebenes, ein Faktum in der Welt, sondern stets etwas von den beiden Po-
len der Beziehung Hergestelltes und Aufrechterhaltenes. Es ist der eigentliche Bereich der Ethik, in dem die Verantwortung für das hergestellte Verhältnis total ist. Die Art und Weise, wie dieses Verhältnis hergestellt wird,
sich entwickelt, ist dabei weder zufällig noch determiniert, sondern intentional konstruiert. Und das bedeutet, daß Interpersonalität stark davon geprägt
ist, welche eingestandenen oder nicht eingestandenen Grundvorstellungen
vom Gegenüber als Gegenüber in den Köpfen existieren. ›Moderne‹ Frauen
westlicher Kultur taxieren ihre Ehepartner nicht selten nach dem Kriterium
der Ökonomie: je reicher desto begehrter, wobei es (gottlob!) gewissermaßen
gleichgültig ist, ob die Ehe auf Scheidung hinausläuft oder nicht: das Geld
stimmt in jedem Fall. Andere suchen in einer endlosen Kette verschlungener
Paarungen mit wem auch immer das Panazee gegen die innere Abstumpfung
und die nicht zu überwindende Einsamkeit. Für Stalin waren Menschen bzw.
deren Liquidation der nächstliegende und sicherste Weg, politische Probleme
zu lösen: kein Mann, kein Problem, soll er gesagt haben.

Platonisch gesprochen sind unsere zwischenmenschlichen Beziehungen so
entsetzlich, weil wir gründlich vergessen haben, im Gefolge welchen Gottes
wir den Grund zu unserer Rationalität legten, ja vergessen haben, daß es
überhaupt so etwas wie eine geistige Heimat gibt, die uns prägt zu dem, was
wir von Natur aus sind bzw. sein können. Beziehungen, die von der unreflek-
tierten Attraktion kulturell oktroyierter Schönheit ausgingen oder zufällig
zustande kamen, sich aus Bequemlichkeit ergaben, angebliche Freundschaf-
ten, in die man so hineingerutscht ist, und die Abhängigkeiten jeder Art und
Unart verstricken die Seele tiefer in die Qual und Verwirrung des In-der-
Weltseins. Damit verfälschen sie notwendigerweise unser eigenes Sein und
stiften inneren Unfrieden.

Gleichgültig, wie ernst Platon diesen Mythos gemeint hat, es ist klar, daß
er in seiner metaphysischen Komplexität als potentielle Entschlüsselung der
Interpersonalität sehr attraktiv ist. Die Hinreise zur Eigentlichkeit vollzieht
sich dabei über den anderen, den Freund oder Partner, und sie vollzieht sich
in einer Selbsterkenntnis die zugleich Gotteserkenntnis ist. Theologisch ausgedrückt heißt dies: Mit der Gotteserkenntnis, in welcher Form auch immer
sich diese entfaltet, klärt sich zugleich die Beziehung zu sich selbst und zu
den anderen. Wichtig ist, daß es sich bei Platon in diesem Zusammenhang
um das Ziel und die Aufgabe der Vernunft handelt; die kritiklose Übernahme
religiöser Wahnvorstellungen werden dabei das Selbstverhältnis, und damit
das Verhältnis zu anderen, eher vergiften als bereichern.

Doch was bedeutet es, im Gefolge des Zeus, der Hera, des Apolls oder des
Ares gewesen zu sein? Uns Modernen steht das von Platon vorgeschlagene
Modell, in der Seele des anderen die Verwandtschaft mit einem der olympi-
schen Götter zu sehen, kaum mehr offen, da uns die sichere Entzifferung der

Symbole der olympischen Religion abhanden gekommen ist. Wir sind Monotheisten geworden — vom religionsmetaphysischen Standpunkt betrachtet gewiss keine zu verachtende Position; kulturell gesehen stellt dies kaum eine Bereicherung dar. Das Potential zu einer komplexeren, und möglicherweise auch tiefer blickenden Weltdeutung ist mit der Verarmung der zur Verfügung stehenden spirituellen Kategorien und Differenzierungen verloren gegangen. Im anderen mit religiöser Imaginationskraft die Möglichkeit zur Eigentlichkeit wahrzunehmen, bringt eine unerhörte Dynamik in die Zwischenmenschlichkeit; dabei ist es anschaulicher und herausfordernder, in den anderen das ›Zeushafte‹ oder ›Apollinische‹ entdecken und hervorbringen zu wollen, als biblisch zu sagen, daß aus jedem anderen Menschen, wie verschieden und eigen er oder sie auch immer sein mag, das Ebenbild Gottes hervortrete. Diese Vorstellung droht ins Leere zu laufen, da ihr die Anschaulichkeit fehlt. Überdies läßt Platon gelten, daß es Differenzen zwischen den Menschen gibt in der Art und Weise, wie sie ihr Leben anpacken, und daß dies auch nicht anders sein kann; kommt es zwischen zwei Menschen zu keiner Harmonie, zu keiner gegenseitigen Erkenntnis, so bedeutet dies kein Verfehlen, keine Sünde, weder bei dem einen, noch bei dem anderen. Doch wenn es zur Harmonie kommt, dann funkelt im Gegenüber des Freundes wie in einem Spiegel der Widerschein der eigenen Eigentlichkeit. Diese Selbstbeziehung ist dabei zugleich eine Gottesbeziehung, die in der Erinnerung stattfindet und das beinhaltet, was man selbst war, ist und sein wird, und worüber man sich klar wäre, wenn es nicht durch das die ganze innere Aufmerksamkeit beanspruchende Abenteuer der Inkarnation in Vergessenheit geraten wäre. Ohne sich auf die tieferen metaphysischen Zusammenhänge einzulassen, sprach Aristoteles von dem Freund als dem *alter ego* (Eth. Nicom. IX 4, 1166a31).

Doch nun zurück zur Moderne und zur Poesie. Ich schließe mit einem Gedicht von Günter Kunert. Die Verse tragen den Titel »Im Norden«, und jeder, der entweder im Norden Deutschlands aufgewachsen ist oder sich dort auch nur eine Zeitlang aufgehalten hat, etwa um seine Gedanken zu ordnen oder ihnen freien Lauf zu lassen, wird mit dem tektonischen Gedicht Kunerts eigene Erinnerungen verbinden. Das Gedicht selbst bildet gleichsam den Kosmos ab, in dem man steht; der Blick des Lesers richtet sich zunächst auf den so erstaunlich hohen Himmel, strahlendes Blau, gleitet über zu den majestätischen Wolken und von dort, in der Vogelschau, zurück und herab auf die Erde, die nun überraschend nicht als die liebe, bergende Heimat erscheint, sondern fremd wirkt – wie unbelebt, ein fahler Abglanz wirklichen Lebens. Wie Ovid, der sich aus dem Exil in das ferne Rom sehnt, oder eher noch wie der Federn sprossende Liebhaber bei Platon, sehnt sich der Sprecher danach hinaufzureichen, weit hinaufzureichen. Dies ist mehr als ein Stück Antikerezeption. Denn mit dieser Sehnsucht kommt die tiefe Erinnerung an etwas, das einmal gewesen ist, doch nun in unerreichbarer Ferne liegt. Flügel, die eigenen, und der einstige Flug im Reich der Freiheit und des wahren Seins. Dort war Leben, dort woben helle Farben, dort war nichts fremd. Vom Deich, dem erdreichen Symbol der Trennung, und aus der Gefangenschaft des Körpers erhebt sich der Blick in die Ferne:

Im Norden

Dir bleiben ja die großen Himmel über Deichen.
Die Wolkenwerke. Weißes Licht. Gekröntes Blau.
Die Sehnsucht, weit hinaufzureichen
zu einem Blick aus jener Vogelschau

aus der die Erde fremd wirkt: Nur ein Hügel
in fahlen Farben und wie unbelebt.
Und du erinnerst Dich der eigenen Flügel
in einem Traum, der selber längst verschwebt.
                    (Günter Kunert)

Boten, Engel, Hypostasen:
Die Kommunikation Gottes mit den Menschen

Erhard S. Gerstenberger (Marburg)

1.

Wir haben so unsere Vorbehalte gegen Engel: Gerne reden wir mit ironischem Unterton oder verniedlichend von ihnen. Babyputten in barocken, überdimensionalen Gemälden stehen uns vor Augen: Sie blicken spöttisch oder gelangweilt aus ihren goldenen Rahmen und verkörpern die Unbeteiligtheit am Ernst des Lebens. Biblische Überlieferungen nehmen in vielfältiger Weise die Existenz von Mittlerwesen zwischen Gott und Menschen ernst. Natürlich, werden wir sagen, damals glaubte man noch an beseelte Weltkräfte, geistig-dynamische Hierarchien, personhafte Schutzmächte. Heute verbietet schon die vorherrschende wissenschaftlich-technische Wirklichkeitsbestimmung die Annahme übernatürlicher Wesen. Ist damit die biblische Rede von Gottesboten zu den Akten gelegt? (Oder ist eine neue Sehnsucht nach Engeln besonders in der jungen Generation aufgebrochen, wie manche behaupten?) Eine weltanschaulich-wissenschaftliche »Abwicklung« der alt- und neutestamentlichen (aber auch altorientalischen und griechischen) Rede von den Engeln Gottes müsste sofort auch auf unsere Rede von Gott durchschlagen. So wahr es ist, dass in der heute konstruierten Welt die mechanischen, kausalen, unpersönlichen Kategorien überwiegen und unser theologischer Diskurs mit diesem Datum unserer Realität rechnen muss, so richtig ist andererseits, dass personale Kategorien in unserem Weltverständnis nicht ausgestorben sind (obwohl es gerade in Wirtschafts-, Wissenschafts- und Technologiedebatten oft so scheint). Wollen wir wirklich eine Welt verantworten, welche die personhaften Dimensionen des Seins ausklammert? Es wird die Aufgabe der Geistes- und Kulturwissenschaften, unter ihnen der Theologie, sein, Menschenwürde und Verantwortung in Weltentwürfen und Lebenspraxis hochzuhalten. Das bedeutet für die Rede von Gott: Sie geschieht innerhalb, nicht außerhalb unserer modernen und postmodernen Welt; sie muss verständlich sein, d.h. die vorhandenen Denk- und Sprachmuster verwenden. Aber sie wird auch kritisch gegen die Einseitigkeiten, Verengungen und Verirrungen der heutigen Weltkonstruktion auftreten. – Die Beschäftigung mit Engeln, Boten und Hypostasen Gottes im Alten Testament

soll dazu dienen, an einem kleinen biblischen Beispiel den Transfer biblischer Theologie in die Lebenswelt der Moderne zu versuchen.[1]

2.

Vorausgeschickt sei die allgemein gehegte Erkenntnis, dass die kanonischen
hebräischen Schriften (noch) keine ausgeprägte Angelologie enthalten.
Bemerkenswert direkt und nüchtern tritt Jahwe (oder Elohim etc.) der Welt
und den Menschen gegenüber. Da, wo man in hierarchischen Machtpyrami-
den auch Engelwesen erwarten würde, fehlt meistens eine solche Stufe. So
etwa im Schöpfungsbericht Gen 1, in Ps 8 oder Ps 104. Im Siebentagewerk
Jahwes wird das Chaos ohne viel Federlesens überwunden, (Gen 1,3-10),
sind die Astralgrößen depotenziert (V. 14-19: Bestimmung der Tages- und
Nachtzeit, V. 16f), bleibt nur der Erde eine gewisse kreative Kraft (V. 10-
13.24). Die Welt ist voller Machtwesen, auch der Mensch soll ja Herrschaft
ausüben (V. 26.28), aber Engel finden sich nicht unter den Kreaturen. Und
das, obwohl Gen 1,26 Jahwe im Plural reden lässt und der andere Schöpfungsbericht urplötzlich mit Cheruben, geflügelten Thronwächtern, aufwartet
(Gen 3,24; vgl. I Reg 6,23-28; Ez 10). Die mit Gen 1 korrespondierenden
Texte Ps 8 und 104 sehen ebenfalls keine Engelsmächte vor. Ps 8 malt das
uns heute fast blasphemisch scheinende Bild vom Menschen, der »wenig
niedriger ist als Gott« (V. 6). Über dem Menschen gibt es keine Autorität
mehr als die Jahwes; unter ihm, seinem Willen absolut unterworfen, existieren Vieh, Wild, Vögel und Fische (V. 7-9). Der Herrscher Mensch lenkt die
Erde an Stelle Gottes, da ist für Zwischeninstanzen kein Platz.[2] Auch Ps 104
stellt eine fast naturwissenschaftlich anmutende Rangordnung der Weltkräfte
her: Das gebändigte Chaoswasser muss die Erde feuchten, damit alles Leben
davon zehren kann; der Mensch ist klein und demütig eingebunden in die
große Harmonie der Existenz, und im Meer tummeln sich – neben den Schif-
fen und einer Unzahl von kleinen Wassertieren die großen Urmonster, unter
ihnen Leviatan, Überbleibsel der furchtbaren Chaosmächte (V. 26). Weil aber
Jahwes Atem die ganze Welt direkt durchweht und am Leben hält, braucht es
keiner anderen Machtträger oder Mittlerwesen mehr. – Wie es scheint, ent-
springt die Boten- und Engelvorstellung nicht dem Verlangen, kosmologi-

---

1 Ich knüpfe dabei an den Abschnitt »Die Engel als Mittler zwischen dem fernen und heiligen Gott und der Welt« an, den der Jubilar für den zweiten Band seiner Theologie »Der
   Gott des Alten Testaments«, UTB 2024, 1998, 152-161 verfasst hat, dankbar für die
   Jahre guter, kollegialer Zusammenarbeit und für viele erhellende Gespräche.
2 Man sollte allerdings solche singulären Aussagen der Bibel nicht als anthropologische
   Wesensbeschreibungen lesen, sondern eher als euphorischer Ausdruck von festlicher Le-
   bensfreude in gegebenen Situationen, vgl. E.S. Gerstenberger, Psalms I, FOTL XIV,
   1988, 67-72.

sche Hierarchien aufzustellen, sondern dem schlichten Kommunikationsbe-
dürfnis. Wie Menschen untereinander vielfach durch Boten miteinander ver-
kehren, so auch die Gottheit. Sie nutzt souverän alle möglichen Mittlerinstanzen (auch die Rede vom »Angesicht«, »Namen«, »Glanz«, »Wort Jahwes«,
der »Weisheit« etc.[3] kann die Vermittlungsfunktion implizieren) und ist doch
in jeder Botschaft höchst persönlich anwesend.

Hier und da aber tauchen »Engel« oder übermenschliche Mächte doch in
Weltentwürfen auf: etwa in Ps 148,2; Gen 6,2.4; I Reg 22,19-22; Ps 82,1.6f;
Hi 1,6; 2,1; Jes 6,1.6. Die Bezeichnungen für die »Zwischeninstanzen« sind
unterschiedlich. Meistens klingen Vorstellungen von einem himmlischen
Hofstaat oder Thronrat an. Ps 148 malt ein kosmisches Gemälde von den
Kräften, Wesen und Mächten, die Jahwe im Himmel und auf der Erde Lob
schuldig sind.

> Lobt Jah
> Lobt Jahwe vom Himmel her, lobt ihn in den Höhen!
> Lobt ihn alle seine Boten (Engel), lobt ihn seine Heerscharen!
> Lobt ihn, Sonne und Mond, lobt ihn ihr leuchtenden Sterne!
> Lobt ihn, ihr obersten Himmel, und ihr Gewässer über den Himmeln! (Ps 148,1-4)

In der oberen Welt kommen »Boten«, »Himmelsheer«, »Sonne«, »Mond«,
»Sterne« und die gestuften Himmel selbst samt dem darüber gelagerten Wasser als Lobspender in Frage (V. 2-4). Alle genannten Größen sind von Jahwe
geschaffen und seinem Willen untergeordnet (V. 5f), darum muss die Abfolge auch keine hierarchische Rangordnung darstellen. Immerhin erstaunt
das Nacheinander von »Engeln« und Himmelskörpern, und die Parallelität
von »Engeln« und »Himmelsheer«. – Der zweite Teil des Psalms zeigt die
irdischen Adoranten: zuerst die Ur-Chaos-Mächte, *tanninim*, »Seemonster«
und *t^ehomot*, »Urfluten« (V. 7), dann Wettererscheinungen (V. 8: Feuer, Ha-
gel, Schnee, Nebel, Sturm: »… die sein Wort tun / ausrichten«!), weiter
»Berge«, »Anhöhen«, »Fruchtbäume«, »Zedern« (V. 9), schließlich die
Lebewesen wie »Wildtiere«, »Haustiere«, »Gewürm«, »Vögel« und am Ende
»Könige« und »Völker«, »junge Männer« und »Frauen«, »Älteste« und
»Jugendliche« (V. 10-12). Bis zur Nennung der Menschen sind die Lobenden
schöpfungschronologisch aufgezählt, dann ihrem Sozialstatus entsprechend.
Wir gewinnen ein umfassendes Bild von den Mächten, welche die Welt
bevölkern; die Engel gehören hier zur oberen, himmlischen Hälfte. Sie haben
also eine besondere Qualität angenommen, sind nicht mehr nur ad hoc für
den Kommunikationsdienst bestimmte irdische Wesen. Andererseits ist deutlich zu erkennen, dass Psalm 148 keine fest geprägte kosmische Hierarchie
entwirft. Keine der himmlischen Größen hat Befehlsgewalt über andere;
keine ist ihresgleichen untergeordnet. Es geht lediglich um die Pflicht zum

---

3 O. Kaiser, a.a.O.

Lob des Weltenherrn. Alle sollen sie darin einstimmen, wie das auch in Psalm 29 vorgesehen ist: »Bringt Jahwe, ihr Götterwesen (*b^ene 'elim*), / bringt Jahwe Majestät und Macht« (V. 1). Wir sind also gut beraten, wenn wir die spätere Angelologie mit ihren ausgeprägten hierarchischen Interessen nicht in die alttestamentlichen Texte eintragen. Im Alten Testament sind erst variable Anfänge eines »Engel«konzeptes zu erkennen. Die hebräischen Ausdrücke für die himmlischen Wesen wechseln, das Wort »Bote« (*mal'ak*) beginnt, sich zwischen die zahlreichen Bezeichnungen für Himmelswesen zu mischen. Wichtig ist, dass wir den ursprünglichen kommunikativen Charakter der Rede von den Boten Gottes im Alten Testament an keiner Stelle aus den Augen verlieren.[4]

Bei den anderen Belegen ist von »Gottessöhnen« die Rede, die mit Menschenfrauen Ehen eingehen und Heroen zeugen (Gen 6,2.4), als Gottes Wesire auf der Erde dienen (Hi 1,6; 2,1; darunter ist prominent der »Satan«) oder speziell für die irdische Gerichtsbarkeit verantwortlich sind (Ps 82,1.6: hier werden sie »Gottheiten« und »Söhne des Höchsten« genannt). Die in den letzten Passagen schon anklingende Beraterfunktion der göttlichen Wesen ist in I Reg 22,19-22 deutlicher erkennbar. Micha ben Jimla schildert seine Vision:

Ich sah Jahwe auf seinem Thron sitzen und das ganze Heer des Himmels (*seba' haššamajim*) neben ihm zur Rechten und zur Linken stehen. Und Jahwe sprach: ›Wer will Ahab betören, dass er nach Ramoth in Gilead hinaufzieht und dort fällt?‹ Der eine sagte dies, der andere jenes. Da trat der Geist (*haruah*) vor, stellte sich vor Jahwe und sprach: ›Ich will ihn betören.‹ (I Reg 22,19b-21a)

Parallel dazu sind die Versammlungen der Göttersöhne in Hi 1f und der »Gottheiten« und »Söhne des Höchsten« in Ps 82 zu lesen. Diesem Szenario entspricht in etwa auch die Vision des Jesaja, nur stehen da die geflügelten »Seraphim« (»brennende Schlange«, vgl. Dtn 8,15; Num 21,6) bei und über Jahwe, mehr als Thronwächter denn als Berater (Jes 6,1-7). In allen Texten fungieren einzelne Himmelswesen ohne Rücksicht auf ihre verschiedenen Bezeichnungen und Funktionen als Boten. Jahwe sendet sie aus, damit sie Menschen informieren, manipulieren, ihnen beistehen oder sie strafen. Die Himmelswesen sind Kommunikationsträger, Vollstreckungsgehilfen des höchsten Gottes. – Die Traumvision Jakobs in Bethel zeigt »Boten Gottes« auf der Himmelsleiter (Gen 28,12). Das heißt: Jahwe stehen Scharen von überirdischen Mittlern zur Verfügung. Doch bedeutet ihre Präsenz keine Distanzierung Gottes von den Menschen: Jahwe steht oben auf der Leiter und redet persönlich mit Jakob (V. 13).

---

4 Auch der altorientalische Hintergrund ist stets für die Interpretation alttestamentlicher Texte von Bedeutung, vgl. K. van der Toorn (Hg.), Dictionary of Deities and Demons in the Bible, ²1999.

Eine eigenständigere Bedeutung gewinnen die Engel im Buch Sacharja. Einer von ihnen hat die Aufgabe, den Propheten durch die Visionswelt zu führen, die sich ihm in nächtlichen Erscheinungen auftut. Man kann ihn den »Deute-« oder »Interpretations«-Engel nennen (Sach 1,9.11; 2,7; 4,1 u.ö.). Ein anderer Engel beordert den »Deute-Engel« hin zum Propheten (2,7f). Wieder ein anderer ist in der Vision als Verteidiger gegen den Satan eingesetzt:

> Dann ließ er mich schauen, wie Josua, der Hohepriester, vor dem Engel Jahwes stand, während der Satan zu seiner Rechten stand, ihn zu verklagen. Aber der Engel Jahwes sprach zum Satan: Jahwe schelte dich, Satan! Ja, dich schelte Jahwe, der Jerusalem erwählt hat! Ist dieser nicht ein aus dem Feuer gerissenes Scheit? Josua aber hatte schmutzige Kleider an, als er vor dem Engel stand. Der nun hob an und sprach zu den Dienern vor ihm (wörtl.: »zu den vor ihm Stehenden«): Tut die schmutzigen Kleider von ihm – und zu ihm sprach er: siehe, ich habe deine Schuld von dir genommen – und ziehet ihm Feierkleider an und setzt ihm einen reinen Kopfbund aufs Haupt! (Sach 3,1-5)

Und an einer weiteren Stelle tritt der Bote Jahwes als Fürbitter ein:

> Da erwiderte der Engel Jahwes und sprach: O Jahwe der Heerscharen, wie lange noch willst du Jerusalem und den Städten Judas dein Erbarmen entziehen, denen du nun schon siebzig Jahre lang zürnst? (Sach 1,12)

Wir sind mit dem Buch Sacharja in der Nähe der apokalyptischen Literatur (vgl. das Buch Daniel), die dann in der nachkanonischen Ära eine ausgeklügelte Engellehre entfaltet, den Engeln Namen, Zuständigkeiten, Dienstränge gibt.[5] Sacharja ist dort noch nicht angekommen, doch haben die Engel bereits gewisse eigene Kompetenzen. Sie sind definitiv Wesen *sui generis*, können Entscheidungen treffen und umsetzen. Offenbar gebieten sie über untergeordnete Diener, die stehend Befehle erwarten. Aber Jahwe ist ebenso auch als der direkte Partner des Propheten dargestellt, in Person oder durch die Vermittlung seines »Wortes«: Sach 1,1.7; 2,3; 3,1; 4,8; 6,9; 7,4; 8,1ff. Das Engelsystem hat sich noch nicht verfestigt; der Gedanke der Kommunikation zwischen Jahwe und den Menschen steht immer noch im Vordergrund.

Was folgt aus den kurzen Eingangsbeobachtungen? Offensichtlich gibt es eine Fülle unterschiedlicher Engelvorstellungen im Alten Testament. Und es haben sich Verschiebungen in der Auffassung von Jahwe-Boten und -Dienern ergeben. Sie werden im Laufe der Zeit immer mehr zu selbständig handelnden Vertretern Jahwes, sicherlich auch im Zuge der allgemeinen religionsgeschichtlichen Entwicklungen im Vorderen Orient und in Ägypten.[6] Die persischen Religionen und der Hellenismus haben der Angelologie Flügel

---

5 Vgl. S. M. Olyan, A Thousand Thousands Served Him. Exegesis and the Naming of Angels in Ancient Judaism, 1993.

6 Vgl. H. Röttger, Mal'ak Jahwe, Bote von Gott, 1978.

verliehen. Dennoch bleiben auch die späten alttestamentlichen Schriften relativ karg mit ihren Engelschilderungen. Überwiegend begnügen sie sich mit
funktionalen Darstellungen. – Viele Gott-Mensch Beziehungen sind im Alten
Testament ganz direkt geschildert. Manchmal ist der Raum zwischen Gott
und Mensch mit übermenschlichen Vermittlern gefüllt. Diese Zwischenwesen tragen vielerlei Gattungsnamen, die sich nur wenig mit unseren eigenen
Vorstellungen von den »Engeln« in Einklang bringen lassen. Der unterschiedliche Umgang mit Engelsvorstellungen in der hebräischen Bibel spricht
dafür, dass die Rede von den »Engeln« in der langen Geschichte Israels oder
auch in den verschiedenen gesellschaftlichen Kreisen nicht gleichmäßig verbreitet war. Die allgemein vertretene Annahme, dass sich der Glaube an Engel im Judentum erst spät vermehrt, verdichtet und konkretisiert hätte, ist vor
allem an der jüdischen und später der christlichen außerkanonischen Literatur
zu erhärten.[7] Dennoch sollten wir uns davor hüten, die Rede von Engeln u.ä.
übermenschlichen Wesen nur unter dem Aspekt einer geistesgeschichtlichen
Mode zu betrachten. Vielmehr handelt es sich um eine jederzeit ernst zu
nehmende theologische Ausdrucksweise, deren kontextuelle Kraft jeweils
neu entdeckt und realisiert werden muss.

3.

Aus der Fülle des im Alten Testament schon greifbaren Materials wählen wir
am besten eine begrenzte Zahl von Texten aus, welche verschiedene
Funktionen der Engelgestalten und unterschiedliche Aussageintentionen der
Überlieferer zeigen. Es erweist sich als nützlich, bei der Kommunikation
Gottes durch Mittler auf der menschlichen Seite zwischen dem Einzelempf-
fänger und einer größeren Gemeinschaft zu unterscheiden.

3.1.

Abgesandte Gottes überbringen Mitteilungen an ausgesuchte Empfänger und
Empfängerinnen – das ist der einfachste Auftrag an göttliche Boten. Welche
Motivationen hinter einer solchen Vorstellung stehen, ist relativ gleichgültig.
Wahrung der Transzendenz Gottes, die Annahme, dass auch die Gottheit
vielerlei Bedienstete braucht, um die Kommunikation mit diversen Menschen
aufrecht zu erhalten, die Furcht, Gottes Namen auszusprechen und von
direkten Gottesbegegnungen zu erzählen, die eigentlich tödlich verlaufen

---

7   Vgl. z.B. das Buch Tobit, die verschiedenen Henochbücher, das Jubiläenbuch, die Testa-
    mente der zwölf Patriarchen usw. Einen Überblick bieten U. Mann, H. Seebaß, K.E.
    Grözinger, O. Böcher, G. Tavard, H. Schwebel im Artikel »Engel«, TRE 9, 1982, 580-
    615.

müssen, – alles das mag mitschwingen. Entscheidend sind die theologischen Reflexionen nicht. Man merkt den Erzählern an, dass sie auf die volle menschliche Erfahrung zurückgreifen, wenn sie von Engelerscheinungen reden. Die Empfängerinnen und Empfänger der Engel-Botschaft in der Literatur sind sich selbst nicht im Klaren, was ihnen geschieht. So redet der Erzähler in Jdc 13 dezidiert vom »Boten Jahwes« (V. 3), die Frau Manoas ihrem Mann gegenüber aber vordergründig vom »Gottesmann«, also einem Propheten:

> Es kam ein Mann Gottes zu mir, und sein Aussehen war wie das eines Götterboten (*mal'ak ha'elohim*), sehr Furcht erregend. Ich habe ihn nicht nach seinem Woher und Wohin gefragt, und er hat mir seinen Namen nicht gesagt. (V. 6)

Die Unsicherheit löst sich dann literarisch geschickt auf, als Manoa bei der zweiten Erscheinung des Boten – wieder kommt der zur Frau, und sie berichtet ihrem Gatten erneut von einem »Mann«, der ihr erschienen sei – mutig nach dessen Namen fragt und am Verhalten des rätselhaften Gastes seine übermenschliche Herkunft erkennt. Das von Manoa angebotene Opfer soll Jahwe gewidmet sein (V. 16), und der Engel fährt in Opferflamme und Rauch in die Höhe. Manoa und seine Frau fallen anbetend nieder (V. 20). – Die Unsicherheit in der Gottesbegegnung ist in der Sache begründet, sie ist ein theologisches Urdatum. Niemand weiß wie und wo Gott präsent wird. Das, was mich unmittelbar angeht, fordert, warnt, tröstet ist unvorhersehbar anwesend und artikuliert sich in verschiedenster Gestalt. Darum ist es schwer zu benennen, doppeldeutig. Am Ende erweist es sich durch sein Verhalten, aber auch durch seine außergewöhnliche Erscheinung (»sehr Furcht erregend« = das Tremendum) als eine Schickung Gottes. Die schon vom Erzähler angefügte theologische Reflexion der beiden Protagonisten bringt vollends Klarheit. Es ist wieder die Frau, welcher gegenüber den schweren Bedenken des Ehemannes die richtige Erkenntnis kommt:

> Wenn es Jahwe gefallen hätte, uns zu töten, so hätte er das Brandopfer und Speisopfer nicht angenommen von unsern Händen. Er hätte uns auch das alles weder sehen noch hören lassen, wie jetzt geschehen ist. (Jdc 13,24)

Durch viele Engelperikopen hindurch lässt sich die Ambivalenz der göttlichen Erscheinung verfolgen, sei es, dass die gewollte Unschärfe der Aussage im Plot selbst (wie in Jdc 13; vgl. Gen 19,1-15) oder in der schwankenden, interpretierenden Überlieferung begründet ist: Beim Jakobskampf am Jabbok (Gen 32,25-31: »Mann«, »Gott selbst«; vgl. Hos 12,5a) und bei dem mysteriösen Besuch von drei »Männern« bei Abraham (Gen 18,1-17; Wechsel mit »Jahwe«) fällt der Ausdruck »Bote Gottes« überhaupt nicht. Und doch gehören diese Legenden in unseren Themenkreis. Was die »Abgesandten Gottes« angeht, so markieren sie doch am stärksten den eindimensionalen Verkehr

Jahwes mit den Menschen; vom Menschen zu Gott hin reicht die eigene
Stimme. Jakob sieht im Traum die »Boten« die Leiter zum Heiligtum von
Bethel hinunter- und hinaufsteigen (Gen 28,12; in V. 13-15 spricht Jahwe
direkt), und er redet frei, ohne Vermittlung, mit Jahwe (V. 20-22). Gen 32,2
ist auf ein ganzes Lager von »Boten« angespielt, eine Namensätiologie von
Mahanajim. In Gen 16,7-14 und seiner Parallele Gen 21,17-20, wie auch in
der Opferungsgeschichte von Gen 22,1-18 wechseln die Bezeichnungen
»Bote« und »Gott/Jahwe« im literarischen Gefälle (vgl. noch Jdc 6,11-24; Ex
3,1-12). Ist das nur eine Verlegenheit der Tradenten? Eher sollte man solche
Oszillationen der theologischen Sprache als echte Problemanzeige werten:
Von Gott zu reden heißt – zu stammeln.

3.2.

Die ambivalente Gotteserscheinung ist nur die äußere Hülle von Begegnungen mit dem Unbeschreibbaren. Es kommt viel mehr auf den Ort und
Inhalt des Ereignisses an. Die oben zitierte Episode mit den Eltern des Sim-
son (Jdc 13) hat einen konkreten Haftpunkt: die Kinderlosigkeit des Paares
(V. 2). Gott greift in einer schweren Notlage der patriarchalen Familie ein.
Fehlende Nachkommenschaft bedeutet ihren Ruin. Das ist eine in der Antike
häufig thematisierte Gefahrensituation. Die Ankündigung eines Sohnes ist
also das Rettungsangebot Gottes; es ergeht eventuell direkt, durch gezielten
Besuch des Boten, an die zuständige Frau und hat eine lange Traditionsgeschichte der *anuntio* begründet (vgl. Gen 18,9-15; I Sam 1,9-18; Lk 1,5-
20.26-38). Gott ist der Helfer im familiären Raum. Er schafft Rettung aus der
Not mit Hilfe eines eigens für diesen Fall entsandten Boten, der im Namen
der Gottheit agiert und z.T. mir ihr verschmilzt. Religionsgeschichtlich gesehen haben wir es mit dem Phänomen der persönlichen Schutzgottheit zu tun.
Jahrtausende lang haben Menschen ihren Glauben im Rahmen von Familien
und kleinen Primäreinheiten gepflegt. In dieser vor- und frühgeschichtlichen
Phase gab es noch keine größeren sozialen Strukturen (Siedlungen; Städte;
Volksverbände; Staaten) mit ihren typischen religiösen Systemen und Kompetenzen.[8] Der religiöse Glaube artikulierte sich als Familien- und Sippen-
kult. Seine Hauptinhalte waren Fortbestand und Wohlergehen der gewachsenen Verwandtschaftsgruppe. Beispiel für eine solche Primärreligion (die sehr
viel Einfluss auf die späteren Großgruppenreligionen ausgeübt hat und unter
und neben diesen bis heute fortexistiert[9]) ist der so genannte Väter-(besser:

---

[8] Mit Hilfe einer sozialgeschichtlichen Auslegung des Alten Testaments lassen sich
     Schichtungen des Gottesglaubens in Israel und im Alten Orient erkennen, vgl. E.S.
     Gerstenberger, Theologien im Alten Testament, 2001.
[9] Vgl. U. Schwab, Familienreligiosität, 1995.

Erzeltern-)glaube des Buches Genesis. Er kommt auch in dem Segen Jakobs für Joseph zum Ausdruck:

> Der Gott, mit dem meine Väter Abraham und Isaak gelebt haben,
> der Gott, der mich von Anfang an bis heute behütet hat,
> der Engel, der mich von allem Bösen befreit hat, der segne diese Knaben.
> In ihnen lebe mein Name fort, und der Name meiner Väter Abraham und Isaak.
> Sie mögen sich stark vermehren auf dieser Erde. (Gen 48,15f).

Für unsere Fragestellung ist es natürlich außerordentlich bedeutsam, dass die zweimalige Nennung des »Gottes« – vermutlich ist die familiale Schutzgottheit gemeint – aufgenommen wird durch den gleichbedeutenden Begriff *mal'ak*, »Bote; Engel« (V. 16). Offensichtlich ist hier nicht an den Emissär eines himmlischen Hochgottes, sondern die kommunikative Gestalt der (niederrangigen) Schutzgottheit gedacht. Denn die Parallelität der beiden Zeilen V. 15 (Schluss) und V. 16 (Anfang) lässt keinen Raum für eine Abordnung des »Engels« durch den »Gott«. Der Wortlaut enthält auch nicht den Hauch einer solchen Sendung. Anscheinend verwendet der Segensspruch aufgrund einer schon fortgeschrittenen Engelkonzeption die Ausdrücke *'elohim*, »Gott« und *mal'ak*, »Bote, Engel« ganz synonym. Das wäre ein Zeichen für das Überleben der Familienreligion in der monotheistischen Gemeindetheologie.

Was die Funktionen und Tätigkeiten der Schutzgottheit angeht, sind wir keineswegs überrascht. Sie hilft und rettet aus der Not, sie gibt recht praktische Anleitung zum Überleben. Beispiele: Gen 31,11 – der Engel instruiert Jakob, wie er seine Herden vergrößert; Gen 16,7-11 – zeigt den Verdurstenden Wasser; I Reg 19,5-8 – versorgt den Hungernden; Gen 24,7.40 – bewacht und leitet den Reisenden; Jdc 6,11-24 –beruft und stärkt, im Wechsel mit Jahwe selbst, den Richter Gideon; Ex 3,2-4 – erscheint wie Jahwe persönlich im feurigen Dornbusch; Dan 3,28; 6,23 – die Boten Gottes befinden sich bei den Verdammten in Feuerofen und Löwengrube, usw. Alle diese Passagen betreffen den einzelnen in seiner persönlichen Existenz und intimen Umgebung. Die Identifizierung des engelhaften Tuns mit dem Jahwes selbst liegt in der Regel ganz nahe. Rettung und Bewahrung des Einzelmenschen heißt der Grundton der Gottessendung.

3.3.

Im Alten Testament kann die Gottheit auch im persönlichen Glaubensverhältnis nie ausschließlich auf ihre wohltuenden Funktionen eingeschränkt werden, insofern sind die biblischen Zeugnisse monistisch, einem göttlichen Urheberprinzip verpflichtet. Das Missliche, Schwere und Zerstörerische in der Welt kommt auch von dem fürsorglichen Gott, sowohl im familialen Bereich wie in der Großgesellschaft. Die archaisch anmutende Szene von Ex 4,24-26 zeigt Jahwe von seiner gewalttätigen Seite: »Als Mose unterwegs

übernachtete, stieß Jahwe auf ihn und versuchte ihn umzubringen.« (V. 24).
Kein Versuch einer Beschönigung, keine Begründung des grauenhaften An-
schlags: Jahwe will töten. Zippora kann das Unheil nur mit einer Spontanbe-
schneidung ihres Sohnes (oder Ehemannes?) abwenden (V. 25f). Die Passage
versteht das Blut des Beschnittenen als apotropäisches Mittel gegen den Zorn
des eigenen Schutzgottes (vgl. Ex 12,7.23) und begründet so den Pubertäts-
ritus. – Eine dichte Engelperikope findet sich in Num 22,22-35. Sie führt den
Boten Gottes als den Widerstand leistenden Schutzgeist ein, er stellt sich dem
zum Fluchen bestellten Magier Bileam entgegen:

> Der Zorn Gottes flammte auf, weil Bileam sich auf den Weg machte. Der Engel Jahwes
> versperrte ihm den Durchgang um sein Vorhaben zu vereiteln (Verb: *śaṭan*). Bileam ritt
> auf seiner Eselin, seine beiden Diener waren bei ihm. (Num 22,22)

Es folgt die köstliche Geschichte von einer Engels-/bzw. Gottesbegegnung,
in der nur das dumme Vieh die göttliche Präsenz wahrnimmt, nicht aber der
weise, aufgeklärte Prophet oder einer seiner beiden Begleiter (V. 23-35). Die
negative Aktion des Engels, ausgedrückt mit dem ominösen Wort *śaṭan*
bringt uns natürlich zu den Engeln oder Geistern, die dem Thronrat Jahwes
angehören und destruktiv, in seltsamem Einklang und Widerspruch mit Jahwes eigenem Wollen tätig sind (I Reg 22,20-23; Hi 1,6-12; 2,1-7). In den
Hiob-Passagen hat sich das Wort Satan schon zum Eigennamen verfestigt;
auf ihm ruht die Aufmerksamkeit des Erzählers, seine Gegenspieler heißen
generisch »Gottessöhne«, ohne dass sie durch besondere positive Taten auf-
fallen.

3.4.

Was über die Götter der Kleingruppen zu sagen war, trifft *mutatis mutandis*
auch auf die Gottheiten der anonymeren Sozietäten zu. Und die Engelerscheinungen im größeren Paradigma menschlicher Vergesellschaftung
schließen sich dieser Regel an. Sie verwirklichen den Schutz Gottes für das
(wandernde) Volk (vgl. Ex 23,23; Num 20,16; Jdc 2,1-5). Da kommen auch
die militärischen Qualitäten der Engel ins Spiel (vgl. II Reg 19,35 und die
Parallelen Jes 37,36; II Chr 32,21), da ja auch Jahwe selbst ein kriegerischer
(d.h. ursprünglich ein Stammes) Gott ist (vgl. Jes 63,1-6). Die Verbindung
der Engelvorstellungen mit dem von den kämpfenden, himmlischen Heerscharen, angestoßen von dem Gottestitel *jahweh ṣeba'ot*, drängt sich auf.
Josua sieht sich einem »Mann« mit dem nackten Schwert in der Hand gegenüber. Er stellt sich als »Fürst über das Heer Jahwes« vor (Jos 5,13f; vgl. Dan
3,25; 8,16; 9,21). Josua erzeigt ihm höchste Ehrerbietung, er betet zu ihm
(Jos 5,14b). Von da ist es nicht weit bis zu dem Engel, der auch das eigene
Volk heimsucht, es bestraft und ausrotten will (vgl. II Sam 24,15-18). Dieser

Würgeengel scheint hier mit der Pest identisch zu sein (V.15). In Ez 9 übernehmen fünf von sechs übermenschlichen Gestalten die Tötungsaufgaben; eine bemalt dagegen die Stirn der Erwählten mit einem rettenden Zeichen (V. 1-6). Wichtig ist, dass an einigen Stellen nicht die erwartete Handlungseinheit von Gott und ausführenden Gesandten konstatiert wird. Vielmehr setzt man beide voneinander ab: Jahwe reut das Unheil und er fällt dem Tötungsengel in den Arm (II Sam 24,16); Jahwe ist verstimmt über sein widerborstiges Volk und will ihm auf dem Weg ins gelobte Land »nur« einen Engel voranschicken (Ex 32,34; 33,1-3). In späten Texten diskutieren die Boten sogar mit ihrem Auftraggeber, man vergleiche die oben schon zitierte Passagen Sach 1,12f; 3,1-5 in ihrem Umfeld.

4.

In unserer Vorstellungswelt ist »Engel« ein menschenähnliches, männliches oder weibliches, jüngeres oder höchstens mittelalterliches geflügeltes Menschenwesen. Diese ikonographischen Details haben sich erst im Lauf der Geschichte herausgebildet. Sie sind für die hebräischen Quellen noch nicht standardisiert vorauszusetzen. Der »Bote« Gottes ist zunächst noch nicht als eigene Gattung katalogisiert. Die Frau Manoas und manche anderen Protagonisten in den zitierten Engel-Geschichten denken an eine normale Menschengestalt, ahnen aber ihre göttliche Mission. In der Regel sind allein die Funktionen des Boten interessant. Der »Mann« mit dem gezückten Schwert (Num 22,23; Jos 5,13; vgl. Gen 3,24) ist schon eine Ausnahme: Meistens haben Engelboten keine Attribute oder Handwerkszeuge, ihnen fehlt auch überwiegend der göttliche Lichtglanz, der doch bei Theophanien so eindrucksvoll beschrieben wird. Auch Körperbau, Kleidung, Gestik, Stimmlage des Boten usw. sind den alten Überlieferern kaum einer Andeutung wert. Die mittelalterliche, christliche Malerei musste bei der Ausgestaltung des Engelbildes auf außerkanonische Motive und die eigene Phantasie zurückgreifen. Andererseits könnte der schmeichelhafte Vergleich Davids mit den Engeln Gottes (II Sam 14,15; 19,28; vgl. I Sam 29,9) eine festere Vorstellung von den Himmelswesen andeuten. Dem ist aber nicht so. Die Komparation bezieht sich nur auf die göttliche Kapazität und die Funktionen der Engel, nicht auf ein definiertes Wesen oder Aussehen.

Es ist anscheinend auch gleichgültig, welche Person den Engel repräsentiert. Priester oder Propheten können Abgeordnete Jahwes sein, ohne dass auf ihr »Amt« besonderen Nachdruck gelegt wird (vgl. Mal 2,7; 3,1; und der Name Maleachi selbst = »Mein Bote/Engel«). Im Laufe der Zeit sind Einflüsse aus anderen, verwandten Bereichen auf die Engelvorstellungen wirksam geworden, welche die Traditionsgeschichte außerordentlich stark geprägt haben. Vor allem sind die auch aus der altorientalischen Ikonographie bekannten »Keruben« (geflügelte Mischwesen mit Menschenantlitz) und »Serafen« (geflügelte, feurige oder durch ihren Biss brennende Schlangen) an die »Boten Jahwes« herangerückt und haben ihnen unter anderem ihre Flügel geliehen. Beide überirdischen Wesen gehören ursprünglich auch architektonisch zur Palast- und Thronausstattung.

Ich sah den Herrn auf einem hohen und erhabenen Throne sitzen, und seine Säume füllten den Tempel. Serafe standen über ihm; ein jeder hatte sechs Flügel: mit zweien bedeckte er sein Angesicht, mit zweien bedeckte er seine Füße, und mit zweien flog er. (Jes 6,1f). ... Da flog einer der Serafen zu mir her, in seiner Hand eine glühende Kohle, ... und berührte damit meinen Mund ...(V. 6f).

In Dan 9,21 fliegt der »Mann Gabriel« bereits, Sach 5,9 sind es zwei Frauen, die »hatten Wind in ihren Flügeln, und ihre Flügel waren wie zwei Storchenflügel«, und später werden diese Flugwerkzeuge zum festen Bestandteil des Engelbildes.

Die Vorstellungen von »Boten«, »Engeln«, »Wesenheiten« des Alten Testaments müssen eingeordnet werden in die altorientalische und ägyptische Geschichte des persönlichen Schutzgottes,[10] der geflügelten Thron- und Palastwächter,[11] der Vermittlung des höchstgöttlichen Schutzes,[12] der Genien, Gottgesandten, Dämonen, Drachen,[13] der Ausübung göttlicher Macht auf der Erde – sowohl im konstruktiven wie im destruktiven Sinn. Das Gesamtbild ist vielschichtig und bunt. Im mesopotamischen Raum vermitteln zahlreiche übermenschliche Wesen Wissen, Kraft, Heil und Unheil zwischen den Einzelmenschen und der göttlichen Welt. Die ägyptischen, volkstümlichen Kulte pflegen die persönliche Verbindung zu den Göttern; personhafte, aber auch vogelgestaltige Zwischenwesen, Strahl- (J. Assmann) und Zauberkräfte spielen eine große Rolle.[14] Horus, falkenförmig, ist der spezielle Schutzgott der Pharaonen. Nicht übersehen werden sollten die persischen *ameša spentas*, die göttlichen Kräfte, die »unsterblichen Heiligen« oder »wohltätigen Unsterblichen«,[15] welche als Mittlerinstanzen zwischen der um-

10 K. van der Toorn, Family Religion in Babylonia, Syria and Israel, 1996.
11 Vgl. vor allem die ikonographischen Studien von O. Keel und seinen Mitarbeiterinnen und Mitarbeitern: z.B. O. Keel, Die Welt der altorientalischen Bildsymbolik und das Alte Testament, 1972, 124-126; 149f.; 170-172; ders. und Chr. Uehlinger, Göttinnen, Götter und Gottessymbole, ²1993, 311-321.
12 Einführung des Beters bei der Himmelsgottheit durch untergeordnete Gottheiten, vgl. O. Keel, Bildsymbolik 178-180.
13 Vgl. O. Keel, Bildsymbolik, 40-42; 68-74;
14 Vgl. E. Brunner-Traut, Die alten Ägypter, ³1981, 129 – 185; K. Koch, Geschichte der ägyptischen Religion, 1993, 102-104; 108-111; 180-182; 362-364 u.ö.
15 M. Stausberg, Die Religion Zarathustras Bd. 1, 2002, 119: Er gibt die *ameša spentas* wie folgt wieder: Vohu Manah (›Gutes Denken‹); Aša Vahišta (›Beste Wahrheit/Ordnung/ Harmonie‹); Xšathra Vairiias (›Wünschenswerte Macht/Herrschaft‹); Spənta Ārmaiti

fassend guten Gottheit Ahura Mazda und den einzelnen Gläubigen fungieren. Die schwierige Übersetzung ins Deutsche nennt sie »Guter/bester Sinn«, »Wahrheit«, »Rechtsherrschaft«, »Maßgesinnung«, »Gesundheit«, »Unsterblichkeit«.[16] Sie agieren im Avesta, den persischen Heiligen Schriften, einzeln, in Gruppen, oder auch in Verbindung mit Ahura Mazda selbst. Der Mensch hat sich für sie zu entscheiden und gleichzeitig die negativen, ähnlich organisierten Kräfte, *daevas* (»Dämonen«) unter ihrem Oberhaupt Ahra Mainyu, (auch: Angra Mainiiu; später Ahriman) dem bösen Geist, abzulehnen und zu bekämpfen.

5.

Theologischer Ertrag und Bedeutung für die Gegenwart. Eins sollte nach den kurzen Ausführungen zum antiken Verständnis von »Engeln« deutlich sein: Die Rede von den Boten Gottes und anderen gottgesandten Wesen ist in jedem Fall ernsthafter theologischer Diskurs, der im Kern lebenswichtige Sachverhalte behandelt (O. Kaiser): Wie geschieht Kommunikation Gottes mit den Menschen? Was hat die Gottheit uns zu sagen? Wer die Boten abtut verachtet auch den Sender der Botschaft. Weil aber die Parameter der göttlichen Kommunikation in der Bibel sehr wohl andere sind als die heutzutage gängigen, müssen wir uns Gedanken über Wandlungen Gottes und seiner Boten machen, damit wir die Grundwahrheiten der biblischen Rede von Engeln und Mächten (Röm 8,38) nicht aus den Augen verlieren.

5.1.

Zuerst ist die Vielsträngigkeit und die geschichtliche Entwicklung der Engelvorstellungen in der Bibel zu respektieren. Wir haben ein mehr oder weniger abgeschlossenes Bild von den geflügelten Boten Gottes. Die biblischen Anschauungen liegen dagegen weit auseinander. Während im Alten Testament weitgehend Standardbilder fehlen, sind sie im Neuen Testament (welches die stark angelologisch geprägte deuterokanonische jüdische Literatur schon voraussetzt) massiv vorhanden, wenn auch nicht ausführlich dargestellt. Die theologische, auch durch griechische Denkweise angetriebene Spekulation hat eine ausgeklügelte Engellehre hervorgebracht. Besonders in den apokalyptischen Schriften begegnen Engelhierarchien mit geographischen und kosmologischen Zuordnungen. Die vier bzw. sieben Erzengel nehmen nach Gott den höchsten Platz ein. Heerscharen von Unterengeln sind

---

(›Wohltätige Achtung/Fügsamkeit/Rechtsgesinntheit‹); Haruuatāt (›Unversehrtheit; Ganzheit; Gesundheit‹); Amərətāt (›Unsterblichkeit‹), a.a.O. 119.
16 Nach U. Mann, TRE 9, 581.

für alle irdischen Belange zuständig; in manchen Systemen bekommt jeder Mensch seinen persönlichen Schutzengel. Straf- und Gerichtsengel übernehmen den Kampf gegen den feindlichen Satan und dessen böse Dämonen.[17] Die hierarchische Gliederung der Welt ist für unsere geistigen Vorfahren im Vorderen Orient ganz reale Wirklichkeit gewesen. Sie erfuhren den Kosmos als von göttlichen und widerstreitenden Kräften durchwaltet, sie gaben ihnen Namen und Struktur. Heute erklären wir das Universum, inklusive den Planeten Erde, aus unpersönlichen physikalischen und chemischen Prozessen. Die These von der persönlichen, darum auch willkürlichen Lenkung von Sonne, Mond und Gestirnen ist uns nicht mehr nachvollziehbar (vgl. Jos 10,12: Josua befiehlt: »Sonne, stehe still zu Gibeon ....(13) Da stand die Sonne still ..., (14)... Und es war kein Tag diesem gleich, weder vorher noch danach, dass Jahwe so auf die Stimme eines Menschen hörte ...«). Wir werden also andere Sprachbilder suchen müssen, um das Wirken Gottes in seiner Schöpfung Menschen klar zu machen, die von ihren Lebensvoraussetzungen her astrophysikalisch denken müssen. Die unpersönliche Sprache der Weisheit mit ihren Kräften, Gewalten, Tendenzen, die z.T. auch schon in den alten Religionen angewendet wird, bietet sich an. Insofern gilt es, dem naturwissenschaftlichen Diskurs sein Recht zu lassen; wir können nicht zurück in eine vorwissenschaftliche Denk- und Sprachwelt.

5.2.

Wichtiger erscheint mir, die Rede von Gott und den Engeln auf der menschlichen, persönlichen Ebene zu verstehen und gelten zu lassen. Zwar gilt auch hier die Warnung vor spekulativen Festschreibungen. Was, wer, wie Gott ist – das lässt sich nicht ein für allemal definieren. Warum, wozu, weswegen Engel unterwegs sind – das ist nicht objektiv in einem Steckbrief festzuschreiben. Klar ist aus den biblischen Schriften, dass »Engel« ein vielgestaltiges, normales, in die allgemeine Weltsicht gehörendes Phänomen in der Antike war. Durch Mittler und Mittlerinnen machte sich die Gottheit präsent, wenn sie es nicht direkt, in eigener Person tat. Die Übergänge sind in den biblischen Zeugnissen fließend. Wir greifen einige Merkmale heraus und fragen nach der analogen Verwendbarkeit der engelhaften Symbolik in unserer Zeit. – Auch von unserer theoretischen, monotheistischen Grundeinstellung her sind wir natürlich misstrauisch gegen den Aufmarsch von untergeordneten Gottwesen. Doch kann uns die biblische Rede von den Boten Gottes auf unverzichtbare Aspekte der Weltdeutung aufmerksam machen und die Enge dogmatischer (steril monotheistischer) Gottesvorstellungen überwinden helfen.

---

17 Einen Überblick und Literatur über die frühjüdischen Vorstellungen bieten K.E. Grözinger, Engel III, TRE 9, 586 – 596; O. Böcher, Engel IV, ebda. 596 – 599.

5.2.1.

Wie im Umgang mit dem Gottesphänomen selbst so ist auch die Darstellung der Engel im biblischen Bereich immer personhaft. Die Überlieferer stellen bewusst heraus, dass die Protagonisten ihrer Überlieferung selbst manchmal die Engelerscheinung rein menschlich interpretieren. An dieser wesenhaft persönlichen Gotteskommunikation ist auch in unserer Zeit strikt festzuhalten. Nach allem, was früher und heute als menschlich und Menschenwürde erkannt worden ist, können wir die personhafte Struktur unseres Lebens nicht zugunsten rein mechanischer Abläufe aufgeben, auch wenn wir den großen Weltzusammenhang und die chemisch-biologischen Vorgänge, in die wir Einblick haben, so interpretieren. Das Leben, der Mensch, die zwischenmenschlichen Beziehungen (und darüber hinaus die ökonomischen, politischen und sozialen Vorgänge auf dieser Erde) lassen sich durch das Kausalprinzip allein nicht erklären. Also sind persönliche Kategorien im Umgang mit Gott, dem Ganzen, wie wir es erleben, entscheidend wichtig. Da wird die biblische Rede von den Engeln neu aktuell: Gott begegnet uns in vielfacher personhafter Form, auch in unserem Alltagsleben. Die Qualität der Begegnungen und der Impulse, die wir empfangen, muss dafür ausschlaggebend sein, ob eine nur alltägliche Episode eine göttliche Dimension hat. Die so beliebte Unterscheidung von sinnlicher und übersinnlicher Welt ist dabei unerheblich. Selbst in einer mechanisierten und automatisierten, verkabelten und vernetzten Welt kann einem Hören und Sehen vergehen vor den unerwarteten Gottesbegegnungen mit engelhaften Gestalten.

5.2.2.

Engel oder Boten sind im Alten Testament nicht nur mit wohltuenden Missionen unterwegs und haben nicht nur Schutzfunktionen. Sicher, das ist in hohem Maße der Fall, und wir dürfen das Eintreten für den Menschen als einen Schwerpunkt engelhafter Aktivitäten sehen. Das entspricht dem, was wir über Gott selbst auszusagen wagen. Er / Sie ist den Menschen wohlgesonnen. Auf Ihn / Sie ist in der Not zu zählen, aber dieses Urvertrauen ist schon in alter Zeit, bis heute, vielfach auch enttäuscht worden. Es gibt eine Klageliteratur in der Bibel, die im Hiobbuch gipfelt, und die ernsthafte Fragen, ja Vorwürfe, an Gott richtet. Trotz allem: Das Urvertrauen hat sich über die Jahrhunderte und Jahrtausende bewährt. Gott will uns wohl, Er / Sie tut alles zu unserem Besten, so wie gute Eltern alles für ihre Kinder tun. Was aber geschieht, wenn der Wille der Eltern dem des Kindes entgegensteht? Wenn Gott selbst als Ahnder von Vergehen auftritt, oder als harter Pädagoge mit Strafen einschreitet? Dann kann es auch zur Entsendung eines strafenden Engels kommen. Und wie steht es um den Todesengel, der uns manchmal begegnet und am Ende ganz sicher den Weg aus dem Leben weist? Theologie wäre nichts wert, wenn sie nur Lob und Wohlsein verkünden würde, obwohl das möglicherweise der Schwerpunkt unserer christlichen Existenz sein

sollte. Preis für alles, was Gott an der Menschheit und an uns getan hat! Doch
die dunklen Seiten unseres Lebens, die Gefährdungen und das Nichts, die uns
umgeben, können wir nicht ausblenden. Die Rede von den schrecklichen Engeln, mit Schwert und Vernichtungswillen, gehört hinzu, wie sehr wir uns
auch damit abmühen mögen.

5.2.3.

Engelbegegnungen heute kommen also aus der Höhe und aus der Tiefe, wie
in biblischen Zeiten auch. Sie stellen uns vor schwierige Fragen des Er-
kennens und der Akzeptanz. Mir scheint, das Hauptproblem unserer christlichen Existenz ist nicht die Frage, ob Gott und seine Engel für sich existieren,
ob »es sie gibt«. Es gibt weder Gott noch Engel in Vitrinen, die wir von außen betrachten könnten. Das wahre Problem sind wir selbst. Wird uns heute,
ohne dass wir uns in alte Gottes- und Engelsvorstellungen flüchten, mitten im
Alltagsleben hier und da deutlich, dass wir grundsätzlich immer, aber in bestimmten Augenblicken unseres Lebens atemberaubend real vor Gott / dem
Grund des Seins (P. Tillich) stehen?

Die Stadt – Lebensraum und Symbol
Israels Stadtkultur als Spiegel seiner Geschichte und Theologie

Jürgen van Oorschot (Jena)

Die Geschichte des Vorderen Orients läßt sich mit Ausnahme des alten Ägypten weitgehend als eine Geschichte von Städten schreiben. Daran haben auch die beiden Territorialstaaten Israel und Juda in je eigener Weise Anteil, entstehen sie doch im Nachgang zur bronzezeitlichen Stadtkultur der Levante. Und doch geht ihre Geschichte nicht in einer Geschichte von Städten auf. Gerade die aus der Ferne glänzende Kuppel Jerusalems und die mit dieser Stadt verbundenen Hoffnungen[1] gehören in einen größeren Zusammenhang, der neben dem Phänomen »Stadt« durchaus andere Lebensformen und Sinnbilder schätzt, die politische und soziale Verhältnisse sowie Entwicklungen des Gottesbildes widerspiegeln. Teilhabe an altorientalischen Selbstverständlichkeiten und Entwicklung spezifischer Profile prägen das Bild.

Über die Stadtkultur Israels und Judas zu sprechen, das bedeutet, über unterschiedliche Ambivalenzen im Verhältnis zur Stadt als Lebensraum und Symbol nachzudenken. Sie kommen uns in der kollektiven Erinnerung der Israeliten entgegen, wie sie in den biblischen Schriften enthalten ist. Die Vorfahren des Stammvaters Jakob/Israel lebten in Zelten jenseits der festen Mauern bronzezeitlicher Städte. Ihre Geschichte begann bezeichnenderweise in jener Stunde, als ihr Stammvater Abraham die südmesopotamische Stadt Ur auf die bloße Zusage eines Gottes hin verläßt.[2] Große Verheißungen, auch auf neues Land, begleiten ihn. Der aus der städtischen Heimat emigrierte Abraham wird allerdings Zeit seines Lebens nicht mehr als einen Begräbnisplatz in einer Höhle nahe Hebron besitzen, die er einem dort ansässigen Städter abkauft.[3] Ein späteres Credo[4] zieht diese Linie bis in die Geburtsstunde des Volkes Israel hinein:

---

1 In der Regel konzentrieren sich die Darstellungen zur Stadt in Israel rasch auf Jerusalem und Fragen der Zionstheologie. Dieser Weg soll im folgenden Beitrag bewußt nicht beschritten werden. Er will vielmehr die Aufmerksamkeit auf sonst eher vernachlässigte Aspekte lenken.

2 Die biblischen Texte erwähnen Ur zu Beginn der Vätergeschichte in Gen 11,28.31, erneut in Gen 15,7 und erst wieder in Neh 9,7, einem chronistischen Geschichtsrückblick.

3 Gen 23 schildert in einer vermutlich nachpriesterlichen Erzählung den Kauf der Höhle Machpela als Unterpfand des verheißenen Landes. Zur literarhistorischen Einordnung vgl. Chr. Levin, Der Jahwist, FRLANT 157, 1993, 193f.

»Ein umherirrender Aramäer war mein Vater. Er zog hinab nach Ägypten, blieb dort als Fremdling mit wenigen Leuten und wurde dort zu einem großen, starken und zahlreichen Volk. Aber die Ägypter mißhandelten uns, sie bedrückten uns und legten uns harte Arbeit auf. Da schrien wir zu Jahwe, dem Gott unserer Väter, und Jahwe erhörte uns..., führte uns aus Ägypten... und brachte uns an diesen Ort und gab uns dieses Land... .« (Dtn 26,5-9*)

Im Land selbst bricht nach der Darstellung der biblischen Texte ein neuer Gegensatz auf. Die Neuankömmlinge treffen auf die politisch und religiös ausgebildete Stadtkultur der Kanaanäer, die ihnen zu einer beständigen Gefährdung werden soll. Baal versus Jahwe – durch diesen religiösen Konflikt schimmert immer auch der Gegensatz von Stadt- und Kulturlandgöttern einerseits und Wüstengott andererseits hindurch.[5]
Was läßt sich nun über diese markanten Erinnerungsfiguren hinaus zur israelitischen Stadtkultur sagen? In welchem Kontext entstehen sie? Zunächst sollen anhand der materiellen Kultur Stadterfahrungen Israels und Judas beleuchtet werden. Wie stellt sich die archäologisch erschlossene Stadtkultur der Eisen- und der Perserzeit, also des Zeitraumes zwischen dem 10. und dem 4. vorchristlichen Jahrhundert im Bereich der südlichen Levante dar? Vor dem Hintergrund dieses Überblickes wird in einem zweiten Teil danach zu fragen sein, ob es in der Zeit der Königreiche Israel und Juda eine theologische Haltung zur Stadt gibt? Entwickelt sich also im 10. bis 6. Jh. v. Chr. eine Städtetheologie, die den Wüsten- und Berggott Jahwe[6] in ein Verhältnis zur städtischen Lebensform bringt? Abschließend ist ein Blick auf den Gegensatz zwischen Jerusalem und Babel zu werfen, der sich nachexilisch entwickelt und zwei bis heute wirksame Symbole hervorbringt.

1.

Wer sich als Archäologe oder Architektin für die Städtekultur Palästinas, den Bereich der südlichen Levante also, interessiert, kann die hier vorgenommene zeitliche Eingrenzung nur mit einem gewissem Unverständnis quittieren. Und

---

4 Mit R. G. Kratz, Die Komposition der erzählenden Bücher des Alten Testaments, UTB 2157, 2000, 129f. und 138, finden wir in Dtn 26,1f.11.16 den ältesten Bestandteil des hinteren Rahmens um den Gesetzeskorpus. Alle weiteren Verse sind spätere Auffüllungen.
5 Textlich greifbar wird dieses Bild allerdings erst lange nach der Erzählzeit in den einflußreichen Elementen der dtn-dtr Tradition, wie wir sie in der sogenannten dtr Geschichtsschreibung, Jos-II Reg, in deren Bearbeitungen der Prophetenbücher sowie des Tetrateuchs und natürlich in ihrer Grundschrift, dem Dtn, finden.
6 Als religionsgeschichtliche Skizze dieser Einbettung des Jahweglaubens vgl. O. Kaiser, Der Gott des Alten Testaments. Theologie des Alten Testaments 1: Grundlegung, UTB 1747, 1993, 113ff.

in der Tat handelt es sich bei der Eisen- und Perserzeit städtebaulich gesehen um eine Art Zwischenphase. Man blickt auf die kulturell reiche Periode bronzezeitlicher Stadtkultur im 3. und 2. Jt. v. Chr. zurück. Die neue Blüte hellenistischer Städtegründungen unter der Herrschaft der Ptolemäer und Seleukiden steht noch bevor. Entsprechend muten Größe und Zahl der Städte in diesem Zeitabschnitt eher bescheiden an.[7] Großstädte wie Aschkelon oder Hazor, die in der Bronzezeit 60 bzw. 80 ha umfaßten, erreichen in der Eisenzeit nie wieder eine derartige Ausdehnung. So wird etwa in Hazor nur die Oberstadt wieder ausgebaut, während die flächenmäßig größere Unterstadt, die in der Norderstreckung immerhin einen Kilometer lang war, nach dem 13. Jh. v. Chr. unbesiedelt bleibt.[8] Andere Städte wie Dan und Akko, die wie zumeist in der Bronzezeit etwa 20 ha umfaßten, oder flächenmäßig kleinere, wie Megiddo mit 10 ha oder Lachisch mit 7 ha, erstehen in der Eisenzeit zwar in dieser Größe erneut. Das kulturelle Niveau der Bronzezeit wird jedoch nicht wieder erreicht.[9]

Ab dem Jahr 1200 v. Chr. kommt es zu einem allgemeinen Niedergang der bis dahin blühenden mittel- und spätbronzezeitlichen Stadtkultur. Brandschichten markieren diesen Einschnitt in zahlreichen Orten. Hazor wird bereits um 1200 v. Chr. zerstört und nicht erneut aufgebaut. Lachisch verabschiedet sich etwa 1150 v.Chr. bis auf weiteres aus der Geschichte. Aber selbst wenn die Besiedlung nicht abbricht, so verbleiben doch recht bescheidene Ortschaften. Die materiellen Hinterlassenschaften dokumentieren das Ende eines politischen Systems bedingt selbständiger Stadtstaaten und der von ihnen getragenen Kultur. Hinter dieser Entwicklung lassen sich aus heutiger Sicht eine Vielzahl von Ursachen erkennen. Von außen her wirkten ganz offensichtlich die sogenannten Seevölker destabilisierend. Sie kamen aus dem Bereich der Ägäis und bedrohten die regionale Vormacht Ägypten und die ägyptische Provinz Kanaan. Auf ihre Kriegszüge und Überfälle dürfte ein Teil der Stadtzerstörungen zurückzuführen sein. Obwohl Ramses II. ihnen 1176 v. Chr. eine empfindliche Niederlage beibringt, bleiben die zahlreichen Feldzüge nicht ohne Folgen. Die Wirtschaftskraft wird geschwächt, und die Zahl der Bewohner geht zurück. Im Inneren der Stadtstaaten selbst scheint es immer wieder zu sozialen Konflikten gekommen zu sein, bei denen etablierte Stadtbewohner und ortsunabhängigere Schichten sozial

---

7 Zur Übersicht vgl. Z. Herzog, Archaeology of the City. Urban Planning in Ancient Israel and its Social Implications, 1997, 221-258 und 275-278.

8 Herzog, Archaeology (Anm. 7), 224-226. Solche Aussagen können nur mit einer gewissen Vorläufigkeit gemacht werden, da die Areale nicht in allen Ortslagen so weit ergraben sind, daß wir verläßliche Angaben machen können.

9 Die technischen Fertigkeiten der Keramikproduktion etwa werden übernommen, teilweise weiterentwickelt. Die Qualität der Produkte nimmt jedoch deutlich ab – vgl. Anm. 12 und ausführlich, V. Fritz, Die Entstehung Israels im 12. und 11. Jahrhundert v. Chr., BE 2, 1996, 100-102.

niederen Ranges aufeinandertreffen. Sowohl akkadische als auch ägyptische Texte[10] erwähnen solche Gruppen, und ein Teil der nachmaligen Israeliten dürfte aus ihnen stammen.[11] Darüber hinaus scheinen drei weitere Faktoren bei der Deurbanisation eine Rolle gespielt zu haben: der Niedergang der mykenischen Kultur um 1200 v. Chr., der Zusammenbruch des Seehandels und klimatische Veränderungen infolge von Entwaldung und Bodenerosion.

So gering unsere Kenntnis, nicht zuletzt auf Grund des Fehlens schriftlicher Quellen, auch ist, das Ergebnis ist offensichtlich. Es läßt sich etwa an der Stadtgeschichte Megiddos ablesen, die sich auf Grund der großflächigen und zeitlich vom Neolithikum bis in die Perserzeit reichenden Grabungsbefunde gut für eine vergleichende Darstellung eignet. Wäre ein Abimelech[12] oder Saul über die *via maris*, die alte Fernstraße, die Ägypten und die palästinische Küste mit Syrien und dem Libanon verbindet, in den westlichen Teil der Jesreelebene gereist, und hätten sie den etwa einen Kilometer weiten Abstecher nicht gescheut, so wären sie dort auf die überaus bescheidenen Reste der ehemaligen Stadt Megiddo gestoßen (Stratum VI A).[13] Es gibt

---

10 Bei O. Loretz, Habiru-Hebräer, BZAW 160, 1984, findet sich eine zusammenfassende Darstellung der Befunde.

11 Zur Diskussion um die Landnahme V. Fritz, Entstehung (Anm. 9), 106-111.

12 Trotz der literarisch schwierigen Verhältnisse in Jdc 9 läßt sich hinter dieser Überlieferung wohl der Versuch zur ersten Bildung eines Königtums in Sichem erkennen – vgl. R. G. Kratz, Die Komposition der erzählenden Bücher (Anm. 4), 211f., und H. Donner, Geschichte des Volkes Israel und seiner Nachbarn in Grundzügen 1, ATD.E 4/1, ²1995, 194-197.

13 Folgende Stratigraphie wird hier für Megiddo vorausgesetzt:

	Stratum	Datierung	
	XX		
Neolithikum	XX B	5000-3600	
Chalkolithikum	XX A		Dorfkultur
	XIX	3600-3150	
Übergang	XVIII FB I	3150ff.	
Frühbronzezeitliche Stadt	XVII	2650-2500	
	XVI	2500-2350	
	XV FB IV	2330-2150	
Übergang	XIV MB I	2150-1950	

keinen Tempel[14] und keinen Palast mehr. Verblieben ist ein kleines Zwei-kammertor im Norden und westlich wie östlich von ihm je ein größeres Gebäude. Ansonsten besteht der Ort aus unregelmäßiger Wohnraum-bebauung, so daß man ihn kaum als Stadt ansprechen kann.

An dieser Stelle ist eine Zwischenbemerkung angezeigt: Solche Über-gangsphänomene zwischen Stadt und nichtstädtischen Ortschaften haben in der Palästinaarchäologie die Definitionsfrage wachgehalten: Was macht eine Stadt zur Stadt? Fünf Kriterien helfen zur Bestimmung dessen, was Stadt zu nennen ist: 1. die Größe der Ansiedlung; 2. das Vorhandensein eines Mauer-ringes mit Toren oder Potenen als einem System der Verteidigung; 3. die Existenz von Offizialbauten in Gestalt von Tempeln, Palästen, Lagerräumen o.ä. neben der Wohnraumbebauung; 4. eine planerische Gestaltung von Stra-ßen und deren Zugänglichkeit bzw. die Einrichtung einer Entwässerung und 5. eine erkennbare Arbeitsteilung als Hinweis auf eine wirtschaftliche und soziale Differenzierung.[15] Im Zusammenspiel dieser Kriterien läßt sich die Stadt von anderen Siedlungsformen abgrenzen.[16]

Mittelbronzezeitliche Stadt	XIII B MB II A	1950ff.	Neugründung
	XIII A		
	XIIMB II B		
	XI	1750-1550	
	X		
Übergang	IX SB I/II	1550ff.	Umbruch
	VIII		
	VII B	1350-1150	
	VII A		
	VI B E I	1150-1050	Ende der MB-Stadt
	VI A	1050-1000	
Eisenzeitliches	V B E II	1000-950	Dorf z.Zt. Davids
Megiddo	V A	950-922	Urbanisierung
	IV B	922-734	Israelit. Neugründung
	IV A		
Assyrisches Megiddo	III – II	734ff. Assyr. Provinzhauptstadt	
Babylonisch-persisches	I E III	~600-332 v.Chr.	
Megiddo	0	332 v. Chr.- 6. Jh. n. Chr.	

Vgl. auch Y. Shiloh, Art Megiddo, in: EAEHL 3, 1993, 1003-1024, und die Pläne bei V. Fritz, Die Stadt im alten Israel, 1990.

14 Ob man mit A. Mazar, Temples of the Middle and Late Bronze Ages and the Iron Age, in: A. Kempinski und R. Reich (eds.), The Architecture of Ancient Israel: From Prehisto-ric to the Persian Periods, 1992, 170 (161-187), davon ausgehen soll, daß der Tempel 2048 erneut benutzt wurde, ist fraglich und wäre auf seine Weise auch nur ein Hinweis auf die Ärmlichkeit dieser Phase.

15 So mit V. Fritz, Die Stadt (Anm. 13), 15f.

16 Herzog, Archaeology (Anm. 7), 1-16, führt vier Versuche einer Definition und ihren theoretischen Kontext vor: die Gegenüberstellung von Stadt und Land; die Stadt als Phase in der Entwicklung einer Zivilisation; die Stadt als Teil eines Gesamtsystems einer Region und die Stadt als soziale Interaktion verschiedener Gruppen. Der zuletztgenannte

Kommen wir zu dieser Phase der Geschichte Megiddos zurück. Die Keramik und weitere Kleinfunde[17] lassen erkennen, daß im Ort überwiegend die gleichen Bevölkerungsgruppen lebten wie zuvor.[18] Diese Kontinuität zeigt sich auch an anderen Orten. Sie geht Hand in Hand mit einem deutlichen Wandel, vor allem im Hausbau. Hier zeigt sich der Einfluß neuer Bevölkerungselemente.[19]

Dem Zusammenbruch der Stadtkultur korrespondiert eine Blütezeit der Dorf- und Siedlungskultur. Zeitgleich setzt ab dem 12. Jh. v. Chr. eine Neubesiedlung des Landes ein. In welchem Zusammenhang beide Entwicklungen stehen, läßt sich bisher nur ansatzweise sagen. Weiträumige Oberflächenuntersuchungen der letzten Jahrzehnte haben deutlich werden lassen, daß sich sowohl die Zahl der Ortschaften als auch deren Verteilung dramatisch veränderte. Man verläßt die alten Siedlungsgebiete in den Ebenen und in den Einflußbereichen der Städte. Neue Siedlungen entstehen auf den Gebirgen und in den bisherigen Randgebieten.[20] So finden sich etwa im östlichen Galiläa an-

---

Ansatz bestimmt seine Definition einer Stadt als sozialer Einheit, die bislang nichtstädtische Gesellschaften hervorbringen. Zur Abwehr von bedrohlichen Situationen schaffen sie zentrale Institutionen, die wiederum – einmal errichtet – die Stadt als Basis zum Ausbau ihrer Macht nutzen.

17 Zum Befund in Megiddo vgl. H. Weippert, Palästina in vorhellenistischer Zeit, Handbuch der Archäologie, Vorderasien II/1, 1988, 360, A. Kempinski, Megiddo: A City-State and Royal Centre in North Israel, 1989, und Herzog, Archaeology (Anm. 7) passim.

18 Insgesamt läßt sich eine relative Kontinuität in der Keramik feststellen. Die meisten Formen der SB-Zeit werden fortgeführt, wenn auch eine deutliche Qualitätsminderung zu beobachten ist. Geht man stärker ins Detail, dann lassen sich auch hier Neuerungen feststellen, wie etwa eine besondere Entwicklung von Pithoi, den Krügen für die Vorratshaltung. Die neue Form ist langgestreckt und etwa 1,5 m hoch, läuft an der Basis spitz oder halbrund zu und hat einen charakteristischen Wulst unter dem Hals der oberen Öffnung. Er entsteht beim Einpassen der eigens gedrehten Mündung in den schon fertiggestellten Körper des Pithos und gab ihm den Namen »Kragenrand-Krug« (collared rim jar) – dazu vgl. R. Amiran, Ancient Pottery of the Holy Land, 1969, 191-293, und V. Fritz, Entstehung (Anm. 9), 100f. und insgesamt 97-102.
    Kontinuität gibt es auch in der Verwendung von Eisen, das nach und nach die Bronze in den Hintergrund drängt. Man belebt die eigene Eisenverhüttung, da eine Versorgung auf Grund des gestörten Handels schwierig geworden zu sein scheint. Das Rohmaterial bezieht man aus den Lagerstätten am Ostrand der Araba in Fenan.

19 Ein deutlicher Wandel zeigt sich beim Hausbau. An die Stelle des kanaanäischen Hofhauses mit seinem annähernd quadratischen Hof, der meist in der Mitte liegt und an zwei, drei oder vier Seiten von Räumen umgeben wird, tritt das Breitraumhaus oder das Drei- bzw. Vierraumhaus. Auch diese Form weist einen Innenhof auf, der allerdings meist an einer der Breitseiten liegt. Charakteristisch ist der Eingang an der Längsseite und eine Pfeilerreihe im Innenbereich, die den Hof von einem überdachten Bereich abgrenzt. Dieser Bautyp entwickelt sich vermutlich aus dem Nomadenzelt – vgl. die Skizzen bei Fritz, Entstehung (Anm. 9), 99, und Weippert, Palästina (Anm. 17), 394.

20 Vgl. die Untersuchung von I. Finkelstein, The Archaeology of the Israelite Settlement, 1988.

stelle von 9 bronzezeitlichen Städten nun 51 offene Siedlungen, die teilweise auf den alten Ruinenhügeln angelegt sind. Gleich 42 der Orte sind Neugründungen. Ähnliche Ergebnisse haben *surveys* im Ostjordanland ergeben. Die Zahl der Siedlungsplätze erhöht sich dort von 15 auf 73, davon sind 58 Neugründungen.[21] Noch extremer zeigt sich der Befund auf dem Gebirge Ephraim zwischen Bet-el und Sichem. Sechs bronzezeitlichen Städten stehen dort 115 Ortschaften in der frühen Eisenzeit gegenüber.[22]

Die Orte verzichten in der Regel auf jede Art von Befestigung. Genauso sucht man Großbauten wie Tempel oder Paläste umsonst. Ihre Ausdehnung schwankt zwischen ½ bis 1 ha. Man bewirtschaftet das umliegende Land, auf dem auch die Tiere gehalten werden. Es gibt eine erstaunliche Vielfalt an Siedlungsformen, die von Gehöften, also einzelnen bzw. einer Gruppe von Gebäuden mit einer Mauer umgeben, über Haufendörfer bis hin zu ringförmigen Ortsanlagen reichen können.[23]

Der Großteil der Bevölkerung dieser neuen Orte dürfte aus dem bisherigen Umfeld der Städte stammen. Bisher praktizierten sie in halbnomadischen und halbseßhaften Lebensformen zumindest in Teilen des Jahres eine Art Symbiose mit den Städten. Nach deren Niedergang fehlten nun die Tausch- und Handelspartner, von denen sie etwa ihr Getreide erwerben konnten. Sie waren nun selbst zur Seßhaftigkeit gezwungen, was die zahlreichen Neugründungen erklärt. Mit einer namhaften Zahl von Einwanderern ist nach dem bisherigen Befund nicht zu rechnen, da die materielle Kultur eine Kenntnis der kanaanäischen Traditionen aufweist und sich auf diesem Hintergrund weiterentwickelt.

So beginnt also die israelitische Stadtkultur mit einem fulminanten Aufschwung der Dorfkultur.[24] Die Erinnerung an die großen Städte ist noch wach, aber man kehrt ihnen den Rücken und besiedelt neue Gebiete des Landes. Wer an Ort und Stelle verbleibt, errichtet eine bescheidene Ortschaft auf den Trümmern der alten Stadt. Ein solches Dorf hätte David auch noch in der ersten Hälfte des 10. Jhs. v. Chr. auf dem Schutt des alten Megiddo vorgefunden.[25] Diese Situation verändert sich erst mit der Etablierung des Königtums vor allem im nördlichen Israel und dann auch in Juda. Der damit einsetzende Übergang von einer dezentralen und durch gleich starke Familienverbände geprägten Struktur zu einem zentralen Königtum mit eigener Verwaltung und Machtbasis vollzog sich nur langsam, und entsprechend zögerlich

---

21 N. Glueck, Explorations in Eastern Palestine I-IV, 1934-1951 (AASOR XIV, XV, XVIII-XIX, XXV-XXVIII), und S. Mittmann, Beiträge zur Siedlungs- und Territorialgeschichte des nördlichen Ostjordanlandes, ADPV 2, 1970.
22 Dazu erneut I. Finkelstein, The Archaeology of the Israelite Settlement, 1988.
23 V. Fritz, Entstehung (Anm. 9), 79-92, bietet dazu eine instruktive Übersicht.
24 Dazu vgl. U. Zwingenberger, Dorfkultur der frühen Eisenzeit in Mittelpalästina, OBO 180, 2001.
25 Es handelt sich dabei um das nur schlecht erfaßbare Stratum V B.

kommt es daher auch zur Ausprägung einer eigenen israelitischen Stadtkultur. Dies gilt vor allem für das Südreich, so daß es nicht verwundert, wenn die durch judäische Theologen geprägte Überlieferung nach 722 v. Chr. markante Stimmen kennt, die sich Königtum und Städtetheologie gegenüber kritisch verhalten.[26]

Unter Saul und David, deren Königtum strukturell eher als ein Übergangsphänomen zu bezeichnen ist[27], gehen von den neuen Herrschern keine wesentlichen Impulse in Richtung Stadtentwicklung aus. Daß die entstehenden Territorialreiche jedoch die Stadtkultur beeinflussen wollen und werden, zeigt sich exemplarisch an der Etablierung Davids in Jerusalem sowie dem beginnenden Ausbau der Stadt mit Palast und Tempel unter seinem Nachfolger Salomo. Die Städte dienen dazu die eigene Macht nach innen darzustellen und nach außen zu sichern.[28] Entsprechend setzt unter Salomo und unter den Omriden eine Urbanisation ein, die allerdings, verglichen mit den Großstädten Syriens und Mesopotamiens bzw. denen der palästinischen Bronzezeit, bescheiden anmutet. Die Städte schließen im Durchschnitt nicht mehr als 3-6 ha ein, selten werden 10 oder mehr Hektar erreicht. Nur die philistäischen Küstenorte sind mit 20-35 ha größer, was auf eine politisch bedingte Sonderentwicklung dieser Region hinweist.[29]

Unter Salomo werden drei judäische Orte und drei des Nordreiches ausgebaut. An entsprechenden offiziellen Gebäuden ist erkennbar, daß der König die Ortschaften militärisch und wirtschaftlich nutzt.[30] Niemann hat dafür in einer Untersuchung den Begriff der königlichen »Funktionalstützpunkte(n)«[31] verwandt. Es handelt sich um (Unter-) Beth-Horon, Baalath und

---

26 Vgl. den literaturgeschichtlichen Entwurf von R. G. Kratz, Die Komposition der erzählenden Bücher (Anm. 4) mit der Bedeutung der Phase zwischen 722 und 587 v. Chr.

27 Teile der angelsächsischen Literatur wenden auf diese Phase den aus der Entwicklung primärer Staatsbildungen bekannten Begriff des *chiefdom* an, der allerdings weder in Bezug auf die Staats- noch auf die Religionsentwicklung angemessen erscheint (so auch mit R. Kessler, Chiefdom oder Staat? in einem bisher unveröffentlichten Vortrag auf der Alttestamentlichen Arbeitsgemeinschaft (ATAG) 2000). Die beiden Staaten Juda und Israel entstehen in einem Raum, der mit der Bronzezeit bereits eine hochentwickelte Form von Stadtstaaten kennt, so daß es sich nicht um eine primäre Staatsbildung handelt. Auch die erahnbare Religion dieser Zeit entspricht nicht einer Stammesreligion, wie es bei der Rede vom *chiefdom* üblich wäre.

28 So mit V. Fritz, Stadt (Anm. 13), 61, und Herzog, Archaeology (Anm. 7), 17 und passim, der diesen Aspekt zum entscheidenden Element in seiner Sicht der Stadt als einer sozialen Größe macht.

29 Die Philister organisieren sich in einem Verband von Stadtstaaten – vgl. T. Dothan, Die Philister. Zivilisation und Kultur eines Seevolkes, 1995.

30 In einer Reihe von Orten sind für die E-II A Zeit (1000-900) keine Offizialbauten gefunden worden – dazu H. Weippert, Palästina (Anm. 17), 434-436.

31 H. M. Niemann, Herrschaft, Königtum und Staat, FAT 6, 1993, 275.

Thamar, sowie um Hazor, Megiddo, Gezer.[32] In die lokale oder regionale Verwaltung wird offensichtlich nicht eingegriffen. Es gibt auch keine Spuren für den Aufbau einer königlichen Binnenverwaltung oder eine andere Strukturierung des Landes.[33]

Diese Entwicklung spiegelt sich erneut in der entsprechenden Schicht V A Megiddos. Die Stadt erhält unter salomonischem Einfluß einen Palast (1723), zu dessen Erstellung sorgfältig behauene Steine verwandt werden, die teilweise mit Steinmetzzeichen versehen sind. Der Palastbereich ist durch eine eigene Mauer vom Rest der Stadt getrennt. Ein separates Tor ermöglicht die Kontrolle des Zugangs. Westlich des Palastes befindet sich ein weiteres, größeres Gebäude (1482), vielleicht das Wohnhaus eines höheren Beamten. Ansonsten gibt es westlich und östlich des Tores zwei größere Komplexe. Im westlich gelegenen (2081) entdeckten die Ausgräber Kultgeräte: zwei Altäre mit Hörnern (a730 und a729), eine Massebe (a728) und einen Opfertisch (a762).[34] Dieser Fund macht darauf aufmerksam, daß es im salomonischen Megiddo keinen Tempel gibt. Der Kultus fand demnach entweder unter freiem Himmel oder in Privathäusern statt. Eine Einflußnahme des Königs auf die Religionsausübung qua Kultgebäude ist nicht erkennbar. Auffällig ist weiterhin, daß weder die Stadtmauer noch das Stadttor erneuert wurde. Abgesehen von einer kurzen Kassemattenmauer dient eine Randbebauung dem Schutz der Stadt, was in diesem Bereich eine ordnende Planung voraussetzt. Ansonsten ist davon in den Wohnquartieren nichts zu erkennen. Offensichtlich stehen wir mit dieser Schicht am Beginn eines planvollen Umbaus des Dorfes zu einer Stadt. Der Ausbau zu einer israelitischen Stadt wird unter Salomo jedoch noch nicht erreicht. Dieser archäologische Befund steht damit in einer gewissen Spannung zu einer Notiz aus I Reg 9,15, die lange Zeit als historisch zutreffende Aussage zur städtebaulichen Wirksamkeit Salomos angesehen wurde. Dort heißt es: »Und so verhielt es sich mit den Fronarbeitern, die König Salomo aushob, um den Tempel des Herrn und seinen Palast, das Millo und die Mauer Jerusalems zu bauen, und um Hazor, Megiddo und

---

32 H. M. Niemann, Herrschaft (Anm. 31), 97 und 146 (Karte). Diese Orte nennt auch I Reg 9,15-19, wenn auch der Umfang der salomonischen Arbeiten teilweise überzeichnet sein dürfte. Auch die summarische Nennung des Ausbaus »alle(r) Vorratsstädte« und von »Städte(n) für Pferde und Städte(n) für Streitwagen« (V.19) läßt sich archäologisch bisher nicht nachvollziehen.

33 Die ältere These einer »Uniformität« (Weippert, Palästina [Anm. 17], 427) des Städteausbaus z. Zt. Salomos ist etwa in puncto Toranlagen und Kassemattenmauern von W. Dietrich, Die frühe Königszeit in Israel, BE 3, 1997, 124ff., mit Recht zurückgewiesen worden. Die vermeintlichen Spezifika salomonischer Bautätigkeit finden sich sowohl zeitlich als auch regional wieder.

34 A. Kempinski, Megiddo (Anm.17), 261. Die Gegenstände waren in Ost-West-Richtung angeordnet, wobei die Kultecke sich im Westen befand, ganz wie in Arad.

Gezer zu befestigen.«[35] Die Verfasser sehen im Beginn offensichtlich schon das Resultat, zur höheren Ehre des großen Königs.

Eine israelitisch geprägte Stadt wird Megiddo erst nach der sogenannten Reichsteilung im Jahr 926 v. Chr.[36] In Stratum IV B kommt es unter den Königen des Nordreiches und d.h. vor allem unter der Dynastie der Omriden zu einer durchgreifenden Neugestaltung der Stadt. Schon ein flüchtiger Blick zeigt den extensiven Planungs- und Bauwillen der Herrscher. Die Offizialbauten nehmen annähernd die Hälfte der Stadtfläche ein. Drei Pfeilerhäuser im Nordosten (407; 403-404; 367) wurden entweder als Lagerhäuser[37] oder als Kasernen zur Unterbringung von Truppen genutzt.[38] Den Touristen werden sie in der Regel als Pferdeställe Salomos vorgestellt. Im Südbereich gibt es einen weiteren Großkomplex (1526), dessen Nutzung unklar ist. Westlich davon liegt ein Wasserschacht, der so angelegt wurde, daß die Stadt auch im Belagerungsfall problemlos mit Wasser versorgt werden konnte. Imposant ist weiterhin die massive, vier Meter starke Stadtmauer mit ihren regelmäßigen Vor- und Rücksprüngen und das Sechskammertor inklusive einem Vortor. Megiddo wurde nun unter den Omriden zu einen Verwaltungs- und Militärzentrum umgestaltet und es blieb ein solches die kommenden annähernd zweihundert Jahre bis zum Aufkommen der Assyrer in der ersten Hälfte des 8. Jhs. v. Chr.

Diese Entwicklung der Stadt ist charakteristisch für das gesamte Nordreich. Die städtebaulichen Aktivitäten gelangten in der Zeit der Omriden auf ihren Höhepunkt, so daß der unter Omri (882-871 v. Chr.) und Ahab (871-852 v. Chr.) erreichte Grad der Urbanisation später nicht mehr gesteigert wurde. Im Südreich setzt sich die unter Salomo eingeleitete Entwicklung nach 926 v. Chr. langsamer fort. Im 9. Jh. v. Chr. verstärkt das judäische Königtum den Grenzschutz im Südwest- und Nordbereich seines Reiches, also zum nicht immer freundlich gesinnten israelitischen Nachbarn und zur philistäischen Küstenebene hin.[39] Dazu kommt seit dem 8. Jh. v. Chr. die Errichtung von Militärposten[40] auch außerhalb der Funktionalorte, vor allem in grenznahen Wohnstädten. Wenn auch die lokale Selbstverwaltung der Orte davon wohl unberührt blieb, scheint die wirtschaftliche und personelle Belastung der Bewohner deutlich zugenommen zu haben. Dies befördert im 8. und 7. Jh. v. Chr. soziale Spannungen auch im Südreich. Die Propheten beklagen dies beredt. Die Stadtkultur des Südens erlebt ihre eigentliche Blüte

---

35 Zu der lange strittigen Diskussion vgl. Weippert, Palästina (Anm. 17), 427ff.
36 In Megiddo schafft eine Zerstörung im Zusammenhang des Feldzuges von Šošenq I. (922 v.Chr. – I Reg 14,25f.) eine zusätzliche Herausforderung zur Neugestaltung.
37 So H. Weippert, Palästina, (Anm. 17), 522-524 und 540-543.
38 V. Fritz, Bestimmung und Herkunft des Pfeilerhauses in Israel, ZDPV 93 (1977), 30-45.
39 Es erfolgt ein Ausbau von Tell es-Seba⁽ IV, Tell el Milḥ. und im weiteren von Tell ⁽Arad, Thamar, Kuntilet ⁽Aġrud (königliche Straßenfestung).
40 Dazu ist Tell el-Qederat, Hirbet el-Garra und Tell ⁽Ar⁽ara zu besehen.

im ausgehenden 8. und folgenden 7. Jh. v. Chr.[41] Während dieser Zeit kommt es zu Städteneugründungen[42] bzw. zum Ausbau bestehender Städte. Im Hintergrund steht ein Bevölkerungszuwachs durch Flüchtlinge aus dem Norden, mit dem seit den Feldzügen des Assyrerkönigs Tiglatpileser III. von 738 v. Chr. an, spätestens jedoch mit der Zerstörung von Städten wie Dan, Hazor, Megiddo und Kinneret in den Jahren 734 und 733 v. Chr. zu rechnen ist.

Blenden wir noch einmal in den Norden zurück: Von den Assyrern erobert, wird Megiddo auf Grund seiner strategisch günstigen Lage wieder aufgebaut. Man errichtet eine Wohnstadt mit Verwaltungszentrum. Zwei Paläste westlich des Zweikammertores dienen offensichtlich der assyrischen Provinzverwaltung. Die Bauten weisen die Merkmale assyrischer Palastbauten auf.[43] Die Wasserversorgung wird weiter genutzt. Als Neuerung findet sich eine Abwasserleitung im Stadttorbereich. Auffällig ist vor allem die Neugestaltung der Straßenanlage. Die innerstädtischen Straßen verlaufen konsequent in Nord-Süd-Richtung auf das nördlich gelegene Stadttor zu. Die Ost-West-Verbindungen sind nur teilweise angelegt. Die Wohnbereiche sind demnach von außen gut erreichbar und ihre Bewohner gelangen rasch zum Stadttor. Der Kontakt zwischen den Wohnbezirken selbst wird durch diese Anlage eher erschwert. In Mesopotamien gibt es für eine derartige Stadtplanung Vorbilder.[44]

Das Megiddo des 8. Jhs. v. Chr., die assyrische Provinzhauptstadt, unterstreicht, wie kurz die Phase der eigenständigen Entwicklung judäischer und israelitischer Stadtkultur letztlich war. Die ersten bescheidenen Anfänge unter Salomo im 10. Jh. v. Chr. werden von seinen judäischen Nachfolgern behutsam fortgesetzt.[45] Im Norden findet dagegen unter den Omriden im 9. Jh. v. Chr. eine konsequente Urbanisation statt. Bereits im 8. Jh. v. Chr. bricht diese Entwicklung jäh ab, zusammen mit der Zerstörung des Königreiches selbst. Im Südreich wird die Entwicklung der Stadtkultur spätestens nach 722 v. Chr. ganz von den Notwendigkeiten antiassyrischer Abwehrmaßnahmen bestimmt. Die politische, militärische und religiöse Bedrohung beherrscht

---

41 Geschichtlich bieten sich vor allem die außenpolitisch eher ruhigen Jahre unter Manasse (696-642 v. Chr.) und unter Josia (640-609 v. Chr.) als Zeitraum an, in dem ein weiterer Ausbau der Stadtkultur vorstellbar ist.

42 Hirbet el-Garra, Tell ʿArʿara – beide südlich von Arad und unter Hiskia gegründet.

43 Dazu gehören der großflächige, rechteckige Grundriß, die geschlossenen Außenmauern, der große Innenhof, umgeben von einer einfachen oder doppelten Raumreihe, der Haupteingang nahe an den Gebäudeecken, die Baderäume und ein unterirdisches Kanalsystem. Ziegel sind das bevorzugte Baumaterial – vgl. insgesamt Str. III und II.

44 Zur weiteren Verbreitung des assyrisierenden Palasttyps und seiner Kennzeichen vgl. H. Weippert, Palästina (Anm. 17), 599-603.

45 Dieses »Nord-Süd-Gefälle im Städteausbau« vermerkt H. Weippert, Palästina (Anm. 17), 518 (-530) ausdrücklich in ihrer Darstellung der Einzelbefunde.

nun die Beschäftigung mit dem Thema »Stadt«. Daran ändert sich auch unter der nachfolgenden Großmacht, den Neubabyloniern, nichts. Im Zusammenhang der Eroberung des jüdäischen Königreichs 597 v. Chr. und 587 v. Chr.[46] kommt es erneut zur massiven Zerstörung von Städten. Vielfach bleiben nur bescheidene Siedlungen übrig, die als oberste Schicht der Ortslagen archäologisch kaum auswertbar sind.[47] Wird eine städtische Besiedlung in hellenistischer Zeit fortgeführt, wie etwa in Samaria, Sichem, Jerusalem, Asdod und Askalon, dann macht die massive Bauweise dieser neuen Stadtkultur eine archäologische Auswertung der darunterliegenden perserzeitlichen Schichten unmöglich. Es verbleibt somit ein Gesamtbild, das – gerahmt von Phasen der Deurbanisation – eine kurze Zeit der Entwicklung israelitischer und judäischer Städte kennt. Sie ist Ausdruck der neuen königlichen Territorialreiche. Ihr folgt eine Phase, in der der Städtebau vor allem von der Bedrohung durch die assyrische bzw. durch die neubabylonische Großmacht bestimmt wird. Bezeichnenderweise wird die Stadt gerade in dieser Zeit zu einem theologischen Thema.

2.

Die Stadt als theologisches Thema – dies versteht sich in Israel und Juda keineswegs von selbst. Nähert man sich von den mesopotamischen Selbstverständlichkeiten her der alttestamentlichen Überlieferung zur Stadt, so gibt es eine Reihe von Fehlanzeigen. So sucht man die Vorstellung von Stadtgöttern oder -göttinnen umsonst. Neben Jahwe wurde keine Stadtgottheit verehrt, was angesichts der monolatrischen Tendenz schon des vorexilischen Jahwe-Glaubens auch nicht unbedingt zu erwarten war.[48] Auffällig ist jedoch, daß die alttestamentlichen Texte auch Jahwe selbst nicht als Stadtgott ansprechen.[49] Einzig in einer Schmährede assyrischer Krieger um Sanherib findet sich nach der Darstellung von II Chr 32,19 der Ausdruck »Gott Jerusa-

---

46 Zu den komplexen Datierungsproblemen vgl. H. Donner, Geschichte des Volkes Israel und seiner Nachbarn in Grundzügen 2, ATD.E 4/2, ²1995, 405f. Anm. 25.
47 H. Weippert, Palästina (Anm. 17), 697.
48 H. Spieckermann, Stadtgott und Gottesstadt. Beobachtungen im Alten Orient und im Alten Testament, Bib. 73 (1992), 3, führt dies auf den »in vorexilischer Zeit zunehmend bewußt werdenden Monotheismus« zurück. An dieser Stelle schon Jahwe als den Volks- und Landesgott gegen eine Verbindung von Stadt und Gott in Anschlag zu bringen, scheint mir verfrüht.
49 Die gängige Vorstellung einer Urbanisation seit Salomo und der seit den davidischen Anfängen vorhandenen Zionstheologie in Jerusalem legen dies *prima vista* nahe – vgl. etwa W. H. Schmidt, Alttestamentlicher Glaube, ⁸1996, 289-301.

lems«.[50] Die Bezeichnung soll die Lästerung verstärken. Der wahre Gott wird als Gott des umzingelten Jerusalem verspottet.[51]

Offensichtlich vermeidet man es, den eigenen Gottes mit einer Stadt in Verbindung zu bringen. Dies mag auch seine Ursache darin haben, daß eine prosperierende Städtekultur im Nordreich zu finden war, während Juda in deren Schatten blieb. Nach dem Untergang Israels übernehmen die Südreichstheologen dann allerdings die Deutungshoheit. Und so finden wir eine entsprechende judäische Hoftheologie, die eine eigene Form der Städtetheologie entwickelt. Zeitlich gehört sie in die Phase der Auseinandersetzung mit assyrischer Macht- und Religionspolitik. Wir finden eines der wenigen Zeugnisse dieser Städtetheologie in der Grundfassung des 48. Psalms. Dieser Hymnus erfuhr vermutlich durch die korachitischen Sammler eine Bearbeitung.[52]

	1 Ein Lied. Ein Psalm der Korachiter.
2a.bα	Groß ist Jahwe und hochgelobt
	in der Stadt unseres Gottes.
2bβ.3	Sein heiliger Berg: schön in seiner Höhe,
	die Freude der ganzen Welt.
	Der Berg Zion: äußerster Nord(berg),
	Stadt des Großkönigs.
4	Jahwe[53] ist in ihren Palästen,
	bekannt als Zuflucht.
5	Denn siehe, die Könige hatten sich versammelt,
	gemeinsam zogen sie herauf.
6	Sie sahen hin, da erstarrten sie,
	sie erschraken, hasteten davon.
7	Zittern erfaßte sie dort,
	Wehen wie die Gebärende.
8	*Mit dem Ostwind zerbrichst du Tarsisschiffe.*
9	*Wie wir gehört,*

---

50 In den parallelen Königstexten fehlt eine Entsprechung zu diesem Ausdruck. Textlich unsicher ist die masoretische Lesart in Esr 7,19 »vor dem Gott Jerusalems«, der in der Regel mit den Vrs. zu »vor dem Gott in Jerusalem« oder nach Esr 7,15 zu »vor dem Gott, der in Jerusalem wohnt« verbessert wird.

51 Der nachfolgende Halbvers stellt ihn zusätzlich mit den »Göttern der Völker des Landes« auf eine Ebene.

52 Zu dieser These vgl. J. van Oorschot, Der ferne *deus praesens* des Tempel. Die Korachpsalmen und der Wandel israelitischer Tempeltheologie, in: I. Kottsieper u. a. (Hgg.), »Wer ist wie du, HERR, unter den Göttern?«, Studien zur Theologie und Religionsgeschichte Israels, FS Otto Kaiser zum 70.Geburtstag, 1994, 416-430, und zur Literarkritik im Wesentlichen H. Spieckermann, Heilsgegenwart. Eine Theologie der Psalmen, FRLANT148, 1989, 188ff.

53 Ps 48 gehört zum elohistischen Psalter, dessen Bearbeiter mehrfach den Gottesnamen durch »Elohim« ersetzt haben. Ausgespart blieb davon die feststehende Formel in V.2aα.

> So haben wir (es) gesehen in der Stadt Jahwe Zebaoths,
> *in der Stadt unseres Gottes »Jahwe«,*
> er erhalte sie auf ewig fest.

10 *Wir erwägen, Jahwe, deine Gnade*
     inmitten deines Tempels.
11 *Wie dein Name, Jahwe, so (reicht) dein Ruhm*
     über die Enden der Erde hin.
     Gerechtigkeit erfüllt deine Rechte.
12 *Es freue sich der Berg Zion,*
     jubeln sollen die Töchter Judas
     um deiner Rechtssprüche willen.

13 Umkreist Zion und umschreitet ihn,
     zählt seine Türme!
14a Achtet auf seinen Wall[54],
     mustert seine Paläste!
14b.15 Damit ihr späteren Geschlechtern
     erzählen könnt:
     So ist Jahwe, unser Gott,
     auf immer und ewig.
     Er wird uns leiten.[55]

Die Stadt gehört zur Ausstattung des Großkönigs, als der uns Jahwe vorgestellt wird. Mit ihm teilt sie die weltweite Ausstrahlung, »Freude der ganzen Welt« (V.3a). Die Weltstadt dient dem Weltenkönig als Residenz und spiegelt damit die beanspruchte Herrschaft. Der Titel »Großkönig«[56], der seit Mitte des 2. Jts. mesopotamischen Herrschern als Selbstbezeichnung diente (*šarru rabū*) und gerade von den neuassyrischen Königen häufig verwandt wurde[57], dürfte kaum zufällig gewählt sein. Der Gott Judas und Jerusalems wird unter dieser politisch-religiösen Kategorie eingeführt, den assyrischen Inschriften und Großkönigen zum Trotz.

Die geographische Größe »Jerusalem«, die der Psalm als solche mit keinem Wort erwähnt, wird zweifach mythisch konnotiert. Zunächst wird der zu ihr gehörende Berg Zion[58] als Götterberg Zaphon angesprochen. Damit

---

54 Mit einigen HSS und Vrs. ist parallel zu V.13b ein Personalsuffix zu ergänzen.
55 Die Bedeutung des abschließenden עַל־מוּת ist unklar. Schon die Vrs. schwanken zwischen »in Ewigkeit« (LXX) und »bis zum Tod« (S, Hier).
56 Alttestamentlich findet er sich nur noch in Dan 2,10.
57 M. J. Seux, Epithètes royales sumériennes et accadiennes, 1967, 292ff.
58 Ursprünglich bezeichnet der Begriff »Zion« den südöstlichen Hügel des Jerusalemer Stadtgebietes und eine dortige Bergfestung. Er wird dann in mehrfacher Hinsicht ausgeweitet und kann später als poetische Variante des Stadtnamens »Jerusalem« sowie als Bezeichnung für die als Frau personifizierte Stadt verwandt werden. Bezeichnenderweise spricht Ps 48* noch nicht von der Stadt Zion und Ps 46, ein Text, der ansonsten für eine vorexilische Zionstheologie herangezogen wird, erwähnt Zion selbst mit keinem Wort. So bleibt zu fragen, ob eine Verbindung der Schutz- und Rettungsaussagen mit Zion als

wird auf eine westsemitische Tradition zurückgegriffen, die den Zaphon als Sitz Baals kennt.[59] Dieser Rede wird nun die Benennung »Stadt des Großkönigs« beigeordnet, die dann in den nachfolgenden Versen zur beherrschenden Größe wird. Dies überrascht insofern, als die westsemitische, ugaritische Vorgabe den Götterberg mit dem Heiligtum verbindet. An dessen Stelle tritt in Ps 48* die Stadt.[60] Diese Abänderung verfolgt die gleiche Tendenz wie die Übernahme des Begriffs מֶלֶךְ רָב, Großkönig. Ganz offensichtlich zielt der Psalm auf die politisch-religiöse Präsentation Jahwes als König der Könige, was Spieckermann von einer »Hofdichtung für den Großkönig Jahwe« sprechen läßt.[61]

Konkret wird die Präsenz des Königs mit den Palästen[62], Türmen und Mauern der Stadt[63] verbunden. Damit wird auf Symbole zurückgegriffen, die auch ikonographisch zu den konstitutiven Elementen altorientalischer Stadt-darstellung gehören.[64] Die Anwesenheit Gottes in den Palästen wird in V.4 mit dem Schutz für die Bewohner der Stadt gleichgesetzt. Zwei erzählerisch gestaltete Einheiten (V.5-9*; V.13-15*) entfalten dies zeitlich auf die Vergangenheit und auf die Zukunft hin. Zunächst wird in einer äußerst reduzierten Szene der Angriff von feindlichen Königen geschildert. Schon der bloße Blick auf die Stadt läßt allerdings das Unternehmen scheitern. Schon allein der Anblick der Stadt löst jenen Schrecken aus, der sonst dem Auftreten Gottes oder seinem Reden folgt.[65] In einer zweiten Szene wird die Gemeinde dazu aufgefordert, um die Stadt Zion zu ziehen. Sie sollen Türme, Wall und Paläste mustern, wie es die heranziehenden Könige taten und

---

Stadt nicht erst zum Ende des 6. Jhs. v. Chr. entstanden ist. E. Otto, Art. צִיּוֹן ṣijjôn, ThWAT VI, 1015-1018, versteht demgegenüber diese Rede auf dem Hintergrund einer vor dem 8. Jh. v. Chr. vorhandenen Tempeltheologie, für die er Ps 29; 47; 93 und I Reg 8,12f. in Anschlag bringt. Sie entwickle seit dem 8. Jh. die vorliegende Tempeltheologie weiter: »Vorexilische Zionstheologie ist ein vornehmlich in der Assyrerzeit ausgearbeiteter Partikularaspekt Jerusalemer Tempeltheologie, der die Sicherheit der Stadt in Zeiten ihrer Gefährdung theologisch begründet.« (1015)

59 Vgl. aus dem ugaritischen Baalszyklus die Aufforderung Baals an Anat – KTU 1.3 III.29-31; dazu H. Spieckermann, Heilsgegenwart (Anm. 52), 191f.

60 Dazu schon H. Spieckermann, Heilsgegenwart (Anm. 52), 192.

61 H. Spieckermann, Heilsgegenwart (Anm. 52), 192f.

62 Der Vf. verwendet bewußt den Begriff אַרְמוֹן, dem jede kultische Konnotation fehlt – zur sekundären kultischen Verkopplung vgl. neben Ps 48 auch Thr 2,5.7, eine Stelle, die nach Spieckermann, Heilsgegenwart (Anm. 52), 190 von Ps 48 beeinflußt ist.

63 V.4 bzw. als Paläste Zions in V.14. Die Redeweise zeigt schon eine Gleichsetzung von Stadt (Jerusalem) und Zion.

64 Chr. Uehlinger, »Zeichne eine Stadt ... und belagere sie!« Bild und Wort in einer Zeichenhandlung Ezechiels gegen Jerusalem (Ez 4f.), in: M. Küchler und Chr. Uehlinger, Jerusalem. Texte-Bilder-Steine, NTOA 6, 1987, 111-200, bes. 153ff. Vgl. etwa das Palast-relief Tiglatpilesers' III. (745-727 v. Chr.) zu den östlich des Sees Genezareth gelegenen Aschtaroth oder das Relief zur Eroberung von Lachisch.

65 I Sam 14,15; Jes 8,9f; 17,13; 29,5; 33,3.

zukünftige Feldherren und Soldaten tun werden.[66] Diese Inspektion soll in
eine Botschaft an die nachkommenden Generationen münden: So wie die
erschreckende, wehrhafte und schutzgebietende Stadt – »so ist Jahwe, unser
Gott!« (V.15*)
Der Psalm nimmt die Stadt ganz unter den Aspekten von Schutz (V.4),
Abwehr (V.5-9*) und vergewisserndem Lob (V.13-15*) wahr. Durchgängig
wird von außen auf die Stadt geblickt. Selbst die Lobenden müssen die Stadt
verlassen, um ihr Bild aufzunehmen. Diese Außenperspektive verdankt sich
der äußeren Bedrohung, mit der sich unser Psalm auseinandersetzt.[67] Es gibt
in der Auslegung nun eine kontroverse Diskussion, ob in den Versen 13 und
14 eine gottesdienstliche Prozession beschrieben wird, der Raum also hori-
zontal, im Sinn des abschreitbaren Lebensraumes wahrgenommen werden
soll. Die in V.13 verwandten Begriffe סבב »umkreisen« und נקף hif. »um-
schreiten« entstammen jedoch eindeutig dem militärischen Sprachgebrauch.[68]
Erst deren sekundäre Verwendung in der Erzählung von der Einnahme Jerichos in Jos 6, die in der vorliegenden Fassung als kultische Prozession stilisiert ist, läßt in Ps 48* den Gedanken an einen gottesdienstlichen Umzug
aufkommen.[69] Der Psalm zielt nicht auf das äußere Abschreiten der Stadt. Er
entwirft das Bild eines inneren Stadtplanes, »eines inneren Modells, der
Wahrnehmung, Deutung und Bewertung der realen geographischen Umwelt«, was Hoheisel eine *mental map* im religionsgeographischen Sinn
nennt.[70] Die Verinnerlichung dieser mentalen Landkarte verankert das Lob
Gottes und das Vertrauen auf seinen Schutz in den Köpfen der versammelten
Gemeinde.
Heil und Schutz bindet unser Psalm an die Stadt und ihre Symbole, jedoch
nicht ohne diese Vermittlung in engster Weise theologisch zu verankern. So
verknüpft V.4 die Schutzfunktion mit Jahwe und nicht mit der Stadt selbst.

---

66 So mit H. Spieckermann, Heilsgegenwart (Anm. 52), 194, in Absetzung vom Gedanken
   einer kultischen Prozession.
67 Von einer »ungebrochenen, von geschichtlichen Katastrophen noch unberührten jahwistischen Absorptionskraft« (H. Spieckermann, Heilsgegenwart (Anm. 52), 195) sollte man
   deshalb vielleicht nicht sprechen. Gerade die geschilderte Situation und deren gleich
   doppelt mythisch konnotierte Abwehr signalisiert ein Bewußtsein dafür, daß sich die Erwartung des Schutzes keineswegs von selbst versteht. Diese Fassung von Städtetheologie
   zählt wohl eher zu den gebrochenen Aufnahmen des Topos »Stadt als Schutzraum« – vgl.
   auch H. Spieckermann, Stadtgott (Anm. 48), 11[23].
68 Vgl. I Reg 7,24 par. II Chr 4,3; II Reg 6,14; 11,8 par. II Chr 23,7; Jes 15,8 und in der
   Verwendung im Psalter Ps 17,9; 22,17; 88,18.
69 Auch Jos 6,3 weist mit der Erwähnung der אנשי המלחמה, den Soldaten, noch auf die
   ursprünglich militärische Verankerung hin. Gegen die Einzeichnung der Raumangaben
   von Ps 48* in eine abschreitbare Lebenswelt spricht auch die Tatsache, daß die Größen
   »Berg Zion« und »Stadt« geographisch nicht miteinander in Beziehung gebracht und so
   vermittelt werden.
70 K. Hoheisel, Art. Religionsgeographie, HRWG I, 118.

Allein auf Grund seiner Anwesenheit kann die Metropole eine Wirkung ent-falten. Die Stadt bedarf des präsenten Gottes, während – wie man in Ps 46 sehen kann – dieser Gott auf die Mittlergröße »Stadt« später verzichtet. Wenn es, wie in Ps 48*, allerdings darum geht, den universalen Anspruch eines Großkönigs Jahwe zu unterstreichen, dann bindet dieser sein Wirken an die Stadt.

Blickt man auf das eine Beispiel des 48. Psalms, so erscheint die Ver-bindung Jahwes mit Jerusalem als Stadt singulär, ganz so, als verbliebe der Gott Israels in einer grundsätzlichen Distanz zur städtischen Lebensform. Der Zufallsfund einer Inschrift aus der ersten Hälfte des 7. Jh. v. Chr., die in Ḥirbet Bēt Layy, etwa 8 km östlich von Lachisch im Vorraum eines Kam-mergrabes entdeckt wurde, mahnt an dieser Stelle allerdings zur Vorsicht.[71] Der zweizeilige Hymnus prädiziert Jahwe nämlich, wie unser Psalm, als uni-versalen Herrscher, der zugleich mit dem Lebensraum verbunden ist, der sei-nen Verehrern vor Augen liegt[72]:

Jahwe ist der Gott der ganzen Erde[73]; die
יהוה אלהי כל הארץ ה
Berge Judas gehören dem Gott Jerusalems.
רי יהודה לאלהי ירשלם

Der königliche Gott[74] wird in direkter Weise als Stadtgott Jerusalems und als Gott der umliegenden judäischen Berge identifiziert, womit analog zu altte-stamentlichen Aussagen die Erwartung seines Schutzes für eben diese Regio-nen verbunden sein dürfte. Die Stadt und ihr Umland gehören demnach, par-allel zu den altorientalischen Selbstverständlichkeiten, zum augenfälligen Herrschaftsgebiet des eigenen Gottes, ohne den judäischen Jahwe darauf ein-zuengen. Eine derartige Inschrift läßt eine größere Verbreitung dieses Ge-dankengutes vermuten. Die bisherigen Beobachtungen legen es nahe, diese Ausprägung einer judäischen Städtetheologie im Zusammenhang mit der as-syrischen Bedrohung frühestens seit dem 8. Jh. v. Chr. zu verstehen. Zu ihr formuliert sie mit der Rede vom universalen König Jahwe eine theologische Gegenposition.

Die Art und Weise des Umgangs mit den Grundmustern altorientalischer Städtetheologie zeigt allerdings erneut jene Ambivalenz, die uns in anderer

---

71 J. Renz / W. Röllig, Handbuch der althebräischen Epigraphik, I, 1995, 242-247, infor-miert umfänglich zur Inschrift A (ebenfalls zur Literatur).

72 Die Lesung folgt J. Renz/W. Röllig, Handbuch (Anm. 71), 245f.

73 Die gewählte Übersetzung versteht sich vor dem Hintergrund der geprägten Verwendung von כל הארץ im Zusammenhang der Jahwe-Königs-Vorstellung – vgl. die Auflistung bei Renz/Röllig, Handbuch (Anm. 71).

74 Die Formulierung der ersten Zeile hat vielfältige Verbindungen zur biblischen Vorstel-lung des Königtums Jahwes – vgl. die Belege bei Renz/Röllig, Handbuch (Anm. 71) 246.

Form bereits im archäologischen Befund begegnet ist. Lassen sie uns kurz und für den Kenner auch ein wenig verkürzend ein Grundmuster der mesopotamischen Stadterfahrung und –theologie in Erinnerung rufen, das sich an die Untersuchung von Frau Pongratz-Leisten zur Programmatik der *akītu*-Prozession in Babylon und Assyrien anlehnt.[75]

Die Stadt spiegelt in Mesopotamien das Herrschaftsgefüge wieder. Dabei wird eine geordnete, heilvolle Welt innerhalb der Stadt von einer ungeordneten und – im weiteren Umfeld – durch das Chaos bedrohten abgegrenzt. Grenze ist die Stadtmauer, deren Durchlässe etwa durch Schutzgenien an den Stadttoren gesichert werden.[76] Zum ungeordneten Bereich gehört die Steppe sowie das weiter entfernt liegende Bergland. Dort hausen Dämonen und entsprechend dämonisierte Tiere. Beide Räume, Steppe und Bergland, weiß der Mensch offen hin zur Götterwelt über ihm und zur abgründigen Unterwelt. Dämonen dringen in die Steppe ein, so daß der Mensch jenseits der Stadt und ihres kultivierten Umfeldes jederzeit mit ihnen rechnen muß. In Entsprechung dazu dienen die Berge als Sitz der Götter. Die horizontale, menschliche Welt ist durchlässig hin zu den vertikalen Dimensionen der Unter- und der Götterwelt.[77]

Der Durchlässigkeit der vertikalen Bereiche korrespondiert die klare Grenzziehung zwischen den verschiedenen Räumen im Horizontalen. Innen und Außen, Eigenes und Fremdes, Wüste und Kulturland werden deutlich voneinander geschieden.[78] Dabei steht die Stadt als Binnenbereich für einen Raum der Sicherheit, des Schutzes und der kulturellen Entwicklung. Für diesen abgegrenzten Kosmos tragen die Götter und die von ihnen beauftragten Könige die Verantwortung. Sie schaffen und erhalten ihn. So gehört der Städtebau zu den Aufgaben der Gottheiten,[79] und wenn eine Stadt zerstört wird, dann beklagt man sich bei den Stadtgöttern.[80] Funktional gesehen, steht

---

75 B. Pongratz-Leisten, Ina Šulmi Īrub. Die kulttopographische und ideologische Programmatik der *akītu*-Prozession in Babylon und Assyrien im 1. Jahrtausend v. Chr., Baghdader Forschungen 16, 1994 – zum methodischen Vorgehen 4-6. Daß für die regional und zeitlich differenten Befunde auch noch andere Beschreibungssysteme zu entwickeln wären, sei hier nur angemerkt. Vgl. auch B. Pongratz-Leisten, *Mental Map* und Weltbild in Mesopotamien, in: B. Janowski / B. Ego (Hgg.), Das biblische Weltbild und seine altorientalischen Kontexte, FAT 32, 2001, 261-279.

76 Vgl. auch die apotropäischen Schutzgenien an den Stadttoren.

77 Bezeichnenderweise konzentrieren sich die kosmologischen Mythen auf die Erschaffung der Welt und die Etablierung der göttlichen Herrschaft. Sie berichten von der Schaffung des Urhügels und von der Gründung der Stadt. Weitere Elemente der horizontalen, menschlichen Welt interessieren sie nicht. – nach Pongartz-Leisten, Programmatik (Anm. 75), 9-35.

78 Pongartz-Leisten, Programmatik (Anm. 75), 18f.

79 Vgl. etwa Lugal-e 336-338; weitere Beispiele bei Kienast, AS 16, 1965, 146.

80 Eine Übersicht über die entsprechende Klageliteratur bietet H. Spieckermann, Stadtgott (Anm. 41) 11f.

der gewährte oder der verweigerte Schutz[81] im Zentrum der mesopotamischen Stadtaussagen.

Seine Tiefe und Valenz[82] erhält der Raum durch Mythen und Riten.
Schöpfungserzählungen binden die Stadt an eine bestimmte Gottheit. Ein Ort
oder ein Objekt in ihm erhält so eine mythische Konnotation.[83] Die
Benennung als »Stadt unseres Gottes« (Ps 48,2), wie wir sie auch im Psalter
finden, unterstreicht die Zugehörigkeit. Entsprechend kann der gesamte
Lebensraum, die geordneten genauso wie die ungeordneten und chaotischen
Bereiche durch unterschiedliche Sprechakte konnotiert werden. Die Reichweite der Riten ist demgegenüber begrenzter, da die regelmäßigen symbolischen Handlungen in Kult und Festen nur ausgewählte Räume berühren und
ihnen so eine Wertigkeit verleihen. Der Bereich der Steppe wird dabei im
Normalfall des Kultus nicht eingeschlossen, kann aber, wie man etwa bei der
akītu-Prozession[84] oder bei Wallfahrten zu Götterbergen sieht, zu besonderen
Festzeiten mit einbezogen werden.[85]

Zweierlei macht ein Blick auf diese Grundelemente deutlich: Der 48.
Psalm, und damit die judäische Stadterfahrung, wird von den Selbstverständlichkeiten einer derartigen Denkweise gespeist. Zugleich zeigt sich in der
formulierten Städtetheologie bereits der Keim zu einer konsequent theozentrischen Ausprägung der Rede von Stadt und Gott. Ein Vertrauen auf die
Stadt als Schutz- und Machtfaktor scheint nur noch als ausdrückliches Vertrauen auf Jahwe plausibel zu sein. Wenn man die geschichtliche Entwicklung der Städte im Hinterkopf hat, verwundert die Zwiespältigkeit gegenüber
der Stadt als solcher nicht. Andere Psalmentexte führen noch deutlicher vor,
wie mit dieser Ambivalenz umgegangen wurde.

---

81 Angesichts dieser doppelten Funktion verwundert die Rezeption einer derartigen Städtetheologie in den Zeiten der Bedrohung Judas seit dem 8. Jh. v. Chr. nicht.

82 Der Begriff bezeichnet hier in Anlehnung an den chemischen Gebrauch die Wertigkeit,
der dort die Anzahl der möglichen Bindungen entspricht.

83 Pongartz-Leisten, Programmatik (Anm. 75), 15, faßt diesen Vorgang »der Besetzung des
Raumes mit mythischen Konnotationen« als Mythologisierung.

84 Zur Lage des Festhauses außerhalb der Stadt vgl. Pongratz-Leisten, 71-74. Trotz der
geographischen Nähe lokalisiert die *mental map* der Kulttopographie im 1. Jt. v. Chr. das
Festhaus im Bereich der Steppe. Die Bedeutung dieser Lokalisierung wird auf einer ober-
flächlichen Ebene in der Bewahrung vor Ansteckung während der Säuberung des Heiligtums, tiefergehend in der Loslösung von Sünden gesehen (ebd., 73).

85 Pongartz-Leisten, Programmatik (Anm. 75), 73, schlägt hier eine Unterscheidung zwischen der Nutzungs- und Ausdrucksfunktion eines Raumes vor. Die an einen bestimmten
kultischen Zweck gebundene Nutzung des Bereichs »Steppe« ist von seiner sonstigen
Konnotierung als feindlicher Außenbereich abzuheben, wie er in Mythen festgehalten
wird. Die Unterscheidung spiegelt erneut den Unterschied zwischen der Mythologisierung und der Ritualisierung des Raumes wider.

Dazu zählt etwa Psalm 107, ein nachexilisches Danklied (V.1-32) mit nachfolgendem weisheitlichen Hymnus (V.33-43).[86] Innen- und Außenbereich stehen sich in ihm deutlich getrennt gegenüber. In der Wüste und Einöde droht bei Hunger und Durst das Leben kraftlos sein Ende zu finden (V.5). Die Gewalt der Bedränger (V.2b) und die Zerstreuung über aller Herren Länder (V.3) gehören mit zu den notvollen Erfahrungen in der feindlichen Außenwelt. Allein die Klage hin zu Gott führt aus ihr heraus – hinein in den mehrfach mit derselben Formel gekennzeichneten Bereich von Rettung und Heil: hinein in die »bewohnte Stadt« (V.4.7.36). Der abschließende hymnische Teil steigert das rettende Tun Gottes ganz im Sinn deuterojesajanischer Prophetenworte.[87] Der Bereich des Heils wird im bisherigen Todesbereich geschaffen. Die Wüste wird zum Wasserteich. Im dürren Land gründet Gott eine wohnliche Stadt. In diesem späten alttestamentlichen Zeugnis stoßen wir auf den alten mesopotamischen Topos der Gottheit als Städtegründer. Wie ein Echo auf prophetische Zusagen klingt der Zuspruch des Schöpfungssegens aus Gen 1 an den bisher Hungernden (V.38). Der Chaosbereich vermag dem Gott nicht zu widerstehen, der Lebensraum schafft. Und der Raum des Lebens ist in Ps 107 die bewohnbare Stadt und ihr kultiviertes Umfeld. Ihr Gründer ist Jahwe.

Das gleiche Grundmuster, ins Negative gekehrt, begegnet in den individuellen Klagen. Die Stadt wird dabei, wie in Ps 107, als Typos angesprochen. Sie steht für den geschützten und Leben ermöglichenden Raum, nun allerdings unter umgekehrtem Vorzeichen. Sie wird von außen und innen bedroht.

In einem Vertrauenslied des Königs, dem Grundbestand von Psalm 27[88], schildert der Beter die kriegerische Belagerung einer Stadt durch ein feindliches Heer, ohne daß das Städtebild ausgeführt würde:

>»Wenn sich lagert gegen mich ein Lager, fürchtet sich mein Herz nicht;
>wenn sich erhebt gegen mich ein Krieg, darin bin ich voll Vertrauen[89]. (V.3)

Die folgende Vertrauensaussage kontrastiert das Bild der Belagerung auf unerwartete Weise:

---

86 Zur Forschungsgeschichte L. C. Allen, Psalms 101-150, WBC 21, 60-63. Eine ursprüngliche Liturgie zu einer Toda-Feier scheint mehrfach erweitert und mit Themen der Heilsgeschichte angereichert worden zu sein – vgl. das Modell der Rekonstruktion bei W. Beyerlin, Werden und Wesen im 107. Psalm, BZAW 153, 1979.

87 A. Deissler, Psalmen, [6]1989, 429, listet eine Fülle direkter Bezüge auf.

88 Dazu gehören V.1-3.5*.6a – vgl. A. Deissler, 112f., und Chr. Levin, Altes Testament, 2001, 39f.

89 Verwandt werden deutlich militärisch konnotierte Begriffe – vgl. mit P. Riede, Im Netz des Jägers. Studien zur Feindmetaphorik der Individualpsalmen, WMANT 85, 2000, 56-59.

»Denn er wird mich decken in einer Hütte am Tage des Bösen,
auf einen Felsen wird er mich erhöhen.« (V.5)

Die älteste Textüberlieferung erhält sich in der Formulierung »in einer
Hütte«, im Ketib בְּסֻכֹּה, so daß noch nicht »in seiner Hütte«, sprich: im Tempel, zu lesen ist. Der königliche Beter erwartet göttlichen Schutz nicht durch
die uneinnehmbaren Mauern einer Stadt und auch noch nicht im heiligen Bereich des Tempels, sondern im labilen Gebilde einer Hütte[90], so wie ihn der
Wanderer unterwegs, ein Feldarbeiter des tags, ein Festpilger während der
Wallfahrt und ein Soldat bei der Belagerung einer Stadt erhofft.[91] Die beabsichtigte Paradoxie eines Schutzes im Schutzlosen unterstreicht die Größe
des Vertrauens. Erst später wird die Hütte im Sinne der Tempeltheologie zum
Heiligtum, wie es neben der Qere-Form auch die Fortschreibung des Psalms
in V.4 und V.5aβ will. Ursprünglich kontrastiert der Psalm die Bedrohung
einer Stadt mit dem göttlichen Schutz in aller Schutzlosigkeit. Gott verbürgt
das, was die Stadt leisten soll. Vermag sie es als Werkzeug Gottes noch?
Oder weist die Vorordnung des schützenden Gottes schon auf entsprechende
Negativerfahrungen mit dem Schutzraum »Stadt«?[92] Eine Antwort könnte
sich nur aus weiteren Gebeten im zeitlichen und traditionsgeschichtlichen
Umfeld des Psalms ergeben.

Die Stadt wird nicht nur von außen bedroht. Mehrere Psalmen beschreiben
sie als Lebensraum der Feinde, so etwa Psalm 55.[93] In paradoxer Verkehrung
göttlicher Ordnung beherrschen »Gewalttat« und »Streit« (V.10b) den Bin-
nenraum, der als bewohnbarer Bereich gerade davon frei sein sollte. Beide
Größen werden personifiziert, ein poetisches Stilmittel zur Verstärkung der
Paradoxie. Als Feinde des Beters umkreisen sie unaufhörlich auf jener Mauer
den Raum, aus dem sie die Stadtmauer eigentlich fern halten sollte (V.11a).
Der gesamte Innenbereich der Stadt wird von ihnen dominiert.

»Unheil und Not ist in ihrer (der Stadt-Vf.) Mitte, Verderben inmitten.
Und von ihrem Markt weicht nicht Zwang und Betrug.« (V.11b.12)

Das aktiv und tätig gedachte Unheil findet sich nicht allein an den wenigen
Plätzen, die es in orientalischen Städten gibt.[94] Auch zwischen den Häusern

---

90 Ps 31,21 und 18,12.
91 T. Kronholm , Art. סָכַךְ sākak, ThWAT V, 846ff.
92 Vgl. die Darstellung zur Bedrohungsmetaphorik bei P. Riede, Feindmetaphorik (Anm.
   89), 20-93.
93 Zur Literatur P. Riede, Feindmetaphorik (Anm. 89), 279-292.
94 P. Riede, Feindmetaphorik (Anm. 89), 285, sieht mit dem Inneren der Stadt allein die
   Plätze angesprochen. Dagegen ist allerdings auf den Befund zu רְחֹב (freier Platz in Städten) zu verweisen: an der Innenseite des Tores (II Chr. 32,6), als Ort des Marktes (II Reg
   7,1) oder der Versammlung der Rechtsgemeinde (Am 5,10.12.15 u.ö.); daneben auch

treibt es sich umher, jederzeit bereit in den engsten Lebensbereich des Menschen einzudringen.[95]

Die Paradoxie setzt sich in der Notschilderung (V.3bβ-9) von V.7f. fort:

>»Und ich sagte: Hätte ich doch Flügel wie die Taube,
ich flöge auf, um Behausung zu finden.[96]
Siehe, weit weg will ich flüchten,
nächtigen in der Steppe.« (55,7f.)

Das Selbstzitat des Beters formuliert den widersinnigen Wunsch einer Flucht in die Wüste, um dort zu übernachten. Das wasserlose Grenzgebiet der Steppe, ansonsten Gegenwelt[97], wird zum ersehnten Zufluchtsort. Der Widersinn offenbart die Auflösung der geschaffenen Ordnung und damit die Größe der Bedrohung. Selbst die Wüste erscheint ihr gegenüber wie eine Stätte des Asyls. Die soziale Gemeinschaft »Stadt« ist zerbrochen. Die Grenzen im Raumgefüge »Stadt-Wüste« bzw. *intra muros* und *extra muros* sind aufgehoben und stellen damit auch die soziale »Landschaft« dar. Auch in ihr sind alle Grenzen durchbrochen, wenn der Freund und Kultgenosse sich als ärgster Gegner entpuppt (55,14f.).[98]

In einem anderen Bild faßt Psalm 59 die gleiche Wirklichkeit, wenn die Feinde als Hunde in der Stadt umherschleichen, um zu fressen, bis sie satt werden (59,7.15).[99] Da die Stadt den Schutz des Menschen nicht mehr gewährleisten kann, übernimmt nunmehr Gott selbst diese Aufgabe. Entsprechend überträgt der Psalm zentrale Begriffe, die ansonsten der Beschreibung einer Stadt dienen, unvermittelt auf Gott. Ohne Erwähnung einer Mittler-

---

Tempelplatz (Esr 10,9) oder Ort vor dem königlichen Palast (in Susa – Est 4,6). Dazu vgl. Cant 3,1-5; par. Cant 5,6f. (Ps 127,1; 130,6; Jes 21,11).

95 In prophetischer Literatur finden sich eine Reihe paralleler Beschreibungen – Jer 5,1f.; 6,6-8; 9,1-5; Mi 7,1-6 und Ez 22,1-12.

96 Wörtlich: »ich flöge auf und ließe mich nieder«.

97 Landwirtschaftlich ist sie nicht nutzbar, d.h. sie bringt keine Nahrung und kein Leben hervor. Dem entspricht, daß es keinen Regen und kein Wasser, jedoch den heißen Ostwind gibt. Der Bereich ist Lebensraum gefährlicher und für den Menschen nutzloser Tiere. Zugleich halten sich dort dämonische Mischwesen – vgl. die kurze Darstellung bei P. Riede, Feindmetaphorik (Anm. 89), 287.

98 Mit etwas anderem Akzent formuliert U. Bail, »Vernimm Gott, mein Gebet«. Psalm 55 und Gewalt gegen Frauen, in: Feministische Hermeneutik und Erstes Testament. Analysen und Interpretationen, 1994 (67-84), 72: »Die Topographie der Gewalt beherrscht den Raum.«

99 Die Bedrohung wird zusätzlich durch den Rückgriff auf Kriegs- und Kampfmetaphorik dargestellt: V.4.5a – Angriff; V.12 Zerstreuung und Niederwerfen – Ende des Krieges/erbetener Sieg – vgl. insgesamt zur Bildersprache P. Riede, Feindmetaphorik (Anm. 89), 199-213. Das Gegenbild einer schöpferisch geordneten Welt findet sich in Ps 104,20-22.

größe ist er nun selbst Zuflucht (מָנוֹס V. 17b) und Burg (מִשְׂגָּב V.10.17.18), die beschützt (das Leitwort שׂגב in 2.10.17).[100]

3.

Weder die Vorgeschichte des Jahwe-Glaubens noch die Erfahrungen mit städtischer Existenz in der Königszeit führen zu einem ungebrochenen Verhältnis zur politischen oder religiösen Größe »Stadt«. Die durchgängige Ambivalenz spiegelt die alttestamentliche Überlieferung zunächst in ihrer Zurückhaltung gegenüber einer religiösen Thematisierung der Stadt und in einer deutlich theozentrischen Städtetheologie. Nach der Zeit des babylonischen Exils, womit im engeren Sinn die Jahre zwischen 587 und 515 v. Chr., also nach der Zerstörung des ersten und vor der Wiedereinweihung des zweiten Jerusalemer Tempels bezeichnet werden, wandelt sich diese Ambivalenz in einen krassen Antagonismus. Er verbindet sich mit den personifizierten Städten Babel und Jerusalem, das dann als Zion angesprochen wird. In dieser Gegenüberstellung entfaltet die israelitisch-frühjüdische Städtetheologie ihre breiteste Wirkung.

Bezeichnenderweise kommt es zu dieser Gegensatzbildung in einer Zeit, als Jerusalem nur noch die Rolle eines bescheidenen regionalen Zentrums für das judäische Umland bzw. für die spätere persische Provinz Juda spielt. Einen König gab es nicht mehr. An seiner Stelle ordnete ein Hoherpriester diejenigen Angelegenheiten, welche die Vormacht ihrer Provinz zur eigenständigen Regelung überließ. Israel als Gottesvolk der zwölf Stämme war längst zu einem Gegenstand der Hoffnung geworden. Erfahrbare Wirklichkeit waren Juden, zerstreut in den Zentren Babylon, Ägypten und in der Provinz Juda, sowie Jahwe-Gläubige Nachfahren der zehn Stämme des Nordreiches, die zunehmend als illegitime Brüder und Schwestern, als Samaritaner, ausgegrenzt wurden.

Wenn auch für Viele das Exil in Babylon beendet war, so blieb doch jener Einschnitt wirkmächtig, der sich mit dem Ende des Königtums und mit der Vertreibung in das Buch der Geschichte Israels eingeschrieben hatte. Und so gab es vitale prophetische Kreise, die eine weiter reichende Hoffnung nicht aufgegeben hatten. Sie waren nicht bereit, sich mit der eher bescheidenen Restauration nach 515 v. Chr. zufrieden zu geben. Und ihre Hoffnungen ver-

---

100 Der 46. Psalm zeigt ein ähnliches Profil, wenn er alle Schutzerwartungen konsequent auf Gott konzentriert. Es fehlt jede Andeutung, wie das Handeln Gottes sich in der irdischen Wirklichkeit vermittelt. Die Gottesstadt braucht weder Turm noch machtvolle Krieger. Ersteres ist Gott selbst (V.8.12), letzteren zerstört er die Waffen (V.10). Angesichts des globalen Einbruchs des Chaos' (V.3f.) bleibt allein die Hoffnung auf Gott. Die Theologisierung der Schutzzusagen wird damit deutlich über Ps 48 hinausgeführt.

banden sich zentral mit Jerusalem und dem Zion. Der göttliche Weltenkönig Jahwe werde zu seiner Königin Zion zurückkehren. So lautete ihre Botschaft, die etwa das ehemals selbständige Prophetenbuch in Jes 40-52* in Szene setzt.[101] Jerusalem werde zum Mittelpunkt einer bald für alle sichtbaren Herrschaft des einen Gottes. Andere Prophetenbücher verbinden mit diesen Hoffnungsbildern die Erwartung einer weltweiten Wallfahrt der Völker zum heiligen Berg Zion.[102] Oder sie sehen das endgültige Scheitern aller Angriffe auf Gott und sein Volk voraus. Fremde Völker werden zum letzten Mal gegen seine Stadt »Zion« anrennen, aber kläglich scheitern.[103]

Die Stadt Babylon wird zum Gegenbild derartiger, auf Jerusalem konzentrierter Hoffnungen. Als Zentrum des alten Feindes bot sich diese Metropole nicht zuletzt auf dem Hintergrund der exilischen Erfahrungen an. Inhaltlich erwächst die Rede von Babel allerdings nicht aus diesem Erleben. Die Kritik an dieser Stadt wendet sich weder gegen einen moralischen Verfall, noch wird Babel zu einer Chiffre polytheistischer Religion. Das zentrale Prophetenwort in Jes 47*[104] sieht in ihr vielmehr das Symbol einer sich absolut setzenden menschlichen Machtausübung. Dauerhaft meinte diese Stadt, Herrin der Geschichte zu werden.[105] Es bedurfte nicht erst der vielfältigen Erfahrungen des 20. Jhs., um die menschenverachtenden Auswirkungen einer solchen Haltung zu erkennen. In der streng theologischen Durchführung des negativen Städtebildes formuliert dies schon der Prophet des ausgehenden 6. und beginnenden 5. Jhs. v. Chr. Absoluter Herrschaftsanspruch führt zu einer erbarmungslosen Machtausübung, unter der vor allem die sozialen Randsiedler zu leiden haben (Jes 47,6b.10a). Diese Herrin schreckt nicht davor zurück, die Wissenschaft konsequent als ein Instrument ihrer Machtsicherung zu mißbrauchen (Jes 47,10b.13*). Babel wird in diesen Texten zu einem Symbol für einen gottgleichen Machtanspruch – eine Kritik, die erst auf dem Hintergrund eines transzendent verstandenen Ein-Gott-Glaubens denkbar wird. Erst ein derartiger Monotheismus erlaubt es, einen kategorialen Unterschied zwischen irdisch-menschlichen und göttlichen Ansprüchen zu formulieren.

---

101 Nach übereinstimmender Meinung der neueren Forschung haben wir es mit einer zionstheologisch bestimmten Buchausgabe der Heilsworte zu tun, die ursprünglich an Juden in der babylonischen Gola gerichtet waren – vgl. H. -J. Hermisson, Einheit und Komplexität Deuterojesajas, in: Ders., Studien zu Prophetie und Weisheit, FAT 23, 1998, 132-157, und J. van Oorschot, Von Babel zum Zion. Eine literar- und redaktionsgeschichtliche Studie zu Jesaja 40-55, BZAW 206, 1993.

102 Jes 2,2-4; 60; 66,20; Hag 2; Sach 8,22; 14,16f.

103 Jes 29,5ff.; Joel 2 und Sach 12.

104 Zur Grundfassung des mehrschichtigen Abschnittes vgl. J. van Oorschot, Von Babel zum Zion (Anm. 101), BZAW 206, 1993, 152-159.

105 In Form eines Zitats präsentiert so der Prophet das personifizierte Babylon: »Du sagtest: Auf Dauer bin ich Herrin – für immer! Du nahmst dir dies nicht zu Herzen, dachtest nicht an das Kommende.« (Jes 47,6) – vgl. Jes 47,8aγ.10bβ.

Letztere sind den Menschen verwehrt. Genau dafür steht der Antagonismus der beiden Städte Jerusalem und Babylon. Er präsentiert sich in seinen Ursprungstexten als eine Stadt- und Kulturkritik, die in den Dienst einer Herrschaftskritik gestellt wird. Als solche richtet sie sich zugleich gegen jede sich absolut setzende Verherrlichung Jerusalems, von der weder die Geschichte noch die Gegenwart frei ist. Recht verstanden können aus den Heilsbildern zum Zion keine absoluten moralischen oder religiösen Ansprüche abgeleitet werden. Die spätere Apokalyptik bewahrt diese Einsicht in dem Bild eines himmlischen Jerusalem, das vom Himmel herabkommt und den Menschen von Gott zum Geschenk gemacht wird.[106] Die irdische Geschichte von Städten und ihrer Herrschaft, bekommt damit eine Frage mitgegeben: Geht die Geschichte in einer Geschichte von Städten und deren Macht auf?

---

106 Neutestamentlich finden wir es etwa in Apk 21 als aus dem Himmel herabkommende Braut.

II Zu den Büchern der Tora und
der Geschichte

>»Gerade in neuerer und neuester Zeit ist wieder be-
sonders viel über die ältesten Probleme der Literarkritik am AT verhandelt worden, über Entstehung und Bestandteile der Genesiserzählungen. Ich
habe mich dabei des Eindrucks nicht erwehren
können, daß das vielfach geschieht ohne die uner-
läßlichen Voraussetzungen gebührend zu erledigen, ich meine eine bis ins einzelste eindringende
Behandlung der Texte als solcher, die den Gegenstand, um den es sich handelt, möglichst sauber
herausschält, ehe weitere Erwägungen daran angeknüpft werden.«

(*Karl Budde*
[Professor in Marburg von 1900-1935],
Wortlaut und Werden der ersten Schöpfungsgeschichte,
ZAW 35 [1915], S.65-97; hier: S.65)

Die lebendige Statue Gottes
Zur Anthropologie der priesterlichen Urgeschichte

Bernd Janowski (Tübingen)

> »Ein degradiertes Erbe wird die Erben mit de-
> gradieren. Die Hütung des Erbes in seinem
> ›ebenbildlichen‹ Ansinnen ... ist Sache jeden
> Augenblicks; ... sie ist, wenn nicht die Zusi-
> cherung, gewiß die Vorbedingung auch künf-
> tiger Integrität des ›Ebenbildes‹. Seine Inte-
> grität aber ist nichts anderes als das Offensein
> für den immer ungeheuerlichen und zu Demut
> stimmenden Anspruch an seinen immer unzu-
> länglichen Träger.«
> *Hans Jonas*[1]

1. Vorbemerkungen

Vor wenigen Jahren hat die abendländische Welt zweitausend Jahre ihrer
Geschichte hinter sich gebracht und damit einen Weg zurückgelegt, auf dem
die von ihr gestifteten Weltdeutungen nach und nach zur Disposition gestellt
wurden. »Vorstellungen einer kontinuierlich, heilsam oder unheilvoll verlaufenden Geschichte, eindeutiger Normen und eines minimalen Kanons von
Werten; von Moral, Utopie und Geschichte; von Glaube, Liebe und Hoffnung, all dies«, so urteilte 1994 M. Brumlik in seiner Studie zum Bilderverbot, »ist von den Mühlen des historischen Prozesses kleingemahlen, zerstört
und entwertet worden. Im Rückblick erst wird deutlich, welches die Züge
einer geistigen Physiognomie gewesen sind, die sich – mißverständlich oder
nicht – auf biblischem Monotheismus und hellenistischer Bildungswelt ge-

---

1 H. Jonas, Das Prinzip Verantwortung. Versuch einer Ethik für die technologische Zivilisation, 1979, 393. – Der Jubilar, den ich mit den folgenden Überlegungen herzlich zu seinem 80. Geburtstag grüße, hat das Thema »Gottebenbildlichkeit des Menschen« immer
wieder aufgegriffen, s. etwa O. Kaiser, Der Gott des Alten Testaments. Wesen und Wirken. Theologie des Alten Testaments 2: Jahwe, der Gott Israels, Schöpfer der Welt und
des Menschen, UTB 2024, 1998, 301ff u.ö., vgl. bereits ders., Der Mensch, Gottes Ebenbild und Statthalter auf Erden (1991), in: ders., Weisheit Gottes und der Menschen,
BZAW 261, 1998, 43-55.

gründet hat«[2]. Dadurch, daß sich die abendländische Kultur: ihre Philosophie, ihre Ästhetik und ihre Religion, auf wenige, aber wirkmächtige Motive gegründet hat, sind wesentliche Entscheidungen geprägt worden, die Kultur im Sinn eines Ensembles symbolischer Artikulationen von Lebensweisen erst möglich machen.

Zu diesen Grundmotiven zählt bekanntlich auch die biblische Vorstellung von der Gottebenbildlichkeit des Menschen[3], die in Gen 1,26-28 ihren klassischen Schriftbeleg hat. Sie erfährt hier aber eine Ausformulierung, die seit je kontroverse Diskussionen ausgelöst hat. Anstoß nimmt man an dem doppelten Herrschaftsauftrag (*dominium animalium et terrae*), der über R. Descartes' Dictum vom Menschen als »maître et possesseur de la nature«[4] noch hinauszugehen scheint, weil er einer despotischen Anthropozentrik verpflichtet zu sein scheint. Daß dieser Herrschaftsauftrag im Genesis-Text überdies in einem Atemzug mit der Gottebenbildlichkeit des Menschen genannt wird, macht die Sache nur noch schlimmer. Denn nun werden alle problematischen Aspekte, die sich im Zuge der Wirkungsgeschichte von Gen 1,26-28 angesammelt haben und neuerdings unter dem Begriff des »anthropozentrischen Denkens« zusammengefaßt werden[5], einem Gott angeheftet, der den zu seinem »Bild« erschaffenen Menschen in den Mittelpunkt gestellt und damit mehr belastet als ausgezeichnet hat.[6]

Ich will im folgenden versuchen, dieses Knäuel von Schuldzuweisungen zum einen durch eine Exegese der alttestamentlichen *Imago Dei*-Texte (2) und zum anderen durch einen differenzierteren Gebrauch des Anthropozentrismusbegriffs (3) zu entwirren. Vielleicht lassen sich dabei Aspekte (wieder-)entdecken, die es erlauben, eine Interpretation der *Imago Dei*-Aussagen

---

2 M. Brumlik, Schrift, Wort und Ikone. Wege aus dem Verbot der Bilder, 1994, 7.

3 Strenggenommen müßte man von der »Gottesbildlichkeit« des Menschen sprechen, weil der Begriff »Ebenbild« eine genaue bildhafte Wiedergabe von jemandem suggeriert, s. dazu unten 189ff. Aus pragmatischen Gründen bleibe ich im folgenden aber bei dem traditionellen Sprachgebrauch.

4 S. dazu O. Höffe, Moral als Preis der Moderne. Ein Versuch über Wissenschaft, Technik und Umwelt, stw 1046, 1993, 196ff. Zur Wirkungsgeschichte des Herrschaftsauftrags s. U. Krolzik, Die Wirkungsgeschichte von Genesis 1,28, in: G. Altner (Hg.), Ökologische Theologie. Perspektiven zur Orientierung, 1989, 149-163 und zuletzt U. Neumann-Gorsolke, Herrschen in den Grenzen der Schöpfung. Ein Beitrag zur alttestamentlichen Anthropologie am Beispiel von Psalm 8, Genesis 1 und verwandten Texten, WMANT 101, 2004, 1ff.7ff.

5 S. dazu O. Höffe, Art. Anthropozentrisch, in: ders. (Hg.), Lexikon der Ethik, [5]1997, 15-17; St. Feldhaus, Art. Anthropozentrik, in: W. Korff u.a. (Hg.), Lexikon der Bioethik 1, 1998, 177-184 und aus exegetischer Sicht O. Keel / S. Schroer, Schöpfung. Biblische Theologien im Kontext altorientalischer Religionen, 2002, 35f.237 u.ö. Zur Anthropozentrismus-Kritik von Keel / Schroer s. unten 210ff.

6 C. Améry, Das Ende der Vorsehung. Die gnadenlosen Folgen des Christentums, 1972.

jenseits der üblichen Schwarz-weiß-Malerei mit ihren schlichten Alternativen zu formulieren.

2. Gott, Welt und Mensch in der priesterlichen Urgeschichte

Der »Spitzenaussage alttestamentlicher Anthropologie«[7], der Mensch sei als »Bild Gottes« erschaffen und zur Herrschaft über die Tiere bestimmt (Gen 1,26f.; 5,1 und 9,6P^g[8]), kommt seit dem antiken Christentum zentrale Bedeutung zu[9]. Vornehmlich auf die körperliche Gestalt, die Geistnatur oder die Ansprechbarkeit des Menschen bezogen und seit Irenäus von Lyon (2. Jh. n.Chr.) mit Hilfe der Unterscheidung der beiden Lexeme εἰκών und ὁμοίωσις bzw. *imago* und *similitudo* ausgelegt und spekulativ weiterentwickelt, gehört die Gottebenbildlichkeitsaussage seit jeher zu den Fundamentalsätzen einer theologischen Anthropologie[10]. In der christlichen Überlieferung gilt sie als »*die* entscheidende theologische Aussage über den Menschen, die ihn einerseits von allen anderen Geschöpfen unterscheidet, ihn andererseits aber auch zu allen anderen Geschöpfen in Beziehung setzt«[11]. Wichtig ist dabei, daß die Gottebenbildlichkeit nicht eine physische oder metaphysische *Eigenschaft* des Menschen, sondern eine ihm zugesagte und auch zugemutete *Bestim-*

---

7   W. Groß, Art. Gottebenbildlichkeit, LThK³ 4, 1995, 871-873, hier: 871. Zur alttestament-
    lichen Anthropologie s. den Überblick bei B. Janowski, Konfliktgespräche mit Gott. Eine
    Anthropologie der Psalmen, 2003, 1ff.
8   Vgl. die Sachparalle Ps 8,6-9 und dazu jetzt R. Oberforcher, Biblische Lesarten zur
    Anthropologie des Ebenbildmotivs, in: A. Vonach / G. Fischer (Hg.), Horizonte bibli-
    scher Texte, FS J.M. Oesch, OBO 196, 2003, 131-168, hier: 149f. und Neumann-
    Gorsolke, Herrschen (s. Anm.4), 79ff., jeweils mit der älteren Lit. Rezeptions-
    geschichtlich wichtig sind Sir 17,3-7 und Weish 2,23f., s. dazu B. Trimpe, Von der
    Schöpfung bis zur Zerstreuung. Intertextuelle Interpretationen der biblischen Urge-
    schichte (Gen 1-11), 2000, 123ff.; W. Groß, Gen 1,26.27; 9,6: Statue oder Ebenbild
    Gottes? Aufgabe und Würde des Menschen nach dem hebräischen und griechischen
    Wortlaut, JBTh 15 (2000), 11-38, hier: 36f. und Oberforcher, a.a.O. 150ff.153ff.
9   S. dazu C. Westermann, Genesis 1-11 (BK I/1), 1974/⁴1999, 203ff.; G.A. Jónsson, The
    Image of God. Gen 1:26-28 in a Century of Old Testament Research, CB.OT 26, 1988;
    L. Ruppert, Genesis. Ein kritischer und theologischer Kommentar. 1.Teilband: Gen 1,1-
    11,26, fzb 70, 1992, 83ff. und Chr. Markschies, Art. Gottebenbildlichkeit II, RGG⁴ 3,
    2000, 1160-1163.
10 S. dazu den Überblick bei W. Härle, Dogmatik, 1995, 434ff., ferner M. Welker, Schöp-
    fung, Gottebenbildlichkeit und Herrschaftsauftrag, in: ders., Schöpfung und Wirklichkeit,
    NBST 13, 1995, 89-106.
11 Härle, a.a.O. 434 (Hervorhebung im Original).

mung ist, die sich als »eine gelebte Veranschaulichung, ... ja eine Verwirkli-
chungsform des Wesens Gottes«[12] fassen läßt.

Allerdings: Die hohe Bedeutung dieses Theologumenons auf der einen
und die anhaltende Kritik seiner Wirkungsgeschichte auf der anderen Seite
provozieren die Frage nach seinem Ursprungssinn. Diese hat ihren Ausgang
von einer Interpretation des *locus classicus* Gen 1,26-28 (und der anschließenden Nahrungszuweisung Gen 1,29ff.) und dessen Kontext, dem Schöpfungsbericht der Priesterschrift (Gen 1,1-2,4a), zu nehmen[13]:

26 Und Gott sagte:
»Wir wollen Menschen machen *als unser Bild/unsere Statue unseresgleichen*,
damit sie *herrschen über* die Fische des Meeres
und *über* die Vögel des Himmels
und *über* das Vieh und *über* alles ‹Getier›[14] der Erde
und *über* alle Kriechtiere, die auf der Erde kriechen.«
27 Und Gott schuf den Menschen *als sein Bild/seine Statue*,
als Bild/Statue Gottes schuf er ihn,
männlich und weiblich schuf er sie.
28 Und Gott segnete sie,
und Gott sagte zu ihnen:
»Seid fruchtbar
und werdet zahlreich
und füllt die Erde
und (›betretet sie‹ =) *nehmt sie in Anspruch*,
und *herrscht über* die Fische des Meeres und *über* die Vögel des Himmels
und *über* alles Getier, das auf der Erde kriecht.«

29 Und Gott sagte:
»Siehe, hiermit gebe ich euch alles Samen spendende Kraut, das auf der Oberfläche
der ganzen Erde ist,
und alle Bäume, an denen Samen spendende Baumfrüchte sind:
euch soll es zur Nahrung dienen.
30 Und allem Getier der Erde
und allen Vögeln des Himmels
und allem, was auf der Erde kriecht, was Lebendigkeit in sich hat,
(gebe ich) alles Blattwerk des Krautes zur Nahrung.«
Und dementsprechend geschah es.

31 Und Gott sah alles, was er gemacht hatte,
und siehe: es war sehr gut.
Und es wurde Abend,
und es wurde Morgen:
der sechste Tag.

---

12 Ders., a.a.O. 436. Diese Formulierung läßt sich als systematisch-theologischer Versuch
verstehen, den *Zusammenhang von Funktions- und Wesensbestimmung* der Gottebenbildlichkeit zu umschreiben, s. dazu unten 189ff.
13 Im folgenden sind die Bild- und die Herrschaftsaussagen kursiv gesetzt.
14 So mit Syr (+ *hjwt*ʾ), vgl. V.24.25.28.

»Niemals in der bisherigen Diskussion« – so charakterisierte C. Westermann vor 30 Jahren die damalige Forschungssituation – »ist m.w. versucht worden, aus dem engeren Zusammenhang, d.h. aus dem Abschnitt Gn 1,26-30 selbst, die Kritierien für die Deutung von 1,26f. zu gewinnen«. Und er fuhr fort: »Vielmehr wurde erklärt: dieser enge Zusammenhang sage nichts über den Sinn der Gottebenbildlichkeit; es werde im Text vorausgesetzt, daß die Hörer wüßten, was gemeint sei (so z.B. H. Gunkel)«[15]. Wenn man demgegenüber – und in Weiterführung der Ergebnisse Westermanns – versucht, Kriterien für die Deutung der Gottebenbildlichkeit aus Gen 1,26-31 selbst und darüberhinaus aus dem Aussagegefälle der priesterlichen Urgeschichte zu gewinnen, also text- und kontextbezogen zu argumentieren, so sind vorab zwei Aspekte zu berücksichtigen:

– Innerhalb des priesterlichen Schöpfungsberichts Gen *1,1-2,4aP^g schildern V.26-31 die Erschaffung des Menschen als Mann und Frau (V.26-28) sowie die Nahrungszuweisung an Mensch und Tier (V.29f., mit abschließender Billigungs- und Tagesformel V.31). Die gesamte Schöpfung ist als Sieben-Tage-Werk gestaltet (*1,3-2,3), innerhalb dessen die Tage I-IV (1,3-19) einen thematisch selbständigen Textabschnitt bilden, von dem die Tage V-VI (1,20-31) als ein zweiter, durch eine Reihe von Besonderheiten ausgezeichneter Abschnitt abgesetzt sind.[16] Wie sich zeigen wird, ist der Kontext Gen 1,1-2,4a für das Verständnis der *Imago Dei*-Aussage V.26-28 von entscheidender Bedeutung.

– Der Schlüsselsatz über den göttlichen Beschluß zur Erschaffung des Menschen (V.26aβ.b, mit der Redeeinleitungsformel V.26aα), der Gott im reflexiv-pluralischen Kohortativ (»Laßt uns machen ...«)[17] einführt (1), gebraucht nicht nur zwei suffigierte Substantive (Bildbegriffe) und zwei Präpositionalbestimmungen (ב »als«[18] und כ »wie«), mit denen die *Imago Dei*-Aussage formuliert wird (2), sondern er enthält auch eine finale[19] Fortsetzung (»damit sie herrschen ...«), die den Menschen mit der Herrschaft über die Tiere (*dominium animalium*) beauftragt (3), schematisch dargestellt: ...

---

15 Westermann, Genesis 1-11 (s. Anm.9), 215.

16 S. dazu die Skizze unten 199f. mit Anm.66.

17 S. dazu zuletzt Oberforcher, Biblische Lesarten (s. Anm.8), 134; Neumann-Gorsolke, Herrschen (s. Anm.4), 168ff. und E. Jenni, Untersuchungen zum hebräischen Kohortativ, ZAH 15/16 (2002/2003), 19-67, hier: 45f. O. Loretz nimmt neuerdings wieder einen polytheistischen Hintergrund des Plurals an, s. dazu unten Anm.50.

18 S. dazu im folgenden.

19 S. dazu W. Groß, Die Gottebenbildlichkeit des Menschen im Kontext der Priesterschrift, in: ders., Studien zur Priesterschrift und zu alttestamentlichen Gottesbildern, SBAB 30, 1999, 11-36, hier: 30 mit Anm.61. Allerdings impliziert die finale Verknüpfung nicht notwendig, daß der Herrschaftsauftrag »die einzige inhaltliche Füllung der Gottebenbildlichkeit (ist), die P nennt« (ders., a.a.O. 30), s. dazu unten 188f.

Schöpfungsaussage

»Wir wollen Menschen machen«

Kohortativ pl. von עָשָׂה »machen« + Objekt אָדָם »Menschen«.

Bildaussage

»als unser/e Bild/Statue unseresgleichen/etwa wie unsere Ähnlichkeit«

Beth (בְּ) essentiae »als« + Objektprädikat צַלְמֵנוּ »unser Bild/unsere Statue« + desemantisiertes Präpositionalattribut כִּדְמוּתֵנוּ »(wie etwas Ähnliches zu uns =)
unseresgleichen« *oder* vollsemantisches Lexem כִּדְמוּתֵנוּ »etwa wie/gemäß unsere/r
Ähnlichkeit«.

Herrschaftsaussage

»damit sie herrschen über die Fische des Meeres ...«

Finalsatz: Verb des sozialen Kontakts רדה »herrschen« + 3mal Beth (בְּ) des Bereichs
»über«.

Aufgrund der Struktur dieses Satzes geht die Blickrichtung von Gott zum
Menschen und von diesem zu den Wesen unter ihm. V.26aβ.b setzt demnach
drei Grössen in Beziehung zueinander:

– die Erschaffung des Menschen (V.27b: »männlich und weiblich«)[20] durch
  Gott,
– seine Bestimmung zum/r »Bild/Statue« Gottes,
– seine Beauftragung zur Herrschaft über die Wasser-, die Flug- und die
  Landtiere.

Als »Bild/Statue« Gottes steht der Mensch somit in der *doppelten Rückbindung bzw. Ausrichtung* auf Gott und auf die Welt hin, d.h. »Gottes- und

---

20 Die Formulierung »männlich und weiblich« weist darauf hin, daß »nicht an ein
Urmenschenpaar zu denken (ist). Es geht um die ganze Menschheit« (N. Lohfink, Die
Gottesstatue. Kreatur und Kunst nach Genesis 1, in: ders., Im Schatten deiner Flügel.
Große Bibeltexte neu erschlossen, 1999, 29-48, hier: 30) oder anders gesagt: *Der
Mensch/die Menschheit* besteht aus der Zweiheit von Mann/männlich und Frau/weiblich,
vgl. M. Weippert, Tier und Mensch in einer menschenarmen Welt. Zum sog. *dominium
terrae* in Genesis 1, in: H.-P. Mathys (Hg.), Ebenbild Gottes – Herrscher über die Welt.
Studien zu Würde und Auftrag des Menschen, BThSt 33, 1998, 35-55, hier: 35 Anm.2;
39.42; K. Koch, Imago Dei – Die Würde des Menschen im biblischen Text, 2000, 11;
Groß, Statue (s. Anm.8), 29ff. und D.J.A. Clines, אדם, the Hebrew for »human, huma-
nity«. A response to James Barr, VT 53 (2003), 297-310.

Weltbezug charakterisieren das Wesen des Menschen«[21]. Dabei steht die Bildaussage in der Mitte zwischen der Schöpfungs- und der Herrschaftsaussage: Während die Bildaussage durch das auf den Kohortativ נַעֲשֶׂה (»wir wollen machen«) zurückbezogene Suffix -נוּ (1.c.pl.) der beiden Bildbegriffe צֶלֶם und דְּמוּת mit der Schöpfungsaussage verbunden ist, ist die Herrschaftsaussage durch das final aufzulösende waw-copulativum von וְיִרְדּוּ (»damit sie herrschen«) auf die Schöpfungs- und die Bildaussage zurückbezogen. Die Herrschaftsaussage steht demnach in einem engen Zusammenhang mit der Aussage über die Erschaffung des Menschen als »Bild/Statue Gottes«. Wenn wir Aufschluß über den Menschen, so wie die Priesterschrift ihn sieht, gewinnen wollen, müssen wir diesen Zusammenhang in den Blick nehmen.

2.1. Die priesterlichen Bild- und Herrschaftsaussagen

2.1.1. Der Mensch als Statue Gottes

Von den beiden asyndetisch aufeinander folgenden Bildaussagen in V.26aβ stellt בְּצַלְמֵנוּ die Leitformulierung dar, zu der כִּדְמוּתֵנוּ als desemantisiertes Präpositionalattribut oder als vollsemantisches Lexem hinzutritt[22]. Der Bildbegriff צֶלֶם (+Suffix) wird dabei durch die Präposition בְּ eingeführt, die nicht als Beth normae (»*nach* unserem Bild«, vgl. Gen 1,26.27LXX: κατά[23]), sondern als Beth essentiae (»*als/zu* unserem Bild«) zu verstehen ist[24]. Wie die neuere Forschung deutlich gemacht hat, bedeutet צֶלֶם »Statue, Rundplastik« (17mal)[25], wobei ein Relief/eine reliefierte Stele, eine kleinere oder eine grössere Rundplastik[26] gemeint sein kann. Zusatzangaben aus dem Kontext (z.B. Ez 23,14: Wandrelief) oder ein Attribut (z.B. Num 33,52: צַלְמֵי מַסֵּכוֹת »Schmiedebilder«) präzisieren Material und Bildträger. Der Gegenstand der Darstellung (Tiere, Menschen oder »Greuel« [Ez 7,20]) wird öfter genauer bestimmt. Für einige Belege läßt sich geltend machen, daß bei צֶלֶם »weniger das Moment der genauen Reproduktion einer dargestellten Wirklichkeit als

---

21 Oberforcher, Biblische Lesarten (s. Anm.8), 136. Anders Groß, Gottebenbildlichkeit (s. Anm.19), 29ff., der aufgrund seiner – verständlichen! – Kritik an einer bestimmten Auslegungstradition (‹Wesensmetaphysik›) den Gottesbezug außer acht läßt, s. dazu auch unten 195 mit Anm.50.

22 S. dazu im folgenden.

23 S. dazu M. Rösel, Übersetzung als Vollendung der Auslegung. Studien zur Genesis-Septuaginta, BZAW 223, 1994, 48ff.; Groß, Statue (s. Anm.8), 35ff. und Oberforcher, Biblische Lesarten (s. Anm.8), 150ff.

24 S. dazu E. Jenni, Die hebräischen Präpositionen, Bd.1: Die Präposition Beth, 1992, 84f., vgl. Groß, Gottebenbildlichkeit (s. Anm.19), 20ff.; ders., Art. Gottebenbildichkeit (s. Anm.7), 871 und ders., Statue (s. Anm.8), 12 Anm.3.

25 S. dazu S. Schroer, In Israel gab es Bilder. Nachrichten von darstellender Kunst im Alten Testament, OBO 74, 1987, 322ff. u.a.

26 Zu den übrigen Bildtermini des AT s. dies., a.a.O. 301ff. und Chr. Uehlinger, Art. Bilderkult III, RGG[4] 1, 1998, 1565-1570, hier: 1567ff.

vielmehr die machtvolle Repräsentation des Dargestellten«[27] im Vordergrund steht. Da in dem צֶלֶם genannten Kunst- oder Bildwerk das Abgebildete wirkmächtig präsent ist, läßt sich das Wort am besten mit »Repäsentative Darstellung« oder »Repräsentationsbild« wiedergeben[28]. Das dürfte auch für die *Imago Dei*-Belege anzunehmen sein.

Diese Annahme findet darin eine Stütze, daß auch in der altorientalischen Umwelt Israels der König als »Bild Gottes« bezeichnet wird. In *Ägypten* ist die Gottebenbildlichkeitsaussage seit der 2. Zwischenzeit integraler Bestandteil der Königsideologie.[29] Entscheidend ist dabei der Sachverhalt, daß das »Bild« (der König) nicht das *Abbild* einer vorgestellten Gestalt (der Gottheit) ist, sondern ein *Körper*, der der Gottheit eine leibliche Gestalt gibt.[30] Als lebendiges »Bild Gottes« erscheint der König deshalb als Repräsentant der Gottheit auf Erden. Für gewöhnlich ist der König, ebenso wie das Kultbild eines Gottes im Tempel, in der Abgeschiedenheit seines Palastes verborgen –

> »Aber wenn er heraustritt und seinen Untertanen ›erscheint‹, wird er für die staunende und jubelnde Welt zum *deus praesens*, läßt er sie die Gegenwart des Schöpfergottes spüren und wiederholt dessen Taten. Denn das, was er tut, ist ›nicht Menschenwerk‹, sein Wort ist ›der Ausspruch eines Gottes selbst‹«[31].

Zur Ähnlichkeit in der Erscheinung tritt die *Ähnlichkeit im Handeln*, aufgrund deren der König *wie* Month (Kriegsgott) oder Re (Sonnengott) auf Erden wirkt.[32]

Seit der 2. Zwischenzeit haben sich in Ägypten im Rahmen der Königsideologie zwei Gruppen von Bildbegriffen herausgebildet, die man als *Gottebenbildlichkeitstermini* (*twtw, ḫntj* u.a.) und als *Gottähnlichkeitstermini* (*mjtj, tjt* u.a.) voneinander unterscheiden kann[33]. Während die erste Gruppe den König als *konkretes Bild* des (Sonnen-)Gottes bezeichnet, charakterisiert ihn die zweite Gruppe als dem (Sonnen-)Gott im Wesen oder im Handeln *ähnlich*. Die vor allem auf die Ausübung des Amtes bezogene Ähnlichkeitsbestimmung kommt auch Privatleuten (Beamte, Priester) bzw. den Menschen insgesamt zu. Die verschiedenen Bezeichnungen für »Bild« (Gruppe 1) diffe-

---

27 Schroer, a.a.O. 324.
28 S. dazu H. Wildberger, Art. *ṣælæm*, THAT 2, 1976, 556-563, hier: 558, vgl. Schroer, ebd. u.a.
29 S. dazu B. Ockinga, Die Gottebenbildlichkeit im Alten Ägypten und im Alten Testament, ÄAT 7, 1984, ferner Groß, Statue (s. Anm.18), 13f. und zuletzt Neumann-Gorsolke, Herrschen (s. Anm.4), 177ff.
30 Zur ägyptischen (Kult-)Bildtheologie s. J. Assmann, Ägypten. Theologie und Frömmigkeit einer frühen Hochkultur, UB 366, 1984, 50ff., bes.56f.
31 E. Hornung, Der Eine und die Vielen. Ägyptische Gottesvorstellungen, ⁵1993, 129, vgl. 125ff.
32 Vgl. ders., a.a.O. 129.
33 S. dazu Ockinga, Gottebenbildlichkeit (s. Anm.29), 125ff.

renzieren dieses nicht nach dem Aussehen, sondern nach der Funktion (*twtw* »Abbildung, Nachbildung«, *ḥntj* »[Prozessions-]Statue«, *šzp* »[Empfänger-] Statue« u.a.). Entsprechend wird auch die Funktion des Königs gesehen und die so legitimierte Herrschaft als positiv gewertet. Neben der sozialen Kompetenz (»Rettung« des Schwachen: Text 1) wird vor allem die politische Kompetenz des Königs (»Herrschaft« über Ägypten [Innen] und die Fremdländer [Außen]: Text 2) und in umfassender Weise seine »wohltätige Herrschaft für alle Menschen« (Text 3) hervorgehoben:

– *Rede der Höflinge zum König*

Als sein Abbild (*ḥntj*) hat Re dich eingesetzt,
zur Rettung des Schiffbrüchigen (d.h. des Schwachen).

– *Rede des Sonnengottes zum König*

Dieses Land (sc. Ägypten) habe ich in seiner Länge
und Breite geschaffen,
um auszuführen, was mein Ka wünscht;
dir habe ich gegeben //// meine //// insgesamt;
du beherrschst es so wie (zu der Zeit), als ich König
von Ober- und Unterägypten war;
du bewirtschaftest es für mich aus liebendem Herzen,
denn du bist mein geliebter Sohn, der aus meinem Leib
hervorgegangen ist,
mein Abbild (*ḥntj*), das ich auf Erden gestellt habe.
In Frieden lasse ich dich das Land regieren,
indem du die Häupter aller Fremdländer tilgst.

– *Der Name Hatschepsuts in Karnak*

Erstgeborene Kamutefs,
die Re erzeugt hat, um gute Früchte für ihn auf Erden
hervorzubringen,
zum Wohle der Menschen;
sein lebendes Abbild (*ḥntjf ʿnḫ*).[34]

---

[34] Übersetzungen nach Ockinga, a.a.O. 21f. (Text 21 und 22).147 (Text 153), dort auch die entsprechenden Nachweise der Erstveröffentlichung. Der oben an zweiter Stelle zitierte Text (Ockinga, a.a.O. 21f.: Text 22) ist auch deshalb von Interesse, weil hier die auf den König bezogene *Bildaussage* in einem *Schöpfungskontext* (Erschaffung des Landes) begegnet und insofern Gen 1,26-28 nahesteht, s. dazu auch Groß, Statue (s. Anm.8), 14 Anm.8. Er unterscheidet sich von den priesterlichen *Imago Dei*-Texten aber dadurch, daß Gen 1,26f.; 5,1.3; 9,6 – und auch sonst das Alte Testament – nicht vom König, sondern vom *Menschen* als »Bild/Statue« Gottes sprechen. Ein weiterer interessanter Text, der allerdings ebenfalls auf den König und nicht auf den/die Menschen bezogen ist, ist die in ägyptischen Hieroglyphen geschriebene Inschrift auf der Kolossalstatue Darius I. aus Susa (terminus a quo 495 v.Chr.), s. dazu Neumann-Gorsolke (s. Anm.4), 179ff.

Während die *sumerische Religion* die Vorstellung von der Gottebenbildlichkeit nicht kennt[35], ist sie in *akkadischen Texten* mehrfach belegt[36]. Zwar bieten auch diese Texte keinen Beleg für die Vorstellung, der Mensch/die Menschen sei(en) als/zum Bild eines Gottes erschaffen worden, dafür aber die Auffassung, daß der König – z.T. auch der Beschwörungspriester – das »Ebenbild, Abbild« (*muššulu*), die »Statue, Figur« (*ṣalmu*, vgl. hebr. צֶלֶם) oder der »Schatten« (*ṣillu*) des Gottes sei. Der älteste *ṣalmu*-Beleg findet sich in einer Siegeshymne auf Tukulti-Ninurta I. (1244-1208 v.Chr.), die den König als »bleibendes Bild (*ṣalmu*) des (Gottes) Enlil« bezeichnet.[37] Die Hauptbelege stammen aber aus neuassyrischer Zeit, und zwar aus Briefen von Hofastrologen und Beschwörungspriestern an Asarhaddon (681-669 v.Chr.) und Assurbanipal (669-629 v.Chr.), z.B.:

– Brief des Beschwörungspriesters Adad-šumu-usur an Asarhaddon

Der König, der Herr der Länder (= der Welt), das Bild/die Statue (*ṣalmu*) des Šamaš (ist) er!

– Brief des Beschwörungspriesters Adad-šumu-usur an Assurbanipal

Was (das betrifft, daß) der König, mein Herr (= Assurbanipal)
mir schrieb: ›Ich habe gehört aus dem Mund meines Vaters (= Asarhaddon),
daß ihr eine loyale Familie seid –
doch jetzt weiß ich es aus meiner (eigenen) Erfahrung!‹ –
– der Vater des Königs, meines Herrn (= Asarhaddon),
das Bild (*ṣalmu*) des (Gottes) Bēl (war) er
und der König, mein Herr (= Assurbanipal)
(ist) das Bild (*ṣalmu*) des (Gottes) Bēl.

– Omen aus der Bibliothek Assurbanipals

Wenn der Mond im Monat Šabāṭ (am) 14. Tag oder (am) 15. Tag
vor der Sonne nicht erscheint – Hochwasser, ein gewaltiges, wird kommen,
die Ernteerträge werden gering.
Der Apkallu der Weisheit

---

35 S. dazu A. Angerstorfer, Gottebenbildlichkeit des Menschen bzw. des Königs – ein sumerisches Theologumenon?, BN 27 (1985), 7-10.

36 S. dazu Groß, Statue (s. Anm.8), 15ff. und zuletzt Neumann-Gorsolke, Herrschen (s. Anm.4), 181ff.

37 S. dazu mit den entsprechenden Nachweisen der Erstveröffentlichung A. Angerstorfer, Ebenbild eines Gottes in babylonischen und assyrischen Keilschrifttexten, BN 88 (1997), 47-58, hier: 47ff.; Th. Podella, Das Lichtkleid JHWHs. Untersuchungen zur Gestalthaftigkeit Gottes im Alten Testament und in seiner altorientalischen Umwelt, FAT 15, 1996, 254ff.; Groß, a.a.O. 15f.; D. Bonatz, Was ist ein Bild im Alten Orient? Aspekte bildlicher Darstellung aus altorientalischer Sicht, in: M. Heinz/D. Bonatz (Hg.), Bild – Macht – Geschichte. Visuelle Kommunitkation im Alten Orient, 2002, 9-20, hier 11ff. und Neumann-Gorsolke, ebd.

Bēl, der Barmherzige, der Held des Marduk,
(ist) in der Nacht erzürnt,
am Morgen hat er sich (wieder) geklärt.
König der (gesamten) Welt, das Bild (*salmu*) des Marduk (bist) du!
Zu Herzen werden wir, deine Knechte,
wenn du zornig bist, den Zorn
des Königs, unseres Herrn, uns nehmen,
und das Wohlwollen des Königs werden wir (wieder) schauen.
Für was (sind wir denn) Diener (des Königs).[38]

Trotz offener Fragen hinsichtlich des Überlieferungswegs[39] dürfte die
alttestamentliche *Imago Dei*-Vorstellung ihren Ursprung in der altorientalischen Königsideologie haben. Sie ist aber kaum das Ergebnis einer inneris-
raelitischen »Demokratisierung« des Königsbildes[40], sondern – nach dem
Ende des judäischen Königtums – vielmehr das Resultat einer *Universalisie-
rung der Herrschaftsvorstellung*, in die durch die Priesterschrift offenbar ab-
sichtsvoll königsideologische Metaphern eingebaut wurden (»Royalisierung«
des Menschenbildes, vgl. Ps 8,6f.)[41]. Königsideologische Züge sind, wie wir

38 Übersetzungen nach Angerstorfer, a.a.O. 50f.53 mit den entsprechenden Nachweisen der
   Erstveröffentlichung.
39 Es fehlt als traditionsgeschichtliches Zwischenglied vor allem die alttestamentliche
   Bezeichnung des Königs als »Bild/Statue Gottes«. Der (judäische) König wird »Erwähl-
   ter« (Ps 89,4.20, vgl. Ps 45,5), »Sohn« (II Sam 7,14; Ps 2,7) oder »Erstgeborener« Gottes
   (Ps 89,28) genannt, s. dazu B. Janowski, Art. Königtum II, NBL 2, 1995, 516-519.520,
   hier: 517 und zur Frage der Adaption altorientalischer Bildterminologie durch das Alte
   Testament Groß, Statue (s. Anm.8), 13.17f.
40 So aber Koch, Imago Dei (s. Anm.20), 23; E. Otto, Gottes Recht als Menschenrecht.
   Rechts- und literaturhistorische Studien zum Deuteronomium, BZAR 2, 2002, 179ff. u.a.
   Koch spricht der Priesterschrift sogar eine »antiroyalistische Haltung« zu (ebd.), s. dazu
   aber die folgende Anm.
41 S. dazu bereits B. Janowski, Herrschaft über die Tiere. Gen 1,26-28 und die Semantik
   von רדה, in: ders., Die rettende Gerechtigkeit. Beiträge zur Theologie des Alten Testaments 2, 1999, 33-48, hier: 38f., vgl. auch H. Spieckermann, Heilsgegenwart. Eine
   Theologie der Psalmen, FRLANT 148; 1989, 234f.; Podella, Lichtkleid (s. Anm.37),
   252ff. und Neumann-Gorsolke, Herrschen (s. Anm.4), 313ff.317ff.322f.353f. u.ö. Die
   eine Vorstellung – der *König* als »Bild/Statue« Gottes – wurde dabei nicht einfach durch
   die andere – der *Mensch* als »Bild/Statue« Gottes – ›ersetzt‹, sondern im Kontext konzep-
   tioneller Umakzentuierungen transformiert, die sich besonders im Blick auf die
   Herrschaftsvorstellung auch in Ez 34; Ps 8; 72; 110 u.a. niedergeschlagen haben. Die
   Klärung dieses Transformationsprozesses bedürfte umfassenderer Überlegungen. So wäre
   etwa zu fragen, in welchem Verhältnis die Vorstellung vom *königlichen Menschen* von
   Gen 1,26-28 zu den *priesterlichen Königserwartungen* von Gen 17,6 und 35,11 steht, s.
   dazu W. Groß, Israels Hoffnung auf die Erneuerung des Staates, in: ders., Studien zur
   Priesterschrift und zu alttestamentlichen Gottesbildern, SBAB 30, 1999, 65-96, hier:
   65ff., s. zur Sache auch Neumann-Gorsolke, a.a.O. 314f.

sehen werden, auch sonst in Gen 1,26-28 auszumachen und vor allem mit der Herrschaftsaussage verbunden.[42]

Kehren wir nach diesem Seitenblick auf die altorientalischen *Imago Dei*-Texte zu Gen 1,26-28 zurück. Neben den ersten Bildbegriff צֶלֶם, wonach der Mensch das/die lebendige, zum »Herrschen« über die Tiere erschaffene »Bild/Statue« Gottes ist, tritt in Gen 1,26a mit דְּמוּת ein zweiter Bildbegriff, der mit der Präposition כְּ »wie, entsprechend« eingeführt wird:

> Wir wollen Menschen machen als unser Bild/unsere Statue (בְּצַלְמֵנוּ)
> unseresgleichen/etwa wie unsere Ähnlichkeit (כִּדְמוּתֵנוּ).

Während die Wortbedeutung des von דָּמָה »gleich sein« abgeleiteten Verbalabstraktums דְּמוּת (23mal im AT)[43] mit »was jemandem ähnlich, gleich ist; etwas wie > Ähnlichkeit, Gleichheit, Entsprechung«[44] zu bestimmen ist, ist die Deutung von כִּדְמוּתֵנוּ strittig, und zwar weniger hinsichtlich der Präposition כְּ als vielmehr im Blick auf das Verhältnis von דְּמוּת zu צֶלֶם. Gegenüber dem Vorschlag von Chr. Dohmen, צֶלֶם eigne ein *relationaler*, d.h. ein auf Gott verweisender Aspekt (der Mensch vertrete Gott in einem bestimmten Rahmen in der Welt) und דְּמוּת eigne ein *qualifizierender*, d.h. ein Gott wiedergebender Aspekt (der Mensch erhalte zur Ausübung dieser Funktion quasi [כְּ »wie«!] göttliche Qualitäten)[45], spricht die Austauschbarkeit der beiden Präpositionen in Gen 1,26a.27a einerseits und in Gen 5,3a (vgl. 5,1b) andererseits für deren semantische Synonymität. Zumindest liegt »auf dem semantischen Unterschied beider Präpositionen ... nach Ausweis ihrer Vertauschbarkeit hier kein Nachdruck«[46].

Gilt das auch für die beiden Lexeme צֶלֶם und דְּמוּת? Da das Hebräische keine Abstufung der Gleichheit ausdrücken kann, also nicht unterscheidet, ob etwas »gleich« oder nur »ähnlich« ist[47], intendiert die Wendung כִּדְמוּתֵנוּ

---

42 S. dazu unten 196ff.
43 S. dazu H.-D. Preuß, Art. דמה usw., ThWAT 2, 1977, 266-277, hier: 274ff.; Schroer, Bilder (s. Anm.25), 326ff.; E. Jenni, Pleonastische Ausdrücke für Vergleichbarkeit (Ps 55,14; 58,5), in: ders., Studien zur Sprachwelt des Alten Testaments, 1997, 206-211, hier: 207f.210f. u.a.
44 Vgl. Jenni, Präposition Beth (s. Anm.24), 84.
45 S. dazu Chr. Dohmen, Das Bilderverbot. Seine Entstehung und seine Entwicklung im Alten Testament, BBB 62, [2]1987, 278ff., vgl. ders., Art. Ebenbild, NBL 1, 1991, 453-455, hier: 454, s. dazu die Kritik von Groß, Statue (s. Anm.8), 19 Anm.19.
46 Groß, Gottebenbildlichkeit (s. Anm.19), 21. Da דְּמוּת in Gen 5,1b.3a aber die Präposition בְּ bei sich hat, dürfte es hier vollsemantisch gebraucht sein. Die Übersetzung von Gen 5,3a würde demnach lauten: »und er (sc. Adam) zeugte (einen Sohn) als etwas ihm Ähnliches (בִּדְמוּתוֹ), (das) wie sein Bild (war)« (כְּצַלְמוֹ), s. dazu Oberforcher, Biblische Lesarten (s. Anm.8), 145ff.; Th. Hieke, Die Genealogien der Genesis, HBS 39, 2003, 71f. u.a.
47 S. dazu Jenni, Pleonastische Ausdrücke (s. Anm.43), 210, vgl. ders., Die hebräischen Präpositionen 2: Die Präposition Kaph, 1994, 44.

offenbar weder eine Abschwächung noch eine Verstärkung der konkreten צֶלֶם-Aussage (»Statue, [Rund-]Plastik«). Sie dürfte vielmehr ein *pleonastischer Ausdruck für Vergleichbarkeit* (»wie etwas Ähnliches zu uns/unseresgleichen«) oder ein *vollsemantisches Lexem* (»etwa wie/gemäß unsere/r Ähnlichkeit«) sein, das die Ähnlichkeit/Entsprechung (nicht die Identität!) zweier Größen – A (Gott) und B (Mensch) – zum Ausdruck bringt.[48] Aufgrund des engeren Kontextes, d.h. der Verbindung der beiden Bildaussagen mit der folgenden Herrschaftsaussage[49], wird deshalb auch bei דְּמוּת der funktionale Aspekt im Vordergrund stehen und nicht etwa eine physische (Aussehen, Gestalt) oder innere/metaphysische Ähnlichkeit (Wesen) des gottebenbildlichen Menschen mit dem Schöpfergott gemeint sein.[50] D.h.:

---

48 S. zur Diskussion Jenni, Pleonastische Ausdrücke (s. Anm.43), 210f. und Groß, Statue (s. Anm.8), 18ff. Ein ähnlicher grammatischer Sachverhalt wie in Gen 1,26a liegt in dem Syntagma עֵזֶר כְּנֶגְדוֹ Gen 2,18.20 (»eine Hilfe, die zu ihm paßt/seinesgleichen«) vor, s. dazu Jenni, ebd.

49 Vgl. oben 187ff.

50 Anders z.B. Koch, Imago Dei (s. Anm.20), 24ff., der von einer »Wesensähnlichkeit« bzw. »Wesensentsprechung« von Gott und Mensch, oder Kaiser, Gott (s. Anm.1), 304, der von einer »verkleinerte(n) vollplastische(n) Kopie Gottes und seiner himmlischen Diener, der Engel« (anders 308!), oder auch Weippert, dominium terrae (s. Anm.20), 42f.44, der gar von der »Theomorphie des Menschen« spricht. Da der Text von Gen 1,26 eine doppelte Relation des gottebenbildlichen Menschen – *auf Gott hin* und *auf die Welt hin* – zum Ausdruck bringt, besteht dessen »Wesen« m.E. darin, daß er die Macht des Schöpfers in der Schöpfungswelt *vergegenwärtigt* bzw. *zur Erscheinung bringt* (Bildaussage) und zwar dadurch, daß und wie er über die Tiere *herrscht* (Herrschaftsaussage). In Gen 9,6 verschiebt sich demgegenüber die Perspektive, s. dazu unten Anm.96. Demgegenüber geht O. Loretz, Götter – Ahnen – Könige als gerechte Richter. Der »Rechtsfall« des Menschen vor Gott nach altorientalischen und biblischen Texten, AOAT 290, 2003, 715ff.739ff. von einer Urbild/Abbild-Relation (und in Zusammenhang damit von einer Auffassung des ב in בְּצַלְמֵנוּ als *Beth normae*) aus und versucht, über die genannten Umschreibungen von Koch, Kaiser und Weippert noch hinausgehend, den Nachweis zu führen, daß es sich bei dem Menschen von Gen 1,26f um »eine figürliche Wiedergabe des göttlichen Urbildes« (a.a.O. 740) handelt, das selbst menschengestaltig sei. Zum Hintergrund dieser These gehört die Zusatzbehauptung von der Existenz einer JHWH-Statue im vorexilischen Jerusalemer Tempelkult, durch die »die Rede von der figürlichen Abbildlichkeit des Menschen von den Göttern (sic!) in Gen 1,26b.27 ein deutliches Mehr an Plastizität (erhält)« (a.a.O. 742). Sowenig wie diese Behauptung, die durch ihre Wiederholung nicht plausibler wird (s. dazu nur O. Keel, Warum im Jerusalemer Tempel kein anthropomorphes Kultbild gestanden haben dürfte, in: G. Boehm [Hg.], Homo Pictor, Colloquium Rauricum 7, 2001, 244-282), sowenig überzeugt auch das die Gesamtargumentation von Loretz leitende Konstrukt eines mythischen Hintergrunds von Gen 1,26f.; zur monotheistischen Position von Gen 1 s. demgegenüber K. Schmid, Differenzierungen und Konzeptualisierungen der Einheit Gottes in der Religions- und Literaturgeschichte Israels, in: M. Oeming / K. Schmid (Hg.), Der eine Gott und die Götter. Polytheismus und Monotheismus im antiken Israel, AThANT 82, 2003, 11-38, hier: 33ff. Wie man überdies behaupten kann, daß »weder in Gen 1,26b, noch in 1,27 das Wort *ṣlm* ›Statue‹ in irgendeiner Weise mit einer Herrschaft des

Während צֶלֶם den funktionalen Aspekt der Gottebenbildlichkeit im Sinn des
Repräsentationsgedankens betont, präzisiert die um כְּ erweiterte דְּמוּת-Aus-
sage – um eine Identität von Bild (Mensch) und Abgebildetem (Gott) zu ver-
meiden – diesen Aspekt im Sinn einer *Entsprechung* des Menschen zu Gott,
nicht aber im Sinn einer theomorphen Qualität des gottebenbildlichen Menschen. Beide Bestimmungen, diejenige der *Repräsentanz* und diejenige der
Entsprechung, bringen das exklusive Verhältnis des Geschöpfs zu seinem
Schöpfer (Gottesbezug) zum Ausdruck, das dann durch den doppelten
Herrschaftsauftrag (Weltbezug) expliziert und konkretisiert wird.[51]
  Der Mensch, so lassen sich unsere bisherigen Überlegungen zusammenfassen, ist also »nicht kraft unbekannter Qualität Gottes Bild und soll infolgedessen u.a. über die Tiere herrschen, sondern der Mensch ist Gottes Bild,
insofern er ermächtigt ist, über die Tiere zu herrschen«.[52] Darin zeigt sich die
doppelte Verantwortung des gottebenbildlichen Menschen gegenüber seinem
Schöpfer (Gottesbezug) wie gegenüber der Schöpfung (Weltbezug). Die
Sinnspitze der *Imago Dei*-Aussage von Gen 1,26 scheint demnach nicht darin
zu liegen, daß die Herrschaft über die Tiere die *Folge*[53], sondern darin, daß
sie – zusammen mit dem Motiv der Inanspruchnahme der Erde (Gen 1,28a) –
ein *Interpretament* und wie sich zeigen wird: *das* Interpretament der Gottebenbildlichkeit ist.

2.1.2. Der Mensch als Herrscher über die Tiere

Entsprechend dem eingangs zitierten Monitum C. Westermanns[54] haben wir
versucht, die Kriterien für die Deutung der Bildaussagen in Gen 1,26f. nicht
aus der christlichen Theologiegeschichte, sondern aus dem unmittelbaren
Kontext von Gen 1,26-28 zu entnehmen. Aspekte der Semantik wie des

---

   Menschen über die Tierwelt verbunden ist« (Loretz, a.a.O. 757) und es sich deshalb
   erübrige, »das Substantiv *ṣlm* und die Aussage über die Gottebenbildlichkeit des
   Menschen mit dem Königtum in Beziehung zu setzen« (ebd.), ist mir unverständlich und
   von der Struktur des Satzes Gen 1,26 her widerlegbar, s. dazu oben 187ff.
51 Vgl. Oberforcher, Biblische Lesarten (s. Anm.8), 138: »Es geht in der Ebenbildaussage
   letztlich darum, dass die Schöpfungskompetenz des Schöpfers sich delegiert an die
   Schöpfungsverantwortung des Menschen, der in diesem Gottesbezug den Maßstab findet,
   niemals destruktiv, sondern immer kreativ gegenüber der Natur zu wirken. Der Gottesbezug setzt sich um in Weltbezug«, vgl. 134f.138ff.
52 Groß, Gottebenbildlichkeit (s. Anm.19), 31, vgl. 30. Groß kommt zu dieser – m.E.
   zustimmungsfähigen – Bestimmung allerdings im Rahmen seiner Interpretation der Gottebenbildlichkeit als einer allein auf die Herrschaft über die Tiere bezogenen Aussage, s.
   dazu auch oben Anm.19 und 21.
53 So aber z.B. G. von Rad, Das erste Buch Mose/Genesis, ATD 2-4, [12]1987, 39: »Es ist
   nicht so, daß diese Herrschaftsbeauftragung noch zur Definition der Gottesbildlichkeit
   gehöre; sie ist vielmehr die Folge, d.h. das, wozu der Mensch durch sie befähigt ist«.
54 Vgl. oben 187.

Kontextes sind nun auch für die Interpretation der Herrschaftsaussagen zu berücksichtigen.

In der Auslegungs- und Wirkungsgeschichte von Gen 1,26-28 sind die beiden Verben רָדָה (V.26b.28b) und כָּבַשׁ (V.28a) immer wieder als Ausdrücke verstanden worden, die ein Moment der Gewalt beinhalten und die rücksichtslose Beherrschung der Natur durch den Menschen propagieren. Folgerichtig galt die Aufforderung »Macht euch die Erde untertan!« – so die gängige, an die Übersetzung M. Luthers angelehnte Paraphrase von Gen 1,28 – als Legitimationsformel des zivilisatorischen Fortschritts. Seit den 70er Jahren des 20. Jahrhunderts hat sich das intellektuelle Klima in dieser Frage verändert[55] und auch die theologische und kirchliche Diskussion geprägt. Das Problem war die *aggressive Interpretation* der Herrschaftsaussagen, also die Übersetzung von רָדָה mit »(nieder)treten, trampeln« und von כָּבַשׁ mit »untertan machen«. In der seitherigen Diskussion hat sich daneben ein Deutungsmodell herausgebildet, das einer *pazifistischen Interpretation* der menschlichen Herrschaft das Wort redete und insbesondere das Verb רָדָה mit der Tätigkeit des Hirten, mit seinem fürsorglichen Verhalten zu seinen Tieren, in Verbindung brachte.[56] Der Schöpfergott, so präzisierte E. Zenger diese ›Hirteninterpretation‹, »befähigt (›Bild Gottes‹) und beauftragt (›seid Hirten‹) die Menschen, an seiner Stelle das Hirtenamt zum Schutz und zur Förderung des Lebens auszuüben«[57].

Wie ich an anderer Stelle[58] dargelegt habe, sind aber nicht nur gegen das aggressive, sondern auch gegen das pazifistische Deutungsmodell von Gen 1,26-28 kritische Einwände geltend zu machen, die sich folgendermaßen zusammenfassen lassen:

– Gegen das *Deutungsmodell 1* läßt sich einwenden, daß der Zusammenhang von Gen 1,28 mit der folgenden Nahrungszuweisung V.29f. eine aggressive Konnotation von רָדָה ausschließe: Die »vegetarische Speiseordnung« für Mensch (!) und Tier ist das Gegenteil des »Kriegszustands« unter den Geschöpfen, den Gen 9,1-3[59] schildert. Überdies widerspricht es der abschließenden Billigungsformel Gen 1,31 (»Und Gott sah *alles*, was er gemacht hatte, und siehe: es war sehr gut«), wonach die gesamte Schöpfung als integer

---

55 S. dazu R. Groh / D. Groh, Weltbild und Naturaneignung. Zur Kulturgeschichte der Natur, stw 939, 1991, 11ff.; Höffe, Moral (s. Anm.4), 196ff. u.a.

56 S. dazu K. Koch, Gestaltet die Erde, doch heget das Leben! Einige Klarstellungen zum *dominium terrae* in Gen 1, in: ders., Spuren des hebräischen Denkens. Beiträge zur alttestamentlichen Theologie 1, 1991, 223-237.

57 E. Zenger, Gottes Bogen in den Wolken. Untersuchungen zu Komposition und Theologie der priesterlichen Urgeschichte, SBS 112, ²1987, 95, anders jetzt ders., in: K. Löning / E. Zenger, Als Anfang schuf Gott. Biblische Schöpfungstheologien, 1997, 152ff. Zu den Interpretationsdifferenzen zwischen Koch und Zenger s. Janowski, Herrschaft über die Tiere (s. Anm.41), 36f.

58 Janowski, a.a.O. 38.

59 S. dazu unten 207ff.

bezeichnet wird: »Eben solche Integrität zu fördern bzw. zu erhalten, das wäre wohl die eigentliche Aufgabe der Menschheit«[60].

– Gegenüber dem *Deutungsmodell 2* ist zu fragen, ob die »Pazifizierung«[61] von רָדָה nicht zu kurz greift. »Werden hier im Bemühen, den priesterschriftlichen Text auch in der gegenwärtigen Krisensituation als Orientierungshilfe sprechen zu lassen, nicht unterschwellig moderne Vorstellungen kollektiver Schöpfungsverantwortung eingetragen, die dem biblischen Text nicht angemessen sind?«[62] Überdies kann nicht einsichtig gemacht werden, wie man sich die ›Hirtenrolle‹ des Menschen in bezug auf Fische und Vögel vorzustellen hat.[63]

Und schließlich: Wie sollte die Vollendung der »sehr guten« Schöpfung am 7. Tag (Gen 2,2) und Gottes »Ruhen« an ebendiesem Tag (Gen 2,3) denkbar sein, wenn Gen 1,26-28 die Anordnung zur Gewaltherrschaft über die Tiere und über die Erde erteilen würde? Die Aufgabe besteht also darin, nach einem Verständnis von רָדָה zu suchen, das nicht nur der Semantik dieses Verbs, sondern auch dem Aussagegefälle von Gen 1,26-28 und darüberhinaus dem Kontext der priesterlichen Urgeschichte (Gen *1,1-9,29Pᵍ) gerecht wird.

Wenn wir unser Augenmerk dabei zunächst auf die Komposition von Gen 1,1-2,4a*Pᵍ lenken, so fällt auf, daß hier nicht die Tiere in ihrer Artenvielfalt, sondern mit Meer, Luft und Himmel die Lebensbereiche in den Blickpunkt genommen werden, die von den entsprechenden Lebewesen, den Wasser-, den Flug- und den Landtieren samt dem Menschen, bevölkert werden. Gegenüber dem in Gen 1,2a skizzierten Bild einer Welt-vor-der-Schöpfung, über der die chaotische Urfinsternis lag[64], beschreibt Gen 1,3-2,3 Gottes Schöpfungshandeln als Ermöglichung von Leben »in einem allen Lebewesen gemeinsam zugewiesenen Lebensraum«[65], wobei der Ordnungskategorie »Zeit« eine fundamentale Bedeutung zukommt. Diese äußert sich nicht nur in der Scheidung von Licht und Finsternis als des von Gott gesetzten Wechsels der Zeitgrößen »Tag« und »Nacht« (Gen 1,3-5) sowie in der Erschaffung der beiden »Leuchtkörper« Sonne und Mond (Gen 1,14-19), sondern auch in der Abfolge von sechs Arbeitstagen und einem abschließenden siebten Ruhetag. Die gesamte Schöpfung ist damit als Sieben-Tage-Werk gestaltet (*1,3-2,3),

---

60 Chr. Uehlinger, Vom dominium terrae zu einem Ethos der Selbstbeschränkung? Alttestamentliche Einsprüche gegen einen tyrannischen Umgang mit der Schöpfung, BiLi 64 (1991), 59-74, hier: 61.

61 J. Ebach, Bild Gottes und Schrecken der Tiere. Zur Anthropologie der priesterlichen Urgeschichte, in: ders., Ursprung und Ziel. Erinnerte Zukunft und erhoffte Vergangenheit, 1986, 16-47, hier: 32.

62 Uehlinger, dominium terrae (s. Anm.60), 61.

63 Vgl. bereits Koch, Erde (s. Anm.56), 234, der eine solche Schwierigkeit allerdings nur in bezug auf das »Züchten und Zähmen« sah, vgl. ders., Imago Dei (s. Anm.20), 46.

64 S. dazu umfassend M. Bauks, Die Welt am Anfang. Zum Verhältnis von Vorwelt und Weltentstehung in Gen 1 und in der altorientalischen Literatur, WMANT 74, 1997.

65 Zenger, Gottes Bogen (s. Anm.57), 78, vgl. 58.65.81f. u.ö.

innerhalb dessen die Tage I-IV (1,3-19) einen thematisch selbständigen Text-abschnitt bilden, von dem die Tage V-VI (1,20-31) als ein zweiter, durch eine Reihe von Besonderheiten (Verben ברא und ברך pi.) ausgezeichneter Abschnitt abgesetzt sind.[66] Den Abschluß des Ganzen bilden die Schilderung der Vollendung der Schöpfung am 7. Tag mit dem Motiv der »Ruhe« Gottes (2,2) sowie die Segnung und Heiligung dieses 7. Tages durch Gott (2,3a) und dem feierlichen Abschluß »all seiner Arbeit, die Gott erschaffen hatte, indem er (sie) tat« (Gen 2,3b). Schematisch läßt sich dies folgendermaßen darstellen:

---

66 Diese Komposition kann im vorliegenden Zusammenhang nicht im einzelnen diskutiert werden, insbesondere nicht die syntaktischen und semantischen Probleme von Gen 1,1-3, s. dazu zuletzt M. Weippert, Schöpfung am Anfang oder Anfang der Schöpfung? Noch einmal zu Syntax und Semantik von Gen 1,1-3, ThZ 60 (2004) 5-22, dessen Argumentation ich weitgehend folge. Zum thematischen Einschnitt nach Tag IV (Gen 1,14-19) und zu den Besonderheiten in der Darstellung der Tage V-VI s. P. Weimar, Struktur und Komposition der priesterschriftlichen Geschichtsdarstellung, BN 23 (1984), 81-134, hier: 124f.; BN 24 (1984), 138-162, hier: 149ff, zur Komposition von Gen 1,1-2,4a s. ferner Zenger, a.a.O. 71ff.; ders. / Löning, Anfang (s. Anm.57), 142ff.; B. Janowski, Tempel und Schöpfung. Schöpfungstheologische Aspekte der priesterschriftlichen Heiligtums-konzeption, in: ders., Gottes Gegenwart in Israel. Beiträge zur Theologie des Alten Testa-ments 1, 1993/²2004, 214-246, hier: 232f.; N.C. Baumgart, Die Umkehr des Schöpfer-gottes. Zu Komposition und religionsgeschichtlichem Hintergrund von Gen 5-9, HBS 22, 1999, 85ff.; Neumann-Gorsolke, Herrschen (s. Anm.4), 141ff.154ff.; P. Weimar, Struktur und Komposition der priesterschriftlichen Schöpfungserzählung (Gen 1,1-2,4a*), in: O. Loretz u.a. (Hg.), Ex Mesopotamia et Syria Lux, FS M. Dietrich, AOAT 281, 2002, 803-843 und G. Steins, Für alle(s) gibt es Zeit! Schöpfung als Zeitbotschaft (Gen 1,1-2,3), BiKi 58 (2003) 6-11. Einen divergierenden Vorschlag im Blick auf Gen 1,3-5 macht O.H. Steck, Der Schöpfungsbericht der Priesterschrift. Studien zur literarkritischen und überlieferungsgeschichtlichen Problematik von Gen 1,1-2,4a, FRLANT 115, ²1981, 199ff. und ders., Aufbauprobleme in der Priesterschrift, in: D.R. Daniels / U. Gleßmer / M. Rösel (Hg.), Ernten, was man sät, FS K. Koch, 1991, 287-308.

1,1f Anfang der Schöpfung

»Als Gott anfing, den Himmel und die Erde (= die Welt) zu schaffen (בָּרָא),
während die Erde Tohuwabohu war,
wobei Finsternis über der Oberfläche der Urflut (lag),
und der Geist Gottes/ein starker Wind über der Oberfläche des Wassers
schwebte/in Bewegung war, ... (3: da sprach Gott: ...)«

1,3-31 Schöpfungswerke und Schöpfungstage

Lebensbereiche

1. Tag: Licht und Finsternis (V.3-5)   *ZEIT*: Erschaffung

2. Tag: Himmelsfeste (V.6-8)   *Raum*: Himmel

3. Tag: Erde, Meer, Pflanzen
   • vom Meer getrennte Erde (V.9f.)

                                              Raum: Erde/Meer
   • Pflanzen tragende Erde (V.11-13)

4. Tag: Gestirne (V.14-19)   *ZEIT*: Rhythmisierung

Lebewesen

5. Tag: Wasser- und Flugtiere (V.20-23)   *Raum*: Meer/Himmel

6. Tag: Landtiere und Menschen
   • Landtiere (V.24f.)

                                              Raum: Erde
   • Menschen (V.26-31)

2,2f Vollendung der Schöpfung

Abschluß der Schöpfung am 7. Tag (V.2)
Segnung und Heiligung des 7. Tages (V.3a)   *ZEIT*: Ruhen Gottes
Begründung: Ruhen Gottes am 7. Tag (V.3b)

2,4a Unterschrift

»Dies ist die Entstehungsgeschichte von Himmel und Erde, als sie geschaffen wurden
(ברא nif.).«

Für das Verständnis des doppelten Herrschaftsauftrags (*dominium animalium et terrae*) ist die Komposition von Gen 1,1-2,4a insofern von Bedeutung, als sie die *raumzeitlichen Grundkoordinaten* deutlich macht, innerhalb deren sich jedes menschliche und tierische Leben vollzieht. Dieses aus Raum und Zeit bestehende »kosmische Gerüst«[67] ist als Ermöglichung der Schöpfung zugleich auch die Grenze, die für die Stellung des Menschen in ihm konstitutiv ist. Bemerkenswert ist dabei, daß im Zusammenhang mit der Erschaffung der Gestirne (V.14-19) »ein Lexem für normales, ordnungsgemäß ausgeübtes Regieren und Verwalten (*māšal*), das sonst für Herrscher bezeichnend ist, auf Sonne und Mond angewandt (wird)«[68]. Die »Verfügungsgewalt« (מֶמְשֶׁלֶת V.16b, vgl. מָשַׁל V.18a) von Sonne und Mond bezieht sich auf den Tag-Nacht-Wechsel, auf die »festgesetzten Zeiten« im Monat und im Jahr sowie auf das Geschenk der Helligkeit am Tag (Sonnenlicht) und in der Nacht (Mondlicht).[69] Was auf diese Weise als *Strukturierung der Zeit* vorgegeben ist und durch die Gestirne angezeigt wird, verweist, wie der Epilog der nichtpriesterlichen Flutgeschichte (Gen 8,21f.) eindrücklich formuliert, auf »eine kosmische Weite, der irdisches Schicksal untergeordnet bleibt«[70].

Das gilt nach der Priesterschrift natürlich auch für den Menschen – auch und gerade wenn dieser sich »von der Lebenswelt dadurch abhebt, daß er den Boden bearbeiten, die Tiere in ihren Raum verweisen, mit Seinesgleichen

67 Koch, Imago Dei (s. Anm.20), 48, s. dazu auch Chr. Link, Schöpfung. Schöpfungstheologie angesichts der Herausforderungen des 20. Jahrhunderts (HST 7/2), Gütersloh 1991, 358ff., der im Blick auf diesen Text treffend vom »Ordnungsgefüge der Schöpfung« spricht.

68 Koch, ebd.

69 S. dazu I. Willi-Plein, Am Anfang einer Geschichte der Zeit, in: dies., Sprache als Schlüssel. Gesammelte Aufsätze zum Alten Testament, 2002, 11-23, hier: 17f.

70 Koch, a.a.O. 51, s. zur Sache auch H. Weippert, Altisraelitische Welterfahrung. Die Erfahrung von Raum und Zeit nach dem Alten Testament, in: Mathys (Hg.), Ebenbild Gottes (s. Anm.20), 9-34, hier: 10f. und B. Janowski, »Du hast meine Füße auf weiten Raum gestellt« (Ps 31,9). Gott, Mensch und Raum im Alten Testament, in: A. Loprieno (Hg.), Mensch und Raum von der Antike bis zur Gegenwart, Colloquium Rauricum 9, 2005 (im Druck). Die tages- und jahreszeitlichen Rhythmen, von denen Gen 8,21f. spricht, sind, da sie als »natürliche Gegebenheiten« erlebt werden, wenig spektakulär – es sei denn, sie bleiben aus oder der Mensch nimmt den in ihnen sich abbildenden Ordnungszusammenhang der Welt nicht mehr wahr. Von beidem: dem Ausbleiben der grundlegenden Zeitrhythmen (s. z.B. Jer 4,23-28 u.a.) wie ihrer Mißachtung durch den Menschen weiß das Alte Testament beredt zu berichten. So respektieren die Tiere die von Gott verfügten, lebensstiftenden Ordnungen, während das Gottesvolk sie nicht kennt oder sie nicht kennen will: »Selbst der Storch am Himmel kennt seine festgesetzten Zeiten (מוֹעֲדִים, vgl. Gen 1,14!), auch Taube, ‹Schwalbe› und Drossel halten die Zeit ihrer Rückkehr ein. Mein Volk aber kennt nicht die Rechtsordnung (מִשְׁפָּט) JHWHs.« (Jer 8,7), s. dazu Steck, Schöpfungsbericht (s. Anm.66), 102 Anm.417; M. Metzger, Gottheit, Berg und Vegetation in vorderorientalischer Bildtradition, ZDPV 99 (1983), 54-94, hier: 92f. und mit weiteren Texten Keel / Schroer, Schöpfung (s. Anm.5), 68ff.

kommunizieren und zur Gottheit beten kann«[71]. Dieser am 6. Tag zusammen mit den Landtieren erschaffene Mensch – beide leben auf dem gemeinsamen Lebensraum »Erde«[72] – wird mit der Aufgabe betraut, über diesen lebendigen Organismus zu »herrschen« (רָדָה)[73] und nicht Verhältnisse herbeizuführen, die ihn in seinem Zusammenhang in Frage stellen. Mit den Wendungen »Fische des *Meeres*«, »Vögel des *Himmels*« und »Vieh, Getier, Kriechtiere der *Erde*« ist in Gen 1,26.28 der Bezug zum Gesamtrahmen des ersten Schöpfungsberichts, speziell zu den Werken des 2. und 3. Tags (Himmel, Erde, Meer) als den drei Bereichen der geschaffenen Welt, explizit hergestellt. Für das Verständnis von רָדָה bedeutet das zunächst, daß mit diesem Verb nicht eine spezielle Herrschaftsmaßnahme – »niedertreten«, »domestizieren« oder »leiten, weiden, hegen«[74] –, sondern in prägnanter Weise die *universale Ordnungsfunktion* zum Ausdruck gebracht wird, die der Mensch als lebendige »Statue« bzw. Repräsentant des Schöpfergottes in der Schöpfung wahrnimmt.

Der universale Aspekt von Herrschaft kommt in vergleichbarer Weise auch in der neuassyrischen Königsideologie zum Ausdruck, wenn der König dort nicht nur als »König der Gesamtheit« oder als »König der vier (Welt-)Gegenden«, sondern – mit dem dem hebr. רָדָה verwandten akkadischen Verb *redû* »dirigieren, leiten; regieren«[75] konstruiert – auch als »Der die Länder überall lenkt« (*murteddû kališ matāte*) bezeichnet wird. So heißt es in einer Selbstprädikation Salmanassars III. (858-824 v.Chr.):

Salmanassar, der König der Gesamtheit der Menschen, der Fürst, der Stadtfürst Assurs, der mächtige König, der König der vier Weltteile allzumal (*šar kullat kibrāt arbaʾi*), der Sonnengott der Gesamtheit der Menschen ([d]*šamši kiššat nišē*), der die Länder überall lenkt (*murteddû kališ matāte*) ...[76]

---

71 Ders., a.a.O. 53.
72 Zu dem damit gegebenen Konfliktpotential s. unten Anm.86.
73 S. dazu Janowski, Herrschaft über die Tiere (s. Anm.41), 38ff., ferner U. Rüterswörden, Dominium Terrae. Studien zur Genese einer alttestamentlichen Vorstellung, BZAW 215, 1993, 81ff.; M. Görg, »Ebenbild Gottes« – ein biblisches Menschenbild zwischen Anspruch und Realität, in: R. Bucher u.a (Hg.), In Würde leben, FS E.L. Grasmück, 1998, 11-22, hier: 18ff.; Kaiser, Gott (s. Anm.1), 309f.; Groß, Statue (s. Anm.8), 21ff.; Koch, Imago Dei (s. Anm.20), 42ff.; H.-J. Stipp, Dominium terrae. Die Herrschaft des Menschen über die Tiere in Gen 1,26.28, in: A. Michel / H.-J. Stipp (Hg.), Gott – Mensch – Sprache, FS W. Groß, ATS 68, 2001, 113-148; Oberforcher, Biblische Lesarten (s. Anm.8), 141ff. und zuletzt Neumann-Gorsolke, Herrschen (s. Anm.4), 207ff. Die unterschiedlichen Interpretationsansätze werden besonders von Groß, Oberforcher und Neumann-Gorsolke miteinander verglichen.
74 Zu den mit diesen Übersetzungen verbundenen Deutungen s. Janowski, a.a.O. 34ff.
75 S. dazu ders., a.a.O. 39f.
76 Textnachweis bei ders., a.a.O. 39.

Daß wir es hierbei mit einem religiös legitimierten Konzept politischer Macht zu tun haben, zeigt der Rekurs auf den Sonnengott, der in seiner himmlischen Souveränität die Geschicke der Welt und ihrer Lebewesen (Menschen/Tiere) »leitet« (*redû* Gtn). Damit wäre eine Kompetenz des Sonnengottes auf den König übergegangen, der diese als sein lebendes »Bild« (*ṣalmu*) in seinem politischen und sozialen Handeln verwirklicht.[77] Wenn wir nach der Bedeutung dieses Materials für das Verständnis von רָדָה in Gen 1,26.28 fragen, so düfte der entscheidende Vergleichspunkt darin bestehen, daß akk. *redû (m)* + Subj. Gott/König mit einem Objekt verbunden wird, das eine *räumliche Gesamtheit* (*kališ mātāte* »alle Länder«) oder – wie im Gen-Text (V.26b: »... damit sie herrschen über die Fische des Meeres usw.«, V.28b: »... und herrscht über die Fische des Meeres usw.«) – eine *Totalität von Lebewesen* (*amēlūtu* »Menschheit«, *balṭu* »lebendig → Lebewesen [Menschen/Tiere]«) bezeichnet. Über ihnen steht der König, der seine politische und soziale Herrschafts-/Leitungskompetenz über die Gesamtheit der Welt/Lebewesen ausübt.[78]

---

77 S. dazu ders., a.a.O. 39f. mit den in Anm.41-43 gegebenen Hinweisen, ferner E. Otto, Krieg und Frieden in der Hebräischen Bibel und im Alten Orient. Aspekte für eine Friedensordnung in der Moderne, 1999, 42ff.

78 Über die bei Janowski, a.a.O. 39f. angeführten neuassyrischen *redû(m)*-Belege hinaus ist noch auf eine bemerkenswerte Analogie zu Gen 1,26.28 hinzuweisen. In der politischen Rhetorik Assyriens ist nämlich eine ähnliche *Taxonomie der Weltbereiche* belegt wie im Gen-Text. So vergegenwärtigt etwa Assurnasirpal (883-859 v.Chr.) in einem, im Nordwestpalast in Kalach angebrachten Eroberungsbericht seine eigene Herrlichkeit in Form einer rhetorischen Selbstdarstellung: »In ‹grünlicher Glasur› stellte ich an den Wänden meinen heroischen Ruhm dar, wie ich geradewegs *Bergländer, (Tief-)Länder* und *Meere* durchquerte, die Eroberung *aller Länder*« (zitiert nach Chr. Uehlinger, Das Image der Großmächte. Altvorderasiatische Herrschaftsikonographie und Altes Testament. Assyrer, Perser, Israel, BiKi 40 [1985] 165-172, hier: 166). Auch die kultische Sprache ist nach einem freundlichen Hinweis von St.M. Maul, Heidelberg, offenbar dem *taxonomischen Denken* verpflichtet, wie das Beispiel einer Inschrift Asarhaddons (681-669 v.Chr.) zeigt, wonach der assyrische König die Feierlichkeiten anläßlich des Richtfestes für den von ihm renovierten Tempel des Reichsgottes Assur schildert. Im Blick auf die Bewirtung der geladenen Gäste und der Götter mit Opferfleisch heißt es: »(VI 37) Ich schlachtete (38) *Masttiere*, (39) schächtete *Edelschafe* (40) und köpfte *Vögel des Himmels* und *Fische der Wassertiefe* (VII 1) ohne Zahl« (zitiert nach R. Borger, Die Inschriften Asarhaddons, Königs von Assyrien, AfO.B 9 [1956], 5). Diese Aufzählung huldigt nicht nur der Reichhaltigkeit des königlichen Speiseplans, sondern ist Ausdruck desselben Ordnungsdenkens, das auch die politische Rhetorik prägt: »Die Tiere liefern nicht nur die eiweißreiche Nahrung für den Gott, sondern sie verkörpern auch die drei kosmischen Bereiche des altorientalischen Weltbildes, denen sie jeweils entstammen: Schafe und Stiere stehen für die Erde; die Vögel für den Himmel und die Fische für den Ozean, der die Erde umgibt und auf dem die Erde schwimmt. Mit der Darbringung dieser Tiere wird der höchste Gott ernährt und ›besänftigt‹, indem er getragen wird von der Lebenskraft des gesamten Kosmos in seiner vertikalen Ordnung: Himmel, Erde, Ozean« (St.M. Maul, Wiedererstehende Welten. Aufgaben und Möglichkeiten moderner Altorientalistik, AW 29 [1998], 567-571,

Dieser taxonomisch ausgerichteten Sprache des altorientalisch-biblischen Weltbilds ist offenbar auch die רָדָה-Aussage von Gen 1,26b.28b verpflichtet.[79] »Herrschaft«, so die Priesterschrift, ist um der Schöpfung im ganzen und ihres Fortbestandes willen notwendig, sie definiert den gottebenbildlichen Menschen als Sachwalter für das *Ganze der Schöpfungswelt.* Gen 1,28 konkretisiert diese Bestimmung des Menschen im Sinn einer doppelten Ermächtigung zur Inanspruchnahme der Erde (*dominium terrae*) und zur Herrschaft über die Tiere (*dominium animalium*):

Und Gott segnete sie,
und Gott sagte zu ihnen:
»Seid fruchtbar
und werdet zahlreich
und füllt die Erde
und (›betretet sie‹ =) *nehmt sie in Anspruch,*
und *herrscht über* die Fische des Meeres und *über* die Vögel des Himmels
und *über* alles Getier, das auf der Erde kriecht.«

Auf die כָּבַשׁ-Aussage von Gen 1,28a[80] kann im vorliegenden Zusammenhang zwar nicht näher eingegangen werden, dennoch sei ein kurzer Hinweis erlaubt. So macht die Struktur der Gottesrede Gen 1,28 deutlich, daß von den fünf, imperativisch formulierten Bestimmungen – *Seid fruchtbar* (1) *und werdet zahlreich* (2) / *füllt die Erde* (3) *und (betretet sie =) nehmt sie* (Rückbezug durch Suffix!) *in Anspruch* (4) / *und herrscht über die Fische des Meeres und über die Vögel des Himmels und über alles Getier, das auf der Erde kriecht* (5) – die Bestimmungen 1 und 2 sowie 3 und 4 zusammengehören und der Passus durch die dreigliedrige Herrschaftsaussage abgeschlossen wird, die am Ende mit dem Stichwort »Erde« das Leitwort des Themas »Inanspruchnahme der Erde« (Bestimmungen 3 und 4) wieder aufnimmt. Dadurch wird der enge Zusammenhang der bei-

---

hier: 571). Maul weist in diesem Zusammenhang noch auf die Gründungsurkunden in den Fundamenten mesopotamischer Tempel hin, die »aus Materialien gefertigt (waren), die wiederum die kosmischen Bereiche versinnbildlichen – oder eher gesagt in sich tragen« (ebd.).

79 Vgl. auch Weippert, dominium terrae (s. Anm.20), 44 mit Anm.14, der zu Recht darauf hinweist, daß »in Gen 1 ... die Gattungen der Tierwelt ... nach einem einfachen Prinzip klassifiziert (werden): nach dem Element, in oder auf dem sie leben. So heißt alles, was in der Luft fliegt, עוֹף, genauer עוֹף הַשָּׁמַיִם, alles, was im Wasser des Meeres schwimmt, דְּגַת הַיָּם. Die dritte Kategorie sind die Tiere, deren Lebensraum die Erde ist. Für sie gibt es keinen zusammenfassenden Begriff; sie werden vielmehr je nach ihrer Beziehung zum Erdboden eingeteilt, auch wenn die Termini dafür dies nur teilweise erkennen lassen«, s. zur Sache noch A. Krüger, Himmel – Erde – Unterwelt. Kosmologische Entwürfe in der poetischen Literatur Israels, in: B. Janowski / B. Ego (Hg.), Das biblische Weltbild und seine altorientalischen Kontexte (FAT 32), 2001/²2004, 65-83, hier: 66ff. und Neumann-Gorsolke, Herrschen (s. Anm.4), 224ff.

80 S. dazu aber Janowski, Herrschaft über die Tiere (s. Anm.41), 34 mit Anm.3; Rüterswörden, Dominium terrae (s. Anm.73), 102ff.; Koch, Imago Dei (s. Anm.20), 38ff und ausführlich, auch mit Berücksichtigung der akk. *kabāsu*-Belege, jetzt Neumann-Gorsolke, a.a.O. 274ff. Zum Verständnis von כָּבַשׁ bei Weippert s. unten Anm.110.

den *dominium*-Aufträge – des *dominium animalium* und des *dominium terrae* – auch sprachlich unterstrichen. Möglicherweise ist dies auch ein Hinweis auf die konkrete Bedeutung des Herrschaftsauftrags.[81]

Der Mensch ist also »Bild Gottes, insofern er sich verantwortlich handelnd zu seinem Lebensraum samt den Lebewesen darin verhält«[82] und nicht, insofern er zu einem autonomen Verfügen über die Tierwelt für selbstgewählte Zwecke ermächtigt wird. Das Zusammenleben des Menschen mit den Tieren, mit denen er denselben Lebensraum (»Erde«) teilt, wird durch die Nahrungszuweisung Gen 1,29f. reguliert.[83] Sie impliziert *Gemeinschaft* (gleicher Lebensraum »Erde«) und *Differenz* (unterschiedliche Nahrung: Früchte und Samen für die Menschen, Gräser und Kräuter für die Tiere) und schützt Mensch und Tier vor wechselseitigem Blutvergießen. Die Herrschaft des Menschen steht also unter dem Primat des Segens (Gen 1,28!) und findet ihre Grenzen am Ganzen der Schöpfungswelt.

Möglicherweise hat die Priesterschrift in Noah den Prototyp dieses gottebenbildlichen Menschen gesehen, da sie ihn, der die Tierpaare in die Arche führt (Gen 6,19f.), als »gerecht« (צַדִּיק) bezeichnet (Gen 6,9) und in ihm die Kontrastgestalt zu den gewalttätigen Nichtgerechten (»alles Fleisch«)[84] von Gen 6,11-13 sieht:

9 Dies ist die Toledot Noahs:
   Noah war ein gerechter, integrer Mann unter seinen Zeitgenossen,
   mit Gott wandelte Noah.

10 Und Noah zeugte drei Söhne, den Sem, den Ham und den Japhet.

11 Und verderbt wurde die Erde vor Gott,
   und angefüllt wurde die Erde mit Gewalttat.

12 Und Gott sah die Erde und siehe: sie war verderbt,
   denn verdorben hatte alles Fleisch seinen Weg auf der Erde.

13 Und Gott sagte zu Noah:
   »Das Ende allen Fleisches ist vor mich gekommen,
   denn angefüllt ist die Erde mit Gewalttat durch sie,
   und siehe: Ich bin der, der sie verdirbt mit der Erde« (Gen 6,9f.).

Noah ist gleichsam das urgeschichtliche Paradigma des gottebenbildlichen Menschen, denn die Maßnahmen, die er

---

81 S. dazu unten Anm.86.
82 Groß, Gottebenbildlichkeit (s. Anm.19), 33.
83 Zu Gen 1,29f. s. zuletzt Neumann-Gorsolke, Herrschen (s. Anm.4), 229ff.
84 S. dazu H.-J. Stipp, »Alles Fleisch hatte seinen Wandel auf der Erde verdorben« (Gen 6,12). Die Mitverantwortung der Tiere an der Sintflut nach der Priesterschrift, ZAW 111 (1999), 167-186. Nach Chr. Link, Schöpfung. Schöpfungstheologie angesichts der Herausforderungen des 20. Jahrhunderts, HST 7/2, 1991, 398 wird nach Gen 6,9 »Gerechtigkeit« zum kritischen Regulativ für Herrschaft.

»auf Weisung Gottes (!) zum Überleben der Tierwelt im Sintflutgeschehen gemäß dem P-Bericht trifft (Gen 6,19ff.; 7,13ff.), sind von P gewiß als aktuelle Ausübung der Herrschaftsaufgabe des Menschen gesehen; die Zielbestimmung der Lebenserhaltung der gefährdeten Tierwelt, die 6,19.20 ausdrücklich gegeben ist, ist mehr als bezeichnend«[85].

Tätige Verantwortung für die Lebenswelt und das Lebensrecht der Tiere – mehr Konkretion in Sachen »Herrschaftsauftrag über die Tiere« scheint die Priesterschrift nicht intendiert zu haben.[86] Im Rahmen ihrer Urgeschichte ist sie auch deutlich genug.

---

85 O.H. Steck, Welt und Umwelt, Stuttgart, 80, vgl. Baumgart, Umkehr des Schöpfergottes (s. Anm.66), 202ff.267ff.; Koch, Imago Dei (s. Anm.20), 46; J. Ebach, Noah. Die Geschichte eines Überlebenden, 2001, 50ff. und Neumann-Gorsolke, a.a.O. 238ff.

86 Natürlich läßt sich über die Art der Konkretion des Herrschaftsauftrags noch weiter spekulieren, wie dies immer wieder geschehen ist, s. dazu die Übersicht bei Janowski, Herrschaft über die Tiere (s. Anm.41), 34ff. und Koch, a.a.O. 42ff. Leitend dürfte dabei folgende Beobachtung sein: Offenbar erkennt die Priesterschrift »geprägt durch eine Umwelterfahrung, in der die Tiere als die oft Mächtigeren den Menschen tödlich bedrohen, ... schon in der noch unverdorbenen Schöpfung *Rivalität zwischen Tieren und Menschen.* Diese droht besonders dort, wo sie gemeinsamen Lebensraum teilen; daher fehlt in Gen 1 der Segen über die Landtiere. Daher teilt Gott den Land- und Lufttieren andere vegetarische Nahrung zu als den Menschen. Daher erteilt er dem Menschen die Herrschervollmacht über die Tiere. Daher wandelt er diese nach der Sintflut in volle Verfügungsgewalt (Auslieferungsformel) und (mit Kautelen versehene) Tötungserlaubnis um« (Groß, Statue [s. Anm.8], 28 [Hervorhebung von mir], vgl. 32ff.; Görg, »Ebenbild Gottes« [s. Anm.73], 18ff.; Koch, a.a.O. 46; F. Crüsemann, Der erste Segen: Gen 1,26-2,3. Übersetzung und exegetische Skizze, BiKi 58 [2003] 109-118, hier: 115 und zur Bedrohung durch wilde Tiere Weippert, dominium terrae [s. Anm.20], 52ff. und Keel / Schroer, Schöpfung [s. Anm.5], 182f.). In jedem Fall dürfte mit dem »Herrschen« des gottebenbildlichen Menschen eine *regulative Tätigkeit* gemeint sein, die die Kompetenz zur *schützenden Fürsorge* wie zur *verfügenden Inanspruchnahme* umfaßt und insofern eine Form menschlicher *Machtausübung* darstellt, s. dazu bereits Janowski, a.a.O. 44 mit Anm.60. Die Grenze zwischen *verfügender Inanspruchnahme im Dienst schützender Fürsorge* (Sicherung der vorhandenen Lebenswelt, Abwehr des Chaos) und *verfügender Inanspruchnahme im eigenen Interesse* (Schutz vor Bedrohung durch wilde Tiere, Tiertötung) wird, wie die Tötungserlaubnis Gen 9,2f. realistisch zeigt, vom Menschen allerdings immer wieder überschritten; der Herrschaftsauftrag von Gen 1,26-28 stellt dazu den utopischen Gegenentwurf dar, s. dazu im folgenden. Anders Weippert, a.a.O. 53f., demzufolge »die Tötung von Landtieren, Fischen und Vögeln zur Abwehr von Gefahr und zur Ernährung des Menschen in die ›Schöpfungsordnung‹ eingebaut war und damit legitimiert wurde« (a.a.O. 54). Weippert gelangt zu dieser Sicht, die seine Interpretation von רָדָה (s. dazu unten Anm.110) abstützen soll, durch die Eliminierung von Gen 1,29-30a aus dem ursprünglichen Kontext von Gen 1,26-31, s. dazu aber Neumann-Gorsolke, Herrschen (s. Anm.4), 229ff.

2.2. Der Kontext der Imago Dei-Aussagen

Noah ist nach der Priesterschrift die zentrale Figur der Urgeschichte, weil er den Schöpfungssegen von Gen 1,26-28 weiterträgt und der nachsintflutlichen Menschheit damit eine Zukunft verheißt.[87] Um diese These noch etwas deutlicher zu profilieren, müssen wir den Zusammenhang zwischen dem priesterlichen Schöpfungsbericht (Gen 1,1-2,4a) und der priesterlichen Fluterzählung (Gen *6,5-9,29)[88] in den Blick nehmen. Während Gen 1,26-28 die Erschaffung des Menschen zum/r »Bild/Statue« Gottes und die Beauftragung dieses Menschen zur Herrschaft über die Tiere sowie zur Inanspruchnahme der Erde beschreibt, scheint Gen 9,1-7[89] die gute Ordnung der uranfänglichen Schöpfung durch eine Art ›Notverordnung‹ wieder rückgängig zu machen. Nachdem sich die Arche auf einem der Berge von Ararat niedergelassen hatte (Gen 8,4), die Wasser vollständig von der Erde weggetrocknet waren (Gen 8,13a.14) und Noah mit allem, was bei ihm war, die Arche auf Gottes Befehl hin verlassen hatte (Gen 8,15-17, Ausführungsbericht 8,18f.), segnete Gott Noah und seine Söhne (Gen 9,1a) und sagte zu ihnen:

1 Da segnete Gott Noah und seine Söhne
und sagte zu ihnen:

»Seid fruchtbar und werdet zahlreich und füllt die Erde.
2 Und Furcht vor euch und Schrecken vor euch sei auf allen Tieren der Erde
und auf allen Vögeln des Himmels,
mit allem, was sich auf dem Erdboden regt, und mit allen Fischen des Meeres
sind sie in eure Hand gegeben.
3 Alles, was sich regt, das lebendig ist – euch sei es zur Nahrung,
wie das grüne Kraut habe ich euch alles gegeben.
4 Nur Fleisch mitsamt seinem Leben – sein Blut – sollt ihr nicht essen.
5 Jedoch euer Blut, das eines jeden von euch, werde ich einfordern,
aus der Hand eines jeden werde ich es fordern,
und aus der Hand des Menschen, aus der Hand eines jeden <seines Bruders>,
fordere ich das Leben des Menschen.
6 Wer das Blut des Menschen vergießt – durch den Menschen soll sein Blut

---

87 Vgl. Oberforcher, Biblische Lesarten (s. Anm.8), 147.
88 Zu den kompositorischen Aspekten s. M. Witte, Die biblische Urgeschichte. Redaktions- und theologiegeschichtliche Beobachtungen zu Genesis 1,1-11,26, BZAW 265, 1998, 130ff. und E. Blum, Art. Urgeschichte, TRE 34 (2002), 436-445, hier: 441f.
89 Zu Gen 9,1-7.8-16 s. zuletzt R. Mosis, Gen 9,1-7: Funktion und Bedeutung innerhalb der priesterschriftlichen Urgeschichte, BZ 38 (1994), 195-228; O.H. Steck, Der Mensch und die Todesstrafe. Exegetisches zur Übersetzung der Präposition Beth in Gen 9,6a, ThZ 53 (1997), 118-130; Ebach, Bild Gottes (s. Anm.61), 16ff.; Baumgart, Umkehr des Schöpfergottes (s. Anm.66), 290ff.; Groß, Statue (s. Anm.8), 26ff.34f.; Oberforcher, Biblische Lesarten (s. Anm.8), 147ff.; F.-L. Hossfeld, »Du sollst nicht töten!«. Das fünfte Dekaloggebot im Kontext alttestamentlicher Ethik, Beiträge zur Friedensethik 26, 2003, 66ff. und Neumann-Gorsolke, Herrschen (s. Anm.4), 248ff.

vergossen werden,
denn als Bild/Statue (צֶלֶם) Gottes hat er den Menschen gemacht.
7   Ihr aber seid fruchtbar und werdet zahlreich,
    wimmelt auf der Erde und werdet zahlreich auf ihr.«

Wenn 9,1-7 den Fortbestand der Menschheit im Blick auf künftig gebändigte
Gefährdungen, die nach Gen 6,11ff. aus dem gewaltbestimmten Zusammenleben *alles* Lebendigen (Menschen und Tiere) kommen, garantiert, so muß
zunächst verwundern, mit welchen Maßnahmen diese Garantie von Gott der
nachsintflutlichen Menschheit gegeben wird. Zwar soll unkontrollierte Gewalt (חָמָס) auf der Erde hinfort ausgeschlossen sein – aber um den Preis,
daß die Tiere der Verfügungsgewalt des Menschen unterliegen (9,2), ihre
Tötung zu Nahrungszwecken erlaubt ist (9,3), diese Erlaubnis aber durch das
Blutgenußverbot eingeschränkt wird (9,4).[90] Demgegenüber sind Tötungsde-
likte am Menschen grundsätzlich verboten, weil Gott ihn als sein/e
»Bild/Statue« (צֶלֶם) gemacht hat (9,6). Die in Gen 9,3f erlaubte Tiertötung
intendiert aber keine Ausrottung der Tierwelt. Das widerspräche nicht nur
jeder Klugheitserwägung[91], sondern auch der Segensverheißung von Gen 9,8-
17[92], wonach auch die Tiere zum Gottesbund gehören. Mit schrankenloser
Gewalt hat die nachsintflutliche Neuregelung also nichts zu tun. Sie zeigt
aber, als wie gravierend die Priesterschrift die Kluft zwischen dem Menschen
und seinen Mitgeschöpfen empfunden hat und wie konfliktträchtig das Zusammenleben von Mensch und Tier in dem gemeinsamen Lebensraum ›Erde‹
in Wirklichkeit ist. »Nicht um seiner selbst willen, sondern um der Integrität
der *gemeinsamen* Lebenswelt willen, die er mit den Tieren teilt, wird der
Mensch mit dem Mandat zu ›herrschen‹ beauftragt«[93]. Diese Integrität wurde
nach Gen 6,11-13 durch die »Gewalttat« (חָמָס) allen Fleisches, also von
Mensch *und* Tier, zerstört (V.11f.) und die Erde mit Gewalt »angefüllt«
(11b.13a):

11 Und verderbt wurde die Erde vor Gott,
    und angefüllt wurde die Erde mit Gewalttat.
12 Und Gott sah die Erde und siehe: sie war verderbt,

---

90 In der Systematik der Priesterschrift bezieht sich das Blutgenußverbot von Gen 9,4 auf
    Lev 17,10-14, wonach das Blut wegen des in ihm präsenten Lebens an den Altar appli-
    ziert werden soll, um dort Sühne für die Israeliten zu schaffen, s. dazu B. Janowski,
    Sühne als Heilsgeschehen. Traditions- und religionsgeschichtliche Studien zur priester-
    schriftlichen Sühnetheologie, WMANT 55, 1983/²2000, 242ff. und zuletzt A. Ruwe,
    »Heiligkeitsgesetz« und »Priesterschrift«. Literaturgeschichtliche und rechtssystema-
    tische Untersuchungen zu Leviticus 17,1-26,2, FAT 26, 1999, 142f.154ff. und M. Mil-
    lard, Die Genesis als Eröffnung der Tora. Kompositions- und auslegungsgeschichtliche
    Annäherungen an das erste Buch Mose, WMANT 90, 2001, 99ff.
91 Vgl. Höffe, Moral (s. Anm.4), 196ff.
92 S. dazu im folgenden.
93 Link, Schöpfung (s. Anm.84), 396, s. dazu auch oben Anm.86.

denn verdorben hatte alles Fleisch seinen Weg auf der Erde.
13 Und Gott sagte zu Noah:
»Das Ende allen Fleisches ist vor mich gekommen,
denn angefüllt ist die Erde mit Gewalttat durch sie,
und siehe: Ich bin der, der sie verdirbt mit der Erde« (Gen 6,11-13)

Damit ist, wie die Gegenformulierung »*Und siehe: sie war verderbt*« (Gen 6,12a) zur Billigungsformel »*Und siehe: sie war sehr gut*« (Gen 1,31a) des Schöpfungsberichts prägnant zeigt, »ein Totalumschlag von der idealen Schöpfung in eine durch Gewalt pervertierte Welt ausgesagt«[94]. Nach dem Sintflutgericht, in das die Gewalt unter den Geschöpfen führte, setzte Gott nach Gen 9,2f eine Art Kriegszustand zwischen Mensch und Tier ein.[95] Jetzt war der Mensch nicht nur ein »Herrscher« über die Tiere, sondern ihr furchterregender »Schrecken«. Die tödliche Gewalt von Gen 6,11f. kennzeichnet aber nicht die Totalität des Lebens, die durch Gen 9,2f. nur ratifiziert würde. Vielmehr enthält Gen 9,1-7 – trotz der offenen *Rivalität zwischen Mensch und Tier* – ein Stück Utopie: Der Mensch bleibt das/die »Bild/Statue« Gottes (Gen 9,6, vgl. 1,26f.)[96], er übt seine Herrschaft über die Tiere aber als *begrenzte* ›Schreckensherrschaft‹ aus (Gen 9,2), indem ihm, dem ursprünglichen Vegetarier (Gen 1,29f.), die Tiere zwar zum Verzehr freigegeben werden (Gen 9,3), wegen des Bluttabus aber nicht unbeschränkt (Gen 9,4).

In der Wahrnehmung dieser Ambivalenz, die bestehende Gewaltverhältnisse zwischen Mensch und Tier nicht leugnet, aber auf das nötige Minimum einzugrenzen sucht, ist der priesterliche Verfasser ein Realist. Er weiß, daß das Leben in seiner geschichtlichen Realität bedroht ist und deshalb mit ›ordnender Gewalt‹ verteidigt bzw. reguliert werden muß. Er ist zugleich aber mehr als ein Realist, weil er viel weiter geht, als wir es heute je tun würden, indem er, wie die zweite Gottesrede Gen 9,8-17 ausdrücklich sagt (V.10, vgl.

---

94 Oberforcher, Biblische Lesarten (s. Anm.8), 145.
95 S. dazu Baumgart, Umkehr des Schöpfergottes (s. Anm.66), 295f.; Groß, Statue (s. Anm.8), 26ff.34 und Neumann-Gorsolke, Herrschen (s. Anm.4), 253ff.
96 Nach Hossfeld, »Du sollst nicht töten!« (s. Anm.89) zeigt sich in Gen 9,6 gegenüber Gen 1,26f. insofern eine Veränderung im Blick auf die Gottebenbildlichkeit, als der Mensch hier »nicht mehr definiert (wird) im Gefälle von Mensch zu Tier, sondern im Kontext der Übergriffe von Mensch gegen Mensch. In diesem Kontext begründet der Halbvers (sc. Gen 9,6b) den vorausgehenden Rechtssatz und macht nun eine Wesensaussage. Weil der Mensch als Gottes Ebenbild einen so hohen Wert hat, darf kein Menschenblut vergossen werden, muß aber zugleich Mord geahndet werden. Die Bibel erfaßt hier zum erstenmal reflex den Gedanken des Menschenrechts bzw. der Menschenwürde« (a.a.O. 68) – und zwar erfaßt sie diesen Gedanken, wie man hinzufügen muß, im Blick auf einen Menschen, der trotz seines Status als »Schrecken der Tiere« das »Bild« seines Schöpfers bleibt!, vgl. Oberforcher, Biblische Lesarten (s. Anm.8), 148 Anm.57. Diese Perspektive wird theologisch nur noch durch die anschließende Bundesverheißung in Gen 9,8-17 überboten, s. dazu im folgenden.

12), auch die Tiere in den »Bund« (בְּרִית) Gottes mit dem Menschen hinein-
genommen sieht:

> 8 Und Gott sagte zu Noah und zu seinen Söhnen mit ihm folgendermaßen:
> 9 »Ich aber, siehe, ich bin dabei, meinen Bund aufzurichten mit euch und mit eurem Sa
> men nach euch
> 10 und mit jeglichem lebenden Wesen, das bei euch ist an Vögeln, an Vieh
> und an allem Getier der Erde bei euch aus allen, die aus der Arche herausgegangen
> sind.
> 11 Ich werde meinen Bund aufrichten mit euch (des Inhalts):
> Nicht mehr wird alles Fleisch ausgerottet werden von den Wassern der Flut,
> und nicht mehr wird eine Flut sein, die Erde zu verderben.«[97]

Und Gen 1,26-28? Redet dieser Text gegenüber der harten Realität von Gen
9,2f. nicht einem unrealistischen Ideal das Wort? Wie auch immer man hier
die Akzente setzt – er hält jedenfalls den Glauben daran fest, daß der Mensch
als »Bild/Statue« Gottes sein Weltverhältnis verfehlt, wenn er es im Sinn von
Gen 6,11-13 auslebt, wenn er also sein Handeln von der Maxime der Gewalt
bestimmt sein läßt. Sowenig Gen 9,2f. einfach die Gewaltlinie von Gen
6,11ff. fortschreibt, sowenig reduziert der Herrschaftsauftrag von Gen
1,26.28 die Wirklichkeit auf das Ideal der heilen Welt. Zusammen mit Gen
9,1-7.8.17 kann er auch als Utopie und d.h. als Aufforderung gelesen werden,
es nicht bei der Normativität des Faktischen, wie sie Gen 9,2-6 beschreibt, zu
belassen, sondern die Herrschaft des Menschen zu begrenzen, wo sie
schrankenlos zu werden droht. Dafür spricht auch die Segensformulierung
von Gen 1,28, wonach nicht nur die Vermehrung, sondern auch das doppelte
Dominium des Menschen (*dominium terrae et animalium*) Segensinhalte
sind, die nur um den Preis der Gewalt und deren Folgen (Gen 6,11ff.!) in
ihrem Ursprungssinn depraviert werden. Das also ist die Botschaft der
priesterlichen Urgeschichte (Gen *1-9Pg) an das nachexilische Israel, es nicht
bei bestehenden Gewaltverhältnissen zu belassen – die nun einmal nicht
schönzureden sind –, sondern den Menschen an seine Herkunft zu erinnern:
daß er zwar als »Bild/Statue« Gottes zur Herrschaft beauftragt, aber als
Geschöpf inmitten der anderen Geschöpfe Gottes erschaffen ist.

3. Argumente für einen kritischen Anthropozentrismus

Wenn ein Gedanke historisch anders gelebt worden ist, als er ursprünglich
gemeint war, so hängt dies zunächst mit seiner Wirkungsgeschichte und den
damit einhergehenden Kontextverschiebungen zusammen. Aber nicht nur

---

97 Zu diesem Text s. W. Groß, Zukunft für Israel. Alttestamentliche Bundeskonzepte und
die aktuelle Debatte um den Neuen Bund, SBS 176, 1998, 45ff., bes. 49ff.

das. Denn die Wirkung eines Gedankens hängt auch mit dem Gedanken selbst, also seinem Ursprungssinn zusammen, insoweit Menschen ihn sich zu eigen machen und ihr Handeln von ihm bestimmt sein lassen. Die biblische Vorstellung von der Gottebenbildlichkeit des Menschen ist ein solcher Gedanke, der seit den 60er Jahren des 20. Jahrhunderts für die ökologische Krise (mit-)verantwortlich gemacht wurde. Zugespitzt lautete diese Schuldzuweisung folgendermaßen: An den ökologischen Krisen der Gegenwart trägt letztlich »das Christentum die Hauptschuld, weil mit seiner aus der jüdisch-christlichen Tradition stammenden Religion und Botschaft eine ›Arroganz gegenüber der Natur‹ verbunden gewesen sei«[98]. Ein solche Haltung gründe zum einen in der *anthropozentrischen Auffassung*, daß alles in der Welt der Erscheinungen dazu bestimmt sei, den Zwecken des Menschen zu dienen, und zum anderen in der *radikalen Entgöttlichung der Natur* durch die christliche Schöpfungslehre, die damit die Möglichkeit einer rücksichtslosen Ausbeutung der Natur eröffnet habe. Im Zusammenwirken beider Momente sah der amerikanische Wissenschaftshistoriker L. White Jr. 1967 die historischen Wurzeln der ökologischen Krise, was viele dann bereitwillig übernommen haben.[99]

Unter dem Eindruck dieser – generellen und darum einseitigen – Kritik des biblisch fundierten Anthropozentrismus sah sich auch die alttestamentliche Wissenschaft zu einem Umdenken veranlaßt, allerdings mit eigenartigen Begründungen und Empfehlungen. Eine dieser Empfehlungen lief darauf hinaus, »den Text von Gen 1 als *die* Aussage der biblischen Überlieferung zu Schöpfungstheologie und Umweltproblematik für einige Zeit in die große Truhe der Schrift zurückzulegen und durch andere Texte zu ersetzen oder Gen 1 wenigstens energisch andere, weniger imperialistische Texte an die Seite zu stellen«[100] wie Gen 2; Ps 104; Hi 38f.; Prov 8 u.a.[101] Abgesehen davon, daß man auf diese Weise den biblischen Herrschaftsauftrag nicht los wird[102], wird auch die Möglichkeit verspielt, dem Anliegen der ökologischen Ethik durch eine Neubewertung des Anthropozentrismus zu entsprechen, die ihm seine despotischen Züge nimmt.

Um den positiven Gehalt des Anthropozentrismus unter dem Berg wohlfeiler Schuldzuweisungen freizulegen und die Diskussion aus der eingeschliffenen Schwarz-weiß-Alternative herauszuführen, ist zunächst zu sehen, daß die Rückführung eines derart komplexen Geschehens wie der modernen

---

98 Groh / Groh, Weltbild (s. Anm.55), 14f.
99 S. dazu oben 184.
100 O. Keel, Anthropozentrik? Die Stellung des Menschen in der Bibel, Orien. 51 (1987), 221f., hier: 221 (Hervorhebung im Original).
101 Vgl. Keel / Schroer, Schöpfung (s. Anm.5), 237.
102 Wollte man dieser Empfehlung folgen, so würde die Schrift, wie Höffe, Moral (s. Anm.4) zu Recht feststellt, »in die Nähe eines Warenhauses (rücken), das innerhalb großzügiger Grenzen jedem Zeitgeist entgegenkommt« (199).

Umweltkrise auf eine einzige Ursache – *das* Judentum und *das* Christentum[103] – schon deshalb verfehlt ist, weil Geschichtsprozesse nicht nach dem Schema linearer Kausalitäten ablaufen. Sie sind vielmehr als »Systeme von Relationen und Rückkoppelungen anzusehen, die ohne Annahme oberster oder erster Ursachen hinreichend beschrieben werden können«[104]. Wer deshalb in den Vorwurf, das Christentum sei allein verantwortlich für die Ausplünderung unseres Planeten, nicht einstimmt, kann dennoch mit guten Gründen die Meinung vertreten, daß die Auffassung von der Natur als Objekt menschlichen Fortschrittsglaubens ihre Ausprägung *auch* durch das Christentum erfahren hat; allerdings durch eine Art von Christentum, das in Wechselwirkung mit den modernen Naturwissenschaften stand und von diesen mitgeformt und überlagert wurde.[105] Der Weg der Naturvorstellungen »vom Garten Eden zur Weltmaschine (war) keine Einbahnstraße, kreuzungsfrei und mit Sichtblenden auf beiden Seiten«[106].

Der positive Gehalt des Anthropozentrismus, d.h. seine Problemlösungskapazität, tritt folglich dann in Erscheinung, wenn aus dem generellen Streit um ein anthropozentrisches *Denken* ein spezifischer Streit um eine anthropozentrische *Moral* wird, weil erst diese dem Menschen auch Vorrechte zusprechen kann.[107] In den letzten Jahren ist deshalb verstärkt die Einsicht artikuliert worden, gerade angesichts der ökologischen Folgen menschlichen Handelns an dem Postulat der Sonderstellung des Menschen festzuhalten. Ist der Mensch, so läßt sich argumentieren, nämlich nur *eine* Art unter anderen Arten, dann sind auch seine Handlungen und ihre Konsequenzen als letztlich »naturhaft« anzuerkennen – also auch die von ihm verursachten Umweltzerstörungen. Gleichzeitig besitzt nur der Mensch Reflexionsfähigkeit, und es macht gerade das Eigentümliche dieser Fähigkeit aus, Naturzwecke zu distanzieren und sich noch einmal zu ihnen affirmativ oder negativ verhalten zu können. Nicht daß der Mensch sich in den Mittelpunkt stellt, zeichnet ihn aus, sondern daß er fähig ist, diese Mittelpunktstellung einzuschränken oder sogar aufzugeben. »Ohne die Fähigkeit«, so bringt O. Höffe diese Wende in der Anthropozentrismusdebatte auf den Punkt, »derentwegen der Mensch denn doch einen höheren Rang einnimmt, ohne die Moralfähigkeit, ist eine ökologische Ethik undenkbar«[108].

---

103 Vgl. Höffe, a.a.O. 198.202ff.
104 Groh / Groh, Weltbild (s. Anm.55), 16.
105 Zu diesem Formungs- und Überlagerungsprozeß s. Groh / Groh, a.a.O. passim.
106 Dies., a.a.O. 17.
107 Vgl. Höffe, Moral (s. Anm.4), 196.
108 Ders., a.a.O. 211.

4. Ausblick

Vor wenigen Jahren, so hatte ich eingangs bemerkt, hat die abendländische Welt zweitausend Jahre ihrer Geschichte hinter sich gebracht und damit einen Weg zurückgelegt, auf dem die von ihr gestifteten Weltdeutungen nach und nach zur Disposition gestellt bzw. ins historische Abseits gedrängt wurden. Zu diesen wirkmächtigen Grundmotiven gehört auch die biblische Vorstellung von der Gottebenbildlichkeit des Menschen, deren Wirkungsgeschichte zwar äußerst problematische Züge aufweist, deren Unverzichtbarkeit im Kontext der gegenwärtigen Debatte um die Gentechnik aber wieder neu ins Bewußtsein tritt.[109] Gilt diese Unverzichtbarkeit auch für den Herrschaftsauftrag oder ist dieser »in seiner überlieferten Form obsolet«[110]?

Wie wir sahen, bindet der priesterliche Schöpfungsbericht (Gen 1,1-2,4a) die Bestimmung des Menschen zur Herrschaft über die Tiere und zur Inanspruchnahme der Erde an seine Erschaffung zum/r »Bild/Statue« Gottes. Gottebenbildlichkeit und Herrschaftsauftrag erklären den Menschen zum Mandatar der Schöpfung, der sein ›Herrscheramt‹ nur dann ausfüllt, wenn er es *in Rückbindung an den Schöpfer* und in diesem Sinn *verantwortlich* ausübt.[111] Ob der Mensch dazu in der Lage ist oder ob er hier versagt, vermag die Priesterschrift – wie die von ihr gewählte Herrschaftssemantik[112] zeigt – nur im Sinn einer dynamischen und darum stets riskanten Beziehung zu beantworten, die der gottebenbildliche Mensch zum *Ganzen der Schöpfung* und *innerhalb ihrer Grenzen* einnimmt. Aber auch uns, die wir zur Natur nicht wie andere Kulturen eine statische, sondern eine dynamische Beziehung pflegen, verlangt dies ein höheres Maß an moralischer Verantwortung ab. Ob wir dazu willens und auch imstande sind, ist schwer abzuschätzen. Wir sollten uns aber im klaren darüber sein, daß wir mit dem Rekurs auf eine Anthropologie, deren jüdisch-christliche Anteile unverkennbar sind, nicht nur eine *ökologisch riskante* und *moralisch anspruchsvolle* Zivilisation gewählt haben, aus der wir nicht einfach aussteigen können[113], sondern daß wir – ganz

---

109 S. dazu etwa J. Habermas, Glauben und Wissen, 2001, 29ff.

110 Weippert, dominium terrae (s. Anm.20), 54. Weippert, a.a.O. 48ff. gelangt zu diesem Urteil aufgrund seiner – philologisch anfechtbaren – Behauptung, daß רָדָה ausschließlich ein Gewaltaspekt zukomme, der sich nach Gen 1,28 aus dem anschließenden כָּבַשׁ und seiner Bedeutung »unterwerfen« (a.a.O. 49) ergebe; s. zu כָּבַשׁ aber die Hinweise oben 204 mit Anm.80. Ähnlich wie Weippert, im Unterschied zu diesem aber ohne exegetische Begründung, Crüsemann, Segen (s. Anm.86), 114f.

111 Vgl. Oberforcher, Biblische Lesarten (s. Anm.8), 135 mit Anm.11: »Von Gott her soll (!) der Mensch ›Krone der Schöpfung‹ sein – im Sinne der Schöpfungsidealität von Gen 1, welche allen Anthropozentrismus entschärft und rückbindet in eine dominante Theozentrik«, vgl. 136ff. und zu dem für Gen 1,26 charakteristischen Zusammenhang von Schöpfungs-, Bild- und Herrschaftsaussage oben 187ff.

112 S. dazu oben 196ff.

113 Vgl. Höffe, a.a.O. 204.

im Sinn von Gen 1 – auch der Verheißung der Gottebenbildlichkeit teilhaftig sind, deren Integrität aber nichts anderes ist als »das Offensein für den immer ungeheuerlichen und zu Demut stimmenden Anspruch an seinen immer unzulänglichen Träger.«[114]

---

114 Jonas, Prinzip Verantwortung (s. Anm.1), 393, vgl. oben 183.

Von Adam zu Enosch
Überlegungen zur Entstehungsgeschichte von Gen 2-4

Jan Christian Gertz (Heidelberg)

1.

Der erste Dialog zwischen Gott und Mensch, von dem die biblische Überlieferung zu berichten weiß, findet sich in der Paradieserzählung in Gen 2-3 und steht bekanntlich unter keinem guten Vorzeichen. Sein Ergebnis läßt sich auf die Grundeinsicht religiöser Selbstdeutung zuspitzen und lautet schlicht: Der Mensch ist Mensch, und nicht Gott. In jüngerer Zeit mehren sich Stimmen, welche die Formulierung dieser Grundeinsicht und die Wahrnehmung der darin ausgedrückten Ambivalenz menschlicher Existenz in die weit fortgeschrittene Literaturgeschichte des antiken Israel einordnen und in der Paradieserzählung mitunter einen Text erblicken, der im Horizont des priesterschriftlichen Schöpfungsberichts zu lesen ist. Natürlich ist innerhalb dieser Neubewertung zu differenzieren: Teils wird die Paradieserzählung im Anschluß an die überlieferungsgeschichtlichen Arbeiten von W. H. Schmidt und O. H. Steck als literarisch einheitlich beurteilt[1], gilt im Gegensatz hierzu jedoch als Ergänzung des priesterschriftlichen Schöpfungsberichts[2]. Andere

---

1 W. H. Schmidt, Die Schöpfungsgeschichte der Priesterschrift. Zur Überlieferungsgeschichte von Genesis 1,1-2,4a und 2,4b-3,24, WMANT 17, ²1967, 194-229; O. H. Steck, Die Paradieserzählung. Eine Auslegung von Genesis 2,4b-3,24 (1970), in: ders., Wahrnehmungen Gottes im Alten Testament. GesSt, TB 70, 1982, 9-116. Für die literarische und überlieferungsgeschichtliche Einheitlichkeit vgl. E. Kutsch, Die Paradieserzählung Gen 2-3 und ihr Verfasser (1977), in: ders., Kleine Schriften zum AT, BZAW 168, 1986, 274-289.

2 Vgl. J. Blenkinsopp, The Pentateuch. An Introduction to the First Five Books of the Bible, 1992, 54ff; ders., A Post-exilic lay source in Genesis 1-11, in: J. C. Gertz/K. Schmid/M. Witte (Hgg.), Abschied vom Jahwisten. Die Komposition des Hexateuch in der jüngsten Diskussion, BZAW 315, 2002, 49-61; E. Otto, Die Paradieserzählung Genesis 2-3: Eine nachpriesterschriftliche Lehrerzählung in ihrem religionshistorischen Kontext, in: A. A. Diesel u.a. (Hg.), »Jedes Ding hat seine Zeit ...« Studien zur israelitischen und altorientalischen Weisheit. FS D. Michel, BZAW 241, 1996, 167-192. Etwas anders K. Schmid, Die Unteilbarkeit der Weisheit. Überlegungen zur sogenannten Paradieserzählung Gen 2f. und ihrer theologischen Tendenz, ZAW 114 (2002), 21-39, der ebenfalls die weitgehende Einheitlichkeit der Paradieserzählung und ihre spätweisheitliche Verfasserschaft betont, das redaktionsgeschichtliche Verhältnis zu Gen 1 jedoch unbestimmt läßt.

sprechen sich für eine redaktionsgeschichtliche Schichtung innerhalb der Paradieserzählung aus. Sie unterscheiden eine ältere Anthropogonie, die in Übereinstimmung mit dem seit J. Wellhausen bestehenden Konsens in der Zuordnung der beiden Schöpfungstexte in Gen 1 und Gen 2f als vorpriesterschriftlich beurteilt wird, und ihre sündentheologische Bearbeitung durch einen wesentlich jüngeren Redaktor[3].

Die Sympathie des Jubilars für den skizzierten redaktionsgeschichtlichen Vorschlag ist ebenso bekannt[4] wie seine Forderung, eigene Überzeugungen immer wieder neu zur Diskussion zu stellen. Das ist Anlaß genug, die entstehungsgeschichtlichen Grundannahmen der geschilderten Neuansätze zu überprüfen[5]. Da Gen 4 in der Diskussion um die Genese der Paradieserzählung eine wichtige Rolle spielt, ist dieser Text mitzubedenken. Vorangestellt sei, daß methodische Puristen in der Analyse von Gen 2-4 kaum auf ihre Kosten kommen werden. Schon die Tatsache, daß sich in der biblischen Urgeschichte deutlich ein priesterschriftliches und ein nichtpriesterschriftliches Textstratum voneinander abheben lassen, spricht gegen eine kategorische Ablehnung redaktionsgeschichtlicher Überlegungen. Andererseits ist die breite Rezeption verschiedener altorientalischer Motive in Gen 2-4 mit den Händen zu greifen. Es ist also nachgerade das Natürliche, wenn sich vermeintliche oder echte Störungen der Kohärenz des Textes auch darauf zurückführen lassen, daß seine Verfasser vor einem traditionell geprägten Hintergrund formulierten und formulieren mußten, in dem die verschiedenen Stoffe bereits in Verbindung mit bestimmten Vorstellungsgehalten und Ausdrucksformen vorgelegen haben.

---

3   Wegweisend: C. Levin, Der Jahwist, FRLANT 157, 1993, 82-102 im Rückgriff auf entsprechende überlieferungsgeschichtliche Differenzierungen bei P. Humbert, Études sur le récit du paradis et de la chute dans la Genèse, MUN 14, 1940. Zu der im Detail dann wieder sehr unterschiedlich verlaufenden Rezeption dieses Vorschlags vgl. R. G. Kratz, Die Komposition der erzählenden Bücher des Alten Testaments, UTB 2157, 2000, 254-256; für eine spätweisheitliche Prägung der Redaktion vgl. M. Witte, Die biblische Urgeschichte. Redaktions- und theologiegeschichtliche Beobachtungen zu Genesis 1,1-11,26, BZAW 265, 1998; H. Spieckermann, Ambivalenzen. Ermöglichte und verwirklichte Schöpfung in Gen 2f, in: A. Graupner u.a. (Hg.), Verbindungslinien. FS W. H. Schmidt, 2000, 363-376. Eine »antiweisheitlich« überarbeitete »Early Creation Narrative« in 2,4b-24* erkennt D. Carr, The Politics of Textual Subversion. A Diachronic Perspective on the Garden of Eden Story, JBL 112 (1993), 577-595.
4   Vgl. O. Kaiser, Der Gott des Alten Testaments. Theologie des Alten Testaments. Teil 3: Jahwes Gerechtigkeit, UTB 2392, 2003, 66-71 u.ö.
5   Vgl. bereits H. Pfeiffer, Der Baum in der Mitte des Gartens. Zum überlieferungsgeschichtlichen Ursprung der Paradieserzählung (Gen 2,4b-3,24). Teil I: Analyse, ZAW 112 (2000), 487-500; Teil II: Prägende Traditionen und theologische Akzente, ZAW 113 (2001), 2-16, sowie E. Blum, Von Gottesunmittelbarkeit zu Gottähnlichkeit. Überlegungen zur theologischen Anthropologie der Paradieserzählung, in: G. Eberhardt/K. Liess (Hgg.), Gottes Nähe im Alten Testament, SBS 202, 2004, 9-29, der mir sein Manuskript freundlicherweise schon vor der Veröffentlichung zur Verfügung gestellt hat.

2.

Im vorliegenden Textzusammenhang wird die Paradieserzählung in Gen 2,4a mit einer Toledotformel eröffnet, dem vielleicht auffälligsten Gliederungsmerkmal innerhalb der Genesis. Es kann an dieser Stelle zunächst offen bleiben, ob die Formel in 2,4a ursprünglich für einen anderen literarischen Kontext verfaßt worden ist, angesichts ihrer übrigen Belege ist für den vorliegenden Kontext eine andere Funktion als die einer Überschrift der nachfolgenden Erzählung jedenfalls ausgeschlossen[6]. Dabei knüpft sie wie in anderen Fällen summarisch an den vorangegangenen Text an[7]. Dies geschieht durch das *nomen rectum* der Toledotformel (»der Himmel und der Erde«) und die davon abhängige temporale Näherbestimmung (»als sie geschaffen wurden«). Beide greifen unverkennbar den Inhalt von 1,1-2,3 auf und lehnen sich in der Formulierung eng an 1,1 an. Bemerkenswert ist die unmittelbare Abfolge der temporalen Näherbestimmung in 2,4a und des Auftakts von V. 4b, der ebenfalls einen zeitlichen Aspekt hat und abermals die Erschaffung von »Erde und Himmel« anspricht. Im Kontext der nachholenden Vergegenwärtigung des bereits in Gen 1 berichteten Geschehens wird dies so zu verstehen sein, daß der vorliegende Textzusammenhang von 2,4 einen Übergang von der Weltschöpfung in Gen 1 zur Paradieserzählung in Gen 2f gestaltet, der durch die Wiederholung der Zeitangaben eine Fermate im Geschehensablauf setzt. Auf diese Weise wird das Folgende als Explikation des zuvor grundsätzlich schon berichteten Schöpfungsgeschehens gekennzeichnet.

Die Reichweite der mit 2,4a gesetzten Überschrift ergibt sich aus der nächsten Erwähnung der Toledotformel in 5,1f. Der mit 2,4a eröffnete Abschnitt umfaßt demnach die Generationen des ersten Menschenpaares (2,4b-3,24) und ihrer ersten Nachkommen, Kain, Abel und Set sowie deren Kinder (4,1-26). Auf den ersten Blick überrascht diese Abgrenzung. Nach den sonst obwaltenden Regeln wären die Toledot Adams vor 4,1 zu erwarten, da bereits hier die Geschichte der Nachkommen Adams einsetzt. Sicherlich ist die jetzige Position von 5,1f in erster Linie dadurch bedingt, daß der vorliegende Textzusammenhang redaktionell ist und die verantwortliche Redaktion an vorgegebene Textabläufe gebunden war. Gleichwohl weist die vorliegende Anordnung eine in sich stimmige Konzeption auf[8]. Der Schlüssel zu ihrem

---

6   Vgl. in jüngerer Zeit D. Carr, Βίβλος γενέσεως Revisited: A Synchronic Analysis of Patterns in Genesis as Part of the Torah, ZAW 110 (1998), 159-172 u. 327-347, hier 164f; M. Witte, Urgeschichte, 56. Die Toledotformel begegnet sonst stets als Überschrift (5,1; 6,9; 10,1; 11,10.27; 25,12.19; 36,1.9; 37,2; Num 3,1; Ruth 4,18; I Chr 1,29), auch hat der erste Schöpfungsbericht Gen 1,1-2,3 in 2,3 ein eigenes, mit 1,1 korrespondierendes Summarium.

7   Vgl. Carr, Βίβλος, 163f und die dort genannten Beispiele.

8   Vgl. dazu auch B. Jacob, Das Buch Genesis (1934), Nachdr. 2000, 150ff; T. Hieke, die Genealogien der Genesis, HBS 39, 2003, 80ff.

Verständnis liegt wiederum darin, daß die als Überschrift fungierende Toledotformel in 5,1 auf das unmittelbar vorangehende Geschehen zurückblickt.
Zwar greift die Toledotformel selbst auf die Erschaffung des Menschen nach
1,26f zurück, doch die folgenden Notizen über Set und Enosch haben ihre
Entsprechung im Schlußabschnitt von Gen 4 (vgl. 5,3 mit 4,25 und 5,6 mit
4,26). Somit knüpfen im vorliegenden Textzusammenhang die bis zu Noach
reichenden Toledot Adams in Gen 5 direkt an die Abstammungslinie Adam –
Set – Enosch in 4,25f an, womit sich folgendes Gesamtbild der Abstam-
mungslinien der Söhne des ersten Menschenpaares ergibt: Die Kainiten werden durch die Gewalttat Kains und die unverhohlene Gewaltbereitschaft La-
mechs negativ gekennzeichnet. Ihre Abstammungslinie in 4,17-24 wird im
vorliegenden Textzusammenhang nicht fortgeführt. Statt dessen wird in 4,25
mit Set, dem als Ersatz für den erschlagenen Abel geborenen dritten Sohn
Adams, eine neue Linie eröffnet. Sie ist allein schon durch das Fehlen von
Gewalt positiv charakterisiert. Fügen sich nun die Toledot Adams in 5,1ff in
die Abstammungslinie Adam – Set – Enosch in 4,25f ein, so stellen sie ungeachtet der bekannten Überschneidungen mit 4,17-24 eine Genealogie dar,
welche die Kainiten nicht mehr einschließt. Noach, der Held der Sintflut, ist
demnach kein Nachkomme des Brudermörders Kain. Er steht vielmehr in der
Nachkommenschaft des Set, der den Platz Abels einnimmt, dessen Opfer
Jhwh-Gott angesehen hatte (4,4), und des Enosch, zu dessen Zeit die Verehrung Jhwhs einsetzt (4,26). Dieses Verständnis der Toledot Adams, bei denen
es sich literarhistorisch geurteilt um eine Parallelversion zu 4,17-24.25-26
handelt[9], ergibt sich allein aus der Abfolge von 4,25f und 5,1ff. Ermöglicht
wird es durch eine unterschiedliche Schreibweise und Reihenfolge bei
einigen Namen und das Fehlen einer Brudermorderzählung in Gen 5.

Nun ist es eine alte und gut begründete Erkenntnis, daß sich die Einordnung von 2,4b-4,26 in die Abfolge der Toledotformeln der redaktionellen
Zusammenstellung des priesterschriftlichen und des nichtpriesterschriftlichen
Bestandes verdankt. Für ein genaueres Verstehen dieses Prozesses entscheidet sich sehr viel an der redaktionsgeschichtlichen Bewertung von 2,4. Hier
sprechen eine Reihe von Gründen für die alte These, wonach es sich um ein
redaktionelles Produkt handelt und nicht um eine ursprüngliche literarische
Einheit[10]. Von den sprachlich-terminologischen Differenzen der inhaltlich
nahezu identischen Halbverse zur Erschaffung des Himmels und der Erde
fällt besonders die fehlende Determination dieser beiden Größen in V. 4b im

---

9 Grundlegend: P. Buttmann, Mythologus oder gesammelte Abhandlungen über die Sagen
   des Alterthums I, 1828, 171. Eine Synopse bieten u.a. Jacob, Genesis, 167; C. Westermann, Genesis I, BK I/1, 1974, 472f.
10 Vgl. statt vieler Witte, Urgeschichte, 55f; Pfeiffer, Baum I, 495. Für die literarische
   Einheitlichkeit von 2,4 hat sich im Anschluß an T. Stordalen, Genesis 2,4. Restudying a
   locus classicus, ZAW 104 (1992), 163-177, zuletzt und mit Nachdruck Otto, Paradieserzählung, 185-188, ausgesprochen.

Unterschied zu V. 4a auf. Ließe sich ihre umgekehrte Reihenfolge noch als chiastische Aufnahme von V. 4a in V. 4b erklären und könnte man den Wechsel von der passivischen Konstruktion in V. 4a zur aktivischen in V. 4b, die unterschiedlichen Schöpfungsverben ברא in V. 4a und עשׂה in V. 4b noch als stilistische Variation bewerten[11], so ist dies für die fehlende Determination von Erde und Himmel in V. 4b schlicht ausgeschlossen[12]. Sodann steht die als Überschrift zu verstehende Toledotformel – unbeschadet der Sinnhaftigkeit des vorliegenden Textzusammenhangs – in inhaltlicher und funktionaler Konkurrenz zu der sehr komplexen Überschrift der Paradieserzählung in V. 4b-7, deren Struktur sich im Anschluß an die Analyse von C. Dohmen wie folgt beschreiben läßt[13]: V. 4b ist eine überschriftartige Exposition, deren Wortfolge als temporaler Nebensatz zu verstehen ist, dessen Hauptsatz (»da geschah folgendes«) unterdrückt ist (Aposiopese; vgl. GK § 167a). Von dieser Überschrift ist die Vorweltschilderung in V. 5f und die mit V. 7 einsetzende Handlung syntaktisch nicht zu trennen, da V. 4b von dem syndetischen Anschluß der sog. Noch-Nicht-Aussagen vorausgesetzt wird[14]. Erweist sich V. 4b-7 somit als syntaktisch selbständige und in sich geschlossene Einheit[15], so wird man auch nicht mit dem Hinweis auf die Toledotformel in 5,1 und Num 3,1 behaupten können, daß V. 4a ein originärer Bestandteil dieser Einheit gewesen ist[16]. Die für die literarische Einheitlichkeit von Gen 2,4 angeführte Gemeinsamkeit der drei Belege besteht darin, daß auf die Toledotformel jeweils eine mit ביום eingeleitete Wendung folgt. Doch gerade an diesem Punkt unterscheidet sich 2,4 von 5,1 und Num 3,1 in charakteristischer Weise. In 2,4 ist der Zusammenhang nämlich unterbrochen, und zwar durch die von der Toledotformel abhängige temporale Näherbestimmung, die ihrerseits in Konkurrenz zu V. 4b steht. Schließlich wird man den weiteren litera-

---

11 Vgl. G. J. Wenham, Genesis 1-15; WBC 1, 1987, 46; Stordalen, Genesis 2,4, 174f; Otto, Paradieserzählung, 187.

12 Vgl. Witte, Urgeschichte, 55f; Pfeiffer, Baum I, 495 mit Anm. 34: Der indeterminierte Gebrauch von »Erde und Himmel« in Ps 148,13 ist kein Gegenargument, da es sich um keinen Beleg für den Wechsel von der determinierten zur indeterminierten Rede innerhalb einer syntaktischen Einheit handelt. Anders: Stordalen, Genesis 2,4, 175; Otto, Paradieserzählung, 187.

13 C. Dohmen, Schöpfung und Tod. Die Entfaltung theologischer und anthropologischer Konzeptionen in Gen 2/3, SBB 17, 1988, 37ff.

14 Anders diejenigen, die V. 4b für redaktionell halten, dann aber den Fortfall des ursprünglichen Anfangs der Erzählung postulieren müssen. So zuletzt Spieckermann, Ambivalenzen, 365. Ein wesentlicher Grund für die Ausscheidung von V. 4b dürfte sein, daß der Vers auf einen größeren Zusammenhang blickt als der jeweils rekonstruierte Grundbestand der Paradieserzählung. Vgl. Witte, Urgeschichte, 158.

15 Die Ausscheidung von V. 6 und damit der für die Formung des Menschen aus dem Ackerboden notwendigen Feuchtigkeit verbietet sich aus sachlogischen Gründen, zur Bewertung von עפר »Staub« in V. 7 als redaktionell s.u. unter *IV*.

16 So Stordalen, Genesis 2,4, 171ff; Otto, Paradieserzählung, 187.

rischen Kontext bedenken müssen. Für die Toledotformel verweist er aner-
kanntermaßen auf das priesterschriftliche Schrifttum, während für 2,4b-7
schwerlich von einer Prägung durch priesterschriftliche Phraseologie gesprochen werden kann.

Gen 2,4a und 2,4b gehen folglich mit der in diesen Dingen möglichen Gewißheit nicht auf einen Verfasser zurück. Auch läßt sich 2,4bff schon wegen
der fehlenden Determination von »Erde und Himmel« nicht als Fortschreibung zu 2,4a bewerten. Andererseits ist es gut möglich, daß ein von Gen 1
herkommender Redaktor die dort übliche Determination der beiden Größen
(vgl. 1,1.15.17.20.26.28.30; 2,1) für seine Formulierung von V. 4a beibehalten hat. Handelt es sich demnach bei V. 4b-7 eindeutig um den Anfang einer
ehedem selbständigen Erzählung, so wird man für V. 4a eine redaktionelle
Herkunft nicht ausschließen dürfen. Immerhin ist der redaktionelle Zusammenhang von V. 4a und V. 4b ungeachtet der aufgezeigten Spannungen recht
stimmig. So oder so ist innerhalb einer priesterschriftlichen Urgeschichte eine
direkte Abfolge von 2,4a und 5,1 schon wegen der Funktion der Toledotformeln als Überschrift unmöglich. Gen 2,4a verdankt also zumindest seine Position einem redaktionellen Eingriff. Daß aber die Toledotformel von 2,4a
innerhalb einer selbständigen Priesterschrift ursprünglich vor 1,1 gestanden
hat, ist nur schwer plausibel zu machen[17]: Gen 1,1-2 ist eine vollgültige Einleitung zum ersten Schöpfungsbericht, die programmatisch mit einem Mottovers überschrieben ist. Zudem ist die singuläre Rede vom »Buch der
Toledot« in 5,1 im Unterschied zum üblichen »Dies sind die Toledot« ein
starkes Indiz für die Annahme, daß innerhalb der priesterschriftlichen
Urgeschichte die Reihe der Toledot ursprünglich mit Adam in 5,1 eröffnet
wurde und der unmittelbar voraufgehende Schöpfungsbericht wie im
vorliegenden Textzusammenhang einen Prolog zur Geschichte der Toledot
Israels darstellt. Gen 2,4a ist demnach ein rein redaktionelles Gebilde, das
den ursprünglichen Auftakt der Paradieserzählung in 2,4b zum Übergang
vom ersten Schöpfungsbericht zur Erzählung vom Ergehen des ersten Menschenpaares und ihrer Nachkommen umgestaltet. Redaktionsgeschichtlich
gesprochen: Gen 2,4a verdankt sich der Verbindung des priesterschriftlichen
und des mit 2,4b einsetzenden nichtpriesterschriftlichen Textbestandes der
Urgeschichte. Diese Feststellung gilt auch dann, wenn P nicht – wie hier
unterstellt – als ehedem selbständiges Literaturwerk anzusehen wäre.

Freilich darf in diesem Zusammenhang an die sachlichen Differenzen zwischen Gen 1
und 2,4bff in der Darstellung der Erschaffung des Menschen und seiner Umwelt erinnert
werden. Im vorliegenden Textzusammenhang erzeugen sie inhaltliche Spannungen, die
sich gerade auch auf Nebenzüge erstrecken und im ganzen nicht so wirken, als seien sie

---

17 Für die »klassische« Hypothese einer Umstellung von V. 4a durch die Endredaktion hat
   sich zuletzt Witte, Urgeschichte, 55 mit Anm. 14 (Lit.), ausgesprochen; für die hier vertretene Erklärung vgl. aus der Wolke der Zeugen nur Carr, Βίβλος, 169.

von einer Bearbeitung aus Nachlässigkeit oder mit einer bestimmten Intention formuliert worden. Wesentlich plausibler ist die Annahme, daß es sich bei den priesterschriftlichen und den nichtpriesterschriftlichen Passagen im Kernbestand um ehedem selbständige literarische Einheiten gehandelt hat, deren Zusammenfügung zu Spannungen geführt hat, die von den verantwortlichen Redaktoren aus übergeordnetem Interesse billigend in Kauf genommen worden sind. Daß sich der redaktionelle Übergang in 2,4a nicht gänzlich in die Reihe der mit 5,1 einsetzenden Toledotformeln fügt, spricht nach der hier vorgelegten Analyse im übrigen ebenfalls gegen die Beschreibung des priesterschriftlichen Textbestandes als Ergänzungsschicht.[18]

Daß zwischen 4,26 und 5,1 eine literarische Naht verläuft, ist weithin anerkannt. Zu deutlich geben sich die Genealogien in Gen 4 und 5 als Parallelen zu erkennen. Hinzu kommt der Rückverweis von 5,1f auf die Erschaffung des Menschen in 1,26f, die einem anderen literarischen Kontext angehört als die Paradieserzählung in Gen 2f, von der wiederum Gen 4 nicht zu trennen ist. Läßt der vorliegende Textzusammenhang von Gen 4f dennoch eine in sich stimmige Konzeption erkennen, so mögen die im vorliegenden Textzusammenhang bestehenden Rückbezüge von Gen 5 auf 4,25f *prima facie* dafür sprechen, in 4,25f analog zu 2,4a einen redaktionellen Übergang zu sehen[19]. Hinzu kommen Abweichungen von 4,25 gegenüber den Geburtsnotizen in 4,1-2. Diese erklären sich jedoch im wesentlichen aus dem Kontext von Gen 4, der die Abstammungslinie Adam – Set – Enosch als Gegenentwurf zu den Kainiten in V.17ff präsentiert. Parallel zu V. 17 kann am Beginn der Abstammungslinie nur der Eigenname des Vaters (אדם; V. 25) stehen, und nicht mehr wie in der gemeinsamen Vorgeschichte beider Linien die Gattungsbezeichnung (האדם; V. 1). Auch die Nichterwähnung des Namens der Frau verdankt sich der Parallelbildung zu V. 17. Schließlich ist die unterschiedliche Stimmung in der Begründung des Namens vom selbstbewußten »Ich habe hervorgebracht mit Jhwhs Hilfe« zum bescheidenen »Gott hat gegeben« dem Erzählfortschritt geschuldet: Nach der Brudermorderzählung bleibt nur noch die demütige Bezeichnung des Kindes als Geschenk Gottes. Daß dabei statt Jhwh (vgl. V. 1) die Bezeichnung Elohim/Gott gewählt ist, erklärt sich hinreichend mit der folgenden Notiz, wonach die Anrufung des Jhwh-Namens erst eine Generation später einsetzt (V. 26). Stärker als die Unterschiede sind demnach die Gemeinsamkeiten zwischen den Geburtsnotizen in 4,1.17.25 zu gewichten. Hierzu zählt vor allem der innerhalb alttestamentlicher Genealogien nur in 4,1.17.25 belegte Gebrauch von ידע »erkennen« für sexuellen Umgang. Seine Verwendung hebt die Zeugungen des ersten Menschenpaares sowie die selbstverschuldet abgebrochene Linie der Kainiten und den Neuanfang mit der Zeugung Sets

---

18 Für den ausführlichen Nachweis einer ehedem selbständigen Priesterschrift vgl. für die Urgeschichte aus jüngerer Zeit Witte, Urgeschichte, 119ff und passim.
19 Witte, Urgeschichte, 62ff mit Anm. 49 (Lit.).

von den übrigen Generationen ab und stellt sie in ein komplexes Beziehungsgeflecht. Es ist also nicht erst die Redaktion des vorliegenden Textzusammenhangs gewesen, die nach dem Brudermord mit Set eine neue Abstammungslinie beginnen läßt. Vielmehr konnte sie hier auf die ältere Konzeption
von Gen 4 aufbauen, freilich mit einem Unterschied: Die neu begründete Abstammungslinie wird in ihrem ursprünglichen Kontext schwerlich ins Leere
gelaufen sein. Man wird daher annehmen müssen, daß nach der nichtpriesterschriftlichen Konzeption nicht Lamech, sondern Enosch der Vater
Noachs gewesen ist[20]. Der Setit Noach und der Kainit Lamech wären dann
als Typ und Antityp der letzten Generation vor der Flut zu verstehen, was
durch die namentliche Nennung von jeweils drei Söhnen (vgl. 4,20-22a;
9,18) und den starken Gegensatz von Lamechlied und Benennung Noachs
(vgl. 4,23f; 5,29*)[21] unterstrichen wird.

Die Einbindung von 2,4b-4,26 in die Abfolge der Toledotformeln und die
Formulierung von 2,4a verdanken sich der Zusammenführung des priesterschriftlichen und des nichtpriesterschriftlichen Textbestandes der Urgeschichte. Das gleiche gilt für die Ergänzung des Tetragramms zur Gottesbezeichnung Jhwh-Gott, sowie die Wendungen נפש חיה in 2,7b.19b sowie
מ/לכל-הבהמה-ז in 2,20 und 3,14.[22] Mit Blick auf den hier zu untersuchenden
Textbereich ist schließlich hervorzuheben, daß die Notwendigkeit eines redaktionellen Übergangs und der in sich geschlossene und syntaktische Er-
zählungsbeginn in 2,4b-7 mit wünschenswerter Eindeutigkeit zeigen, daß die
Paradieserzählung und ihr ursprünglicher Kontext nicht als Ergänzung zu
einer priesterschriftlichen Urgeschichte konzipiert worden sind. Es handelt
sich vielmehr um den Bestandteil eines ehedem selbständigen Literaturwerks,

---

20 So auch Levin, Jahwist, 99, wenn auch unter anderem redaktionsgeschichtlichem Vorzeichen.

21 Vorausgesetzt, in 5,29* haben sich Reste des nichtpriesterschriftlichen Erzählfadens
erhalten. So etwa Levin, Jahwist, 99; vgl. aber auch Witte, Urgeschichte, 207ff. Gen 5,29
müßte dann ursprünglich ein Ausspruch des Enosch gewesen sein. Daß Enosch an dieser
Stelle im Zuge der Zusammenführung des nichtpriesterschriftlichen Textes mit der priesterschriftlichen Genealogie ersatzlos gestrichen wurde, erklärt sich mit den natürlichen
Grenzen, an die selbst die höchst kreative innerbiblische Exegese alttestamentlicher Redaktoren stößt: Nach Gen 5 und nach dem vorliegenden Textzusammenhang ist nun einmal Lamech (der Nachkomme Sets!) der Vater Noachs. Kaum noch beantworten läßt sich
die weitergehende Frage, ob P die ältere Reihenfolge innerhalb der Genealogie der Kai-
niten/Setiten bewahrt hat. In diesem Fall müßte eine gemeinsame Vorlage der Genealogie
in Gen 4 und 5 postuliert werden, die in Gen 4 aus konzeptionellen Gründen geändert
worden wäre. Daß im Zuge dessen in 4,22 aus einem vierten Sohn des Kainiten Lamech,
Noach, eine Schwester, Naama, geworden ist (נח statt אחי תובל-קין אחות תובל-קין
נעמה; vgl. Witte, a.a.O., 154.176f mit Anm. 108), bleibt gelehrte Spekulation und nimmt
der Urgeschichte ihre erste namentlich genannte (und zudem anmutige) Tochter.

22 Für den Nachweis vgl. Witte, Urgeschichte, 57-61, 86f.

dessen Verbindung mit den priesterschriftlichen Texten redaktioneller Natur
ist.

3.

Die nichtpriesterschriftliche Paradieserzählung vereinigt in sich eine Vielzahl
assoziationsreicher Motive, ihre Disposition ist dennoch wünschenswert klar.
Nach der Überschrift in 2,4b folgt in V. 5 eine Reihe von Noch-Nicht-Aussagen, deren Schwergewicht auf dem letzten Glied liegt: Es gab noch keinen
Menschen (אדם; V. 5bβ), den Ackerboden (אדמה) zu bestellen (V. 5bγ).
Nach den Regeln (nicht nur) der althebräischen Erzählkunst wird man erwarten dürfen, daß am Ende genau dieser Zustand aufgehoben ist, wobei die
Erzählung die begründende Herleitung für die Herkunft und das Gewiesen-
sein des Menschen (אדם) an den Ackerboden (אדמה) liefert. Und in der Tat
stellt 3,23 fest, daß der inzwischen erschaffene Mensch auszieht, den Ackerboden zu bestellen[23]. Damit endet die Paradieserzählung, die jedoch mit der
Feststellung des Auszugs und der vorangehenden Bezeichnung der Frau als
Mutter aller Lebendigen für eine Fortsetzung offen ist. Diese findet sich dann
im folgenden Kapitel, das im deutlichen Rückgriff auf die Paradieserzählung
von den Nachkommen des ersten Menschenpaares handelt.

Das letzte Glied der Noch-Nicht-Aussagen in 2,5 gibt darüber hinaus auch
die Binnengliederung der Paradieserzählung in die beiden Teile »Schöpfung
und Fall« vor: Zunächst geht es um die Erschaffung des Menschen (V. 5bβ:
2,7-24[.25]) und dann um die Genese seiner Bestimmung zur Feldarbeit (V.
5bγ: 3,1-24). Zwar ist diese Bestimmung des Menschen (אדם) in dem Verweis auf den Ackerboden (אדמה) bereits vor seiner Erschaffung etymolo-
gisch (V. 5bβγ) und bei seiner Erschaffung stofflich (V. 7aα) angedeutet,
doch wird die Feldarbeit erst im Anschluß an den Fall explizit angesprochen
(3,17-19a.23)[24].

Die Ausführungen zur Erschaffung des Menschen und seiner (bäuerlichen)
Umwelt setzen mit der Formung des einen Menschen aus dem Ackerboden
ein (2,7) und führen über mancherlei Umwege zur Erschaffung der Frau
(2,21f). Erst mit ihr ist der Mensch komplett (vgl. 2,18). Entsprechend endet
der erste Teil der Paradieserzählung mit dem Jubelruf des Mannes über die-

---

23 Damit erübrigen sich Vorschläge, 3,23 dem Grundbestand einer mit 2,4b-5(.6) einsetzenden Paradieserzählung abzusprechen. Anders Carr, Politics, 584f; Kratz, Komposition,
254f. Wieder anders Levin, Jahwist, 82ff, der den für die Erzählung schlicht konstitutiven
engen Zusammenhang von Mensch, Tier und Ackerboden insgesamt für redaktionell hält.

24 Völlig zu Recht betont Spieckermann, Ambivalenzen, 366f, daß auch die Garten- und
Wächterarbeit des Menschen nach 2,15 wegen der fehlenden Korrespondenz zum Ackerboden nicht als Auflösung des Noch-Nicht-Satzes in 2,5 verstanden werden kann.

sen erfolgreichen Abschluß der Menschenschöpfung (2,23) und einem ätiologischen Ausgriff auf das Verhältnis von Mann und Frau (2,24). Der Beginn des zweiten Teils der Paradieserzählung, die Schilderung vom Fall und seinen Folgen, wird durch die betonte und ausführliche Einführung der Schlange markiert (3,1). Ihr Auftreten eröffnet einen Handlungsbogen, der bis zur Verfluchung des Ackers um des Menschen willen reicht. Am Ende stehen die Ankündigung der Rückkehr des Menschen zum Ackerboden nach einem harten und arbeitsreichen Leben (3,19) sowie seine umgehende Entlassung aus dem Garten zur Feldarbeit (3,23). Mit dieser gegenläufigen Aufnahme der Wesensbestimmung und der stofflichen Herkunft des Menschen aus 2,5.7 schließt der zweite Teil der Paradieserzählung.

Die Paradieserzählung gliedert sich demnach deutlich in die beiden Teile Schöpfung und Fall, die jedoch miteinander verbunden sind. Insbesondere die Notiz über die unschuldige Nacktheit des ersten Menschenpaares in 2,25 bereitet einen Übergang von der Schöpfung zum Fall. So kündigt sich im Wortklang des Stichworts »nackt« עֲרוּם die unmittelbar folgende Charakterisierung der Schlange als »listig« עָרוּם an, wie sie ihrerseits in dem folgenschweren Dialog zwischen Schlange und Frau zum Tragen kommt. Auch wird das den ersten Teil der Paradieserzählung beschließende Motiv der unschuldigen Nacktheit im zweiten Teil in sein Gegenteil verkehrt, wenn das erste Menschenpaar nach dem Fall sich seiner Nacktheit bewußt wird und fortan der Kleidung bedarf (3,7.21). Darüber hinaus sind Schöpfung und Fall durch eine Reihe von Querbezügen aufeinander bezogen: Die Einführung der Schlange erwähnt die Erschaffung der Tiere durch Jhwh-Gott. Dadurch wird die Schilderung vom Fall und seinen Folgen von Anfang an unverkennbar an die vorangehende Erschaffung von Mensch, Tier und Umwelt rückgebunden (3,1; vgl. 2,19) und zugleich herausgestellt, daß die Schlange ein Geschöpf Gottes ist, und keine gegengöttliche Macht oder ein Symbol des Bösen. Wie schon erwähnt, nimmt dann am Ende des zweiten Teils der Paradieserzählung das Strafurteil gegen den Menschen und seine Entlassung zur Feldarbeit die Angaben zu seiner stofflichen Herkunft und Wesensbestimmung auf (3,19.23; vgl. 2,7; 2,5). Die meisten Querbezüge zwischen den beiden Teilen der Paradieserzählung gelten jedoch den Bäumen des Gartens, der grundsätzlichen Freigabe ihrer Früchte zum Verzehr sowie dem Verbot, vom Baum der Erkenntnis zu essen (2,16f), und der Übertretung dieses Verbots (3,1-7.11-13.17.22). Da das Verbot nur mitgeteilt wird, um von seiner Übertretung zu berichten, die ihrerseits die Formulierung des Verbots zwingend voraussetzt, zeigen diese Querbezüge, daß die beiden Teile der Paradieserzählung nur um den Preis einer völligen Neubestimmung ihrer Aussage entstehungsgeschichtlich voneinander gesondert werden können. Wir werden auf solche Versuche einer Neubestimmung zu sprechen kommen. Zuvor ist jedoch auf Erzählzüge einzugehen, die außerhalb der Korrespondenz von anfänglichen Noch-Nicht-Aussagen und ihrer Auflösung am Ende der Erzählung zu stehen kommen und auch sonst nur lose in das aufgezeigte Beziehungsgeflecht der Paradieserzählung eingebunden sind.

4.

Nach 3,23 entläßt Jhwh-Gott den Menschen zur Arbeit auf dem Ackerboden, von dem er genommen ist. Damit ist der in den anfänglichen Noch-Nicht-Sätzen beschriebene Zustand aufgelöst und die Erzählung an ihr Ziel gekommen. Gleichwohl schildert der folgende V. 24 abermals das von Jhwh-Gott veranlaßte Weggehen des Menschen. Ungeachtet der deutlich verschärften Formulierung (גרש/vertreiben statt שלח/entlassen) und der veränderten Motivation (dem Menschen soll der Zugang zum Baum des Lebens verwehrt werden) handelt es sich um eine funktionale Dublette zu V. 23, die zudem außerhalb des von der Exposition der Paradieserzählung in 2,4b-6 abgesteckten Rahmens steht[25]. Gen 3,24 läßt sich aber auch nicht als Übergang zu der Brudermorderzählung in Gen 4 beschreiben, zumal dies bereits innerhalb des Rahmens der Paradieserzählung durch die Benennung der Frau als *Chawwa*, als Mutter aller Lebendigen gewährleistet ist (V. 20; vgl. 4,1).

Die geschilderte kompositionelle Unbestimmtheit ist ein erster Hinweis auf eine redaktionelle Herkunft von 3,24. Ein Blick auf das mythologische Inventar des Verses klärt den Befund. Die Keruben und das zuckende Flammenschwert haben in der Paradieserzählung allein darin einen Haftpunkt, daß ihre Wächterfunktion (שמר) nach 2,15 vor dem Fall vom Menschen wahrgenommen worden ist[26]. Nun handelt es sich bei 2,15 um eine thematische Doppelung und Wiederaufnahme von 2,8 zur Einbindung der kleinen Paradiesgeographie in 2,10-14, die in der Literatur mit guten Gründen und recht einmütig für redaktionell gehalten wird[27]: Der Abschnitt bewegt sich jenseits der Handlung und unterbricht den Erzählduktus. Der urgeschichtliche Horizont des nach 2,8 in mythischer Ferne (מקדם) im Wonneland (עדן) angesiedelten Gartens wird allein schon durch die Erwähnung von Euphrat und Tigris (V. 14: חדקל) vor der Zeit in die historische Welt hineingeholt – um diese dann sogleich wieder zu verlassen. Mit der kleinen Paradiesgeographie ist auch deren Einbindung in 2,15 als redaktionell zu bewerten[28]. Der Haft-

25 Zur Redundanz in V. 23f vgl. u.a. H. Gese, Der bewachte Lebensbaum und die Heroen: zwei mythologische Ergänzungen zur Urgeschichte der Quelle J, in: H. Gese/H.P. Rüger (Hgg.), Wort und Geschichte, FS K. Elliger, AOAT 18 (1973), 77-85; Witte, Urgeschichte, 81ff; Pfeiffer, Baum I, 489.

26 Vgl. Witte, Urgeschichte, 84; Spieckermann, Ambivalenzen, 366.

27 Vgl. statt vieler Witte, Urgeschichte, 84 (Lit.). Dort auch zum Folgenden. Vorsichtige Skepsis meldet Blum, Gottesunmittelbarkeit, 18, an.

28 Blum, a.a.O., 18f Anm. 36, hält den literarhistorischen Zusammenhang des geographischen Exkurses und seiner Einbindung in V. 15 nicht für zwingend, da V. 8-9.15 s. E.

punkt für die Wächterfunktion der Keruben und des zuckenden Flammen-
schwerts gehört also nicht zum Grundbestand der Paradieserzählung[29],
entsprechend wird die ohnehin als Nachtrag verdächtige Notiz in 3,24 zu
beurteilen sein. Der unterstellte enge Zusammenhang von 3,24 und dem redaktionellen Abschnitt in 2,10-14.15 zeigt sich darüber hinaus in einer gemeinsamen, freilich nicht unumstrittenen Orientierung an den Gegebenheiten
des Jerusalemer Tempels[30] – was die vielfach festgestellte Nähe von 2,10-14
zur Inszenierung der Gartenanlagen neuassyrischer Großkönige[31] nicht aus-
schließt, sondern im Gegenteil erwarten läßt. So wird man den neben Euphrat, Tigris und dem rätselhaften Pischon genannten Fluß Gihon aus 2,13
kaum von der gleichnamigen Quelle in Jerusalem trennen können. In 3,24
wird diese Verbindung von »Paradies« und Jerusalemer Tempel und die damit gegebene Verschränkung von mythischer Urzeit und gegenwärtiger Erfahrungswelt durch die Lokalisierung des Zugangs zum Garten und seiner
Wächter evoziert: מקדם לגן־עדן kann eigentlich nur »im Osten vom Garten
Eden« bedeuten, was angesichts der Angabe von 2,8, wonach der Garten
selbst im fernen Osten (מקדם) liegt, schwierig ist. Doch erklärt sich die Vorstellung eines abgeschlossenen, rings umgrenzten heiligen Raumes, der nur
nach Osten geöffnet ist, unschwer mit der Orientierung an der Architektur
des Jerusalemer Tempels (I Reg 7,39; Ez 47,1). Darüber hinaus ist der von

---

auch ohne V. 10-14 einen kohärenten Zusammenhang bilden: V. 8 sei eine summarische
Prolepse, deren erster Teil in V. 9 und deren zweiter Teil in V. 15 entfaltet werde. Unbe-
streitbar läßt sich die Vorwegnahme von V. 9 und V. 15 in V. 8 als summarische Prolepse beschreiben. Man wird jedoch lediglich für das im Fortgang der Erzählung wichtige
Motiv der Anlage eines Baumgartens (mit eßbaren Früchten) in V.8a.9 davon sprechen
können, daß die Stilfigur ihre eigentliche Funktion einer orientierenden Vorwegnahme
erfüllt. Das Motiv vom Hineinsetzen des Menschen in den Garten aus V. 8b und V. 15
wird im weiteren Verlauf der Erzählung dagegen nicht weiter entfaltet, vielmehr unterbricht seine nochmalige Erwähnung in V. 15 den engen Zusammenhang von V.8-9* und
V. 16f. Befragt man V. 15 nach seiner Funktion, so liegt diese primär in der Einbindung
von V. 10-14 durch die Wiederaufnahme von V. 8b, wobei sich der Nachtrag an der in V.
8f vorliegenden Stilfigur der summarischen Prolepse orientiert und den so bewirkten
Stillstand der Erzählung nutzt, um den sekundären Exkurs zur Paradiesgeographie und
die durch ihn bewirkte Unterbrechung der Handlung zu überholen.

29 V. 15 ist literarisch einheitlich, die Wächterfunktion des Menschen nach V. 15bβ läßt sich
keinem älteren Textstratum zuschlagen. Daß sich die fem. Pronominalsuffixe in V. 15bβ
auf das mask. Substantiv גן in V. 15bα beziehen, ändert daran nichts, da auch nach Her-
auslösung von V. 9-15bα ein passendes Bezugswort zu weit entfernt ist (mit Blum, Gottesunmittelbarkeit, 18 Anm. 36, gegen Carr, Politics, 578f).
30 Gese, Lebensbaum, 80ff; Witte, Urgeschichte, 263-275; Pfeiffer, Baum II, 14. Dort jeweils auch zum Folgenden.
31 Vgl. hierzu M. Dietrich, Das biblische Paradies und der babylonische Tempelgarten.
Überlegungen zur Lage des Gartens Eden, in: B. Janowski/B. Ego (Hg.), Das biblische
Weltbild und seine altorientalischen Kontexte, FAT 32, 2001, 281-323.

Keruben geschützte (Lebens-)Baum natürlich auch für die Ikonographie des Jerusalemer Tempels belegt (I Reg 6,29.32.35; vgl. Ez 41,17-20.25).

Fassen wir den bisherigen Befund zusammen, so ist der kompositionell unbestimmte und den vorangehenden Abschluß der Paradieserzählung duplizierende Vers 3,24 dem Ergänzer von 2,10-15 zuzuschreiben. Dies hat erhebliche Konsequenzen für die redaktionsgeschichtliche Bewertung des Motivs vom Lebensbaum[32]. Der Lebensbaum wird neben 3,24 noch in 2,9 und 3,22 erwähnt. Der Beleg in 3,22 ist von dem als redaktionell erkannten V. 24 nicht zu trennen. In beiden Fällen begründet Jhwh-Gott die Vertreibung des Menschenpaares mit der Sorge, der Mensch könne vom Lebensbaum essen und so das ewige Leben erlangen. Die Formulierung der Sorge in V. 22 und die Vertreibung des Menschen aus dem »Paradies« sowie die Maßnahmen zum Schutz des Lebensbaumes in V. 24 rahmen demnach die ursprüngliche Notiz von der Entlassung des Menschen zur Feldarbeit. Auf diese Weise wird V. 23 unter ein neues Vorzeichen gestellt und die Aussage des Erzählschlusses neu akzentuiert: Nach dem vorliegenden Textzusammenhang von 3,22–24 vertreibt Jhwh-Gott den Menschen aus dem Garten Eden, damit dieser neben der Fähigkeit zur Erkenntnis von Gut und Böse, womit bekanntlich das elementare wie eigenverantwortliche Orientierungsvermögen gemeint ist[33], nicht auch noch das ewige Leben erlangt. Der Ton liegt also eindeutig auf der Abwehr des Griffs nach dem Baum des Lebens, der in Verbindung mit der Erkenntnis von Gut und Böse zwangsläufig die Nivellierung des Unterschieds zwischen Mensch und Gott nach sich zöge (vgl. 3,22). Demgegenüber wird die Entlassung des fertigen Menschen in seine bäuerliche Lebenswelt aus V. 23, die ausweislich der Noch-Nicht-Aussage in 2,4b-6 das Ziel der Paradieserzählung darstellen sollte, in den Hintergrund gedrängt.

Die redaktionsgeschichtlichen Verhältnisse in 2,9 sind dagegen weniger eindeutig als zumeist angenommen. Das in V. 9b geschilderte Nebeneinander von Lebens- und Erkenntisbaum in der Mitte des Gartens gilt gemeinhin als syntaktisch schwierig und die Kombination der beiden Bäume folglich als redaktionsgeschichtlich oder (methodisch weniger überzeugend) überlieferungsgeschichtlich sekundär. In der Regel wird dabei der Erkenntnisbaum in V. 9bβ als »nachhinkend« klassifiziert. Mit Blick auf die übrigen Belege des Lebensbaumes und auf 3,3, wo ein einziger Baum erwähnt ist, bei dem es sich nur um den Erkenntnisbaum handeln kann (s.u.), wird dann jedoch der

---

32 Vgl. hierzu und zum Folgenden aus der Vielzahl der Beiträge nur Gese, Lebensbaum, 77ff; Pfeiffer, Baum I, 489-492, deren Analyse des literarischen Befundes ich mich trotz der Einwände von K. Schmid, Unteilbarkeit, 29ff, und Blum, Gottesunmittelbarkeit, 19ff, anschließe.

33 Vgl. R. Albertz, »Ihr werdet sein wie Gott«. Gen 3,1-7 auf dem Hintergrund des alttestamentlichen und des sumerisch-babylonischen Menschenbildes, WO 24 (1993), 89-111, 91-94.

Lebensbaum als Nachtrag ausgeschieden[34]. Wie A. Michel in einer sorgfältigen syntaktischen Analyse gezeigt hat, ist aber die Syntax von V.
9b mit der Figur der »gespaltenen Koordination« keineswegs zu beanstanden[35].
Damit ist nun keineswegs ausgeschlossen, daß ein Redaktor sich dieser
syntaktischen Figur bedient hat, um in V. 9b den Lebensbaum nachzutragen
– es läßt sich nur nicht mit dem Hinweis auf die schwierige Syntax des
Verses belegen.

Man könnte daher versucht sein, V. 9 insgesamt als einen Nachtrag
anzusprechen: V. 9a läßt sich als explizierende Wiederholung zu V. 8a lesen,
da das Pflanzen eines (Gottes-)Gartens (V. 8a) in der altorientalischen Horti-
kultur auf die Anlage eines Baumgartens hinausläuft (V. 9a). Andererseits
knüpft die redaktionelle Wiederaufnahme des Erzählfadens in V. 15 nach der
Einschaltung von V. 10-14 über V. 9 hinweg an V. 8b (Einsetzen des Menschen in den Garten) an. Ist daher im vorliegenden Textzusammenhang die
zweifache Aufnahme von V. 8 im Sinne einer summarischen Prolepse zu verstehen, deren erster Teil in V. 9 und deren zweiter Teil in V. 15 entfaltet
wird, so könnte dies dafür sprechen, V. 9 und V. 15 ein und derselben Hand
zuzuweisen[36]. Diese hätte mit V. 9 und 15 nicht nur ihre kleine Paradiesgeographie mit dem Kontext verklammert, sondern zugleich das Motiv des
Lebensbaums signifikant früh im Erzählverlauf positioniert, so daß der vor
dem Fall freie Zugang zum Lebensbaum und seine nachmalige Verhinderung
die äußere Klammer um den Baum der Erkenntnis und den Fall bilden.
Problematisch bleibt indes, daß nach der Ausscheidung von 2,9 die Erwähnung des Erkenntnisbaums in V. 17 unvorbereitet kommt. Auch wird man in
der Abzweckung der summarischen Prolepse in V. 8a und V. 9 als orientierender Vorwegnahme einerseits und V. 8b und V. 15 als erzählerischer Einbindung der sekundären Paradiesgeographie in V. 10-14 andererseits zu
unterscheiden haben[37], womit die Annahme, daß V. 9 insgesamt auf den
Verfasser des redaktionellen V. 15 zurückgeht, gleich wieder in Frage gestellt
ist.

Für sich genommen bleibt der redaktionsgeschichtliche Befund zum Motiv
des Lebensbaums in 2,9 also uneindeutig. Lediglich unter Einbeziehung von
3,22 und 24 läßt sich mit einiger Sicherheit seine sekundäre Herkunft auch in
2,9 behaupten – sei es (weniger wahrscheinlich) mit dem Vers insgesamt, sei

---

34 Grundlegend: K. Budde, Die Biblische Urgeschichte (Gen 1-12,5), 1883, 46ff; ders., Die
Biblische Paradiesesgeschichte, BZAW 60, 1932, 16ff.
35 A. Michel, Theologie aus der Peripherie. Die gespaltene Koordination im Biblischen Hebräisch, BZAW 257, 1997, 1-22 mit ausführlicher Diskussion der Literatur. Danach ist
der »spaltende Lokativ« הַגָּן בְּתוֹךְ auf beide Bäume zu beziehen, wobei er regelkonform
auf das sprachlich kürzere der beiden koordinierten Objekte folgt.
36 Dies erwägt Pfeiffer, Baum I, 491. Gese, Lebensbaum, 78f und Witte, Urgeschichte, 81
rechnen dagegen mit einer Umformulierung in V. 9.
37 S.o. Anm. 28.

es nur in Gestalt der Formulierung von V. 9bα. Wie immer die redaktionsgeschichtlichen Verhältnisse in 2,9 im einzelnen zu beurteilen sind, ohne seine
Aufnahme in 3,22.24 wäre die Einführung des Motivs vom Lebensbaum in
2,9b jedenfalls schlicht witzlos.

Bekanntlich läßt sich für die redaktionelle Herkunft des Motivs vom
Lebensbaum auch die Antwort der Frau an die Schlange in 3,3 anführen:
Dem Wortlaut nach wissen Frau und Schlange nur von einem besonderen
Baum in der Mitte des Gartens. Führt der verbotene Genuß seiner Frucht
nach Auskunft der Schlange in V. 5 zur Erkennntnis von Gut und Böse, was
nach dem Lauf der Dinge am Beispiel der Bewußtwerdung sexueller
Differenz zwischen Mann und Frau ausgeführt wird (vgl. V. 7.11), so handelt
es sich bei diesem Baum unzweideutig um den Baum der Erkenntnis (vgl.
2,16f). Die Existenz eines Lebensbaums wird dagegen offensichtlich noch
nicht vorausgesetzt[38].

Gegen diese recht weit verbreitete Einschätzung haben in jüngerer Zeit K. Schmid und E.
Blum Einspruch erhoben[39]. Nach Schmid wirft die Frau die beiden Bäume durcheinander
bzw. identifiziert sie als den *einen* Baum in der Mitte des Gartens. Dehnt sie somit das
Verbot, vom Baum der Erkenntnis zu essen, unbedacht auf den Baum des Lebens aus, so
hat der Mensch in seiner Naivität schon vor dem Fall die Möglichkeit vertan, das ewige
Leben zu erlangen. Der Hinweis auf die Naivität des paradiesischen Menschen, und hier
vor allem der Frau, erinnert freilich ein wenig an die überholte literarkritische
Argumentationsfigur, wonach sich Redaktoren und ihre Eintragungen stets an ihrer in-
tellektuellen Unbedarftheit erkennen lassen – nur daß sie hier in die Binnenwelt des
Textes gewendet ist. Feinsinniger ist da, wie mir scheint, die Erklärung Blums. Er unterscheidet ebenfalls die Perspektive des Erzählers, der eingangs beide Bäume einführt, von
derjenigen der handelnden Personen, die nur einen Baum im Sinn haben: Da die Frau den
betreffenden Baum anschaue (vgl. V. 6f), sei die Kommunikation zwischen Schlange und
Frau wenigstens an diesem Punkt eindeutig. Es darf jedoch bezweifelt werden, ob dies
der Intention des Dialogs 3,1ff in einem ursprünglichen (!) Zusammenhang mit 2,9 entspricht: Die auf der Ebene der handelnden Personen vorgeblich eindeutige Identifizierung
des Baumes durch die Frau bedient sich ausgerechnet desjenigen Merkmals, das nach 2,9
in der syntaktischen Figur der »gespaltenen Koordination« als das Gemeinsame der beiden Bäume erscheint, nämlich ihre Lokalisierung »in der Mitte des Gartens«. Nicht umsonst kennt die Auslegung des vorliegenden Textzusammenhangs in der darstellenden
Kunst das verstehensnotwendige Detail, daß die Schlange vom Baum der Erkenntnis aus
zur Frau spricht – wovon in 3,1ff (noch nicht) die Rede ist. Die von Blum aufgezeigte
narrative Funktion der vagen Antwort der Frau in 3,3 ist dagegen unbestritten: Sie provoziert die Enthüllung der Bedeutung des Baumes auf der Handlungsebene durch die
Schlange und sie unterstreicht den um das Verbot unbekümmerten und kindlichen Charakter des ersten Menschenpaares. Doch geht diese Abzweckung nicht verloren, wenn in
der Paradieserzählung ursprünglich nur von einem Baum in der Mitte des Gartens die
Rede gewesen ist.

---

38 Statt vieler Witte, Urgeschichte, 81.
39 Schmid, Unteilbarkeit, 31f; Blum, Gottesunmittelbarkeit, 19ff.

Eine weitere Bestätigung erfährt die Bewertung des Motivs des Lebensbaumes als redaktionell durch solche Passagen, in denen das Motiv nicht
explizit auftaucht, die aber dennoch mit ihm verbunden sind und für die sich
unabhängig von der Frage nach dem Motiv des Lebensbaums Gründe für
eine redaktionelle Herkunft geltend machen lassen. Gemeint sind die beiden
Eintragungen des Wortes »Staub« (עפר) in 2,7 und 3,19b. Sie bringen von
Anbeginn an den Menschen mit der Sphäre des Todes in Verbindung und
verankern damit das Motiv des verwehrten Zugangs zum Lebensbaum
schöpfungstheologisch[40]. In 2,7 ist עפר syntaktisch und inhaltlich auffällig:
Der Ausdruck ist am ehesten als Apposition zu האדם oder als dessen stoffliche Qualifikation[41] zu verstehen, wobei er jedoch den engen stilistischen und
sachlichen Zusammenhang von האדם und מן־האדמה unterbricht. Inhaltlich
fällt auf, daß gegen die Erzähllogik die stoffliche Parallelität zu den Tieren
aufgegeben ist (vgl. 2,19). Die zusätzliche Stoffangabe bei der Formung des
Menschen, die im Schöpfungsgeschehen von Gen 2 völlig folgenlos bleibt,
wird erst in 3,19b wieder aufgegriffen. Der Teilvers ist eine Dublette zu V.
19aβγ, die anders als der Grundbestand der Paradieserzählung mit der poin-
tierten Aussage »Staub bist du« den Tod selbst zum Gegenstand der Reflexion macht. Natürlich spricht auch V. 19aβγ von der Sterblichkeit des
Menschen, doch erscheint sie schlicht als gegebene Folge der als Strafe auferlegten Daseinsminderung.

Da (1.) die Strafe für die Übertretung des Verbots in einer Daseinsminderung besteht, die
auf den Tod hinführt, und da (2.) die Reproduktion des Lebens und der Tod aufeinander
bezogen sind, handelt die Paradieserzählung auch davon, wie der Tod in die Schöpfung
kam (Röm 5,12). Im Umkehrschluß folgt hieraus, daß der praelapsarische Mensch als
nicht sterblich gedacht war[42]. Doch »[wenn] die Alten Mythen vom Anfang erzählten,
betrieben sie damit keine naive Historiographie, sondern gaben damit ihrer Grundüber-
zeugung Ausdruck, daß alles Gegenwärtige sein Wesen in der Urzeit erhalten hat«[43]. In
diesem Sinn erzählt die Paradieserzählung von ihrem Ausgang her. Sie ist an den vor-
findlichen Grundgegebenheiten des menschlichen Lebens und ihrer urgeschichtlichen
Entstehung interessiert, weniger am Urstand selbst. In der ursprünglichen Paradieserzählung spielt denn auch die Frage nach den Möglichkeiten ewigen Lebens keine Rolle, was
sich schon an einem so kleinen Detail wie der Beobachtung zeigt, daß der auf den Fall

---

40 Der Zusammenhang ist, so weit ich sehe, unbestritten. Zum Anklang der Todesthematik
   in dem Wort עפר vgl. u.a. Jes 26,19; Ps 22,30; 103,14; 104,29; Hi 4,19; Koh 3,20; 12,7
   und dazu L. Wächter, Art. '*āpār*, ThWAT VI (1989), 275-284, 282f.
41 Vgl. GK § 117hh.
42 Mit Blum, Gottesunmittelbarkeit, 22ff (vgl. auch Budde, Paradiesesgeschichte, 23) ist an
   der Lesart der traditionellen Exegese seit Augustin festzuhalten, wonach 2,17 den Ver-
   stoß gegen das Verbot vom Baum der Erkenntnis zu essen mit dem Verhängnis der Sterblichkeit des Menschen sanktioniert sieht. Anders bekanntlich die gegenwärtige *opinio
   communis*, die in 2,17 die (nie exekutierte) Todesstrafe für den schon immer sterblichen
   Paradiesbewohner angedroht sieht.
43 Kaiser, Gott, 67.

bezogene Strafspruch den Tod selbst konstatierend auf die Natur des Menschen bezieht (3,19a; vgl. selbst noch 3,19b) oder daß die Frage nach der Sterblichkeit der im wesentlichen stoff- und ursprungsgleichen tierischen Natur unerörtert bleibt. Daß mit Blick auf die verlorene Möglichkeit ewigen Lebens und die Erlangung der göttlichen Erkenntnis »die beiden Bäume in der Mitte des Gartens ... nebeneinander stehen [müssen], und dies von Anfang an!«[44], wird man für den Grundbestand der Paradieserzählung also nicht sagen können. Vielmehr ist angesichts des literarischen Befundes zu 3,22.24 und (mit Einschränkung) zu 2,9 sowie zu den weiteren Erzählzügen zum Thema die literarische Gleichursprünglichkeit beider Bäume, wie mir scheint, ausgeschlossen. Gleichwohl bot das Hineinkommen des Todes in die Schöpfung durch den Fall den Anknüpfungspunkt für weitergehende Überlegungen zum Urstand und der Möglichkeit des Menschen, das ewige Leben zu gewinnen. Insofern ist die Einfügung des Motivs vom Lebensbaum der sach- und textgemäße Beginn einer Auslegungsgeschichte, die bereits innerbiblisch einsetzt.

Vielleicht wird man für eine entstehungsgeschichtliche Differenzierung zwischen dem ursprünglichen Baum der Erkenntnis und dem nachgetragenen Lebensbaum sogar den gemeinsamen traditionsgeschichtlichen Hintergrund der beiden Bäume anführen dürfen. Bekanntlich sind beide Bäume im Alten Testament wie im Alten Orient analogielos. Nun spricht gerade dieser Befund dafür, in dem breit bezeugten Motiv des Weltenbaums den gemeinsamen traditionsgeschichtlichen Hintergrund der Bäume zu vermuten[45]. Allerdings wäre das Motiv vom Weltenbaum in je unterschiedlicher Weise aufgenommen worden. Daß die Verdoppelung des Motivs in der Paradieserzählung und seine damit verbundene zweifache Neufassung in einem Zuge geschehen ist, hat aber alle Wahrscheinlichkeit gegen sich.

Das Motiv vom Lebensbaum gehört somit zu einer 2,9*.10-15; 3,19b.22.24; 4,16b[46] sowie das Wort »Staub« (עפר) in 2,7 umfassenden Bearbeitungsschicht. In einer beinahe midraschartigen Kommentierung fragt sie nach den Bedingungen und Möglichkeiten des Urstandes und trägt so eine vertiefte Reflexion über die Sterblichkeit des Menschen ein. Mit ihrer symbolisch-geographischen Korrelation von »Paradies« und Jerusalemer Tempel verschränkt sie die mythische Urzeit mit der gegenwärtigen Erfahrungswelt und gibt darin – durchaus in Kontinuität zur überkommenen Paradieserzählung[47] – ihre Orientierung an der Tempeltheologie zu erkennen. Nach einer ansprechenden These von M. Witte ist sie darüber hinaus mit derjenigen Redaktion zu identifizieren, die für die Verbindung der priesterschriftlichen und nicht-priesterschriftlichen Urgeschichte verantwortlich zeichnet[48], was sich jedoch allein anhand des Befundes zu Gen 2-4 nicht verifizieren läßt.

---

44 Blum, Gottesunmittelbarkeit, 24.
45 Vgl. dazu Pfeiffer, Baum II, 4ff.
46 Die geographische Vorstellung des Teilverses ist von 3,24 (2,10-15) nicht zu trennen.
47 Vgl. die Überlegungen zum Ort der (mündlichen) Paradiesüberlieferung bei Pfeiffer, Baum II, 13f.
48 Vgl. Witte, Urgeschichte, 79ff.

5.

Damit kommen wir zur Überprüfung der eingangs erwähnten redaktionsgeschichtlichen Unterscheidung einer älteren Anthropogonie und einer sich
daran als Bearbeitung anschließenden Fallerzählung[49]. Die für diese Unterscheidung vorgebrachten Argumente liegen auf kategorial höchst unterschiedlichen Ebenen. Zum einen wird der ambivalente Eindruck bemüht, den
die Paradieserzählung in ihrer vorliegenden Gestalt hinterlasse: Während sie
die Erschaffung des Menschen und seiner anfänglichen Kulturleistung
durchweg bejahend beschreibe, verrechne sie den kulturellen Fortschritt mit
einer zunehmenden Entfernung von Gott, die ihrerseits in der ersten Sünde
des Menschen und der dadurch bedingten Vertreibung aus dem »Paradies«
gründe. Eine redaktionsgeschichtliche Auflösung dieser Ambivalenzen führt
dann zur Annahme einer positiv gestimmten Erzählung von der Menschenschöpfung und Kulturätiologie und ihrer späteren sündentheologisch ausgerichteten, pessimistisch gestimmten Bearbeitung. Freilich kann dem Ergebnis
dieser Bearbeitung im selben Atemzug bescheinigt werden, daß es sich als
eine durchdachte Komposition erweist, welche die Spannungen benützt, um
den Leser auf die Komplexität zu stoßen, die Gottes Erschaffung des ersten
Menschen mit sich bringt[50]. Diese treffende Charakterisierung des vorliegenden Textzusammenhangs provoziert freilich die Rückfrage, ob die Ambivalenzen in der Paradieserzählung eine redaktionsgeschichtliche Differenzierung hinreichend zu begründen vermögen. Die Ambivalenzen könnten ja
durchaus, wie in anderen antiken Literaturwerken auch, von vornherein intendiert sein. Immerhin ist die ambivalente Daseinserfahrung des Menschen
der eigentliche Inhalt der Paradieserzählung und der beanstandete Wechsel
der Grundstimmung das urgeschichtliche Mittel, diese Erfahrung begründend
herzuleiten. Sicher wird man, da Anthropogonie, Kulturätiologie und die Erzählung vom Fall in unterschiedlichen motivgeschichtlichen Zusammenhängen beheimatet sind, kaum bestreiten können, daß die Ambivalenzen der Paradieserzählung erst durch eine neuartige Motivverbindung erzeugt werden
und insofern auf der Bearbeitung von älteren Stoffen beruhen. Ob diese Bearbeitung erst in einem fortgeschrittenen literarischen Stadium des Textes zu
verorten ist und nicht bereits auf der Stufe der schriftlichen (oder bereits
mündlichen) Erstformulierung, läßt sich jedoch allein aufgrund literarkriti-
scher (und gegebenenfalls überlieferungskritischer) Beobachtungen entscheiden.

Das literarkritische Hauptargument liefert die Benennung der Frau in 3,20,
die als unpassende Reaktion des Mannes auf die vorangehenden Strafsprüche

---

49 Vgl. die Anm. 3 genannte Literatur. Dort jeweils auch zum Folgenden.
50 Vgl. Spieckermann, Ambivalenzen, 364.

empfunden wird. Galt deshalb anfänglich 3,20(f) als Einschub[51], so wird wegen der überleitenden Funktion von V. 20 zu Gen 4 und mit Blick auf mögliche Beweggründe der Redaktion dagegen gehalten, daß 3,20(f) älter als die Strafsprüche ist: 3,20(f) habe ursprünglich unmittelbar an die Erschaffung der Frau in Gen 2,22(f) angeschlossen, die Erzählung vom Fall sei insgesamt ein literarischer Einschub[52]. Doch die redaktionsgeschichtliche Erklärung schafft weitaus mehr Probleme als sie zu lösen verspricht. Die unmittelbare Abfolge der Benennung der Frau durch den Mann als Frau im Rückgriff auf die Verwandtschaftsformel in 2,23 und als *Chawwa* mit Blick auf ihre nachmalige Funktion als Mutter in 3,20 ist schwerlich ursprünglich oder passender als die Positionierung von 3,20 im vorliegenden Textzusammenhang:

> ₂,₂₃ Diese ist jetzt Gebein von meinem Gebein und Fleisch von meinem Fleisch! Diese soll ›Männin‹ heißen, denn vom Mann ist sie genommen. ₃,₂₀ Da nannte der Mensch den Namen seiner Frau *Chawwa*, denn sie wurde die Mutter aller Lebenden.

Man hat daher 2,23 zuweilen als redaktionell ausgeschieden und 3,20 direkt an 2,22 angeschlossen. Dies ist aber unmöglich, da das in der altorientalischen Literatur sonst unbekannte Motiv vom Bau der Frau aus der Rippe (2,22), auf das die von Fehlschlägen begleitete Erschaffung der Frau hinausläuft, aus der Verwandtschaftsformel 2,23 herausgesponnen ist[53]. Erklärlich ist das Neben- und Nacheinander von 2,23 und 3,20 in einem Text allein unter der Vorgabe, daß sich zwischen den beiden Benennungen der Frau eine grundlegende Veränderung für die Frau (und den Mann) vollzogen hat. Und genau davon handelt die Erzählung vom Fall. Es läßt sich auch anders formulieren: Erst der Fall erschließt dem Menschen seine sexuelle Differenzierung in Mann und Frau und eröffnet ihm seine Bestimmung zur Fortpflanzung und Kultivierung des Ackerbodens[54]. Entsprechend sind in den Strafsprüchen die Geschlechtlichkeit, die Mühsal des Gebärens (3,16) und der Feldarbeit (3,17-19a) angesprochen, die dann in der Benennung der Frau als *Chawwa* und Mutter aller Lebendigen ebenso wie in der Entlassung des Mannes zur Feldarbeit ihre anfängliche Realisierung erfahren.

Schließlich wird man auch unabhängig von der redaktionsgeschichtlichen Beurteilung von 3,20 zu fragen haben, ob die Rekonstruktion einer positiv gestimmten Erzählung von der Erschaffung des Menschen in Gen 2f* plausi-

---

51 Vgl. J. Wellhausen, Die Composition des Hexateuchs und der historischen Bücher des Alten Testaments, ³1899.
52 Grundlegend Levin, Jahwist, 83f, mit dem Hinweis auf Humbert, Études, 59.
53 So mit Schmid, Unteilbarkeit, 25 mit Anm. 29; Blum, Gottesunmittelbarkeit, 12.
54 So zu Recht Blum, Gottesunmittelbarkeit, 12f im gegenläufigen Anschluß an Spieckermann, Ambivalenzen, 365f, der die Veränderung, wenn ich recht sehe, zumindest in 2,24f angedeutet sieht. Doch zumindest 2,25 kommt hierfür nicht in Betracht, da der (redaktionelle?) Vers eindeutig aus der Handlung herausfällt.

bel ist. Zunächst bleibt mit H. Pfeiffer festzuhalten: »Der bunte Blumenstrauß schöpfungstheologischer Notizen in Gen 2f. führt kaum zu einer tradierbaren Schöpfungs*erzählung*«[55]. Auch ist die Anthropogonie innerhalb der bekannten altorientalischen Literaturwerke nie als ein eigenständiges Thema belegt, sondern sie begegnet stets im Zusammenhang mit anderen urgeschichtlichen Themen. Schon die postulierte Anthropogonie in Gen 2f* wäre also auf eine Fortsetzung in Gen 4 angewiesen. Entsprechend wird der rekonstruierte Grundbestand von Gen 2f mit einer in Gen 4 erkannten Kulturätiologie verknüpft[56]. Dabei gilt innerhalb von Gen 4 die Erzählung von Kain und Abel (V. 2-16) zumeist als sekundär[57], was mit Blick auf die rekonstruierte Anthropogonie auch notwendig ist, da sich die Rückbezüge der Erzählung von Kain und Abel auf die Erzählung vom Fall kaum vollständig literarkritisch isolieren lassen[58]. Indessen ist die vorausgesetzte Eingrenzung des Grundbestandes von Gen 4 auf die V. 1.17-22(23) und seine Charakterisierung als Genealogie von Kulturstiftern nicht unproblematisch: Gen 4,1 unterscheidet sich durch den Gebrauch von ידע »erkennen« und der Namengebung durch die Frau deutlich vom Sprachgebrauch alttestamentlicher Genealogien. Es fällt daher schwer, den Vers in seiner vorliegenden Formulierung als Beginn einer originären Genealogie in V. 1.17ff anzusprechen. Andererseits kann sich die Abtrennung von V. 2ff als sekundär nicht auf die gegenüber der Geburt Kains in V. 1 weniger ausführliche Darstellung der Geburt Abels in V. 2ff berufen: V. 1 stellt die mit dem ersten Sohn einsetzende Generationenfolge heraus, was sich für den zweitgeborenen Abel erübrigt, dann jedoch nach dem Brudermord und dem Ausscheiden der Kainiten aus der Generationenfolge in V. 25 in Gestalt des betonten Neuanfangs mit Set seine dem Erzählfortschritt geschuldete Korrektur erfährt. V. 1 läßt sich somit weder aus formgeschichtlichen noch aus literarkritischen Gründen von V. 2 abheben und ist gemeinsam mit V. 2 zur Exposition der Erzählung von Kain und Abel zu rechnen. Natürlich ist für die Brudermorderzählung die Aufnahme von Traditionsgut durch den Erzähler von Gen 4 nicht auszuschließen. Mit Blick auf die relativ weite Verbreitung des Motivs von den

---

55 Pfeiffer, Baum I, 488.
56 Vgl. statt vieler Levin, Jahwist, 96; Spieckermann, Ambivalenzen, 365, die jeweils noch Notizen zur Entstehung der Völkerwelt aus Gen 9f hinzunehmen.
57 So vor allem Kratz, Komposition, 255f; Spieckermann, Ambivalenzen, 365.
58 Zu den Rückbezügen in 4,7 (vgl. 3,16b); 4,9-15 vgl. Witte, Urgeschichte, 166ff. Gegen Witte (ebd., 151ff) läßt sich jedoch allein V. 6f wegen des unabgestimmten Wechsels von Handlung und direkter Rede als sekundär ausscheiden. Die direkte Rede in V. 9ff ist hingegen unverzichtbar, da der Erzählung sonst der Skopus fehlt. Der Mord hätte keinerlei Folgen und das erzählerische Interesse bliebe im Dunkeln. Um Begründung und Differenzierung der »Urberufe« des Viehzüchters und Ackerbauern wird es jedenfalls kaum gehen, da der Viehzüchter kinderlos ausscheidet und der Ackerbauer von der Scholle vertrieben wird.

feindlichen Brüdern, den unbestrittenen genealogischen Zusammenhang von
V.1f und V. 17ff und die Parallelversion zu Gen 4 in Gen 5, die eine solche
Erzählung nicht hat, liegt diese Annahme sogar nahe. Nur bietet der Text von
Gen 4 (mit Ausnahme von V. 6f.16b) kaum Anlaß zur redaktionsgeschichtli-
chen Differenzierung, und erst recht nicht in Gen 2f.

Wie wenig die redaktionsgeschichtliche Rekonstruktion einer älteren Anthropogonie mit Blick auf deren Fortsetzung überzeugen kann, zeigt schließlich 4,1. Wie erwähnt, zeichnet sich der in der postulierten Anthropogonie
und Kulturätiologie unverzichtbare Vers durch den Gebrauch des für sexuellen Kontakt im alttestamentlichen Schrifttum auffällig selten belegten Wortes
ידע »erkennen« aus[59]. Innerhalb der Urgeschichte ist er nur noch in 4,17 und
4,25 belegt, den beiden auf die erste Zeugung folgenden und als Alternativen
konzipierten Genealogien. Offenkundig dient der von den sonstigen Genealogien abweichende Sprachgebrauch dazu, diese ersten Zeugungen der
Menschheitsgeschichte besonders herauszustellen. Die Frage, weshalb hierzu
ידע »erkennen« gewählt ist, beantwortet sich von Gen 2f her: Es handelt sich
um das mit dem Fall untrennbar verbundene Schlüsselwort der Paradieserzählung (2,[9].17; 3,5.7.[22]), an deren Ende die Entlassung des Menschen
aus dem »Paradies«, die Umbenennung der Frau in *Chawwa* und Mutter aller
Lebenden und der Beginn menschlicher Fortpflanzung steht. Anders formuliert: Gen 4,1 setzt die Verbindung von »Schöpfung und Fall« zwingend voraus. In die gleiche Richtung weist im übrigen auch die Etymologie des
Kindsnamens in V. 1b. Der Freudenruf der *Chawwa* über das entstandene
Leben greift das ebenfalls als Etymologie formulierte Bekenntnis des Menschen zum Leben bei der Benennung der Frau als *Chawwa* nach den Strafsprüchen in 3,20 auf[60].

Die Argumente für eine redaktionsgeschichtliche Unterscheidung einer
älteren Anthropogonie und einer sich daran als Bearbeitung anschließenden
Erzählung vom Fall halten einer Überprüfung nicht stand. Der Text von 2,4-
4,26 ist literarisch weitgehend einheitlich. Nachträge beschränken sich auf
die Verbindung mit der priesterschriftlichen Urgeschichte (2,4a; Erweiterung
des Tetragramms um אלהים: חיה נפש in 2,7b.19b; מי/לכל-הבהמה-ו in 2,20;
3,14), das eventuell auf die gleiche Redaktion zurückgehende Motiv vom Lebensbaum und die zugehörigen Passagen (עפר in 2,7; 2,9*.10-15;
3,19b.22.24; 4,16b) sowie das erste Zwiegespräch zwischen Jhwh und Kain
(4,6f). Nur am Rande sei bemerkt, daß die gegen eine redaktionsgeschichtliche Differenzierung von Schöpfung und Fall vorgebrachten Einwände *mutatis mutandis* auch gegen die im wesentlichen gleichlautende Begründung

---

59 Außer in Gen 4 bezeichnet ידע nur noch in I Sam 1,19 den Vollzug ehelichen Beischlafs.
   Gen 19,5; Jdc 19,22.25 handeln von einer (geplanten) Vergewaltigung, Gen 19,8; 24,16;
   38,26; Jdc 11,39; I Reg 1,4 notieren, daß (noch) kein Beischlaf stattgefunden hat.
60 Vgl. Witte, Urgeschichte, 166f.

entsprechender überlieferungsgeschichtlicher Differenzierungen der mündlichen Vorstufen des Textes sprechen[61]. So ist für die überlieferungsgeschichtliche Analyse eher H. Pfeiffer zu folgen, der bereits für die mündliche Vorstufe der Paradieserzählung eine »zweistufige Anthropogonie [erkennt], die um die Differenz zwischen dem Natur- und dem Kulturwesen Mensch und die anthropologische Ambivalenz menschlicher Zivilisation weiß«[62]. Angesichts der weitgehenden Übereinstimmung der erkannten mündlichen Vorstufe mit dem schriftlichen Grundbestand der Paradieserzählung wird man darüber hinaus fragen können, ob die Annahme einer solchen mündlichen Vorstufe überhaupt notwendig ist. Der Verfasser der nichtpriesterschriftlichen Urgeschichte kann den hochgelehrten Text der Paradieserzählung durchaus eigenständig formuliert haben – selbstverständlich im Rückgriff auf traditionelle Motive wie den Weltenbaum, den Gottesgarten, die *formatio* des Menschen und dergleichen mehr, jedoch ohne die Verwendung einer direkten Vorlage. Die ausstehende literarhistorische Einordnung dieser Erstverschriftung von »Schöpfung und Fall« läßt sich kaum *en passant* erledigen und ist gesondert zu untersuchen. Nur so viel sei abschließend angedeutet: Die Paradieserzählung setzt wie die nichtpriesterschriftliche Urgeschichte insgesamt die Unheilsprophetie voraus, deren Betonung der Unterscheidung von Gott und Mensch als bestimmendes Konstruktionsprinzip der Wirklichkeit sie in anthropologische Kategorien zu fassen sucht.

---

61 Einen Überblick über die verschiedenen Spielarten und ihre wichtigsten Vertreter bietet H. Pfeiffer, Baum I, 487f mit Anm. 3.
62 Pfeiffer, Baum II (Zitat ebd., 16).

Jahwe und Abraham im Dialog: Genesis 15

Christoph Levin (München)

Das Zwiegespräch zwischen Gott und Mensch war im alten Israel nicht anders als in der heutigen Erfahrungswelt eine Seltenheit. Wenn Gott zum Menschen spricht, kommt seine Anrede aus einem Jenseits, »da niemand zukommen kann« (I Tim 6,16). Sein Wort weckt Glauben und verlangt Gehorsam; Einrede duldet es nicht. Wenn aber der Mensch sich an Gott wendet, spricht er, damals nicht anders als heute, im Glauben. Eine regelrechte Antwort erfährt das Gebet nur im Rahmen des Kultes. Sie zu verkünden, ist Sache von Priestern und Propheten, die den Willen Gottes zu vermitteln berufen sind. Weil die Antwort das Unsagbare sagen und das Jenseitige diesseitig machen soll, bedient sie sich geprägter Redeformen, die auf unvordenkliche Zeit zurückgehen. Notwendigerweise sind die Orakel deklarativ. Der Beter nimmt sie entgegen. Als Hiob es wagt, gegen Gott das Wort zu erheben, erstickt die Gegenrede den Dialog auf der Stelle. »Einmal habe ich geredet und will nicht mehr antworten, ein zweites Mal geredet und will's nicht wieder tun« (Hi 40,5).

Beim Lesen des Alten Testaments entsteht an nicht wenigen Stellen ein anderer Eindruck, so als stünden Gott und Mensch sich im Gespräch gegenüber. Das liegt an der Vorliebe der Lehr-Erzählung, theologische Probleme in Szene zu setzen. Die Gotteslehre wird auf die Bühne gebracht. Ein Beispiel ist das berühmte Zwiegespräch zwischen Abraham und Jahwe in Gen 18,23-33. Die Fragen an die Gerechtigkeit Gottes, die sich angesichts des kollektiven Strafgerichts über Sodom stellen, werden nicht auf theoretischer Ebene erörtert. Der Leser erlebt das Problem als Dialog zwischen Gott und Mensch. Das hat den Vorteil, daß die Erzählebene nicht verlassen wird, und überdies kann der Leser sich in den Gesprächspartner Gottes hineinversetzen. Das Rollenspiel läßt ihn gottunmittelbar werden. Er erfährt, daß die Theologie keine abstrakten Probleme verhandelt, sondern daß die Reflexion aus dem Lebensbezug erwächst: aus dem Konflikt zwischen Glaube und Erfahrung.

Der Dialog zwischen Gott und Mensch ist in diesen Fällen ein Spiegel für das Selbstgespräch des Glaubens. Auf reflektierter Ebene aber ist er die Form, in die der theologische Diskurs sich gekleidet hat. Das findet sich am häufigsten in den prophetischen Büchern, je später sie sind, desto mehr. Mit dem autoritativen »So spricht Jahwe« versetzt sich die Theologie in die Rolle Gottes und macht sich Gottes Willen zu eigen. So gerät der Disput zwischen

Mensch und Mensch auf die Ebene zwischen Gott und Mensch, ja sogar, wenn die Theologien aufeinanderstoßen, zwischen Gott und Gott. Das kann apologetische Züge annehmen, wie in den Disputationsreden des Buches Deuterojesaja (vgl. Jes 40,27), polemische, wie in den deuteronomistischen Exkursen des Jeremiabuches (vgl. Jer 7,4), oder auch seelsorgerliche und sakralrechtliche, wie besonders im Buch Ezechiel.

1.

Die beiden Redegänge zwischen Jahwe und Abraham in Genesis 15 sind solche inszenierte Theologie. »Einem Minimum an Handlung steht ein Dialog zwischen Jahwe und Abraham gegenüber, hinter dem gewiß viel mehr eine konzentriert theologische Reflexion als eine volkstümlich erzählerische Überlieferung steht.«[1] Den Anfang macht jeweils eine Gottesrede. Sie ergeht in den geprägten Formen kultischer Rede. Die erste gebraucht die Wendungen des Heilsorakels und verheißt Abraham Beistand und Lohn. Abraham antwortet mit seinem Zweifel. Darauf gibt Jahwe ihm die Verheißung großer Nachkommenschaft, die er mit einem Bild aus der Erfahrungswelt, dem Sternenhimmel, bekräftigt. Jetzt kann Abraham glauben. Der zweite Redegang V. 7-21 beginnt als Offenbarungsrede: Jahwe verheißt Abraham das Land. Abraham antwortet mit der Bitte um Vergewisserung. Darauf unterzieht Jahwe sich dem Ritual einer eidlichen Selbstverpflichtung. Zuvor ergreift er ein weiteres Mal das Wort und sagt Abraham den Auszug seiner Nachkommen aus Ägypten voraus. Am Schluß wird die Landverheißung für die Nachkommen bekräftigt und der Umfang des künftigen Landes beschrieben.

Otto Kaiser hat 1958 in dem ersten von ihm publizierten Aufsatz dem Kapitel eine umsichtige und dem damaligen Forschungskonsens gegenüber bemerkenswert unabhängige Untersuchung gewidmet, die den weiteren Gang der Exegese stark beeinflußt hat.[2] Als sicherer Ausgangspunkt kann seither gelten, daß Gen 15 unselbständig einsetzt und von Anfang an für seinen heutigen Zusammenhang verfaßt worden ist. Das zeigt der erste Satz. Die redaktionelle Verknüpfung וַיְהִי אַחַר הַדְּבָרִים הָאֵלֶּה »Und es geschah nach diesen

1 G. v. Rad, Die Anrechnung des Glaubens zur Gerechtigkeit (1951), in: Ders., Gesammelte Studien zum Alten Testament, ThB 8, ⁴1971, (130-135) 130.
2 O. Kaiser, Traditionsgeschichtliche Untersuchung von Genesis 15, ZAW 70 (1958), 107-126; auch in: Ders., Von der Gegenwartsbedeutung des Alten Testaments, 1984, 107-126. Dazu J. Van Seters, Abraham in History and Tradition, 1975, 250f.: »It is to Otto Kaiser's credit, it seems to me, that he introduced a very important control over the whole literary and tradition-historical discussion of Genesis 15 by means of his form-critical analysis.« Seither haben besonders L. Perlitt, Bundestheologie im Alten Testament, WMANT 36, 1969, 68-77, und M. Köckert, Vätergott und Väterverheißungen, FRLANT 142, 1988, 204-247, das traditionsgeschichtliche Verständnis des Kapitels gefördert.

Begebenheiten«[3] teilt sich mit der Wortereignisformel ... אֶל יְהוָה־דְּבַר וַיְהִי
לֵאמֹר »Und das Wort Jahwes geschah zu ... folgendermaßen« das Prädikat,
und zwar derart, daß das וַיְהִי der ersten Formel mit dem יְהִי der zweiten zu
nachgestelltem הָיָה verschmilzt. Verknüpfung und Exposition der Szene lassen sich nicht trennen, es sei denn, man greift in den gegebenen Textbestand
ein. Daraus folgt unabweisbar, daß mindestens »der Abschnitt vv. 1-6 ... ad
hoc von einem Bearbeiter geschaffen wurde, der gleichzeitig für die jetzige
Stellung des ganzen Kapitels verantwortlich ist«.[4] Diese Einsicht diktiert allen weiteren exegetischen Erwägungen die Bedingung: Gen 15 ist von der
Wurzel her ein redaktioneller Text.

Der Einschub muß seinen Anlaß in jenem Zusammenhang haben, den er
unterbricht. Nach hinten ist der Anschluß unstrittig: Die Erzählung von
Abrahams Ehe mit der Hagar in Gen 16 enthält mit Sicherheit einen Erzähl-
kern, der älter als Gen 15 ist. Weniger eindeutig ist der Vortext. Der Krieg
der Könige samt Abrahams Begegnung mit Melchisedek in Gen 14 ist ein
Stoff eigener Art. Das Kapitel gilt mit Recht als einer der spätesten Texte der
Genesis.[5] Man hat zwar gelegentlich vermutet, daß die Beistandszusage Gen
15,1 sich auf Abrahams Kampf bezieht.[6] Doch würde in diesem Fall die
Gottesrede *vor* Gen 14 eingefügt worden sein.[7] Der kriegerische Anlaß, den
das Beistandsorakel einst gehabt hat, ist längst verblaßt. מָגֵן »Schild« wird
einfach als Metapher der Psalmensprache verwendet (vgl. Ps 3,4; 18,3.31;
84,11; 144,2). Deshalb kann Gen 15 nur an Gen 13 angeschlossen haben.

Am Ende der dortigen Erzählreihe von Abraham und Lot bekräftigt Jahwe
dem Abraham die Verheißung des Landes. Abraham erhält den Lohn dafür,
daß er Lot bei der Wahl der Weidegründe den Vortritt gelassen hat: »Das
ganze Land, das du siehst: dir will ich es geben (אֶתְּנֶנָּה לְךָ)« (13,15a).[8] Hierauf ist, bevor Gen 15 und später Gen 14 zwischenein kamen, die Erzählung
Gen 16 gefolgt: »Sara, Abrams Frau, hatte ihm nicht geboren.« Aus dieser
Abfolge erwächst eine brisante Unstimmigkeit, die Abraham in 15,3b benennt: »Siehe, du hast mir keinen Nachkommen gegeben.« Solange Abraham

---

3 Vgl. Gen 22,1.20; 39,7; 40,1; 48,1; Jos 24,29; I Reg 17,17; 21,1; vgl. Est 2,1; 3,1; Esr
   7,1.
4 Kaiser, 115.
5 Seit Th. Nöldeke, Untersuchungen zur Kritik des Alten Testaments, 1869, 156-172.
6 Vgl. A. Caquot, L'alliance avec Abram (Genèse 15), Sem. 12 (1962), 51-66; N. Lohfink,
   Die Landverheißung als Eid, SBS 28, 1967, 84-88; D. Carr, Reading the Fractures of Genesis, Louisville 1996, 164; K. Schmid, Erzväter und Exodus, WMANT 81, 1999, 176f;
   E. Blum, Die literarische Verbindung von Erzvätern und Exodus, in: J. Ch. Gertz /K.
   Schmid /M. Witte (Hg.), Abschied vom Jahwisten, BZAW 315, 2002, (119-156) 142f.
7 B. D. Eerdmans, Die Komposition der Genesis, 1908, 38: »Die Worte: Fürchte dich nicht
   Abram, sind nach dem glänzenden Siege von Gen. 14 besonders schlecht angebracht.«
   Vgl. auch Van Seters, Abraham, 254.
8 Die ältere Landverheißung 12,7a, die allein den Nachkommen galt, wird damit korrigiert.

keinen Sohn hat, geht die Landverheißung ins Leere. Genau das ist das Problem, das den theologischen Exkurs hervorgebracht hat. Der Wortlaut »du hast mir nicht *gegeben* (לֹא נָתַתָּה)« greift wörtlich auf die vorangegangene Verheißung zurück. Damit sind Anlaß und Stellung von Gen 15 hinreichend erklärt.[9]

Dagegen könnte man einwenden, daß bereits 13,15b-17 auf die Kinderlosigkeit Abrahams eingeht,[10] wo die Zusage des Landes auf Abrahams Nachkommenschaft ausgedehnt[11] und eine Mehrungsverheißung hinzugefügt wird.[12] Doch dieser Teil der Verheißungsrede ist nachgetragen. Das zeigt sich, wenn V. 17b auf die Landverheißung zurücklenkt: כִּי לְךָ אֶתְּנֶנָּה »denn dir will ich es geben« ist Wiederaufnahme von לְךָ אֶתְּנֶנָּה V. 15a, ein eindeutiger Hinweis auf literarische Erweiterung. Die Ankündigung: »Ich will deine Nachkommen wie den Staub der Erde machen« (V. 16), kennt schon die Bekräftigung durch den Blick zum Sternenhimmel 15,5; nur daß, weil Tag herrscht, das Bild wechseln mußte: statt der Sterne der – noch weniger zählbare – Staub. Der Vergleich, der in Gen 15 aus der Szene erwächst: »Kannst du sie zählen?«, muß hier erläutert werden: »So daß, wer den Staub der Erde zählen kann, auch deine Nachkommen wird zählen können.«

Schon die ältere Landverheißung 13,14-15a hat nicht zum Grundbestand gehört. Der invertierte Verbalsatz וַיהוה אָמַר אֶל־אַבְרָם »Jahwe aber hatte zu Abram gesagt« entwickelt sich nicht aus der Erzählfolge, sondern muß mit אַחֲרֵי הִפָּרֶד־לוֹט מֵעִמּוֹ »nachdem Lot sich von ihm getrennt hatte« umständlich an sie anknüpfen. Weiteres ergibt sich aus der Schichtung von Gen 12-13. Für die Verheißung ist wesentlich, an welcher Stelle sie ergeht. Jahwe fordert Abraham auf, von dem »Ort, wo du dich befindest« (הַמָּקוֹם אֲשֶׁר־אַתָּה שָׁם, V. 14aγ), das Land in die vier Himmelsrichtungen zu übersehen. Es ist kein anderer als der »Ort, wo sein Zelt zuerst gestanden hatte« (הַמָּקוֹם אֲשֶׁר־הָיָה שָׁם אָהֳלֹה בַּתְּחִלָּה, 13,3) und demzufolge derselbe Ort, an dem Abraham in 12,8 Station gemacht hat, nämlich Bethel. Die Rückkehr nach Bethel aber ist nur deshalb erforderlich und möglich, weil Abraham in 12,10-20, genötigt durch eine Hungersnot, das vorgegebene Itinerar verlassen

---

9   Gegen Schmid, Erzväter und Exodus, 63f. (vgl. 186): »Es handelt sich bei Gen 15 um den herausragendsten Brückentext in Gen, der der literarischen Verbindung von Gen und Ex(ff) dient.« Eine solche These ist nicht nur unnötig und unbeweisbar; sie stellt die Absicht auf den Kopf. Exkurse wie Gen 15 sehen allein auf die theologischen Probleme. Literarische Zusammenhänge werden von ihnen eher verwirrt als hergestellt.

10 R. Kraetzschmar, Die Bundesvorstellung im Alten Testament, 1896, 60f., und ihm folgend Kaiser, Traditionsgeschichtliche Untersuchung, 123, schließen folgerichtig 15,1 an die Landverheißung 12,7a an.

11 13,15b kommt damit auf 12,7a zurück im Sinne einer Synthese: Das Land gilt nicht nur Abraham selbst (13,15a) oder seinen Nachkommen (12,7a), sondern beiden.

12 Die Parallele in Gen 28,13b-14 setzt die Ergänzung voraus, vgl. Ch. Levin, Der Jahwist, FRLANT 157, 1993, 219f.

hat, um nach Ägypten zu ziehen. Die Erzählung von der Gefährdung der Ahnfrau in Ägypten ist ein Exkurs, wie man schon lange gesehen hat. »Hätte 12,10-20 ursprünglich hier gestanden, so wäre gar kein Grund gewesen, den Abraham ... wieder nach Bethel zurückwandern zu lassen«.[13] In Ägypten gerät Abraham in Bedrängnis und Not. Jahwe aber schlägt den Pharao mit Plagen, so daß er ihn ziehen läßt. Die Typologie liegt auf der Hand: Bereits der erste der Stammväter soll den Weg des späteren Gottesvolkes vorausvollzogen haben, von der Josefsgeschichte bis zum Exodus.[14] Das zeigen allerlei Anspielungen auch wörtlich. »Pharao wird in Gen 12,17 wie in Ex 11,1 mit Plagen geschlagen (נגע), 12,20 ›schickt‹ (שׁלח) er Abraham und sein Gefolge fort – damit klingt das Leitwort in Ex 5ff an.«[15] Da die Vorlage Ex 11,1-3 bereits Priesterschrift und nichtpriesterschriftlichen Erzählfaden in literarischer Verbindung kennt,[16] muß Gen 12,10-20, und somit auch 13,3 und 13,14-15a, jünger sein als die Priesterschrift. Daraus folgt, daß das Kapitel Gen 15, das auf 13,14-15a reagiert, von Anfang an nachpriesterschriftlich ist;[17] das bedeutet auch: jünger als der Abrahambund Gen 17.[18]

2.

Die Wortereignisformel, mit der Gen 15 einsetzt, stammt unstreitig aus der Prophetie. Sie begegnet im Pentateuch nur hier und in dem folgenden V. 4. Die ältesten Belege finden sich im Buch Jeremia; sie stehen dort mit einer ausgeprägten prophetischen Wort-Theologie in Zusammenhang.[19] Am häu-

---

13 J. Wellhausen, Die Composition des Hexateuchs, [4]1963, 23.

14 Schon B. Luther bei E. Meyer, Die Israeliten und ihre Nachbarstämme, 1906, 123, erkannte, daß Gen 12,10-20 »eine Parallele ist zu Gen. 42 bis Exod. 12.« Neuerdings wurde die typologische Vorwegnahme u. a. von E. Blum, Die Komposition der Vätergeschichte, WMANT 57, 1984, 309; M. Fishbane, Biblical Interpretation in Ancient Israel, 1985, 375; Schmid, Erzväter und Exodus, 64, erfaßt.

15 Schmid ebd.

16 Das hat J. Ch. Gertz, Tradition und Redaktion in der Exoduserzählung, FRLANT 186, 2000, 176f, nachgewiesen. Vgl. auch Levin, Jahwist, 335-339.

17 So mit anderer Begründung u.a. auch H.-Ch. Schmitt, Redaktion des Pentateuch im Geist der Prophetie (1982), in: Ders., Theologie in Prophetie und Pentateuch, BZAW 310, 2001, 220-237; J. Ha, Genesis 15. A Theological Compendium of Pentateuchal History, BZAW 181, 1989; Th. Römer, Genesis 15 und Genesis 17, DBAT 26 (1989/90), 1992, 32-47; Schmid, Erzväter und Exodus, 172-186; Blum, Verbindung [s. Anm. 6], 142-144.

18 Für das Verhältnis von Gen 15 und Gen 17 ist freilich zu berücksichtigen, daß nur ein Teil von Gen 17 zur Grundschrift P[G] gehört.

19 Vgl. Ch. Levin, Das Wort Jahwes an Jeremia. Zur ältesten Redaktion der jeremianischen Sammlung, ZThK 101 (2004), 257-280.

figsten ist die Wortereignisformel mit fünfzig Belegen im Buch Ezechiel.[20]
Ebenso wie das »Wort Jahwes« in Gen 15,1.4 längst zum Begriff erstarrt ist,
wird es auch im Ezechielbuch nie zu einem eigenen Thema, sondern ist nur
mehr Synonym für die prophetische Botschaft, mehr noch: für die Offenbarung schlechthin.[21] »Die Formel will ... Abraham nach dem Bilde des
israelitischen Propheten zeichnen, eine Tendenz, die in der zur elohistischen
Schicht zu rechnenden Erzählung Gen 20,1-17 wiederkehrt.«[22] Wie wenig
dem Verfasser ein Wortereignis im engen Sinne vorschwebt, zeigt sich daran,
daß er es mit einer Vision (מַחֲזֶה) verknüpft. »This seems to be a rather
strange combination of two different modes of prophetic reception of revelation that are usually kept quite distinct.«[23] »Der Sprachgebrauch von חזה verweist vornehmlich in eine spätere Zeit, in der es zu einer allgemeinen und
uneigentlichen Bezeichnung prophetischen Offenbarungsempfanges verblas-
sen konnte.« »Es häuft sich bei Ezechiel«.[24]

Am nächsten kommt Gen 15,1 der Einleitung der Berufungsvision Ez
1,3a. Nur an dieser Stelle im Ezechielbuch betrifft die Wortereignisformel
den Propheten in 3. Person.[25] Tatsächlich verläuft der folgende Dialog nach
dem Schema von Anrede, Einwand und Bekräftigung, das für die Berufung
der Propheten kennzeichnend ist. Abrahams Gegenrede in V. 2 und 3 entspricht dem »Einwand des Berufenen«, wie er in Jes 6,5 und seither in Jer
1,6; Ex 3,11; 4,10; Jdc 6,15; I Sam 9,21 zur Gattung gehört,[26] und vollends
folgt dem Vorbild das bekräftigende Zeichen, das Abraham in V. 5 erhält,
vgl. Jes 6,6-7; Jer 1,9; Ez 2,8–3,3. Wenn allerdings die Beistandszusage dem
Einwand nicht wie in Jer 1,7-8; Ex 3,12; 4,12; Jdc 6,16 antwortet, sondern
voraufgeht, zeigt sich, daß das Muster nicht im eigentlichen Sinne gebraucht

---

20 Dazu W. Zimmerli, Ezechiel, BK XIII, 1969, 88-90. Acht Belege haben wie Gen 15,1 die
   Form mit הָיָה, weil die Angabe eines Datums vorausteht: Ez 1,3; 26,1; 29,1.17; 30,20;
   31,1; 32,1.17.
21 Der Begriff דְּבַר־יהוה begegnet im Ezechielbuch sonst ausschließlich in einer weiteren
   Formel, dem Höraufruf: Ez 6,3; 13,2; 16,35; 21,3; 25,3; 34,7.9; 36,1.4; 37,4.
22 Kaiser, Traditionsgeschichtliche Untersuchung, 110. Köckert, Vätergott, 215, vergleicht
   auch Gen 18,22-33, wo Abraham in der prophetischen Funktion des Fürbitters auftritt.
23 Van Seters, Abraham, 253. Die Verbindung von דבר und חזה in Jes 2,1 und Am 1,1 ist
   sekundär.
24 Kaiser, 110 mit Anm. 15. Vgl. Ez 7,13.26; 12,22.23.24.27.27; 13,6.7.8.9.16.16.23; 21,34;
   22,28. Die Nominalbildung מַחֲזֶה neben Gen 15,1 nur noch Num 24,4.16 und Ez 13,7.
25 Alle anderen Belege bieten die Formel mit der 1. Person, vgl. Zimmerli, Ezechiel, 90:
   »Bei Ezechiel herrscht diese Verpersönlichung ganz ausschließlich.« Statt הָיָה הָיָה ist
   mit LXX, Targum und Vulgata הָיָה zu lesen, vgl. Zimmerli, 3f.
26 Vgl. W. Richter, Die sogenannten vorprophetischen Berufungsberichte, FRLANT 101,
   1970, 145f.

wird.[27] Weder wird Abrahams Berufung erzählt, noch soll er zu einem Propheten erklärt werden.

Die Offenbarungsrede setzt ein mit der Beruhigungsformel אַל־תִּירָא »Fürchte dich nicht!«,[28] ergänzt um den Vokativ des Angeredeten[29] und die Beistandszusage, die in die Form einer Selbstprädikation Jahwes gefaßt ist: »Ich bin dein Schild!« Das sind die Grundelemente des Heilsorakels. Sie haben aber kein eigenes Gewicht, sondern bilden den szenischen Rahmen »für eine in das Gewand einer künstlichen Erzählung gehüllte theologische Abhandlung.«[30] Die Verheißung großen Lohnes, die sich wie schon 13,14-15a auf Abrahams Großzügigkeit gegenüber Lot beziehen mag, bleibt unbestimmt und kann deshalb nicht für sich selbst stehen. Sie soll Abraham lediglich Gelegenheit zur Einrede geben.

Diese Einrede geschieht in V. 2 und 3 doppelt. Beide Verse werden gleichlautend mit וַיֹּאמֶר אַבְרָם »Und Abram sprach« eingeleitet. Das verletzt die »Stilregel ..., daß man zwei Reden derselben Person hintereinander vermeidet, sondern sie durch das Wort eines andern oder eine Handlung trennt.«[31] Vor die Wahl gestellt, neigen die meisten Exegeten dazu, die erste Einrede für ursprünglich zu halten. Wahrscheinlich ist das aber nicht; denn zwei getrennte Reden sind in der Regel nur dort unvermeidlich, wo die spätere an erster Stelle eingefügt wird. Nach hinten hätte sich der vorhandene Redegang einfach fortführen lassen. Auch ist die Rede Abrahams nicht nur einmal, sondern in mehreren Anläufen erläutert und glossiert worden.

Was die Erweiterungen ausgelöst hat, läßt sich nachvollziehen. Abrahams Klage: »Siehe, du hast mir keinen Nachkommen gegeben« (V. 3a), wird im folgenden Kapitel mit der Geburt des Ismael hinreichend beantwortet. Die Verheißung, Abrahams Nachkommen wie die Sterne zu mehren (V. 5b), läßt sich genau in diesem Sinne verstehen, wie die Wiederholung in 16,10 zeigt. Diese Lösung war ungenügend, ja anstößig für ein Geschichtsbild, in welchem die Genealogie des Gottesvolkes allein über Isaak lief. In 25,12-18 werden Ismaels Nachkommen aus der Stammlinie ausgegliedert, in 21,9-20 wird Ismael gar mitsamt seiner Mutter aus Abrahams Hausstand entfernt.[32] Deshalb läßt ein Ergänzer den Abraham nunmehr beklagen, daß er nur einen

---

27 Van Seters, Abraham, 255, findet mit Recht, daß die Abfolge von Heilsorakel V. 1 und Klage V. 2-3 unter formkritischem Gesichtspunkt auf dem Kopf steht.

28 Dazu jetzt M. Nissinen, Fear Not: A Study on an Ancient Near Eastern Phrase, in: M. A. Sweeney /E. Ben Zvi (eds.), The Changing Face of Form Criticism for the Twenty-First Century, 2003, 122-161.

29 So nur noch Jes 10,24; 41,14; 44,2; Jer 30,10; 46,27.28; Joel 2,21; Dan 10,12.19, vgl. Rut 3,11.

30 Köckert, Vätergott, 222.

31 H. Gunkel, Genesis, HK I 1, ³1910, XLII.

32 Für Gen 21 ist freilich nicht auszuschließen, daß Gen 15,3b-4 bereits vorausgesetzt ist und die zugehörige Erfüllung erzählt werden soll, vgl. bes. 21,10 mit 15,4.

halbbürtigen Sohn hat: »Und siehe, der Sohn meines Hauses wird mich beerben« (V. 3b). Das steht zur Klage über den fehlenden Nachkommen in Widerspruch. Der Neueinsatz wird durch das zweite »siehe« angezeigt, das auch stilistisch abweicht: וְהִנֵּה statt הֵן. Abraham nimmt voraus, was er noch gar nicht wissen kann. Erst in 16,2-3 wird Sara ihm die Hagar zuführen.

Auch die erste, später vorangestellte Klage setzt die Geburt des Ismael voraus: »Mein Herr Jahwe, was willst du mir geben, wo ich doch kinderlos dahingehe« (V. 2a). Denn das Attribut עֲרִירִי »kinderlos« betrifft nicht den physischen, sondern einen rechtlichen Status. Das geht aus Jer 22,30 hervor, wo für den exilierten Jojachin gleichsam notariell festgestellt wird: »Schreibt diesen Mann als kinderlos auf.« Sollte er Kinder bekommen, so sind sie nicht erbberechtigt.[33] Die Fortsetzung V. 2b ist ein weiterer Nachtrag. Er steht parallel zu V. 3b und zeigt dadurch an, daß er dessen Aussage nochmals korrigieren will: Nicht Ismael, sondern Abrahams Knecht Eliëser soll derjenige gewesen sein, der nach V. 4 vom Erbe ausgeschlossen ist. Der hebräische Wortlaut ist eine crux sondergleichen. Vor dem genauen Verständnis muß jede Exegese kapitulieren.[34]

Jahwes Antwort V. 4 bezieht sich ausschließlich auf V. 3b. Sie hält der Klage: »Und siehe, der Sohn meines Hauses wird mich beerben«, entgegen: »Nicht dieser wird dich beerben, sondern der aus deinem Leibe hervorgehen wird: er wird dich beerben.« Das Verb ירשׁ, das für »beerben« gebraucht ist, geht auf die Landgabeformel im Deuteronomium zurück.[35] Es ist im hiesigen Zusammenhang aus der Gottesrede V. 7 genommen.[36] Eingeleitet wird der Redegang mit einer zweiten Wortereignisformel, die nicht wie stets mit וַיְהִי, sondern mit וְהִנֵּה »und siehe« beginnt, als wolle sie die Worte Abrahams aufnehmen. וְהִנֵּה ist zudem ein Merkmal der Visionsschilderung.[37] Jahwes Wort soll im Rahmen der Vision ergehen, die in V. 1 angedeutet ist.

---

33 Vgl. W. Rudolph, Jeremia, HAT I 12, ³1968, 143. Zu dieser Deutung von Gen 15,2a bes. Köckert, Vätergott, 211 Anm. 218. Ebenso lassen sich auch die beiden übrigen Belege von עֲרִירִי verstehen, die sich in Lev 20,20.21 finden. Die Strafbestimmungen für die illegitime Verbindung mit der Frau des Oheims oder mit der Frau des Bruders, die man andernfalls nur als Gottesstrafe deuten kann: »Sie sollen kinderlos sterben«, hätten einen rechtspraktischen Sinn: Nachkommen gelten als nicht vorhanden.

34 W. Zimmerli, 1.Mose 12-25: Abraham, ZBK AT 1.2, 1976, 47 Anm. 17: »Die neueren Besserungsvorschläge sind Legion, keiner aber vermag wirklich zu überzeugen. Offensichtlich ist der Text schon früh nicht mehr sicher verstanden worden.«

35 Die genaue Form לְרִשְׁתָּהּ findet sich neben Gen 15,7; Jos 1,11; 13,1; Esr 9,11 fünfundzwanzig Mal im Buch Deuteronomium. Weitere Varianten gibt es dort in Fülle.

36 Auch diese Einzelheit, die auf den ersten Blick für die thematische Einheit von Gen 15 zu sprechen scheint, bestätigt die literarische Sekundarität von V. 3b-4. Denn der zweite Durchgang V. 7-21 ist erst im Anschluß an den Grundbestand von V. 1-6 hinzugewachsen, s.u.

37 Vgl. Gen 15,17; 28,12.12.13; 31,10; 37,7.9; 40,9.16; 41,1.2.3.5.6.18.19.22.23 usw.

Bemerkenswert ist die Wendung אֲשֶׁר יֵצֵא מִמֵּעֶיךָ »der aus deinem Leibe
hervorgehen wird«. Sie kann nämlich nicht, wie man zunächst denken mag,
die Zeugung meinen, sondern nur die Geburt: מֵעִים ist das Leibesinnere, im
engeren Sinne der Mutterleib, vgl. Gen 25,23; Jes 49,1; Ps 71,6; Ruth 1,11.[38]
Die nächste Parallele findet sich in dem Orakel für die schwangere Rebekka
Gen 25,23: »Zwei Völker sind in deinem Mutterleib, und zwei Nationen werden sich aus deinem Leibe scheiden (מִמֵּעַיִךְ יִפָּרֵדוּ).« In 15,4 liegt eine
sekundäre Übertragung vor. יֵצֵא מִמֵּעֶיךָ »aus deinem Leibe hervorgehen«
muß verstanden werden als »aus dem Leibe der dir gehörenden Frau«.[39] Hagar nämlich gehörte nicht Abraham, sondern der Sara (16,1b).

Ohne die Ergänzung V. 3b-4 wird das Schema von Verheißung, Einrede
und Bekräftigung um so deutlicher. Der Kern von Gen 15 liest sich wie folgt:

> ... denn das ganze Land, das du siehst: dir will ich es geben (לְךָ אֶתְּנֶנָּה). Und Abram zog
> mit seinen Zelten und kam und wohnte bei den Terebinthen von Mamre und baute dort
> für Jahwe einen Altar.
> Nach diesen Begebenheiten geschah das Wort Jahwes zu Abram in einem Gesicht:
> Fürchte dich nicht, Abram. Ich bin dein Schild. Dein Lohn wird sehr groß sein.
> Abram sprach: Siehe, du hast mir keinen Nachkommen gegeben (לִי לֹא נָתַתָּה זָרַע).
> Da führte er ihn hinaus ins Freie und sprach: Blicke gen Himmel und zähle die Sterne,
> ob du sie zählen kannst. Und er sprach zu ihm: So werden deine Nachkommen sein
> (כֹּה יִהְיֶה זַרְעֶךָ).
> Sara, Abrams Frau, gebar ihm kein Kind. Sie hatte aber eine ägyptische Magd, die hieß
> Hagar. (13,15a.18*; 15,1.3a.5; 16,1)

Der Einschub ist aus dem Widerspruch zwischen der Landverheißung 13,14-
15a und Abrahams Kinderlosigkeit 16,1 erwachsen. Auf Abrahams Klage
hin:»Siehe, du hast mir keinen Nachkommen gegeben« (V. 3a), gibt Jahwe
ihm im Angesicht des Sternenhimmels die Verheißung unzähliger Nachkommenschaft. Die Vision erweist sich an dieser Stelle als Nachtgesicht. Die
Sterne sind für den deuterojesajanischen Schöpfungsbeweis Jes 40,26 der
Inbegriff der Unzählbarkeit. Hier wie dort ist Jahwe als der Weltengott gedacht, dessen Macht als Schöpfer die Gewißheit des künftigen Heils verbürgt

---

38 Die Übersetzung »der aus deinen Lenden hervorgehen wird« (Gunkel, Procksch, Eißfeldt), oder »den du selbst erzeugen wirst« (v. Rad), ist falsch. Richtig Luther: »der von
deinem Leibe kommen wird«, ebenso Kautzsch, Westermann, Zimmerli. Schon die Septuaginta hat das Problem erkannt und hilft sich, bei einem Seitenblick auf 17,6, mit ἐκ
σοῦ = מִמְּךָ.

39 Diese Bedeutung wird durch II Sam 7,12; 16,11 überdeckt. Es ist aber anhand des bloßen
Wortsinns zwingend, daß diese Parallelen auf Gen 15,4 zurückgehen und nicht umgekehrt. Die besitzrechtliche Deutung wird durch den Begriff פְּרִי בֶטֶן »Frucht des Leibes«
bestätigt, der fast stets mit dem Vater verbunden ist im Sinne von »Frucht des dir gehörenden Mutterleibes« (Dtn 7,13; 28,4.11.18.53; 30,9; Mi 6,7; Ps 132,11; vgl. Prov 31,2;
Hi 19,17).

und das »Fürchte dich nicht« begründet.[40] Eine neue Redeeinleitung verleiht der Schlußfolgerung Gewicht:[41] »Und er sprach zu ihm: So werden deine Nachkommen sein.« Die eingeschobene Szene ist abgerundet und findet in der Mehrungsverheißung für Ismael 16,10 ein genau entsprechendes Echo.

Abschließend ist Abrahams Reaktion vermerkt: »Und er glaubte Jahwe, und er rechnete es ihm als Gerechtigkeit an« (15,6). Der Satz ist eine Deutung außerhalb der Erzählebene. Er »verrät ausgesprochene theologische Reflexion«[42] und hat »fast schon den Charakter eines allgemeinen theologischen Lehrsatzes«.[43] Aus der Störung der hebräischen Tempusfolge[44] sowie aus der Spannung zum Folgetext, in welchem vielmehr der Zweifel Abrahams der Auslöser ist, läßt sich entnehmen, daß ein weiterer Nachtrag vorliegt. Das leitende Stichwort ist צְדָקָה »Gerechtigkeit«. Vorausgesetzt ist, daß Abraham, der bald darauf in dem Gespräch mit Jahwe als Anwalt der Gerechten auftritt, selbst ein Gerechter gewesen ist.[45] Auch der Gesichtspunkt des »Lohnes« (שָׂכָר, V. 1) könnte auslösend gewesen sein. Die Frage lautete: Worin besteht Abrahams Gerechtigkeit? Der Lehrsatz behauptet: darin, daß Abraham sich an Jahwe festgemacht hat (אמן hi.). Auch hier ist ein Vorbild im Spiel gewesen, nämlich das berühmte »Glaubt ihr nicht, so bleibt ihr nicht« aus Jes 7,9.[46] Dort ist das »Sich-Festmachen« auf die David-Verheißung II Sam 7 bezogen.[47] Für Gen 15,6 bedeutet das: Abraham ist darin gerecht

---

40 Vgl. die Argumentationskette Jes 40,12*.15a.21a.27-28a*.29; 41,4b.8a.10-11.13; 42,1.bβ.4b, und dazu Ch. Levin, Das Alte Testament, ²2003, 87-89, sowie R. G. Kratz, Die Propheten Israels, 2003, 93-95.

41 In diesem Fall ist die doppelte Rede kein literarkritisches Indiz, zumal zwischenein die Ausführung des Befehls hinzuzudenken ist.

42 Kaiser, Traditionsgeschichtliche Untersuchung, 118.

43 G. v. Rad, Das erste Buch Mose, ATD 2/4, ⁹1972, 143f.

44 Das Perfectum copulativum וְהֶאֱמִן dient als Narrativ, wie die Septuaginta richtig übersetzt. Solcher aramaisierende Tempusgebrauch (GesK § 112pp) steht häufig am Einsatz von literarischen Ergänzungen. C. J. Ball, The Book of Genesis, SBOT 1, 1896, 11. 64, konjiziert וַיַּאֲמֵן »instead of the ungrammatical וְהֶאֱמִן«. Die Deutung als Iterativ »er glaubte mehrfach« (Gunkel, Genesis, 180) ist ein Mißgriff.

45 Der Zusatz hängt mit 18,22b-33a und weiteren ähnlichen zusammen. Er vertritt die verbreitete Tendenz der Spätzeit, das geschichtliche Geschehen unter den Gesichtspunkt der Gerechtigkeit Gottes zu stellen, vgl. Ch. Levin, Gerechtigkeit Gottes in der Genesis (2001), in: Ders., Fortschreibungen, BZAW 316, 2003, 40-48.

46 So R. Smend, Zur Geschichte von האמין (1967), in: Ders., Die Mitte des Alten Testaments, 2002, 244-249.

47 Nach E. Würthwein, Jesaja 7,1-9. Ein Beitrag zu dem Thema: Prophetie und Politik (1954), in: Ders., Wort und Existenz, 1970, (127-143) 141, muß Jes 7,7-9 »von der Nathanweissagung und der in ihr sich niederschlagenden Tradition vom Davidsbund her verstanden werden«, vgl. Jes 7,9b mit II Sam 7,16. Ebenso O. Kaiser, Das Buch des Propheten Jesaja. Kapitel 1-12, ATD 17, ⁵1981, 143, und jetzt J. Barthel, Prophetenwort und Geschichte, FAT 19, 1997, 170, sowie U. Becker, Jesaja – von der Botschaft zum Buch, FRLANT 178, 1997, 37. Becker datiert Jes 7* in protochronistische Zeit. Das ist, wenn

gewesen, daß er sich fest auf die ihm gegebene Verheißung verlassen hat. In der vorangehenden Erzählung hat er dieses Vertrauen darin bewährt, daß er Lot den Vorgriff auf das Land überlassen hat, obwohl Jahwe es ihm selbst und seinen Nachkommen zugesprochen hatte.[48] Die Wendung חָשַׁב לְ »jemandem etwas anrechnen« mag ursprünglich einen deklaratorischen Akt aus der Kultpraxis betreffen;[49] ebensogut aber kann das Verb חשׁב das theologische Kalkül bezeichnen (vgl. bes. Jer 18,8.11; 29,11; 49,20; Gen 50,20), also genau jene Geisteshaltung, die hinter dem Zusatz gestanden hat.

3.

Mit der Selbstvorstellung: »Ich bin Jahwe, der ich dich aus Ur Kasdim herausgeführt habe, um dir dieses Land zu geben, daß du es in Besitz nimmst«, beginnt in V. 7 ein neuer Durchgang. Der plumpe Einsatz »und er sprach zu ihm« sieht Jahwe und Abraham noch auf der Bühne, zeigt aber zugleich, daß die Handlung sich nicht fortsetzt, sondern fortgesetzt wird – von zweiter Hand. Sie ist »*literarisch* auf den Anschluß an die erste Szene angewiesen«.[50] Auch V. 7-21* ist wie V. 1-6* durchgehend redaktionell.[51] Gen 14 oder 13,18 kommen als Anschluß nicht in Betracht. Wieder ereignet sich die Gottesbegegnung des Nachts. Indessen muß zunächst Tag sein, damit Abraham das Ritual präparieren kann, mit dem Jahwe auf seine Zweifel antwortet. Der Wechsel der Tageszeit wird mit keinem Wort vermittelt. In V. 12 läßt der Erzähler die Dunkelheit wieder eintreten, die in V. 5 schon vorausgesetzt ist.

Auch dieses Stück ist mehrfach überarbeitet worden. Das zeigt auf den ersten Blick die annähernde Wiederholung von V. 12aα וַיְהִי הַשֶּׁמֶשׁ לָבוֹא »und als die Sonne unterging« in V. 17aα וַיְהִי הַשֶּׁמֶשׁ בָּאָה »als nun die Sonne untergegangen war«. Die Gottesrede, die auf diese Weise gerahmt wird, gilt seit Hermann Hupfeld mit guten Gründen als Zusatz. »Diese Stelle V. 13-16, die weit über das nächste Ziel hinausgreift, steht allerdings in etwas losem Zusammenhang mit der Verhandlung, und läßt dem Zweifel Raum ob sie ursprünglich oder an der richtigen Stelle, und nicht etwa erst später eingelegt

---

Würthweins Ableitung stimmt, unausweichlich; denn die Davidverheißung II Sam 7 ist von der Wurzel her jünger als die Priesterschrift, vgl. Ch. Levin, Die Verheißung des neuen Bundes, FRLANT 137, 1985, 251-255.

48 Die Haltung ist von sehr fern Gen 22 vergleichbar, wo Abraham bereit ist, den verheißenen Sohn auf Gottes Gebot hin zu opfern.

49 G. v. Rad, Die Anrechnung des Glaubens zur Gerechtigkeit (1951), in: Ders., Gesammelte Studien zum Alten Testament, TB 8, [4]1971, 130-135. Belege sind Lev 7,18; 17,4; auch Ps 32,2; 106,31. Zum möglichen Vollzug vgl. Zimmerli, Ezechiel, 397-399.

50 M. Noth, Überlieferungsgeschichte des Pentateuch, 1948, 29 Anm. 85.

51 Versuche, 15,7-8 als nachträgliche Überleitung zu einem älteren Grundbestand zu deuten, zerstören den Text. Vgl. Köckert, Vätergott, 225f.

sei.«[52] Der Zusatz bildet eine Ringkomposition,[53] die durch die Wiederaufnahme von V. 12a in V. 17a umgrenzt wird. Dabei ist וְהִנֵּה אֵימָה גְדֹלָה »und
siehe, ein großer Schrecken« an die Stelle von וְהִנֵּה תַנּוּר עָשָׁן »und siehe, ein
rauchender Ofen« getreten. Der unterbrochene Faden verläuft von V. 12a
nach V. 17b:

> Und als die Sonne unterging, fiel ein Tiefschlaf auf Abram;
> und siehe, ein großer Schrecken fiel auf ihn. Er sprach zu Abram: Du sollst gewiß
> wissen, daß deine Nachkommen Fremdling sein werden in einem Land, das ihnen
> nicht gehört. Und sie werden ihnen dienen, und sie werden sie bedrücken. Danach
> werden sie ausziehen mit großem Erwerb. Als nun die Sonne untergegangen und Fin-
> sternis eingetreten war,
> und siehe, da waren ein rauchender Ofen und eine feurige Fackel, die zwischen den Stük-
> ken hindurchfuhren. (15,12a.12b-13a.14b.17a.17b)

Der Einschub ist durch die Verheißung V. 7 hervorgerufen worden, mit welcher Jahwe jetzt und hier das Land dem Abraham zum Besitz übergibt. Das
widerspricht dem Gang der Geschichte, der die Israeliten erst nach der Rückkehr aus Ägypten endgültig in das Land führen wird. Um die Irritation zu
bewältigen, beantwortet ein Ergänzer die Frage Abrahams: »Woran werde
ich erkennen« (בַּמָּה אֵדַע, V. 8), noch einmal auf andere Weise: »Du sollst
gewiß wissen« (יָדֹעַ תֵּדַע).

Die zusätzliche Gottesrede erfordert zu Anfang eine Korrektur: Der Tiefschlaf (תַּרְדֵּמָה), der nach V. 12a auf Abraham fällt (נָפְלָה עַל), kommt einer
Betäubung gleich (vgl. Gen 2,21; I Sam 26,12; Jes 29,10). Abraham hätte die
Worte Jahwes nicht vernehmen können. Deshalb deutet V. 12b den Zustand
als großen Schrecken (אֵימָה גְדֹלָה),[54] der ihn angesichts der Gotteserscheinung überfallen habe (נָפְלָת עָלָיו). Der ältere Text bleibt dabei unangetastet.
Die Korrektur wird gleichsam darüber gelegt.

Jahwe sagt Abraham in groben Zügen den Gang der Geschichte voraus.
Damit zeigt er ihm, daß auch der Umweg, der über die Knechtschaft in
Ägypten führen wird, seinem Plan folgt. Was derart in Gott beschlossen ist,

---

52 H. Hupfeld, Die Quellen der Genesis und die Art ihrer Zusammensetzung, 1853, 143
   Anm. 58. Nachdem diese Einsicht lange Zeit unangefochten war, verbreitet sich neuerdings die Behauptung, sie sei »weniger text- als theoriegesteuert« (Schmid, Erzväter und
   Exodus, 176) – ohne daß die Kritiker bedenken, daß man denselben Verdacht auch auf
   sie lenken kann. Da die Verse 13-16 die Priesterschrift voraussetzen, scheide man sie aus,
   um für den übrigen Text die Frühdatierung zu retten, vgl. Römer, Genesis 15 und Genesis
   17 [s. Anm. 17], 34-38. Das Argument geht ins Leere, weil für Hupfeld die Priesterschrift
   noch als die älteste Quellenschrift galt. Zur neuesten Diskussion vgl. J. Ch. Gertz, Abraham, Mose und der Exodus, in: Abschied vom Jahwisten [s. Anm. 6], (63-81) 71-74.
53 Vgl. W. Richter, Exegese als Literaturwissenschaft, 1971, 70f.
54 Das unverbundene Stichwort חֲשֵׁכָה »Finsternis« ist wahrscheinlich eine Glosse, die mit
   V. 17aβ ausgleichen will, vgl. H. Holzinger, Genesis, KHC 1, 1898, 148; J. Skinner, Genesis, ICC, ²1930, 281; Zimmerli, 1.Mose 12-25, 48 Anm. 20.

kann der Verheißung nicht widersprechen; um so weniger, als die Israeliten mit großem Erwerb zurückkehren werden. Der Ergänzer hat seinen Stoff nicht nur in den Exoduserzählungen, sondern auch im näheren Kontext gefunden. Der Begriff רְכוּשׁ »Erwerb« gehört zum kennzeichnenden Wortschatz der Priesterschrift in der Vätergeschichte (Gen 12,5; 13,6; 31,18; 36,7; 46,6). Im Buch Exodus fehlt er. Für רְכֻשׁ גָּדוֹל »großer Erwerb« hat 13,6 als Vorbild gedient: כִּי־הָיָה רְכוּשָׁם רָב »denn ihr Erwerb war zahlreich«. In der Erzählfolge von Gen 12–13 stellt es sich so dar, daß Abraham diesen Reichtum vom Pharao erhalten hat zum Ausgleich für seine Bedrängnis (12,16).[55] Auch bei der Fremdlingschaft (√גור) der Israeliten klingt eher Gen 12,10 an[56] als die Exodusberichte.[57] Die Verbindung von Knechtsdienst und Bedrückung (ענה pi.) in Ägypten ergibt sich aus Ex 1,14 P[S] und Ex 1,11.12 J[R].[58]

Zur selben Ergänzung gehört wahrscheinlich V. 18, der mit der Zeitangabe בַּיּוֹם הַהוּא »an jenem Tage« eigens, das heißt nachträglich angeschlossen ist.[59] Auch hier ist die Zukunft der Nachkommen im Blick. Das Resümee bestimmt das Ritual nunmehr als Bundesschluß. »Bund« (בְּרִית) ist dabei nicht mehr im Sinne einer vertraglichen Beziehung, sondern wie in zahlreichen späten Belegen einseitig als Setzung Jahwes verstanden. Die Wendung כָּרַת בְּרִית »einen Bund schließen« bedeutet soviel wie »eine unverbrüchliche Heilszusage geben«.[60] Dazu wird wörtlich die Verheißung aus 12,7 wiederholt: »Deinen Nachkommen will ich dieses Land geben.«[61] Der ursprüngliche Entwurf, der Abraham in der Rolle des Fremdlings sah und das Land seinen Nachkommen vorbehielt (12,6b-7a), wird aufgegriffen und

---

55 In den Exoduserzählungen begegnet das Motiv in Ex 3,22; 11,2; 12,35f.

56 Der Anfang des »kleinen geschichtlichen Credo« beruht ebenfalls auf Gen 12,10, vgl. N. Lohfink, Zum »Kleinen Geschichtlichen Credo« Dtn 26,5-9, ThPh 46 (1971), (19-39) 31; J. Ch. Gertz, Die Stellung des kleinen geschichtlichen Credos in der Redaktionsgeschichte von Deuteronomium und Pentateuch, in: R. G. Kratz /H. Spieckermann (Hg.), Liebe und Gebot. Festschrift L. Perlitt, FRLANT 190, 2000, (30-45) 38f.

57 Vgl. sonst Gen 47,4; Ex 22,20; 23,9; Lev 19,34; Dtn 10,19; 23,8; 26,5; Ps 105,23.

58 Zur Quellenzuweisung von Ex 1,14 vgl. Levin, Jahwist, 315. Das Motiv der Knechtschaft in Ägypten ist verbreitet im Deuteronomium, vgl. Dtn 5,15; 6,21; 7,8; 15,15; 16,12; 24,18.22. Das Motiv der Bedrückung in Ägypten in Ex 1,11.12; 3,7.17 stammt vom Redaktor des Jahwistischen Geschichtswerks, vgl. Levin, a.a.O. 314. 327. 406. Die weiteren Belege Ex 4,31; Dtn 26,6-7 hängen davon ab.

59 Vgl. den sehr ähnlichen Nachtrag Jos 24,25.

60 Diese Begriffsentwicklung bahnt sich im Ezechielbuch an, wo Bund gleichbedeutend wird mit Verheißung, vgl. Levin, Verheißung [s. Anm. 47], 246. Sie hat auch auf das Heiligkeitsgesetz (Lev 26,9), die Priesterschrift (Gen 9,9; 17,7; Ex 6,4) und das Hoseabuch (Hos 2,20) eingewirkt. Unter dieser Voraussetzung konnte die Verheißung an Abraham zum Abrahambund (Ps 105,9; Neh 9,8; I Chr 16,16) und die Davidverheißung zum Davidbund werden (II Sam 23,5; Jes 55,3; Ps 89,4; II Chr 21,7).

61 Einzige Abweichung ist das Perfectum propheticum נָתַתִּי anstelle des Imperfekts אֶתֵּן.

kommt der geschichtlichen Perspektive zupaß.[62] Auch hier ist der Ergänzer bestrebt, einen Ausgleich für die Verzögerung zu schaffen: Das Verheißungsland wird auf die gesamte syropalästinische Landbrücke vom Nil (נְהַר מִצְרַיִם) bis zum Euphrat (הַנָּהָר הַגָּדֹל)[63] ausgedehnt. Das ist der Raum, in dem Abraham sich als Fremdling bewegt hat: von Haran (11,31; 24) bis nach Ägypten (12,10-20). Eine solche Vorstellung konnten nur Ergänzer entwikkeln, die »ihrem Gott jeden Traum in den Mund legten«[64] und dafür eher theologische als politische Gründe hatten: Sie haben die Definition »jeder Ort, den eure Fußsohle betreten wird« (Dtn 11,24 → Jos 1,3) wörtlich genommen.[65]

Einmal ins Wasser geworfen, hat der Stein weitere Kreise gezogen. Das entworfene Geschichtsbild stellt Fragen an die Gerechtigkeit Gottes. Der eigentümliche Partizipialsatz V. 14a, mit der Additionspartikel וְגַם als Parenthese gekennzeichnet, fügt das Strafgericht an den Ägyptern hinzu, das unter dieser Voraussetzung notwendig war. Die Voraussage ist seltsam allgemein formuliert, als solle sie auf vergleichbare Situationen übertragbar sein: »Und auch das Volk, dem sie dienen werden, werde ich richten.« Im Fall der Ägypter wird an die Plagen gedacht sein sowie an die Vernichtung im Meer. Abraham, dem die Erfüllung der Landverheißung versagt wird, soll gleichwohl nicht leer ausgehen.[66] Mit וְאַתָּה »du aber« angeschlossen, wird ihm ein friedliches Ende verheißen. Er soll »in gutem Alter« (בְּשֵׂיבָה טוֹבָה) in sein Grab kommen. Damit ist auf 25,8-10 angespielt, die priesterschriftliche Notiz über Abrahams Tod, und durch sie hindurch auf den Kauf der Grabstätte nach Gen 23, der so etwas wie eine vorläufige Landnahme der Väter bedeutet. Um die Dauer des Aufenthalts der Israeliten in Ägypten zu begründen – Abraham selbst kehrte in 12,20 umgehend wieder zurück –, fügt eine verspätete Assoziation in V. 16a einen Verweis auf die Vergeltungslehre aus Ex 20,5; 34,7; Dtn 5,9 hinzu, nach welcher Jahwe die Sünde der Väter

---

62 Zum redaktionellen Sinn dieses Konzepts, das auf den Jahwisten zurückgeht, vgl. Levin, Jahwist, 137. 415-417.

63 Die Apposition נְהַר־פְּרָת ist eine nachgetragene Verdeutlichung. Sie ist aus Gen 15,18 nach Dtn 1,7 und Dtn 11,24 geraten und von dort nach Jos 1,4, s.u. Anm. 65.

64 L. Perlitt, Deuteronomium, BK V 1, 1990, 49.

65 Die Maximaldefinition aus Gen 15,18 hat auf andere Grenzbeschreibungen rückgewirkt. In Dtn 11,24 wurde nachträglich מִן־הַנָּהָר נְהַר־פְּרָת eingefügt und damit das dortige Gefüge stilistisch und sachlich gestört (S. Mittmann, Deuteronomium 1,1-6,3, BZAW 139, 1975, 21f.). Für Dtn 1,7 ist »nicht unwahrscheinlich, daß 11,24 dem Autor ... bereits in der erweiterten Form vorlag«, doch dürfte Gen 15,18 auch direkt eingewirkt haben, »wie die übereinstimmende Formulierung עד הנהר הגדל נהר פרת beweist« (Mittmann, 23). Jos 1,3-5a ist Zitat von Dtn 11,24-25a, vgl. K. Bieberstein, Josua – Jordan – Jericho, OBO 143, 1995, 93-95 (Lit.).

66 Kaiser, Traditionsgeschichtliche Untersuchung, 125: »Hier verrät sich ein Hes 18 entsprechendes Anliegen.«

vier Generationen lang heimsucht.[67] Eine weitere Datierung in V.
13b berechnet die Knechtschaft auf vierhundert Jahre. Das berührt sich ungefähr
mit den 430 Jahren, die in Ex 12,40 P für den Aufenthalt Israels in Ägypten
genannt sind. Der Ergänzer von V. 16a hatte den Stift kaum aus der Hand
gelegt, da nahm der nächste ihn auf, um in V. 16b den Spieß gegen die
Amoriter zu kehren (beachte das doppelte הֵנָּה), die »in der dtr Literatur ...
die Gesamtheit der Vorbewohner Israels« bilden.[68] Wenn sie bei der
Landnahme vertrieben oder vernichtet werden, müssen sie dieses Schicksal
verdienen. Um die notwendigen Sünden anzuhäufen, damit die Strafe gerecht
sei, braucht es Zeit. Im selben Zuge ist wahrscheinlich die Völkerliste V. 19-
21 hinzugekommen, die auf die Landnahmeüberlieferung vorausweist und
allgemein als Zusatz gilt.[69] Auch wenn diese Liste mit zehn Gliedern die
längste ihrer Art ist, ist sie mit den Grenzen des Landes, die V. 18 umreißt,
nicht in Einklang zu bringen.[70]

4.

Ohne die späteren Ergänzungen wird um so deutlicher, daß der Dialog V. 7-
18* demselben Schema folgt wie der erste: Gottesrede – Einwand – Bekräftigung durch ein Zeichen. Man kann für das heutige Kapitel geradezu von einem »Diptychon« sprechen.[71] Die Übereinstimmung der Form versteht sich
noch besser, wenn die zweite Szene hinzukam, solange auch die erste noch
ihre ursprüngliche Fassung aus V. 1.3a.5 besaß. Ging es dort um die Diskrepanz zwischen der Landverheißung und Abrahams Kinderlosigkeit, so wird
jetzt die Landverheißung selbst zur Frage:

> Er sprach zu ihm: Ich bin Jahwe, der ich dich aus Ur Kasdim herausgeführt habe, um dir
> dieses Land zu geben, daß du es in Besitz nimmst. Er sprach: Mein Herr Jahwe, woran
> kann ich erkennen, daß ich es besitzen werde? Er sprach zu ihm: Bringe mir ein dreijäh-
> riges Kalb und eine dreijährige Ziege und einen dreijährigen Widder. Und er brachte ihm
> diese alle und zerteilte sie in der Mitte und legte je eine Hälfte der anderen gegenüber.

---

67 Diesen Midrasch hat Römer, Genesis 15 und Genesis 17 [s. Anm. 17], 36, entschlüsselt.
   Zimmerli, 1.Mose 12-25, 58: »Wenn 2. Mose 6,16ff. die Generationenkette Levi-Kahath-
   Amram-Mose aufstellt, so wird diese Rechnung zugrunde liegen.«
68 Perlitt, Deuteronomium, 42.
69 Seit Wellhausen, Composition, 22. Zur traditionsgeschichtlichen Stellung vgl. Gunkel,
   Genesis, 183: »Neh 9,8, wo Gen 15 zitiert wird ..., hat 19-21 bereits vorgefunden.«
70 Samaritanus und Septuaginta ergänzen an vorletzter Stelle וְאֶת־הַחִוִּי »und die Hiwiter«,
   die Gen 10,17; Ex 3,8.17; 13,5; 23,23.28; 33,2; 34,11; Dtn 7,1; 20,17; Jos 3,10; 9,1; 11,3;
   12,8; 24,11; Jdc 3,5; I Reg 9,20; I Chr 1,15; II Chr 8,7 zur Liste zählen.
71 H. Gese, Die Komposition der Abrahamserzählung, in: Ders., Alttestamentliche Studien,
   1991, (29-51) 43.

Und als die Sonne unterging, siehe, da waren ein rauchender Ofen und eine Feuerflamme,
die zwischen diesen Stücken hindurchfuhren. (15,7-9a.10a.12aα.17b)

Der Neueinsatz wird durch die Selbstvorstellungsformel markiert, mit der die
Gottesrede anhebt. »V. 7 ist der Anfang einer Erzählung.«[72] Wie häufig ist
die Formel durch eine Apposition erweitert. Merkwürdigerweise bezieht sie
sich auf das Exoduscredo. Der Anachronismus wurde in Kauf genommen,
weil die Präambel des Dekalogs zitiert werden sollte: Die Wendung אֲשֶׁר
הוֹצֵאתִיךָ מִן »der ich dich herausgeführt habe aus ...« findet sich nur noch Ex
20,2 //Dtn 5,6. Was die Anspielung besagen will, erschließt der weitere Gang
der Handlung: Die Szene soll in Parallele stehen zu der Offenbarung auf dem
Sinai.[73] Wenn Jahwe »symbolisch im Rauchofen und in der Feuerfackel ...
erscheint, so ereignet sich dabei die Sinaitheophanie für Abraham.«[74] Dem
Geschichtsablauf wurde lediglich dadurch Rechnung getragen, daß der Auszug aus Ägypten durch den Auszug Abrahams aus Ur Kasdim ersetzt wurde.
Dafür konnte der Ergänzer auf 11,31 P zurückgreifen.[75] Die Nähe zur
Priesterschrift zeigt sich auch im Stil, wenn statt der Langform אָנֹכִי des
Personalpronomens die Kurzform אֲנִי gebraucht wird.[76] In Lev 25,38 gibt es
eine Fassung, die Gen 15,7 nahe kommt wie keine andere: »Ich bin Jahwe,
euer Gott, der ich euch aus Ägyptenland geführt habe, um euch das Land
Kanaan zu geben, um euer Gott zu sein.«[77]

Die so eingeleitete Gottesrede verkündet nicht Gebote wie am Sinai, sondern erneuert wörtlich die Landverheißung 12,7, »dieses Land zu geben« (נתן
אֶת הָאָרֶץ הַזֹּאת). Wie in 13,15a betrifft sie Abraham selbst, nicht die Nachkommen.[78] Dabei wird ein einziges Mal die Väterverheißung mit der

---

72 Eerdmans, Komposition [s. Anm. 7], 37.
73 Die Anspielung schließt aus, daß »die Vätergeschichte und die Exoduserzählung ... zwei
    konkurrierende Konzeptionen von den Ursprüngen Israels« waren, »die noch bis zur Ab-
    fassung des Grundbestandes von Gen 15 als selbständige literarische Größen tradiert
    worden sind« (Gertz, Abraham, Mose und der Exodus [s. Anm. 52], 76). Die Übertra-
    gung der Mosetradition auf Abraham lag für die geschichtstheologische Systematik
    ebenso nahe wie die Übertragung der Josuatradition auf Jakob, vgl. Jos 24 mit Gen 28
    und 35. Für die Gottesbeziehung der Väter kommen Sinai und Sichem zu spät, sind aber
    unerläßlich. Deshalb kam es zu Parallelkonstruktionen.
74 Gese, Komposition, 45.
75 Ur Kasdim wird sonst nur noch in den abhängigen Belegen Gen 11,28 und Neh 9,7 ge-
    nannt.
76 Beachte den Unterschied zu der Selbstvorstellung in V. 1: אָנֹכִי מָגֵן.
77 Der Vers ist innerhalb der Bestimmung über das Zinsverbot ein leicht erkennbarer Zu-
    satz, vgl. K. Elliger, Leviticus, HAT I 4, 1966, 340.
78 Die Nachkommenverheißung 13,15b-17 ist wahrscheinlich noch nicht vorhanden gewe-
    sen (s.o. S. 240), so daß auf dieser Ebene die Textfolge 13,14-15a; 15,1.3a.5.7-
    9a.10a.12aα. 17b; 16,1 vorauszusetzen ist. Die Querbezüge lagen viel dichter beieinan-
    der, als der heutige, ergänzte Text noch erkennen läßt.

Landgabeformel des Deuteronomiums verknüpft.[79] Genau wie in V. 1 hat die
Rede kein eigenes Gewicht. Die Verheißung wird nur deshalb wiederholt,
damit Abraham seine Einrede vorbringen kann, die den eigentlichen Gegenstand bildet.

Diesmal steht die Gewißheit der Landverheißung zur Debatte.[80] Abraham
hebt an mit einer flehenden Anrede: »Mein Herr Jahwe« (אֲדֹנָי יהוה), und
kleidet seine Klage in die Frage nach der Erkenntnis: »woran kann ich erkennen, daß (בַּמָּה אֵדַע כִּי) ich es besitzen werde?« Das erinnert unmittelbar an
das theologische Grundmotiv des Buches Ezechiel.[81] Abraham verlangt nach
Vergewisserung. Seine Frage leitet eine Art Gottesprobe ein. In nächster
Nähe steht die Szene von Abrahams Knecht in Aram Naharajim. Als der
Knecht am Brunnen angelangt ist, gibt er Jahwe eine Probe vor (Gen 24,13-
14).[82] Das Mädchen, das ihn und die Kamele tränken wird, soll von Jahwe für
Isaak bestimmt sein, »und daran will ich erkennen, daß (וּבָהּ אֵדַע כִּי) du meinem Herrn Huld erwiesen hast.« Auch an die Gottesprobe Gideons Jdc 6,36-
40 sieht man sich erinnert, der sich seines Auftrags durch ein Tau-Mirakel
vergewissert, das er Jahwe abverlangt, »so daß ich erkenne, daß (וְיָדַעְתִּי כִּי)
du Israel durch meine Hand erretten wirst, wie du gesagt hast.«[83] Für die Si-
nai-Typologie ist vor allem an Moses Bitte in Ex 33,16 zu denken: »Und
woran soll erkannt werden, daß (וּבַמֶּה יִוָּדַע אֵפוֹא כִּי) ich Gnade in deinen
Augen gefunden habe, ich und dein Volk, wenn nicht daran, daß du mit uns
gehst?«[84]

Die Antwort besteht in einer rituellen Selbstverpflichtung Jahwes, die er
Abraham vorzubereiten befiehlt. Die Bedeutung des Rituals liegt auf der
Hand und wird durch inner- und außeralttestamentliche Parallelen gesichert:
Das Hindurchschreiten zwischen den Hälften getöteter Tiere bedeutet eine
bedingte Selbstverfluchung für den Fall, daß die übernommene Verpflichtung
gebrochen wird. So ausdrücklich Jer 34,18: »Und ich will die Leute, die meinen Bund übertreten, ... so zurichten wie das Kalb, das sie in zwei Stücke
geteilt haben und zwischen dessen Stücken sie hindurchgegangen sind.«[85]

---

79 Vgl. Dtn 3,18; 5,31; 9,6; 12,1; 15,4; 19,2.14; 21,1; 25,19; Jos 1,11.
80 Dasselbe Problem steht hinter Ez 36,16-28*. Dazu Levin, Verheißung [s. Anm. 45], 212-
214.
81 Vgl. W. Zimmerli, Erkenntnis Gottes nach dem Buche Ezechiel (1954), in: Ders., Gottes
Offenbarung, TB 19, ²1969, (41-119) 92f.
82 Entgegen meiner früheren Analyse ist Gen 24,13-14 nicht dem redaktionellen Text des
Jahwisten, sondern der Theodizee-Bearbeitung zuzuweisen, vgl. Levin, Jahwist, 184.
194f. Der Text des Redaktors J^R läuft von V. 12 nach V. 15.
83 Der Dialog Gideons mit Gott spielt wörtlich auf den Dialog Gen 18,22b-33a an.
84 Der Sache nach ist auch das Zeichen mit der Sonnenuhr II Reg 20,8-11 zu vergleichen,
das den Zweifel Hiskias entkräften soll.
85 Das Paradigma Jer 34,8-22 ist Konstruktion. Unter den erzählenden Abschnitten des
Buches dürfte Jer 34 zu den jüngsten gehören.

Der Sinn läßt sich auch anhand des Vertrages Assurniraris V. mit König
Mati'el von Arpad (um 754 v. Chr.)[86] sowie den Verträgen desselben Mati'el
mit König Barga'ja von Ktk (Sefire I A 40)[87] entschlüsseln: »Und ebenso wie
dieses Kalb zerstückelt wird (ואיך זי יגזר עגלא זנה)[88], so werde zerstückelt
Mati'el und werden zerstückelt seine Großen«, falls sie den Vertrag nicht
einhalten.

Die außeralttestamentlichen Belege deuten nicht notwendig auf ein hohes
Alter des hiesigen Textes.[89] Die Übertragung auf die Gottheit selbst, die sonst
die Rolle des Zeugen hat, ist gegenüber dem ursprünglichen Sinn sekundär.
Überdies wird das Ritual mit Zügen einer Opferhandlung ausgestattet. Das
zeigt die Art des Befehls: »לקח ist fester Terminus technicus der Bereitstellung des Opfertieres«.[90] Den Altar dazu hatte Abraham in 13,18 errichtet.
Obgleich für das Ritual ein einziges Kalb (עֶגְלָה) ausgereicht hätte, kommen
weitere Opfertiere hinzu: Ziege und Widder. Es sollen besonders wertvolle,
nämlich dreijährige Tiere sein. Rind, Ziege und Widder werden nie bei ein
und demselben Anlaß dargebracht. All das unterstreicht, wie einzigartig der
Vorgang ist. Daß Abraham die Tiere hälften soll, ergibt sich aus dem Fortgang der Handlung.[91]

Wieder sind nachträgliche Assoziationen zu erkennen. Die Erwähnung der
beiden Tauben in V. 9b hängt nach. Offenbar sollte die Liste um weitere
mögliche Opfertiere ergänzt werden. Die Bedingung »dreijährig« läßt sich
auf Vögel nicht anwenden. Auch konnte Abraham die Vögel nicht hälften
wie die anderen Tiere. Das stellt ein Nachsatz in V. 10b (der V. 11 von seinem Anschluß trennt) zur Entlastung ausdrücklich fest. Hilfsweise mußten es
zwei Tauben sein. Hinzuzudenken ist, daß Abraham sie unzerteilt einander
gegenüberlegt. Allerdings durften es nicht »zwei Turteltauben« (שְׁתֵּי תֹרִים)
oder »zwei Taubenjunge« (שְׁנֵי בְנֵי־יוֹנָה) sein; denn es hätte an das Sünd- oder
Brandopfer erinnert (vgl. Lev 5,7.11; 12,8; 14,22; 15,14.29; Num 6,10). Da
Turteltaube (תוֹר) und Taube (יוֹנָה) niemals zugleich geopfert werden,[92]
wurde der Turteltaube ein sonst nicht belegter Jungvogel (גּוֹזָל) beigegeben.[93]

V. 11 berichtet, daß Raubvögel auf die zerteilten Tiere herabstoßen und
Abraham sie verscheucht. Damit wird angedeutet, daß der Bundesschluß ge-

---

86 TUAT I/2, 155-158.
87 KAI Nr. 222; TUAT I/2, 181f.
88 Die Wurzel גזר kehrt in Gen 15,17b wieder: עָבַר בֵּין הַגְּזָרִים הָאֵלֶּה »er ging zwischen
   diesen Stücken hindurch«.
89 Vgl. Perlitt, Bundestheologie, 73-75.
90 Köckert, Vätergott, 228.
91 Gunkel, Genesis, 181, mißversteht die Erzählweise: »Nach 9 ist, wie es scheint, eine
   Anweisung darüber ausgefallen, was Abraham mit diesen Tieren tun solle.«
92 Alle Belege (über die oben genannten hinaus noch Lev 1,14; 12,6; 14,30) nennen die
   beiden Taubenarten in Alternative (אוֹ).
93 גּוֹזָל ist noch einmal in Dtn 32,11 als Jungvogel des Adlers belegt.

fährdet war, und zugleich wird dem Patriarchen eine aktive Rolle für das Zustandekommen zugeschrieben. Abraham wird der Garant des Bundes auf menschlicher Seite. Es ist unwahrscheinlich, daß dabei auf die Geschichte des Gottesvolkes vorausgeblickt werden soll.[94] Eher darf man an die späte Vorstellung der stellvertretenden Gerechtigkeit Abrahams denken, die der Sache nach aus Gen 22 erwachsen und in 26,5 (← 22,18) expressis verbis benannt ist, um die Gewißheit der Verheißung zu unterstreichen: »weil Abraham meiner Stimme gehorcht hat« (בְּקֹלִי אַבְרָהָם אֲשֶׁר־שָׁמַע עֵקֶב). Im Zusammenhang von Gen 15 könnte Abrahams Gerechtigkeit nach V. 6 vorausgesetzt sein, die jetzt dem ganzen Gottesvolk zugute kommen soll. Man kann ferner an Abrahams Rolle in 18,22b-33a denken, wo er als Dialogpartner Gottes dazu beitrug, die Gottesgerechtigkeit zum Ziel zu führen.

Auch Abrahams Tiefschlaf V. 12aβ gehörte nicht zur ursprünglichen Szene. Die Inversion נָפְלָה וְתַרְדֵּמָה »aber ein Tiefschlaf war auf Abraham gefallen« unterbricht die Zeitenfolge. Das ist nach dem narrativen Auftakt לָבוֹא הַשֶּׁמֶשׁ וַיְהִי »und als die Sonne unterging« sehr störend. Der Rückverweis in V. 17bγ »zwischen *diesen* Stücken« (הָאֵלֶּה הַגְּזָרִים בֵּין) meint die Beschreibung in V. 10a und muß einst (über die Brücke V. 12aα) an sie angeschlossen haben. Nicht allein die Gottesrede V. 12b-17a, sondern auch 10b.11 und 12aβ sind zwischenein gekommen. Das Motiv des Ergänzers ist leicht zu erfassen: Er will Abraham den Anblick der Gottheit ersparen, der nach später Auffassung tödlich gewesen wäre, wie beispielhaft die umständlichen Schutzvorkehrungen während der Sinaitheophanie zeigen (Ex 33,20-23).[95] Dabei tut der Ergänzer allerdings zu viel des Guten: Es war bereits Nacht, und Jahwe durchschreitet die zerteilten Tiere nicht in Person, sondern in Gestalt des Ofens und der Fackel. Der Tiefschlaf nimmt der Szene den Zeugen, auf den es doch ankam; denn das Ritual zielt darauf, Abraham erkennen zu lassen (V. 8).

Die ursprüngliche Szene setzt sich fort in V. 17b: Nach Eintritt der Dunkelheit schreiten ein rauchender Ofen und eine brennende Fackel zwischen den zerteilten Tieren hindurch. Rauch und Feuer sind das, was bei der Theophanie von Jahwe sichtbar wird.[96] Wieder ist auf die Sinaitheophanie angespielt, vgl. Ex 19,18: »Der Berg Sinai aber war ganz in Rauch, weil Jahwe im Feuer auf ihn herabfuhr, und sein Rauch stieg auf wie der Rauch des Schmelzofens.« Für das Ritual vergegenständlichen sich Rauch und Feuer zu Ofen[97] und Fackel.[98] Damit ist zugleich die heikle Aussage vermieden, daß

---

94 Vielfach wird der Einschub V. 11 mit V. 13-16 in Verbindung gebracht.

95 Vgl. sonst Gen 32,31; Ex 3,6; Jdc 6,22-23; 13,22; Jes 6,5b (Zusatz).

96 Vgl. Jes 4,5; 6,4; Ps 18,9; u.ö.

97 Daß der Rauch in Ex 19,18 von einem Schmelzofen (כִּבְשָׁן), in Gen 15,17 von einem Backofen (תַנּוּר) ausgeht, macht keinen grundsätzlichen Unterschied.

98 לַפִּיד »Fackel« im Zusammenhang der Theophanie noch Ex 20,18 und Ez 1,13.

Jahwe selbst zwischen den Tieren einherschritt. Gleichwohl soll gerade das gesagt sein. Der Verfasser ist sich der Ungeheuerlichkeit der Vorstellung offensichtlich bewußt gewesen: Gott selbst unterwirft sich dem Fluch, um die Verheißung unverbrüchlich zu machen. Stärker kann eine Heilsgarantie nicht ausgedrückt werden.

5.

Die beiden Dialoge Gen 15,1.3a.5 und 7-9a.10a.12aα.17b zeigen neben Übernahmen aus der Priesterschrift (»Ur Kasdim«, Gen 11,31) und der deuteronomischen Tradition (Dekalog-Präambel, Landgabeformel) auffallende Anklänge an das Ezechielbuch (Wortereignisformel, Vision als Offenbarungsform, Erkenntnis-Frage). Das betrifft auch die Form des Dialogs. Auch wenn in der prophetischen Gottesrede das Gespräch zwischen Gott und Mensch nicht als solches in Erscheinung treten kann, ist es gleichwohl im Ansatz vorhanden. Das Mittel dazu ist, den Leser oder Hörer innerhalb des Monologs zu zitieren.[99] »Diese Redeform verrät, daß Jahwes Wort, welches zunächst einfach von oben her ergehende Botschaft zu sein scheint, sich ins volle Gespräch mit den Angeredeten herunter senken und Menschenwort aufnehmen kann.«[100] Zitate dieser Art sind für die Gottesreden des Ezechielbuches kennzeichnend. Immer wieder werden der Trotz und die Verzweiflung der Adressaten wörtlich aufgenommen, um die Verheißung oder Belehrung dagegen zu setzen: »Die Tage ziehen sich in die Länge, und jede Vision fällt dahin« (Ez 12,22); »Der Weg Jahwes ist nicht richtig« (18,25.29; 33,17); »Unsere Sünden und Verfehlungen liegen auf uns, und in ihnen siechen wir dahin; wie können wir leben?« (33,10); »Verdorrt sind unsere Gebeine, verloren ist unsere Hoffnung; mit uns ist es aus« (37,11).[101] An solchen Redeweisen kann sich »ein wirkliches Disputationswort« entzünden, »in dem Jahwe auf des Menschen Rede eingeht.«[102]

Die beiden Einwände, die Abraham in den Mund gelegt sind, fügen sich in dieses Bild: »Siehe, du hast mir keinen Nachkommen gegeben« (V. 3a). »Mein Herr Jahwe, woran kann ich erkennen, daß ich das Land besitzen werde?« (V. 8). Abraham spricht gegenüber Jahwe nichts anderes aus als den

---

99 Dazu H. W. Wolff, Das Zitat im Prophetenspruch (1937), in: Ders., Gesammelte Studien zum Alten Testament, ThB 22, ²1973, 36-129.
100 Zimmerli, Ezechiel, 275.
101 Weitere Zitate mit Erörterung finden sich Ez 11,2.15; 18,2.19; 20,32; 33,24; 36,2.13.20.
102 Zimmerli ebd. Weiter: »Im Buche Maleachi, wo jeweils ein Wort Jahwes ... oder eine prophetische Scheltrede ... den Anlaß zum Gespräch gibt, sind dann die Anfänge der eigentlichen Lehrdisputation, die im talmudischen Judentum große Bedeutung bekommt, zu erkennen.«

Zweifel, den die beiden Verfasser bei sich selbst wie bei ihren Lesern bekämpfen. Man ahnt den Reflex einer theologischen Debatte.
Das Verlangen nach Gewißheit ist einerseits allgemein und begleitet den
Glauben immerdar wie sein Schatten. Doch sind auch bestimmte Zeitum-
stände erkennbar. Sie sind gekennzeichnet durch den Verlust von Volk und
Land. Für Abraham ist das Weiterleben des Gottesvolkes bedroht, wenn ein
einzelner keinen Nachkommen hat. Das zeigt, daß Israel sich nicht mehr als
Volk vorfindet. Daseinsgrundlage ist die Familie, die als ethnische und religiöse Minderheit in einer fremden oder fremd gewordenen Umgebung lebt.
Ebenso kann nur die Erfahrung des Landverlustes das Recht auf den Besitz
des Landes derart in Zweifel stürzen.[103] Kurzum, Abraham verkörpert in
Genesis 15 die Lebensbedingungen des nachexilischen Judentums. Es ist
dieselbe Situation, die auch die Verfasser des Ezechielbuches und der Priesterschrift im 5. Jahrhundert bestimmt hat. Beide Schriften richten sich an die
Diaspora. Beide ringen auf ihre Weise mit Glaubensträgheit und Zweifel.
     Die Vätergeschichte verlegt das »nicht mehr« als »noch nicht« in die Vor-
geschichte. Die Gegenwartserfahrung wird nicht an der Vergangenheit gemessen, sondern richtet sich mit Hilfe der geschichtlichen Erinnerung auf die
Zukunft aus. Die Väterverheißungen sind Prophetie, nicht Ätiologie. Eine in
die Vergangenheit verlegte Zukunft läßt indes das Ausbleiben im Laufe der
Zeit um so bedrängender werden. Um den Zweifel zu bannen, werden in Genesis 15 die Formen der kultischen Offenbarungsrede bemüht: Heilsorakel
und Rechtsproklamation. Das Heilsorakel wird nach dem Vorbild der deuterojesajanischen Apologetik mit der Schöpfermacht Jahwes begründet. Zur
Bekräftigung der Rechtsproklamation aber ist die Vorstellung gewagt, daß
Jahwe in Person sich durch einen förmlich vollzogenen Eventualfluch an die
Verwirklichung der Verheißung bindet. »Dieser kühne Anthropomorphismus
betont die Unauflöslichkeit der göttlichen Zusage«.[104] Eine tiefere Selbster-
niedrigung Gottes ist im Alten Testament nirgends erzählt worden.

---

103 Hier ist freilich einzuschränken, daß ein regelrechtes Exil nur für Jojachin und seinen
    Hofstaat belegt ist, der 597 nach Babylon deportiert worden ist (1 Reg 24,12-13a.15a).
    Alle weiteren Verschleppungen, von denen berichtet wird, sind Fiktion, um die
    (prä)chronistische Theorie des leeren Landes in den Geschichtsbericht einzutragen.
    Landverheißung und Landnahmebericht gelten der jüdischen Diaspora, deren Bedeutung
    im Verlauf der persischen und hellenistischen Zeit stetig wuchs.
104 Kaiser, Traditionsgeschichtliche Untersuchung, 120.

Menschliche Schuld, göttliche Führung und ethische Wandlung
Zur Theologie von Gen 20,1-21,21* und zum Problem des Beginns des »Elohistischen Geschichtswerks«

Hans-Christoph Schmitt (Erlangen)

1. »Elohistische« Texte in Gen 20-22

Sucht man angesichts der neueren Entwicklungen der Pentateuchforschung, die zu einer immer stärkeren Vielstimmigkeit von Theorien zur Entstehung des Pentateuch führen, nach Konsensen, die noch weitgehende Anerkennung finden, so kann für die Genesis zum mindesten folgendes festgehalten werden: Die Genesis stellt keine literarische Einheit dar, sondern setzt sich aus einer priesterlichen und einer nichtpriesterlichen Schicht zusammen. Diese bereits von den frühesten Entwürfen der Älteren Urkundenhypothese gemachte Beobachtung, die zur Annahme einer »Jahwe-Quelle« und einer priesterlichen »Elohim-Quelle« (Priesterschrift) führte, ließ sich jedoch nur auf die Urgeschichte mehr oder weniger problemlos anwenden. Bei der Vätergeschichte ergab sich, dass hier die Gottesbezeichnung »Elohim« gebrauchende Texte auftauchten, die sich nicht überzeugend in die priesterliche »Elohim«-Schicht einfügen ließen. Vor allem gilt dies für die »Elohim«-Texte in Gen 20-22 und dabei besonders für die Erzählung von der Gefährdung der Ahnfrau im Harem des Königs Abimelech von Gerar (20,1-18) und für die Erzählung von der Vertreibung Hagars und Ismaels (21,8-21), zu denen in Gen 12,9-13,1 und 16,1-16 Parallelüberlieferungen vorliegen.

Vor allem Julius Wellhausen hat darauf hingewiesen, dass sich Gen 20-22* nicht in die Priesterschrift einfügen lässt. Allerdings könnte man sich Gen 20-22* wegen einer Reihe von Widersprüchen auch kaum als ursprünglichen Bestandteil der jahwistischen Schicht vorstellen. Vielmehr sei hier mit einer »elohistischen« Schicht mit einem eigenständigen theologischen Profil zu rechnen[1].

---

1 J. Wellhausen, Die Composition des Hexateuchs und der historischen Bücher des Alten Testaments, [3]1899 (Nachdruck [4]1963), 15-19 unter Berufung auf H. Hupfeld, Die Quellen der Genesis und die Art ihrer Zusammensetzung von neuem untersucht, 1853. Gegen die Annahme einer »elohistischen« Schicht in Gen 20-22*, die von der »jahwistischen« Schicht in Gen 12-19* getrennt werden kann, spricht sich dagegen D.M. Carr, Reading the Fractures of Genesis. Historical and Literary Approaches, 1996, 201f. aus: »it is

Ein Problem der Behandlung von Gen 20-22* in der neueren Forschung besteht nun darin, dass man die Argumente, die für eine Zusammengehörigkeit von Gen 20-22* sprechen, immer weniger wahrnahm und dadurch ein eigenständiges theologisches Profil des »Elohisten« mehr und mehr verloren ging. Besonders deutlich werden die Auflösungserscheinungen des theologischen Profils der »elohistischen« Texte bei den Arbeiten von Claus Westermann, Erhard Blum und Irmtraud Fischer. Problematisch ist vor allem die starke literarkritische Zergliederung der »elohistischen« Texte von Gen 20,1 - 21,21*, die zahlreiche evidente literarische Zusammenhänge zerstört.

Als problematisch erweist sich vor allem die unterschiedliche Datierung von Gen 20* und von Gen 21,8-21; 22,1-19*: Während Claus Westermann[2] und Erhard Blum[3] noch Gen 20* einer nachexilischen Schicht zugeordnet hatten, die wesentlich jünger anzusetzen sei als Gen 21,8-21*; 22,1-19*, vertritt Irmtraud Fischer[4] eine Datierung von Gen 20* in die Zeit Manasses und von Gen 21,8-21* und 22,1-19* in die Exilszeit. Diese nicht konsensfähigen Datierungen deuten darauf hin, dass die Verteilung der traditionellen »elohistischen« Texte von Gen 20-22* auf mehrere exilisch-nachexilische Redaktionsschichten sich nicht unmittelbar vom Textbefund her nahelegt.

Auf diesem Hintergrund hat Otto Kaiser[5] in seinem »Grundriß der Einleitung in die kanonischen und deuterokanonischen Schriften des Alten Testaments« zu Recht darauf hingewiesen, dass Blums These »einer zweiphasigen Einfügung der elohistischen Texte« von Gen 20-21* »nicht sicher« sei und keine »Notwendigkeit zur Zerlegung der elohistischen Textfolge 20-21,34* in zwei voneinander unabhängige Textgruppen« bestehe[6]. Für die Zusammengehörigkeit von Genesis 20-21*[7] spricht nun vor allem die gemein-

---

impossible to reconstruct a form of ›Elohistic‹ Genesis 20-22 that did not build on the ›Yahwistic‹ Genesis 12-19«.

2 Vgl. C. Westermann, Genesis. 2. Teilband. Genesis 12-26, BK I/2, 1981, 413f.: »Vergleichen wir die für E möglichen Texte 20,1-18 und 21,8-21, so sind diese beiden Texte derart verschieden, dass die Herkunft beider von demselben Schriftsteller und aus der gleichen Zeit kaum möglich erscheint«.

3 Vgl. E. Blum, Die Komposition der Vätergeschichte, WMANT 57, 1984, 361.418f. der Gen 21,8-21*; 22* der »exilischen Komposition Vätergeschichte 2« zuweist, während er Gen 20*; 21,22ff.* in die nachexilische Zeit datiert.

4 Vgl. I. Fischer, Die Erzeltern Israels. Feministisch-theologische Studien zu Genesis 12-36, BZAW 222, 1994, 343f. (besonders Anm. 17) und 357f.

5 O. Kaiser, Grundriß der Einleitung in die kanonischen und deuterokanonischen Schriften des Alten Testaments Bd. 1: Die erzählenden Werke, 1992, 74-76.

6 Ebd. 75. Mit einer Zusammengehörigkeit von Gen 20-22* in einer ursprünglich selbständigen Schrift, das er als »deuterokanonisches Werk« bezeichnet, rechnet auch C. Levin, Der Jahwist, FRLANT 157, 1993, 173.

7 Kaiser, Grundriß 1 (o. Anm. 5), 75f., vermutet, dass die Erzählung von der Bindung Isaaks von einer späteren Hand stammt. Vgl. hierzu auch O. Kaiser, Die Bindung Isaaks. Untersuchungen zur Eigenart und Bedeutung von Genesis 22, in: O. Kaiser, Zwischen

same theologische Tendenz dieser »elohistischen« Texte, die sich insbesondere in der gemeinsamen Beziehung zu den von ihnen aufgenommenen Parallelüberlieferungen zeigt.

Ein zentrales Problem dieser »elohistischen« Texte besteht jedoch darin, dass Gen 20-21* nicht den Beginn der »elohistischen« Geschichtsdarstellung bilden kann. Vielmehr setzen sowohl Gen 20* als auch Gen 21,8-21* eine Reihe von Informationen voraus, die in einer Einleitung des »Elohistischen Werkes« genannt worden sein müssen.

Im Folgenden soll daher anhand einer Untersuchung der beiden »elohistischen« Erzählungen von der Gefährdung der Ahnfrau im Harem Abimelechs von Gerar in Gen 20* und von der Vertreibung der Hagar in Gen 21,8-21* geklärt werden, welche einführenden Aussagen beide Erzählungen voraussetzen und inwieweit beide Erzählungen mit einem gemeinsamen ursprünglichen literarischen Kontext rechnen lassen.

2. Die Gefährdung der Ahnfrau im Harem Abimelechs (Gen 20*)

Die Erzählung von der Gefährdung Saras im Harem des Abimelech Gen 20,1-17 stellt eine literarische Einheit dar. Sekundär ist nur Vers 20,18, der schon durch den Gebrauch des Jahwenamens auffällt und zudem die durch Abrahams Fürbitte wieder abgewendete Krankheit auf die Unfruchtbarkeit der Frauen Abimelechs begrenzt[8]. Außerdem dürfte 20,1aα (»Abraham brach auf von dort ins Südland«) einen sekundären Anschluss an Genesis 18,33 (»Abraham kehrte an seinen Ort [=Mamre] zurück«) darstellen. Für eine Ausscheidung von 20,1aβ spricht dagegen nichts[9]: Zwischen Kadesch und Schur liegt der Bereich, in dem die in Gen 21,8-21* folgende Hagar-Ismael-Überlieferung verortet ist (vgl. Gen 16,7.14).

Alle anderen literarkritischen Operationen, wie sie von Theodor Seidl[10], Irmtraud Fischer[11] und Frank Zimmer[12] vorgeschlagen werden, sind nicht

---

Athen und Jerusalem. Studien zur griechischen und biblischen Theologie, ihrer Eigenart und ihrem Verhältnis, BZAW 320, 2003, 199-224, besonders 209-213: Kaiser weist hier jedoch gleichzeitig auch auf die sehr enge Verwandtschaft zwischen Gen 21,8-21* und Gen 22,1-19* hin.

8 Zum sekundären Charakter von Gen 20,18 vgl. schon H. Gunkel, Genesis, HK 1/1, ³1910, 224f. Wahrscheinlich liegt hier ein Zusatz des Endredaktors des Pentateuch vor (vgl. L. Ruppert, Genesis. Ein kritischer und theologischer Kommentar. 2. Teilband: Gen 11,27-25,18, fzb 98, 2002, 443). Zur Intention des Zusatzes vgl. Kaiser, Grundriß 1 (o. Anm. 5) 74.

9 Vgl. H. Seebass, Genesis II: Vätergeschichte I (11,27-22,24), 1997, 163.

10 T. Seidl, »Zwei Gesichter« oder zwei Geschichten? Neuversuch einer Literarkritik zu Gen 20, in: M. Görg (Hg.), Die Väter Israels. FS J. Scharbert, 1989, 305-325: Die Grundschicht von Gen 20 liegt in den Versen 1c*; 3a-d; 7a d-g; 8a-d; 10a-c; 11a-d; 12a-c; 14a-c vor. Eine erste Ergänzungsschicht besteht aus den Versen 4a-6e; 9c-f; 15a-c; 16a-d. Eine

durch strenge literarkritische Argumente zu begründen. Auf sie sollte daher verzichtet werden[13].

Von zentraler Bedeutung ist die Frage, auf welchen Kontext Gen 20 bezogen ist. Gen 20,1* ist zwar der erste Text innerhalb der Genesis, der mit Sicherheit der »elohistischen« Schicht zuzuweisen ist. Allerdings kann der »Elohist« nicht mit Gen 20,1* begonnen haben. Überhaupt setzt Gen 20,1-17* eine Reihe von Angaben voraus, die in der vorangehenden Darstellung des »Elohistischen Werkes« erwähnt gewesen sein müssen. Axel Graupner[14] hat dabei zu Recht darauf hingewiesen, dass Gen 20,1b »eine Erzählung« fordert, »die vorgängig erklärt, wie Abraham zum Fremdling wurde«. Eine solche Erklärung findet sich nun in Gen 12,9-13,1[15], wo davon gesprochen wird, dass Abraham aufgrund einer Hungersnot nach Ägypten hinabsteigt, um sich dort als Fremdling aufzuhalten (12,10). Die Vorstellung vom Fremdlingsein Abrahams setzt dabei letztlich die Auswanderung Abrahams aus seinem Land, seiner Verwandtschaft und seinem Vaterhaus voraus, von der Gen 12,1.4aα berichten.

In gleicher Weise wird Gen 12* auch von Gen 20,13 vorausgesetzt: Wenn Abraham hier feststellt, dass er mit Sara verabredet habe, sie solle an jedem Ort sagen, er sei ihr Bruder, so nimmt dies bewusst auf Saras entsprechende Aussage in Ägypten in Gen 12,11-13 Bezug[16]. Dieser Rückbezug auf Gen 12, der bei Gen 20,13 vorliegt, wird auch von Ludwig Schmidt[17] gesehen. Er vermutet deshalb, dass Gen 20,13 sekundär sein könnte, wofür es jedoch sonst keine Anhaltspunkte gibt. Auch die Aussage Abrahams, Gott habe ihn »fern vom Hause seines Vaters« umherirren[18] lassen, dürfte den Jahwebefehl

---

zweite Ergänzungsschicht bilden V. 7b.c; 17a-c mit der Erweiterung V. 18. Eine dritte Ergänzung stellt V. 13 dar.

11 I. Fischer, Erzeltern (o. Anm. 4) 137-174: Die Grunderzählung von Gen 20* ist um folgende Bearbeitung erweitert worden: V. 1aβ.4b.6*.7aβ.10.12-13.16-17a.

12 F. Zimmer, Der Elohist als weisheitlich-prophetische Redaktionsschicht. Eine literarische und theologiegeschichtliche Untersuchung der sogenannten elohistischen Texte im Pentateuch, EHS.T 656, 1999, 50-71: Die Grundschicht von Gen 20 findet sich in V. 1b-3.4b-6aα. 7aα*. 7b-16. Erweitert worden ist sie durch V. 4a.6aßb.7aα*β.17. Ein noch späterer Nachtrag bildet V. 18.

13 Vgl. auch Blum, Komposition (o. Anm. 3) 405 Anm. 1, der zu Gen 20 bemerkt: »Der Text ist nach meinem Urteil im wesentlichen einheitlich«.

14 A. Graupner, Der Elohist. Gegenwart und Wirksamkeit des transzendenten Gottes in der Geschichte, WMANT 97, 2002, 202.

15 Zum Beginn des Abschnitts mit Gen 12,9 vgl. Seebass, Genesis (o. Anm. 9) 23 ; zum Schluss in 13,1 L. Schmidt, Die Darstellung Isaaks in Genesis 26,1-33 und ihr Verhältnis zu den Parallelen in den Abrahamerzählungen, in: L. Schmidt, Gesammelte Aufsätze zum Pentateuch, BZAW 263, 1998, 167-223, besonders 172f.

16 Vgl. hierzu zuletzt Ruppert, Genesis (o. Anm. 8) 443.

17 Vgl. Schmidt, Darstellung (o. Anm. 15) 221.

18 Das Verb $t^{c}h$ »umherirren« wird im Übrigen auch sonst in der »elohistischen« Erzählung gebraucht (vgl. Gen 21,14 in der Hagarerzählung von 21,8-21*).

von Gen 12,1, aus dem Haus seines Vaters zu gehen, zur Voraussetzung haben[19].

Dass in Gen 12* teilweise andere Vorstellungen vorliegen wie in Gen 20*, ist darin begründet, dass Gen 12* eine von Gen 20* vorausgesetzte Einzelüberlieferung darstellt, die allerdings vom »elohistischen« Kompositor – wie unten[20] zu zeigen sein wird – bewusst aufgenommen worden ist. Jedenfalls ist aus Gen 20* eine Einleitung der »elohistischen« Darstellung zu erschließen, nach der Abraham auf Gottes Geheiß zu einem »Fremdling« wurde und dabei aus Angst, getötet zu werden, in der Begegnung mit Fremdvölkern[21] zum Mittel der Täuschung griff. Beachtenswert ist auch, dass schon diese Einleitung als normalen Aufenthaltsort Abrahams den Negeb (12,9; 13,1) und damit das Grenzgebiet zu Ägypten ansieht[22].

3. Die Vertreibung Hagars und Ismaels (Gen 21,8-21*)

Auch Gen 21,8-21 bildet im Wesentlichen eine literarische Einheit. Nur bei 21,21a (»er wohnte in der Wüste Paran«) kann man wegen der Dublette zu 21,20a (»er wohnte in der Wüste«) einen nachpriesterlichen Zusatz vermuten[23]. Die »Wüste Paran« spielt in der priesterschriftlichen Wüstenwanderungsdarstellung eine zentrale Rolle (vgl. Num 10,12; 13,3.26 P).

---

19 Dagegen spricht nichts für eine Abhängigkeit der Erzählung Gen 20* von Gen 26,1-11*. Eher setzt Gen 26,1-11* Gen 20* voraus. Vgl. hierzu J. Van Seters, Abraham in History and Tradition, New Haven und London 1975, 175-183; Kaiser, Grundriß 1 (o. Anm. 5) 75; Fischer (o. Anm. 4) 175-230, und auch Zimmer, Elohist (o. Anm. 12) 63-64; anders u.a. Levin, Jahwist (o. Anm. 6) 173f.; Schmidt, Darstellung (o. Anm. 15) 167-201.

20 Vgl. unten Teil IV.

21 Kaiser, Grundriß 1 (o. Anm. 5) weist zu Recht darauf hin , dass es in diesen »elohistischen« Texten um das »Leben in dem von Heiden umgebenen Juda« geht. Inwieweit es sich dabei um das »Juda der frühnachexilischen Zeit« handeln muss, wie Kaiser ebd. vermutet, wird unten noch zu diskutieren sein.

22 Beachtenswert ist, dass die behandelten Texte noch nicht wie die Priesterschrift und die spätere Tradition mit Hebron als gemeinsamem Haftpunkt der drei Erzväter rechnen. Vielmehr werden die Erzväter hier gemeinsam im Gebiet von Beerscheba und damit von »Simeon« lokalisiert (zur Ansetzung von Beerscheba im Stammesgebiet von Simeon vgl. Jos 19,2; I Chr 4,28 und dazu U. Schorn, Ruben und das System der zwölf Stämme Israels, BZAW 248, 1997, 97-99). Als früheste Zeit, in der die mittelpalästinischen und die südpalästinischen Erzväterüberlieferungen miteinander in Verbindung gesetzt wurden, ist dabei die Periode nach dem Untergang des Nordreiches anzunehmen (vgl. dazu L.E. Axelsson, The Lord Rose up from Seir. Studies in the History and Traditions of the Negev and Southern Judah, CB.OT 25, 1987, 101).

23 Zum sekundären Charakter von Gen 21,21a vgl. u. a. R. Kilian, Die vorpriesterlichen Abrahamsüberlieferungen literarkritisch und traditionsgeschichtlich untersucht, BBB 24, 1966, 235; Seebass, Genesis (o. Anm. 9) 183; Zimmer, Elohist (o. Anm. 12) 79.84; Ruppert, Genesis (o. Anm. 8) 466. – Für die Annahme, auch 21,12b.13 und 21,17-18* seien

Die literarkritischen Eingriffe, wie sie vor allem von Irmtraud Fischer[24] vorgenommen wurden (Ausscheidung von 21,11-13.18b), haben keinen Anhalt am Textbefund[25]. Auch die Ausscheidung von Teilen von 20,17, die sich auf »Gottes Hören auf die Stimme des Knaben« beziehen[26], ist unnötig. Erhard Blum[27] hat zu Recht darauf hingewiesen, dass 21,16f. gleichzeitig mit einem Weinen des Knaben und Hagars rechnen (dies ist im MT von 21,16 impliziert, so dass MT als *lectio difficilior* der LXX-Lesart gegenüber vorzuziehen ist).

Von zentraler Bedeutung ist wieder die Frage, welchen Kontext die Erzählung von der Vertreibung Hagars und Ismaels voraussetzt. Axel Graupner hat dabei darauf aufmerksam gemacht, dass man zwischen Gen 20,17 und 21,6 »zumindest eine Notiz über Abrahams Verbindung mit Hagar« vermisse[28]. Nun liegen die hier vermissten Angaben bereits in Gen 16,1-2 (»Sara aber, Abrams Frau, hatte ihm nicht geboren. Ihr gehörte eine ägyptische Sklavin mit Namen Hagar, und so sagte Sara zu Abram: Es ist wahr: Jahwe hat mich vom Gebären ausgeschlossen. Geh doch hinein zu meiner Sklavin – vielleicht komme durch sie zu einem Kind! Abram hörte auf die Äußerung Saras«[29]) vor[30]. Zudem wird nach Horst Seebass[31] eine Erwähnung des Namens »Ismael« vorausgesetzt, der in 21,8-21* nicht vorkommt, auf den aber in 21,17 eindeutig angespielt wird. Auch hierfür muss nun nicht ein verloren gegangener Text postuliert werden. Vielmehr dürfte die Stelle, auf die Gen 21,17 anspielt, in Gen 16,11 (»Und der Bote Jahwes sprach zu ihr: Siehe, du bist schwanger und wirst einen Sohn gebären, und du wirst ihn Ismael [Gott hört] nennen; denn Jahwe hat dein Elend gehört«[32]) erhalten sein.

---

sekundär (so noch H.-C. Schmitt, Die Erzählung von der Versuchung Abrahams Gen 22,1-19* und das Problem einer Theologie der elohistischen Pentateuchtexte, in: H.-C. Schmitt, Theologie in Prophetie und Pentateuch. Gesammelte Schriften. Hg. von U. Schorn und M. Büttner, BZAW 310, 2001, 108-130, besonders 120 Anm. 167), finden sich keine stringenten literarkritischen Argumente (vgl. u.a. L. Schmidt, Weisheit und Geschichte beim Elohisten, in: L. Schmidt, Gesammelte Aufsätze zum Pentateuch, BZAW 263, 1998, 150-166, besonders 156f.).

24 Fischer, Erzeltern (o. Anm. 4) 300-305.
25 Vgl. u.a. die Kritik von Ruppert, Genesis (o. Anm. 8) 471. Dafür, dass Gen 21,13 zur »elohistischen« Grundschicht gehört, spricht auch der Terminus *śym lgwy* wie in Gen 46,3.
26 So Ruppert, Genesis (o. Anm. 8) 466.479.
27 Blum, Komposition (o. Anm. 3) 312, besonders Anm. 7.
28 Graupner, Elohist (o. Anm. 14) 202.
29 Übersetzung nach Seebass, Genesis II (o. Anm. 9) 83.
30 Vgl. auch Van Seters, Abraham (o. Anm. 19) 196f.
31 Seebass, Genesis (o. Anm. 9) 183.
32 Übersetzung nach Ruppert, Genesis (o. Anm. 8) 296.

Im Hinblick auf die von Ernst Axel Knauf[33] und Otto Kaiser[34] vertretene Auffassung, dass es sich bei Gen 21,8-21* um eine nachpriesterschriftliche Schicht handelt, muss allerdings betont werden, dass in Gen 21* keine eindeutigen Bezüge zur Priesterschrift festzustellen sind. Gegen eine Abhängigkeit von P spricht – wie Frank Zimmer[35] gezeigt hat – vor allem die P (vgl. Gen 16,16; 17,17.24f.; 21,5: Ismael bei Geburt Isaaks 14 Jahre alt) widersprechende Darstellung von Ismael als Kleinkind in Gen 21,8-21*. Auch spricht nichts für die Annahme Erhard Blums[36], dass wegen der in 21,8ff.* vorausgesetzten Geburt Isaaks auch Gen 18,1 ff.* zur Vorlage von 21,8ff.* gehört habe. Wie der »elohistische« Vers 21,6a (»ein Lachen hat mir Gott bereitet«) zeigt, muss vielmehr mit einem von 18,1ff.* abweichenden und nicht erhaltenen spezifisch »elohistischen« Bericht von der Geburt Isaaks gerechnet werden.

Da nun Genesis 16,1-2 und 16,11 Teil der Erzählung von »Hagars Flucht und Ismaels Geburt« Gen 16,1-16* sind, ist zu fragen, ob nicht auch der Grundbestand von Gen 16* ebenso wie der Grundbestand von Gen 12* schon Bestandteil des »Elohistischen Geschichtswerks« war.

Als Grundbestand von Gen 16* sind nun die Verse 1-2.4-9.11-14 anzunehmen. V. 3.15-16 sind mit der traditionellen Pentateuchkritik der priesterschriftlichen Schicht zuzuweisen. V. 3* entspricht Gen 25,12b P. Außerdem deutet der Umstand, dass in 16,15 Ismael seinen Namen nicht – wie in 16,11 vorausgesetzt – durch seine Mutter, sondern durch seinen Vater Abraham erhält, auf P hin. Auch die chronologischen Angaben in diesen Versen sprechen für die priesterliche Schicht[37]. Sekundär dürfte auch V. 10 (»Der Bote Jahwes sagte zu ihr: Zahlreich, ja zahlreich mache ich deine Nachkommenschaft, so dass sie vor Menge nicht gezählt werden kann«) sein. Hier scheint die nachpriesterliche Redaktion von Gen 15,5; 22,17 und 26,3b-5; 32,13 vorzuliegen[38].

Nicht zur ursprünglichen Hagarerzählung von Gen 16*, aber doch zum »Elohistischen Werk« gehört V. 9, der Befehl des Boten Jahwes an Hagar, zu ihrer Herrin zurückzukehren und sich ihr unterzuordnen. Die Annahme von Erhard Blum[39] und Horst Seebass[40], dass V. 9 mit V. 3. 15f. zusammenzusehen sei, überzeugt nicht, da V. 3.15f. Hagar Abraham zuordnen, während

---

33 E.A. Knauf, Ismael. Untersuchungen zur Geschichte Palästinas und Nordarabiens im 1. Jahrtausend v. Chr., ADPV, 1985, 16-25, besonders 18f.
34 Vgl. zuletzt Kaiser, Bindung (o. Anm. 7) 213.
35 Zimmer, Elohist (o. Anm. 12) 85f.
36 Blum, Komposition (o. Anm. 3) 312.
37 Vgl. zuletzt Seebass, Genesis (o. Anm. 9) 91; Fischer, Erzeltern (o. Anm. 4) 271; Ruppert, Genesis (o. Anm. 8) 298.
38 Vgl. zu ihr Kilian, Abrahamsüberlieferungen (o. Anm. 23) 317-320.
39 Blum, Komposition (o. Anm. 3) 316.
40 Seebass, Genesis (o. Anm. 9) 85-92.

V. 9 eine Unterordnung Hagars unter Sara verlangt. V. 9 kann daher nur als Überleitung zur »elohistischen« Erzählung Gen 21,8-21* verstanden werden[41].

Auch dürfte Gen 16,1-2.4-9.11-14 ursprünglich eine Fortsetzung von Gen 12* darstellen. Dies zeigt auch der Rückbezug von Gen 16,1 (Hagar als ägyptische Sklavin *šiphāh*) auf Gen 12,16 (Pharao gibt Abram in Ägypten Sklaven und Sklavinnen *šᵉpāhôt*). Außerdem schließt Gen 20,1aβ über Gen 17,1-20,1aα hinweg direkt an Gen 16* an, wenn hier davon gesprochen wird, dass sich Abraham im Raum von Kadesch und Schur aufhält, in dem auch Gen 16* spielte (16,7: Bote Jahwes trifft Hagar am Brunnen auf dem Weg nach Schur; 16,14: Brunnen von Beer Lachaj Roï liegt zwischen Kadesch und Bared)[42]. Schließlich geht es auch in Gen 16* – wie in Gen 12,9-13,1 und in Gen 20,1-21,21* – um das Problem des Zusammenlebens Israels mit seinen Nachbarvölkern (vgl. 16,12).

In diesem Zusammenhang wird man John Van Seters[43] zustimmen können, wenn er feststellt, dass Gen 21,8-21* »must be a literary composition drawing its material from chap. 16, but written for its own distinctive purpose and concern«[44] und dass 21,8-21* »is specifically placed at a point of time much later than the episode in chap. 16 thus allowing for successive events«[45]. Der »elohistische« Text Gen 21,8-21* erzählt daher die ihm vorgegebene protojahwistische und in das »Elohistische Werk« aufgenommene Überlieferung von Gen 16 für den Zeitpunkt nach der Geburt Isaaks weiter.

4. Die Aufnahme von Gen 12*.16* in das »Elohistische Geschichtswerk«

Hier stellt sich die Frage, weshalb der »elohistische« Kompositor die Vorlagen für seine Erzählungen in Gen 20 und Gen 21,8-21 gleichzeitig für einen früheren Zeitpunkt in sein »Geschichtswerk« aufnimmt. Dabei spricht einiges für die Vermutung, dass hier anhand der Wiederholung eines ähnlichen Ereignisses ein im Verlauf der fortschreitenden Geschichte von den Akteuren gewonnenes weiterführendes Geschichtsverständnis zum Ausdruck kommen soll.

In Gen 20* und 21,8-21* zeigt sich, dass Gott die von ihm erwählten Menschen nicht nur aus der Situation, in der sie durch ihre Schuld gekommen

---

41 Vgl. Fischer, Erzeltern (o. Anm. 4) 263-265. Zur unterschiedlichen Bezeichnis von »Magd« in Gen 16* (*šphh*) und in Gen 21,8ff.* (*'mh*) vgl. ebd. 96: »Die Verwendung von *'mh* in Saras Mund muß also noch lange nicht heißen, daß sie Hagar nicht mehr als Sklavin beansprucht ...« (vgl. auch den Gebrauch von *'mh* in Gen 30,3).
42 Vgl. Ruppert, Genesis (o. Anm. 8) 444.
43 Vgl. Van Seters, Abraham (o. Anm. 19) 200.
44 Ebd. 200.
45 Ebd. 198.

sind, errettet, sondern dass das schuldhafte Verhalten der Menschen zum Bestandteil des göttlichen Heilsplanes geworden ist. Dabei wird gleichzeitig deutlich, dass die Todesdrohung Gottes nicht Gottes letztes Wort darstellt, sondern nur Durchgangsstation im Rahmen seines Heilshandelns ist. Das »elohistische« Deutewort der Josefsgeschichte in Gen 50,19f. (»...Ihr zwar plantet gegen mich Böses, Gott aber hat es zum Guten geplant, um das zu tun, was jetzt am Tage ist: ein großes Volk am Leben zu erhalten«) gibt dieses Geschichtsverständnis genau wieder.[46] Gleichzeitig will der »elohistische« Kompositor jedoch aufzeigen, dass es im Lichte dieser Geschichtserkenntnis von der verborgenen Führung Gottes zu einem anderen ethischen Verhalten kommt[47].

Besonders deutlich wird dieses neue Geschichtsverständnis in Gen 21,10-14: Obwohl dem Plan von Gen 16,1-2 entsprechend Abraham seinem Sohn Ismael die Möglichkeit, sein Erbe zu sein, erhalten will (V. 10f.), unterwirft er sich doch dem ihm in einer nächtlichen Offenbarung mitgeteilten göttlichen Geschichtsplan, dass seine Nachkommenschaft nur nach Isaak benannt werden wird. So entscheidet er sich am nächsten Morgen – wie es Sara gewünscht hatte – für die Trennung von Hagar und Ismael (V. 14)[48].

Deutlich zeigt sich die ethische Wandlung Abrahams und Saras auch in Gen 20*: In V. 13 versteht Abraham die von ihm teilweise eigenmächtig vorgenommenen Wanderungen (vgl. Gen 12,9ff.) gleichzeitig als Führung Gottes (»Gott ließ mich fern vom Hause meines Vaters umherirren«). Im Lichte dieser Erkenntnis kann nun Abraham nicht mehr ohne weiteres eine Lüge und die egoistische Gefährdung seiner Frau rechtfertigen. Er weist daher darauf hin, dass Sara tatsächlich seine Halbschwester ist (V. 12) und dass die »halbwahre« Aussage Abrahams, Sara sei seine Schwester, im Geist gegenseitiger Solidarität (*hæsæd*) zwischen Sara und Abraham abgesprochen wurde (V. 13a). Beachtenswert ist auch, dass anders als in Gen 12,16 hier Abraham Geschenke des Herrschers erst nach der Rückkehr Saras aus dessen Harem (als »Decke der Augen«) entgegennimmt. Anders als in Gen 12,9ff. führt hier der Konflikt mit dem Fremdherrscher auch nicht mehr zu einer

---

46 Zum gemeinsamen Geschichtsverständnis von Gen 20-22* und Gen 50,15-21* vgl. H.-C. Schmitt, Die nichtpriesterliche Josephsgeschichte. Ein Beitrag zur neuesten Pentateuchkritik, BZAW 154, 1980, 95-97.

47 Zur Ethisierung im »Elohistischen Werk« vgl. Kaiser, Grundriß 1 (o. Anm. 5) 73f. und zuletzt auch Graupner, Elohist (o. Anm. 14) 393.

48 Vgl. auch Ruppert, Genesis (o. Anm. 8) 482. Der Terminus *grš* in Gen 21,10 ist hier – entgegen der Auffassung von Van Seters, Abraham (o. Anm. 19) 201 – nicht auf die spät-deuteronomistische Anschauung von der Vertreibung der Völker durch Gott (wie in Ex 23,28-30; 33,2; 34,11) zu beziehen. Eher liegt hier die weisheitliche Vorstellung von Prov 22,10 vor.

Trennung von ihm (12,18-20), sondern wird auf ein friedliches Zusammenleben zwischen Nichtisraeliten und Israeliten hin (20,15) gelöst[49].

Diese Orientierung an der göttlichen Führung wird dabei in scharfem Kontrast dargestellt (vgl. Gen 12,9-13 und 16,1-2) zu Abrahams und Saras früherem Verhalten, bei dem beide nicht im Sinne des göttlichen Willens handelten und versuchten, die Verwirklichung des göttlichen Heilsplanes eigenmächtig durchzusetzen.

In den Zusammenhang der in Gen 20* und 21,8-21* formulierten Geschichtstheologie, nach der Gott auch die menschliche Schuld in seine Geschichtsführung einbezieht, gehört auch die Thematisierung eines verborgenen Handelns Gottes in Gen 20-22*[50]. Im Gegensatz zu Gen 12* und 16*, in der nur die Erfahrung des rettenden Gottes thematisiert wird (vgl. Gen 12,17-20: Rettung Saras aus dem Harem Pharaos; 16,7-8.11-14: das rettende Eingreifen des Engels Jahwes zugunsten Hagars) sprechen Gen 20-21* auch von einem eine Todesdrohung beinhaltenden Handeln Gottes (vgl. Gen 20,3-7: Gottes Todesdrohung gegen Abimelech; 21,12-16: Gott unterstützt den Beschluss, Hagar und Ismael zu vertreiben, der beide in Todesgefahr bringt).

Auch sonst ist die durch Gott verursachte Todesdrohung ein zentrales Thema der »elohistischen« Pentateuchtexte: Hier ist nur an den Befehl an Abraham, Isaak zu opfern, in Gen 22,1ff.* zu erinnern. Auch die »elohistische« Darstellung der Theophanie am Sinai in Ex 20,18-21* spricht den bedrohlichen Charakter der Gottesbegegnung an.

5. Zur theologiegeschichtlichen Verortung der »elohistischen« Texte

Die starke Betonung der die menschliche Schuld einbeziehenden Geschichtsführung Gottes in Gen 20-22* deutet nun darauf hin, dass es der »elohistischen« Komposition darum geht, durch ihre Darstellung der Abrahamüberlieferung auf eine »Krisenerfahrung« zu reagieren. Da die »elohistische« Komposition vor allem Nordreichtraditionen aufgreift[51] und dabei die von den Repräsentanten Israels erfahrene Existenzgefährdung auf ein schuldiges Verhalten zurückführt, spricht einiges dafür, dass der »Elohist« bereits die frühe Schriftprophetie des Nordreiches (Amos, Hosea) voraussetzt und mit ihr die Katastrophe des Nordreiches von 722 v. Chr. in Israels Schuld begründet sieht.

---

49 Vgl. Graupner, Elohist (o. Anm. 14) 210f. 393f.
50 Vgl. hierzu Schmitt, Erzählung (o. Anm. 23) 118-125.
51 Für den Bezug der »elohistischen« Pentateuchtexte auf Nordreichtraditionen vgl. u.a. W. H. Schmidt, Einführung in das Alte Testament, [5]1995, 89f., und zuletzt Graupner, Elohist (o. Anm. 14) 399f.

Allerdings wird in Gen 12*; 16*; 20-21* das Thema »Schuld Israels« nur am Rande thematisiert. Vielmehr wird vor allem die Unerforschlichkeit des göttlichen Geschichtsplanes in den Mittelpunkt gestellt. Auch wer Gottes Führung nicht versteht, soll daran festhalten, dass Gottes Wege letztlich auf das Heil Israels und der mit ihm zusammen lebenden Völker (und deren Repräsentanten Pharao, Abimelech, Hagar und Ismael) bezogen sind. Gleichzeitig weist der »elohistische« Kompositor darauf hin, dass es aufgrund dieser gemeinsamen Heilsperspektive zu einem friedlichen Zusammenleben mit den Nachbarvölkern (vgl. 20,15) kommen kann[52].

Einen etwas genaueren zeitgeschichtlichen Bezug dürfte die in Gen 16*; 20-22* vorliegende Lokalisierung der Abrahamüberlieferung in Beerscheba liefern. Eine besondere Betonung Beerschebas liegt nämlich in ähnlicher Weise im Amosbuch vor, wo in Am 5,5 und 8,14[53] auf das Heiligtum von Beerscheba Bezug genommen wird. Nach Jeremias handelt es sich hierbei um Zusätze zum Amosbuch, die auf eine besondere Stellung des Wallfahrtsheiligtums von Beerscheba im 7. Jh. schließen lassen (vgl. auch I Reg 19,3).

Beachtenswert ist, dass mit Beerscheba ein Heiligtum in den Mittelpunkt der Erzväterüberlieferung gestellt wird, das offensichtlich eine besondere Bedeutung für die Nordreichüberlieferung besessen hat, wie sowohl den genannten Stellen des Amosbuchs als auch I Reg 19,3 zu entnehmen ist. Offensichtlich ist Beerscheba für das Zusammenwachsen von mittelpalästinischen und judäischen Erzvätertraditionen in der Zeit nach dem Untergang des Nordreiches besonders wichtig geworden[54].

In die Krise nach dem Untergang des Nordreiches passen auch die zentralen Probleme, mit denen sich Gen 12*; 16*; 20*; 21,8-21* befassen: Es geht hier durchweg um das Verhältnis der Repräsentanten Israels zu ihren Nachbarvölkern. Der »elohistische« Kompositor will deutlich machen, dass auch ein nichtstaatliches Israel, das als »Fremdling« in seiner Umwelt zu leben hat, die Führung Gottes erfahren kann[55]. Dieser Befund bestätigt somit die oben geäußerte Vermutung, dass das mit Gen 12*; 16*; 20-22* beginnende »Elohistische Werk« als Reaktion auf die Situation der Nordisraeliten nach 722 geschrieben worden ist.

Während sich in der neueren Forschung die Anzeichen dafür mehren, dass die traditionell dem Jahwistischen Geschichtswerk zugewiesenen Texte erst

---

52 Vgl. oben bei Anm. 49.
53 Vgl. zu diesen Stellen J. Jeremias, Der Prophet Amos, ATD 24/2, 1995, 66f. 120f.
54 Hierzu ist auch Axelsson, Lord (o. Anm. 22) 101, zu vergleichen.
55 Vgl. die gleiche Intention auch beim »elohistischen« Kern von der Erzählung vom Segen Bileams Num 22-23*, der möglicherweise den Schluss des »Elohistischen Werkes« darstellte.

aus der Zeit des Babylonischen Exils stammen[56] und dabei eine umfassende Aufnahme des Schuldverständnisses der Schriftprophetie des 8. - 6. Jh. zeigen, spricht einiges dafür, dass es bereits vorher im Schatten der Katastrophe von 722 zur Entstehung eines israelitischen Geschichtswerkes gekommen ist, das noch nicht mit der Urgeschichte, sondern mit der Vätergeschichte einsetzte und das – von einigen schriftprophetischen Einflüssen abgesehen[57] – vor allem von der vorexilischen Weisheit[58] beeinflusst war und mit einer direkten Beziehung des israelitischen Gottes auch zu den Israel umgebenden Völkern rechnet (Gen 12,17f.; 16,7f.11-13; 20,2-7; 21,13.17-19).

Es ist das besondere Verdienst von Otto Kaiser[59], dass dieses spezifische theologische Profil des »Elohisten«[60] auch im Rahmen der neuesten Entwicklungen der Pentateuchforschung in der Diskussion geblieben ist.

---

56 Vgl. u. a. Levin, Jahwist (o. Anm. 6); J. Van Seters, Prologue to History. The Yahwist as Historian in Genesis, 1992.

57 Vgl. u. a. das Nabi-Sein Abrahams und dazu Hos 6,5 mit der Vorstellung einer vom Beginn der Geschichte Israels bestehenden kontinuierlichen Folge von Propheten (vgl. J. Jeremias, Der Prophet Hosea, ATD 24/1, 1983, 87).

58 Zu den Beziehungen von Gen 20-21* zur älteren Weisheit vgl. Schmidt, Weisheit (o. Anm. 23) 152-154, und Zimmer, Elohist (o. Anm. 12) 217-219. Jedenfalls geht das Problem des unwissentlichen Schuldigwerdens von Gen 20,4-6 nicht erst – wie Blum, Komposition (o. Anm. 3) 409f. vermutet – auf nachexilische theologische Reflexion (entsprechend Gen 18,22ff.) zurück, sondern findet sich bereits in Prov 24,12. Anders Graupner, Elohist (o. Anm. 14) 210 Anm. 224. – Zur Verortung des »Elohistischen Werkes« in der vorexilischen Weisheit vgl. auch Schmitt, Erzählung (o. Anm. 23).

59 Kaiser, Grundriß 1 (o. Anm. 5) 70-77: »Das Elohistische Geschichtswerk«.

60 Vgl. besonders ebd. 73f. Allerdings führt Otto Kaiser das theologische Profil des »Elohisten« erst auf die nachexilische Weisheit zurück.

Die Rückgabe der Verheißungsgabe
Der »heilsgeschichtliche« Sinn von Gen 22 im Horizont innerbiblischer Exegese

Konrad Schmid (Zürich)

1. Einführung

Sechs Schreie soll Sara ausgestoßen haben und dann auf der Stelle gestorben sein, als sie von Isaak erfuhr, dass Abraham ihn ohne das Eingreifen des Engels geschlachtet hätte[1]. So erzählt es der jüdische Midrasch. Das hat insofern Anhalt an der Bibel, als dieser als erste Begebenheit nach Gen 22[2] am

---

[1] S. GenR 58,5 (vgl. Bill. IV/1, ²1928, 182). Zu weiteren Ausgestaltungen der Rolle Saras in jüdischer und christlicher Tradition vgl. S.P. Brock, Sarah and the Aqedah, Muséon 77 (1974), 67-77; zur Auslegungsgeschichte weiter D. Lerch, Isaaks Opferung christlich gedeutet. Eine auslegungsgeschichtliche Studie, BHTh 12, 1968; H. Schmid, Die Gestalt des Isaak. Ihr Verhältnis zur Abraham- und Jakobtradition, EdF 274, 1991, 60-64; R.M. Jensen, The Offering of Isaac in Jewish and Christian Tradition. Image and Text, BI 2 (1994), 85-110; F. Manns (Hg.), The Sacrifice of Isaac in the Three Monotheistic Religions. Proceedings of a Symposium on the Interpretation of the Scriptures Held in Jerusalem, March 16-17, 1995, SBFA 41, 1995; M. Krupp, Den Sohn opfern? Die Isaak-Überlieferung bei Juden, Christen und Muslimen, 1995; M.B. Bourgine, Das Opfer Abrahams in jüdischer und christlicher Auslegung. Gen 22,1-19 im Midrasch Bereschit Rabba und in den Genesis-Homilien des Origenes, US 51 (1996), 308-315; L. Kundert, Die Opferung/Bindung Isaaks, Bd. 1: Gen 22,1-19 im Alten Testament, im Frühjudentum und im Neuen Testament, WMANT 78, 1998; ders., Die Opferung/Bindung Isaaks, Bd. 2: Gen 22,1-19 in frühen rabbinischen Texten, WMANT 79, 1998; B. Willmes, Von der Exegese als Wissenschaft zur kanonisch-intertextuellen Lektüre? Kritische Anmerkungen zur kanonisch-intertextuellen Lektüre von Gen 22,1-19, FHSS 41, 2002, 90-105; E. Noort/E. Tigchelaar (Hgg.), The Sacrifice of Isaac. The Aqedah (Genesis 22) and its Interpretations, Themes in Biblical Narrative. Jewish and Christian Traditions 4, 2002; vgl. auch die Beiträge im Themenheft »Abraham« von Welt und Umwelt der Bibel 30 (2003).

[2] Gen 22 ist ein ausgesprochen vielbeachteter Text der alttestamentlichen Exegese, vgl. aus neuerer Zeit nur (neben den Komm.) H.-C. Schmitt, Die Erzählung von der Versuchung Abrahams Gen 22,1-19* und das Problem einer Theologie der elohistischen Pentateuchtexte, BN 34 (1986), 82-109 = ders., Theologie in Prophetie und Pentateuch. Gesammelte Schriften, BZAW 310, 2001, 108-130; T. Veijola, Das Opfer des Abraham – Paradigma des Glaubens aus dem nachexilischen Zeitalter, ZThK 85 (1988), 129-164; J. Van Seters, Abraham in History and Tradition, 1975, 227-249; ders., Prologue to History. The Yahwist as Historian in Genesis, 1992, 261-264; S. Prolow/V. Orel, Isaac Unbound, BZ

Anfang von Kapitel 23 den Tod Saras vermeldet – zwar nur *post hoc* und nicht *propter hoc*, doch es braucht nur wenig historische Imaginationskraft, um sich vorzustellen, dass mit Sara im Midrasch auch schon das Altertum mehr als nur Anstoß an der Abgründigkeit der Erzählung Gen 22 genommen hat.

Blieb im jüdischen Midrasch der Protest gegen den Opferbefehl Gottes aber noch erzählimmanent, so hat sich das neuzeitliche Selbstbewusstsein schon früh sehr kritisch gegen die Erzählung selbst gewandt: Nach Immanuel Kant hätte Abraham wissen müssen, dass der Opferbefehl nicht von Gott stammen *könne*, denn es sei nicht möglich, dass Gott dem moralischen Gesetz widerspreche. Abrahams Antwort auf Gottes Begehren hin hätte deshalb nach Kant lauten müssen:»daß ich meinen guten Sohn nicht töten solle, ist ganz gewiß; daß aber du, der du mir erscheinst, Gott sei, davon bin ich nicht gewiß und kann es auch nicht werden, wenn sie [sc. die Stimme] auch vom

---

40 (1996), 84-91; H.-P. Müller, Genesis 22 und das mlk-Opfer. Erinnerungen an einen religionsgeschichtlichen Tatbestand, BZ 41 (1997), 237-246; J. Ebach, Theodizee: Fragen gegen die Antworten. Anmerkungen zur biblischen Erzählung von der »Bindung Isaaks« (1 Mose 22), in: ders., Gott im Wort: Drei Studien zur biblischen Exegese und Hermeneutik, 1997, 1-25; I. Fischer, Möglichkeiten und Grenzen historisch-kritischer Exegese: Die »Opferung« der beiden Söhne Abrahams. Gen 21 und 22 im Kontext, in: A. Franz (Hg.), Streit am Tisch des Wortes? Zur Deutung und Bedeutung des Alten Testaments und seiner Verwendung in der Liturgie, PiLi 8, 1997, 17-36; Kundert, Opferung/Bindung Isaaks; H.-D. Neef, Die Prüfung Abrahams. Eine exegetisch-theologische Studie zu Gen 22,1-19, AzTh 90, 1998; ders., »Abraham! Abraham!« Gen 22:1-19 als theologische Erzählung, JNSL 24 (1998), 45-62; G. Steins, Die »Bindung Isaaks« im Kanon (Gen 22). Grundlagen und Programm einer kanonisch-intertextuellen Lektüre, HBS 20, 1999; ders., Abrahams Opfer, Exegetische Annäherungen an einen abgründigen Text, ZKTh 121 (1999), 311-324; ders., Die Versuchung Abrahams (Gen 22,1-19). Ein neuer Versuch, in: A. Wénin (Hg.), Studies in the Book of Genesis. Literature, Redaction and History, BEThL 155, 2001, 509-519; S. Mittmann, ha-Morijja – Präfiguration der Gottesstadt Jerusalem (Genesis 22,1-14.19). Mit einem Anhang: Isaaks Opferung in der Synagoge von Dura Europos, in: M. Hengel u.a. (Hgg.), La Cité de Dieu. Die Stadt Gottes, WUNT 129, 2000, 67-97; R. Brandscheidt, Das Opfer des Abraham (Genesis 22,1-19), TThZ 110 (2001), 1-19; E. Boase, Life in the Shadows: The Role and Function of Isaac in Genesis – Synchronic and Diachronic Readings, VT 51 (2001), 312-335; D. Volgger, Es geht um das Ganze – Gott prüft Abraham (Gen 22,1-19), BZ 45 (2001), 1-19; C. Schäfer-Lichtenberger, Abraham zwischen Gott und Isaak (Gen 22,1-19), WuD 26 (2001), 43-60; H. Moltz, God and Abraham in the Binding of Isaac, JSOT 96 (2001), 59-69; O. Boehm, The Binding of Isaac. An Inner-Biblical Polemic on the Question of »Disobeying« a Manifestly Illegal Order, VT 52 (2002), 1-12; A. Michel, Gott und Gewalt gegen Kinder im Alten Testament, FAT 37, 2003; O. Kaiser, Die Bindung Isaaks. Untersuchungen zur Eigenart und Bedeutung von Genesis 22, in: ders., Zwischen Athen und Jerusalem. Studien zur griechischen und biblischen Theologie, ihrer Eigenart und ihrem Verhältnis, BZAW 320, 2003, 199-224.

(sichtbaren) Himmel herabschallete«[3]. Die Erzählung Gen 22 mag sein, was sie will, doch Gottes Wort spricht nicht aus ihr.

Soweit Kant. Die aufklärerische Reduktion der Religion auf vernünftige Ethik ist allerdings in die Jahre gekommen. So fremd die biblische Erzählung Gen 22 auch ist, gänzlich vertraut wirkt auch der aufklärerische Protest gegen sie nicht mehr. Dass die Bibel mehr und anderes ist als eine propädeutische Illustration vernünftiger ethischer Grundsätze, hat bereits die Romantik gegen die Aufklärung mit hinreichender Deutlichkeit klargestellt, und das vergangene Jahrhundert hat ein eigenes Gespür für die narrative Logik der Bibel entwickelt. Hinter der Bibel stehen keine moralischen Imperative, die die Perfektion der Welt vorantreiben wollen, sondern Erfahrungen, die Menschen mit Gott gemacht haben und wenn deren literarische Gestalt so vielschichtig und ambivalent ist wie diese Erfahrungen selbst, dann spricht das zunächst einmal nicht gegen, sondern für die Bibel.

Die Verfasser von Gen 22, das darf man getrost unterstellen, haben sich den Gott, von dem Gen 22 erzählt, nicht einfach ausgedacht, vielmehr steht die Erzählung für bestimmte Erfahrungsdimensionen, die diese Verfasser nicht von Gott fernhalten wollten und konnten.

Doch was bewegt Gen 22? Die Antworten auf diese Frage sind in der Auslegungsgeschichte sehr unterschiedlich ausgefallen – das hängt nicht allein mit den Schwierigkeiten, sondern auch den hermeneutischen Potentialen dieser Erzählung zusammen. Blickt man auf die neuere Forschung[4], so ist die Bandbreite von Auslegungen nicht enger geworden, was allerdings weniger mit der Disziplinlosigkeit der Exegeten, sondern eher mit dem Reichtum des Textes zu tun hat. Insofern lassen sich die verschiedenen Zugänge zu Gen 22 nicht einfach gegeneinander ausspielen (obwohl auch Fehlurteile zu beobachten sind), sondern sie können mitunter durchaus synthetisiert werden.

Im folgenden sollen zunächst vier Hauptlinien der Exegese von Gen 22 betrachtet werden (2.), um sie in weiteren Schritten unter Einbezug innerbiblischer rezeptionsgeschichtlicher Fragestellungen kritisch zusammenzuführen (3.-4.). Die dabei in den Vordergrund gerückte Sinnperspektive, die der Titel dieses Beitrags zu umschreiben versucht, ist dabei – selbstredend – nicht die einzige, die Gen 22 freigibt, zumal sie in sich wiederum sachlich zu differenzieren ist; die im Folgenden aufgewiesenen innerbiblischen Bezüge zeigen aber, dass es sich um einen der im Vordergrund stehenden Gehalte der Erzählung handelt.

Was die kontrovers diskutierte Entstehungsgeschichte von Gen 22 betrifft, so hat die jüngste Studie von O. Kaiser die hierfür unhintergehbaren Punkte deutlich herausgestellt, an die im folgenden angeschlossen werden kann: Man sollte »alle Versuche aufgeben,

---

3 I. Kant, Der Streit der Fakultäten (1798), Werke in sechs Bänden, hg. von W. Weischedel, Bd. VI, [3]1975, 333.

4 Vgl. im Überblick die Darstellung von Steins, ZKTh 1999.

hinter der vorliegenden Fassung von Gen 22 eine ältere zu rekonstruieren oder zu postulieren, die entweder die Erinnerung an ein vorgeschichtliches Ereignis oder eine entsprechende Kultätiologie bewahrt hätte«[5]. Der Grundbestand der Erzählung, die allerdings nie für sich bestanden hat (vgl. u. 4.), sondern von vornherein für ihren Kontext geschrieben worden ist, findet sich in den V.1-13[6](.14?[7]).19a, demgegenüber V.15-18 – entgegen der Minderheitsmeinung etwa von Coats[8], Van Seters[9], White[10], Alexander[11], Wenham[12], Steins[13] und Brandscheidt[14] – eine sekundäre Erweiterung darstellen, wie zuletzt wieder Aurelius und Michel herausgestellt haben[15]. Das meistens gegen die Ausgrenzung von V.15-18 vorgetragene Argument, dass ohne diese zweite, durch neuen Redeeinsatz und שׁנִית deutlich abgesetzte[16] Verheißung der Test Abrahams ohne Ziel bleibe – Abraham erhalte »lediglich« seinen Sohn zurück –, verkennt das theologische Eigengewicht der Verschonung des Verheißungsträgers Isaaks (vgl. u. 4.). Für eine diachrone Absetzung spricht vor allem die konzeptionelle Verschiebung, die sich im Gefolge von V.15-18 für die Vätergeschichte insgesamt ergibt und die sich an der Textgenese dieses Stücks ablesen lässt: »Im einzelnen stammt V.17aα aus 12,2 und 15,5; V.17b aus 24,60; V.18a aus 12,3 und 18,18. Neu sind die Begründungen V.16bα und 18b. Sie verändern nachhaltig den Charakter der bisher stets unbegründeten, d.h. unbedingten Väterverheißungen«[17].

---

5 Bindung, 217. Namentlich zu nennen ist die Zurückweisung der methodisch unkontrollierbaren literarkritischen Experimente von Kundert, Opferung, 31f.43; Boehm, VT 2002, die aus Gen 22 literarische Texte »re«-konstruieren, in denen Isaak tatsächlich geopfert wird (Kundert) bzw. Abraham sich dem Opferbefehl widersetzt (Boehm; vgl. zur Kritik auch Michel, Gott, 248f). Zu den älteren Versuchen von H. Graf Reventlow, Opfere deinen Sohn. Eine Auslegung von Gen 22, BSt 53, 1968; R. Kilian, Isaaks Opferung. Zur Überlieferungsgeschichte von Gn 22, SBS 44, 1970 s. die Kritik bei E. Blum, Die Komposition der Vätergeschichte, WMANT 57, 1984, 320f Anm. 53.

6 Zu V.12bβ vgl. u. Anm. 81.

7 Kaiser (Bindung, 216f; ebenso Müller, BZ 1997, 237) grenzt – entgegen der von vielen favorisierten Absetzung von V.14b allein – V.14 insgesamt literarkritisch aus, doch bleibt die Entscheidung wegen des dunklen Verständnisses des gesamten Verses unsicher. Zu A. Marx, Sens et fonction de Gen. XXII 14, VT 51 (2001), 197-205, 199-201 vgl. Michel, Gott, 267-269 mit Anm. 114.

8 G.W. Coats, Abraham's Sacrifice of Faith. A Form-Critical Study of Genesis 22, Int. 27 (1973), 389-400.

9 Abraham, 239.

10 H.C. White, The Initiation Legend of Isaac, ZAW 91 (1979), 1-30, 11.27f.

11 T.D. Alexander, Gen 22 and the Covenant of Circumcision, JSOT 25 (1983), 17-22.

12 G. Wenham, Genesis 16-50, WBC 2, 1994, 102.

13 Bindung, 104-114.220. Weitere bei Michel, Gott, 254 Anm. 51.

14 TThZ 2001, 14f mit Anm. 20.

15 Zukunft jenseits des Gerichts. Eine redaktionsgeschichtliche Studie zum Enneateuch, BZAW 319, 2003, 190-198; Michel, Gott, 270f.

16 »[L]'ange parle une seconde fois (22,15) alors qu'il aurait pu tout dire la prèmiere fois«, nämlich in 22,11f (J.-L. Ska, Essai sur la nature et la signification du cycle d'Abraham (Gn 11,27-25,11), in: A. Wénin (Hg.), Studies in the Book of Genesis. Literature, Redaction and History, BEThL 155, 2001, 153-177, 166 Anm. 44).

17 C. Levin, Der Jahwist, FRLANT 157, 1993, 178; vgl. Kaiser, Bindung, 213-217.

2. Auslegungsgeschichtliche Zugänge zu Gen 22[18]

Die religionsgeschichtliche Interpretation (Hermann Gunkel). In der neuzeitlichen Bibelauslegung lässt sich nicht selten beobachten, wie theologische Probleme eines Textes breit religionsgeschichtlich behandelt und abgeleitet und in der Folge als gelöst betrachtet werden. Ein besonders eindrückliches Beispiel bietet in dieser Hinsicht die Interpretation Gunkels zu Gen 22[19]. Gunkel sah mit seinen Vorläufern den ursprünglichen Sinn der Erzählung darin, dass es hier um eine Absage an das Kinderopfer gehe. Hinter Gen 22 stehe eine noch vorisraelitische Kultlegende, die davon erzählt habe, wie ein Vater, wie viele vor ihm, seinen Sohn einer Gottheit opfern wollte, von dieser selbst aber angehalten wurde, statt des Kindes ein Tier als Ersatzopfer darzubringen und so das Kinderopfer abzuschaffen. In religionsgeschichtlicher Perspektive verkehrt sich die vermeintliche Inhumanität der Erzählung also nachgerade in ihr Gegenteil: Nicht von einem grausamen Gott, der Kinderopfer fordert, sondern von einem, der diese zugunsten von Tieropfern ablehnt, davon berichtet Gen 22.

Es gibt wenige Resultate der kritischen Bibelexegese, die so erfolgreich rezipiert worden sind wie diese religionsgeschichtliche »Rettung« von Gen 22. Allerdings: So attraktiv diese Deutung erscheint, so unhaltbar ist sie doch, wie dies mittlerweile auch weithin zugestanden wird[20]. Wo liegen ihre Probleme?

Zunächst: Nirgends schimmert in Gen 22 auch nur die leiseste Kritik am Kinderopfer durch, im Gegenteil: Was nach der Erzählung allein zählt, ist, dass Abraham *tatsächlich bereit* ist, seinen Sohn zu opfern. Dazu wird er aufgerufen und dafür wird er 22,12[21] auch explizit gelobt.

Hinzu tritt, dass die Erzählung selber von allem Anfang damit rechnet, dass Opfer grundsätzlich *Tier*opfer sind. Isaak fragt seinen Vater: »Hier ist

---

18 Vgl. o. Anm. 4.
19 H. Gunkel, Genesis, HK I/1, [6]1964, 240-242; vgl. H. Holzinger, Genesis, KHC I, 1898, 165: »Gen 22,1-19 ist dann eine gegen das Menschenopfer sich aussprechende Tendenzerzählung«. Vgl. den Hinweis bei Veijola (ZThK 1988, 157 Anm. 152) und Lerch (Isaaks Opferung, 221) auf Johannes Clericus (1657-1736); weitere ältere Vertreter bei O. Kaiser, Den Erstgeborenen deiner Söhne sollst du mir geben, in: ders., Von der Gegenwartsbedeutung des Alten Testaments, 1984, 142-166, 145f Anm. 11; Steins, Bindung, 108f.
20 Vgl. etwa W. Zimmerli, 1. Mose 12-25, Abraham, ZBK.AT 1.2, 1976, 110; I. Fischer, Gottesstreiterinnen. Biblische Erzählungen über die Anfänge Israels, 1995, 57-69; dies., Die Lebensprobe des Abraham. Gen 22 im Kontext der Frauentexte der Erzeltern-Erzählungen, BiLi 72 (1999), 199-214; C. Eberhart, Studien zur Bedeutung der Opfer im Alten Testament. Die Signifikanz von Blut- und Verbrennungsriten im kultischen Rahmen, WMANT 94, 2002, 206 Anm. 3 (Lit.); vgl. aber Müller, BZ 1997, 237-246; Volgger, BZ 2001, 13-16.
21 Vgl. entsprechend auch 22,16f.

das Feuer und das Holz, wo aber ist das Schaf zum Opfer«? (V.7). Die Erzählung läuft also keineswegs auf die *Einrichtung* des Tieropfers hinaus,
sondern setzt dieses bereits als geläufig voraus. Es geht Gen 22 um eine ex-
zeptionelle Probe, und der Befehl des Kinderopfers erschließt sich nachgerade nur als ein ganz außerordentlicher und alles andere als üblicher
Vorgang.

Schließlich ist auch der religionsgeschichtliche Befund in Rechnung zu
stellen, dass sich Kinderopfer im antiken Israel nirgends mit hinreichender
Wahrscheinlichkeit historisch nachweisen lassen. Entsprechendes archäologi-
sches und epigraphisches Material läßt sich lediglich für die Phönizier und
Punier beibringen[22], weiter liegen einige möglicherweise historisch auswert-
bare alttestamentliche Notizen über eine solche Kinderopferpraxis für Nach-
barvölker Israels wie etwa Moab (II Reg 3,27) vor, die aber durchaus auch
aus dem deuteronomistisch gepflegten Topos der Schandtaten der Völker zu
erklären sein könnten. Für das antike Israel selbst ist der Befund zwar – wie
gerade neuerdings wieder betont wird[23] – nicht ganz eindeutig, doch sind bei
den für Kinderopfer angeführten Belegen durchwegs auch alternative Interpretationen möglich. Das gerne martialisch als Kinderopfer gedeutete Ritual
am »Tofet«[24] im Hinnom-Tal, wo davon die Rede ist, dass man Kinder
»durch das Feuer gehen ließ«, dürfte eher einen Weiheritus als einen Men-
schenopfervorgang im Blick haben[25] (die Rezeptionsmöglichkeit [oder erst-

---

22 Vgl. KAI 47; 61A; 79; 98f; 162f. Zur Diskussion vgl. S.S. Brown, Late Carthaginian
    Child Sacrifice and Sacrificial Monuments in their Mediterranean Context, JSOT/ASOR
    MS 3, 1991; F.M. Cross, A Phoenician Inscription from Idalion: Some Old and New
    Texts Relating to Child Sacrifice, in: M.D. Coogan u.a. (Hgg.), Scripture and Other
    Artifacts, FS P.J. King, 1994, 93-107 sowie die Lit. in den Anm. 23-27.
23 Mit Menschen-/Kinderopfern im antiken Israel rechnen etwa Müller, BZ 1997; T. Römer,
    Le sacrifice humain en Juda et Israël au premier millénaire avant notre ère, Archiv für
    Religionsgeschichte 1 (1999), 17-26; E. Noort, Genesis 22: Human Sacrifice and Theo-
    logy in the Hebrew Bible, in: ders./E. Tigchelaar (Hgg.), The sacrifice of Isaac. The
    Aqedah (Genesis 22) and its interpretations, Themes in biblical narrative. Jewish and
    Christian traditions 4, 2002, 1-20, 6-14; Kaiser, Bindung, 219-222; Michel, Gott, 287-294
    (jeweils mit Lit.).
24 Vgl. J.A. Dearman, The Tophet in Jerusalem. Archaeology and Cultural Profile, JNWSL
    22 (1996), 59-71.
25 Vgl. K. Engelken, Menschenopfer im Alten Orient und im Alten Testament, in: H.
    Seebass, Genesis II/1, 1997, 205-207, 206 (mit Verweis auf J. Ebach/U. Rüterswörden,
    ADRMLK, »Moloch« und BA'AL ADR, UF 11 [1979], 219-226, 222; M. Weinfeld, The
    Worship of Molech and the Queen of Heaven and Its Background, UF 4 [1972], 133-154;
    ders., Burning Babies in Ancient Israel, UF 10 [1978], 411-413, 411f); Blum,
    Vätergeschichte, 327 mit Anm. 97; R. Albertz, Religionsgeschichte Israels, GAT 8/1.2,
    1992, 297-301; K.A.D. Smelik, Moloch, Molekh or Molk-Sacrifice? A Reassessment of
    the Evidence Concerning the Hebrew Term Molekh, SJOT 9 (1995), 133-142; W.
    Zwickel, Art. Menschenopfer, NBL Lfg. 10, 1995, 765f. Anders G.C. Heider, The Cult of
    Molek. A Reassessment, JSOT.S 43, 1985, 174-203; ders., Art. Molech, DDD, 1995,

malige Stilisierung[26]] als Kinderopfer verdankt sich wiederum der deuteronomistischen Perhorreszierung dieses Ritus), die tragische Begebenheit um Jephthas Tochter in Jdc 11 dürfte vielmehr aus der literarisch-kulturellen Begegnung mit der griechischen Tragödie als aus einem entsprechenden religionsgeschichtlichen Hintergrund zu erklären sein[27], die Erstgeburtsbestimmungen der alttestamentlichen Rechtsüberlieferungen sind historisch kaum mit Kinderopfern in Zusammenhang zu bringen[28].

Doch diese Punkte betreffen allesamt erst Präliminarien: Man muss nicht einmal religionsgeschichtlich ungesicherte Urteile zur Kinderopferpraxis aufdecken, um die vor allem mit dem Namen Gunkels verbundene Deutung von Gen 22 als Erzählung von der Ablösung des Kinder- durch das Tieropfer als inadäquat zu beurteilen. Selbst wenn sie religionsgeschichtlich richtig wäre, so würde sie doch nur die Vorgeschichte der jetzigen Erzählung betreffen[29]. Das hat sogar schon Gunkel selbst gesehen, der von der »gegenwärtigen Gestalt« der Erzählung festhielt, sie sei »*nur* [sic!] ein Charaktergemälde«[30], um dann, ebenso entschieden wie ausführlich, zum älteren Sinn der Erzählung überzugehen[31] – nämlich der Ablösung des Kinder- durch das Tieropfer –, die ihn ebenso interessierte wie faszinierte.

Gunkels Interpretation war in gewissem Maß typisch für seine Zeit der Dominanz der religionsgeschichtlichen Schule in der Bibelwissenschaft. Mit dem Zurücktreten ihres Einflusses schon vor und vollends nach dem Zweiten Weltkrieg löste sich allerdings deren Fixierung auf die überlieferungsgeschichtlichen Vorstufen der Erzählungen und andere Perspektiven gewannen Raum.

Die heilsgeschichtliche Interpretation (Gerhard von Rad). Gerhard von Rads bekannte Auslegung zu Gen 22, die sachlich den entsprechenden Abschnitt seines Genesiskommentars fortführt[32] und als Einzelstudie mit dem

---

1090-1097; J. Day, Molech. A God of Human Sacrifice in the Old Testament, UCOP 41, 1989, 46-71; Kaiser, Erstgeborenen; Bindung, 220 Anm. 107 (Lit.); Römer, Archiv für Religionsgeschichte 1999; Michel, Gott, 287-294; zur Diskussion vgl. ferner Schäfer-Lichtenberger, WuD 2001, 48f; Volgger, BZ 2001, 13-16.

26 Vgl. Smelik, SJOT 1995.

27 Vgl. T. Römer, Why would the Deuteronomists Tell about the Sacrifice of Jephthah's Daughter?, JSOT 77 (1998), 27-38. Römer rechnet damit, dass Jdc 11 von Gen 22 literarisch abhängig ist (32, vgl. Michel, Gott, 300-302).

28 Vgl. Steins, Bindung, 181-185; anders Römer, Archiv für Religionsgeschichte 1999, 20f.

29 Vgl. Schmitt, BN 1986, 83f mit Anm. 4; Veijola, ZThK 1988, 157: »der Sinn der Erzählung wird hinter dem Text in der Religionsgeschichte gesucht, und der so gefundene Sinn wird dann zur eigentlichen Botschaft des Textes hochstilisiert«.

30 240, vgl. ebd.: »Polemik gegen das Kinderopfer [...] liegt demnach hier gänzlich fern; von Zorn und Abscheu gegen diesen finsteren Brauch ist nicht die Rede«.

31 240-242.

32 Das erste Buch Mose Genesis, ATD 2-4, 1952, 203-209.

auffälligen, sachlich aber treffenden[33] Titel »Das Opfer des Abraham«[34] erschienen ist, liest sich wie eine programmatische Erklärung gegen Gunkel. Von Rad schreibt:»Im Verständnis der jetzigen Erzählung werden wir durch die Kenntnis der Vorgeschichte des Stoffes kaum gefördert«[35]. Noch pointierter schrieb er zu Gen 22 bereits in seiner Theologie des Alten Testaments: »[D]er Theologe wird wissen, wofür er sich zu entscheiden hat: Für die klare Aussage [sc. der Jetztgestalt] und nicht für die dunklen überdeckten Reste einer viel älteren Überlieferungsstufe; denn wie interessant diese auch immer sein mögen, eine Aussage geht von ihnen nicht mehr aus«[36].

Was aber dann ist die Aussage der Erzählung Gen 22, wenn ihr Sinn nicht in der Begründung der Ablösung des Kinderopfers durch das Tieropfer zu sehen ist? Von Rad hat auch gegen Gunkels Interpretation des *vorliegenden* Textes sehr deutlich gesehen, dass es bei dieser Erzählung gerade nicht um ein »Charaktergemälde« Abrahams geht, das den bloßen Kadavergehorsam verherrlicht, der prinzipiell auch auf andere Weise hätte geprüft werden können, sondern dass mit dem Befehl der Opferung *Isaaks* eine ganz spezifische theologische Dimension in den Blick genommen wird: »Das von Gott nach langem Verzug geschenkte Kind, das einzige Bindeglied, das zu der verheißenen Größe des Samens Abrahams führen kann, soll Gott im Opfer wieder zurückgegeben werden«[37]. Was von Abraham verlangt wird, ist also, dass er mit der Opferung seines Sohnes auch die Verheißung Gottes an ihn zurückgeben soll. Es geht mithin nicht allein um Abraham in seiner Beziehung zu Isaak, sondern auch in seiner Beziehung zu Gott – er soll seinen Sohn opfern und er soll damit die ihm gegebene Verheißung, ein großes Volk zu werden und für dieses große Volk ein Land zum Besitz zu erhalten, von sich aus zunichte machen. Das steht auf dem Spiel in Gen 22, von dieser doppelten Probe Abrahams spricht die Erzählung, aber auch davon, wie Isaak und die an seiner Person hängende Mehrungsverheißung diese Gefährdung bis zum letzten überstehen.

Diese – wenn man so will – »heilsgeschichtliche Interpretation von Rads«[38] entfaltete eine große Überzeugungskraft, namentlich solange die Neuere Urkundenhypothese weitgehend unbestritten in Geltung stand. Gen 22 galt als Werk des Elohisten und war dementsprechend in einen großen heilsgeschichtlichen Ablauf von den Väterverheißungen über die Exodusdar-

---

33 Vgl. J.A. Soggin, Genesis, 1997, 306.
34 Das Opfer des Abraham, KT 6, (1971) ²1976.
35 Opfer, 26.
36 Theologie des Alten Testaments, Bd. I., ⁸1982, 187.
37 ATD 2-4, 189; vgl. in einer nebensächlichen Bemerkung bereits auch Gunkel, HK I/1, 236: »Aus dem Zusammenhang der Abrahamsgeschichten kommt hinzu, dass mit Isaaqs Tode alle Verheißungen Gottes hinfallen würden«.
38 Schmitt, BN 1986, 85.

stellung bis hin zum zwar nicht mehr erhaltenen, aber doch zu erwartenden Bericht über die Landnahme eingestellt und von daher interpretierbar. Der Elohist erzählte also von der Erfüllung der Verheißungen Gottes durch alle, denkbar elementarsten Gefährdungen hindurch.

Doch auch diese Interpretation von Rads zeigte sich bald – jedenfalls in der von ihm vorgenommenen literarhistorischen Profilierung – insofern als problematisch, als die Annahme eines elohistischen Geschichtswerks sich schon vor dem Beginn der großen Umwälzungen in der Pentateuchforschung der siebziger Jahre als überaus brüchig erwies. Die wenigen Fragmente, die man dem Elohisten zuwies, ließen sich nur in sehr abenteuerlicher Argumentation als Bestandteile eines ursprünglich selbständigen Quellenfadens deuten. Es scheint sich bei ihnen – so die heute gängige Annahme – nicht um quellenhaftes, sondern um redaktionelles Material zu handeln. Für Gen 22 kamen zwei Punkte besonders erschwerend hinzu: Zum einen, dass in Gen 22 von Gott nicht nur als Elohim (V. 8f.12f), sondern auch als Jhwh (V.11.14a) gesprochen wird. Man versuchte dies damit zu erklären, dass in V.11.14a Elohim sekundär durch Jhwh verdrängt worden sei[39]. Doch wieso gerade in V.11 und 14a? Weshalb an den anderen Stellen nicht? Zum anderen musste die heilsgeschichtliche Interpretation von Gen 22 im Rahmen von »E« davon ausgehen, dass auch Gen 15 zu »E« gezählt werden kann, denn nur hier wird im Rahmen des mutmaßlichen »E« überhaupt eine Mehrungsverheißung, die dann in Gen 22 gefährdet werden könnte, ausgesprochen. Zwar war die Annahme einer Zuweisung von Gen 15 zu »E« lange beliebt, denn der Text war offenkundigerweise weder »J« noch »P«, sondern in gewissem Sinn eine Triplette zu Gen 12,1-3 (»J«) und Gen 17 (»P«), musste also nach der Logik der Urkundenhypothese zu »E« gehören, doch krankte diese v.a. auf dem Substraktionsprinzip basierende Zuweisung nur schon daran, dass Gott in Gen 15 nie Elohim, sondern durchgängig Jhwh heißt. So stand es weder um den Elohisten als ganzes, noch um die Zuweisung von Gen 22 (und 15) zu ihm im Einzelnen gut bestellt; um es kurz zu sagen: beides sind unhaltbare Thesen[40].

---

39 Vgl. Gunkel, HK I/1, 238-240. Vgl. für V.14 jetzt immerhin 4QGenExod[a], Frg. 1 (אֱ[ל]ל[ה]ים) statt (יהוה) (J. Davila, The Name of God at Moriah. An Unpublished Fragment from 4QGenExod[a], JBL 110 [1991], 577-582; vgl. DJD XII, 11).

40 Das Urteil gilt auch in Ansehung von A. Graupner, Der Elohist. Gegenwart und Wirksamkeit des transzendenten Gottes in der Geschichte, WMANT 97, 2002. Dessen Apologie für das traditionelle Quellenmodell – mit dem Hauptargument der Koinzindenz des Jhwh-/Elohim-Syndroms mit textlichen Dubletten (4.7f u.ö.) – ist für die Unterscheidung »P«-/nicht-»P« zutreffend, nicht aber für die klassische »J«-»E«-Differenzierung im Sinne der Urkundenhypothese (vgl. die nur bedingt sprechenden »Musterbeispiele« aus dem vorpriesterlichen Tetrateuch [7], für die plausiblere Erklärungen im Rahmen einer redaktionellen Ergänzungslösung vorliegen).

Was bedeutete nun die Aufgabe der These eines elohistischen Geschichtswerks für Gen 22? Gen 22 war damit quellenkritisch ortlos geworden und es
muß nicht erstaunen, dass Gen 22 nun wieder sehr viel stärker als Einzelerzählung, als Bewährung des gottesfürchtigen Abraham in seinem Leiden interpretiert wurde. Forschungsgeschichtlich gesehen kehrte man damit – nicht
ohne Anhalt an von Rad selbst[41] – wieder zu Gunkel zurück[42], was nicht nur
chronologisch, sondern auch sachlich gesehen einen Rückschritt bedeutete –
denn die heilsgeschichtlich-kontextuelle Interpretation von Rads war als solche natürlich nicht gänzlich abhängig von der Elohistentheorie, sondern wäre
redaktionsgeschichtlich durchaus modifizierbar gewesen. Gleichwohl: Gen
22 wurde nach der Verabschiedung von »E« wieder zur Einzelerzählung und
man versuchte, dies auch aus dem Text zu belegen. Westermann etwa schrieb
in Auseinandersetzung mit von Rad: »Es ist zu beachten, dass mit der Hinzu-
fügung: ›deinen einzigen, den du liebhast‹ [sc. zum Opferbefehl] die Beziehung des Vaters zu seinem Kind hervorgehoben, aber nicht angedeutet wird,
daß er ›der Sohn der Verheißung‹ ist«[43]. Damit nahm Westermann Gen 22
aus dem Leseablauf heraus und inaugurierte eine bis heute gern gepflegte
Zugangsweise zu dieser Erzählung, die sie *de facto* als einen diskreten Ein-
zeltext interpretiert[44], selbst wenn deren literarische Kontextgebundenheit
zugestanden wird.

Gen 22 als Glaubenserzählung (Timo Veijola). Veijola hat 1988[45] eine
dichte Auslegung zu Gen 22 vorgelegt, die bei aller Umsicht in dieser Linie
liegt. Er datiert den Text zwar in die Perserzeit[46] und weist auf elementare
Verbindungen zu späten Stücken wie Gen 12,1-4a und 15,4f hin[47], legt Gen
22 aber im Wesentlichen im Vorgang eines beeindruckenden *close-reading*,

---

41 Vgl. von Rad, ATD 2-4, 203: »Auch diese Erzählung – die formvollendetste und abgrün-
digste aller Vätergeschichten hat nur einen sehr lockeren Anschluß an das Vorhergegan-
gene und läßt schon daran erkennen, daß sie gewiß lange Zeit ihre Existenz für sich hatte,
ehe sie ihren Ort in dem großen Erzählungswerk des Elohisten gefunden hat« (vgl. auch
u. Anm. 44).

42 Das gilt auch für die Annahme, dass hinter Gen 22 ursprünglich die Ablösung des
Kinder- durch das Tieropfer steht, die C. Westermann (Genesis. 2. Teilband. Genesis 12-
36, BK I/2, 1981, 429-447) von Gunkel übernimmt, wenn er auch auf eine entsprechende
Rekonstruktion verzichtet.

43 Westermann, BK I/2, 437; vgl. auch Schmitt, BN 1986, 85f. Zur Kritik dieses Arguments
s.u. bei Anm. 76.

44 Mit einer eigenständigen Vorstufe von Gen 22 rechnen etwa Blum, Vätergeschichte, 330
(»Diese Einzigartigkeit und die Geschlossenheit der Erzählung deuten zweifellos auf eine
kontextunabhängige Einzelüberlieferung«) und Levin, Jahwist, 176.

45 ZThK 1988. Vgl. jetzt ders., Abraham und Hiob. Das literarische Verhältnis von Gen 22
und der Hiob-Novelle, in: C. Bultmann u.a. (Hgg.), Vergegenwärtigung des Alten Testaments. Beiträge zur biblischen Hermeneutik, FS R. Smend, 2002, 127-155.

46 ZThK 1988, 155.

47 ZThK 1988, 150.

das eine gewisse Nähe zu der Auslegung von Elias Auerbach[48] zeigt, als Einzelerzählung aus. Besondere Beachtung schenkte Veijola dabei denjenigen Erzählelementen in Gen 22, die zeigen, dass es nicht bloss um den Gehorsam, sondern ebenso sehr um das Vertrauen – oder wie Veijola sagt – den »Glauben« Abrahams gehe. Da ist zunächst die Antwort Abrahams auf die Frage seines Sohnes auf dem Weg zur Opferstätte, wo denn das Opfertier sei. Abraham antwortet: Gott wird sich ein Opfertier[49] zum Brandopfer ersehen (V.8). Diese Antwort ist nach Veijola keine Notlüge Abrahams, sondern steht für dessen Vertrauen darauf, dass es nicht zum Letzten kommen wird. Bestätigen lässt sich dies durch die Anweisung in V.5, die Abraham seinen Knechten gibt: »Ich und der Knabe, wir wollen dort hingehen und anbeten und wieder zu euch zurückkehren«. Innerhalb der sehr straff dargebotenen Erzählung erstaunt diese ausführliche Rede Abrahams – für den Fortgang der Ereignisse hätte ein bloßes Fortschicken der Knechte durchaus genügt. Offenbar aber will der Erzähler hier einen bestimmten Akzent setzen: Abraham vertraut darauf, dass er wieder mit Isaak zurückkehren wird[50].

Gen 22 handelt also nicht einfach von einer Gehorsamsprobe Abrahams, sondern zeigt, wie der Gehorsam Abrahams in seinem Gottvertrauen gründet und von diesem begleitet, ja ermöglicht wird. Freilich sollte man auch hier wieder nicht der Versuchung erliegen, in antiautoritärer Absicht Gehorsam gegen Vertrauen auszuspielen. Die Engelrede V.12 hält jedenfalls unmissverständlich fest, dass die Gottesfurcht Abrahams darin besteht, dass er seinen einzigen Sohn Gott nicht vorenthalten hat, und gerade nicht darin, dass er mit der Rücknahme des Opferbefehls in letzter Sekunde rechnete und darauf vertraute, dass Gott es doch nicht zum Äußersten kommen lassen werde[51].

Insgesamt führte Veijolas vielbeachtete Interpretation die inneren Akzente der Erzählung als solcher in gelungener Verdichtung vor Augen, gleichwohl kann man sich des Eindrucks einer gewissen Perikopenfixiertheit nicht erwehren: Die vor allem durch von Rad herausgestellten kontextuellen Sinngehalte der Erzählung blieben etwas am Rande stehen.

Die kanonische Interpretation von Gen 22 (Georg Steins). Die neuerliche eingehende Behandlung von Gen 22, im Rahmen einer Münsteraner Habilitationsschrift durch Steins, lässt sich ein Stück weit als entgegengesetzte Bewegung des Pendels interpretieren: Steins inventarisiert die unterschiedlichen intertextuellen Verbindungen von Gen 22 im Rahmen des Pentateuch und nähert sich Gen 22 so ganz entschieden vom Kontext her. Steins erhebt von

---

48 Mimesis. Dargestellte Wirklichkeit in der abendländischen Literatur, [5]1971, 5-27.
49 Vgl. zu שׂה als »Stück Kleinvieh« Veijola, ZThK 1988, 160f mit Anm. 172 (Ges-B 780a).
50 Vgl. auch Schmitt, BN 1986, 94 mit Anm. 56-58 (Lit.).
51 S.u.

ihm so genannte »[k]anonisch-intertextuelle Konstellationen«[52] von Gen 22
zu Texten wie Gen 12,1-9; 21,1-21; Ex 19-24; Dtn 8,2-6; Lev 8-9.16/Ex
29,38-46; Dtn 12; Ex 3-4. Die untersuchten Konstellationen haben dabei paradigmatischen Charakter, es ist – selbstredend – noch mit einer Vielzahl
weiterer Kontextualisierungsmöglichkeiten innerhalb und außerhalb des
Pentateuch zu rechnen[53]. Auch wenn Steins nicht in erster Linie an einer entstehungsgeschichtlichen Auswertung der von ihm erhobenen Bezüge interessiert ist, so ergibt sich ihm doch auch in dieser Hinsicht eine deutliche Option: »Am plausibelsten lassen sich meines Erachtens die in den kanonisch-
intertextuellen Lektüren entdeckten Übereinstimmungen damit erklären, daß
der Autor von Gen 22 bewußt auf diese Texte angespielt hat. [....] Diese
These impliziert, daß Gen 22 zu den jüngsten Texten im Pentateuch gehört«[54].

Steins' Studie dürfte sowohl bezüglich des hohen Intertextualitätsgrades
als auch bezüglich des jungen Alters von Gen 22 grundsätzlich recht haben.
Ihr Verdienst besteht darin, bestimmte Sinngehalte der Erzählung hervorgehoben zu haben, die sich besonders zu erkennen geben, wenn Gen 22 im
Lichte anderer Texte gelesen wird. Allerdings liegt genau an diesem Punkt
auch die wesentliche Grenze dieser Untersuchung: Die unterschiedlichen
Kontextualisierungsmöglichkeiten von Gen 22 werden sozusagen enzyklopä-
disch nebeneinander gereiht; inhaltliche Gesichtspunkte zur Gewichtung dieser Bezüge, namentlich von Gen 22 aus entwickelt, spielen eine untergeordnete Rolle. Steins hebt allerdings besonders ein Moment hervor: »Das am
Sinai mit der Einrichtung des Kultes gestiftete Gottesverhältnis (vgl. Ex
19,3ff und Ex 29,45f) ist bereits in einer Vorwegnahme Abraham gewährt«
(201) – »Gen 22 wird so lesbar als Sinaiprolepse: Die großen Konzepte der
Gottesbegegnung Israels im Gesetz und im Kult werden ineinandergeschoben
und gewissermaßen auf Abraham ›vorverlagert‹. Abraham nimmt vorweg,
was Israel am Sinai mitgeteilt werden soll; und Israel kann sich immer wieder
auf die Tat dieses einen berufen«[55].

---

52 Bindung, 133ff. Kritische Stimmen zu Steins finden sich bei Willmes, Von der Exegese;
   B.S. Childs, Critique of recent intertextual canonical interpretation, ZAW 115 (2003),
   173-184.
53 216f.
54 217; vgl. 223: »Gen 22 kann also nach diesen Erkenntnissen als späte Erweiterung eines
   schon sehr weit entwickelten Pentateuch verstanden werden. In diesem Pentateuch sind
   die priesterliche und die deuteronomistische Tradition schon längst zusammengeführt«.
   Methodisch ist allerdings zu fragen, ob eine synchrone Erhebung intertextueller Bezüge
   eines Textes nicht zwangsläufig dazu verleitet, den untersuchten Text in diachroner Hinsicht als den nehmenden Teil zu bestimmen. Für das – v.a. aus theologiegeschichtlichen
   Gründen naheliegende – diachrone Urteil Steins wären zusätzliche Argumentationen für
   eine hinreichende Plausibilisierung einzubringen.
55 Steins, ZKTh 1999, 322; vgl. ders., Bindung, 237f.

Der Grund, weshalb dieses Moment nun bei Steins' Interpretation in den Vordergrund tritt, liegt vor allem darin, dass die Bezüge zur Sinaiperikope quantitativ eine gewisse Leitstellung einnehmen. Dieser Befund ist sicher nicht unerheblich, gleichwohl sichert er noch nicht das Erfassen der Gewichte, die Gen 22 selber setzt, da die Beobachtung von Intertextualitätsphänomenen sozusagen die subkutane Ebene betrifft, für die kontextuelle Konstitution von Sinn aber ist nach wie vor die Textoberfläche mit ihren inhaltlichen Gehalten, Anschlüssen und Verweisen ausschlaggebend. Und hier stehen offenkundig nicht die Verbindungen mit der Sinaiperikope im Vordergrund, sondern diejenigen zu Gen 12 und 21[56].

Es ist das unbestreitbare Verdienst der Arbeit von Steins, die Kontextvernetzung von Gen 22 deutlich gemacht zu haben. Gerade die Auslegung der Genesis stand über lange Jahrzehnte hinweg im Zeichen des Urteils von Gunkel – »[d]ie Genesis ist eine Sammlung von Sagen«[57] – und nahm die Erzählungen der Genesis im Wesentlichen als Einzelperikopen in den Blick. Die von vornherein getroffene Aufsplitterung des Erzählstoffes der Genesis in Einzelperikopen, die nur durch geringfügige redaktionelle Massnahmen miteinander verbunden worden sind, ist eine methodische Option, die zwar in vielen Fällen das genaue Verständnis dieser Einzelperikopen entscheidend gefördert hat, eine ganze Reihe von kontextuellen Sinnpotentialen aber nicht in den Blick bekommen konnte. Ja, die literarkritische Arbeit an den Vätererzählungen der Genesis war nachgerade von der Erwartung gesteuert, hinter jeder Szene müsse sich eine vormals eigenständige Einzelsage verbergen. So befreite man die Texte literarkritisch von ihren Kontextvernetzungen und fand bestätigt, was man suchte: Es handelte sich um eine Einzelsage. In einer ganzen Reihe von Fällen wird dies auch zutreffend sein, in vielen anderen Fällen aber eben auch nicht. Selbst für früher nahezu fraglos als ursprüngliche Einzeltexte angesehene Stücke wie Gen 28,10-22[58] oder das Material des gesamten Abraham-Zyklus[59] wird heute diskutiert, ob sie – jedenfalls als literarisch greifbare Elemente – nicht von vornherein im Rahmen eines

---

56 S.u. 3. a) und Steins selbst (Bindung, 162). Vgl. Michel, Gott, 304 Anm. 289: »Die anderen von Steins bearbeiteten ›Intertexte‹ [sc. außer Gen 12 und 21] fallen in ihrer Plausibilität demgegenüber deutlich ab«. Zusätzlich zu Steins und Michel halte ich den Verweiszusammenhang mit II Chr 3 für elementar, da er über die »Morijah«-Nennung quasi explizit gemacht wird, s.u. 3. d).

57 Gunkel, HK I/1, VIII (ff).

58 Vgl. jetzt E. Blum, Noch einmal: Jakobs Traum in Bethel – Genesis 28,10-22, in: S.L. McKenzie/H.H. Schmid/T. Römer (Hgg.), Rethinking the Foundations. Historiography in the Ancient World and in the Bible, FS J. Van Seters, BZAW 294, 2000, 33-54; R.G. Kratz, Die Komposition der erzählenden Bücher des Alten Testaments, Grundwissen der Bibelkritik, UTB 2157, 2000, 273.

59 D.M. Carr (Reading the Fractures of Genesis. Historical and Literary Approaches, 1996, 203f) und Kratz (Komposition, 279) etwa votieren für eine redaktionelle Deutung des Abrahamzyklus'.

größeren Kontexts entstanden sind. Man muss sich jedenfalls in entstehungs-
geschichtlicher Hinsicht offenhalten für Möglichkeiten, semiautark erscheinende Stücke nicht sogleich auf dahinterstehende Einzelerzählungen auszu-
werten, sondern damit zu rechnen, dass kontextgebundene Fortschreibungen
auch blockweise vorgenommen worden sein können.

Genau das scheint in Gen 22 der Fall gewesen zu sein, wie im Folgenden
gezeigt werden soll. Dabei steht die Rezeption der Abrahamerzählungen Gen
12-21 im Vordergrund (3. a), darüber hinaus sollen aber auch zwei weitere
wichtige Spendetextbereiche (3. b, c) behandelt werden, die bei der Formulierung von Gen 22 von Bedeutung gewesen sind[60].

3. Redaktionelle Rezeption in Gen 22

a) Die Rezeption der Abrahamerzählungen (Gen 12-21) in Gen 22

Dass kaum ein Weg daran vorbei führt, Gen 22 von seinem Kontext her an-
zugehen[61], das zeigt Gen 22 schon in seinem Eingangsvers 1aα mit aller
wünschenswerten Deutlichkeit an: »Und es geschah nach diesen
Begebenheiten« (ויהי אחר הדברים האלה[62]). So beginnt offenkundigerweise
keine Einzelerzählung; vielmehr erscheint im vorliegenden Text Gen 22 so
im engen Anschluss an das Voraufgehende. In diachroner Hinsicht ist nun
aber besonders bedeutsam, dass diese Eingangsaussage nicht als sekundäre
redaktionelle Einleitung abgetrennt werden kann. Dann müsste Gen 22 mit
dem invertierten Verbalsatz V. 1aβ ואלהים נסה את אברהם »und Gott stellte
Abraham auf die Probe« beginnen. Das aber ist aus syntaktischen Gründen
kaum möglich, wäre jedenfalls sehr ungewöhnlich: »Die Satzform ›wᵉ-x-
qatal‹ hebt den mitgeteilten Sachverhalt von einem anderen ab, sie wird

---

60 Brandscheidt (TThZ 2001, 6f) begreift Gen 22 als ausgehend von Mi 6,6-8 gestaltete
theologische Lehrerzählung. Nun gibt es in der Tat frappante sachliche Berührungen zwischen Mi 6,6-8 und Gen 22, die einen Bezug zu Gen 22 – in welcher Richtung er dia-
chron auch zu bestimmen ist – prüfenswert machen (vgl. nur Mi 6,7 »Soll ich meinen
Erstgeborenen geben für meine Verfehlung ...?«). Doch ist die theologische Problematik
und Pointe von Gen 22 verkannt, wenn man Gen 22 als narrative, aber sachlich gleichge-
richtete Ausgestaltung von Mi 6,6-8 bestimmt.

61 Vgl. J. Magonet, Die Söhne Abrahams, BiLe 14 (1973), 204-210, 204; angeführt von
Steins, Bindung, 121, vgl. Steins selbst 218: »Schon innerhalb der Abraham-Sara-Erzäh-
lungen setzt Gen 22 einen weit entwickelten Kontext voraus, denn die Geschichte von der
Gefährdung Isaaks funktioniert nur innerhalb der Geschichte der Verheißung, der ständi-
gen Verzögerung ihrer Verwirklichung und schließlich ihrer Engführung auf Isaak als
den einzigen Sohn«. Zu den Kontextverbindungen im Abrahamzyklus vgl. die handliche
Zusammenstellung bei Neef, Prüfung, 73-76.

62 Die Formel mit אחר findet sich so noch in Gen 39,7; 40,1; I Reg 17,17; 21,1 (ohne ויהי
in Gen 15,1; Est 2,1; 3,1; Esr 7,1); mit אחרי Gen 22,20; 48,1; Jos 24,29.

eingesetzt, um den Progress von Narrativketten zu unterbrechen, setzt also zwingend das Vorhandensein einer anderen Information bzw. wohl das Vorangehen eines Narrativs voraus«[63]. Noch weiter hinten lässt sich ein Einsatz einer ursprünglichen Einzelerzählung nicht mehr suchen, da V. 1aβ zum einen das Subjekt für die nachfolgenden Aussagen liefert, zum anderen V. 1aβ inhaltlich von unabdingbarer Bedeutung für Gen 22 ist und deshalb nicht als redaktionell ausgeschieden werden kann.

Schon diese kleinen Beobachtungen zum Einsatz in Gen 22,1 zeigen also die Schwierigkeit an, Gen 22 als Einzelerzählung aufzufassen; es handelt sich vielmehr um einen Text, der zwar deutliche Merkmale von innerer formaler wie materialer Geschlossenheit besitzt, gleichwohl aber vornherein auf einen Kontext hin angelegt worden ist. Andernfalls müsste man mit tiefgreifenden literarischen Umgestaltungen im Bereich der Erzähleröffnung rechnen, die aber nicht beweisbar sind.

Nun schließt Gen 22 nicht einfach diffus an seinen vorgehenden Kontext an, vielmehr gibt der Text deutliche Signale, *welchen* voraufgehenden Kontext er fortschreibt und damit reinterpretiert. Es lässt sich zeigen, dass Gen 22 offenbar die gesamte Abrahamsgeschichte von Gen 12-21 aufgreift und theologisch neu perspektiviert: Namentlich in der neueren Exegese ist hinreichend deutlich gezeigt worden, dass Gen 22 besonders mit Gen 12,1-8[64] (+ 13,14-17) sowie Gen 21[65] intertextuell verbunden ist.

---

63 I. Willi-Plein, Die Versuchung steht am Schluß, ThZ 48 (1992), 100-108, 102; vgl. Veijola, ZThK 1988, 139 mit Verweis auf Joüon § 118d; Neef, Prüfung, 51. Anders Levin, Jahwist, 176, mit Verweis auf Gen 21,1; 37,3; I Reg 20,1; II Reg 4,1; 9,1. Hier ist jedoch darüber zu diskutieren, ob bei diesen Belegen literarisch wörtlich erhaltene, ursprünglich selbständige Erzählanfänge gegeben sind. S. Gathmann (»Klippenabsturz zu Gott«. Gen 22,1-19, Sprachwissenschaftliche Notizen, ATSAT 71, 2002, 47.49.109) grenzt ebenfalls V.1aα literarkritisch aus und übersetzt den Beginn seiner Erzählung: »Als Gott Abraham versuchte, ...« (vgl. 23 Anm. 110; 37 Anm. 191; 47 Anm. 257 und den Verweis dort auf H. Irsigler, Einführung in das Biblische Hebräisch I: Ausgewählte Abschnitte der althebräischen Grammatik, ATSAT 9, 1978, 79.160).

64 Vgl. z.B. Gunkel, HKAT I/1, 236; Westermann, BK I/2, 436f; Blum, Vätergeschichte, 330; Veijola, ZThK 1988, 141 mit Anm. 67; Levin, Jahwist, 177; J.-L. Ska, L'appel d'Abraham et l'acte de naissance d'Israël Genèse 12,1-4a, in: M. Vervenne/J. Lust (Hgg.), Deuteronomy and Deuteronomic Literature. FS C.H.W. Brekelmans, BEThL 133, Leuven 1997, 367-389, 386f; Kundert, Opferung I, 35; Steins, Bindung, 135-147; J.C. Gertz, Tradition und Redaktion in der Exoduserzählung, FRLANT 186, 2000, 273; Kaiser, Bindung, 210; Michel, Gott, 304f (zu 13,14; vgl. u. Anm. 68).

65 Vgl. nur etwa White, ZAW 1979, 11-20; O. Genest, Analyse sémiotique de Gn 22,1-19, ScEs 3 (1981), 157-177, 173f; M. Schwantes, »Lege deine Hände nicht an das Kind«. Überlegungen zu Gen 21 und 22, in: F. Crüsemann u.a. (Hgg.), Was ist der Mensch ...? Beiträge zur Anthropologie des Alten Testaments, FS H.W. Wolff, 1992, 164-178; Blum, Vätergeschichte, 314f (»Gen 21,8ff ist offenbar nicht zuletzt auf Gen 22 hin erzählt. Die Vertreibung Ismaels wird zu einem Vorspiel, man möchte fast sagen, zu einer ›Generalprobe‹ für Gen 22«); O. Kaiser, Isaaks Opferung. Eine biblische Besinnung über einen

Die Aufforderung an Abraham, in das Land Morijah aufzubrechen (22,2), ist mit dem Imperativ לך לך (+ [ה]אל) [ארץ] formuliert (»Geh doch ... [in das Land ...]«), der sich so[66] im Alten Testament nur noch in Gen 12,1 findet, der Eröffnung der Vätergeschichte mit der großen Verheißung an Abraham in Gen 12,1-3. Im Folgekontext finden sich weitere Berührungen[67]: Der Aufbruch in 22,3b nimmt 12,4a auf, der Altarbau 22,9 hat eine Parallele in 12,7f. Hinzu kommt der Rückbezug von 22,2.4.13 (נא + »Augen erheben«) auf Gen 13,14[68]. Gen 22 lenkt also den Blick deutlich zurück auf den kompositorischen Bogen[69] Gen 12,1-8 + 13,14-17, den Einsatz der Abrahamerzählung, kompositorisch gesprochen wohl der Vätergeschichte insgesamt.

Der andere Bezugsschwerpunkt findet sich in Gen 21. Unmittelbar vor Gen 22 steht die Erzählung vom Vertragsabschluss zwischen Abraham und Abimelek in Beerscheba (Gen 21,22-34) zu lesen, in die – betrachtet man 22,19b als ihren Zielpunkt – Gen 22,1-19a nachgerade und wohl kaum ohne Gründe eingeschrieben ist[70]. Davor wird die Geburt Isaaks und die nachfolgende Vertreibung Hagars und Ismaels erzählt (Gen 21,1-21). Beide Erzählungen sind für Gen 22 von Bedeutung, gerade auch in ihrer unmittelbaren kontextuellen Vorordnung. Der Vertragsabschluss in Beerscheba beginnt damit, dass der Ausländer Abimelek zu Abraham spricht:»Gott ist mit dir (אלהים עמך) in allem, was du tust« (Gen 21,22b). Hier wird sowohl innerhalb der Erzählung für Abraham als auch außerhalb ihrer für die Leser ein Signal gestellt, worauf Abraham in Gen 22 auch vertraut: Gott ist mit Abraham, und Abraham weiß noch vor dem Eingreifen des Engels: »Gott wird sich ein Schaf zum Brandopfer ersehen, mein Sohn« (22,8). Weiter nimmt Abimelek von Abraham einen Schwur, dass er sich ihm und seiner Nachkommenschaft gegenüber nicht betrügerisch (שקר) verhalte; Abraham steht so in derselben Pflicht gegenüber Abimelek, wie Gott gegenüber Abraham, dem er ja reiche Nachkommenschaft verheißen hat und die insgesamt an Isaak hängt.

Wichtiger noch für Gen 22 als der Vertragsabschluss mit Abimelek ist aber die voraufgehende Perikope, die die Geburt Isaaks und die Vertreibung Hagars und Ismaels erzählt: »Le fait qu'Isaac soit appelé en 22,2 ›fils unique‹ présuppose sans doute la connaissance

---

schwierigen Text, HoLiKo N.F. 10 (1992/1993), 428-441, 438f; ders., Bindung, 209f; Y. Zakovitch, Juxtaposition in the Abraham Cycle, in: D.P. Wright u.a. (Hgg.), Pomegranates and Golden Bells. Studies in Biblical, Jewish, an Near Eastern Ritual, Law, and Literature in Honor of Jacob Milgrom, 1995, 509-524, 519f; Wenham, World Biblical Commentary 2, 99f; ders., The Akedah. A Paradigm of Sacrifice in: D.P. Wright u.a. (Hgg.), Pomegranates and Golden Bells. Studies in Biblical, Jewish, and Near Eastern Ritual, Law, and Literature in Honor of Jacob Milgrom, 1995, 93-102, 99f; Fischer, Möglichkeiten; Neef, Prüfung, 75f; Marx, VT 2001, 199-210.

66 Vgl. noch לכי לך in Cant 2,10.13.
67 Vgl. Steins, Bindung, 135-147.
68 Michel, Gott, 305 mit Anm. 296 und Verweis auf K.A. Deurloo, Because You Have Hearkened to My Voice (Genesis 22), in: M. Kessler (Hg.), Voices from Amsterdam. A Modern Tradition of Reading Biblical Narrative, SBL.SS, 1994, 113-130, 119.
69 Vgl. K. Schmid, Erzväter und Exodus. Untersuchungen zur doppelten Begründung der Ursprünge Israels in den Geschichtsbüchern des Alten Testaments, WMANT 81, 1999, 112f (Lit.).
70 Am deutlichsten Levin, Jahwist, 176: Die Erzählung Gen 22 trennt »die Ätiologie Beerschebas 21,22-34 von ihrem Abschluß in 22,19b«, sie »ist also in den Zusammenhang nachträglich eingeschoben« (176).

de l'expulsion d'Ismaël en 21,8ss«[71]. Namentlich die literarische Position des Berichts von der Geburt des lange verheißenen Sohns Isaak, nur gut dreißig Verse von Gen 22 entfernt, ist für Gen 22 von entscheidender Bedeutung: Kaum hat Abraham seinen – ihm von Gott seit (hält man sich an die priesterliche Chronologie[72]) 25 Jahren versprochenen – Sohn erhalten, muss er ihn bereits wieder hergeben. Diese Konstellation wird in Gen 22 explizit aufgegriffen in V. 2: »Nimm deinen Sohn, deinen einzigen, den du lieb hast ...«. Diese Dramatik der Rückgabe der Verheißungsgabe, des einzigen Sohns, wird in Gen 21 noch dadurch verstärkt, dass der Sohn Abrahams, den er von Hagar erhalten hat, Ismael, auf das Betreiben Saras hin vertrieben wird und somit Isaak als einziger Verheißungsträger übrigbleibt. Wie nun schon mehrfach aufgewiesen, steht dabei die Preisgabe Ismaels in Gen 21 »von wortwörtlichen Übereinstimmungen bis hin zur parallelen Handlungsstruktur«[73] in Entsprechung zu derjenigen Isaaks in Gen 22. Hier genügt es, die gemeinsame Grundlinie in Erinnerung zu rufen: Ismael wird wie Isaak in unmittelbare Todesgefahr geführt und ebenso wie Isaak nur durch das Eingreifen eines Engels gerettet. Für Abraham bleibt Ismael jedoch trotz seines physischen Überlebens entzogen, was ihm allein bleibt, ist sein zweiter Sohn Isaak, »den er lieb hat« und der nun von ihm gefordert wird.

Gen 22 lenkt also den Blick namentlich auf Gen 12 und 21 zurück. »Mit den drei Texten liegt insofern ein Sonderfall von Intertextualität vor, als die Relationen nicht erst allein aufgrund von Ähnlichkeiten in der Lektüre hergestellt werden, sondern die Texte bereits als Elemente desselben narrativen Zusammenhangs relationiert sind. Sie sind schon auf vielfältige Weise durch die Identität der Handlungsträger, die thematische Progression, Leitmotive und weitere reguläre Konstituenten eines gewöhnlichen Erzählzusammenhangs miteinander verbunden«[74]. Anders gesagt: *Gen 22 bedenkt Gen 12-21 insgesamt* und aktiviert dazu besonders die Ecktexte dieses Zusammenhangs, ist aber sachlich auch auf den zwischen der ersten Nachkommensverheißung (Gen 12,2) und der Geburt Isaaks (Gen 21,2) aufgespannten Erzählbogen angewiesen. Und insofern erhält von Rads »heilsgeschichtliche Auslegung« von hierher eine fundamentale exegetische Bestätigung:

> »Aber in Isaak ging es um viel mehr als das einzige Kind eines Vaters, denn er war ja das Kind einer sonderlichen Verheißung. Alle Heilspläne mit dem künftigen Volk Israel, von denen Gott schon zu den Vätern gesprochen hatte, standen und fielen mit dem Leben Isaaks. Der Leser muß sich daran erinnern, wie zögernd sich diese Verheißung im Leben Abrahams erfüllt hat, wie ihre Erfüllung vor Abraham immer aufs neue in eine vage Zukunft zurückzuweichen schien. Als endlich das Kind des Alters geboren war, sollte es geopfert werden! Was war nun von den Versprechen Gottes, daß der Same Abrahams zum großen Volke werden, ja daß in ihm dereinst sogar ›alle Sippen der Erde‹ gesegnet wer-

---

71 T. Römer, Recherches actuelles sur le cycle d'Abraham, in: A. Wénin (Hg.), Studies in the Book of Genesis. Literature, Redaction and History, BEThL 155, 2001, 179-211, 195.

72 Gen 12,4b; 21,5.

73 Fischer, Möglichkeiten, 29; vgl. die Zusammenstellung – unter Aufnahme von Beobachtungen von Steins, Bindung, 154f – bei Kaiser, Bindung, 209f (21,3/22,2; 21,14a/22,3a; 21,17a/22,11a; 21,17b/22,11b; 21,19/22,13; 21,21a/22,19b).

74 Steins, Bindung, 162.

den sollten, zu halten? Mußte nicht mit dem Befehl, den Isaak zu opfern, vor Abraham
die ganze Vergangenheit und die ganze Zukunft des göttlichen Handelns und Geleitens in
sich zusammenstürzen?«[75]

Gegen diese »heilsgeschichtliche« Auslegung ist eingewendet worden, dass
»im Text von Gen 22 selber in keiner Weise thematisiert wird, das [sic] durch
die Opferung Isaaks die Verheißung der Volkwerdung an Abraham gefährdet«[76] werde. Der Umstand, dass Isaak der »Sohn der Verheißung« sei, werde
nicht explizit gemacht. Doch dieses Argument wiegt nicht schwer, denn –
kurz gesagt – »der Text« von Gen 22 ist nicht Gen 22, sondern zunächst der
größere Zusammenhang der Abrahamerzählungen (darüber hinaus aber auch
noch sehr viel weiter reichende literarische Zusammenhänge [vgl. exemplarisch u. 3. b.c.d]). Im von Gen 12 herkommenden Leseablauf ist vollkommen
klar, was nur eine auf Einzelperikopen begrenzte Exegese als Problem
wahrzunehmen vermag.

Die voranstehenden Überlegungen lassen sich nun auch im Hinblick auf
die Frage, weshalb Gen 22 von einem Kinderopfer erzählt, auswerten. Man
braucht keine religionsgeschichtliche Rekonstruktion von Kinderopfern im
antiken Israel[77], um diesen Zug zu erklären, sondern er wird hinreichend verständlich aufgrund des *theologischen Sachproblems*, das in Gen 22 verhandelt wird, der Suspendierung der Verheißung. Die Erfahrung der Suspendierung der Verheißung an Abraham, ein großes Volk zu werden, kann erzählimmanent kaum anders als durch die existentielle Gefährdung seines Sohnes
Isaaks expliziert werden. Dass diese Gefährdung nicht durch natürliche oder
menschliche Kräfte geschieht, sondern durch Gott selbst – wie Auftrag und
Opferthema unmissverständlich zeigen –, hängt damit zusammen, dass diese
Erfahrung theologisch unter streng monotheistischer Perspektive ausgedeutet
wurde. Die Verheißung wird durch Gott selber zurückgenommen[78]. Doch ist
dies erst die eine Seite des Problems, wie wiederum von Rad scharf gesehen
hat:

»Man mag aber noch eines erwägen: in dieser Versuchung stellt Gott an Abraham die
Frage, ob er die Verheißungsgabe Gott auch wieder zurück*geben* könne«[79].

---

75 Von Rad, Opfer, 28. Vgl. auch R. Albertz, Art. Isaak, TRE 16, 1987, 292-298, 293.
76 Schmitt, BN 1986, 86; vgl. o. Anm. 43.
77 So zuletzt wieder Michel, Gott, 313.
78 Der Zug der »Opferung« (statt einer bloßen »Tötung«) Isaaks ist zum einen erzählerisch
    motiviert, zum anderen wohl auch durch eine bewusste Stellungnahme zur priesterlichen
    Opfertheologie motiviert (vgl. u. c). Michel, Gott, 313, führt die s.E. in der Exilszeit vi-
    rulente »Kinderopfer«-Problematik für das Verständis des »Opfer«-Befehls an und ver-
    mischt dabei die narrative mit der religionsgeschichtlichen Ebene.
79 ATD 2-4, 209 [Hervorhebung K.S.].

Gen 22 thematisiert nicht nur die göttliche *Rücknahme*, sondern auch die menschliche *Rückgabe* der Verheißungsgabe. Abraham bewährt sich in dieser Situation durch »Gottesfurcht« (22,12), wobei deutlich ist, dass dieser Terminus, der vor allem in der (jüngeren) Weisheit prominent verwendet wird[80], hier in bestimmter Weise reinterpretiert wird, nämlich als »bedingungslose[r] Gehorsam des Abraham gegenüber Gott und seinem Gebot«[81]. Deutlich wird dies aus 22,12:

	וַיֹּאמֶר		Und er [sc. der Engel] sagte:
A	אַל־תִּשְׁלַח יָדְךָ אֶל־הַנַּעַר		Strecke deine Hand nicht aus gegen den Knaben,
A'	וְאַל־תַּעַשׂ לוֹ מְאוּמָה		und zwar: tue ihm nichts an,
B	כִּי עַתָּה יָדַעְתִּי כִּי־יְרֵא אֱלֹהִים אַתָּה		denn jetzt weiß ich, dass du gottesfürchtig bist:
B'	וְלֹא חָשַׂכְתָּ אֶת־בִּנְךָ אֶת־יְחִידְךָ מִמֶּנִּי׃		Du hast mir nämlich deinen Sohn, deinen einzigen, nicht vorenthalten.

Die Gottesfurcht Abrahams wird – wie zuvor A' die vorlaufende Aussage A erläutert – mit epexegetischem וְ »und zwar, nämlich«[82] präzisiert: »Nicht irgendeine Art von Vertrauen auf Gottes gnädige Führung oder ein gläubiges Sich-Halten an Gott wird als Gottesfurcht bezeichnet, sondern das Nicht-Vorenthalten des Sohnes«[83]. Dieses Nicht-Vorenthalten des Sohnes ist nun aber gleichbedeutend mit einer Rück*gabe* der Verheißung: Abraham gibt Gott Gott zurück[84]. »Gott fürchten« heißt in Gen 22 also Gott ganz Gott sein

---

80 H.F. Fuhs, Art. יָרֵא *järe'*, ThWAT III, 1992, 869-893, 889.
81 Veijola, ZThK 1988, 151f mit Anm. 129; vgl. auch schon von Rad, ATD 2-4, 206. Dagegen – im Zuge seiner Literarkritik – Michel, Gott, 313f. Zu theologiegeschichtlich vergleichbaren Erscheinungen der Annäherung von Weisheit und Gesetz im Pentateuch vgl. Th. Krüger, Gesetz und Weisheit im Pentateuch, in: I. Fischer u.a. (Hgg.), Auf den Spuren der schriftgelehrten Weisen. FS J. Marböck, BZAW 331, 2003, 1-12; Kaiser, Bindung, 212 Anm. 70.
82 Veijola vermutet wegen des etwas schwierigen Anschlusses und der Dublette in V.16, dass V.12bβ sekundär sei (ZThK 1988, 147 Anm. 99; vgl. Michel, Gott, 271). Angesichts der Aussage »denn jetzt weiß ich« im unmittelbar voraufgehenden Kontext trägt das zusätzliche Argument wenig aus, dass das »mir« im Munde des Engels ungewöhnlich sei (vgl. Michel, Gott, 271, Anm. 126).
Hinzu kommt, dass die Identität von Jhwh und מַלְאַךְ יהוה traditionsgeschichtlich nicht zu beanstanden ist (vgl. DDD, 96-108 [S.A. Meier]). Die Einführung des מַלְאַךְ in Gen 22 ist auch von der Erwähnung des מַאֲכֶלֶת »Messers« zu bedenken. Gegen eine literarkritische Absetzung von V.12bβ spricht der Aufbau von V. 12: Ebenso wie V.12aα (A) durch V. 12aβ (A') präzisiert wird, verhält es sich mit V.12bα (B) und V. 12bβ (B'); vgl. Steins, Bindung, 176-178.
83 Steins, Bindung 178.
84 Vgl. O.H. Steck, Ist Gott grausam? Über Isaaks Opferung aus der Sicht des Alten Testaments, in: W. Böhme (Hg.), Ist Gott grausam? Eine Stellungnahme zu Tilmann Mosers »Gottesvergiftung«, 1977, 75-95, 87: »Gott muß er Gott zurückgeben, den vertrauten, gütigen, erfahrungsbewährten, ihm alles erschließenden Gott, den muß er Gott zurückge-

lassen – jenseits aller Festlegung auf seine bereits mehrfach ergangenen Verheißungen.

Abraham ist in Gen 22 offenbar als Paradigma[85] gezeichnet – Abraham ist in Gen 22 keine frommes Individuum aus der Vergangenheit, sondern theologischer Problemträger, und zwar für ganz Israel. Nur schon der thematische Anschluss an die Problematik der Verheißung der *Volks*werdung in Gen 12ff lässt keinen anderen Schluss zu.

Ein weiterer Hinweis in diese Richtung ergibt sich aus der singulären Ortsbezeichnung »*Land* Morijah« (Gen 22,2[86]). Das Rätseln um dieses »Land Morijah« reicht bis in die Antike zurück, wie die Versionen zeigen. Der Samaritanus[87] liest ארץ המוראה, die Peschitta setzt ארץ האמרי (»der Amoriter«) voraus, LXX übersetzt εἰς τὴν γῆν τὴν ὑψηλὴν [88] (»in das Hochland«), in der Vulgata steht *in terram visionis*[89]. Entgegen den herkömmlichen Regeln der Textkritik entscheiden sich die Kommentatoren aufgrund dieses Befundes oft gegen die masoretische Lesart des »Landes Morijah«, so z.B. Westermann: »Ein Land dieses Namens ist unbekannt. Der Name kommt nur noch einmal vor; in II Chr 3,1 ist הר המוריה der Tempelberg von Jerusalem. Wahrscheinlich ist dieser Name in 22,2 später eingetragen worden, um den Berg der Opferung für Jerusalem in Anspruch zu nehmen. Der Name, der hier ur[s]prünglich stand, ist dadurch verdrängt worden. Die Übersetzungen haben einen anderen Namen gelesen«[90]. Nun spricht zweierlei dagegen, dass der masoretische Text gegenüber den Versionen sekundär ist. Zum einen übersetzen die Versionen je unterschiedlich, jede scheint also für sich eine Neudeutung anzustreben, und zum anderen ist nach dem textkritischen Axiom *lectio difficilior lectio probabilior* eindeutig die masoretische *lectio difficilior* ארץ המוריה als ursprünglicher anzusehen.

Doch damit ist das Problem erst gestellt und noch nicht gelöst. Was ist mit dem Land Morijah gemeint?[91] Zwei Erklärungsmöglichkeiten kann man sogleich ausräumen, zum einen diejenige, dass es sich um einen Phantasienamen handle, und zum anderen diejenige, dass dieses Land Morijah einmal bekannt war, nun aber vergessen worden sei.

---

ben! Das ist die ganze Härte der Erzählung, wie sie Israel wahrgenommen hat: Gott gegen Gott; Gott selbst nimmt hier seine Verheißung zurück«.

85 Vgl. Veijola, ZThK 1988, 157 mit Anm. 151.

86 Die oft vertretene Lesung *hmwryh* in Inschrift B aus Chirbet Bet Lei ist heute weitestgehend aufgegeben worden (vgl. z.B. J.Renz/W. Röllig, Handbuch der althebräischen Epigraphik. Band I, 1995, 247f).

87 Außer Codex C, dort wie MT; vgl. A. Fr. von Gall, Der hebräische Pentateuch der Samaritaner (1918), repr. 1966, 36.

88 Wohl im Anklang an המרום; in II Chr 3,1: ἐν ὄρει τοῦ Αμορεια.

89 Wohl aus מראה (entsprechend der leitmotivischen Verwendung der Wurzel ראה in 22,3.8.13f); in II Chr 3,1 liest V: *in Monte Moria*.

90 BK I/2, 437.

91 Vgl. zur Diskussion B.J. Diebner, »Auf einem Berge im Lande Morija« (Gen 22,2) oder: »In Jerusalem auf dem Berg Morija« (2Chr 3,1), DBAT 23 (1986), 174-179; ders., Noch einmal zu Gen 22,2: ארץ המריה, DBAT 29 (1998), 58-72; I. Kalimi, The Land of Moriah, Mount Moriah, and the Site of Solomon's Temple in Biblical Historiography, HThR 83 (1990), 345-362; H. Schult, Eine Glosse zu »Moryyah«, ZAW 111 (1999), 87f.

Das sind Notlösungen ohne weitere Argumentationsbasis, zu denen man erst greifen sollte, wenn alle anderen Möglichkeiten ausgeschöpft worden sind. Vielmehr erschließt sich die Bezeichnung »Land Morijah« als schriftgelehrte Konstruktion, die die bereits genannte Angabe aus II Chr 3,1, die offenkundig auf den Jerusalemer Tempelberg geht, mit Gen 12,1-3 kombiniert und auf den Opferplatz von Gen 22 anwendet, der so geheim in Jerusalem spielt[92]. Dass II Chr 3,1[93], die chronistische Notiz vom Beginn des Tempelbaus Salomos, Gen 22 bereits voraussetzt, wie man im Zuge der »elohistischen« Frühdatierung von Gen 22 anzunehmen geneigt war, ist unwahrscheinlich, denn II Chr 3,1 spricht eben nicht, wie es in Aufnahme von Gen 22 zu erwarten wäre, von einem »Berg im Land Morijah«, sondern vom »Berg Morijah«, außerdem wird die Wahl dieses Ortes in II Chr 3,1 explizit damit begründet, dass dort Jhwh *David (und nicht Abraham*, vgl. Gen 22,14) erschienen sei (נראה) und dass David diesen Ort festgesetzt habe (הכין). II Chr 3,1 weiß offenkundig noch nichts von Gen 22, wohl aber umgekehrt. Weshalb aber ist vom »*Land*« Morijah die Rede? Hier scheint ein entscheidendes, noch kaum bedachtes Sinnpotential zu liegen. Zunächst einmal kann man mit Veijola auf den Einfluss von Gen 12,1 verweisen[94]. Zusätzlich ist aber auch *sachlich* zu fragen, weshalb Gen 22,2 gegenüber II Chr 3,1 variiert. J. Van Seters hat vor 30 Jahren eine pointierte Deutung vorgetragen: »one may speak here of a ›demythologizing‹ of the concept of the sacred place. This is a radical break, by means of the Abraham tradition, with the election of Zion. The holy place is the place of the fear of God (vv. 2), the place where one goes to pray (v. 5), the place where the providence of God is seen (v. 14)«[95]. Van Seters

---

92 Es gibt noch weitere Hinweise darauf, dass in Gen 22 auf Jerusalem angespielt wird. Das geforderte Opfer »darf nicht an jeder beliebigen Stelle dargebracht werden, sondern Abraham hat sich wie ein Pilger zu einem Kultort zu begeben« (Veijola, ZThK 1988, 152f). Und dieser Kultort wird bezeichnet als »der Ort, den Gott ihm genannt hat (V.2.3.9). Offenkundig wird hier an die aus dem Dtn bekannte Formel der Kultzentralisation angespielt (Dtn 12,5.11.21; 15,20; 16,15f; 17,10; 31,11 u.ö.), die ihrerseits – unter Wahrung der Mosefiktion – Jerusalem bezeichnet, was auch in Gen 22 im Blick sein dürfte. Schließlich ist auch an die (literarkritisch allerdings umstrittene) Benennung des Ortes in 22,14b zu erinnern: יהוה יראה (zur Qumran-Variante vgl. o. Anm. 39), die an »Jeru«-salem anklingt. (F. Stolz [Strukturen und Figuren im Kult von Jerusalem. Studien zur altorientalischen, vor- und frühisraelitischen Religion, BZAW 118, 1970, 207f] erwägt sogar als ursprünglichen Wortlaut für 22,14b: אשר יאמר היום בהר ירושלם. Das ist jedoch nur schon aufgrund der Erzählfiktion der Genesis unwahrscheinlich.) Vgl. insgesamt K. Baltzer, Jerusalem in den Erzväter-Geschichten der Genesis? Traditionsgeschichtliche Erwägungen zu Gen 14 und 22, in: E. Blum u.a. (Hgg.), Die Hebräische Bibel und ihre zweifache Nachgeschichte, FS R. Rendtorff, 1990, 3-12 (Lit.); Mittmann, ha-Morijja.

93 Vgl. dazu S. Japhet, 2 Chronik, HThK.AT, 2003, 46-49. Japhet lässt die Frage offen, ob Gen 22 von II Chr 3,1 her beeinflusst ist oder umgekehrt (49); die Nichtreferenz auf Abraham als » Kultstifter« interpretiert sie mit dem »Vorrang« der »davidische[n] Autorität [...] vor den älteren Überlieferungen des abrahamitischen Kults« (ebd.).

94 ZThK 1988, 153 (vgl. o. Anm. 66-69). Veijola erwägt zudem, dass die Anspielung von Gen 22 auf Jerusalem durch die Rede vom »Land Morijah« erzählerisch verschleiert werden soll. Doch ist »Morijah« nicht schon Schleier genug?

95 Van Seters, Abraham, 238. Veijola (ZThK 1988, 153) hat diese Deutung abgewiesen: »Der geographische Rahmen der Erzählung ist aber nicht so unbestimmt und weiträumig, daß ›der Ort‹ gleichbedeutend mit ›dem Land‹ sein könnte.« In der Tat fokussiert die Binnenlogik der Erzählung auf einen bestimmten Ort, doch gerade deswegen ist die Aus-

spricht wohl etwas zu betont von »radical break« (denn immerhin wird an dem »Ort« von
Gen 22 auch ein Widder geopfert!), man wird eher urteilen müssen, dass Gen 22 die
Ziontradition spirituell *aufweitet*: Israel kann dank seiner »abrahamitischen« Frömmig-
keitspraxis überall an Jerusalem teilhaben, auch in der Diaspora. Die Rede vom »*Land*
Morijah« zeigt so hintergründig an, dass Abraham für ganz Israel steht.

b) Die Rezeption der deuteronomistischen Kinderopferpolemik in Gen 22

Wenn sich auch das Kinderopfermotiv in Gen 22 hinreichend aus der verhandelten theologischen Sachproblematik erklären lässt, so ergeben sich allerdings zusätzlich auch Interferenzen mit der im Bereich der deuteronomistischen Literatur beheimateten Kinderopferpolemik gegen das Tofet im Hinnom-Tal (vgl. bes. Dtn 18,10; II Reg 16,2; 17,17; 21,6; 23,10; Jer 7,31; 19,5;
32,35[96]). Aus literarhistorischen Gründen ist davon auszugehen, dass Gen 22
diese Polemik kennt[97] und insofern ist eine Erklärung dafür zu suchen, weshalb Gen 22 als »Probe« Abrahams den Topos einer der fürchterlichsten
Schandtaten Israels und seiner Könige, namentlich der Erzbösewichte Ahas'
und Manasses, benutzen kann: das Kinderopfer.

Die Frage stellen heißt, sie zu beantworten: Die »Probe« Abrahams ist so
scharf wie möglich gezeichnet und *deshalb* fordert sie von ihm eine Tat, die
abscheulicher nicht sein könnte und von der der Leser weiß, dass nicht nur
Abraham, sondern Gott selbst sie zutiefst missbilligt und verwirft. Für die
Verheißungs-Problematik von Gen 22 ist darüber hinaus zu bedenken, dass
der Kinderopfervorwurf gerade in Passagen wie II Reg 17,17 und 21,6 erscheint, die den Untergang von Israel und Juda begründen. Die deuteronomistische Kinderopferpolemik steht also von sich aus bereits in einem Kontext, der die *Annullierung von Verheißung* – die Exilierung aus dem Gelobten
Land – betrifft. Der an Abraham ergehende Opferbefehl in Gen 22,2 präsentiert so einen Gott, der vollkommen *sub specie contrario* verborgen ist: Er
verlangt von Abraham nicht nur die Rückgabe der Verheißungsgabe, seinen
Sohn Isaak, sondern diese Rückgabe geschieht mittels einer Handlung, von
der jedenfalls aus Leserperspektive klar ist, dass sie *als solche* die göttliche
Verheißung zunichte macht.

---

drucksweise des »Landes Morijah« besonders auffällig und erklärungsbedürftig. Es liegt
in den Möglichkeiten innerbiblischer Exegese, dass die narrative Logik durch eine anders
perspektivierte Verweisstruktur überlagert werden kann.

96 Vgl. H. Spieckermann, Juda unter Assur in der Sargonidenzeit, FRLANT 129, 1982, 101-
107; Aurelius, Zukunft, 83 Anm. 52 (Lit.). Zur Frage der historischen Hintergründe
dieser Polemik und der tatsächlichen Nachweisbarkeit von Kinderopfern vgl. o. Anm. 23-
25.

97 Vgl. u. 4. Zwar fehlt in Gen 22 die typische Terminologie (שׁאב) העביר, doch ist die
Kinderopferpolemik in Dtn, 2Kön und Jer so prominent bezeugt, dass die Annahme berechtigt ist, dass in Gen 22 diese Aussagenreihe angesichts der thematischen Verwandtschaft bedacht worden ist. Zu Mi 6,7 vgl. o. Anm. 60.

Entscheidend sind allerdings die Unterschiede, die zwischen Gen 22 und der deuteronomistischen Kinderopferpolemik bestehen: Abrahams Opfer und das Tofet sind zwar gleicherweise mit Jerusalem in Verbindung zu bringen, anders als das Tofet im Hinnom-»Tal« liegt die Opferstätte Abrahams aber auf dem »Berg«, sie ist also keine Vorabbildung des Tofets. Und – Abraham vollzieht kein Kinderopfer, sondern er bringt einen Widder dar. Der Kinderopferbefehl ist eine »Probe«, was für den Akteur der Erzählung zwar nicht einsehbar, auf der Ebene des Lesers aber von vornherein bekannt ist.

c) Die Rezeption der priesterlichen Opfertheologie in Gen 22

Das Opfer Abrahams wird in Gen 22 als עלה (»Brandopfer«) bezeichnet und setzt wahrscheinlich die priesterliche Opfergesetzgebung voraus – in ihr spielt die עלה die zentrale Rolle –, wie namentlich aus den Bezügen zu Lev 8f (samt Ex 29,38-46) + 16 zu erschließen ist: Nur in diesen Texten erscheint ein »Widder«[98] als »Brandopfer« in Verbindung mit einer Gotteserscheinung[99]. Zwar weicht die Darstellung der Opfervorbereitungen in Gen 22 von den priesterlichen Opferanweisungen in Lev 1 ab – der Opferherr ist alleiniger Akteur, die Schlachtung wird ganz an das Ende der Vorbereitungen gerückt und die benötigten Geräte (Holz, Feuer, Messer) werden einzeln genannt –, doch ist diese Varianz dramaturgisch bedingt[100]: Das Eingreifen des Engels erfolgt in letzter Sekunde, deshalb ist die Schlachtung an das Ende des Rituals versetzt. Man kann also trotz dieser Abweichungen davon ausgehen, dass Gen 22 die priesterliche Opfertheologie kennt[101] – und auch rezipiert.

---

98 Zur Lesart איל אחד (vgl. Dan 8,3) s. Steins, Bindung, 192-194. H. Gese (Die Komposition der Abrahamerzählung, in: ders., Alttestamentliche Studien, 1991, 29-51, 42) erklärt den Widder ohne Beleg als »die einfachste, die normale Form des Brandopfers«.

99 Vgl. Lev 9,4.6.23; 16,2; s. dazu Steins, Bindung, 191-202 in Aufnahme von S.D. Walters, Wood, Sand, and Stars. Structure and Theology in Gn 22,1-19, TJT 3 (1987), 301-330.

100 Vgl. Steins, Bindung, 196; Eberhart, Studien, 205f; Willmes, Von der Exegese, 54-58.

101 Vgl. Steins, Bindung, 196. Michel, Gott, 310 mit Anm. 322 schreibt dagegen: »Tatsächlich kommt man über das ›Ritualkonzept‹ zu den Requisiten, die eben für ein Brandopfer nötig sind, aber kaum zu Abhängigkeiten von Texten voneinander«. Diesem Argument stehen jedoch die Bezüge zu Lev 8f und 16 entgegen, zudem ist das Opferthema in Gen 22 plausibler mit vorliegenden Texten in Verbindung zu bringen als mit erschlossenen historischen Praxisfeldern. Hinzu kommt als Argument für eine nachpriesterliche Ansetzung von Gen 22, dass die Wahl des Protagonisten *Abraham* kaum ohne seinen eminenten Bedeutungszuwachs in der Priesterschrift zu erklären ist (s.u. 4.). – Weiter weist Michel (307 Anm. 305) zur Frage des Verhältnisses von Gen 22 zu »P« selbst auf die Formulierungsparallele zwischen Gen 22,1 und Gen 9,8.17; 17,9.15 hin (+ אלהים ל + אמר) hin. Der Unterschied, dass Gen 22,1 determiniertes האלהים bietet, wiegt angesichts von האלהים in Gen 17,18; Ex 2,23, jeweils unbestritten »P«, gegen Michel allerdings nicht schwer. – Neef (Prüfung, 79) fragt: »Hätte der Verfasser von Gen 22 so

In welchem Sinne geschieht dies nun? Einen Aspekt hat Steins vorgeschlagen: Gen 22 interpretiert als Sinaiprolepse den Opferkult Israels hintergründig als »Selbstopfer«[102] Israels. Doch ist dieser Gedanke wohl zu weit
gegriffen: Textgestützt ließe sich allein sagen, dass der sinaitische Opferkult
von Gen 22 her gelesen aus der *Bereitschaft* Israels zum »Selbstopfer« in
Gen 22 heraus erlassen wird, denn dieses Selbstopfer wird ja gerade nicht
vollzogen. Darüber hinaus lässt der Duktus der Erzählung deutlich eine
Subordination der Kulthandlung als solcher unter die – altmodisch
ausgedrückt – »Gesinnung« Abrahams erkennen. Es ist deshalb gegen Steins
auch damit zu rechnen, dass die Aufnahmen aus der priesterlichen
Sinaiperikope – kaum zufällig aus dem Bereich der Einrichtung des
Opferkulturs als solchem (Lev 8f) bzw. dem Ritual des Versöhnungstags –
kritisch gedacht sind[103]: Abraham ist Paradigma einer neben- oder
nachkultischen Heilsordnung für Israel, die zwar am Opfer exemplifiziert
wird, das Opfer letztlich aber marginalisiert – und deshalb kann Gen 22 auch
»Jerusalem« als Ort des Heils zum »*Land* Morijah« aufweiten.

d) Die Rezeption der chronistischen Davidüberlieferung in Gen 22

Es wurde bereits festgestellt, dass Gen 22 die Chronik kennt und rezipiert[104];
die aus 2Chr 3,1 genommene »Morijah«-Nennung ist anders kaum zu erklären:

---

einfach am Thema ›Bund‹ (Gen 17) vorbeigehen können?«. Die Frage ist selbstverständlich berechtigt, aber sogleich thematisch zu bedenken: M.E. steht der Annahme
nichts im Wege, dass Gen 22 auf die priesterschriftliche Bundestheologie von Gen 17
reflektiert – gerade diese unbedingte Verheißung wird in Gen 22 in die Krise geführt –,
aber aus sachlichen Gründen dazu »schweigt«: Auch und gerade die Inhalte von Gen 17
(V.5) werden in Gen 22 zurückgenommen, doch bricht Gott seinen »Bund« nicht.
Außerdem ist in Rechnung zu stellen, dass in »P« Gen 17 theologisch durch die
Opfertora im Sinai komplettiert wird und eben auf diese bezieht sich Gen 22. Schließlich
wäre die Frage auch an der Datierung von Gen 12,1-4a zu entscheiden, worauf in Gen 22
eindeutig Bezug genommen wird: Es gibt ernstzunehmende Argumente, Gen 12,1-4a
nachpriesterlich anzusetzen (vgl. Schmid, Erzväter, 167f mit Anm. 678 [Lit.]).
102 Bindung, 195.
103 Vgl. E. Blum, Art. Abraham, RGG⁴ I, 1998, 70-74, 72.
104 S.o. 3. a). Eine nahezu exklusive Parallele in der Chronik hat auch die Vorstellung in
Gen 22,1, dass Gott ein Individuum »auf die Probe stellt« (נסה), vgl. nur noch II Chr
32,31 und Ps 26,2 (vgl. Kaiser, Bindung, 211 mit Anm. 62; L. Ruppert, Das Motiv der
Versuchung durch Gott in vordeuteronomischer Tradition, VT 22 [1972], 55-63). Zu II
Chr 3,1 urteilt W. Johnstone (1&2 Chronicles, Vol. 1, JSOT.S 253, 1997, 316) anders,
allerdings ohne Begründung.

וַיָּ֫חֶל שְׁלֹמֹ֖ה לִבְנ֣וֹת	Und Salomo begann zu bauen
אֶת־בֵּית־יְהוָ֖ה בִּירוּשָׁלַ֑͏ם	den Tempel Jhwhs in Jerusalem
בְּהַ֣ר הַמּוֹרִיָּ֔ה	auf dem Berg Morijah,
אֲשֶׁ֥ר נִרְאָ֖ה לְדָוִ֣יד אָבִ֑יהוּ	wo ›Jhwh‹ seinem Vater David erschienen war[105],
אֲשֶׁ֤ר הֵכִין֙ בִּמְק֣וֹם דָּוִ֔יד	›an der Stätte‹, die David bestimmt hatte,
בְּגֹ֖רֶן אָרְנָ֥ן הַיְבוּסִֽי׃	auf der Tenne des Jebusiters Ornan.

In aller Regel beschränkt man sich auf den Hinweis, dass Gen 22 mit der Aufnahme von II Chr 3,1 eine geheime Kultätiologie für Jerusalem formuliere. Wir haben aber bereits gesehen, dass Gen 22 mit seiner Rede vom »*Land* Morijah« den Jerusalem-Bezug aufweitet. Darüber hinaus ist es nun aber nur wahrscheinlich, dass II Chr 3,1 und die dort implizierten Verweistexte eine größere Rolle für die Entstehung von Gen 22 spielen. In II Chr 3,1 ist davon die Rede, dass Jhwh David »erschienen« sei (נראה), und zwar auf der Tenne des Ornan/Arauna. Damit wird der Blick auf I Chr 21, der chronistischen Darstellung der Volkszählung Davids und des Erwerbs der Tenne des Ornan/Arauna (vgl. II Sam 24), zurückgelenkt[106]. Dieser Text bietet in seinem thematischen Gefüge und in manchen Aussagen eine Gen 22 entsprechende Erzählung, so dass der Schluss naheliegt, dass bei der Abfassung von Gen 22 nicht nur die Einzelaussage II Chr 3,1, sondern auch deren Verweiszusammenhang in I Chr 21 bedacht worden ist[107]. Sowohl David wie Abraham werden »versucht« (סות I Chr 21,1, durch »Satan«[108] gegenüber Gott II Sam 24,1) bzw. geprüft (נסה Gen 22,1), in beiden Fällen steht der Bestand des Gottesvolks – in I Chr 21 durch die in der Folge der Volkszählung Davids wütende Pest, in Gen 22 durch die Gefährdung des Verheißungsträgers Isaak – auf dem Spiel, in beiden Erzählungen kommt Engeln eine entscheidende Rolle zu (I Chr 21,12.15ff; Gen 22,12), und schließlich steht sowohl in I Chr 21 (V. 18ff.22ff.26ff) sowie in Gen 22 die (Be-)Gründung des Kultorts Jerusalem im Horizont der Erzählung.

---

105 Eine gezwungene Alternativübersetzung schlägt Mittmann, ha-Morijja, 76f vor: vgl. hierzu und zur Folgezeile den App. der BHS.

106 Vgl. zu I Chr 21 J. Van Seters, The Chronicler's Account of Solomon's Temple-Building: A Continuity Theme, in: M. Graham u.a. (Hgg.), The Chronicler as Historian, JSOT.S 238, 1997, 283-300, 289. Dass Gen 22 v.a. I Chr 21 aufnimmt (und nicht den Primärtext II Sam 24), liegt vor allem wegen der »Morijah«-Nennung und dem so deutlich gemachten Bezug zu II Chr 3 nahe. Hinzu tritt die auffällige Berührung in der Gottesbezeichnung האלהים, die Gen 22 mit 1Chr 21 (V.7f.15.17), nicht aber mit II Sam 24 teilt. Das schließt allerdings nicht aus, dass Gen 22 2Sam 24 im Hintergrund mitbedacht haben könnte.

107 Vgl. zu den David-Abraham-Bezügen im Alten Testament – namentlich auch im Blick auf Gen 22 – W. Dietrich, Die David-Abraham-Typologie im Alten Testament, in: ders., Von David zu den Deuteronomisten. Studien zu den Geschichtsüberlieferungen des Alten Testaments, BWANT 156, 2002, 88-99, 92f; Mittmann, ha-Morijja, 88f. Zu dem Versuch von Prolow/Orel, BZ 1996 vgl. Steins, Bindung, 227 Anm. 8.

108 Vgl. dazu S. Japhet, 1 Chronik, HThK.AT, 2002, 347f.

Diese Motivberührungen gewinnen nun dadurch noch erheblich an Gewicht, da David und Abraham in ihren jeweiligen Großkontexten (Chronik[109] bzw. Pentateuch) gleichermaßen zentrale Stifterfiguren für Israel darstellen und je unterschiedliche Konzeptionen für Israel entwerfen. In der über II Chr 3,1 vermittelten Aufnahme von I Chr 21 verlagert Gen 22 offenbar die Stifungszeit Israels weit nach vorne, in die Epoche Abrahams, der nun als Stammvater des Volkes die entscheidenden Gefährdungen zu bestehen hat und in der Folge die durch alle Gewährung und Gefährdung der Verheißung hinweg bestehende Identität Israels begründet[110].

Bedenkt man dieRezeption von II Chr 3,1 + I Chr 21 in sachlicher Hinsicht für Gen 22, so wird deutlich, dass Gen 22 eine in gewissem Sinn chronik-kritische Theologie formuliert: Auch wenn man mit S. Japhet[111] urteilt, dass der »Satan« in der Chronik keine eigenständige göttliche Macht darstellt – er agiert ganz in der irdischen Sphäre und stachelt David, nicht Gott an –, so denkt Gen 22 doch ungleich radikaler das Böse und Gott zusammen: Gott nimmt sich selber zurück, potenziert noch einmal durch die Handlungsanweisung des Kinderopfers. Weiter wird in Gen 22 deutlich, dass der Opferkult als solcher zurückgenommen wird – es kommt bei Abraham auf die Gesinnung der vollkommenen Hingabe an den ebenso offenbar wie dunkel erscheinenden Gott an und diese benennt Gen 22 in kreativer Fortführung weisheitlicher Tradition als »Gottesfurcht«. Schließlich ist für Gen 22 mit Abraham der Stammvater des Volkes die maßgebliche Stifterfigur, und nicht der König David. Gen 22 denkt also bezüglich der Stiftungszeit nicht in königlichen Kategorien (seien sie auch, wie im Fall der Chronik, universal gefasst), sondern rückt den Stammvater des Volkes als Paradigma in den Vordergrund.

4. Die theologiegeschichtliche Position von Gen 22

Wir haben gesehen, dass Gen 22 in erster Linie die Abrahamerzählungen von Gen 12-21 aufgreift und reinterpretiert. Diese Beobachtungen wären jedoch unzureichend ausgewertet, wenn man aus ihnen nun den redaktionsgeschichtlichen Schluss ziehen würde, dass Gen 22 eine Fortschreibung ausschließlich des Abrahamzyklus und literarhistorisch entsprechend einzuord-

---

109 Zur Epoche Davids und Salomos als maßgeblicher Gründungszeit Israels in der Chronik vgl. die Hinweise bei Schmid, Erzväter, 306-311, bes. 308.

110 Insofern gilt schon für den Grundtext Gen 22, was Aurelius erst für die Fortschreibung 22,15-18 gelten lassen will: »Es gibt Anzeichen dafür, daß man in Gen 22:15-18 dabei ist, den Idealkönig David, der nicht immer so ideal war, als Heilsgarant durch den Erzvater Abraham zu ersetzen« (Zukunft, 197).

111 Ebd.

nen sei[112]. Zwar ist der literarische Primärhorizont von Gen 22 tatsächlich in Gen 12-21 zu suchen, doch verfügt Gen 22 einerseits über wesentlich weiterreichendere textuelle Voraussetzungen aus dem Alten Testament – wie zu zeigen versucht worden ist – , andererseits weist das theologische Problembewusstsein des Textes in eine Entstehungszeit, in der kaum mehr mit einer eigenständigen Tradierung des Abrahamzyklus zu rechnen ist (wenn es diesen als literarische Größe für sich überhaupt je gegeben hat[113]).

Ob sich Gen 22 einer redaktionellen Hand zuweisen lässt, die sich auch anderwärts prominent in Gen-2Kön betätigt hat, lässt sich nur schwer sagen. Einigermaßen deutlich lassen sich literarische Satelliten für die Fortschreibung V.15-18 erweisen[114], während die für Gen 22 üblicherweise ins Feld geführten Berührungen im Rahmen eines klassischen[115] oder neu[116] gefassten »Elohisten« sich nicht mit hinreichender Sicherheit in eine solche Richtung auswerten lassen. Namentlich die frappante Nähe von Gen 22,1.12 zu Ex 20,20 (»auf die Probe stellen«; »Gottesfurcht«) dürfte zwar durchaus mit literarischer Abhängigkeit in der einen oder anderen Richtung zu erklären sein. Doch um auf literarische *Gleichursprünglichkeit* zu schließen, wäre es notwendig, die konzeptionelle Gleichgerichtetheit der Texte aufzeigen zu können. Ex 20,20 ist sehr knapp formuliert und lässt nicht erkennen, ob sich hier namentlich die spezifische Neuprägung von »Gottesfurcht«, die Gen 22 vornimmt, auch belegen lässt[117]. Desgleichen erweckt die Stilisierung der »Probe« von Gen 22 als einer absoluten Ausnahme auch nicht die Erwartung, dass sich diese »Probe« innerhalb derselben Gründungsgeschichte Israels noch einmal wiederholen sollte. So ist zwar Gen 22 ein Text mit einem literarisch sehr weitreichenden Horizont, literarhistorisch aber wohl doch ein Solitär.

Der literarische Anschluss von Gen 22 an die Abrahamserzählungen hat nicht primär entstehungsgeschichtliche, sondern vielmehr konzeptionelle Gründe: Er ist bedingt durch den Aufstieg Abrahams zum zentralen Verheißungsempfänger im Rahmen der Einarbeitung der Priesterschrift in den Ablauf der Geschichtsbücher[118]. Aus diesem Grund – neben der wahrscheinlichen Rezeption priesterlicher Theologie (vgl. o. 3. c und bes. Anm. 101) – scheint es am nächstliegenden zu sein, Gen 22 nachpriesterschriftlich anzusetzen. Einen

---

112 So etwa Neef, Prüfung, 77-81.
113 Vgl. o. Anm. 59.
114 Vgl. Aurelius, Zukunft, 190-198.
115 Vgl. Graupner, Elohist.
116 Vgl. Schmitt, BN 1986; F. Zimmer, Der Elohist als weisheitlich-prophetische Redaktionsschicht. Eine literarische und theologiegeschichtliche Untersuchung der sogenannten elohistischen Texte des Pentateuchs, EHS XXIII/656, 1999.
117 Schmitt, BN 1986, 93, hält Gen 22 und Ex 20,20 in ihrer »Gottesfurcht«-Thematik für miteinander vermittelbar, da diese »nicht das sittliche Verhalten bezeichnet, sondern als Voraussetzung dafür verstanden ist«. Dagegen aber Veijola, ZThK 1988, 151f mit Anm. 129.
118 Vgl. zu diesem Vorgang Schmid, Erzväter, 287-289 (vgl. J. Wellhausen, Prolegomena zur Geschichte Israels, ³1886, 332f Anm. 1).

relativen *terminus ante quem* bieten die Fortschreibung Gen 22,15-18[119] sowie der Hiobprolog[120]. Namentlich von 22,15-18 her ergibt sich – wie Aurelius wahrscheinlich gemacht hat[121] – noch eine weitere Eingrenzungsmöglichkeit: 22,15-18 und damit auch seine literarische Vorgabe in 22,1-13(.14?).19a sind mit seinem Konterpart Ex 32,13 noch vor der den Pentateuch redaktionell konstituierenden[122] Aussagenreihe der eidlichen Landverheißung an die drei Erzväter Abraham, Isaak und Jakob Gen 50,24; Ex 33,1; Num 32,11; Dtn 34,4 anzusetzen, die sachlich – als eidliche Bestätigung der Verheißung – als Replik auf Gen 22 gelesen werden kann: Die Verdunkelung der Verheißung wird deren Garantie als Eid entgegengesetzt. Absolut gesehen impliziert dies eine vorhellenistische Ansetzung von Gen 22, zumal dies mit der literarischen Einbindung von Gen 22 in den Pentateuch[123] ohnehin naheliegt: Am Pentateuch ist zwar noch partiell bis in die Makkabäerzeit gearbeitet worden, allerdings kaum mehr durch Einfügung ganzer Erzählblöcke, sondern vielmehr durch einzelne Retuschen[124], so dass er in seiner Substanz – zu der Gen 22 zu zählen ist – als eine perserzeitliche Größe zu gelten hat[125].

119 Vgl. o. Anm. 15.
120 Vgl. Veijola, FS Smend sowie A. Michel, Ijob und Abraham. Zur Rezeption von Gen 22 in Ijob 1-2 und 42,7-17, in: ders./H.-J. Stipp (Hgg.), Gott, Mensch, Sprache, FS W. Groß, ATSAT 68, 2001, 73-98. Zu 4Q225(-227) (»Ps-Jub«) vgl. jetzt F. García Martínez, The Sacrifice of Isaac in 4Q225, in: E. Noort/E. Tigchelaar (Hgg.), The Sacrifice of Isaac. The Aqedah (Genesis 22) and its Interpretations, Themes in Biblical Narrative. Jewish and Christian Traditions 4, 2002, 44-57; J.A. Fitzmyer, The Sacrifice of Isaac in Qumran Literature, Bib. 83 (2002) 211-229. Ausgeschlossen ist jedenfalls die ebenso extreme wie spekulative Spätdatierung von Gen 22 durch Brandscheidt (TThZ 2001, 16f mit Anm. 23) in die Makkabäerzeit, die auch komplizierte Thesen zur Bezeugung von Gen 22 in der LXX nach sich ziehen würde.
121 Zukunft, 201f. Vgl. zu Gen 22 auch ders., Art. Versuchung, TRE 35, 2003, 44-47.
122 Vgl. dazu Schmid, Erzväter, 290-301.
123 Zu seinem »Abschluss« in der Perserzeit vgl. Schmid, Erzväter, 290f (Lit.). Für eine nachexilische Ansetzung ist im Weiteren auch das *deux ex machina* -Motiv in Gen 22 zu vergleichen, das Gen 22 auffällig mit den griechischen Tragödien verbindet (vgl. A. Spira, Das deus ex machina Motiv bei Sophokles und Euripides, 1960, dort den Hinweis auf das durchgängige Motiv »halt ein!« 139 Anm. 114) – mit dem theologisch bezeichnenden Unterschied, dass der *deux ex machina* in Gen 22 eine *von Gott selbst* herbeigeführte, scheinbar ausweglose Krise löst. Für die alttestamentliche Theologiegeschichte vgl. ferner die Überlegungen zu »Himmelsoffenbarungen« von K. van der Toorn, Sources in Heaven: Revelation as a Scholarly Construct in Second Temple Judaism, in: U. Hübner/E.A. Knauf (Hgg.), Kein Land für sich allein. Studien zum Kulturkontakt in Kanaan, Israel/Palästina und Ebirnari für Manfred Weippert zum 65. Geburtstag, OBO 186, 2002, 265-277.
124 Vgl. die Hinweise bei Schmid, Erzväter, 21f mit Anm. 125 (Lit.).
125 In die Perserzeit weisen auch archäologische Hintergründe zur Bevölkerungszahl in Palästina. Das Thema »Rückgabe der Verheißungsgabe« wird in Gen 22 an der Mehrungsverheißung – die an der Person Isaaks hängt – exemplifiziert und es lässt sich zeigen,

Von seiner sachlichen Ausrichtung her steht Gen 22 in einer eigentümlichen Kontinuität und Diskontinuität zur priesterlichen Theologie: Mit ihr verbunden ist Gen 22 durch die Zentralstellung von Abraham und der an ihn ergangenen Verheißung. Gen 22 setzt sich aber gleichzeitig von ihr – und der chronistischen Theologie – ab durch die Subordination des Opfers unter die »Gesinnung« des Opferherrn und die spirituelle Aufweitung der Zionstheologie: »Gottesfurcht« (im Sinn von Gen 22) kann zur Chiffre von »Jerusalem« als Ort der heilvollen Präsenz Gottes werden.

Auch zur (jüngeren) Weisheitsüberlieferung setzt sich Gen 22 in besonderer Weise ins Verhältnis. Mit seiner spezifischen Interpretation von »Gottesfurcht« (V. 12) steht Gen 22 in der Nähe der sachlichen Zusammenführung von »Gesetz und Weisheit« in den späten Pentateuchschichten[126]. Bezeichnend ist allerdings, dass die Annäherung von »Gesetz und Weisheit« in Gen 22 über den Gehorsam gegenüber einem aktuell ergehenden Gebot Gottes und nicht gegenüber dem Gesetz (vgl. Gen 26,5) geleistet wird.

Schließlich dürfte Gen 22 auch implizit Aussagen des *corpus propheticum* bedacht haben[127], wenngleich hier die Berührungen eher thematischer Natur sind: Das Sachproblem von Gen 22 betrifft nicht nur die Verheißungen der Gen, sondern auch jene der Prophetenbücher, die im kanonischen (wie wohl auch im protokanonischen) Leseablauf auf die Geschichtsbücher des Alten Testaments folgen, die für die Entstehungszeit von Gen 22 offenbar noch

dass das Problem der Dezimierung der Bevölkerung besonders in der Perserzeit virulent war. Betrachtet man die siedlungsgeschichtliche Entwicklung in Benjamin und im Judäischen Bergland, so ist das Resultat sprechend (vgl. C.E. Carter, The Emergence of Yehud in the Persian Period. A Social and Demographic Study, JSOT.S 294, 1999, 235f, mit extensiver Begründung von Methodologie und Datenerhebung 172-248 [Lit.]; s. auch O. Lipschits, Demographic Changes in Judah between the Seventh and the Fifth Centuries B.C.E., in: J. Blenkinsopp/ders. [Hgg.], Judah and the Judeans in the Neo-Babylonian Period, 2003, 323-376):

Benjamin			Judäisches Bergland		
	Ortslagen	% Veränderung		Ortslagen	% Veränderung
EZ I	45		EZ I	18	
EZ II	157	+250	EZ IIA	33	+83
			EZ IIB	86	+160
			EZ IIC	122	+42
			EZ IID	113	-7
Pers. Z	39	-75	Pers. Z	87	-23
Hell. Z.	163	+320	Hell. Z.	98	+13

Umgemünzt auf die Bevölkerungszahl kommt Carter in seinen Berechnungen zum Schluss, dass »the population of the province [sc. Yehud] in the Persian period was about one-third of that in the previous period« (247) – was einen dramatischen Rückgang bedeutet. Vor diesem Hintergrund bekommt die Thematik von Gen 22 eine eigene Note zeitgeschichtlicher Aktualität.

126 Vgl. o. Anm. 81.
127 Zu Mi 6,6-8 vgl. o. Anm. 60 sowie Kaiser, Bindung, 223.

nicht in Tora und Vordere Propheten separiert worden sind. Von Gen 22 her gilt auch für die prophetischen Heilsverheißungen: Mögen sie auch scheinbar von Gott zurückgenommen werden, mögen sie auch von Israel zurückgegeben werden müssen, ihr Bestand bleibt auch durch ihre elementarsten Gefährdung hindurch gewährleistet.

Mose in einem seiner Ausnahmegespräche mit Gott:
Zu Ex 33,12-23[1]

Horst Seebass (Bonn)

1.

Ex 33,12-17 erfreut sich in der jüngeren exegetischen Diskussion einer immer noch wachsenden Würdigung.[2] Die mit V.12-17 vorgenommene Abgrenzung ist jedoch bereits eine kritische, da die narratio offenbar bis V.23 weiterführt.[3] Da es im Folgenden hauptsächlich um eine synchrone Auslegung

1 Es ist mir eine Freude, die Gelegenheit zu haben, Otto Kaiser nun auch nach einem weiteren Jahrzehnt seit ZAW 107 (1995), 409-419, mit einem Beitrag ehren zu können. Gern hätte ich etwas zu seinem Verhältnis sowohl zur alttestamentlich-biblischen als zur griechisch-philosophischen Bildung gesagt – ich schätze sehr die Einführung zu »Ideologie und Glaube. Eine Gefährdung christlichen Glaubens am alttestamentlichen Beispiel aufgezeigt« (1984). Jedoch scheint mir die fast philosophische Sinai-Erzählung von Ex 33,12-23 eine Möglichkeit, auf etwas andere Weise ein Gespräch mit dem Jubilar aufzunehmen, das nicht unmittelbar die völlig strittigen literarhistorischen Friktionen der Fachdebatte betreffen soll.

2 Wachsend u.a., weil F. Hartenstein, Das »Angesicht Gottes« in Exodus 32-34, in: M. Köckert und E. Blum (Hg.), Gottes Volk am Sinai. Untersuchungen zu Ex 32-34 und Dtn 9-10, VWGTh 18, 2001, 157-183, auf der Basis einer umfangreichen, in Erscheinung begriffenen (FAT), mir nicht zugänglichen Habilitationsschrift »›Das Angesicht JHWHs‹. Studien zu seinem höfischen und kultischen Bedeutungshintergrund in den Psalmen und in Exodus 32-34« mit viel Literatur den Text erneut exegetisch, religionsgeschichtlich und theologisch erläutert hat. S. Weiteres u.

3 C. Dohmen, »Nicht sieht mich der Mensch und lebt« (Ex 33,20). Aspekte der Gottesschau im Alten Testament, in: Die Macht der Bilder, JBTh 13, 1998, 31-57 interpretiert Ex 33 in den vier Abschnitten V.1-6, V.7-11, V. 12-16 und V.17-23, S.43f also mit der Abgrenzung V.17-23 durch Petucha-Intervall. Die Petucha wahrt offenbar den narrativen Übergang von V.12-16 zu V.17-23 (s. dazu u.). J. I. Durham, Exodus. WBC 3, 1987, 449ff, schlug vor, 33,12-17 von 33,18-34,9 als je unabhängige Einheiten zu trennen. Aber die Abgrenzung der zweiten Einheit folgt seinem inhaltlichen Verständnis, das 33,18-23 als Hinführung zu 34,1-9 auffaßt. Es scheitert aber schon daran, dass 34,1-3 nicht eine (mit einigen Weiterungen versehene – so S. 453) Wiederholung von 33,20-23 ist, s.u. J. van Seters, The Life of Moses. The Yahwist as Historian in Exodus – Numbers, 1994, 323, sieht 33,18-23 als bloße Unterbrechung zwischen 33,17 und 34,1ff ohne Sinn für seine Bedeutung und hält 33,19 für eine Duplikation von 34,6-7, obwohl er selbst bemerkt, dass es keine Funktion im Blick auf 34,6f hat. M. Franz, Der barmherzige und gnädige Gott. Die Gnadenrede vom Sinai (Exodus 34,6-7) und ihre Parallelen im Alten Testament und seiner Umwelt, BWANT 160, 2003, 154-165, schlägt vor, dass 33,(12-

geht, lege ich die Fassung V.12-23 zugrunde.[4] Damit steht an, dass Ex 33,12-23 einen Rang wiedergewinnen dürfte, den er in der jüdischen und christlichen Rezeption schon einmal eingenommen hatte: nämlich im Verbund mit Ex 32,1-35 und 34,1-28 als eine gedankenschwere narratio *de Deo*.[5] Während V.12-17 durch die Interzession (»Fürbitte« ist wohl für eine Charakterisierung zu schwach, s.u.) des sich selbst als vor Gott hochrangig präsentierenden Mose[6] geprägt wird, setzen V.18-23 die Szene V.12-17 durch drei Grundsatzerklärungen Jahwes in V.19.20.(21-)23 fort, zu denen Mose mit seiner Bitte in V.18 hinführt. Von jenen Grundsatzerklärungen fungieren V.19 und V.21-23 als Ankündigungen späterer Ereignisse, aber nicht speziell von Ex 34,5-7. Denn V.18.20.22a.22b-23 (Kabod, Tod bei Schau der Gottespanim, Felsspalte, schützende Hand Jahwes) haben in Ex 34 keine Entsprechung und V.21 nur eine sehr ungenaue,[7] während V.19 (zu 34,6a),

---

17.)18.21-23; 34,3f.4aβ.5aβ.b.6-7.28a die Grundschicht für die Gottesrede von 34,6-7 gebildet habe. Franz kümmert sich dabei weder um die äußerst umstrittene Analyse von Ex 34 noch um die Details in 33,18-23, sondern interessiert sich lediglich dafür, der von ihm vor-dtn situierten Gnadenrede 34,6f einen relativ alten Rahmen zu verschaffen. Die hier begründete Abgrenzung nahm jüngst auch D. W. Ulrich, Exodus 33:12-23, Interpr. 56 (2002), 410-412 an.

4 Eine synchrone Auslegung verfolgt auch G. Barbiero, »...aber gewiß lässt er den Schuldigen nicht ungestraft« (Ex 34,7b). Die Gerechtigkeit Gottes und Moses in Ex 32-34, in: ders., Studien zu alttestamentlichen Texten, SBAB 34, 2002, 255-282, krasser noch in ders., Ex xxxiii, 7-11: Eine synchrone Lektüre, VT 50 (2000), 152-166, wo er sich eng an eine bestimmte rabbinische Auslegung anschließt. Wo nötig, gehe ich auf Unterschiede zu solcher Interpretation ein. Auch er kann Synchronizität nicht ganz durchhalten. Obwohl nämlich V.18-23 die V.12-17 ohne Unterbrechung fortsetzen, trennt ders. Gerechtigkeit 261 *literarkritisch* V.18-23 von V.12-17 (mit E. Blum, s. dazu Anm. 10). G. Barbiero, Gerechtigkeit 279-281 exegesierte 33,12-23 dagegen im Verhältnis zu dem Rest von Ex 32-34 auffällig beiläufig. Nicht näher gehe ich auf die These von E. Otto, Die nachpriesterschriftliche Pentateuchredaktion im Buch Exodus, in: M. Vervenne (Hg.), Studies in the Book of Exodus. Redaction-Reception-Interpretation, BEThL 16, 1996, 61-111: 81-101, ein, Ex 32-34 sei eine nachpriesterschriftliche Einheit, die aber auch er als geschichtet ansieht.

5 So B. S. Childs, The Book of Exodus, 1974, 597f. S. ferner die Kommentare von U. Cassuto, A Commentary on Exodus, 1967; N. M. Sarna, Exodus, JPS, 1991, und B. Jacob, Das Buch Exodus (hg. von Sh. Mayer, J. Hahn u. A. Jürgensen, 1997) je z.St. L. Schmidt, ›De Deo‹. Studien zur Literarkritik und Theologie des Buches Jona, zwischen Abraham und Jahwe in Gen 18,22ff. und von Hi 1, BZAW 143, 1976, 89-94, hat sich wegen des Interesses an Jon 4,2 nur mit Ex 34,6f, nicht mit Ex 33,18-23 beschäftigt.

6 Diese längst beobachtete, herausgehobene Stellung des Mose hat F. Hartenstein, »Angesicht Gottes« 160ff.171ff. mit altorientalischem Vergleichsmaterial untermauert.

7 J. Wellhausen, Composition des Hexateuchs, [4]1963, 94, der mit der Petucha in V.12-16 / V.17-23 gliederte, fand V.17-23 abhängig von 34,6f, die wiederum (so S. 85) aus einem Missverständnis von 34,5 erwachsen seien. Während zur Petucha-Abgrenzung noch Näheres zu sagen ist, lohnt eine genaue Analyse des Verhältnisses von 34,1ff zu 33,18-23, s.u. im Detail. Vorweg: 33,21f erwähnen einen Fels mit Felsspalt, 34,2b.5b aber nur

33,3b.5a.12f.17 (zu 34,9: mit dem Volk ziehen) und 33,16b (zu 34,10aβ.b: נפלאת - נפלינו [8]) Verbindungen haben.

Seit M. Noth[9] nimmt man überwiegend an, dass in V.18-23 ein Nachtrag gegenüber V.12-17 vorliege, der in sich geschichtet sei. V.18.21-23 (Stichwort Kabod) gilt dann als Grundschicht, der aufgrund von V.23b (Jahwes Angesicht ward nicht gesehen) a) V.20 als Grundsatz zugefügt und b) V.19 als Erläuterung zu dem für Menschen eingeschränkt zugänglichen Kabod als Vorankündigung von 34,6 beigegeben wurde. Zusätzlich argumentierte E. Blum[10], V.17 bilde »eindeutig den Abschluß dieser Gesprächslinie (gegen die פתוחה-Gliederung nach V.16): Die Redeeröffnung entspricht der in V.12a..., und vor allem nimmt V.17b die Aussage in V.12b inkludierend auf.« Die »Gesprächslinie« hat demnach V.12-14 zum ersten Abschnitt, nach dem Mose mit seiner Interzession wie ein hochrangiges Mitglied eines Hofstaates des königlichen Gottes[11] trotz der Anmahnung an seinen Herrn »Und sieh doch, dass dies Goj *dein* Volk עם ist« wegen der ungelösten Sühne für dessen schwere Verschuldung (32,29-*34) nicht mehr erreichte als die Zusage, dass Jahwes Panim (Kultische Gegenwart)[12] nur mit dem »Volksführer« Mose

---

einen Berg, und Mose bedarf in Ex 34 nicht des Schutzes der Hand Jahwes wie in 33,22f. So gegen J. Jeremias, Theophanie. Die Geschichte einer alttestamentlichen Gattung, WMANT NF.10, [2]1997, 200f; G. Barbiero, Gerechtigkeit, 261; zuletzt M. Franz, Gott 163-165. Ferner ist im Verhältnis zu 33,21 unklar, wer nach 34,5aβ zu wem tritt: Jahwe zu Mose oder Mose zu Jahwe (s.u.). Diese Feinheiten verschleift jüngst C. Dohmen, Aspekte, 44ff, weil er den Harmonisierungen von B. Jacob, Das Buch Exodus, 1997, z.St. folgt. U.a. findet er deswegen erst in 34,30 das Thema Kabod von 33,18 eingelöst, obwohl dort das singuläre קרן und nicht כבוד den Sinn stiftet.

8 Nach E. Blum, Israel à la montagne de Dieu. Ex 19-24; 32-34, et sur le contexte littéraire et historique de sa composition, in: A. de Pury u. Th. Römer, Le Pentateuque en Question. Les origines et la composition des cinq livres de la Bible à la lumière des recherches récentes, MoBi 19, [3]2002, 271.295: 277 n. 17f, verdankt man diesen Hinweis M. Buber in ders. u. F. Rosenzeig, Die Schrift und ihre Verdeutschung, 1936, 268. Der von Blum dazu erwähnte R. W. L. Moberly, At the Mountain of God. Story and Theology in Exodus 32-34, 1983, 66f, gab zwar eine bemerkenswerte Exegese zu Ex 33f, schlug aber S. 94 statt des Pl. von MT zu נפלאת den Sg. vor und interpretierte daraufhin 34,10 im Sinne des Wunders der Erfüllung von 33,16: non legendum.

9 Das 2. Buch Mose. Exodus, ATD 5, [5]1973.

10 Studien zur Komposition des Pentateuch, BZAW 189, 1990, 64 A.81; wie Blum bereits E. Aurelius, Der Fürbitter Israels. Eine Studie zum Mosebild im Alten Testament, CB.OT 27, 1988, 102. Aurelius, Fürbitter, 102f, u.v.a. haben damit Recht, dass 12-17 literarkritisch nicht zergliedert werden sollten: anders noch H. Seebass, Numeri, BK IV/2, 1995/2003, 93.

11 Hierzu darf man der präzisierenden Interpretation der höfisch-kultischen Szene durch F. Hartenstein, »Angesicht Gottes«, 160ff. (mit Abbildungen) folgen, die ältere Arbeiten in dieser Hinsicht auf den Punkt bringt.

12 S. dazu die religionsgeschichtliche Erläuterung von F. Hartenstein, »Angesicht Gottes«, 162-164, dass eine kultische Anwesenheit schon nach den Forschungen von T. N. D. Mettinger, bes. No graven image? Israelite Aniconism in its Ancient Near Eastern Con-

gehen werde, da dieser Jahwes Wort gemäß den עַם *Moses* vom Sinai
wegführen werde. Mose hatte sich in diesem ersten Gesprächsgang trotz seiner hohen Anerkennung bei seinem Herrn sehr tief beugen müssen mit seiner
Bitte, weil er geltend machen wollte, dass er nur dann in Zukunft die Gnade
seines Herrn finden könne, wenn dieser ihm jemand oder etwas Respektables
mitschicke. Diese Bitte um ein Mitsenden erfüllte Jahwe durch seine Panim,
zwar auf Mose eingeschränkt, setzte aber in V.14b immerhin den Akzent, er
werde *Mose* Ruhe verschaffen. Bereits E. Aurelius[13] hatte auf Analogien in
Davids Gebet II Sam 7,18-29 und dabei speziell (110f) auf die sog. Ruhefor-
mel verwiesen, die fast ausschließlich im D-Werk sowie in I II Chr vor-
komme und Feldherrn (Königen) Ruhe vor den Feinden ankündige. Wenn
man diese Deutung als wahrscheinlich treffend zugrundelegt,[14] gab V.14b
Mose einen Wink, das Volk erneut ins Spiel zu bringen, da ja der große Mose
als der, der sein Volk zu führen hatte (V.12), ohne sein Volk schwerlich Ruhe
finden würde. In einem zweiten Abschnitt konnte Mose daher aufgrund von
V.14b diplomatisch geschickt das Mitgehen des Angesichts auf »uns« (einschließlich des Volkes, von LXX leider verfehlt) ausdehnen (V.15f): ohne
deine Panim = kultische Repräsentanz »laß uns von hier nicht wegziehen!«
Dies »uns« erläutert V.16 nämlich so, dass anders als durch die Ausdehnung
des Mitgehens auf das Volk Moses Gnadefinden bei Gott nicht erkennbar
wäre; aber erst V.16b fügt kühn hinzu, was es bedeutet, dass »dies Volk«
Jahwes Volk sei: dass es sich nämlich »wunderbar« (נִפְלֵ֫ינוּ) zu unterscheiden
habe von jedem anderen Volk auf der Erde.[15] Ebenfalls diplomatisch vollzog
Mose damit einen Umschlag der Gedankenführung, indem er das Volk nicht
mehr anhangsweise (wie V.13b) erwähnte: Zwar war es immer noch unge-
sühnt; aber als Volk Jahwes und des von diesem hochrangig beauftragten
Mose müsse in der Völkerwelt unbedingt erkennbar bleiben, dass dies Volk

---

text, CB.OT 42, 1995, zu einem westsemitischen »Aniconism« kein Kultbild voraussetzt
(ja zumindest in Ägypten, wohl auch in Mesopotamien den Priestern eine nicht völlige
Identität von Bild und Gottheit bewusst war). – Daß V.13 »Jahwe kennt Mose beim Namen« auf die Namenskundgabe *Jahwes* in V.19 verweise, wie C. Dohmen, Aspekte 41
meint, überzieht eine bloße Assonanz, und seine Annahme, bereits V.14 zeige indirekt
Gottes Vergebung an (S.42), verfehlt die Notwendigkeit des nächsten Gesprächsgangs.
Richtig ist nur, dass nach V.14 Jahwe Mose einen Anhaltspunkt gab, nun erst recht für
das Volk einzutreten (so Dohmen, 41f), s.o. im Text. J. van Seters, Life, 322f, verfehlt die
Feinheit des Gespächs im MT, indem er V.15 nach LXX verändert zu »Wenn dein Angesicht nicht *mit uns* geht« und deswegen mit LXX V.14a verändert zu »*Vor dir* will ich
gehen«, als gehe es um dasselbe wie zwischen 33,2a und 33,3b.5.

13 Fürbitter, 109ff.
14 Mit H. D. Preuß, נוּחַ *nûaḥ*, ThWAT 5, 1986, 297-307: 301f; zuletzt F. Hartenstein,
»Angesicht Gottes«, 170. Zum Sinn von 33,7-11 im Kontext s.u.
15 Man pflegt hier an die (spätere?) Idee des Eigentumsvolkes von 19,5b zu erinnern, ohne
dass dessen Sprache unmittelbar vorkäme. Denn der Ausdruck in V.16b ist singulär.

selbst als schuldiges (!)[16] Jahwes Volk sei – eben des Jahwe, der wunderbar zu handeln vermag. Indem Jahwe dem von Mose Vorgetragenen mit wenig Worten zustimmte (V.17a), hob er aber nicht auf die neugewonnene Perspektive für das Volk, sondern ausschließlich auf sein besonderes Wohlgefallen an Mose ab (V.17b): der habe (erneut) Gnade gefunden,[17] ja Jahwe, der Herr aller Völker, kenne ihn beim Namen. V.17 betont also nicht die angesichts von Ex 32,29-34.35; 33,1-6 ungeheuer erlösende Zusage, dass Gott sich des Volkes Moses als seines eigenen Volkes annahm und sozusagen persönlich, in der Gegenwart seines Angesichts, mitzog,[18] sondern nur Gottes ganzes, herzliches Wohlgefallen an Mose, der seinen Herrn in einer ihn zufriedenstellenden Weise für sein Volk gebeten hatte. Dh. V.12-17 fehlt der krönende Abschluß, der das von Mose Erzielte in Worte fasst, die einen so

---

16 Man beachte, dass schon Raschi Gottes Vergebung nicht vor der Aushändigung der zwei Tafeln von 34,27f gegeben fand, obwohl sie auch dort nicht verzeichnet wird, s. S. Bamberger, Raschi-Kommentar zum Pentateuch, [3]1975, 266. Verfehlt ist die Behauptung, dass bereits 33,(1-)6 die Wende zur Vergebung durch sein מהר חרב nach dem Ablegen des Schmucks durch das Volk signalisiere, wie G. Barbiero, Ex xxxiii 154f im Gefolge von B. Jacob, Exodus z. St.; U. Cassuto, A Commentary on Exodus, 1967, 430, annimmt, da von Vergebung vor 34,9 nicht die Rede ist und die Bitte um sie selbst dort unbeantwortet bleibt; anders dort die Bitte, »uns« als נחלה anzunehmen: Die Lösung für das sündige Volk erfolgte eben nicht auf dem Weg der Vergebung, s.u. Noch weiter geht jüngst R. Achenbach, Die Vollendung der Tora. Studien zur Redaktionsgeschichte des Numeribuches im Kontext von Hexateuch und Pentateuch, BZABR 3, 2004, 179.343, der im Rahmen der einschlägigen, m.E. kaum akzeptablen Pentateuch/Hexateuch-Theorien von E. Otto Gottes Vergebung bereits 32,34 zuschreibt, sie aber aus Dtn 9,19b ableitet. Dem entspricht, dass er in 33,2 die Differenz zwischen *einem* Boten (2a) und Jahwe (2b) nicht wahrnimmt und daher 33,2 als Zusage der Führung Jahwes missversteht, die dieser in 33,12-17 *erneut* zusage. S. dazu die Diskussion u. zu 33,2!

17 So in der Bibel Alten Testaments nur noch Henoch Gen 6,9. Es ist bemerkenswert, dass eben die Gnade für Mose das durchgehende Motiv *Jahwes* in V.12-17 ist.

18 In die gleiche Richtung weist, dass E. Blum, Studien 64 und Anm. 82, mit Berufung auf K. Walkenhorst, Warum beeilte sich Mose niederzufallen. Zur literarischen Einheit von Ex 34,8f., BZ 28 (1984), 165-213, V.17 zwar als Durchbruch erklärt, diesem aber erst die förmliche Restitution der Gottesbeziehung Israels folgen müsse. Allerdings sieht er diese erst durch 34,10 eingelöst, da dessen Wortlaut auf den von 33,16 eingeht. So gewiß dies letztere zutrifft, so wenig kann es richtig sein, bei der Komplexität der Materien in Ex 32-34 unter Übergehen von 33,18-23 und 34,1-9 unmittelbar von 33,17 zu 34,10 zu springen. Dies hatte schon E. Aurelius, Fürbitter, 104-106, im Anschluß an seine wichtige Analyse von Ex 33 (S. 100-104) in der Form vorgeschlagen, dass 34,10-27 erst später angefügt sei. Aber seine Auffassung zu Ex 34 wird ebenfalls dessen Komplexität nicht gerecht, das m.E. eine neue Analyse benötigt, s.u. Blum und Aurelius übergehen zudem 33,19. Denn gegen Aurelius, Fürbitter, 115f; E. Blum a.a.O. ist es sachlich wegen der Mosebitte um das Volk unmöglich, dass die großartige Interzession ihren gewollten Schlusspunkt in Gottes Äußerung findet, er kenne Mose mit Namen: statt dass Mose Gott erkenne (13), erkenne Gott Mose beim Namen (17bβ). Mose ging es ja durchweg um das Volk. Dem muß das Schlusswort gelten.

nicht zu erwartenden Durchbruch göttlichen Handelns markieren müssten.[19]
Dies gilt m.e. selbst dann, wenn man mit F. Hartenstein V.12-17 der Ambivalenz der Gottesgegenwart unterworfen sieht, dass nämlich Gottes Angesicht u.U. auch zum Unheil am Gottesvolk bereit sein konnte wie in Thr
4,16.[20] Denn es war der Tradition von Ex 32-34 gewiß noch schlimmer, wenn
Jahwe in Distanzierung zu seinem schuldigen Volk nicht einmal kultisch erreichbar blieb wie vor Moses Interzession in V.12-17,[21] als wenn er im Zorn
präsent blieb, aber eben *so* mit der Möglichkeit zu Sühne und Umkehr.

Den nach V.12-17 fehlenden Abschluß bietet offenbar nicht V.18 mit seiner erneuten, aber vom bisherigen Thema abführenden Bitte um die Schau
des Jahwe-Kabod,[22] sehr wohl dagegen V.19. Die Forschung, die V.19 z.T.
von V.18.21-23 einerseits (Thema »Kabod«), von V.20 andererseits (Gottes
Angesicht zu schauen für Menschen tödlich) trennt,[23] las und liest ihn wegen
V.19b üblicherweise als bloßen Vorverweis auf 34,6f.[24] Da man hier einer

---

19 Gegen E. Blum, Studien, 64, fand C. Dohmen, Aspekte, 43 Anm. 32, mit Recht in der
   Aufnahme von V.12 durch V.17 diesen *auch* als eine Überleitung zu V.18-23.
20 »Angesicht Gottes« 170f.
21 Zu 33,7b s.u. II.
22 B. Jacob, Exodus, 958, gefolgt von C. Dohmen, Aspekte, 44, leugnen »Kabod« als neues
   Thema mit der Behauptung, dass V.18 nur das in V.16 Erbetene sichtbar machen wolle.
   Das übergeht offenkundig V.21-23, die ja nachdrücklich das Thema »Kabod«
   verhandeln. Wenn C. Dohmen, Aspekte 45f dann V.18 als durch V.19 eingeschränkt
   erklärt, so sieht er ganz richtig eine Funktion des V.19 im Kontext (s.u.), entzieht sich
   aber S. 46-49 dem klaren Wortlaut von V.21-23 mit harmonistischen Vermischungen von
   33,18-23 und 34,6f. F. Hartenstein, »Angesicht Gottes«, 171ff, hat zwar geltend gemacht,
   dass V.18 nicht ganz schlecht auf V.12-17 folge, weil V.18 im Rahmen der
   Audienzvorstellung von V.12-17 bleibe wie etwa in der Tempelvision von Jes 6 (die Erde
   voll des Kabod). Aber den Themawechsel hat er nicht übersehen. Den übergeht jüngst
   noch M. Franz, Gott 155 Anm. 8, indem er aus V.18 nur entnimmt: »Mose hat kein
   Interesse daran, sich mit dem Erreichten zufrieden zu geben.« Franz, der zu 34,6f
   gründlichste Wortuntersuchungen bietet, verschwendet kein Wort auf das sicher
   signifikante כבוד. S. dagegen schon M. Noth, Exodus, 212, und u.
23 Insoweit hat M. Noth, Exodus, 212, Schule gemacht, s. etwa E. Aurelius, Fürbitter 103;
   F. Hartenstein, »Angesicht Gottes«, 172 A.76. Jedoch haben sowohl B .S. Childs, Exodus
   596f als auch F. I. Durham, Exodus, 450-452, V.18-23 ausgelegt, als sei die Theophanie
   von V.19 ein erster Akt der Schau des Kabod von V.18 (Durham 452 identifizierte zusätzlich noch Kabod und Panim wegen V.20). Aber damit bleiben sie hinter der Verfeine-
   rung der Tradition *de Deo* deutlich zurück. So wäre als Erstes zu notieren, dass V.19, im
   Endtext als Antwort zu V.18 gelesen, eine behutsame Zurückweisung der Bitte des hoch-
   angesehenen Mose von V.18 ist, nicht aber ein Eingehen auf sie (s.u. zum Wortfeld von
   כבוד einerseits, von טוב andererseits). Das Eingehen auf Moses Bitte folgt nach dem
   Grundsatzurteil von V.20 zwar in deutlich reduzierter Form durch V.21-23 (so auch
   Childs und Durham), aber in einer Drastik, die dem Wort Kabod nicht überall eignet. S.
   Weiteres u.
24 So etwa auch E. Blum, Studien, 64f, mit einer Wolke von Zeugen, der zudem meinte,
   dass 33,18-23 auch 34,6 »Da zog Jahwe an seinem Angesicht vorüber« vorbereite: da

sehr fest gefügten Überzeugung der Forschung widersprechen muß, sei der Vorschlag ausführlich begründet. Er fußt auf folgenden Argumenten:

1. Trotz zahlreicher Harmonisierungsversuche[25] geht V.19 nicht auf die Bitte Moses ein, Jahwes Herrlichkeit schauen zu dürfen, da a) der Gebrauch vom *vorüberziehenden* טוב an unserer Stelle singulär ist[26], b) טוב im Alten Testament nicht zum Wortfeld von כבוד gehört[27], und c) טוב durchweg Gottes materielle Segensfülle oder Güte, z.T. parallel zu חסד bzw. parallel zu צדקה »Heilstat«, als Wortfeld hat.[28] Dazu kommt, dass V.19a und

---

34,6 des Schutzes dagegen bedurfte, als unmit-telbare Gottesschau zu gelten. Dies letzte ist zwar richtig, Blum übergeht aber, dass 33,19.20 primär 33,18.21-23 vor jenem Missverständnis zu schützen hatten. Dem hat sich 34,*6 angegliedert. Umgekehrt wird also 33,19-23 die Einfügung von 34,6f in seinen Kontext erst ermöglicht haben, s.u. im Detail.

25 Unter ihnen ist z.B. R. W. L. Moberly, Mountain, 76f:»The whole of 33:18-23 constitutes a rich treasury of terms expressing the character of God. The variety of terminology – glory, goodness, name, face – represents an attempt to express the inexpressible, the experience of God.... Moses asks to see Yahweh´s glory (kābôd).... Moses thus asks to see Yahweh himself (scil. because of V.22:). ... To this Yahweh responds affirmatively in v.19 and yet alters the wording of the concession at the same time in that he will make all his goodness (tûb) pass before Moses. Although there is no exact parallel to this usage of tûb elsewhere in the OT, the word is generally used to signify God´s benefits experienced by Israel, and such a meaning fits well the present context. For a certain synonymity between »goodness« and »glory« is indicated by the parallellism between V.19, ᵃcᵃbir kol- tubi and v.22 wᵉhāyāh baᶜᵃbôr kᵉbôdi.« Eine Harmonisierung betreibt erstaunlicherweise jüngst auch F. Hartenstein, »Angesicht Gottes«, 173, im Rahmen seiner These von einer Audienzvorstellung, s. dazu u.

26 M. Noth, Exodus, 212, u.v.a.

27 Gegen F. Hartenstein, a.a.O., 173ff, der einen kohärenten Vorstellungszusammenhang von פנים, טוב und כבוד ausgemacht hat (mit Verweis an seine Habil.-Schrift, s. Anm. 2). Zwar ist richtig, dass טוב in den Pss überwiegend der Tempeltheologie des königlich gewährenden Gottes angehört, und insofern gibt es einen Vorstellungszusammenhang, zumal mit Jahwes Panim. Aber Vorstellungszusammenhang und Wortfeld sind zweierlei. טוב und כבוד kommen mit einer Ausnahme nicht zusammen, abgesehen noch von einem Gebrauch von טוב im ganz materiellen Rahmen. Ps 145, der einzige Text, in dem טוב und כבוד gemeinsam erscheinen, liefert nämlich keinen Gegenbeweis, da V.7-10 (טוב) und V.11-13 (כבוד מלכותך) je verschiedene Assoziationsräume erschließen; Näheres s.u. in Anm. 48. So betont auch G. Barbiero, Gerechtigkeit 263 den Unterschied von טוב und כבוד und deutet 33,19 dann ganz richtig als Antwort auf die Frage, wie Gott mit seinem sündigen Volk mitziehen könne, was offenbar V.12-17 erörtern, V.1-6 aber erst in V.6 als möglich andeuten (gegen Barbiero). Den Eigenwert von 33,19 verkennt Barbiero trotzdem, u.a. weil er S. 262 (mit Lit.) das doppelte JHWH von 34,6 als Auslegung von Ex 3,14 deklariert. Wie manche vor ihm übergeht er, dass eine idem-per-idem-Formulierung wie in 3,14a nur noch 33,19 bietet. Treffender verfolgt die Doppelung des Gottesnamens A. Michel, Ist mit der »Gnadenformel« von Ex 34, 6(+7) der Schlüssel zu einer Theologie des Alten Testaments gefunden?, BN 118 (2003), 110-123: 117f in Dtn 6,4; Ex 15,3; 29,46.

28 Ges[18], 420. N. M. Sarna, Exodus, The JPS Torah Commentary 2, 1991, 214.261 n. 17, hat *tub* nach dem Adjektiv *tob* erklärt, das verschiedentlich zum Inhalt von Bundes-

V.22 deutlich verschiedene Vorstellungen vom Vorüberziehen der Repräsentanz Gottes haben. Nach V.22 ist es der Kabod, der vorüberzieht, und V.22b erklärt sogar, dass Jahwe in der Weise des Kabod selber vorüberziehen werde (cf. 34,*6aα). V.19 aber redet wie V.12-17 viel distanzierter: Jahwe *lässt* all sein Gutes an Mose vorüberziehen und ruft selbst nur den Jahwe-Namen mit einer offenbar gewichtigen Umschreibung aus. Es findet also keineswegs eine Identifizierung von Kabod und Gutheit statt (so aber selbst HALAT 356), speziell nicht durch das Verb עבר, das nach q. (V.22f) und hi (V.19) getrennt wird, deren jeweilige Vorstellungen damit deutlich unterschieden bleiben.[29]

2. Moses Bitten in V.12f betrafen nicht nur die Erkenntnis der »Wege Gottes«, die man in V.15-17 eingelöst finden kann, sondern auch die Erkenntnis Gottes selbst: »Daß ich *dich* erkenne« (V.13aβ). Diese Bitte wird in V.12-17 nir-gendwo eingelöst, und die Bitte um das Schauen des Kabod Jahwes (V.18) ist schon dem Wortlaut nach nicht eine Bitte um die Erkenntnis Gottes, da es nach alttestamentlichem Sprachgebrauch durchaus nicht ungewöhnlich war, Jahwe zu schauen[30]. Dagegen wird jener Bitte von V.13aβ sehr eindeutig in V.19b entsprochen, weil Jahwe nach der idem-per-idem-Formulierung seine frühere Äußerung zu Moses Namens-(Wesens-)bitte in Ex 3,13-14a variiert, dh. durch einen

---

schlüssen gehört, und deswegen in V.19a einen Hinweis auf die in Ex 34 folgenden Bundesschlüsse finden wollen. Jedoch hat das Adjektiv ein anderes Wortfeld als das Substantiv, s. I. Höver-Johag, טוב *tôḇ*, ThWAT 3, 1982, 315-339.

29 Die Motive des Vorüberziehens/-ziehenlassens Jahwes zeigen nach J. Jeremias, Theophanie 200f ; F. Hartenstein, »Angesicht Gottes«, 172, das Zusammentreffen unterschiedlicher Theophaniekonzepte, nämlich von Tempel- mit Sinaivorstellungen. Hartenstein will jedoch 33,21-23 als eine singuläre Abwandlung von Schutzvorstellungen in einigen Pss vom vorüberziehenden Unheil bei Jahwes Schutz verstehen (a.a.O.176, fußend auf 172-177). Schon die Annahme einer singulären Umwandlung macht stutzig. Sie hat ihre Pointe in der Behauptung Hartensteins, 178, dass Mose nach V.22f Jahwes Schutz benötige, weil eine Gottesbegegnung »auch für Mose nur *unter dem Gerichtsvorbehalt* möglich ist.« (kursiv nach Original) Dies kann er nur behaupten, weil er vorweg V.19 als spätesten Zusatz eskamotiert (172 Anm. 75) und zudem nicht beachtet, dass Jahwe nach 32,30-34 ein Verschulden Moses ausdrücklich abgelehnt hatte. Daher sind nur Ex 12,22b.23 (Jahwes Schutz wegen Passablut, so Hartenstein, 177) und Amos 7,8; 8,2 (J. Jeremias, Theophanie 197f: Aufkündigung des *bis dahin geltenden Vorübergehens zur Schonung/Gnade* [von Hartenstein, 177f, immerhin erwähnt]) vergleichbar und 33,23b.20 nicht als Gericht, sondern ganz grundsätzlich zu verstehen. Als sekundäre Abschwächung der massiven Vorstellung vom Vorüberziehen Jahwes in 33,21b; 34,*6a kann man 33,19 auf keinen Fall verstehen, da Jahwe nach 33,19 nicht selbst vorüberzieht, dieses aber in 33,21b; 34,*6a dominiert.

30 N. M. Sarna, Exodus, 214: »What, then, does Moses request? Maimonides, followed by Radak, understands the phrase figuratively: Moses asks for an intellectual perception of God´s essential reality... Ramban, by contrast, interprets the word literally: Moses actually requests a glimpse of the Divine Presence. In favor of this under-standing is the fact that the *kavod* is generally something visible and usually refers to the supernatural effulgence that registers the intensity of God´s immanence.« Ungewöhnlich ist also erst die Art der Theophanie Jahwes in V.21-23. Nota: Wenn Jesaja nach Jes 6 sich bei Jahwes Theophanie, die u.a. den weltweiten Kabod Jahwes enthüllt, sich als Mensch unreiner Lippen und wohnhaft in einem Volk unreiner Lippen bekennt, so ist dies Teil seiner in anderen Worten beschriebenen Situation. Moses Situation ist sie wegen 32,33 nicht, s. die vorige Anm.

neuen Inhalt füllt.[31] Im Kontext von V.12-17 kann es dann keinen Zweifel geben, dass V.19b, welcher u.a. auch Jahwes alleinige Verfügung über seine Gnade und sein Erbarmen deklariert,[32] das zu V.17 nötige, für Moses Volk lösende Wort enthält: Jahwe bekannte sich ja nicht nur zu seiner Güte, sondern eben auch dazu, dass er zu Gnade und Erbarmen wesensmäßig entschlossen war und entschlossen blieb.[33] In Bezug auf das schuldig gewordene Volk hat V.19b wegen V.17a daher die Nuance: Wem ich gnädig bin, dem bin ich wirklich gnädig, und wessen ich mich erbarme, dessen erbarme ich mich wirklich.[34] Wenn es im Alten Testament um die Erkenntnis Jahwes selbst geht (so V.13aβ), wird man ja nicht angeleitet, über Gott an und für sich Auskunft zu erhalten, sondern über Gott im Gegenüber (zu Mose und) zum Gottesvolk als Eigenart des einzigartigen Gottes.[35] Gegenüber dem Gottesvolk mitsamt Mose erweist V.19 Jahwe sich also als entschlossen gnädig und erbarmend handelnd und gegenüber Mose durch eine ganz außergewöhnliche Theophanie seines טוב.

---

31 Dazu neuestens u.a. H. Irsigler, Von der Namensfrage zum Gottesverständnis. Exodus 3,13-15 im Kontext der Glaubensgeschichte Israels, BN 96 (1999), 56-96 (mit viel Lit.), der freilich 33,12-23 nicht zureichend diskutiert (S.84f). Auch ist m.E. sein Fortschreibungsmodell zu 3,13-15 wegen Überkomplexität wenig attraktiv.

32 S. etwa R. W. L. Moberly, Mountain, 77f; N. M. Sarna, Exodus, 214, u.v.a.

33 Zu Gottes Erbarmen hat M. Franz, Gott 51-93 im altorientalischen Vergleich eine Eigenheit des Gottes Israels herausarbeiten können. A. Michel, Schlüssel, 117, versteht 33,19 im Anschluß an J. Schreiner, Theologie des Alten Testaments, NEB-Erg. 1, 1995, 38, jedoch ganz anders. Nach Schreiner und Michel sei »ich erbarme mich, wessen ich mich erbarme« eine Ablehnung von Vergebung und wolle im Vorhinein auch 34,6 (das allerdings ohnehin durch V.7b eingeschränkt wird) in seiner Positivität dämpfen. Aber das dürfte zwei Dinge verwechseln. In Ex 32-34 gewährt Jahwe an keiner Stelle Vergebung, auch nicht auf Moses Bitte in 34,9b hin. Dies ändert auch 33,19 nicht. Dagegen richten sich Erbarmen und Gnade auf die Zukunft des Gottesvolkes, ganz wie Mose dies in V.12-17 erbeten hatte, in denen ebenfalls das Stichwort Vergebung, aber auch das der Sühne von 32,30b nicht fallen. Jene Zukunft soll von Gnade und Erbarmen geprägt sein, derart dass das Volk mit seiner Schuld bei Jahwe auf Erbarmen und Gnade trifft und Jahwe entsprechend die Zukunft des Volkes bestimmt sein lässt, u.a. dabei auch seine Sünden (nur) *prüft* (פקד 32,34b wie in 34,7b). Die von Schreiner in V.19 verspürte Ablehnung richtet sich nur gegen Moses Wunsch in V.18, den V.21-23 dann auch abgewandelt erfüllt, s.o.

34 So auch O. Kaiser, Der Gott des Alten Testaments: Wesen und Wirken. Theologie des AT 2, UTB 2024, 1998, 99; s. noch u.

35 S. Vf., Der Gott der ganzen Bibel, 1982, 35-44; ders., Gott der einzige. Bemerkungen zur Religionsgeschichte und Theologie des Alten Testaments, in: F. Sedlmeier (Hg.), Gottes Wege suchend. Beiträge zum Verständnis der Bibel und ihrer Botschaft. FS R. Mosis, 2003, 31-46 (zu Dtn 6,4). Die Singularität der Bezeichnung Israels als Gottes Eigentum im Alten Orient hat jüngst O. Loretz, Des Gottes Einzigkeit. Ein altorientalisches Argumentationsmodell zum »Schma Jisrael«, 1997, 89ff, herausgestellt. Zu dessen Herleitung der Einzigkeit Jahwes s. zuletzt H. Seebass, Gott der einzige, und J. van Oorschot, »Höre Israel...!« (Dtn 6,4f.) – der eine und einzige Gott Israels im Widerstreit, in: M. Krebernik und J. van Oorschot, Polytheismus und Monotheismus in den Religionen des Vorderen Orients, AOAT 298, 2002, 113-135: 124ff, der jedoch mit T. Veijola Dtn 6,4 eine programmatische Bekenntnisformel der dtn Reformbewegung nennt, obwohl Deuteronomisches erst der Kontext der Formel (mindestens V.5) bewirkt, s. die Auseinandersetzung bei Seebass, Gott der einzige.

3. V.19 gehört in eine ungewöhnliche Reihung von drei eigens eingeführten Gottesreden V.19.20.21. Dies ist schon immer als (in einer Erzählung) kaum ursprünglich aufgefallen. Nun ist V.20 als ein selbständiger Grundsatz längst und m.r. als eine Ergänzung erkannt (s. dazu u.). Wenn man V.19 aus dieser Gruppe heraus V.12-17 zuordnet, so könnte zwar das Problem einer neuen Redeeinführung nach V.17 im Wege stehen. Stellt man aber in Rechnung, dass V.19 das von Mose nach V.17 erzielte Ergebnis in Gottes eigene Worte fasst und damit die in bzw. nach V.17 fühlbare Lücke schließt, so gibt es durchaus Sinn, a) dass V.19 dies wegen seines sachlichen Gewichts durch eine eigene Worteinführung von der in V.17 absetzt (dabei jedoch offenbar in V.19a an die V.17 dominierende Anerkennung Moses anknüpft)[36] und b) Jahwe selbst etwas zuspricht, was das Mose formlos Zugesagte durch einen theophanen Grundsatz vervollständigt, ja überhöht. Die Redeeinführung von V.19 samt seinem Inhalt, unmittelbar angeknüpft an V.17b, erscheint geradezu als eine Konsequenz aus dem V.17b Gesagten. Eben weil Mose so außerordentlich zufriedenstellend gebeten hatte, sollte ihm im Besonderen nun auch die für ihn und sein Volk lösende Erbarmensproklamation zuteil werden. Bei stets gebotener Sparsamkeit im Umgang mit Hypothesen ergibt sich hier also die Reduktion um eine Hypothese, dass nämlich V.19 nicht ein eigener (ganz später) Zusatz in V.18-23 ist, sondern ein notwendiger Bestandteil der Szene V.12-17.19. Wollte man dagegen noch immer einwenden, dass 33,19 nichts als eine Vorankündigung von 34,6f sei, so darf man zusätzlich klarstellen, a) dass in der sehr ausgereiften und gründlich bedachten Gnadenrede von 34,6f[37] nur V.6a eine Beziehung zu 33,19aβ.b hat,[38] wenn man von der wohl in V.7 besonders betonten חסד »Verbundenheit« absieht, die zwar zum Wortfeld von טוב in 33,19aα gehört (s.o.), man ihm/ihr aber schwerlich ein Vorüberziehen unterstellen darf, und b) dass 34,6f in ihrem Kontext kaum zum ursprünglichen Bestand gehören, weil Jahwes Vorüberzie-

---

36 So hatte auch E. Aurelius, Fürbitter, 105, mit denselben Gründen die ebenso knappe Redeeinführung von 34,10 an 33,17 angeschlossen. Nur ist es gewaltsam, von 33,17 zu 34,10 zu springen, zumal Aurelius 106 in 34,10-27 eine mit 33,12-17 nicht kompatible Sprache fand. Dagegen passt die Sprache von V.19 vorzüglich zu V.12-17.

37 S. dazu die schöne Erklärung von R. Scoralick, »JHWH, JHWH, ein gnädiger und barmherziger Gott ...« (Ex 34,6). Die Gottesprädikationen aus Ex 34,6f. in ihrem Kontext in Kapitel 32-34, in: M. Köckert u. E. Blum (Hg.), Gottes Volk am Sinai (s.o.). 141-156 (mit Lit.), speziell 146ff. Sie fußt auf dies., Gottes Güte und Gottes Zorn. Die Gottesprädikationen in Ex 34,6f und ihre intertextuellen Beziehungen zum Zwölfprophetenbuch, BBS 33, 2002. Kritisch zu beiden A. Michel, Schlüssel, passim, s. Näheres u. Den Terminus »Gnadenformel«, der auf H. Spieckermann zurückgeht (s. Anm. 40), korrigiert M. Franz, Gott, 111-153, der nachweist, dass die Formel traditionsgeschichtlich ihren Anhalt in prophetischen Redeformen Gottes hat: daher »Gnadenrede« *Gottes*. Scharf dagegen nun A. Michel, Schlüssel, passim, der eine innere Widersprüchlichkeit der fest zusammengebundenen Form von 34,6-7 zwischen Gnade/Erbarmen in nicht großer Ausdehnung (1000 nicht als Generationen) und nachhaltigem Zorn Jahwes in V.7b herauszustellen sucht. Während man Franz und Michel gegen Spieckermann darin Recht geben muß, dass V.7 unmöglich von V.6 getrennt werden kann, scheint mir Michel den inneren theologischen Zusammenhang von Zorn und Erbarmen Gottes nicht nachzuvollziehen, s. dazu u. Steht er damit u.U. zu sehr unter dem Einfluß von W. Brueggemann, Theology of the Old Testament. Testimony, Dispute, Advocacy, 1997, 212ff.227ff.715?

38 So auch R. Scoralick, JHWH, 150, die speziell die Divergenz von 34,6 zum Anfang von 33,19 hervorhebt.

hen mit dem Beieinanderstehen Moses und Jahwes (V.5) nicht kompatibel ist.[39] Wenn V.6f aus einer Gebetsformel erst für den jetzigen Kontext zu einer Gnaderede umgestaltet wurde,[40] ergäbe dies ein zusätzliches Argument für den Nach-tragscharakter von 34,6f. Jedoch hat M. Franz, Gott 127ff gute Belege dafür angeführt, dass 34,6f neben der Pss-Sprache eindeutig auf Motive der Heilsprophetie im Mund Gottes zurückgreifen konnte. In jedem Fall bleibt anzunehmen, dass die Einfügung der Gottesrede in 34,6f sich 33,(12-17.)19 verdankt, das angesichts seiner Parallele in Ex 3,14a in seiner Eigenständigkeit nicht länger unterschätzt werden darf. Denn das Wer-den der singulären Selbstaussage Gottes von V.19b[41] ist schwerlich Sache eines bloßen Zusatzes.[42]

---

39 R. Scoralick, JHWH, 149ff, hat in diesem Punkt nicht nur die Einsicht von J. Wellhausen, Composition, [4]1963, 85, erwähnt (s. auch J. Scharbert, Formgeschichte und Exegese von Ex 34,6f und seiner Parallelen, Bib. 38 (1957), 130-150: 132 [Kultformel unbekannter Herkunft]; L. Schmidt, De Deo, 89-94, gegen vor allem L. Perlitt, Bundestheologie im Alten Testament, WMANT 36, 1969, 203-216; E. Aurelius, Fürbitter, 59.116f; C. Levin, Der Jahwist, FRLANT 157, 1993, 362-365; J. van Seters, Life, 323ff; G. Barbiero, Gerechtigkeit, 268; R. Achenbach, Vollendung, 179f). Sie hat auch ausführlich den nicht festzulegenden Wortlaut von V.5 in seine Verästelungen verfolgt, mit einem leichten Prä für Wellhausens Auffassung wegen der Probleme eines eventuellen Subjektwechsels in 34,5. Selbst wenn man 34,5 so versteht, dass nicht Jahwe sich mit Mose, sondern Mose sich mit Jahwe zusammengestellt habe, bleibt der Anschluß von V.6 »Jahwe zog vorüber...« befremdlich und noch befremdlicher, dass Mose sich erst nach Jahwes Gnadenworten von V.6f zu Boden warf, obwohl ihm Eile unterstellt wird (V.8). Es ist hier ja keine Rede davon, dass Mose in einem Felsspalt von Jahwes Handfläche (כף) geborgen wurde. Vielmehr spielte sich nach V.5 alles auf dem Berg bei Jahwe ab. Zu 34,6f als Zusatz s. auch J. Jeremias, Theophanie 197; J. Schreiner, Kein anderer Gott! Bemerkungen zu Ex 34,1-26, in: I. Kottsieper u.a. (Hg.), »Wer ist wie du, Herr, unter den Göttern«. FS O. Kaiser, 1994, 199-213:206; F.-L. Hoßfeld, Das Privilegrecht Jahwes in der Diskussion, in: S. Beyerle u.a. (Hg.), Recht und Ethos im Alten Testament. Gestalt und Wirkung. FS H. Seebass, 1999, 39-59 55 A.56; A. Graupner, Der Elohist. Gegenwart und Wirksamkeit des transzendenten Gottes in der Geschichte, WMANT 97, 2002, 140f; anders etwa C. Dohmen, Der Sinaibund als Neuer Bund nach Ex 19-34, in: E. Zenger (Hg.), Der Neue Bund im Alten, QD 146, 1993, 51-83:63-66; E. Zenger, Einleitung in das Alte Testament, KStTh 1,1, [4]2001, 165f; M. Franz, Gott, 154ff, der 156 zwar 34,8 als Zusatz ausscheidet, dies aber selbst als ganz fragwürdig erkennt (185f Anm. 152 in Auseinandersetzung mit K.-H. Walkenhorst, Warum, 188-191).

40 So H. Spieckermann, »Barmherzig und gnädig ist der Herr ...«, ZAW 102 (1990), 1-18: 7.17.

41 S. jüngst wieder N. M. Sarna, Exodus, 214.

42 Die Bedeutung von 33,19 bemerkte jüngst auch R. Achenbach, Vollendung, 181, wegen seiner redaktionsgeschichtlichen Thesen nicht, sondern behauptete pauschal, dass 33,18-23 ganz spät mit Hilfe von 34,6 einen Ausgleich des Widerspruchs von 33,7-11 und 33,12-17 schaffe. In die Feinheiten dieser Tradition dringt er nicht vor, dazu auch u. Abschnitt II.- Vf., Mose und Aaron, Sinai und Gottesberg, 1962, 50ff, hatte versucht, 33,19b als alte J-Variante zu Ex 3,14a E zu erweisen, und immerhin hielt G. v. Rad, Beobachtungen an der Moseerzählung Exodus 1-15, EvTh 31 (1971), 579-588: 584f Anm. 15, die Deutung von 33,19b als eigenständig für bedenkenswert, wenn er auch mit Recht meine seinerzeitige historische Überlegung verwarf. – Im Gespräch mit dem Jubilar (O. Kaiser, Gott, 96-100) erlaube ich mir die Bemerkung, dass die Ausscheidung von Ex 3,14a vor V.15a als Zusatz nicht überzeugend begründet werden kann (mit M.

33,19 als Schluß von V.12-17 wird demnach in der Endfassung von V.18.21-23 mitsamt V.20 überlagert. Wie F. Hartenstein[43] nachwies, passt zwar die Vorstellungswelt des Kabod zu der Szene des Mose vor seinem königlichen Gott in V.12-17, hat aber zumindest, was V.22f angeht, keinen Sachbezug zu dem dort verhandelten Inhalt einer Bemühung um die Reduzierung schlimmer Folgen des Abfalls Israels von seinem Gott.[44] Zwar wäre eine solche Präsentation der Macht Jahwes nach ihrer glanzvollen Seite geeignet, Israel im Kreise der Völker durch Wunderbares auszuzeichnen (s. die Bitte V.16b), aber die Schau des Kabod erbittet Mose nur für sich selbst (V.18), und nur für Mose ermöglicht Jahwe sie, wenn auch auf eine unerwartete Weise (V.21-23).[45] V.18.21-23 geht es dezidiert um ein Erkennen *de Deo,*[46] das ausdrücklich Mose gewidmet ist, und in Anlehnung an V.23a gilt auch V.20 dem Thema *de Deo.* Wenn man daher beachtet, dass in V.22 Jahwes Kabod das Subjekt des Vorüberziehens ist und V.22b diesen sogar mit Jahwe selbst identifiziert, während Jahwe nach V.19 seine Güte vorüberziehen lassen und seinen Namen proklamieren wollte (s.o.), so dürften V.18.21-23 die Einheit

---

Noth, Exodus, 30, halte ich V.14b für eine Überleitung von V.14a zu V.15a, V.15b mit W. H. Schmidt, Exodus, BK II/1,1988,132 für einen kultischen Zusatz). – Auf ein literarisches Gesamtkonzept zu Ex 32-34 mitsamt Datierungen möchte ich hier nicht eingehen. Es genügt zu notieren, dass V.19 im Kontext von 33,12-17 keine Fortschreibung von 3,14 unter dem Einfluß von 34,6f ist, sondern Bestandteil der Szene 33,12-17.19.

43 »Angesicht Gottes« 171ff.

44 Der Kabod Jahwes etwa in Num 14,10 P wird in einem Nicht-P-Kontext (Num 14,11ff.) ähnlich wie hier beschrieben, aber im Zusammenhang mit dem radikaleren Konflikt einer Auslöschung des Volkes in der Wüste (vgl. Ex 32,10-14) als dem von Ex 33,12-13, s. H. Seebass, Numeri, 116-120. Jedoch kann man den Kabod von V.22f nicht mit dem von P identifizieren.

45 Mit E. Blum, Studien, 63f, hat 33,16b erst in 34,10 eine Fortsetzung. – Man könnte fragen, ob im Sog von V.18.21-23 auch V.19 ganz auf Mose zu beschränken wäre, cf. J. van Seters, Life, 323: »The concern for the people so prominent in the previous unit is not mentioned here.« Jedoch ist es angesichts des Inhalts von V.19b unmöglich, dies nicht im Zusammenhang mit dem von Mose in V.12-17 zu lösenden Sachverhalt zu hören und zu lesen. Selbst wenn man also V.18.21-23 als ein von Mose stellvertretend wahrgenommenes Theophaniegeschehen auffasst, was sich gewiß empfiehlt, hat dies eine eindeutige Beziehung nur zu Moses Rang in V.12-17, aber nicht zu Moses Vermittlung, wie V.19 sie hat. – Eine seltsame Auslegung gab C. Dohmen, Aspekte, 47f, dem Schauen der Rückseite Gottes von 33,23a, indem er statt des concretum die Bedeutung eines Nachher postuliert, weil mit dem Verb עבר ein Zeitaspekt verbunden sei, der das Anschauen der Panim Gottes (33,20) durch das Nachher von 34,7ff (sic!) bzw. von späteren Offenbarungen ersetze.

46 Dies hat jüngst R. Achenbach, Vollendung, 178-181, trotz ausgezeichneter Literatur übersehen und subsumiert so V.18-23 unter einer bloßen »Verweigerung der Schauung des Antlitzes Gottes«, was selbst für V.18.21-23 zu wenig ist (S.179).

V.12-17.19 im Sinne von Ps 145 weiterdenken.[47] In diesem akrostichischen Ps folgen nach dem Aufgesang (V.1-2) und einem allgemeinen Lob der Werke Jahwes (V.3-6) die Freude an dem Guten Jahwes, exemplifiziert u.a. durch Gnade und Erbarmen (V.7-10), und gleich anschließend das anbetende Staunen über seinen königlichen Kabod.[48] In Ex 33 erscheint Gottes Güte (V.19) durch V.18.21-23 daher als eingebettet in den Rahmen seines königlichen Kabod, um dessen Schau Mose nachsuchte, als die Lösung für die quälende Distanz Gottes gegen sein Volk vor Moses königlichem Herrn gefunden worden war. Auch in diesem Rahmen ist V.19 deutlich mehr als eine sanfte Abweisung der Bitte Moses von V.18 (s.o.). Was bedeutet dann die Überlagerung von V.19 durch V.18.21-23 und V.20 des Näheren?

Es war o. bereits angemerkt, dass speziell in V.21-23 ein Stimmungsumschwung gegenüber V.12-17.19 stattfindet. Denn wenn auch V.12-17 keine Distanz zwischen Jahwe und seinen Panim andeutet, so meinen doch die Panim eine kultische Repräsentanz Jahwes, die dessen Fürsichsein wahrt.[49] In diesem Gefälle verblieb V.19, indem, wie o. dargelegt, Jahwe seine Güte vorbeiziehen *ließ*. V.18.21-23 aber reden anders. Nicht für das (angekündigte) Ereignis von V.19, sondern erst für das (angekündigte) Vorüberziehen des Kabod bzw. Jahwes selbst war es ja nötig, dass Mose, der als der in V.12-17.19 charakterisierte Große bei Jahwe einen Platz auf dem Fels einnehmen sollte (V.21), des Schutzes der »Handfläche« Gottes in einer Felsspalte bedürfen und nach dem Entfernen der Hand Gottes nur die Rückansicht Gottes schauen würde,[50] während Gottes Angesicht nicht in Erscheinung treten

---

47 In Aufnahme einer vorgegebenen Tradition, die bekanntlich in I Reg 19 eine anders ausgerichtete Parallele hat! Wie längst gesehen, bietet I Reg 19 zwar eine Parallele zum Vorüberziehen, aber eben nicht zu Ex 33,19. Gegen zuletzt M. Franz, Gott, 161f (J. Jeremias, Theophanie, 202) hat man immerhin wahrzunehmen, dass die wirklich wichtigen Parallelen zur Theophanie von I Reg 19 sich in Ex 33,21-23 finden, während Ex 34,1 (früh am Morgen).28 (40 Tage + Nächte fasten) eher den Rand berühren. Auf einen Vergleich der beiden Traditionen und die Frage möglicher Abhängigkeiten der einen von der anderen kann ich hier nicht eingehen. Immer noch lehrreich ist m.E. O. H. Steck, Überlieferung und Zeitgeschichte in den Elia-Erzählungen, WMANT 26, 1968, 109-122.

48 K. Seybold, Die Psalmen, HAT I/15, 1996, 533, erläuterte das Konzept dieses akrostichischen Ps, dem die Nun-Zeile fehlt, dahin, »dass der Verfasser... eine Theologie des Reiches Gottes, bzw. das Thema: JHWH als König, zu skizzieren versucht«: Einleitung 1-2, Gottes Größe 3-6, Gottes Güte 7-10, Gottes Reich 11-13 (+ fehlende Nun-Zeile), Gottes Fürsorge 14-17, Gottes Nähe 18-21. K. Seybold nannte dies wohl mit Recht »ein kleine(s) theologische(s) Kompendium, entwickelt aus dem Theologumenon des Königs-Titels (1)...«. Der Ps steht unmittelbar vor dem sog. Kleinen Hallel, Ps 146-150.

49 S. noch einmal die wichtigen religionsgeschichtlichen und theologischen Erläuterungen von F. Hartenstein, »Angesicht Gottes«, 160-164, nach denen eine ausdrückliche Abgrenzung von altorientalischen Gottesbildvorstel-lungen hier nicht ein wesentliches Erfordernis ist; s.o.

50 Vgl. Gen 16,13 und dazu Vf., Vätergeschichte I (11,27-22,24). Genesis II/1, 1997, 84.90. Dagegen gibt F. Hartenstein, »Angesicht Gottes«, 177, V.23b wieder mit »*weil der*

sollte (22f). Der Wortlaut von V.23b markiert damit zwar einen Gegensatz zu V.11a »Jahwe redete zu Mose von Angesicht zu Angesicht«, und diesen Gegensatz erhebt V.20 offenbar ins Grundsätzliche. Aber wie bereits E. Blum mit Berufung auf M. Buber und F. Nötscher hat klarstellen können,[51] handelt es sich wohl eher um einen »erläuternden, interpretierenden Wider-spruch zu 33,11«. 33,11 redet ja wie V.14.15 zweifellos zu einer kultischen Anwesenheit Jahwes im Zelt-Heiligtum, die, wie o. gesehen, an Figürliches nicht denken lässt, während der Kabod Jahwes nach V.22f offensichtlich Sichtbares (nicht unbedingt Figürliches) einschließen sollte. Der Sache nach sind also weder V.11 noch V.12-17 durch V.20 direkt betroffen. Im Kontext von V.11 einerseits, V.12-17 andererseits dürften dann V.18-23 bedeuten, dass weder Jahwes Kabod noch seine Panim für sich geeignet waren, Jahwe als ihn selbst zu erkennen (s. V.13). So wenig Mose Beides vorenthalten wird, so sehr vor allem die Panim eine gewichtige Verbundenheit im Kult ermöglichten, so sehr sollte man sich vor allem an Jahwes Namen in seiner verschlüsselnden Erläuterung von V.19b, verbunden mit all seiner Güte, genügen lassen: mit einem berühmten Dictum des Paulus eben an Gottes Gnade. Denn die Namensproklamation von V.19aβ.b kann hier die Panim und den Kabod auf das Wesentliche hin durchsichtig machen, ohne dem Selbst Jahwes zu nahe zu kommen (mit rabbinischer Deutung, s.u. Teil III).

Es gibt daher für die Synthese von V.12-17.19 mit V.18.20-23[52] Sinn, dass die Masora ein Petucha-Intervall nach V.16 belegt. Es macht V.17-23 als die Einheit *de Deo* und V.17a, die Zusammenfassung des von Mose Erreichten, als Hinführung dazu kenntlich.[53] Und wenn man V.17-23 in ihrem an V.12-16 anschließenden Gehalt sachlich einzuordnen sucht, findet man in Bezug zu Ex 33,11a, fortgeschrieben in Num 12,(6-)8a, wie dort eine Grenze der

---

direkte Anblick des ›vorüberziehenden‹ JHWH tödlich sein müßte«. Eben dies »tödlich« sagt gerade nicht V.23b, sondern V.20, den er für einen Zusatz hält, und zu der Annahme, dass V.18-23 unter dem Vorbehalt des noch immer herrschenden Gotteszorns stehe, s.o. Anm. 29.

51 E. Blum, Studien, 64 Anm. 83, zu M. Buber in ders. u. F. Rosenzweig, Schrift, 266f; F. Nötscher, »Das Angesicht Gottes schauen« nach biblischer und babylonischer Auffassung, 1924 = ²1969, 54f, die auf den Unterschied von »reden« in V.11 und »sehen« in V.20 abhoben.

52 Zwar haben V.18-20-23 deutlich V.12-17.19 überlagert; aber damit soll keine Datierung des Motivs von V.18.20-23 verbunden sein, so dass das Wort »Synthese« den Sachverhalt zurückhaltend umschreibt.

53 Unbeschadet der literarischen Entsprechung von V.12 und V.17, deren Abrundung die Notwendigkeit einer nun abschließenden Gottesrede mit eigener Worteinführung unterstreicht! Insofern bekommt eine Gliederung von C. Dohmen, Aspekte 43f ihr relatives Recht, s.o. und schon J. Wellhausen, Composition, 85. Nur darf man den Zusammenhang von V.12-23 damit nicht auflösen.

Wahrnehmung von Gottes Gestalt[54] – hier im Kontext der überwältigenden, aber für alle Menschen, auch für Mose, gefährlichen Herrlichkeit Gottes (cf. Ps 29 El Hak-Kabod). Ohne diese Mose zuteilwerdende Herrlichkeit im geringsten zu mindern, ja gerade in Wahrnehmung der durch sie gesetzten Grenze als der des Selbst Jahwes, erweist sich V.19 als das alles entscheidende Deutewort, das Jahwes Panim durchleuchtet und auch den Glanz der hier nur Mose als Rückseite erscheinenden Herrlichkeit Gottes wesentlich bestimmt. Die Perikope V.12-23 ist an ihrem Ziel, es fehlt gleichsam nur die Notiz »Und so geschah es«. Es bleibt zwar der Anstoß, dass das doppelte Vorüberziehen vor Mose, einmal der Güte Gottes mit der Proklamation des Jahwenamens und einmal seines Kabod, in welchem Jahwe selbst vorüberziehen würde, erzählerisch nicht voll vermittelt wird. Es erfolgt als ein Nacheinander, erst von V.19 und dann von V.22f. Dies Nacheinander verstärkt V.20. Denn V.20a redet von Jahwes Panim, geht damit offenbar nicht auf V.18, sondern auf V.11.12-17 ein und *setzt V.19 von V.18.21-23 derart ab*, dass ganz grundsätzlich und unabhängig von der in V.12-17 vorausgesetzten Situation eine Todesgefahr drohe, falls die in V.18 geäußerte Mosebitte in einer unmittelbaren Gottesschau erfüllt würde. Hier wird also ein eventuell möglicher Anthropomorphismus unterbunden, und das erfasst dann gewiß auch 34,5 sowie die Einführung von 34,6f, da jenen dort zu unterbinden in Ex 34,1-10 kein Raum ist. So lesen sich 33,20-23 zwar als eine Vorankündigung von 34,5a, die er jedoch nicht ausfüllt, und als Vorgabe von 34,6aα, während umgekehrt die wohl nachgetragene Gottesrede von 34,*6f detailliert, was 33,19aβ.b am Schluß von 33,12-17 proklamieren. Wenn also etwas in 33,18-23 von 34,5.6aא literarisch provoziert wurde (so eine seit Wellhausen üblich gewordene Meinung), dann ist es die Erörterung von 33,(18.)20-23 *de Deo*,[55] während 33,19 umgekehrt literarisch eine das Handeln Gottes an Israel bestimmende Deklaration und ihre Einfügung in 34,*6f provozierte.[56]

---

54 S. dazu Vf., Numeri, BK IV/2, 2003, 70-72. Da ich hier im wesentlichen synchron zu argumentieren suche, gehe ich auf die ganz andere Analyse von z.B. R. Achenbach, Vollendung, 267-290, nicht ein, sondern bemerke lediglich, dass die von ihm S.180 u.ö. übernommene Deutung von A. H. J. Gunneweg, Das Gesetz und die Propheten. Eine Auslegung von Ex 33,7-11; Num 11,4-12,8; Dtn 31,14f.; 34,10, ZAW 102 (1990), 169-180, in dieser Zelttradition gehe es um die Mosetora, sicher falsch ist, s.u. Obwohl Gunneweg seinerzeit seine These nicht einmal begründete, ist sie u.a. auch für G. Barbiero, Ex xxxiii, 152.162, wie ein Dogma.

55 Provoziert höchstens im Sinne der Verwendung einer vorgegebenen Tradition, die im Vergleich mit I Reg 19 zu eruieren ist! Oder ließ sich 34,5.6f nur einigermaßen an die Synthese von 33,18-23 anschließen? Wie schon erwähnt, gehe ich auf die Tradition von Ex 33,21-23//I Reg *19 hier nicht näher ein.

56 Daß die tatsächliche Gestaltung von 34,6f gegenüber 33,19 der nehmende Teil ist, zeigt sich nun auch an dem Umstand, dass sie für die Einführung der Gottesrede von V.*6f das Motiv des Vorüberziehens Jahwes aus 33,21-23 benötigte.

Diese komplexe Literaturwerdung hat uns den in seiner Sache ganz außergewöhnlichen Abschnitt 33,12-23 beschert, der zusammen mit der Lösung der so eindrücklichen und schwierigen Interzession des Mose bei seinem königlichen Herrn zugunsten seines Volkes (V.12-17) einen barocken Schluß *de Deo* vorsieht, in dem V.19 mit seiner Erbarmensdeklaration Gottes das alle anderen Elemente bestimmende Deutemuster abgibt, ohne der mitreißenden und bis ins Einzelne liebevoll ausgemalten Schlussszene von V.21-23 das Mindeste zu nehmen. 33,12-23 ist also ein ebenso dichter, aber ganz anders gearteter Text wie 34,6f. Sie haben beide nebeneinander Platz. Das Urereignis von Ex 32 hat daher jedenfalls mehr als eine ganz große Antwort provoziert.[57]

2.

Die Einbettung von 33,12-23 in seinen Kontext, ohne den es nicht gehört werden soll, hat sich nach 34,1-28 hin inzwischen soweit erschlossen, als es hier nötig ist.[58] Wie aber steht es um den Anschluß nach vorne, der bekanntlich erhebliche Probleme bietet? Da inzwischen das Dictum von M. Noth Schule zu machen scheint, dass V.12-17(-23) *lose* an 32,34aα anschließe

---

57 Diese Analyse würde sich nur dann nicht mit der anregenden, hier nicht zu diskutierenden Idee vertragen, dass Ex *32.*34 auf die Enteignung einer neuassyrischen Bundesvorstellung zurückgeht, die den Bund nicht Assur, sondern eben Jahwe qua Privilegrecht zuschreibt, wenn jene auf 34,6f als ursprünglichem Bestandteil der Tradition bestünde, cf. E. Otto, Die Tora des Mose. Die Geschichte der literarischen Vermittlung von Recht, Religion und Politik durch die Mosegestalt: Berichte aus den Sitzungen der Joachim Jungius-Gesellschaft der Wissenschaften e.V. 19 (2001) Heft 2, 11-33. Dagegen gibt es gute, hier nicht zu diskutierende Gründe, der von R. Achenbach, Vollendung, 176-181, im Gefolge von E. Otto, Das Deuteronomium in Pentateuch und Hexateuch. Studien zur Literaturgeschichte von Pentateuch und Hexateuch im Lichte des Deuteronomiumsrahmens, FAT 30, 2000, These nicht zuzustimmen, Ex 32,34-34,28 sei eine spätere Auffüllung der Darstellung in Dtn *9f.
58 Eine Auseinandersetzung mit der reichen Literatur zu Ex 34 liegt nicht in der Absicht dieses Beitrags. Aus der bisher geführten Untersuchung hat sich aber ergeben, dass mindestens 34,6f einer Redaktion zu verdanken sind. Zur Notwendigkeit einer noch einmal neuen Analyse von 34,1-28 s. den geistvollen, in der Sache einstweilen zurückhaltenden Beitrag von B. M. Levinson, Goethe's Analysis of Exodus 34 and Its Influence on Wellhausen. The *Pfropfung* of the Documentary Hypothesis, ZAW 114 (2002), 212-223. – Zur eigenständigen Rolle von Ex 34,29-35 vgl. F.-L. Hossfeld, »Buchstabe und Geist«, in: Th. Schneider u. W. Pannenberg (Hg.), Verbindliches Zeugnis III. Schriftverständnis und Schriftgebrauch, 1998, 99-106: 99-103. Wenn also, wie G. Barbiero, Ex xxxiii 157f meint, 34,34 das Reden Moses mit der Tora von 34,12-26 verbindet, so folgt daraus nicht, dass 33,9a.11a etwas mit der Tora zu tun hat. Im Kontext von Ex 32f ist die Tora nicht ein Thema.

»Und nun geh, führe das Volk dahin, wohin ich dir gesagt habe«,[59] soll der Gang von 32,*30-35[60] an knapp nachgezeichnet werden. Demnach war Mose von dem Lager des durch Sanktionen schwer getroffenen Israel zu Jahwe auf den Berg gegangen, um »vielleicht« Sühne für das schwere Vergehen des Volkes zu erlangen (V.30). Hatte Mose nach 32,10-13 Jahwe davon überzeugt, dass die Vernichtung des Volkes nicht ihm gemäß sei (»Reue Gottes«[61]), so drängte auch die Verheißung an die Väter (V.13) auf ein Mehr. Mose erbat also volle Sündenvergebung (V.31): Wenn nicht, so möge Jahwe ihn aus dem Buch des Lebens löschen (V.32).[62] Indem Jahwe Mose beschied, nur Sünder werde er aus dem Buch des Lebens löschen, blieb Moses Bitte um Vergebung unbeantwortet, die Sühne nicht erzielt. Dh. aber, Jahwes Auffor-

---

59 Exodus 208.211. M. Noth, 208, bezog dies zunächst auf das Ganze von Ex 33, betonte aber den *losen* Anschluß speziell für V.12-17 (S.211). S. dazu inzwischen E. Aurelius, Fürbitter, 101f; J. C. Gertz, Beobachtungen zu Komposition und Redaktion in Ex 32-34, in: M. Köckert u. E. Blum (Hg.), Gottes Volk am Sinai (s.o.), 88-106: 102; wohl auch F. Hartenstein, »Angesicht Gottes«, 157f, obwohl er nur das Ganze von Ex 33 erwähnt. Etwas anders votiert E. Blum, Studien, 57, der V.12-17 an 33,1 anschließt (62); weitergehend J .I. Durham, Exodus, 435, der V.12-17 auf 33,1-3 folgen läßt (446), und B. S. Childs, Exodus, 593, der V.12-17 mit V.1-4 verbindet, das wiederum (585f) an das Engel-Motiv von 32,34 anknüpfe. C. Dohmen, Aspekte, 41 Anm. 27, fand dagegen V.1-6 sowohl für V.7-11 als für V.12ff unentbehrlich, weil er in V.1-6 die Begründung für die Errichtung des Zeltes außerhalb des Lagers identifizierte, s. jetzt ders., Zelt 164f (V.1-5); G. Barbiero, Ex xxxiii 153-156 und dazu u.

60 32,34aβ hält man zumeist für einen Zusatz, vgl. etwa M. Noth, Exodus, 207; ausführlich begründet von E. Zenger, Die Sinaitheophanie. Untersuchungen zum jahwistischen und elohistischen Geschichtswerk, fzb 3, 1971, 86f; H. V. Valentin, Aaron. Eine Studie zur vorpriesterschriftlichen Aaron-Überlieferung, OBO 18, 1978, 258f Anm. 2. S. Weiteres u.

61 S. J. Jeremias, Die Reue Gottes. Aspekte alttestamentlicher Gottesvorstellung, BThSt 31, ²1997, 59ff.

62 E. Aurelius, Fürbitter, 107, sah darin den Erweis einer überragenden Geltung Moses vor Jahwe, weil das Volk »propter Mosem« entschuldigt werden sollte. R. W. L. Moberly, Mountain, 199 n.56, hatte dies abgelehnt. Wie E. Blum, Studien, 57 Anm. 46, vermerkt, deutete aber auch B. Janowski, Sühne als Heilsgeschehen. Studien zur Sühnetheologie der Priesterschrift und zur Wurzel KPR im Alten Orient und im Alten Testament, WMANT 55, 1982, 143f mit Lit. V.32 als Bitte, *mit dem Volk als schuldig* gelöscht zu werden (wie Moberly). Da aber E. Blum, Studien, 57, V.32b (Auslöschen des Mose) mit Recht in eine Beziehung zu 32,10b setzte, nach dem Jahwe mit Mose ein neues Volk hatte beginnen wollen (was Mose nicht akzeptierte), muß man für V.32 in der Tat einen hohen Rang Moses zubilligen. Nur wird er offenbar nicht in V.32 begründet, sondern, wie etwa B. Jacob, Exodus z. St.; R. Scoralick, JHWH, 152; N. M. Sarna, 205.260, mit MSheq 1,1; 3,1 treffend erklärten, in 32,10, wo Jahwes »Laß mich« Moses Interzession mindestens anspricht, eher herausfordert. Im übrigen darf man mit M. Noth, Exodus 211; E. Blum, Studien, 62f A.74, die Tatsache, dass vor 33,12ff nirgendwo ein Wort Jahwes belegt ist, Mose habe Gnade in seinen Augen gefunden, er kenne ihn mit Namen, wohl als durch vorhergehende Hervorhebungen Moses von seiten Jahwes eingelöst finden. Raschi etwa verwies an Ex 19,9, das 32,10 vorhergeht.

derung an Mose, das Volk ins verheißene Land zu führen (32,34aα), stand unter dem Zeichen der ungelösten Sühne und einer Ankündigung späterer Überprüfung (פקד).[63] Damit verlangen 32,30-*34 offenbar eine Fortsetzung.[64] Dass sich 33,12-23 gut anschließen würden, lässt sich gewiß nicht bestreiten.

33,12-23 nehmen aus 32,30-*34 auf, a) dass Mose vor Jahwe eine einzigartige Position hatte, die ihn allein geeignet machte, Weitergehendes zu erreichen,[65] b) dass bei ausgebliebener Sühne seine Führung des Volkes weg vom Sinai schwer belastet war, wenn Jahwe sich nicht des Volkes als des auf *ihn selbst* angewiesenen annahm, und c) Moses Position vor Gott nur zusammen mit dem Volk einen Sinn machte. Mose wiederholte die Bitte um Vergebung nicht (die auch zu 34,9 nicht beantwortet wird), sondern wählte den Weg, mit seinem königlichen Herrn über die Bedingungen einer *Führung* durch ihn (Mose) zu verhandeln. Kann man aber literarisch ein Übergehen von (32,35) 33,1-6.7-11 zwischen 32,29-*34 und 33,12-23 hinreichend rechtfertigen?

Betrachtet man 33,1-6 ganz global in der Abfolge des bis 34,28 reichenden Dramas, so darf man zwei Beobachtungen voranstellen. 1. V.1 bestätigt die hintergründige Mehrdeutigkeit von 32,30-*34 dadurch, dass Jahwe einerseits eine deutliche Distanz zum Mose-Volk signali-sierte, indem es jetzt heißt, dass *Mose* es aus Ägypten herauführte, also nicht Jahwe selbst, andererseits aber (wie auch 32,34b, nur dort prüfend) ein späteres Handeln Gottes am Volk durch die Einlösung der Landverheißung an die Väter erkennen lässt. V.2, der wohl ein Zusatz ist,[66] verstärkt dies noch dadurch, dass nach

---

63 R. W. L. Moberly, Mountain, 57f, erwog eine Alternativdeutung von V.32b-33: indem Jahwe Mose, der ohne sein schuldiges Volk nicht leben wollte, im Buch des Lebens beließ, sei unausgesprochen auch dem Volk ein Leben vor Jahwe belassen, zumal V.34 den Weg ins hl. Land eröffnet und eine Heimsuchung Jahwes ankündigt. Obwohl sie »deserves consideration«, kann man ihr mit Moberly nicht stattgeben. Aber sein Hinweis auf V.34b zeigt an: auch V.32-*34 drängen über sich hinaus. Nur spricht nichts dafür, dass Moses Fürbitte in 32,30f »nicht unerhört geblieben« sei, wie G. Barbiero, Ex xxxiii, 155, behauptet.

64 Dementsprechend fand etwa J. C. Gertz, Beobachtungen, 102-104, in 33,12-17 und 34,1-5.28 deren Fortsetzung, da 32,*34 nicht das Ende der Grundschicht von Ex 32 sei. Darf man so auch die etwas kurz geratene Notiz von F. Hartenstein, »Angesicht Gottes«, 158f Anm. 7, verstehen?

65 Die Charakterisierung von B. Baentsch, Exodus, 1903, 277, als Wortschwall, mit dem Mose Jahwe in 33,12-17 behellige, hatte bereits E. Aurelius, Fürbitter 107 mit dem Hinweis auf die extrem schwierige Voraussetzung des Gesprächs mit Jahwe abgewiesen und ist jetzt durch die Erschließung einer Thronszene von F.Hartenstein, »Angesicht Gottes«, 160ff erledigt.

66 A) V.2 ist in den syntaktischen Zusammenhang von V.1 und V.3a eingeschoben (mit E. Blum, Studien 59 Anm. 56 ist kaum richtig die von E. Zenger, Sinaitheophanie 88 erwogene Alternative, V.3a entweder nach LXX zu emendieren oder eine Stichwortaufnahme zu V.1bα anzunehmen). B) Der Bote von V.2a ist nach MT nicht mehr Jahwes Bote wie in 32,34a (so erst LXX), sondern *ein* Bote, der nicht wie der von Ex 23,20.23 für Jahwe

V.2b Jahwe selber die Vorbevölkerung Kanaans vertreiben wird, der Bote also unqualifiziert bleibt.[67] 2. Die Botschaft von V.1-6 lautet, dass Jahwe *aus Schonung für das Volk* nicht mitziehen konnte, da es in seiner Halsstarrigkeit jederzeit wieder durch eine Untat Jahwe zur Vernichtung provozieren würde (cf. Num 14,11ff; 25,11),[68] Jahwe aber ein gangbares Wissen (ידע wie in V.12f)[69] zum Handeln zu suchen bereit war, wenn das Volk als Zeichen sei-

---

selbst handelt, da nach V.2b Jahwe selbst und nicht der Bote die kanaanäische Vorbevölkerung vertreibt. C) V.2 ermöglicht im Anschluß an »du und dein Volk« in V.1a den Anredewechsel von V.3b-4, wo überraschend das Volk angeredet wird (V.3b) bzw. sich angeredet weiß (V.4), obwohl eine Vermittlung der Gottesrede durch Mose nicht stattfindet (anders B. S. Childs, Exodus 589). D) Entfernt man V.2.3b-4 in V.1-6, gibt es Sinn, dass nach 32,30-35 mit V.1 eine neue Rede Jahwes eingeführt wird, weil diesmal nicht Mose, sondern das Volk der eigentliche Adressat der Jahwerede war, das die Botschaft der V.1.3a.5-6 mitgeteilt bekommen sollte. Zu dieser Botschaft s.o. im Text, zu 32,35 s.u. So insgesamt gegen J. van Seters, Life, 319f.331-333; R. Achenbach, Vollendung, 178f, der 33,6 als Abrenuntiation statt als Bußhandlung interpretiert und den Boten von 33,2a mit dem von Jdc 2,1.4 identifiziert, obwohl der eindeutig »Bote Jahwes« heißt (cf. Ex 32,34).

67 Mit E. Blum, Studien, 59 und Anm. 61, ergibt sich zwar eine chiastische, sekundäre Einfügung von 32,34aβ; 33,2a zu 23,20.23, aber auch ein Ungleichgewicht durch 33,2a, da der Bote nicht mehr »mein Bote« heißt, s.o. im Text. Darin liegt das relative Recht von zuletzt F. I. Durham, Exodus, 436f, anzunehmen, dass der Bote von V.2 nicht in Konkurrenz zu dem gesehen werden kann, *was* (maskulin oder neutrisch) Mose in V.12 erbittet: »wen/was du mit mir sendest«. T. Krüger, Einheit und Vielfalt des Göttlichen nach dem Alten Testament, in: W. Härle / R. Preul (Hg.), Trinität, MThSt 49, 1998, 15-50: 37f.40, versteht V.2 hingegen so, dass Jahwes Ich in V.2b den Boten von V.2a zu Jahwes Repräsentanten mache, der Israel voraus- und nicht in seiner Mitte gehe; ähnlich R. Achenbach, Vollendung 343. Zwar ist richtig, dass V.2 ein Gehen des Boten in Israels Mitte meidet. Aber ein Vergleich mit 32,34aβ zeigt eben den ganzen Unterschied der beiden Aussagen an: V.2 spricht nicht determiniert von jenem Boten in 32,*34a, sondern von *einem* Boten. V.2a meidet auch die Präposition עם von V.12a »mit Mose« durch לפני »vor Mose und dem Volk«. Dann gibt es keinen Widerspruch von V.2 zu V.12, und es ist gewiß Absicht, dass Jahwe sein Handeln nicht mit der Sendung eines Boten identifiziert. Sonst wäre der Bote von V.2a eben doch »mein Bote«, was erst LXX harmonisierend einführt.

68 V.4b.5a ergänzen beide zum Nichtmitziehen das Wort »in deiner Mitte«, das für manche Exegeten zum Schlüssel für das Verständnis von V.7-11 geworden ist. Man kann jedoch nicht leugnen, dass die drohende Vernichtung bei einer neuerlichen Untat des Volkes auch dann gelten würde, wenn Jahwes Führung gemäß 33,7-11 erfolgte, bei dem das Zelt im Stillstand des Lagers außerhalb des Lagers angeordnet sein sollte, während es beim Marsch wegen seiner Heiligkeit kaum anders als in der Mitte der Kolonne untergebracht sein konnte. Nach dem späten Nachtrag Num 10,33 galt dagegen für das Kriegssymbol der Lade anderes, s. Vf., Numeri, BK IV/2, 2003, 8f.

69 Wenn E. Blum, Studien, 60f, nicht nur eine Verbindung zu ידע in V.12-17 (so F. I. Durham 446), sondern auch eine Anspielung an מועד in Ohel Mo'ed einbeziehen will, so bleibt dies eine bloße Assonanz, da V.7-11 weder das Verb יעד noch das Verb ידע verwendet; so auch gegen G. Barbiero, Ex xxxiii, 155.

ner Bußtrauer alles Festliche (עדי in Assonanz zu ידע) ablegen würde. Das
Volk tat dies vom Horeb an (V.5f).[70]
   Wenn man also 33,1.3a.5f [71] als Grundschicht von 33,1-6 ansehen darf, so
ändern einerseits die fortgeschriebenen V.2.3b-4 deren Kernaussage nicht
grundsätzlich, sondern nur Details, und andererseits wäre es durchaus möglich, dass V.12-23 an jene Grundschicht wegen des V.1 anschloß (s. Anm.
65). Zwar hatte E. Aurelius, Fürbitter 102 angenommen, dass V.1-6 den »sekundären Erzählschluß 32,35« voraussetze. Aber in der von C. Dohmen[72]
bereinigten Fassung von Ex 32 kann V.*35 (ohne אשר עשו את vor העגל) den
Schluß der Grundschicht gebildet haben. Gewicht hat dagegen der Einwand
von E.Aurelius, Fürbitter 101, dass 33,3b.5; 34,9 auf der Fortschreibung des
dtr Motivs עם קשה ערף »Volk harten Nackens« beruhen (cf. 32,9, den die
LXX nicht bezeugt; 34,9), der עם קשה ערף aber ebensowenig wie das
Stichwort בקרב von V.(3b.)5a in V.12-23 eine Entsprechung haben (s. auch
»Horeb« statt »Sinai« in V.6b). Daher ist V.1.3a.5f wohl schon eine
Fortschreibung gemäß (32,9;) 34,9 mit dem Ziel, vor V.7-11.12-23 wenig-
stens eine Bußhandlung des Volkes auf Jahwes Wort hin einzubringen (die
Zusätze V.2.3b-4 verstärken dies Motiv, indem das Volk von sich aus eine
einmalige Buße vollzieht).[73] Synchron betrachtet sind also V.1.3a.5f zwi-
schen 32,*35 und 33,12-23 wegen V.1 denkbar, wenn auch als eine Zutat.[74]

---

70 Mit zuletzt H.-C. Schmitt, Die Erzählung vom Goldenen Kalb Ex 32* und das
   Deuteronomistische Geschichtswerk, in: St. McKenzie u. Th. Römer (Hg.), Rethinking
   the Foundations. Historiography on the Ancient World and in the Bible, BZAW 294,
   2000, 235-250, 247 Anm. 47, hat man wohl V.6 als permanentes Ablegen des Schmucks
   vom Horeb an zu deuten (insoweit gegen die wichtige Analyse von E.Aurelius, Fürbitter,
   101 und Anm. 43, mit M. Noth. Exodus, 209). Dies Verständnis von V.6 vorausgesetzt,
   war es möglich, nachträglich V.4 vor V.5 als *einmalige* Bußtat (mit H.-C. Schmitt a.a.O.)
   zu platzieren, was durch V.3b als Rede an das Volk, V.5 vorweg-nehmend, ausgelöst
   wurde. Ähnlich J. C. Gertz, Beobachtungen, 102 Anm. 74, der, falls in V.4-6 eine
   Fortschreibung vorliege, diese in V.4 fand, da er die (nicht motivierte) Anrede des Volkes
   in V.2.3b voraussetze, Näheres s.o. Anm. 66.
71 Zu V.2.3b-4 s. A.66; ähnlich E. Aurelius, Fürbitter, 102 mit Anm. 47. M. Noth, Exodus,
   209, meinte, V.6 sei sekundär im Blick auf V.7-11gesagt, wo nach V.7b ein kultischer
   Zugang zu Jahwe möglich war. Daraus wird bei G. Barbiero, Ex xxxiii, 154f.158ff, dass
   V.7-11 die geplante späte Fortsetzung von V.1-6 sei, ähnlich wie C. Dohmen. S.u. Anm.
   75.
72 Das Bilderverbot. Seine Entstehung und seine Entwicklung im Alten Testament, BBB 62,
   ²1987, 89, als Teil einer Aaron entlastenden, das Volk belastenden Fortschreibung in Ex
   32. Ihm folgte J. C. Gertz, Beobachtungen, 94 Anm.33.
73 So etwa auch B. S. Childs, Exodus, 589. Nur die verfehlte Ableitung des Aufbruchsbe-
   fehls Jahwes in 32,34aα aus Dtn 10,11 verleitet R. Achenbach, Vollendung, 180, zu behaupten, dass Ex 33,1-6.12-17 + Ex *34 ursprünglich ans Ende der Sinaiperikope, hinter
   34,28, gehörten. – V.6 verlangt, dass Mose inzwischen unten im Lager der Israeliten war,
   was zu dem Redeauftrag an Mose in V.5 (und zu V.7-11) stimmt, den unvermittelten V.4
   aber als Zusatz ausweist. Manche Ausleger versetzen V.12-23 wegen V.21-23 (Fels-

Dies führt zu V.7-11, einer crux interpretum.[75] Mit seinen Iterativen weist
es in eine andere Welt, die zu Num 11,16f.24.25a; 12,4.5a.10; Dtn 31,*14f.23
führt,[76] als in die des Kontextes.

spalte) auf den Berg (zuletzt C. Dohmen, Zelt, 158). Da aber V.19-23 als Vorankündigungen gestaltet sind, ist der Ort der Rede Moses mit Jahwe, zumal im Kontext von V.7-
11, auch unten möglich (V.21 spricht Jahwe von sich). Die Überlieferung hat sich für den
Ort von V.12-23 nicht hinreichend interessiert. Aber V.7-11 folgen insoweit ganz richtig,
als V.6 Mose unten beim Volk denkt. Daher käme das Begegnungszelt als Ort von V.12-
23 in Frage.

74 Offenbar setzt diese Analyse voraus, dass die Deutung von C. Dohmen, Aspekte, 41; Zelt
162ff, zu V.7-11 nicht zutrifft, s. die nächste Anm.

75 Nicht hilfreich ist die These von C. Dohmen, Das Zelt außerhalb des Lagers. Exodus
33,7-11 zwischen Synchronie und Diachronie, in: K. Kiesow u. T. Meurer (Hg.), Textarbeit. Studien zu Texten und ihrer Rezeption aus dem Alten Testament und der Umwelt
Israels. FS P. Weimar, 2003, 157-170, der 33,7-11 grammatisch als (nie realisierten: 168)
Befehl Jahwes im Anschluß an V.5 versteht (daher Imperfecta + Pf. Consecutiva als Fortsetzung der Imperative von V.5 statt iterativer Imperfecta nach V.6) und V.6 einfach bei-
seiteschiebt (163; G. Barbiero, Ex xxxiii 154 behält V.6, das Zelt von V.7-11 sei vom
Horeb an immer wieder erbaut). Das Urteil zu V.6 ist bei eindrücklicher Forderung nach
vorrangiger Synchronie als Basis der Diachronie (157-159) in sich widersprüchlich und
zudem eine exegetische Details missachtende Harmonistik (trotz Lit. bei ihm und G.
Barbiero). In Kürze: 1. Um die These, 33,7-11 sei wegen Ex 32 als vorübergehende Um-
setzung von Ex 29,42ff des Zelts der Begegnung *außerhalb des Lagers* zu begründen,
stützt Dohmen sich entscheidend auf das Wort »Mitte« in V.3b.5a (in der Jahwe nicht
sein wollte: 163ff), obwohl 33,1-6 ebenso wie 33,12-23 vor allem das (nicht) Mitgehen
Jahwes zum Gegenstand haben (s.o.; es ist aber das Initial-Thema in 32,1 als Anklage
gegen Mose und seinen Gott!), das unterwegs ja durchaus von dem jeweils von Mose errichteten Offenbarungszelt *außerhalb* des Israel-Lagers (V.7-11) geleistet werden konnte.
2. Zwar wiederholt C. Dohmen nicht die unbegründete Behauptung von A. H. J. Gunneweg, Das Gesetz und die Propheten. Eine Auslegung von Ex 33,7-11; Num 11,4-12,8;
Dtn 31,14f; 34,10, ZAW 102 (1990), 169-179 (wohl aber T. Krüger, Einheit 41 u.a.), es
gehe bei diesem Zelt regelmäßig um die von Mose vermittelte Tora (dagegen auch F.
Hartenstein, »Angesicht Gottes«, 159 Anm. 8); aber ebenso pauschal unterstellt er eine
einzigartige Prophetie Moses im Zelt (165f), obwohl Mose von seiner רוח in Num
11,16.24.25a an 70 Älteste abzugeben hatte (also nicht einzigartig) und 12,6-8a Mose
noch über die Prophetie erhebt, ohne ihn speziell der Tora zuzuordnen (Vf., Numeri
34f.52.70-72; auch C. Dohmen, Aspekte, 40). Im Kontext von 33,7b.12-23 kann das
Reden von Angesicht zu Angesicht zudem nur einen kultischen Sinn haben (C. Dohmen,
Gesetz, 165, nur zu V.7b). 3. C. Dohmen, Zelt, 164, versteht V.7b, das relativ unbefangen
und *iterativ*, weil auf Zukunft bezogen, das Aufsuchen des Angesichts Gottes durch
Israeliten erwähnt, als Interimslösung für das Begegnungszelt von Ex *29 außerhalb des
Lagers, obwohl *synchron* nach 32,30-*34 dem Volk keine Sühne zuteil wurde und es
nach 33,(4.)6 *synchron* Bußriten vollzog, um zu seinem Gott überhaupt erst Zugang zu
gewinnen, Mose nach 33,12-17.19 sehr behutsam und Schritt für Schritt sein Volk
seinem Gott *in Kultform erst* nahebrachte und *synchron* noch 34,9 sowohl um Vergebung
als um Aneignung des Volkes bei Gott bitten musste (G. Barbiero, Ex xxxiii, 162 u.ö.)
stützt sich verfehlt auf Gunnewegs Tora-These, s. dazu o.). 4. 33,8-11 sind im Rahmen
der Aussage von V.7b einzig davon bewegt, die (gegenüber Moses Abwertung in 32,1)

Überzeugend hat allerdings vor allem B. S. Childs dargelegt, wie bedacht die (ältere) Tradition von V.7-11 im Kontext platziert ist.[77] So erwies sich das Volk nach V.6[78] erneut zu Moses Gottesbegegnung als ehrfurchtsvoll (V.8-10) und wußte ganz im Unterschied zu 32,1 Moses überragende Interzession zu schätzen, die mit der Errichtung des Zeltes ja auch beabsichtigt war. Dass Mose es fern vom Lager aufzuschlagen pflegte, würde zwar, wie gewichtige jüdische Gelehrte und auch Calvin schon sahen (B. S. Childs 590), dazu passen, dass im P-Schrifttum der Ort außerhalb des Lagers einen negativen Klang hat, Mose daher – so die Annahme[79] – wegen der Sünde des Volkes Mose dahin habe ausweichen müssen. Aber nach V.7-11 verhindert offenkundig nichts eine *Gegenwart Jahwes für* sein Volk (speziell V.7b). Dass

---

andächtige, aus der Ferne seiner Zelte erfolgende, höchste Anerkennung der einzigartigen Gottesbeziehung Moses durch das Volk herauszustellen (so auch V.8b נבט hi.). Eben so bereiten V.8-11 Moses Position und Tun in V.12-23 vor. Mose erscheint in der Rolle vollmächtiger Kult-Initiation und deren konstanter Fortsetzung.

76 Für vorpriesterschriftlich halten sie etwa B. Janowski, Sühne als Heilsgeschehen. Studien zur Sühnetheologie der Priesterschrift und zur Wurzel KPR im Alten Orient und im Alten Testament, WMANT 55, 1982, 300; U. Struppe, Die Herrlichkeit Jahwes in der Priesterschrift, ÖBS 9, 1988, 217ff; E. Blum, Studien, 76-88; T. Pola, Priesterschrift, 230ff, gegen etwa A. H. J. Gunneweg (s.o.); H.-C. Schmitt, Die Suche nach der Identität des Jahweglaubens im nachexilischen Israel. Bemerkungen zur Intention der Endredaktion des Pentateuch, in: J. Mehlhausen (Hg.), Pluralismus und Identität, VWGTh 8 (1995) 259-278; S. Owczarek, Die Vorstellung vom Wohnen Gottes inmitten seines Volkes in der Priesterschrift, EHS. XXIII/625, 1998, 282-296; R. Achenbach, Vollendung, 178ff, u.ö. (alle mit Integration der Zusätze!). Die hier belegte Zelttradition hat bekanntlich Zusätze ausgelöst, nämlich Num 11,25b-29; 12,5b-8 und vielleicht Dtn 31,23, s. dazu H. Seebass, Numeri, 45f.63f. Ebenso gehören weder Dtn 34,10, ein bloß sprachlicher Reflex von Ex 33,11, noch I Sam 2,22 (s. etwa G. Hentschel, in: J. Scharbert u. G. Hentschel, Rut. 1Samuel, NEB 33, 1994, 96 [ex Ex 38,8]) zu dieser Tradition, die wohl ganz richtig mit Dtn 31,14f.(23) ihren Zielpunkt hatte: Josua wurde der Nachfolger Moses.

77 B. S. Childs, Exodus, 590-593 (mit Lit.); zurückhaltender J. I. Durham, Exodus, 441f.

78 U.a. beachtete auch G. Barbiero, Ex xxxiii, 154f, dass die iterativen Imperfecta/Pf. Consecutiva von V.7-11 eine Dauererscheinung *vom Berg Horeb an* (V.6) anzeigten, also ein Zusammenhang weiterer Texte mit V.7-11 (s.o.) anklinge. R. W. L. Moberly, Mountain, 64f, schloß aus den iterativen Tempora auf eine nicht regelmäßige, sondern schon am Sinai intermittierende Möglichkeit, das Zelt von V.7ff zu nutzen, um es so von dem der P abzusetzen; aber kein Text weiß von intermittierender Nutzung am Sinai. M. Noth, Exodus 209 sah einen *jetzigen* Zusammenhang auch zwischen V.5 »ich will erkennen, was ich tun kann« und der gewährten Gottesgegenwart in V.7b.9-11a. Damit steht jedoch in Spannung, daß Mose nach V.12ff das Mitgehen des Angesichts erst allmählich gewinnt.

79 S. etwa Raschi nach S. Bamberger, 265.

angeblich V.7-11 die P-Heiligtums-Konzeption nicht nur kennt, sondern auf sie korrigierend eingeht,[80] ist jedoch kaum richtig. Richtig ist nur: 1. Der »Name« Ohel Moʿed (7a) ist wie der in 27,1ff P u.ö. 2. Die Öffnung des Begegnungszeltes (V.9f) ist in 29,42 לִפְנֵי יְהוָה und Ort der Gottesbegegnung für das Volk: derart, dass Jahwe mit Mose dort reden werde (29,42f). 3. Die Wolke als Symbol der Anwesenheit Jahwes belegen auch Ex *40; Num *9. – Dass eine Bekanntheit mit oder eine Abhängigkeit vom P-Konzept vorliegt, ist aber aus folgenden Gründen unwahrscheinlich: 1. עַמּוּד הֶעָנָן (V.9f) kommt in P nicht vor, wohl aber, zusammen mit Num 12,5; Dtn 31,15, vorpriesterschriftlich[81]. 2. Für das Zeltkonzept von Ex 25-31 wäre es undenkbar, dass Josua als Nichtpriester im Zelt sein konnte (nicht einmal der Hohepriester konnte ohne weiteres hinein[82]). Es ist nichts als eine Verlegenheitsauskunft, dass Josuas Anwesenheit als Teil einer Notlösung vor der endgültigen Vergebung und der heilvollen Errichtung des Zeltes von Ex 40 gelten soll. 3. Dass V.8 das Zelt in des Lagers Mitte voraussetze, weil die Israeliten beim Gang zum Zelt Mose nachschauen konnten,[83] ist verfehlt, weil die Lagerkonzeption von V.7-11 wie auch in Num 11f naturgemäß auf das außerhalb liegende Zelt hin orientiert war. 3. Das für das Offenbaren in 29,42f so wichtige יעד hi. hat in V.7-11 nur im Namen des Zeltes, aber sonst keinen Bezug. 4. Bei weitem wichtiger als alles bisher schon Eingewandte ist die Tatsache, dass A. Berlejung[84] die Willkür der Herstellung einer kultischen Gottesrepräsentation in Ex 32,1-6 nachwies, von der sich die präzisen Anweisungen Jahwes in Ex 25-31 und deren Ausführung in Ex 35-40 als legitime Herstellungen dezidiert unterscheiden. Würde 33,7-11 P voraussetzen, würde dies Mose eine illegitime Heiligtumsgründung zumuten, die selbst als Notlösung illegitim bliebe: eine ganz unglaubwürdige Annahme. Eine P vor-

---

80 So etwa auch S. Owszarek, Vorstellung, 278-282, der in P die ältesten Belege für den Ohel Moʿed fand; zustimmend R. Achenbach, Vollendung, 247; F. Hartenstein, »Angesicht Gottes«, 158f + Anm. 8, der aber eine Überprüfung für nötig hält.

81 S. dazu die wichtige Studie von W. Groß, Die Wolkensäule und die Feuersäule in Ex 13 + 14. Literarkritische, redaktionsgeschichtliche und quellenkritische Erwägungen, in: G. Braulik u.a. (Hg.), Biblische Theologie und gesellschaftlicher Wandel. FS N. Lohfink, 1993, 142-165: 155-157, speziell 156 Anm. 60 (cf. E. Zenger, Die Sinaitheophanie. Untersuchungen zum jahwistischen und elohistischen Geschichtswerk, fzb 3, 1971, 94, der allerdings mehr als eine Schicht in 33,7-11 annahm).

82 Gegen G. Barbiero, Ex xxxiii, 165, hilft es daher nichts, dass Josua ein מְשָׁרֵת genannt wird. Selbst wenn dabei an einen Dienst in kultischem Zusammenhang gedacht sein sollte, was man ergänzen muß, wäre er als Nichtpriester bei P todesschuldig.

83 G. Barbiero, Ex. xxxiii, 153, nach W. Beyerlin, Herkunft und Geschichte der ältesten Sinaitraditionen, 1961, 129-144. Die palindromische Aufschlüsselung von V.7-11 bei G. Barbiero, a.a.O., 161 scheitert daran, dass er den wichtigen V.7b übergeht. So beruht die bei ihm folgende Exegese auf falschen Voraussetzungen.

84 Die Theologie der Bilder. Herstellung und Einweihung von Kultbildern in Mesopotamien und die alttestamentliche Bilderpolemik, OBO 162, 1998, 148 Anm. 811.

gegebene, daher nicht korrigierbare Tradition ist hier also das Wahrscheinliche. 5. Nach dem Kontext hatte Israel keinen Zugang zu Jahwe, da die Sühne
in 32,30-*34 ausgeblieben war, in 33,1-6 eine Gefährdung Israels durch Jahwes Gegenwart/Mitziehen im Zentrum steht und erst V.12-17.19 die Lösung
erfolgt. Aber nach V.7b hatten die, die Jahwe suchten, regelmäßig freien Zugang (iterativ!). 6. Dass V.7-11 zur Sache des Begegnungszelts unvollstän-
dige Auskünfte geben, da eine Kohärenz zwischen V.7b und V.8-11a nicht
hergestellt wird und auch ein Vordersatz für Moses regelmäßige Zelterrich-
tung fehlt,[85] rechtfertigt daher nicht deren Interpretation durch die P-Vorstel-
lung vom Begegnungszelt, so sehr Synchronie dazu drängen mag. Hier liegt
der Rest einer älteren Überlieferung vor.[86]

---

85 Es muß dabei bleiben, dass nichts auf eine vorhergehende Herstellung der Lade deutet,
ohne dass man die Fülle der Zeugen dafür benennen müsste. Das rätselhafte לי in V.7a
hat keinen eindeutigen Bezug, obwohl es so, wie es im unmittelbaren Kontext dasteht, jedenfalls nur Jahwe oder Mose zum Bezug haben kann – bei Mose wäre nicht sein Privat-
zelt gemeint (so mit C. Dohmen, Zelt, 164ff), da Mose im Lager ein Zelt gehabt haben
muß (G. Barbiero, Ex.xxxiii, 161f Anm. 40). Daß der bestimmte Artikel vor אהל in V.7a
auch ohne ein vorhergehendes Bezugswort gutes Hebräisch bietet, hatte E. Blum,
Studien, 61 Anm. 71, hinreichend betont, wird aber nicht immer beachtet.
86 So mit M. Noth, Exodus, 209f; B. S. Childs, Exodus, 590ff; F. I. Durham, 440f; E. Blum,
Studien, 60-62 u.a. Mit Noth scheint es mir am einfachsten anzunehmen, dass es sich um
einen stehengebliebenen Rest handelt, der nach 24,9-11 seinen Platz hatte. Da man kaum
noch damit rechnen darf, in Ex (32 +) 34 eine J-Grundschicht zu finden (s. L. Perlitt,
Bundestheologie, 203ff), habe ich zu V.7-11 mit M. Noth, Exodus, 210 für einen von J
aufgenommenen Rest plädiert, s. Numeri, 93 (J am Beginn des 8. Jh.s!). Darf man dazu
immerhin an V. Fritz, Tempel und Zelt. Studien zum Tempelbau in Israel und zu dem
Zeltheiligtum der Priesterschrift, WMANT 47, 1977, 100-102 verweisen, der im Herab-
steigen der Wolkensäule (ירד) eine Aufnahme der J-Sinaitheophanie von 19,(9a).16a
wahrgenommen hat (ähnlich M. Haran, The Nature of the Ohel Moed in the Pentateuchal
Sources, JSSt 5 (1960), 50-65: 56-58: die Sinaitheophanie geschah auch außerhalb des
Lagers!)? Eine besonders späte Ergänzung findet R. Achenbach, Vollendung, 179f, in
V.7-11 (E. Ottos Pentateuchredaktion), die zusammen mit Num 11,16f.24-30; 12,2-8;
14,*11-25; *16f.; *27,12-23; Dtn 31,14f.23; 34,10ff von der Unüberbietbarkeit der
Offenbarung an Mose ausgingen bzw. sie ausführten. Aber nach Num 11,16f ist offenbar
Moses רוח nicht unüberbietbar, da von ihr auf 70 Älteste abgegeben werden kann und
soll (rabbinische Konstruktionen dazu sind um Jahrhunderte später). Auch richtet sich
Num 12,6-8a nicht gegen einen Offenbarungsempfang Mirjams und Aarons, sondern
gegen deren Aufruhr wegen Moses Ausnahmestellung, die sich auf seine Verlässlichkeit
im ganzen »Haus« Jahwes und u.a. auch auf Gottes Reden mit ihm von Mund zu Mund
stützt. Der Wortlaut »Haus« sollte vor einer zu raschen Identifikation warnen, s. Vf.,
Numeri z.St. Gar nicht in die Reihe passt neben Num 16f 27,12-23, wo Josua zum
allgemeinen Nachfolger Moses erhoben wird s. dazu Vf., Die Ankündigung des
Mosetodes. Noch einmal zu Num 27,12-23 und Dtn 32,48-52, in: K. Kiesow u. Th.
Meurer (Hg.), Textarbeit. Studien zu Texten und ihrer Rezeption aus dem Alten
Testament und der Umwelt Israels. FS P.Weimar, 2003, 457-468.

Nach diesem Exkurs zu exegetischen Details in V.7-11 darf man zur Hauptsache, nämlich deren Beziehung zu V.12-23 oder umgekehrt, zurücklenken. Wie R. W. L. Moberly, Mountain 63 *synchron* treffend gesehen hat, bildet 33,7-11 nicht nur literarisch ungefähr die Mitte der Komposition von Ex 32-34, sondern markiert in ihr wohl auch den Wendepunkt: »It continues and concludes the theme of Israel as under God's judgement and prepares for the revelation of God's grace as the theme of what follows.« V.7-11 eröffnen eine weite Perspektive über den Augenblick der Zuspitzung zu einer Lösung hinaus, haben aber trotz ihrer literarischen Fremdheit im Kontext auch Verbindungen (s.o.). Sie bestehen zu V.12-23, insofern V.23 indirekt und V.20 direkt in einer wohl konstruktiven Weise auf V.11a und V.14.15 (Panim) eingehen (s.o.). Während das Gottesvolk von dem einsamen, unheimlichen Gespräch Jahwes mit Mose 32,10-14, wo über Israels Geschick entschieden werden sollte, nichts mitbekam, gab es inzwischen ein Wort Jahwes (33,5), das eine Lösung erwog, sie aber noch nicht anbot. Moberly deutete mit »concluded the theme of Israel under judgment« auch an, dass V.7-11 vor dem eigentlichen Durchbruch in V.12-17.19 eine Ahnung von dem, was nach V.19 Wirklichkeit wird, möglich sein soll. Denn es begegnet in V.7f.10 so etwas wie das Gottesvolk in Normalität: Jahwe-suchend, ehrfurchtsvoll und anbetend bei Gottes Erscheinen, Mose auch als einzigartigen Interzessor respektierend, ja letzten Endes sogar durch das Reden Jahwes mit Mose von Angesicht zu Angesicht auf das Wunderbarste ausgezeichnet. Man möchte denken, dass dies ideale Bild seinen Ort erst nach V.12-17.19 haben sollte,[87] Mose also den Raum bereitete, der Jahwes Panim angemessen war:[88] eben nach Jahwes ausdrücklichen Zusagen mitzugehen, als ein ganz und gar mosaisches Unternehmen aufgrund seiner Ausnahmestellung. Die Komposition von Ex 33 hat jedoch nicht diese Zusammenordnung gewollt, sondern die großartige Fürbittszene V.12-17.19 zu einer größeren Erörterung *de Deo* erweitert, weil in dem ganzen schlimmen Geschehen seit Ex 32 nicht nur Israel, sondern auch Gott als Gott Israels auf dem »Spiel« gestanden hatte und stand – wie ja auch Israels Gott als Gott aller Völker (33,16). Für diese Erörterung *de Deo* wurde mindestens V.11a, genau genommen wohl V.7-11, im Vorhin-

---

87 Im jetzigen Kontext letzten Endes nach 34,28, was vielleicht 34,29-35 ersetzt!

88 R. Achenbach, Vollendung, 256 Anm. 236, machte die treffende Beobachtung, dass die kultisch-rituelle Funktion des vorpriesterlichen Ohel Mo'ed überall, selbst in den Nachträgen Jos 18,1; 19,51, gegenüber der Ermittlung des Jahwewortes in den Hintergrund tritt. Jedoch verdirbt er diese wichtige Erkenntnis, indem er das Jahwewort *der Tora* für selbstverständlich hält. Das steht aber weder in 33,7b.9b.11a noch in Num 11,25a (Prophetie); 12,6b-8a noch in Dtn 31,14f zur Debatte. Eine gewisse kultische (nicht rituelle) Bedeutung dürfte sich jedoch aus Ex 33,7b »das Angesicht Jahwes suchen« ergeben, ohne dass der Kultus dominierte. Angesichts der Ausführungen von V.18.21-23 dominiert er aber nicht einmal dort, obwohl die Worte kultisch klingen mögen; cf. vor allem F. Hartenstein, »Angesicht Gottes«, 166ff.

ein benötigt. Denn Mose war bei einem Blick auf die Normalität Israels *auf Dauer* (iterative Impf.) zwar vorherbestimmt für ein Reden mit Gott von Angesicht zu Angesicht, umgeben von beider Volk (V.11a). Aber es musste erst noch eine die andere Normalität seines Zorns[89] sprengende Tat Gottes erfolgen, indem Gott dem bittenden Mose gewährte, dass seine Panim mit dem so schwer schuldigen Volk mitzogen und dies als ein Ereignis durchsichtig wurde, dass Gott über allem Gott mit dem Namen blieb, den er sich selbst gab: frei zu sein in seiner Gnadenwahl und der Zuwendung seiner Barmherzigkeit, aber frei auch zu seiner einmal getroffenen Wahl sich zu bekennen, also trotz aller Risiken mitzuziehen. Kann dies an seine göttliche Herrlichkeit gemahnen, die Mose zu schauen erbat, so waren doch diese Herrlichkeit ebenso wie seine mitziehenden Panim Repräsentationen seiner Gottheit nur im Sinne von V.19, gebunden an seine Namenskundgabe, da er selbst den Namen als seinen Charakter benannte. Zwar zeichnete er Mose auch noch bis dahin aus, seinen Kabod von seiner Rückseite sehen zu dürfen, aber auch dies war ebenso wie das Mitgehen seiner Panim gekennzeichnet durch eine Umschreibung seines Charakters in einem Augenblick äußerster Anspannung. Sollte aber das Mitgehen seiner Panim nicht auf ein bloßes Nachgeben gegenüber dem überragenden Mose zurückgehen, sondern aus seinem Wesen als Gott, so musste eben dies während der Interzession Moses vor seinem königlichen Herrn erkennbar werden, wie Mose es in V.13aβ sachgemäß erbat: וֹאדעך. Selbst der Ausblick auf eine damals mögliche Normalität der Mosezeit, ja auf ein Ideal, musste unter diese Wesensbestimmung treten, und deshalb musste wohl V.7-11 vor V.12-23 zu stehen kommen. Denn auch jene Normalität hat ihre Basis, ihre Grundlegung, eben in einer Lösung der Schuld Israels, die es wohl umsonst gab, aber keinesfalls ohne das gewagte und ihrer Schwierigkeiten bewusste Gespräch Moses mit seinem königlichen Gott,

---

89 Im zeitgenössischen Urteil mag man es als ungeheuerlich ansehen, von einer Normalität des Gotteszorns in Ex 32 zu sprechen. Dem muß man sicher den historischen Abstand , dh. die Verwurzelung Altisraels in »der altorientalisch-alttestamentlichen politischen Theologie, also der konnektiven Gerechtigkeit mit ihrem Zusammenhang von Tun und Ergehen« entgegensetzen (A. Michel, Schlüssel, 121). Gegen A. Michel a.a.O. scheint es mir aber ganz und gar unrichtig, von einer Gespaltenheit des alttestamentlichen Gottesbildes zu reden. Vielmehr ist, da der Gott der Bibel *sachlich notwendig* »gewiß nicht schuldfrei macht« (34,7b), sachlich auch von einer Normalität seines Zorns zu reden, ohne dass das Wie dieses Zornes zu diskutieren ist. Der Gott der Bibel ist und bleibt ein Gott des Rechts und sehr selbstverständlich ein solcher, der die Grundbedingungen für den Umgang mit ihm festlegen kann, wie das im Alten Orient selbstverständlich war. Wenn man also wie O. Kaiser, Der Gottes des Alten Testaments. Wesen und Wirken. Theologie des AT 2, UTB, 2024, 1998, 60, H. Spieckermanns Ausdruck von einer Gnadenformel in Ex 34,6 ergänzt wissen will durch V.7 mit seiner »Geschlechterfluchformel« (ungenau A. Michel, Schlüssel, 111, »Generationenfluchformel«), so ist es ebenso sachgerecht, dass Kaiser »Gottes vergeltendes Handeln seiner Barmherzigkeit untergeordnet« sieht.

dessen Charakter von ihm selbst erst namhaft zu machen war, um die Lösung gewiß zu machen.

Wenn nicht alles täuscht, muß man sich mit dem Gedanken vertraut machen, dass die Unge-heuerlichkeit von Ex 32 (die Ursünde) bereits mit Ex 33,12-23 ihre Auflösung und Bereini-gung erfahren sollte. Was in Ex 34 folgt, ist im Prinzip ein Nachklang. Es leuchtet allerdings ganz und gar ein, dass kompositorisch eine (wohl mehrstufige V.10.27.28) Berit mitsamt Torot (V.12-26) folgen, die eine Vorstellung von künftiger, vor allem kultisch-ritueller Volksverfassung geben. Wie im Vorspruch des Dekalogs sollte die Berit aber ihren Grund in einer Tradition *de Deo* haben. Es ist dann gewiß kein Zufall, dass 34,6f nachträglich für die Berit spezifiziert, was 33,19 schon vorgegeben hatte. Und man muß sich wohl auch mit dem Gedanken vertraut machen, dass das literarisch so sonderliche Traditionsstück 33,7-11 mit seinem Blick über den anstehenden Konflikt hinaus an seinem kompositorisch gewünschten Ort steht, als dürfe es nicht nach V.12-23 ergehen, um den falschen Akzent zu vermeiden, dass nach 33,12-23 alles glatt sein konnte.[90] Es ist eben wirklich etwas ganz anderes, dass Ex 34 folgt, welches all die Abgründe nicht verbirgt, über denen hinweg etwas Bleibendes erfolgt war, auf das man sich stützen sollte: 33,12-23 *de Deo*. Nur haben V.19 bzw. V.18-23 literarisch nicht einen ihrem Gewicht entsprechenden Abschluß, sondern sie sind als Vorankündigungen gestaltet, die einerseits für Ex 34,1-28.29-35 als Abschluß von Ex 32-34 Raum lassen, andererseits aber in 34,1-28 nicht völlig eingelöst werden, sondern ein Eigengewicht behalten. Am ehesten fehlt nach 33,23 eine Erfüllungsnotiz, die wegen der Ähnlichkeiten von 34,5b-7 zu 33,19-23 und von 33,16 zu 34,9 unterdrückt wurde.[91]

3.

Zu dem Oberthema »Menschen des Alten Testaments im Gespräch mit Gott« gehört Ex 33,12-23 zweifellos. Es ist freilich ein sehr besonderes Gespräch,

---

90 Gern würde ich von der Metapher des scheinbaren Nachher Gebrauch machen, die C. Dohmen, Aspekte, 47, zur Aufeinanderfolge von Ex 34 zu 33,19 und dem Zelt der Begegnung entwickelt hat und sich an אחרי in 33,23a anlehnt. Literarisch erwecken V.12-23 demnach den Eindruck eines zeitlichen Nachher nach 33,7-11. Aber dieses wird in der Tradition *de Deo* aufgehoben, so dass V.7-11 in die weite Zukunft der Offenbarungen Gottes ausblicken können. – Dürfte man 34,29-35 für einen ganz späten Platzhalter der von 33,7-11 umrissenen Zukunft halten, so haben sie die oben angedeutete Gefahr offenbar vermieden.

91 Man könnte also erwägen, ob in einer literarischen Vorstufe nicht die Grundschicht von Ex 32 ihre Fortsetzung in 33,12-14a.15-19.21-23 fand, der die genannte Schlussnotiz folgte. Allerdings müsste dies als These erst ausgearbeitet werden, und das soll hier nicht geschehen.

weil es nur zwischen dem hier und im unmittelbaren Kontext ganz herausra-
genden, zu einer diplomatischen Kommunikation mit seinem königlichen
Gott befähigten Mose und Jahwe stattfindet. Insofern muß man fragen, ob
dies Gespräch über seine Einmaligkeit hinaus sich auf den Plural »Menschen
des Alten Testaments« übertragen läßt. Da hilft es heuristisch, dass in rabbinischer Literatur etwa Raschi V.19.21-23 wie folgt kommentiert:[92]

> »*Und Er sagte, ich werde vorüberziehen lassen,* die Stunde ist gekommen, dass du meine
> Herrlichkeit sehen darfst, soweit ich dir zu schauen erlaube; weil ich dich die Ordnung
> des Gebetes lehren will und es für nötig halte... *Und ich werde den Namen Ewiger vor
> dir verkünden,* dich die Ordnung um Erbarmen zu flehen, zu lehren, auch wenn das Ver-
> dienst der Väter zu Ende sein sollte...; so lehre Israel, dass sie also tun; und dadurch, dass
> sie vor mir ›gnädig und barmherzig‹ aussprechen, werden sie Erhörung finden; denn
> mein Erbarmen hört niemals auf (Rosch. Hasch.17b).«

Dies Zitat ist in zweierlei Hinsicht interessant. Einmal sieht Raschi, wie oben
exegetisch begründet, den Kern der Tradition *de Deo* von 33,12-23 sehr eindeutig in der Namenskundgabe von V.19 (für dessen Interpretation er nicht
nur 32,13 [Väterschwur], sondern erwartungsgemäß auch 34,6 hinzuzog).
Sodann hat er Mose stellvertretend, dh. als Lehrer für sein Volk gedeutet,
also Mose beauftragt gefunden, jenem die Ordnung des Gebetes zu lehren, so
dass Raschi Gottes überwältigende Zusage von V.19b für die Pluralität des
Gottesvolkes als immer gültig ansah. Auch dies ließ sich exegetisch aus
33,19 als abschließendem Gotteswort zu 33,12-17 zwingend erheben (s.o.).
Jüngst hat B. Janowski in dem schönen Buch »*Konflikt*gespräche mit *Gott*«[93]
einfühlsam eine Reihe von Bitt- und Lobgebeten treffend als Gespräche von
Menschen mit Gott beschrieben. Nach Raschi findet man in Ex 33,12-23 die
Umkehrung desselben Sachverhalts: Sie schildern ein Gespräch Gottes mit
Mose, das man offenbar auch als Gebet, als eine Interzession Moses verstehen kann Wie in jenen Konfliktgesprächen, nur hier expressis verbis, haben
wir es mit einem Gespräch *de Deo* zu tun. Dies Gespräch gibt gewiß und
eindeutig jedem Gebet vor zu reden und zu denken, wie Mose in der Extrem-
situation von Ex 33 redete und dachte: »dass ich Dich erkenne« (V.13). Es ist

---

92 S. Bamberger, Raschi-Kommentar, 267. R. Scoralick, JHWH, 151f, weist Entsprechendes für Ex 34,6 bei Ibn Esra nach (D. U. Rottzoll, Abraham Ibn Esras Langer Kommentar
zum Buch Exodus Bd.2: Parascha *Jitro* bis *Pekudej* (Ex 18-40), Studia Judaica XVII/2,
2000, 1042) und interpretiert dies, als sei es durch die Mehrdeutigkeit von 34,5.*6 veranlaßt, ob nun Mose sich hinstellt und anruft oder ob Gott sich hinstellt und anruft; aber
Ibn Esras Wortlaut besagt eindeutig, dass er Gott als Rufenden verstand. Zu der von ihr
bevorzugten Übersetzung des Beginns der Ausrufung in 34,6, nämlich »JHWH ist
JHWH« (S.153 mit Anm. 48) kann man schon Raschi anführen: »*Der Ewige ist der
Ewige*«.
93 Untertitel »Eine Anthropologie der Psalmen«, 2003. Das Buch leistet auch anthropolo-
gisch eine wichtige Weiterführung von H. W. Wolff, Anthropologie des Alten Testaments, 1973; ⁴1984, dem das Buch gewidmet ist.

wohl kaum nötig, noch einmal nachzuzeichnen, wie behutsam der Mose von
Ex 33 sein Gespräch mit Gott führte, indem er immer nur so weit ging, wie
Gott in seinem Wort es ihm je ermöglichte, stets getragen davon, dass er als
Gesprächspartner »Gnade gefunden hatte« und weiterhin finden sollte. Es
sind dies die Grundbedingungen jedes Gesprächs mit Gott nach der Bibel,
eben schon Alten Testaments, und es ist für sie bezeichnend, dass beide Bedingungen vom königlichen Gott ausgehen. Solche Gebete wie auch das Gespräch Moses mit Jahwe beziehen sich gewiß auf Sachverhalte irdischer
Existenz der Menschen, aber sie haben und geben das Bewusstsein, dass Gott
nicht einfach als Instanz vereinnahmt, sozusagen selbstverständlich werden
kann, sondern dass es je darum geht, ihn als ihn selbst zu erkennen.

Die Exegese hatte auch ergeben, dass Ex 34,1-28 mit ihrer Theophanie, ihren dreifachen Berit und ihren Torot gegenüber 33,12-23, speziell gegenüber
33,18-23, etwas Nachzutragendes, Zweites sind, freilich etwas im alttestamentlichen Kanon notwendig Nachzutragendes. Notwendig sind sie schon
deshalb, weil ja 33,12-23 und speziell 33,19 nicht gehört werden können,
ohne Gottes berechtigten Zorn über des Volkes Sünde in Gestalt des Kultes
für ein Gottesbild bis in die Feinheiten des Gesprächs von 33,12ff nachzuvollziehen. In diesem Zusammenhang hat man auch die in 34,6f wohl nachgetragene Gnadenrede als ein notwendiges Weiterdenken der erlösenden
Ausrufung des Jahwe-Namens von 33,19 zu begreifen. Denn bis ins Neue
Testament hinein und mit den o.g. jüdischen Zeugen ist es zweifellos notwendig, dass bei allem außerordentlich deutlichen Überwiegen der Gnade
und zumal der Verbundenheit (חסד) Gottes, wie sie H. Spieckermann, Barmherzig 9f[94] erarbeitet, R. Scoralick, JHWH 144-149 weitergeführt und M.
Franz, Gott 14-153 verbessert haben, auch im Hymnus zu sagen war und ist:
»der gewiß nicht schuldlos[95] macht«.[96] Denn es kann nicht zweifelhaft sein,

---

94 Spieckermann, 10; eine Verkürzung wegen Spieckermanns Beschränkung auf V.6 ist
dagegen der Titel von ders., God's Steadfast Love. Towards a new Conception of Old
Testament Theology, Bib. 81 (2000), 305-327, wie A. Michel, Schlüssel, 115 Anm. 32,
anmerkt und mit Recht gegen die Verwendung des in Ex 32-34 nicht belegten Motivs der
Liebe Gottes für Ex 34,6f polemisiert.

95 H. Spieckermann, Barmherzig, 9, u.v.a. übersetzen mit »straflos« wie üblich. Da es
jedoch im Alten Testament kein Wort für Strafe gibt, meidet man dies besser, zumal נקה
pi. präzise »mit Schuld behaften« bedeutet.

96 Zu der Verfolgung von Schuld der Väter bis ins 3. und 4. Glied der Nachkommen haben
H. Spieckermann a.a.O. und R. Scoralick a.a.O. bereits das Nötige gesagt: Nicht nur gibt
es um dies 4. Glied einen lebhaften inner-alttestamentlichen Dissens, sondern man hat die
4. Generation auch in ein Verhältnis zu den Tausenden zu setzen, denen Jahwe seine
Verbundenheit erweist. Gegen R. Scoralick, Gottes Güte 43; cf. dies., JHWH, 146 (deren
Rechnung verstehe ich nicht) wendet A. Michel, Schlüssel, 116, ein, dass die Tausende
von V.7a nicht als Generationen ausgewiesen seien, das nur von dem extrem formulie-
renden Dtn 7,9 nahegelegt werde. Der Text mit seiner Kardinalzahl lässt offen, was gemeint ist, während 7b mit den Ordinalzahlen »3. und 4. Geschlecht« exakt redet. So darf

dass ein Unterschied besteht zwischen der Vergebung der Sünden durch den Gott, der nicht schuldlos sein lässt, wenn (und da) Schuld ansteht, und einem Schuldlosmachen von Schuldigen. Daher bewährt sich wohl auch sachlich und letzten Endes literarisch, dass die Gnadenformel in 34,*6f als Nachtrag zu 33,19 in die Berit-Überlieferung von Ex 34 hineinkam: eben als sachlich notwendiger Nachtrag.

Der Jubilar trat u.a. mit einem großen, dreibändigen Werk *de Deo* hervor: Der Gott des Alten Testaments. Th.AT 1 (1993); Der Gott des Alten Testaments.Th.AT 2 (1998); Der Gott des Alten Testaments. Th.AT 3 (2003), eine wahre Fundgrube für Religions- und Theologiegeschichtliches im Alten Testament.[97] In Th.AT 2, 87-13 nimmt der § 4 »Vom Wesen und vom Namen Jahwes« seine Grundlage aus Ex 3,1-18 und kommt u.a. dort auch auf 33,19.23 und 34,6-8[98] zu sprechen. Wie schon erwähnt hat O. Kaiser 33,19 und 3,14a je an ihrem Ort als unverbrüchliche, über die Zeiten hinweg bestehende verbindliche Zusagen erklärt (S.97.99). Dazu würde man nun gern ergänzen, dass 33,19 unlöslich zu 33,12-17 als deren krönenden Schluß gehört und dass V.19aβ.b in V.17-23 die alles bestimmende Kernaussage bildet. Müßte es dann nicht vorzüglich an die Mahnung O. Kaisers, Th.AT 1, § 6 zur Aufgabe einer christlichen Theologie Alten Testaments, sich auf Luthers

---

man die Tausende kaum pressen, wohl weder mit Michel minimieren noch mit Scoralick maximieren, sondern eine sehr große Zahl angegeben finden. Dies, so scheint mir, rechtfertigt die Annahme eines Überhangs an Erbarmen, auch wenn die Härte von V.7b nicht zu übersehen ist.

97 Mit Respekt vor der Größe dieses Gesprächspartners erlaube ich mir zu bemerken, dass m.E. a) die Religionsgeschichte Altisraels in Th.AT 1, 90-156 stromlinienförmig konstruiert wird, als ginge in der Geschichte alles so logisch zu wie dort angenommen, und b) die Tora – so O. Kaiser, Th.AT 1, 329ff – nicht die Mitte der Schrift bildet, die vielmehr immer noch am Besten in Wellhausens Formel »Jahwe Gott Israels – Israel Volk Jahwes« erfasst und mit W. Zimmerli nach der Seite des Gottes Israels asymmetrisch ist. S. immer noch Vf., Der Gott der ganzen Bibel, 35-45.52-57, und die skeptischen Bemerkungen von A. Michel, Schlüssel, 110f.

98 Der Satz auf S. 94 zu Ex 34,6(-8), der das Vorüberziehen Jahwes an Moses Angesicht in einen Gegensatz zu dem Grundsatz stellt, dass der Mensch stirbt, der Jahwe schaut, erweckt den Eindruck, als denke O. Kaiser hier an eine Gottesschau, die der Text allerdings strikt meidet. Das Wie des Vorüberziehens wird ja in 34,6 nicht angerührt, sehr im Unterschied zu 33,21-23. Jedoch notiert Kaiser, 99, mi Recht, dass Jahwe nur seine Rückseite habe schauen lassen wollen. Die Belege bei Kaiser, 94, zeigen vielmehr, dass es bei den Menschen Israels ein Vorverständnis gab, nach dem man sterben musste, wenn man Gott schaute, Gott dies Vorverständnis aber mehrfach zurückwies. Es kommt also darauf an, dass Ex 33,20 speziell eine Schau der unverhüllten Panim Jahwes als tödlich erklärt und nicht allgemein auf Theophanien bzw. hier auf den Kabod eingeht. Daher darf man 33,18.21-23 nicht als eine Fortentwicklung von Dtn 5,23-29 deuten (so R. Achenbach, Vollendung, 181), wo die Bedenken des Volkes besser im Sinne von Jes 6 zu korrigieren wären.

Theologie des Wortes Gottes zu besinnen,[99] anschließen, dass 33,19 in seinem Kontext offenbar den Sinn hat zu sagen: Laß dir, lasst euch an eben meiner (Gottes) Gnade, an meinem Erbarmen genügen (II Kor 12,9a)? Und ist nicht tatsächlich in der Abfolge von 33,12-23 und 34,1-18 die Tora ein Zweites als gleichsam die Hausordnung des sich erklärenden Gottes von 33,19, derart dass 34,6f die unbedingte Vorgabe von 33,19 spezifizieren musste, im Geiste von 33,19 also als ein Überhang an Erbarmen? Hierher gehört dann auch 3,14a, der dem Vorspruch des Dekalogs entspricht, weil er die Zusage formuliert, die jenem Vorspruch seinen Sinn über die Zeiten hinweg verleiht.

---

99 Das Folgende verstehe ich als Auslegung der Bibel Israels und, wie oben dargelegt, als mit dem Judentum gemeinschaftlich.

Bileam: Vom Seher zum Propheten Jahwes
Die literarischen Schichten der Bileam-Perikope (Num 22-24)

Ludwig Schmidt (Erlangen)

In meinem Kommentar zu Num 10,11-36,13[1] habe ich ausgeführt, dass in der Bileam-Perikope eine jahwistische und eine elohistische Fassung von der jehowistischen Redaktion miteinander verbunden wurden.[2] Dabei wandelte sich das Bild Bileams von einem Seher bei J über einen Propheten bei E zu dem Jahwepropheten Bileam bei dem exilischen Jehowisten. Da in dem Kommentar auf andere Auffassungen nicht näher eingegangen werden konnte, sollen im Folgenden die m.E. für eine Analyse wesentlichen Aspekte diskutiert werden.

Während die ältere Forschung überwiegend mit einem J- und einem E-Faden in Num 22-24 rechnete, wird dieses Modell in neuerer Zeit nur noch selten vertreten.[3] Es wird meist durch Ergänzungshypothesen ersetzt, die freilich nur darin übereinstimmen, dass die Episode von der Eselin (22,22-35) später eingefügt wurde. Verschiedentlich wird dem Grundbestand im Wesentlichen 22,2(4b)-21.36-41; 23,1-25(26) zugewiesen.[4] Nach M. Witte ergänzte in ihm

---

1 L. Schmidt, Das vierte Buch Mose. Numeri. Kapitel 10,11-36,13, ATD 7/2, 2004, 117-144. Hier habe ich meine früheren Analysen in L. Schmidt, Die alttestamentliche Bileamüberlieferung (1979), in: Ders., Gesammelte Aufsätze zum Pentateuch, BZAW 263, 1998, 57-84, und L. Schmidt, Art. Bileam I. Altes Testament, TRE 6, 1980, 635-639, modifiziert.

2 J: Num 22,3b-7* ... 22-34 ... 37.39.40a; 23,28; 24,2-6a.7.8*.9.10a.bα*.11a*.12a.14*.15-17.25; E: 22,2.3a ... 20f.36*.38.41; 23,1.2*.3.4a.5a*.b.6a.7-10a.11-13aα.b.14-17aα.18-21.24-26. Die Gottesbezeichnung war in der Prosa bei E durchgehend Elohim. Sie wurde später teilweise in Jahwe geändert, vgl. L. Schmidt, Numeri, 129. Von dem Jehowisten stammen: 22,8-19.35.40b; 23,13aβ.γ.27.29.30; 24,1aα.b.10b*.11b.12b.13 und »und nun« in 24,11a.14a. Vielleicht geht auf ihn auch »Petor, das am Fluss ist« in 22,5a zurück. Für die jüngeren Zusätze muss hier auf meinen Kommentar verwiesen werden.

3 So z.B. J. Scharbert, Numeri, NEB 27, 1992, 88-103; H. Seebass, Zur literarischen Gestalt der Bileam-Perikope, ZAW 107 (1995), 409-419; A. Graupner, Der Elohist, WMANT 97, 2002, 159-176.

4 Vgl. z.B. W. Gross, Bileam, StANT 38, 1974; H. Rouillard, La Péricope de Balaam (Nombres 22-24), EtB.NS 4, 1985; J.-M. Husser, Le songe et la parole, BZAW 210, 1994, 172-200; H.-C. Schmitt, Der heidnische Mantiker als eschatologischer Jahweprophet (1994), in: Ders., Theologie in Prophetie und Pentateuch, BZAW 310, 2001, 238-254; V. Fritz, Die Entstehung Israels im 12. und 11. Jahrhundert v. Chr., BE 2, 1996, 23f.

allerdings erst eine jüngere »Segensschicht«, dass Bileam Israel segnete.[5]
Das begründet M. Witte damit, dass 23,20, wonach Bileam zu segnen empfangen hatte, nicht ursprünglich sein könne, weil der Vers im ersten Spruch
keine Entsprechung habe. Dann seien auch die Segensnotizen in
22,6aα*.b.12b; 23,11bβ.25 sekundär.[6] Das lässt sich aber nicht halten, da
23,20 im zweiten Spruch fest verankert ist. In 23,8 sagte Bileam, dass er
Jakob/Israel nicht verwünschen oder schelten kann, weil El/Jahwe es nicht
verwünschte bzw. schalt. Dem entspricht 23,20: »Siehe, zu segnen habe ich
empfangen, und er hat gesegnet, und ich nehme es nicht zurück.« Hier macht
Bileam deutlich, warum er auch mit seinem zweiten Spruch die Forderung
Balaks nicht erfüllen kann, das Volk zu verwünschen (23,13). Bileam segnete
somit in Num 23 schon ursprünglich mit seinen beiden Sprüchen Israel. Nach
einem anderen Ergänzungsmodell gehören auch 23,27-24,14a mindestens
teilweise zum Grundbestand. J. Van Seters weist ihn einem nachdeuterono-
mistischen Jahwisten zu. Dagegen wurde er nach R. Achenbach in der ersten
Hälfte des 5. Jh. von einer von ihm angenommenen Hexateuchredaktion
verfasst, von einer Pentateuchredaktion u.a. durch die Episode mit der Eselin
erweitert und noch später durch 24,14b-24 ergänzt.[7]

Nun zeigen aber Querverweise, dass die Bileam-Perikope drei unterschiedliche Strukturen enthält, die sich m.E. nur so erklären lassen, dass hier
zwei Erzählungen von einer Redaktion miteinander verbunden und erweitert
wurden. So besteht z.B. zwischen dem dritten Spruch (24,3b-6a.7-9) und der
Botschaft Balaks (22,5b.6) eine Beziehung. In dem Spruch rühmt Bileam
nach seiner Selbstvorstellung zunächst das künftige Heil Israels (24,5.6a.7).
In V. 8*f. bezieht er sich dann auf die Botschaft Balaks. Mit 24,8aα (»El
führte es heraus aus Ägypten«) wird 22,5bα (»Siehe, ein Volk ist ausgezogen
aus Ägypten«) aufgenommen. In 22,6a begründete Balak seine Aufforderung
an Bileam zur Verfluchung des Volks: »denn es ist mächtiger als ich.
Vielleicht kann ich es schlagen, dass ich es aus dem Land vertreibe.« In
24,8aβ.b* wird die militärische Stärke Israels gerühmt: Es hat Hörner wie ein
Wildstier, frisst Völker, die seine Feinde sind, und nagt ihre Knochen ab.[8]

---

5 M. Witte, Der Segen Bileams – eine redaktionsgeschichtliche Problemanzeige zum
   »Jahwisten« in Num 22-24, in: J.C. Gertz u.a. (Hg.), Abschied vom Jahwisten, BZAW
   315, 2002, 191-213. Zur Segensschicht gehöre 22,6aα².b.12b.21-35; 23,11bβ.20.23a.25-
   30; 24,1-6.9b.10a.bβ. Jünger sei die literarisch nicht einheitliche »Zukunftsschicht« in
   23,10b.23b.24; 24,7-9a.14b-24.
6 M. Witte, Segen, 201f.205f.
7 J. Van Seters, The Life of Moses, Contributions to biblical exegesis and theology 10,
   1994, 405-435; R. Achenbach, Die Vollendung der Tora, Beihefte der Zeitschrift für
   altorientalische und biblische Rechtsgeschichte 3, 2003, 389-424.624; auch O. Kaiser,
   Der Gott des Alten Testaments 2, UTB 2024, 1998, 34ff., setzt die jahwistische Bileam-
   Erzählung nach 587 an.
8 Die Fortsetzung ist sekundär, vgl. L. Schmidt, Numeri, 121 Anm. 13.

Der Vergleich mit Löwe und Löwin in V. 9a soll zeigen, dass es niemand wagen kann, Israel herauszufordern. Mit 24,8*.9a macht somit Bileam deutlich, dass Balak keine Chance hat, Israel zu besiegen. In V. 9b (»Die dich segnen, sind gesegnet, und die dich verfluchen, sind verflucht«) wird 22,6b aufgegriffen (»denn ich weiß: Wen du segnest, der ist gesegnet, und wen du verfluchst, der wird verflucht«).[9] Mit einem Segens- oder Fluchwort über Israel entscheidet man über sein eigenes Geschick. Daraus ergibt sich zugleich, dass Bileam Israel nicht verfluchen kann. Er wäre sonst selbst verflucht. Da in den Sprüchen 22,5b.6 nur in 24,8*f. vollständig berücksichtigt wird, stammen die Botschaft Balaks und der dritte Spruch von demselben Verfasser.[10] 24,8a stimmt zwar weitgehend mit 23,22 überein, aber die enge Beziehung zwischen der Botschaft Balaks und 24,8*f. spricht m.E. entschieden gegen die verschiedentlich vertretene Auffassung, dass 23,22 die Vorlage für 24,8a war.[11] Dann kann aber 24,3b-6a.7-9 nicht als spätere Ergänzung einer Bileam-Erzählung entstanden sein. Nun ist es m.E. sehr unwahrscheinlich, dass sich Bileam erst in seinem dritten Spruch auf die Botschaft Balaks bezog. Bereits die Beziehung zwischen 22,5b.6 und 24,8*f. legt es somit nahe, dass es eine Erzählung gab, in der 24,3b-6a.7-9 der erste Spruch Bileams war. Da er einer Vorbereitung bedarf, sind ihr auch 23,28; 24,2.3a zuzuweisen. Nach V. 2 sah Bileam Israel »lagernd (*škn*) nach seinen Stämmen«. Nachdem der Geist Gottes auf ihm war, rühmt er in V. 5.6a zunächst die Zelte Jakobs und die Wohnungen (*mškmt*) Israels. Num 24,9b ist in umgekehrter Reihenfolge in dem Segen Isaaks für Jakob belegt (Gen 27,29b). Außerdem besteht eine Beziehung zu der Verheißung an Abram in Gen 12,1-3. Dort kündigt Jahwe an, dass er die segnen wird, die Abram

---

9 Für M. Witte, Segen, 205f., klappt 22,6b »literarkritisch gesehen nach«. Das ist nicht einsichtig, da Balak hier begründet, warum er gerade von Bileam ein wirksames Fluchwort erwartet. Bei dem Jehowisten zitiert Bileam in 22,11 die Botschaft ohne V. 6b, weil er sich für sein Handeln an die Weisung Gottes gebunden weiß.

10 Diese Beziehung wird häufig übersehen. So weisen z.B. H. Seebass, Gestalt, 419; A. Graupner, Elohist, 172, 22,5b.6 E und 24,8f. J zu. Wegen dieser Querverbindung können auch V. 7-9 (so H. Rouillard, Péricope, 385) oder V. 7b-9 (so R. Achenbach, Vollendung, 420f.) nicht sekundär sein. Sie spricht auch gegen die Auffassung von M. Witte, Segen, 200f., dass V. 7-9a ein Nachtrag sind, weil in V. 5.6.9b Jakob/Israel angeredet, in V. 7-9a dagegen über Israel gesprochen wird. Zudem zeigen Gen 12,1-3; 27,29, dass vor V. 9b die Stärke Israels erwähnt worden sein muss. An beiden Stellen wird vor dem Segnen und dem Fluchen/Schmähen die politische Bedeutung von Abram oder Jakob erwähnt.

11 H.-C. Schmitt, Mantiker, 246; J.-D. Macchi, Israël et ses tribus selon Genèse 49, OBO 171, 1999, 292f.; E. Gass, »Ein Stern geht auf aus Jakob«, ATSAT 69, 2001, 256. Außerdem wird in 23,21b für Jakob/Israel ein Singularsuffix, in 23,22 aber ein Pluralsuffix gebraucht. Das ist dadurch bedingt, dass in 23,22 der Vergleich mit den Hörnern eines Wildstiers in Abwandlung von 24,8aα auf Gott bezogen wird. 23,22f. wurde erst später in den zweiten Bileam-Spruch eingefügt, vgl. zur Begründung L. Schmidt, Numeri, 138.

segnen. Er wird aber den verfluchen, der Abram schmäht. Nach der neueren
Urkundenhypothese sind Gen 12,1-3; 27,29b dem Jahwisten zuzuweisen.[12]
Falls sie sich für Num 22-24 bestätigt, stammt diese Bileam-Erzählung von J.
  Aus anderen Querverweisen geht hervor, dass es eine weitere Bileam-Er-
zählung gab. Nach dem zweiten Spruch Bileams forderte ihn Balak auf, das
Volk weder zu verwünschen, noch zu segnen (23,25). Darauf antwortete
Bileam in 23,26: »Habe ich nicht zu dir geredet folgendermaßen: Alles, was
›Gott‹[13] reden wird, das werde ich tun.« Damit greift er hier den Befehl
Gottes aus 22,20b auf: »Jedoch das Wort, das ich zu dir reden werde, das
sollst du tun.« 23,26 entspricht freilich nicht 22,38b, wo Bileam zu Balak
sagte: »Das Wort, das Gott in meinen Mund legen wird, das werde ich
reden.« Mit 22,38b stimmt überein, dass Gott ein Wort in den Mund Bileams
legte (23,5a*[14].16aβ). Nach 23,12 antwortete Bileam auf die Kritik Balaks an
dem ersten Spruch mit dem Hinweis, dass er sich bei seinem Reden an das
halten muss, was ›Gott‹ in seinen Mund legt. Für R. Achenbach besteht
zwischen diesen Formulierungen und 23,26 eine Spannung. Er nimmt an,
dass die Pentateuchredaktion in 22,38b »den vorgegebenen Text des HexRed
entweder erweitert oder – was nach 23,26 wahrscheinlicher ist –
umformuliert hat.« 23,5a*.12.16aβ seien Zusätze der Pentateuchredaktion.[15]
Aber dass Bileam das Wort redet, das Gott in seinen Mund legt, ist im
Zusammenhang fest verankert. Nach der Frage »Nun, kann ich irgendetwas
reden?« in 22,38aβ muss Bileam ausgeführt haben, dass er nur reden wird,
was ihm Gott mitteilt. In 23,5b.16b (» … und so sollst du reden«) bezieht
sich »so« auf das Wort, das Gott Bileam in den Mund gelegt hatte.[16] Dann

---

12 Nach J.L. Ska, L'appel d'Abraham et l'acte de naissance d'Israël. Genèse 12,1-4a, in: M.
   Vervenne/J. Lust (Hg.), Deuteronomy and Deuteronomic Literature, FS C.H.W.
   Brekelmans, BEThL 133, 1997, 367-389, wurde zwar Gen 12,1-4a erst von einem
   nachexilischen Bearbeiter in die priesterliche Darstellung (11,27-32*; 12,5.4b) eingefügt.
   Dagegen spricht, dass Jahwe Abram in V. 1 befiehlt, in das Land zu gehen, das er ihm
   zeigen wird. Nach V. 5 zogen aber Abram und Lot aus, um in das Land Kanaan zu gehen.
   Es lässt sich m.E. nicht erklären, warum bei einem Bearbeiter, dem V. 5 vorlag, Jahwe
   Abram nicht befahl, in das Land Kanaan zu gehen. Schon aus diesem Grund ist für Gen
   12,1-5 an der Aufteilung auf J und P festzuhalten.
13 So mit Sam und LXX.
14 Hier ist »Jahwe« sekundär, vgl. L. Schmidt, Numeri, 128.
15 R. Achenbach, Vollendung, 407.424.
16 A. Graupner, Elohist, 165ff., weist 22,38 E, 23,3aβ.b.4b-6.11f.16f. aber dem Jehowisten
   zu. Das begründet er im Anschluss an H. Seebass, Gestalt, 413, der V. 4b.5a.16f. für
   redaktionell hält, mit dem zweimaligen kh in V. 15: Balak solle sich »hier« zu seinem
   Opfer stellen, und Bileam werde »hier« eine Begegnung haben. Bileam habe sich also für
   die Gottesbegegnung nicht von Balak entfernen müssen. Aber kh … kh hat in V. 15 die
   Bedeutung »hier … dort«, wie J. Milgrom, Numbers, JPSTC, 1990, 198, unter Verweis
   auf Ex 2,12; Num 11,31 gezeigt hat. Die Gottesbegegnung wird also hier Bileam nicht
   bei Balak zuteil. Dann gehören in 23,1-26 V. 3aβ.b.5*.6a.16.17aα bereits zum

hatten die beiden Sprüche in Num 23 schon ursprünglich einen äußeren und einen inneren Rahmen. Der äußere Rahmen besteht aus 22,20b und 23,26. Weil es eine Tat ist zu segnen, soll hier Bileam bei Balak tun, was Gott (zu ihm) redet. Gesegnet wird aber mit einem Wort. Deshalb redete Bileam nach dem inneren Rahmen für die Sprüche in 22,38; 23,5*.12.16 das Wort, das Gott in seinen Mund legte. Der äußere und der innere Rahmen werden in 23,26 so miteinander verknüpft, dass Bileam bereits Balak mitgeteilt hatte, dass er alles tun wird, was Gott redet. Nach seinem Verbot (23,25), das Volk zu verwünschen oder zu segnen, kann Balak keinen weiteren Versuch unternommen haben, dass es Bileam verwünscht.[17] Das bestätigt die Antwort Bileams in V. 26. Nur dann wird verständlich, dass er hier nicht 22,38b, sondern den Befehl Gottes in 22,20b »zitiert«. Damit soll abschließend deutlich gemacht werden, dass sich Bileam an ihn hielt, als er Israel segnete. Da auch diese Version, wie noch zu zeigen sein wird, aus einem größeren Zusammenhang stammt, ist sie dem Elohisten zuzuweisen.

Das bisherige Ergebnis wird von 23,27.29.30; 24,1* gestützt. In 23,27b sagt Balak: »Vielleicht ist es recht in den Augen Gottes, dass du es mir von dort verwünschst.« Damit knüpft er an die Worte Bileams in 23,26 an. Er ist sich nun bewusst, dass Bileam nur tun kann, was Gott redet. Die Anweisungen Bileams zu Opfern und ihre Ausführung in 23,29f. entsprechen wörtlich 23,1.2*. Bileam hielt es also für möglich, dass er doch noch Israel verwünschen durfte. Das ist nach seinem zweiten Spruch unverständlich. Danach tut Gott, was er sagt. Weil er gesegnet hatte, kann Bileam den Segen nicht zurücknehmen (23,19f.). Dann konnte Bileam nicht mehr erwarten, dass er Israel verwünschen darf. 23,29f. ist somit eine redaktionelle Brücke zu der jahwistischen Fassung. Das bestätigt 24,1aα: »Da sah Bileam, dass es gut in den Augen Jahwes war, Israel zu segnen.« Hier bleibt offen, wie Bileam zu dieser Einsicht kam. Außerdem überrascht, dass er dann mit seinem Spruch erst begann, nachdem der Geist Gottes auf ihm war (24,2b). 24,2 ist somit älter als V. 1aα.b.[18] Der Redaktor erklärte mit V. 1*, warum sich Bileam dieses Mal nicht zu einer Gottesbegegnung von Balak entfernte und dass er auch mit seinem dritten Spruch Israel segnete. Von dem Jehowisten stammt auch 23,13aβ.γ: »Nur seinen Rand wirst du sehen, aber

---

Grundbestand. Die Argumentation von A. Graupner, Elohist, 167, dass durch V. 11f. die Pointe von V. 25f. verdorben werde, ist mir nicht einsichtig.

17 Das wird u.a. von J. Van Seters, Life, 422; R. Achenbach, Vollendung, 417f., bestritten. Nach J. Van Seters sind für V. 25 zwei Deutungen möglich: Wenn du nicht verfluchen willst, dann segne zumindest nicht. Oder: Einerseits hast du sie nicht verflucht, andererseits musst du sie nicht segnen. Aber beide Interpretationen entsprechen m.E. nicht dem Text. Da die Aussagen in V. 25 parallel formuliert sind, verbietet hier Balak Bileam, das Volk zu verwünschen oder zu segnen.

18 Verschiedentlich wird freilich 24,1aα.b J zugewiesen, so z.B. H. Seebass, Gestalt, 419; A. Graupner, Elohist, 172.

seine Gesamtheit wirst du nicht sehen.« Diese Worte unterbrechen deutlich den Zusammenhang zwischen V. 13aα und V. 13b. Ihre Einfügung wird nur verständlich, wenn 24,2a berücksichtigt werden sollte, wonach Bileam Israel lagernd nach seinen Stämmen sah. Weil er hier auf das ganze Israel herabblickte, hatte er für den Redaktor vor seinem ersten (22,41) und seinem zweiten Spruch nur den Rand des Volks gesehen. Da 23,13aβ.γ.27.29.30; 24,1* redaktionelle Klammern sind, gab es zwei Bileam-Erzählungen.

Eine enge Beziehung besteht aber auch zwischen 22,16-19 und 24,11b-13. In 22,8-19 ist Bileam der gehorsame Prophet Jahwes. Er wies bereits die ersten Boten darauf hin, dass er für das Anliegen Balaks die Entscheidung Jahwes einholen muss. Nachdem ihm Gott in V. 12 verboten hatte, mit den Boten zu gehen, sagte er zu den Obersten Balaks: »Geht in euer Land, denn Jahwe hat sich geweigert, mir zu gewähren, mit euch zu gehen« (V. 13). Als Balak durch die zweite Gesandtschaft Bileam ein großzügiges Honorar versprach (V. 16f.), antwortete Bileam: »Wenn Balak mir die Fülle seines Hauses an Silber und Gold gibt, kann ich nicht übertreten den Befehl Jahwes, meines Gottes, um Kleines oder Großes zu tun« (V. 18). Danach ist Jahwe der Gott Bileams und Bileam der Prophet Jahwes, der an die Weisung Jahwes gebunden ist. Da ihm Jahwe verboten hatte, zu Balak zu gehen, kann ihn auch das Angebot einer reichlichen Bezahlung nicht dazu verleiten, gegen den Befehl Jahwes zu handeln. Bileam will aber auch dieses Mal die Entscheidung Jahwes einholen (V. 19). In 24,11b-13 ist Bileam ebenfalls der gehorsame Jahweprophet. In V. 11b bezieht sich Balak wörtlich auf sein Angebot eines großen Honorars in 22,17: »Ich hatte gesagt: Ich werde dich reichlich ehren.« Darauf stellt er fest: »Aber Jahwe hat dir die Ehre vorenthalten.« Damit bestätigt Balak, dass Bileam die Weisung Jahwes befolgte. In seiner Antwort weist Bileam in V. 12f. darauf hin, dass Balak damit rechnen musste, weil er schon den Boten Balaks mitgeteilt hatte, dass er den Befehl Jahwes nicht übertreten kann. Hier zitiert Bileam mit kleinen Veränderungen seine Worte in 22,18. Schon den Boten musste also klar sein, dass er reden wird, was Jahwe redet, wie Bileam in V. 13b, der in 22,18 keine Parallele hat, feststellt.[19] Erst mit 24,11b-13 kommt die Schilderung des gehorsamen Jahwepropheten Bileam in 22,8ff. zu ihrem Ziel. Dann stammen 22,8-19 und 24,11b.12b.13 von einem Verfasser.[20] Der Jahweprophet Bileam lässt sich aber nicht mit 22,38 vereinbaren. Dort kündigt Bileam Balak an, dass er das Wort reden wird, das *Elohim* in seinen Mund legt. Hier wird Elohim von MT, Sam und LXX bezeugt und ist somit sicher ursprünglich. Nachdem aber Bileam zu den Boten von Jahwe gesprochen und Jahwe

---

19 Die nächste Parallele zu V. 13b ist I Reg 22,14. Danach antwortete Micha ben Jimla dem Boten, der ihn aufforderte in die Siegeszusage der anderen Propheten einzustimmen: »So wahr Jahwe lebt, was Jahwe zu mir sagen wird, das werde ich reden.«
20 24,12a stammt von J und war dort die Redeeinleitung für V. 14*.

ausdrücklich »meinen Gott« genannt hatte (22,8.13.18f.), kann er nicht zu Balak von Elohim reden. 22,8-19 und 24,11b-13 gehen somit sicher auf einen anderen Verfasser als die elohistische Darstellung zurück. In 22,8ff. wird die Botschaft Balaks in 22,5b.6 (J) vorausgesetzt. Sie wird von Bileam mit einigen Abweichungen in V. 11 referiert.[21] Das Verbot Gottes in V. 12 »Du sollst nicht gehen mit ihnen, du sollst nicht verfluchen das Volk, denn es ist gesegnet« entspricht der Aufforderung Balaks in V. 6aα: »(Und nun) geh doch, verfluche mir dieses Volk, denn es ist mächtiger als ich.«[22] Die Schilderung in V. 15-19 ist aber auf V. 20 aus E angelegt, wo Gott Bileam erlaubt, mit den Gesandten Balaks zu gehen. Auf V. 20 geht auch die Gottesbezeichnung Elohim in V. 9-12 zurück. Sie wird hier gebraucht, weil nach V. 20 Elohim in der Nacht zu Bileam kam. Da sich der Abschnitt 22,8-19 auf beide Fassungen der Bileam-Erzählung bezieht, stammt er von der Redaktion.[23] Der Jehowist bildete mit ihm und mit 24,11b.12b.13 für die Begegnung Bileams mit Balak einen eigenen Rahmen.

Mit dem Jahwepropheten Bileam, der sich streng an die Anweisungen Jahwes hielt, lässt sich die Episode von der Eselin in 22,22ff. nicht vereinbaren. Nach ihr entbrannte der Zorn ›Jahwes‹[24], weil sich Bileam auf den Weg gemacht hatte. Da der Abschnitt 22,22-35 den Zusammenhang zwischen 22,21 und 22,36 unterbricht, halten ihn die Vertreter einer Ergänzungshypothese für eine spätere Erweiterung. Aber ein Ergänzer, dem 22,20 vorlag, hätte schwerlich die Auffassung vertreten, dass der Weg Bileams den Zorn Jahwes hervorrief, obwohl ihm Gott geboten hatte, mit den Männern zu gehen. Das hat H.-C. Schmitt aufgrund von Num 11,33 bestritten.[25] Danach entbrannte der Zorn Jahwes gegen das Volk, obwohl er ihm die Wachteln als Nahrung gesandt hatte. Aber hier war der Zorn Jahwes bereits »sehr« entbrannt, bevor die Wachteln kamen (Num 11,10bα). Jahwe hatte sie also in seinem Zorn gegeben.[26] Für A.G. Auld ist die Episode in

21 Hier heißt es z.B. »vielleicht kann ich gegen es kämpfen« statt »vielleicht kann ich es schlagen« in 22,6 (vgl. dazu W. Gross, Bileam, 116ff.). Das pi. des Verbs *nkh* ist nur in 22,6 belegt. Der Jehowist ersetzte in V. 11 somit eine ungewöhnliche Formulierung von J.
22 Nach M. Witte, Segen, 205f., sind in V. 12 das Verbot zu verfluchen und der Begründungssatz sekundär. Dagegen spricht aber die Strukturverwandtschaft zwischen V. 6aα und V. 12. Auch in V. 6aα stehen die Aufforderungen »Geh doch, verfluche mir … « unverbunden nebeneinander.
23 A. Graupner, Elohist, 163f., rechnet V. 8aα.b.9-13a.14-17, wo Jahwe nicht erwähnt wird, zu E, weil er 22,5b.6 E zuweist. Aber 22,5b.6 stammt, wie oben gezeigt wurde, von J. Außerdem muss z.B. berichtet worden sein, wie Bileam auf das Angebot eines großen Honorars in 22,17 reagierte. 22,8-19 ist literarisch einheitlich.
24 So in 22,22 mit Sam.
25 H.-C. Schmitt, Mantiker, 250; so schon W. Rudolph, Der »Elohist« von Exodus bis Josua, BZAW 68, 1938, 111.
26 Vgl. zur Analyse von Num 11,4ff. L. Schmidt, Numeri, 20ff.

Num 22,22ff. von der Volkszählung Davids in II Sam 24 abhängig.[27] Aber nach II Sam 24,1 war der Zorn Jahwes gegen Israel entbrannt, als er David befahl, Israel und Juda zu zählen.[28] Es gibt keinen Beleg, dass bei einem Bearbeiter Gott zornig wurde, weil jemand seinen Befehl befolgte. Die Episode kann somit nicht als Ergänzung einer Bileam-Erzählung entstanden sein, die 22,20 enthielt.[29] Auch die verschiedentlich vertretene Auffassung, dass 22,22-34 aus einer selbständigen Bileam-Erzählung[30] oder aus einem anderen Zusammenhang[31] aufgenommen wurde, lässt sich nicht halten. Da der Bote Jahwes Bileam auf seinem Weg entgegentrat, müsste auch hier berichtet worden sein, dass Bileam unterwegs war, um Israel zu schaden. Für eine weitere solche Überlieferung gibt es aber keinerlei Anhaltspunkte. Alle sonstigen Erwähnungen Bileams im Alten Testament setzen zumindest die jehowistische Darstellung in Num 22-24 bereits voraus.[32] Außerdem ist die Episode auf die Selbstbeschreibung Bileams »enthüllt an Augen« in 24,4.16 angelegt. Nach 22,31 enthüllte (*glh* pi.) Jahwe die Augen Bileams. Das Verb *glh* wird nur in 22,31; 24,4.16; Ps 119,18 mit dem Objekt »Auge« verbunden. Die Episode sollte zeigen, dass der Seher Bileam nur über visionäre Fähigkeiten verfügte, wenn ihm Jahwe seine Augen enthüllte. Da der dritte Bileam-Spruch 24,3bff.*, wie oben begründet wurde, J zuzuweisen ist, gilt das auch für 22,22-34. Der Jehowist hat diesen Abschnitt durch V. 35, der sich eng an 22,20 anlehnt, mit der elohistischen Darstellung in 22,20f.36* verklammert.

Da der Bote Jahwes Bileam getötet hätte, wenn ihm die Eselin nicht dreimal ausgewichen wäre (22,33), endete die Episode bei J mit der Umkehr Bileams. Das wird tatsächlich in 22,37 vorausgesetzt. Dieser Vers unterbricht den Zusammenhang zwischen V. 36 und V. 38. In V. 38 knüpft E mit den Worten Bileams »Siehe, ich bin zu dir gekommen ...« an V. 36* an, wonach Balak Bileam entgegenzog, nachdem er gehört hatte, dass Bileam kam. In V. 37a sagt aber Balak zu Bileam: »Habe ich etwa nicht dringlich zu dir gesandt,

---

27 A.G. Auld, Samuel, Numbers, and the Yahwist-Question, in: J.C. Gertz u.a. (Hg.), Abschied vom Jahwisten, 233-246, 234f.

28 Auch die weiteren von A.G. Auld genannten Übereinstimmungen belegen nicht, dass Num 22,22ff. von II Sam 24 abhängig ist. In II Sam 24 wird z.B. nicht erwähnt, dass der Bote Jahwes ein gezücktes Schwert in der Hand hatte. Das ergänzt zwar A.G. Auld nach einer Qumran-Variante und I Chr 21,16 in II Sam 24,16, aber MT ist hier nicht zu ändern. In II Sam 24 fehlt auch der Begriff »Satan« (Num 22,22.32). Er ist erst in der Parallele I Chr 21 (V. 1) belegt.

29 Außerdem lässt sich 22,22b, wonach Bileam auf seiner Eselin ritt und von zwei Dienern begleitet wurde, nicht mit 22,21 vereinbaren. Dort ging Bileam mit den Obersten Moabs. Wie die Erwähnung der zwei Diener zeigt, knüpft 22,22 an eine Darstellung an, die keine Angaben enthielt, wie sich Bileam auf den Weg gemacht hatte.

30 So z.B. W. Rudolph, Elohist, 110f.; J. Milgrom, Numbers, 468f.

31 R. Achenbach, Vollendung, 403ff.

32 L. Schmidt, Bileamüberlieferung, 80ff.

um dich zu rufen? Wozu bist du nicht zu mir gegangen?« Bereits J. Wellhausen wies darauf hin, dass nach V. 37a Bileam nicht zu Balak, sondern Balak zu Bileam gegangen war.[33] V. 37a wird freilich häufig so interpretiert, dass Balak hier wissen wolle, warum Bileam nicht schon der ersten Gesandtschaft folgte. So sind z.b. nach H. Rouillard V. 37 und V. 38 eng aufeinander bezogen. In beiden Versen stehe jeweils ein Infinitivus absolutus im Zentrum. Mit ihm werde in V. 37 »senden«, in V. 38 »können« betont. Bileam antworte in V. 38 mit »Kann ich irgendetwas reden?« auf die Frage Balaks in V. 37b »Kann ich dich wirklich nicht ehren?«[34] Aber warum sollte Balak fragen, ob ihm Bileam kein Honorar zutraut, nachdem Bileam zu ihm gekommen war? Dazu besteht dann kein Anlass. Mit seiner Frage in V. 37b äußert vielmehr Balak eine Vermutung, warum Bileam nicht zu ihm kam. Er hatte den Eindruck, dass Bileam seiner Aufforderung durch die Boten nicht folgte, weil Bileam mit keinem Honorar rechnete. Dann kann Bileam nicht bei Balak sein. Sonst müsste die Frage etwa lauten: Dachtest du, ich könnte dich nicht ehren? Balak fragt aber in V. 37b, ob Bileam *jetzt* der Auffassung ist, dass er Bileam nicht bezahlen könne.[35] Gegen die Interpretation, dass in V. 37 Bileam bereits zu Balak gekommen war, spricht außerdem das Ergebnis der bisherigen Analyse. Wie oben gezeigt wurde, berichtete erst der Jehowist, dass Balak zweimal Boten zu Bileam sandte. V. 37 setzt somit voraus, dass sich Balak selbst zu Bileam begeben hatte. Der Jehowist fügte V. 37 aus J zwischen V. 36 und V. 38 aus E ein, weil für ihn Bileam in V. 38 auf die Frage Balaks in V. 37b reagierte: Auch die Aussicht auf ein Honorar kann Bileam nicht davon abbringen, dass er nur reden wird, was ihm Gott in den Mund legt. Das entspricht der Reaktion Bileams auf das Honorarangebot durch die zweite Gesandtschaft in 22,18. Bei J war hingegen Balak zu Bileam gegangen. Er erinnerte Bileam mit der Frage »Kann ich dich wirklich nicht ehren?« (V. 37b) an das zu erwartende Honorar. Danach »ging« Bileam mit Balak (V. 39).[36] Darauf folgten bei J 22,40a; 23,28; 24,2-9*. W. Rudolph hielt es freilich für ausgeschlossen, dass Bileam jetzt mit Balak ging, nachdem ihm dieser Weg zuvor von Jahwe verwehrt worden war

---

33 J. Wellhausen, Die Composition des Hexateuchs und der historischen Bücher des Alten Testaments, [3]1899, 109.348f.

34 H. Rouillard, Péricope, 130ff. Dieser Argumentation hat sich z.B. H.-C. Schmitt, Mantiker, 251, angeschlossen.

35 Für W. Gross, Bileam, 128, geht aus ʿth in V. 38 hervor, dass Bileam hier auf die Rede Balaks in V. 37 antwortet. Da es ohne Kopula stehe, sei es mit V. 38aα zu verbinden: »Siehe, ich bin zu dir gekommen jetzt.« Aber auch in II Reg 18,25 wird mit ʿth ohne *w* eine Folgerung eingeleitet. In diesem Sinn wird ʿth auch in V. 38 gebraucht. Es ist also mit der Frage in V. 38aβ zu verbinden.

36 Dazu hatte Bileam nach J. Wellhausen, Composition, 109.349; J. Scharbert, Numeri, 88, jetzt bei J die Erlaubnis erhalten. Aber V. 39 schließt direkt an V. 37 an.

und dass Jahwe nun Bileam mitziehen ließ.[37] Aber J wollte zeigen, dass Bileam bereit war, Israel zu schaden, obwohl ihn der Bote Jahwes zunächst zur Umkehr gezwungen hatte. Diese Absicht konnte Bileam nur deshalb nicht verwirklichen, weil der Gottesgeist[38] auf ihn kam, als er das lagernde Israel sah. Er musste in seinem Spruch (24,3bff.*) von dem künftigen und gegenwärtigen Heil dieses Volks reden. Da sich Bileam in der E-Version erst nach der Erlaubnis Gottes auf den Weg gemacht hatte, ersetzte der Jehowist, dass Balak zu Bileam ging, durch eine zweite Gesandtschaft aus zahlreicheren und ranghöheren Boten (22,15ff.). Mit der Ankündigung eines großzügigen Honorars steigerte er das Motiv in V. 37b, dass Balak Bileam bezahlen wollte. Die Episode von der Eselin ist beim Jehowisten eine nachdrückliche Mahnung an Bileam, dass er nur das Wort reden darf, das Jahwe zu ihm redet.

Der Anfang der Bileam-Perikope in 22,2-4[39] wird sehr unterschiedlich beurteilt. Einige Vertreter einer Ergänzungshypothese nehmen an, dass die Bileam-Erzählung ursprünglich mit V. 4b begann.[40] Aber aus »zu jener Zeit« am Ende von V. 4b geht m.e. hervor, dass hier die Erwägung Moabs in V. 4a*[41] vorausgesetzt wird. »Zu jener Zeit«, also damals als Moab diese Befürchtung äußerte, war Balak der König von Moab. Nun wird in V. 2-4 Balak zweimal eingeführt (V. 2 und V. 4b). Außerdem sind V. 3a (»und Moab fürchtete sich sehr vor dem Volk, weil es zahlreich war«) und V. 3b (»und Moab empfand Grauen vor den Israeliten«) eine klare Dublette, die nicht von einem Verfasser stammen kann. Da V. 3b weitgehend mit Ex 1,12b übereinstimmt, hält man gelegentlich V. 3b für einen Zusatz, mit dem ein Ergänzer darauf hinweisen wollte, dass für Moab damals eine analoge Situation zu Ex 1,12b bestand.[42] Das setzt aber voraus, dass es nicht zwei Fassungen der Bileam-Erzählung gab. Im anderen Fall geht aus der Dublette in V. 3 hervor, dass auch in V. 2-4 J und E redaktionell miteinander verbunden wurden. An V. 3b knüpft der Grundbestand in V. 4-7[43] mit der Botschaft Balaks nahtlos an. Dann stammt V. 3b von J und V. 2.3a von E. Gegen die These, dass mit V. 3 eine selbständige Bileam-Erzählung be-

---

37 W. Rudolph, Elohist, 109.

38 Die Formulierung »ein« bzw. »der Geist Gottes« in 24,2 spricht nicht gegen die Zuweisung zu J, da es sich anscheinend um eine geprägte Wendung handelt, vgl. L. Schmidt, Numeri, 126 Anm. 25.

39 22,1 stammt von P, vgl. L. Schmidt, Numeri, 122.

40 W. Gross, Bileam, 92ff.; J.-M. Husser, Songe, 180; V. Fritz, Entstehung, 24; M. Witte, Segen, 204 Anm. 47.

41 In V. 4a sind »zu den Ältesten Midians« und »die Versammlung« sekundär, vgl. L. Schmidt, Numeri, 124.

42 So z.B. W. Rudolph, Elohist, 107; W. Gross, Bileam, 90f.

43 Zusätze sind in V. 5-7: In V. 5 »nach Petor, das an dem Fluss ist«, in V. 7α »die Ältesten Moabs und die Ältesten Midians« und V. 7aβ, vgl. L. Schmidt, Numeri, 124f.

gann,[44] spricht der Begriff »das Volk« in V. 3a. Er setzt »Israel« in V. 2 voraus, da nur dann klar ist, welches Volk mit ihm gemeint ist. V. 3a war also schon ursprünglich die Fortsetzung von V. 2. Da V. 2 an den Grundbestand der Sihon-Erzählung in 21,21ff.*[45] anknüpft, war die elohistische Bileam-Erzählung schon immer Bestandteil eines größeren literarischen Werks. Mit V. 3a bereitete E 23,10a in dem ersten Spruch vor, wo Bileam die außerordentliche Größe von Jakob/Israel rühmt.

Bei J befürchtete Moab, dass das Land nicht mehr genügend Nahrung bieten wird, weil die Israeliten seinen Ertrag verzehren (V. 4a*). Hier geht es um den Schaden, den die Israeliten Moab zufügen. Das ist auch das Thema des Bileam-Spruchs 24,15b-17. Danach wird in der fernen Zukunft ein König aus Jakob/Israel die Schläfen Moabs zerschlagen.[46] In der neueren Forschung wird zwar dieser Spruch meist später als die vorangehenden drei Orakel angesetzt. Aber bereits H.-J. Zobel wies darauf hin, dass die Einleitung des dritten Spruchs 24,3b.4 in Anlehnung an 24,15b.16 gebildet wurde.[47] Zu 24,4a (»Ausspruch dessen, der die Worte Els hört«) fehlt eine parallele Halbzeile. Sie lautet in V. 16aβ »und der die Erkenntnis des Höchsten erkennt«. In 24,4b wird 24,16bα (»die Vision des Allmächtigen schaut er«) mit der Relativpartikel an V. 4a angeschlossen. Häufig wird zwar V.16aβ nach V. 4a ergänzt und die Relativpartikel am Anfang von V. 4b gestrichen.[48] Aber es lässt sich m.E. textkritisch nicht erklären, wie die ergänzte Halbzeile ausgefallen sein sollte. Sie fehlt auch in Sam und LXX. Beide bezeugen aber am Anfang von V. 4b die Relativpartikel.[49] Wenn jedoch J 24,3b.4 in Anlehnung an 24,15b.16 bildete,[50] stand auch 24,15b-17 in seinem Werk.[51]

---

44 So u.a. J. Milgrom, Numbers, 185; E. Blum, Studien zur Komposition des Pentateuch, BZAW 189, 1990, 117.
45 Num 21,21-24bα.31, vgl. L. Schmidt, Numeri, 111ff.
46 Die Ankündigung der Unterwerfung Edoms in V. 18f. wurde erst später angefügt, vgl. L. Schmidt, Numeri, 143. Die Sprüche 24,20-24 sind ebenfalls sekundär.
47 H.-J. Zobel, Bileam-Lieder und Bileam-Erzählung, in: E. Blum u.a. (Hg.), Die Hebräische Bibel und ihre zweifache Nachgeschichte. FS R. Rendtorff, 1990, 141-154, 146ff.; vgl. auch L. Schmidt, Numeri, 140.
48 So neuerdings auch M. Witte, Segen, 200 Anm. 35.
49 V. 4a fehlt wohl in Sam und teilweise auch in LXX, weil man eine parallele Halbzeile vermisste. In V. 8a wird aber V. 4a vorausgesetzt, da die Herausführung aus Ägypten nur dort (und davon abhängig in 23,22) mit der Gottesbezeichnung El verbunden ist.
50 Daraus ergibt sich, dass 24,15b-17 ursprünglich ein selbständiger Spruch war.
51 Vor diesem Spruch berichtete J in 24,10-14* von einem Dialog zwischen Balak und Bileam. Nach Abzug der jehowistischen Erweiterungen verbleiben hier für J: V. 10a(+ »und Balak sagte zu Bileam«).11a*(ohne wᶜth).12a.14*(ohne wᶜth). Nach H.-C. Schmitt, Mantiker, 248, ist der Abschnitt allerdings literarisch einheitlich, weil »24,10-14 keine literarischen Befunde aufweist, die eine Uneinheitlichkeit des Textes nahelegen.« Das ist richtig, wenn man die Verse isoliert betrachtet. Aber bei einem Abschnitt aus einem größeren literarischen Zusammenhang kann sich aus dem Kontext ergeben, dass er von mehreren Verfassern stammt, obwohl er einheitlich wirkt.

Mit diesem Spruch nahm J das Thema »Moab und Israel« in 22,3b.4a* wieder auf. Dort empfand Moab Grauen vor den Israeliten, weil sie es an seiner Nahrung schädigen würden. Bileam kündigte aber in 24,15bff. an, dass Moab in einer fernen Zukunft von Israel einen wesentlich größeren Schaden erleiden wird. Dann wird ihm ein israelitischer König eine sehr schwere Niederlage zufügen. Da sich der Spruch 24,3bff.* in V. 8*f. auf die Botschaft Balaks (22,5b.6) bezieht, sind somit bei J die zwei Sprüche und die Exposition der Erzählung in 22,3b-7* aufeinander angelegt.

In diesen Sprüchen stellt sich Bileam als Seher vor. Er hört zwar auch die Worte Els, aber seine visionären Fähigkeiten werden besonders betont. Bileam ist »der Mann mit geöffnetem Auge« (24,3b.15b).[52] Er schaut die Vision des Allmächtigen, »daliegend mit enthüllten Augen« (24,4b.16b). In der Episode von der Eselin (22,22ff.) ist Bileam ein Seher, der blind war, bis Jahwe seine Augen enthüllte. Nach der Inschrift von *Dēr ᶜAllā* war Bileam »ein Seher der Götter« (I,1). Für Seher wird hier der Begriff *ḥzh* gebraucht. Mit dem Verb *ḥzh* beschreibt Bileam in Num 24,4b.16b, dass er die Vision des Allmächtigen schaut. Dass Bileam nach J ein Seher war, entspricht also der Inschrift von *Dēr ᶜAllā*. Dagegen zeichnet E von Bileam ein anderes Bild. Es gibt zwar zu 22,20, wonach Gott in der Nacht zu Bileam kam, in der Inschrift eine Parallele. Nach ihr kamen die Götter in der Nacht zu Bileam (I,1). Aber bei E hat Bileam keine Visionen. Als ihm Gott begegnet (23,4a.16), wird ihm jeweils eine Audition zuteil. In dem Spruch 23,7b-10a sieht er freilich Jakob/Israel und sein Heil. Aus den Angaben in V. 9a »von einem Felsengipfel« und »von Hügeln« geht hervor, dass Bileam hier das Volk mit seinem natürlichen Auge sieht. Allerdings konnte er schwerlich realiter sehen, was er in V. 9b.10a beschreibt. Doch der Spruch wird durch 23,3 vorbereitet. Danach will Bileam Balak *das Wort* mitteilen, »das er (Gott) mich sehen lässt«. Der Spruch ist das Wort, das Gott Bileam in den Mund legte (23,5*). Bei E ist Bileam ein Prophet, der von Gott jeweils ein Wort empfängt. Die Inschrift von *Dēr ᶜAllā* spricht somit ebenfalls dafür, dass die jahwistische Bileam-Erzählung älter als die elohistische ist.[53]

Der Spruch 24,15b-17 ist ein vaticinium ex eventu auf David, der nach II Sam 8,2 zwei Drittel der Moabiter tötete. Bei J kündigte also Bileam hier den König David an. Auf ihn bezieht sich auch 24,7b: »Und höher als Agag ist sein König, und es erhebt sich seine Königsherrschaft.« In der neueren Forschung werden diese Aussagen freilich häufig als Ankündigungen eines

---

52 Die Bedeutung »geöffnet« ist für *štm* nicht gesichert. Für die Deutung Bileams ist aber wichtig, dass hier das Auge erwähnt wird.

53 Da zwischen der Inschrift und der jahwistischen Bileam-Erzählung keine direkte Beziehung besteht, spricht sie m.E. nicht gegen eine Ansetzung von J in der Zeit Salomos. Die Inschrift stammt vermutlich aus dem späten 9. Jh. Aber Zeit und Ort des historischen Bileam lassen sich aus ihr nicht ermitteln, vgl. R. Wenning/E. Zenger, Heiligtum ohne Stadt – Stadt ohne Heiligtum?, ZAH 4 (1991), 171-193.

endzeitlichen Herrschers gedeutet. Dafür wird für 24,15b-17 vor allem auf die Wendung *b'ḥryt hymym* in 24,14b verwiesen. Da sie mehrfach in Heilsworten aus exilisch-nachexilischer Zeit belegt ist, sei der folgende Spruch »eschatologisch« gemeint.[54] Aber mit der Wendung wird auch die ferne Zukunft bezeichnet. So weiß z.B. Mose in Dtn 31,29, dass die Israeliten nach seinem Tod von dem Weg, den er ihnen gebot, abweichen werden und dass sie das Unheil *b'ḥryt hymym* treffen wird. Hier kündigt Mose mit der Wendung die Katastrophe von 587 an, die aus seiner Perspektive erst in ferner Zukunft eintreten wird.[55] Bei J (und auch bei E) ist Israel in der Bileam-Erzählung auf dem Weg in das Westjordanland. Das zeigen die Worte Balaks: »Siehe, ein Volk ist ausgezogen aus Ägypten« (22,5b, vgl. auch 24,8aα). Deshalb wird für Bileam noch lange Zeit vergehen, bis ein israelitischer König Moab eine schwere Niederlage zufügt. Auch 24,7b kann nicht erst in exilisch-nachexilischer Zeit entstanden sein. Nach den Erfahrungen mit assyrischen, babylonischen und persischen Herrschern hätte man den künftigen Heilskönig schwerlich mit dem relativ unbedeutenden Amalekiterkönig Agag (I Sam 15) verglichen. Deshalb können 24,7b und 15b-17 nicht als Ankündigungen eines Königs entstanden sein, der wie David herrschen wird.[56] In Sam und LXX wird Agag durch den legendären König Gog aus Ez 38f. ersetzt, weil der Vergleich mit Agag nicht mehr dem Bild eines mächtigen israelitischen Herrschers entsprach. Der Vergleich mit Agag ist m.E. für die Datierung von erheblich größerem Gewicht als die sprachlichen Argumente, die für eine Ansetzung in exilisch-nachexilischer Zeit angeführt werden.[57] Sie sind außerdem keineswegs eindeutig, wie die folgenden beiden Beispiele zeigen. Der Begriff *mlkwt* (24,7b) ist zwar weit überwiegend nur in späten Texten des Alten Testaments belegt. Er wird aber in Ps 45,7 in einem Königslied für die Herrschaft eines Königs gebraucht. Zumindest dieser Beleg stammt m.E. aus vorexilischer Zeit. Nach S. Timm und E. Gass ist der Doppelname Jakob – Israel erst ab Deuterojesaja als Bezeichnung eines einheitlichen Volks belegt.[58] Aber schon Micha verwandte die Begriffe Jakob und Israel, mit denen Amos und Hosea das Nordreich bezeichneten, für Juda (Mi 2,7; 3,1.8.9). Das setzt die Auffassung voraus, dass sowohl die Israeliten des Nordreichs als auch die Judäer von

---

54 So u.a. H.-C. Schmitt, Mantiker, 248f.; M. Witte, Segen, 199.
55 In Dtn 4,30 verweist Mose mit der Wendung ebenfalls auf die ferne Zukunft. In diesem Sinn wird sie m.E. auch in Gen 49,1 gebraucht, da Jakob im Folgenden das künftige Geschick der Stämme in Palästina voraussagt. Es ist für ihn noch ferne Zukunft.
56 So H.-C. Schmitt, Mantiker, 243, zu 24,15b-17. Für die Aussagen ist also zwischen ihrer ursprünglichen Absicht und ihrer späteren »messianischen« Interpretation zu unterscheiden. Sie geht davon aus, dass sie auf eine noch ausstehende Zukunft bezogen werden *müssen*.
57 H. Rouillard, Péricope, 345ff.; E. Gass, Stern, 154ff.
58 S. Timm, Moab zwischen den Mächten, ÄAT 17, 1989, 126ff.; E. Gass, Stern, 224ff.

dem Erzvater Jakob abstammten und dass die Vorfahren zunächst eine gemeinsame Geschichte hatten. Nur dann konnte Juda nach dem Untergang des Nordreichs Jakob bzw. Israel genannt werden. Auch der Doppelname Jakob-Israel ist somit kein Beweis, dass die Sprüche in 24,3-6a.7-9 und 15b-17 erst in exilisch-nachexilischer Zeit entstanden.

Sie werden allerdings verschiedentlich später als die beiden Sprüche in Num 23 angesetzt, weil Bileam dort den gegenwärtigen Zustand Israels rühmt, während er in seinem dritten und vierten Spruch für dieses Volk eine heilvolle Zukunft voraussagt. So zeigt z.b. für J.-D. Macchi ein Vergleich von 23,24 mit 24,9a, dass 23,24 älter ist. In 23,24 lege sich der Löwe nieder, nachdem er Beute gefressen hat, in 24,9a habe er sich aber schon niedergelegt. 24,9a sei somit eine Fortschreibung von 23,24, für die Gen 49,9b benutzt wurde. 23,24 sei von dem Spruch über Gad in Dtn 33,20 abhängig.[59] Aber in Dtn 33,20 wird Gad nicht mit einem Löwen verglichen, der sich erst niederlegt, nachdem er seine Beute verzehrt hat. Auch in der Terminologie haben Dtn 33,20 und Num 23,24 nur wenig gemeinsam. Num 23,24 ist somit sicher nicht von dem Spruch über Gad abhängig. Dagegen bestehen zwischen Num 23,24 und 24,9a Beziehungen. An beiden Stellen werden – wenn auch in umgekehrter Reihenfolge – Löwin und Löwe erwähnt und es werden das Verb *škb* und die Wurzel *qwm* gebraucht. In Num 24,9a wird Gen 49,9b aus dem Juda-Spruch Gen 49,8f. aufgenommen.[60] Auf ihn kann Num 23,24 nicht zurückgehen, da hier das Volk nicht mit einem Löwen, der sich niedergelegt hat, verglichen wird.[61] Dann ist 23,24 von 24,9a abhängig. Dass hier das Volk nicht mit einem ruhenden sondern mit einem jagenden Löwen verglichen wird, geht auf 24,8b* zurück. Hier wird Israel bereits vor dem expliziten Vergleich mit Löwe und Löwin in 24,9a als Löwe beschrieben. Da es Völker frisst, die seine Feinde sind, und ihre Knochen abnagt, geht es mit seinen Gegnern um wie ein Löwe mit seiner Beute. In 23,24 wird somit 24,8b*.9a abgewandelt. Vielleicht hatte E dabei auch die Sihon-Erzählung im Blick. Nach ihr blieb Israel, das zur Landnahme im Westjordanland unterwegs war, nach der Besiegung Sihons zunächst im Land der Amoriter (21,31). Es hatte sich somit niedergelegt, nachdem es Beute gefressen und das Blut von Erschlagenen getrunken hatte. Eine Beziehung besteht außerdem zwischen 24,17a und 23,9a. Das Verb *šwr* (erblicken) ist

---

59 J.-D. Macchi, Israël, 292ff.
60 H.-C. Schmitt, Eschatologische Stammesgeschichte im Pentateuch. Zum Judaspruch Gen 49,8-12, in: Ders., Theologie, 189-199, 192-194, und J.-D. Macchi, Israël, 82-93.128, halten Gen 49,8f. für nachexilisch. Auf ihre Argumente kann hier nicht eingegangen werden. Gegen ihre Auffassung spricht aber schon, dass der Spruch Num 24,3bff.* zur jahwistischen Bileam-Erzählung gehört, die nicht erst in nachexilischer Zeit entstanden sein kann.
61 Num 23,24 ist somit nicht eine von 24,9a unabhängige Aufnahme von Gen 49,9, wie H. Rouillard, Péricope, 313-316; S. Timm, Moab, 145, annehmen.

im Pentateuch nur an diesen beiden Stellen belegt und steht hier jeweils parallel zu *r'h* (sehen). In 24,17 beschreibt Bileam eine Vision, in 23,9a sieht er dagegen das Volk real. Da 24,17a der Auffassung entspricht, dass Bileam ein Seher war, ist 23,9b von dieser Stelle abhängig. Die elohistischen Sprüche sind somit jünger als die jahwistischen.[62]

In den beiden Sprüchen 23,7b-10a und 23,18b-21.24 beschreibt Bileam das Heil Israels in der Gegenwart, weil es in der E-Version darum geht, ob Bileam Israel verwünschte oder segnete (23,11.25). Balak wollte, dass Bileam Israel verwünscht und damit schwächt. Aber Bileam hatte Israel zweimal gesegnet und damit sein Heil noch gesteigert. Da Gott die Sprüche Bileam in den Mund gelegt hatte, wird Israel auch künftig im Heil leben. E ersetzte das Königtum Davids, das Bileam bei J ankündigte, durch den König Jahwe, der schon jetzt als »sein Gott« mit Israel ist (23,21b). Darin sehen die meisten Vertreter einer elohistischen Quellenschrift m.E. mit Recht einen Hinweis, dass E sein Werk im Nordreich verfasste.

Auch für die Sprüche in Num 23 wird in der neueren Forschung eine vorexilische Entstehung bestritten.[63] Dafür wird u.a. der Doppelname Jakob-Israel angeführt. Aber wie bereits oben gezeigt wurde, ist er kein Beleg für eine exilisch-nachexilische Ansetzung. Auch die sonstigen Begründungen beweisen nicht, dass die Sprüche erst aus dieser Zeit stammen. Das kann hier nur an einigen Beispielen gezeigt werden. So wird darauf verwiesen, dass sich Jakob/Israel nach V. 9b nicht unter die Völker rechnet. Die Sonderstellung Israels unter den Völkern war zwar in exilisch-nachexilischer Zeit von großer Bedeutung. Aber schon Hosea kritisierte in Hos 7,8, dass sich Efraim mit den Völkern vermengte. Diese Kritik war nur möglich, wenn es bereits damals die Auffassung gab, dass sich Israel von den Völkern unterschied. V. 9b setzt somit nicht »die dtn./dtr. Erwählungstheologie« voraus, wie z.B. R. Achenbach meint.[64] Als weiterer Beleg wird die Formulierung »der Staub Jakobs« (V. 10aα) genannt. Sie ist von Gen 28,14 abhängig, wonach die Nachkommen Jakobs wie der Staub der Erde sein werden. Gegenwärtig besteht zwar in der Forschung die Tendenz, alle Verheißungen an die Erzväter erst in exilisch-nachexilischer Zeit anzusetzen. Das lässt sich aber nicht halten. Die Verheißung an Jakob in Gen 28,13f. gehört zu J und ist somit wesentlich älter.[65] Da, wie oben für Num 23,9a.24

---

62 Bereits H.-J. Zobel, Bileam-Lieder, 153f., hat darauf hingewiesen, dass 23,24 und 23,9b von 24,9a und 24,17 abhängig sind.

63 So u.a. S. Timm, Moab, 97ff.; E. Gass, Stern, 131ff.; R. Achenbach, Vollendung, 410ff.

64 R. Achenbach, Vollendung, 411.

65 Vgl. meine beiden Aufsätze »Väterverheißungen und Pentateuchfrage« (1992), und »El und die Landverheißung in Bet-El« (1994), in: L. Schmidt, Aufsätze, 110-136, und 137-149. Nach H. Rouillard, Péricope, 229, war freilich Gen 13,16 die Vorlage für V. 10aα, da diese Stelle die einzige Verheißung mit dem Verb *mnh* (zählen) sei. Aber 13,16 könnte auch von Num 23,10aα abhängig sein, falls tatsächlich zwischen beiden Stellen eine

gezeigt wurde, E die Bileam-Erzählung von J voraussetzt, kannte E das Werk des Jahwisten. Nach S. Timm steht die Rede von Gottes Sagen und Tun in 23,19b »in überlieferungsgeschichtlicher Tradition von Schöpfungsvorstellungen wie sie bei Deuterojesaja und in der Priesterschrift formuliert sind.«[66] Es besteht aber kein Grund, hier eine Schöpfungsvorstellung anzunehmen. Wie 23,19a.20 zeigen, geht es in V. 19b darum, dass Gott ausführt, was er durch einen Propheten ankündigen lässt. Das ist die implizite Voraussetzung jeder Prophetie. Die grundsätzlichen Aussagen in V. 19b setzen freilich Erfahrungen mit Prophetie voraus. Aber bisher wurde nicht nachgewiesen, dass diese Formulierungen nicht schon in der ersten Hälfte des 8. Jh. möglich waren, als m.E. E sein Werk verfasste.

Gegen diese Datierung spricht auch nicht, dass Gott bei E Bileam ein bzw. das Wort in den Mund legt. Dabei handelt es sich um eine Formel für den prophetischen Wortempfang. Sie ist ähnlich noch in Dtn 18,18; Jer 1,9; Jes 51,16; 59,21 und außerdem in Ex 4,15 belegt, wo Mose die Worte in den Mund Aarons legen soll. Aufgrund dieser weiteren Belege wird die Auffassung vertreten, dass die Formel auf die Deuteronomistik zurückgehe. Die Bileam-Erzählung könne somit nicht älter sein.[67] In Dtn 18,18; Jer 1,9 wird aber statt »*śym*« (legen) »*ntn*« (geben) gebraucht. Bereits daraus geht hervor, dass die Formel nicht erst von der Deuteronomistik gebildet wurde. Es lässt sich nicht erklären, warum man später das Verb *ntn* ersetzt haben sollte. Auch die Übertragung der Formel auf das Verhältnis zwischen Mose und Aaron in Ex 4,15 setzt voraus, dass man mit ihr bereits früher den Wortempfang eines Propheten beschreiben konnte.[68] Außerdem gibt bzw. legt mit Ausnahme von Ex 4,15 Jahwe »*meine Worte*« in den Mund eines Propheten. Hier wird betont, dass der Prophet die Worte Jahwes übermittelt. Der Prophet hat sie nicht nur empfangen, sondern was er sagt, sind Jahweworte. Nach Dtn 18,19 redet z.B. der Prophet die Worte Jahwes im Namen Jahwes. Dagegen redet Bileam in seinen Sprüchen von Gott in 3. pers. Sie sind Sprüche Bileams. Dann ist die Formel in der Bileam-Erzählung älter als die anderen Belege, in denen hervorgehoben wird, dass die Prophetenworte identisch mit den Worten Jahwes sind. Die Formel ist mit einem menschlichen Subjekt in II Sam 14,3.19 belegt. Danach hatte Joab der Frau von Tekoa die Worte in ihren Mund gelegt, die sie als ihre Worte zu David redete. Dem entspricht der Gebrauch der Formel in der elohistischen Bileam-Erzählung. Sie ist somit vordeuteronomistisch. Dafür spricht

---

literarische Beziehung besteht. Die Formulierung »der Staub Jakobs« in Num 23,10aα spricht jedenfalls dafür, dass hier Gen 28,14 die Vorlage war.

66 S. Timm, Moab, 146; ähnlich E. Gass, Stern, 212ff.

67 Vgl. z.B. S. Timm, Moab, 154; J. Van Seters, Life, 418; J.-M. Husser, Songe, 177f.

68 Ex 4,10-16 ist m.E. der jehowistischen Redaktion in der Exilszeit zuzuweisen, vgl. L. Schmidt, Diachrone und synchrone Exegese am Beispiel von Exodus 3-4; in: Ders., Aufsätze, 224-250.

außerdem, dass DtrH um 550 in Dtn 2,26ff.* die elohistische Sihon-Erzählung (21,21ff.*) als Vorlage benutzte,[69] an die E in Num 22,2 anknüpft. In Dtn 2f. wird freilich die Bileam-Erzählung nicht berücksichtigt. Aber das ist dadurch bedingt, dass hier Mose auf die vergangenen Ereignisse zurückblickt. Weder in der jahwistischen noch in der elohistischen Bileam-Erzählung wird berichtet, dass die Israeliten von den in ihr geschilderten Ereignissen erfuhren. Deshalb konnte Mose für DtrH auch nicht an sie erinnern.

Die unterschiedlichen Strukturen und die literarischen Spannungen zeigen somit, dass in Num 22-24 eine jahwistische und eine elohistische Bileam-Erzählung von der jehowistischen Redaktion miteinander verbunden und erweitert wurden.[70] Bei J bildet das Thema »Moab und Israel« den Rahmen für die Begegnung des moabitischen Königs Balak mit Bileam. Nach der Exposition in 22,3b.4a* empfand Moab Grauen vor den Israeliten, weil es befürchtete, dass sie Moab an seiner Nahrung schädigen würden. Mit seinem Spruch in 24,15b-17 kündigte Bileam an, das in einer fernen Zukunft ein israelitischer König Moab eine schwere Niederlage zufügen wird. Hier wird das Thema Moab und Israel mit der Begegnung Balaks mit Bileam verknüpft, von der J in 22,4bff.* erzählte. Danach war Bileam ein Seher, der ein wirksames Fluch- oder Segenswort sprechen konnte. Er war bereit, die Aufforderung Balaks zu erfüllen, Israel zu verfluchen. Aber als er sich dazu auf den Weg gemacht hatte, zwang ihn Jahwe zur Umkehr, wie J in der Episode von der Eselin berichtete (22,22ff.). Trotzdem ging Bileam mit Balak, nachdem Balak selbst zu ihm gekommen war (22,37.39). Bileam konnte aber auch jetzt Israel nicht verfluchen, sondern er musste in einem Spruch den künftigen Zustand und die Macht dieses Volks in der Gegenwart rühmen (24,3bff.*). Balak hatte somit keine Chance, Israel aus dem Land zu vertreiben, wie er in seiner Botschaft an Bileam hoffte (22,5b.6). Mit 24,9b beschrieb Bileam die Bedeutung Israels: Wer dieses Volk mit einem Segensspruch segnet, ist gesegnet, wer aber Israel verflucht, ist verflucht. Daraus ergibt sich zugleich, warum Bileam Israel nicht verfluchte. Er wäre sonst verflucht gewesen. J berichtete aber nicht, dass Bileam Israel segnete.

Die elohistische Fassung hebt sich schon durch ihre Struktur deutlich von der Darstellung des Jahwisten ab. Nach ihr sah Balak, was Israel den Amoritern getan hatte und Moab fürchtete sich sehr vor dem Volk, weil es zahlreich war (22,2.3a). Der bei E folgende Bericht, dass Balak Oberste Moabs zu Bileam mit der Aufforderung sandte, zu kommen und Israel zu verfluchen (vgl. 23,7b), ist nicht erhalten. Das Geschick Moabs oder Balaks spielt im Folgenden keine Rolle mehr. Mit der Exposition will somit E lediglich begründen, warum Bileam zu Balak kam. In dieser Fassung geht es

---

69 L. Schmidt, Numeri, 112f.
70 Vgl. zur Aufteilung auf J, E und den Jehowisten oben Anm. 2.

darum, dass Bileam im Auftrag Gottes Israel segnete, obwohl Balak wollte, dass er Israel verwünscht. Dazu rahmte E die Begegnung zwischen Balak und Bileam mit 22,20 und 23,26. Gott hatte Bileam befohlen, »das Wort« zu tun, das er zu Bileam reden wird, und an diesen Befehl hatte sich Bileam gehalten, als er Israel segnete. Er hatte mit seinen beiden Sprüchen das Wort geredet, das ihm Gott in den Mund gelegt hatte, wie E mit dem inneren Rahmen für die Sprüche in 22,38; 23,5*.12.16 zeigt. Nach E war Bileam somit ein Prophet, der die Anweisungen Gottes befolgte. Er ging mit den Obersten Moabs, weil Gott es ihm befohlen hatte (22,20). Das ist ein erheblicher Unterschied zu der J-Fassung. Auch nach E war Bileam freilich bereit, Israel zu verwünschen. Aber er war sich von Anfang an bewusst, dass er nur das Wort reden darf, das ihm Gott in den Mund legt (22,38). Mit den beiden Sprüchen, die ihm Gott in den Mund legte, hatte Bileam den Auftrag zu segnen empfangen und daran konnte er nichts ändern (23,20). Dass Bileam bei E Israel segnete, geht auf die Worte Balaks bei J in 22,6b zurück: »denn ich weiß: Wen du segnest, der ist gesegnet, und wen du verfluchst, der wird verflucht.« Aus ihnen entwickelte E für die Begegnung zwischen Balak und Bileam die Alternative, ob Bileam Israel verwünschte, wie es Balak wollte, oder Israel segnete. Nach E war Bileam ein Prophet, der sich an die Anweisungen Gottes hielt und Israel segnete.

Dieses Bileambild hat der Jehowist weiter entwickelt. Er schuf mit der Einfügung von 22,8-19 und den Erweiterungen in 24,10-13 für die Begegnung Bileams mit Balak einen neuen Rahmen. In ihm wird der Ausländer Bileam als ein gehorsamer Prophet Jahwes beschrieben, der auch mit seinem dritten Spruch 24,3bff. Israel segnete. In diese Struktur konnte der Jehowist den Spruch 24,15b-17 nicht einbeziehen, weil Bileam in ihm Moab Unheil ankündigte. Dadurch ist dieser Spruch in der jehowistischen Fassung ein Anhang zu dem Thema »Bileam und Israel«. Das dürfte dazu beigetragen haben, dass in der neueren Forschung 24,15bff. häufig als spätere Erweiterung angesehen wird. Bei dem Jehowisten wartete Bileam jeweils die Entscheidung Jahwes ab. Obwohl ihm Gott bereits bei den ersten Boten Balaks in 22,12 verboten hatte, das Volk zu verfluchen, weil es gesegnet ist, wies Bileam die zweite Gesandtschaft nicht wegen dieses Verbots ab, sondern er wollte erfahren, was Jahwe jetzt zu ihm reden wird (22,19). Trotz des zweiten Spruchs, nach dem Gott tut, was er sagt (23,19), rechnete Bileam noch immer mit der Möglichkeit, dass er den Wunsch Balaks erfüllen darf, Israel zu verwünschen. Er erkannte dann freilich, dass es in den Augen Jahwes gut war, Israel zu segnen (23,27-24,1). Der Jehowist stellt Bileam als einen Propheten Jahwes dar, der sich jeweils an die neue Entscheidung Jahwes gebunden wusste.

Abgesehen von späteren Zusätzen wurde also in den literarischen Schichten der Bileam-Perikope seine Gestalt immer positiver beschrieben. In der J-Version ist er ein Seher, der sich zweimal auf den Weg gemacht hatte, um Israel zu verfluchen. Er musste aber in einem ersten Spruch (24,3bff.*) das künftige Heil und die Macht Israels in der Gegenwart rühmen und er kündigte mit einem zweiten Spruch (24,15b-17) für die ferne Zukunft eine schwere Niederlage Moabs durch einen israelitischen König an. Nach E war Bileam dagegen ein Prophet, der sich von Anfang an an die Anweisungen Gottes hielt und der mit dem Wort, das ihm Gott in den Mund legte, Israel segnete. Diese positive Wertung Bileams wurde von der jehowistischen Redaktion in der Exilszeit noch gesteigert. Für sie war Bileam, obwohl er nicht zu Israel gehörte, sogar ein Prophet Jahwes, der in allem seinem Gott Jahwe gehorchte.[71]

Zusammenfassung

Die Bileam-Perikope enthält – abgesehen von späteren Zusätzen – drei Strukturen mit einem jeweils anderen Bileambild. In der ältesten Erzählung des Jahwisten sind 22,3b.4a* und 24,15b-17 mit dem Thema »Moab und Israel« der äußere Rahmen für die Begegnung Bileams mit Balak. Da sich der Spruch 24,3bff.* in V. 8f.* auf die Botschaft Balaks (22,5b.6) bezieht, bilden hier 22,4b-7* und 24,3bff.* einen inneren Rahmen. Nach J war Bileam ein Seher, der sich zweimal auf den Weg machte, um Israel zu verfluchen. Er musste aber in einem ersten Spruch (24,3bff.*) das künftige Heil und die Macht Israels in der Gegenwart rühmen und in einem zweiten (24,15b-17) für die ferne Zukunft eine schwere Niederlage Moabs durch einen israelitischen König ankündigen. J berichtete nicht, dass Bileam mit seinen beiden Sprüchen Israel segnete. In der elohistischen Fassung bilden 22,20 und 23,26 den äußeren Rahmen für die Begegnung Bileams mit Balak. Nach dem inneren Rahmen für die Sprüche in 22,38; 23,5*.12.16 redete Bileam das Wort, das Gott in seinen Mund legte. Bei E ist Bileam ein Prophet, der mit seinen beiden Sprüchen Israel segnete. Der Jehowist schuf mit 22,8-19 und seinen Erweiterungen 24,10b*.11b.12b.13 einen neuen Rahmen. Danach war Bileam ein Prophet Jahwes, der sich genau an das hielt, was sein Gott Jahwe zu ihm redete. Die unterschiedlichen Strukturen und das mit ihnen verbundene andere Bileambild zeigen, dass die jehowistische Redaktion in Num 22-24 zwei Bileam-Erzählungen, die von J und E stammen, miteinander verbunden und erweitert hat.

---

71 Vgl. zu der gegenläufigen Entwicklung in nachexilischer Zeit, in der Bileam mit Ausnahme von Mi 6,5 und der Sprüche Num 24,20-24 immer negativer bewertet wurde, L. Schmidt, Numeri, 130f.

»Du sollst daran denken, dass du Sklave gewesen bist im Lande Ägypten« – Zur literarischen Stellung und theologischen Bedeutung einer Kernaussage des Deuteronomiums

Timo Veijola (Helsinki)

1. Einführung

Als Otto Kaiser 1989 die Vollendung seines 65. Lebensjahres feierte, hatte ich die Gelegenheit und Freude, dem Jubilar mit einem Aufsatz zu gratulieren, dessen Thema »Die Propheten und das Alter des Sabbatgebots« lautete.[1] Ich ging damals von der in der älteren Forschung vor allem von Johannes Meinhold vertretenen und in der neueren Forschung wieder neue Aktualität gewonnenen Theorie aus, nach der der Sabbat ursprünglich den Tag des Vollmondes bezeichnete und dem Tag des Neumondes (I Sam 20) ähnlich als fröhliches Opferfest begangen wurde, während der im Dekalog und anderswo vorkommende, traditionell gewordene Wochensabbat eine nachexilische Schöpfung priesterlicher Kreise darstellt.

In dem oben genannten Aufsatz ging es mir des Näheren darum, die Plausibilität dieser Theorie im Lichte der Stellen zu überprüfen, die in der prophetischen Literatur den Sabbat erwähnen. Es stellte sich heraus, dass bereits einige vorexilische Propheten und prophetische Erzählungen den Sabbat wohl kennen (Hos 2,13; Jes 1,13; II Reg 4,23), aber nur als Vollmondsabbat, dem Hosea und Jesaja außerdem kritisch gegenüberstehen. Was hingegen den »Sabbat« in Am 8,5 angeht, ließ sich zeigen, dass mit ihm zwar schon der Wochensabbat gemeint ist, aber dass es sich bei dem ihn betreffenden Versteil V. 5a (mit V. 6b) um einen syntaktisch störenden Zusatz handelt[2], der bereits die Probleme des in der Zeit Nehemias ausgebrochenen Sabbatkonflikts (Neh 13,15-22) widerspiegelt. Nicht anders verhält es sich mit der einzigen Stelle des Jeremiabuches Jer 17,19-27, die den Sabbat erwähnt. Ihr nachdeuteronomistischer Verfasser hat das Thema dem Bericht von Neh

---

1 In: V. Fritz, K.-F. Pohlmann/H.-C. Schmitt (Hg.), Prophet und Prophetenbuch, FS Otto Kaiser, BZAW 185, 1989, 246-264, neu abgedruckt in: T. Veijola, Moses Erben. Studien zum Dekalog, zum Deuteronomismus und zum Schriftgelehrtentum, BWANT 149, 2000, 61-75 (im Folgenden danach zitiert).

2 Zu diesem Ergebnis ist inzwischen auch C. Levin gekommen (Das Amosbuch der Anawim [1997], in: Ders., Fortschreibungen. Gesammelte Studien zum Alten Testament, BZAW 316, 2003, 265-290, dort 272f.).

13,15-22 entliehen und in eine homiletische Form umgesetzt. In das nachexilische Zeitalter gehören auch alle Vorkommen des Sabbats im Buch Ezechiel, die entweder Nachträge in ihren jeweiligen Zusammenhängen sind (Ez
20,12.13.16.20.21.24; 22,8.26; 23,38) oder aber erst in dem ohnehin jungen
Anhang Ez 40-48 begegnen (44,24; 45,17; 46,1.3.4.12). Die übrigen Sabbat-
Belege der prophetischen Literatur, die sich in Jes 56,2.4.6; 58,13; 66,23 finden, beweisen durch ihre späte Entstehungszeit und ihre strenge Forderung
der Sabbatobservanz die gewachsene Bedeutung des Sieben-Tage-Sabbats für
die nachexilische Gemeinschaft.

Es freut mich, feststellen zu können, dass meine Argumente inzwischen
Akzeptanz bei dem verehrten Jubilar gefunden haben, der in ihnen eine Bestätigung für Meinholds These findet und folgert, dass der Wochensabbat in
exilischer bzw. nachexilischer Zeit als Fusion des Vollmondsabbats mit den
Ruhetagsgeboten Ex 34,21a und 23,12 entstanden ist.[3] Dabei handelt sich um
eine Sicht, die sich zunehmender Verbreitung in der gegenwärtigen Forschung erfreut.[4] Otto Kaiser, der Altmeister unserer Wissenschaft, berücksichtigt jedoch auch die bleibende Bedeutung der Sache: »Aber es wäre un-
dankbar, wollte man es bei dieser Erklärung belassen und nicht daran
erinnern, daß er [sc. der Wochensabbat] ein Geschenk des Judentums an das
Christentum, das an seiner Statt den ersten Tag zum Gedenken an Christi
Auferstehung begeht, und selbst noch an die säkularisierte nachchristliche
Welt ist. Man muß in einem Land gewesen sein, in dem sich Woche an Woche ohne einen jeweiligen Ruhetag reiht, und im Gegensatz dazu die Sabbatruhe in Israel erlebt zu haben, um zu erkennen, was wir Sabbat und Sonntag
verdanken und wie arm wir würden, wenn wir beide verlören.«[5]

Die einzigartige Karriere des Sabbats beruht im Wesentlichen auf den ihm
innewohnenden humanen Intentionen, die besonders deutlich im Sabbatgebot
des Dtn (5,12-15) hervortreten: Die Ruhe des Jahwe geheiligten Sabbats soll
gleichermaßen den Menschen und Arbeitstieren, Freien und Unfreien, eigenen Bürgern und Fremden zugute kommen (V. 14), wodurch für einen Tag in
der Woche eine egalitäre Gesellschaft entsteht. Dies wird mit Israels »kultu-

---

3   O. Kaiser, Der Gott des Alten Testaments 1. Grundlegung, UTB 1747, 1993, 325-327.
    Eine kleine Differenz besteht freilich darin, dass für Kaiser die vorexilische Entstehung
    von Jes 1,13 problematisch bleibt (326 mit Anm. 101).

4   Abgesehen von den früher erwähnten Autoren (Verf., Moses Erben [s. Anm. 1], 62f.) vgl.
    z.B. M. Köckert, Das Gebot des siebten Tages, in: H. Schultze u.a. (Hg.), »... Das tiefe
    Wort erneun«, FS Jürgen Henskys, 1989, 170-186, dort 172; R.G. Kratz, Der Dekalog im
    Exodusbuch, VT 44 (1994), 205-238, dort 216f.222; C. Körting/H. Spieckermann, Art.
    Sabbat I. Altes Testament, TRE 29 (1998), 518-521; B. Lang, Art. Sabbatgebot, NBL III
    (2001), 391-394.

5   Kaiser, Gott (s. Anm. 3), 327.

rellem Gedächtnis«[6] begründet: »Du sollst daran denken, dass du im Lande Ägypten Sklave gewesen bist und dass Jahwe, dein Gott, dich von dort mit starker Hand und ausgestrecktem Arm herausgeführt hat. Deshalb hat Jahwe, dein Gott, dir geboten, den Tag des Sabbats einzuhalten« (V. 15). Im Folgenden werde ich dieser Begründung, die das Herz des Sabbatgebots im Dtn bildet, etwas näher nachgehen und sie mit ihren Parallelen (Dtn 15,15; 16,12; 24,18.22) und einigen anderen nahe liegenden Formulierungen (Dtn 15,11; 16,3) untersuchen, um am Ende zu dem Ergebnis zu gelangen, dass alle diese Stellen auf den nachexilischen, spätdeuteronomistischen Redaktor zurückgehen, der bereits in Dtn 5 das Sabbatgebot zum Zentrum des Dekalogs gemacht hat.

2. Das dekalogische Sabbatgebot nach Dtn 5,12-15

Die in Dtn 5,15 vorliegende Begründung des Sabbatgebots weist eine dreigliedrige Argumentationsstruktur auf, die mit kleinen Variationen an den späteren Stellen wiederkehrt: (1.) Am Anfang steht der Appell zum »Gedenken« (זכר), (2.) dessen Objekt und Inhalt das einstige Sklavendasein Israels in Ägypten und die Befreiung durch Jahwe sind, was (3.) als Motiv (על כן »deshalb«) für die göttliche Verfügung dient, dass Israel den Sabbat einhalten soll. Weil Jahwe sein Volk befreit hat, kommt ihm das Recht zu, von seinem Volk ein entsprechendes Verhalten zu erwarten. Das Volk hat die Pflicht, die eigene Vergangenheit wach zu halten, um zur empathischen Solidarität mit Sklaven und anderen abhängigen Menschengruppen fähig zu sein und so den Willen seines Befreiers aus Dankbarkeit zu befolgen.[7]

Der entscheidende Hinweis für die richtige Einordnung von Dtn 5,15 folgt aus der Beobachtung, dass dieser Vers einen integralen Bestandteil des Sabbatgebots in Dtn 5,12-15 bildet, indem er sich ausdrücklich auf V. 12 bezieht und damit das ganze Gebot rahmt.[8] Abgesehen von den wörtlichen Entsprechungen zwischen V. 12 und V. 15b (»der Tag des Sabbats«, das Verb »gebieten« und »Jahwe, dein Gott«) ist zu beachten, dass auch dem Verb שמר »bewahren, achten«, das das ältere, aber im diesem Gebrauch schon späte,

---

6 Vgl. das gleichnamige Buch von J. Assmann, Das kulturelle Gedächtnis. Schrift, Erinnerung und politische Identität in frühen Hochkulturen, ³2000.

7 Vgl. W. Schottroff, ›Gedenken‹ im Alten Orient und im Alten Testament, WMANT 15, 1964, 119f. Es ist nicht sachgemäß, den psychologischen gegen den theologischen Aspekt in Dtn 5,15 auszuspielen, wie es bei B.S. Childs geschieht: »Memory does not serve to arouse a psychological reaction of sympathy for slaves. Rather, quite the reverse is true. Israel observes the Sabbath *in order to* remember her slavery and deliverance« (Memory and Tradition in Israel, SBT 37, London 1962, 53 [kursiv dort]).

8 N. Lohfink, Zur Dekalogfassung von Dt 5 (1965), in: Ders., Studien zum Deuteronomium und zur deuteronomistischen Literatur I, SBAB 8, 1990, 193-209, dort 198f.

priesterlich geprägte Verb זכר »gedenken« der Vorlage Ex 20,8 ersetzt[9], eine sinnvolle Funktion in der Komposition von Dtn 5,12-15 zukommt: Das Verb שמר, das in priesterschriftlicher und nachexilischer Literatur noch häufiger als זכר für die Einhaltung des Sabbats verwendet wird (vgl. Ex 31,13.14.16; Lev 19,3.30; 26,2; Jes 56,2.4.6), besitzt den Vorteil, dass es im Verbund mit dem in V. 15 bezeugten Verb עשה die im Sprachgebrauch des Dtn verankerte feste Verbindung לעשות + שמר erzeugt[10] und somit die innere Zusammengehörigkeit des einleitenden (V. 12) und abschließenden (V. 15) Rahmenteils verstärkt.[11] Der Austausch des Verbs זכר, das in Ex 20,8 tathafte Erinnerung im Sinne von »beachten, einhalten« bedeutet (vgl. Ps 103,18; 109,16; Hi 36,24),[12] empfahl sich in Dtn 5,12 auch deshalb, weil dem Redaktor dadurch Raum blieb, dasselbe Verb in Dtn 5,15 mit einer anderen Nuance, nämlich im Sinne einer Rückerinnerung an die Erfahrung der Vergangenheit zu benutzen.[13]

In der abschließenden Begründung »Deshalb hat Jahwe, dein Gott, dir geboten, den Tag des Sabbats einzuhalten« fällt auf, dass das Verb im Perfekt steht (צוך) und somit auf die Vergangenheit hinweist, während der entsprechende Motivsatz sonst immer mit dem Partizip מצוך (Dtn 15,11.15; 24,18.22, vgl. 19,7) oder einmal mit dem Perf. cons. ושמרת (Dtn 16,12) formuliert wird, wobei sich eine Beziehung auf die gerade vorliegende, von Mose jetzt verkündete Gesetzesbestimmung ergibt. Das auffallende Tempus findet seine natürliche Erklärung darin, dass der Redaktor in Dtn 5,15 mit dem Perfekt den Rückverweis »wie Jahwe, dein Gott, dir geboten hat« im Auge behält, der in Dtn 5,12b als Erweiterung gegenüber Ex 20,8 vorkommt.[14] Angesichts der Tatsache, dass derselbe Rückverweis auch im

---

9 Die nächsten Parallelen für זכר mit einem kultischen Tag als Objekt finden sich in Ex 13,3; Dtn 16,3; Est 9,28, die alle nachexilisch sind (s. A. Lemaire, Le Décalogue: Essai d'histoire de la rédaction, in: A. Caquot/M. Delcor [Hg.], Mélanges bibliques et orientaux en l'honneur de M. Henri Cazelles, AOAT 212, 1981, 259-295, dort 276f.; F.-L. Hossfeld, Der Dekalog. Seine späten Fassungen, die originale Komposition und seine Vorstufen, OBO 45, 1982, 41 mit Anm. 91).

10 Vgl. Dtn 5,32; 6,3.25; 8,1; 11,22.32; 12,1; 13,1; 15,5; 17,10.19; 19; 24,8bis; 28,1.13.15.58; 31,12; 32,46. Die Kombination ist jedoch nicht auf das Dtn beschränkt (vgl. Ex 31,16 P im Zusammenhang des Sabbats).

11 Lohfink, Studien (s. Anm. 8), 198; Hossfeld, Der Dekalog (s. Anm. 9), 41.

12 Schottroff, ›Gedenken‹ (s. Anm. 7), 153-156.

13 Vgl. S. Mittmann, Deuteronomium 1,1-6,3 literarkritisch und traditionsgeschichtlich untersucht, BZAW 139, 1975, 141f.; M. Weinfeld, Deuteronomy 1-11. A New Translation with Introduction and Commentary, AncB 5, 1991, 303.

14 Vgl. Lohfink, Studien (s. Anm. 8), 198f. Wer hingegen wie B. Renaud von der Priorität des Dtn-Sabbatgebots ausgeht und zugleich den späten Charakter von Dtn 5,12 konzediert, der vermag den angeblich alten Bestand von Dtn 5,15b nur durch massive Textänderungen zu retten (B. Renaud, La théophanie du Sinaï Ex 19-24. Exégèse et Théologie, CRB 30, 1991, 24-31).

Elterngebot des Dtn (5,16) als zusätzliches Element (V. 16aβ) gegenüber Ex 20,12 begegnet, liegt die Annahme am nächsten, dass beide Male auf das entsprechende ältere Dekaloggebot von Ex 20 verwiesen wird,[15] und nicht etwa beim Sabbatgebot auf die Arbeitsverbote in Ex 34,21a bzw. 23,12 oder beim Elterngebot auf die Todessätze in Ex 21,15.17[16]. Außerdem deutet die identische Formulierung der Rückverweise in Dtn 5,12b und 5,16aβ darauf hin, dass sie beide auf den späten Sabbatgebotredaktor des Dtn zurückgehen.

Bei Dtn 5,15 ist auch seine enge Beziehung zu V. 14 zu berücksichtigen. Der Finalsatz »damit dein Sklave und deine Sklavin ruhen können wie du« (v. 14bβ), dessen Hintergrund in Ex 23,12b liegt, enthält erstens das zentrale Stichwort עבד »Sklave« und zweitens in כמוך »wie du (selber)« eine Anspielung auf die persönliche Befindlichkeit des Angesprochenen, die beide in V. 15aα zusammengeführt werden. Nach V. 14bβ befinden sich der Sklave und der freie Israelit zwar in einer unterschiedlichen rechtlichen Position, teilen jedoch das gemeinsame Bedürfnis nach Ruhe. Vers 15aα fügt das wichtige psychologische Argument hinzu, dass auch der freie Israelit selber das Sklavenschicksal aus eigener Vergangenheit kennt und sich kraft vergegenwärtigender *memoria* in die Lage des Sklaven versetzen kann (vgl Ex 23,9), womit zwar der rechtliche Unterschied zwischen dem Sklaven und Freien nicht aufgehoben, aber immerhin relativiert wird. Außerdem soll der freie Israelit dessen gedenken, dass er seine eigene Freiheit nicht sich selber, sondern seinem Gott verdankt, der ihn aus dem Lande Ägypten herausführt hat, wie in V. 15aβ unter bewusster Anknüpfung an den Prolog des Dekalogs (V. 6) zum Ausdruck kommt[17]. Das psychologische Argument (V. 15aα), das an V. 14bβ anknüpft, und das theologische Argument (V. 15aβ), das auf den Prolog hinweist, bilden mithin eine organische Einheit[18] und bestätigen die wohl überlegte Architektur von Dtn 5,12-15.

Die Stellung des Sabbatgebots als Mitte des Dtn-Dekalogs zeigt sich aber nicht allein in seinem über Ex 20 hinausgehenden Rückverweis, den V. 15[19] zum Exoduscredo des Prologs herstellt, sondern auch darin, dass es im Unterschied zu Ex 20 durch eine Stichwortverbindung mit dem letzten Gebot

---

15 Vgl. D.E. Skweres, Die Rückverweise im Buch Deuteronomium, AnBib 79, 1979, 183.

16 So etwa Hossfeld, Dekalog (s. Anm. 9), 56.69, der die Priorität des Dtn-Dekalogs verteidigt und deshalb gezwungen ist, die Referenz der Rückverweise außerhalb von Ex 20 zu suchen.

17 Lohfink, Studien (s. Anm. 8), 200f.

18 Es wäre verfehlt, mit Mittmann, Deuteronomium (s. Anm. 13), 136, einen literarischen Bruch zwischen V. 15aα und V. 15aβ zu postulieren und so eine feste Struktur zu zerstören.

19 Es sei darauf hingewiesen, dass sich V. 15 mit V. 14bβ auf die Formulierung von Ex 20,11 ausgewirkt hat, was die grundsätzliche Priorität der Ex-Fassung jedoch nicht in Frage stellt, weil es sich bei Ex 20,11 um eine einzelne Ergänzung handelt (C. Levin, Der Dekalog am Sinai [1985], in: Ders., Fortschreibungen [s. Anm. 2], 60-80, dort 65).

(Dtn 5,21b) verbunden ist. Die Liste der zur Sabbatruhe Berechtigten ist in Dtn 5,14bα gegenüber der Vorlage Ex 20,10b um »dein Rind und Esel« erweitert worden,[20] die dann in der Liste der verbotenen Objekte des Begehrens in V. 21b wiederkehren (vgl. auch Ex 20,17b).[21] »Dein Rind und Esel« (שורך וחמרך) gehen auf die Begründung der Ruhetagsvorschrift des Bundesbuches Ex 23,12b (»damit dein Rind und Esel ruhen können«) zurück, auf die der Sabbatgebotredaktor des Dtn auch in seiner Ex 20,10b ergänzenden Formulierung von Dtn 5,14bβ (»damit dein Sklave und deine Sklavin ruhen können wie du«) zurückgreift.[22]

Näher besehen spricht einiges dafür, dass der Sabbatgebotredaktor des Dtn auch die Begehrensverbote aus der Perspektive des Sabbatgebots von Dtn 5,12-15 überarbeitet hat. Die Entwicklung ging auch bei diesen Geboten von Ex 20 aus, wo vermutlich ursprünglich zwei parallele Prohibitive nebeneinander standen: »Du sollst nicht nach dem Haus deines Nächsten verlangen« (das 9. Gebot) und »Du sollst nicht nach der Frau deines Nächsten verlangen« (das 10. Gebot).[23] Das weitere Wachstum erfolgte jedoch im Bereich von Dtn 5,21, wo die Gebote in der nächsten Phase wahrscheinlich die folgende Gestalt bekamen: »Du sollst nicht nach der Frau deines Nächsten verlangen (תחמד), und du sollst nicht das Haus deines Nächsten begehren (תתאוה), nicht sein Feld und überhaupt nichts, was deinem Nächsten gehört.«[24] Die neue Stellung der Frau an der Spitze der Prohibitive sowie die Ausdifferenzierung der Verba (חמד Qal und אוה Hitpa.) beruhen auf der allgemeinen Tendenz des Dtn zur Verbesserung der rechtlichen Lage der Frau.[25] Das an die zweite Position gerückte »Haus« (בית), das in erster Linie das konkrete Wohnhaus mit dem Grundstück und im abgeleiteten Sinne auch die dort lebende Hausgemeinschaft bezeichnet,[26] ließ sich leicht durch das

---

20 Die Priorität des Wortlauts von Ex 20,10b gegenüber Dtn 5,14bα (gegen Hossfeld, Dekalog [s. Anm. 9], 46) tritt darin in Erscheinung, dass es in Dtn 5,14bα nach der Ergänzung »dein Rind und Esel« erforderlich wurde, vor בהמתך, das bereits jedes Vieh bezeichnet, die Partikel כל hinzuzufügen (»dein Rind und dein Esel und dein ganzes Vieh«), damit die Liste im Falle der Haustiere nicht tautologisch wird (vgl. Lohfink, Studien [s. Anm. 8], 200 Anm. 24; Weinfeld, Deuteronomy [s. Anm. 13], 308), während die Auslassung von כל in Ex 20,10b schwerer erklärbar wäre, wenn es schon in der Vorlage gestanden hätte.

21 Lohfink, Studien (s. Anm. 8), 200.

22 Vgl. Hossfeld, Dekalog (s. Anm. 9), 47f.; Weinfeld, Deuteronomy (s. Anm. 13), 308; C. Levin, Fortschreibungen (s. Anm. 19), 66.

23 Vgl. K.-D. Schunck, Das 9. und 10. Gebot – jüngstes Glied des Dekalogs?, ZAW 96 (1984), 104-109, dort 106.

24 So auch Hossfeld, Dekalog (s. Anm. 9), 139, und E. Otto hinsichtlich des zweiten Prohibitivs (Theologische Ethik des Alten Testaments, ThW 3,2, 1994, 213).

25 Vgl. W.H. Schmidt, Die Zehn Gebote im Rahmen alttestamentlicher Ethik. In Zusammenarbeit mit H. Delkurt und A. Graupner, EdF 281, 1993, 132f.

26 HALAT, 119b-120a.

»Feld« (vgl. Jes 5,8; Mi 2,2) und die das gesamte sonstige Eigentum zusammenfassende Wendung »alles, was NN gehört« (vgl. Gen 39,5; II Reg 8,5f.) erweitern. Seine in Dtn 5,21b vorliegende volle Form erreichte das letzte Gebot dadurch, dass die Objektreihe, die nun eine Eigentumsliste geworden war, mit dem Sabbatgebot des Dtn verglichen und um die dort (V. 14bα) erwähnten, zur Sabbatruhe verpflichteten und zum Eigentum des freien Bürgers gehörenden »Sklaven« und »Sklavin«, »Rind« und »Esel« erweitert wurde,[27] vgl.:

Dtn 5,14b ... ‏ועבדך ואמתך ושורך וחמרך‎
Dtn 5,21b ... ‏ועבדו ואמתו שורו וחמרו‎

Die Ergänzung der Immobilienliste durch die lebenden Anteile des Eigentums, Sklaven[28] und Arbeitstiere, hatte zur Folge, dass eine Stichwortverbindung mit dem Sabbatgebot zustande kam und die Sklaven, deren menschenwürdige Behandlung diesem Redaktor offenbar am Herzen lag, eine ausdrückliche Erwähnung unter den verbotenen Objekten des Begehrens im letzten Gebot fanden. Damit hat sich erwiesen, dass der späte Redaktor, der das Sabbatgebot dem Umfang und der Stellung nach zur Mitte des Dtn-Dekalogs (5,12-15) machte, darüber hinaus auch im Bereich des 4. (V. 16aβ) und 10. Gebots (V. 21b) tätig gewesen ist, was die Vermutung nahe legt, dass seine Spuren auch in anderen Teilen des Dtn erkennbar sein könnten.

3. Weitere Spuren der Sabbatgebotredaktion im Dtn

Das Augenmerk ist vor allem auf die Stellen zu richten, an denen im Dtn die Einhaltung von sozialethischen oder anderen humanen Bestimmungen ganz ähnlich wie im Sabbatgebot mit dem Hinweis auf die eigene Vergangenheit der Israeliten als Sklaven im Lande Ägypten motiviert wird (Dtn 15,15; 16,3.12; 24,18.22). Gewöhnlich werden diese Stellen als ursprünglich und deshalb auch als Vorbilder für die Sabbatbegründung des Dtn (5,15) angese-

---

27 Die letzte Gestalt der Liste liegt in Ex 20,17b vor, wo das »Feld« wegen der vorangehenden »Frau« (V. 17a) ausgelassen und die Liste auch hinsichtlich der Kopula vor dem »Rind« an das Sabbatgebot angeglichen wurde. Übersehen blieb hingegen, dass die ganze Liste ihren sachgemäßen Ort direkt hinter dem »Haus deines Nächsten« (V. 17a) gehabt hätte (vgl. Dtn 5,21b).

28 Das für die weibliche Sklavin gebrauchte Wort ‏אמה‎ fällt als Teil einer Eigentumsliste auf, da es gewöhnlich die Sklavin hinsichtlich ihrer weiblichen Charakterzüge (Schutzbedürftigkeit, Schwachheit usw.) bezeichnet, während das zu erwartende Wort ‏שפחה‎ wäre, das die Sklavin vornehmlich als Arbeitskraft wertet (Hossfeld, Dekalog [s. Anm. 9], 115f.). Der Sprachgebrauch erklärt sich jedoch ungezwungen als Anleihe bei Dtn 5,14bα, wo ‏אמה‎ zusammen mit den anderen zur Sabbatruhe berechtigten Mitgliedern der Hausgemeinschaft im richtigen Kontext erscheint.

hen,[29] was wahrscheinlich auch die Einschätzung von Dtn 5,12-15 als »deuteronomistisch« – trotz zahlreicher später und priesterlicher Züge – begünstigt
hat[30].

Die erste dieser Stellen, Dtn 15,15, begegnet mitten in dem Gesetz über
die Freilassung eines hebräischen Sklaven nach sechs Dienstjahren (15,12-
18) und lautet: »Du sollst daran denken, dass du Sklave gewesen bist im
Lande Ägypten und dass Jahwe, dein Gott, dich freigekauft hat (וַיִּפְדְּךָ).
Darum gebiete ich dir (מְצַוְּךָ) heute dieses (אֶת הַדָּבָר הַזֶּה הַיּוֹם).« Der
Wortlaut weist nur einige geringfügige Unterschiede im Vergleich zu Dtn
5,15 auf, die zum größten Teil auf dem Kontext beruhen. Während das Exoduscredo 5,15 in Anknüpfung an den Prolog des Dekalogs (V. 6) die »Herausführung« anhand des Verbs יצא Hif. benennt, wird der Tatbestand hier
dem Kontext gemäß, in dem es um die Entlassung eines Schuldsklaven geht,
mit dem juristischen Terminus פדה als Freikauf aus der Sklaverei (vgl. Ex
21,8.30; 34,20) bezeichnet. Die Befreiung Israels aus Ägypten begegnet im
Dtn mit diesem Verb formuliert nur in jungen Texten (Dtn 7,8; 9,26; 13,6;
21,8; 24,18). Die übrigen Unterschiede finden sich in dem Promulgationssatz: Mose erscheint hier als Subjekt des Satzes, weil es sich anders als im
Dekalog um ein von Mose verkündetes Gesetz handelt, und die Begründung
betrifft das gerade erlassene Gesetz mit seinen paränetischen Zusatzbestim-
mungen, weshalb in Dtn 15,15 die partizipiale Formulierung מְצַוְּךָ, ergänzt
durch הַיּוֹם, benutzt und auf das Gesetz samt seinen ethischen Verpflichtun-
gen mit dem umfassenden Begriff הַדָּבָר הַזֶּה angespielt wird.

Die Begründung der Freilassung des hebräischen Sklaven mit der Erinnerung an das eigene Sklavenschicksal in Ägypten erscheint zwar sachlich
durchaus logisch, aber trotzdem erheben sich Bedenken gegen ihre Ursprünglichkeit.[31] Die Tatsache, dass ihr das Vorbild in dem älteren
Sklavengesetz des Bundesbuches (Ex 21,2-6) fehlt, wiegt nicht besonders
schwer, denn es könnte ja sein, dass der »deuteronomische« Redaktor die

29 Vgl. Lemaire, Décalogue (s. Anm. 9), 281; Hossfeld, Dekalog (s. Anm. 9), 48.249;
Levin, Fortschreibungen (s. Anm. 2), 65.
30 So etwa Hossfeld, Dekalog (s. Anm. 9), 251, und Körting/Spieckermann, Sabbat (s. Anm.
4), 519. Vgl. meine Stellungnahme zu dem angenommenen deuteronomistischen Ursprung des Sabbatgebots in: Moses Erben (s. Anm. 1), 68f.
31 Als Zusatz gilt Dtn 15,15 z.B. für F. Horst (Das Privilegrecht Jahwes. Rechtsgeschichtli-
che Untersuchungen zum Deuteronomium [1930], in: Ders., Gottes Recht. Gesammelte
Studien zum Recht im Alten Testament, TB 12, 1961, 17-154, dort 101), G. Nebeling
(Die Schichten des deuteronomischen Gesetzkorpus. Eine traditions- und redaktionsgeschichtliche Analyse von Dtn 12-26, Diss. Ev.-theol. Münster 1970, 88) und I. Cardellini
(Die biblischen »Sklaven«-Gesetze im Lichte des keilschriftlichen Sklavenrechts, BBB
55, 1981, 275).

Begründung als theologisches Interpretament hinzufügte[32]. Gegen diese Hypothese spricht jedoch der Umstand, dass der Begründung (V. 15) in V. 14b bereits ein älterer Zusatz[33] (»Womit Jahwe, dein Gott, dich gesegnet hat, das sollst du ihm geben«) vorangeht, der von dem bundestheologischen deuteronomistischen Redaktor DtrB stammt. Dieser frühnachexilische Redaktor, bei dem Segen ein durchgehendes Thema bildet,[34] hat das Sklavengesetz in dessen Mitte (V. 14b) und Ende (V. 18b) mit Segensaussagen versehen und es so in eine engere Verbindung mit den vorangehenden Gesetzen über die Zehnten (14,22-29) und die Sch^{e}mitta (15,1-11) gebracht, die er ebenfalls mit Segensverheißungen gegliedert und theologisch akzentuiert hat (V. 14,24b.29b; 15,4b.6a.10b).[35] Daraus ergibt sich, dass die Begründung von V. 15, die den Kommentar des bundestheologischen Redaktors in V. 14b voraussetzt, bereits eine tertiäre Stufe in der Textentstehung vertritt, was mit den oben dargestellten Beobachtungen zur späten Herkunft des Sabbatgebots in Dtn 5,12-15 übereinstimmt.

An dieser Stelle ist ein Seitenblick auf das vorangehende Sch^{e}mitta-Gesetz (15,1-11) erforderlich, das in V. 4-6.7abg.10 eine eingehende bundestheologische Bearbeitung mit Segensaussagen an zentralen Stellen (V. 4b.6a.10b) erfahren hat.[36] Ganz ähnlich wie im Sklavengesetz folgt aber auch hier einer Segensaussage des bundestheologischen Redaktors (V. 10b) in V. 11 die noch jüngere Bemerkung[37]: »Denn nie wird es an Armen fehlen im Lande. Darum gebiete ich dir (על כן אנכי מצוך): Du sollst deine Hand öffnen deinem notleidenden und armen Bruder in deinem Land.« Es fehlt zwar der Hinweis auf das Sklavenschicksal und die Befreiung aus Ägypten gänzlich, aber gleichwohl erinnern die Argumentationsstruktur und besonders die Gestalt des Promulgationssatzes so bemerkenswert an die früher behandelten Stellen (Dtn 5,5; 15,15), dass eine gemeinsame Herkunft nicht ausgeschlossen ist. Auf der inhaltlichen Ebene bleibt zu beachten, dass der späte Verfasser von V. 11 deutlich im kritischen Sinne Stellung zu dem nomistisch begründeten Optimismus des bundestheologischen Redaktors bezieht, nach dem

---

32 Ungefähr in diesem Sinne werden die theologischen Motivationen in Dtn 15,14b.15.18 von R. Albertz gedeutet (Religionsgeschichte Israels in alttestamentlicher Zeit, GAT 8/1, 1992, 341 mit Anm. 153).

33 Vgl. ähnlich Merendino, Gesetz, 113; Nebeling, Schichten (s. Anm. 31), 88, und Cardellini, »Sklaven«-Gesetze (s. Anm. 31), 275.

34 Siehe z.B. Dtn 4,29.31; 6,17a.18; 7,12-8,18*; 11,8-15.22-27; 12,28; 13,18b; 15,4.6.

35 Siehe Verf., Bundestheologische Redaktion im Deuteronomium (1996), in: Ders., Moses Erben (s. Anm. 1), 153-175, dort 169.

36 Siehe Verf., Moses Erben (s. Anm. 1), 162-164.

37 Sie ist als Zusatz erkannt worden z.B. von Horst, Gottes Recht (s. Anm. 31), 94, und E. Otto, Gottes Recht als Menschenrecht. Rechts- und literarhistorische Studien zum Deuteronomium, Beihefte zur Zeitschrift für Altorientalische und Biblische Rechtsgeschichte 2, 2002, 219 Anm. 523.

es keine Armen im Lande mehr gibt, wenn Israel nur das Gesetz hält (V. 4-5). Dagegen wendet sein Nachfolger in V. 11 nüchtern ein, dass es trotz aufrichtiger Gesetzesbefolgung nie an Armen fehlen wird (vgl. Mt 26,11), weshalb Maßnahmen zur Linderung der sozialen Not immer aktuell bleiben. Damit leistet der späte Redaktor ein Stück gesunder Ideologiekritik, die die Armen vom Stigma fehlender Frömmigkeit und Gott vom Vorwurf mangelnder Gerechtigkeit befreit (vgl. Lk 13,1-4).

Im Festkalender des Dtn (16,1-17) begegnet am Ende der Bestimmungen über das Wochenfest (V. 9-11) in V. 12 als zusätzliches, die feste Struktur des Kalenders sprengendes Element[38] die Mahnung: »Du sollst daran denken, dass du Sklave gewesen bist in Ägypten, und sollst diese Satzungen bewahren und befolgen.« Sie unterscheidet sich von ihren früher behandelten Parallelen Dtn 5,15 und 15,15 erstens darin, dass ihr das eigentliche Exoduscredo fehlt (vgl. 24,22), aber im Lichte der anderen, ähnlichen Stellen dürfte wahrscheinlich sein, dass hier eine abgekürzte Aussage vorliegt, die gedanklich mit der Befreiung aus Ägypten zu ergänzen ist. Zweitens erhält das dritte Glied der Argumentation nicht wie frühere Fälle (5,15; 15.11.15) den begründenden Satz »Deshalb hat Jahwe, dein Gott, dir geboten ...« bzw. »Deshalb gebiete ich dir ...« als Einleitung, sondern die direkte Fortsetzung mit kons. Perfekta: ‏ושמרת ועשית את החקים האלה‎. Die abweichende Formulierung enthält jedoch kaum einen Bedeutungsunterschied; vielmehr wird die Konsequenz, die sich aus der Erinnerung an die eigene Vergangenheit für das heutige Verhalten ergibt, direkt ohne »deshalb« und den Promulgationssatz gezogen. Es verdient besondere Beachtung, dass das normgemäße Verhalten anhand der Verba ‏שמר‎ »bewahren« und ‏עשה‎ »tun, befolgen« zum Ausdruck kommt, die im Dtn gern ein Paar bilden und in der Rahmung des Dtn-Dekalogs (5,12.15) einander ergänzen (s.o.).

Die älteren Vorschriften über das Wochenfest in Dtn 16,9-11 enthalten auch einige Eigentümlichkeiten, die gerade an das Sabbatgebot des Dtn erinnern und deshalb die Ergänzung V. 12 veranlasst haben können: Das Wochenfest, dessen hebräischer Name Schabuot (‏שבעת‎) sich aus der Zahl sieben (‏שבע‎) ableitet, soll »sieben Wochen« nach dem Beginn der Kornernte begangen werden (V. 9), was leicht mit dem Sabbat, dem siebten Tag der Woche, zu assoziieren war. Noch schwerer dürfte jedoch beim Sabbatgebotredaktor die Ähnlichkeit gewogen haben, dass sich in V. 11 eine ausführliche Liste der Kultteilnehmer findet, die hinsichtlich der Elemente »du, dein Sohn

---

38 In dem ursprünglichen Festkalender stand am Ende der Vorschriften über jedes einzelne Fest der Verweis auf den erwählten Kultort (V. 6*.11.15a). Nähere Begründung erfolgt in meinem Dtn-Kommentar (erscheint 2004 im ATD). Zur sekundären Herkunft von V. 12 vgl. C. Steuernagel, Das Deuteronomium, HK I/3,1, ²1923, 144; Horst, Gottes Recht (s. Anm. 31), 120; Merendino, Gesetz (s. Anm. 33), 135; A.D.H. Mayes, Deuteronomy, NCBC, ²1981, 260.

und deine Tochter, dein Sklave und deine Sklavin ... und die Fremden« mit
der in Dtn 5,14 vorliegenden Liste der zur Sabbatruhe Berechtigten zusammenfällt und zusätzlich noch neben den Leviten auch die im Dtn üblichen
»Waisen und Witwen« erwähnt,[39] die als *personae miserae* dazu geeignet
waren, die Gedanken auf das eigene Sklavenschicksal zu richten (vgl. Dtn
24,18.22). Näher besehen ist der Redaktor beim Wochenfest ganz ähnlich
wie schon beim Sabbat verfahren; denn im Falle des Sabbatgebots lag ihm in
der Ex-Vorlage eine Liste der zur Arbeitsruhe Verpflichteten vor (Ex
20,10b), die er in Dtn 5,14ba in erweiterter Form übernahm und an die er
seine eigene, sozialethische (V. 14bβ) und heilsgeschichtliche Begründung
(V. 15) anhängte.

Alle diese Beobachtungen deuten darauf hin, dass auch die Mahnung von
Dtn 16,12 auf den Sabbatgebotredaktor zurückgeht. Im Lichte der anderen
Formulierungen des Redaktors wäre es kaum sachgemäß, den Zweck von V.
12 allein darin zu sehen, das soziale Gewissen der Israeliten gegenüber den in
V. 11 genannten personae miserae zu sensibilisieren,[40] denn darüber hinaus –
wie im Falle des Sabbats (5,15) – wird ja eine neue, heilsgeschichtliche Begründung für das Begehen des Wochenfestes insgesamt gegeben. Nur so lässt
sich verstehen, dass der Redaktor die Adressaten zur Bewahrung und Befolgung »dieser Satzungen« (האלה החקים) verpflichtet, mit denen natürlich all
die oben (V. 9-11) erteilten Regeln, die das Wochenfest betreffen, gemeint
sind. Allerdings sieht es so aus, dass die neue Begründung zu spät kam, um
sich durchsetzen zu können, was daraus zu schließen ist, dass das Heiligkeitsgesetz sie in seinen Bestimmungen über das Wochenfest (Lev 23,15-21)
noch nicht zu kennen scheint.

Im Zusammenhang mit dem Festkalender des Dtn ist weiterhin zu erwägen, ob der Sabbatgebotredaktor vielleicht schon etwas früher in den älteren
Text bearbeitend eingegriffen hat. Dieser Verdacht erhebt sich bei der Pe-
sach-Mazzot-Ordnung (V. 1-8) im Blick auf V. 3, wo zwei späte Ergänzungen vorliegen, die einander erklären: erstens עני לחם »Brot des Elends« (V.
3aβ*), das die zuvor erwähnten ungesäuerten Brote (Mazzot) erläutert, und
zweitens der Finalsatz »damit du dein ganzes Leben lang des Tages deines
Auszugs aus dem Lande Ägypten gedenkst« (V. 3bβγ), der die Erklärung
dafür gibt, warum die als »Brot des Elends« bezeichneten Mazzot während

---

39 Vgl. sonst Dtn 10,18; 14,29; 16,14; 24,17.19.20.21; 26,12.13; 27,19.
40 So wird die Absicht von V. 12 gewöhnlich gedeutet, s. etwa P. Buis/J. Leclercq, Le
   Deutéronome, SBi, 1963, 126; Mayes, Deuteronomy (s. Anm. 38), 260; G. Braulik,
   Leidensgedächtnisfest und Freudenfest. »Volksliturgie« nach dem deuteronomischen
   Festkalender (Dtn 16,1-17) (1981), in: Ders., Studien zur Theologie des Deuteronomiums, SBAB 2, 1988, 95-121, dort 113 Anm. 52; E. Reuter, Kultzentralisation. Entstehung
   und Theologie von Dtn 12, BBB 87, 1993, 172.

der Mazzotwoche sieben Tage lang zu essen sind.[41] Obwohl diese Interpreta-
mente, die der jüngsten, nachpriesterlichen Bearbeitung der Pesach-Mazzot-
Ordnung Dtn 16,1-8 angehören,[42] auf die erste Sicht wenig gemeinsam mit
der Argumentation des Sabbatgebotredaktors zu haben scheinen, finden sich
bei näherer Betrachtung jedoch einige beachtliche Berührungspunkte.

Der Ausdruck לחם עני »Brot des Elends« spielt auf die »Bedrückung«
der Israeliten durch die Ägypter an (vgl. Ex 1,12; 3,7.17; 4,31; Dtn 26,7) und
ruft den in Ägypten erlebten harten Fron- und Sklavendienst in Erinnerung
(Ex 5).[43] Damit entspricht er sachlich den oben behandelten Aussagen des
Sabbatgebotredaktors über das einstige Sklavendasein Israels in Ägypten
(Dtn 5,15; 15,15; 16,12). Auch das Verb זכר »gedenken« kommt in V. 3bβ
vor, diesmal jedoch nicht mit dem Sklavendasein, sondern dem Tag des Exodus als Objekt (»damit du deines Auszugs aus dem Lande Ägypten gedenkst«)[44], das zwar formal dem Sprachgebrauch des Sabbatgebots im Ex-
Dekalog Ex 20,8 (»Gedenke des Sabbattages«) entspricht, inhaltlich aber
etwas anderes meint: Hier geht es nämlich nicht um eine weitere Vorschrift
zur Begehung des Pesach-Mazzot-Festes, die bereits in 16,1 anhand der für
das Dtn typischen Termini שמר »beachten« und עשה »tun, feiern« erteilt
worden ist (vgl. Dtn 5,12.15). Vielmehr wird das Verb in 16,3 ähnlich wie
das entsprechende Substantiv זכרון (bzw. זֵכֶר) gelegentlich im nachexilischen Schrifttum gebraucht, wo es in Verbindung mit Festtagen und kultischen Einrichtungen verwendet wird, die durch bestimmte konkrete Zeichen
oder Bräuche versinnbildlicht als »Denkzeichen«[45] dienen und damit ein ver-
gangenes heilsgeschichtliches Ereignis, namentlich das Pesach (Ex 12,14;
13,3.9), für die späteren Generationen vergegenwärtigen sollen (Lev 23,24;
Num 17,5; Jos 4,7, Est 9,28).[46] In Dtn 16,3 bilden die ungesäuerten Brote
(Mazzot) als »Brot des Elends« die Materie des Festes, die den Teilnehmern

---

41 Zu ihrem späten Charakter und inneren Zusammenhang s. Verf., Die Geschichte des
    Pesachfestes im Lichte von Deuteronomium 16,1-8 (1996), in: Moses Erben (s. Anm. 1),
    131-152, dort 132f.150f., und vgl. schon früher Horst, Gottes Recht, 119, und Nebeling,
    Schichten, 98.

42 Siehe Verf., Moses Erben (s. Anm. 1), 132f.150f.

43 Vgl. Raschi zu Dtn 16,3: »das Brot, das an das Elend erinnert, das sie in Ägypten erlit-
    ten«. Anders Braulik, der diese Deutung bestreitet und לחם עני »als Sinnbild des eili-
    gen Aufbruchs« (vgl. V. 3bα) deutet (Studien [s. Anm. 40], 106).

44 Die Bezugnahme auf das Exoduscredo als »Tag des Auszugs« (יצא mit יום als Objekt)
    vertritt späten Sprachgebrauch (vgl. Jer 7,22; 11,4; 34,13; Mi 7,15). Siehe Braulik,
    Studien (s. Anm. 40), 105.

45 Vgl. Schottroff, ›Gedenken‹ (s. Anm. 7), 318; HALAT, 260b. L.A. Hoffman, der den
    Sprachgebrauch in der rabbinischen Terminologie verfolgt, schlägt als Übersetzung
    »pointer« bzw. »signifier« vor (Does God Remember? A Liturgical Theology of
    Memory, in: M.A. Signer [Hg.], Memory and History in Christianity and Judaism, Notre
    Dame IN 2001, 41-72, dort 56-58).

46 Siehe W. Schottroff, Art. זכר, THAT I (1971), 507-518, dort 517.

durch ihr siebentägiges Essen als »Denkzeichen« dienen, »damit« sie über das einstige Elend hinaus der Befreiung durch das grundlegende Exodusgeschehen gedenken und davon so nachhaltig betroffen werden, dass ihnen dieses Ereignis alle Tage verpflichtende Gegenwart bleibt. Der einmalige »Tag des Auszugs aus Ägypten« soll durch vergegenwärtigende Erinnerung orientierende Kraft für »alle Tage deines Lebens« (vgl. Dtn 4,9; 6,2; 17,19) geben. Das Essen der ungesäuerten Brote zum Gedenken erhält hier einen nahezu sakramentalen Symbolwert. Damit zeigt sich, dass das Verb זכר in Dtn 16,3 nicht anders als in der Sabbatgebotredaktion eine aktualisierende Erinnerung an das Exodusgeschehen bedeutet.[47]

Folglich enthalten die Erweiterungen von Dtn 16,3 auf knappem Raum all die wesentlichen Merkmale der Sabbatgebotredaktion: vergegenwärtigende Erinnerung (זכר) an das eigene Sklavendasein in Ägypten und den Auszug von dort, was das zukünftige Leben des Adressaten beständig prägen soll. Obwohl es sich hier nicht ausdrücklich um ein humanes Gesetz, sondern um eine Festordnung handelt, ist die sozialethische Dimension auch hier in dem Terminus לחם עני präsent, der die einmal erlebte »Bedrückung« als negative Folie für das heutige Leben in Freiheit kennzeichnet und daher dem Sklaven- und Frondienst ähnliche soziale Verhältnisse als »Elend« erscheinen lässt. Somit sprechen hier neben der späten, nachpriesterlichen Herkunft der Überarbeitung auch inhaltliche Gesichtspunkte für den Sabbatgebotredaktor als Urheber.

Das letzte Mal begegnet die eigentümliche Gesetzesbegründung unter Berufung auf Israels Ägyptenaufenthalt in Dtn 24,18.22 im Zusammenhang mit humanen Gesetzen, die den Rechtsanspruch der »Fremden, Waisen und Witwen« (Dtn 24,17) sowie ihr Recht auf die Nachlese von Korn, Oliven und Trauben (24,19-21) festlegen. Im ersten Fall (V. 18) weist sie einen Wortlaut auf, der fast wörtlich dem in Dtn 15,15 vorliegenden entspricht: »Du sollst daran denken, dass du Sklave gewesen bist in Ägypten und dass Jahwe, dein Gott, dich von dort freigekauft hat. Darum gebiete ich dir, dieses zu tun.« Im zweiten Fall (V. 22) lautet die Formulierung fast identisch, enthält jedoch keine Bezugnahme auf das Ägyptencredo: »Du sollst daran denken, dass du Sklave gewesen bist im Lande Ägypten. Darum gebiete ich dir, dieses zu tun.« Im Kontext üben die mahnenden Begründungen eine rahmende Funktion aus, indem sie die Nachlesebestimmungen (V. 19-21) von beiden Seiten umgeben.[48] Mitten in diesen Bestimmungen findet sich aber in V. 19b ein

---

47 So auch Schottroff, ›Gedenken‹ (s. Anm. 7), 126, und Braulik, Studien (s. Anm. 40), 105f.
48 Vgl. G. Braulik, Die dekalogische Redaktion der deuteronomischen Gesetze. Ihre Abhängigkeit von Levitikus 19 am Beispiel von Deuteronomium 22,1-12; 24,10-22; 25,13-16 (1995), in: Ders., Studien zum Buch Deuteronomium, SBAB 24, 1997, 147-182, dort 167.

offenbar schon älterer motivierender Satz »damit Jahwe, dein Gott, dich bei
aller Arbeit deiner Hände segne«, der mit den Segensaussagen der bundestheologischen Redaktion (DtrB) übereinstimmt[49] und mit großer Wahrscheinlichkeit von ihr herrührt.

Das auslösende Moment für die nachträglichen Begründungen in V. 18
und 22[50] bildete offenkundig die Trias »die Fremden, Waisen und Witwen«,
die beide Mal unmittelbar vorangeht (V. 17.21)[51] und außerdem noch zweimal in den Nachleseverboten vorkommt (V. 19.20). Damit liegt auf der
Hand, dass die Begründung in beiden Fällen auf die humane Behandlung
dieser Menschengruppen zielt. Es fällt allerdings auf, dass die Rechte der
Fremden, Waisen und Witwen unter Berufung auf Israels Dasein als *Sklave*
(עבד) in Ägypten begründet wird, wodurch eine kleine Inkongruenz entsteht.
Sie erklärt sich jedoch als Folge einer verallgemeinernden Argumentation,
die von Israels Sklavendasein ausgeht (Dtn 5,6), aber sich schon bald aus-
weitet und über die Sklaven hinaus abstrahierend auch andere mit Sklaven
vergleichbare, abhängige Menschengruppen einschließt. Das ist der Fall bereits im Dekalog, in dem neben den Sklaven und Sklavinnen auch die Fremden berücksichtigt werden (Dtn 5,14b), und das betrifft noch deutlicher den
Festkalender (Dtn 16,1-17): Dort schließt sich die Begründung mit dem
Sklavendasein Israels in Ägypten (V. 12) an eine ausführliche Kultteilneh-
merliste (V. 11) an, die neben den Sklaven, Sklavinnen und Leviten an letzter
Stelle eben »die Fremden, Waisen und Witwen« aufzählt und damit eine nahe
liegende Parallele zu Dtn 24,18.22 bildet. Darüber hinaus entspricht die in
Dtn 16,12 vorliegende Variante der Begründung auch darin der Formulierung
von Dtn 24,22, dass in beiden Fällen das zweite Glied der Argumentation,
das Ägyptencredo, fehlt, das jedoch hier wie dort gedanklich zu ergänzen
ist.[52] In Dtn 16,12 konnte es unerwähnt bleiben, weil der Redaktor den Ägyp-
tenauszug schon in V. 3 zitiert hatte (vgl. V. 1). In Dtn 24,22 empfahl sich
eine abgekürzte Anspielung um so eher, als der Redaktor kurz vorher, in

---

49 Siehe oben und vgl. hier besonders Dtn 12,7; 14,29b; 15,10b.18b; 23,21b.

50 Dass beide Verse sekundär sind, hat Nebeling, Schichten (s. Anm. 31), 223.225, richtig
    erkannt, sie jedoch fälschlich auf einer frühdeuteronomischen Stufe angesiedelt. Vgl.
    zum späteren Charakter von V. 18 auch Merendino, Gesetz (s. Anm. 33), 306f.; C. Bult-
    mann, Der Fremde im antiken Juda. Eine Untersuchung zum sozialen Typenbegriff ›ger‹
    und seinem Bedeutungswandel in der alttestamentlichen Gesetzgebung, FRLANT 153,
    1992, 84, und M. Rose, 5. Mose, ZBK.AT 5, 1994, 198f. Es verdient Beachtung, dass die
    entsprechenden Bestimmungen des Bundesbuches (Ex 23,6) und Heiligkeitsgesetzes
    (Lev 19,9f; 23,22) noch keine Begründung dieser Art kennen, was für ihre späte Herkunft
    spricht.

51 In V. 17 besteht der Verdacht, dass auch dort גר, יתום und אלמנה ursprünglich eine
    zusammenhängende Reihe wie in V. 19.20.21 (vgl. 14,29; 16,11.14; 27,19) bildeten (vgl.
    LXX), die jedoch wegen der am Ende des Verses wiederholten אלמנה verstümmelt
    wurde.

52 Vgl. Bultmann, Der Fremde (s. Anm. 50), 36 Anm. 9.

24,18, die Begründung in voller Gestalt angeführt hatte, die fast verbatim mit dem Wortlaut von Dtn 15,15 übereinstimmt.[53] Damit dürfte über jeden Zweifel erhaben sein, dass die Begründung auch in Dtn 24,18.22 auf den späten Sabbatgebotredaktor zurückgeht, der die einschlägigen Bestimmungen zum Schutz der Fremden, Waisen und Witwen offenbar als Anwendung der im Prolog des Dekalogs gewährten Freiheit aufgefasst hat.

4. Der ältere Hintergrund

Die oben dargestellten Beobachtungen haben eine zusammenhängende Redaktionsschicht im Dtn ans Tageslicht gebracht, die vom Dekalog ausgehend (Dtn 5,12-15.16aβ.21bα*) vor allem soziale Gesetze mit dem ihr eigentümlichen Argument begründet, nach dem Israels eigenes Sklavendasein in Ägypten und die erlebte Befreiung zu einem humanen Verhalten gegenüber Menschen verpflichten, die sich jetzt in einer vergleichbaren Lage befinden (Dtn 15,11.15; 16,3aβ*.bβγ.12; 24,18.22). Da es sich nach der relativen Chronologie der Literaturgeschichte des Dtn beurteilt um eine ausgesprochen späte Bearbeitung handelt – die noch einmal die junge Herkunft des Sabbatgebots bestätigt –, stellt sich die Frage nach eventuellen Vorbildern und Vorgängern.

Innerhalb des Dtn richtet sich die Aufmerksamkeit auf eine Stelle in dem hymnischen Abschnitt Dtn 10,14-11,1, der den bundestheologischen Diskurs von DtrB in Dtn 10,12f.; 11,2-28* nachträglich unterbrochen hat.[54] Dort wird in 10,19 gemahnt: »Ihr sollt den Fremden (הגר) lieben, denn ihr seid Fremde im Lande Ägypten gewesen (כי גרים הייתם בארץ מצרים)«, Vers 19 steht in einer engen Verbindung mit V. 18, der in hymnischer Form den Hintergrund und das Motiv für die Mahnung von V. 19 enthält[55]: »... der (sc. Jahwe) der Waise und Witwe ihr Recht verschafft, der den Fremden liebt und ihm Brot und Kleidung gibt.« Hier verdient die einzigartige Begründung Be-

---

53 Der fast identische Wortlaut von 15,15 und 24,18 zeigt unmissverständlich, dass es dem Redaktor nicht nur darum geht, den *formalen* Grund für die Gesetzesbefolgung zu liefern (so L. Schwienhorst-Schönberger, Das Bundesbuch [Ex 20,22-23,33]. Studien zu seiner Entstehung und Theologie, BZAW 188, 1990, 339.348f.), sondern sie auch *inhaltlich* mit dem eigenen Sklavenschicksal Israels zu begründen, wie die Beziehung auf das Sklavengesetz in 15,15 am klarsten beweist.

54 Siehe dazu Verf., Bundestheologie in Dtn 10,12-11,30, in: R.G. Kratz/H. Spieckermann (Hg.), Liebe und Gebot. Studien zum Deuteronomium, FS Lothar Perlitt, FRLANT 190, 2000, 206-221.

55 Vgl. O. Dangl, Methoden im Widerstreit. Sprachwissenschaftliche Zugänge zur deuteronomischen Rede von der Liebe Gottes, THLI 6, 1993, 201-232. Es besteht kein Anlass, einen literarischen Bruch zwischen V. 18 und V. 19 zu postulieren (so etwa Rose, 5. Mose [s. Anm. 50], 347, und J.E. Ramírez Kidd, Alterity and Identity in Israel. The גר in the Old Testament, BZAW 283, 1999, 79f.).

achtung, nach der Jahwes Liebe ausgerechnet den Fremden gilt[56] und daraus die Pflicht der Israeliten folgt, gleicherweise die Fremden zu lieben. Damit sollen die Israeliten nach der im priesterlichen Denken üblichen Verhaltensregel Gottes Nachfolger werden, indem sie auf seine vorangehende Tat eine entsprechende Aktion folgen lassen (*imitatio Dei*).[57] Darüber hinaus ist zu beachten, dass in V. 18 auch die aus früheren Stellen (z.B. Dtn 16,11; 24,17.19-21) bekannte Trias der personae miserae »Waise, Witwe und Fremder« (in dieser Reihenfolge) auftaucht, allerdings in einer abweichenden Anordnung mit dem »Fremden« am Ende, weil damit der Übergang in die paränetische Mahnung von V. 19, den Fremden zu lieben, vorbereitet wird. Abgesehen von dem Hinweis auf die personae miserae besteht eine Berührung mit der Sabbatgebotredaktion vor allem darin, dass V. 19 die Pflicht zur Fremdenliebe mit dem eigenen Fremdendasein der Israeliten in Ägypten begründet, freilich ohne das Verb »gedenken« (זכר) und ohne Berufung auf das Exoduscredo. Eine gewisse Ähnlichkeit mit der Argumentation des Sabbatgebotredaktors liegt indessen auf der Hand, aber es ist kaum damit zu rechnen, dass die V. 18-19 als Vorbild für die Sabbatgebotredaktion gedient hätten oder dass umgekehrt der Verfasser von V. 18-19 von der Sabbatgebotredaktion abhängig wäre, zumal für beide andere Vorlagen, die sich im Bundesbuch (Ex 22,20; 23,9) finden, näher liegen.[58]

Die erste dieser Stellen, Ex 22,20, begegnet in einer Reihe sozialer Schutzbestimmungen von Ex 22,20-26 und lautet: »Den Fremden (גר) sollst du nicht bedrücken und nicht bedrängen, denn ihr seid Fremde im Lande Ägypten gewesen (כי גרים הייתם בארץ מצרים)«. Darauf folgt in V. 21 das Prohibitiv: »Keine Witwe oder Waise sollt ihr unterdrücken«, das zusammen mit V. 20 die vertraute Trias »der Fremde, die Witwe und Waise« (hier in dieser Reihenfolge) ergibt. Außerdem kehrt das den Fremden betreffende Prohibitiv am Ende der prozessrechtlichen Sammlung von Ex 23,1-9 in V. 9 wieder, wo es eine ausführliche Begründung erhalten hat: »Den Fremden (גר) sollst ihr nicht bedrängen; ihr wisst ja selber, wie es dem Fremden zumute ist, denn ihr seid Fremde im Lande Ägypten gewesen (כי גרים הייתם בארץ מצרים).«

---

56 Wenn sonst von der Liebe Jahwes zu bestimmten Menschengruppen gesprochen wird, besitzen diese eine besondere sittliche Qualität (Ps 146,8; Prov 15,9; 22,11; Sir 4,14). Als Einzelpersonen gilt Jahwes Liebe abgesehen von den Patriarchen Abraham (Jes 41,8; II Chr 20,7) und Jakob (Mal 1,2) dem israelitischen König Salomo (II Sam 12,24; Neh 13,26) und dem Perserkönig Kyros (Jes 48,14).

57 Vgl. Ex 20,11; 31,16-17; Lev 11,44; 19,2; 20,7.26.

58 Ramírez Kidd, Alterity (s. Anm. 55), 89.95, hingegen nimmt an, dass die Begründung von V. 19b auf die Vorschrift des Gemeindegesetzes Dtn 23,8b zurückgeht: »Du sollst den Ägypter nicht verabscheuen, denn du bist Fremder in seinem Land gewesen.« Eher scheint die junge Vorschrift Dtn 23,8b eine weitere Stufe der Entwicklung zu vertreten, weil darin ein sozialethisches Prinzip auf den ethnischen Bereich übertragen wird.

Alle die genannten Stellen gehen zum größten Teil auf das Konto der deuteronomistischen Redaktion des Bundesbuches zurück, die in diesem Bereich Ex 22,20aβb.21.22a.23 und 23,9 umfasst.[59] Der Redaktor fand in Ex 22,20aα ein älteres Prohibitiv zum Schutz des Fremden vor, das er in V. 20aβ (»und du sollst ihn nicht bedrängen«) anhand des Stichworts לחץ mit der von Israel in Ägypten erfahrenen »Bedrückung« in Verbindung brachte (vgl. Ex 3,9) und in V. 21 mit einem neuen Prohibitiv erweiterte, das die Rechte der anderen personae miserae, Witwen und Waisen, berücksichtigt und ihre Unterdrückung durch das Stichwort ענה (vgl. auch V. 22) ebenfalls mit Israels Schicksal in Ägypten parallelisierte (vgl. Ex 1,11.12; 3,7; Dtn 26,6).[60] Die erneute, mit einer breiten Begründung versehene Berücksichtigung des Fremden am Ende der prozessrechtlichen Bestimmungen (Ex 23,9) hingegen zeigt, dass die Rolle des Fremden diesem Redaktor besonders angelegen war und er dessen Schutz auch im Gerichtsverfahren sichern wollte (vgl. Dtn 1,16; 24,17a; 27,19).

Aus all dem ergibt sich m.E. zwingend, dass das Fundament für die zur Diskussion stehende sozialethische Argumentation in der deuteronomistischen Bearbeitung des Bundesbuches gelegt worden ist[61]; denn dort befindet sie sich noch *in statu nascendi* als Interpretament (Ex 22,20b) der älteren Fremdenvorschrift (Ex 22,20aα), mit der es aber schon innerhalb dieser Redaktion eine Einheit bilden kann (Ex 23,9) und dann in späteren Zusammenhängen anwendbar wird. Den festen Kern der Aussage bildet der begründende *kî*-Satz »denn ihr seid Fremde im Lande Ägypten gewesen (כי גרים הייתם בארץ מצרים)« (Ex 22,20b; 23,9bβ), der an der oben behandelten Stelle Dtn 10,19b wörtlich zitiert wird und bis in das Heiligkeitsgesetz seine festgeprägte Gestalt bewahrt (Lev 19,34)[62].

---

59 So übereinstimmend E. Otto, Wandel der Rechtsbegründungen in der Gesellschaftsgeschichte des antiken Israel. Eine Rechtsgeschichte des »Bundesbuches« Ex XX 22-XXIII 13, StB 3, 1988, 58, und Schwienhorst-Schönberger, Bundesbuch (s. Anm. 53), 341-345.356f.387f.

60 Siehe Schwienhorst-Schönberger, Bundesbuch (s. Anm. 53), 352-354.

61 Nicht umgekehrt wie etwa Schwienhorst-Schönberger, Bundesbuch (s. Anm. 53), 350, und Bultmann, der Fremde (s. Anm. 50), 168f.172, annehmen. Anders und richtig aber Y. Osumi, Die Kompositionsgeschichte des Bundesbuches Exodus 20,22b-23,33, OBO 105, 1991, 196f.

62 Die breit ausgeführte Bestimmung des Heiligkeitsgesetzes Lev 19,33f. nimmt auch durch das Verb ינה Hif. »bedrücken« (V. 33) das Bundesbuch (Ex 22,20a) auf und verbindet das Liebesgebot von Lev 19,18b mit der Fremdenliebe (vgl. Bultmann, Der Fremde [s. Anm. 50], 178; E. Otto, Das Heiligkeitsgesetz Leviticus 17-26 in der Pentateuchredaktion, in: P. Mommer/W. Thiel [Hg.], Altes Testament. Forschung und Wirkung, FS Henning Graf Reventlow, 1994, 65-80, dort 70). Damit dürfte sie zwar von Dtn 10,19 unabhängig, trotzdem aber ihm gegenüber jünger sein (vgl. Ramírez Kidd, Alterity [s. Anm. 55], 79 Anm. 59).

Etwas anders verhält es sich aber mit der Beziehung zu den früher erörterten Stellen der Sabbatgebotredaktion, die gleichzeitig Nähe und Distanz zu den entsprechenden Aussagen des Bundesbuches aufweisen. Die Nähe zeigt sich in der Art des Argumentation, wie die humane Behandlung von Fremden und anderen marginalisierten Menschengruppen mit der eigenen Ägyptenerfahrung der Israeliten begründet wird.[63] Die Motivsätze כי גרים הייתם באארץ מצרים (Ex 22,20b; 23,9bβ) und וזכרת כי עבד היית ב(ארץ) מצרים (Dtn 5,15; 15,15; 16,12; 24,18.22) berühren sich äußerlich so eng, dass eine gegenseitige Abhängigkeit anzunehmen ist. Zugleich verraten aber die Unterschiede, die zwischen ihnen bestehen, die Richtung der Abhängigkeit: Erstens fügt der Sabbatgebotredaktor als Einleitung des Satzes das theologisch geladene Verb זכר »gedenken« hinzu, das den Satz in den Horizont aktualisierender Erinnerung stellt. Zweitens verändert er ihn in die 2.P.Sg., womit er den Satz der singularischen Diktion des Dekalogs angleicht. Im Blick auf den Dekalog (Dtn 5,6.14.21b) hat der Redaktor im Weiteren »die Fremden« durch »den Sklaven« (עבד) ersetzt, der erst die Verbindung mit dem Dekalogprolog (Dtn 5,6) und die Erweiterung des Satzes mit dessen Exoduscredo ermöglichte (Dtn 5,15; 15,15; 24,18). Der Ausdruck »Sklave« (עבד) bietet auch den Vorteil, dass er anders als גר keine fixierte Standesbezeichnung darstellt, sondern auf verschiedenartige Abhängigkeitsverhältnisse anwendbar ist[64] und wegen seiner semantischen Breite über das Sklavengesetz hinaus (Dtn 15,15) auch bei anderen abhängigen Menschengruppen Verwendung finden konnte (Dtn 5,15; 16,12; 24.18.22). Hier liegt eine eindeutige Generalisierung der Argumentation vor. Immerhin lässt der Sabbatgebotredaktor den im Bundesbuch liegenden Ausgangspunkt der Begründung noch darin durchblicken, dass er sie mit Vorliebe dort einsetzt, wo es nicht allein um das Wohl der Sklaven wie in Dtn 15,15, sondern auch um die Rechte der Fremden (Dtn 5,15; 16,12; 24,18.22), Waisen und Witwen (Dtn 16,12; 24,18.22) geht.

---

63 Nach Schwienhorst-Schönberger, Bundesbuch (s. Anm. 53), 347f., liegen hier »zwei unterschiedliche ethisch-theologische Argumentationsfiguren vor« (347), deren erste er »Ägypten-ger-Motivation« und zweite »Ägypten-aebaed-Motivation« nennt (347). Während die »Ägypten-ger-Motivation« den Inhalt des betreffenden Gebots begründe (347), ziele die »Ägypten-aebaed-Motivation« nicht auf die inhaltliche Begründung des Gebotenen, sondern lediglich auf die paränetische Einschärfung der Gebotsbefolgung (348). Vgl. zustimmend dazu Ramírez Kidd, Alterity (s. Anm. 55), 89f. Eine solche Gegenüberstellung scheint mir jedoch künstlich; denn natürlich dient die »Ägypten-aebaed-Motivation« auch der inhaltlichen Begründung des betreffenden Gebots, was Schwienhorst-Schönberger bei dem Sklavengesetz (Dtn 15,15) auch selber zugibt (348). Der gemeinsame Ursprung der beiden Motivationstypen macht die ähnliche Zwecksetzung beider Aussagenreihen deutlich.

64 C. Westermann, Art. עֶבֶד, THAT II (1976), 182-200, dort 183f.

5. Zur theologischen Bedeutung

Die späte Bearbeitung der deuteronomischen Gesetzgebung, die vom Sabbatgebot, das der Bearbeiter zum Mittelpunkt des Dekalogs machte, ausgeht, illustriert das hohe Ansehen, das dieses in priesterlichen Kreisen entstandene Gebot und damit auch der Dekalog im nachexilischen Judentum genossen. Obwohl sich nicht beweisen lässt, dass die in Dtn 12-26 vorliegenden Gesetze nach den Dekaloggeboten angeordnet sind,[65] steht jedoch fest, dass der Dekalog auf jüngeren Redaktionsstufen die Deutung dieser Gesetze beeinflusst hat, die bereits nach der Ätiologie von Dtn 5,23-6,1 im Schatten des Dekalogs stehen. Dies betrifft vor allem die frühnachexilische bundestheologische Redaktion (DtrB), die das Erste Gebot mit dem Bilderverbot zum hermeneutischen Schlüssel der von Mose vermittelten »Satzungen und Rechte« stilisiert hat.[66] In einem kleineren Umfang betrifft es aber auch die oben sichtbar gewordene noch jüngere Redaktion, die das priesterliche Sabbatgebot des Exodus (Ex 20,8-10) im Lichte des Dekalogprologs (Dtn 5,6) und der humanen Betonungen des deuteronomistisch bearbeiteten Bundesbuches (Ex 22,20aβb.21.22a.23; 23,9.12b) erweitert (Dtn 5,14b*.15) und das von dort entliehene Argument bei späteren Gesetzen sozialen Inhalts geltend gemacht hat (Dtn 15,[11?].15; 16,3aβ*.bβγ.12; 24,18.22).

Einen eigenständigen theologischen Akzent hat der Sabbatgebotredaktor durch die Mahnung zum »Gedenken« (זכר) gesetzt, die seine begründenden Aussagen regelmäßig eröffnet (Dtn 5,15; 15,15; 16,12; 24.18.22). Wie sich oben gezeigt hat, liegt hier ein für das Dtn eigentümlicher Gebrauch des Verbs זכר vor, der auf die vergegenwärtigende Erinnerung der Vergangenheit mit orientierender Kraft für das heutige Verhalten zielt (vgl. Dtn 7,18; 8,2; 9,7; 24,9; 25,17). Es ist dabei im Auge zu behalten, dass die Mahnung zum Gedenken sich in der Welt der Erzählung zwar an die soeben aus Ägypten Ausgezogenen oder ihre Kinder (vgl. Dtn 2,14-16) richtet, in Wirklichkeit jedoch Adressaten meint, die Hunderte von Jahren später leben und über keine eigene Erfahrung vom Dasein als Sklaven in Ägypten verfügen. Viel-

---

65 Vor allem G. Braulik hat in neuerer Zeit die These vom dekalogischen Aufbau der Kapitel Dtn 12-26 vertreten (s. etwa Ders., Die deuteronomischen Gesetze und der Dekalog. Studien zum Aufbau von Deuteronomium 12-26, SBS 145, 1991). Sie ist in einer etwas anderen Form auch von Otto angenommen worden (s. Das Deuteronomium im Pentateuch und Hexateuch. Studien zur Literaturgeschichte von Pentateuch und Hexateuch im Lichte des Deuteronomiumrahmens, FAT 30, 2000, 112-115). Ottos Theorie von einer deuteronomistischen Dekalogredaktion (DtrD) bricht jedoch zusammen, wenn eingesehen wird, dass ein später, priesterlicher Redaktor »in Dtn 5,12-15 in den Dekalog« nicht nur »eingegriffen« (Otto, Deuteronomium [s. Anm. 37], 171, im Anschluss an Renaud, Théophanie [s. Anm. 14], 24-31), sondern erst recht den Wortlaut dieser Verse geschaffen hat.

66 Siehe Verf., Moses Erben (s. Anm. 1), 153-175.

mehr sollen sie erst durch eine aktualisierende Erinnerung in die Lage versetzt werden, dass die gemeinsame Vergangenheit für sie gegenwärtig und verpflichtend wird. Somit lässt sich sagen, dass hier in der Tat eine neue Form kollektiver Mnemotechnik in Erscheinung tritt, die es den späteren Generationen ermöglicht, an den grundlegenden Orten und Ereignissen der Heilsgeschichte zu partizipieren, auch wenn diese außerhalb des eigenen geographischen und historischen Gesichtskreises liegen.[67] Darüber hinaus ist zu beachten, dass der Redaktor die Erinnerung in Dtn 16,3 auch mit konkreten Zeichen verbinden kann. Dort deutet er die in der Pesachwoche sieben Tage lang zu verzehrenden ungesäuerten Brote (Mazzot) als »Brot des Elends« fast sakramental in dem Sinne, dass sie den Ägyptenaufenthalt und den Exodus in Erinnerung bringen und im Alltag der Späteren lebendig halten. Für diesen Sprachgebrauch finden sich einige alttestamentliche Parallelen (vgl. Ex 12,14; 13,3.9), aber keine von ihnen erinnert so unmittelbar wie Dtn 16,3 an das *Anamnesis*-Motiv des christlichen Abendmahls: »Das ist mein Leib, der für euch gegeben wird; das tut zu meinem Gedächtnis« (Lk 22,19, vgl. I Kor 24-24).[68]

In der Sabbatgebotredaktion wird der Gegenstand der Erinnerung in den beiden gleichwertigen Aussagen genannt, die das Sklavendasein in Ägypten sowie die Befreiung durch Jahwe betreffen, was wiederum als Motiv für die Einhaltung des betreffenden sozialethischen Gebots dient. Es versteht sich von selbst, dass der erste Satz »dass du Sklave gewesen bist im Lande Ägypten« genauso wie sein Vorbild im Bundesbuch, »denn ihr seid Fremde im Lande Ägypten gewesen«, an die Fähigkeit des Adressaten appelliert, sich durch eigene, kraft der Erinnerung vergegenwärtigte Erfahrung in die bedrückte Lage des notleidenden Mitmenschen zu versetzen (vgl. Ex 23,9) und ihn im Sinne der Goldenen Regel zu behandeln (vgl. Sir 31,15; Tob 4,15; Mt 7,12 par. Lk 6,31).[69] Bereits der vor-, aber nicht unkritische Dtn-Ausleger Martin Luther hat dies eingesehen, indem er zu Dtn 24,18 ausführt: »Und er [sc. Mose] fügt die Ursache hinzu [V. 18.]: ›Du sollst gedenken, daß du Knecht in Egypten gewesen bist‹, als ob er sagen wollte: Wie du wolltest, daß man dir thäte. Denn wie du ein Knecht gewesen bist, so kannst du wiederum zum Knechte gemacht werden. Also lerne an deinem eigenen Exempel, was du ihnen schuldig seiest und thun sollest.«[70] Es ist höchst

67 Frei im Anschluss an Assmann, Gedächtnis (s. Anm. 6), 212f.

68 Zur heutigen Diskussion des Anamnesis-Motivs s. etwa P. Bradshaw, Anamnesis in Modern Eucharistic Debate, in: M.A. Signer (Hg.), Memory (s. Anm. 45), 73-84.

69 Anders Schwienhorst-Schönberger, Bundesbuch (s. Anm. 53), 347f., dem zufolge nur bei den גר-Aussagen eine Argumentation nach der Goldenen Regel vorliegt, bei עבד-Aussagen hingegen nicht, weil die Letzteren nach ihm überhaupt keinen begründenden Charakter haben (s. dazu oben).

70 »Et subdit causam: Memento, quod et ipse servieris, quasi dicat, sicut tibi velles fieri, sicut enim servisti, ita rursus ad servitutem redigi potes, ergo tuo exemplo disce, quid

bedenkenswert, dass Luther die Goldene Regel – die zwar diesen Namen damals noch nicht besaß – sogar als Summe des ganzen christlichen Lebens bezeichnete und in ihr eine zusammenfassende Auslegung des Dekalogs fand, die nicht nur das Menschenverhältnis, sondern auch das Gottesverhältnis betrifft.[71] Luther hat es aber nicht ahnen können, dass ihm darin schon der Sabbatgebotredaktor des Dtn vorangegangen war, der die menschliche Liebe in der Liebe Gottes verankerte, die ihren Ausdruck im Exoduscredo des Dekalogs findet und das theologische Motiv für das ethische Prinzip der gegenseitigen Menschenliebe enthält, ja sie überhaupt erst ermöglicht.[72]

---

illis debeas et facias« (M. Luther, Vorlesung über das Deuteronomium [1523-1524]. Deuteronomion Mosis cum annotationibus [1525], WA 14, 716:12-14, deutsch J.G. Walch, Luthers Anmerkungen zu dem fünften Buche Mosis, in: Ders., Dr. Martin Luthers Sämmtliche Schriften 3, 1894, 1589f. Vgl. ähnlich Luther auch zu Dtn 24,22 (WA 14, 716: 19-20, bei Walch, Schriften, 1590).

71 Siehe dazu ausführlich A. Raunio, Summe des christlichen Lebens. Die »Goldene Regel« als Gesetz in der Theologie Luthers von 1510-1527, VIEG 160, 2001.

72 Für die sprachliche Durchsicht und Korrektur des Aufsatzes möchte ich Herrn Dr. Rainer Vinke herzlichst danken.

Das »negative Besitzverzeichnis« in Judicum 1

Volkmar Fritz (Giessen)

Zusammen mit Kap. 2 ist Jdc 1 ein Vorspann zum Richterbuch. Die Eröffnung des Buches in Kap.1 ist ein Konglomerat verschiedener Überlieferungsstücke. Diese in ihrer Eigenart außerordentlich unterschiedlichen Stücke sollen den Bericht über die Landnahme im Buche Josuas ergänzen und teilweise berichtigen. Damit erweist sich Jdc 1 als ein Nachtrag, der die Aufteilung des Stoffes aus dem deuteronomistischen Geschichtswerk (DtrG) in einzelne Bücher bereits voraussetzt. Ungeachtet verschiedener Unstimmigkeiten und Widersprüche lässt sich das Kapitel in folgende Texteinheiten gliedern:

V. 1-3	Das Zusammengehen von Juda und Simeon
V. 4-8	Die Eroberung von Jerusalem durch Juda
V. 9-11	Die Eroberung von Hebron und Debir durch Juda
V. 12-15	Die Vergabe der Wasserbecken bei Hebron durch Kaleb
V. 16	Der Anteil der Keniter
V. 17	Die Eroberung von Horma durch Juda und Simeon
V. 18.19	Die Küstenebene als nicht erobertes Gebiet
V. 20	Die Weitergabe von Hebron an Kaleb
V. 21	Das Scheitern Benjamins vor Jerusalem
V. 22-26	Eroberung von Bet- El durch das Haus Josef
V. 27-33	Verzeichnis der nicht eroberten Gebiete
V. 34-36	Das Schicksal der Daniten

Bereits die starke Zersplitterung des Kapitels in Einzelaussagen lässt auf die Tätigkeit eines Redaktors schließen. Außerdem wird die Rolle Judas in besonderer Weise hervorgehoben.

Insgesamt liegt mit dem Kapitel ein spätes Geschichtsbild und keine eigenständige Quelle über die Ereignisse der Landnahme vor. Damit ist gleichzeitig die Zuweisung von Jdc 1 an eine der vorpriesterlichen Quellen des Pentateuch zurückgewiesen. Vielmehr wurde das Stück von einem Redaktor zusammengestellt, der nach dem Abschluss des DtrG diesen Vorspann erst aus unbekanntem Material geschaffen hat. Inwieweit bei dieser nachträglichen Zusammenstellung auf älteres Material zurückgegriffen wurde, muss die Einzelanalyse zeigen. Der Charakter von Kap.1 als einer redaktionellen Komposition verbietet es aber, den Abschnitt insgesamt als einen Auszug aus einer älteren Quelle anzusehen, wie denn auch die Zuweisung des Kapitels an die Pentateuchquelle des Jahwisten, wie sie in der älteren Forschung vor

Martin Noth üblich war, mit Recht seit langem aufgegeben wurde. Wahrscheinlich ist Jdc 1 für die Eröffnung des gesamten Richterbuches erst nachträglich geschaffen worden, um die Erzählung von der Einnahme und Verteilung des Landes in Jos 2-19 zu ergänzen und zu berichtigen.

Die V. 1-3 dienen eigentlich als Einleitung zu dem Stück Jdc 1,1-8, können aber als Begründung für das Zusammengehen von Juda und Simeon in dem gesamten Abschnitt Jdc 1,1-20 angesehen werden, wenngleich beide Stämmen keineswegs durchweg gemeinsam auftreten. Jedenfalls ist ohne die Eingangsverse »die herausgehobene Stellung Judas im weiteren Verlauf der Handlung nicht verständlich« (Becker 1990: 36).

Der Beginn des Buches mit dem Hinweis auf den Tod Josuas entspricht dem Anfang des Josuabuches Jos 1,1, das mit dem Tod des Mose einsetzt. Der Tod der jeweiligen die Epoche bestimmenden Gestalt markiert den Beginn eines neuen Zeitalters. Zwar wird der Tod einer bestimmenden Person auch weiterhin als ein wichtiger Einschnitt angesehen, aber nach Jdc nicht mehr pointiert an den Anfang eines biblischen Buches gesetzt.

Die Befragung Jahwes vor einer Kriegshandlung wird oft für Saul und David berichtet und entspricht dem Stil vom DtrG zur Feststellung der Übereinstimmung menschlichen Handelns mit dem Gotteswillen, vgl. I Sam 14,37; 23,2.4; 30, 8 und II Sam 2,1; 5,19.23.

Die Wendung *š'l byhwh* wird auch noch später verwendet, vgl. Jdc 18,5; 20,18.23.27; I Chr 10,13f.; 14,10.14. Über die Art der Gottesbefragung werden keine näheren Angaben gemacht, die Erwähnung des Efod im Zusammenhang mit der Gottesbefragung (I Sam 23,9ff.) lässt an die Orakeleinholung durch einen Priester denken, der sich wahrscheinlich mantischer Praktiken bediente. Ursprünglich vielleicht mit der Institution des Heiligen Krieges in Israel verbunden, wurde die Gottesbefragung im DtrG zu einem literarischen Topos, um die Übereinstimmung des Gotteswillens mit dem menschlichen Handeln bei Kriegszügen zum Ausdruck zu bringen. Wie in der Frühzeit der Aufstieg Davids geradezu mit der Jahwe-Befragung verbunden ist, so tritt in der weiteren Geschichte des Königtums die Gottesbefragung als Mittel der Erkundung des Gotteswillens eindeutig zurück (vgl. ThWAT VII, 920-922). In V. 1 ist somit eine geschichtstheologische Interpretation des DtrG aufgenommen. Die Antwort Gottes in V. 2 setzt die Vorrangstellung Judas voraus, wie sie erst aus der weiteren Geschichte des Königtums bekannt ist. Auch die enge Verbindung Judas mit Simeon wird in V. 3 nicht eigens begründet, sondern hat sich erst aus der Zugehörigkeit zum System der zwölf Stämme ergeben. Als eigenständige Größe ist Simeon im Deborah-Lied (Jdc 5) sowie in den Stammessprüchen Dtn 33 nicht genannt, als selbständiger Stamm tritt er erst in dem späten (nichtjahwistischen) Stück Gen 34 zusammen mit (als Stamm problematischen) Levi auf. In der Josefserzählung ist Simeon als einer der Söhne Jakobs aber bereits fest verankert (vgl. Gen 42,24.36), als Stamm wird ihm in Jos 19,1-9 ein eigenes Gebiet im Negeb zugewiesen, wenngleich dieses nicht näher zu bestimmen ist (vgl. Fritz 1994: 186f.). Da die bescheidene Rolle Simeons in den Texten wahrscheinlich auf geschichtliche Verhältnisse zurückgeht, ist am ehesten damit zu rechen, dass Simeon eine Gruppe gewesen ist, die wahrscheinlich im Verlauf des Königtums in Juda aufgegangen ist, deren Selbstständigkeit in nachexilischer Zeit nur noch für die Vollständigkeit des Systems der zwölf Stämme behauptet wurde. Eine historische Wirklichkeit liegt der Aussage in V. 3 nicht zugrunde.

Das Stück in den Versen 4-8 wird allgemein auf eine Tradition zurückgeführt, die in Adoni-Besek ihren Mittelpunkt hatte. Dieser war vermutlich mit dem Ort Besek verbunden, endet aber in Jerusalem. Da die Verbindung Adoni-Besek und Jerusalem den Besitz der Stadt voraussetzt, wird die Eroberung von Jerusalem V. 8 mit Worten der Kriegsterminologie nachgetragen. V. 8 geht somit auf den Redaktor zurück. Diesem Redaktor ist aber auch V. 4 zuzuschreiben, der eine Kombination der Aussagen von V. 2 und V. 5 beinhaltet. Außerdem konnte sich der Plural in V. 7b nur auf die Judäer beziehen, so dass dieser Halbvers auch dem Redaktor zuzurechnen ist. Das eigentliche vom Redaktor aufgenommene Traditionsstück umfasste somit nur die Verse 5-7a. Der in V. 5 genannte Ort Besek wird in V. 4 zum Schlachtort. Der sonst nur noch in I Sam 11,8 genannte Ort Besek ist vermutlich in *Ḥirbet Ibzīq* nördlich von *Ṭūbās* zu lokalisieren (vgl. Welten 1965: 138-165). Dort konnte inzwischen auch eisenzeitliche Keramik nachgewiesen werden (Kochavi, 1967f.: 213). Das Stück spielte vielleicht nicht in Juda, sondern wurde vom Redaktor für die Judäer übernommen. Doch kann die Verbindung des Königs Adoni-Besek mit Jerusalem bereits in der Tradition vorgegeben gewesen sein. Als König von Jerusalem tritt ein Adoni-Zedek in Jos 10,1-15 auf, doch stammt dieser Name vermutlich aus der Tradition. Die Namensähnlichkeit von Adoni-Besek mit Adoni-Zedek lässt darauf schließen, dass es sich vor der Namensänderung in Jos 10,1-15 traditionsgeschichtlich um die gleiche Person gehandelt hat, die nach der deuteronomistischen Bildung in Jos 10 erst von Josua besiegt worden ist. In jedem Falle stellt die Behauptung der Einnahme Jerusalems durch den Stamm Juda V. 8 einen Widerspruch zu der Aussage in V. 21 und zu der Einnahme der Stadt durch David in II Sam 5,6-10 dar. Mit den Versen 7b und 8 wird das Traditionsstück nach Jerusalem verlegt. Historisch lässt sich den Versen 5-7a nichts entnehmen. Die Gefangennahme des Königs wird darum im Rahmen des Tun-Ergehen-Zusammenhangs als selbstverschuldet und damit als gottgewollt gedeutet. Die Verstümmelung an Händen und Füßen könnte die Praxis für die Kriegsgefangenen gewesen sein, die nicht getötet oder als Kriegsgefangene in die Sklaverei verkauft wurden.

Die Nennung der Kanaaniter und Perisiter entspricht sonstigem Sprachgebrauch, vgl. Gen 13,7; 34,30. Dabei ist »Kanaaniter« als Sammelbezeichnung für vorisraelitische Bewohner des Landes von der Bezeichnung für

»Kanaan« abgeleitet, dagegen kann »Perisiter« nicht näher bestimmt werden, doch kommt der Begriff als ein Volk unter den Feinden Israels auch in den Fremdvölkerlisten vor, vgl. Gen 15,20 f.; Ex 3,8.17; 23,23; 33,2; 34,11; Dtn 7,1; 20,17; Jos 3,10; 9,1; 11,3; 12,8; 24,11; Jdc 3,5; I Reg 9,20; II Chr 8,7; Esr 9,1; Neh 9,8. Vermutlich bezeichnete der Begriff »eine aus den Städten verdrängte, im offenen Land lebende Bevölkerungsschicht« (HALAT: 909). In V. 9 ist der Plural in der Verbform wie in den Versen 5.7b und 8 beibehalten. Dementsprechend bilden die Judäer das Subjekt des Satzes. Nach dem Infinitiv steht die Eroberung des Landes noch bevor. Als Gegner fungiert nun allein der Kanaaniter, dessen Wohngebiete in Juda mit den geographischen Begriffen *hhr*, *hngb* und *hšplh* wie in Jos 10,40 umrissen werden. Dabei benennt *hhr* den eigentlichen gebirgigen Teil im Zentrum Judas. *hšplh* bezeichnet das vorgelagerte Hügelland, das besonders gut für die Landwirtschaft geeignet war. *hngb* ist die Bezeichnung für das Steppengebiet südlich des Gebirges, das im Osten durch den Grabenbruch der Araba und im Westen durch die Küstenebene mit ihren philistäischen Städten begrenzt ist. Die Erstreckung nach Süden lässt sich nicht mehr festlegen und muss offen bleiben. Alle drei Bereiche gehören zum Siedlungsgebiet Judas seit der Landnahme. Bereits V. 10 wechselt in den Singular zurück.[1] Mit der Einnahme von Hebron durch Juda wird wiederum auf eine ältere Tradition zurückgegriffen, wie vor allem die Nennung der drei sagenhaften Vorbewohner Scheschai, Ahiman und Talmai aufzeigt. Ursprünglich war diese Tradition allerdings mit Kaleb verbunden, vgl. Num 13,22 und Jos 15,14. Weggefallen ist in diesem Zusammenhang die ausdrückliche Benennung der Vorbewohner als Anakiter.

An die Einnahme von Debir *(Hirbet er-Rabūd)* in V. 11 ist mit den Versen 12-15 eine weitere Überlieferung angeschlossen, deren Verbindung mit Kaleb beibehalten wurde. Dieses Traditionsstück begründet die Besiedelung von Debir durch kalebitische Sippen. Die gleiche Tradition wurde auch in Jos 15,16-19 von dem deuteronomistischen Redaktor (RedD) in den Zusammenhang eingefügt. Die Erzählung geht wahrscheinlich auf eine Lokaltradition zurück, die das Nutzungsrecht von Wasserstellen mit einem Ereignis bei der Landnahme und mit der Feststellung verwandtschaftlicher Verhältnisse zwischen den kalebitischen Sippen begründet.

Otniel gilt als der Bruder Kalebs mit Kenas als dem gemeinsamen Vater, so dass die Kalebiter in diesem Traditionsstück zu Kenizitern werden, was sonst nur noch in dem Zusatz Num 32,12 der Fall ist (vgl. Fritz 1994: 152). Mit diesem Traditionsstück liegt somit kaum eine Überlieferung aus der Zeit

---

1   Analog zu der Parallelüberlieferung in Jos 15,13-19 schlägt der Herausgeber in BHS die Änderung von »Juda« in »Kaleb« vor. Damit wird aber übersehen, dass der Redaktor das in Jos 15,13-19 entworfene Bild zugunsten von Juda korrigieren will, indem er Juda als den handelnden Stamm darstellt. »Juda« ist also als *lectio difficilior* beizubehalten.

der Sesshaftwerdung im Kulturland vor, vielmehr werden bestimmte Besitz-
verhältnisse im Umkreis von Debir mit Vorgängen begründet, in denen die
Vorstellung einer gesamtisraelischen Landnahme bereits vorausgesetzt ist.
Das Traditionsstück wurde vermutlich an dieser Stelle eingefügt, weil Otniel
in Jdc 3,9 als erster Richter auftritt. Auch wenn der Redaktor die Einnahme
von Debir in V. 11 Juda zuschreibt, so wurde die Rolle Kalebs in den Versen
12-15 noch analog zu Jos 15,15-19 beibehalten. Dadurch erscheint die Rolle
Achsas, der Tochter Kalebs, »in einem noch dunkleren Licht« (Becker 1990:
40), da ihre Funktion nun völlig unklar geworden ist. Da die Abweichungen
im Text eindeutig die Abhängigkeit der Verse 11-15 von Jos 15,15-19 nahelegen, kann der Redaktor das Stück nur aus dem Josuabuch übernommen
haben.

V. 16 bietet eine Notiz über die Keniter[2], um deren Anteil an der mit der
Landnahme verbundenen Volkswerdung zu sichern, wobei der Übergang
vom Plural zum Singular hart und auffallend ist. Der Verlauf des anvisierten
Kriegszuges bleibt merkwürdig unbestimmt. Die Einnahme der Wohnsitze in
der »Wüste Juda«, die am Ostrand des judäischen Gebirges liegt, lässt am
ehesten an die Fortsetzung nomadischer Lebensweise denken. Mit der »Pal-
menstadt« ist kaum Jericho gemeint, obwohl in Dtn 34,3 und II Chr 28,15
beide Orte miteinander identifiziert werden, am ehesten ist an den Ort Tamar
am Südende des Toten Meeres zu denken, der in I Reg 9,18 (K) und Ez
47,19; 48,28 genannt wird und mit ʿĒn el-ʿArūṣ gleichzusetzen ist (vgl. OLB
2, 1982: 267-270). Die Notiz setzt noch die Annahme einer Landnahme von
Süden aus voraus (Noth 1948: 54-58). Erst durch die Gleichsetzung von Tamar mit Jericho wurde sie an die allgemeine Anschauung der Eroberung des
Landes von Osten aus über den Jordan angepasst.

---

2 Da der Text verderbt ist, kann er ohne Eingriffe in seinen Bestand nicht übersetzt werden.
   So passt die Angabe *ḥtn mšh* »Schwiegervater/Schwager des Mose« nicht zu den Worten
   wbny qyny »die Keniter«, mit denen der Vers beginnt. Da aber die Nennung der Keniter
   im gegebenen Kontext durchaus sinnvoll erscheint, ist die Bestimmung *ḥtn mšh* als
   Glosse zu streichen. Sonst wäre Hobab in den Text einzusetzen, vgl. Mittmann 1977:
   213-219. Statt des Gattungsbegriffs *qyny* ist wohl der Name *qyn* zu lesen, auf den sich
   dann die hier ausgelassene Bemerkung »der Schwiegervater des Mose« bezieht. Jdc 4,11
   bietet bei gleicher Verwandtschaftsangabe einen weitaus ausführlicheren Text, der hier
   jedoch nicht eingetragen werden darf, wenngleich ein Textverlust an dieser Stelle nicht
   ausgeschlossen werden kann. Sicherheit ist über den ursprünglichen Wortlaut nicht mehr
   zu gewinnen, deshalb wird nicht weiter in den masoretischen Text eingegriffen. Die
   Worte *ʾšr bngb ʿrd* sind vermutlich ein erklärender Zusatz, der das Siedlungsgebiet der
   Keniter mit Hilfe des Ortsnamens Arad näher bestimmt. Die Angabe steht jedoch im Widerspruch zur Bezeichnung »Wüste Juda«, womit der östliche Teil des judäischen Gebirges bezeichnet wird. Demgegenüber rechnet die Angabe *bngb ʿrd* mit einem Siedlungsgebiet der Keniter im Negeb, wo sich der Name möglicherweise in *Wādī Qena* erhalten
   hat.

Mit V. 17 liegt eine Sonderüberlieferung über Horma (*ḥrmh*) vor, die den Besitz der ehemals Zefat genannten Stadt seitens der Simeoniten begründen soll, wobei die Aussagen vom Plural in den Singular wechseln. Dementsprechend wird Horma auch in Jos 19,4 unter den Städten Simeons aufgeführt. Die Lage von Horma konnte trotz mehrfacher Erwähnung bisher nicht sicher bestimmt werden, vgl. Num 21,3; Jos 12,14; 15,30; 19,4; Dtn 1,44; I Sam 30,30; I Chr 4,30.

Die Ansetzung von Horma auf den *Tell el-Ḥuwēlife* durch Na'aman (1980: 143) bietet den bisher besten Vorschlag, bereitet aber insofern Schwierigkeiten, als der Ort nach den assyrischen Eroberungen am Ende des 8. Jh. aufgegeben wurde. Allerdings wird die Stadt auch in späteren Quellen nicht mehr erwähnt, so dass diese Ansetzung immer noch die größte Wahrscheinlichkeit besitzt (vgl. Fritz 1994: 133). Falls der Redaktor mit der Sonderüberlieferung von Horma ein Traditionsstück aufgenommen und auf Juda übertragen hat, bleibt zumindest zu fragen, ob diese Überlieferung nicht ursprünglich mit einer anderen Gruppe verbunden war (vgl. Becker 1990: 41-44). Doch lässt sich V. 17 gut als redaktionelle Bildung durch den Redaktor verstehen, um den durch die Tradition vorgegebenen Besitz von Horma seitens Simeon zu begründen, wobei wie in Num 21,1-3 ein Wortspiel mit der Wurzel *ḥrm* erfolgt. Insofern setzt V. 17 bereits außer Jos 19,4 auch Num 21,1-3 voraus und erweist sich als eine späte Bildung, so dass die Annahme eines alten Traditionsstückes aufgegeben werden muss.

V. 18 behauptet die Einnahme der Küstenstädte Gaza (*Ġazze*), Aschkelon (*'Asqalān*) und Ekron (*Ḥirbet el-Muqanna'*) durch Juda, obwohl diese Orte niemals zu Juda gehörten und während der gesamten Königszeit als philistäische Städte galten. Nun wird aber auch in Jos 15,45-47 die Küstenebene redaktionell in die sogenannte Gaueinteilung Judas und damit in judäisches Gebiet einbezogen (vgl. Fritz 1994: 162-166). In V. 18 wird eine volle Einbeziehung der Küstenebene in das judäische Gebiet vorbereitet. In V. 19 wird der Erfolg Judas mit einer Einschränkung ausdrücklich festgestellt: Juda hat das gesamte Gebirge eingenommen, nur die Vertreibung der Bewohner des Tals blieb ihnen verwehrt. Während *hhr* eindeutig auf das judäische Gebirge zu beziehen ist, bleibt die Nennung *'mq* ausgesprochen vage. Die Nennung der eisernen Wagen der Bewohner lässt am ehesten an einen Teil der Küstenebene denken, galten doch die Kanaaniter als Besitzer eiserner Wagen und damit als besonders stark, vgl. Jos 17,16.18; Jdc 4,3.13. Der genaue Umfang des *'mq* genannten Gebietes lässt sich nicht mehr feststellen, grundsätzlich ist jedoch die Küstenebene im Unterschied zum Gebirge gemeint. Sollte die Auffassung, die Küstenebene als *'mq* zu bezeichnen, richtig sein, dann steht die Aussage von V. 19 im Widerspruch zu der Behauptung von V. 18. In diesem Fall kann V. 18 nur als nachträgliche Korrektur zu V. 19 verstanden werden, vielleicht liegt mit V. 18 eine Ergänzung zu einem älteren Bestand vor.

V. 20 korrigiert die Aussagen von V. 10 und hat den Charakter eines
Nachtrags. Mit dieser Richtigstellung wird die Tradition von »Kaleb in
Hebron« aufgenommen, die bereits in Num 13.14 durch den Jahwisten
begründet wurde (vgl. Noth 1948: 143-150). Auffallend ist der ausdrückliche
Rückverweis auf eine Anordnung des Mose, wie sie in Jos 14,9 durch den
deuteronomistischen Redaktor in Rückgriff auf Num 14,24 formuliert wurde
(vgl. Fritz 1994: 150f.). In der vorliegenden Aufnahme der Tradition durch
den Redaktor wird die Zuweisung der Stadt an die Kalebiter durch die Judäer
hervorgehoben. Damit steht auch dieser Nachtrag in der Tendenz des Redaktors, die Rolle Judas in besonderer Weise zu betonen. Als Vorbewohner
der Stadt werden die Anakiter, die in V. 10 nicht namentlich aufgeführt werden, genannt. Mit der Vergabe Hebrons an die Kalebiter ist die Landnahme
der Judäer abgeschlossen.

V. 21 macht ebenfalls den Eindruck einer nachträglichen Korrektur, trotz
der Ähnlichkeit in der Formulierung gehört die Aussage nicht mit dem
»negativen Besitzverzeichnis« V. 27-33 zusammen. Die gleiche Aussage ist
Jos 15,63 für die Judäer nachgetragen worden. Im jetzigen Kontext steht V.
21 im Widerspruch zu V. 8, wo die Einnahme der Stadt durch die Judäer behauptet wird. Die Formulierung von V. 21 setzt die Kenntnis von II Sam 5,6-
9 voraus, wo berichtet wird, dass Jerusalem erst durch David eingenommen
wurde, macht also eine historisch richtige Aussage. Dabei ist die Gleichsetzung von Jebus mit Jerusalem bereits vorausgesetzt. Die Jebusiter gehörten
zu den vorisraelitischen Bewohnern des Landes und galten danach als die
vorisraelitischen Einwohner von Jerusalem. Als solche werden sie noch in
der Salomoüberlieferung I Reg 9,20 erwähnt.

Das Stück V. 22-26 schildert die Einnahme der Stadt Bet-El als eine Aktion des Hauses Josef. Es ist verhältnismäßig eigenständig, aber wohl nach
Jos 2 und 6 gestaltet, da das Motiv der Verschonung dessen, der die Stadt an
die Israeliten verrät, sich auch in der Erzählung von der Einnahme Jerichos
(Jos 6) findet. Die Verse 22-26 sind allerdings außerordentlich knapp gehalten, die Ausformung zu einer Erzählung fehlt. Für die Aufnahme einer älteren
Überlieferung fehlen die Anzeichen, so dass das Stück in Kenntnis von Jos 6
vom Redaktor gestaltet sein kann. Mitgeteilt wird lediglich der ältere Name
der Stadt als Lus, der sich allerdings bereits in Gen 28,19; 35,6; 48,3 findet
und somit durch die Tradition vorgegeben war. In der Väterüberlieferung war
der Ort vor allem mit Jakob verbunden. Das besondere Interesse an Bet-El
war wohl dadurch bedingt, dass der Ort ein Heiligtum aufwies, das bereits
vor dem Bau des Tempels in Jerusalem durch Salomo (1 Reg 6-8) bestanden
hat. Inwieweit der Ort zur Zeit der Abfassung des Stückes noch über eine
Bedeutung verfügte, entzieht sich unserer Kenntnis. Auffallend bleibt, dass
Bet-El mit einer besonderen Überlieferung über die Einnahme der Stadt verbunden wurde, nachdem die Landnahmeerzählung des Josuabuches den Ort
lediglich im Rahmen geographischer Benennung erwähnt (Jos 7,2; 8,9.12.17;

12,9; 16,1; 18,13.22), wobei Lus als eigener Ort von Bet-El unterschieden wird. Zu lokalisieren ist Bet-El an der Stelle des heutigen *Bētīn*, wo Ausgrabungen die durch Lücken unterbrochene Besiedlung seit der Frühbronzezeit I nachgewiesen haben, allerdings wurde der für die Eisenzeit vorauszusetzende Tempel noch nicht gefunden (vgl. Kelso 1968). Mit den Versen 22-26 wird somit der Besitz von Bet-El nachgetragen, um die bisherige Landnahmeüberlieferung zu ergänzen. Als Verfasser des Stückes kommt am ehesten der Redaktor in Frage. Die Bezeichnung der Stämme Efraim und Manasse als »Haus Josef« spiegelt eine späte Stufe traditionsgeschichtlicher Entwicklung, die allerdings bereits beim Jahwisten einsetzt, vgl. Gen 43,17.18.19.24; 44,14; 50,8. Der Grund für die Zusammenfassung zweier Stämme unter einem anderen Namen ist noch nicht geklärt, jedenfalls wird an dieser Stelle ein traditioneller Sprachgebrauch angenommen, der den Eindruck des Altertümlichen erwecken soll. Historisch ist der Nachricht über die Einnahme von Bet-El nichts zu entnehmen.

Der Abschnitt der Verse 27-33 wird mit einem Ausdruck von Albrecht Alt als »negatives Besitzverzeichnis« zusammengefasst. Genannt werden außer dem »Haus Josef« die Stämme Manasse, Efraim, Sebulon, Ascher und Naftali. Auf die Feststellung der von diesen Stämmen nicht eroberten Städte folgt mit Ausnahme von Efraim und Ascher die Feststellung, dass die Bewohner dieser bei der Landnahme nicht eroberten Städte Israel Frondienst (*mas*) geleistet hätten. Dieser Begriff des Frondienstes wird vor allem in der Salomoüberlieferung als Bezeichnung der der Bevölkerung auferlegten Dienstleistung gebraucht (I Reg 4,6; 5,27f.; 9,15.21; 12,18). Dabei zeigt die Überlieferung die Tendenz, vor allem dem nichtisraelischen Bevölkerungsteil die Fronarbeit aufzuerlegen (vgl. I Reg 9,21f.), um die Israeliten von der Verpflichtung zu dieser Dienstleistung zu entlasten. Diese Vorstellung einer Heranziehung der Bevölkerung aus nichtisraelischen Städten liegt auch Teilen des »negativen Besitzverzeichnisses« zugrunde. Dieses stellt somit keine eigene Quelle zum Landnahmegeschehen dar, vielmehr sind in den Versen 27-33 Städte aufgeführt, die in der Überlieferung als nichtisraelisch erkennbar waren. Daraus wurde der Schluss gezogen, dass sie von den einwandernden Israeliten nicht erobert wurden. Das »negative Besitzverzeichnis« setzt somit die Vorstellung einer gesamtisraelischen Landnahme voraus und trägt lediglich nach, welche Städte noch in Besitz der ehemaligen Bevölkerung geblieben sind, um so ihre Heranziehung zum Frondienst zu begründen.

Wegen der Unterschiede in den Formulierungen zu den einzelnen Stämmen liegt mit dem »negativen Besitzverzeichnis« »kein starres Schema vor...Während im Siedlungsgebiet der zuerst genannten Stämme Manasse, Efraim und Sebulon noch Kanaanäer wohnen bleiben konnten, hat sich das Verhältnis bei Ascher und Naftali umgekehrt« (Becker 1990: 24). Ascher und Naftali wohnen inmitten der Kanaaniter. Auch sonst deuten die Unterschiede in der Formulierung darauf hin, dass es sich bei dem »negativen Besitzverzeichnis« kaum um ein vom Redaktor übernommenes Dokument in Form einer alten Liste handelt. Damit stellt sich aber die Frage, woher der Redaktor denn die Überlieferung hatte, dass in einigen Städten zumindest bis in die frühe Königszeit noch Kanaaniter wohnten. Es muss also noch sehr lange in der Königszeit eine Überlieferung darüber bestanden haben, welcher ethnischen Gruppe die Mehrheit der Bevölkerung einer bestimmten Stadt angehörte. Auch wenn das »negative Besitzverzeichnis« keine historische Quelle zur Landnahme israelitischer Stämme darstellt, so geht es doch auf eine Überlieferung zurück, in der die ethnische Identität bestimmter Bevölkerungsteile festgestellt wurde. Auch wenn sich das »negative Besitzverzeichnis« als eine literarische Bildung aufgrund vorhandener Überlieferung entpuppen sollte, so liegt ihm doch die Anschauung des Zusammenlebens von Kanaanitern als den alteingesessenen Bewohnern des Landes und Israeliten als der neueingewanderten Bevölkerung zugrunde. Der hier tätige Redaktor geht also in jedem Fall von zwei Bevölkerungsgruppen aus, die noch in der Salomoüberlieferung I Reg 9,15-23 unterschieden werden. In dem »negativen Besitzverzeichnis« werden folgende Städte genannt:

Manasse:	Bet-Schean
	Taanach
	Dor
	Jibleam
	Megiddo
Efraim:	Geser
Sebulon:	Kitron
	Nahalal
Ascher:	Akko
	Sidon
	Mahaleb (cj.)[33]
	Achsib
	Afek
	Rechob
Naftali:	Bet-Schemesch
	Bet-Anat

Nun erscheint V. 27f. auch in Jos 17,11-13 und V. 29 in Jos 16,10 in annähernd gleichem Wortlaut. Doch handelt es sich an beiden Stellen im Josuabuch um Nachträge, die von dem »negativen Besitzverzeichnis« literarisch abhängig sind (vgl. Becker 1990: 26-29; Fritz 1994: 174f.). Alle für diese beiden Stämme genannten Städte sind aus der Überlieferung bekannt, für Geser wird die Übergabe an Salomo in der klar erkennbaren Glosse I Reg 9,16 ausdrücklich festgestellt. Für die Verse 27-29 ist somit nicht mit der

---

3   Der Name ist nach Jos 19,29 zu berichtigen. Der Ort ist als *Mahalab* in den Inschriften Tiglatpilesers III. erwähnt, vgl. Tadmor 1994: 186f.

Aufnahme alter Traditionen, sondern mit einer Zusammenstellung durch den Redaktor zu rechnen. Unter der Vorstellung einer Nichteroberung bei der Landnahme hat der Redaktor vor allem auf Grund der Beschreibung des vierten und fünften Gaus in II Reg 4,11f. die Städte mit kanaanitischer Bevölkerung zusammengestellt, um das Wohnen der Kanaaniter inmitten Israels zu belegen. Die übrigen für die Stämme Sebulon, Ascher und Naftali genannten Städte werden in den Städtelisten für diese Stämme Jos 19,10-16.24-31 und 32-29 genannt, doch ergibt die Frage der literarischen Abhängigkeit ein differenzierteres Bild.

Noth hält die Angaben in Jos 19 in allen Fällen gegenüber denen in Jdc 1 für sekundär, wobei er sich vor allem auf die Summenangaben am Ende eines jeden Abschnitts stützt (vgl. Noth 1971: 252-260). Dagegen ist allerdings einzuwenden, dass sich die Summenangaben in Jos 19,15.30.38 nicht durch Ausscheiden der in den Versen 30-33 genannten Städte stimmig machen lassen, zumal nicht sicher zu bestimmen ist, welche Städte aus den Ortslisten und den Grenzbeschreibungen bei der Zählung berücksichtigt wurden. Festzuhalten bleibt nur, dass die Summenangaben nicht mit dem vorausgehenden Text zur Deckung gebracht werden können und jedem Eingriff somit etwas Willkürliches anhaftet. Im Falle von Sebulon V. 30 werden die beiden genannten Städte Kitron und Nahalal in Jos 19,15 genannt. Beide können bisher nicht lokalisiert werden, sind aber fest im Text von Jos 19,15 verankert, so dass sich die Annahme nahe legt, dass sie aus Jos 19,15 nach V. 30 übernommen wurden. Für Ascher erscheinen die fünf Städte Mahaleb, Achsib, Akko (cj.), Afek und Rehob in Jos 19,29f. erst nach der Städteliste und damit an einer Stelle, die als nachträglicher Einschub eindeutig erkennbar ist. Trotz der anderen Reihenfolge kann kein Zweifel darüber bestehen, dass die Namen dieser fünf Orte unter Auslassung von Sidon aus V. 31 übernommen wurden. Die Aussparung von Sidon in Jos 19,29f. kann damit erklärt werden, dass der Bereich dieser Stadt im Konzept der Landgabe des Josuabuches nicht zu dem von einem Stamm beanspruchten Siedlungsgebiet gehörte. Die in V. 31 genannten Orte wurden damit aus dem »negativen Besitzverzeichnis« für das Jos 19,24-31 beschriebene Stammesgebiet von Ascher nachgetragen. Nun werden in V. 31 die Orte Mahaleb (cj.), Achsib, Afek und Rehob ohne die Nennung des sonst üblichen ḥšby in dem Satz aufgeführt und geben sich somit als eine nachträgliche Ergänzung zu erkennen. Für Ascher bleiben somit lediglich Akko und Sidon als zum ursprünglichen Textbestand von Jdc 1 gehörig. Im Unterschied zu Akko, das nur an diesen beiden Stellen auftaucht, wird Sidon sehr häufig in den Texten genannt (HALAT: 957). Sidon (Saidā) gilt dabei als phönizische Stadt und könnte somit als nichtisraelisch aus den Überlieferungen übernommen worden sein. Für Akko (Tell el-Fuḥḫār) lässt die häufige Bezeugung in außerbiblischen Quellen (NBL I: 71) die Bedeutung der Stadt während des 1. Jt. erkennen, das Schweigen der biblischen Überlieferung über Akko könnte in der Tat dadurch bedingt sein, dass

die Stadt eben nicht israelisch war. Doch lässt sich keine Überlieferung ausmachen, nach der Akko und Sidon als kanaanitisch gegolten haben. Akko
war vielleicht eine Enklave im Stammesgebiet von Ascher, in dem es nach
Jos 19,24-31 gelegen hat. Die Herkunft der beiden Namen Akko und Sidon
im Rahmen des »negativen Besitzverzeichnis« ist nicht mehr zu klären, in
jedem Fall muss mit ihnen die Vorstellung einer nichtisraelischen Bewohnerschaft verbunden gewesen sein, so dass ihre Nennung an dieser Stelle (V. 31)
erfolgen konnte. Die beiden Namen wurden dann durch eine weitere Aufzählung der Namen Mahaleb (cj.), Achsib, Afek und Rehob ergänzt, die in
der Ebene von Akko anzusetzen sind (vgl. Fritz 1994: 195). Die Herkunft
dieser vier Namen muss offen bleiben.

Die für Naftali genannten Städte Bet-Schemesch und Bet-Anat stehen in
Jos 19,38 am Ende der für den Stamm beanspruchten Orte. Bet-Schemesch
ist mit *Ēn-Šems* gleichzusetzen, während die Lokalisierung von Bet-Anat
nicht gesichert ist. Es besteht hier kein Grund, sie der Ortsliste des Stammes
Naftali in Jos 19,12-37 abzusprechen; beide werden außerhalb dieser beiden
Texte nicht mehr genannt. Warum sie in V. 33 aufgeführt werden, ist nicht
erkennbar.

Für das »negative Besitzverzeichnis« lässt sich somit feststellen, dass hier
fünf der mittelpalästinischen und galiläischen Stämme aufgeführt werden:
Manasse, Efraim, Sebulon, Ascher und Naftali. Die für Manasse und Efraim
als kanaanitisch in Anspruch genommenen Orte finden sich auch sonst in der
biblischen Überlieferung. Für die galiläischen Stämme liegen in Jos 19 Um-
fangsbeschreibungen in Form von Grenzbeschreibungen und Ortslisten vor,
deren Herkunft bisher nicht ermittelt werden konnte. In dieser Überlieferung
sind die für Sebulon und Naftali genannten Städte mit kanaanitischer Ein-
wohnerschaft gut verankert, während für Ascher die Orte aus V. 31 sekundär
in Jos 19,29f. nachgetragen wurden. Vorläufig lässt sich somit die Herkunft
des »negativen Besitzverzeichnisses« nicht bestimmen. Wegen seiner Dispa-
rität ist nicht mit der Übernahme eines geschlossenen Überlieferungsele-
mentes zu rechnen. Auch ohne die Möglichkeit, die Herkunft und Übernahme
aller Namen nachzuweisen, bleibt die Zusammenstellung des Stückes durch
einen Redaktor wahrscheinlich. Dabei bleibt festzustellen, dass dieser Redaktor die Vorstellung vertreten hat, dass die einwandernden Stämme in ein
Land kamen, welches von Kanaanitern besiedelt war, und dass verschiedene
Stämme inmitten dieser Urbevölkerung ihre Wohnsitze eingenommen haben.
Noch in der Überlieferung über Salomo ist diese Unterscheidung zwischen
Israeliten und Kanaanitern lebendig (vgl. I Reg 4,7-19).

Im »negativen Besitzverzeichnis« wird die These vertreten, dass mit der
Landnahme keineswegs alle ursprünglichen Bewohner des Landes vernichtet
oder vertrieben worden waren. Das im Josuabuch gezeichnete Geschichtsbild
wird korrigiert. Diese nachträglich angebrachte Korrektur erscheint dem Redaktor des Buches der Richter notwendig, um die in diesem Textkorpus ge-

schilderten kriegerischen Ereignisse aus der besonderen Situation heraus verständlich zu machen.

Die Verse 34-36 bringen am Schluss des Kapitels eine Sonderüberlieferung über den Stamm Dan, auffallend ist dabei die ausdrückliche Feststellung eines Misserfolgs seitens der Daniten (vgl. Niemann 1985: 9-35). Mit der Formulierung des mangelnden Erfolgs fällt das Stück aus dem Schema des »negativen Besitzverzeichnisses« heraus. Aber auch sonst gibt es verschiedene andersartige Formulierungen, die auf eine anderweitige Herkunft des Stückes hinweisen: Der Stamm wird nicht mit Namen bezeichnet, vielmehr spricht der Text von den Daniten (*bny dn*). Als Gegner und damit als vorisraelische Landesbewohner werden die »Amoriter« genannt. Erst das »Haus Josef« hat die Situation des Fremdvolkes in die Situation der Abhängigkeit geändert. Außerdem ist neben den beiden Ortsnamen Ajalon und Schaalbim mit *hr hrś* auch eine geographische Angabe gemacht. Doch berechtigen diese besonderen Angaben noch nicht zu der Annahme, dass in V. 34f. eine ältere Tradition aufgenommen wurde, da die gemachte Aussage aus der sonstigen Überlieferung über den Stamm Dan herausgesponnen worden sein kann. Für die Landnahme des Stammes Dan wurden in der Überlieferung zwei Behauptungen gemacht:

1. Das ursprüngliche Siedlungsgebiet ist am Ostrand des Gebirges im Bereich der Orte Zora und Eschtaol gelegen, (Jos 15,33; 19,41; Jdc 13,25; 16,31; 18,2.8.11.).

2. Diese Wohnsitze am Rande des Gebirges hat der Stamm Dan verlassen, um ein neues Gebiet im Bereich der Jordanquellen im Umkreis der Stadt Dan (*Tell el-Qādī*) einzunehmen. Dieser Wechsel der Wohnsitze wird hier mit den durch die eingesessene Bevölkerung ausgeübten Druck begründet.

Nun finden sich beide Behauptungen erst in der Überlieferungsbildung aus jüngerer Zeit. Niemann hat denn auch die Abwanderung des Stammes aus dem Süden in den Norden eine Legitimationserzählung genannt, mit der die Einnahme eines neuen Gebietes am Ostrand des Gebirges durch die Daniten gegen Ende der Königszeit begründet werden soll (vgl. Niemann 1999: 25-48). Die Tradition von der Wanderung des Stammes Dan zu neuen Wohnsitzen in den Norden kann somit keineswegs auf eine alte Erinnerung aus vorstaatlicher Zeit zurückgeführt werden, sondern stellt eine jüngere Traditionsbildung dar. Der von Niemann ausdrücklich an das Ende der Königszeit datierte Einnahme der späteren Stadt Dan und der Niederlassung des Stammes im Bereich des nördlichen Jordantals geht nach jüngerer Auffassung die Einnahme eines Siedlungsgebiets in unmittelbarer Nachbarschaft Judas voraus. Im Rahmen dieser Siedlungsbewegung stellt die Aussage von V. 34f. eine Überlieferung dar, mit der die Beschränkung des danitischen Siedlungsgebietes weiter begründet wird. Diese Aussage wurde auch in Jos 19,47a.48.48aLXX nachgetragen und dort weiter ausgebaut. Sinn der Aussage ist die Betonung, dass Ajalon und Schaalbin als nichtisraelisch zu gelten haben, und dass der Stamm Dan nicht in die Ebene vorgedrungen ist. Diese Ebene wird nicht näher bezeichnet, muss aber im Umkreis der genannten Orte Ajalon und Schaalbim gelegen haben. Das Siedlungsgebiet der Daniten blieb auf die Teile des Berglandes nördlich des Sorek (*Wādi eṣ-Ṣarār*) beschränkt und hat nicht mehr die östlich davon gelegene Ebene oder die Städte Ajalon und Schaalbim umfasst. Dagegen wird bereits in Jos 19,40-46 eine Ausweitung des Stammesgebietes von Dan in die Küstenebene bis zum Jarkon (*Nahr el-ʿŌǧā*) behauptet. Nun liegen sowohl Ajalon (*Yālō*) als auch Schaalbim (*Selbīt*) bereits in dieser Ebene, so dass die Aussage von V. 34f. stimmig erscheint. Doch werden beide Orte neben anderen für den zweiten Gau Salomos in I Reg 4,9 genannt. Die Notiz könnte somit aus der alttestamentlichen Überlieferung herausgesponnen sein, ohne dass mit einer authentischen Überlieferung aus der Zeit um 1200 gerechnet werden muss. Das Motiv der Wanderung der Daniten taucht dann erst in Jos 19,47 auf und liegt der späteren Erzählung in Jdc 17.18 zugrunde. Die Verlegung des Siedlungsgebietes nach Norden ist noch völlig außerhalb des Interesses des Redaktors, dieser will allein die Beschränkung des Stammes der Daniten auf die Gebirgsregion begründen. Damit steht die Aussage V. 34f. im Widerspruch zu Jos 19,40-48, sie stellt einen Versuch dar, das ursprüngliche Siedlungsgebiet des Stammes vor seiner Ausweitung festzuschreiben. Letztendlich wird in V. 36 entsprechend der verspäteten Nennung der Amoriter deren Siedlungsgebiet umschrieben[4], wobei mit »Skorpionsstiege« nur der Ausgangspunkt genannt wird. Dabei handelt es sich um den Aufstieg aus der Araba in den Negeb, der mit *Naqb eṣ-Ṣafā* identifiziert werden kann. Die Nennung des weit im Süden gelegenen Festpunktes lässt erkennen, dass hier die Amoriter für das Land in seiner gesamten Erstreckung als die ursprüngliche Fremdbevölkerung behauptet werden sollen, was dem deuteronomistischen Sprachgebrauch für die Urbewohner des Landes entspricht, vgl. Dtn 1,44; 2,24; 3,9; 7,1; 20,17; Jos 3,10; 9,1; 10,12 u.ö.

Mit Auld (1975) wird daran festgehalten, dass in Jdc 1 keine alten Überlieferungen verarbeitet wurden, sondern dass das gesamte Kapitel aus verschiedenen Stücken besteht, die erst von einem Redaktor zusammengestellt wurden. Damit stellt sich die Frage nach dem Verfasser des Kapitels. Als Verfasser dieses aus verschiedenen Stücken zusammengestellten Abschnittes ist am ehesten RedD = DtrN anzunehmen, der die Reihenfolge der Bücher Josua und Richter vorgefunden hat und dabei die Aussage beider dahingehend korrigieren wollte, dass eroberte und nicht eroberte Gebiete in verschiedenen Landesteilen wenigstens benannt werden (vgl. Smend 1986: 134-

---

4   Die letzten Worte »von Sela und weiter hinauf« ergeben als Abschluss der Gebietsbeschreibung keinen Sinn. Eine Wiederherstellung des verdorbenen Textes ist nicht möglich.

388   Volkmar Fritz

147). Mit Jdc 1.2 wurde der zwischen der Josuazeit und den Richtern
bestehende Status neu interpretiert: der Vollzug der Landnahme war zwar in
der Nachfolge Jahwes nicht abgeschlossen worden, aber dennoch steht Jahwe
seinem Volk den verbliebenen Feinden im Lande gegenüber bei. Zwar
bleiben die Fremdvölker im Lande wohnen und bilden eine ständige Gefahr –
nicht nur im Sinne einer Bedrohung, sondern auch in Blick auf die Möglichkeit des Abfalls von Jahwe. Aus der als Sünde interpretierten Tatsache, die
Kanaaniter nicht vertrieben zu haben, wird die Strafe, dass Jahwe die Feinde
nicht weiter vertreiben wird, so dass Israel gezwungen ist, mit diesen
zusammenzuleben. So hat der Redaktor vor allem mit Jdc 2,2-5 die weiteren
Erzählungen über die Auseinandersetzung mit den Feinden im Richterbuch
unter das Verdikt gestellt, dass Israel das Ziel der Landnahme verfehlt hat
und darum für sein weiteres Geschick selbst verantwortlich ist. Jdc 1,1b
greift dabei auf die Bundeszusage an die Väter zurück. Der Bund, den Jahwe
mit Israel geschlossen hat, verpflichtet das Volk zur konsequenten Einhaltung
von Jahwes Forderungen. Die Nichteinhaltung der von Jahwe auferlegten
Verpflichtung zieht Folgerungen nach sich, die das Zusammenleben Israels
mit den fremden Völkern betreffen. Der Redaktor DtrN erweist sich so als
konsequenter Verfechter der Bundestheologie, wie sie in deuteronomisch-
deuteronomistischen Kreisen am Ende der Königszeit entstanden ist, dann
aber im Gefolge des deuteronomistischen Geschichtswerkes in der
nachexilischen Zeit beherrschend geworden ist.

Bibliographie

Auld, A.
    1975   Judges I and History : a reconsideration. VT 25: 261-285.
Becker, U.
    1990   Richterzeit und Königtum. Redaktionsgeschichtliche Studien zum Richterbuch.
           BZAW 192.
Fritz, V.
    1994   Das Buch Josua. HAT I/7.
Kochavi, M. (ed.)
    1967f. Judaea, Samaria and the Golan.
Kelso, J. L.
    1968   The Excavation of Bethel (1934-1960). The Annual of the American School of
           Oriental Research XXXIX.
Mittmann, S.
    1977   Ri 1,16f. und das Siedlungsgebiet der kenitischen Sippe Hobab. ZDPV 93: 213-
           235.
Niemann, H. M.
    1985   Die Daniten. Studien zur Geschichte eines altisraelitischen Stammes. FRLANT
           135.
    1999   Zorah; Eshtaol, Bet Shemesh and Dan's Migration to the South: A Region and its
           Tradition in the Late Bronze and Iron Ages, JSOT 86 : 25-48.

Noth, M.
  1948 Überlieferungsgeschichte des Pentateuch.
  1953 Das Buch Josua. HAT I/7. 2. Aufl.
  1971 Aufsätze zur biblischen Landes- und Altertumskunde I: Archäologische, exegetische und topographische Untersuchungen zur Geschichte Israels.
Smend, R.
  1985 Die Mitte des Alten Testaments. Gesammelte Studien I. Beiträge zur evangelischen Theologie 99.
Tadmor, H.
  1994 The Inscriptions of Tiglath-Pileser III. King of Assyria.
Welten, P.
  1965 Bezeq. ZDPV 81: 138-165.

Davids Unschuld
Die Hofgeschichte und Psalm 7

Erik Aurelius (Göttingen)

1.

Unter all den in mehr oder weniger starken Farben gezeichneten Gestalten, die uns in der Bibel entgegentreten, gehört König David ohne Zweifel zu denjenigen, die die Phantasie am meisten stimulieren. Sein Leben ist dramatisch und seine Person so komplex dargestellt, daß man bei der Lektüre unvermeidlich damit beschäftigt wird, all die verschiedenen Äußerungen seiner Persönlichkeit womöglich zu einer Einheit zusammenzudenken. Am Anfang der Bekanntschaft ist er noch sehr jung, der allzu junge Knabe, der nicht einmal in der Familie, geschweige denn in der Armee wirklich zählt, aber dennoch unter seinen Brüdern der von Gott und vom König Erwählte ist (I Sam 16,1-13 und 16,14-23) und im Krieg als der Retter seines Volkes hervortritt (I Sam 17). Am Ende ist er ein vergreister Mann, der alte König, der von der Umgebung eher manipuliert als respektiert wird und dessen wichtigster Wunsch anscheinend darin besteht, die Körperwärme zu halten (I Reg 1-2).

Was in dem dazwischen Erzählten in die Augen fällt, ist unter anderem, daß David nicht nur über außergewöhnliche militärische und politische Gaben verfügt, sondern nicht selten auch erstaunliches Glück hat. »Links und rechts von David sinken reihenweise Feinde und Gegner dahin, ihn aber trifft daran keine erkennbare, meist sogar erkennbar keine Schuld.«[1] Der reiche Viehzüchter Nabal, der dem Freibeuter David das von diesem Verlangte nicht freiwillig überläßt, stirbt, ohne daß David ihn angegriffen hat, und so kann David seine schöne und kluge Frau heiraten (I Sam 25). König Sauls Kampf gegen die Philister endet mit der Niederlage auf dem Gebirge Gilboa und Sauls und dreier seiner Söhne Tod, ohne daß David auf irgendeine Weise daran beteiligt gewesen sein soll, obwohl er zur Zeit als philistäischer Fürst in Ziklag herrschte (I Sam 29-II Sam 1). Daraufhin wird Sauls Feldherr Abner ermordet, ohne daß David das Geringste damit zu tun hat (II Sam 2-3). Dasselbe gilt für Sauls überlebenden Sohn und Erbe Isch-Boschet (II Sam 4). Der Höhepunkt kommt, wenn Davids Sohn, der Aufrührer Absalom, der die

---

1 W. Dietrich, Die frühe Königszeit in Israel, Biblische Enzyklopädie 3, 1997, 269.

Macht und das Leben seines Vaters bedroht, im Walde Efraim fällt, ohne daß
David am Streit teilgenommen hätte; dabei beruht seine Abwesenheit nicht
auf eigenem, sondern auf dem Wunsch seines Kriegsvolks (II Sam 18). Hier
fällt es freilich schwerer, von Glück zu reden, denn David interessiert sich bei
der Meldung des Sieges gar nicht für den Sieg, sondern ausschließlich für das
Geschick »des Jungen, des Absalom« (18,29-19,8). Weiterhin läßt die
Darstellung in diesem Fall nicht ohne weiteres das Urteil zu, daß David keine
erkennbare Schuld träfe. Er hat immerhin die Vorbereitungen zum Streit
getroffen und den Marschbefehl gegeben (18,1f), freilich mit der Mahnung
verbunden, vorsichtig mit »dem Jungen« zu verfahren (18,5).

Inwiefern ist David des Todes seines Sohnes schuldig? Die Frage hängt
mit der größeren Frage nach Tendenz und Absicht der Jerusalemer Hofgeschichte in II Sam zusammen,[2] und sie wird auf unterschiedlichste Weise beantwortet. Die Tendenz sei eindeutig prodavidisch und prosalomonisch, behaupten einige, sie sei vielmehr antidavidisch, antisalomonisch und überhaupt antimonarchisch, versichern andere, antidavidisch, aber prosalomonisch, sagen wieder andere, prodavidisch, aber antisalomonisch, meinen noch
andere – um einige profilierte Beispiele der angeführten Gesichtspunkte zu
nennen; es wird auch die Auffassung vertreten, der Autor wolle lediglich eine
spannende Geschichte erzählen.[3] Keine der Deutungen ist unverständlich,
alle haben je ihre Anhaltspunkte im Text, und es läßt sich nicht ausschließen,
»daß in jedem von ihnen eine, sei es auch nur begrenzt gültige Einsicht enthalten ist«.[4] Auf jeden Fall leuchtet das Fazit ein, das Otto Kaiser aus der Erzählung und deren verschiedenen Deutungsmöglichkeiten zieht:

> Tendenzielle oder gar tendenziöse Eindeutigkeiten in der Beurteilung ihrer Helden
> scheinen mir allemal eine Folge späterer Übermalung zu sein, der es zumal darum ging,
> dem seines Reiches und seiner Könige beraubten Volk ein möglichst fleckenloses Bild
> des eigentlichen Begründers des Reiches und seines Thronerben zu erhalten. Könnte der
> eigentliche Erzähler der Geschichte vom König David sich in die gegenwärtige
> Diskussion über sein Werk (und zugleich seine Komposition) einschalten, würde er

---

2 Zur Abgrenzung s.u. Die Bezeichnung »Hofgeschichte« wird hier im Anschluß an den
   älteren Gebrauch (vgl. etwa J. Wellhausen, Die Composition des Hexateuchs und der historischen Bücher des Alten Testaments, ³1899, 255f; S. A. Cook, Notes on the Composition of 2 Samuel, AJSL 16 [1899/1900], 145-177, 155) statt der für II Sam 9-20 + I Reg
   1-2 geläufigen, aber einseitigen »Thronfolgegeschichte« verwendet; vgl. die Erwägungen
   bei J. W. Flanagan, Court History or Succession Document?, JBL 91 (1972), 172-181;
   D., Königszeit, 206f; E. Blum, Ein Anfang der Geschichtsschreibung? in: A. de Pury – T.
   Römer (Hg.), Die sogenannte Thronfolgegeschichte Davids, OBO 176, 2000, 4-37, 21-
   23.
3 Vgl. die Literaturüberblicke bei O. Kaiser, Beobachtungen zur sogenannten Thronnach-
   folgeerzählung Davids (1988) in: ders., Studien zur Literaturgeschichte des Alten Testaments, fzb 90, 2000, 165-182, 166f; W. Dietrich – Thomas Naumann, Die Samuelbücher,
   EdF 287, 1995, 191-198; Dietrich, Königszeit, 207-211.
4 Kaiser, Beobachtungen, 167.

vermutlich mit einem Auge zwinkern und uns über die Schultern anblickend fragen:
»Habe ich euch nicht eine spannende Geschichte erzählt? So kompliziert ist das Leben.
Klugheit und Leidenschaft weben seinen Teppich. Und der, der sich am Morgen seiner
Klugheit rühmt, sollte sich hüten, noch vor dem Abend zu fallen. Auch Könige sind
Menschen, ihre Großen nicht minder. Selbst unser großer König David und sein General
Joab bildeten gegenüber dieser Regel keine Ausnahme. Leidenschaft und Wille zur
Macht blendeten immer wieder ihr und der Königskinder Urteilsvermögen. Und
schließlich fanden beide, die es ein Leben lang verstanden hatten, die mannigfachen
Krisen zu meistern, im Alter ihren Meister.« Der Leser der Bibel ist an eindeutige
Aussagen und Tendenzen gewöhnt. Die Parteilichkeit der Sage, der Propheten und der
späten Geschichtsschreiber ergänzen einander, so daß er am Ende hinter jeder Erzählung
die theologisch oder politisch eindeutige Absicht sucht. Die von ihren Übermalungen
befreite Erzählung vom König David kommt ihm dabei nicht entgegen. Darin liegt wie in
jeder großen Dichtung ihre Stärke.[5]

Spätere prodavidische und prosalomonische Übermalungen hat schon Stanley
Cook angenommen und dadurch die Frage verneint: »Was the chronicler
really the first to idealize David?«[6] Dabei hat er in mancher Hinsicht die Studien von Ernst Würthwein, Timo Veijola und François Langlamet vorwegge-
nommen, die 75 Jahre später die Annahme mit ausführlichen Begründungen
wieder in die Diskussion eingeworfen haben.[7] Kaiser hat die Annahme an
mehreren Punkten weiterentwickelt (s.u.), allerdings, wie aus dem Zitat her-
vorgeht, ohne die bei den drei letztgenannten Forschern damit verbundene,
eher problematische Einschätzung der Grunderzählung als eindeutig antidavidisch und antidynastisch zu übernehmen.
   Die Bearbeitungen beschäftigen sich nicht zuletzt mit der Frage nach Davids Schuld; besonders empfindlich war die Frage verständlicherweise im
Zusammenhang mit dem Tod Absaloms. Hat David seinen eigenen Sohn
umbringen lassen, um seine Macht zu sichern? Daß er seine Truppen ins Feld
gegen Absalom geschickt hat, war offenbar ein feststehender Zug der Erzählung (18,1f), der nicht ausgeräumt, wohl aber um das eine oder andere ergänzt werden konnte, um David in ein besseres Licht zu stellen oder einen
Schatten auf Absalom zu werfen. Im folgenden soll versucht werden, eine
solche, sehr umfangreiche, aber bisher nicht bemerkte Bearbeitung sowie ein
paar kleinere, früher ebenfalls nicht bemerkte Zusätze nachzuweisen (2) und
daraus einige Konsequenzen für die Entstehungsgeschichte der Samuelbü-

---

5   Ebenda 181f, mit Verweis auf D. M. Gunn, The Story of King David, JSOT.S 6, 1978,
    60f, 110f, der allerdings nicht mit späteren Übermalungen rechnet.
6   Cook, Notes (Zitat 176).
7   E. Würthwein, Die Erzählung von der Thronfolge Davids – theologische oder politische
    Geschichtsschreibung? (1974) in: ders., Studien zum Deuteronomistischen Geschichts-
    werk, BZAW 227, 1994, 29-79; T. Veijola, Die ewige Dynastie, AASF.B 193, 1975; F.
    Langlamet, Pour ou contre Salomon?, RB 83, 1976, 321-379, 481-528; weitere Aufsätze
    zum Thema von Langlamet und Veijola sind verzeichnet in Dietrich–Naumann, Samuel-
    bücher.

cher zu ziehen (3). Zum Schluß soll die deutlichste Beteuerung der Unschuld
Davids behandelt werden; sie liegt nicht in II Sam, sondern im Psalter vor,
nachdem Psalm 7 (4) durch die Überschrift 7,1 zur Klage Davids nach dem
Tod seines Sohnes umgestaltet worden ist (5).

2.

Ein Beispiel späterer Übermalung zugunsten Davids stellt, wie Cook und
Würthwein gezeigt haben, der Abschnitt II Sam 16,21-23 dar.[8] Hier bekommt
Absalom von Ahitofel den vermeintlich guten Rat, zu Davids in Jerusalem
hinterlassenem Harem »einzugehen«, und er folgt dem Rat in einem auf dem
Dach aufgeschlagenen Zelt »vor den Augen ganz Israels«. Dadurch soll die
Entschlossenheit seiner Gefolgsleute gestärkt werden, indem ihnen klar wird,
daß Absalom nun alle Brücken zum Vater abgebrochen hat und daß es kein
Zurück mehr gibt. Es fällt aber auf, daß Absalom, nachdem er einen Rat von
Ahitofel verlangt hat (16,20), zwei Ratschläge bekommt, und zwar zwei, die
sich nicht ohne weiteres miteinander vertragen. Auf die erste Antwort
Ahitofels (»Und Ahitofel sagte zu Absalom: ...« 16,21) und Absaloms
Befolgung dieses Rates, folgt in 17,1 unvermittelt noch eine auf genau
dieselbe Weise eingeführte Antwort (»Und Ahitofel sagte zu Absalom: ...«
17,1), als ob er nicht schon einen Rat gegeben hätte. Die Doppelung und das
Fehlen einer Situations- oder Zeitangabe in 17,1 vermitteln den Eindruck,
daß der Abschnitt 16,21-23 in 17,1ff nicht vorausgesetzt ist. Der Eindruck
wird durch den Inhalt des in 17,1-3 gegebenen Rates verstärkt: Ahitofel will
keineswegs »ganz Israel« zuschauen lassen, wie Absalom den ersten Rat be-
folgt, sondern sich mit 12.000 Mann zur Verfolgung Davids aufmachen, und
zwar sofort, »heute Nacht«, um David möglichst schnell zu erreichen und zu
überraschen. Freilich hat David Gunn eingewandt, daß die Befolgung des ersten Rates wohl recht schnell erledigt gewesen wäre, weshalb die zwei
Ratschläge gut miteinander zusammenhingen.[9] Doch es bleibt auffällig, daß
der zweite Rat in 17,1 so eingeführt (und in 17,4 von Absalom und allen Ältesten Israels für gut gehalten) wird, als ob es keinen ersten Rat gegeben
hätte. Zum anderen fragt sich, warum denn Ahitofel nicht beide Ratschläge
sofort gibt, um Absalom (und den Ältesten) die Entscheidung zu überlassen,
ob genügend Zeit für die erste Aktion zur Verfügung stand – bei dem zweiten
Rat, der Verfolgung Davids kam es allerdings auf die schnelle Durchführung
an. Zum dritten scheint Joabs Zurechtweisung des um Absalom trauernden
David in 19,6-8 nicht das in 16,22 erzählte Verbrechen zu kennen. Das erklärt sich alles am einfachsten dadurch, daß das Stück 16,21-23 später ein-

---

8 Siehe zum folgenden Cook, Notes, 162-164; Würthwein, Erzählung, 54-63.
9 Gunn, Story, 116.

getragen ist, zumal die Absicht hinter dem Einschub leicht erkennbar ist: Absalom soll sich in den Augen Davids, aber auch des Lesers unerträglich machen, und die Sympathien sollen deutlicher auf David verlagert werden. Ahitofels törichter Rat ist die Erhörung des Gebets des frommen Davids in dem aus dem Kontext leicht herauslösbaren Vers 15,31:»Mache doch den Ratschlag Ahitofels zur Torheit, Jhwh!«[10]

Ein zweites Beispiel prodavidischer Bearbeitung bietet der Abschnitt II Sam 18,10-15a. Wie Goliat in I Sam 17,50.51 wird Absalom in II Sam 18,14.15 zweimal getötet, zuerst von Joab, der ihm drei Stäbe oder Spieße ins Herz stößt (v. 14), sodann durch mehrere Soldaten (v. 15). Wie bei Goliat allgemein anerkannt, erklärt sich die Merkwürdigkeit auch bei Absalom am einfachsten durch die Annahme sekundärer Ergänzung. Cook begrenzt diese auf 18,14,[11] Würthwein auf 18,10-14, also auf das ganze Stück, wo Joab die Meldung über den im Baum hängenden Absalom bekommt und bewußt die Mahnung seines Königs,»mit dem Jungen, dem Absalom« vorsichtig zu verfahren (18,5.12), ins Gesicht schlägt.[12] Kaiser zählt neben 18,10-14 auch v. 15a zum Einschub;[13] das leuchtet ein, denn die in v. 15a eingeführten »zehn Knappen, Joabs Waffenträger« sind eher ein durch den Joab-Einschub v. 10-14 notwendig gewordenes Subjekt für v. 15b, der für sich genommen gut auf v. 9 folgt und dann»die Knechte Davids« als Subjekt hat:

Absalom wurde von den Knechten Davids angetroffen; Absalom ritt auf einem Maultier, und als das Maultier unter das Geäst einer großen Eiche kam, verfing sich sein Kopf in der Eiche, so daß er zwischen Himmel und Erde hängen blieb; denn das Maultier lief unter ihm weg (18,9); und sie schlugen ihn tot (18,15b).

Freilich fehlt es nicht an Harmonisierungsversuchen zwischen den Versen 14 und 15. Joabs Knechte sollen es ihm nachgemacht haben,»ob ihr Thun nun einen Zweck hat oder nicht«,[14] oder Joab habe Absalom nicht getötet, sondern nur vom Baum heruntergestoßen, um dann die Tötung den Knappen zu überlassen.[15] Doch einerseits erzielen die Schläge in v. 15b ausdrücklich, daß Absalom stirbt, und andererseits:»nach Joabs drei Stichen in Absaloms Herz

---

10 Von derselben Hand wie II Sam 15,31 und 16,21-23 werden die damit zusammenhängenden und gleichfalls aus dem jeweiligen Kontext leicht herauszulösenden Stücke 15,16b-17a; 17,5-14.15b.23; 20,3 stammen; siehe Cook ebenda; Würthwein ebenda.
11 Cook, Notes, 165.
12 Würthwein, Erzählung, 66.
13 O. Kaiser, Das Verhältnis der Erzählung vom König David zum sogenannten Deuteronomistischen Geschichtswerk, in: ders., Studien, 134-164, 144-146.
14 K. Budde, Die Bücher Samuel, KHC 8, 1902, 284.
15 Vgl. etwa C. Conroy, Absalom Absalom! Narrative and Language in 2 Sam 13-20, AnBib 81, 1978, 44 Anm. 5; P. K. McCarter, II Samuel, AncB 9, 1984, 406f; H. J. Stoebe, Das zweite Buch Samuelis, KAT VIII 2, 1994, 399, 404.

bedurfte es keiner weiteren Schläge, um ihm den Garaus zu machen.«[16] Die merkwürdige Darstellung läßt sich nur sehr gezwungen harmonisieren und stammt daher kaum von einem einzigen Autor. Es liegt erheblich näher, 18,10-15a für einen Einschub zu halten, dessen Absicht außerdem eindeutig ist: Joab wird mit Absaloms Tod belastet und David davon entlastet.[17]

Ein weiteres Beispiel nachträglicher Auffüllung der Absalomgeschichte tritt zutage, wenn man die Auskunft in II Sam 18,6 ernst nimmt, daß der Streit zwischen Davids und Absaloms Truppen »im Walde Efraim« stattfand. Der eingebürgerte Kommentar dazu lautet wie bei Wilhelm Nowack: Hier sei zumindest »soviel klar, dass es sich um eine Oertlichkeit des Ostjordanlandes handelt«, obwohl sich das mit dem Namen Efraim nicht verträgt.[18] Denn seit 17,24.26 befinden sich David und Absalom beide östlich des Jordans. Gegen alle exegetische Gewohnheit hat Reinhard Kratz indessen die ansprechende Annahme vorgetragen, daß Efraim hier wie überall sonst im Alten Testament im Westjordanland zu suchen sei; die Folgerung ist, daß der ganze Bericht von Davids Flucht nach Mahanajim (15,7-12; 15,14-17,29) und von seiner Rückkehr nach Jerusalem (ab 19,10) bereits im Grundbestand einen Zuwachs zur Absalomgeschichte darstellt.[19] Ursprünglich wurde demnach erzählt, daß Absalom in Jerusalem die Herzen »der Männer Israels« stiehlt (15,1-6), daß David Nachricht davon bekommt (15,13) und daß er – ebenfalls in Jerusalem – seine Truppen mustert und organisiert und sie gegen Absalom schickt (18,1f), und zwar nordwärts, denn dann kommt es zum Streit »im Walde Efraim« (18,6) zwischen dem »(Kriegs-)Volk Israels« und den »Knechten Davids« (18,7). Die Absicht hinter der Eintragung des Fluchtberichtes[20]

---

16 Kaiser, Verhältnis, 145.

17 Derselben Hand weist Kaiser ebenda mit Recht 18,5 zu (s.u. mit Anm. 32). Auch 18,2b-4a mag ein nachträglicher Beitrag zur Entlastung Davids darstellen; siehe Würthwein, Erzählung, 65f.

18 W. Nowack, Die Bücher Samuelis, HK I 4/2, 1902, 221.

19 R. G. Kratz, Die Komposition der erzählenden Bücher des Alten Testaments, UTB 2157, 2000, 181. Daß das Stück 15,7-12 über Absaloms Thronbesteigung in Hebron sekundär ist, wird von Kratz nicht begründet. Es mutet aber als eine Voraussetzung des Fluchtberichtes an, denn David kann schwerlich mit allen Leuten aus Jerusalem fliehen, wenn Absalom nicht woanders ist. Andererseits wäre die Schlacht kaum nach Efraim verlegt worden, wenn David in Jerusalem und Absalom in Hebron wären. Ferner liegt es deshalb nahe, das Stück mit dem Fluchtbericht zusammenzuführen, weil Hebron und Mahanajim auch am Anfang des II Sam die Sitze zweier konkurrierenden Könige sind. – Die 40 Jahre in 15,7 bleiben rätselhaft. Wie Conroy bemerkt, wären weder 4 Jahre noch 40 Tage viel besser, denn weder leuchtet es ein, daß Absalom seine subversive Tätigkeit (15,1-6) vier Jahre lang ohne Davids Kenntnis betrieben haben soll, noch, daß 40 Tage genügend Zeit gegeben hätten, um »alle Stämme Israels« (15,10) zum Aufruhr aufzuwiegeln (Absalom, 106f Anm. 40).

20 Nach Abzug der noch späteren Zusätze etwa 15,14-16a.17b-23.30.32-37; 16,15-20; 17,1-4.15a.16-22.24-29 und 19,10-16.41b. Ist der Fluchtbericht nachgetragen, dann erst recht

dürfte wenigstens zum Teil dieselbe wie hinter den oben erwähnten Zusätzen sein: die Lesersympathien auf David zu richten. Er hat nicht einfach seine Truppen Absalom angreifen lassen. Vielmehr mußte er zuerst tödlich bedroht vor seinem Sohn aus Jerusalem fliehen; dabei hat »das ganze Land« geweint (15,23), und David selbst ist weinend den Ölberg hinaufgestiegen (15,30). Nach Kratz schließt somit die ursprüngliche Absalomgeschichte mit 19,9a. Indessen ergibt sich noch ein, ebenfalls umfangreiches, aber bisher nicht vermerktes Beispiel späterer Ergänzung aus der Beobachtung, daß 19,9 am Ende 18,17b wiederaufnimmt: »(Ganz) Israel aber war geflohen, ein jeder in sein Zelt«, wenn man nämlich diese Beobachtung mit der anderen verbindet, daß auf 18,17 die ätiologische Notiz 18,18 über die Mazzebe »Absaloms Hand« folgt. Einerseits schließt eine Wiederaufnahme zwar nicht überall einen Zusatz ab, aber sollte in jedem Fall die Frage veranlassen, ob sie das tut. Andererseits steht die Notiz 18,18 jetzt mitten im Fluß der Erzählung etwas verloren da und wird in der Regel auch von literarkritisch sehr zurückhaltenden Exegeten für einen isolierten Zusatz erklärt;[21] als Schluß einer Geschichte wäre die Notiz weit weniger überraschend. Beides zusammen legt die Folgerung nahe, daß der ursprüngliche Schluß der Absalomgeschichte in 18,17-18 vorliegt und der ganze Abschnitt 18,19-19,9 über die Meldung des Todes Absaloms an David und über Davids Reaktion eine spätere Fortschreibung darstellt. Der Auskunft in 18,18, daß Absalom keinen Sohn hatte, widerspricht freilich die gegenteilige Auskunft in 14,27; beide stammen schwerlich von derselben Hand. Daß der Schluß von 14,24 in 14,28 wiederaufgenommen wird, deutet aber darauf hin, daß alle drei Notizen über Absaloms Schönheit, Haarpracht und Kinder 14,25.26.27 nachgetragen sind.[22] In Bezug auf 18,18 liegen hingegen keine solche Anzeichen vor; daß der Vers nicht mit dem Nachtrag 14,25-27 übereinstimmt, spricht nicht gegen (eher für) seine Ursprünglichkeit. Auch von »Absaloms Haarpracht muß« keineswegs »erzählt worden sein, sollen die besonderen Umstände seines Todes [...] verständlich werden«.[23] Denn 18,9 »wird eher so zu verstehen sein, daß Absalom mit dem Kopf so in ein Astgabel geriet, daß er schwer verletzt, jedenfalls bewegungs- und aktionsunfähig in ihr hängenblieb«.[24] »Dass Absaloms langes Haar sich um die Äste festgeschlungen habe, ist ein Missver-

---

der daran anschließende Bericht über den Schebaaufstand in II Sam 20 (der durch 19,42-44 vorbereitet wird, vgl. Conroy, Absalom, 102).
21 Vgl. etwa R. A. Carlson, David, the chosen King, 1964, 138 Anm. 4, 187; Conroy, Absalom, 64-66; McCarter, II Samuel, 406f.
22 Vgl. etwa A. Klostermann, Die Bücher Samuelis und der Könige, KK 3, 1887, 195; Cook, Notes, 158; Budde, Samuel, 268; Kratz, Komposition, 180.
23 Gegen Dietrich–Naumann, Samuelbücher, 270.
24 Stoebe, Das zweite Buch Samuelis, 404; vgl. auch Anm. 47 ebenda zur »ärztlich bezweifelten Möglichkeit, daß er so an den Haaren hing, ohne daß ihm die Kopfhaut riß«.

ständnis, das sich schon in der Glosse 14 25-27 geltend macht.«[25] Sowohl 18,9 als auch 18,18 hat einen besser begründeten Anspruch auf Ursprünglichkeit als 14,25-27.

»[W]hen the reader arrives at 20,22, narrative tension is at an end for the first time since 13,1«, bemerkt Charles Conroy zur Begründung der Wahl von II Sam 13-20 als Gegenstand seiner Untersuchung.[26] Die Bemerkung setzt voraus, daß der Bericht über Davids Flucht und Rückkehr zumindest in den Grundzügen zur ursprünglichen Erzählung gehört. Wenn man aber wegen der Lokalisierung der Schlacht in Efraim (18,6) mit Kratz jenen Bericht im ganzen für sekundär hält und den ältesten Erzählungsfaden in c. 15-17 auf 15,1-6.13 begrenzt, dann trifft Conroys Bemerkung bereits auf 18,15b-17 zu: Hier kommt zum ersten Mal seit 13,1 die Spannung zur Ruhe. Es werden hier dieselben entscheidenden Dinge erzählt wie in 20,22: Der Anstifter und Leiter des Aufruhrs wird erschlagen, Joab läßt ins Horn blasen, und das Kriegsvolk flieht nach Hause (18,17, beziehungsweise begibt sich nach Hause 20,22), »ein jeder in sein Zelt«[27] (18,17; 20,22). Daraufhin folgt in 18,18 als Schlußvignette die Notiz über das »bis auf den heutigen Tag« bekannte Denkmal »Absaloms Hand«.

Der nach dem so deutlich markierten Schluß folgende, durch Voranstellung des Subjekts ebenfalls deutlich markierte Neueinsatz 18,19[28] führt einen Abschnitt ein, der, wie häufig bemerkt, in dramatischer Hinsicht einen Höhepunkt hebräischer Erzählkunst bildet. Der junge Enthusiast Ahimaaz ben Zadok will David sofort die Siegesbotschaft überbringen; Joab hält ihn davon ab, weil die Siegesbotschaft für den König eine Todesbotschaft für den Vater sein wird, und schickt stattdessen einen anonymen Kuschiter; doch Ahimaaz will auch laufen, Joab gibt nach, und unterwegs überholt Ahimaaz den Kuschiter (18,19-23). Gleichzeitig wartet David unruhig auf Nachrichten, erkundigt sich beim Späher, der zuerst Ahimaaz, sodann den Kuschiter entdeckt, und versucht mit verschiedenen Gründen, sich – und die Wirklichkeit – davon zu überzeugen, daß gewiß eine gute Botschaft unterwegs ist (18,24-27). Mit der Ankunft der Botschafter laufen beide Szenen zusammen. David erfährt die Wahrheit, nämlich die einzige Wahrheit, nach welcher er fragt, erst allmählich (18,28-32). »Da erbebte der König, ging ins Obergemach des Tores hinauf und weinte, und im Gehen rief er: Mein Sohn Absalom, mein Sohn, mein Sohn Absalom!« Im Heer wird die Siegesfreude zur Trauer, bis

---

25 Budde, Samuel, 283.

26 Conroy, Absalom, 103.

27 Ausdruck der Demobilisierung eines Heeres, sei es durch Entlassung (Jdc 7,8; 20,8; I Sam 13,2; II Sam 20,22) oder durch Flucht (I Sam 4,10; II Sam 18,17; 19,9; II Reg 14,12/II Chr 25,22); vgl. McCarter, II Samuel, 419.

28 Vgl. Conroy, Absalom, 66, der auch die Vertiefung der Zäsur nach 18,17 durch 18,18 vermerkt (freilich mit der merkwürdigen, aber gewöhnlichen Folgerung, daß 18,18 ein Zusatz sei, 64-66).

Joab mit Nachdruck David die militärische und politische Seite der Sache vorhält und den verzweifelten Vater in das Amt des für Armee und Volk verantwortlichen Königs zurückweist (19,1-9).

Das hier gezeichnete Davidbild ist wohl nicht ohne Einschränkung positiv. Was Joab in 19,6-8 dem König sagt, mag man Seelsorge mit Wurzelbürste nennen; jedenfalls führt er ihm das Volk vor Augen, das für ihn gestritten und gelitten hat, und der Autor distanziert sich kaum davon. Zum Schluß gibt David Joab Recht (19,9), und das soll offensichtlich auch der Leser tun – doch nur mit halbem Herzen; wenn man so will: nur mit dem Kopf, nicht mit dem Herzen. Denn die vorangehende, für biblische Erzählungen ungewöhnlich eingehende Schilderung der Trauer Davids ist ja nicht umsonst so eingehend. Außerdem läuft der ganze vorangehende Abschnitt 18,19-32 auf diese Szene zu. Der Wettkampf zwischen den rennenden Boten, Davids unruhiges Warten, sein wiederholtes Fragen nach »dem Jungen Absalom«, alles baut die Spannung auf und dient dazu, die Aufmerksamkeit auf die bevorstehende Entladung, Davids Trauer in 19,1ff zu richten – die ohnehin den Leser fesselt. Denn »genuine grief has a magnetic attraction: the reader is cold indeed who can eliminate sympathy from his own reaction to David in this passage.«[29]

Mit anderen Worten: Die Absicht hinter dem wahrscheinlich sekundären Abschnitt 18,19-19,9 dürfte trotz der wohl vorhandenen Ambivalenz im Davidbild grundsätzlich dieselbe wie hinter den vorher genannten Nachträgen sein: die Lesersympathien auf David zu verlagern. Ohne 18,19-19,9 (und ohne den vorher besprochenen Einschub 18,10-15a und den noch zu besprechenden 18,5 und ohne den Fluchtbericht 15,7-12; 15,14-17,29) sieht David in der Tat anders aus. Dann vermittelt die (mit 18,17-18 schließende) Erzählung vom Absalomaufstand eher den Eindruck, David habe ohne Zögern die Staatsräson vor die Vaterliebe gesetzt, den Aufstand rasch und mit der nötigen Gewalt niedergeschlagen und bewußt in Kauf genommen, daß sein Sohn dabei ums Leben kam. In 18,19-19,9 hingegen vertritt Joab die Staatsräson und David wie kaum ein anderer im Alten Testament die Vaterliebe. Das hebt nicht die Tatsache auf, daß er den Streit vorbereitet und losgelassen hat (18,1f); Davids völlige Unschuld wird hier nicht behauptet; aber seine Verzweiflung zieht unvermeidlich Sympathien auf sich.

Wie bereits bemerkt, scheint das Stück 16,21-23 in Joabs Rede 19,6-8 nicht bekannt, sondern später, mithin später als 18,19-19,9 eingetragen zu sein.[30] Dasselbe gilt wahrscheinlich für Davids dem ganzen Heer bekannte Mahnung in 18,5, vorsichtig mit »dem Jungen Absalom« umzugehen. Denn die zwei Boten in 18,19-32 scheinen sie nicht zu kennen. Besonders die hervorgehobene, ganz ungemischte Siegesfreude Ahimaaz' spricht eine andere

---

29 Gunn, Story, 103.
30 Zusammen mit den übrigen damit verbundenen Nachträgen; s.o. Anm. 10.

Sprache. »Man hat den Eindruck, daß eine besondere Beauftragung Davids an das Kriegsvolk, das Leben Absaloms zu schonen, hier nicht vorausgesetzt ist.«[31] Daraus folgt, daß auch der Einschub 18,10-15a über Absaloms Tötung durch Joab sich auf einer späteren Stufe als 18,19-19,9 befindet; denn jener Einschub nimmt auf 18,5 Bezug und dürfte zu derselben Bearbeitung wie 18,5 gehören.[32] Daß diese von einer späteren Hand als 18,19-19,9 stammt, legt sich auch deshalb nahe, weil die Tendenz deutlicher, anscheinend weiter vorangetrieben als in 18,19-19,9 ist. Im letzteren Abschnitt vertritt Joab die Realpolitik und David die Vaterliebe. In 18,5.10-15a wird darüber hinaus Joab persönlich mit dem Tod des Absalom belastet und David durch seine Mahnung ausdrücklich davon entlastet.

Davids Rede vom »Jungen Absalom« (II Sam 18,5.12.29.32), ein »Ausdruck verhaltener Zärtlichkeit, die bereit ist, die Taten Absaloms zu bagatellisieren«,[33] gehört demnach ursprünglich in seine Befragung der zwei als Todesboten entlarvten Siegesboten (18,29.32) und bewegt den Leser zur Anteilnahme mit dem Vater jenseits militärischer und politischer Überlegungen. »The depth of feeling revealed here surprises the reader«, bemerkt Conroy zu 18,5.[34] Wenn man die Zusätze 18,5.10-15a überspringt, paßt die Bemerkung nicht weniger gut auf 18,29.32. Dann überrascht die Tiefe der Gefühle hier durchaus. Das aber ist seinerseits nicht so überraschend, wenn man es ab 18,19 mit einem neuen Autor zu tun hat. Von 18,29.32 her ist der Ausdruck später in Davids Mahnung, »den Jungen« mit Vorsicht zu behandeln (18,5.12), übernommen worden.

Starken Gefühlen von Seiten Davids ist der Leser freilich bereits am Ende des c. 13 nach der Ermordung Amnons begegnet. Allerdings besteht der betreffende Abschnitt 13,30-39 größtenteils aus Zusätzen; sonst würde man schwerlich dreimal erfahren, daß Absalom floh (v. 34.37.38), und auch nicht zweimal, daß er dabei nach Geschur ging (v. 37.38). Die Merkwürdigkeiten lassen sich ungezwungen erklären, wenn man die Wiederholungen als Wiederaufnahmen versteht, die je einen Einschub in den Zusammenhang einbinden.[35] Der erste Satz in v. 37 ($w^{e\jmath}ab\check{s}\bar{a}l\hat{o}m\ b\bar{a}ra\underline{h}$, »Absalom aber war geflohen« 37aα) nimmt v. 34a ($wajjibra\underline{h}\ \jmath ab\check{s}\bar{a}l\hat{o}m$) wieder auf und bindet so das

---

31 Stoebe, Das zweite Buch Samuelis, 413.
32 Mit Kaiser, Verhältnis, 145.
33 Stoebe, Das zweite Buch Samuelis, 398.
34 Conroy, Absalom, 58.
35 Diesen Weg hat m.W. nur A. Schulz, Die Bücher Samuel: 2. Halbband. Das zweite Buch Samuel, EHAT 8:2, 1920, 158f, betreten, indem er 13,34b-38a für einen Zusatz hält. Das ist aber einerseits zu wenig (s.u. zu v. 30-33), andererseits zu viel, denn seine Behauptung trifft nicht zu: »Wenn wir an 34a gleich 38b anschließen, vermissen wir nichts« (159). Man vermißt jedenfalls die Auskunft, daß Absalom nach Geschur ging – und man vermißt eine Erklärung der Verdopplung dieser Auskunft (s.u. zu v. 37b-38a als einem zweiten Zusatz).

Stück über die große Trauer des Königs und aller seiner Söhne und aller seiner Knechte ein (v. 34b-37aα). Wenn somit v. 34b-37aα ein Zusatz ist, fällt aber auch das damit zusammengehörige Stück v. 30-33 aus der Grundschicht heraus. Der Halbvers 38a (*w^e'abšālôm bāraḥ wajjēlæk gešûr*, »Absalom aber war geflohen und nach Geschur gegangen«) nimmt sowohl 37aα als auch 37aβ (»und er ging zu Talmai, dem Sohn Ammihuds, dem König von Geschur«) wieder auf und bindet so einen noch späteren Einschub über Davids bleibende Trauer »alle Tage« ein (v. 37b-38a). Als Grundbestand bleibt:

> Und Absalom floh (13,34a); er ging zu Talmai, dem Sohn Ammihuds, dem König von Geschur (13,37aβ) und blieb dort drei Jahre. König David hörte aber (allmählich) auf, gegen Absalom zu grollen, denn er hatte sich darüber getröstet, daß Amnon tot war (13,38b-39).[36]

Daran wird ursprünglich 14,33aβγb direkt angeschlossen haben:

> Und er rief nach Absalom, und der kam zum König und fiel nieder vor dem König auf sein Antlitz zur Erde, und der König küßte Absalom.

Denn alles, was jetzt dazwischen in 14,1-33aα steht, scheint später eingetragen zu sein, und zwar zuerst der Abschnitt 14,1-23, der die Beteiligung Joabs bei Absaloms Rückkehr nach Jerusalem einführt und so die Verantwortung für diese verhängnisvolle Wendung von David auf Joab überträgt.[37] Mit womöglich noch größerem Nachdruck wird David im folgenden Abschnitt 14,24-33aα von der Verantwortung für die Rehabilitierung Absaloms freigesprochen; dieser Abschnitt wird daher eine spätere Fortschreibung sein (in welche die Notizen 14,25-28 noch später eingeschoben sind[38]).

Die in c. 13-14 nachgetragenen Stücke vertreten somit[39] dieselbe Tendenz wie die oben besprochenen Nachträge in c. 15ff: Die Sympathie wird auf den trauernden David und die Schuld zweifelhafter Maßnahmen auf Joab verschoben. Die Grunderzählung hat dagegen in c. 13-14 ebensowenig wie in 15,1-18,18 den Leser mit starken Gefühlen Davids vertraut gemacht. Das Urteil, daß die Tiefe seiner Gefühle in 18,19-19,9 überrascht, bleibt somit zutreffend, auch wenn man c. 13-14 (in der Grundfassung) in die Betrachtung mit einbezieht. – Die Grundfassung von II Sam 13-20 umfaßt, wenn das

---

36 Zum unsicheren Text in 13,39a vgl. die verschiedenen Vorschläge bei Wellhausen, Der Text der Bücher Samuelis, 1871, 190f, 223; Budde, Samuel, 264; Stoebe, Das zweite Buch Samuelis, 335.
37 Vgl. Würthwein, Erzählung, 67f, der die Tendenz zutreffend vermerkt, aber den Einschub auf 14,2-22 begrenzt und Joabs Beteiligung also doch in der Grundfassung behält (14,1.23).
38 S.o. mit Anm. 22.
39 Außer den Notizen 14,25-28.

Vorangehende zutrifft, also 13,1-29.34a.37aβ.38b-39; 14,33aβγb; 15,1-6.13;
18,1-2a.4b.6-9.15b-18.

3.

Eine Erzählung, die mit II Sam 18,18 schließt, hat neben David Absalom als
Hauptfigur und dürfte daher nicht vor II Sam 13,1 begonnen haben, wo Absalom ben David eingeführt wird. Daß mit II Sam 13 eine ursprünglich selbständige literarische Einheit beginnt, ist ohnehin eine verbreitete und gut begründete Annahme.[40] Besonders eingehend und überzeugend hat Thomas
Naumann den Nachweis dafür geführt, daß II Sam 11-12 bereits im Grundbestand einen später vorangestellten Prolog zu II Sam 13-20* darstellt.[41] Daß
in c. 11-12 neben David andere Personen als in c. 13-20 auftreten – Batseba,
Uria, Natan, Salomo – und das Davidbild erheblich dunkler als im folgenden
ist (auch nach Abzug der prodavidischen Erweiterungen in c. 13-20), liegt
auf der Hand. Darüber hinaus zeigt Naumann, wie raffiniert in c. 11 verbreitete Erzählungsmotive verwendet werden, um David als den exemplarischen
Despoten darzustellen. Im Zentrum steht das Motiv vom Todesbrief (11,14-
15 mit v. 6-13 und 16-25 als Rahmen), das stets den Absender als besonders
heimtückisch kennzeichnen soll und stets darauf hinausläuft, daß der Brief
doch dem Helden, dem arglosen Briefträger irgendwie zum Glück wird. Die
Beobachtung der schönen, aber verheirateten Frau beim Baden ist ein anderes
bekanntes Motiv, das die Frau zum Gegenstand des Verlangens eines Höher-
gestellten werden läßt, dem es jedoch nie gelingt, seine Begierde zu befriedi-
gen. Beide Motive lassen herkömmlich den Leser einen guten Ausgang erwarten; in beiden Fällen wird er in der Batseba-David-Uria-Geschichte enttäuscht.[42]

Die Differenz von erwartbarem Fortgang und tatsächlich erzähltem Ereignis schafft einen
Kontrast, der den negativen Eindruck der Taten Davids verstärkt. [...] Die Darstellung ist
nicht in dem Sinne ›schonungslos‹, dass sie ungeschönt erzählt, was sich tatsächlich
ereignet hat und nicht verschwiegen werden konnte. Sie entwirft die Umrisse eines

40 Vgl. die Hinweise bei Kaiser, Beobachtungen, 165 Anm. 3; ferner Kratz, Komposition,
   180; S. L. McKenzie, The So-Called Succession Narrative in the Deuteronomistic History, in: de Pury–Römer, Thronfolgegeschichte, 123-135, 132-135.
41 T. Naumann, David als exemplarischer König. Der Fall Urijas (II Sam 11) vor dem
   Hintergrund altorientalischer Erzähltraditionen, in: de Pury–Römer, Thronfolgegeschichte, 136-167.
42 »Der Zugriff des Herrschers nach den Frauen seiner Untertanen«, kurz: »orientalische
   Despotie« könnte auch als ein Motiv bezeichnet werden, nicht aber der altvorderorientali-
   schen Literatur, sondern erst der politischen Theorie der frühen Neuzeit in Europa, »und
   zwar als *Differenzbegriff* zu europäischen Staats- und Wirtschaftsformen« (siehe ebenda
   146-162, Zitat 147).

despotischen Davids aus der Perspektive eines allwissenden Erzählers, der an keiner Stelle zu erkennen gibt, dass er an die Grenzen des Wissbaren gebunden ist.[43]

Nicht weniger idealtypisch zeichnet daraufhin c. 12 in mehreren Erweiterungen[44] Davids Reue, ohne daß das Geschehen dadurch einem glücklichen Schluß zugeführt würde. David wird bestraft, er wird demütig und fromm, doch das macht das Geschehene nicht ungeschehen. Deshalb läßt die Zukunft, unausgesprochen oder (im jüngsten Zusatz[45]) durch Natan ausgesprochen, für David kaum mehr Gutes erwarten: »Nun, so soll von deinem Hause das Schwert nimmermehr lassen« (12,10).

Aus welchem Grund ein solcher Prolog, also zunächst nur II Sam 11, die Darstellung Davids als des exemplarischen Despoten, der Hofgeschichte ab c. 13 vorangestellt worden ist, dürfte deutlich sein: Er soll den Leser auf die im folgenden erzählten Ereignisse, die nicht ohne Tragik sind, vorbereiten.

Im jetzt vorliegenden Text der Bücher Samuelis stellen, wie vielleicht auch heute noch schon Schulkinder wissen, Saul den tragischen und David den erfolgreichen König dar. In den ältesten literarisch greifbaren Überlieferungen zu beiden scheint es indes eher umgekehrt gewesen zu sein. Das Bild Sauls als des tragisch gescheiterten Königs findet sich (außer in der nach gut begründetem Konsens spät eingefügten Erzählung I Sam 15) in der sogenannten Aufstiegsgeschichte Davids, also den Saul-Daviderzählungen in I Sam 16-II Sam 8(9). Diese Komposition ist aber wahrscheinlich schon im Grundgerüst als ein sekundäres Bindeglied zwischen den israelitischen Saultraditionen in I Sam und den judäischen Davidtraditionen in II Sam hergestellt worden (zum Teil anhand älterer Quellen), und zwar um zu zeigen, daß David legitim die Herrschaft über das ganze Gottesvolk, Israel und Juda, nach Saul übernahm.[46] Durch die Verbindung beider Traditionsblöcke wird im 7. Jahrhundert nach dem Untergang des Staates Israel die ursprüngliche

---

43 Ebenda 163. Man kann daher nicht voraussetzen, daß das Erzählte einen historischen Kern hat. In I Reg 1-2 werden II Sam 11-12 nicht notwendig vorausgesetzt, sondern Natan, Salomo und Batseba dem Leser vorgestellt (I Reg 1,8-11).

44 Vgl. Cook, Notes, 156f: 11,27b; 12,15b-24a (gemeint ist wohl 24abα) und 12,1-15a.25 sind in dieser Folge eingeschoben; ähnlich, aber mit Präzisierungen und besserer Begründung Würthwein, Erzählung, 52f, und besonders T. Veijola, Salomo – der Erstgeborene Bathsebas, in: ders., David, Schriften der Finnischen Exegetischen Gesellschaft (SESJ) 52, 1990, 84-105; vgl. ferner W. Dietrich, Prophetie und Geschichte, FRLANT 108, 1972, 127-132; Veijola, Dynastie, 113. Naumann hingegen zählt das meiste von c. 12 zum Grundbestand von II Sam 11-12 und hält das ganze für einen von prophetischen Interessen geleiteten Einschub (David, 165f). Die Absicht hinter der Eintragung (zunächst von c. 11) dürfte indes etwas anders zu beurteilen sein (dazu gleich).

45 Vgl. Wellhausen, Composition, 256, zu II Sam 12,10-12.

46 Vgl. Dietrich, Königszeit, 213-220, 248-253, 259-273; Kratz, Komposition, 179-191. Die wichtigste ältere Quelle dürfte dabei der Erzählkranz vom Freibeuter David (ab I Sam 21) sein; vgl. Dietrich ebenda 248-253.

Einheit der zwei Jhwh-Völker behauptet und begründet und um den Anschluß der Israeliten an Juda geworben.[47] Ohne das große Bindeglied bleibt
in I Sam 9,1-14,46*[48] eine Sammlung von Saulgeschichten, die keine Tragik,
eher das Bild eines einigermaßen erfolgreichen Kleinkönigs vermitteln. Und
in II Sam 13,1-18,18* bleibt eine Jerusalemer Hofgeschichte, die vom
erfolgreichen Machterhalt Davids erzählt; allerdings ist dabei seine Tochter
Tamar vom Bruder vergewaltigt und sind seine Söhne Amnon und Absalom
getötet worden, Amnon durch den Bruder und Absalom durch die Söldner
seines Vaters. Das mag man wohl als wirklichkeitsgetreu, als »das Königtum,
wie es ist«, ansehen.[49] Einen tragischen Zug wird man aber der Hofgeschichte nicht absprechen können.

Als die Hofgeschichte II Sam 13-18* mit der Saulgeschichte I Sam 9-14*
durch eine Erstfassung der Saul-Davidgeschichten in I Sam 16-II Sam 8
verbunden werden sollte, wird die Diskrepanz aufgefallen worden sein zwischen den spannenden Erzählungen der Aufstiegsgeschichte, der Erfolgs-
geschichte vom jungen Freibeuter, Krieger und König David und der im Vergleich dazu wehmütigen Hofgeschichte, die um den Machterhalt des reifen
Königs, aber auch um den hohen Preis dafür kreist. Aus dieser Verbindung
der Saulgeschichte mit der Hofgeschichte durch die Aufstiegsgeschichte erklärt sich ungezwungen die Eintragung der unheimlichen Uriaerzählung II
Sam 11(-12): Sie steht am Übergang vom aufsteigenden Helden zum glanz-
losen König David und soll den Übergang einsichtig machen. Sie verdankt
ihre Stellung und ihre Existenz weder einer unbestechlichen Liebe zur historischen Wahrheit noch irgendwelcher rabenschwarzen, sonst nie begegnenden Davidfeindschaft, sondern den Forderungen der Dramaturgie: Sie stellt
die Peripetie, den notwendigen, für die Zukunft entscheidenden Fehltritt des
Helden dar. In der ursprünglichen Hofgeschichte entwickelt sich alles weitere
aus der Vergewaltigung Tamars durch ihren Bruder Amnon (II Sam 13). Der
vorangestellte Prolog II Sam 11 läßt aber verstehen, daß der Sohn vom Vater
gelernt und Amnon nur auf gröbere Weise den skrupellosen David nachgeahmt hat.

Daß der in der ursprünglichen Hofgeschichte weder schöngefärbte noch
eingeschwärzte und in der (ursprünglichen wie jetzigen) Aufstiegsgeschichte
eher positiv gezeichnete David im nachgetragenen Übergang II Sam 11 so
widerlich dargestellt wird, läßt daher nicht auf eine allgemeine Entwicklung
des Davidbildes vom Neutralen oder Positiven zum Negativen hin schließen.
Die Uriageschichte soll nur eindrucksvoll die Wendung abwärts verständlich

---

47 Vgl. Dietrich ebenda, besonders 267f; Kratz ebenda, besonders 182f, 187f.
48 Nach Abzug deuteronomistischer und älterer Zusätze; vgl. T. Veijola, Das Königtum in
   der Beurteilung der deuteronomistischen Historiographie, AASF.B 198, 1977, 39-99;
   Kratz, Komposition, 174-179.
49 Kratz, Komposition, 182; vgl. Kaisers eingangs zitierte Beurteilung (bei Anm. 5).

machen, die, wenn man von der Aufstiegsgeschichte herkommt, mit II Sam 13 eintritt. Generell sind die auf David bezogenen Nachträge in I-II Sam nicht anti-, sondern prodavidisch. Das haben die oben besprochenen Zusätze in II Sam 13-20 gezeigt; das zeigt auch das sukzessiv zu II Sam 11 hinzugefügte c. 12,[50] das aus dem exemplarischen Despoten (c. 11) einen nicht weniger exemplarisch Demütigen macht. Vorbildlich demütig und fromm ist David ebenfalls in Nachträgen zum (seinerseits nachgetragenen) Fluchtbericht.

> Wenn ich Gnade finde in den Augen Jhwhs, wird er mich zurückbringen und mich ihn und seine Wohnstätte wiedersehen lassen. Spricht er aber so: Ich habe kein Gefallen an dir – siehe, hier bin ich, dann tue er mit mir, wie es ihm gefällt,

sagt David, wenn er Jerusalem verläßt (15,25f), und bei dem andauernden Fluchen des Benjaminiters Schimi hält er seine Knechte zurück:

> Laßt ihn fluchen, denn Jhwh hat es ihm geboten. Vielleicht wird Jhwh mein Elend ansehen und mir mit Gutem vergelten sein heutiges Fluchen (16,11f).[51]

Inwiefern diese Beiträge zum Bild des frommen und demütigen David jünger als II Sam 12 sind, kann hier offen bleiben. Jünger als sie alle wird auf jeden Fall die Überschrift zu Psalm 7 sein, durch welche diese Worte in Davids Mund gelegt werden:

> 7,4. Jhwh, mein Gott, wenn ich dies getan,
> wenn es Unrecht gibt an meinen Händen,
> 5. wenn ich dem, der mir freundlich, Unrecht erwies
> und den beraubt, der mich grundlos bedrängt,
> 6. jage der Feind mir nach und hole mich ein
> und trete zu Boden mein Leben und lege meine Ehre in den Staub.

> 9aβb. Schaffe mir Recht, Jhwh, nach meiner Gerechtigkeit
> und nach meiner Unschuld.

4.

Daß in Psalm 7 ein komplexes Gebilde vorliegt, das verschiedene theologische Konzepte beherbergt, hat jüngst Kaiser in seiner alttestamentlichen Theologie ausgeführt.[52] Ob die Erwartung des Weltgerichts, die in 7,7-9aα

---

50 S.o. Anm. 44.
51 Zur Literarkritik vgl. Würthwein, Erzählung, 64f; Veijola, Dynastie, 33; Kaiser, Beobachtungen, 175; zur Textkritik in 16,12 (»Elend«) Wellhausen, Text, 199; Stoebe, Das zweite Buch Samuelis, 376.
52 O. Kaiser, Der Gott des Alten Testament. Wesen und Wirken. Theologie des Alten Testaments 3. Jahwes Gerechtigkeit, UTB 2392, 2003, 238-242.

anklingt und »der eigentlichen Bitte um Rettung in V. 9b vorgreift«, nicht nur traditionsgeschichtlich, sondern auch literarisch sekundär ist, läßt Kaiser vorsichtigerweise offen.[53] Das mag auch hier offen bleiben. Immerhin wird dem verehrten Jubilar nun der Vorschlag gemacht, daß die Verse 11-17 einen literarischen Nachtrag darstellen. Die Gründe sind einerseits ein Vergleich mit den in Sprache, Inhalt und Aufbau verwandten Psalmen 5 und 17, andererseits ein so altmodisches, aber kaum ganz ausgedientes Kriterium wie der Wechsel der Gottesnamen.

Die Verwandtschaft zwischen den Psalmen 5, 7 und 17 hat Frank-Lothar Hossfeld betont.[54] Die drei Psalmen bilden nach ihm »eine kleine Gruppe von fünfteiligen Bittgebeten des Gerechten mit integrierter Klage, wie ein Strukturvergleich mit hinzukommenden sprachlichen Übereinstimmungen bestätigt«.[55] Unmittelbar nach den einleitenden Bitten um Gehör, »wobei das Morgenmotiv in Ps 5 4 eine Größe für sich ist«,[56] (5,2-4; 7,2f; 17,1f) folgt eine Unschuldsbeteuerung (5,5-8; 7,4-6; 17,3-5). Daraufhin folgen nach Hossfeld in allen drei Psalmen »zentrale Bitten mit Feindschilderung« (5,9f; 7,7-10; 17,6-12), »Schlußbitten gegen die Feinde für den Beter« (5,11f; 7,11-17; 17,13f) und als letzter Vers eine »Schlußerklärung des Beters« (Bekenntnis der Zuversicht 5,13 und 17,15, Lobgelübde 7,18). An dieser Strukturanalyse dürfte nicht strittig sein, daß die zwei ersten Abschnitte (einleitende Bitten und Unschuldsbeteuerung) und der zuversichtliche Schlußvers der drei Psalmen einander recht gut entsprechen. Weniger einleuchtend ist die Bezeichnung »Bitten mit Feindschilderung« für 7,7-10. Eher enthält das dritte Stück in Ps 7 dasselbe wie das jeweils vierte Stück in Ps 5 (v. 11f) und 17 (v. 13f), nämlich Bitten gegen die Feinde und für den Beter:

> 7,7. Erhebe dich, Jhwh, in deinem Zorn,
> stehe auf gegen den Grimm meiner Bedränger!
> Und wache auf zu mir her, Gericht hast du befohlen.
> 8. Die Versammlung der Völker wird dich umgeben,
> und über ihr kehre zurück zur Höhe!
> 9. Jhwh wird die Völker richten!
> Schaffe mir Recht, Jhwh, nach meiner Gerechtigkeit

---

53 Ebenda 238f mit Anm. 24 (zu v. 6b-9aα). Die Verse 7-12 sind nicht selten ganz oder teilweise als literarischer Zusatz beurteilt worden; vgl. B. Duhm, Die Psalmen, KHC 14, 1899, 25f; F. Buhl, Psalmerne, ²1918, 36f, 40; R. Kittel, Die Psalmen, KAT XIII, ³/⁴1922, 23 und die weiteren Hinweise bei H. Gunkel, Die Psalmen, HK II 2, 1926, 25. Gunkel votiert selbst für die Einheitlichkeit von Ps 7 und hat sich damit weithin durchgesetzt; vgl. etwa H.-J. Kraus, Psalmen 1, BK XV 1, 1961, 55; F.-L. Hossfeld – Erich Zenger, Die Psalmen 1, NEB 29, 1993, 71; B. Janowski, JHWH der Richter – ein rettender Gott, JBTh 9 (1994), 53-85; K. Seybold, Die Psalmen, HAT I 15, 1996, 46-48.

54 Hossfeld–Zenger, Psalmen, 63f, 72, 113.

55 Ebenda 113 (auch zum folgenden).

56 Ebenda 63.

und nach meiner Unschuld.
10. Es ende doch die Bosheit der Frevler, du wollest den Gerechten stützen,
der du Herzen und Nieren prüfst, gerechter Gott!

Bitten mit Feindschilderung (wie in 5,9f und 17,6-12, dem jeweils dritten Stück) kommen hingegen in Ps 7 als viertes Stück (7,11-17), jedenfalls eine ausführliche Feindschilderung (die gleichzeitig den Zusammenhang zwischen Tun und Ergehen konkretisiert, auf den der Beter die Hoffnung setzt) und auch Bitten, wenn man mit Kaiser 7,17 optativisch versteht:

Seine Mühsal kehre zurück auf sein Haupt,
und auf seinen Scheitel falle seine Untat![57]

Wenngleich der jeweils dritte und vierte Abschnitt von Ps 5 und 17, die Bitten mit Feindschilderung (5,9f; 17,6-12) und die Bitten gegen die Feinde und für den Beter (5,11f; 17,13f) somit in Ps 7 in umgekehrter Folge erscheinen (7,11-17; 7,7-10), läßt sich die Verwandtschaft im Aufbau der drei Psalmen nicht leugnen. Das spricht für die Richtigkeit der fünfteiligen Gliederung von Ps 7 (v. 2-3.4-6.7-10.11-17.18).
Auffällig im vierten Abschnitt von Ps 7, mit Bitten und Feindschilderung und zugleich einer lebhaften Darstellung des von Gott, dem gerechten Richter gewahrten (v. 11-12) Tun-Ergehen-Zusammenhangs (v. 13-17), ist unter anderem, daß Gott eben »Gott«, nicht wie in Ps 7 sonst »Jhwh« (v. 1.4.7.9.18) heißt.

11. Gott (*'ælohim*) ist mein Schild über mir,[58]
der Retter derer, die geraden Herzens sind.
12. Gott (*'ælohim*) ist ein gerechter Richter
und ein zürnender Gott (*'el zo'em*) an jedem Tag.

Weil »Elohim« in v. 11a.12a (anders als in v. 1.4.10 und anders als »El« in 12b) wie ein Eigenname anstelle von »Jhwh« gebraucht wird, ist die Frage nach dem Grund des Wechsels zwischen Jhwh und Elohim nicht unangebracht. Eine naheliegende Antwort lautet, daß der Abschnitt v. 11-17 von anderer Hand stammt und eine Erweiterung zu v. 7-10 darstellt, welche die dort genannten Feinde und Gottes dort angesprochenes Richteramt konkretisiert – und im Anschluß an die dort am Schluß begegnende Bezeichnung »(ein) gerechter Gott« (v. 10) »Gott« als Namen benutzt. Auch Ps 5 gebraucht in der Regel den Gottesnamen Jhwh (5,2.4.9.13), aber sagt einmal stattdessen Elohim (5,11[59]); auch in Ps 5 ist dabei vom Tun-Ergehen-Zusam-

---

57 Kaiser, Theologie 3, 242.
58 Mit BHS und zuletzt Kaiser, Theologie 3, 241; oder (ohne Emendation): »Mein Schild (= Schutz) ist auf (= obliegt) Gott« mit Buhl, Psalmerne, 33, 37f; Janowski, JHWH, 58, 59f.
59 In 5,2 wird *'ælohim*, in 5,5 *'el* hingegen nicht wie Namen gebraucht.

menhang die Rede; und auch in Ps 5 kann der fragliche Passus übersprungen werden, könnte also sekundär sein (nicht der ganze Abschnitt 5,11-12, wohl aber v. 11).

Es spricht somit einiges dafür, daß 7,11-17 und auch 5,11 von einer Bearbeitung stammen, die den Tun-Ergehen-Zusammenhang betont und insofern weisheitlich geprägt ist, Elohim wie einen Gottesnamen benutzt und durch ihre Einschübe die ohnehin verwandten Psalmen 5 und 7 aneinander und an Ps 17 noch etwas mehr angeglichen hat: Ps 7 ist um eine Feindschilderung (vgl. 5,9f; 17,6-12), Ps 5 um Bitten gegen die Feinde (vgl. 7,7-10; 17,13f) ergänzt worden.[60]

5.

Die Überschrift 7,1 wird noch später als 7,11-17 in Ps 7 eingetragen worden sein. Gleichwohl hat es den Anschein, daß dieser recht umfangreiche Abschnitt für die Formulierung der Überschrift keine Rolle gespielt hat. Darüber läßt sich freilich streiten; zunächst gilt es zu klären, welche Situation im Leben Davids die Überschrift von Ps 7 im Blick hat:

> Ein Klagelied Davids, das er für Jhwh sang wegen der Worte des Benjaminiters Kusch.

Weil ein Benjaminiter namens Kusch (*kûš*) weder in den Samuelbüchern noch sonst in der Bibel außer Ps 7,1 vorkommt, stellt sich die Frage nach dem intendierten Bezug. Die älteste Antwort bietet die Septuaginta, die durch die Wiedergabe Χουσι den Mann wohl mit dem Kuschiter in II Sam 18,21-32 (Χουσι, masoretisch *kûšî*) identifiziert, der durch seine Worte David endlich Klarheit über das Geschick Absaloms verschafft. Doch damit haben sich die Ausleger nicht zufrieden gegeben. Nach Frants Buhl kann der Psalm unmöglich Davids Gefühle bei dieser Gelegenheit ausdrücken, und vor allem ist *hakkûšî* in II Sam 18 kein Eigenname.[61] Deshalb schließt er sich Karl Budde an, der in Ps 7,1 *šim'î* statt *kûš* liest und die Angabe auf II Sam 16,5-14 bezieht, wo David vom Benjaminiter Schimi geflucht wird.[62] Buddes Erklärung

---

60 Auch Ps 17 enthält in v. 6-12 ein Stück, das nicht den Gottesnamen Jhwh benutzt und das übersprungen werden kann, also sekundär sein könnte; allerdings heißt Gott hier nicht Elohim, sondern El (v. 6), und der Tun-Ergehen-Zusammenhang wird nicht angesprochen. – Der Vorschlag, v. 11-17 für einen Zusatz in Ps 7 zu halten, kann sich auf E. Balla, Das Ich der Psalmen, FRLANT 16, 1912, 16 berufen. Freilich wird 7,11-17 von Balla lediglich in einer Aufzählung angeblich sekundärer Stücke erwähnt, die »aus ganz anderen Gattungen […] eingedrungen« seien; dabei sei 7,11-17 »ein Lehrgedicht« – der Bezeichnung fehlen nicht Anhaltspunkte im Text, aber es besteht kein Anlaß zur Annahme, daß das Stück nicht für den jetzigen Zusammenhang geschrieben sei.
61 Buhl, Psalmerne, 33f Anm.
62 K. Budde, Zum Text der Psalmen, ZAW 35 (1915), 175-195, 179.

der Entstehung des jetzigen Wortlauts ist jedoch so phantasievoll, daß er am Ende selbst bemerkt: »Dieser Hergang wäre allerdings arg verwickelt«.[63] Rudolf Kittel meint dagegen, »daß eine uns verlorene Überlieferung vorausgesetzt ist«.[64] Die Flucht ins Unbekannte ist jedoch auch nicht befriedigend, wo es doch in der uns bekannten Überlieferung sowohl einen Benjaminiter (in II Sam 16) als auch und vor allem einen Kuschiter (in II Sam 18) gibt, die David durch ihre Worte beeindrucken.

In letzter Zeit verbreitet sich wieder die Deutung auf den Kuschiter aus II Sam 18, wahrscheinlich zu Recht. Hossfeld weist auf die Bezeichnung »Klagelied« (*šiggājôn*[65]) hin, die eigentlich nicht zu Ps 7, aber um so besser zu Davids Trauer in II Sam 19,1 paßt[66] – und zwar besser als zu seiner gelassenen Reaktion in II Sam 16,10-12 auf das Fluchen Schimis. Matthias Millard vermerkt, daß die Grenze zwischen Völker- und Personennamen nicht immer messerscharf und dem Unterschied zwischen *kûšî* in II Sam 18,21-32 (in 18,21 ohne Artikel) und *kûš* in Ps 7,1 kaum entscheidendes Gewicht beizumessen ist.[67] Kurz: Die Überschrift Ps 7,1 paßt durch »Klagelied« und »Worte des Kusch« viel zu gut auf II Sam 18,32-19,1, um die Annahme zu erlauben, diese Beziehung sei nicht intendiert, sondern purer Zufall. Angesichts der aufgewiesenen Tendenz der Bearbeitungen der Hofgeschichte, die Schuld des Todes Absaloms immer mehr auf Joab oder auf Absalom selbst zu verlagern, nimmt es außerdem nicht wunder, daß David zum Schluß durch Ps 7,1 eine regelrechte Unschuldsbeteuerung bei jener Gelegenheit in den Mund gelegt wird.

Im jetzigen Psalter bilden die Psalmen 3-7 eine Gruppe, die unter anderem durch die Bezüge der Überschriften der Eckpsalmen auf Anfang (3,1) und Ende (7,1) des Absalomaufstandes zusammengehalten wird.[68] Weil die Überschrift 3,1 später als 7,1 eingetragen sein dürfte,[69] folgt daraus nichts für den

---

63 Ebenda, mit der Fortsetzung: »aber eine andere Lösung vermag ich nicht abzusehen«.

64 Kittel, Psalmen, 23; so auch etwa Gunkel, Psalmen, 25; Kraus, Psalmen, 56, und wohl Seybold, Psalmen, 46, der allerdings meint, man habe sich eine Situation »analog zu 2 S 16(21) vorzustellen«. Eine andere Variante bietet B. S. Childs, Psalm Titles and Midrashic Exegesis, JSSt 16 (1971), 137-150, der Ps 7,1 jeglichen Bezug zu einer Davidsüberlieferung abspricht und ʿal dibrê kûš bæn-jᵉmini als Hinweis für die Aufführung (»according to the words of Cush«) versteht (138).

65 Nur hier im Psalter; vgl. sonst noch Hab 3,1.

66 Hossfeld–Zenger, Psalmen, 75.

67 M. Millard, Die Komposition des Psalters, FAT 9, 1994, 131 (mit Verweis auf Gen 10,7; I Chr 1,9). Vgl. auch E. Zenger, Was wird anders bei kanonischer Psalmenauslegung, in: F.V. Reiterer (Hg.), Ein Gott, eine Offenbarung, FS N. Füglister, 1991, 397-413, 408f; M. Kleer, »Der liebliche Sänger der Psalmen Israels«, BBB 108, 1996, 88f.

68 Siehe Zenger, Was wird anders, 405, 408; vgl. auch F.-L. Hossfeld – E. Zenger, »Selig, wer auf die Armen achtet« (Ps 41,2), JBTh 7 (1992), 21-50, 36-39; Kleer, Sänger, 89.

69 Einige Formulierungsunterschiede lassen auf die folgende Richtung der Abhängigkeit zwischen diesen Überschriften schließen: Dtn 31,20 → II Sam 22,1 → Ps 18,1 → Ps 7,1

ursprünglichen Bezug von 7,1. Doch legt sich die Vermutung nahe, daß nicht
erst die Septuaginta, sondern schon Ps 3,1 voraussetzt, daß sich 7,1 auf den
Schluß des Absalomaufstandes, also auf II Sam 18f bezieht (und 3,1 als ein
auf den Anfang des Aufstandes verweisendes Pendant nach sich gezogen
hat). Die Bezeichnung »Benjaminiter«, die Ps 7,1 auch noch enthält, bleibt
zwar verwirrend, aber vermag nicht das aufzuwiegen, was für II Sam 18,32-
19,1 als Bezugsstelle spricht. Die Bezeichnung könnte damit zusammenhängen, daß sich der Psalmist zu Beginn als einen Verfolgten darstellt:

> 7,2. Jhwh, mein Gott, auf dich traue ich,
> hilf mir vor meinen Verfolgern[70] und rette mich,
> 3. damit er (man) mich nicht wie ein Löwe zerreißt,
> mich wegreißt, und da ist kein Retter!

Verfolgt ist David eben nicht in II Sam 19,1, aber er ist es vor kurzem gewesen, und auch dann hat er unerfreuliche Worte hören müssen, nämlich vom
Benjaminiter Schimi. Es ist denkbar, daß die Überschrift von Ps 7 die Leser
und Beter des Psalms nicht ausschließlich dazu anleiten will, an II Sam
18,32-19,1, sondern gleichzeitig auch ein wenig an II Sam 16,5-14 zu
denken, damit den Assoziationen an David nicht sofort durch die ersten zwei
Verse des Psalms, die eindeutig Bitten eines Verfolgten sind, widersprochen
werde.

Ob man die Bezeichnung »Benjaminiter« so oder anders oder gar nicht erklärt, die für die Überschrift wichtigste Bezugsstelle ist höchstwahrscheinlich
die Szene, wo David den Tod des Absalom erfährt: »Da erbebte der König,
ging ins Obergemach des Tores hinauf und weinte, und im Gehen rief er:
Mein Sohn Absalom, mein Sohn, mein Sohn Absalom!« (II Sam 19,1). Die
Überschrift macht Psalm 7 zu einem Midrasch[71] zu dieser Stelle, eine Auffüllung, die enthüllt, was David im Obergemach zu Gott sagte. Dabei sei nach
Millard nicht zuletzt »die ausführliche Reflektion über den verdienten Tod
des Frevlers (v. 13-17)« im Blick.[72] Das ist angesichts der unruhigen Fragen
Davids nach »dem Jungen Absalom« (II Sam 18,29.31) und seiner durch die
Antwort ausgelösten Verzweiflung (19,1) so unwahrscheinlich wie möglich.
Um es mit Martin Kleer vorsichtig zu sagen: »Im Korpus des Ps 7 appelliert
der Psalmist an den Zorn JHWHs. [...] Und es sieht so aus, als ob sich der
Psalmist über den Untergang der Frevler freuen würde. Anders aber ist das

---

→ Ps 3,1; siehe Veijola, Dynastie, 121; Hossfeld–Zenger, Psalmen, 121; Kleer, Sänger,
   87, 89, 92.

70 Der masoretische Plural (anders als in v. 3) mag das Ergebnis einer verallgemeinernden
   Bearbeitung sein; vgl. Kaiser, Theologie 3, 239 Anm. 25.

71 Vgl. Zenger, Was wird anders, 408; Millard, Komposition, 132; und zum Midraschcha-
   rakter der situationsbezogenen Psalmenüberschriften generell Childs, Psalm Titles (der
   allerdings 7,1 nicht zu diesen zählt, s.o. Anm. 64).

72 Millard ebenda.

Verhalten Davids in 2 Sam 18-19.«[73] Daraus folgt freilich nicht, daß die Überschrift Ps 7,1 durch die Assoziation an Davids Trauer nach Absalom die Aussage des Psalms in ihr Gegenteil wenden und zur Feindesliebe anleiten wolle.[74] Eher hat die Überschrift das Stück 7,11-17, auf das sich Kleer als den »Korpus des Ps 7« bezieht, völlig ignoriert. Denn nicht nur paßt dieses Stück ausgesprochen schlecht zu Davids Gefühlen in II Sam 19,1. Es verdient es auch nicht, als der Korpus des Ps 7 betrachtet zu werden. Wenn auch umfangreich, ist es lediglich der dritte von drei Abschnitten zwischen Einleitung (7,2-3) und Schluß (7,18); der Psalm kann ohne das Stück gut leben und hat es wahrscheinlich auf einer früheren Stufe auch getan (s.o.).

Das erste und augenfälligste Charakteristikum von Ps 7 ist vielmehr die gleich nach der Einleitung begegnende Unschuldsbeteuerung v. 4-6, die auch im folgenden Abschnitt (v. 7-10) nachklingt (v. 9b, 10b). Es spricht alles dafür, daß dieses Merkmal des Psalms bei der Eintragung der Überschrift die entscheidende Rolle gespielt hat. Die Situationsangabe in 7,1 trägt zur Konkretisierung insbesondere folgender gewichtiger Züge des Psalms bei: der Unschuldserklärung (v. 4-6) und der Bitte um den bestätigenden Freispruch (v. 9) von dem, der Herzen und Nieren prüft (v. 10).[75] Insofern vertritt die Überschrift Ps 7,1 noch etwas stärker die Tendenz der prodavidischen Bearbeitungen in II Sam, welche die Sympathien auf David richten und ihn in zunehmendem Grade vom Tod des Absalom entlasten. Ps 7,1 läßt David seine Unschuld versichern und um ihre Bestätigung bitten von dem Gott, der gerecht ist und die Geheimnisse jedes Menschen erkennt.

Allerdings dient die Darstellung Davids (und anderer Personen) schon in der erzählenden Literatur nicht nur der historischen Information und Beurteilung, sondern ebensosehr der Identifikation. Das gilt natürlich in noch höherem Maße für die Psalmen. Sie sind von vornherein für ungezählte, dem jeweiligen Autor auch völlig unbekannte Beter künftiger Generationen geschrieben. Damit dürfte die für die Psalmen charakteristische Mischung von Konkretion und Verallgemeinerung zusammenhängen. Einerseits enthalten diese Gedichte genügend viele Einzelheiten, um die Leserphantasie zu stimulieren. Andererseits bleibt viel unausgesprochen, es gibt genügend viele Leerstellen, um das Einsteigen ganz verschiedener Menschen in einen Psalm zuzulassen und ihnen zu ermöglichen, ihr Leben von dort her zu verstehen. Dieses Nebeneinander des Konkreten und des Allgemeinen wäre außer der von Martin Luther gelobten sprachlichen Ausdruckskraft der Psalmen noch ein Grund für die Folgerung:

---

73 Kleer, Sänger, 89f.
74 Wie Kleer ebenda und wohl auch Zenger, Was wird anders, 408f, meinen.
75 Die wenigstens traditionsgeschichtlich sekundären Aussagen v. 7-9aα (s.o. mit Anm. 53) scheinen hingegen ebensowenig wie v. 11-17 bedacht gewesen zu sein.

Daher kompts auch, das der Psalter aller heiligen büchlin ist, und ein ieglicher, ynn waserley sachen er ist, Psalmen und wort drinnen findet, die sich auff seine sachen reimen, und yhm so eben sind, als weren sie alleine umb seinen willen also gesetzt, das er sie auch selbs nicht besser setzen noch finden kan noch wündschen mag.[76]

Die durch Überschriften vollzogene, allmählich wachsende sogenannte Davidisierung des Psalters dient dementsprechend nicht nur der Historisierung, sondern der zur Identifikation einladenden Konkretisierung der Psalmen, besonders wenn die Überschrift wie Ps 7,1 (und noch zwölf andere[77]) den Psalm auf eine mehr oder weniger genau angegebene Stelle in den Samuelbüchern bezieht. Diese weitergetriebene Konkretisierung einiger Psalmen dürfte bemerkenswerterweise die Identifikation nicht erschweren, sondern erleichtern. »Es ist ein Paradox, daß gerade über die Bindung von ›allgemeinen‹ Psalmen an ganz bestimmte Situationen aus dem Leben Davids diese Psalmen auf das jeweils unterschiedliche und individuelle Leben der vielen Beter adaptibel werden.«[78]

Zwar ist nicht jeder Beter ein König, dessen Sohn gerade im Streit mit den königlichen Truppen gefallen ist. Ein jeder kann aber eine nahestehende Person auf dramatische oder auch weniger dramatische Weise verlieren. Auch wenn man dabei noch weniger als David, nämlich gar nichts mit dem Todesfall zu tun hat, mischen sich in die Trauer in aller Regel Schuldgefühle ein. Das Verhältnis zwischen Nahestehenden ist ja nie ganz ausgeglichen; man steht auf vielfältige Weise in Schuld zueinander. Wenn plötzlich einer unwiderruflich verloren und nicht mehr erreichbar ist, bleibt eine Schuld, die sich nie wiedergutmachen läßt. In einer solchen Situation ist Psalm 7 durch seine Überschrift zur Ermächtigung geworden, in Gottes Namen jene Schuld aus dem Gewissen wegzuwischen.

Die prodavidischen Bearbeitungen der Samuelbücher und ihre Weiterführung in Ps 7,1 dienen somit nicht nur dem Freispruch Davids. Die durch die Überschrift erzielte Konkretisierung von Psalm 7 kann einem jeden zugute kommen, der sich in einer vergleichbaren Situation wiederfindet, damit er sich Davids Beteuerung seiner Unschuld zu eigen mache und von Gott getrost den Freispruch und ein gutes Gewissen erbitte.[79]

---

76 M. Luther, Vorrede auf den Psalter, WA.DB 10/I, 102.
77 Ps 3,1; 18,1; 34,1; 51,2; 52,2; 54,2; 56,1; 57,1; 59,1; 60,2; 63,1; 142,1.
78 E. Ballhorn, »Um deines Knechtes David willen« (Ps 132,10). Die Gestalt Davids im Psalter, BN 76 (1995), 16-31, 24.
79 Ich danke Frau Mareike Rake für sprachliche Korrekturen.

Davids Königtum als Paradoxie
Versuch zu I Sam 21,2-10

Joachim Conrad (Jena)

Im jetzigen Kontext bildet I Sam 21,2-10 den ersten Teil einer Erzählung, die nach einer Unterbrechung durch kleinere Episoden in I Sam 22,6-23 fortgesetzt und abgeschlossen wird. Zwischen den beiden Teilen besteht jedoch eine auffällige Diskrepanz. Dem zweiten zufolge hat der Priester Ahimelech für David ein Orakel eingeholt (V. 10.13.15). Darüber fällt im ersten Teil kein Wort. Hier wird berichtet, dass David vom Priester heiliges Brot und das Schwert Goliats empfängt. Beides wird im zweiten Teil nur beiläufig erwähnt[1]. Das Hauptgewicht liegt da eindeutig auf der Einholung des Orakels. Diese Diskrepanz ist in der Forschung immer wieder diskutiert und auf unterschiedliche Weise interpretiert worden[2]. Nun wird im weiteren Verlauf der Darstellung von Davids Aufstieg immer wieder von einer Orakelbefragung berichtet[3]. Der zweite Teil ist somit thematisch in einen größeren Zusammenhang eingebunden. Dagegen ist die Thematik des ersten Teils hier völlig singulär. Im folgenden soll daher speziell auf diesen eingegangen und zum Schluss noch einmal die Frage nach dem Verhältnis der beiden Teile aufgegriffen werden.

Aus dem vorangehenden Kapitel zu schließen befindet sich David auf der Flucht vor Saul. Sein Weg führt ihn von dessen Residenz Gibea[4] in das

---

1 Es wird auch nur von Wegzehrung (צֵידָה V. 10) bzw. Brot (V.13), aber nicht von heiligem Brot gesprochen.

2 Vgl. dazu nur C. Steuernagel, Lehrbuch der Einleitung in das Alte Testament, 1912, 319; H. J. Stoebe, Das erste Buch Samuelis, KAT VIII 1, 1973, 390f., 411f., sowie die ausführliche Diskussion bei J. H. Grønbæk, Die Geschichte vom Aufstieg Davids, AThD 10, 1971, 127-143. Zur synchronen Interpretation, die vom Endtext als literarischer Einheit ausgeht, vgl. besonders J. P. Fokkelman, Narrative Art and Poetry in the Books of Samuel II, The Crossing Fates (I Sam. 13 - 31 & II Sam. 1), SSN 23, 1986, 352-416. Sie wird den Diskrepanzen in den Texten jedoch schwerlich gerecht. Die großangelegte Untersuchung von C. Riepl, Sind David und Saul berechenbar? Von der sprachlichen Analyse zur literarischen Struktur von 1 Sam 21 und 22, ATSAT 39, 1993, führt zu keinem ausreichend begründeten Endergebnis (dazu s. W. Dietrich, ThLZ 119, 1994, 500-504, vgl. auch W. Dietrich / Th. Naumann, Die Samuelbücher, EdF 287, 1995, 110).

3 I Sam 23,2.4.8-12; 30,7f.; II Sam 2,1; 5,19.23f.

4 Dieser Ort wird im vorangehenden Kapitel nicht genannt, gilt aber generell als Sauls Residenz (vgl. 22,6) und ist daher auch hier als Ausgangsort von Davids Flucht vorauszusetzen.

nahegelegene Nob, einen Ort, der im Alten Testament sonst nur noch in zwei
Aufzählungen und nur im vorliegenden Zusammenhang als Standort eines
Heiligtums erscheint[5]. Bei seinem Eintreffen geht ihm der Priester Ahimelech
aufgeschreckt entgegen[6]. Es verheißt ihm nichts Gutes, dass David allein
kommt, weil er sonst immer eine Truppe mit sich führt. David erklärt dies
mit einem geheimen Auftrag des Königs, der dazu nötigt, dass sich seine
Truppe an einem geheimen Ort aufhält[7], und bittet um Brot als Wegzehrung.
Diese Erklärung ist natürlich eine im Grunde ziemlich durchsichtige Notlüge.
Der Priester hat aber offenbar volles Vertrauen zu ihm, so dass es ihm auch
nicht aufzufallen scheint, dass die fünf Brote, die David nennt, als Proviant
für eine ganze Truppe kaum ausreichend sind. Er gibt lediglich zu bedenken,
dass ihm nur heiliges Brot zur Verfügung steht und die Truppe sexuell rein
sein muss, um es verzehren zu können. David reagiert darauf mit der
Beteuerung, dass seine Truppe tatsächlich rein ist, obwohl es sich nur um
eine profane Unternehmung handelt, die demnach gar keine solche Reinheit
erfordert[8]. Auch das nimmt der Priester anstandslos zur Kenntnis und händigt
ihm das Gewünschte aus, wobei mit der etwas nachhinkenden Bemerkung
über den regelmäßigen Austausch des Brotes offenbar bedeutet werden soll,
dass David nur solches Brot bekommt, das ohnehin abgeräumt wird und
damit zum Verzehr freigegeben ist.

Die Abmachung der beiden bleibt freilich nicht unbemerkt. Ein im Dienste
Sauls stehender Edomiter[9] hält sich aus einem nicht näher zu bestimmenden
Grund im Bereich des Heiligtums auf[10] und wird so zum Zeugen des
Geschehens. Mit dessen Einführung ist ein Spannungsmoment gegeben.
Denn dass die Anwesenheit eines Zeugen aus Sauls Umgebung für David wie
für den Priester eine Gefahr bedeutet, ist evident.

Dann äußert David aber noch die zusätzliche Bitte um eine Waffe und
begründet auch diese Bitte mit einer Notlüge. Der Priester kann ihm

---

5 Jes 10,32; Neh 11,32. Zur Lokalisierung vgl. W. Zwickel, Bahurim und Nob, BN 61
   (1992), 90-93.
6 Zum Verständnis von חרד s. ThWAT 3, 1982, 176-179.
7 Zu יוֹדַעְתִּי in V. 3 vgl. Stoebe (s. Anm. 2), 392f.
8 Das dürfte der Sinn von V. 6 sein, der allerdings im einzelnen schwer verständlich ist.
   Klar ist, dass David zwischen zwei Arten der Kriegführung unterscheidet und dass er die
   sexuelle Reinheit seiner Truppe bezeugt. Unklar bleibt aber vor allem, welche Bedeutung
   hier das Wort כְּלִי hat. Da es um sexuelle Reinheit geht, legt sich die Bedeutung ›Leib‹
   oder ›männliches Glied‹ nahe, die jedoch sonst nicht bezeugt ist. Bedenkt man
   andererseits, dass sich David angeblich auf einem Kriegszug befindet, dann ist eher an
   die Bedeutung ›Waffe‹ zu denken. In jedem Falle aber bleibt letztlich unklar, was mit V.
   6bβ gemeint ist. Zur Diskussion des Verses s. besonders Stoebe (s. Anm. 2), 393, 396.
9 Auf seine Stellung bei Saul ist hier nicht einzugehen, da dazu 22,6-23 herangezogen
   werden müsste, wo er eine zentrale Rolle spielt.
10 Zur Problematik von נֶעְצָר s. HALAT 824, Stoebe (s. Anm. 2), 394. Abwegig ist die in
   ThWAT 6, 1989, 336, geäußerte Annahme, dass er vom Heiligtum ferngehalten sei.

wiederum nur Hilfe aus dem kultischen Bereich bieten, nämlich das als Trophäe im Heiligtum deponierte und als solche geweihte Schwert Goliats. Wie es dorthin gekommen ist und ob David weiß, dass es dort aufbewahrt wird, bleibt offen[11]. Er weiß nur, dass es eine unvergleichliche Waffe ist. Merkwürdig naiv ist auch hier wieder der Priester. Denn dass der kampferprobte David bei einem angeblich vom König befohlenen Unternehmen der Eile wegen keine Zeit gehabt hätte, eine Waffe mitzunehmen, ist doch wenig glaubhaft[12].

Fragt man nach dem Sinn dieses Textes, dann liegt zweifellos ein wesentliches Gewicht darauf, dass David auf der Flucht ins Ungewisse geweihte Gaben bekommt, um seinen Lebensunterhalt und seine Verteidigung zu sichern, und dass ihm diese Gaben vom Priester im Heiligtum ausgehändigt werden. Das bedeutet aber, dass er mit dem Heiligtum und seinem Kult und auf solche Weise mit Gott verbunden bleibt, obwohl er aus den bisherigen menschlichen Bindungen herausgefallen ist, und dass er somit trotz aller äußeren Ohnmacht in Wahrheit von Gott geschützt und gestärkt wird[13]. Von da aus gesehen ist es wohl auch als ein Zeichen göttlicher Zuwendung zu verstehen, dass dem Priester keine profanen Gaben zur Hand sind und David deshalb nur Geweihtes bekommen kann.

Dem kontrastiert nun freilich Davids eigenes Verhalten. Denn um die Gaben zu bekommen, belügt er den Priester ungeniert. In der prekären Lage, in der er sich befindet, muss er natürlich darauf bedacht sein, den Priester nicht zu irritieren, da er sich sonst dessen Hilfe nicht mehr sicher sein kann. Eine Notlüge ist da schon verständlich[14]. Aber wie er die Naivität des Priesters ausnutzt und Notlüge an Notlüge reiht, wirkt doch recht dreist. Er scheint jedenfalls um Ausreden nicht verlegen zu sein und geht nicht gerade skrupulös mit einer ihm vertrauten Person wie dem Priester um. Wenn das so stark hervorgehoben wird, dann soll zweifellos ein für David überhaupt bezeichnender Charakterzug veranschaulicht werden, so dass sich die Frage stellt, ob nicht eher hierauf das Hauptgewicht der Darstellung liegt.

Um diese Frage zu beantworten, sei zunächst überlegt, wann dieser Text entstanden ist. Einen Anhaltspunkt dafür bietet die Thematik des geweihten

---

11 Nach 1 Sam 17,54 hatte er Goliats Waffen gleich nach dessen Tod in sein Zelt genommen.

12 Es wird natürlich vorausgesetzt, dass er tatsächlich keine Zeit gehabt hat, noch zu einer Waffe zu greifen und dass das durch Saul verursacht ist, nur dass es die Eile der Flucht vor Saul und nicht die eines geheimen Auftrags von Saul war. Insofern ist seine Begründung doppelbödig, aber nichtsdestoweniger eine Lüge.

13 Vgl. dazu nur H. W. Hertzberg, Die Samuelbücher, [6]1982, ATD 10, 143, 145, Stoebe (s. Anm. 2), 396.

14 So ist denn von verschiedenen Seiten betont worden, dass Davids Verhalten in einer solchen Lage nicht an moralischen Maßstäben gemessen werden darf, dazu s. Stoebe (s. Anm. 2), 396.

Brotes, die ja den breitesten Raum in der Darstellung einnimmt (V. 2-7).
Aufschlussreich ist hier vor allem die Bezeichnung ›Brot des Angesichts‹ in
V. 7b. Damit ist das sog. Schaubrot gemeint, das mit dieser und anderen
Bezeichnungen sonst fast ausschließlich in späten priesterschriftlichen und in
chronistischen Texten bezeugt ist, also jedenfalls zur Einrichtung des zweiten
Tempels gehört hat[15]. In einem priesterschriftlichen Text ist auch die in V. 7b
vorausgesetzte Regelung bezeugt, dass es nach bestimmter Zeit gegen neues
Brot auszutauschen ist und dann gegessen werden kann[16]. Angesichts dessen
legt sich die Annahme einer sehr späten Entstehung nahe. In den Versen 5
und 7a wird jedoch die nur hier vorkommende Bezeichnung ›heiliges Brot‹
gebraucht und letzteres ausdrücklich von profanem Brot unterschieden. Diese
Uneinheitlichkeit in der Terminologie ist auffällig. Es kommt hinzu, dass V.
7b mit anderer Wortwahl auf das in V. 5 Gesagte zurückgreift und mit dem
Hinweis auf den regelmäßigen Austausch des Brotes eine nachholende
Ergänzung zu diesem Vers bildet. Angesichts dessen ist mit Recht
angenommen worden, dass es sich hier um einen späteren Zusatz handelt[17].
Er geht auf einen Bearbeiter zurück, der offenbar, wie schon erwähnt,
sicherstellen will, dass David nur solches Brot erhält, das bereits zum
Verzehr freigegeben ist, also kein kultisches Delikt begangen wird. Die Verse
2-7a müssen dann jedenfalls früher entstanden sein. Welcher Zeitraum
kommt da in Betracht?

Nach gängiger Auffassung liegt diesem Text eine alte Überlieferung
zugrunde. Maßgeblich dafür ist das Argument, dass es sich bei dem Schaubrot um einen sehr alten Ritus handelt, der von Haus aus der Speisung von
Göttern oder von Toten diente und in Israels Umwelt verbreitet war und der
auch in Israel schon frühzeitig praktiziert worden sein muss[18]. Er ist daher
durchaus schon für ein Heiligtum der vorköniglichen Zeit wie Nob,
zumindest aber für den ersten Tempel in Jerusalem seit Salomo vorauszusetzen. So besehen kann der Text noch in die frühe Königszeit zurückgehen.
Es wird denn auch häufig angenommen, dass er das älteste Zeugnis für
diesen Ritus ist[19]. Dann ist er allerdings auch das einzige aus vorexilischer
Zeit, denn alle anderen Zeugnisse sind jünger. Als Beweis für sein Alter wird
zudem geltend gemacht, dass ihm zufolge offenbar auch Laien, sofern sie

---

15 S. dazu die Übersicht in ThWAT 4, 1984, 543f. Auch bei I Reg 7,48, neben dem
   vorliegenden Text der einzige Beleg außerhalb des priesterschriftlichen und
   chronistischen Schrifttums, handelt es sich um einen Nachtrag aus der Zeit des zweiten
   Tempels, vgl. E. Würthwein, Die Bücher der Könige. 1. Könige 1 – 16, ATD 11,1,
   ²1985, 84.
16 Lev 24,5-9.
17 Vgl. Stoebe (s. Anm. 2), 397.
18 S. dazu ThWAT 4, 1984, 544, NBL 3, 2001, 467.
19 So beispielsweise in ThWAT 4, 1984, 543.

kultisch rein sind, Schaubrot essen dürfen, und nicht nur Priester, wie das in nachexilischer Zeit der Fall ist[20].

Gegen diese Auffassung erheben sich jedoch Bedenken. Dass der Ritus des Schaubrots sehr alte Wurzeln hat, ist nicht zu bezweifeln. Gleichwohl ist er nur für den zweiten Tempel eindeutig bezeugt. Das dürfte doch ein Indiz dafür sein, dass er erst in diesem in der bezeugten Form praktiziert wurde und vorher zumindest keine vergleichbare Rolle gespielt hat. Ein weiteres Indiz ist auch die für die Verse 2-7a ganz wesentliche Unterscheidung von ›heilig‹ und ›profan‹. Sie findet sich mit der gleichen Begrifflichkeit sonst nur in der Priesterschrift und im Ezechielbuch und in letzterem mit einer Ausnahme nur in der großen Tempelvision in Ez 40 – 48[21]. Auch das weist jedenfalls in die Zeit nach der Zerstörung des ersten Tempels[22]. Bemerkenswert ist darüber hinaus, dass David den vorgetäuschten Kriegszug als profan bezeichnet und ihn damit von einem heiligen Krieg unterscheidet. Diese Aussage war für Gerhard von Rad eine Bestätigung dafür, dass es im vorstaatlichen Israel neben gewöhnlichen militärischen Auseinandersetzungen die Institution des heiligen Krieges gab, der im Namen des Zwölfstämmebundes geführt wurde[23]. Im weiteren Verlauf der Forschung hat sich das Bild der frühen Geschichte Israels jedoch so grundlegend verändert, dass die Annahme einer solchen Institution und die Unterscheidung zweier Arten von Kriegen nicht mehr haltbar ist. Die im vorliegenden Text vorgenommene Unterscheidung kann daher nur eine künstliche sein, die erst entstand, als man in Israel gar keine eigenen Kriege mehr führen konnte, also nach dem Ende der Eigenstaatlichkeit. In dieser Zeit sind vor allem die Kriegserzählungen des Josua- und Richterbuches als eine Folge gesamtisraelitischer Aktionen, die unter göttlicher Leitung zum Siege führten, gestaltet worden. Sie wurden so zu Zeugnissen dafür, wie der Gott Israels die Existenz seines Volkes im verheißenen Land begründet und gesichert hat, und damit zum Maßstab für Kriegführung und Machtbildung in Israel überhaupt. Das ist das Bild des heiligen Krieges, wie es von Rad gezeichnet hat, das aber eben als eine utopische Vorstellung erst in dieser Zeit entstanden ist und nun dazu nötigte, zwischen gewöhnlichen und heiligen Kriegen zu unterscheiden. Dabei dürften die Verse 2-7a das Ergebnis einer weitergehenden Reflexion sein, da die Unterscheidung zweier Arten von Kriegen gewiss nicht von vornherein begrifflich definiert war. Auch von da aus gesehen sind die Verse in die

---

20 So G. Hentschel, in: J. Scharbert – G. Hentschel, Rut, 1 Samuel, NEB 33, 1994, 124, vgl. jetzt auch G. Hentschel, Saul. Schuld, Reue und Tragik eines »Gesalbten«, 2003, 146. Dass nur die Priester Schaubrot essen dürfen, ist in Lev 24,9 bezeugt.

21 Lev 10,10; Ez 22,26; 42,20; 44,23; 48,15.

22 Die Datierung der Tempelvision ist umstritten. Sie dürfte aber im ganzen eher in nachexilischer als in exilischer Zeit anzusetzen sein, dazu s. Th. A. Rudnig, in: K.-F. Pohlmann, Der Prophet Hesekiel/Ezechiel. Kapitel 20 – 48, ATD 22,2, 2001, 527-539.

23 G. von Rad, Der Heilige Krieg im alten Israel, [2]1952, 25.

nachexilische Zeit zu datieren und mithin nur wenig früher als der Zusatz in
V. 7b entstanden[24].

Bei dieser Datierung ist aber der Schluss zu ziehen, dass das Heiligtum
von Nob hier im Lichte des zweiten Tempels gesehen wird. Man hat ja
verschiedentlich angenommen, dass es nach dem Ende des Heiligtums von
Schilo zeitweilig eine zentrale Bedeutung gehabt hat und zuletzt das
Hauptheiligtum im Herrschaftsbereich Sauls war[25]. Das ist wenig wahrscheinlich[26]. Ist aber der zweite Tempel das Vorbild für die Darstellung, dann
ist allerdings vorauszusetzen, dass es als zentrales Heiligtum für ganz Israel
verstanden wird. Nur ist das eben eine Vorstellung der nachexilischen Zeit,
aus der sich keine Rückschlüsse auf frühere Zeiten ziehen lassen.

Nun finden sich ja fast alle Belege für das Schaubrot und die begriffliche
Unterscheidung des Profanen vom Heiligen in der Priesterschrift und dem
chronistischen Werk sowie in der großen Tempelvision in Ez 40-48, also in
Textbereichen, die aus priesterlichen oder levitischen Kreisen stammen und
in denen Gegebenheiten des zweiten Tempels vorausgesetzt sind, insgesamt
aber ein Idealbild entworfen wird[27]. So dürfte auch für die Verse 2-7a ein in
solchen Kreisen geprägtes Bild maßgeblich sein. Nach deren Vorstellung
aber kann Israel nichts anderes als eine Tempelgemeinde sein, in der der
Tempel als Mittelpunkt Glauben und Leben des ganzen Volkes bestimmt und

---

24 Bei dieser Beweislage kann das Argument, dass der Text älter sein muss, weil David hier
   als Laie vom Schaubrot essen darf, nicht die Last eines Gegenbeweises tragen. Vielleicht
   meint der Erzähler, dass auch König und Hofbeamte, die es zu seiner Zeit ja nicht mehr
   gab, zum Essen von Schaubrot berechtigt gewesen sein müssten. Oder er geht
   stillschweigend davon aus, dass es in einer solchen Ausnahmesituation, in der sich David
   befindet, erlaubt sein muss, solches Brot als Notzehrung auch einem Laien zu geben,
   wenn er kultisch rein ist.
25 S. dazu die Übersicht bei Stoebe (s. Anm. 2), 395.
26 Die Annahme gründet sich auf die Identifizierung Ahimelechs mit Ahija in I Sam 14,3.
   Danach gehörte Ahimelech zum Priestergeschlecht der Eliden, das ursprünglich am
   Heiligtum in Schilo amtierte und nach dem Verlust der Lade (I Sam 4) und der
   (mutmaßlichen) Zerstörung dieses Heiligtums durch die Philister Zuflucht in Nob
   gefunden haben muss. Die Genealogie in I Sam 14,3 dürfte tatsächlich darauf abzielen,
   die Priesterschaft von Nob mit den Eliden von Schilo zu verbinden. Es handelt sich
   jedoch um eine sekundäre Konstruktion, der keine verlässlichen Angaben zu den
   Verhältnissen vor und nach der Entstehung des Königtums entnommen werden können.
   S. dazu T. Veijola, David in Keïla, in: T. Veijola, David. Gesammelte Studien zu den
   Davidüberlieferungen des Alten Testaments, SESJ 52, 1990, 26. Um die Frage nach der
   Rolle des Heiligtums von Nob in früher Zeit zu beantworten, müsste auch auf I Sam
   22,6-23 eingegangen werden. Das kann hier nicht geschehen. Da Nob aber eben sonst nur
   vereinzelt und nie als Heiligtum erwähnt wird, ist doch sehr fraglich, ob ihm jemals eine
   größere Bedeutung zukam.
27 Dass Gegebenheiten des zweiten Tempels vorausgesetzt sind, gilt jedenfalls für die
   diesbezüglichen chronistischen und späten priesterschriftlichen Zeugnisse, wahrscheinlich aber auch für die Tempelvision in Ez 40-48. Zu letzterer s. o. Anm. 22.

in der den priesterschriftlichen Texten zufolge dessen höchster Repräsentant, der Hohepriester, die führende Stellung einnimmt. Der Tempel ist damit auch der zentrale Bezugspunkt für jeden einzelnen Israeliten. Durch die Zugehörigkeit zum ihm und die Teilhabe an seinem Kult wird jeder einzelne in die Gemeinschaft mit Gott und Volk eingebunden und kann damit göttlichen Heils und göttlichen Schutzes gewiss sein.

Geht man von diesem Verständnis aus, dann wird die bereits vorgetragene Deutung des vorliegenden Textes im Grundzug bestätigt, nämlich dass das geweihte Brot, das David am heiligen Ort empfängt, das Unterpfand dafür ist, dass er trotz seiner Flucht von Saul nicht aus allen Bindungen herausfällt, vielmehr weiterhin unter Gottes Schutz steht. Bei der hier vertretenen Spätdatierung ist diese Aussage aber noch eindeutiger und gewichtiger. Es ist der zentrale Ort der Gottesverehrung Israels, der Ort der beständigen Gegenwart Gottes, den David gleich nach seiner Flucht aufsucht, und an diesem bekommt er vom Priester, der hier die Rolle des Hohenpriesters spielt, die geweihten Gaben. Er wird also von höchster Stelle gestärkt und kann deshalb gewiss sein, dass Gott auch in dem neuen Leben, das er nun beginnen muss, die Hand über ihn hält. Der Text ist damit eine volltönende Ouvertüre zu Davids Aufbruch in eine zunächst sehr ungewisse Zukunft.

Zum Schluss wird noch berichtet, dass David auch eine Waffe erhält (V. 9f.). Hier handelt es sich zweifellos um einen weiteren Zusatz, der als solcher schon daran erkennbar ist, dass er hinter der Bemerkung über den Edomiter (V. 8) steht, obwohl er doch eigentlich die direkte Fortsetzung der Verse 2-7 sein müsste. Ein anderer Bearbeiter hielt es offenbar für wichtig, dass David als ein Mann des Krieges auch eine im Heiligtum geweihte und besonders schlagkräftige Waffe in die Hand bekommt, und bringt mit der Bezugnahme auf Goliat ein sagenhaftes Motiv ein. Er übersieht freilich, dass das Brot in V. 2-7 das Unterpfand für umfassendes Heil ist, das natürlich auch göttlichen Schutz und göttliche Hilfe bei militärischen Auseinandersetzungen einschließt. Aber auch für ihn dürfte das Schwert einen zeichenhaften Charakter haben und mehr als nur eine schlagkräftige Waffe sein. Insofern stimmt der Zusatz doch prinzipiell mit den Versen 2-7 überein[28].

---

28 Der Bearbeiter scheint hier auf eine Überlieferung zurückzugreifen, derzufolge David nicht der Bezwinger Goliats war, sondern erst später dessen Schwert in die Hand bekam. Dazu s. G. Hentschel, 1 Samuel (s. Anm. 20), 125, vgl. auch W. Dietrich, Die Erzählungen von David und Goliat in 1 Sam 17, ZAW 108 (1996), 187 (= W. Dietrich, Von David zu den Deuteronomisten. Studien zu den Geschichtsüberlieferungen des Alten Testaments, BWANT 156, 2002, 70). Diese Überlieferung bot sich ihm an, weil ihm eben wichtig war, dass David auch eine außergewöhnliche und im Heiligtum geweihte Waffe bekommt. Die Klärung der Frage, ob der Widerspruch zu 1 Sam 17,54, wonach David Goliats Waffen schon längst besitzen müsste, ein Indiz dafür ist, dass er die Goliatgeschichte in 1 Sam 17 nicht kannte, bedürfte einer genaueren Untersuchung der redaktionellen Zusammenhänge. Bei der hier vertretenen Spätdatierung ist nicht

Mit diesen verbindet ihn aber vor allem die Schilderung von Davids eigenem Verhalten. Hier wie dort belügt David den Priester, um das Gewünschte zu bekommen. Mit der Lüge in V. 9 wird dem noch zusätzlich Gewicht gegeben. Bedenkt man nun, welches Gewicht andererseits darauf liegt, dass David am heiligen Ort geweihte Gaben empfängt und damit göttlichen Heils gewiss sein kann, dann ergibt sich eine geradezu paradoxe Spannung, zumal er es ja auch gar nicht darauf abgesehen hat, geweihte Gaben zu bekommen. Er wäre mit gewöhnlichem Brot und einer normalen Waffe völlig zufrieden, wenn der Priester beides zur Hand hätte. Wie ist dieser Tatbestand zu beurteilen? Soll seine Geschicklichkeit bewundert werden, mit der er sich des Gewünschten habhaft macht, oder gezeigt werden, dass er sich in einer völlig verzweifelten Lage befindet, in der ihm gar nichts anderes übrigbleibt, als den Priester zu belügen, und dass er in beiden Fällen mit weit Besserem belohnt wird, als er eigentlich haben wollte? Soll umgekehrt bewiesen werden, dass er der Gaben gänzlich unwürdig ist, und wird damit ein vernichtendes Urteil über ihn und sein ganzes Königtum gefällt? Oder geht es vielmehr um die Freiheit Gottes, der sich auch und gerade des Unwürdigen annimmt und ihn über alle Erwartungen hinaus beschenkt und stärkt[29]?

Um hier eine Entscheidung zu treffen, ist auf die ›Trilogie‹ I Sam 24-26 zu verweisen. Dort geht es darum, dass David der Versuchung widersteht oder doch davor bewahrt wird, Personen, die ihn bedrohen oder ihm nicht willfährig sind, durch Mord zu beseitigen und sich somit auf eigene Faust seinen Weg zu bahnen. Nach I Sam 25 hätte er den reichen Schafzüchter Nabal tatsächlich getötet, wenn er nicht durch dessen Frau davon abgehalten worden wäre. Nach I Sam 24 und 26 widersteht er der Versuchung, den ihn verfolgenden Saul zu ermorden bzw. einen Mord an ihm zuzulassen, und betont seine Unschuld. Aufschlussreich ist vor allem I Sam 24. Denn hier ist bei genauerem Hinsehen erkennbar, dass der jetzigen Darstellung ein als anstößig empfundenes Bild Davids zugrundeliegt. Danach hat David Saul zwar nicht getötet, sich aber ernsthaft an ihm vergriffen und sich als ein sehr gefährlicher und verwegener Mann erwiesen. Die starke Betonung seiner Unschuld ist das Ergebnis einer Auseinandersetzung mit diesem Bild, die sich bis in die nachexilische Zeit hingezogen hat[30]. Denn dieses Bild stand in Kontrast zu einem anderen Bild Davids, das die jetzigen Texte dominiert und

---

auszuschließen, dass er sie kannte und dies durch den Relativsatz in V. 10 auch kenntlich machen wollte und dass er dabei den Widerspruch in Kauf nahm, weil er mit der herangezogenen Überlieferung sein eigenes Anliegen am besten zum Ausdruck bringen konnte.

29 Dafür ist besonders das Beispiel des Erzvaters Jakob herangezogen worden, vgl. Hertzberg (s. Anm. 13), 145.

30 Zum genaueren Nachweis für dieses Verständnis s. J. Conrad, Die Unschuld des Tollkühnen. Überlegungen zu 1 Sam 24 (im Druck).

das vor allem nach der Zerstörung des Nordreichs ausgestaltet worden ist. Demzufolge ist David der erwählte König, dem Gott Macht und Reich verliehen hat und der sich beides gerade nicht auf eigene Faust erkämpfen sollte und musste[31]. Gleichwohl blieb das Bild eines David, der durchaus eigenmächtig vorgegangen ist und fragwürdige Mittel nicht scheute, ein Bild, in dem sich zweifellos Züge des historischen David widerspiegeln, offensichtlich so nachhaltig in Erinnerung, dass es nicht einfach beiseite geschoben werden konnte und daher zu immer erneuter Auseinandersetzung nötigte.

Als Zeugnis dafür ist auch der vorliegende Text zu verstehen. Auch in ihm hat sich die Erinnerung an einen anstößigen David niedergeschlagen. Das Ergebnis der Auseinandersetzung ist allerdings ein anderes als in I Sam 24. Dort ist infolge fortgesetzter Überarbeitung das Bild eines völlig unschuldigen David entstanden, der den Maßstab für ein ideales Königtum abgibt, wenngleich noch erkennbar ist, dass der Darstellung ein ganz anderes Bild von ihm zugrundeliegt. Im Unterschied dazu wird im vorliegenden Text kein Versuch unternommen, sein Verhalten zu beschönigen. Er belügt den Priester bis zuletzt und scheint auch der Tatsache, dass er geweihte Gaben bekommt, keinen besonderen Wert beizumessen. Offensichtlich ist er bis zuletzt nur bestrebt, sich selbst zu helfen und sich für diesen Zweck des Heiligtums und des Priesters zu bedienen. Damit aber ist er alles andere als ein idealer Anwärter auf den Königsthron. Nur Gottes freier Entscheidung hat er es zu verdanken, dass er alle Rückschläge und Gefahren übersteht und schließlich das Königtum erlangt.

So besehen geht es bei dem vorliegenden Text um die Paradoxie, dass David höchst kritisch beurteilt wird und er dennoch der von Gott gewollte König ist. Diese Paradoxie gilt aber zweifellos nicht nur seiner Person, sondern der ganzen Dynastie, die er begründet hat. Das heißt, dass er und die Könige nach ihm eigenmächtig gehandelt und nicht danach gefragt haben, was Gott für sie tun kann und was er von ihnen erwartet, dass Gott die Dynastie aber ungeachtet dessen so lange bestehen ließ. Andererseits wird so auch erklärlich, dass sie schließlich doch ein gewaltsames Ende gefunden hat.

Dass eine solche Deutung des Textes nicht abwegig ist, zeigt ein Vergleich mit I Sam 8. Die Forderung der Ältesten bzw. des Volkes, einen König einzusetzen, wird hier als Beweis dafür gewertet, dass Israel Gott als seinen wahren König verworfen hat. Dennoch befiehlt Gott Samuel, der Forderung nachzugeben. Samuel soll dem Volk nur deutlich machen, dass es

---

31 Dazu s. jetzt A. A. Fischer, Von Hebron nach Jerusalem. Eine redaktionsgeschichtliche Studie zur Erzählung von König David in II Sam 1 – 5, BZAW 335, 2004, wonach dieses Bild von einer David-Redaktion im 7. Jahrhundert geprägt wurde und vor allem verdeutlichen sollte, dass die davidische Herrschaft die Erbin des untergegangenen Nordreichs ist und nun ganz Israel vertritt und dass damit auch die aus dem Nordreich gekommenen Flüchtlinge integriert sind (so zusammenfassend 269-291).

von einem menschlichen König nichts anderes als Ausbeutung und Unterdrückung, also eine eigenmächtige und eigennützige Politik zu erwarten hat
und dass Gott dann, wenn es in Not kommt, nicht mehr helfend eingreifen
wird. Das Königtum wird hier ganz generell und direkt abgewertet. Aber
prinzipiell geht es um die gleiche Paradoxie wie im vorliegenden Text,
nämlich dass das Königtum keine Herrschaft im Sinne Gottes ist, dass Gott
es aber dennoch gelten lässt und dass es insofern, wenn auch mit Vorbehalt,
legitimiert ist.

I Sam 8 stammt aus deuteronomistischen Kreisen, ist also anderer
Herkunft als der vorliegende Text, in seiner Endfassung aber sicher auch erst
spät entstanden[32]. Beide Texte bezeugen somit, dass das Königtum in nachexilischer Zeit in verschiedenen Kreisen ähnlich kritisch beurteilt worden ist.
In I Sam 8 geht es allerdings um das Königtum insgesamt, also auch um das
des Nordreichs. Da es aber das nachexilische Juda ist, aus dem beide Texte
stammen, dürfte es letztlich auch in I Sam 8 um die Frage gehen, wie es denn
zu erklären ist, dass das Königtum in der Gestalt der davidischen Dynastie so
lange bestehen konnte und schließlich doch ein schlimmes Ende nahm. Der
vorliegende Text zeigt, dass dabei das Bild eines anstößigen David, in dem
sich Erinnerungen an den historischen David niedergeschlagen haben
dürften, eine entscheidende Rolle gespielt hat.

Abschließend ist noch einmal die Frage zu stellen, in welchem Verhältnis
der vorliegende Text zu I Sam 22,6-23 steht, da ja beide Texte in ihrem
jetzigen Bestand zwei Teile einer Erzählung bilden. Die Frage kann hier nur
in groben Zügen beantwortet werden. Wie schon gesagt, ist der zweite Teil
durch die Thematik der Orakelbefragung mit anderen Texten zu Davids
Aufstieg verbunden. Diese sind durchweg vordeuteronomistisch[33]. Entsprechend ist auch der zweite Teil zu datieren. Er ist er demnach jedenfalls in
seinem in seinem Grundbestand[34] erheblich älter als der erste Teil, hat also
bei dessen Abfassung längst vorgelegen. Die nächstliegende Schlussfolgerung ist dann die, dass der erste Teil als Einleitung für den zweiten
konzipiert worden ist und dessen ursprüngliche Einleitung ersetzt hat[35]. Nur
die Erwähnung des Edomiters (21,8), die das Bindeglied zwischen beiden
Teilen bildet, ist aus der ursprünglichen Einleitung übernommen worden. In
ihr wurde geschildert, dass der Priester ein Orakel für David einholt und ihm
Wegzehrung mitgibt[36]. Das Stichwort der Wegzehrung war der Anknüp-

---

32 S. dazu W. Dietrich, David, Saul und die Propheten, BWANT 122, [2]1992, 90-93.
33 Vgl. dazu T. Veijola (s. Anm. 26), 6-19, und Fischer (s. Anm. 31), 50-56.
34 Spätere Einträge sind zumindest die Verse 6-8.19. Vgl. Hentschel, 1 Samuel (s. Anm.
   20), 127.
35 Dass der erste Teil die frühere Einleitung des zweiten Teils ersetzt hat, nimmt schon
   Grønbæk (s. Anm. 2), 139-142, an. Er datiert ihn aber in die Zeit Salomos und hält ihn
   für eine eigene volkstümliche Überlieferung.
36 Vgl. Anm. 1.

fungspunkt für den Grundtext in 21,2-7a, der später durch die Zusätze in V. 7b und 9f. ergänzt wurde[37]. Ziel dieser Neugestaltung war es eben, als Auftakt zu einem neuen Lebensabschnitt, an dessen Ende David trotz aller Rückschläge König wird, eine grundsätzliche Stellungnahme zu seiner Person und seinem Königtum abzugeben. Dazu bot sich die vorgegebene Erzählung nicht zuletzt deshalb an, weil hier Saul seine schlimmste Gewalttat verübt und damit den Beweis erbringt, dass Gott auf jeden Fall einen neuen König an seine Stelle setzen muss. Mit der Neugestaltung wird deutlich gemacht, dass Gott unverrückt hinter dem dazu Ausersehenen steht, wiewohl auch dieser keine ideale Person ist.

---

37 Bezugnahmen auf den letzteren wurden später in 22,10.13 nachgetragen.

Gott als Vater des Königs
Die Namen der Thronfolger Abija (I Reg 14,1.31; 15,1.7f.) und das Selbstverständnis der frühisraelitischen Könige (II Sam 7,14)

Siegfried Kreuzer (Wuppertal)

1. Vorüberlegung

Der Dialog, die Begegnung und damit auch die Erwartungen zwischen Gott und Mensch finden im Alten Testament in vielfältiger Weise ihren Ausdruck. Dazu gehören neben Redeformen wie Erzählungen, Gesprächen etc. auch begriffliche Verhältnisbestimmungen. Diese konkretisieren sich für Gott in Namen, Titeln und Bezeichnungen wie Herr, Helfer, Retter, mein Gott, der höchste Gott, der lebendige Gott usf. Für die Seite der Menschen konkretisieren sich die Verhältnisbestimmungen in Bezeichnungen und Selbstbezeichnungen wie »dein Knecht«, »deine Magd«, »Diener des Gottes X« etc. Eine eigene und wichtige Form der Verhältnisbestimmung zwischen Gott und Mensch sind die Eigennamen. Dies umso mehr, als man sagen kann, dass – anders als im modernen Namensrepertoire – die Mehrheit der alttestamentlichen bzw. altisraelitischen Namen explizit oder implizit auf Gott bezogen und zudem weithin in der Alltagssprache unmittelbar verständlich waren.

Ein wichtiger, besonders herausgehobener »Dialogpartner« Gottes ist im alten Israel wie im ganzen Alten Orient der König. Stellung und Bedeutung des Königs werden in verschiedener Weise und in verschiedenen Texten thematisiert. Einer der wichtigsten und auch wirkungsgeschichtlich bedeutendsten Texte über den König ist die sog. Nathanverheißung in II Sam 7. In diesem Text geht es bekanntlich einerseits um die Stellung des Königs zu Gott »ich will ihm Vater sein« (7,14a) und den Bestand seiner Herrschaft und sogar der davidischen Dynastie, andererseits um einen der wichtigsten Schnittpunkte der Beziehung zwischen Gott und König, nämlich um den Tempel bzw. hier um die Verzögerung des Tempelbaus. Mit beiden Themen steht II Sam 7 im Kontext altorientalischer Vorstellungen, beide Themen werden aber durchaus eigentümlich entfaltet: Die Beistands- und Bestandszusage gilt nicht nur David, sondern auch seinen Nachkommen und die Errichtung eines Tempels als dankbare Antwort und als Manifestation der engen Beziehung zwischen Gott und König wird David verwehrt und auf die nächste Generation verschoben.

So bedeutsam der Text II Sam 7 ist, so umstritten ist seine literarische Analyse und seine religionsgeschichtliche und historische Interpretation. Auch die neueren Forschungsüberblicke[1] zeigen die große Bandbreite der Meinungen und der Ansätze, wobei immerhin deutlich wird, dass II Sam 7 Elemente aus verschiedenen Zeiten enthält und dass bei allen religionsge-schichtlichen Bezügen und Entsprechungen doch eine ungebrochene Herlei-tung nicht möglich ist, sondern jeweils auch spezifisch israelitische bzw. je-rusalemer Vorstellungen und Akzente vorliegen.[2]

Trotz oder gerade wegen der breiten Divergenz in der Forschung mag es sinnvoll sein, das Augenmerk auf Gegebenheiten zu lenken, die bisher noch nicht beachtet wurden, denen aber als »unabsichtliche Überlieferung«[3] besonderes Gewicht zukommt. Die Beachtung solcher unabsichtlich überlie-ferten Information kann dazu helfen, andere Angaben auf ihre Historizität zu prüfen bzw. deren chronologische Einordnung zu begründen oder zu stützen. – Eine solche unabsichtliche Überlieferung soll im Folgenden herausgestellt und für die Einordnung eines zentralen Elements von II Sam 7 fruchtbar ge-macht werden, nämlich für die Zusicherung, dass Jhwh den Königen des Da-vidhauses Vater sein wolle (V. 14).

2. Zu II Sam 7,14: »Ich will ihm Vater sein«

Entgegen den Tendenzen, II Sam 7 einseitig aus der Zeit der beschriebenen Ereignisse oder aus dtr. Zeit herzuleiten, ist daran festzuhalten, dass II Sam 7 sowohl verschiedene Themen anspricht, als auch literarisch aus verschiede-nen Schichten besteht. Inhaltlich lassen sich drei Themen unterscheiden: 1) Die Frage des Tempelbaus bzw. dessen Verschiebung von David hin zu sei-nem Sohn und Nachfolger Salomo (V. 1-7), 2) die Dynastieverheißung für

---

1   W. Dietrich/T. Naumann, Die Samuelbücher, EdF 287, 1995, 143-156; A. Böckler, Gott als Vater im Alten Testament. Traditionsgeschichtliche Untersuchungen zur Entstehung und Entwicklung eines Gottesbildes, 2000, 185-193; siehe auch P. Kyle McCarter, Jr., II Samuel, AncB 9, 1984, 210-224 »The Modern Interpretation of Nathan's Oracle«.

2   Vgl. Dietrich/Naumann, Samuelbücher, 153: »Die altorientalische Königsideologie er-fährt in diesem Kapitel [sc. II Sam 7] eine spezifisch israelitische, genauer: judäische Ausformung, die zugleich Überhöhung wie Durchbrechung beinhaltet. Wiederum fragt sich, welchen Stadien der Überlieferungsgeschichte diese besondere Prägung zuzuweisen ist.«

3   Zum Begriff der unabsichtlichen Überlieferung siehe H. Seiffert, Einführung in die Wissenschaftstheorie, Bd. 2, [10]1996, »II. Das Material der Geschichtswissenschaften« (72-78): »Die unabsichtlichen Quellen sind im laufenden Alltag ohne Gedanken an ge-schichtliche Information entstanden.« (75). Dabei kann »der laufende Alltag« durchaus auch historiographische Tätigkeit sein. Jede absichtliche Tätigkeit bzw. Information ent-hält auch unabsichtliche Informationen. Seiffert spricht vom »Doppelcharakter der ab-sichtlichen Überlieferung« (S. 77).

das Davidhaus (V. 8-17) und 3) Davids Dankgebet (V.18-29). Die drei Teile
bilden einen deutlichen Erzählzusammenhang, wobei aber nicht nur auffällt,
dass Davids Dankgebet am stärksten dtr geprägt ist, sondern auch, dass die
Themen von 1) und 2) in einer gewissen Brechung aufgenommen werden
und nicht zuletzt, dass zwar 1) und 2) durch das Stichwort בית, Haus, zusammengehalten werden, dass aber in V. 1-7 »Haus« nur den Tempel bezeichnet, in V. 8-17 dagegen nur die Dynastie; allerdings mit Ausnahme von
V. 13, der den leiblichen Nachkommen Davids mit dem Tempelbau verbindet. Dieser V. 13 unterbricht deutlich den Zusammenhang zwischen V. 12
und V. 14 und verknüpft die beiden Themen: »Er wird ein Haus bauen für
meinen Namen und ich werde festmachen den Thron seines Königtums für
ewig.«

V. 13 nimmt den Begriff des Königtums aus V. 12 auf und modifiziert ihn
jedoch, indem nicht das Königtum, sondern der Thron des Königtums festgemacht wird. Diese Akzentverschiebung erklärt sich am ehesten aus einer
Reduktion der Herrschaft, d.h. sie setzt offensichtlich die Perspektive der
Reichsteilung voraus, bei der sich das davidische Königreich nicht so stabil
erwies, aber doch der davidische Thron in Jerusalem. Unabhängig davon, ob
man diese Anpassung an die Gegebenheiten zeitnahe, also etwa in die Zeit
Rehabeams, einordnet oder in eine spätere Zeit, so spricht die diesbezüglich
noch unbefangene Formulierung in V. 12 eher für eine Zeit vor der Reichsteilung bzw. zumindest für eine von der Reichsteilung unabhängige Perspektive.[4]

Der Vers bewirkt eine weitere theologisch gravierende Verschiebung:
Während V. 1-7 für sich eine prinzipielle Ablehnung des Tempelbaus zum
Ausdruck bringen, wird die Sache durch V. 13 zu einem bloß temporären
Aufschub. Ganz offensichtlich entspricht dies der Realität des unter Salomo
erfolgten Tempelbaus. Dass damit das Problem verändert wurde, zeigt die
Wirkungsgeschichte: II Chr 22,7-10 erklärt die Verschiebung des Tempelbaus aus den Kriegen, die David noch führte, während Salomo, wie sein
Name sage, ein Friedenskönig war. Zumindest die Tradition von V. 1-7 geht
damit in die Zeit vor dem Tempelbau oder zumindest vor der Akzeptanz des
salomonischen Tempels zurück, während V. 13 den Bau und die Akzeptanz
des Tempels voraussetzt.

Eine dtr Wendung ist dagegen, dass der Nachfolger nicht einfach ein Haus
für Jahwe baut, sondern für seinen Namen. Allerdings ist damit nicht eo ipso
der ganze Vers als dtr erwiesen, sondern lediglich diese Wendung.

V. 13 verknüpft und aktualisiert nicht nur die beiden Themen, sondern
unterbricht deutlich das Thema der Bestandszusage für das Davidshaus.
Während V. 13a gegenüber V. 12b von der Zusage zur Aufgabe wechselt,

---

4 Eine solche Perspektive der Reichsteilung ist dann jedenfalls im dtrG bzw. schon in dessen Quellen gegeben.

knüpft V. 14a (wieder) an die Zusage an: »...ich werde sein Königtum fest machen« (V. 12b). »Ich will ihm Vater sein und er soll mir Sohn sein« (V. 14a). Eine klare, emphatische Zusage des Mitseins und des Beistands der Gottheit ist typisch für das altorientalische Verständnis des Königtums. Diese Beistandszusage spiegelt sich nicht nur in entsprechenden Bemerkungen der Davidgeschichte, sondern auch in vielen Texten aus der engeren und weiteren Umwelt.[5] Die Beistandszusage richtet sich dabei nicht nur auf unmittelbar bevorstehende, meist kriegerische Situationen, sondern auf den prinzipiellen Bestand der Herrschaft des Königs. Diese Beistands- und Bestandszusage gilt zunächst dem Herrscher selbst. Ihm wird eine lange Dauer seiner Herrschaft (»für immer«) angekündigt.

Diese lange Dauer der Herrschaft führt dann auch zur Frage nach dem Weiterbestand des Herrscherhauses und einer klaren Regelung der Thronfolge. Alleine schon die Frage nach dem ehrenvollen Begräbnis und der weiteren Ehrung des verstorbenen Königs führen zur Frage der Thronfolge und des Weiterbestandes des Königshauses. Auch für die an der Macht des Königs partizipierenden Mitglieder des Königshauses handelte es sich um eine Frage, deren Beantwortung und göttliche Absicherung von existentieller Bedeutung war. Insofern wird man sagen können, dass die göttliche Beistands- und Bestandszusage sich zunächst auf den König und seine eigene Regierungszeit richtete, dass aber automatisch auch die Frage der Nachfolge und des Nachfolgers in den Blick kam. Insofern ist der Übergang zur Dynastieverheißung zwar eine Erweiterung gegenüber der ursprünglichen Thematik, aber kein neues Thema.

Die Beistands- und Bestandszusage ist nun aber von Ihrer Gattung und Intention her nicht bedingt, sondern unbedingt. Gewiss gibt es auch – und nicht nur in Israel[6] – prophetische Kritik am König und Aufforderungen zu bestimmtem Verhalten, aber diese Kritik und eventuelle Bedingungen werden in anderen Zusammenhängen ausgesprochen. So ist es von der Sache her ziemlich sicher, dass die in II Sam 7,14b.15 anschließende Einschränkung »Wenn er schlecht handelt werde ich ihn strafen mit Menschenruten und mit menschlichen Schlägen, aber meine Gnade wird nicht von ihm weichen, wie

---

5 Das gilt insbesondere für die sog. ägyptische Königsnovelle (vgl. dazu S. Herrmann, Die Königsnovelle in Ägypten und in Israel, WZKM 3 [1953/54], 51-62; jetzt auch in: ders., Ges.Studien, TB 75, 1986, 120-144), aber auch für die verschiedenen Königsinschriften aus der Umwelt Israels, etwa die Azitawadda-Inschrift (TUAT I, 640-645).
Zu den vergleichbaren altorientalischen Traditionen insgesamt siehe die Referate bei Dietrich/Naumann, Samuelbücher, 151-153, und bei Böckler, Vater, 197-211, sowie Kyle McCarter, II Samuel, 210-215.224f. und A. Laato, Second Samuel 7 and Ancient Near Eastern Royal Ideology, CBQ 59 (1997), 244-269.
6 Siehe etwa die Zusammenstellungen solcher Motive bei M. Nissinen, das kritische Potential in der altorientalischen Prophetie, in: M. Köckert/M. Nissinen, Prophetie in Mari, Assyrien und Israel, FRLANT 201, 2003, 1-32.

ich sie habe weichen lassen von Saul, den ich vor dir weggenommen habe«
sekundär ist.[7]

Wir haben somit in der Dynastieverheißung ein Thema, das traditionsgeschichtlich nahe an die Davidszeit heranreichen kann, das in seiner konkreten
Form aber doch eine gewisse Phase der Reflexion erkennen lässt. Die Bei-
stands- und Bestandszusage ist in II Sam 7,14 auf das Bild der Vater-Sohn-
Beziehung gebracht. Diese Entwicklung ist im Lauf der salomonischen Herrschaft durchaus denkbar und würde wohl auch zu den theologischen und königsideologischen Entwicklungen um König und Tempel passen.[8] Andererseits wird man zugestehen müssen, dass die Begrifflichkeit auch erst im weiteren Verlauf des davidischen Königtums in Jerusalem geprägt worden sein
kann. Allerdings muss man die Begrifflichkeit als vordtr ansetzen. Im 6. und
wohl auch schon im Lauf des 7. und des 8. Jh.s war zwar die Verwendung
aber gewiss nicht mehr die Neuentwicklung dieser Vorstellung möglich.

Gibt es Anhaltspunkte für eine zeitliche Einordnung der Zusage Gottes an
den König »Ich will ihm Vater sein«? Ein klassischer Versuch der Datierung
läuft über die Frage nach den »menschlichen« Schlägen von V. 14b. L. Rost,
der V. 14 seiner zweiten Schicht von II Sam 7 zuordnete, dachte an die Zeit
Jesajas, und zwar nach dem Untergang des Nordreiches, in der die Verbindung zwischen Gott und König besonders wichtig geworden sei: »Der Wert
dieser Verbindung soll insbesondere dann sich zeigen, wenn er sich verfehlt.
Da will Jahve ihn zwar züchtigen, aber nur durch Menschenschläge. Zu einer
Verstoßung soll es jedoch nicht kommen wie bei Saul. Das sind Gedankengänge, die meines Erachtens nur aus einer Situation restlos erklärt werden
können, aus der Zeit unmittelbar nach dem Sturze des Nordreichs. Das
ephraimäische[!] Königshaus war verstoßen worden, wie einst Saul, der
Benjaminite... Die assyrischen Scharen brausten heran gegen Jerusalem. Alte
Verfehlungen der Davididen wurden heimgesucht. Aber, wie Jesaja, der
Mann des Glaubens, es verkündete, Jerusalem selbst und die Dynastie blieb,
wenn auch schwer gezüchtigt, doch erhalten. ... So scheint der Verfasser
dieser Schicht ein Zeitgenosse Jesajas zu sein«. (S. 65).

Allerdings ist das nur ein möglicher und keineswegs sehr überzeugender
Bezug. Der Gedanke, dass 200 Jahre zurückliegende Verfehlungen jetzt ge-
straft würden, ist sonst im Alten Testament nicht zu finden. M.E. ist dieser
Bezug auf Vergehen der Nachfolger Davids und insbesondere der Bezug auf
die Verwerfung Sauls eher literarischer Art, d.h. auf die entsprechenden Er-

---

7 Für eine sekundäre Ergänzung spricht auch die Umständlichkeit des relativen Anschlusses.
8 Eine solche Entwicklung einer lokalen Königsideologie ist für Jerusalem auf jeden Fall
   anzunehmen, selbst wenn das davidische und salomonische Königtum nur auf Jerusalem
   und Juda bezogen gewesen wäre.

zählungen über den Übergang der Herrschaft von Saul auf David und über
die Verfehlungen Salomos in seiner späteren Zeit bezogen.[9]

Fragt man nach konkreten Ereignissen, auf die sich die Rede von Schlägen
gegen das davidische Königshaus beziehen könnte, so gibt es eine Reihe von
Möglichkeiten. In der Zeit Jesajas hatte der syrisch-ephraimitische Konflikt
zwar das Davidhaus unmittelbar bedroht, der folgende Schlag hatte allerdings
das Nordreich getroffen. Bedrohungen Jerusalems hatte es schon in früheren
Konflikten gegeben. Bekannt sind die Konflikte zwischen Nord- und Südreich in der Zeit um 900 v.Chr. Durchaus wahrscheinlich sind auch Gefährdungen Jerusalems im Zusammenhang der Aramäerkriege. Noch besser passen würde und historisch nachgewiesen ist der Kriegszug Schischaks, der sogar zur Plünderung von Tempel und Palast in Jerusalems führte (I Reg 14,
25f.), was gewiss ein erheblicher »menschlicher« Schlag war. Schließlich
war auch die Gründung des Nordreiches ein Schlag für Jerusalem.

Gewiss geht es methodisch nicht an, eo ipso das erste der in Frage kommenden Ereignisse für die Datierung von V. 14b zu wählen, das jeweils letzte
zu wählen, ist aber noch weniger wahrscheinlich. Denn man wird sagen können, dass eine bestimmte historische Situation wenn überhaupt, dann schon
bei ihren ersten Vorkommen ein Problem bedeutete und eine Deutung hervorrief, und nicht gerade erst bei ihrem letzten Auftreten. Eine Antwort wie
die in V. 14 gegebene schließt zudem ein, dass es nach der Krise dann eben
doch weiter gegangen war.

So ergibt sich auch an diesem Punkt die für II Sam 7 typische Problematik, dass es zwar Beobachtungen für eine eher späte, literarisch geprägte Entstehung der konkreten Formulierungen gibt, dass aber die historischen Überlegungen bzw. die religionsgeschichtlichen Beobachtungen für ein höheres
Alter der Sache sprechen.

Für die Aussage, dass Jahwe dem davidischen König Vater sein wolle und
entsprechend der König für Jahwe zum Sohn werden soll, ergibt sich über
das Gesagte hinaus auch insofern eine gewisse Wahrscheinlichkeit für die
Einordnung in die frühere Königszeit, als auch das davidische Königshaus in
Jerusalem vor der Notwendigkeit stand, nicht nur seine Legitimität und sein
Selbstverständnis nach innen, sondern auch nach außen im Umfeld anderer
Königtümer zu begründen. In der formativen Periode der ersten Generationen
einer Dynastie ist diese Notwendigkeit nicht nur gegeben, sondern muss sie
auch eine Antwort finden. Wie auch sonst im Alten Orient ist die religiöse
Legitimation des Königshauses ein wesentlicher Faktor und das Verständnis
des Königs als Sohn der Gottheit ein wesentliches Element. Das gilt nicht nur
für die ägyptische Königsideologie, sondern spiegelt sich auch in Königsna-

---

9   Insofern betrachtet W. Dietrich, Saul, David und die Propheten, BWANT 122, [2]1992,
    121, zu Recht wenigstens die Aussage über die Verwerfung Sauls in V. 15b als sekundär
    gegenüber V. 15a.

men der aramäischen Königshäuser, wie etwa mehrerer Benhadad von Da-
maskus und bei Barrakib von Samal.

Auf dem Hintergrund der Schwierigkeit, Anhaltspunkte für die Einordnung der Aussagen von II Sam 7,14, konkret für das Vater-Sohn-Verhältnis
zwischen Gott und König, zu finden, sei im folgenden auf einen bisher noch
nicht herangezogenen Sachverhalt verwiesen.

3. Die אב-haltigen Königsnamen:
Abija, der Sohn Rehabeams, und Abija, der Sohn Jerobeams

In der langen und durchaus vielfältigen Liste der israelitischen und judäischen Königsnamen findet sich das merkwürdige Phänomen, dass wir für die
frühe Königszeit eng benachbart zwei Könige bzw. Königssöhne mit אב-
haltigem Namen finden. Dieser Sachverhalt ist umso auffallender, als dieses
Namenselement in späteren israelitischen bzw. judäischen Königsnamen
nicht mehr auftaucht. Es handelt sich um den judäischen König Abija, den
Sohn und Nachfolger Rehabeams (I Reg 14,31; 15,1.7f.) und den – offensichtlich ebenfalls erstgeborenen und damit als Thronfolger vorgesehenen,
allerdings schon als Kind verstorbenen – Sohn Jerobeams I. (I Reg 14,1).

Während der Sohn Jerobeams eindeutig und nur den Namen Abijah trägt, ist der Name
des Sohnes Rehabeams in zwei Formen überliefert, nämlich אביה, Abijah, und אבים,
Abijam. Die Form Abijam findet sich im Masoretischen Text von I Reg 14,31; 15,1.7f.,
während die entsprechenden Texte in der Chronik (II Chr 13) Abija verwenden. Die Septuaginta gibt die Namen etwas unterschiedlich wieder. Während der Name des Sohnes Jerobeams genau entsprechend der hebräischen Schreibung Αβια lautet, wird der Name des
Sohnes Rehabeams als Αβιου wiedergegeben. Diese Form ist jedenfalls nicht die Wiedergabe von Abijam. Die Diskrepanz zwischen Αβια und Αβιου ergibt sich aus dem unterschiedlichen Handschriftenbefund. Während der Textbestand der Rehabeam-Geschichte
ab I Reg 14,21 zwischen MT und LXX übereinstimmt, hat die Jerobeam-Geschichte in
der LXX eine andere Gestalt. In der LXX schließt I Reg 14,21 unmittelbar an I Reg 13,34
an. Die »Lücke« von I Reg 14,1-20 wurde erst später – offensichtlich in Zusammenhang
hexaplarischer Aktivitäten – auf der Basis des masoretischen Textes aufgefüllt, während
die ältere Version die Jerobeamgeschichte in I Reg 12[a-z] hat. Dabei wurde der Name
Abija – so wie in der kürzeren Version der Erzählung von seiner Krankheit in I Reg 12,
24[e.g-n] – in genauer Transliteration wiedergegeben.[10] Dagegen hatte der ältere Septua-
gintatext von 14,21ff das auslautende Qames im Namen Abija vermutlich nach damaliger
Aussprache als zwar langen aber dunklen Vokal wiedergegeben. Diese Form der
Wiedergabe entspricht genau der Wiedergabe von Elija als Ηλιου Die Namensform
Αβιου bezeugt somit die Namensform אביה in der hebräischen Vorlage. D.h. sowohl der

---

10 Auch die Version in I Reg 12 scheint bereits »hebraïsierend« überarbeitet zu sein (der an
dieser Stelle interessante lukianische bzw. antiochenische Text ist noch wenig erforscht).
Für die historische Fragen um Abija bzw. um diese Erzählung siehe die Erwägungen bei
M. Noth, I.Kön 1-16, BK IX/1, [2]1983, 310-319.

Samueltext, der der Chronik vorlag, als auch die hebräische Vorlage der Samuel-Septuaginta las den Namen Abija. Das Gewicht dieser Textzeugen erhöht sich noch durch die Beobachtung, dass auch in anderen Fällen die Chronik eine gegenüber dem MT ältere Text- bzw. Namensform bewahrt hat. Die masoretische Form des Namens stellt dem zu Folge eine sekundäre Änderung dar. [11]
Allerdings ist die Namensform Abijam schwierig und scheint somit die lectio difficilior zu sein. Daher – und in neuerer Zeit zusätzlich auch auf Grund der in Folge der Qumranfunde zu beobachtenden Hochschätzung des masoretischen Textes[12] – geben die Kommentare häufig dem masoretischen Text die Priorität. Jedoch ist für eine Änderung von Abijam zu Abijah kein wirklich überzeugender Grund zu finden[13] und könnte Abijam auch eine Verschreibung sein.[14] Vor allem aber zeigt der von A. Schenker erhobene Befund, dass der masoretische Text insgesamt eine jüngere Bearbeitung darstellt.[15] Die Textgeschichte spricht somit ziemlich eindeutig für die Ursprünglichkeit der Namensform Abija.[16]

Wir haben somit etwa zeitgleich am Ende des 10. Jh. v.Chr. die Namen zweier israelitischer Kronprinzen,[17] die mit diesem Namen als Sohn Jahwes

---

11 Zum Verhältnis von masoretischem Text und hebräischer Vorlage der LXX siehe: A. Schenker, Septante et texte massoretique dans l'histoire la plus ancienne du texte de 1 Rois 2-14, Cahiers de la Revue Biblique 48, 2000. Schenker zeigt, dass der LXX-Text eine ältere hebräische Textform wiedergibt, während der masoretische Text eine Bearbeitung aus frühhasmonäischer Zeit, d.h. um etwa 140 v.Chr., darstellt.

12 Die Qumrantexte bestätigten die genaue Überlieferung des hebräischen Textes zwischen dem 1.Jh. v.Chr. und den masoretischen Kodices des 10. Jh. n.Chr. Allerdings wurde in der Begeisterung über diese hohe Qualität der Überlieferung oft übersehen, dass es neben den protomasoretischen Texten auch andere Texttypen in Qumran die ihrerseits auch die Qualität der LXX-Tradition bestätigten.

13 C.F. Keil, Die Bücher der Könige, ²1876, z.St. erklärt die Variante als zu Abija »abgeschliffen«. M. Noth, Könige, 324, stellt fest: Der masoretische Text »in Kö dürfte verlässlich sein, doch bleibt eine Unsicherheit«.

14 So etwa bereits H. Ewald, Geschichte Israels III, ²1853, 501, und O. Thenius, Könige, 1873, z.St. Neuerdings nimmt Böckler, Vater, 84, eine Verschreibung auf Grund der Ähnlichkeit von w[!] und m in der althebräischen Schrift an. – Relevanter ist wohl die Ähnlichkeit von h und m in der »classical Aramaic cursive of the late Persian Empire, ... the prototype of the late Jewish hand.« E. Tov, Der Text der Hebräischen Bibel. Handbuch der Textkritik, 1997, 341 (Abb. 30).

15 S.o., Schenker, Texte de 1Rois 2-14.

16 Ob der Sohn Rehabeams nun Abija oder Abijam hieß, macht allerdings für unsere Thematik keinen wesentlichen Unterschied. Entscheidend ist das Element אב, mit dem der König als Sohn der Gottheit bezeichnet wird.
Sollte der Name Abijam die ursprüngliche Form sein, so ist der Unterschied auch insofern nicht groß, als auf Grund altorientalischer Parallelen eine Erklärung als Kurzform mit hypokoristischer Endung am wahrscheinlichsten ist, d.h. eine Bedeutung »mein Vater ist wahrhaftig X« vgl. HALAT I, 5. Damit ist die besondere Rolle des – nicht explizit genannten – göttlichen Vaters hervorgehoben, der in diesem Zusammenhang wohl nur als Jahwe gedacht sein kann.

17 Dass nicht nur Abija von Juda sondern auch Abija von Israel Kronprinz war, ergibt sich aus der Abfolge der Erzählungen und der hohen Bedeutung, die dem frühen Tod dieses

bezeichnet werden. Dass wir es hier mit zwei historisch zuverlässigen Angaben zu tun haben, kann als sicher gelten. Das ergibt sich nicht nur daraus, dass die Namen offensichtlich aus den alten Annalen der beiden Königshäuser bzw. aus der synchronistischen Chronik stammen, sondern auch aus dem eingangs erwähnten Argument der unabsichtlichen Überlieferung: Es ist an keiner Stelle zu sehen, dass die Namen für die Texte kreiert worden wären oder dass die Texte auf die Namen Bezug nehmen und sie für ihre Absichten verwenden. Das gilt sowohl für den Bericht über Abija, den Sohn Rehabeams, der in Jerusalem König wurde (I Reg 15,1-8), als auch für die prophetisch-kritisch akzentuierte Geschichte über Erkrankung und Tod des Abija, des Sohnes Jerobeams, der in jungen Jahren verstarb (I Reg 14,1-18).

Wann etwa wurden diese beiden Kronprinzen geboren? Nach I Reg 14,21 war Rehabeam 41 Jahre alt, als er König wurde (926 v.Chr.), und nach I Reg 15,1 kam sein Sohn Abija nach 17 Jahren an die Regierung (910 v.Chr). Abija regierte nur drei Jahre, hinterließ aber einen Sohn, der offensichtlich nicht mehr allzu klein war, als er König wurde. Beides spricht dafür, dass Abija bei seiner Thronbesteigung mehr als 17 Jahre alt war und dass er somit noch in der Zeit Salomos geboren wurde. Dasselbe ergibt sich auch von der anderen Seite her: Auch wenn die jeweils 40 Jahre für David und Salomo nur gerundete Zahlen sein sollten, war Salomo gewiss erwachsen, als er (965 v.Chr.) an die Regierung kam. Somit wurde Rehabeam wahrscheinlich früh in Salomos Zeit, d.h. vor oder kurz nach Salomos Thronbesteigung, geboren. Dementsprechend kann die Geburt Abijas etwa 20 Jahre später, d.h. ab der Mitte der Regierungszeit Salomos (d.h. ab etwa 945 v.Chr.) angesetzt werden.

Jerobeam war jedenfalls ein erwachsener Mann, als er König wurde. Darüber hinaus war er nach I Reg 11,28 Aufseher bei den Frondiensten gewesen und danach war er einige Jahre als Flüchtling in Ägypten. Zwar könnte Jerobeam bereits Frau und Kinder gehabt haben, die Beschreibung seiner Flucht spricht aber eher dafür, dass er allein (d.h. ggf. unter Zurücklassung seiner eventuell vorhandenen Familie) nach Ägypten floh. Die Septuagintaüberlieferung berichtet zudem, dass Jerobeam vor seiner Rückkehr eine ägyptische Adelige zur Frau erhalten habe. So ist es wahrscheinlich, dass der Kronprinz Abija erst nach Jerobeams Thronbesteigung geboren wurde bzw. jedenfalls Abija seinen Namen unter der Perspektive des künftigen Königtums erhielt. – Wir haben somit zwei Träger des Namens Abija, von denen der Sohn Rehabeams in Jerusalem sicher und der Sohn Jerobeams wahrscheinlich, ihre Namen unter der Perspektive des Kronprinzen und künftigen Königs erhielten.

Der ältere der beiden Namensträger ist Abija von Jerusalem, der offensichtlich in der zweiten Hälfte der Regierungszeit Salomos seinen Namen mit

---

Königssohnes beigemessen wurde, sowie der Aussage, dass ganz Israel um ihn Totenklage hielt (I Reg 14,18).

der Bedeutung »Jahwe ist mein Vater« erhielt. Diese Benennung ist gewiss nicht zufällig, sondern bewusst gewählt. Sie ist damit ein Beleg, dass in der zweiten Hälfte der Regierungszeit Salomos die jerusalemer Königsideologie die Vorstellung entwickelt bzw. integriert hatte, dass Jahwe der – helfende und schützende – Vater des Königs ist. Dieses Element der Königsideologie wurde bei der nächsten anstehenden Benennung eines Thronfolgers im Namen des Kronprinzen selbst manifestiert.

In weiterer Folge wurde mit entsprechender Namengebung im neu entstandenen Nordreich der analoge Anspruch erhoben. Auch der Kronprinz und Thronfolger im Königreich Israel hat Jahwe zum Vater. Dieser Anspruch und diese Deklaration passen gut zur sonstigen Vorgangsweise Jerobeams, denn die neu gegründeten bzw. ausgebauten Heiligtümer in Bethel und Dan dokumentieren auf ihre Art ebenfalls den Anspruch auf Gleichrangigkeit mit Jerusalem und vor allem auf die besondere Beziehung zu Jahwe als den Gott des neuen Königtums (I Reg12,28) und damit auch des Königs.

4. Zu Typ und Bedeutung der אב-haltigen Namen

Es bleibt noch, Typ, Bedeutung und Vorkommen des Namens Abija zu erörtern. Es ist in der Tat so, dass es im Hebräischen wie im Semitischen eine ganze Reihe Namen mit dem Element אב, Vater, gibt. M. Noth hatte, wie vor ihm auch schon andere, die im Semitischen zahlreich belegten Namen mit אב – und dem analogen Element אח – zusammengestellt.[18] Dieser Namenstyp reicht in die semitische Frühzeit zurück, wobei אב bzw. אח »bei den Nordsemiten ohne jede nähere Bestimmung als Bezeichnungen für eine Gottheit gebraucht wurden, die so ›Vater schlechthin‹ bzw. Bruder ›schlechthin‹ genannt wurde.«[19] Dass es sich dabei um Gottesbezeichnungen handelt, ergibt sich aus der Funktion der Elemente אב und אח als Subjekt, was bei den Verbalsatznamen eindeutig und bei den Nominalsatznamen jedenfalls für die ältere Zeit ebenfalls sicher ist. »Sichere Beispiele dafür, daß diese Verwandtschaftswörter auch in prädikativer Stellung vorkommen, finden sich in größerer Zahl nur in der akkadischen Nomenklatur, vor allem in Namen wie Marduk-abi, Šamaš-abi u.dergl., in denen neben dem Verwandtschaftswort ein Gottesname steht. Aber angesichts der Tatsache, dass in der akkadischen Nomenklatur das Zurücktreten der Bildungen mit אב und אח am weitesten fortgeschritten ist, ... [wird man] in den akkadischen Namen, die im Ge-

---

18 M. Noth, Die israelitischen Personennamen im Rahmen der gemeinsemitischen Namengebung, BWANT 26, 1928. Für eine neuere Zusammenstellung und Diskussion der אב-haltigen Namen siehe Böckler, Vater, passim, die allerdings das Vaterelement in den außerisraelitischen Namen durchgehend auf verstorbene Ahnen zu beziehen versucht.
19 Noth, Namen, 71.

brauch der Verwandtschaftswörter von dem sonst Üblichen abweichen, sekundäre Umbildungen sehen müssen. Anderwärts begegnet eine sichere prädikative Verwendung von אב und אח nur in den israelitischen Namen יואב, אביה, יואח, אחיה und in den südarabischen Namen אבוד, אבעתתר, ודאב, die sich aber ebenfalls durch die darin vorkommenden speziell israelitischen bezw. südarabischen Götternamen als spätere Neubildungen innerhalb dieser Völker erweisen...«[20]

In der israelitischen Namengebung finden sich אב-haltige Namen der traditionellen Art, wie etwa Abimelech, Abischur oder Abitub, die den Vater mit einer bestimmten Gottheit identifizieren bzw. dessen schützende, fördernde und »gute«, d.h. eben väterliche Art und Verhaltensweise hervorheben. Auch wenn in anderen Zusammenhängen, etwa im Mythos, die Bezeichnung als Vater sich auch auf das Verhältnis zwischen Göttern beziehen kann, so wird in der Namensgebung mit dem Vater-Epitheton die Erwartung zugunsten des menschlichen Namensträgers bzw. ein entsprechendes Bekenntnis ausgedrückt. Während die oben genannten Namen neutral sind und offen lassen, welche Gottheit angesprochen ist, finden wir in der israelitischen Namengebung wie nicht anders zu erwarten auch die explizite Identifikation mit Jahwe. Von der Struktur her sind eigentlich nur zwei Formen möglich, nämlich Joab und Abija. Bei Joab wird Jahwe und אב gleichgesetzt. Damit kann für Jahwe väterliches Verhalten ausgesagt bzw. für den Namensträger gewünscht werden. Angesichts der sonstigen Verbreitung אב-haltiger Namen handelt es sich aber wohl primär um die Aussage und damit den Anspruch, dass Jahwe – und kein anderer – der Vater ist. Damit ist »Jo« das Prädikat, was auch der hebräischen Satzstellung entspricht. Trotz des im Vordergrund stehenden Anspruchs, dass Jahwe der Vater ist, schwingt natürlich auch hier mit, dass Jahwe sich eben väterlich gegenüber dem Namensträger verhält bzw. verhalten möge.

In Abija ist Jahwe das Subjekt und אב das Prädikat. Die besondere Betonung liegt hier auf der Stellung und dem Verhalten Jahwes gegenüber dem Namensträger. Für diese Bedeutung ist es nicht entscheidend, ob das i in Abija eine alte Kasusendung darstellt, wie es etwa für Abimelech wahrscheinlich ist, oder das Possessivpronomen der ersten Person. Bei einem Personennamen dieser Art geht es auf jeden Fall um die Bedeutung der Aussage für den Namensträger. Wenn Jahwe Vater bzw. väterlich ist, dann ist er eben für den Namensträger »mein Vater«. Die Tatsache, dass es sich hier um bewusste Neubildung handelt, in der das Element יה gewiss auf Jahwe verweist,[21] spricht eher dafür, dass hier das Possessivpronomen vorliegt: »Jahwe ist mein Vater«.

---

20 Noth, Namen, 68f.
21 Im Unterschied zu jenen Namen aus der Umwelt Israels, in denen ein Element –ia oder –ya ein Hypokoristikon für einen (beliebigen) Gottesnamen darstellt. Die zu dieser Sache

Das eigentlich erstaunliche bei den Namen Joab und Abija ist, dass sie beide nur relativ selten vorkommen. Joab ist für die ältere Zeit nur einmal belegt, nämlich in Gestalt des bekannten Feldherrn Davids, der lange Zeit neben David eine bedeutende, vielleicht zu bedeutende, Rolle spielte, und der dann nach I Reg 1 in der Anfangszeit Salomos sein Ende fand. Weitere Träger dieses Namens werden erst in der nachexilischen Zeit genannt: In 1Chr 4,14 wird ein Joab als Angehöriger des Stammes Juda genannt und ein weiterer Joab wird in der Liste der unter Serubbabel aus dem Exil heimgekehrten aufgeführt (Esra 2,6; 8,9; Neh 7,11).

Inschriftlich gibt es Entsprechungen zum Namen Joab in der Form יהואב in Arad in den Ostraka 49 und 59 aus dem letzten Viertel des 8. Jh. und in Ostrakon 39 aus der 2. Hälfte des 7.Jh. v.Chr.[22]

Nicht viel anders sieht es mit dem Namen Abija aus. Für die ältere Zeit gibt es nur die beiden oben erörterten Söhne des Rehabeam und des Jerobeam, sowie den zweiten Sohn Samuels, der diesen Namen trägt (I Sam 8,2). Abgesehen von den aus Texten der Samuelbücher stammenden Namen in der Chronik ist es wieder ein Heimkehrer unter Serubbabel, der diesen Namen trägt (Neh 10,8; 12,4.17), weiter ein Benjaminit (I Chr 7,8), ein Oberhaupt einer Priestergruppe am Tempel (I Chr 24,10) sowie die, nur der Chronik in dieser Form[23] bekannte Mutter des Königs Hiskija (II Chr 29,1).

Auch die inschriftlichen Belege sind spärlich. Dass der Name in nachexilischer Zeit in Elephantine belegt ist, passt zu den Vorkommen des Namens in Esr, Neh, Chron. Ob אבי im Bauernkalender von Gezer zu אביה ergänzt werden darf, ist dagegen äußerst fraglich.[24] Der Name אביהו findet sich auf dem Arad-Ostrakon 27 aus dem beginnenden 6. Jh. und der möglicherweise ebenfalls hierher gehörende Name אבינ findet sich auf dem Samaria-Ostrakon 52 aus der 1. Hälfte des 8. Jh.s.

Wir haben somit mit dem Namen Abija – und ähnlich mit Joab – Namen vor uns, die vom Typ her durchaus häufig in der Umwelt Israels zu finden sind, die aber explizit auf Jahwe hin neu formuliert wurden, wobei mit dem Namen Joab gegen Ende des 11. Jh. der Vatertitel für Jahwe reklamiert wurde, während mit dem Namen Abija in der zweiten Hälfte des 10. Jh. die

---

wiederholt – zuletzt bei den Texten aus Ebla – geführte Diskussion braucht hier nicht dargestellt zu werden. Für eine knappe Diskussion der Namen Abiya bzw. Abaya siehe Böckler, Vater, 81.83.

22 Vgl. J. Renz/W. Röllig, Handbuch der althebräischen Epigraphik I, 1995, 153-156.299f.

23 Ob der in II Reg 18,2 genannte Name אבי wirklich Kurzform zu אביה ist, oder nicht eher die Chronik den Namen vervollständigte, ist, auch angesichts der Septuagintatradition fraglich. Wenn der Name in der Chronik ursprünglich ist, würde er den Inschriftenbefund für das 8. und 7. Jh. bestätigen (s.u.) und belegen, dass der Name auch für eine Frau verwendet werden konnte.

24 Siehe den Befund bei Renz/Röllig, Handbuch I, 36.

besondere Nähe Jahwes zum König und damit die besondere Stellung des Königs vor Jahwe zum Ausdruck gebracht wurde.

Es fällt auf, dass der Name Abija sowohl im Nordreich als auch im Südreich später nicht mehr vorkommt, wobei allerdings einzuräumen ist, dass die Wiederholung von Königsnamen – anders als bei den Ammonitern oder den Aramäern – in Israel die Ausnahme bildet.

Dagegen ist der Name Abija vom 8. bis 6. Jh. neben einer Reihe anderer אב-haltiger Namen inschriftlich und dann auch in nachexilischen alttestamentlichen Texten belegt. Dies erklärt sich einerseits aus der Jahweisierung der verbreiteten אב-haltigen Namen und andererseits aus dem ab der Exilszeit verbreiteten Bekenntnis zu Jahwe als Vater – nun eben nicht des Königs – sondern des Volkes Israel[25] insgesamt.

Diese spätere Entwicklung bestätigt ihrerseits, dass die in der frühen Königszeit formulierte Benennung der Kronprinzen des Südreiches wie des Nordreiches mit dem Namen Abija ihre besondere Bedeutung und ihren besonderen historischen Ort hatte.

5. Zusammenfassung

Die Untersuchungen haben folgendes gezeigt:

1. Der Text der Nathanverheißung in II Sam 7 ist literarisch vielschichtig. Die Zusage in V. 14a, dass Gott den davidischen Königen Vater sein wolle, ist literarisch sehr wahrscheinlich vordtr. Historische Überlegungen sprechen darüber hinaus dafür, dass das Selbstverständnis bzw. die sog. Königsideologie des davidischen Königshauses in der formativen Periode, d.h. in den ersten zwei bis drei Generationen entwickelt wurde.

2. Mit den אב-haltigen Namen des Sohnes und Nachfolgers Rehabeams bzw. des Sohnes Jerobeams liegt eine Überlieferung vor, in der die besondere Beziehung Gottes zum König als dessen Vater ihren Ausdruck findet. Diese Namengebung, in der Jahwe als der Vater des Königs bezeichnet wird, kommt nur bei diesen beiden Fällen vor und belegt damit, dass das Verständnis des Verhältnisses zwischen Gott und König als ein Vater-Sohn-Verhältnis in der Tat in der zweiten Hälfte der Zeit Salomos in Jerusalem entwickelt wurde.

3. Die אב-haltigen und auf Jahwe bezogenen Namen Joab und Abija passen insofern bestens in die religionsgeschichtliche Entwicklung, als einerseits der Name Joab bezeugt, dass die verbreiteten אב-haltigen Namen gegen Ende des 11. Jh. v.Chr. explizit auf Jahwe bezogen wurden, und

---

25 Dtn 32,6; Jer 3,4; Jes 63,16; vgl. auch die Aussage von Israel als Sohn bzw. Söhne Jahwes Ex 4,22; Jer 3,19; Dtn 14,1.

andererseits der Name Abija zum Ausdruck eines Elementes der jerusalemer bzw. der (nord)israelitischen Königsideologie werden konnte.

Dass beide Namen in der späteren Königszeit und insbesondere in der exilisch-nachexilischen Zeit für normale Bürger Verwendung fanden, bezeugt einerseits die Kontinuität in der Verwendung אב-haltiger Personennamen und wurzelt andererseits in der »Demokratisierung«, d.h. der Übertragung des exklusiven Vater-Sohn-Verhältnisses Jahwes zum König auf das Verhältnis zwischen Jahwe und Israel bzw. den Israeliten.

Gebete in der Elia- und Elisa-Tradition

1.

In seinem Aufsatz »Reden und Gebete im deuteronomistischen und chronistischen Geschichtswerk« widmet O. Plöger[1] den im Deuteronomistischen Geschichtswerk (DtrG.) enthaltenen Gebeten nur wenig Raum. Er erwähnt nur en passant das Tempelweihgebet Salomos (I Reg 8,14ff.) und lässt die anderen, durchweg kürzeren Gebetsformulierungen unbeachtet.[2] Das einschlägige Textmaterial ist in der Tat nicht sonderlich ausgiebig. Es reduziert sich noch mehr, wenn man den Blick auf die Könige-Bücher beschränkt. Die hier mitgeteilten Gebete oder Gebetssituationen sind in den weitaus meisten Fällen mit Königen verbunden. Wegen seines Umfangs und seines Gewichts fällt dabei das Tempelweihgebet Salomos (I Reg 8,14-61) ins Auge. Dieser konzentrisch aufgebaute (V.14-21/54-61; V.27-30/52f.), an liturgische Formen angelehnte und dtr. geprägte Text mündet nach der Nennung konkreter Gebetsfälle für den Einzelnen und für das Volk (V.31-51) wie im Anfang in einen Lobpreis Jahwes. Erheblich kürzer, für das Fortschreiten der Handlung aber bedeutsam sind die in der sog. Hiskia-Jesaja-Erzählung mitgeteilten Gebete des Königs Hiskia, II Reg 19,15-19 (/Jes 37,15-20) und 20,2f. (/Jes 38,2f.). Sie führen zum Eingreifen Gottes durch eine rettungverheißende Botensendung Jesajas. Das darauf reagierende Danklied Hiskias steht aber nur in Jes 38,9-20, nicht im DtrG., ist also wohl bei der Übernahme des Komplexes aus den Kön-Büchern in das Ende des Proto-Jesaja-Buches (Jes 36-39) hinzugefügt worden.

Mit den Gebeten mindestens verwandt sind die nicht an Gott gerichteten, sondern über ihn geäußerten Lobsprüche Davids nach der Inthronisation Salomos (I Reg 1,48) sowie der Königin von Saba als Anerkennung der Regierungsweisheit Salomos (I Reg 10,9). Ob das »Begütigen« Gottes durch den König Joahas in II Reg 13,4 auf ein Gebet anspielt oder ein solches einschließt, ist aus der hier gebrauchten Wendung חלה את פני יהוה nicht ohne

---

1 O. Plöger, Reden und Gebete im deuteronomistischen und chronistischen Geschichtswerk, in: W. Schneemelcher (Hg.), FS G. Dehn, 1957, 35-49 (bes. 35-39).
2 Auch in dem Standardwerk von H. Graf Reventlow, Gebet im Alten Testament, 1986, erfahren die Gebete des DtrG. keine besondere Untersuchung, werden aber teilweise in den Gang der Darstellung integriert.

weiteres ersichtlich, denn diese hat einen weiten Bedeutungsradius.[3] Doch
Textstellen wie Ex 32,11 und II Chr 33,12 stellen durch einen in II Reg 13,4
fehlenden Wortlaut (Klage- und Bittgebet Moses in Ex 32,11-14) bzw. durch
den Kontext (II Chr 33,13: פלל hitp., שמע תחנתו) zusammen mit dem »Er-
hören« Gottes (שמע) in II Reg 13,4 sicher, dass zu den Maßnahmen des Kö-
nigs Joahas, um Gott zu besänftigen, wenigstens auch ein Gebet gehörte.
Eindeutig ist dies der Fall in I Reg 13,6, in dem das Besänftigen Gottes eine
Fürbitte darstellt, die nun allerdings nicht der König ausübt, sondern der
Gottesmann aus Juda zugunsten des Königs Jerobeam leistet. Während das
Begütigen Jahwes öfter von Königen ausgesagt wird (Saul: I Sam 13,12; Joa-
has: II Reg 13,4; Hiskia: Jer 26,19; Manasse: II Chr 33,12), wird es einem
Propheten einzig in I Reg 13,6 zugeschrieben.

2.

Gebete von Propheten, wenn auch nur von geringem Umfang, finden sich
vereinzelt in den Elia- und Elisa-Traditionen. Eine die Handlung vorantrei-
bende Funktion haben die Bitten Elisas in II Reg 6,17-20 (in V.17 und 20
gekennzeichnet durch den Begriff פלל hitp. »beten«). Sie bewirken zunächst
für den Diener Elisas eine dem normalen Auge verborgene Schau, durch die
er des göttlichen Schutzes für die von aramäischen Truppen umringte Stadt
Dotan innewird (V.17), sodann eine totale Verblendung der Aramäer, so dass
sie Elisa nichtsahnend bis nach Samaria folgen (V.18f.), wo ihnen schließlich
die Orientierung zurückgegeben wird und sie ihre Lage erkennen können
(V.20). Auf Elisas Rat hin verwirft der König von Israel den Gedanken an ein
Blutbad, und die Episode nimmt ein friedliches Ende. Da der Text das
Vorhaben der Aramäer voraussetzt, Elisa in ihre Gewalt zu bekommen,
gehört er zu denjenigen Überlieferungen, in denen sich die gesellschaftlich
unterprivilegierten und machtlosen Prophetengruppen des Schutzes und der
Hilfe Gottes – fokussiert auf ihren prophetischen Leiter – vergewisserten (I
Reg 13,4-6; II Reg 1,9-14; 2,23f.).[4]
    Auf ein weiteres Gebet Elisas wird in dem Bericht von der Erweckung des
verstorbenen Knaben in Schunem (II Reg 4,8-37) hingewiesen, ohne dass der
Wortlaut mitgeteilt würde (V.33: פלל hitp.). Die Eigenart der geschilderten
Situation besteht in der Verbindung des Gebets mit einem offensichtlich ma-

---

3 Vgl. F. Stolz, חלה, THAT I, 1971, 567-570 (bes. 570); K. Seyboldt, חָלָה, ThWAT II,
   1977, 960-971 (bes. 969-971).
4 Vgl. W. Thiel, Sprachliche und thematische Gemeinsamkeiten nordisraelitischer Prophe-
   ten-Überlieferungen, in: J. Zmijewski (Hg.), Die alttestamentliche Botschaft als Wegwei-
   sung. FS H. Reinelt, 1990, 359-376 (bes. 362-364) = Ders., Gelebte Geschichte, 2000,
   122-138 (bes. 125f.).

gischen Akt (V.34).[5] Da eine literarkritische Scheidung zwischen beiden Versen nicht in Betracht kommt, bringt das Nebeneinander eine wichtige Erkenntnis zum Ausdruck: Die besonderen Fähigkeiten von Wunderheilern und anderen Machtträgern (hier exemplifiziert an Elisa, der offenbar über solche paranormalen Potenzen verfügte) werden von dem Gott Israels in den Dienst genommen.

Den Gebeten zumindest nahe steht der Ausruf Elisas in II Reg 2,14: »Wo ist Jahwe, der Gott Elias?« Er ist keine wirkliche Frage, sondern eine implizite Klage und Bitte, die die Wirkmacht Gottes herausfordert,[6] und diese macht sich auch sogleich bemerkbar: Elisa vermag die wunderhafte Teilung des Jordanwassers durch Elia (V.8) zu wiederholen und erweist sich dadurch als legitimer Nachfolger Elias (V.15).

3.

Gebete Elias finden sich in I Reg 17-19, dem erweiterten Dürre-Zyklus. Dass die Texte in 17,20f. und 19,4.10/14 jeweils mit der Vorstellung des »Tötens« verbunden sind, beruht wohl eher auf der Eigenart der Überlieferungen als auf beabsichtigter Komposition. In 17,20 hält Elia Gott in einem klagenden Vorwurf vor, den Sohn der Witwe getötet zu haben,[7] und schließt in V.21 die Bitte um Rückkehr der Lebenskraft (נפשׁ) des Knaben an. Hier wird also ein Gebetswortlaut mitgeteilt, der in der Überlieferungsparallele II Reg 4,33b noch fehlte.[8] Dadurch wird das Gewicht der Wunder-Erweckung von II Reg 4,34, deren Schilderung in V.21aα überdies merklich reduziert ist, weiter vermindert.

In I Reg 18,36f. bittet Elia Jahwe, den auf dem Karmel versammelten Israeliten die Einsicht zu verleihen, dass er »Gott in Israel« ist. Die nur wenig

---

5 Es handelt sich um die aus antiken Quellen bekannte Wunderheilung (hier allerdings Wunder-Erweckung) durch Synanachrosis. Vgl. zuletzt B. Becking, Een magisch ritueel in Jahwistisch perspektief. Literaire structuur en godsdienst-historische achtergronden van 2 Koningen 4:31-38, Utrechtse theologische reeks 17, 1992.

6 Ähnlicher Art sind wohl auch die Personennamen איוב, איזבל und vielleicht איעזר, vgl. HALAT s.v. sowie G. Fohrer, Das Buch Hiob, KAT XVI, 1963, 71f.; F. Horst, Hiob I. Teilband, BK XVI/1, [2]1969, 7f.

7 Zur redaktionellen Herkunft des Verses vgl. W. Thiel, Könige II Lfg. 1, BK IX/2,1, 2000, 66.74f.

8 Das ist eines der Indizien dafür, dass in dem literarisch angewachsenen Text II Reg 4,8-37 die ältere Form der Überlieferung erhalten ist. Vgl. die Zusammenfassung einschlägiger Beobachtungen bei H.-J. Stipp, Elischa – Propheten – Gottesmänner, ATSAT 24, 1987, 454-458; M. Köckert, Elia, in: M. Oeming/K. Schmid (Hg.), Der eine Gott und die Götter, AThANT 82, 2003, 111-144 (bes. 124-126).

variierte Wiederholung des Wortlauts zeigt neben anderen Beobachtungen,[9] dass das Gebet aus zwei Schichten besteht, einer älteren (V.37) und einer vorangestellten jüngeren (V.36*), die nachdtr. Herkunft ist. Allein in diesem jüngeren Stratum erbittet Elia auch etwas für sich: die Anerkennung seiner besonderen Zugehörigkeit zu Jahwe (ואני עבדך) und seiner prophetischen Sendung. Das Gebet Elias bildet schon in seiner älteren Form (V.37), erst recht in der jetzigen (V.36f.) einen bemerkenswerten Gegensatz zu den Äußerungen der Baalpropheten, der Kontrahenten Elias. Ihnen wird zunächst eine stundenlange, monotone Anrufung Baals samt einem Hinketanz am Altar entlang – schwerlich ein Hüpfen über den Altar – zugeschrieben (V.26), die dann nach dem Spott Elias (V.27) in einem ekstatischen Rasen geradezu untergeht (V.28: Es wird kein Wortlaut mehr mitgeteilt). Elia braucht Mittel dieser Art nicht, weder Tanz noch Selbstverwundung noch Ekstase; er beschränkt sich auf das Wort des Gebetes. Damit wird wohl auch hier klargestellt, dass die Handlung Jahwes keineswegs durch eine magische Prozedur noch durch rauschhafte Riten eines ekstatischen, hier eindeutig Baal zugeordneten Prophetentums veranlasst wird, sondern allein durch das Wort. Denn wie in 17,20-22 reagiert Gott auch in 18,38 sofort auf das Gebet Elias: in 17,22 durch die Wiederbelebung des Knaben, in 18,38 durch das vom Himmel auf das vorbereitete Opfer herabfallende Feuer, durch das Jahwe vor den Augen des anwesenden Volkes sein Gottsein erweist. Damit ist die Fragestellung, die von V.21 an die gesamte Karmel-Szene beherrscht: Wer ist Gott in Israel, Jahwe oder Baal?, eindeutig entschieden.

Nicht selten als Gebetsgeste interpretiert[10] wird die seltsame und beschwerliche Haltung, die Elia nach I Reg 18,42bβ einnimmt. Dafür spricht aber im Kontext nichts. Eine volle Anschauung des dargestellten Vorgangs entzieht sich zwar unserem Verständnis, weil die genaue Bedeutung des nur selten bezeugten Verbs גהר (außer an dieser Stelle nur noch in II Reg 4,34f. im Zusammenhang der Totenerweckung, die Elisa bewirkt) nicht bekannt ist. Die bevorzugte Wiedergabe mit »sich niederbeugen«[11] oder »niederkauern«[12] scheitert an II Reg 4,34. Es dürfte sich um einen Ausdruck für eine

---

9 Zum einzelnen verweise ich auf die in Vorbereitung befindliche Lfg. 3 meines o.g. Kommentars (z. St.).

10 Aus der Fülle von Vertretern dieser Auffassung greife ich nur heraus: I. Benzinger, Die Bücher der Könige, KHC IX, 1899, z. St.; R. Kittel, Die Bücher der Könige, HK I,5, 1900, z. St.; H. Gunkel, Elias, Jahve und Baal, RV II,8, 1906 (Nachdr. 1973), 19; aus neuerer Zeit: J. Fichtner, Das erste Buch von den Königen, BAT 12/1, ²1979; S. J. de Vries, 1 Kings, Word Biblical Commentary 12, 1985; R. D. Nelson, First and Second Kings, Interpretation, 1987, jeweils z. St.

11 So W. Gesenius, Hebräisches und aramäisches Handwörterbuch über das Alte Testament, ¹⁷1915 (bearb. von F. Buhl), ebenso ¹⁸1987 (1. Lfg., bearb. von R. Meyer und H. Donner) sowie HALAT, jeweils s.v.

12 So KBL s.v.

konzentrative Anspannung handeln, die auch mit einer Bewegung verbunden sein kann (אצרה).[13] Genaueres ist aber nicht auszumachen. Da der Begriff in II Reg 4,34f. in Verbindung mit einer Wunder-Erweckung auftritt, liegt es nahe, auch in dem ganzen Vorgang von I Reg 18,42bβ eine Handlung magischen Charakters anzunehmen.[14] Die Erklärung als einen Gebetsgestus wird man hingegen als zu wenig begründet beurteilen müssen.

4.

In I Reg 17,20f. und 18,36f. hat Elia für andere (den Knaben und seine Mutter sowie für die Israeliten) gebetet und sich dabei auch selbst berücksichtigt (18,36*). In 19,4 aber erbittet er nur etwas für sich, nämlich den Tod (in starkem Gegensatz zur Bitte 17,21, in der er um das Leben des Knaben bat). Die Klage in 19,10/14 betrifft sein eigenes Geschick, mehr aber noch die Ehre Gottes, die durch das Verhalten der Israeliten schwer verletzt ist. Wie in 18,36 sind die Anerkennung Jahwes und das Schicksal des Propheten, der für sie mit größtem Eifer eintritt, eng miteinander verbunden.

Wie kein anderer Text im Elia-Komplex ist I Reg 19,1-18 vom Dialog Elias mit Gott bestimmt. Die Klagen und Bitten Elias einerseits und die Antworten bzw. Anweisungen Gottes oder seines Boten andererseits treiben in einer für die Elia-Überlieferung ungewöhnlichen Weise die Handlung voran. Sie wird durch den Bericht Ahabs an Isebel über die Geschehnisse von 18,21-40 (besonders fokussiert wird auf die Tötung der Baalpropheten von 18,40) sowie durch eine den Tod ankündigende Botschaft Isebels an Elia eröffnet (V.1f.). Dabei handelt es sich allerdings um eine Übergangspassage zwischen Kap. 18 und 19. Sie ist, wie wohl fast allgemein angenommen wird, als redaktionelles Bindeglied (19,1-3aα) zwischen der Dürre-Komposition Kap. 17-18 und dem Text 19,1-18 gebildet worden und stellt nicht die ursprüngliche Einleitung zu Kap. 19* dar. Weder Ahab noch Isebel spielen eine Rolle in 19,1-18; sie werden außerhalb von V.1f. niemals wieder erwähnt. Vor allem: In der Klage Elias von V.10/14 werden auffälligerweise und *gegen* die Aussagen von Kap. 18 nicht sie genannt, sondern die Anklage ergeht gegen die Israeliten insgesamt. Offenbar ist hier ein weiter Horizont aufgerissen, der über den von Kap. 18 hinausgeht und zudem in striktem Gegensatz zu den Geschehnissen steht, die am Ende von Kap. 18 berichtet werden (bes. V.39f.41-46). Darin besteht also eine Eigentümlichkeit von 19,1-18: Der

---

13 Vgl. u.a. H.-C. Schmitt, Elisa, 1972, 185 Anm.31; Thiel, Sprachliche und thematische Gemeinsamkeiten (s. Anm. 4), 364-366.

14 Vgl. u.a. D. R. Ap-Thomas, Elijah on Mount Carmel, PEQ 92 (1960), 146-155 (bes. 154f.); Schmitt, Elisa, 185 m. Anm. 31; V. Fritz, Das erste Buch der Könige, ZBK.AT 10.1, 1996, z. St.

Text steht (auch ohne V.1f.) in einer inhaltlichen Kontinuität zu der Überlieferung von Kap. 18, setzt sie zweifellos voraus, überbietet ihre Aussagen aber auch und bindet sie in ein anderes thematisches Aussageprofil ein. Dazu gehört die schon genannte formale Besonderheit: die große Bedeutung des Dialogs zwischen Gott und Elia, der die Handlung dominiert und an ihr Ziel führt.

Der Text ist nicht einheitlich. Die nur leicht variierte Wiederholung von V.9b-10 in V.13b-14 ist schwerlich eine ursprünglich beabsichtigte Verdopplung, sondern beruht auf einer Erweiterung des Textes,[15] die der (verbalen) Begegnung zwischen Jahwe und dem klagenden Propheten besonderes Gewicht verleihen will. Auch die kleine Differenz im Wortlaut dürfte bedeutsam sein: die geheimnisvolle Stimme (קוֹל) von V.13b, besonders auffällig nach קוֹל דְּמָמָה דַקָּה in V.12b, sollte vorlaufend als דְּבַר יהוה erklärt werden. Die Erweiterung liegt also in V.9b-11aα* (bis בהר לפני יהוה) vor.[16] Mit Ausnahme der genannten Textbestandteile ist 19,3*-18 als ein konzeptionell einheitlicher Text zu beurteilen, dessen Spannungen auf die unterschiedlichen übernommenen Traditionen zurückzuführen sind. Die in ihm von V.4 an aufgebaute Spannung, die ihren Höhepunkt in V.14 erreicht, findet ihre Lösung in V.18.

Dem in V.4b formulierten Todeswunsch Elias[17] folgt in V.5bβ und nochmals in 7aβb eine Antwort des Gottesboten, die die Bitte nicht nur ignoriert, sondern die in ihrem Wortlaut völlig gegensätzlich reagiert und Elia schließlich auf den Weg zu seinem Ziel, dem Gottesberg, bringt. Dort wird Elia aufgefordert, seine Beweggründe darzulegen. Die Frage »Was willst du hier, Elia?« ist zwar sehr offen formuliert, dürfte aber genau dies meinen: die Motive für seine Wanderung zum Gottesberg und wohl auch für seinen Todeswunsch von V.4b. Denn beide, der Wortlaut des kurzen Gebetes in V.4b wie die Klage in V.14, zielen auf denselben Tatbestand, die Erfolglosigkeit des Propheten, der hier wahrscheinlich paradigmatisch für die Prophetie in einer späteren Stunde der Geschichte steht.[18] In kurzen, gedrungenen, stakkatoarti-

---

15 Ein weiterer Zusatz liegt in V.11aβ vor: וחזק ... סלעים. Er ist erkennbar am Wechsel des Genus sowie an der Sprengung der Struktur.

16 Im jetzigen Zusammenhang klafft ein auffälliger Abstand zwischen der Anordnung (V.11aα*) und ihrer Befolgung (V.13a). Hier liegt offenbar das Gegenstück einer Wiederaufnahme vor, nämlich eine vorgreifende Anküpfung.

17 Die Arbeit von D. K. Wohlgelernter, Death Wish in the Bible, Trad. 19 (1981), 131-140, trägt leider exegetisch wenig aus.

18 Ich habe diese Ansicht schon kurz begründet in: W. Thiel, Zu Ursprung und Entfaltung der Elia-Tradition, in: K. Grünwaldt/H. Schroeter (Hg.), Was suchst du hier, Elia?, Hermeneutica 4: Biblica, 1995, 27-39 (bes. 37-39); vgl. auch M. Oeming, Das Alte Testament als Buch der Kirche? Exegetische und hermeneutische Erwägungen am Beispiel der Erzählung von Elija am Horeb (I Kön 19), alttestamentlicher Predigttext am Sonntag Okuli, ThZ 52 (1996), 299-325.

gen Sätzen[19] ergeht in V.14 die Klage Elias als Reaktion auf die Herausforderung von V.13b. Die Antwort Gottes setzt sich über die Resignation Elias – ähnlich wie in V.5.7 gegenüber V.4 – scheinbar achtlos hinweg[20] und überbietet sie durch neue prophetische Aufträge (V.15-17), die mit der Einsetzung eines Nachfolgers (V.16b) zwar auch das Ende der Tätigkeit Elias ins Auge fassen, aber einen sofortigen Rückzug des Propheten[21] nicht akzeptieren. Auf die Klage Elias geht erst V.18 ein, zwar nicht deren Wortlaut, aber ihre Intention aufnehmend. Gott widerspricht der Lageeinschätzung Elias und damit auch dessen Verzweiflung: Elia ist mit seiner Bindung an Jahwe nicht so allein, wie er wähnt. Damit ist seine Tätigkeit als Gottesbote, die wohl in והשארתי einbeschlossen ist, auch nicht umsonst gewesen; sie versinkt nicht in Vergeblichkeit.

5.

Das Gebet Elias in 19,4b baut also einen Spannungsbogen auf, der in V.14 seinen Höhepunkt erreicht und in V.18 seine Lösung findet. Es besteht aus einer Einleitung, einer Bitte und einer sie begründenden Klage. Die Bitte Elias, Jahwe möge ihm das Leben nehmen, findet wegen der israelitischen Auffassung vom Tod[22] als einem Bereich der Gottesferne nur wenige Entsprechungen im Alten Testament. Die fast wörtlich gleiche Wiederholung in Jona 4,3 beruht auf einer Herübernahme des Wortlauts aus I Reg 19,4.[23] Jeremia verflucht zwar den Tag seiner Geburt und damit sein nach menschlichen Maßstäben verfehltes Leben (Jer 15,10; 20,14-18), und ebenso tut es Hiob (Hi 3, vgl. 10,18f.). Aber in beiden Fällen wird Gott nicht direkt gebeten,

---

19 Ohne Gewaltsamkeit und mit nur einer, ohnehin notwendigen Textkorrektur (עזבוך für עזבו בריתך) lässt sich in V.14* ein Dreier-Rhythmus ausmachen, der mindestens auf gehobene Prosa schließen lässt. Nur הרסו את־מזבחתיך fügt sich nicht ein. Zur Textänderung vgl. vorläufig W. Thiel, Könige II Lfg. 2, BK IX/2,2, 2002, 86.

20 Das ist anscheinend ein Gestaltungsprinzip des Textes und berechtigt nicht dazu, den Abschnitt V.15-18 von V.14 abzutrennen. Der Text kann nicht gut mit V.14 geschlossen haben, die Klage Elias im Leeren verhallt sein.

21 So E. von Nordheim, Ein Prophet kündigt sein Amt auf (Elia am Horeb), Bib. 59 (1978), 153-173 = Ders., Die Selbstbehauptung Israels in der Welt des Alten Orients, OBO 115, 1992, 129-153 (überarb. Fassung).

22 Vgl. L. Wächter, Der Tod im Alten Testament, 1967; O. Kaiser, in: O. Kaiser/E. Lohse, Tod und Leben, KTB 1001: BiKon, 1977, 7-80; B. Janowski, Die Toten loben JHWH nicht (2001), in: Ders., Der Gott des Lebens. Beiträge zur Theologie des Alten Testaments 3, 2003, 201-243.

23 Das ist nahezu evident, denn auch V.8 greift auf I Reg 19,4 zurück und hat daraus die Gebetseinleitung übernommen. Vgl. schon F. Hitzig, Die zwölf kleinen Propheten, KEH 1, ³1863, 171, in neuerer Zeit u.a. W. Rudolph, Joel – Amos – Obadja – Jona, KAT XIII 2, 1971, 364; H. W. Wolff, Dodekapropheton 3. Obadja und Jona, BK XIV/3, 1977, 141f.

dem Klagenden das Leben zu nehmen. Das aber wagt Mose in Num 11,15, wenn auch nicht mit denselben Begriffen wie in I Reg 19,4b. Eine entsprechende Bitte äußert Mose auch in Ex 32,32, freilich mit anderer Terminologie und Abzweckung.[24] Da die Mose-Typologie den Text I Reg 19,1-18 geprägt hat, dürfte auch der Todeswunsch von der Mose-Tradition vorgegeben sein.

Die Terminologie des Todeswunsches findet sich als Aussage wieder am Ende von V.14. Die Bitte Elias an Gott, ihm das Leben zu nehmen (V.4), und seine Klage, dass die Israeliten dies zu tun beabsichtigen (V.14), bilden keinen Widerspruch. Das Verhalten Israels gegenüber seinem Gott und dessen Propheten (V.14) ruft nämlich erst den Wunsch hervor, von Gott aus dem Leben herausgenommen zu werden.[25]

Begründet wird dies in V.4b mit einer Klage. Abweichend von den Ich-Klagen des Psalters, die den eigenen schlimmen Zustand schildern (das »Sich-Ausklagen«), handelt es sich hier um eine Selbstanklage: Elia erkennt, dass er versagt hat. Ohne in die Diskussion darüber einzutreten, wer mit den »Vätern« gemeint ist, darf man im Blick auf den ganzen Duktus des Kontextes und besonders wegen des offensichtlichen Zusammenhanges von V.4 mit V.14 annehmen, dass die Klage Elias seine eigene Erfolglosigkeit (und die der Vorgänger) in seiner prophetischen Existenz beinhaltet.

Die Klage in V.14 versammelt eine Reihe von Anspielungen auf Kap. 18:[26] den Abfall von Jahwe (18,18b), die Zerstörung der Jahwe-Altäre (18,30), die Tötung der Propheten (18, [4] 13), das Übrigbleiben Elias als einziger Prophet (18,22). Die Bezugnahmen zeigen, dass Kap. 18 schon in einer gewachsenen Gestalt, kaum aber in der (nachdtr.) Endform vorlag. Die aus Kap. 18 entnommenen Topoi werden ebenso erweitert wie radikalisiert. Vor allem werden sie durchweg auf die Israeliten, und zwar wohl in ihrer Gesamtheit, bezogen, so dass eine Totalaussage über den Abfall Israels von seinem Gott entsteht. Die Propheten sind nicht nur die Opfer dieser Entwicklung, sie sind durch ihr Scheitern (V.4b) auch daran beteiligt. Beides, die Erfolglosigkeit der Prophetie und den eingetretenen Zustand Israels, bringt Elia gleichsam als Sprecher der Propheten vor Gott. Seine Rolle ist paradigmatisch; er blickt auf eine Zeitstrecke zurück, in der sich diese Entwicklung herausgebildet hat.[27] Aber diese Klage der Prophetie bleibt nicht ohne Ant-

---

24 Mose bietet sich als stellvertretendes Opfer für das Volk an. Vgl. M. Noth, Das zweite Buch Mose. Exodus, ATD 5, [8]1988, 206f.
25 Der andere Kontrast, nämlich zur Tötungsabsicht Isebels und der Flucht Elias (V.2.3aα), ist erst durch die redaktionelle Überbrückung zu Kap. 18 geschaffen worden.
26 Darauf hat besonders O. H. Steck hingewiesen: Überlieferung und Zeitgeschichte in den Elia-Erzählungen, WMANT 26, 1968, 23.
27 Ich habe aus diesem Grunde und unter Berücksichtigung anderer Beobachtungen in meinem o. Anm. 18 genannten Aufsatz, 38f., eine Datierung um die Wende vom 8. zum 7.

wort. Gott stellt dagegen, dass der Abfall Israels nicht so total ist, wie er erscheint, und er gibt die Zusicherung, dass er die Geschichte nach wie vor nach seinem Willen lenkt.

Jh. v.Chr. vorgeschlagen. Den vordtr. Charakter des Textes belegt Oeming, Das Alte Testament (s. Anm. 18), 303f.

III Zu den Büchern der Prophetie

»Zwischen der ursprünglichen Gestalt der Profe-
tenworte und dem endgültigen Abschluß der vier
großen Profetenbücher liegt ein längerer literarischer Prozeß. In seinem Verlauf sind die ursprünglichen Aufzeichnungen der alten Profeten nicht
nur, wie es das Schicksal der meisten vielgelesenen
Schriften ist, durch Abschreibefehler und Glossen
verändert, sondern auch zumeist mit bewußter Absicht und großer Freiheit bearbeitet worden.«

(*Gustav Hölscher*
[Professor in Marburg von 1921-1928],
Die Profeten. Untersuchungen zur Religionsgeschichte Israels,
Leipzig 1914, S.455f.)

Prophets That Never Were

Ernst Axel Knauf (Bern)

0. Introduction

Within the literary world of the Bible, the prophet is the predominant means of communication between the deity and the people. The prophet conveys the word of God to the people, and represents his/her people before God: interceeding, argueing, lamenting. Prophets are amply attested in the Ancient Near East, notably during the first half of the 1st millennium BCE.[1] The biblical prophet, on the other hand, is a literary construct; he is the implicit (or supposed, or fictive) author of the book which finally runs under his name. Due to the prophet's function as interface between the human and the divine, these books contain prayers as well as sermons. None of the biblical books is attributed to a prophetess, although prophetesses are mentioned alongside prophets in Israel and Judah as well as in the wider Ancient Near East. What has the biblical prophet (according to any of the final states of the canons[2]) to do with the prophetic persons who were active between the 9th and the 5th centuries BCE?

---

1 S. Parpola, Assyrian Prophecies, SAA 9, 1997; M. Nissinen, References to Prophecy in Neo-Assyrian Sources, SAAS 7, 1998; id., Spoken, Written, Quoted and Invented: Orality and Writtenness in Ancient Near Eastern Prophecy, in: E. Ben Zvi / M. Floyd (ed.), Writings and Speech in Israelite and Ancient Near Eastern Prophecy, SBL Symposium Series 10, 2000, 235-271; M. Weippert, Assyrische Prophetien der Zeit Asarhaddons und Assurbanipals, in: F. M. Fales (ed.), Assyrian Royal Inscriptions: New horizons in literary, ideological, and historical analysis. Papers of a Symposion held in Cetona (Siena), June 26-28, 1980, Orientis Antiqui Collectio 17, 1981, 71-115; id., Die Bildsprache der neuassyrischen Prophetie, in: K. Seybold / H. Weippert / M. Weippert, Beiträge zur prophetischen Bildsprache in Israel und Assyrien, OBO 64, 1985, 55-93; id., Aspekte israelitischer Prophetie im Lichte verwandter Erscheinungen des Alten Orients, in: U. Magen / G. Mauer (ed.), Ad bene et fideliter seminandum. Festgabe für Karlheinz Deller zum 21. Februar 1987, AOAT 220, 1988, 287-319; id., »Ich bin Jahwe« – »Ich bin Istar von Arbela«: Deuterojesaja im Lichte der neuassyrischen Prophetie, in: B. Huwyler, H.-P. Mathys / B. Weber (ed.), Prophetie und Psalmen. Festschrift für Klaus Seybold zum 65. Geburtstag, AOAT 280, 2001, 31-59.

2 For the plurality of Bibles and canons, cf. E. A. Knauf, Der Kanon und die Bibeln. Die Geschichte vom Sammeln heiliger Schriften, BiKi 57 (2002), 193-198.

1. Ancient Near Eastern Prophecy, and How It Became to be Written Down

For the modern world, the status of a »prophet« is an ascribed status; we may bestow that attribute on some persons who claim (or claimed) to function as mouthpieces of deities, and not on others, or on none at all. In the ancient (and not so ancient) world, prophecy was something that just happened, and the question was what to do with it. Empirical tests, usually in form of technical divination, were needed to prove or disprove the status claimed by a prophecying person. Such tests came in handy indeed if there were conflicting prophets and prophecies. Prophecy entered the realm of the written when it concerned the palace or a temple; in this case, administrative messures had to be taken, and the prophecy in question went to store in some archive, at least for a while. If prophets were litterate (most, evidently, were not), they might write letters to the king. Usually, however, the person reporting a prophecy in writing was not the prophet him- or herself. This fact renders an additional question marginal: of whether these prophets communicated their messages in ordinary languages, or needed, at least in some cases, the service of trained »interpreters« (as did the Pythia at Delphi). As a matter of fact, we only hear the voices of those prophets as received and reported by somebody else.

2. First Redactions and Further Redactions

The first prophetic books were created by the scribes of Esarhaddon, when they collected various prophecies concerning his disputed accession on »tablets of prophecy«. These collections had the purpose to proove the king's legitimacy for all time to come. These first prophetic books were both the work of scribes and pieces of royal propaganda.

It is safe to assume that a similar interest lurked behind the publication of the »Book of the Seer Balaam« by copying it onto a stela at the sanctuary of Sukkot in the 8th century BCE, even if this interest is no longer visible due to the loss of the book's final sections. A sufficient reason for that publication could be seen in the attempt to make the sanctuary more attractive for pilgrims and their offerings.

Both from the courts of Esarhaddon and Ashurbanipal and from Sukkot in Israelite Transjordan, we have documentary evidence for the production of »prophetical books«, or »books of prophecy«. The redactional history of these »first editions« was cut short by the physical demise of the administrations, archives and libraries which had produced and were to preserve them. The default assumption for explaining the differences between these »first editions« and the prophetical books in the Bible is the latter's extended redactional history, which necessitated a series of adaptions of the literary heritage to changing political, economical, religious and ideological conditions. In other words: the default assumption is that there was no basic differences between the functioning of prophets and prophecy in Israel, Judah, Hamath and Assyria, and that the »first editions« of prophetic books in Israel and Judah were created by similar means and with similar interests as attested in Assyria.

3. The Case of Isaiah

The core of the Isaianic tradition is constituted by a collection of three prophecies by at least two different prophets (for one of them was a prophetess) referring to the events of 734 with a pro-Assyrian attitude, now preserved in Isa 7-8. Whether one of the two or three prophets represented in this collection listened to the name of »Isaiah« or not is a mute question. It is evident that this collection served well the politics of Manasseh. It stands to reason that it was hijacked by the opposition which turned it into the anti-Assyrian first »Book of Isaiah« (6,1-8,16*). Two editions later, 586 BCE, the book had grown to Isa 5-9.30-31.36-39*, now presenting an »Isaiah« to its readers (and further editors) of which the prophet active in 734, if he had existed indeed, could never have dreamt.[3]

4. The Case of Amos

»Concerning what Amos, who was a cattle-baron from Tekoa, saw {...}[4] in the reigns of Uzziah of Judah and Jeroboam of Israel, two years before the earthquake« (Am 1,1) – according to this introductory remark, Amos was a visionary, and active just before one of the most devastating earthquakes that ever struck that region. It was this earthquake which flattened the stela carrying the Balaam-text at Sukkot) and cracked the city-wall at Megiddo, which Jeroboam had just completed. The reference to the two kings is exactly what one should expect in 8th century Judah, for Judah was again Israel's vasall (as it had already been under Omride rule). There is no need to infer any activities by Amos in Israel proper. Now there is only one earthquake

---

3 This reconstruction is based on E. A. Knauf, Vom Prophetinnenwort zum Prophetenbuch. Jesaja 8,3f im Kontext von Jesaja 6,1-8,16: lectio difficilior, European Electronic Journal for Feminist Exegesis 2/2000 (www.lectio.unibe.ch), which is in turn based on the seminal work by U. Becker, Jesaja – von der Botschaft zum Buch, FRLANT 178, 1997, who, by the introduction of »editorial criticism«, brings the critical input of O. Kaiser, ATD 17, [5]1981 and 18, [2]1976. Cf. for the Manassite stage in the growth of the Isaianic tradition now also O. Kaiser, Der Gott des Alten Testaments 3, UTB 2392, 2003, 89-92.

4 »Against Israel« reflects the anti-Samari(t)an tendency of later editions.

mentioned in the book: the one which shatters the temple in 9,1. Again, it is not explicitly stated which temple was shattered, but most probably, in a book written in Judaean, it is the temple of Jerusalem. Heavy earthquake damage around 760 BCE explains nicely why the decoration of the temple in Isa 6 fits so very well iconographic tastes and patterns of the late 8th century, as O. Keel has observed.

So the core of Am is constituted by a scribal note, consisting of Am 1,1* and 9,1, stating that this person from Tekoa is an approved visionary. One might ask him again (if he were still alive). The scribal note might or might not have been elaborated prior to 586. After 586, it came, together with the rest of the Jerusalem archives, to Mizpah (and Bethel), where it joined Hos and Mi (and possibly Zeph) in order to become the »book of 4 minor prophets« with a strong anti-golah tendency. When the provincial capital of Yehud was moved back to Jerusalem in 444 (and, shortly thereafter, the sanctuary of Bethel destroyed), the book moved back to Jerusalem and adopted its final anti-Bethel and anti-Samaria-tendency. The travels of the »prophet« Amos as depicted in his book were actually the travels of a book called »Amos«.[5] Reading substantial sections of this book as if they were written during the 8th and 7th centuries misconstructs both the theology of the book and ancient Judaean history.

5. The Case of Hosea

The book of Hosea is devided in three sections, of which the first (1-3) contains »biographical« information, the second (4-11) an judge-advocate's speech which, surprisingly, ends in a plead for mercy, and the third (12-14) a shorter version of the same. Whereas 4-11 only address Israel, 12-14 aims at Israel and Judah. Hos is the only prophetic book which contains linguistic Israelitisms, and from various dialects.[6] It was not only written by Israelites, but also transmitted, for some time, in Israel. Hos 4-11 clearly is the core, not just of the composition, but also of the tradition. There are texts in Hos which predate the fall of Samaria 724/720, but nothing, that has to be dated prior to the reign of the last Israelite king by any kind of necessity. This king's name: Hosea. So the core of the book might well be a collection of prophecies,

5 Ch. Levin, Amos und Jerobeam I., VT 45 (1995), 307-317; id., Das Amosbuch der Anawim, ZThK 94 (1997), 407-436; O. Loretz, Die Entstehung des Amos-Buches im Licht der Prophetien aus Mari, Assur, Ischali und der Ugarit-Texte. Paradigmenwechsel in der Prophetenbuch-Forschung, UF 24 (1992), 179-215; E. A. Knauf, Bethel. The Israelite Impact on Judean Language and Litterature, in: M. Oeming / O. Lipschits (ed.), Judah and the Judaeans in the Achaemenid Period, 2004 (in print).

6 Urban, Samaria: בֻאתִי bōtî »I came« Hos 10,10; rural, Gilead: עקבּה for עצבה Hos 6,8.

referring to the demise of Israelite statehood, under the title דברי הושע
»Concerning Hosea«. This collection served as one of the bases for Israelite reconstruction, centered at Bethel (II Reg 17,28), and developed into Hos 4-11* in the course of the 7th century. When Bethel, together with the Israelite deep south, came under Judaean rule in the second half of the 7th century, 12-14* were added, and in the following century, Amos and Micah. 1-3* are so anti-Samaritan that they must have been written after 450 BCE.

6. A Dialogue of Humans about God

The »prophet« is constructed by her/his followers well after his/her death (as one might become a saint, or immortal, only under the same condition). Whether a person claiming to be inspired by a deity really is inspired by a deity or something else, is beyond the capacity of empirical tests.[7] It is a question of belief, which implies that only those prophets became »prophets« which gathered a following; which might become and be, to this very day, rather impressive, but never universal. Finally, it were the followers over the centuries who created the »prophet« in their image and likeness. The »prophet« inherent in the biblical canons is nothing but an inspired author. This is the classical perception of the biblical »prophet« which has nothing to do with past reality:

> (38) For we have not an innumerable multitude of books among us, disagreeing from and contradicting one another [as the Greeks have], but only twenty-two books, which contain the records of all the past times; which are justly believed to be divine; (39) and of them five belong to Moses, which contain his laws and the traditions of the origin of mankind till his death. This interval of time was little short of three thousand years; (40) but as to the time from the death of Moses till the reign of Artaxerxes, king of Persia, who reigned after Xerxes, the prophets, who were after Moses, wrote down what was done in their times in thirteen books. The remaining four books contain hymns to God, and precepts for the conduct of human life. (41) It is true, our history hath been written since Artaxerxes very particularly, but hath not been esteemed of the like authority with the former by our forefathers, because there hath not been an exact succession of prophets since that time.
> Jos., Ap I 38-41.

---

7   In Mesopotamia, prophecy is tested (which does this civilisation honor), but by means which one could nowadays hardly accept as empirical and rational. The »test« proposed by Dtn 18 is nonsensical: once the future has become present, there is no need anymore to reconsider its prediction (unless one accepts the implicit, and fallacious, presupposition that a person once able to »predict« the future will always be able to do so. Also, no time span is indicated for the width of this »empirical test«. Because the future is unpredictable in general (also for a deity), no historical prophet could have been continually right with his/her predictions. It is reasonable to assume that prophets had a short life expetancy once they had started to prophesy (unless they took early retirement from their function).

There are two theological conclusions to be drawn from these observations. First, the inspired biblical authors through which the Holy Ghost has spoken according to the Christian Creed are the »prophets«, not the prophets. The Nicene fathers committed the Church to the First, the Jewish Bible, not to some figments of 19th century historical imagination. Second, even as theologians we cannot know whether it is God speaking in these books or, instead of or in addition to Her/Him, some other voices. We can only read these books historically as the minutes of an intense human dialogue, actually a variety of such dialogues, about the possibilities, limitations, presuppositions and consequences of human attempts to think, and speak about, God; and use, cherish and honor these books as a never ending source of inspiration for us, trying to do the same.

The Literary Emergence of Zion as a City
in the first Opening of the Book of Isaiah (1,1-2,5)

Willem A. M. Beuken (Leuven)

In the wake of his two volume commentary on Isaiah chs. 1-12 (1960, [5]1981) and Isaiah chs. 13-39 (1973) in the series Das Alte Testament Deutsch, Otto Kaiser has continued his research into the said prophetic book.[1] An important aspect of Kaiser's scholarly open-mindedness is evident in the fact that he not only critically investigated later developments but also welcomed and encouraged them wholeheartedly. »Ein kühnes Unternehmen... wobei man nicht gelangweilt wird« clearly finds in him a benevolent reader.[2] As a matter of fact, Kaiser was a significant player in the developmental stages of Isaiah research, especially with respect to his understanding of the genesis of the Isaiah tradition. He articulated the latter as follows:

> »Die Möglichkeit, eine namenlose Prophetie aus den letzten Jahren des jüdischen Reiches mit ihren Warnungen vor dem Vertrauen auf eine ägyptische Hilfe dem Propheten Jesaja zuzuschreiben und so schon ihn über die Stunde hinaus auf den Untergang des Reiches hinausblicken zu lassen, war dadurch gegeben, daß sich die Situation der Jahre 703-701 und 589-587 in wesentlichen Zügen entsprachen«.[3]

Otto Kaiser thus expressed his opinion that the foundation of the Isaiah tradition lies in the pre-exilic period. Scholarly research of the past decades has confirmed this insight, albeit with numerous modifications. It is my privilege, therefore, to be given the opportunity to dedicate this article to him on the occasion of his eightieth birthday, in respectful recognition of his research into the book of Isaiah.

The book of Isaiah (henceforth BI) opens with two parallel introductions in 1,2-2,5 and 2,6-4,6, which extend from Zion, the sinful city (1,21-27 and 2,8-9,16), to Zion, the mountain of YHWH, where Torah is taught to the nations (2,1-5) and Israel's remnant receives purification and shelter (4,2-6). This twofold convergence anticipates the development of both the prophetic book

---

1 O. Kaiser, Studien zur Literaturgeschichte des Alten Testaments, FzB 90, 2000, 200-217.
2 Revue of U. Berges, Das Buch Jesaja. Komposition und Endgestalt, HBS 16, 1998, in: ThRv 98 (2002) 30-32 (quotation from the beginning and the end).
3 O. Kaiser, Das Buch des Propheten Jesaja. Kapitel 1-12, ATD 17, [5]1981, 19.

as a whole and its foundational collection of prophecies, namely chs. 1-12.[4]
The chronological sequence of both oracles concerning Zion renewed is
somewhat unusual: the first alluding to the city's attractiveness in the eyes of
the nations (2,1-5), the second alluding to its restoration as Israel's sacred
abode (4,2-6). The sequence as such constitutes a chiastic interface with ch.
66 (vv. 5-14: the comfort of Zion; vv. 18-23: the ascent of the nations to the
holy mountain).[5] Moreover, it supplies the twofold introduction with an
›educational‹ strategy: the willingness of the nations represents a shameful
example for ›the house of Jacob‹ (2,26). Given the redactional function of
1,1-2,5 as an opening passage, therefore, it seems appropriate to offer an
investigation into the way in which Zion is construed as a city whose
vicissitudes form a major thread throughout BI as a whole.

1. How is the city (›Jerusalem‹ and ›Zion‹) introduced in 1,1-9?

The inscription of the book: ›The vision of Isaiah son of Amoz, which he saw
concerning Judah and Jerusalem in the days of Uzziah, Jotham, Ahaz, and
Hezekiah, kings of Judah‹, situates the city as the country's royal capital. The
sequence ›Judah – Jerusalem‹ is the most frequent in the Scriptures (130
times), as opposed to ›Jerusalem – Judah‹ (53 times). In BI, however, the two
sequences are more or less equally represented (›Judah – Jerusalem‹:1,1; 2,1;
7,1; 36,7; 37,10; ›Jerusalem – Judah‹: 3,1.8; 5,3; 22,21; 40,9; 44,26). The
former occurs mainly in inscriptions and the speeches of the Assyrian king
and would appear to have its focus in matters of government while the latter
mirrors the prophetic perspective: from the city to the land.
      The prophecy itself, however, does not open with a localised perspective
on this part of the world, but broadens its view rather to include the largest
conceivable setting: ›heavens and earth‹ as witnesses against Israel (vv. 2-3).
The city is even absent from the imaginative background; asses may be kept
within a city, but oxen are not.[6] ›The sinful nation‹, likewise refers more to
Israel as a whole than to the region or the city (v. 4: ›They have despised the
Holy One of Israel‹). The description of YHWH's judgement comprises the
whole territory: ›your land... cities ... soil‹ (v. 7). All this prepares us for the
comparison with Sodom and Gomorrah. In that narrative it is explicitly stated

4   Berges, Buch, 56-76; W.A.M. Beuken, Jesaja 1-12, HThKAT, 2003, 32-33, 60-61.

5   W.A.M. Beuken, Isaiah Chs. lxv-lxvi: Trito-Isaiah and the Closure of the Book of Isaiah;
    in: J.A. Emerton (ed.) Congress Volume Leuven 1989, VT.S XLIII, 1991, 204-221; cf. J.
    Blenkinsopp, Isaiah 56-66. A New Translation with Introduction and Commentary, AB
    19B, 2003, 62-63.

6   G. Dalman, Arbeit und Sitte in Palästina I-VII, 1928-1942 (repr. 1964-1971), VI, 160-
    179.

that ›God overthrew the cities, and all the plain… and what grew on the soil‹ (Gen 19,25; cf. vv. 28-29).

It is only after attention has thus been called to the nation (and its land) as a whole that Zion is introduced: ›The daughter of Zion is left like a booth in a vineyard, like a lodge in a cucumber field, like a besieged city‹ (v. 8). Older commentaries remark that ›the daughter of Zion‹ refers more to the inhabitants than to the city as such because she is equated to ›a besieged city‹ and a city cannot be compared with a city.[7] Such comments are more than a question of splitting hairs and the issue is left unresolved by pleading poetry. It invites us to engage in a careful study of the verses in question.[8]

1.1. The Time Perspective of Vv. 8-9

Although the ancient versions (except for the Targum) have interpreted ונותרה in v. 8 as a future tense (LXX: ἐγκαταλειφθήσεται; Vulgate: derelinquetur), the majority of present-day translations and commentaries (both English and German) consider the meaning of the verb form to be past tense: ›is left‹ (except for some French translations: ›va rester‹).[9] This is probably based on the fact that the same verb (not the same verb form) in the next verse, הותיר, together with the two other verb forms, has a past meaning: ›If YHWH of hosts had not left us a few survivors, we would have been like Sodom, and become like Gomorrah‹ (v. 9).

A past tense interpretation of v. 8, however, is far from evident following the nominal sentences of v. 7.[10] A future interpretation of v. 8 and a past interpretation of v. 9, even for the same verb ›to leave‹, remain possible and even likely if we take the change of the speaking person in v. 9 (›we‹) seriously. The prophet announces the ruin of Zion as a condition that will endure. This is resumed and modified by the ›we‹-figure, the latter changing the content of the term ›Zion‹ from the brick construction of the city to its population. Moreover, the said figure actualises the city: it is no longer a site in which historical kings have reigned (cf. v. 1) but rather a place in which some people recognise YHWH's judgement as a punishment that ended in salvation, poor as it may seem.

---

7   For a survey of older commentaries, cf. J. A. Alexander, Commentary on the Prophecies of Isaiah I-II, ²1875 (reprint 1976), 84-85.

8   Cf. A. Labahn, Metaphor and Intertextuality: »Daughter of Zion« as a Test Case, SJOT 17 (2003), 49-67.

9   E. Jacob, Esaïe 1-12, CAT VIIIa, 1987, 38; also the *Traduction Oecuménique de la Bible*.

10   J. M. Oesch, Jes 1,8f und das Problem der ›Wir-Reden‹ im Jesajabuch, ZKTh 116 (1994), 440-446.

1.2. The Comparisons of V. 8

ונותרה נת ציון כסכה בכרם
כמלונה במקשה כעיר נצורה:

8   And the daughter of Zion shall remain
      like a booth in a vineyard,
      like a lodge in a cucumber field,
      like a besieged city.

(1) The comparison ›like a besieged city‹ (v. 8)

(a) Those scholars who interpret ›the daughter of Zion‹ primarily as a material construction made up of walls and buildings and not as its population, find it hard to accept that a city is compared with a city in v. 8 (cf. above). They thus go in search of alternative solutions with regard to the word for ›city‹.

– Some have proposed different shades of meaning for the same term:
   – ›einsamer Turm der Wacht‹; in this case, נצורה would be a noun like
      שמועה and גבורה (cf. Num 13,19; Jdc 10,4; II Reg 20,4; 17,9)[11]
   – ›aufs Korn genommener Alarmplatz‹[12]
– Others have proposed that we should change the text or favour alternative lexemes:
   – כעיר בצירה: ›als ein Pflock im Pferch‹ (from the Arabic; cf. Mich. 2:12; F. X. Wutz, BZ 21 [1933] 11-12)
   – כעצר בצירה: ›wie eine Zuflucht im Pferch‹[13]
   – כעיר בצירה: ›wie ein Eselsfüllen im Pferch‹.[14]

It should be clear, however, that any basis for text-critical emendation or lexical adventures is lacking. These solutions fail to enter at any length into an analysis of the relationship between the three comparisons.

(b) A further problem revolves around the meaning of נצורה, here translated as ›besieged‹. Does the word stem from the verb צור (participle niphal: ›beleaguered‹; cf. Dtn 20,12; I Sam 23,8; II Sam 11,1; 20,15; II Reg 16,5; Jes 29,3; Jer 21,4 etc.)[15] or from the verb נצר (participle qal passive: ›guarded, watched‹)? In the latter case, the assumed active subject could be:

---

11 Cf. the following commentaries *ad locum*: F. Hitzig, Der Prophet Jesaja, 1833; B. Duhm, Das Buch Jesaia, GöHAT III/1, [4]1922, Nachdruck 1968; K. Marti, Das Buch Jesaja, KHC X, 1900; cf. also J.T. Willis, An Important Passage for Determining the Historical Setting of a Prophetic Oracle in Isaiah 1.7-8, StTh 39 (1985), 151-169 , esp. 157.

12 E. König, Das Buch Jesaja, 1926, 41; *ders.,* Hebräisches und aramäisches Wörterbuch zum Alten Testament, 1931, 326.

13 Kaiser (note 3), 33.

14 H. Wildberger, Jesaja. Bd. I: Jesaja 1-12, BK X/1, 1972, 19.

15 Cf. the comments on this verse by Alexander (note 7); A. Dillmann, Der Prophet Jesaja (für die 6. Ausgabe herausgegeben und vielfach umgearbeitet von R. Kittel), KEH V, [6]1898; J. N. Oswalt, The Book of Isaiah. Chapters 13-39, NICOT, 1986.

– The besiegers who want to prevent people from entering or leaving the town (cf. Jer 4,16; with other verbs: II Sam 11,16; Jer 5,6)[16]
– God as the concealed subject of the passive form in ›as a city preserved‹.[17] In this explanation, the third comparison paves the way for the salvation theme of v. 9.

Some scholars argue contra the interpretation ›besieged‹ by maintaining that this would be the only occurrence of the niphal of צור (or צרר), and by pointing out that the regular form would be נצורה (BHS), although the latter objection is open to refute.[18] Since the verb צור occurs more often than נצר in the context of a military campaign, the meaning ›besieged‹ seems to be preferred. The ancient versions likewise translate with ›besieged‹ (LXX: πολιορκουμένη; Vg: sicut civitas quae devastatur). The comparison evokes an army, i.e. a mass of people, and seems to create a contrast with the ›booth / lodge‹ that is to remain abandoned. Does this go together with the two preceding comparisons?

(2) The coherence of the three comparisons
Coherence hinges on the parallelism between the two adjuncts of place ›in a vineyard / in a cucumber field‹ and the attribute ›besieged‹. The first two qualifications leave something unsaid, i.e. ›after the harvest has been gathered in‹. It is in this sense that the Targum renders the passage: ›The congregation of Zion is left as a booth in a vineyard *after they have gathered it*, as a lodge wherein one passes the night in a garden of cucumbers *after they have gleaned it*, as a city which is besieged‹.[19] If we take this into account, the comparison ›like a besieged city‹ serves to make the two preceding comparisons explicit. It does not point so much to the misery within the city as to the desolate situation surrounding the city where the besiegers, as was the custom, have ravaged everything, including buildings and vegetation.[20]

An alternative interpretation of the particle כ might be suggested at this juncture. The first two comparisons express resemblance, the third equality.[21]

---

16 Cf. the comments on this verse by Ibn Ezra (cf. Isa. 65,4) in: M. Friedlaender (ed.), The Commentary of Ibn Ezra on Isaiah, 1873; F. Delitzsch, Commentar über das Buch Jesaia, BC III/1, [4]1889; König (note 12); J. A. Motyer, The Prophecy of Isaiah. An Introduction and Commentary, 1993.
17 E. J. Kissane, The Book of Isaiah I, 1941, 10; cf. ›als eine (von JHWH) behütete Stadt‹ (ThWAT, V, 585 [S. Wagner]: cf. Gen 19,20 [Soar]; Ez 6,12).
18 H. Bauer / P. Leander, Historische Grammatik der hebräischen Sprache des Alten Testaments, 1918-1922, reprint 1991, § 14 q; 56. i. 2.
19 J.F. Stenning (ed.), The Targum of Isaiah, 1949, 4.
20 C. Vitringa, Commentarius in librum prophetiarum Jesaiae. Pars Prior, 1715, 24.
21 Cf. HALAT, 433a; Ges-K, § 118 x; Joüon-Muraoka § 133 g.

Gesenius thus translates: ›such is the guarded city‹ (sicut tugurium in cucumerario, ita urbs servata). [22]

One can conclude, therefore, that the third comparison matches the two preceding comparisons if the element of beleaguers is not accentuated. The loneliness of Zion's population with regard to its natural environment is the issue.

1.3. The Implications of V. 9

לולי יהוה צבאות הותיר לנו שׂריד כמעט
כסדם היינו לעמרה דמינו:

If YHWH of hosts had not left us a few survivors,
we should have been like Sodom, and become like Gomorrah.

V. 9 contrasts with v. 8 at three levels:
— Perspective of time: past versus future
— Speaker: ›we‹ versus prophet
— Content: complete ruin versus a few survivors.[23]
Against the background of the preceding comparison, ›a besieged city‹ (v. 8), one is left with the question: have the survivors been saved from the city (cf. Lot) or have some been left in the city? The term הותיר points to the former sense, the term שׂריד to the latter, but in association with ›to be left‹ the latter can easily be read as a synonym for ›survivor‹.[24] Had the meaning ›escaped‹ been intended, one would have expected the term פליט. The purport of v. 9a thus seems to be the following: If YHWH of hosts had not left us a few survivors *in the city*. The comparison, therefore, does not bear on Lot (the term שׂריד does not occur in Gen 19). Lot was indeed rescued *from* Sodom but not preserved *for* Sodom (cf. לנו in Jes 1,9). From the perspective of ethnicity, moreover, Lot did not belong to the inhabitants of the city although he may have resided on its outskirts (cf. Gen 13,12-13; 14,12; 19,4). The population of this city (and its neighbours) all perished (Gen 19,25).

To sum up, therefore, v. 8 depicts the daughter of Zion *ad extra* as a besieged city in a devastated land, v. 9 portrays her *ad intra* as a town in which only a few survivors are found. This remnant, however, is sufficient to determine that this city is not equivalent to Sodom and Gomorrah. The conclusion of inequality coincides with the identification of the speaker (›us, we‹) with the same ›daughter of Zion‹. In other words, the speaker is to be found *within* Zion.

---

22 G. Gesenius, Thesaurus Philologicus Criticus Linguae Hebraicae et Chaldaicae Veteris Testamenti, 1835, 648.
23 Oesch (note 10), 444f.
24 ThWAT, VII, 880 (B. Kedar-Kopfstein).

Vv. 8-9 thus provide a survey of Zion's history as it will unfold in BI. While the prophet points to the total ruin of the city, which appears to be beyond repair (vv. 4-8), the population presents itself as evidence to the contrary, thanks to God's intervention. YHWH has intervened in a way the prophet could not foretell. From this superiority Zion emerges as actant in the book.

2. The People Addressed in 1,10-20

The connection between the first and the second part of the introduction, i.e. between v. 10 and v. 9, is a subtle one. On the one hand, v. 10 amounts to a denial of v. 9 in as far as it establishes not partial but full identification between Zion and Sodom together with Gomorrah: ›Hear the word of YHWH, you rulers of Sodom! Give ear to the teaching of our God, you people of Gomorrah!‹. On the other hand, the we-figure of v. 9, who has located himself in Zion, continues to speak (›our God‹). This need not be considered contradictory if one accepts the condition that the we-figure is revealing a specific paradigm of culpability and punishment at this juncture: YHWH does not retaliate against us as he did against Sodom and Gomorrah, although by measure of our sins we are equal. Needless to say that this paradigm dominates the entire BI and explains its complicated relationship between judgement and salvation.

The passage as a whole continues the point of view of v. 10 by focusing on life in the city, with its government and temple. In this residential area, the population and YHWH are depicted as absolutely unable to associate with one another, at least from God's side. Their cohabitation has reached a major crisis: YHWH refuses to be visited and honoured but the inhabitants are not aware of the conflict (cf. v. 3: ›...my people does not understand‹). Upon his own initiative, however, YHWH offers a way out of the impasse: ›Come now, let us reason together‹ (v. 18). This agrees with the conclusion of the previous section: YHWH made sure that the judgement would not be complete (v. 9).

For the rest, semantic elements that situate the city with regard to the surrounding land are almost completely lacking. It is remarkable that YHWH alone defines Zion's spatial horizon: ›If you are willing and obedient, you shall eat the good of the land‹ (v. 19). The inhabitants of the city seem to have forgotten that they are living *in* YHWH's land and *from* YHWH's land. Now we understand that Zion's isolation after judgement, described as a ›booth / lodge‹ in closely-cropped fields (v. 8-9), is nothing more than the consequence of its own behaviour.

The absence of a geographical setting for the city helps the reader to focus on the inhabitants from both ethical and theological perspectives. First of all, its bloodguilt draws full attention. It is customary among exegetes, when dealing with the topic of Israel's immoral behaviour in BI, to shed light on the terms ›justice‹ (מִשְׁפָּט) and ›righteousness‹ (צְדָקָ[ה]), especially as a word pair (1,21.27; 5,7.16; 9,6; 16,5; 26,9; 28,17; 32,1.16; 33,5; 54,17; 56,1; 58,2; 59,9.14). While their importance can hardly be exaggerated, it should certainly not detract from the significance of the term ›blood-guilt‹ (דָם) with all its implications in the introduction to BI. The contrast between the blood offering in the temple (1:11) and the shedding of blood in social life (v. 15) dominates the criticism of Zion's worship.[25] Although the accusation of blood-guilt is elaborated in an exhortation, clearly destined for the leading classes and inviting them to exercise righteous justice (vv. 21-26), the guilt itself is presented as having affected the entire population (cf. vv. 18-20.27-31). Similarly, it forms the essence of the city's purification that YHWH will ›cleanse the bloodstains of Jerusalem from its midst by a spirit of judgement and by a spirit of burning‹ (4,4). In this context, the term ›full of‹ plays a sustaining role. As opposed to the people's hands, which are full of blood (1,15), and to their land, which is full of diviners and all sort of idols (2,6-8), the temple is filled with the wonder of YHWH's presence (6,1.4) and the earth with YHWH's glory (6,3). It can be expected, therefore, that one day ›the earth (land) shall be full of the knowledge of YHWH‹ (11,9).

True as it may be that all the inhabitants are portrayed as ›a sinful nation‹ (1,4), they are confronted, just the same, in the first instance with YHWH's word as delivered by the prophet (v. 10: ›Hear the word of YHWH‹) and finally with YHWH himself (v. 18: ›Come now, let us reason together‹). The latter confrontation is a new development in the chapter's pattern of actants because YHWH has addressed himself solely to ›heavens / earth‹ (v. 2) up to this point. This new confrontation does not mean that an escape from judgement is still possible, for the judgement is apparent and real throughout the chapter (vv. 5-9.24-25.28-31). The real question is not whether or not there is an escape from the judgement but whether or not the judgement will lead to a transformation of Zion's inhabitants: ›Zion shall be redeemed by justice... those who forsake YHWH shall be consumed‹ (v. 27-28).

3. The City: Its Name and Population in 1,21-31

So far Zion has acted as a person, compared to a city (v. 8), but now she is addressed as a real city (vv. 21.26: ›[town] / city‹).[26] Terms like ›full of‹ and

25 The term ›blood(-guilt)‹ belongs, moreover, to the stock of words in Isa 1-12 that is taken up in the third part of BI (59,3.7).
26 Among English translations and commentaries (as far as I could check) it is only Blenkinsopp who differentiates between עִיר (›city‹) and קִרְיָה (›town‹); cf. J.

›to lodge‹ strengthen the aspect of a space enclosed for habitation (v. 21), ›silver‹ and ›wine‹ point to affluence (v. 22).

3.1. Zion: a City with Specific Names (Vv. 21-27)

The first half of the passage constitutes a ›city lament‹: ›How the faithful town has become…‹ (vv. 21[-26]: איכה היתה). It confronts the present state of the city (›harlot / murderers‹) with its past (›faithful / full of justice‹). Its past, however, is not a mere confluence of historical circumstances but a standard design. The city has an ancient charter. This comes to the fore in the honorary titles that are reserved for it and serve to enclose the city lament in a chiastic formation: ›faithful town, full of justice, righteousness lodged in her‹ (v. 21) and ›city of righteousness / faithful town‹ (v. 26). The names have to do with the practice of justice in court (cf. v. 26: ›judges‹). The present situation, on the contrary, characterised by the terms ›harlot / murderers‹, does not provide material for a name. In other words, the city has lost its more binding names. This matches with the fact that the name ›Zion‹ does not occur in the city lament.

Vv. 21-23 explain why the city has lost its names by bringing the concrete forms of the present iniquity into clear perspective: ›murder, rebellion, robbery, bribery, violation of justice‹ (v. 17 speaks only of ›oppression‹). The victims are the same: ›fatherless / widow‹. This more ponderous presence of the city's iniquity coincides with a progress of action on YHWH's part: exhortations (vv. 16-17) make room for announcements of chastisement (vv. 24-26). The punishment, however, is not a matter of simple revenge, it aims at correction: ›I will vent my wrath… I will smelt away… and remove… ‹ (vv. 24-25). In this way, the initiative of moral purification passes from the people addressed (v. 17: ›learn, seek, correct, defend‹) to YHWH himself (v. 26: ›I will restore‹). In terms of dramatic progress, this junction foreshadows the development of BI as a whole. Up to the end, the call to do justice does not give ground but intermingles, at the same time, with YHWH's action for the sake of righteousness in the city (compare, to name only, ch. 59).

YHWH's intervention takes the form of restoring the city, in line with its original names, to the standard of righteousness (v. 26). It is at this point that the name ›Zion‹ occurs: ›Zion shall be redeemed by justice‹ (v. 27). The term used in v. 8, ›the daughter of Zion‹, is not repeated, rightly so because what is envisaged here is not the population but the city as it was designed and will be restored by YHWH.

Blenkinsopp, Isaiah 1-39. A New Translation with Introduction and Commentary, AB 19, 2000, 4-5.

3.2. The Population of the City: A New Dichotomy with a View to its Purification (Vv. 24.27-31)

YHWH bases his intention to restore the city on a new treatment of its population. A different classification is introduced. The dichotomy between persons in power and the defenceless (vv. 10.17) yields to a dichotomy concerning their relationship with YHWH: on the one hand ›my enemies / my foes‹ (v. 24), ›rebels and sinners / those who forsake YHWH‹ (v. 28), on the other hand the figure addressed in the singular feminine (vv. 25-26) who continues ›the (once) faithful town‹ (v. 21). The former merit YHWH's judgement, the latter can expect purification and restoration (v. 26).

This new dichotomy is relevant for the BI as such. In the first part of the introduction, 1,2-20, the population in its entirety (except ›fatherless / widow‹) is accused and finds itself under judgement, to the extent that there is hardly any hope for them (vv. 5-8). Although exhortations are not lacking (vv. 16-19), the menace ›You shall be devoured by the sword‹ (v. 20) seems to be fulfilled in the subsequent lament: ›How has become…‹ (v. 21). At this very moment, however, YHWH's intention to intervene breaks through the impasse. He no longer sets himself up against the population as such but rather against the evildoers whom he declares to be his personal enemies while he promises to purify the city. The announcement of an almost definite split between YHWH and his people (vv. 2-20) yields to a programme of restoration of the bond between YHWH and the formerly faithful town (vv. 21-26).

The new dichotomy does not allow the people, upon whom YHWH has passed sentence in vv. 2-20, to escape with impunity. While God's intervention comes as ›wrath / revenge‹ on his adversaries (v. 24), it also involves the fact that ›I will turn my hand against you‹, i.e. against the city (vv. 25-26: suffixes feminine singular), for the painful process of purification (cf. ›to smelt‹ in Jes 48,10; Jer 6,29; Sach 13,9; Ps 66,10; Dan 11,35). His singular venture, after all, entails a twofold reaction: redemption for those who ›turn‹ to him, ruin for those who forsake him (v. 27-28). The metaphor of purifying metal in the smelting oven accounts for the unity of YHWH's action: refining the valuable substance and removing dross and alloy. In this way, the firmness of the judgement, the status of Zion as precious property and the chance to convert are preserved.

In short, it is evident that the very existence of Zion provides a fundamental turn in the matter of judgement. The privileged status of the town, though not explicitly mentioned, forms the incentive by which BI moves forward: from judgement to rescue. YHWH's intentions with Zion as a city with inhabitants saves ›the sinful nation‹ (v. 4). »Jerusalem ist also eine komplexe Größe aus Mauern und Menschen, und nur so nimmt sie ihre Funktion wahr«.[27]

4. YHWH's House in Zion / Jerusalem: School for the Nations, Light for the House of Jacob (2,1-5)

The promise of Zion's purification is followed by ›the word which Isaiah the son of Amoz saw concerning Judah and Jerusalem‹ (2,1-5). Whatever the redaction-historical background of v. 1 may be, it fits as an opening for the description of YHWH's house as it will function ›in the latter days‹ (v. 2). Any interpretation of this passage should take care, however, not to consider the end of ch. 1, which deals with the ›terebinths / gardens‹, as a barrier. In fact, vv. 29-31 prepare for the vision of 2,1-5 in as far as they raise the question of the place in which YHWH is to be revered. After the worship of YHWH *within the city*, i.e. in the temple, has been repudiated (1,11-15), the final verses announce the end of journeys to sinful cultic places *outside the city*. In this way, the closing of the chapter leaves a vacuum with respect to the place in which God is to be encountered. If Zion is to be restored to its original purity, in which mould is the worship of YHWH to be cast? Will there be a temple and if so how will it function after the degenerate cult that endeavoured to legitimise social oppression has been eradicated?

This spatial vacuum invites a new definition of the place in which the people are to meet with YHWH. The term ›house of YHWH‹ is significantly absent in ch. 1: it indicates that the circumstances under which the inhabitants of Jerusalem ›come to appear before YHWH‹ (v. 12) deprive the place of that honorary title. If YHWH does not ›observe‹ the people's prayers and does not heed them (1,15), he is not present! Instead of a term in which YHWH is subject, the expressions actually used, ›to bring sacrifices, to trample the courts, to call assemblies, to appoint feasts‹, suggest the people as acting subject, in the very place intended pre-eminently to be YHWH's abode. When the term ›house of YHWH‹ finally enters into the discourse, it is distinguished from the meeting place *manqué* by its enhanced geographical location: ›on the highest of the mountains‹ (2,2). The ›old house‹ was connected to the malicious city (1,21-23) and the surrounding land, now struck by God's judgement because of its trees of apostasy in gardens of ungodly delight (1,7-8.29-31).

The unique geographical situation is accompanied by a number of additional distinguishing features:

---

27 H.-J. Hermisson, »Die Frau Zion«, in: J. van Ruiten / M. Vervenne (eds.), Studies in the Book of Isaiah, FS Willem A. M. Beuken, BEThL 132, 1997, 19-39, esp. 22.

(1) While the daughter of Zion, city and population, was left abandoned ›like a booth in a vineyard /like a lodge in a cucumber field‹ (1:8), the house of YHWH on mount Zion, elevated to be the highest mountain, will catch world-wide attention: ›All the nations shall gaze on it with joy, many peoples shall go‹ (2,2-3).[28]

(2) In first instance, it is not Israel but the nations that are attracted by the house on this mountain, as opposed to ›those who forsake YHWH‹ and ›take delight in terebinths and choose gardens‹ (1,28-29). In other words, prior to Israel itself, the nations have come to appreciate the meaning of the house of YHWH. The nations' initiative to go up to the designated place originates from the expectation that ›out of Zion shall go forth the law, and the word of YHWH from Jerusalem‹ (2,3). It was precisely to these values, YHWH's ›law / word‹, that the rulers and the people of Zion were summoned in the past, but to no avail, so much so that they could rightly be dubbed ›Sodom and Gomorrah‹ (1,10).

(3) The nations acknowledge from afar that the initiative of YHWH (1,26: ›I will restore‹) has led to the renewal of Zion in accordance with its original charter of justice and righteousness (1,21-27). They now hope for the instruction of YHWH to realise the same values in the life of their own commonwealth. The administration of justice in their struggles and battles will render weapons redundant and warfare a trade no longer taught (2,3-4).

(4) Since the nations react, in first instance, to the startling new status of YHWH's house on the highest mountain, it looks as if God's abode stands detached from the inhabitants of the city and the land. Only at the end does the population among whom this house is supposed to be located enter the stage. Here, finally, they become an actant within the text: ›House of Jacob, come, let us walk in the light of YHWH ‹ (v. 5; they have obliquely been referred to in v. 3: ›the house of the God of Jacob‹). We have come across the same sort of emergence in 1:9: »If YHWH of hosts had not left us a few survivors...«.

This ›house of Jacob‹ must be situated in the neighbourhood of the mountain. While the nations call for a journey to YHWH's house: ›Come, let us go up to the mountain of YHWH, to the house of the God of Jacob‹ (v. 2: לכו ונעלה), the ›we‹ speaking at this juncture do not exhort each other to local displacement but rather to moral reorientation: ›Come, let us walk in the light of YHWH‹ (v. 5: לכו ונלכה).

(5) The appearance of this ›we‹-figure, which addresses God's people as a whole, and its subsequent appeal to its fellow countrymen, transform the vision into a challenge within the reading process. It implies that some persons in Israel have taken the summons of the nations, although not

---

28 For the interpretation of נהר as ›to gaze on with joy‹ (JPSV), cf. Beuken (note 4) 88; ThWAT, V, 282 (L. Snijders): ›Völker werden sich darüber freuen‹.

directed at them, to heart. Whether their call is given a hearing among the larger population, remains an open question. In this way, the readers of BI are invited to contribute to a positive response.

(6) Those in Israel who recognise the example of the nations and incite their fellow tribesmen to take their testimony to heart, name themselves after the ancestor who embodies a history of deceit: ›House of Jacob‹. This provides their summons with an overtone of a confession of guilt (cf. Jes 44,22-28; Hos 12 with reference to Gen 25,19-34; 27; 30,25-43). By assuming this name, the speakers accept YHWH's accusation and verdict announced to Israel in ch. 1. They take Israel's history of iniquity ›as a perilous remembrance‹ with them in their new orientation towards the law and the word of YHWH, which radiate from his house on the mountain of Zion (cf. the theology of ›die gefährliche Erinnerung‹ in the works of J.-B. Metz).

Conclusion

The renewal of Zion, population and city, is presented in the first opening of BI as the all-embracing object of YHWH's dealings with his people. The physical (1,5-9) and moral (1,10-17) ruin of the nation, although portrayed as an accomplished fact, is to be undone (1:9: ›...we should have become like Sodom‹). An appeal to Israel to listen to YHWH's word is certainly not lacking (1,18-20) but it appears to be necessary that YHWH himself endeavours to carry a programme of restoration into effect (1,24-26). This programme concentrates itself on the city which, due to its very origin, should bear no other hallmarks than those which YHWH sorely missed in his people: faithfulness, justice and righteousness (1,15-17.21-26.27).

First of all, YHWH interferes, with this in view, in the current affairs of the inhabitants. He sides with the oppressed against the perpetrators of injustice. The dichotomy between sanctimonious rulers and victims of lawlessness (1,10-19) yields to the opposition between YHWH's personal enemies and those who repent from ungodly practices (1,24-31). In this way, the city will return to its original righteousness and be redeemed.

Secondly, when this goal is achieved, the mountain of YHWH's house will reach to a unique height, to the extent that it will draw the attention of all the nations (2,2-4). They will go up to YHWH's house in Zion in order to be judged by the same ›law / word‹ which the former inhabitants have rejected but which YHWH has enforced anew. Under his governance, they desire to be taught how to walk in his ways so that warfare will become needless and unknown.

The present investigation, while abstracting from redaction-historical considerations, allows us to envisage the differences of literary genre (indictment and verdict, lament and exhortation), speaking direction and time perspective between the constituent passages in Jes 1,2-2,5 as contributing to an introduction to Isaiah's prophetic book which foreshadows the development of YHWH's dealings with Zion for the sake of the people of Israel therein.

Der Edom-Spruch in Jesaja 21
Sein literaturgeschichtlicher und sein zeitgeschichtlicher Kontext[1]

Alexander A. Fischer (Jena)

Wer sich in das Alte Testament hineindenkt, wird erfahren, daß die Texte aus einer Welt stammen, die nicht die unsere ist. Und wer die Überlieferung der biblischen Texte bis zu ihrer Entstehung zurückverfolgt, mag vielleicht ein wenig vor der Zeit erschauern, die schon so lange her ist, daß man an ihrer Wahrheit zweifeln könnte.[2] Mit der Erfahrung des Zeitenabstands wird das zentrale Problem der Hermeneutik berührt. Wer hier den Ausweg über den Historismus sucht, wird das Verstehen antiker Texte als ein Überbrücken oder gar Überspringen des Zeitabgrundes definieren und entsprechend den Zeitabstand als eine Bürde oder als ein Hindernis wahrnehmen, das es notgedrungen zu überwinden gilt. Gegen diese negative Beurteilung des Zeitenabstands hat sich der Philosoph Hans Georg Gadamer ausgesprochen und ihr gegenüber seine hermeneutische Funktion herausgestellt. In der Differenz zwischen der Gegenwart des Interpreten und der Vergangenheit des Textes liegt nämlich ein produktives Moment, sozusagen ein schöpferischer Impuls, der das Verstehen als ein Geschehen konstituiert und dadurch in Gang setzt.[3] An einem der Kernbegriffe seines hermeneutischen Modells läßt sich der Sachverhalt kurz erläutern. Gadamer kennzeichnet das Verstehen als eine *Horizontverschmelzung*. Im Vollzug des Verstehens wird das Spannungsverhältnis zwischen Gegenwarts- und Geschichtshorizont nicht etwa beseitigt oder nivelliert, sondern bewußt entfaltet. Damit eine solche Horizontverschmelzung möglich wird, muß es freilich zu einer Differenzerfah-

---

1 Für den Druck bearbeitete Fassung meines Habilitationsvortrags, gehalten am 10. Juli 2003 an der Theologischen Fakultät der Friedrich Schiller-Universität in Jena. Als letzter Habilitatus aus dem Schülerkreis des Jubilars danke ich ihm nicht nur seine verläßliche Begleitung meines wissenschaftlichen Weges, sondern auch seine exzellente Einführung in die Philosophie, die als Spaziergänge im Denken gelegentlich auch in den Burgwald bei Marburg führten.
2 Vgl. dazu G. F. Hegel, Aphorismen aus der Jenenser Zeit Nr. 21, in: Dokumente zu Hegels Entwicklung, hg. von J. Hoffmeister, 1936, 358: »Es gibt ein schwäbisches Sprichwort: Es ist schon so lange her, daß es fast nicht mehr wahr ist.«
3 Demgemäß wollte H. G. Gadamer sein Hauptwerk »Wahrheit und Methode« zunächst unter dem Titel »Verstehen und Geschehen« erscheinen lassen; vgl. ders., Die Kehre des Wegs (1985), Gesammelte Werke [= GW] 10, UTB 2115, 1999, 75.

rung des Interpreten in der Wahrnehmung des Textes und seiner Lebenswelt kommen.[4]

> »Aus diesem Grunde gehört notwendig zum hermeneutischen Verhalten der Entwurf eines historischen Horizontes, der sich von dem Gegenwartshorizont unterscheidet.«[5]

Die Formulierung ist hier wie auch sonst bei Gadamer entscheidend. Er spricht nicht etwa von einem historischen Horizont an sich, so als könne sich der Interpret aus seiner Gegenwart heraus- und in die Zeit seines Textes hineinversetzen. Er spricht vielmehr von dem *Entwurf* eines historischen Horizontes, der als Entwurf nur ein Phasenmoment im Vorgang des Verstehens sein kann und ist. Kommt es zu einer wirklichen Horizontverschmelzung, wird diese mit dem Entwurf des historischen Horizonts zugleich dessen Aufhebung erreichen.[6] Das skizzierte Verstehensmodell ist nicht neu. Es gehört vielmehr seit Jahrzehnten in die hermeneutische Debatte. Wir möchten jedoch den Blick auf einen weiteren Sachverhalt lenken, der uns für die exegetische Aufgabe, die Auslegung biblischer Texte, allerdings bedeutsam erscheint. Denn auf die soeben angesprochene hermeneutische Prozedur stoßen wir bereits im Alten Testament selbst. In seinem historischen Horizont, nämlich in den redaktionellen Prozessen, den Aktualisierungen und Fortschreibungen, geschieht eben das, was Gadamer als Horizontverschmelzung beschreibt:

> »Wir kennen die Kraft solcher Verschmelzung vor allem aus älteren Zeiten und ihrem naiven Verhalten zu sich selbst und ihrer Herkunft. Im Walten der Tradition findet stets solche Verschmelzung statt. Denn dort wächst Altes und Neues immer wieder zu lebendiger Geltung zusammen, ohne daß sich überhaupt das eine oder andere ausdrücklich voneinander abheben.«[7]

Solche Traditionsbildung spiegelt sich nun auch und besonders in den Fremdvölkersprüchen des Jesajabuches wider. Was wir dort vorfinden und heute lesen, ist ein gewachsener Text, ein traditionsgewobenes Textil, durchmustert und schließlich hergestellt in den Schreiberstuben des Zweiten Tempels. Das bedeutet – vom Ende der Traditionsbildung her gesehen und bildlich gesprochen: Die Völkerorakel sind uns nicht als ein Flickenteppich überliefert.

---

4   Zur Sache vgl. auch J. Rüsen, Was ist Geschichte?, in: ders., Kann gestern besser werden? Essays zum Bedenken der Geschichte, Kulturwissenschaftliche Interventionen 2, 2003, 109-140, bes. 109-114.
5   Gadamer, Wahrheit und Methode, GW 1, 311; vgl. auch 379ff.
6   Vgl. Wahrheit und Methode, GW 1, 312.
7   Wahrheit und Methode, GW 1, 311. Gadamer selbst erinnert im folgenden an die vergessene Geschichte der Hermeneutik, vgl. 313: »Ehedem galt es als ganz selbstverständlich, daß die Hermeneutik die Aufgabe hat, den Sinn eines Textes der konkreten Situation anzupassen, in die hinein er spricht. Der Dolmetsch des göttlichen Willens, der die Sprache des Orakels auszulegen weiß, ist dafür das ursprüngliche Modell.«

Vielmehr haben sie in der Jerusalemer Textwerkstatt einen planvoll verstehenden Zuschnitt bekommen. Das kürzeste Orakel, das sich in ihrem Schnittmuster erhalten hat, ist der Edom-Spruch in Jes 21.

Die folgenden Ausführungen nähern sich seiner Deutung in vier Schritten. Sie geben zunächst einen Einblick in die Geschichte seiner Auslegung und versuchen sodann, den Zeithorizont des Völkerorakels auszuloten. Im dritten Abschnitt werden wir einen Ausflug in das edomitische Bergland unternehmen, an den sich viertens ein kleiner Rundgang durch die Nacht im Alten Testament anschließen soll.

1. Der Edom-Spruch

Wie Studierende bereits im exegetischen Proseminar lernen, steht die Übersetzung zwar am Anfang, sie ist aber im Grunde genommen und wesentlich das Ergebnis der Auslegung, oder hermeneutisch gesprochen: Sie ist Ausdruck ihres verstehenden Vollzugs.[8] Übersetzt lautet der Edom-Spruch in Jes 21,11-12:

[11] Ausspruch (über die Oase) »Duma«:
Zu mir ruft man[9] aus (dem Lande) Seir:
Wächter, wie lange noch dauert die Nacht?[10] /
Wächter, wie lange noch dauert die Nacht?
[12] Spricht der Wächter:
Der Morgen kommt, / obschon es Nacht ist.[11]
Wenn ihr fragen wollt, dann fragt! / Kommt nochmals wieder!

---

8 Vgl. dazu H. G. Gadamer, Hermeneutik (1969), GW 2, 436: »Wenn ein Modell die im Verstehen liegenden Spannungen wirklich illustrieren kann, so ist es das der Übersetzung. In ihr wird Fremdes als Fremdes zu eigen gemacht, d. h. aber nicht nur als das Fremde stehengelassen oder durch bloße Nachbildung seiner Fremdheit in der eigenen Sprache aufgebaut, sondern in ihr verschmelzen sich die Horizonte von Vergangenheit und Gegenwart in einer beständigen Bewegung, wie sie das Wesen des Verstehens ausmacht.«

9 Zum unbestimmten Subjekt vgl. E. König, Historisch-kritisches Lehrgebäude der Hebräischen Sprache II/2: Historisch-comparative Syntax, 1897, § 324n; C. Brockelmann, Hebräische Syntax [= BroS], 1956, § 37.

10 »Welcher Teil ist von der Nacht?« Zum partitiven Gebrauch des מן vgl. O. Procksch, Jesaja. Erste Hälfte Kapitel 1-39, KAT IX, 1930, 269.

11 Bei V. 12aβ handelt es sich um einen eingliedrigen Nominalsatz, der die Existenz des Subjekts betont; vgl. BroS § 13a. Er läßt sich genauer als konzessiver Umstandssatz bestimmen, wobei das וגם die konzessive Färbung ausdrückt und auf einen obwaltenden Gegensatz hinweist; vgl. W. Gesenius, Hebräische Grammatik [= GK], völlig umgearb. von E. Kautzsch, 28. Aufl. 1909 (ND 1985), § 141e.

Es wird wohl niemanden verwundern, daß dieser Text in der wissenschaftlichen Literatur auch mit »Rätselwort« überschrieben wird[12] und als nahezu unverständlich gilt: Mehrere Ungenannte aus Seir fragen jemanden, den sie als »Wächter« anreden, wie spät es denn sei in der Nacht. Obwohl ihnen der Angesprochene nur eine unbefriedigende Auskunft erteilt, scheint der nächtliche Stundenzeiger doch weiter vorzurücken; denn sie dürfen oder sollen wieder kommen und nochmals fragen. Die Kürze des Orakels und die damit verbundene Schwierigkeit, einen konkreten historischen Horizont dafür zu entwerfen, haben sicherlich dazu beigetragen, daß sich die Erklärungen in einer interessanten Bandbreite bewegen.[13] Einen Eindruck davon mögen drei exegetische Stimmen vermitteln, die hier in einem Ensemble zusammengestellt sind:

Paul Lohmann[14] wirft 1913 einen Blick in die literarische Werkstatt des Propheten und beobachtet dort einen überlieferungsgeschichtlichen Vorgang: Der Prophet habe der naiven (mündlichen) Volkspoesie ein profanes Wächterlied abgelauscht und in seine Verkündigung übernommen. Genauer handele es sich um ein kleines Scherzlied, in dem ein übelgelaunter Nachtwächter einige ungeduldig Fragende, die (außen!) vor den geschlossenen Stadttoren warten,[15] mit einer boshaften Antwort heimschickt. Entsprechend habe die erste Liedzeile einmal gelautet: »Am Abend (= schon am Abend, übertreibend für: mitten in der Nacht) rief es zu mir (herauf) vom Tore her ...« Lohmann behauptet nun, der Prophet habe das hebräische Wort für Tor (שַׁעַר), das einmal im ursprünglichen Lied stand, durch den anklingenden Ortsnamen Seir (שֵׂעִיר) ersetzt, also durch Austausch weniger Worte das spaßhafte Lied in ein feindseliges Drohwort gegen die Edomiter (im Lande Seir) umgewandelt. Die Antwort des mürrischen Nachtwächters werde dadurch als eine höhnische Abweisung Edoms neu interpretiert. Auch wenn man wohlmeinend darüber hinwegblickt, wie geschickt Lohmann seinen eigenen exegetischen Kunstgriff dem Propheten unterschiebt, wird dessen Verkündigung dadurch nicht wirklich erhellt. Vielmehr muß Lohmann die prophetische Botschaft im nachhinein und von außen[16] an den Text herantragen. Danach habe der Prophet zweierlei ansagen wollen: Der Morgen eines hellen Tages sei für Israel bestimmt, das Dunkel einer finsteren Nacht dagegen für Edom.

---

12 Vgl. z. B. J. Høgenhaven, Gott und Volk bei Jesaja. Eine Untersuchung zur biblischen Theologie, AThD 24, 1988, 155.

13 Zur Auslegungsgeschichte vgl. bes. A. A. Macintosh, Isaiah XXI. A Palimpsest, 1980, 63-102.

14 Das Wächterlied Jes 21,11.12. Ein Beitrag zur Stilgeschichte des AT, zugleich Versuch einer neuen Deutung, ZAW 33 (1913), 20-29.

15 Soll man etwa an Kaufleute und Händler denken?, vgl. Neh 13,20f.

16 Von vornherein wird vorausgesetzt, daß eine Unheilsankündigung vorliege und sich in ihr der übliche Haß gegen Edom widerspiegele; vgl. Lohmann, Wächterlied, 26f.

Die zweite Deutung, die von Hans Wildberger[17] im zweiten Band seines Jesajakommentars vertreten wird, ist formgeschichtlich begründet. Nach ihr gehört die gesamte nächtliche Szene vor das geistige Auge des Propheten, weil sie im Berichtsstil einer Audiovision vorgetragen wird. Aus dem entlegenen Seir *hört* der Prophet ein wiederholtes Rufen und *schaut* dazu ein Bild, in dem ein Wächter der entfernten Stimme antwortet. Die Frage nach der nächtlichen Stunde sei natürlich im übertragenen Sinne gemeint. Sie habe die geschichtlichen Umwälzungen der Exilszeit im Blick, speziell das noch ungewisse Ende der babylonischen Besatzungsmacht. Wer der Auslegung Wildbergers bis hierher gefolgt ist, möchte nun auch etwas über die Antwort und zwar im übertragenen Sinne erfahren: Wie hat der Prophet selbst bzw. der Wächter (also sein visionäres Auge) die politische Großwetterlage beurteilt? Doch an diesem Punkt ist unser Ausleger nicht bereit, der wissenschaftlichen Neugierde nachzugeben. Vielmehr müssen wir uns mit dem Kommentar bescheiden, daß der Prophet schon damals eine undurchsichtige und ausweichende Antwort gegeben habe. Die Zeit sei nämlich noch nicht reif gewesen, als daß er eine aktuelle Prognose hätte wagen können. Andere Kommentatoren sprechen auch von einer noch nicht voll entwickelten Vision, von einem unklaren Hin- und Herschweben geistiger Schatten.[18] Deshalb werden die Fragenden ermuntert, noch einmal später zu kommen; bis dahin könnte die Weltlage vielleicht transparenter geworden sein.[19] Was bei Wildberger schließlich an Einsicht in die prophetische Botschaft bleibt, ist dies: Es gibt Situationen, da muß die Gemeinde der Glaubenden ihre Erwartungen dämpfen, bis die Verhältnisse durchsichtiger geworden sind.[20]

Wem das zu wenig ist, der mag sich vielleicht für die dritte Deutung begeistern, die der schottische Gelehrte John B. Geyer[21] entwickelt hat. In seiner 1992 erschienenen Studie »The Night of Dumah« skizziert er einen mythologischen Hintergrund, der die Aussage des Edom-Orakels traditionsgeschichtlich erhellen soll. Dabei wird vorausgesetzt, daß unser Text ganz bewußt eine Reihe hebräischer Wörter verwendet, die mehrdeutig sind. Ihre Polysemie lasse Bezüge zu verschiedenen mythologischen Themen erkennen.[22] Dazu ein paar Beispiele: דוּמָה *dumah* ist Ortsname einer arabischen Oase, bedeutet aber auch »Schweigen« und gilt als Synonym für

---

17 Jesaja 13-27, BK X/2, 1978 (2. Aufl. 1989), 787-796.
18 Vgl. etwa B. Duhm, Das Buch Jesaja, HAT III/1, [4]1922, 155.
19 Vgl. Wildberger, BK X/2, 796; J. Blenkinsopp, Isaiah 1-39, AncB 19, 2000, 329; ähnlich bereits K. Marti, Das Buch Jesaja, KHC X, 1900, 167: »Übrigens hofft der Seher von einer späteren Vision genauere Auskunft und ist bereit, alsdann klare Antwort zu geben; darum fordert er die Fragenden auf, später wieder zu kommen.«
20 Vgl. Wildberger, BK X/2, 796.
21 The Night of Dumah (Isaiah XXI 11-12), VT 42 (1992), 317-339.
22 Vgl. Geyer, Night, 335.

das Totenreich (Ps 115,17). שֹׁמֵר *schomer* meint den Nachtwächter einer Stadt, läßt sich aber auch auf den Propheten beziehen und schließlich sogar auf den Hüter der Tore zur Unterwelt. לַיְלָה *lajlah* bezeichnet die natürliche Nacht, dann aber auch die aus der Schöpfung ausgegrenzte Finsternis (Gen 1,2), die man mythologisch mit dem Chaoswasser und dem Urdrachen zusammenschauen kann. Schließlich läßt sich die Nacht – gelesen vor dem Hintergrund des Ischtar-Mythos (in seiner akkadischen Version)[23] – mit dem Abstieg der Göttin in die Unterwelt und der Morgen mit ihrer Rückkehr verbinden. Aus dem dadurch gewonnenen mythologischen Subtext möchte Geyer anschließend die prophetische Botschaft des Edom-Spruchs herauslesen: Mit der natürlichen Abfolge von Nacht und Morgen habe der Prophet den Zusammenhang andeuten wollen, daß auch die Gottheit in das Schattenreich hinabsteigen müsse, bevor sie wiederkehrt und dem Land seine Fruchtbarkeit zurückbringt. Das bedeute im positiven Sinn: Edom darf weiter hoffen und der Wiederkehr einer heilvollen Zukunft entgegensehen.[24]

Wer jetzt noch Zweifel hat, ob der Edom-Spruch so oder anders zu deuten ist, wird sich nochmals dem Text zuwenden und zunächst etwas verwundert feststellen: »Edom« wird in ihm überhaupt nicht erwähnt. Vielmehr wird das Orakel durch die Überschrift an die Oase »Duma« adressiert, während die Fragenden in der ersten Textzeile aus dem Lande »Seir« kommen. Wir nehmen das Problem zum Ausgangspunkt unserer Erörterung. Dabei mag für Seir eine knappe Antwort genügen: Seir bezeichnet das traditionelle Wohngebiet Esaus (Gen 32,4) und Esau ist der Stammvater der Edomiter (Gen 36,1). Im Alten Testament können darum »Seir« und »Edom« wechselseitig verwendet werden. Schwieriger verhält es sich mit der Überschrift; denn die Oase »Duma« liegt ca. 400 km östlich von Edom entfernt, und zwar in der nordarabischen Wüste, an einer alten Karawanenstraße nach Babylon. Durch die räumliche Distanz wird eine Identität der Oasenbewohner mit den Fragenden aus Seir offenkundig ausgeschlossen. Wie ist diese Diskrepanz zwischen Überschrift und Prophetenspruch zu erklären? Man könnte nun versucht sein, die Spannung textkritisch zu bereinigen. Die griechische Übersetzung liest nämlich Ἰδουμαία, ersetzt also das schwierige hebräische »Duma« durch die geläufige hellenistische Bezeichnung für Edom.[25] Was uns die Septuaginta anbietet, ist freilich die *lectio facilior* und berechtigt keinesfalls zur Textkorrektur. Eine Problemlösung ist statt dessen in anderer Richtung zu suchen. Sie führt geradewegs in die redaktionsgeschichtliche

---

23 Zur Übersetzung vgl. G. G. W. Müller, Akkadische Unterweltsmythen, in: TUAT III/4, 1994, 760-766.

24 Vgl. Geyer, Night, 337.

25 Vgl. dazu J. R. Bartlett, Edomites and Idumaeans, PEQ 131 (1999), 112: »The Greek Transliteration Idumaea had nothing to do with the political kingdom of Edom, and much to do with the fact that people thought of the land south of the Iron Age kingdom of Judah *generally* as the region of Edom.«

Debatte um die Genese der Völkerorakel im Jesajabuch. Dabei hat sich in den letzten Jahren herauskristallisiert, daß der sukzessiv gewachsene Fremd- völkertext Jes 13-23* zu einem relativ späten Zeitpunkt ein eigenes Überschriftensystem erhalten hat.[26] Das System präsentiert den Textbestand nunmehr als eine Reihe von zehn Völkersprüchen. Alle Überschriften (mit Ausnahme von 14,28) folgen einem Schema, das aus zwei Elementen be- steht: nämlich מַשָּׂא + Ortsnamen, wie in 21,11 »Ausspruch (über) Duma«, oder מַשָּׂא + Stichwort aus dem Kontext, wie in 21,13 »Ausspruch ›beim Araber‹«. In unserem Fall ergibt sich durch die nachträgliche Einschreibung der Überschrift folgender Befund: Der Edom-Spruch wird neu orientiert, an die arabische Oase Duma umadressiert und dadurch in eine Fluchtlinie mit dem folgenden Araber-Spruch gebracht.

Dieser Vorgang läßt sich unter zwei Voraussetzungen nachvollziehen: Erstens scheint Edom als Staat und Volk bereits untergegangen. Man kann dafür etwa die Zeit um 400 v. Chr. angeben, als mit den Höhensiedlungen der Edomiter auch ihre typische Dorfkultur verschwunden war und ungefähr zeitgleich die persische Kontrolle über die Region an die Araber verloren ging.[27] Durch die erwähnte Umadressierung wird das Orakel den veränderten Zeitumständen angeglichen und neu orientiert. Zweitens kennt die Redaktion bereits den Prosanachtrag, der in Jes 21,16f dem Araber-Spruch angehängt worden ist. In ihm wird die den Karawanenhandel bedrohende Macht – man möchte im Kontext von Jes 21 verhüllt an Babylon denken – nunmehr mit Kedar identifiziert; einer Volksgruppe arabischer Kamelreiterkrieger, die als Angriffswaffe über den Kompositbogen verfügten und im 5./4. Jh. v. Chr. eine deutliche Hegemonie im nordarabischen Raum erlangten.[28] Zeitge- schichtlich liegt damit auf der Hand, daß die Herrschaft der Kedarener für die Autonomie der drei wichtigsten Handelsoasen in der Region – nämlich Dedan, Tema und Duma[29] – eine ernste Bedrohung darstellen mußte. Durch

26 Vgl. J. Vermeylen, Du prophète Isaïe à l'apocalyptique, Bd. I, EtB, 1977, 347f; B. M. Zapff; Schriftgelehrte Prophetie – Jes 13 und die Komposition des Jesajabuches, FzB 74, 1995, 276-301. Vorsichtiger formuliert U. Berges, Das Buch Jesaja. Komposition und Endgestalt, HBS 16, 1998, 158, daß einige Orakel künstlich auf »מַשָּׂא-Niveau« angehoben worden seien, um die Zehnzahl der Völkersprüche zu erreichen.
27 Vgl. P. Högemann, Alexander der Große und Arabien, 1985, 16f; E. A. Knauf, Supplementa Ismaelitica. 13. Edom und Arabien, BN 45 (1988), 76.
28 Ihre Herrschaft erstreckte sich offenbar bis nach Südpalästina. Dafür spricht auch, daß zu den nächsten Feinden der Provinz Jehuda ein gewisser »Geschem, der Araber« zählte (Neh 2,19; 6,1f). Dieser ist nämlich unzweifelhaft mit dem Vater des epigraphisch bezeugten »Kain bar Geschem« identisch, der um 400 v. Chr. als König von Kedar herrschte; vgl. dazu W. J. Dumbrell, The Tell El-Maskhuta Bowls and the ›Kingdom‹ of Qedar in the Persian Period, BASOR 203 (1973), 33-44.
29 Dedan (heute al-ʿUla) an der Weihrauchstraße gelegen; Tema (heute Taimaʾ, akk. Tema) zwischen Dedan und Duma an der Straßenkreuzung nach Ostarabien; Duma (heute al-

den Prosanachtrag wird den bedrängten Oasenbewohnern alsbald die Entmachtung der Kedarener angekündigt und durch die Berechnung des Zeitpunkts – innerhalb dreier Söldnerjahre wird es geschehen[30] – rückblickend die Frage aus Jes 21,11 beantwortet, wie lange die Nacht der Unterdrückung noch fortdauern wird. Vor diesem Hintergrund fügt sich die Überschrift »Ausspruch (über) Duma« ungezwungen in den Kontext ein und ergänzt die bereits erwähnten arabischen Karawanenstädte um die dritte und ebenso bedeutsame Oase Duma.[31]

In unserem Zusammenhang kommt es nun weniger auf die genaue Datierung der Überschriften-Redaktion an. Zu bedenken ist vielmehr die Konsequenz, daß die Überschriften erst erheblich später über den Fremdvölkertext gelegt worden sind. Damit wird nämlich dem klassischen Erklärungsmodell der Boden entzogen, als handele es sich bei Jes 13-23* um eine lose Sammlung jesajanischer Fremdvölkersprüche, die man zusammengetragen und mit jüngeren Prophetien angereichert habe. Oder zugespitzt formuliert: Erst durch das späte Überschriften-System wird die Fiktion einer Sammlung von zehn mit מַשָּׂא überschriebenen Völkerorakeln hervorgerufen.[32] Wenn man vor diesem Hintergund die Überschriften in Jes 21 einmal ausblendet, lassen sich die drei Abschnitte über Babel (V. 1-10), über Edom (V. 11-12) und über die Karawanen von Dedan (V. 13-15) kaum als drei selbständige Überlieferungseinheiten verstehen, die zuvor und unabhängig voneinander umgelaufen wären. Damit läßt sich eine erste Einsicht formulieren: Die drei Abschnitte in Jes 21 sind nicht für sich und beziehungslos entstanden. Sie sind vielmehr aufeinander abgestimmt und bilden mindestens einen zusammenhängenden Text. Verhält es sich so, dann wird man entschieden fragen müssen: In welchem Zusammenhang stehen die drei Stücke? Ist es ein sachlicher, ist es geschichtlicher?[33] Die Frage berührt sich mit dem hermeneutischen Verhalten, einen historischen Horizont für unseren Fremdvölkertext zu entwerfen.

Ğauf, akk. *Adumatu*) am Handelsweg von Ägypten nach Babylon. Vgl. dazu Mittmann/G. Schmitt (Hg.), Tübinger Bibelatlas, 2001, Karte B V 22.

30 Vgl. die Ergänzung zum Moabspruch in Jes 16,13f; und dazu Charis Fischer, Die Fremdvölkersprüche bei Amos und Jesaja, BBB 136, 2002, 183f.

31 Für die späte Ansetzung des Überschriften-Systems läßt sich auch die Überschrift »Ausspruch (über) Tyros« in Jes 23,1 anführen. Sie setzt bereits eine Bearbeitung voraus, die unter dem Eindruck des Alexanderfeldzugs ein älteres Gedicht über Sidon zu einem Tyros-Orakel umgearbeitet hat; vgl. dazu O. Kaiser, Der Prophet Jesaja. Kapitel13-39, ATD 18, ³1983, 130-140.

32 Vgl. auch Zapff, Prophetie, 282.

33 Dafür plädiert nachdrücklich K. Galling, Jesaia 21 im Lichte der neuen Nabonidtexte, in: E. Würthwein und O. Kaiser (Hg.), Tradition und Situation. Studien zur alttestamentlichen Prophetie. FS A. Weiser, 1963, 49-62, bes. 58.

2. Die Zeithorizonte in Jes 21

Was den Gesamtkomplex der Völkerorakel betrifft, die im Jesajabuch vorliegen, umschließen die Texte einen durchaus beachtlichen Zeitraum von fünf Jahrhunderten. Entsprechend reichen ihre Zeithorizonte von der Wirksamkeit des Propheten Jesaja selbst im ausgehenden 8. Jh. v. Chr. über die Zerstörung Jerusalems 587 v. Chr. bis in das vorgerückte 4. Jh. v. Chr., in dem Alexander der Große die politische Weltkarte neu gestaltete.[34] Für unseren Textzusammenhang Jes 21 finden wir einen ersten und wesentlichen Anhaltspunkt im Babel-Orakel V. 2* und V. 5:

[2] Ein hartes Gesicht wurde mir zuteil:
[Vision:] Der Räuber raubt, / der Verwüster verwüstet!
[Audition:] »Zieh heran, Elam! / Schnür ein, Medien!«
.....
[5] [Vision:] Man deckt den Tisch, (ordnet die Polster)[35] / man ißt und trinkt.
[Audition:] »Erhebt euch, ihr Fürsten! / Salbet den Schild!«

In dem Gesicht, das dem Propheten hier offenbart wird, werden augenscheinlich die Meder und die Elamiter zum Kampf gegen den Verwüster[36] herbeigerufen, und zwar von Gott selbst.[37] Man muß jedoch eine kleine Korrektur anbringen; denn nach dem genauen hebräischen Wortlaut steht der Befehl im Imperativ femininum, und das bedeutet: Elam und Medien sind hier als Ländernamen und nicht als Volksbezeichnung verstanden.[38] Beide Länder umschreiben mithin den geographischen Raum, den Kyros II. in der Geburtstunde des persischen Reiches und vermutlich von Ekbatana aus beherrschte.[39] Mit der gemeinsamen Nennung von Medien und Elam sind also offenkundig die Perser gemeint. Dafür lassen sich weitere Gründe anführen: Was zunächst Elam betrifft, darf man die Perser gewissermaßen als seine Erben ansprechen. Denn die achämenidischen Herrscher übernahmen nicht nur den elamischen Titel »König von Anschan«[40], sondern

---

34 Vgl. dazu O. Kaiser, Der Gott des Alten Testaments III, UTB 2392, 2003, 120-130; sowie die verschiedenen redaktionsgeschichtlichen Entwürfe.

35 Das eingeklammerte Sätzchen fehlt in der Septuaginta und gibt sich als erläuternde Glosse zu erkennen, vgl. BHS z. St.

36 Wer mit dem Verwüster gemeint sei, wird kontrovers diskutiert. Eine Identifizierung mit den Babyloniern ist immerhin wahrscheinlich, vgl. Procksch, KAT IX, 261f.

37 Vgl. V. 5b und dazu Galling, Jesaja 21, 53: »Als Jahwewort kann sich der Imperativ nur an die Führer des medisch-persischen Heeres wenden.«

38 Zum Genusgebrauch vgl. GK § 122h mit der Anm. § 122i.

39 Vgl. P. Högemann, Das alte Vorderasien und die Achämeniden, BTAVO B 98, 1992, 77 (mit ausdrücklichem Hinweis auf Jes 21,2).

40 Vgl. K. R. Veenhof, Geschichte des Alten Orients bis zur Zeit Alexanders des Großen, ATD Erg.Reihe 11, 2001, 288; und beispielsweise den Kyros-Zylinder Z. 21 (TUAT I/4, 1982, 409).

auch – etwa im Bereich der Verwaltung – die elamische Sprache und Schrift, weil sie noch nicht über eine eigene Keilschrift verfügten.[41] Was sodann Medien betrifft, wurde es etwa um 553 v. Chr.[42] und beinahe kampflos von Kyros übernommen; denn schon zuvor war das medische Heer größtenteils zu ihm übergelaufen. Seitdem gehören medische Soldaten (zusammen mit elamischen Söldnern) zum Kernbestand der persischen Truppen.

Es hat also nicht wenig für sich, daß mit Elam/Medien in V. 2 – und in dieser Umschreibung – konkret die Perser bezeichnet werden. Zeitgeschichtlich befänden wir uns damit kurz vor der Einnahme Babylons im Jahr 539 v. Chr. Die visionäre Schau in V. 9 scheint diesen Zeithorizont allerdings zu bestätigen:

> [9] Doch siehe: Es kamen Wagen / Pferdegespanne.
> Da antwortete er und sprach: »Gefallen, gefallen ist Babel!
> Und alle seine Götterbilder / hat er[43] zu Boden geschmettert!«

Freilich wird man sich sogleich erinnern, das sich der »Fall« Babels historisch dann doch anders abgespielt hat. Denn die babylonischen Götzen wurden keineswegs zerstört; vielmehr zog der persische Großkönig – wie auf dem Kyros-Zylinder geschildert – friedlich in Babylon ein und ließ sich obendrein von den Marduk-Priestern als Verehrer babylonischer Götter feiern. Man hat daraus den Schluß gezogen, daß das geschichtliche Ereignis unserem Verfasser noch nicht bekannt gewesen sei und er deshalb seine Vision vor 539 v. Chr. niedergeschrieben haben muß.[44] Eine Argumentationsfigur, die uns aus der Debatte um die deuterojesajanischen Kyros-Verheißungen sattsam bekannt ist. Doch könnte sich dieses Argument in unserem Fall als kurzschlüssig erweisen: Denn es ist ja keinesfalls ausgemacht, daß der Verfasser seine Weissagung nicht auch und gerade vor dem Erfahrungshintergrund formulieren konnte, daß mit dem geschichtlichen Fall

---

41 Eindrücklichstes Beispiel dafür ist die Felsinschrift von Bisotun an der Straße von Babylon nach Ekbatana, auf der noch Dareios seine Taten in Elamisch sowie in einer beigefügten babylonischen Übersetzung verewigte. Doch der Perserkönig war damit nicht zufrieden. Aus den bekannten Keilschriftzeichen ließ er eine Schrift für die persische Sprache erfinden; daraufhin wurden die elamischen Berichte ins Persische rückübersetzt und ergänzend in den Fels eingemeißelt. Vgl. dazu ausführlich Heidemarie Koch, Persien zur Zeit des Dareios. Das Achämenidenreich im Lichte neuer Quellen, Kleine Schriften aus dem Vorgeschichtlichen Seminar 25, hg. von der Philipps-Universität Marburg 1988, 4-10.

42 Zur Datierung vgl. K. Galling, Studien zur Geschichte Israels im persischen Zeitalter, 1964, 11-14.

43 Vgl. MT. Eine Textänderung ist unnötig, zumal nach unserer Interpretation hinter der dritten Person Singular weniger Kyros als vielmehr Jahwe vorscheint.

44 Vgl. z. B. Galling, Jesaja 21, 58, der die zeitliche Ansetzung auf die Jahre zwischen 545 und 540 v. Chr. einengen möchte (nach dem Abzug Nabonids aus Tema und vor dem Fall Babylons).

Babylons die angekündigte Heilswende, nämlich der entscheidende *Machterweis Jahwes* noch nicht eingetreten ist. Dann hätte er eben diese Differenzerfahrung durch seinen visionären Hinweis, daß die Götter Babels zu Boden geschmettert sind (im Perfekt confidentiae)[45], ausdrücklich ins Bewußtsein gehoben; er hätte über den Zeitenabgrund hinweg die prophetische Verkündigung festgehalten und den schon geschehenen Sturz Babels in seiner ganzen symbolischen Kraft nochmals in die Zukunft verschoben. Oder in einer These formuliert: Jes 21,1-10 ist das Momentbild einer Horizontverschmelzung, die den Fall Babels neu ins Verstehen zieht.

Dafür sprechen eine Reihe weiterer Beobachtungen. Wir beginnen mit dem in die visionäre Schau von V. 2+5 hineingeschriebenen Selbstbericht:

[3] Darum sind meine Hüften / von Beben erfüllt,
Wehen ergriffen mich / wie die Wehen einer Gebärenden.
Verstört war ich vom Hören, / entsetzt vom Sehen.
[4] Es taumelte mein Herz, / Schrecken befielen mich.
Die Dämmerung, mir so lieb, / versetzte mich in Angst.

In ihr berichtet der Prophet, wie ihn schreckliche Krämpfe befielen, so daß ihm darüber Sehen und Hören verging. Der Anschluß mit עַל־כֵּן »darum« in V.3 möchte die seelisch-körperliche Erschütterung als Folge des Geschauten erklären. Warum aber entsetzt sich der Prophet derart über die Ankündigung, daß die babylonische Fremdherrschaft endlich niedergeworfen wird? Müßte er sich nicht – sofern er zur Exilsgeneration gehört – über diese Ankündigung umgekehrt freuen (vgl. Jes 48,20)?[46] Falls man sich nicht (recht oder schlecht) mit einer psychischen Deutung zufrieden geben möchte, lassen sich wenigstens zwei Anhaltspunkte nennen, bei denen man die visionäre Erregung festmachen könnte: Einerseits die Schärfe, die Unerbittlichkeit der Schlacht, die der Prophet allerdings nicht schaut, und andererseits die Einsicht, daß es Gott selbst ist, der zu den Waffen ruft. Beide Anhaltpunkte geben uns den entscheidenden Hinweis, daß der Verfasser mit dem ange-kündigten Angriff auf Babylon gedanklich-assoziativ noch eine andere, weitere Vorstellung verbindet, nämlich die vom Tag Jahwes, dem gewaltigen Gerichtstag Gottes. Obwohl sich diese Vorstellung – traditionsgeschichtlich gesehen – in nachexilischer Zeit zu einer Generalabrechnung mit den fremden Völkern entwickelt, bleibt nämlich ihr ambivalenter Charakter bestehen;[47] der glühende Zorn Gottes wird an nichts und niemandem spurlos vorübergehen. Als Beleg lassen sich die Verse 6-8 aus dem Babel-Orakel Jes 13 zitieren (mit Verweis auf den entsprechenden Anschluß durch עַל־כֵּן in V. 7):

---

45 Vgl. GK § 106n.
46 Vgl. Kaiser, ATD 18, 101.
47 Vgl. dazu Zef 2,1-3; Sach 14,1-3; und E. Jenni, Art. יוֹם, THAT I, [4]1984, Sp. 725f.

⁶ Heult! Denn nahe ist der Tag Jahwes! /
Wie eine Verwüstung vom Verwüster wird er kommen!
⁷ Darum [!] werden alle Hände erschlaffen /
und das Herz aller Menschen verzagen.[48]
⁸ Wehen und Krämpfe werden sie packen, /
wie eine Gebärende werden sie sich winden!
Einer wird den anderen anstarren /
flammend rot sind ihre Gesichter.[49]

Bezieht man diesen traditionsgeschichtlichen Hintergrund in die Auslegung ein, erklärt sich nicht nur die heftige Bestürzung des Propheten. Es erklärt sich auch der vorliegende Text: Bei seiner Abfassung kam es offenkundig zu einer Überlagerung. Der geschichtliche »Fall Babels« und der nahende »Tag Jahwes« wurden gedanklich verschmolzen, ohne daß Tradition und Interpretation noch säuberlich zu trennen wären.

Die zweite Beobachtung, die unsere These einer Horizontverschmelzung untermauern soll, ist etwas subtiler und läßt sich Jes 21,6-8 entnehmen:

⁶ Denn so sprach zu mir Adonaj:
»Geh, stell einen Späher hin! / Was er sehe, das melde er!
⁷ Und sieht er Wagen, / Pferdegespanne,
ein Troß von Eseln, / ein Troß von Kamelen,
dann soll er aufhorchen, / genau aufhorchen!«
⁸ Und es rief der Seher:[50]
»Auf der Warte, Adonaj, / stehe ich! – immerfort bei Tag.
Und auf meinem Posten / steh' ich bereit! – Nacht für Nacht.«

Wir erfahren hier vom Befehl Gottes an den Propheten, einen Späher aufzustellen und ihn obendrein darin zu unterweisen, was er sehen wird. V. 8 klingt zunächst wie eine unverzügliche Bereitschaftsmeldung: Der Befehl ist ausgeführt, der Späher ist postiert, so daß er alsbald schauen und melden kann, was da kommt. Wenn man jedoch V. 8 noch einmal liest, bietet er mehr und anderes als eine bloße Bereitschaftsmeldung. Denn der Späher (resp. der Prophet)[51] steht dort nicht nur bereit. Er steht dort täglich und unablässig, alle Nächte hindurch![52] Offensichtlich will sich nämlich seine Offenbarung nicht

---

48 Das erste Wort in V. 8 וְנִבְהֲלוּ »sie sind gefallen« ist höchstwahrscheinlich eine Glosse, vgl. BHS z. St.
49 Vgl. dazu Joel 2,6.
50 Vgl. BHS z. St.
51 Daß durch den Späher das zweite Ich des Propheten spricht, läßt sich der Anrede »Adonaj« entnehmen, mit der er seine Bereitschaft an Gott zurückmeldet. Mithin ist der masoretischen Punktation zu folgen, vgl. V. 8 mit V. 6.
52 Der Plural (כָּל-הַלֵּילוֹת) sichert das Verständnis, daß hier eine Zeitspanne vieler Nächte gemeint ist; vgl. auch Ps 16,7.

einstellen.[53] Für einen Visionsbericht ist das etwas ungewöhnlich, wenn nicht seltsam. Deshalb wollten schon die älteren Literarkritiker entweder nur die Zeitangaben oder sogleich den gesamten Halbvers als Zusatz streichen.[54] Das ist nicht nur unnötig, sondern falsch. Vielmehr verhält es sich so, daß der Verfasser diese Zeitverzögerung ganz bewußt in seinen Visionsbericht eingearbeitet und dadurch ein Gegenwartsproblem reflektiert hat: nämlich das zeitliche Auseinandertreten von Weissagung und Erfüllung oder – anders akzentuiert – die Differenzerfahrung zwischen Ankündigung und Eintritt eines Ereignisses, das im Verheißungshorizont nicht aufzugehen scheint. Wir halten dafür: Bei diesem Thema handelt es sich nicht um eine spekulative Idee des Exegeten, sondern um ein Thema im Alten Testament selbst. Dafür läßt sich ein weiterer Text aus dem Buch Habakuk anführen, der sich obendrein mit unserer Stelle literarisch berührt, Hab 2,1-3:

> [1] Auf meinem Wachtposten will ich stehn /
> und mich auf die Warte stellen! Und ausspähen!
> Damit ich schaue, was er durch mich spricht /
> und was er[55] auf meine Klage erwidern wird.
> [2] Jahwe antwortete mir und sprach:
> »Schreib nieder das Gesicht und schreib's deutlich auf Tafeln,
> damit man es fortlaufend lesen kann:
> [3] Denn noch ist es ein Gesicht bis zur bestimmten Zeit, /
> doch es treibt zum Endpunkt hin und täuschet nicht.
> Wenn es sich verzögern sollte, so warte darauf! /
> Denn es kommt ganz gewiß und bleibet nicht aus!«

Die erwähnte Zeitverzögerung liegt auf der Hand. Im Habakuk-Text wird sie durch das Dazwischentreten der Verschriftung realisiert, in Jes 21 dagegen in die Vision selbst eingebaut. Dabei besitzt das Verzögerungsmoment nicht nur eine dramatisch-poetische Funktion, sondern auch seinen theologischen Grund.[56]

Die dritte und letzte Beobachtung sei nur knapp erwähnt und bezieht sich auf V. 10. Dort wird das Volk direkt auf seine Situation angesprochen und vom Propheten mitfühlend als »mein Gedroschenes und mein Kind der Tenne«[57] bezeichnet. Das Bild vom Dreschen auf der Tenne gehört zweifel-

---

53 Vgl. Wildberger, BK X/2, 783, mit dem Hinweis, daß unser Seher nicht über irgend-welche Techniken verfüge, um Offenbarungserlebnisse zu provozieren, sondern geduldig auf die entscheidende Wahrnehmung zu warten habe.

54 Vgl. einerseits Procksch, KAT IX, 265; und andererseits Marti, KHC X, 164f.

55 Lies mit BHS יָשִׁיב.

56 Vgl. ferner Jes 62,6f.

57 Bedenkenswert ist der Hinweis von Kaiser, ATD 18, 105, daß man auch bei der femininen Bedeutung »meine Gedroschene« bleiben könne. Entsprechend ließe sich die Anrede auf die Tochter Zion, d. i. die Stadt Jerusalem, beziehen.

los in die prophetische Gerichtsmetaphorik.[58] Man könnte es wiederum auf die Zerstörung Jerusalems durch die Babylonier beziehen. Es ist aber ebenso transparent auf die nachexilische Gegenwart unseres Verfassers, der die verzögerte Heilswende *noch* erwartet und seelisch bewegt den Wehen eines endzeitlichen Gerichts *entgegen* schaut. Im Bild vom »Kind der Tenne«, im Durativ dieses Bildes fließen offensichtlich beide Zeithorizonte zusammen.

Im Rückblick könnte man nun versucht sein, die beiden aufgedeckten Horizonte literarkritisch zu vermitteln. Man könnte ein ursprüngliches Babel-Orakel vermuten, das zur Keimzelle unseres Textes geworden ist. Und man könnte dessen Grundbestand in den Versen 2+5 ausmachen.[59] Aber gemessen an den Kriterien der Literarkritik dürften die Hinweise nicht ausreichen. Im vorliegenden Fall erscheint uns daher und ausnahmsweise nicht die literarkritische Option, sondern die Deutung als Horizontverschmelzung angemessen und weiterführend. Von diesem Punkt aus läßt sich nun auch das folgende Edom-Wort in die Auslegung einholen; denn der Spruch über die Nacht dürfte ebenfalls vor dem Erfahrungshintergrund formuliert sein, daß die babylonische Herrschaft zwar vergangen ist, aber der Sturz der fremden Götter und damit das Gericht an den Völkern noch bevorsteht.

3. Edom im Spiegel der Geschichte

Was den Kommentatoren ganz besondere Mühen bereitet, ist dies: Die Anfrage, die den Wächter in unserer nächtlichen Szene erreicht, soll aus *Edom* kommen! Daß sich aber Edomiter in exilisch-nachexilischer Zeit bei einem jüdischen Propheten erkundigen würden, gilt als ausgeschlossen. Denn nach verbreiteter Meinung war das geschichtliche Verhältnis zwischen Juda und Edom seit der Einnahme Jerusalems ausgesprochen feindselig. Man vermutete sogar, daß edomitische Truppen direkt am babylonischen Zerstörungswerk beteiligt gewesen seien.[60] Bei allem Respekt lohnt es sich nicht, diese Spur geschichtlich weiter zu verfolgen. Denn es läßt sich zeigen, daß der brennende Haß zwischen Juda und Edom alles in allem auf der litera-

---

58 Vgl. Jes 25,10; 41,15; Jer 51,33; Hos 13,3; Mi 4,12f; Hab 3,12; dazu das Bild vom Treten der Kelter Jes 63,2; Joel 4,13; Thr 1,15.

59 Dafür ließen sich auch ein paar Textbeobachtungen beibringen: der entsprechende Aufbau von V. 2bαβ und V. 5* (jeweils bestehend aus Vision und Audition) und die augenscheinliche Unterbrechung durch V. 3-4.

60 Gegenüber dieser These hat neuerdings J. R. Bartlett, Edom and the Fall of Jerusalem, 587 B.C., PEQ 114 (1982), 13-24, ausführlich begründet, daß der Haß gegen Edom historisch gesehen mit den Ereignissen von 587 v. Chr. nichts zu tun hat. Vgl. auch M. Weippert, Art. Edom und Israel, TRE 9, 1982, 295.

rischen Ebene entwickelt und geschürt worden ist:[61] Aus Augenzeugen, die ihren judäischen Brüdern jegliche Hilfe versagten (Ob 11-14), werden Täter (Ps 137,7) und schließlich Brandstifter, denen sogar das Niederbrennen des Jerusalemer Tempels angelastet wird (III Esra 4,45).[62] Historische Informationen können wir daraus kaum gewinnen. Wie aber ist dann die Geschichte der Edomiter nach dem Untergang Judas verlaufen? Daß das Königreich Edom vom Feldzug Nebukadnezzars nicht betroffen war, wissen wir. Über die Folgezeit schweigen jedoch die biblischen Quellen. Zur Befragung bleiben immerhin archäologische Zeugnisse, von denen wir zwei näher in Augenschein nehmen möchten.

Unsere Exkursion soll in den Niederungen der Araba beginnen, also in der Senke, die sich vom Toten Meer bis zum Golf von Akaba hinzieht. Östlich davon erhebt sich das Gebirge Seir und türmt sich immer höher auf: Kalkstein- und Tonberge werden von einer Kette roter Sandsteinberge überragt, dahinter und darüber erscheinen die Rücken weiterer und noch höherer Kalksteinformationen.[63] Wenn wir jetzt eines der dort gelegenen edomitischen Bergnester aufsuchen, die Ḫirbet es Selaʿ,[64] dürfen wir den steilen Aufstieg nicht scheuen. Wir folgen dazu einem Seiten-Tal, das sich durch ein Felslabyrinth über 1000 Höhenmeter hinaufwindet. Kurz bevor wir unser Ziel erreichen, entdecken wir mit bloßem Auge ein Relief, das hoch über dem Felsgrund auf einer senkrecht aufragenden Felswand angebracht ist. Es wurde erst kürzlich entdeckt und im Herbst 1996 durch eine Expedition bergerfahrener Archäologen untersucht.[65]

Auf der linken Bildhälfte steht eine Figur, die einen langen Stab in der Hand hält, in der Bildmitte oberhalb sind drei göttliche Symbole angebracht (ein Sternensymbol, eine geflügelte Sonne und vermutlich eine liegende Mondscheibe),[66] unterhalb und rechts davon wurden eine Reihe von Keilschrifttexten angeordnet. Skulptur und Symbole sind im Umriß gut erhalten. Auf ihrer Oberfläche fehlen freilich die üblichen Dekorationen. Zudem wurde das Bildrelief in jüngerer Zeit durch fünf Gewehreinschüsse beschädigt. (Offenbar hat der Schütze versucht, ins Zentrum der Symbole und ins Herz der Figur zu treffen, was ihm denn auch leidlich gelungen ist.)

---

61 Vgl. dazu bereits M. Haller, Edom im Urteil der Propheten, in: Vom Alten Testament. FS K. Marti, BZAW 41, 1925, 111-116.
62 Der Befund ist freilich komplizierter als hier dargestellt.
63 Vgl. die Beschreibung bei F. Buhl, Geschichte der Edomiter (Zur Feier des Reformationsfestes), 1893, 4f.
64 Vgl. M. Lindner, Es-Selaʿ: Eine antike Fliehburg 50 km nördlich von Petra, in: Ders. (Hg.), Petra und das Königreich der Nabatäer, 6. neubearb. Aufl. 1997, 271-285.
65 Vgl. die Erstveröffentlichung durch Stephanie Dalley/Anne C. Goguel, The Selaʿ Sculpture: A Neo-Babylonian Rock Relief in Southern Jordan, ADAJ 41 (1997), 169-176. Die Zeichnung von A. C. Goguel ist 174 entnommen.
66 Ischtar, Schamasch, Sin.

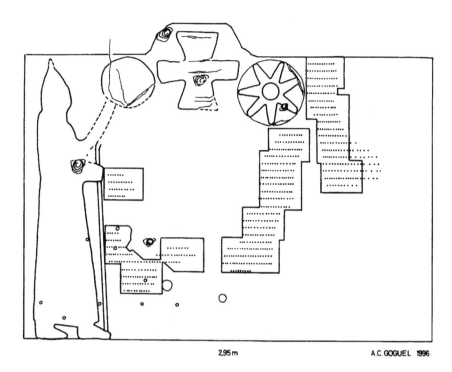

2,95 m   A.C. GOGUEL 1996

Läßt sich die stehende Figur identifizieren? Betrachten wir zunächst den langen, senkrecht gehaltenen Stab, wahrscheinlich ein Hirtenstab, dann wird man spontan an eine Herrschergestalt denken. Tatsächlich existieren entsprechende Darstellungen von babylonischen Königen, während assyrische Herrscher meist mit einem kurzen, schräg gehaltenen Stab, vermutlich einem Zepter, abgebildet sind. Einen weiteren Hinweis bietet die Art der Kopfbedeckung, eine Spitzmütze, deren Form im unteren Teil an einen Helm erinnert und nach oben hin in eine Kegelspitze mündet. Babylonische Herrscher tragen durchweg solche Spitzmützen, die sich von den Kopfbedeckungen assyrischer oder achämenidischer Herrscher charakteristisch unterscheiden.[67] Berücksichtigt man noch die Dreizahl der göttlichen Symbole,[68] ist kein Zweifel mehr möglich: Wir haben einen babylonischen König vor uns. Daß es sich höchstwahrscheinlich um den letzten babylonischen Herrscher Nabonid (555-539 v. Chr.) handelt, ergibt sich aus dem

---

67 Vgl. R. M. Boehmer, Art. Kopfbedeckung, RlA 6, 1983, 208-210.
68 Assyrische Herrscher sind gewöhnlich mit mehr als drei, nämlich mit fünf bis acht Symbolen ausgestattet; vgl. Dalley/Goguel, Sculpture, 172f.

Vergleich mit der Haran-Stele, die ihn in seiner Haltung und Geste nahezu entsprechend darstellt.[69]

Wie bekannt hatte Nabonid um das Jahr 553 v. Chr. einen Feldzug gegen die südlich von Edom in Nordarabien gelegene Oase Tema unternommen. Da er kurz zuvor einen Krieg im Libanon führte,[70] kommt die transjordanische Königsstraße als wahrscheinliche Marschroute in Betracht. Dann wären die babylonischen Truppen unvermeidlich und direkt durch Edom gezogen.[71] Die Inschrift unseres Felsreliefs könnte von eben diesem Feldzug erzählen.[72] Doch wissen wir das nicht, weil sich die stark verwitterten Keilschrifttexte (noch) nicht lesen lassen. Soviel steht jedenfalls fest: Bei unserem Felsrelief handelt es sich kaum um eine »Informationstafel für Durchreisende«. Vielmehr ist das Wandbild selbst Ausdruck der Präsenz und Herrschaft des babylonischen Königs! Die Schlußfolgerung ist unausweichlich: Nabonid hat bei Gelegenheit seines Arabienfeldzugs zugleich den edomitischen Staat unterworfen und seinem Großreich einverleibt. Damit erlebte also auch Edom sein Desaster.

Um der Spur weiter nachzugehen, verlassen wir jetzt die edomitische Fliehburg *es Sela*ˁ und besuchen eine weitere archäologische Stätte. Wir folgen dazu der vorbei führenden Königsstraße südwärts, biegen nach wenigen Kilometern rechts ein in einen alten Karawanenweg nach Gaza, dem nördlichen Ende der sogenannten Weihrauchstraße, und erreichen so die edomitische Hauptstadt *Buseira* (das biblische Bosra).[73] Aus dem Grabungsbefund erfahren wir folgendes:[74] Im Areal A, dem Regierungsbezirk Buseiras, finden sich Palast und Tempel assyrischen Stils (Building B). Die Anlage datiert in die Eisenzeit II, also in das 8.-6. Jh. v. Chr. und damit in die Blütezeit des edomitischen Königreichs. Eine Brandschicht, welche die

---

69 Durch die stilisierte Darstellung wird ein gewisser Wiedererkennungseffekt intendiert, vgl. Dalley/Goguel, Sculpture, 174 sowie die Zeichnungen 176.

70 Vgl. Nabonid-Chronik Kol. I,11 (A. K. Grayson, Assyrian and Babylonian Chronicles, TCS 5, 1975, 105).

71 Entsprechend wird man [... ᵘʳᵘ*A*]-*du-um-mu* in der Nabonid-Chronik Kol. I,17 (Grayson, Chronicles, 105) auf (die Hauptstadt von) Edom beziehen müssen; vgl. Knauf, Ismael. Untersuchungen zur Geschichte Palästinas und Nordarabiens im 1. Jahrtausend v. Chr., ADPV, 2. erweit. Aufl. 1989, 69 Anm. 347. Die immer wieder geäußerte Vermutung, daß die Truppen Nabonids nicht über Edom nach Arabien marschiert seien, sondern von Babylonien quer durch die Wüste (und in diesem Fall über Duma) wird jetzt auch von Knauf, Ismael, 148 (Addenda), kritisch gesehen.

72 So die Vermutung von Dalley/Goguel, Sculpture, 174.

73 Vgl. Am 1,12; ferner Jes 34,6; 63,1; Jer 49,13.22.

74 Zur folgenden Darstellung vgl. P. Bienkowski, New Evidence on Edom in the Neo-Babylonian and Persian Periods, in: J. A. Dearman and M. P. Graham (ed.), The Land that I Will Show You (FS J. M. Miller), JSOT.S 343, 2001, 198-213. Vgl. aber auch C.-M. Benett, Excavations at Buseirah, Southern Jordan, 1974. Fourth Preliminary Report, Levant 9 (1977), 1-10.

Zerstörung der Stadt um die Mitte des 6. Jh.s v. Chr. dokumentiert, läßt sich mit dem soeben erwähnten Feldzug Nabonids verbinden. Offenbar wurde das Feuer jedoch nur in den Hauptgebäuden gelegt. Man kann daraus schließen, daß es dem babylonischen Herrscher nicht um die völlige Zerstörung, sondern um die Unterwerfung der edomitischen Hauptstadt ging. Tatsächlich wird der Regierungsbezirk etwas später wiederhergestellt (Building A). Ob die Gebäude anschließend einem Gouverneur zur Provinzverwaltung dienten, kann man nur vermuten. Jedoch wird man in Buseira (wie auch in Elat) mindestens persische Geschäftsträger annehmen dürfen.[75]

Nimmt man beide archäologischen Zeugnisse zusammen – das Felsrelief bei *es Sela'* und den Grabungsbefund von *Buseira* –, läßt sich folgende Situation erschließen: Edom wurde (nur wenige Jahrzehnte später als sein judäischer Nachbar) durch die Babylonier unterworfen und späterhin in das persische Provinzsystem eingegliedert. Die Folgen waren ausgesprochen negativ. Denn die Haupteinkünfte der edomitischen Oberschicht, aus Kupferproduktion und Fernhandel, flossen nun direkt in die persischen Provinzkassen. Die landwirtschaftlichen Erträge waren dagegen nicht hoch genug, um die finanziellen Ausfälle des Bürgertums zu kompensieren.[76] Für die edomitische Gesellschaft bedeutete dies den wirtschaftlichen Niedergang. Auf die beschriebene Situation würde also das Bild der Nacht gut passen, sofern man sie als symbolischen Ausdruck für das anhaltende Elend der Edomiter nehmen darf.

4. Die Nacht im Kontext des Alten Testaments

Der alttestamentliche Grundaspekt der Nacht erschließt sich noch immer und wesentlich über den priesterlichen Schöpfungsbericht (Gen 1,4f). Gott trennt das Licht von der Finsternis und nennt das Licht »Tag«, die davon geschiedene und dadurch begrenzte Finsternis »Nacht«. Dabei hat nicht zuletzt Karl Barth in seiner Kirchlichen Dogmatik mit wünschenswerter Klarheit herausgestellt, daß die göttliche Namensgebung kein beiläufiger, sondern ein entscheidender Akt ist. Gott beruft sozusagen die »Nacht«, nimmt sie in Dienst und fügt sie seiner Ordnung ein.[77] Im Wechsel von Tag und Nacht kommt die Schöpfung in ihren Rhythmus, die Zeit in ihren Takt. Man wird darum beide Größen nicht grundsätzlich in einen Gegensatz bringen dürfen, so als ob die Nacht das urzeitliche Chaos und deren

---

75 Vgl. Knauf, Edom, 75.

76 Vgl. E. A. Knauf-Belleri, Edom: The Social and Economic History, in: D. V. Edelman (ed.), You Shall Not Abhor an Edomite for He is Your Brother, ABSt 3, 1995, 110f.

77 Vgl. K. Barth, Die Lehre von der Schöpfung, KD III/1, 1970, 137-141. Zur Sache vgl. bes. Ps 104, in dem die Nacht als Schutz- und Lebensraum den Tieren zugewiesen wird.

Schrecken repräsentiere, der Tag aber die kosmische Ordnung und deren Segnung. In dieser Hinsicht scheint der alttestamentliche Sprachgebrauch erstaunlich konsequent. Denn überall dort, wo das nichtende Chaos in die Schöpfung einzubrechen droht, ist nicht von לַיְלָה »der Nacht« die Rede, sondern von חֹשֶׁךְ »der Finsternis« oder dgl.[78] Daraus folgt wenig spektakulär: Die Nacht des Alten Testaments ist im wesentlichen eine »Zeitgröße«! Sie besitzt einen punktuellen oder einen durativen Aspekt: Punktuell kann לַיְלָה eine bestimmte Nacht bezeichnen, wie beispielsweise und im besonderen die Passa-Nacht (Ex 12,42). Durativ bezieht sich לַיְלָה auf diejenige Zeitspanne, die zwischen Sonnenuntergang und -aufgang durchmessen wird.

Diese zeitliche Grunddimension bestimmt nun auch die der Nacht zugewachsene Metaphorik. Denn je nachdem, welche Handlung, welches Geschehen den Zeitraum zwischen Abend und Morgen füllt, wird die Nacht positiv oder negativ qualifiziert. Es ist wohl unnötig, den gesamten Befund zu entfalten. Wir können uns auf das Elementare beschränken: Im positiven Sinn ist die Nacht die Zeit des Schlafes, der Mensch ruht sich aus von seiner Arbeit (Tob 2,9). Erscheint ihm Gott im Traum, wird die Nacht auch als eine besondere Zeit der Offenbarung erfahren (Gen 20,3).[79] Will sich dagegen kein Schlaf einstellen, verkehrt sich die Nacht ins Negative und wird als eine qualvolle Zeit durchlebt. Sie kann darum zu einem Bild der Mühsal werden (Hi 7,3) und sich zur Unglückszeit in einen Raum der Klage und der Tränen verwandeln (Thr 2,19).[80]

Wie verhält es sich nun mit der Nacht, die uns im Edom-Spruch vor Augen tritt? Ihre Bildqualität erschließt sich u. E. nicht aus dem Text selbst, sondern nur über den Entwurf seines historischen Horizonts! Ist die oben entwickelte Sicht zutreffend, daß der Verlust der Eigenstaatlichkeit das vormals blühende Edom in eine Situation anhaltender wirtschaftlicher Depression führte, läßt sich die Nacht entsprechend als Bild für die Fremdherrschaft und ihre Bedrückung deuten. Ebenso entscheidend ist freilich der durative Aspekt, also die Dauer der Fremdherrschaft. Er wird übrigens im Text von Jes 21,11-12 ausdrücklich vermerkt; denn die ungeduldig wiederholte Frage »Wie lange noch?« gibt zu erkennen, wie sehr die Fragenden über die Fortdauer der Nacht verdrossen sind und wie sehnsüchtig sie ihr Ende erwarten.[81]

---

78 Vgl. z. B. Jes 5,30; Am 8,9; Joel 3,4; 4,14f; Zef 1,15.
79 Vgl. weiter Gen 31,24; 46,2; I Reg 3,5; Sach 1,8; Hi 33,15; sowie zum Inkubationsschlaf Num 22,8; 22,19f.
80 Vgl. weiter Num 14,1; I Sam 15,11; Ps 6,7; 77,7; Thr 1,2; Hi 30,17.
81 Vgl. dazu Jes 26,9.

5. Resümee

Was im Rückblick am wichtigsten ist: Der hermeneutische Schlüssel zur Deutung des Edom-Spruchs liegt in seinem Textzusammenhang mit dem voranstehenden Babel-Wort. Er funktioniert jedoch nur im Gegenwartshorizont seines nachexilischen Verfassers. Für ihn wandelt sich der angekündigte und eingetretene (!) Fall der Stadt Babylon zum Paradigma eines noch ausstehenden (!) Sturzes der gegenwärtigen Weltmacht und seiner Götzen. Das damit verbundene und brisante Problem, nämlich die erfahrbare und erfahrene Heilsverzögerung, wird zunächst in die Babel-Vision selbst eingeblendet (V. 8), sodann in unserem Prophetenspruch ausdrücklich entfaltet (V. 11-12) und schließlich durch das Geschick der Handels-karawanen von Dedan illustriert, die sich beim Araber in der Wüste verbergen müssen (V. 13).

Im Edom-Spruch bedient sich der nachexilische Verfasser einer Anfrage aus Seir, die sich nach der Dauer der Nacht resp. dem Ende der Fremdherrschaft erkundigt. Die Botschaft des Propheten ist eindeutig und klar: Die Heilswende kommt so gewiß wie der Morgen, auch wenn die gegenwärtige Leidenszeit noch immer anhält. Der Grund dafür, warum der Prophet eine genaue Ansage der nächtlichen Uhrzeit verweigert, ist freilich nicht in der schlechten Laune eines Nachtwächters oder in einer noch undeut-lichen Offenbarung des Propheten zu suchen. Der Grund ist vielmehr ein theologischer. Denn nicht die spekulative Stunde, sondern allein die Gewißheit, daß die Gottesherrschaft die Fremdherrschaft ablösen wird, ist die Botschaft, die durch die Nacht hindurch tragen kann und soll. Gewiß ist dies:[82] Der Morgen wird den Sturz der Weltmacht und seiner Götzen bringen.

---

[82] Und verbürgt durch das Wort, das dem Edom-Spruch vorausgeht: »Was ich gehört habe von Jahwe Zebaoth, dem Gott Israels, das habe ich euch kundgetan.«

Tempelgründung als »fremdes Werk«
Beobachtungen zum »Ecksteinwort« Jesaja 28,16-17

Friedhelm Hartenstein (Hamburg)

Zu wenigen alttestamentlichen Texten finden sich so unterschiedliche Interpretationen in der Forschung wie zu Jesaja 28,16f, dem Wort vom kostbaren
Eckstein auf dem Zion.[1] Schon die breite Wirkungsgeschichte der Stelle in
der jüdischen und christlichen Antike läßt ihre besondere Bedeutung als Bezugspunkt für weitreichende theologische Aussagen erkennen, so in Qumran
und im Neuen Testament.[2] Die Divergenz der modernen Deutungen von Jes
28,16f beruht auf der Wahrnehmung einer *inhaltlichen Spannung* in den älteren Kerntexten des Protojesajabuches (Jes 6-8* und Jes 28-31*). In beiden
Textbereichen überwiegt zwar die Perspektive der Gerichtsankündigung,
nicht selten wird diese jedoch durch Heilsausblicke kontrastiert. Diese Spannung wurde lange als eine biographisch bedingte Eigenart der Botschaft des
Propheten Jesaja aus dem historisch bewegten letzten Drittel des 8. Jh.s v.
Chr. gesehen. Heute wird sie zumeist als Folge literarischen Wachstums im
Rahmen der schriftprophetischen Formung der Jesajaüberlieferung verstan-
den.[3] Inhaltlich hängt die Frage nach dem Verhältnis von Gericht und Heil im
Protojesajabuch eng mit der Bewertung der *Zion-Aussagen* zusammen, v.a.
mit der Frage nach der Rekonstruierbarkeit einer Zion-Tradition, auf die sich
Jesaja bzw. seine Tradenten als selbstverständliches Adressatenwissen bezo-
gen hätten. Formal handelt es sich bei Jes 28,16f im Kontext von Jes 28,14ff

---

1 Vgl. als Überblick z.B. R. Kilian, Jesaja 1-39, EdF 200, 1983, 58-63; O. Kaiser, Der
  Prophet Jesaja. Kapitel 13-39, ATD 18, 1973, 201-203; H. Wildberger, Jesaja. 3. Teilband. Jesaja 28-39, BK X/3, 1982, 1063-1082. Für die ältere Forschung vgl. K. Fullerton,
  The Stone of the Foundation, AJSL 37 (1920), 1-50; J. Lindblom, Der Eckstein in Jes
  28,16, in: Interpretationes ad Vetus Testamentum [...], FS S. Mowinckel, 1955, 123-132.
2 Vgl. dazu E. Jacob, La pierre angulaire d'Esaïe 28.16 et ses échos néotestamentaires,
  RHPhR 75 (1995), 3-8; zur Baumetaphorik im NT siehe immer noch P. Vielhauer, Oikodome. Das Bild vom Bau in der christlichen Literatur vom Neuen Testament bis zu Clemens Alexandrinus, 1939 (= Ders., Oikodome. Aufsätze zum Neuen Testament 2, TB 65,
  1979, 1-168.). Zu Qumran s.u. (2.2).
3 Vgl. dazu neben O. Kaiser, Jesaja (vgl. Anm. 1) z.B. J. Vermeylen, Du prophète Isaïe à
  l'apocalyptique I, 1977, EtB, 392-395, sowie jüngst U. Becker, Jesaja – von der Botschaft zum Buch, FRLANT 178, 1997, 231-233; U. Berges, Das Buch Jesaja. Komposition und Endgestalt, HBS 16, 1998, 224-225.

in jedem Fall um ein *Gerichts*wort.[4] Aber wie ist es präzise zu verstehen? Oft wurde das »Ecksteinwort« als sekundär in den Gerichtszusammenhang eingebautes Heilswort verstanden.[5] Bevor man jedoch eine solche These in Erwägung zieht, muß die *sprachliche und thematische Struktur* der Verse in ihrem Kontext genau beachtet werden. Und dafür ist eine *traditions- und religionsgeschichtliche Untersuchung der Bildsprache* von Jes 28,16f im Zusammenhang des Abschnitts Jes 28,14-22 unabdingbar. Die folgenden Überlegungen hierzu sind notwendig skizzenhaft. Sie bilden einen weiteren Baustein im Rahmen eines größeren Projektes zur Entstehung der sogenannten »Denkschrift« Jes 6-8* und des »Assurzyklus« Jes 28-31.[6] Die Überlegungen gliedern sich in drei Schritte:

1. Das Ecksteinwort in seinem Kontext
2. Zur Metaphorik von Jes 28,14-19aα (2.1. Flutmetaphorik; 2.2. Baumetaphorik; 2.3. Schutzmetaphorik)
3. Resümee: Tempelgründung als »fremdes Werk«

1. Das Ecksteinwort in seinem Kontext

Um sich der Bedeutung von Jes 28,16f begründet annähern zu können, muß man sich die sorgfältig konzipierte *literarische Struktur des Abschnittes Jes 28,14-22* vor Augen führen. Doch ist es zuvor notwendig, den Aufbau des den Assurzyklus eröffnenden Kapitels Jes 28 im ganzen zu skizzieren. Das Kapitel ist *drei*gliedrig: a) Jes 28,1-4 (Exposition: Unheil über Ephraim, mit sekundärem Anhang V.5-6), b) Gerichtsankündigung über Jerusalem in zwei Teilen: Jes 28,7-13 und Jes 28,14-22, c) Jes 28,23-29: Reflexion des Geschichtshandelns JHWHs in Form des Gleichnisses vom Bestellen des Akkers.

---

4 Vgl. zutreffend H. Wildberger, Jesaja (vgl. Anm. 1), 1076: »Aber beinahe alle Exegeten sehen nicht, daß V.16 nach dem Zusammenhang letztlich nicht Verheißung sein kann, sondern bereits Anfang des Drohwortes ist.« Eine integrale Sicht von Jes 28,16f in seinem Kontext vertritt jüngst auch J. Barthel, Prophetenwort und Geschichte. Die Jesajaüberlieferung in Jes 6-8 und 28-31, FAT 19, 1997, 315f.

5 So z.B. B. S. Childs, Isaiah and the Assyrian Crisis, SBT 3, 1967, 64-67.

6 Da ich mehrfach die Gelegenheit hatte, die vorliegenden Überlegungen, die ich zuvor in Jena (2000) und in Hamburg (2001) vorgetragen habe, mit dem verehrten Jubilar bei Einladungen zum »Tee-Gespräch« – teils durchaus kontrovers – zu diskutieren, freue ich mich, ihn damit nun in schriftlicher Form zu seinem 80. Geburtstag grüßen zu können. Auf diese Weise hoffe ich, das Gespräch mit dem profunden Kenner der Jesajatexte, das bereits in den dritten Band seiner Theologie des Alten Testaments Eingang gefunden hat, meinerseits fortführen zu können.

a) *Jes 28,1-4*: Die große Textkomposition der Kapitel Jes 28-31* beginnt mit einem Paukenschlag, dem Wehewort über Ephraim (vgl. das typische הוֹי der Totenklage in Jes 28,1). Die »Krone der Betrunkenen Ephraims« über dem »fetten Tal« (sehr wahrscheinlich ist die Hauptstadt des Nordreichs, Samaria, gemeint) ist dem sicheren Untergang geweiht. Dies wird im Bild einer ver- welkenden Blüte (V.1) drastisch vor Augen gemalt. Durch JHWHs »Starken und Gewaltigen« wird der Untergang sich vollziehen (V.2). Die dazu im Text breit entfaltete Metaphorik einer unaufhaltsamen *Flut* bzw. eines *Unwetters* deutet auf den assyrischen König, hinter dem von vornherein JHWH als die eigentlich geschichtslenkende Macht sichtbar wird. Die Vollständigkeit und Schnelligkeit des assyrischen Vorgehens wird mit der Gier eines Hungrigen verglichen (V.4), der sich eine Frühfeige ganz in den Mund steckt und sie sofort hinunterschlingt. Die gedrängten Verse verorten den Assur-Zyklus Jes 28-31* damit anfänglich in der Zeit vor 722/720 v. Chr. Im Prozeß der schriftprophetischen Gestaltwerdung der Jesajabotschaft waren es ja die das Nordreich betreffenden Unheilsankündigungen, die sich zuerst als der wahre דְּבַר יהוה, als das tatsächliche Wort JHWHs, erwiesen haben. Daher spannt die Eröffnung der Textkomposition Jes 28-31* den Bogen von der *paradig- matischen Anfangssituation der Jesaja-Verkündigung bis hin zu deren gegen das Südreich Juda gerichteten Fortsetzung* (ab Jes 28,7). Der Zusammenhang wird durch die bewußte Wiederaufnahme des Leitwortes שָׁטַף »(einher-)strö- men« aus V.2 in Jes 28,15 und 18 markiert. Jes 28,1-4 verweist insofern auf dieselbe *geschichtstheologische Reflexion*, wie sie auch die sogenannte »Denkschrift« Jes 6-8* prägt. In ihr wurde eine Summe jesajanischer Ver- kündigung gezogen, die vor allem durch Jes 7-8,4 narrativ um 733 v. Chr., während des sog. »syrisch-ephraimitischen Krieges«, verankert wurde, wobei kompositionell auch jesajanische Worte aus der Zeit vor 701 v. Chr. in diese Anfangssituation zurückprojiziert wurden (vgl. Jes 8,6-8).[7] Die schrift- prophetische Arbeit (der Tradenten) an der Jesajaüberlieferung zielte auf eine *Gesamtschau der Botschaft des Propheten,* bei der die historische Bewahr- heitung seiner Worte und die sich aus deren Ablehnung entwickelnde Un- heilsdynamik die Auswahl bestimmten. Jes 28,1-4 rückt den sog. Assur- zyklus demnach nahe an die »Denkschrift« Jes 6-8* heran bzw. scheint deren Geschichtshermeneutik bereits vorauszusetzen (s.u. 3.).

b) *Jes 28,7-22*: Die Gerichtsankündigung an die Jerusalemer ist ihrerseits zweiteilig:

– *Jes 28,7-13* enthält einen Aufweis des Fehlverhaltens von Priestern und Propheten, auf den die Ankündigung eines Wortes JHWHs mit »andersartiger Zunge« folgt (V.11-13), das seinerseits auf 28,14ff vorausweist (vgl. 28,21:

7 Vgl. dazu F. Hartenstein, JHWH und der »Schreckensglanz« Assurs (Jesaja 8,6-8). Traditions- und religionsgeschichtliche Beobachtungen zur »Denkschrift« Jes 6-8*, in: Ders. / J. Krispenz / A. Schart (Hg.), Schriftprophetie, FS J. Jeremias, 2004, 83-102.

das »fremdartige Tun« Gottes). Übergreifendes Thema des Abschnitts Jes 28,7-13, der indirekt (in V.12) eine Lokalisierung in Jerusalem nahelegt, ist die *pervertierte und somit unmöglich gewordene Kommunikation mit Gott.* Die genauen Einzelheiten sind dem Text nicht zu entlocken und in der Forschung entsprechend umstritten. Offenbar können die professionell mit dem Gotteskontakt betrauten Personen aufgrund ihrer Trunkenheit ihre Funktionen (V.7: priesterliche Weisung, [kult-]prophetische Schauung) nicht mehr ausüben. Diese »Trunkenheit«, die mit derjenigen der samarischen Oberschicht aus Jes 28,1 zusammengesehen wird (vgl. den »Wein« in V.1 und 7), beantwortet JHWH entsprechend mit »fremdartiger Zunge«, was wohl als Anspielung auf die Sprache der heranrückenden assyrischen Eroberer zu verstehen ist (V.11 mit V.13). Wer nur noch »lallt« (V.10), dem wird das erhoffte »Wort JHWHs« (das sich als Gerichtswort in der Geschichte manifestiert) ebenfalls als unverständliches »Gestammel« erscheinen, an dessen Dunkelheit man zugrundegehen wird (V.13).[8]

– *Jes 28,14-22*: Das Ecksteinwort konkretisiert das in V.7-13 vorbereitete »fremdartige« Geschehen, indem nun das Problem der verfehlten Kommunikation mit JHWH auf der entscheidenden Ebene des *politischen Handelns* zur Sprache kommt: Wegen des *mangelnden Vertrauens der Jerusalemer Führungsschicht auf den bei JHWH gebotenen Schutz* kann dieser nur noch die Aufhebung des mit dem Zion verbundenen Schutzes ankündigen. Jerusalem wird der »heranströmenden Geißel« (s.u. 2.1) ausgeliefert sein. Diese wird die Bewohnerschaft Jerusalems überschwemmen und zum »Zertretenen« machen (V.18). Das »fremde *Wort*« JHWHs aus Jes 28,13 wird also konkret als »fremdes *Werk*« erfahren werden (V.21), als bittere Lektion, die jeden weiteren Deutungsversuch von Gottesoffenbarung zum »Schrecken« werden läßt (V.19).[9] Statt sich auf die Sicherheit zu beziehen, wie sie mit JHWH und seiner Präsenz auf dem Zion verbunden ist, haben die »Herrscher dieses Volkes« (V.14) einen Bund bzw. Vertrag mit »Mot« (Tod) und »Scheol« (Unterwelt) geschlossen. Die Schutzerwartungen richten sich statt nach »oben« (zu JHWH hin) nach »unten«. Was damit genau gemeint ist, entzieht sich wieder präziser Erfassung. Am naheliegendsten sind aufgrund der politischen Dimension des Textes nach wie vor die Bündnisgesuche Hiskias in Richtung Ägyptens vor 701 v. Chr. (vgl. Jes 30,1-4). Vielleicht spielt als zweite Möglichkeit aber auch der Versuch von Totenbefragung eine Rolle.[10] Das durch

---

8 Siehe zu dieser Deutung J. Barthel, Prophetenwort (vgl. Anm. 4), 295-305.

9 Vgl. Jes 28,9: Keine »Deutung« der Offenbarung mehr; dort aufgrund der Trunkenheit von Priester/Prophet, hier aufgrund des Schreckens, den JHWH durch Assur wirkt (28,9: יבין שמועה // 28,19: הבין שמועה).

10 Vgl. dazu K. van der Toorn, Echoes of Judaean Necromancy in Isaiah 28,7-22*, ZAW 100 (1988), 199-217; F. Stolz, Einführung in den biblischen Monotheismus, Die Theologie, 1996, 129. Dies wird aber kaum auf eine alltägliche Praxis der Nekromantie im Juda des ausgehenden 8./7. Jh.s v. Chr. verweisen, sondern eine besondere Maßnahme ange-

Assur erfolgende Gericht faßt Jes 28,14-22 schließlich unter dem dialekti-
schen Begriff »*fremdes Werk*« zusammen, d.h. als ein abgründiges Gerichts-
handeln Gottes gegen sein Volk.[11]

c) *Jes 28,23-29*: Eine mit der Lehreröffnungsformel eingeleitete (V.23)
Reflexion des Geschichtshandelns JHWHs beschließt das Kapitel. Sie trägt
darin weisheitliche Züge, daß sie JHWHs Tun in der Menschenwelt mit der
jahreszeitlich gesteuerten Arbeit des Bauern bei der Feldbestellung vergleicht
und so einen Ausblick auf eine Wende in der Zukunft ermöglicht (»nicht für
immer drischt er« V.28). Hier wird das *Geschichts*handeln Gottes in den
noch weiteren Horizont seines *Schöpfer*handelns gestellt und so auf die mo-
mentan verborgene, im letzten aber sinnhafte Dimension der Erfahrungs-
wirklichkeit im ganzen verwiesen.

Kommt man von diesem Überblick zur *literarischen Struktur des
Abschnitts Jes 28,14-22* (vgl. dazu die gegliederte Übersetzung im Anhang),
so fällt zunächst die *Inclusio* zwischen V.14 und 22 auf: Zwei Imperative im
Plural (»Hört!«//»Spielt euch nicht auf!«) gelten den Adressaten der Oberschicht des Südreichs Juda (V.14 »Männer des Geschwätzes, Herrscher dieses Volkes, das in Jerusalem ist«). Durch das begründende לכן in V.14 wird
der Text zuerst als Folge des zuvor in V.7-13 Geschilderten gekennzeichnet
und somit der schon benannte kompositionelle Zusammenhang der beiden
Abschnitte hervorgehoben. V.15 bringt nach der Höraufforderung ein typi-
sches zweiteiliges Gerichtswort, das mit dem durch כי »weil« eingeleiteten
Schuldaufweis (hier in Form eines den Adressaten vorgehaltenen Zitats) einsetzt, woran sich ab V.16 mit erneutem לכן »darum« die Gerichtsankündigung anschließt: Dem verfehlten »Sprechen« der Herrscher entspricht das
»Sprechen« des »Herrn« JHWH:

V.15 Weil (כי)   »*ihr gesagt* habt«: das polemisch verdrehte Zitat
V.16 Darum (לכן) »So hat *der Herr JHWH gesagt*: Gerichtswort

Neben dieser *linearen* Struktur läßt sich weiterhin in Jes 28,14ff eine *konzentrische Figur* feststellen, nach der V.15-19aα gestaltet sind. Sie weist folgende terminologische und sachliche *Entsprechung*en auf:[12]

---

sichts eines notvollen Gottesschweigens darstellen (vgl. dazu evtl. auch V.7-13). Ähnlich
auch J. Blenkinsopp, Isaiah 1-39, AncB 19, 2000, 393.
11 Als Vergleichsgröße verweist V.21 auf das kriegerische »Rasen« Gottes gegen die Feinde
Israels in der Frühzeit: »wie am Berg Perazim, wie im Tal bei Gibeon« (vgl. II Sam
5,17ff; Jos 10).
12 Diese Entsprechungen notiert etwa auch J. Barthel, Prophetenwort (Anm. 4), 312f.

```
1a Vertrag mit dem Tod/derUnterwelt      V.15a
  1b Einherflutende Peitsche            V.15bα
    2 Lügenzuflucht                     V.15bβ
      3 Ecksteinwort                    V.16
    2' Lügenzuflucht                    V.17
1a' Vertrag mit dem Tod/Unterwelt       V.18a
  1b' Einherflutende Peitsche           V.18b
```

Dabei fallen in V.15 und in V.18-19aα die parallele Anrede in der *zweiten Person Plural* (mit den entsprechenden Suffixen »unser«//»euer«) auf. V.15a.bα und V.18 bilden eine genau parallele geschlossene Figur (1a.b//1a'/b') mit dem Thema *»Vertrag mit dem Tod, der Unterwelt«* und dem Bild der *»einherflutenden Peitsche«*. Ebenso entspricht V.15bβ dem V.17 (2//2'), mit dem gemeinsamen Thema der *»Lügenzuflucht«*. In der Mitte der konzentrischen Figur steht als singuläre Aussage das eigentliche »Ecksteinwort« V.16. Zur Ermittlung seiner Bedeutung in diesem Zusammenhang sind nun genauere Erörterungen zur Bildsprache von Jes 28,14-22 und ihrem religions- und traditionsgeschichtlichen Hintergrund notwendig.

2. Zur Metaphorik von Jesaja 28,14-19aα

In gewisser Weise stellt der traditions- und religionsgeschichtliche Hintergrund der Metaphorik von Jes 28,14-22 den *Schlüssel zur Deutung des »Ecksteinwortes«* dar. Hierfür ist es besonders fruchtbar, sich im Blick auf die Bildsprache mit neuassyrischen Quellen des 8./7. Jh.s v. Chr. zu beschäftigen, da sich in ihnen die sachlich nächsten Parallelen sowohl für die *Flut*-(2.1) als auch für die *Bau*metaphorik (2.2) finden. Der dritte Bildbereich der *Schutz*vorstellungen speist sich dagegen stärker aus genuin Jerusalemer Vorstellungen, namentlich der Psalmen (2.3).

2.1. Zur Metaphorik der »Flut« für Assur

Neben Jes 28,15-19 gibt es noch *zwei* weitere, oben bereits genannte Textstellen des protojesajanischen Kernbestands, die analoge Flutmetaphern für das bedrohlich gegen Juda heranrückende Assur verwenden. Beide liegen zeitlich und sachlich nahe beieinander:

a) Der Anfang des Assurzyklus, in *Jes 28,1-4,* wo der Untergang des Nordreichs (Ephraim) durch die Assyrer mit der Flut/Wetter-Metaphorik gezeichnet ist (s.o. 1.).

b) Noch wichtiger und sachlich ganz analog: *Jes 8,6-8,* ein Teil der sogenannten »Denkschrift« in Jes 6-8*.

Signifikant ist hier jeweils das Verb שָׁטַף »(einher)strömen« (Jes 28,2.15.18f und Jes 8,7.8). Es handelt sich bei dem »Flut«-Bild (und die ganz analog funktionierende »Unwetter«-Symbolik) um ein auf mehreren Sinnebenen spielendes Metaphernfeld, das seit alters her in den *textlichen Quellen des Zweistromlandes* häufig zu belegen ist. Die elementarste Relation dieses Metaphernfelds stellt die *Gleichsetzung von »Flut« und »Krieg«* dar, die auf verschiedenen Ebenen mythisch ausgemalt werden kann.[13] Die neuassyrischen Könige des 1. Jt.s verwenden sehr häufig die Bildwelt der »Flut«, um ihren unaufhaltsamen Angriff und die Unwiderstehlichkeit ihrer Kampfkraft zu umschreiben (*kīma abūbi* bzw. der häufige casus adverbialis *abūbāniš*). Bei diesem Vorstellungszusammenhang ist gelegentlich auch an eine direkte Personifizierung der Sintflut (*abūbu*) in Gestalt eines *geflügelten Löwendrachens* zu denken (seit dem 2. Jt. v. Chr. mit eigener Ikonographie belegt[14]). Über sie führt ein direkter Weg zu der lange umstrittenen *Besonderheit des Flutbildes in Jes 28,15.18f* im Vergleich mit Jes 28,1-3 und Jes 8,7f, nämlich der Rede von einer *»strömenden/einherflutenden Geißel/Peitsche«*. Hartmut Gese hatte bereits zutreffend gesehen, daß hier die Ikonographie des Wettergottes Adad im Hintergrund steht, der auf seinem Wagen einherfährt.[15] Dieser Wagen wird auf Siegelbildern der Akkadzeit häufig von einem Löwendrachen gezogen (Bild 6). Nimmt man das Epitheton Adads als »Herrn der Flut/des Flutdrachens« (*bēl abūbi*)[16] hinzu, so evoziert die metonymisch verkürzte Redeweise von Jes 28,15.17f das *Bild des kriegerisch dahersprengenden Flutwagens des Wettergottes* (auf dem Bronzetor des Akitu-Hauses des Sanherib wird dieses Bild auf Assur übertragen![17]). Gemeint ist also sehr wahrscheinlich die unwiderstehlich einherflutende Heeresmacht des assyrischen Königs.[18]

Hinter der in Jes 28,18f ausgesprochenen Drohung für die Herrscher Jerusalems könnte sich insofern historisch gut die Situation vor 701 v. Chr.

---

13 Siehe dazu J. G. Westenholz, Symbolic Language in Akkadian Narrative Poetry: The Metaphorical Relationship between Poetical Images and the Real World. In: M. E. Vogelzang, H. L. J. Vanstiphout, Mesopotamian Poetic Language: Sumerian and Akkadian, CM 6, 1996, 183-206; vgl. als Überblick über mesopotamische Metaphorik und ihre Interpretationen M. P. Streck, Die Bildersprache der akkadischen Epik, AOAT 264, 1999, ebd., 26f (zu Westenholz).

14 Vgl. U. Seidl, Das Flut-Ungeheuer *abūbu*, ZA 88 (1998), 100-113.

15 H. Gese, Die strömende Geißel des Hadad und Jesaja 28,15 und 18, in: A. Kuschke, E. Kutsch (Hg.), Archäologie und Altes Testament, FS K. Galling, 1970, 127-134.

16 Vgl. U. Seidl, Flut-Ungeheuer (Anm. 14), 100.

17 Ebd., 101.

18 Zur »realistischen« Schilderung der herannahenden Streitwagenmacht mit ihrem »Peitschenlärm« ist weiterhin Nah 3,2 zu vergleichen (שׁוֹט wie Jes 28,15.18): 1 Wehe der Blutstadt [sc. Ninive], in ihrer Gänze gefüllt mit Trug (und) Mord! Nicht weicht das Rauben! 2 *Lärm von Peitschen*, und Lärm des Bebens von Rädern, und einherjagende Pferde und daherhüpfende Wagen!

mit der Bündnispolitik des Hiskia gegen Assur verbergen, wie man dies ja häufig angenommen hat. Mit der Flutmetaphorik würde eine direkte Anspielung auf die textliche und bildliche Propaganda der assyrischen Herrscher der Zeit vorliegen. Vermutlich gehört auch der überlieferungsgeschichtliche Kern von Jes 8,6-8 (das im Rahmen einer redaktionellen »Denkschrift« Jes 6-8,18* verarbeitete Jesajawort) in die Spätzeitverkündigung Jesajas, die mit der Eroberung Judas und der Belagerung durch Sanherib ihre geschichtliche Bestätigung fand (s.u. 3.). Hat man für die Bildwelt der »Flut« in Jes 28 einen neuassyrischen Hintergrund wahrscheinlich machen können, so legt sich eine vergleichbare Fragerichtung auch für das »Ecksteinwort« Jes 28,16f nahe.

2.2. Die Baumetaphorik in Jesaja 28,16

Bevor man nach möglichen religionsgeschichtlichen Hintergründen des Textes fragt, soll zuerst dessen vermutliche Gestalt auf der Basis des Konsonantentextes festgestellt werden. Nach der Punktation der Masoreten lautet der Text folgendermaßen:

> 16 Darum: So hat der Herr JHWH gesprochen: »Siehe, *ich bin's, der gegründet hat* in/auf Zion einen Stein, einen Festungsstein (Stein der Prüfung?), einen kostbaren Eckstein *wohlgegründeter Gründung – wer glaubt, weicht (o.: eilt) nicht!* 17 Und ich mache Recht zur Meßschnur, und Gerechtigkeit zum Senkblei [...].

Läßt man die von den Masoreten durch ihre Vokalisation und Akzentsetzung gewählten Festlegungen beiseite und fragt nach den prinzipiellen Möglichkeiten eines grammatischen Verständnisses, so finden sich alternative Möglichkeiten der Vokalisierung mit erheblichen Konsequenzen für die inhaltliche Deutung des »Ecksteinwortes«:

a) הִנְנִי יִסַּד: Die Masoreten haben יסד als *qatal* im Qal punktiert und damit das Verb auf die Zeitdimension der Vergangenheit festgelegt: »*Ich bin es, der gegründet hat...*« Vermutlich steht dabei die Überlegung im Hintergrund, daß der Tempel aus Sicht des Textes noch nicht zerstört war und insofern keine andere Zeitlage für das Verb in Frage kommt. Anders verhält es sich aber mit den beiden großen Jesaja-Handschriften aus Qumran, die übereinstimmend an dieser Stelle ein *Partizip* des Verbs יסד überliefern: 1QJes^a hat das Partizip Pi''el מיסד und 1QJes^b das Partizip Qal יוסד.[19] Das »Ecksteinwort« wird, wenn man dieser gewichtigen Bezeugung folgt, dann mit einer *futurischen*

---

19 Das Qal bezeichnet zumeist eine kosmische Fundamentlegung (Schöpfungsterminus), das Pi''el dagegen meint fast immer die konkrete Gebäudefundamentierung (wobei bei altorientalischen Tempeln beides aufgrund der Gebäudesymbolik sachlich zusammengehört). Vgl. zur Differenzierung der Bedeutung der Stammformen R. Mosis, Art. יָסַד *jāsad*, ThWAT III, 1982, 668-682.

Aussage eingeleitet (futurum instans: Deixis הנה + Partizip):[20] *»Siehe, ich bin gerade dabei, zu gründen/ich gründe in umittelbarer Zukunft...«* Als weiteres syntaktisches Indiz für eine solche Deutung ist auch auf die Fortsetzung von V.16 in V.17 durch das Folgetempus $w^e qatal$ zu verweisen (»und ich mache Recht zur Meßschnur«), das im Hebräischen den Progreß in der Nachzeitigkeit/Zukunft bezeichnet und nicht selten das Partizip *qotel* in der Funktion des futurum instans fortführt.[21]

b) <u>מוסד מוסד המאמין לא יחיש</u>: Das doppelte מוסד haben die Masoreten als indeterminiertes Nomen (»eine Gründung«) mit darauf bezogenem attributivem Partizip Hofʿal (»eine gegründete«) verstanden. Doch diese Deutung bietet nicht nur aufgrund der pleonastischen Aussage Schwierigkeiten für das Verständnis. Auch die folgende Fügung המאמין לא יחיש stellt, wenn man sie mit den Masoreten als eigenständigen Satz auffaßt, kein geringes Problem der Auslegung dar. Aufgrund des Konsonantentextes legt sich hier eine andere Strukturierung des Textes nahe, die ihrerseits den Vorteil hat, kohärent im Bereich der Gründungsmetaphorik zu bleiben:

»Siehe, ich gründe auf Zion	הנני יסד בציון
einen Stein,	אבן
einen Festungsstein,	אבן בחן
einen kostbaren Fundamenteckstein,	פנת יקרת מוסד
ein Fundament, das fest/treu ist: nicht weicht es!«	מוסד המאמין לא יחיש

Dabei wird neben der unterschiedlichen Versunterteilung auch eine andere Vokalisation des zweifachen מוסד angenommen: Ich rechne mit dem zweimaligem Nomen מוֹסָד »Fundament«, das zwar im Alten Testament ansonsten nur im Plural belegt ist, sich hier sachlich aber sehr nahelegt, wie gleich zu zeigen sein wird. Das zweite מוסד würde sich dann explizierend auf das erste beziehen, das seinerseits als Nomen regens einer Constructus-Verbindung פנת יקרת מוסד »Fundamenteckstein« zu verstehen wäre. Bei dieser Annahme ergibt sich für V.16 im ganzen eine Art »Fundamentstruktur«, wie sie analog auch schon W. H. Irwin beschrieben hat.[22] Dafür, daß man hier mit einem *kohärent auf der Bildebene der Fundamentlegung bzw. Gebäudegründung bleibenden Verständnis* dem Text am nächsten kommt, spricht sehr wahrscheinlich auch die Rezeption des »Ecksteinwortes« Jes 28,16 in Qum-

---

20 So zahlreiche Ausleger; vgl. dazu u.a. R. Kilian, Jesaja (Anm. 1), 59-62.
21 Vgl. R. Bartelmus, Einführung in das biblische Hebräisch, 1994, 105.
22 W. H. Irwin, Isaiah 28-33. Translation with Philological Notes, BibOr 30, 1977, 30. Strukturell und metrisch erscheint diese Einteilung gut begründet, Schwierigkeiten macht jedoch die von Irwin, ebd., 32, angenommene Deutung des המאמין als »master builder«, also als sachkundiger Baumeister in Analogie zu Prov 8,29b-30a (vgl. I Kor 3,10).

ran (1 QS 8,7-8). Dort wurde die Stelle auf die Gemeinde als »wahrer Tempel« hin gelesen und dabei im ganzen Baumetaphorik vorausgesetzt:[23]

Dies ist die erprobte Mauer [Festungsmauer],	היאה חומת הבחן
der köstliche Eckstein,	פנת יקר
nicht werden seine Fundamente wanken	בל <u>יזדעזעו</u> יסודותיהו
noch von ihrem Platz weichen –,	ובל <u>יחיש</u> ממקומם
eine Stätte des Allerheiligsten [...]	מעון קודש קודשים

Sehr wahrscheinlich kommt die hier gegebene Paraphrase »*nicht werden seine Fundamente wanken, noch von ihrem Platz weichen*« dem ursprünglichen Textsinn von Jes 28,16 am nächsten. Die Qumranstelle setzt offensichtlich die oben von mir gewählte Wiedergabe für המאמין mit Bezug auf das »Fundament« voraus, nämlich ein indeterminiertes Nomen mit nachfolgendem determinierten Partizip in attributiver Verwendung: »*ein Fundament, das fest ist, nicht weicht es*« (vgl. etwa Jer 46,16: חבר היונה »ein Schwert, das gewalttätig ist«).[24] Das absolut gebrauchte אמן Hif'il wäre dann als innerlich transitiv zu verstehen, etwa im Sinn von »*in sich fest sein*«.[25] Nun ist mit dieser kohärenten Lesart von Jes 28,16 als *Bau*metaphorik die *personale Konnotation* der Begriffe אמן Hif'il und חוש I »eilen/weichen« aber nicht aus dem Spiel. Die Auslegung von Jes 28,16 in 1 QS 8,7-8 versteht das Fundament ja als symbolisch auf den יחד, die Qumrangemeinde, hin transparent. Und dies hat wohl eine sachliche Voraussetzung in der Jesaja-Stelle selbst, die vor dem Hintergrund altorientalischer Tempelsymbolik in sich *sowohl eine »materielle« als auch eine »personale« Bedeutungsseite* haben könnte.

In Mesopotamien und bei den Hethitern wurden Tempelteile nicht selten als quasi »*belebt*« aufgefaßt (insofern diese Anteil an der göttlichen Tempelpräsenz gewinnen). Tempel und ihr Inventar kommunizierten dann mit Göttern und Menschen (vgl. im Alten Testament das analog personal konnotierte נוע »*angstvoll/besinnungslos schwanken/beben*« der Türzapfen in den Schwellen in Jes 6,4 und die Anrede an die »uralten Tore« in Ps 24,7-

---

23 Text und Übersetzung nach E. Lohse, Die Texte aus Qumran. Hebräisch und Deutsch, 1964, 29f. Vgl. die Übersetzung von J. Maier, Die Qumran-Essener. Die Texte vom Toten Meer 1, UTB 1862, 1995, 187. Zur Interpretation der Stelle vgl. H. Muszynski, Fundament. Bild und Metapher in den Handschriften aus Qumran, AnBib 61 (1975), 130-136. Vgl. 174-188; B. Gärtner, The Temple and the Community in Qumran and the New Testament. A comparative Study in the Temple Symbolism of the Qumran Texts and the New Testament, 1965, 22-30, bes. 27.

24 Siehe E. Kautzsch, Gesenius' Hebrew Grammar, hg. von E. Cowley, [2]1910 (= Ges-K[28]), § 126w (häufig).

25 Vgl. dazu H. Wildberger, Art. אמן *'mn* fest, sicher, THAT I, 1978, 177-209, hier: 188, unter Hinweis auf Hi 39,24 (vom Schlachtroß).

11).[26] Zur näheren Eingrenzung der damit möglicherweise verbundenen Bedeutungen in Jes 28,16 ist an dieser Stelle ein Seitenblick auf die *Symbolik der (Tempel-)Gründung* im Alten Orient nötig. Diese Symbolik gehört zu den ältesten Konstanten der vorderasiatischen Kulturen, die sich bei allen zeitlichen und regionalen Unterschieden bis in das späte 1. Jt. v. Chr. als erstaunlich stabil erweist. Der umfangreiche Quellenbestand soll knapp ikonographisch (a) und an zwei für Jes 28,16 aussagekräftigen Textbeispielen (b) beleuchtet werden.

a) Die symbolische Signifikanz der Fundamentlegung von Gebäuden, besonders der Tempel, illustriert vor allem die uralte Tradition der *Gründungsfiguren*.[27] Typisch für diese ist die auch für das Fundament in Jes 28,16 zu vermutende doppelte Bedeutung als »materielles« und »personales« Objekt. Erste Beispiele finden sich bereits in der frühdynastischen Zeit (ca. 2500 v. Chr.) bis hinein in die neusumerische Periode (2100/2000 v. Chr.). Aus der Zeit des Urnansche von Lagasch (um 2520 v. Chr.) stammen zwei sogenannte »Nagelmenschen« aus Bronze (Abb. 1a-b). Der rechte war zur (symbolischen) Befestigung des Fundaments in eine auf dem Boden liegende Lasche eingesetzt (Herrscher/Gottheit?). Aufgrund der günstigen Quellenlage bildet für die Erhellung der Bedeutung der Figuren der Stadtfürst *Gudea von Lagasch* (Girsu/Tello) einen wesentlichen Bezugspunkt: Seine beiden berühmten Tonzylinder, die vom Neubau des Tempels Eninnu für den Stadtgott Ningirsu handeln, lassen den Bezug auf zeitgleiche *archäologische Funde* zu. So schildert Zyl. A, XXII, 9-13 die Eintiefung der Tempelfundamente als kosmische Verankerung des Gebäudes im Untergrund:[28]

> »The ruler (thus) built the House, let it grow, let it grow like a huge mountain. *He let the foundation boxes* [temen] *of the Abzu sink in deep (as if it were for) enormous masts* [dim-gal-gal], *so that they could take counsel with Enki in his Engur House.*«

Sehr wahrscheinlich verkörpern die einen Pflock/Gründungsnagel haltenden Gottheiten aus der Zeit des Gudea (Abb. 2) die vertikale Achsensymbolik des Tempels, wie sie hier in der Metapher eines »großen Pflocks/Pfahls« (dim-

---

26 Vgl. dazu F. Hartenstein, Die Unzugänglichkeit Gottes im Heiligtum. Jesaja 6 und der Wohnort JHWHs in der Jerusalemer Kulttradition, WMANT 75, 1997, 110-134.

27 Vgl. zu ihnen S. A. Rashid, Gründungsfiguren im Iraq, Prähistorische Bronzefunde I/2, 1983; sowie zuvor: E. D. van Buren, Foundation Figurines and Offerings, 1931.

28 Zitiert nach D. O. Edzard, Gudea and his Dynasty, RIME 3/1, 1997, 83 (Hervorhebung von mir). Vgl. E. J. Wilson, The Cylinders of Gudea. Transliteration, Translation and Index, AOAT 244, 1996, 100: »The governor built the temple (and) it grew. Like a great mountain it grew. He filled in the foundation of the abzu with great posts in the ground. With Enki in the Eangurra he takes counsel.« Beide Übersetzungen gehen auf den Vorschlag von T. Jacobsen, The Harps that once. Sumerian Poetry in Translation, 1987, 416, zurück.

gal) zum Ausdruck kommt.[29] Indem das Fundament des Gebäudes (temen)
seinerseits mit dem Herrn des unterirdischen Süßwasserozeans Apsû, dem
Gott Enki, »kommuniziert«, wird auch die mythisch »personale« Seite der
Tempelsubstrukturen sichtbar, wie sie die Kombination von anthropomorpher
Gottheit mit dem Symbol eines »Pflocks/Nagels« bei den Gründungsfiguren
veranschaulicht.

Die wesentliche *Rolle des Herrschers* und dessen Interaktion mit den
Göttern während der damit verbundenen Riten geht ikonographisch sehr
schön aus dem Relief einer Ur III-zeitlichen *Stele des Urnammu von Ur*
hervor (Abb. 3, ca. 2111-2094 v. Chr.).[30] Auf der Vorderseite dieser im
Heiligtum des großen Mondgottes von Ur (Nanna) gefundenen Stele findet
sich im *2. Fries* Urnammu, der selbst den Tragkorb für die Ziegel (vom
hinter ihm gehenden Diener gehalten) und die Hacke trägt (gemeint ist wohl
der Bau der Zikkurat von Ur). Beide Gerätschaften sind ebenso wie die
Partizipation des Herrschers Hinweise auf die Bedeutung der Gründungs-
riten, die als paradigmatisches »erstes Mal« für das Gelingen des Ganzen
stehen. Im *3. Fries* ist die Arbeit am Tempelbau bereits in vollem Gang: viele
Korbträger bringen Ziegel an die bereits errichteten Mauern heran, an die
Leitern angelehnt sind. Ganz speziell die *Partizipation des Königs beim
Tempelbau* repräsentiert ein weiterer Typ von Gründungsfiguren desselben
Urnammu von Ur. Es handelt sich um die sogenannten »Kanephoren«/
»Korbträger« (Abb. 4). Dieser Figurentyp zeigt wohl den König als Träger
des »ersten Ziegels«[31], wie man aus Gudea Zyl. A XX, 24-27 erschließen
kann:[32]

»Gudea the House-builder *had the carrying-basket for the House on his head like a pure
crown*, he laid the foundations, set the walls into the ground. He greeted (the House)
(with the song starting) ›The string hit the bricks‹.«

---

29 Vgl. dazu D. O. Edzard, Deep-Rooted Skyscrapers and Bricks: Ancient Mesopotamian
   Architecture and its Imagery, in: M. Mindlin, M. J. Geller, J. E. Wansbrough (Hg.), Figurative Language in the Ancient Near East, 1987, 13–24; S. M. Maul, Die altorientalische
   Hauptstadt – Abbild und Nabel der Welt, in: G. Wilhelm (Hg.), Die Orientalische Stadt.
   Kontinuität, Wandel, Bruch, CDOG 1, 1997, 109–124.
30 Vgl. zur Rekonstruktion J. Börker-Klähn, Altvorderasiatische Bildstelen und vergleichbare Felsreliefs, BagF 4, 1982, 39-44.
31 Die Herstellung des ersten Ziegels ist detailliert in Gudea A XVIII, 17-XIX, 19 beschrieben (oben die zweite kürzere Stelle).
32 Nach D. O. Edzard, Gudea (Vgl. Anm. 28), 82 (Hervorhebung von mir). Siehe auch A.
   Falkenstein, W. von Soden, Sumerische und akkadische Hymnen und Gebete, 1953, 158:
   »Gudea, der das Haus erbaute, nahm den Tragkorb für das Haus, als wäre er die heilige
   Krone, aufs Haupt, legte das Fundament, ließ die Mauern in die Erde eingreifen, vollzog
   die Segnung, schlug auf den Ziegel.«

Es ist höchst aufschlußreich, daß die rituelle königliche Beteiligung am Tempelbau in Form des *»Korbtragens«*, wie wir sie aus den Gudeazylindern kennen und von den Gründungsfiguren her erschließen können, nach tausendjähriger Unterbrechung im 7. Jh. v. Chr. erstmals in den *Babylon-Inschriften Asarhaddons* bewußt als öffentlicher Akt königlicher Propaganda wieder aufgenommen wird:[33]

> »Um seine [sc. Marduks] grosse Gottheit den Leuten zu zeigen und sie zu lehren, seine Herrschaft zu fürchten, *trug ich einen Tragkorb (?) auf meinem Haupte und setzte ihn mir selbst auf.«*

Auch der ikonographische Typ erscheint erneut (und sicherlich unter restaurativem Rückgriff auf entsprechende Funde aus der genannten sumerischen Bildtradition) unter Asarhaddons Sohn und Nachfolger Assurbanipal (668-631/627 v. Chr). Auf zwei Stelen lassen sich Assurbanipal bzw. dessen als Nebenkönig über Babylon eingesetzter Bruder Šamaš-šumu-ukīn in der uralten Pose des Korbträgers abbilden.[34] Wie es die Inschrift der Assurbanipal-Stele (Abb. 5) zeigt, handelt es sich um eine geschickte Aussage offizieller Propaganda hinsichtlich der Babylonpolitik der letzten neuassyrischen Könige: Der König zeigt sich als willfähriger Gehilfe des durch Marduk inaugurierten Wiederaufbaus des Tempelbezirks (hier: Wiederherstellung des Marduktempels Esagil). Dieses Anliegen teilen die Stelen und die zitierte Stelle aus der Asarhaddon-Inschrift (vgl. dazu unter 3.) Fassen wir die symbolische Signifikanz der Tempelgründung zusammen, so liegt nach Ausweis der angeführten Quellen aus Mesopotamien deren Hauptaussage auf der Betonung der *Festigkeit/Stabilität.* Dabei ist die kosmische Dimension der *Vertikalen* entscheidend. Auch die Heiligtümer von Babylon und Nippur folgten ja im 1. Jt. v. Chr. einem *axis mundi*-Konzept, wie es im Enuma elisch paradigmatisch vorgeführt wird.[35]

b) Auch weitere textliche Quellen des Alten Orients, nicht nur des Zweistromlands, zeigen, daß derartige Stabilitätsvorstellungen mit Tempelgründungen eng verbunden gewesen sind. Dazu zwei Textbeispiele, die die Konturen von Jes 28,16 noch schärfer hervortreten lassen:

– Ein *hethitisches Bauritual für einen Tempel* (CTH 413) ist für unseren Zusammenhang sehr aussagekräftig. In ihm geht es, analog zu Jes 28,16, um ein Grundsteinlegung der *Ecksteine.* Drei Züge des hethitischen Ritualtexts,

---

33 R. Borger, Die Inschriften Asarhaddons, Königs von Assyrien, AfO.Beih. 9, 1956, 20: Episode 21: A (Haupttext A 3), C, D, E. Vgl. dazu B. Nevling Porter, Images, Power, and Politics. Figurative Aspects of Esarhaddon's Babylonian Policy, Philadelphia 1993, 82.

34 Siehe B. Nevling-Porter, Images, 82-94.

35 Die Zikkurat von Babylon trägt den sumerischen Zeremonialnamen *e-temen-an-ki* »Haus – Fundament von Himmel und Erde« und diejenige von Nippur: *dur-an-ki* »Band von Himmel und Erde.« (vgl. dazu die unter Anm. 29 genannte Lit.).

der eine ausführlichere Behandlung verdiente, sind dabei besonders hervorzuheben:[36]

– In Z. 4-10 werden vier Bronzenägel zur *symbolischen Befestigung des Fundaments* eingeschlagen und dieser Vorgang ausdrücklich als Garant der »Dauerhaftigkeit« des Gebäudes gedeutet.
– In Z. 18-22 werden die *Grundsteine der vier Ecken* aufgezählt. Sie sind aus verschiedenen wertvollen Materialien (Silber, Gold, Lapislazuli, Alabaster, Bergkristall, Eisen, Bronze, Kupfer, Basalt). Man vergleiche hierzu die Kennzeichnung des Grundsteins in Jes 28,16 als פנת יקרת מוסד »kostbarer Fundamenteckstein (vgl. dazu auch I Reg 5,31f, beim Tempelbau Salomos: אבנים יקרות »kostbare Steine« [siehe weiter 7,9ff: Palastbau Salomos]).
– In Z. 28 *schließlich ruft der Tempel selbst den Namen der Gottheit an*, zeigt also die oben benannte Personifizierung des Gebäudes, die in sich bereits den Anstoß zu metaphorischen Übertragungen bietet (vgl. dazu noch einmal 1 QS 8,7-8).

Die im Blick auf Jesaja 28,16 wichtigste Stelle des Ritualtextes findet sich aber in Zeile 14:[37]

»[14] Wie *die vier Ecksteine* der Häuser auf der Erde dauernd (stehen) und *sich nicht (hin und her) bewegen*, ebenso soll auch des Opferherren [16] Wohl vor den Göttern hinfort *sich nicht bewegen*!«

Das entscheidende an den vier Ecksteinen, die den Grundriß des Tempels markieren, ist auch in dieser Zeile ihre Festigkeit, die – ganz wie in Jes 28,16 – mit der Metapher des »*sich nicht (hin und her) Bewegens*« ausgedrückt wird. Daß es sich (und auch dies wie in Jes 28,16) um eine zugleich konkrete und metaphorische Rede handelt, zeigt die Übertragung auf das »Wohl des Opferherrn« in Z.16, das sich analog zu den Grundsteinen »*nicht bewegen*« soll.
– Ganz ähnlich verhält es sich mit dem zweiten Textbeispiel, einer *Bauinschrift des neuassyrischen Königs Sanherib*, bei dem speziell die Fundamente zur Fürbitte für den König aufgefordert werden:[38]

»*O foundation-platform, speak to Aššur for Sennacherib, the king of Assyria!* May his offspring prosper, may his sons and his grandsons abide with the black-headed people for ever!«

Beide Beispiele sprechen m.E. noch einmal für die oben aufgrund von 1 QS 8,7-8 vorgeschlagene Deutung des מוסד המאמין לא יחיש in Jes 28,16 im Sinne eines »*Fundaments, das in sich fest ist*« und »*nicht weicht*«, was dann

---

36 Vgl. N. Boysan-Dietrich, Das hethitische Lehmhaus aus der Sicht der Keilschriftquellen, THeth. 12, 1987, 43-60.
37 N. Boysan-Dietrich, ebd., 47 (Hervorhebung von mir).
38 Vgl. R. S. Ellis, Foundation Deposits in Ancient Mesopotamia, YNER 2, 1968, 176f, hier: 177 (Hervorhebung von mir).

weiterhin für die personale Deutung der traditionellen Übersetzung »wer glaubt, weicht nicht« offen bleibt.

Schließlich zeigt der hethitische Ritualtext CTH 413 ebenso wie die anderen genannten Zeugnisse, das *Zusammenwirken von Göttern und Menschen* beim Tempelbau.[39] Herrscher und Gottheiten handeln dabei füreinander und miteinander. Daß eine entsprechende Symbolik auch im Alten Israel vorauszusetzen ist, belegen Hi 38,4-7 und Esr 3,10-11, wo mit paralleler Terminologie (*Jubel* der Menschen Esr 3,11 // *Jubel* der Morgensterne Hi 38,7, jeweils רוע Hif'il) die Grundsteinlegung des Weltgebäudes bei der Schöpfung und diejenige des zweiten Tempels geschildert werden. Wie es sich hier mit dem »Ecksteinwort« Jes 28,16 verhält, wo die Akzente vom Kontext her gegenteilige sind, wird vollends deutlich, wenn man auch noch einen dritten Aspekt der Metaphorik von Jes 28,14-22 in den Blick nimmt, nämlich die genuin mit der Jerusalemer Tempeltheologie verknüpften Schutzvorstellungen.

2.3. Die Metaphorik des königlichen »Schutzes« auf dem Zion

Die Zielrichtung der Kritik an den Herrschenden Jerusalems (V.14) wird an zwei Stellen der konzentrischen Figur Jes 28,14-19aα (s.o. 2.) gleichlautend formuliert: In V.15 und V.18 ist die Rede von einem »Vertrag/Bund« (ברית) mit »Tod« und »Unterwelt«, der in einem polemisch verdrehten Zitat als trügerische »Zuflucht« bezeichnet wird. Die Entscheidungsträger der judäischen Hauptstadt suchen angesichts der drohenden militärischen Gefahr durch die Assyrer (»die strömende Peitsche« [s.o. 2.1]) ihren »Schutz« an der falschen Stelle. Wie oben gesagt läßt sich nicht entscheiden, was sich unter der doppelten Bezeichnung für den Bereich des Todes verbirgt. Am wahrscheinlichsten ist die Annahme einer Chiffrierung für eine militärisch-politische Größe analog zur »strömenden Geißel« für die Assyrer. Zu denken wäre dann am ehesten an Schutzgesuche in Richtung Ägyptens (vgl. Jes 30,1-4; 31,1).

Die vom Text gemeinte Frontstellung ist jedoch hintersinnig eine *theologische*, die erst dann deutlich sichtbar wird, wenn man sich die in Jes 28,14ff vorausgesetzte *Raumsymbolik* vor Augen hält. Diese ist zunächst ganz analog zu dem, was man über die kosmologischen Vorstellungen im Jerusalem der staatlichen Zeit ausmachen kann (erschließbar aus wenigen Texten mit erstaunlich homogenen Basisaussagen über die heilvolle Präsenz Gottes inmitten der Welt/auf dem Zion, symbolisiert durch die Höhe und Uneinnehmbarkeit von Stadt/Thron in der Vertikalen und davon abhängig der Stabilität und

---

39 Vgl. dazu A. S. Kapelrud, Temple Building: A Task for Gods and Kings, in: Ders., God and his Friends in the Old Testament, 1979, 184-190 (= Or.NS 32 [1963], 56-62); V. Hurovitz, I Have Built You An Exalted House. Temple Building in the Bible in Light of Mesopotamian and Northwest Semitic Writings, JSOT.S 115, 1992.

Ordnung der Menschenwelt in der Horizontalen; vgl. Jes 6,1-11; Ps 93*; Ps 24,7-11; Jer 17,12; Ps 46*; 48*).[40] Das im Anhang gebotene Schema zu Jes 28,14-19 zeigt diese Ordnungsvorstellung von Zentrum und Peripherie. Auch unabhängig vom »Ecksteinwort« in V.16f erweist sich demnach der Gegensatz zwischen dem Schutzverlangen der Jerusalemer und JHWHs Position als ein primär kosmologischer: Wer nach »unten«, in der vertikalen Dimension, entgegengesetzt zu JHWH, seine Bündnisse sucht, der orientiert sich »trügerisch« (שֶׁקֶר V.15.18). Tempeltheologisch spricht der hier gebrauchte Begriff für »Zuflucht/Schutz«, מַחְסֶה, ein deutliche Sprache (vgl. Ps 31,20; Jes 14,32; 30,2f; teils mit dem entsprechenden Verb חסה // סתר + בְּ »sich bergen in«). Wie ich an anderer Stelle gezeigt habe, ist diese Begrifflichkeit in der Sprache der Psalmen primär räumlich konnotiert und mit der königlichen Thronsphäre JHWHs auf dem Zion verbunden.[41] Es besteht hier ein Zusammenhang mit der Vorstellung vom Schutz gewährenden königlichen »Schatten« (Psalmen oft: »deiner Flügel«, akkadisch: ṣillu ša šarri). Wenn einzelne oder das Volk nach dem Rettungshandeln JHWHs vor Feinden Ausschau halten, so verbindet sich damit ein *Orts- und Statuswechsel*: Aus Bedrohten, räumlich in der Peripherie, werden Gerettete im Zentrum der Welt, im Schutzraum JHWHs, wie er auf dem Zion/im Tempel symbolisch repräsentiert wird (vgl. z.B. Psalm 31,20-21). Auch im Protojesajabuch findet sich diese terminologisch festliegende Vorstellung von der mit der Audienz vor Gott verbundenen Schutzgewährung an zwei weiteren Stellen:
– Jes 14,32: Die »Armen« finden Zuflucht auf dem von JHWH gegründeten Zion (das Philisterwort ist literarisch deutlich später als Jes 28). Die »Gründung« des Zion durch JHWH verbürgt dessen konkrete Schutzqualitäten.
– Jes 30,2-3: Das den Jerusalemern vorgeworfene »sich Bergen« im »Schatten« Ägyptens (חסה) bildet die sachlich und zeitlich nächste Parallele zu Jes 28,14ff. Indem man JHWH nicht befragt und eigenmächtig Bündnisse mit dem Pharao einzugehen sucht, vertauscht man Heil mit Unheil: Echter »Schutz« ist allein bei JHWH und auf dem Zion zu finden.
Der weitere kompositorische Zusammenhang des mit Jes 28 eröffneten Assur-Zyklus kann hier nicht verfolgt werden, entscheidend ist aber die Erkenntnis, daß das »Ecksteinwort« mit seinem Kontext konzeptionell eng zusammenhängt. Was bedeutet es dann, wenn JHWH im Begriff ist, einen

---

40 Vgl. dazu F. Hartenstein, Unzugänglichkeit (vgl. Anm. 26), bes. 22ff; 44ff (zu Ps 93 und 46; 48); B. Janowski, Die heilige Wohnung des Höchsten. Kosmologische Implikationen der Jerusalemer Tempeltheologie, in: O. Keel / E. Zenger (Hg.), Gottesstadt und Gottesgarten. Zu Geschichte und Theologie des Jerusalemer Tempels, QD 191, 2002, 24-68.

41 Vgl. F. Hartenstein, Das »Angesicht JHWHs«. Studien zu seinem höfischen und kultischen Bedeutungshintergrund in den Psalmen und in Exodus 32-34. Habilitationsschrift Marburg 2000 (erscheint 2004 in den FAT), bes. 126-154 (Der Schutzraum von »Zelt«, »Flügeln« und »Angesicht« JHWHs in den Psalmen).

neuen Grundstein für Zion zu legen, und wie ist der Abschnitt vermutlich literarhistorisch zu beurteilen?

3. Zusammenfassung und Datierung: Tempelgründung als »fremdes Werk«

Wenn man die Eigenart der Bildsprache von Jes 28 in Rechnung stellt, so läßt sich die Gerichtsansage dieses Kapitels im ganzen unter den paradoxen Begriff des »fremdartigen Wortes/Werkes« JHWHs stellen. Die Baumetaphorik des »Eckensteinworts« Jes 28,16f ist dann in seinem Kontext, mit dem es eng verbunden ist, sehr wahrscheinlich folgendermaßen zu lesen: JHWH kündigt eine Neugründung/Erneuerung eines »Fundamentes« auf dem Zion an, die er *allein* durchführen wird. Dabei ist der Kontrast zwischen dem königlichen *Herrn* JHWH (V.14.16) und den *Herrschern* dieses Volkes (V.14) entscheidend. Wenn im Alten Orient und in Israel der Tempelbau eine genuine Gemeinschaftsaufgabe von Göttern und Menschen darstellte, so erscheint die einseitige Bauankündigung JHWHs als abgründig: Was JHWH ins Werk setzt, geschieht ohne jede Beteiligung der Herrschenden Jerusalems. Der Neuanfang impliziert vielmehr die Preisgabe des Schutzraums für die Menschen, wie er bisher durch die Tempelpräsenz Gottes gewährt wurde. Jerusalem wird durch die »strömende Geißel« der Assyrer überschwemmt werden. Eine Tempelzerstörung ist dabei nicht explizit im Blick, wohl aber der Rückzug Gottes aus seiner Schutz gewährenden Position inmitten seines Volkes. JHWH gibt dabei seine Bindung an den Zion nicht auf, aber er gibt die gegenwärtige Generation der Jerusalemer dem Gericht preis. Ganz ähnlich deutet auch das Kolophon der »Denkschrift« in Jes 8,17f die Situation: JHWH wohnt noch auf dem Zion, aber ist zugleich der, *»der sein Angesicht verbirgt«* (dauerhaft: Ptz. המסתיר פניו). Auch die in Jes 6 angezeigte kultische Unzugänglichkeit JHWHs hat in kosmischer Hinsicht sehr wahrscheinlich die Preisgabe des Landes Juda an die hereinströmende »Flut« Assurs zur Folge (Jes 8,6-8).[42] Blickt die partizipiale Formulierung in Jes 8,17 jedoch auf einen Zeitraum unbestimmter Dauer der Verborgenheit JHWHs, so geht Jes 28,16f darüber hinaus: Das »Eckensteinwort« enthält eine *Zukunfts*dimension, die strikt *theozentrisch* aufzufassen ist.

An anderer Stelle habe ich zu zeigen versucht, daß die »Denkschrift« Jes 6-8* ihre Gestaltung möglicherweise Jesajatradenten der Manassezeit verdankt.[43] Die Besonderheit der Flutmetaphorik von Jes 8,6-8* legte eine Verbindung mit Inhalten der großen Babyloninschrift(en) Asarhaddons nahe, in denen dieser kurz nach seinem Regierungsantritt 680 v. Chr. die (zumindest teilweise) Zerstörung Babylons durch seinen Vater Sanherib 689 v. Chr. theologisch deutete. Auch zu dem oben herausgearbeiteten Konzept von Jes

---

42 Vgl. Hartenstein, JHWH (siehe Anm. 7).
43 Hartenstein, ebd.

28,14-22 bestehen auffallende Parallelen in diesen Inschriften: Nachdem sich Marduks Gemüt besänftigt und er die Frist der Strafe auf den Schicksalstafeln verkürzt hat, erwählt er Asarhaddon als den König, der den Wiederaufbau der Stadt und v.a. die Neugründung ihrer Tempel durchführen soll (intentional handelt es sich bei den Babyloninschriften um Bauinschriften für die Fundament-Depots).[44] Den breitesten Raum der Inschriften nehmen die Instandsetzungsmaßnahmen an dem Haupttempel Esagil ein, die zum Zeitpunkt der Abfassung allerdings noch weitgehend Zukunftsprogramm sind. Und es ist besonders die *Erneuerung der Fundamente*, von der sich Asarhaddon eine neue *»auf Recht und Gerechtigkeit«* (vgl. Jes 28,17) gegründete Herrschaft erhofft:

>»Meine priesterliche Nachkommenschaft *möge wie die Fundamente von Esagila und Babel für ewige Zeit standhalten.* Mein Königtum möge wie das ›Lebenskraut‹ den Leuten wohlgefällig sein. *In Recht und Gerechtigkeit möge ich ihre (sc. der Götter) Untertanen hüten.«*[45]

Handelt es sich bei Jes 28,14-22 (bzw. der Komposition Jes 28*) um eine unter Verwendung eines Spätzeitwortes Jesajas (von der »heranströmenden Geißel«) gestaltete schriftprophetische Zusammenfassung der Botschaft Jesajas? Diese wäre dann intentional und literarisch eng mit der »Denkschrift« verbunden und wie diese eventuell durch die Auseinandersetzung mit Inhalten der Asarhaddoninschriften geprägt. Das »Ecksteinwort« der Tradenten in Jes 28,16f ist dann wohl als »Bauinschrift« des Königs JHWH stilisiert, die die Wende zu »Recht und Gerechtigkeit« vollkommen in das zukünftige Handeln des verborgenen Gottes zurückverlegt.

---

44 Siehe B. Nevling-Porter, Images (vgl. Anm. 3), 110f, zur Evidenz für Kopien der Fundamentinschriften, die an anderen Orten aufbewahrt und weiterhin zugänglich geblieben waren.

45 Zitiert nach R. Borger, Asarhaddon (vgl. Anm. 33), 26 (Episode 39, Z. 6-14).

Abbildungen

Abb. 1 a-b   Gründungsfiguren des Urnansche, Ur I-Zeit, beide aus dem Kunsthandel. a: Nagelmensch, b: Nagelmensch mit Lasche. *Quelle:* S. A. Rashid, Gründungsfiguren im Iraq, Prähistorische Bronzefunde I/2, 1983, Tafel 4, Nr. 46 (= b) und 47 (= a).

Abb. 2   Gründungsfigur aus der Zeit des Gudea von Lagasch, kniender Gott mit Pfahl. Kunsthandel. *Quelle:* S. A. Rashid, Gründungsfiguren, Tafel 18, Nr. 110.

Abb. 3   Stelenfragmente des Urnammu von Ur, Ur III-zeitlich, Nanna-Heiligtum, 2. und 3. Fries nach der Rekonstruktion von J. Börker-Klähn. *Quelle:* J. Börker-Klähn, Altvorderasiatische Bildstelen und vergleichbare Felsreliefs, BagF 4, 1982, Tafel 11 (Ausschnitt).

Abb. 4   Gründungsfigur, Korbträger als Nagelmensch, Urnammu, Ur III-zeitlich, Uruk, äußere Zingelanlage. *Quelle:* S. A. Rashid, Gründungsfiguren, Tafel 24, Nr. 125.

Abb. 5   Stele, Assurbanipal als Korbträger, neuassyrisch, 668-631/27 (?) v. Chr., Babylon, *Quelle:* R. S. Ellis, Foundation Deposits in Ancient Mesopotamia, YNER 2, 1968, Nr. 26.

Abb. 6   Rollsiegel, akkadisch, Der Wettergott Adad im Wagen, der von einem Löwendrachen gezogen wird. *Quelle:* O. Keel, Die Welt der altorientalischen Bildsymbolik und das Alte Testament. Am Beispiel der Psalmen, [3]1980, 41, Nr. 44 (vgl. ebd., 360).

Übersetzung und Struktur von Jesaja 28,14-22

14 |Darum:| Hört das Wort JHWHs.
ihr Männer des Geschwätzes,
Herrscher dieses Volkes,
das in Jerusalem ist!

15 |Weil| **ihr** *gesagt* habt:

|1a| »**Wir** haben einen Vertrag/Bund mit dem Tod (mit Mot)
geschlossen,
und mit der |Unterwelt| (mit Scheol) haben **wir** ein Abkommen
getroffen:

|1b| Die |einherflutende Peitsche|,
wenn sie daherfährt,
erreicht **uns** nicht!

|2| Denn **wir** haben Täuschung zu **unserer** |Zuflucht|
|gemacht|,
und in Lüge haben **wir uns** |geborgen|!«

16 |Darum:| So hat **der Herr JHWH** *gesagt*:

|3|»Siehe, **ich** gründe |in Zion|
einen Stein,
einen Festungsstein,
einen kostbaren Fundamenteckstein,
ein Fundament, das fest/treu ist: nicht weicht
es!

17 |2'| Und **ich** |mache| Recht zur Meßschnur,
und Gerechtigkeit zum Senkblei,
und Hagel wird wegfegen die |Lügenzuflucht|
und den |Schutz(raum)| – Wasser werden (ihn)
wegfluten!

18 |1a'| Und zugedeckt wird **euer** Vertrag/Bund mit dem Tod (mit Mot),
und **euer** Abkommen mit der |Unterwelt| (Scheol) –
nicht wird es *bestehen* bleiben:

1b' Die einherflutende Peitsche,
   wenn sie daherfährt –
   ihr werdet für sie zum Zertreten!
19   Sooft sie einherfährt
   wird sie **euch** packen (nehmen)!«

Ja, Morgen um Morgen fährt sie einher,
 bei Tag und bei Nacht,
 und es wird bloßer Schrecken sein, »Hörung« (Offenbarung) zu deuten!
20 Ja, zu kurz das Lager, um sich auszustrecken,
 zu eng die Decke, um sich einzuhüllen!
21 Denn wie (am) Berg Perazin wird JHWH *aufstehen*,
 wie (im) Tal bei Gibeon wird er rasen/beben,
 zu tun sein Tun
 – fremd/andersartig sein Tun!,
 und zu wirken sein Werk
 – fremdartig/ausländisch sein Werk!
22 Und jetzt: Spielt euch nicht auf,
 damit nicht straffer/stärker werden eure Fesseln,
     denn Vernichtung und Beschluß habe ich gehört vom Herrn JHWH
     Zebaoth
 über die ganze Erde (o: das ganze Land)

Zur Metaphorik von Jesaja 28,14-19aα

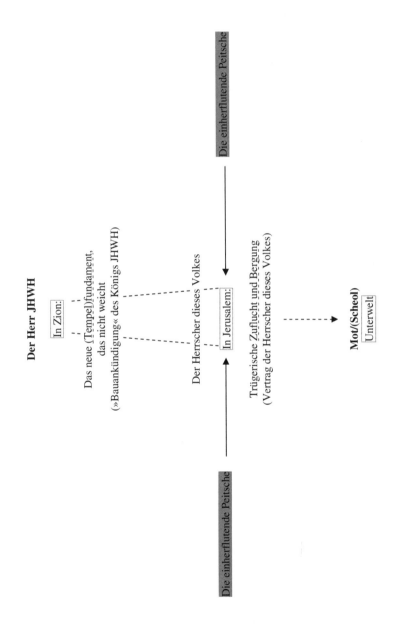

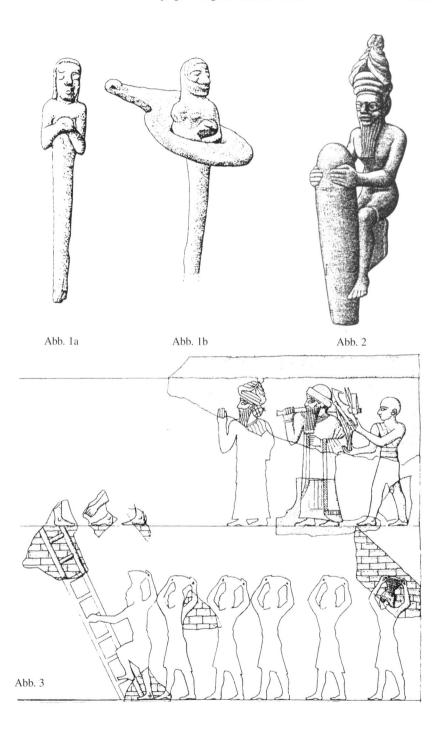

Abb. 1a   Abb. 1b   Abb. 2

Abb. 3

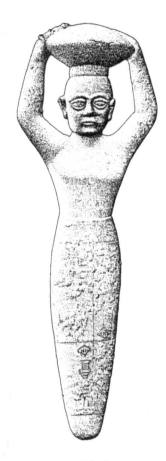

Abb. 4

Abb. 5

Abb. 6

Jesaja 33 und seine redaktionelle Funktion im Protojesajabuch

Ernst-Joachim Waschke (Halle a. d. S.)

1. Problemstellung

Otto Kaiser beginnt die Auslegung dieses Kapitels mit den Worten: »Wer dem Kapitel zum ersten Male begegnet und keine Erfahrung im Lesen der Psalmen und der eschatologischen Bearbeitungen der Prophetenbücher besitzt, wird zwar seinen Inhalt in großen Zügen in sich aufnehmen, verstehen, daß da von einem gewaltigen, dem Zion entstandenen Feind und seiner schließlichen Vernichtung [...] die Rede ist, aber zugleich durch den Wechsel der Aspekte und der Stimmen verwirrt und durch das teilweise über den Aussagen liegende Halbdunkel irritiert sein. Aber auch der im Umgang mit dem Alten Testament Erfahrene wird immer wieder stutzen und sich fragen, ob er das Gelesene richtig verstanden, ob der überlieferte Text zuverlässig und das Einzelmotiv zutreffend gedeutet ist.«[1]

In der Tat zählt dieses Kapitel zu den schwierigen Texten des ersten Jesajabuches. Mit den Kapiteln 32-35 gehört es zum kompositorischen Rahmen und damit in den Bereich der eindeutig redaktionellen Fortschreibungen der Botschaft dieses Buches.[2] Dies aber macht den Reiz aus, ein solches Kapitel möglichst genau zu verstehen. Denn angesichts der Tatsache, dass beim gegenwärtigen Stand der Forschung der Ausgangspunkt des Buches und die diesem Anfang zu Grunde liegende Botschaft völlig umstritten sind,[3] gewin-

---

1 O. Kaiser, Der Prophet Jesaja. Kapitel 13-39, ATD 18, [3]1983, 269; ebenfalls zitiert von W.A.M. Beuken, Jesaja 33 als Spiegeltext im Jesajabuch, EThL 67 (1991), 5-35, 5; vgl. zur Sache auch H. Gunkel, Jesaia 33, eine prophetische Liturgie, ZAW 42 (1924), 177-208, 180f.

2 Vgl. H. Barth, Die Jesaja-Worte in der Josiazeit. Israel und Assur als Thema einer produktiven Neuinterpretation der Jesajaüberlieferung, WMANT 48, 1977, 46f., 287ff.; O.H. Steck, Bereitete Heimkehr, Jesaja 35 als redaktionelle Brücke zwischen dem Ersten und dem Zweiten Jesaja, SBS 121, 1985, 55ff.; E. Bosshard-Nepustil, Rezeption von Jesaja 1-39 im Zwölfprophetenbuch. Untersuchungen zur literarischen Verbindung von Prophetenbüchern in babylonischer und persischer Zeit, OBO 154, 1997, 184ff. u. a.

3 J. Barthel, Prophetenwort und Geschichte. Die Jesajaüberlieferung in Jes 6-8 und 28-31, FAT 19, 1997; U. Becker, Jesaja – von der Botschaft zum Buch, FRLANT 178, 1977; vgl. dazu die Diskussion in: Prophetie in Israel. Beiträge des Symposiums »Das Alte Testament und die Kultur der Moderne« anlässlich des 100. Geburtstages Gerhard von Rads (1901-1971) Heidelberg, 18.-21. Oktober 2001, hg. v. I. Fischer u. a., Altes Testament und Moderne Bd. 11, 2003.

nen die in der Exegese und Theologie lange Zeit vernachlässigten Fortschrei-
bungskapitel an Wert und Gewicht. Wenn der Anfang unklar ist bzw. im
Dunkeln liegt, dann vermögen die redaktionellen Rahmenkapitel nicht unbedingt den Anfang zu beleuchten, aber es darf erwartet werden, dass sie die
vorgegebene Botschaft in einem bestimmten Licht erscheinen lassen. Voraussetzung dafür allerdings ist, dass ein solcher Text, auch wenn er in Sprache und Form Anleihen aus anderen Textbereichen genommen hat, für den
Kontext des jeweiligen Prophetenbuches verfasst worden ist und ursprünglich
keinen anderen Sitz im Leben besaß. Dies ist bei Jes 33 trotz aller angedeu-
teten Problematik mit großer Wahrscheinlichkeit der Fall. Dafür sprechen
eine Vielzahl sprachlicher Beziehungen zu anderen Texten, vor allem des
ersten Jesajabuches, wie auch die Tatsache, dass dieser Text keinerlei Hinweise auf einen ursprünglich anderen Kontext enthält.

W.A.M. Beuken hat auf Grund von elf »textlichen Analogien«, die er
meinte von Jes 33 aus zu Texten des gesamten Jesajabuches (1-66) feststellen
zu können[4], dieses Kapitel als einen »Spiegeltext« bzw. als eine »Spie-
gelerzählung« charakterisiert. Die Funktion eines solchen Textes bzw. einer
solchen Erzählung besteht seiner Überzeugung nach darin, die Botschaft des
Buches wie in einem Spiegel zu fokussieren.[5] Dem Leser wird dadurch die
Möglichkeit gegeben innezuhalten, wobei die retrospektiven Textbezüge auf
Jes 1-32 ihn auffordern, die bisher wahrgenommene Botschaft unter der
durch dieses Kapitel vorgegebenen Perspektive zu reflektieren, während die
prospektiven Bezüge zu Jes 40-66 auf das Ziel verweisen, zu dem das Buch
den Leser führen will.[6] Nun kommt Beuken zu dieser Sicht ausschließlich auf
Grund einer synchronen Betrachtung der Textbezüge. Würde man sein Ergebnis redaktionsgeschichtlich auswerten, so ließe sich nur der Schluss ziehen, dass Jes 33 zu den letzten und spätesten Kapiteln gehört, die in das Jesajabuch eingetragen worden sind. Dies entspricht aber keinesfalls den derzeit
diskutierten redaktionsgeschichtlichen Einsichten zu diesem Kapitel.[7]

---

4   I. V.1 zu 21,2; II. V.2 zu 8,17; 12; 25,9; 51,5; 59,11; III. V.3f. zu 30,27-33; IV. V.5f. zu
    11,1-10; V. V.7-12 zu 29,1-8; VI. V.7 zu 9,5f.; 52,7; 53,5; V.8a zu 40,3; 49,8-11; 57,14;
    59,7; 62,10; VII. V.8bf. zu 24,3-7; 35,1f- 40,3; VIII. V.10-13 zu 2,6-22; 40,21.28; IX.
    V.14-16 zu 2,10 (= 19,21); 1,12-17; 26,2-11; X. V.17 zu 6,4 [gemeint ist V.5!]; (52,7f.);
    26,11; V.22 zu 2,4; 66,16; XI. V.19 zu 28,11; vgl. die entsprechenden Zusammenfassun-
    gen bei W.A.M. Beuken (Anm. 1), 27. 35.
5   Vgl. W.A.M. Beuken, 7ff.
6   Vgl. W.A.M. Beuken, 34f.
7   Vgl. H. Barth (Anm. 2), 215ff.; O.H. Steck (Anm. 2), 55ff.; E. Bosshard-Nepustil (Anm.
    2), 184ff.; J. Barthel (Anm. 3), 254f. 261f.; U. Berges, Das Buch Jesaja. Komposition und
    Endgestalt, HBS 16, 1998, 242ff.; Z. Kustár, »Durch seine Wunden sind wir geheilt«.
    Eine Untersuchung zur Metaphorik von Israels Krankheit und Heilung im Jesajabuch,
    BWANT 154, 2002, 86ff.

Es ist hier nicht der Ort für eine literaturtheoretische Diskussion um die Gattung »Spiegeltext« und ihre Anwendungsmöglichkeit und -grenzen in Bezug auf alttestamentliche Texte. Richtig erkannt hat W.A.M. Beuken, dass dieser Text aus dem Kontext des ersten Jesajabuches verstanden werden muss und dass er die ihm vorgegebene Botschaft unter einer ganz bestimmten Perspektive zusammenfassen will. Dass dabei aber das erste Jesajabuch als ganzes und Teile des zweiten und dritten Jesajabuches in den Blick genommen werden, ist zu bezweifeln. So sinnvoll Beobachtungen auf der synchronen Textebene im Einzelnen sein können, so notwendig bleibt es, sie auf der diachronen Ebene zu überprüfen, weil sich dann nämlich leicht erweisen könnte, dass Jes 33 eine sehr viel engere Perspektive aufweist als das Buch insgesamt. Aber gerade in seiner Begrenztheit besitzt das Kapitel für die Entwicklung und Fortschreibung des Jesajabuches einen sehr viel höheren Wert als wenn man versucht, es aus einer vermeintlichen Gesamtperspektive zu deuten.

Wir fragen deshalb zuerst nach dem Aufbau des Kapitels und der inneren Stringenz seiner Stücke (2.). Nachfolgend soll versucht werden, die Texte zu erfassen, von denen aus das Kapitel am sichersten gedeutet werden kann (3.), woran sich am Schluss (4.) Überlegungen zur redaktionellen Funktion anschließen.

2. Aufbau

Eröffnet wird das Kapitel in V.1 mit einem Weheruf über den »Verwüster« (שׁוֹדֵד) und »Räuber« (בּוֹגֵד)[8], der, bisher von seinem eigenen Treiben verschont, das erleiden wird, was er anderen getan hat. Dem folgt in V.2 der Bittruf einer kollektiven Größe um Jahwes Hilfe »am Morgen« und in der »Zeit der Not«. Beide Verse bilden eine Exposition und gehören sachlich insofern zusammen, als die nachfolgenden Verse (V.3-12) jene Situation umreißen, die in der Einleitung mit dem Wehe- und Bittruf vorausgesetzt zu sein scheint.

Auch wenn einzelne Aussagen dieses Abschnittes nicht eindeutig und deshalb in der Auslegung strittig sind, ist doch der parallele Aufbau zwischen den V.3-6 und 7-12 unverkennbar: [9]

---

8 Übersetzung mit W. Gesenius, Hebräisches und aramäisches Handwörterbuch über das Alte Testament, 18. Auflage, bearbeitet und hg. von R. Meyer und H. Donner, 1. Lieferung, 1987, 123.

9 Einen parallelen Aufbau erkennt an dieser Stelle auch K. Koenen, Heil den Gerechten ... Unheil den Sündern! Ein Beitrag zur Theologie der Prophetenbücher, BZAW 229, 1994, 121, im Anschluss an J. Vermeylen, Du prophète Isaïe à l'apocalyptique. Isaïe 1-35, miroir d'un demi-millénaire d'expérience religieuse en Israël, EtB I-II, 1977/78, 432. Dabei stellt er V.2 zu V.7-9: »Klage«; V.3f. zu V.10-12: »Jahwes Einschreiten zum

A Kriegslärm V.3   A' Kriegsgeschrei V.7
B Auswirkung V.4   B' Auswirkung V.8f.
C Jahwes Erhabenheit V.5   C' Jahwes Aufbruch V.10
D Grund des Heils V.6   D' Grund des Untergangs V.11f.

Die Völker und Nationen, die in V.3 vor dem »Kriegslärm« (vgl. Jes 13,4) und »vor Jahwes Erheben«[10] die Flucht ergreifen, sind am Ende des Abschnittes in V.12 der Vernichtung preisgegeben. Dem Einsammeln der Kriegsbeute in V.4 entspricht die Verwüstung des Landes in V.8, die hier um die Metapher der verwelkten und verdorrten Erde (V.9)[11] erweitert ist. Dem hymnischen Bekenntnis über Jahwes Erhabenheit in V.5 entspricht dann in V.10 die Deklaration Jahwes, sich »jetzt«[12] zu erheben und aktiv in das Geschehen einzugreifen. Derjenige, der in »Weisheit, Erkenntnis und Furcht Jahwes« lebt, hat eine »sichere Zeit«[13] (V.6). Demgegenüber tragen die anderen, weil »schwanger mit Heu und Stroh gebärend«, ihre Vernichtung in sich selbst (V.11). Eine Art Leitwortfunktion besitzt in diesem Abschnitt die Wurzel רום: מרוממתך (V.3), מרום (V.5), ארומם (V.10).

V.13 wird in der Regel noch dem Abschnitt V.7-12 zugerechnet.[14] Das ist insofern zu verstehen, als dieser Vers noch Jahwerede ist. Allerdings dient die Aufforderung zum Hören im ersten Jesajabuch immer der Kennzeichnung eines neues Wortes[15], so dass der Vers als Überleitung von dem vorausgehenden zum nachfolgenden Abschnitt zu verstehen ist. Nach der Feststellung über die Reaktion der Sünder angesichts der Gegenwart Gottes auf dem Zion (V.14a) folgt in den V.14b-16 jener Textteil, der in der Regel als Nachahmung einer »Torliturgie« verstanden wird.[16] Dafür sprechen, dass die einlei-

---

Gericht (רום v.3.10)« und V.5f. zu V.13-16 »Heil auf Zion (Wurzel אמן v.6.16)«. Damit übersieht er den eigentlichen gegebenen Aufbau und will im Grunde nur sicher stellen, dass die V.14-16 zum ursprünglichen Text des Kapitels gehören, was an sich richtig ist.

10 So H. Wildberger, Jesaja. 3. Teilband Jesaja 28-39. Das Buch, der Prophet und seine Botschaft, BK X/3, 1982, 1282f.; andere, auch O. Kaiser (Anm. 1), 267, konjizieren mit BHS מרוממתך in מרממתיך »vor deinem Geschrei«, mit Verweis auf akk. *rimmatu*; vgl. aber die Wurzel רום in V.5.10.

11 Einen Grund, diesen Vers einer späteren Bearbeitung zuzuweisen, wie Z. Kustár (Anm. 7), 83, annimmt, gibt es nicht.

12 Dreimal עתה.

13 Die sehr eigene und nur an dieser Stelle belegte Aussage sollte nicht geändert werden. Sie fordert dann aber die Konjektur von אוצרו in אוצרך, so auch H. Wildberger (Anm. 10), 1284; O. Kaiser (Anm. 1), 267.

14 H. Gunkel (Anm. 1), 178. 202; H. Wildberger (Anm. 10), 1296; anders schon K. Marti, Das Buch Jesaja, KHC 10, 1900, 239, vgl. auch K. Koenen (Anm. 9), 120.

15 Vgl. 1,2.10; 7,13; 28,14.23 und auch die *Setuma* nach 33,12.

16 So die meisten Ausleger im Anschluss an H. Gunkel (Anm. 1), 192f. 203f., vgl. S.Ö. Steingrimmsson, Tor der Gerechtigkeit. Eine literaturwissenschaftliche Untersuchung der sogenannten Einzugsliturgien im Alten Testament: Ps 15; 24,3-5 und Jes 33,14-16, 1984, 94ff., was von K. Koenen (Anm. 9), 122, zu Unrecht bestritten wird.

tende Frage מי יגור von V.14b wörtlich mit Ps 15,1 übereinstimmt und dass
der Aufbau dieses Abschnittes den entsprechenden Versen von Ps 15 und 24
folgt:

Frage:	Jes 33,14b	=	Ps 15,1/Ps 24,3
Bescheid:	Jes 33,15	=	Ps 15,2-5a/Ps 24,4
Zusage:	Jes 33,16	=	Ps 15,5b/Ps 24,5

Eine Verbindung zu dem vorausgehenden Abschnitt (V.3-12) ist sprachlich
an zwei Punkten evident. Es ist zum einen die Rede vom »verzehrenden
Feuer« (V.11.14b) und zum anderen die von dem »Wohnen auf der Höhe«,
bzw. »den Höhen« (V.5.16). In V.11 wird jenen, die mit der Metapher »mit
Heu schwanger zu gehen und Stroh zu gebären« apostrophiert sind, angesagt,
dass ein Feuer (אש) sie verzehren wird (תאכלכם). Nach dem MT wird das
Feuer offenbar durch ihre eigene *Ruach* (רוחכם) entfacht, was im Blick auf
die vorangestellte Metapher durchaus Sinn gibt (vgl. Jes 1,31).[17] Auf Grund
des vorausgehenden V.10 gilt Jahwe als Initiator, dessen richtende Gegenwart in V.14b als ein verzehrendes Feuer umschrieben wird (אש אוכלה), vor
dem die Sünder auf dem Zion erschrocken sind (V.14a). Die Rede von dem
»Wohnen auf der Höhe« umschreibt in V.5 Jahwes Weltüberlegenheit (שכן
מרום), und dem »Gerechten« wird in V.16 zugesagt, dass er im Schutz auf
den »Höhen wohnen wird« (הוא מרומים ישכן).
  Aus dieser Gegenüberstellung erfährt die Frage von V.14b eine Verschärfung. Wenn schon die Völker, die abseits des Zion leben, durch Jahwes Aufbruch (V.10) der Vernichtung preisgegeben sind (V.11), wer kann dann in
seiner direkten Gegenwart das Gericht überstehen? Die Frage ist keinesfalls
rein rhetorisch zu verstehen,[18] denn sie ist nicht allgemein gestellt, sondern
auf die »Sünder in Zion« bezogen.[19] Die Antwort kann deshalb nur lauten:
»Der Gerechte«, aber nicht »der Sünder«! Würde sie auf die Antwort zielen:
»Keiner, Niemand«, dann hätten der nachfolgende Bescheid (V.15) und die
Verheißung (V.16) keinen Adressaten. Hier nämlich wird dem als »gerecht«
Beurteilten ein Wohnen in der Gegenwart Jahwes auch über das Gericht hin-
aus zugesagt[20]. Ihm allein gilt deshalb die Verheißung des Schlussteils des
Textes (V.17-24).

---

17 Am häufigsten wird רוחכם in רוח כמו geändert; vgl. Z. Kustár (Anm. 7), 83, Anm. 15.
18 Gegen K. Koenen (Anm. 9), 121, der dabei אש אוכלה durchaus richtig von Ex 24,17;
   Dtn 4,24; 9,3; Jes 29,6; 30,27 her als Jahwes richtende Gegenwart deutet.
19 LXX und Vulgata lesen an Stelle der 1. Person die 2. Person Plural.
20 Vgl. Ex 24,9-11.17f.

Diese Verheißung wird zumeist von dem vorausgehenden Text abgetrennt. Das hängt vor allem damit zusammen, dass V.17 vielen Auslegern nur schwer einen Sinn ergeben will.[21]

Der Zusammenhang zum Vorausgehenden ist trotz mancher Unklarheiten im Detail dennoch deutlich. Diejenigen, die Jahwes richtende Gegenwart auf Grund ihrer Rechtschaffenheit ertragen können und deshalb über das Gericht hinaus in seiner Gegenwart ihre Wohnung besitzen, werden ihn schauen. So auch O. Kaiser in seiner Auslegung: »Stellen wir die Bedenken gegen die Ursprünglichkeit von V.17 zurück, stehen wir noch vor der schwer zu fällenden Entscheidung, ob es sich bei der zu Beginn der hier einsetzenden Heilsschilderung angekündigten Schau des Königs um eine Gotteserscheinung oder um das Sehen des Messias handelt. Zugunsten der zuletzt genannten Möglichkeit möchte man auf Ps. 45,3ff. mit seiner Schilderung der Schönheit des jungen Königs und außerdem auf den Grundsatz verweisen, daß stirbt, wer Gott sieht, vgl. 2.Mose 33,20; Jes. 6,5. Aber dagegen scheint nun doch das betonte Bekenntnis zu Gott als dem König in V.22 zu sprechen. Zudem ergibt sich bei der Gleichsetzung des Königs mit Gott eine gedankliche Rückverbindung zu V.14ff.: Die Gerechten dürfen bei dem ›verzehrenden Feuer‹ weilen, dürfen und sollen also den Gott schauen, der ihnen Heil und Leben gebracht hat.«[22]

Dies ist schon deshalb korrekt, weil die Heilsverheißung in V.17ff. voraussetzt, dass auch der »Gerechte« von dem vorausgehenden Gerichtsgeschehen nicht unberührt geblieben ist. Denn wie zuvor die »Sünder auf Zion« ist auch er von ängstlichen Fragen gequält. Während die Sünder in Schrecken (פחדו ... אחזה רעדה) geraten angesichts der richtenden Gegenwart Gottes (V.14), gedenkt der »Gerechte« (לבך יהגה אימה) der zurückliegenden Schreckenszeit unter der Frage, wo denn die Repräsentanten der Unterdrückung abgeblieben sind (V.18). Die Antwort in V.19, dass er die Herrschaft eines fremden Volkes nicht mehr sehen wird, soll ihn freimachen, das zu schauen, was ihm die Verheißung offenbaren will. Deutlich hervorgehoben sind deshalb in der Heilsschilderung die Verben חזה – »schauen« und ראה – »sehen«.

V.17	עיניך תראינה		תחזינה
V.19		לא תראה	
V.20	עיניך תראינה		חזה

---

21 Das Problem besteht vor allem darin, dass nicht sicher ist, auf wen sich die im AT singuläre Aussage »ein König in seiner Schönheit« (מלך ביפיו) bezieht. Auf den messianischen König (so H. Ringgren, Art.: יָפָה jāpāh, ThWAT 3, 1982, 787-790, 789) oder auf Jahwe selbst (so H. Wildberger, [Anm. 10], 1314f.)? Für die letzte Annahme sprechen aber das Bekenntnis von V.22 und die Bezeichnung Jahwes als אדיר in V.21.
22 O. Kaiser (Anm. 1), 275.

Mit ihnen wird die Verheißung in V.17 eingeleitet, und in der Aufforderung
in V.20 werden sie entsprechend wieder aufgenommen. Im Mittelteil (V.19)
hingegen wird gesagt, was nicht mehr zu sehen sein wird. Die Verheißung
eines »Königs in seiner Schönheit« und »eines äußerst weiten Landes«
(V.17) fordert so, den Blick nicht zurückzukehren, sondern auf Zion und Jerusalem zu schauen (V.20). Hier ist der Ort, der dem »Gerechten« Sicherheit,
Schutz und Ruhe gewährt, was durch die Bilder eines friedlichen Hirtendaseins (V.20) und ungefährdeten Wasserreichtums (V.21) unterstrichen und
abschließend in dem Bekenntnis (V.22) begründet wird: »Denn Jahwe ist
unser Richter, Jahwe ist unser Führer, Jahwe ist unser König, er ist es, der
uns rettet!«. Die letzte Aussage הוא יושיענו nimmt das Verb ישע aus der
Eingangsbitte (V.2) wieder auf: ישועתנו.

Von diesem Rückbezug aus könnten die beiden folgenden Schlussverse
des Kapitels (V.23-24) später nachgetragen sein, zumal die Heilsaussagen
über Jerusalem und Zion hier in eine Richtung interpretiert werden, auf die
das Kapitel bis dahin mit keinem Wort anspielt. Allerdings wird in V.23 sowohl an das Bild der Schifffahrt von V.21 wie auch an das Bild des Beute-
machens von V.4 angeknüpft. Außerdem liegen die Aussagen von V.24, dass
keiner, der an diesem Ort wohnt, mehr sagt: »Ich bin krank« (חליתי), und
dass dem Volk, das auf Zion wohnt, die Sünde vergeben ist (נשא עון), durchaus im Duktus des Jesajabuches und lassen sich im Rückbezug auf Jes 1,5f.
und 6,7.10 verstehen.[23] Letzte Sicherheit lässt sich an diesem Punkt nicht
erreichen.

Jes 33 stellt sicher keine genuine Einheit dar, aber doch wohl eine kon-
struierte. Indem die einzelnen Aussagen und Bilder durch ihre Abfolge und
durch wenige sprachliche Verbindungen aufeinander bezogen sind, will der
Text als Einheit gelesen und verstanden werden. Aber die einzelnen Aussagen sind nicht frei für diesen Kontext formuliert, sondern greifen auf bereits
vorgegebene Bilder und Formulierungen zurück, ohne dass wir diese noch im
Einzelnen rekonstruieren könnten. Das genau macht ihre Schwierigkeit aus.
Diese besteht zum einen darin, dass die Mehrzahl der Aussagen aus dem
Kontext dieses Kapitels allein nicht voll verständlich ist. Mit keinem Wort
wird angedeutet, wer der »Zerstörer« und »Räuber« ist, über den eingangs
der Weheruf erschallt (V.1). Auch die in den V.3f. und 7f. dargestellten
kriegsartigen Geschehnisse werden mehr angedeutet als ausgeführt. Mit keinem Wort etwa wird gesagt, wer in V.4 die Nutznießer sind, die sich wie
»Heuschrecken« über die Beute hermachen, die offensichtlich von den flie-
henden Völkerschaften zurückgelassen worden ist. In V.7f. scheint das analoge Kriegsgeschehen insofern etwas konkreter gefasst zu sein, als es sich
hier auf eine Stadt und ihre Region konzentriert, die auf Grund des Kontextes
und möglicher Anspielungen durch die Worte אראלם und שלום auf Jerusalem

---

23 Vgl. zum Motiv der Krankheit vor allem Z. Kustár (Anm. 7), 82ff.

gedeutet werden könnte.[24] Aber um was für eine *Berit* es sich handelt (V.8),
und von wem sie gebrochen worden ist, bleibt ebenso unbestimmt wie etwa
auch die Adressaten des Schelt- und Drohwortes von V.11f. Das gilt in
gleicher Weise für den in der zweiten Person Singular Angesprochenen
(V.17-20) sowie die Gruppe, die sich in der ersten Person Plural (V.2.21f.) zu
Wort meldet. Es wird vorausgesetzt, dass bestimmte Informationen ande-
renorts vorgegeben und damit dem Hörer bzw. Leser bekannt sind. Dem entspricht, dass Jes 33 vielfältige Beziehungen zu anderen Texten des Jesajabuches und darüber hinaus aufweist. Von daher stellt sich die Frage, was aus
dem Aufweis dieser Beziehungen für das Verständnis dieses Kapitels gewonnen werden kann.

3. Textbezüge (vor allem zu Jes 1 und 6)

Fragt man nach den Texten, denen sich Jes 33 sachlich zuordnen lässt, so
finden sich Bezüge zu den Psalmen ebenso wie zur Weisheit und zur Prophetie. Zugleich wird dieser weiteste Kontext insofern eingeschränkt, als Jes 33
im redaktionellen Rahmen des ersten Jesajabuches als Fortschreibung desselben verstanden werden muss. Um diesen engeren Kontext genauer zu erfassen, genügt es nicht, allein die sprachlichen Verbindungen zu anderen Texten
des Buches aufzuweisen, die mitunter durchaus mehrdeutig sein können,
sondern es sind auch inhaltliche und strukturelle Analogien zu berücksichtigen und deren theologische Bedeutung zu erfragen.

W.A.M. Beuken, darum bemüht, Jes 33 als »Spiegeltext« zu erweisen,
findet »semantische Analogien« zu fast allen Textbereichen des gesamten
Jesajabuches.[25] Dabei treten die aus unserer Sicht entscheidenden Kapitel, der
sog. »Prolog« (Jes 1) und die »Tempelvision« (Jes 6), nur am Rande und
beiläufig in den Blick,[26] obgleich Jes 33 mit dem ersten das Thema Zion und
mit dem letzten das Thema von Jahwes Königtum verbindet.[27]

---

24 Das im AT singuläre אראלם wird gerne auf dem Hintergrund von 29,1 in אריאלים
geändert und entsprechend שלום dann in שָׁלֵם, die alte Stadtbezeichnung für Jerusalem,
so schon H. Gunkel (Anm. 1), 178; H. Wildberger (Anm. 10), 1294 u. a.; aber sollte ein
so klarer Bezug wirklich nachträglich verdorben worden sein? Vgl. O. Kaiser (Anm. 1),
267, und zur Bedeutung von אראלם als »Helden« W. Gesenius (Anm. 8), 93.
25 Siehe oben Anm. 4.
26 Zu Jes 1 vermerkt W.A.M. Beuken (Anm. 1), 22, nur das Paar פשעים und חטאים (V.28),
das er in Beziehung zu חטאים und חנפים (33,14) setzt. Zwar zeigt für ihn auch »die
Beschreibung des erneuerten Jerusalem... in manchen Zügen Übereinstimmung mit
der Klage gegen die Stadt, die das Jesajabuch eröffnet (Kap. 1). Auch hier wird sie קריה
genannt (1,21. 26). Ihre ›Festzeiten‹ (מועדים) missfallen Gott (1,14), sollen aber einmal
eine wohlgefällige Bedeutung erlangen«. Aber diese Bezüge erscheinen ihm dann schon
»als weniger spezifisch, da sie eher den Charakter einer Isotopie tragen« (a.a.O., 25).
Aber dass am Anfang dieses Kapitels ein Weheruf steht (1,4) wie auch in 33,1, wird von

Mit Jes 1, zu dem die rein sprachlichen Verbindungen geringer sind als die inhaltlichen und strukturellen Entsprechungen, teilt Jes 33, dass am Anfang beider Kapitel ein Weheruf steht (1,4; 33,1) und dass am Ende Aussagen über Jerusalem/Zion erfolgen (1,21-28; 33,17-24), die das eigentliche Ziel des jeweiligen Kapitels bilden. Mit den beiden Weherufen ist schon die für den Anfangs- und Schlussteil des Buches notwendige unterschiedliche Perspektive gesetzt. Steht am Anfang das Volk unter Anklage, so am Ende der fremde »Zerstörer« und »Räuber«.

In 1,4 wird das Wehe über das sündhafte, mit schwerer Schuld beladene Volk gesprochen, dessen Körper krank (V.5f.), dessen Land verwüstet und von Fremden ausgebeutet ist (V.7). Nach einer knappen Reminiszenz über den »Rest Zions« (V.8f.) folgt in V.10-17 eine »Priestertora«, in der die Sinnlosigkeit kultischer Handlungen angesichts mangelnden Rechtsbewusstseins und ethischen Verhaltens thematisiert wird. Die Alternative Gericht und Heil wird in den V.18-20 in gleicher Richtung noch einmal verschärft, und das Kapitel endet in V.21-26 in dem Spruch über Jerusalem/Zion, wobei die Klage über die Stadt (V.21-23) und die Verheißung ihrer Restitution (V.24-26) konzentrisch aufeinander bezogen sind.[28] Die »Fülle des Rechts« (מלאתי משפט) und die »Anwesenheit von Gerechtigkeit« (צדק ילין בה) als die ursprünglichen Charakteristika der zur »Hure« gewordenen Stadt (V.21) werden wieder hergestellt durch die Einsetzung von »Richtern« (שפטים) und »Beratern« (יעצים) wie in der Frühzeit (V.26), so dass sie wieder genannt wird: »Stadt der Gerechtigkeit« (עיר הצדק), »treue Stadt« (קריה נאמנה). Dabei wird vorausgesetzt, dass dies in einem Prozess der Reinigung (V.22/25) erfolgt, in dem sich Jahwe an denen rächen wird, die für den gegenwärtigen Zustand verantwortlich gemacht werden (V.23/24). Nachfolgend wird dieser Spruch in den V.27f. dahingehend interpretiert, dass der Zion

---

ihm nicht beachtet. Zu Jes 6 beschränkt er sich nur auf den Hinweis auf Jahwes Königtum (6,5; 33,17), ohne auf weitere sprachliche Übereinstimmungen einzugehen (siehe dazu unten).

27 In anderem Zusammenhang hat schon R. Albertz, Das Deuterojesaja-Buch als Fortschreibung der Jesajaprophetie, in: E. Blum u.a. (Hg.), Die hebräische Bibel und ihre zweifache Nachgeschichte, FS R. Rendtorff, 1990, 241-256 (= ders., Geschichte und Theologie. Studien zur Exegese des Alten Testaments und zur Religionsgeschichte Israels, BZAW 326, 2003, 239-255), auf die Bedeutung von Jes 1 und 6 für die Fortschreibung des Jesajabuches aufmerksam gemacht. Am Prolog des zweiten Jesajabuches (40,1-11) hat er aufgezeigt, dass dieser erheblich an Verständnis und theologischer Kontur gewinnt, wenn man ihn von Jes 6 und Jes 1 her liest und versteht. Dass dies in ähnlicher Weise für Jes 33 zutrifft, soll im Folgenden aufgezeigt werden.

28 A (V.21) – B (V.22) – C (V.23) – D (V.24a) – C' (V.24b) – B' (V.25) – C' (V.26); so zuletzt O.H. Steck, Zur konzentrischen Anlage von Jes 1,21-26, in: I. Fischer u.a. (Hg.), Auf den Spuren der schriftgelehrten Weisen, FS J. Marböck, BZAW 331, 2003, 97-103, 99; vgl. auch E. Blum, Jesajas prophetisches Testament. Beobachtungen zu Jes 1-11 (Teil 1), ZAW 108 (1996), 546-568.

erlöst wird (פדה) durch »Recht« und seine »Rückkehrer«[29] durch »Gerechtigkeit«, weshalb die »Frevler« und »Sünder«, d.h. die von Jahwe Abge-
fallenen, zusammen zerbrechen müssen.

An diese Vorstellung knüpft Jes 33 insofern an, als hier vorausgesetzt
wird, dass Zion, weil durch Jahwe »mit Recht und Gerechtigkeit gefüllt«
(מלא ... משפט וצדקה), längst wieder restituiert ist (V.5). Derjenige, dem
»Weisheit, Einsicht und Jahwefurcht« Schatz des Heils und kostbarer Ge-
winn sind, kann wieder vertrauen (V.6).[30] Das gilt nicht nur angesichts der
kriegerischen Ereignisse in der Völkerwelt, sondern auch für den offensichtlich in V.7ff. beschriebenen Fall, dass die Stadt und ihr Umland wieder durch
Krieg und Verwüstung heimgesucht werden. Während in 1,7 die Verwüstung
des Landes und die Zerstörung der Städte als Folge der Sünde des Volkes
und seines Abfalls von Jahwe aufgefasst werden, bietet das in 33,7-9 beschriebene Kriegsgeschehen und seine Auswirkungen den Anlass für Jahwes
Einschreiten. Auch wenn es expressis verbis nicht gesagt wird, zu wessen
Gunsten er aufbricht, so ist doch aus dem Zusammenhang deutlich, dass dies
zur Verteidigung seines Ortes geschieht in Abwehr der den Zion bedrängen-
den Völker. Deren Chancenlosigkeit beschreiben die V.11f. Für Zion steht
deshalb allein die Frage, wer in der richtenden Gegenwart Jahwes zu wohnen
vermag (גור), d. h. als Gast Schutzrecht genießt (V.14). Die Antwort wird in
Anlehnung an eine »Torliturgie« gegeben (V.15), die zwar nicht wörtlich,
aber der Sache nach die Forderungen der »Priestertora« von 1,16f. aufnimmt,
und selbst schon den Hintergrund für die Anklage gegen Jerusalems Führungsschicht in 1,23 bildet. Dem Gerechten, im Unterschied zu den »Sündern
und »Gottentfremdeten«, wird Jahwes Gegenwart, auch in ihrer richtenden
Dimension, Schutz und Leben gewähren (33,16). Deshalb wird sein Blick am
Ende ganz auf Jerusalem und Zion konzentriert. Hier wird er den Gott
schauen (V.17), der in 1,15 der Kultgemeinde noch erklärt hat, ihren gottesdienstlichen Handlungen gegenüber Augen (אעלים עיני) und Ohren (אינני
שמע) zu verschließen. Er selbst hat jetzt die Funktion des »Richters, Führers
und Königs« übernommen (33,22; vgl. 1,24). Es kann von daher durchaus
eine weitere Anspielung sein, wenn Zion in 3,20 als »Stadt unserer Feste«
(קרית מועדנו) bezeichnet wird, die nach 1,14 Jahwe verhasst sind.[31] Auch die
Schlussaussage (33,24), dass keiner der Bewohner mehr sagt: »Ich bin
krank« (חליתי), besitzt einen deutlichen Bezug zur Metapher vom kranken

---

29 Möglich ist, auch für שְׁבֶיהָ in Anlehnung an LXX שִׁבְיָה »seine Gefangenen« zu lesen.
30 Wie die Aussage in 33,5, dass Jahwe Zion »gefüllt hat mit Recht und Gerechtigkeit«, auf
   1,21 zurückgeht, so könnte in den Zusagen einer »beständigen Zeit« (אמונת עתיך) in 33,6
   und des »unversiegbaren Wassers« (מימיו נאמנים) in 33,16 zusätzlich eine Anspielung
   auf die Prädikation der Stadt als »treu/beständig« (קריה נאמנה) gesehen werden.
31 Siehe oben Anm. 26.

und zerschundenen Körper in 1,5f. Das auf Zion wohnende Volk ist geheilt, die Schuld ist vergeben (העם הישב בה נשא עון)[32].

Deshalb gilt der einleitende Weheruf (33,1) allein dem »Zerstörer« und »Räuber«, ihm wird der Untergang angesagt. Dass die beiden Verben שדד und בגד, die hier zur Umschreibung verwendet werden, auch in 21,2 begegnen, ist gewiss nicht zufällig und sichert, was der Sache nach ohnehin klar ist, dass es sich um eine der Großmächte handelt. Dass aber auf Grund dieses Bezuges Babel gemeint sein muss, ist nicht unbedingt vorausgesetzt.[33] Immerhin trägt der Weheruf über Assur (10,5ff.) insofern zum Verständnis dieser Stelle bei, als die hier angesprochene Großmacht die von Jahwe selbst gesetzte Grenze ihres Handelns überschritten hat. Von Jahwe gegen sein eigenes Volk gerufen (7,17ff.; 8,7; 10,6), hat sie sich nicht darauf beschränkt, »Gerichtswerkzeug« zu sein, sondern in Überschätzung ihrer Macht geglaubt, ihr imperiales Handeln grenzenlos fortsetzen zu können. Die Großmacht, die bisher zerstören konnte, ohne selbst zerstört zu werden, und rauben, ohne selbst beraubt zu werden, wird deshalb selbst erfahren, was sie anderen angetan hat. Im Kontext des Kapitels wird sie unter die Völker gerechnet, die auf der Flucht sind und sich zerstreuen (V.3), sie wird mit allen Völkern ein »Brand des Kalks« sein, gleich »eingesammeltem Dornengestrüpp«, das im Feuer nur noch kurz auflodert (V.12).

Verbindet Jes 33 mit Jes 1 die Verheißung der Restitution des Zions, so dass hier der Weheruf über das Volk umschlägt in den Weheruf über die zerstörerische Großmacht, so wird die Verbindung zu Jes 6 vor allem über die Gottesaussage hergestellt. Der Gott, der hier handelt, ist der, den der Pro-

---

32 U. Berges (Anm.7), 199. 247f., sieht hier einen Vorverweis auf Jes 40,2 (רצה עון) und in der Aussage, Jahwe als König zu sehen (33,17), einen Vorverweis auf Jes 52,7-8, weshalb er Jes 33 für den ersten Brückentext einer Sammlung Jes 1-32*; 33; 40-52* hält; ähnlich U. Becker (Anm. 3), 269f. Aber beide Aussagen, Sündenvergebung (vgl. 6,7: סור עון) und Jahwes Königtum (vgl. 6,5: את-המלך יהוה צבאות ראו עיני), lassen sich von diesem zentralen Kapitel her verstehen. Es kann auch nicht der Unterschied übersehen werden, dass das, was in Prolog und Epilog des zweiten Jesajabuches als Zukünftiges verheißen, hier schon als Gegenwärtiges vorausgesetzt wird; vgl. O.H. Steck (Anm. 2), 55ff.

33 Aus der Zeitperspektive des ersten Jesajabuches könnte genauso gut Assur gemeint sein. Für manche Ausleger konkretisiert sich diese Aussage, wenn 33,7f. auf dem Hintergrund von II Reg 18,13.14-18 gelesen wird: »Hiskia hat durch reiche Tribute sich und Jerusalem von einer Belagerung freigekauft. Aber Sanherib mißachtete diesen Friedensvertrag und zog gegen die Stadt, weshalb die Friedensboten von Lachisch weinend nach Jerusalem zurückkehren mussten (Jes 33,7-8)«, so Z. Kustár (Anm. 7), 92f.; vgl. O.H. Steck (Anm. 2), 56ff.; E. Bosshard-Nepustil (Anm. 2), 187f. mit Anm. 3; A. Laato, Who is Immanuel? The Rise and the Foundering of Isaiah's Messianic Expectations, Åbo 1988, 242. Dass 33,7f. vergleichbare Ereignisse im Blick hat, möglicherweise auch die von 701 v. Chr., ist unstrittig, beweist aber keinesfalls, dass Jes 33 schon die Anhangskapitel Jes 36-39 voraussetzt.

phet in seinem Heiligtum gesehen hat. Nur in diesen beiden Kapiteln ist innerhalb des ersten Jesajabuches von Jahwe als »König« die Rede (6,5; 33,17. 22). Die Prädikate des Gottesthrones von 6,1 רם und נשא[34] werden in 33,10 verbal verwendet, um Jahwes Aufbruch zu beschreiben: »Jetzt richte ich mich auf (אקום), spricht Jahwe, jetzt erhebe ich mich (ארומם), jetzt steige ich empor (אנשא)«. Das Verb קום wird traditionell und sehr viel häufiger für Jahwes Aufbruch und Einschreiten gebraucht[35] als die Verben רום und נשא.[36] Desgleichen ist zu vermuten, dass die Wurzel רום in Jes 33,3. 5. 10. 16 insgesamt einen Rückbezug auf den Gottkönig des Zions herstellen will.[37] Diese Annahme wird noch verstärkt, wenn man sich bewusst macht, dass die Heilsschilderung in V.17 und 20 jene Verben verwendet, nämlich חזה und ראה, letzteres mit dem Subjekt עין, die im Kontext des ersten Jesajabuches ausschließlich eine »prophetische« Wahrnehmung kennzeichnen.[38] Mit der so formulierten Schau des Gottkönigs auf Zion wird die Vision von Jes 6 als Hintergrund eingeblendet und gibt der Heilsschilderung in Jes 33 eine völlig neue Dimension. Der »Gerechte« wird an die Seite des Propheten gestellt. So wie die »Schuld und Sünde« des Prophet durch einen kultischen Akt gesühnt werden, so dass er der Gottesschau gewürdigt und in Jahwes Plan eingeweiht wird (6,6f.), so gilt auch hier der »Gerechte« entsprechend der »Torliturgie« (33,15) als für die Gottesschau fähig, und gleich dem Propheten erhält er in der richtenden Gegenwart Jahwes seinen Platz.[39] Während die ersten vier Aussagen dieses sechsgliedrigen Bescheides dem entsprechen, was im Blick auf Recht und Rechtschaffenheit von einem Gerechten erwartet werden darf, findet sich für die letzten beiden Aussagen, »der seine Ohren verstopft« (אטם אזנו) und »seine Augen verschließt« (עצם עיניו) im Rahmen vergleichbarer Rechtsentscheide (vgl. Ps 15,2ff.; 24,5) keine Entsprechung, und beide Aus-

---

34 Vgl. zur Vorstellung und Bedeutung des Gottesthrones in diesem Zusammenhang F. Hartenstein, Die Unzugänglichkeit Gottes im Heiligtum. Jesaja 6 und der Wohnort JHWHs in der Jerusalemer Kulttradition, WMANT 75, 1997, 41ff., der von 6,1 aber nur eine Verbindung zu 2,10.12-17 zieht und lediglich auf 33,5 verweist (a.a.O., 42f.).

35 Num 10,35; Ps 12,6; 132,10; vgl. auch Ps 3,8; 7,7; 9,20; 10,12 u. ö.

36 Zu רום vgl. Ps 21,14; 57,6.12; 108,8 und zu נשא vgl. Ps 7,7; 94,2.

37 Zum traditionsgeschichtlichen Hintergrund der Wurzel רום und der damit verbundenen Vorstellung siehe F. Hartenstein (Anm. 34), 44ff.

38 חזה begegnet in den drei Überschriften (1,1; 2,1; 13,1) und sonst nur noch, aber im Sinne prophetischen Schauens, negiert in 26,11 und 30,10. ראה mit dem Subjekt עין in 6,5 (»den König, Jahwe Zebaoth«); 17,7 (»den Heiligen Israels«); 30,20 (»deinen Lehrer«). 29,18 und 32,3 verheißen die Aufhebung der »Verstockung« und beziehen sich auf 6,10 zurück. Es ist von daher sicher nicht richtig, wenn H. Wildberger (Anm. 10), 1315, hierzu meint: »Zweifellos ist nicht wie in Kap. 6 an visionäres Schauen zu denken, es ist ein Sehen von Angesicht zu Angesicht, wie das von Mose berichtet wird.«

39 Hierauf verweisen zu Recht auch J. Barthel (Anm. 3), 112, Anm. 205; U. Berges (Anm. 7), 200; Z. Kustár (Anm. 7), 88f.

sagen sind ansonsten im Alten Testament nur negativ konnotiert. [40] Was zunächst wirkt wie eine Antithese zum »Verstockungsauftrag«, meint natürlich nicht, »nichts zu hören und nichts zu sehen«, sondern – und so in der Regel auch die Auslegung – Ohren und Augen zu verschließen vor »Blutschuld/Mordplänen« (דמים) und vergleichbaren »Bösen« (רע), um nicht in diese hineingezogen zu werden. Die Deutung könnte aber auch darin liegen, dass die Übel dieser Welt dem »Gerechten« nicht den Blick auf Jahwe als König und auf Zion als Ort seines Heils versperren sollen, so dass hier »die Verstockung gegenüber dem Bösen als Vorbedingung des zukünftiges Heils bestimmt« wird. [41] Denn dass der »Gerechte« angesichts der kriegerischen Geschehen seiner Zeit noch in Angst und Schrecken versetzt ist, wird in der Heilsschilderung explizit vorausgesetzt (33,18). Deshalb wird ihm verheißen, dass er die fremden Bedrücker nicht wieder sehen wird (V.19). Die Bedingung allerdings ist, dass er sein Schauen und Sehen auf Zion und Jerusalem konzentriert (V.20).

Die Vision des Zion, teilweise in Anlehnung an geprägte Bilder[42], aber auch in eigenen Formulierungen, soll den bzw. die hier Angesprochenen befähigen, der Grundbotschaft des Propheten von 7,9b zu trauen: »Glaubt ihr nicht, bleibt ihr nicht« (אם לא תאמינו כי לא תאמנו).

4. Redaktionelle Funktion

Die Textbezüge zu Jes 33 beschränken sich natürlich nicht nur auf Jes 1 und Jes 6, aber von diesen beiden Kapiteln her gewinnen die Aussagen am deutlichsten an Schärfe. Dies ist in jedem Fall zu berücksichtigen, wenn nach der redaktionellen Funktion dieses Kapitels gefragt wird. Wer den sehr verschiedenen Textverbindungen ein annähernd gleiches Gewicht zuerkennt, versteht Jes 33 am Ende als einen »Spiegeltext« mit Retro- und Prospektive und verkennt, dass dieses Kapitel primär die Botschaft des ersten Jesajabuches unter der Perspektive des Zions und der Herrschaft Jahwes als König zusammenfassen will.

Ein weiteres Problem besteht darin, dass die Frage der redaktionellen Einbindung in der Regel nicht bei Jes 33 selbst einsetzt, sondern der Ausgangspunkt zumeist an anderen Stellen längst gefunden ist. Das zeigen jene Arbeiten deutlich, die in Weiterführung der Analyse von H. Barth[43] nach übergrei-

---

40 Vgl. Ps 58,5; Prov 21,13 und Jes 29,10.
41 Z. Kustár (Anm. 7), 88.
42 Für 33,17-24 sind vor allem die Bezüge zu Ps 46 und 48 signifikant; vgl. U. Berges (Anm.7), 246f.
43 H. Barth (Anm. 2), 46f. 287f. 292ff., der eine Verbindung von Jes 8,8b über 10,24-26; 30,18-26 zu 33,1-13. 17-24 zieht, von der er meint, dass hier »nicht einfach einzelne

fenden Redaktionen im Jesajabuch und darüber hinaus suchen. Hier wird Jes 33 dann einer »Babel-Schicht bzw. -Redaktion« zugeordnet,[44] wobei allerdings die V.14-16 für sekundär erklärt werden müssen, weil die nach innen orientierte Unterscheidung zwischen Gerechten und Frevlern für diese Schicht bzw. Redaktion noch nicht spezifisch sei.[45] Abgesehen davon, dass Jes 33 ohne diese Verse an Prägnanz verlöre und es auch keinen einsichtigen Grund für eine derartige literarkritische Entscheidung gibt, wird auch nicht die Frage gestellt, ob denn die eruierten Redaktionen Jes 33 als notwendiges Ziel zur Voraussetzung haben.[46] Gleiches gilt auch für den Versuch von G. Stansell[47], die Einheit von Jes 28-33 anhand der sechs Weherufe (28,1; 29,1. 15; 30,1; 31,1; 33,1) zu erweisen. Die ersten fünf dieser Reihe zielen eben nicht auf 33,1, sondern auf Jes 32,1-20, wobei der Makarismus (אשריכם) am Schluss dieses Kapitels »die fünf Wehesprüche (28,1; 29,1. 15; 30,1; 31,1) kontrastiv beschließt«, wie U. Berges völlig zu Recht feststellt[48]. Schon allein die auf einem weitgehenden Konsens beruhende und vielfach begründete Annahme, dass Jes 32 einmal den Abschluss einer ersten größeren Sammlung des ersten Jesajabuches gebildet hat, die Jes 1-31* umfasste,[49] erweist Jes 33 als ein sehr eigenes Stück.[50] Diese Einsicht wird dadurch bestätigt, dass sich dieses Kapitel, trotz mancher Rückbezüge[51], keiner der angenommenen Redaktionen zuordnen lässt und auch keinerlei Vorverweis auf Jes 34 und 35 enthält.[52] Dies aber lässt nur den Schluss zu, dass Jes 33 der mit Jes 32

Wendungen und Gedanken aufgegriffen, sondern ... im Formalen wie im Sachlichen eine einheitliche Konzeption wirksam« sei (47).

44 E. Bosshard-Nepustil (Anm. 2), 184ff., rechnet in Anlehnung an O.H. Steck (Anm. 2), 55ff. zu dieser Redaktion: 13,1.17-22; 14,(*)4a.22-23; 21,2bβγ.7.9b-10; 22,6; 28,23-29; 33,1-13.17-24.

45 So schon H. Barth (Anm. 2), 288 Anm. 19.

46 Zudem fehlt es auch an eindeutigen sprachlichen Berührungen, wie ein Vergleich mit den von W.A.M. Beuken (Anm. 4) aufgezeigten »textlichen Analogien« und den oben in Anm. 43 und 44 angegebenen Redaktionen zeigt.

47 G. Stansell, Isaiah 28-33: Blest Be the Tie That Binds (Isaiah Together), in: R.F. Melugin, M.A. Sweeny (Hg), New Visions of Isaiah, JSOT.S 214, 1996, 68-103.

48 U. Berges (Anm. 7), 237, vgl. schon 221ff.; so auch J. Barthel (Anm. 3), 258f.

49 H. Barth (Anm. 2), 210ff. 215ff.; J. Barthel (Anm. 3), 259ff. u. a.

50 So auch U. Becker (Anm. 3), 269; U. Berges (Anm. 7), 247; eine Einsicht, die in der älteren Jesajaforschung, vor allem auf dem Hintergrund von H. Gunkels (Anm. 1) Analyse unstrittig gewesen ist, vgl. O. Eißfeldt, Einleitung in das Alte Testament, [4]1976, 440; O. Kaiser, Einleitung in das Alte Testament, [5]1984, 232.

51 U. Berges, (Anm. 7) 248, Anm. 234, lässt nur die folgenden gelten: 33,1/21,2; 33,5/1,21; 33,6/11,2; 33,17/6,5 und 32,1-3; 33,19/28,11.

52 O.H. Stecks (Anm. 2), 55ff., Annahme, dass Jes 33 mit Jes 34 zur gleichen »protojesajanischen Redaktionsschicht« gehört (33,13a/34,1), wird zu Recht widersprochen, so u. a. auch E. Bosshard-Nepustil (Anm. 2), 188, Anm. 2; U. Becker (Anm. 3), 269f.; U. Berges (Anm. 7), 247f. Schwieriger zu beurteilen sind die Fragen, ob

abgeschlossenen protojesajanischen Sammlung eine vertiefte und neue Deutung zu geben versucht.

In anderem Zusammenhang habe ich dargelegt, dass die Königstexte im ersten Jesajabuch (9,1-6; 11,1-8; 32,1-5) redaktionell an das Ende von Teil- und dann wie an dieser Stelle auch an das Ende der ersten Großsammlung platziert worden sind.[53] Dabei hat 32,1-5 die Funktion, die in 9,1-6 und 11,1-8 formulierten Erwartungen an das davidische Königshaus wachzuhalten, wobei an dieser Stelle sehr viel allgemeiner und geradezu nüchtern von einer gerechten und dem Recht gemäß regierenden Herrschaft die Rede ist.[54] Rechnet man die Verse 32,15-20 noch der gleichen Redaktion zu,[55] dann wird hier schon die Möglichkeit angedeutet, dass die Verheißungen an das Königtum auf das Volk selbst übertragen werden. An diese Aussagen jedenfalls knüpft Jes 33 an. Das belegen nicht nur die Stichworte »König« sowie »Recht und Gerechtigkeit«[56], sondern dies zeigen auch die Wiederaufnahme des »Wir« von 32,15 in 33,2. 21f. und der Rückbezug der Bilder eines friedlichen Hirtendaseins von 33,20 auf 32,18.[57] Aber die sich in 33,22 zu Jahwe als ihrem »Richter, Führer und König« (שפטנו ... מחקקנו ... מלכנו) bekennen, erwarten nicht den »Geist aus der Höhe« (32,15), sondern sie sind sich gewiss, dass der »Gerechte« auf den Höhen Schutz und Leben schon hat (33,16). Die Frage nach der Restitution weltlicher Institutionen, die noch den bzw. die Verfasser von Jes 32 bewegt hat, interessiert nicht mehr. Durch die Restitution des Zions sind Heil und Hilfe dem gegeben, der auf Zion schaut und sich den Blick nicht durch die Wirren seiner Zeit versperren lässt. Wenn die Trias »Weisheit, Einsicht und Furcht Jahwes« (חכמת ודעת יראת יהוה) von 33,6 auf 11,2 zurückweist (vgl. aber auch Prov 1,7), dann zeigt sich hier schon die neue Sicht. Die ursprünglich dem »messianischen« Herrscher verheißenen Gaben werden nicht auf das Volk übertragen, sondern sind auf den Ort bezogen und kommen dem zu, der hier, in der Gegenwart Gottes, seinen Platz hat, weil Jahwe »Zion mit Recht und Gerechtigkeit gefüllt hat« (33,5).

Jes 33 literarisch Bezüge zu Jes 36-39 aufweist (siehe oben Anm. 33) und ob die Aussage von 33,24 schon auf 40,1ff. und 33,17 auf 52,7-10 vorausblickt (siehe oben Anm. 32).

53 E.-J. Waschke, Die Stellung der Königstexte im Jesajabuch im Vergleich zu den Königspsalmen 2, 72 und 89, ZAW 110 (1998), 348-364 (= ders., Der Gesalbte. Studien zur alttestamentlichen Theologie, BZAW 306, 2001, 141-155), 358ff.

54 U. Berges (Anm. 7), 233f., Versuch, schon 32,1 auf Jahwe als König zu deuten, scheitert allein daran, dass מלך in diesem Vers synonym zu שרים steht: ימלך־מלך / ולשרים ... ישרו.

55 Die redaktionelle Einordnung dieses Stückes ist schwierig und hängt eng an der redaktionskritischen Beurteilung von 32,9-14, als dessen Gegenstück es konzipiert ist, vgl. J. Barthel (Anm. 3), 259ff.

56 מלך: 32,1; 33,17.22; משפט/צדקה/צדק: 32,1.15-17; 33,5.

57 Vgl. 32,18: נוה שלום ... מנוחת שאננות mit 33,20: נוה שאנן mit.

Damit stellt sich abschließend die Frage, wer in diesem Kapitel zu wem
spricht. Als Beter der Bitte in V.2 lässt sich zunächst ganz allgemein die
»Gemeinde Jahwes« voraussetzen. Wenn das Schlussbekenntnis in V.22 auf
den Anfang zurückverweist, dann ist es offensichtlich die in Jerusalem ver-
sammelte und auf Zion vertrauende Gemeinde. Wer aber ist dann das »Du«,
das in der Schlussverheißung (V.17-20) angesprochen wird? Auf Grund der
vorausgehenden »Torliturgie« (V.14-16) kann man vermuten, dass es sich,
im Gegensatz zu den »Sündern« in Zion, um den sich der Tora gemäß ver-
haltenden »Gerechten« handelt. Von daher dürfte schon V.6 eine Art Vorverweis auf den bilden, um dessen Vertrauen in Jahwes Königtum auf Zion
in der Schlussverheißung geworben wird. Wir finden im Rahmen des Kapitels die Bitte (V.2) und das Bekenntnis (V.22) der Gemeinde und im Kern
(V.6.15f.17-20) die mit »Du« angesprochenen Adressaten der Botschaft. Das
heißt, dass sich in dem »Wir« eine Gruppe zu erkennen gibt, die sich an der
Seite des Propheten und – im Sinne von Jes 8,16 – in seiner Tradition versteht. In Auslegung seiner Botschaft werben sie um jene, denen auf Grund
ihrer gegenwärtigen Erfahrungen und Bedrängnisse der Blick auf Zion verstellt ist. Dabei nehmen sie nicht nur das »Wir« von 32,15 auf, sondern sie
verstehen ihre Botschaft auch als Antwort auf das Bekenntnis des Eingangs-
kapitels: »Wenn Jahwe Zebaoth uns nicht einen Rest gelassen hätte, wie Sodom wären wir, Gomorra wären wir gleich« (1,9).[58]

So bildet Jes 33 insgesamt einen eigenen Abschluss des ersten Jesajabuches, der mit der Königs- und Zionsverheißung auf den Gott verweist, von
dem in der Geschichte der Menschheit allein Hilfe zu erwarten ist.

---

58 Die 1. Person Plural im Sinn eines Bekenntnisses bzw. einer Bitte findet sich im ersten
   Jesajabuch außerhalb der Kapitel 24-27 nur selten: 1,9; [2,5]; 32,15; 33,2.21f.; sowie 35,2
   in Rückgriff auf 33,21f.

Die religiöse Signifikanz
von Jesaja 63,1-6

Wolfram Herrmann (Leipzig)

Die Sprucheinheit Jes 63,1-6[1] ist in ihrem Gehalt trotz vielfacher dazu vorge-
tragener Erklärungen immer noch nicht restlos aufgehellt. Hat die Forschung
das gesamte Spektrum kritischer Erkenntnis mannigfaltig bedacht, nämlich
die textlichen und linguistischen Fragen, die des geschichtlichen Bezugs und
der zeitlichen Einordnung, rezent vornehmlich der Redaktion, speziell der
Funktion des Stückes im Aufbau des tritojesajanischen Korpus, und schließlich die der Gattung[2], hinzukommend die Erörterung vieler Einzelheiten[3],

---

1 Nahezu einhellig so abgegrenzt.
2 Mehrfach der Apokalyptik zugeordnet; M. Haller, Das Judentum, SAT 2,3, [2]1925, 129:
   möglicherweise einem Wächterlied nachgeahmt; C. Westermann, Das Buch Jesaja. Kapitel 40-66, ATD 19, 1966 ([4]1981): Erkundigung des Wächters oder Postenfrage; K.
   Pauritsch, Die neue Gemeinde: Gott sammelt Ausgestoßene und Arme (Jesaja 56-66),
   1971: Epiphanieschilderung (103, vgl. 232); K. Koenen, Ethik und Eschatologie im Tri-
   tojesajabuch, 1990: Wächterbefragung (76; erörtert 76f andere Gattungsbestimmungen
   kritisch); P. Höffken, Das Buch Jesaja. Kapitel 40-66, Neuer Stuttgarter Kommentar 18,
   1998, 229: Postenfrage; neuestens betont B. S. Childs, Isaiah. A Commentary, OTL,
   2001, die Bestimmung des Spruches als Ruf eines Wachtpostens (a sentry's cry) habe
   sich weitgehend durchgesetzt.
3 Eine aus dem Rahmen fallende Sonderstellung nimmt J. D. W. Watts, Isaiah 34-66, WBC
   25, 1987, ein. Er faßt 62,8-63,6 zusammen und verneint es, in dem V. 1b.3-6 Redenden
   Jahwe zu erkennen. Dieser symbolisiere vielmehr die persische Staatsmacht, eventuell
   sogar verkörpert durch Megabyzus, einen hohen Heerführer zur Zeit von Xerxes und
   Artaxerxes, da mehrfach bezeugt sei, wie sich Jahwe der Perser zur Durchsetzung seiner
   Ziele bediente. Mag hinter einer solchen Erklärung der Wille sichtbar werden, Jahwe
   persönlich von dem geschilderten blutigen Handwerk zu entlasten, entbehrt sie obendrein
   der Einsicht in die Tendenz prophetischen Spruchgutes. Denn die V. 1aβ verwendete
   Begrifflichkeit findet sich vielfach auf Jahwe gemünzt, und die an die Selbstvorstellungsformel erinnernde Selbstprädikation V. 1b wird in ähnlicher Weise immer ausschließlich
   auf Jahwe bezogen (vgl. in Trjes 60,16; 61,8; 65,18). Außerdem klärt den Sachverhalt der
   Bezug von hier zu 59,15b-20. – Weitere sachliche Bezüge liegen vor in Jes 34,2.8; Jer
   25,33; zur Metapher des Keltertretens Jer 25,30bβ; Joel 4,13b; Thr 1,15bα; Apk 14,19f;
   19,13.15 – Vor weit über einem Jahrhundert hatte J. Knabenbauer, Erklärung des
   Propheten Isaias, 1881, gemeint, eine dogmatisch begründete Sicht der Dinge vertreten
   zu müssen, indem er den Kämpfenden auf den Messias und damit auf Christus deutete,
   welcher im Kreuzestod die Satansmacht bezwang und sich dabei mit Blut überströmte,
   infolgedessen die Merkmale des Kampfes noch an seinen Siegesgewändern trage. Mit

spielte der religiöse Gehalt eine relativ geringe Rolle. Ihm nachzugehen, sein Gewicht und seinen Charakter zu erfassen, ist jedoch im gleichen Maße aufgegeben.

Interessanterweise findet man dem religiösen Moment noch in der ersten Hälfte des neunzehnten Jahrhunderts kein besonderes Augenmerk zugewandt. Der Grund dafür dürfte in der seit dem Reformationszeitalter bei nicht wenigen aufkeimenden Einsicht liegen, das Alte Testament sei als literarische und geschichtliche Urkunde diesseits orientiert kritisch zu betrachten. Unter ihnen ragten Benedictus de Spinoza und Richard Simon heraus. Auf ihrer Bahn weitergehend verfochten Johann Salomo Semler und Johann Gottfried Herder die vom Dogma freie Beschäftigung mit der Heiligen Schrift, ebenso die Eigenständigkeit der alttestamentlichen Welt und das Alte Testament als Dokument des jüdischen Glaubens[4].

Davon ausgehend besprachen beispielshalber Hitzig[5], Umbreit[6] und Hahn[7], ihnen folgend ferner Knobel[8], Bredenkamp[9] und von Orelli[10], den alttestamentlichen Befund objektiv und dem vorliegenden Erzählgang konform. Lediglich Hitzig konstatierte – freilich alles andere als wertend – eine »dramatische Rede im Dialog«.

Noch während des gleichen Jahrhunderts kam aber dann mehr und mehr eine abwertende bis feindselige Einstellung gegen jüdisches Denken und Gehabe auf. Dafür lieferte – wie man meinte – neben anderem auch die hier beschäftigende Schrifteinheit unzweideutige Begründung. Unter den so beschaffenen Stimmen liest man bei Cheyne[11], man könne die dort stehenden Ausführungen nur mit Schaudern lesen[12], wenngleich Bildrede anzunehmen sei. Eindeutiger bekräftigte Hölscher[13] leidenschaftlichen Haß gegen alles

---

Recht wurde es mehrfach zurückgewiesen, die jeweiligen Tatbestände so in Beziehung zu setzen.

4 Vgl. H.-J. Kraus, Geschichte der historisch-kritischen Erforschung des Alten Testaments, [3]1982 ([4]1988); H. Graf Reventlow, Epochen der Bibelauslegung, Bd. IV : Von der Aufklärung bis zum 20. Jahrhundert, 2001.

5 F. Hitzig, Der Prophet Jesaja, 1833.

6 F. W. C. Umbreit, Praktischer Commentar über den Jesaja, [2]1846.

7 H. A. Hahn, Des Propheten Jesaja letzte Reden, Capitel vierzig bis sechsundsechzig, in : M. Drechsler, Der Prophet Jesaja. 3. Teil, Kapp. 40-66, nach dem Tode Drechslers fortgesetzt und vollendet von F. Delitzsch und A. Hahn, 1857.

8 A. Knobel, Der Prophet Jesaia, KEH, [3]1861 (4. Aufl., hg. von L. Diestel, 1872).

9 C. J. Bredenkamp, Der Prophet Jesaia, 1887.

10 C. von Orelli, Die Propheten Jesaja und Jeremia, KK, [2]1891; ders., Der Prophet Jesaja, KK, [3]1904.

11 T. K. Cheyne, The Prophecies of Isaiah. Vol. II, [4]1886.

12 Ein Jahrhundert danach apostrophierte noch P. D. Hanson, The Dawn of Apocalyptic, 1975, das Stück sei angefüllt mit erschreckenden Bildern von Blut und Blutspritzern.

13 G. Hölscher, Komposition und Ursprung des Deuteronomiums, ZAW 40 (1922), 161-255.

Fremde, der unter anderem durch Jes 63,1 belegt sei[14]. Haller andererseits sprach vom »alten Kriegsgott« und von »alter volkstümlicher Vorstellung«[15]. Nach Volz[16] ist der religiöse Wert des Stückes nicht sehr groß, obwohl es sich um die bedeutsamste Darstellung des Gerichts über die Völker als Kampf Jahwes handele, eine höchst unmittelbare Gottesanschauung vorliege und Jahwe lebensnah und voller Leidenschaft geschildert sei. Deutlicher wird Hertzberg[17], wenn er den Prophetenspruch einen »rachesprühenden Sang« nennt und zu dem Urteil kommt: »Freilich ist das alles nicht christlich gesehen. Wir stehen mit diesem Text durchaus im Zeitalter des Judentums. Ein Gott, der im Blute watet, der über Leichen geht – eine für uns unmögliche Vorstellung!« Fohrer[18] endlich redete von einer bedenklichen Prophetie, in der Gott als Vollstrecker nationaler Heilswünsche fungiere.

Diese Art der Beurteilung hat sich bis in die Gegenwart gehalten, indem Watts[19] von »a horrible scene« spricht[20], Emmerson[21] im Blick auf die im Alten Testament bezeugte Haltung gegenüber den Völkern Jes 63,1-6 »the harshest of these passages« nennt[22] und Kraus[23] die Einheit als ein grausiges, bluttriefendes Lied beschreibt. Zuletzt liest man bei Höffken[24], Jes 63,1-6 sei eine gräßliche Vision und in ihrer Bildwelt »nur als Hilfsfunktion für die Artikulation der Befreiung Israel-Zions« verständlich. Zum Glück habe man hier nicht das letzte Wort über die Völker und es gäbe im Jesajabuch erfreulicherweise auch andere Worte.

Neben solcherlei aburteilenden Meinungsäußerungen wurde freilich, bedingt durch das fortschreitende kritische Wissen über die in ihrer geschichtlichen Verankerung zu verstehenden Textgrößen und die in ihnen enthaltenen Vorstellungen hinsichtlich göttlicher Verfahrensweise, eine davon abweichende Sicht der Dinge laut.

Nachdem Oettli[25] eine »grandiose Vision von dramatischer Lebendigkeit« konstatiert hatte und den Text ohne Emotion erläuterte, andererseits Skinner[26]

14 A.a.O., 214.
15 A.a.O., 130.
16 P. Volz, Jesaia II, KAT 9, 1932.
17 H. W. Hertzberg, Der Zweite Jesaja. Jesaja Kap. 40-66, BhG, 1938.
18 G. Fohrer, Das Buch Jesaja. 3. Bd., Kap. 40-66, ZBK, 1964.
19 A.a.O.
20 F. Holmgren, Yahweh the Avenger. Isaiah 63:1-6, Rhetorical Criticism. Festschrift J. Muilenburg, 1974, 133-148, hat eine literarkritische Zielsetzung und sieht Jahwe in 63,1-6 als Bluträcher. Dabei gebraucht er nicht wenige Begriffe, die Einheit als eine horrible Szene zu beschreiben.
21 G. I. Emmerson, Isaiah 56-66, OTGu, 1992.
22 A.a.O. 65.
23 H.-J. Kraus, Das Evangelium der unbekannten Propheten. Jesaja 40-66, 1990.
24 A.a.O.
25 S. Oettli, Der Prophet Jesaja. Kapitel 40-66, 1913.
26 J. Skinner, The Book of the Prophet Isaiah. Chapters XL-LXVI, CBSC, 1922.

darlegte, das gebotene Bild sei eines der eindrücklichsten und furchterre-
gensten im Alten Testament, und meinte, es sei schwierig zu sagen, was man
mehr bewundern solle, die dramatische Lebendigkeit der Vision oder die
Zurückhaltung, welche den tatsächlichen Vorgang des Schlachtens verhülle
und die Aufmerksamkeit auf den göttlichen Heros konzentriere, boten
Feldmann[27] und Wade[28] pragmatische Erklärungen gerade auch betreffend
das Gericht über die Völker und die Erlösung für Israel.

Die religiöse Gegebenheit anthropomorpher Diktion trug dann das Ihre zu
einer vorurteilsfreien Bestimmung bei. In der Richtung führte Heinisch[29] aus,
der Typus des in 63,2f geschilderten Handelns Gottes gehöre in den umfäng-
lichen Bereich, in welchem bildhaft menschlich von Gott geredet wird. Jacob[30] bekundete desgleichen später, der Glaube an den lebendigen Gott habe
seinen besten Ausdruck in der anthropomorphen Redeweise gefunden, weil
der Mensch ihn dadurch sich näher vorzustellen vermöge.

Es verdient aber nun die Aufmerksamkeit darauf gelenkt zu werden, daß
schon relativ früh König[31] eine neue und anders abzielende Bewertung einlei-
tete, der nicht nur zeitgeschichtliche Relevanz eignet. Er führt aus, das in
diesem Abschnitt gezeichnete Bild sei viel getadelt worden, weil man oftmals
seine literarische Gestaltung und Einbindung mißachtete. Hier sei vielmehr
das Gericht über menschliche Schuld mit der Heilsepoche verknüpft. Der
göttliche Erlösungswille lasse zwar einen ernsten, doch keinen widergöttli-
chen Eindruck entstehen[32], da neben der Liebe Gottes zugleich seine Heiligkeit gewahrt sein müsse[33]. Einen derartigen Versuch sachgerechten Verstehens bekräftigte Elliger[34], als er zu 63,1-6 betonte, hier flamme die Leidenschaft zu einer vorher nicht gekannten Höhe empor. Und diese Leidenschaft
dürfe man keinesfalls aus einer Haltung gegenüber dem Fremden begreifen;
sie müsse im Gegenteil in ihrer Urwüchsigkeit und Großartigkeit selbst gewürdigt werden. Ihr letztes Motiv sei nicht Hochmut und Feindseligkeit ge-

27 F. Feldmann, Das Buch Isaias. Zweiter Halbband / Zweiter Teil (Kap. 40-66), EHAT 14, 1926.
28 G. W. Wade, The Book of the Prophet Isaiah, WC, ²1929; später ebenfalls E. J. Young, The Book of Isaiah. Vol. III (Ch. 40-66), NIC.OT, 1972.
29 P. Heinisch, Theologie des Alten Testaments, 1940, 32.
30 E. Jacob, Théologie de l'Ancien Testament, ²1968, 30.
31 E. König, Das Buch Jesaja, 1927, 517f.
32 A. S. Herbert, The Book of the Prophet Isaiah. Chapters 40-66, CNEB, 1975, hob hervor, die Überwindung von Übel gehe nicht ohne Leiden ab, dafür habe man hier die hebräische Bildsprache.
33 Ähnlich sprachen sich J. Fischer, Das Buch Isaias. II. Teil : Kapitel 40-66, HSAT 7, 1939 (der gerechte Gott könne durchaus ein furchtbarer Gott sein; nicht immer gehe Gott auf leisen Sohlen durch die Menschengeschichte), und Young, a.a.O. (das an dieser Stelle gegebene Bild sei dramatisch und ausdrucksvoll, und Gottes Zorn sei frei von jeglicher Bosheit oder Unsauberkeit welcher Art auch immer), aus.
34 K. Elliger, Der Prophet Tritojesaja, ZAW 49 (1931), 112-141.

gen die anderen Völker, ebensowenig reines Bedürfnis nach Vergeltung, sondern Begeisterung für den Sieg des Rechts, das Jahwe durchsetzt. Schließlich wandte sich Ringgren speziell der Frage nach dem Zorn Gottes zu[35]. Dabei geht er u. a. auf Jes 63,1-6 ein, bezeichnet den Spruch als ein grandioses Gemälde von Jahwe als Keltertreter, in welchem vor allem der Dichter zu Worte komme. Der Zorn sei »eine dem alttestamentlichen Menschen als wesentlich erscheinende Eigenschaft Gottes«.

Es ist nun in jüngerer Zeit ein spürbarer Wandel eingetreten, indem man begann, die im vorliegenden Kontext angewandte Bildwelt in ihrer Ursprünglichkeit ernst zu nehmen. Das bewog Beuken[36] zu explizieren, es sei weder historisch noch theologisch adäquat, von einer unvollkommenen Gottesvorstellung zu sprechen. Vielmehr sei es gerade der prophetische Gedanke, Jahwe wende sich absolut gegen das Böse, das es zu ahnden gelte. Seine Vergebungsbereitschaft bleibe davon unberührt, und die moralische Verantwortung Israels schränke Gottes Vermögen, eine neue gerechte Weltordnung zu schaffen, nicht ein. Die in hohem Maße künstlerische Form des Berichtes[37] trage überdies dazu bei, die göttliche Urteilsvollstreckung nicht als blutige Rache aufzufassen[38].

Weiter führt Beuken aus, wenige Passagen des Alten Testaments vermittelten den Eindruck, wie er hier vorliege, ein völlig anderes und einer fernen Kultur angehörendes Bild von Jahwe gezeichnet zu haben, das heutigen Menschen fremd anmuten müsse. Und wem es nicht gelinge, sich in die fremde Glaubenswelt dieser Prophetie zu versetzen, dem nötige sie mindestens ab einzugestehen, daß Jahwe anders ist.

Nachdem Sawyer[39] davor gewarnt hatte, nicht vorschnell in Abscheu vor diesem blutigen und rachelüsternen Bilde zurückzuschrecken, sondern zu bedenken, daß an der Stelle die Rede von Rache und Rettung im literarischen Kontext zusammengehören und Befreiung nicht ohne Gewalt gegen das Böse

---

35 H. Ringgren, Einige Schilderungen des göttlichen Zorns, Tradition und Situation. Studien zur alttestamentlichen Prophetie. Festschrift A. Weiser, 1963, 107-113.

36 W. A. M. Beuken, Jesaja. Deel III A, POuT, 1989.

37 Nachdem Fischer, a.a.O., das Stück als poetisch großartig bezeichnet hatte, unterstrich Herbert, a.a.O., die vertraute Sprache der orientalischen Poesie, und Hanson, a.a.O., erklärte den Abschnitt als »a fine example of a Divine Warrior Hymn«. – W. Lau, Schriftgelehrte Prophetie in Jes 56-66. Eine Untersuchung zu den literarischen Bezügen in den letzten elf Kapiteln des Jesajabuches, 1994 (BZAW 225), erkennt andererseits in der selbständigen Einheit eine »hymnische Preisung Jahwes« (285). Von einer Wertung ist der Zielsetzung der Untersuchung entsprechend begreiflicherweise nicht die Rede.

38 Koenen, a.a.O., 87, pointiert die »traditionelle Sprache der Gerichtstheophanie«. – Zu dem in V. 4 auftretenden Problem der Blutrache siehe E. Merz, Die Blutrache bei den Israeliten, 1916, 68f, und L. Köhler, Jes 63,4, ZAW 39 (1921), 316.

39 J. F. A. Sawyer, Isaiah. Vol. II, DSB, 1986.

geschehen könne, nahm er den Gegenstand nochmals auf[40] und erläuterte dort, man müsse den Wortlaut von Jes 63,1-6 respektieren, ohne vermeintlich Anstößiges durch textkritische Operationen daraus zu entfernen. In den Versen seien unerwartete Worte und Vergleiche auf Jahwe gemünzt, um Außerordentliches zu formulieren. Denn der Dichter sei dem menschlichen Antlitz Jahwes besonders vertraut begegnet und habe erfahren, daß er sich intensiv, nahe und tröstend für Recht und Freiheit in der Welt einsetzt.

In der Folge machte Oswalt[41] ein paar auf der Linie liegende Bemerkungen, nämlich, die Bildwelt sei zwar grausig in ihrer Lebendigkeit, eingebettet in die literarische Umgebung habe das Stück jedoch die Aufgabe, Gottes unvergleichliche Macht zugunsten seines Volkes zu demonstrieren, und in ihm sei ein leidenschaftlicher Gott gezeichnet, der in seiner Liebe und seinem Ungestüm alle Grenzen übersteige[42].

Die Auslegung durch Brueggemann stammt aus dem gleichen Jahre[43]. Der Verfasser stellt zunächst fest, die Handlung sei höchst ungestüm und unheilvoll. Jahwe verfahre gewalttätig und unbändig. Dahinter stehe indes eine leidenschaftliche Hoffnung, und sie erfordere einen lebhaften und stürmischen Gott. Die theologische Überzeugung sei dennoch keineswegs grausam und widerwärtig. Nur ein so vorgestellter Gott könne Lebenswille angesichts großer Bedrohung geben.

Die bislang letzte Kommentierung[44] profitiert von den im vorangehenden gemachten Beobachtungen, nimmt das Textstück, wie es ist, und erklärt, seine entscheidende Funktion sei es, stärkstmöglich[45] zu betonen, das göttliche Urteil gegen Übel und Ungerechtigkeit derer, die wider Gottes Herrschaft rebellieren, müsse dem Beginn seines verheißenen Königtums vorausgehen.

Ein wesentlicher Beitrag zum Verständnis geht schließlich auf Brettler zurück[46]. Der Autor behandelt mehrere auf Jahwe übertragene anthropomorphe Metaphern, anhand von Jes 63,1-6 die des Kriegers. Er kommt bei der Durchmusterung zu dem Schluß, Jahwe sei ein »metaphorical warrior« und mehr noch ein »superlative warrior«. Die Quintessenz sei, diese – von ihm besprochenen – göttlichen Vergleiche und Metaphern sollten Jahwes fundamentale Ähnlichkeit zum Menschlichen nahelegen, gleichzeitig hinwiederum seine Unvergleichlichkeit in den Vordergrund rücken.

---

40 Radical Images of Yahweh in Isaiah 63, Among the Prophets. Language, Image and Structure in the Prophetic Writings, ed. by P. R. Davies – D. J. A. Clines, 1993, 72-82.

41 J. N. Oswalt, The Book of Isaiah. Chapters 40-66, NIC, 1998.

42 In diesem Konnex ist zu bedenken, daß in der alttestamentlichen Literatur des öfteren davon zu lesen ist, Jahwe töte oder veranlasse zu töten.

43 W. Brueggemann, Isaiah 40-66, Westminster Bible Companion, 1998.

44 Childs, a.a.O.

45 In der Frage liege ein schauriges Mysterium und die Antwort sei erschreckend.

46 M. Z. Brettler, Incompatible Metaphors for YHWH in Isaiah 40-66, JSOT 78 (1998), 97-120.

Ein dreiviertel Jahrhundert vor ihm war schon Hempel[47] unbelastet mit dergleichen Bildhaftigkeit umgegangen. Hinsichtlich der Schilderung von Jes 63,1-6 sagte er, man solle darüber nicht vergessen, »daß das Primäre eben der Glaube war, daß Jahwe König und Recke ist«[48]. Zum Beschluß resümierte Hempel, die Jahwegleichnisse seien bedingt durch die Eigenart prophetischen Erlebens, welches in diesem Falle die Nähe des übergewaltigen Gottes erfahren lasse. Damit eröffnet sich der Weg zu weitergehenden Überlegungen.

Im Rahmen seiner Aufarbeitung der Beziehungen, die zwischen der ugaritischen Literatur und dem Alten Testament bestehen, äußerte Loretz[49] die Vermutung, die Schilderungen der Kampfszenen Anats, wie sie uns in den mythologischen Texten von Ras Schamra überkommen sind, könnten ihren Niederschlag in biblischen Passagen gefunden haben und zitiert dabei Jes 63,1-6[50].

Als Gegenstück zu dem Spruch aus der tritojesajanischen Sammlung dient in erster Linie KTU 1.3,II,5-30[51]. In diesem mythologischen Szenarium ist von der Göttin Anat die Rede, wie sie voller unbändiger Lust an zwei unterschiedlichen Plätzen ein Gemetzel vollführt und im Blut der Erschlagenen watet. Zeigt sich hieran auf alle Fälle neben anderem der kriegerische Charakter der Göttin, erscheint die Bedeutung des Aufgezeichneten ziemlich rätselhaft. Es bleibt unklar, ob der Vorgang den gesamten Lebensbereich betrifft und er gar apokalyptische Ausmaße hat. Tappt man diesbezüglich im Dunkeln, so dürfte es doch nicht abwegig sein, dem Geschehnis generell kultische Funktion zuzuerkennen, mag sich dahinter ein spezifischer Ritus verbergen oder gar ein Analogiezauber beschrieben sein[52].

Nun ist offenkundig, daß derlei Erwägungen im Blick auf Jes 63,1-6 kein entscheidendes Gewicht zukommt. In dem alttestamentlichen Beleg ist Jahwe der Akteur, vorgestellt als einer, der zur Rettung seiner Gläubigen ein ge-

---

47 J. Hempel, Jahwegleichnisse der israelitischen Propheten, ZAW 42 (1924), 74-104 = Apoxysmata, 1961, 1-29.

48 A.a.O. 80 = 7.

49 O. Loretz, Ugarit und die Bibel, 1990, 81f.

50 Ein Hinweis auf den vermutlichen Zusammenhang findet man vorher schon bei J. C. de Moor, An Anthology of Religious Texts from Ugarit, 1987, 5 Fn. 21; aufgegriffen wurde die Annahme seitens H. D. Preuß, Theologie des Alten Testaments. Bd. 1 (1991), 147 mit Fn. 649.

51 Ähnliche Partien sind KTU 1.3,V,2f.24f; 1.7,4-10.17.37f; evtl. auch 1.13,5f.

52 Eine ausführliche Erörterung über 1.3,II geht zurück auf J. Gray, The Blood Bath of the Goddess Anat in the Ras Shamra Texts, UF 11 (1979), 315-324. Man vergleiche daneben Analyse und kritische Übersetzung der Zeilen durch A. Caquot – M. Sznycer – A. Herdner, Textes Ougaritiques. Tome I : Mythes et Légendes, 1974, 148f. 157-161; G. del Olmo Lete, Mitos y Leyendas de Canaan segun la Tradicion de Ugarit, 1981, 115f. 180-182; N. Wyatt, Religious Texts from Ugarit, 1998, 72-75. – Zu einem besonderen Übersetzungsproblem in 1.3,II,23f äußerte sich J. Tropper, 'Anats Kriegsgeschrei (KTU 1.3 II 23), UF 33 (2001), 567-571.

rechtes Gericht der Vergeltung an der Völkerwelt vollstreckte. Ist dabei mit Recht auf den zitierten ugaritischen Mythus als eines sachlichen Pendants hinzuweisen, muß man sich gleichwohl im klaren darüber sein, hier keine unmittelbare Beziehung vor sich zu haben. Dawider stehen die zeitliche und wesentlich gleichfalls räumliche Entfernung, so daß selbst der Gedanke einer eventuellen Tradition abwegig erscheint und keinesfalls plausibel gemacht werden kann. Die allein mögliche Relation ist darin zu sehen, daß der biblische Befund ebenso auf mythisches Denken zurückgeht[53], das den Jahwegläubigen die göttliche Welt im Jahreslauf bei den auf sie eindringenden Kräften der Natur, die ihnen Vorteilhaftes oder Nachteiliges bringen konnten, andererseits auch im Zusammenspiel mit politischen Größen, die ihnen entweder von Nutzen waren oder deren sie sich erwehren mußten, unterschiedlich erleben ließ.

Solches Erleben war zuzeiten furchterregend, wenn nicht gar horribel, und hatte mitunter Verderben, selbst Tod im Gefolge. Die Gläubigen sahen sich der elementaren göttlichen Kraft gegenüber und mußten damit fertig werden. So verwundert es nicht, göttliches Agieren mitunter drastisch berichtet vorzufinden. Voraussetzung dafür ist allerdings, der Erkenntnis nicht auszuweichen, daß in der Spätzeit mythisches Denken und Erleben nicht verlorengegangen waren. Gerade die Bildwelt von Jes 63,1-6 kann dafür als ein anschauliches Beispiel gelten. Ihre Natur und ihre Funktion im vorliegenden Zusammenhang läßt begreifen, daß sie der göttlichen Würde und der Frömmigkeit derer, denen wir sie verdanken, keinerlei Eintrag tut, vielmehr die Scheu vor Jahwes Majestät erhöht.

---

53 Darauf verwiesen schon Westermann, a.a.O., Hanson, a.a.O., Kraus, Evangelium (223), Emmerson, a.a.O., und Childs, a.a.O.

Konturen von Jeremias Verkündigung
Ihre Themen und Einheit[1]

Werner H. Schmidt (Bonn)

Läßt sich in der Vielfalt der Überlieferung von Jeremias Botschaft ein Zu-
sammenklang, mit der inneren Stimmigkeit zugleich eine Eigenart erspüren?

Diese Frage, die sich erst nach Abhebung jüngerer Schichten im Buch
stellen läßt, ist angesichts der gegenwärtigen Forschung ein Wagnis. Die von
Jeremia erhaltene Überlieferung wird – weit über ein zuvor konsensfähiges
Maß hinaus – zunehmend in ihrer »Echtheit« oder Authentizität bezweifelt,
d.h. die Verwurzelung im Grundbestand von Jeremias Botschaft bestritten, so
statt aus der Situation der Anfechtung des Propheten vielmehr aus dem
Rückblick nach Eintritt der Katastrophe erklärt. Die Zuweisung der Überlie-
ferung an jüngere Epochen ist allerdings – unabhängig von der je eigenen
Auffassung – mit allgemein einsichtigen Gründen, wie zumal sprachlichen
Mitteln, zu erweisen.[2] Der Spätdatierung des »Kerns« von Jeremias Worten
sind zudem gewisse Grenzen gesetzt durch a) die Aufnahme und individuelle
Abwandlung von Einsichten, Themen, Motiven und Stichworten älterer
(Schrift-)Propheten, von Amos, Micha, Jesaja, zumal Hosea[3], b) Querverbin-

---

1 Das Thema ist mit O. Kaiser verbunden, seitdem er mir in meiner Marburger Zeit (1979-
1984) die – schwierige – Aufgabe anvertraute, das Jeremiabuch für die Reihe ATD zu
kommentieren; so möchte der hier vorgelegte Beitrag – auch bei anderem Schwerpunkt in
der Fragestellung – ein Zeichen des Dankes sein. Der knapp zu haltende Aufsatz sucht
bei kritischer Rückfrage innerhalb der (älteren) Überlieferung zusammenfassend nach
Verbindungslinien in unterschiedlichen Redeformen und in den wechselnden Situationen,
so zugleich nach einer Eigenart gegenüber der Tradition. Eine ähnliche Aufgabe hatte der
Aufsatz: Die Einheit der Verkündigung Jesajas. Versuch einer Zusammenschau: EvTh 37
(1977), 260-272.

2 Vgl. allgemein die Bemerkungen in: W.H. Schmidt, Zukunftgewißheit und Gegenwarts-
kritik, BThSt 51 (²2002) VIIff, bes. XVIff. Im Jeremiabuch scheint mir weiterhin die redaktionsgeschichtliche Erklärungsweise von W.Thiel (Die deuteronomistische Redaktion
von Jer 1-25 bzw. Jer 26-45, WMANT 41, 1973 und 52, 1981) in der Forschung die
höchste Präzision und den meisten Informationsgehalt zu haben (vgl. ThLZ 126 [2001],
273-276, bes. Anm. 8).

3 Jeremia steht bereits in einer Geschichte der Prophetie, wie die Überlieferung selbst bezeugt: Jer 28,8; auch 6,17; vgl. 23,13 u.a..

dungen und inhaltliche Übereinstimmungen innerhalb von Jeremias Verkündigung, schließlich c) Nachwirkungen bzw. Folgen seiner Botschaft[4].

1.

Nach der Überlieferung sind Person und Aufgabe von vornherein eng verbunden. Bevor Jeremia mit dem Auftrag zu reden: »Rufe, verkündige!« (2,1) zum Rufer wird, erscheint er als Lauscher und Seher – in der Berufungserzählung (1,4-9) und im Visionspaar (1,11f.13f). So hängen zusammen, was er wahrnimmt und was er weiterzugeben hat.

Wird Jeremia in der zweiten Vision die Einsicht eines »Unheils von Norden über alle Bewohner des Landes« (1,14)[5] zuteil, so wird sie (4,5ff, bes. 6,1) entfaltet in der Ansage: Ein Feindvolk kommt von Norden. Zudem wird die in der Berufungsgeschichte 1,4-9[6] ausgesprochene Designation »Zum Propheten ... habe ich dich eingesetzt« (1,5) mit der Übertragung der Aufgabe (6,27) zugespitzt: »Zum Prüfer habe ich dich eingesetzt.«[7] Damit wird ein Bogen um die Kap. 1-6 geschlagen, die auch in ihrem Aufbau eine Verschärfung enthalten.[8]

2.

a) In Jeremias Worten tritt – in Aufnahme prophetischer Sozialkritik – das Thema *Gerechtigkeit* zwar nicht beherrschend hervor, kehrt aber immer wie-

---

4 Sie finden sich schon bei Ezechiel, dem Exilspropheten Deuterojesaja, wohl auch in Ergänzungen zum Prophetengesetz (Dtn 18,16ff) und in der Priesterschrift, nach dem Exil bei Sacharja oder bei Hiob.

5 Obwohl die Vision in der Tiefe der Einsicht und der Gestaltung an Am 7f anknüpft, fehlt anders als dort (mit der Bitte »Vergib doch!« 7,2) oder Jes 6 (mit dem Schuldbekenntnis für sich selbst und stellvertretend für das Volk V 5) der Hinweis auf die Schuld des Volkes.

6 Sie weist auch sonst Zusammenhänge mit dem Folgenden auf: »Ich lege / mache meine Worte in deinem Mund« (1,9) wird 5,14 aufgenommen: »zu Feuer« (vgl. Anm. 50). Die einleitenden Worte der Verkündigung 2,1-9 stimmen in wichtigen Stichworten mit 1,4-9 (»Jugend / Jugendzeit«, »geheiligt / heilig« u.a.) überein. Volks- wie Individualgeschichte greifen auf die frühesten Anfänge, den Ursprung zurück – allerdings mit verschiedenem Ausgang. Vgl. Die Anfänge von Jeremias Verkündigung aus dem Rückblick – Spuren der Urrolle? Jer 2,1-9 im Zusammenhang von Kap. 1-6: F. Sedlmeier (Hg.), Gottes Wege suchend. FS R. Mosis, 2003, 275-291.

7 Vgl. zuvor 6,9 »Nachlese zu halten« »wie ein Winzer«.

8 Vgl. etwa 4,5f mit 6,1; vor allem die Aussage über die »Verwerfung« 2,37 mit 6,30; auch 7,29; ähnlich 16,5 u.a. Nicht einmal eine Läuterung des Volkes brächte Erfolg: 6,27-30; vgl. 9,6.

der[9] und hat dabei einen eigenen Schwerpunkt: die Wahrhaftigkeit[10]. In Klagen oder Anklagen kommt Jeremia über die Gesellschaft seiner Zeit zu überraschend scharfen Urteilen. So werden die Zeitgenossen – in einem Gotteswort – zur Prüfung der Bewohner Jerusalems aufgerufen, um sich aus eigener Erfahrung zu vergewissern:

»Durchstreift die Gassen Jerusalems ...,
und sucht auf ihren Plätzen,
ob ihr einen findet,
ob einer da ist, der Recht übt,
nach Wahrhaftigkeit strebt.« (5,1)

Entsprechend heißt es in der Nachfolge Hoseas (12,4) mit Anspielung auf den Erzvater Jakob (Jer 9,3):

»denn jeder Bruder betrügt (handelt wie Jakob),
und jeder Freund übt Verleumdung.«

Ein solcher Vorwurf steht der Tempelrede (7,9) nahe, die – ebenfalls im Anschluß an Hoseatradition (4,2) – der Allgemeinheit, so dem Volksganzen, vorhält: »stehlen, töten, ehebrechen[11], falsch schwören«. Hier klingt die Überlieferung der sog. zweiten Tafel des Dekalogs an, sei es, daß aus ihm ausgewählt oder zu ihm hingeführt wird. Über das unmittelbar Wahrnehmbare hinaus kann Jeremia alle einbeziehen: »Vom Kleinsten bis zum Größten – sie alle«.[12]

b) Jene konkreten, auf das alltägliche Leben bezogenen, die Gesamtheit umfassenden Aussagen kann Jeremia – wohl schon früh – auch als allgemeinere, teils weisheitlich geprägte tiefe Einsichten formulieren.

---

9   Jer 2,33f; 5,1f.26ff; 6,6; 7,9; 9,1ff; auch die Kritik am Königtum in der Sammlung 21,11ff. Im – für den Angeredeten kritischen – Rückblick weiß Jeremia von einer Person, die zwar nicht »gerecht« genannt wird, aber »Recht und Gerechtigkeit geübt« hat: Josia (22,15). Das Lob gilt nicht dem Lebenden; in der Gegenwart sind die Verhältnisse anders.

10 Vgl. außer den genannten Texten etwa 7,28; im Gegenüber zu »Trug« 5,27; 6,13 = 8,10; 9,2.5.7; auch 5,12; 8,6 u.a.

11 Jeremia erhebt (außer 7,9) mehrfach den Vorwurf des »Ehebruchs«: 5,7; 9,1; 23,14. Die bildkräftige Beschreibung »wiehern nach der Frau des Nächsten« (5,8) steht durch die Intention sowie die Wendung »Frau des Nächsten« in Verbindung mit dem zehnten Gebot. Bei diesem Thema kann – wiederum seit Hosea – auch eine kultkritische Nuance (Ehebruch als Aufgeben der Ausschließlichkeit) mitklingen (vgl. die Situationsschilderung 2,23ff; 3,1ff).

12 Jer 6,13 = 8,10; vgl. 2,29; 5,1.4f; 8,6.10; 9,4 u.a. Schon bei Jeremias prophetischen Vorgängern findet sich die Einsicht in die Schuld aller (Jes 1,2f.4.10; 5,7; 6,5; 29,13; Hos 4,1f u.v.a.).

Rhetorische Fragen, die – in den verschiedenen Wortsammlungen – Jeremias Verkündigung durchziehen[13], zielen auf Zustimmung, Übereinstimmung in der Erkenntnis. Jeremia sucht Einsicht, weiß aber, daß er sich an *Uneinsichtige* wendet. Selbstverständlichem Verhalten entgegen steht das Verhalten des Volkes:

> »Fällt auch jemand und steht nicht wieder auf,
> wer sich abkehrt, kehrt er nicht wieder um?
> Warum wendet sich dieses Volk ab ...?
> Sie weigern sich umzukehren.« (8,4f)[14]

In Aufnahme weisheitlichen Gedankenguts kann Jeremia die »Ordnung« der Naturwelt als Vorbild dem Gottesvolk entgegenhalten; die Ausrichtung fehlt dem Selbstverständnis des Volkes (8,7):

> »Selbst der Storch am Himmel weiß seine Zeiten ...,
> mein Volk aber kennt nicht die Ordnung Jahwes.«

In der Nachfolge von Jesajas Urteil: »Israel aber hat keine Einsicht«[15] formuliert Jeremia:

> »Ja, töricht ist mein Volk, mich kennen sie nicht,
> unvernünftige Söhne sind sie, und Einsicht haben sie nicht,
> weise sind sie, Böses zu tun,
> aber Gutes zu tun verstehen sie nicht.«[16]

Ein Höraufruf bringt mit seiner eigenartigen Mahnung die Situation des Propheten zugespitzt zum Ausdruck, rechnet mit der Verständnislosigkeit oder Unbelehrbarkeit (5,3) der Hörer und redet sie doch an:

> »Hört doch dies, ihr törichtes und (herz-loses, d.h.)
> unverständiges Volk,
> die mit ihren Augen nichts sehen,
> mit ihren Ohren nichts hören!« (5,21) Es hat
> »unbeschnittene Ohren, die nicht aufmerken können« (6,10).[17]

---

13 Oft in sog. Disputationsworten. Vgl. Jer 2,(10f.)14.32; 3,1f; 7,11; 8,4; 13,23; 18,6.14(f); 22,28; 23,23f.28(f); zuvor schon Am 3,3-6.8; 6,12; 9,7; bes. 3,9; 6,2 u.a.

14 Wie schon bei früheren Propheten (Jes 9,12; Hos 7,10 u.a.) kann der Bußruf nicht die Möglichkeit der Abkehr von der Unheilsansage, so von Heil in Aussicht stellen, sondern der Anklage dienen, daß Israel eben nicht umkehrt (Jer 8,4ff; vgl. 2,19); von Rechts wegen erscheint Umkehr unmöglich (3,1-5).

15 Jes 1,3; vgl. 5,12f; 6,9 u.a. Die Eigenwilligkeit erscheint Jeremia so unnatürlich und widersinnig wie schon Jesaja (1,2f; 5,1-7)

16 Jer 4,22; vgl. 5,20; 8,7; auch 2,8; 9,2.5; 22,15f.

17 Die neben den äußeren Wahrnehmungsorganen das Innere betreffende Aussage »ohne Herz / Einsicht«, so »unverständig«, wird (ähnlich Jes 6,9f) anschließend (5,23) weiterge-

Solche Worte zeigen einen Mangel an Einsicht auf und zielen auf Einsicht in eben diese Situation, heben die Unaufgeschlossenheit, ja Unempfänglichkeit, hervor und suchen die Wahrnehmungsunfähigkeit doch bildhaft-eindrücklich, einprägsam-überzeugend darzustellen. Soll Israel – paradox – erkennen, daß es nicht erkennt? Hier klingt bis in die Ausdrucksweise das Thema »Verstokkung« nach.[18]

c) Die Heilsgeschichte erscheint zugleich als *Schuldgeschichte*: »Mein Volk hat mich vergessen – seit zahllosen Tagen«.[19] Ebenfalls schon in der ältesten Wortzusammenstellung zieht Jeremia – wiederum gemeinsam mit Hosea (5,4.6 u.a.) – die radikale Folgerung: Die Schuld geht durch und durch, erscheint untilgbar:

»Auch wenn du dich mit Lauge wüschest,
viel Seife für dich gebrauchtest,
schmutzig bleibt deine Schuld vor mir.«[20]

Von »Gewöhnung«[21] kann Jeremia sprechen; der Mensch erscheint *nicht mehr veränderbar*:

»Vermag wohl ein Mohr (Äthiopier)
seine Haut zu ändern
oder ein Panther seine Flecken?
Dann freilich könnt auch ihr Gutes tun,
die ihr gewohnt sein, böse zu handeln.«[22]

Die Vorstellung von den guten, aber verdorbenen Anfängen wird verschärft; das Böse erscheint hier wie »wurzelhaft« oder ist dem Menschen gleichsam »zur zweiten Natur«[23] geworden, die er weder abstreifen kann noch will.

---

führt oder gar zugespitzt: »Dieses Volk hat ein störrisches, trotziges Herz.« – Vgl. auch 2,19.30; 6,17. Hier liegt insofern noch keine – im engeren Sinn anthropologische – Aussage über das Wesen des Menschen vor, als nur, teils in der Anrede, ein Urteil über das Volk gefällt wird. Jedoch kann das Jeremiabuch solche situativ ausgesprochenen Einsichten verallgemeinern. Vgl. 17,9 gegenüber 17,1 oder 23,18 gegenüber 23,22; auch 9,22f; 17,5ff u.a.

18 Das Thema klingt auch bei anderen Propheten (Ez 12,2; vgl. 2,3ff; 3,5ff; Jes 43,8; 42,18ff) nach. – Die Kennzeichnung »Augen haben sie und sehen nicht, Ohren haben sie und hören nicht« (Jer 5,21; vgl. Jes 6,10; Dtn 29,3) wird später auf fremde Götter bzw. Götzenbilder übertragen (Ps 115,5f; 135,16f; vgl. Jes 44,18ff) und findet sich sachlich ähnlich in der jüngeren polemischen Darstellung Jer 10,3ff.

19 Jer 2,32; »seit je« (2,20); auch 2,5ff.

20 Jer 2,22; vgl. 2,21.32 (4,22; 5,20; 6,10); auch 3,1-5; 8,4ff; 12,8; 17,1(.9); 30,12f u.a.

21 Schon: »an Böses deine Wege gewöhnt« (2,33), »ihre Zunge an das Lügen gewöhnt« (9,4) u.a.

22 Jer 13,23; vgl. 17,1.

23 »Wer einmal gewohnt ist, Böses zu tun, der kann nicht mehr davon lassen ..., so wenig ... der Panther sein geflecktes Fell ablegen kann. Jer(emia) will hier nicht sagen, daß die

»Nicht-Wollen«[24] und »Nicht-Können«[25], Unwilligkeit und Unfähigkeit, eigene Absicht und innerer Zwang liegen im Verhalten spannungsvoll ineinander.

3.

Wiederum in Hoseas Nachfolge lautet wohl einer der frühesten, wiederkehrenden Vorwürfe Jeremias: Die Ausschließlichkeit des Glaubens wird nicht durchgehalten. Über die Abgrenzung gegenüber fremdem Kult oder bestimmten gottesdienstlichen Formen[26] hinaus äußert Jeremia Kritik am *eigenen Kult*, an Priestern und Propheten[27] wie am Opfer[28], erweitert und verschärft in der *Tempelrede*.[29] Ihr Thema, Vertrauen auf Nicht-Vertrauenswürdiges, klingt schon vorher[30] an.

Als Jeremia in seiner Zeit die Ansage des Untergangs des Jerusalemer Tempels aufnimmt, ist sie gegenüber der Situation Michas durch Josias Reform mit der Kultzentralisation, der Durchführung der Kulteinheit[31], erheblich verschärft: Der Jerusalemer Tempel ist das einzige verbliebene Heiligtum; ihm gilt Jeremias Kritik und Ankündigung.

Sünde dem Menschen angeboren ist, sondern daß sie ihm zur zweiten Natur werden kann« (W. Rudolph, Jeremia: HAT 12, ³1968, 97; vgl. 203) – vielmehr: geworden ist.

24 »Tretet auf die Wege ... Sie aber sagten: Wir gehen nicht! ... Hört auf den Schall der Trompete! Sie aber sagten: Wir hören nicht!« (Jer 6,16f) »Sie weigern sich umzukehren.« (8,4f; vgl. 2,32) Israels Unbußfertigkeit: 2,29f; 5,1.3; 6,11.13.

25 Vgl. unten zu 2,22; 13,23; auch 4,22 u.a.

26 Jer 2,10ff.23ff; 3,1f; 5,7 u.a. bis zur Überlieferung 44,17ff; ausgebaut von der späteren Redaktion.

27 Jer 2,8; 5,4f; 6,13f = 8,10f; dann 23,9ff.

28 Jer 6,20; 7,21b; auch 14,12. In Zuspitzung weisheitlicher Einsichten (wie Prov 21,3) kommen schon Jeremias Vorgänger zu ihrer weitreichenden Kultkritik, die über Opfer hinaus andere gottesdienstliche Äußerungen oder Begehungen, wie die Feste, einbeziehen kann (Am 4,4f; 5,5.21ff; Jes 1,10ff; 29,1.13; auch 43,22ff). Vgl. unten zu Jes 1,15.

29 Die von Amos (3,14; 4,4; 5,5; 9,1) oder Hosea (4,15ff; 8,4ff; 10,2.8; 12,12 u.a.) vorgetragene Kritik an den Heiligtümern des Nordreichs wird von Micha (3,11f; dazu Jer 26,18) auf den *Zion* bzw. Jerusalem übertragen (vgl. auch Jes 5,14.17; 22,1-14; 28,14f.18f; 29,1-4; bes. 32,14; dann Ez 8ff; 24,21 u.a.) Dort steht die Unheilsansage im Widerspruch zu der in den Zionspsalmen (Ps 46; 48 u.a.) wiedergegebenen Tradition: Die Gottesstadt »wankt nicht«.

30 Jer 2,37; 5,17; vgl. 4,30; 7,14. Außerdem wird bereits zuvor die Erkenntnis ausgesprochen: Der Zion bietet keinen Schutz (4,31; 6,1).

31 Eine Nachwirkung berichtet wohl Jer 41,5; vgl. vielleicht 8,8f; im späteren Rückblick 3,10.

4.

Die *Symbolhandlungen* – mit den beiden entscheidenden Elementen: Zeichen und deutendem Wort[32] – sagen nichts anderes als die Botschaft überhaupt, aber auf andere Weise: anschaulich-eindringlich, jedoch nicht: selbstwirksam.

Die öffentliche Demonstration will nicht das drohende Geschehen herbeiführen, vielmehr zunächst Gottes künftiges Wirken ansagen, auf dessen Befehl sie sich ja auch beruft.[33] So können die Deuteworte der Symbolhandlung als Gottes Ichrede ergehen; die Struktur läßt die vor Zeugen durchgeführte Handlung mit dem Krug erkennen.[34] Der Gerichtsansage (19,11):

> »*So* zerbreche ich dieses Volk und diese Stadt,
> *wie* man Töpfergeschirr zerbricht«

ähnelt die wiederum als Gotteswort gefaßte Ankündigung (13,9):

> »*So, wie* der Schurz verdorben ist,
> werde ich den Stolz Judas und Jerusalems verderben«.[35]

Im zweiten Fall klingt durch »Herrlichkeit/Stolz« als Objekt eine Begründung an; beide Male wird in der Sachhälfte Gottes bevorstehendes Tun ausgesprochen. In diesen wohl älteren, in der Intention ähnlichen Symbolhandlungen ist im Grundbestand Babylon noch nicht erwähnt.

In seiner symbolischen Handlung mit dem *Joch*[36] geht Jeremia in doppelter Hinsicht über vorhergehende Symbolhandlungen[37] hinaus, nennt zum einen Babel[38] und bietet zum andern *Lebensbewahrung* an. Dabei stellt Jeremia nicht vor eine Alternative »Unheil oder Heil«, ruft nicht zur Abwehr einer drohenden Zukunft, zu Umkehr oder Buße[39], auf, sondern zur Annahme des

---

32 Vgl. den Ausdruck »Zeichen« (Jes 8,18; 20,3).

33 Insofern entsprechen die Handlungen dem, was die Konfession (17,16; vgl. 18,20) bekundet, Jeremia habe Gott »nicht gedrängt, Unheil kommen zu lassen«, »den bösen Tag nicht herbeigewünscht«.

34 Jer 19,1-2a.10f (mit nachträglich eingeschobener Predigt).

35 Wie dort Bild- und Sachhälfte durch »zerbrechen« verbunden sind, so hier durch »verderben«. Zudem erinnert die Bildhälfte an die verdorbenen Feigen (24,2f.8); auch in dieser Vision ist Gottes Handeln, nicht menschliches Verhalten das Ziel. Vgl. auch 18,6; 16,5; formal anders 27,11f; 32,15. Die Erzählung 51,59-64 hat einen anderen Charakter.

36 Jer 27,11f; vgl. 34,2ff; 37,3ff.17ff; 38,17ff; 21,10; 32,28; dazu 40,9; 42,4ff u.a.

37 Wie 13; 16; 19; auch 18.

38 Vgl. 20,6a.

39 Die sog. Schriftpropheten wurden im Rückblick als Umkehrprediger verstanden, deren Ruf überhört wurde (Sach 1,4f; vgl. die redaktionellen Ergänzungen Jer 18,7ff; 26,3; 36,3.7 u.a.). Festen Anhalt hat der Umkehrruf in Jeremias Botschaft gegenüber dem Nordreich (3,12f; 31,15ff) sowie in dem an ihn selbst gerichteten Gotteswort (15,19f; vgl.

von Gott beschlossenen Geschicks[40], zu einem Verhalten *innerhalb* der vom Propheten angesagten Zukunft, wie sie Gott herbeiführen will. Bei Einsicht und Sich-Einstellen auf die Lage sichert Jeremia Überleben zu. Würde er nicht auch gefährlich in die Nähe der sog. Heilspropheten[41] geraten, die sich diese radikale Unheilsansage – in Übereinstimmung mit der Überlieferung[42] – nicht denken können, wenn er die Abwendung der Unterwerfung unter Babylon als möglich in Aussicht stellte?

So kündigt Jeremia nicht Bewahrung vor, aber im Gericht an. Dabei wird mit Lebensbewahrung ein Thema angeschlagen, das sich bis zur Heilszusage durchhält.[43]

Die härteste Symbolhandlung betrifft Jeremia selbst. Der dreifache Auftrag, keine Familie zu gründen, kein Beileid zu bekunden und festliche Geselligkeit zu meiden, schneidet tief in die persönliche Lebensführung Jeremias ein; er muß als einzelner die allen drohende Zukunft symbolisch vorabbilden:

»Ich habe diesem Volk *meinen Schalom* / mein Heil entzogen,
die Güte und das Erbarmen«[44] –

allerdings mit der Einschränkung: »in diesem Land« (V 2). Schalom, »Wohl« und »Heil«, auch »Friede«, ist ein in Jeremias Verkündigung festverankertes, für sie zumal in der Auseinandersetzung bedeutsames Stichwort. Schon früh wendet Jeremia gegen Priester und Prophet ein: »Es ist *kein Heil*!«[45]

Symbolischen Sinn gewinnt auch Jeremias Gang zur Werkstatt des Töpfers, der aus einem mißratenen Gefäß nach Gutdünken ein anderes formt; der

---

zu Anm. 58-59). Im Rahmen oder als Folge der Heilsbotschaft gewinnt das Mahnwort wie 3,12f; 29,5-7 eine andere Bedeutung.

40 In Übereinstimmung mit Jer 1,13f; 4,5ff; 6,1ff u.a.

41 Die Auseinandersetzung mit den (Heils-)Propheten durchzieht die Überlieferung von früh an (2,8; 5,13.30ff; 6,14; vgl. 8,11ff) bis zur Spätzeit (23,16ff; 28 u.a.).

42 Vgl. die mit den Vätern und Mose verbundenen, im Pentateuch bewahrten Heilstraditionen (etwa Ex 3) oder Ps 46; 48; Mi 3,11; Jer 2,3; 4,10; 14,13; 23,16f; Ez 13,10.16 u.a.

43 Jer 29,5-7; 32,15; auch in späterer Situation: 42,10f.

44 Jer 16,5 (innerhalb von 16,1-9) wohl in Aufnahme von Hos 1,6 (.9); zu der ihn vereinsamenden Symbolhandlung vgl. das »Echo« (15,17): »Nie saß ich heiter im Kreis der Fröhlichen – unter dem Druck deiner Hand allein.« Jeremia nimmt einerseits Stichworte auf, die in seiner Frühzeit anklangen, wie »Trauer« oder »klagen« (6,26; auch 9,16ff bzw. 4,8; auch 22,18). Andererseits besteht (16,4a) eine gewisse Nähe zu den Worten über Könige, Josias Söhne (22,10.18f), mit ähnlicher Intention.

45 Die bereits geäußerte Einsicht »kein Schalom / Heil, Friede« (6,14; leicht abgewandelt 8,11; vgl. 8,15) wird hier aufgenommen. Noch weit später wird Jeremia vorgeworfen: »Er sucht für dieses Volk nicht das Heil.« (38,4) Umgekehrt heißt es für den Fall der Unterwerfung unter Babylon im Wort an den König (34,5): »In Frieden wirst du sterben.« Vgl. noch 28,9; verallgemeinert im zweiten, jüngeren Teil des Prophetengesetzes Dtn 18,21f.

Fragestil des Disputationswortes tritt Einwänden der Hörer – wohl gegen die
Unheilsansagen des Propheten – entgegen:

> »Kann ich nicht wie dieser Töpfer
> mit euch verfahren, Haus Israel? – spricht der Herr.
> Siehe, wie Ton in der Hand des Töpfers
> so seid ihr in meiner Hand, Haus Israel.«[46]

An der Freiheit des Töpfers, nach eigenem Willen zu verfahren, wird bildhaft
Gottes Freiheit im Umgang mit seinem *Volk*, die uneingeschränkte Verfü-
gungsmacht, deutlich, die auch die Möglichkeit zum Gericht einschließt.

Diese Einsicht, welche die Heilspropheten offenbar so nicht haben[47], kann
Jeremia ähnlich auch gegenüber den Propheten äußern:

> »Bin ich (denn) ein Gott aus der Nähe ...
> und nicht (vielmehr) ein Gott aus der Ferne?«[48]

Während Micha (3,6) ankündigt, die Propheten werden ohne Inspiration sein:
»Nacht ohne Gesichte wird kommen«, bestätigt Jeremia in seiner Gegenwart:
sie empfangen keine Offenbarung, geben nur ihre eigenen Erkenntnisse wieder: »Das Gesicht ihres (eigenen) Herzens verkünden sie.«[49] Dabei kann Jeremia weit über die Tradition hinaus innerhalb möglicher Wege der Offenbarung unterscheiden:

> »Der Prophet, der einen Traum hat, erzähle den Traum.
> Wer aber mein Wort hat,
> der rede mein Wort – wahrheitsgetreu. ...
> Ist nicht mein Wort wie Feuer?«[50]

---

46 Jer 18,6; vgl. Am 3,6 u.a.

47 Vgl. o. zu Anm. 41-42.

48 Jer 23,23f; vgl. 7,11: »Auch ich kann sehen«; thematisch Jes 8,17; 45,15; auch 5,12.19;
28,21; 29,14 u.a.

49 Jer 23,16; vgl. in Gottes Ichrede »nicht gesandt« (V 21; auch V 30f; schon 5,13f).

50 Wie das Volk (5,14) und hier seine prophetischen Gegner (23,28f) muß Jeremia selbst
(20,9: »in meinem Herzen wie brennendes Feuer«) das Wort als »Feuer« spüren. Überhaupt wird das »*Wort*« Gottes – nach Jesaja (9,7) und vor dem Exilspropheten (Jes 40,8)
– bei Jeremia betont, wie schon die sog. Wortereignisformel »Das Wort Jahwes geschah
zu mir« (1,4.11.13; 2,1 u.a.) zeigt. In der ersten Vision erhält er die Vergewisserung, daß
Gott sein Wort, d.h. (nach 1,9) die prophetische Botschaft, auch durchführt (1,11f). Obwohl Jeremia Gottes »Worte in den Mund gelegt« (1,9; vgl. 15,16.19) sind, muß er aktuell in bestimmten Szenen auf Gottes Wort warten (wie 28,11; 42,7). Vgl. weiter 6,10; in
den Konfessionen noch 20,8f (Gottes »Wort mir zum Schimpf und Hohn«); auch 32,8; 36
u.a.

5.

Schon in der Berufungsgeschichte klingt mit dem durch »Ach« eingeführten Einwand (1,5f) eine für die Verkündigung wichtige Redeform an. Weit über seine prophetischen Vorgänger[51] hinaus können Jeremias Anklagen und Gerichtsansagen als *Klagen* mit innerer Anteilnahme des eigenen »Ich« ergehen:

> »O mein Leib, mein Leib, ich muß mich winden ...
> Ich kann nicht schweigen.«
> »Mein Herz ist krank.«[52]

Die ebenfalls in der Berufungsgeschichte angedeutete Gegnerschaft der Zeitgenossen (1,8: »Fürchte dich nicht vor ihnen!«) kommt wie in den Erzählungen auch in den Konfessionen zum Ausdruck. Der durch seine Aufgabe hervorgerufene Konflikt ist nicht in Jeremias Verhalten innerhalb der Gesellschaft, näher im wirtschaftlichen Bereich, begründet (15,10): Er ist weder Gläubiger noch Schuldner, und auch Gott gegenüber kann er daran erinnern:

> »Ich habe dich nie gedrängt wegen des Unheils,
> den Unheilstag nie herbeigewünscht!« (17,16) Vielmehr:
> »Erkenne, daß ich um deinetwillen Schmach trage!« (15,15)

Diese – wegen der harten Folgen, die er als Bote zu tragen hat – schwer erträgliche Situation kann zur tiefen Anfechtung bis zum Hadern mit Gott, ja zur Anklage Gottes führen; Widerfahrnis und Hinnehmen[53] sind verbunden:

> »Du hast mich betört, und ich ließ mich betören.
> Du bist mir zu stark geworden und hast mich überwältigt.«

Kann sich Gott für die Heil ansagenden Propheten oder gar das Volk als ferner Gott erweisen, so muß auch Jeremia selbst Gottes Verborgenheit[54] erfah-

---

51 Die prophetische Klage hat Vorformen wie: »Ich muß klagen und heulen« (Mi 1,8), »Ich muß bitter weinen« (Jes 22,4; vgl. auch I Reg 19,4b.10.14).

52 Jer 4,19(-21) bzw. 8,18(-23); vgl. 10,19ff; 13,17; 23,9; Klage des Volkes: 10,19-23 oder die Klage Gottes: 2,31f; 14,17f. So sind die Konfessionen (a) formal durch Klagen Jeremias vorbereitet, gehen (b) weit über Psalmen hinaus (wie 15,18; 20,7) und enthalten (c) – gerade darin – typisch prophetische Aussagen, gelegentlich mit Motiven der Verkündigung (etwa: wie Feuer; vgl. Anm. 50) verknüpft.

53 Jer 20,7. Schon in der Berufungserzählung sind Erkannt-Werden und Sich-Äußern ineinander verwoben; die Verbindung von Passivität bzw. Rezeptivität und Aktivität, Hinnehmen und Handeln, Geschehen-Lassen und Tätig-Sein findet sich mehrfach; vgl. zu Anm. 59.

54 Schon die Frage »Bin ich denn für Israel zur Wüste geworden oder zum finstern Land?« (2,31) kehrt gleichsam das Bekenntnis der Führung (2,2ff) um; vgl. 9,1. So setzt die Rede von Gottes Ferne, Verborgenheit das Zeugnis von Gottes Nähe, Erschließung oder Offenbarung voraus, kommt von ihr her.

ren. In Umkehrung seines eindrücklichen Bildwortes von Gott als dem lebendigem, lebenserhaltendem Quell (2,13) kann ihm Gott als im Sommer versiegender, ausgetrockneter Bach (15,18) erscheinen:

>>Du erweisest dich mir wie ein (als) Trugbach,
als unzuverlässiges Gewässer!<<[55]

Erfährt Jeremia nicht mehr, wie die Berufungsgeschichte (1,8) verheißt, die Gegenwart und den Beistand Gottes in der Not? Die Klage, die ein grundlegendes Bekenntnis – Gott ist Retter aus oder in der Not – für den Propheten selbst in Zweifel zieht, bildet eine der härtesten Aussagen im Alten Testament. Hat sich Jeremia getäuscht?[56] Allerdings wird der Zweifel oder die Verzweiflung Gott selbst vorgetragen.[57]

Die Zusage, daß er nicht vor, aber in der Gefahr bewahrt bleibt (1,8), wird in der auf die Konfession ergehenden Antwort bekräftigt.[58] Sie ist analog der – wiederum Hoseas Botschaft weiterführenden – Heilsverheißung an das Nordreich, das das Gericht schon erfahren hat oder noch erlebt, gestaltet. Beide Zusagen sind in der Struktur, der Verbindung von Aktiv und Passiv, von Umkehr und Gottes Wirken vergleichbar: >>Laß mich umkehren, damit ich umkehre!<<[59]

Zudem kann Jeremia Einzelpersonen aus dem das Volk treffenden Unheil ausnehmen.[60]

---

55 Die Anklage (2,13) enthält im Bildgehalt ein zusätzliches Element: Die >>löcherigen Brunnen<<, >>rissigen Zisternen<< sind selbst gemacht.

56 Nach der Andeutung von 17,15 (vgl. 1,11f) auch wegen des Ausbleibens der angesagten Zukunft. – In der vorliegenden, verschiedene Textbereiche übergreifenden Überlieferung beschreibt die Wendung >>Grauen ringsum<< (6,25) die Auswegslosigkeit des Gerichts (nach der Konfession zitiert von Hörern: 20,10; im Erbericht gegenüber Paschchur 20,4; aufgenommen von den Fremdvölkersprüchen und auf bestimmte Völker >>ringsum<< bezogen: 46,4f; 49,29; vgl. 48,17; 49,5).

57 Die Auseinandersetzung mit Gott findet im Gespräch mit Gott statt; das >>Du<< der Anrede wird durchgehalten. Anders jedoch, ohne Anrede an Gott, kann Jeremia – in Übereinstimmung mit dem >>Wehe mir, Mutter, daß du mich geboren<< (15,10) – den Fluch auf den Tag seiner Geburt richten (20,14ff): >>Verflucht der Tag, an dem ich geboren!<< Das Prophetische wird im Hiobbuch (Kap. 3) allgemein-menschlich aufgenommen. Die Konfessionen enden im vorliegenden Aufbau wie das Buch selbst im Dunkeln.

58 Jer 15,19.20f; aufgenommen in 1,18f. Zudem beschreibt die erzählende Überlieferung entsprechende Situationen. Vgl. auch Sach 3,7.

59 Jer 31,18.[20]; vgl. mit 15,19; formal ähnlich 11,18; 17,14; 31,4; auch 3,12f; nachträglich abgeschwächt aufgenommen 4,1.

60 So den Äthiopier Ebed Melech Jer 39,15-18 (mit 38,7ff); König Zedekia/Zidkija Jer 34,1-7 (mit 37,7ff); Baruch Jer 45,1-5 (mit 36,4f). Vgl. oben zu 27,11f.

6.

Eine *neue Einsicht* wird Jeremia durch eine Vision – von den beiden Körben
mit einerseits sehr guten, andererseits ungenießbar schlechten Feigen – eröffnet, die seine Botschaft weder zurücknimmt noch einschränkt, vielmehr weiterführt. Unheil und Heil sind auf zwei Gruppen verteilt; das neue Heil setzt
das Unheil voraus. Denjenigen, die das Gericht schon erlebt haben und es im
Exil als noch gegenwärtig erfahren, soll »*Gutes*« zuteil werden.

Dabei stellen – anders als vielfach gedeutet wird – die guten Feigen keineswegs unmittelbar die Exilierten dar; nicht sie, ihre Eigenschaften oder ihr
Verhalten, werden »gut« genannt. Ähnlich wie in der ersten Vision »Ich wa-
che ...« (1,12) oder innerhalb der Botschaft »Ich lasse kommen ...« (4,6) bestimmt Gottes »Ich« die Aussage; »gut« ist die Zukunft in Gottes Absicht
(24,5): »Ich sehe zum Guten an.«

Das »Gute«[61] ist auslegungsfähig und wird in einem *Brief* an die Depor-
tierten entfaltet. Allerdings gerät Jeremia dabei in Widerspruch zu den Wünschen und Hoffnungen der Angeredeten. Sie hören, wie die Reaktion (29,28)
zeigt, heraus: »Es dauert noch lange.« So enthält die Aufforderung »Baut
Häuser ..., nehmt Frauen und zeugt Söhne und Töchter!« (29,5) einen bitteren
Beigeschmack; denn sie tritt den Erwartungen der Betroffenen auf baldige
Heimkehr und wohl auch der Botschaft von sog. »Heils«propheten[62] entgegen. Zumindest drei Motive lassen sich unterscheiden:

a) Mit dem Aufruf, das Leben im Exil zu gestalten, ist er Zuspruch, verbindet das Handeln des einzelnen und das Ergehen der Gruppe. Mit seinen
Aufforderungen, die paarweise jeweils ein *Handeln* und dessen *Folge* zuordnen, setzt der Brief einen gestörten oder gar zerstörten Zusammenhang wieder in Kraft oder als bestehend voraus: Bauen – Wohnen, Pflanzen – Ernten,
Familie gründen.[63] Vor dem Hintergrund prophetischer Drohworte, die die
Vergeblichkeit aller Mühe ansagen, und wohl eigener Erfahrungen der Exilierten erscheinen die alltäglichen, zu erwartenden Lebensvorgänge nicht
schlicht selbstverständlich. Vollzieht sich in ihnen nicht Segen?

---

61 Vgl. Jer 29,32; auch 14,11; 15,11; 22,15 u.a.
62 Vgl. Chananjas Botschaft (28,2-4; dazu 27,16), auch Schemajas Brief (29,25ff). So mag
   die nachträglich eingefügte Warnung vor »falscher« oder »Heils-«Prophetie V 8f.15
   einen aktuellen Anlaß haben.
63 Gegenüber Drohungen (wie Dtn 28,30.38-41; Am 5,11; Zeph 1,13; auch Jer 6,12 bzw.
   8,10), die den Wirkungszusammenhang von Arbeit und Ertrag unterbrechen, eröffnet
   Jeremia wieder eine Perspektive, die zum Handeln ermutigt. Dabei werden die in der
   Elia- und Elisa-Tradition bezeugten kurzen Heilssprüche, die irdisches Wohl, ein Ende
   der Alltagssorgen und eine Befriedigung der Grundbedürfnisse des Lebens, ankündigen
   (I Reg 17,14; II Reg 4,43 u.a.), in Jeremias Brief inhaltlich weit überboten.

b) Das Ziel des Briefs geht über solche Lebensvollzüge hinaus – in Aufnahme des in seiner Auseinandersetzung bedeutsamen Stichworts[64] – letztlich auf *Schalom*. Dabei ist ein kritischer Aspekt mitzuhören: Schalom ist nicht an *Jeru-schalem* gebunden, an dem Schalom der Tradition nach zu Hause ist[65]. Mag für die Hörer und die sog. »Heils«propheten[66] gelten: Schalom gibt es – eigentlich – nur in Jerusalem oder im Land, so gilt für Jeremia: auch weit ab vom Tempel, der zur Zeit des Briefes noch steht. Hier scheint Jeremia sachlich seine in der *Tempelrede*[67] ausgesprochenen Einsichten – mit der Unterscheidung von Gott und heiligem Ort – vorauszusetzen und weiterzuführen. Gottes Anwesenheit bzw. Wirken wird als entgrenzt wahrgenommen; er ist für Betende auch am fernen Ort gegenwärtig – unter fremder Herrschaft und ohne Heiligtum.

So steht der Aufruf mit seinem Zuspruch nicht im Widerspruch zu Jeremias Botschaft, stimmt vielmehr mit ihr überein, bildet so einen inneren, theologischen Zusammenhang. Heil vollzieht sich – sachlich in Entsprechung zu Hosea[68] – nicht in Staat, Königtum oder Tempel; es wird nicht die Wiederherstellung nationaler Größe zugesagt, sondern schlichtes Leben oder schlicht das Leben im gewährten Lebensraum – wie in der noch vor der Katastrophe vollzogenen Symbolhandlung des Ackerkaufs.

Betritt Jeremia mit dem Brief (29,5-7) den Raum, den seine Symbolhandlung – mit der Einschränkung: »in diesem Land« (16,2) – freiläßt, so geht die Verheißung (32,15) darüber hinaus, sagt für die Zeit nach oder in dem Gericht künftiges Heil auch im Land zu, nicht politisch-staatliche Wiederherstellung, vielmehr einen vergleichbaren Horizont für familiäre Lebensräume. Allerdings ist das Wort – in der Situation wohl mit Absicht – nicht als Anrede, sondern allgemein formuliert:

»Man wird in diesem Lande wieder Häuser, Äcker, Weinberge kaufen.«[69]

Gottes *Heil* vollzieht sich zunächst in irdischem Wohl, ist für »Trans-zendentes« hintergründig-offen, wie das Ziel des Briefs verdeutlicht.

c) Er übergreift das eigene Ergehen, endet in einem Aufruf zur *Fürbitte* mit einer abschließenden Begründung: »Suchet das Wohl der Stadt[70] ... Betet

---

64 Vgl. o. Anm. 45.
65 Dies deutet der Name an; vgl. Jes 1,21; auch Ps 85,11 u.a.
66 Vgl. die Reaktion auf Jeremias Brief 29,24ff und oben zu Anm. 41-42. Die Exilierten werden sich wohl von Gott fern fühlen (vgl. aus späterer Situation Jes 40,27; 49,14; Ez 37,11).
67 Vgl. oben zu Anm. 29.
68 Hos 3,4 (»ohne König ...«); vgl. 2,16f u.a.
69 Jer 32,15; vgl. 27,11; 31,5; in späterer Situation 42,10f.
70 Statt »der Stadt« bezeugt die LXX, die bereits in V 4 den Namen »Babel« nicht nennt, erleichternd die Lesart: »des Landes«.

für sie zu Jahwe!«[71] Gerade dieses Motiv erinnert noch einmal an die Situation Jeremias: Er hat Fürbitte mit einem Einsatz für die Feinde[72] geübt, allerdings ein Verbot (14,11; 15,1) erfahren.[73] Es ergeht, damit der Prophet Gott nicht mehr in den Arm fällt[74]; darum gilt es nicht mehr nach oder in dem Gericht, in der Situation des Exils. So kann Jeremia seine Mahnungen zum »Wohlergehen« eben in der Fürbitte für die Bedrücker enden lassen. Mit der Einsicht »Ihr Wohl ist euer Wohl« (29,7) wird eine Grenze aufgebrochen, in und trotz Gegensätzen eine Gemeinsamkeit aufgedeckt, das Ergehen mit dem der Umgebung verbunden. Das Ziel eigenen Wohls ist nur auf einem Umweg über das Wohl des anderen zu erreichen.

---

71 V 10-14 legen den konkreten, situationsbezogenen Aufruf V 5-7 verallgemeinernd, grundsätzlicher aus – wiederum aufgenommen von den eindrücklichen Schlußworten Jes 55,6ff.

72 Jer 18,20; vgl. 17,16; bei (üblicher) Textänderung unmittelbar vorher 15,11; auch Ex 8,4ff.21.24ff; 9,27f; 10,8f.16f.

73 In Amos' zweitem Visionspaar (7,7f; 8,1f gegenüber 7,2.5) unterbleibt die Fürbitte. Jesaja (1,15) kennt die harte Aussage im Gotteswort: »Auch wenn ihr noch so viel betet, ich höre es nicht!« Jeremia wird ausdrücklich das fürbittende Eintreten für sein Volk (wie 15,11; 18,20) verboten (14,11; 15,1; in jüngeren Texten wie 7,16 aufgenommen).

74 So wird das angekündigte Gericht nicht aufgehoben; vgl. außer Amos' erstem Visionspaar 7,1-6 auch Gen 20,7.

Die Sicht der Völker im Jonabuch (Jona 1 und Jona 3)

Jörg Jeremias (Marburg)

1.

Wie seit langem gesehen, verfolgt das Jonabuch nicht nur eine einzige Absicht. Am deutlichsten ist die Mehrdimensionalität seiner Intentionen von denjenigen Forschern wahrgenommen worden, die das Jonabuch in verschiedene literarische Schichten aufteilen[1], aber auch andere Exegeten haben die unterschiedlichen Problemfelder der Erzählung scharf herausgearbeitet[2]. Unbestritten ist allerdings trotz der Vielfalt an Themen und Anspielungen in der – nur scheinbar einfältigen – Erzählung, dass die Einstellung Jonas zum paradigmatisch ebenso »großen« wie »bösen« Ninive eine, wenn nicht die zentrale Rolle spielt, flieht doch Jona anfangs wegen der Zumutung Gottes, Ninive eine prophetische Botschaft bringen zu sollen und zielt doch die das Buch abschließende Frage Gottes auf ebendiese Einstellung Jonas gegenüber Ninive ab.

Aber wofür steht »Ninive«? Die Mehrzahl der Forscher ist (mit Modifikationen im Einzelnen) den eindrucksvollen Deutungen des Jonabuchs unmittelbar nach dem 2. Weltkrieg durch Forscher wie A. Weiser, G. von Rad und E. Haller[3] gefolgt, für die das Hauptinteresse des Jonabuches in seiner universalistisch ausgerichteten Botschaft lag. »Ninive« war für sie Typos der Heiden schlechthin. Auch die größte Bosheit der Heiden kann Gottes Liebe

---

1   So insbesondere L. Schmidt, »De Deo«. Studien zur Literarkritik und Theologie des Buches Jona ..., BZAW 143, 1976; P. Weimar in zahlreichen Aufsätzen; vgl. bes.: Literarische Kritik und Literarkritik. Unzeitgemäße Beobachtungen zu Jon 1,4-16, in: L. Ruppert / P. Weimar / E. Zenger (Hg.), Künder des Wortes, FS J. Schreiner, 1982, 217-235; Th. Krüger, Literarisches Wachstum und theologische Diskussion im Jona-Buch, BN 59 (1991), 57-88; H. J. Opgen-Rhein, Jonapsalm und Jonabuch, SBB 38, 1997.
2   Zu ihnen gehört nicht zuletzt O. Kaiser, Wirklichkeit, Möglichkeit und Vorurteil. Ein Beitrag zum Verständnis des Buches Jona, EvTh 33 (1973), 91-103; wieder abgedruckt in: ders., Der Mensch unter dem Schicksal, BZAW 161, 1985, 41-53; vgl. sonst bes. J. Magonet, Form and Meaning. Studies in Literary Techniques in the Book of Jonah, 1983, 85-112; U. Simon, Jona. Ein jüdischer Kommentar, SBS 157, 1994, 13-23.
3   A. Weiser, Das Buch der zwölf Kleinen Propheten I, ATD 24, (1950) [8]1985; G. von Rad, Das Buch Jona (1950), in: ders., Gottes Wirken in Israel, hg. von O. H. Steck, 1974, 65-78; E. Haller, Die Erzählung von dem Propheten Jona, ThEx 65, 1958.

zu seinen Menschen nicht aufhalten, wenn sie Buße tun, lautet dann, auf das Wesentliche verkürzt, die Botschaft des Jonabuches.

Jedoch ist diese Deutung zu einfach, wie zahlreiche neuere Ausleger wahrgenommen haben. Sie verweisen mit Recht etwa auf die schillernde Funktion Jonas, der zugleich Prophet, aber auch Repräsentant Israels zu sein scheint, oder auf das Nebeneinander von prophetischen und weisheitlichen Traditionszügen oder überhaupt auf die Fülle an evidenten Anspielungen auf wichtige Texte der prophetischen Überlieferung mit deren sehr unterschiedlichen Problemhorizonten.

Kaum beachtet worden ist demgegenüber das spannungsreiche Nebeneinander von Kap. 1 und Kap. 3 im Jonabuch. Von Nicht-Israeliten ist eben nicht nur in Kap. 3 in Gestalt der Einwohner von »Ninive« die Rede, sondern schon zuvor in Kap. 1 in Gestalt der Matrosen auf dem Schiff, die aus aller Herren Länder stammen. Das mit dieser Doppelung gegebene Problem haben sich die meisten neueren Ausleger dadurch verstellt, dass sie einseitig auf die – zweifellos vorhandenen – Parallelen zwischen beiden Kapiteln achteten und auf diese Weise Kap. 1 als »Vorspiel«, »Ouvertüre« o.ä. bezeichneten. Damit ist jedoch verkannt, dass die Matrosen und »Ninive« vom Erzähler in vielerlei Hinsicht höchst unterschiedlich betrachtet werden. Den wichtigsten Unterschied haben in aller Schärfe besonders L. Schmidt und H. Gese herausgestellt[4]: Die Matrosen bekehren sich am Ende von Kap. 1 zu Jahwe, »Ninive« dagegen bleibt zwar nach seiner umfassenden Buße von Jahwe vom Untergang bewahrt, bleibt aber auch bei seinem überlieferten Gottesglauben. Dass Matrosen und »Ninive« jeweils für das Gleiche stehen, beide also die Völkerwelt als ganze repräsentieren sollten, ist schon von hier aus höchst unwahrscheinlich.

Einer der wenigen Autoren, die zumindest das Problem klar erkannt haben, ist R. Lux in seiner bedeutenden und sorgfältigen Jonamonographie[5]. Aber seine Erklärung des Nebeneinanders von Jona 1 und Jona 3 klingt eher wie eine Verlegenheitsauskunft als wie eine Lösung: Für Lux stellen die Matrosen und die Niniviten in ihrem Handeln zwei »Modelle« eines möglichen Verhältnisses der Völker zu Jahwe dar. Auch bei dieser Deutung stehen Matrosen und Einwohner Ninives für die Völkerwelt als ganze; sie repräsentieren zwei verschiedene Wege, wie Nicht-Israeliten mit Jahwe in Verbindung treten können. Allein schon die so stark hervorgehobene Bosheit »Ninives«, die keinerlei Analogie bei der Schilderung der Matrosen findet, spricht gegen

---

4 L. Schmidt, a.a.O. (Anm. 1) 84-86; H. Gese, Jona ben Amittai und das Jonabuch, ThBeitr 16 (1985), 256-272, wieder abgedruckt in: ders., Alttestamentliche Studien, 1991, 122-138.

5 R. Lux, Jona. Prophet zwischen ›Verweigerung‹ und ›Gehorsam‹, FRLANT 162, 1994, 201f.203.

eine solche Sicht. Das Verhältnis von Matrosen und Einwohnern Ninives bedarf noch der Klärung.

2.

Unbestritten ist, dass die Matrosen von Jona 1 und die Bewohner »Ninives« von Jona 3 schon darum zueinander in Beziehung gesetzt werden müssen, weil die Kapitel 1 und 3 im Jonabuch in mancherlei Hinsicht analog zueinander gestaltet sind. Zahlreiche neuere Ausleger haben erkannt, wie stark die Kapitel 1-2 und 3-4 in manchen Erzählzügen einander parallel verlaufen[6]. Was aber nur in Ansätzen, wenn überhaupt je, beachtet worden ist, ist die Tatsache, dass erst angesichts dieser bewusst parallelen Gestaltung tiefgreifende Differenzen zwischen Kap. 1 und 3 (sowie zwischen Kap. 2 und 4) erkennbar werden. Eben diese Differenzen erweisen die schon genannte übliche Charakterisierung von Jona 1 als »Vorspiel« oder »Ouvertüre« von Kap. 3 als sachfremd oder doch zumindest unzureichend.

Ich setze im Folgenden mit den Parallelen ein und notiere dann die Unterschiede:

0. Unübersehbar und immer bemerkt worden ist die evidente Parallelität von 1,1-3 und 3,1-3a. Der göttliche Befehl an Jona, sich nach Ninive aufzumachen, ergeht notgedrungen zweimal und ist anfangs (d.h. in den ersten sieben Wörtern) höchst bewusst wörtlich gleich ausgedrückt. Ebenso deutlich ist Jonas Reaktion analog formuliert, d.h. jeweils mit dem gleichen Verb, das im göttlichen Befehl am Anfang stand (»steh auf!«). Die Intention Jonas in beiden Szenen ist freilich die genau gegenteilige: Flucht hier, Gehorsam dort.

1. Beide Male stehen in der jeweils folgenden Episode (1,4-16 und 3,3b-10) die Nicht-Israeliten im Zentrum. Auffällig ist, dass die Fremden hier wie dort mit ihrem drohenden Untergang zu ringen haben (אבד »zugrundegehen« sowohl in 1,6.14 als auch in 3,9), ihm letztlich aber jeweils entgehen. Und doch ist die Ursache der Drohung eine bemerkenswert unterschiedliche: In Kap. 1 entsteht die Lebensgefahr für die Matrosen erst durch die Präsenz des ungehorsamen Jona, in Kap. 3 dagegen ist sie von Ninives eigener übergroßer »Bosheit« hervorgerufen und kann nur durch die Präsenz, genauer: die Drohpredigt des widerstrebenden Jona vermieden werden. Jonas Gegenwart bedeutet also lebensbedrohende Gefährdung hier, dagegen die einzige Möglichkeit zur Rettung aus Todesgefahr dort.

---

6 Vgl. schon den Untertitel des eben genannten Buches von R. Lux und bes. die neueste deutschsprachige Monographie zum Jonabuch von H. Opgen-Rhein, a.a.O. (Anm. 1) 18-23; weiter H. Witzenrath, Das Buch Jona, ATS 6, 1978, 13ff.; Ph. Trible, Rhetorical Criticism – Context, Method, and the Book of Jonah, Guides to Biblical Scholarship, OT Series, 1994, 107ff.

2. Matrosen und Niniviten handeln teilweise als Kollektiv, teilweise durch einen jeweils namenlosen Repräsentanten (Kapitän: 1,6 bzw. König: 3,6), wobei die Erzählung jeweils mit dem Verhalten des Kollektivs einsetzt (1,5 und 3,5), um unmittelbar danach den namenlosen Repräsentanten einzuführen. Dieser hat insofern hier wie dort eine deutlich analoge Funktion, als er sich zum Sprecher einer Hoffnung auf Rettung durch Gott macht und diese Hoffnung darüber hinaus mit dem charakteristisch prophetischen »Vielleicht« verbindet; er wagt also bei allem Vertrauen auf Gott über dessen Handeln nicht zu verfügen, gibt vielmehr Gottes Freiheit Raum. Dass aber mit der bemerkenswerten Analogie keine einfache Identität des Handelns gemeint ist, verdeutlicht der Text dadurch, dass er für das theologisch so wichtige »Vielleicht« auffälligerweise verschiedene Begriffe verwendet (1,6 אוּלַי wie in Am 5,15; Zeph 2,3; 3,9 מִי יוֹדֵעַ). Dass diese sprachliche Differenz mehr ist als poetisches Bedürfnis nach Variation, erhellt daraus, dass Jona 3,9-11 nicht nur an dieser Stelle, sondern mit zahlreichen Wendungen Anspielungen auf das Kapitel Joel 2 enthält[7], wo das prophetische »Vielleicht« in eben der gleichen Gestalt wie in Jona 3,9 begegnet (Joel 2,14), und zwar (außer II Sam 12,22) einzig hier. Jona 1,6 und Jona 3,9 rufen mit ihrer unterschiedlichen Begrifflichkeit auch sehr unterschiedliche Anspielungen auf prophetische Paralleltexte bei bibelkundigen Lesern – und mit denen rechnet der Erzähler nicht nur hier – wach, wie noch genauer zu zeigen ist (unten IV und V).

Hinzu kommt als weiterer Differenzpunkt, dass der Kapitän in Jona 1,6 eine auf diesen Vers und seine Intention beschränkte Rolle spielt, während der »König von Ninive« die Hauptfigur des Kapitels 3 darstellt, von dem alle wesentlichen Handlungsinitiativen ausgehen; er ist das grammatische oder doch zumindest das logische Subjekt der zentralen Verse 6-9.

3. Matrosen und Niniviten beten in ihrer jeweiligen Lebensbedrohung zu ihrem Gott. Aber gerade an dieser Stelle tritt die zuletzt genannte Differenz deutlich zutage. Während nämlich die Matrosen spontan und in großer Dringlichkeit beten, und zwar »jeder zu seinem Gott« (1,5), weil für den Erzähler die Vielzahl nationaler Herkunft wichtig ist, geht die Initiative zum Gebet in Kap. 3 vom »König Ninives« aus. Von Spontaneität ist beim König nichts zu spüren; vielmehr erweist er sich als theologisch höchst beschlagen, ahnt er doch, dass nur radikale Umkehr, und zwar »jedes einzelnen von seinem bösen Weg« Ninive »vielleicht« noch retten kann. Daher verbindet der König den Aufruf an seine Untertanen zum »starken«, d.h. intensiven Gebet zu Gott mit dem Aufruf zur radikalen Umkehr (3,8), wohl wissend, dass das Gebet selber ohne vollzogene Umkehr vergeblich wäre.

Nicht nur die Initiative zum Gebet ist also unterschiedlich dargestellt. Vielmehr wird in Kap. 1 zwischen verschiedenen Formen von Gebet unterschie-

---

7 Vgl. bes. S. Bergler, Joel als Schriftprophet, BEAT 16, 1988, 213ff.

den, wie es für Kap. 3 undenkbar wäre. Am Anfang nämlich stoßen die Matrosen jene Form des Zetergeschreis in Lebensbedrängnis aus (זעק 1,5), auf das hin im zwischenmenschlichen Bereich jeder, der es hört, zur Hilfe verpflichtet ist. »Beten« (קרא), wie es Jona tut (2,1) und wozu ihn schon in 1,6 der Kapitän des Schiffes aufgefordert hatte, ist etwas, was die Matrosen erst lernen müssen, weil es für Jona 1 mit dem Namen Jahwe verbunden ist (V. 14). Dass hier kein erzählerischer Zufall waltet, zeigt sich daran, dass an den beiden Stellen, an denen in Jona 1 vom Beten zu Jahwe (bzw. im Falle Jonas: »zu deinem Gott«) die Rede ist, das Ziel des Gebets, die Vermeidung des Untergangs (אבד V. 6.14), ausdrücklich vermerkt ist. Was der Notschrei allein nicht zu erreichen vermag, weil er diffus an jedweden Gott gerichtet ist, das erlangt das Gebet zu Jahwe. Freilich ist dieses auch in Kap. 1 wie in Kap. 3 mit einer notwendigen Handlung verbunden, nur dass diese im Fall der Matrosen nicht Umkehr heißt, sondern bedeutet, dass die Matrosen Jahwes Willen mit seinem widerspenstigen Propheten nicht im Wege stehen. Als sie verstanden haben, dass sie Jona ins Meer schleudern müssen, sind sie gerettet.

3.

Mit dem allen ist die entscheidende Differenz zwischen Matrosen und Niniviten aber noch nicht berührt. Sie liegt in der jeweiligen Einstellung zu Gott begründet. Matrosen und Einwohner Ninives haben ein bemerkenswert unterschiedliches Gottesverhältnis.

Um zunächst wieder mit dem Gemeinsamen zu beginnen: Sowohl Matrosen als auch Niniviten sind in ihrer Gotteserkenntnis ganz und gar auf Jona angewiesen. Keines der beiden Kollektive hätte ein Wissen oder auch nur eine fundierte Ahnung vom wahren Gott ohne Jonas Reden, im einen Fall in Gestalt des Bekenntnisses, im anderen Fall in Gestalt einer Predigt. Für Kap. 1 ergibt sich schon aus der Form der Darstellung, dass das Bekenntnis Jonas zu Jahwe, das die Gotteserkenntnis der Seeleute hervorruft, im Zentrum der Darstellung steht. Mehrere neuere Analysen haben eindrucksvoll gezeigt, dass Jona 1,4-16 die Kunstform einer Ringkomposition bzw. einer konzentrischen Figur gebraucht[8], deren formaler wie sachlicher Schwerpunkt im Zentrum liegt, d.h. eben in Jonas Bekenntnis zu Jahwe als Schöpfer der Welt (V. 9). Für Jona 3 ist der entsprechende Sachverhalt nicht weniger evident. Erst und nur durch Jonas Predigt wird jene entschlossen-konsequente und radikale Bußbewegung in Gang gesetzt, die Ninive letztendlich rettet; nur weil Jona

8 Im Gefolge von N. Lohfink, Jona ging zur Stadt hinaus (Jon 4,5), BZ NF 5 (1961), 185-203, hier 201, bes. R. Pesch, Zur konzentrischen Struktur von Jona 1, Bib 47 (1966), 577-581 und P. Weimar, a.a.O. (Anm. 1), 219-223.

ahnte, dass seine Predigt, Ninives Buße und die göttliche Reaktion auf sie eine unlösliche Einheit bilden, wollte er anfangs vor seinem Auftrag zur Predigt an Ninive fliehen (4,2).

Aber die Differenzen zwischen Jona 1 und Jona 3 sind weit gewichtiger[9]. Für die Deutung von Jona 1 ist zunächst die Beobachtung von Gewicht, dass neben die konzentrische Struktur der Darstellung, von der soeben die Rede war, eine Längsspannung tritt, die vor allem durch das Leitwort »fürchten« hervorgerufen wird, das in seinem vierfachen Gebrauch steigernd immer neue Bedeutungsnuancen annimmt[10]. Anfangs bezeichnet es die elementare Angst um das Leben, die die Matrosen ergreift, als Jahwe einen gewaltigen Sturm auf das Meer schleudert (V. 5). Als dann Jona in seinem Bekenntnis seine Gottesverehrung als »Furcht« vor dem »Gott des Himmels«, d.h. dem Herrn der Welt, bezeichnet (V. 9), befällt die Matrosen »eine große Furcht«, weil sie den Zusammenhang zwischen Jonas Flucht vor Jahwe und dem Aufkommen des lebensbedrohenden Sturms begreifen und zugleich erkennen, dass der Gott Jonas mehr und anderes ist als ein nationaler Gott, dass er vielmehr über die Kräfte der Natur souverän gebietet (V. 10f.). Von hier aus ist es nur konsequent, dass diese Matrosen am Ende der Erzählung als Gerettete nun »Jahwe mit einer großen Furcht fürchten«, d.h. den Glauben Jonas übernehmen und diesen mit Opfern und erfüllten Gelübden rituell bekräftigen, ohne dass doch dem Leser der Ort solcher kultischen Handlungen mitgeteilt würde. Offensichtlich hat der Erzähler keine Wallfahrt der Matrosen nach Jerusalem im Blick; er denkt sich ihre Gottesverehrung eher im Sinne von Zeph 2,11. Jedenfalls ist die erzählerische Darstellung vollzogener Opfer und Gelübde auffällig unterschieden von dem Versprechen, die Gelübde später (d.h. in Jerusalem) zu erfüllen, in Jonas eigenem Gebet im Fisch (2,10).

Wesentlich für die Darstellung der Gotteserkenntnis der Matrosen ist damit vor allem deren allmähliches Wachstum. Die Matrosen kommen her von einer elementaren Sorge um ihr Leben, das sich in der Not in einem ebenso elementaren Schreien zu ihrem jeweiligen Gott äußert (V. 5). Über Jonas Bekenntnis und über der Erfahrung des mit dem Bekenntnis zusammenhängenden Sturms lernen sie Jahwe als Herrn der Welt kennen (V. 9f.). Ihre Rettung aus der Lebensgefahr führt sie dann vom theoretischen Wissen zur praktischen Verehrung des wahren Gottes (V. 16), nachdem sie sich schon zuvor im Gebet, das Erhörung fand, an ihn gewandt hatten (V. 14).

---

9   Sie sind am klarsten wiederum von L. Schmidt, a.a.O. (Anm. 1) 81ff., beobachtet worden und haben ihn zu einer literarkritischen Lösung veranlasst.

10 Dies haben vor allem H. W. Wolff, Studien zum Jonabuch (1965), 2. erw. Aufl. (mit einem Anhang von J. Jeremias, Das Jonabuch in der Forschung seit Hans Walter Wolff) 2003, 34ff.; J. Magonet, a.a.O. (Anm. 2), 31f., der von einer »growing phrase« spricht, und R. Lux, a.a.O. (Anm. 5), 111f. herausgestellt.

Von einer solchen allmählich wachsenden Gotteserkenntnis kann in Kap. 3 im Blick auf Ninive keine Rede sein. Sowohl die Einwohner Ninives (V. 5) als auch und noch mehr ihr König (V. 6-9) haben die theologischen Implikationen der denkbar kurzen Unheilsansage Jonas von Anbeginn sofort verstanden, obwohl Jona mit keiner Silbe von Gott als dem Verursacher der drohenden Katastrophe gesprochen hat. Dass der Gott, der Jona sendet, der Herr der Welt ist, dass er zwingende Gründe für die Androhung der Zerstörung Ninives hat und dass Jona sein zuverlässiges Sprachrohr ist, wird in Kap. 2 aus der Sicht der Niniviten vorausgesetzt, und nur der letztgenannte Sachverhalt findet eine explizite Erwähnung, um die Reaktion der Niniviten zu motivieren (V. 5a).

In »Ninive« verläuft Gotteserkenntnis also charakteristisch anders als auf dem Schiff von Jona 1. Im Blick auf Ninive und seine Bewohner geht es dem Erzähler einzig um die Notwendigkeit, dass die Menschen ihre Schuld einsehen, und zwar das Maß ihrer Schuld. Darum hat er sogleich zu Beginn seiner Erzählung von Ninives »Bosheit« geredet, die Gott kennt (1,2). Die Macht Gottes und den Zusammenhang zwischen Schuld und Strafe und darüber hinaus zwischen drohendem Unheil aufgrund von Schuld und der Notwendigkeit, sich vor Gott im Fastengottesdienst zu demütigen, brauchen die Niniviten nicht erst zu lernen; diese Einsicht wird bei ihnen vom Erzähler vorausgesetzt. Jona muss Ninive mit der Ansage der Totalzerstörung nur eben implizit auf die ungeheure Größe der Schuld verweisen, da setzt spontan und unmittelbar eine Bußbewegung aller Niniviten ein, die in einem allgemeinen, von allen besuchten Fastengottesdienst gipfelt.

Entscheidend ist aber nun die Beobachtung, dass diese generelle Bußbewegung mit ihrem Fastengottesdienst als solche die Einwohner des »bösen« Ninive keineswegs aus ihrer Lebensgefahr zu retten vermag, so gewiss sie Grundbedingung der Rettung Ninives ist. Vielmehr bedarf es zu einer solchen Rettung aus eigentlich hoffnungsloser Verlorenheit heraus einer vertieften Erkenntnis, wie sie nicht einfach jedem Niniviten zur Verfügung steht, wohl aber ihrem König[11]. Diese überraschende Zuspitzung hat einen doppelten Grund. Zum einen ist der »König von Ninive«, wie fast alle neueren Ausleger erkannt haben, als positiver Antitypos zum schuldigen König Jojakim dargestellt, der die ihm unbequemen Worte des Propheten Jeremia zu vernichten trachtete (Jer 36)[12]. Zum anderen hat Ninive für den Erzähler zwar keine Propheten im Sinne der Propheten Israels und vom Range eines Jona, aber es ist deshalb keineswegs ohne jede prophetische Ahnung; vielmehr verdichtet sich diese Ahnung im obersten Repräsentanten, eben im »König

---

11 Hieran zeigt sich, dass Jona 3,5 nicht als vorwegnehmende Zusammenfassung der Handlungen des Königs in V. 6-9 verstanden sein will, wie u.a. Wolff, a.a.O. (Anm.10) 46 gemeint hat.

12 Vgl. zum Nachweis die genauen Beobachtungen von Wolff, ebd. 17f.

von Ninive«. Sie besagt sachlich ein Dreifaches: 1. Die Buße des vom Untergang bedrohten Ninive muss so umfassend sein, dass sie ein radikales Fasten
einschließt, das das Vieh mit umgreift[13]. Sie muss 2. in einer gänzlichen Umkehr münden, und zwar ausnahmslos »jedes einzelnen von seinem bösen
Weg« (V. 8). 3. Erst wenn diese Grundbedingungen erfüllt sind, ist eine
mögliche, keineswegs gewisse (»vielleicht«) Hoffnung auf Rettung sogar für
das böse Ninive gegeben, die auf eine »Abkehr« Gottes von seinem tödlichen
Zorn – als Reaktion auf Ninives umfassende »Umkehr« – zielt und auf dem
Wissen des Königs um eine prinzipiell gegebene Möglichkeit Gottes zum
Willenswandel (נחם nif. »sich etwas gereuen lassen«) gründet. Hätte der König nicht wenigstens eine Ahnung von dieser Möglichkeit, könnte er nicht zu
einem derartig radikalen Fasten und zu einer so idealen Umkehr in einer Situation scheinbarer Aussichtslosigkeit aufrufen.

Dass für den Erzähler mit der genannten prophetischen Ahnung tatsächlich so etwas wie die Teilhabe an einem Geheimnis Gottes, wie es gemeinhin
nur Israel offen steht, gemeint ist, verdeutlicht er im Gebrauch der Gottesbezeichnungen. Während die Einwohner Ninives (V. 5a) und auch ihr König,
wenn er zum Gebet auffordert (V. 8), nur allgemein von Gott (אלהים) reden,
spricht derselbe König, wenn er das Geheimnis des möglichen Willenswandels Gottes berührt (V. 9), von »dem (wahren) Gott« mit Artikel (האלהים)[14].
Damit hat der König, auch ohne den Eigennamen Jahwe zu kennen, den Gott
Israels als Herrn der Welt bezeichnet; das bestätigt der Erzähler, indem er im
folgenden V. 10 die gleiche Gottesbezeichnung für Jahwe verwendet, wenn
er von dessen Handeln, d.h. vom Vollzug des Willenswandels, den der König
erhofft hatte, berichtet[15].

4.

Ohne Jona und seine Vermittlung wahrer Gotteserkenntnis wären sowohl
Matrosen als auch Niniviten dem Untergang (אבד: 1,6.14; 3,9) preisgegeben.
Aber sie müssen von Jona ganz Unterschiedliches lernen. Den Matrosen mit
ihrem eher naiven, jedenfalls aber diffusen Gottesbegriff muss durch Jona die

---

13 Dass mit der Einbeziehung der Tiere nicht eine rein fiktive Steigerung von Bußriten
   gemeint ist, sondern auf persische Trauerriten angespielt wird, haben über den viel diskutierten Herodot-Beleg (IX 24) hinaus mit vielem neuen Material jüngst M. Mulzer, Die
   Buße der Tiere in Jona 3,7f. und Jdt 4,10, BN 111 (2002), 76-89 und M. Gerhards, Ninive im Jonabuch, in: J. F. Diehl u.a. (Hg.), »Einen Altar von Erde mache mir... «, FS D.
   Conrad, KAANT 4/5, 2003, 57-75; 68ff. wahrscheinlich gemacht.
14 Dass hier kein Zufall waltet, zeigt der analoge Übergang zu האלהים in der Rede des
   Kapitäns in Jona 1,6 im Zusammenhang mit dem prophetischen »Vielleicht« (s.o. II.).
15 »›Der Gott‹ ist offenbar in der Sprache unseres Erzählers Jahwe, wie er von den Heiden
   angerufen wird, wie er aber auch an den Heiden handelt. « (Wolff, a.a.O. [Anm. 10], 81).

Dimension des Schöpfers der Welt, der souverän über Sturm und Tierwelt verfügt und dem kein Mensch entrinnen kann, vor Augen gemalt werden, damit sie sich – durch die eigene Erfahrung der Rettung bestärkt – zur Verehrung des wahren Gottes wenden. Die wesenhaft »bösen« Niniviten dagegen benötigen primär einen Verweis auf die Folgen ihres Tuns, damit sie zur Erkenntnis ihrer Schuld gelangen und in rückwärtsgewandter, reuevoller Selbstkasteiung sowie in vorwärtsgerichteter entschlossener Änderung ihrer Taten die Voraussetzungen für die letzte Möglichkeit einer Rettung schaffen: die Abkehr Gottes von seinem vernichtenden Zorn, die sie erhoffen, aber nicht herbeiführen können.

Es liegt offensichtlich in der Konzentration auf Ninives Schuld begründet, dass die in Jona 1 behandelte grundsätzliche Frage nach den Bedingungen wahrer Gotteserkenntnis der Völker in Jona 3 nicht noch einmal – modifiziert – für Ninive aufgegriffen wird. Jedenfalls ist die mögliche Folgerung aus dem Fehlen dieser Basisproblematik, dass den Niniviten vom Erzähler ein höheres Maß an natürlicher Gotteserkenntnis zugebilligt würde als den Matrosen, ganz und gar unwahrscheinlich. Das zeigt der Erzähler darin, dass er den Einwohnern Ninives zwar ein spontanes Erschrecken vor der Unheilsansage Jonas und ein ebenso spontanes Ausrufen eines Fastengottesdienstes zuschreibt, die tiefere theologische Erkenntnis, die allein zur Rettung Ninives führt, dagegen auf den »König« Ninives beschränkt.

Ist die Völkerwelt dann mit Jona 1 und 3 in eine gute (oder doch zumindest neutral zu wertende) und in eine schuldige, gerichtsreife Hälfte aufgeteilt? Zwei Faktoren in Kap. 3 sprechen entschieden gegen eine derartige Annahme: die Wahl »Ninives« als Typos und die Rede von der »Reue«, d.h. vom Willenswandel Gottes. »Assur« und »Ninive« als dessen Hauptstadt werden im AT nie neutral verwendet, bezeichnen aber auch nie allgemein ein verfehltes Handeln von Völkern, sondern stehen spezifischer für eine denkbar grausame Unterdrückung Israels (und anderer Völker) durch die herrschende Weltmacht. Das gilt sowohl für den Gebrauch dieser Namen zur Zeit der realen Existenz der Assyrer (vgl. bes. Nah 2-3 sowie weiter etwa Jes 10,5ff.* und Zeph 2,13-15) als auch für ihre typologische Verwendung nach dem Untergang des assyrischen Weltreichs (z.B. Jes 10,12.24ff.; Mi 5,4f.; Tob 1,3.10; 14,15 etc.)[16]. Ein beliebig generalisierbarer Sinn des Typos »Assur« bzw. »Ninive« ist nicht belegt und denkbar unwahrscheinlich.

In die gleiche Richtung weist auch der theologische Topos der »Reue« Gottes (3,9f.). Für sein Verständnis ist die Beobachtung ausschlaggebend, dass er im AT keineswegs für jede Art eines göttlichen Willenswandels verwendet wird, auch keineswegs für jede Art der Rücknahme bzw. Änderung einer göttlichen Strafankündigung (wie z.B. in II Sam 12). Vielmehr ist der

---

16 Vgl. W. Dietrich, Ninive in der Bibel, in: ders., »Theopolitik«. Studien zur Theologie und Ethik des AT, 2002, 239-254; M. Gerhards, a.a.O. (Anm. 13), 61ff.

Begriff der »Reue« Gottes in der Prophetie denjenigen Zusammenhängen vorbehalten, in denen Gottes Plan zur Vernichtung und gänzlichen Vertilgung eines über alle Maßen schuldigen Israels das Thema ist, der häufig (Jona 3,9 entsprechend) auf seinen glühenden Zorn zurückgeführt wird (vgl. bes. Hos 11,8f.; Ex 32,7-14)[17]. Es geht bei der »Reue« Gottes stets um nicht weniger als um Sein oder Nichtsein Israels; ein partielles Gericht oder aber ein Unheil, aus dem ein – und sei es auch nur kleiner – »Rest« sich rettet, wie es auch für die Völkerwelt als ganze denkbar wäre, ist nie im Blick. Die »Reue« ist stets als Mittel Gottes dargestellt, sein schuldiges Volk vor dem verdienten Untergang zu bewahren. Eine Übertragung dieser Gottesaussage auf ein Fremdvolk findet sich (außer in Jer 18,7f.) einzig im Jonabuch. Darauf ist sogleich zurückzukommen.

Es bleibt somit nur eine Möglichkeit der Deutung des Verhältnisses von Jona 1 und Jona 3, von Matrosen und Einwohnern Ninives: Die Matrosen in ihrer bunten Mischung der Herkunftsländer spiegeln die Vielfalt der Völkerwelt wider, während »Ninive« speziell für die Gewalt einer bedrückenden Fremdmacht steht. Im zeitlichen Rahmen, in dem das Buch Jona anzusetzen ist (spätpersisch/frühhellenistisch), werden am ehesten die Ptolemäer gemeint sein.

Ein solches Nebeneinander von Völkerwelt im Allgemeinen und gewalttätiger Weltmacht im Besonderen war dem Verfasser des Jonabuches in Texten prophetischer Provenienz schon vorgegeben, vor allem, aber keineswegs ausschließlich, in Texten aus dem Themenbereich des »Tages Jahwes«. Zu erinnern ist etwa an die Sonderstellung des schuldigen Brudervolkes der Edomiter im Kontext eines umfassenden Völkergerichts im Buch Obadja (V. 1-14 einerseits, V. 15ff. andererseits) und in Jes 34 (V. 1-4 einerseits, V. 5ff. andererseits). Näher als diese Texte mit ihrer spezifischen Edomproblematik liegt als Parallele ein Kapitel wie Jes 13, das – als Einleitung der Sammlung von Worten gegen fremde Völker – programmatisch einsetzt mit der umfassenden Perspektive eines universalen Völkergerichts, das im Horizont kosmischer Veränderungen dargestellt wird (V. 9-11) und mit der doppelten Nennung des »Tages Jahwes« (V. 6.9) den Charakter des Endgültigen und Irreversiblen annimmt, um danach (V. 17ff.) doch in die speziellere Perspektive eines Strafgerichts über Babylon zu münden. Universale Perspektive des »Tages Jahwes« und auf das Bedrückervolk der Babylonier fokussierter Blick schließen einander hier nicht aus, sondern ergänzen sich gegenseitig.

---

17 Vgl. J. Jeremias, Die Reue Gottes, BThS 31, ²1997, 148.151ff.

5.

Jes 13 ist für unseren Zusammenhang insofern kein beliebiger Text, als das Kapitel eine der wichtigsten Quellen, wenn nicht *die* wichtigste Quelle, für den Gedankengang des Joelbuches bildet[18], mit dem der Erzähler des Jonabuches – besonders in Kap. 3 – mehr als mit allen anderen prophetischen Vorlagen in einem intensiven theologischen Gespräch steht[19]. Im Joelbuch selber ist die Differenzierung zwischen der Völkerwelt generell und der bedrückenden Weltmacht indirekt vollzogen, d.h. ohne Rückgriff auf die Namen Babylon, Ninive oder Assur. Sie ist für jeden Kenner der Tradition aber leicht identifizierbar, insofern Joel 4 in V. 9ff. wie Jes 13 den »Tag Jahwes« im Horizont eines universalen Völkergerichts schildert, zuvor aber den zugeordneten Schuldaufweis (V. 2f.) so gestaltet, dass Leser – zumindest primär – an Babylon denken müssen, indem Umstände in Erinnerung gerufen werden, wie sie sich bei der babylonischen Eroberung Judas und der Exilierung der Judäer zutrugen[20].

Das Besondere am Joelbuch ist allerdings, dass nicht das Verhältnis von Völkergericht und Untergang der bedrückenden Weltmacht im Zentrum seiner Behandlung des »Tages Jahwes« steht wie in Jes 13, sondern – erstmalig in der Geschichte dieses wichtigen prophetischen Themas – die Möglichkeit, dass eine ganze Generation des Gottesvolkes dem »Tag Jahwes«, der seit Beginn der Schriftprophetie als für alle tödlich und unentrinnbar gilt (Am 5,18-20), entgehen könnte bzw. genauer: durch ihr Verhalten das Kommen des unentrinnbaren »Tages Jahwes« aufhalten könnte, so dass er sie selber nicht trifft (Joel 2,12-17). Diese Möglichkeit hängt mit der abgründigen Gottesvorstellung des Joelbuches zusammen: Derselbe Gott, der den tödlichen »Tag Jahwes« bringen wird und bringen muss und der das grausame feindliche Heer befehligt (2,11), ist auch der Gott, der selber von den furchtbaren Folgen dieses Tages mit betroffen ist (»mein Weinstock«, »mein Feigenbaum« 1,7; »mein heiliger Berg« 2,1; »dein Erbteil« 2,17). Weil Gott mit seinem Volk und seinem Land unlöslich verbunden ist, möchte er schon,

---

18 Vgl. J. Jeremias, Der »Tag Jahwes« in Jes 13 und Joel 2, in: R. G. Kratz u.a. (Hg.), Schriftauslegung in der Schrift, FS O. H. Steck, 2000, 129-138.

19 Eine erstes Mal schon in 3,5 mit der Betonung, dass alle Niniviten ohne Ausnahme »vom Größten bis zum Kleinsten« am (hier wie dort im Zentrum stehenden) Fastengottesdienst teilnehmen sollen (vgl. Joel 2,16), dann aber vor allem und unübersehbar in V. 8-10 mit den Anspielungen auf Joel 2,13f.

20 Das »Zerstreuen« der Judäer in die Völkerwelt (V. 2) greift wahrscheinlich speziell die Sprache von Jer 50,17 auf, wo auf die Grausamkeiten von Assyrern und Babyloniern angespielt wird. Zu V. 3 (»das Los werfen«) ist vor allem Nah 3,10 zu vergleichen. – Auch unter diesem Gesichtspunkt erweisen sich die Prosaverse 4-8 in Joel 4 als Nachtrag, da sie die universale Perspektive verlassen und spezielle Schuld und Strafe bestimmter Städte und Völker nennen.

wenn er ihn beschließt, den »Tag Jahwes«, der für alle Betroffenen tödlich ist, am liebsten vermeiden, um sein Volk vor dem Untergang zu bewahren (2,12-14). Gewiss bedarf es dazu einer entschlossenen Hingabe Israels an ihn: »Umkehr«, und zwar »von ganzem Herzen«, »Weinen und Klagen«, und zwar unter »Zerreißen« – nicht nur rituell der Kleider, sondern – »der Herzen«, ein Fastengottesdienst, an dem schlechterdings alle, vom Baby bis zum Greis, teilnehmen müssen. Und doch sind alle diese Handlungen (wie die radikale Umkehr der Niniviten) nur die Voraussetzungen, nicht der Grund der Rettung Israels. Dieser liegt allein in der Möglichkeit der »Reue« Gottes, die im Joel- wie im Jonabuch als unverfügbar gilt, so dass sie nur mit dem prophetischen »Vielleicht« ausgedrückt werden kann (»Vielleicht reut es den Gott noch einmal«, Joel 2,14, wörtlich gleich mit Jona 3,9). Letztlich also hängt alle Möglichkeit einer Rettung Israels am drohenden »Tag Jahwes« nach dem Joelbuch an dem Gott, der den »Tag Jahwes« bringen wird und bringen muss (wie ihn die Propheten seit Amos angekündigt haben), der aber doch sein Volk, wenn es sich entschlossen zu ihm bekennt, vor eben diesem »Tag« bewahren möchte.

Weil beides gilt – die Notwendigkeit des Kommens des »Tages Jahwes« und der Wille Jahwes, sein Volk zu verschonen –, wagt das Joelbuch, das Maß des göttlichen »Vielleicht« in der Bereitschaft zur »Reue« um der Vergewisserung der Menschen willen doppelt zu steigern: zum einen durch das soeben genannte »noch einmal«, mit dem auf frühere Erweise solcher Bereitschaft geblickt wird, vor allem aber zweitens durch die Aufnahme dieser äußersten Möglichkeit Gottes in das wichtigste Bekenntnis Israels in der Spätzeit, das Bekenntnis zu Gottes Barmherzigkeit und Langmut als letztes Geheimnis Moses vom Sinai (Ex 34,6f. par.). Wenn dieses Bekenntnis nun in seiner erweiterten Form – also mit dem Glied »und lässt sich das Unheil gereuen« – in Joel 2,13 vor dem Ausdruck der Hoffnung der Gemeinde steht, dass Gott »vielleicht noch einmal Reue erweisen« wird (V. 14), dann spricht sie mit ihrem »Vielleicht« – bei allem Wissen um die Freiheit Gottes – ihre feste Gewissheit auf Rettung aus.

Es ist nun ungeheuer kühn, dass der Erzähler des Jonabuches die so zugespitzte Gewissheit Israels einer Rettung selbst angesichts des drohenden »Tages Jahwes« auf Ninive und seinen König zu übertragen wagt. Gewiss war ihm eine Übertragung der göttlichen Möglichkeit zur »Reue« schon in dem spät-dtr Text Jer 18,7f. generell vorgegeben, aber das schmälert die Kühnheit dieses Theologen nicht, wie insbesondere die Übertragung des Bekenntnisses zu Gottes Barmherzigkeit und Langmut auf »Ninive« zeigt, und zwar in seiner durch Joel um die »Reue Gottes« erweiterten Form (Jona 4,2). Selbst die grausamsten Mächte dieser Erde können mit Gottes Erbarmen rechnen, und zwar mit der gleichen Gewissheit, die Joel für Israel angesichts des »Tages Jahwes« in Anspruch nimmt – wenn sie denn wie das Ninive des Jonabuches entschieden vergangene Schuld bereuen und sich entschlossen einem verän-

derten Handeln zuwenden. Damit freilich ist weit eher ein Ninive der »Potenz
(und der) Möglichkeit« gezeichnet als der Rekurs »auf eine ins Gewicht fallende Proselytenbewegung«[21]. Das Problem des Proselytismus hat der Erzähler schon in Jona 1 abgehandelt. In Jona 3 freilich meint er mit der radikalen
Umkehr selbst eines ur- »bösen« Ninive auch nicht nur einen theoretischen
Potentialis, sondern »eine Möglichkeit, ... verankert in der Wirklichkeit Gottes und der Menschen«[22].

---

21 Diese Alternative erwägt O. Kaiser, a.a.O. (Anm. 2), 100.
22 Kaiser, ebd.

Die doppelte Konditionierung des Heils
Theologische Anmerkungen zum chronologischen und literarischen Ort des Sacharjaprologs (Sach 1,1-6)

Rüdiger Lux (Leipzig)

Der Sacharjaprolog fasst die Botschaft des Propheten in einem doppelten Umkehrwort zusammen:

> »So spricht JHWH Zebaot:
> Kehrt um zu mir –
> Spruch JHWH Zebaots –
> und ich will umkehren zu euch –
> spricht JHWH Zebaot.« (V 3)

In seiner Sacharjaauslegung aus dem Jahr 1527 schreibt *Martin Luther* dazu:

> »Da last uns sehen, Warumb der Prophet, der den armen erschrocken hauffen trösten sol, aller erst noch mehr schreckt und mit drewen anfehet und die rute zeyget. Aber es ist des heyligen geysts art und weyse also, das er zuerst scharff und hart anfehet und hernach freundlich und susse wird. Widderumb der teuffel gehet sanfft ereyn und fehet susse an, Aber hernach lesst er seynen stanck hinder sich und gehet saur hynaus. Gleych wie ein vater sein kind zu erst hart und scharff zeucht, Aber darnach ists das liebe kind und eyttel susse liebe furhanden, Also ist auch: weyl dieser Prophet viel trost geben will, hebt er hart und ernstlich an.«[1]

Die Intention dieser Aussage liegt auf der Hand. Nach *Luther* hat Sacharja die Aufgabe zu trösten. Dem Trost jedoch geht das Gesetz voraus, eine harte Forderung. Er zeigt die Rute: »Kehrt um zu mir!« Auf die Forderung, das Gesetz, folgt die Verheißung, das süße Evangelium: »Und ich will umkehren zu euch!« Wie ist diese Abfolge von Forderung und Verheißung, Gesetz und Evangelium bei Sacharja zu bestimmen? *Robert Hanhart* hat der Sacharja-exegese die Aufgabe mit auf den Weg gegeben, eine Entscheidung in der »*Wesensbestimmung des Verhältnisses zwischen der Umkehr Jahwes zu Israel zur Umkehr Israels zu Jahwe*«[2] zu treffen. Es geht also um die theologisch sachgerechte Zuordnung des Handelns Gottes an seinem Volk und des

---

1 M. Luther, Der Prophet Sacharja ausgelegt, WA 23, 505, 13-21.
2 R. Hanhart, Sacharja 1,1-8,23, BK XIV/7.1, 1998, 39.

Handelns Israels vor Gott.[3] *Hanhart* sieht den Ausleger dabei vor eine klare
Alternative gestellt:

>»Entweder steht nach seiner Intention die Verheißung der Umkehr Jahwes zu Israel unter
der Bedingung von Israels Gehorsam, oder die Umkehr Israels zu Jahwe steht auf dem
Grund der Verheißung seiner Zuwendung zu ihm. [...] Entweder ist die Zuordnung von
geschehenem Gericht, geschehender Umkehr und kommendem Heil in die Macht des Geschöpfes gestellt, oder sie ist Offenbarung der Allmacht des Schöpfers. Die eine Alternative entspricht dem Verständnis des Aufrufs zur Umkehr als Rückfall in das Gesetzesdenken, die andere seinem Verhältnis als Vertrauen auf sein Gebot.«[4]

Nachdem diese Alternative einmal aufgestellt ist, versteht es sich fast von
selbst, für welche Option sich der dem Gesamtzeugnis der biblischen Schriften und dem reformatorischen Erbe verpflichtete Schriftausleger entscheidet.
Da der Rückfall in das negativ konnotierte Gesetzesdenken nicht sein darf,
wird diesem ein positiv konnotiertes Vertrauen auf Gottes Gebot gegenüber-
gestellt, in dem letztlich der Umkehrruf Israels wurzelt.

>»Das, wozu Israel im Prooimion aufgerufen ist, was damals noch ungeschehen war, ist
jetzt – nicht durch die Kraft Israels, sondern durch den Beschluß Jahwes – geschehen.«[5]

Der *Beschluss* JHWHs also, zu seinem Volk Israel zurückzukehren, das
Evangelium, geht – und das hat *Hanhart* m.E. zutreffend erkannt – der Umkehr Israels, dem Gesetz, voraus. Israels Umkehr kommt von einer offenbar-
ten Verheißung her. Damit ist aber noch nichts darüber ausgesagt, ob JHWHs
Beschluss auch unabhängig vom Gehorsam Israels zur *Ausführung* kommt,
ob also die Erfüllung der Verheißung unabhängig vom Tun Israels geschieht,
oder ob Israels Umkehr die *Bedingung* für die verheißene Rückkehr JHWHs
ist. Nach *Hanhart* kann Letzteres nicht sein, da nach dem sacharjanischen
Gesamtzeugnis JHWH seine Verheißung längst erfüllt habe (Sach 1,16;8,3),
seine Rückkehr spätestens mit der Grundsteinlegung zum Zweiten Tempel
bereits vollzogen worden sei.[6] Dieser Sicht schließt sich *Henning Graf
Reventlow* ausdrücklich an, indem er feststellt:

3 Vgl. dazu auch H. Delkurt, Sacharjas Nachtgesichte. Zur Aufnahme und Abwandlung
   prophetischer Traditionen, BZAW 302, 2000, 13f.
4 R. Hanhart, Sacharja, 39.
5 R. Hanhart, Sacharja, 40.
6 Konsequenterweise übersetzt *Hanhart* das perfektische שׁבתי in Sach 1,16; 8,3 nicht mit
   den maßgeblichen Textzeugen (*S,T,G,V*) futurisch als *perfectum propheticum*, sondern
   als echte Vergangenheitsaussage: »Zurückgekehrt bin ich...« (siehe *ders.,* Sacharja, 54
   und 511, mit den entsprechenden Anmerkungen dazu 56f. und 513). Allerdings begründet
   Hanhart die perfektische Übersetzung auch hier lediglich damit, dass JHWH seine Rückkehr beschlossen habe, ohne zwischen dem Beschluss und seiner Ausführung zu differenzieren. Die Übersetzung suggeriert, dass der Beschluss – unabhängig vom Handeln Israels – bereits ausgeführt worden sei.

»Daß die Umkehr des Volkes dafür (für die Rückkehr JHWHs, Zus. R.L.) die Bedingung sein soll, ist angesichts der unbedingten Zusage 1,16; 8,3 nicht anzunehmen... Gott tut den ersten Schritt zum neuen Heil!«[7]

Die folgenden Überlegungen gehen der Frage nach, ob die von *Hanhart* aufgestellte und von *Graf Reventlow* noch einmal zugespitzte theologische Alternative – Umkehr des Volkes als Bedingung für die Rückkehr JHWHs (Forderung/Gesetz) contra Rückkehr JHWHs als Grund der Umkehr des Volkes (Verheißung/Evangelium) – dem Textbefund gerecht wird.

1. Literarische Struktur und Kohärenz von Sach 1,1-6

Die chronologische Eröffnungsnotiz (V 1) – auf die später noch kurz einzugehen ist – weist den gesamten Sacharjaprolog durch die Wortereignisformel (היה דבר־יהוה אל־זכריה) als JHWH-Wort aus, das an den Propheten Sacharja ergeht. Dabei bildet der einleitende V 2 eine Art Mottovers, der zunächst nur dem Propheten gegenüber knapp und präzise die Situation benennt, in die hinein seine mit V 3 anhebende Prophetenrede ergehen soll.[8] Die Mitteilung vom Zorn Gottes über »eure Väter«[9] begründet dem angesprochenen Propheten gegenüber den folgenden Umkehrruf und gibt ihm das für den Leser notwendige Maß an Plausibilität.

In V 3-6a wird dem Propheten, einsetzend mit dem Redeauftrag, eine JHWH-Rede in den Mund gelegt. Sprecher der Rede ist dem literarischen Konzept nach immer noch JHWH. Sechs metakommunikative Sätze (Redeauftrag V 3a, Botenformel V 3a.4a, JHWH-Spruchformel V 3a.4b, Schlussformel V 4b) weisen die Prophetenrede als durch JHWH selbst autorisiertes Gotteswort aus. Dieses gliedert sich in einen *Umkehrruf* mit folgender *Verheißung* (V 3), eine *Mahnung*, die das Negativbeispiel der Väter in Erinnerung ruft (V 4), und ein sich daran anschließendes *Diskussionswort* (V 5-6a). Am Ende steht ein kurzes *Fazit*, das die Wirkung der Rede des Propheten unter seinen Hörern festhält (V 6b). Danach weist der Sacharjaprolog, abgesehen von der chronologischen Notiz in V 1 folgende Struktur auf:

7 H. Graf Reventlow, Die Propheten Haggai, Sacharja und Maleachi, ATD 25,2, 1993, 37.
8 Vgl. A. S. van der Woude, Seid nicht wie eure Väter!, in: J. A. Emerton (Hg.), Prophecy, FS G. Fohrer, BZAW 150, 1980, 164; H.-G. Schöttler, Gott inmitten seines Volkes. Die Neuordnung des Gottesvolkes nach Sacharja 1-6, TThSt 43, 1987, 43; H. Graf Reventlow, Sacharja, 36f. u.a. E. J. C. Tigchelaar (Prophets of Old and the Day of the End. Zechariah, the Book of Watchers and Apocalyptic, OTS 35, 1996, 79) spricht von einem »opening statement«.
9 Dabei bezieht sich das Suffix der 2.P.Pl. (אבותיכם) auf die Vätergeneration des Propheten und seiner Hörer.

A Motto	Voraussetzung der Prophetenrede (V 2)
B Prophentenrede	B¹ Umkehrruf und Verheißung (V 3) B² Mahnung: das Negativbeispiel der Väter (V 4) B³ Diskussionswort (V 5-6a)
C Fazit	Wirkung der Prophetenrede (V 6b)

Das klare Redekonzept legt nicht unbedingt nahe, in dem Prolog des Sacharjabuches lediglich eine Zusammenstellung von »fragmentarisch überlieferten Sprüchen« des Propheten zu sehen.[10] Dagegen spricht außerdem der deutlich zu beobachtende Leitwortstil des Textes mit den Nomina אבותיכם (V 2.4a.5a.6a), הנביאים (V 4.5) und dem Verb שוב (V 3a.b.4a.6b). Das Thema *Umkehr* wird auf dem Hintergrund der *Väter* und der *früheren Propheten* zur Sprache gebracht.

V 2 Motto: אבותיכם

V 3 Umkehrruf und Verheißung: שוב

V 4 Mahnung: שוב / הנביאים / אבותיכם

5-6a Diskussionswort: הנביאים / אבותיכם

V 6b Fazit: שוב

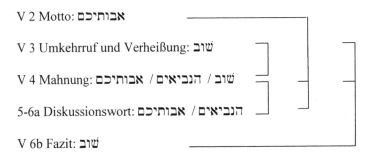

Die sorgfältige Verknüpfung der V 2-6 durch Leitworte lässt die immer wieder angenommenen Kohärenzprobleme, die zu Textänderungen und Textumstellungen führten, in einem anderen Licht erscheinen.[11] Die vermeintlichen

---

10 So F. J. Stendebach, Prophetie und Tempel, SKK 16, 1977, 24 u.a.

11 Nach K. Elliger (Das Buch der zwölf Kleinen Propheten II, ATD 25/II, ³1956, 97) sei der Text im Anschluss an V 1 »verstümmelt«. Einmal enthalte V 2 nicht das nach der Wortereignisformel von V 1 zu erwartende JHWH-Wort, das erst mit V 3 einsetze. Zum anderen wird am Anfang des Sacharjabuches (V 1ff.) die ausdrückliche Nennung der Adressaten des Propheten vermisst, wofür es im gesamten prophetischen Schrifttum »keine Parallele« gibt (W. Rudolph, Haggai, Sacharja 1-8, Sacharja 9-14, Maleachi, KAT XIII/4, 1976, 66). Das erste Problem glaubte man, durch eine Umstellung von V 2 hinter V 3aα (K. Budde, Zum Text der drei letzten kleinen Propheten, ZAW 26, 1906, 4f.) oder V 6a (Th. Robinson/F. Horst, Die Zwölf Kleinen Propheten, HAT 14, ³1964, 216f.; Th. Chary, Aggée-Zacharie-Malachie, SB, 1969, 54) lösen zu können. Das zweite Problem sei möglicherweise durch die redaktionelle Einführung von V 2 hinter V 1 entstanden, wodurch ein ursprünglicher Text mit der Adressatenangabe verdrängt worden sei. V 2 könne daher »als Lückenbüßer eingesetzt« oder »ungeschickte Redaktion« sein (K. Elliger, Propheten II, 102). Daher wird vorgeschlagen, den Text hinter V 1 durch הנבא לעם הזה לאמר (W. Rudolph, Sacharja 1-8, 66) oder einen einfachen Imperativ wie קרא (K. Budde, Text 5), דבר (H. G. Mitchell/J. M. P. Smith/J. A. Bewer, A critical and exegetical Commen-

Probleme lassen sich m.E. auch ohne Eingriffe in den Text lösen, wenn beachtet wird, dass Sach 1,1 ein sekundärer Zusatz zu dem die Prophetenbücher Haggai und Protosacharja (Sach 1-8) verknüpfenden chronologischen System darstellt, der sich deutlich von den übrigen chronologischen Notizen abhebt.[12] Dieser Zusatz kann nur die Funktion gehabt haben, den Sacharjaprolog (V 2-6) in einen bereits vorgegebenen größeren literarischen Zusammenhang (Hag 1 – Sach 8) nachträglich einzubetten.[13] Daher ist der Sacharjaprolog auf zwei Ebenen zu interpretieren. *Chronologisch* ist er unmittelbar vor der Grundsteinlegung zum Zweiten Tempel einzuordnen. *Literarisch* hingegen eröffnet er den Zyklus der Nachtgesichte und will den Leser auf diese hin orientieren.[14]

2. Zum chronologischen Ort des Sacharjaprologs

Chronologisch haben die Redaktoren des Zweiprophetenbuches (Hag 1 – Sach 8) den Sacharjaprolog zwischen den in Hag 2,1-9 und 2,10ff. berichte-

---

tary on Haggai, Zechariah, Malachi and Jona, 1980, 110) bzw. לך (F. Horst, Propheten, 216) zu ergänzen. Dass damit neue Probleme geschaffen werden (z. B. die Verdoppelung der Beauftragung von V 3 ואמרת אלהם), wurde dabei billigend in Kauf genommen.

12 Zur Begründung siehe R. Lux, Das Zweiprophetenbuch. Beobachtungen zu Aufbau und Struktur von Haggai und Sacharja 1-8, in: E. Zenger (Hg.), »Wort JHWHs, das geschah...« (Hos 1,1). Studien zum Zwölfprophetenbuch, HBS 35, 2002, 192ff. Sach 1,1 ist das einzige Datum in der Reihe der chronologischen Notizen, das keine präzise Tagesangabe enthält und hinter das bereits in Hag 2,10.18.20 benannte Datum des 24.9. im zweiten Jahr des Dareios zurückfällt. Außerdem unterscheidet es sich in der Orthographie der *nomina propria* von dem konkurrierenden Datum in 1,7.

13 W. A. M. Beuken (Haggai – Sacharja 1-8, SSN 10, 1967, 84 ff.) und H.-G. Schöttler (Gott, 401ff.) haben durch gründliche Analysen auf den sekundären Charakter des Sacharjaprologes aufmerksam gemacht. O. Kaiser (Einleitung in das Alte Testament, ⁵1984, 288), J. Blenkinsopp (Geschichte der Prophetie in Israel, 1998, 207), Th. Lescow (Sacharja 1-8: Verkündigung und Komposition, BN 68 [1993], 95ff.) u.a. haben sich diesem Urteil angeschlossen. Als redaktionell unter Verwendung echter Sacharjaworte betrachten ihn A. Petitjean (Les oracles du Proto-Zacharie, EB, 1969, 1ff.), W. Rudolph (Sacharja 1-8, 71) und zuletzt Th. Pola (Das Priestertum bei Sacharja. Historische und traditionsgeschichtliche Untersuchungen zur frühnachexilischen Herrschererwartung, FAT 35, 2003, 43). Durchweg echtes Spruchgut des Propheten glauben F. Horst (Propheten, 210f.), A. S. van der Woude (Väter, 173), R. Hanhart (Sacharja, 26) und Tigchelaar (Prophets, 71ff.) im Prolog wiedererkennen zu können. H. Graf Reventlow (Sacharja, 38) sieht in V 2-6 »die erste öffentliche Äußerung Sacharjas« die spätere Redaktoren, denen wir die Komposition des Prophetenbuches verdanken, mit Sach 7,7-14 als eine Art Rahmen um das Korpus der Nachtgesichte legten.

14 Sach 1,1 wurde mit der Einfügung des Prologs (V 2-6) nötig, um einerseits die Grenze zwischen der Überlieferung Haggais und Sacharjas neu zu ziehen, die ursprünglich mit 1,7 gegeben war. Andererseits sorgte der Vers für die unmissverständliche Zuschreibung des Prologs an Sacharja, der damit zum Mitinitiator des Tempelbaus gemacht wurde.

ten Ereignissen platziert. Damit geht ihm die Weissagung von der künftigen Herrlichkeit des Tempels (כבוד הבית הזה) voraus, die Haggai am 21.7. kündete (Hag 2,9). In der Folge einer weltweiten Erschütterung von kosmischen Ausmaßen würden die Kostbarkeiten der Völker zum Haus JHWHs nach Jerusalem gebracht werden, um dort als Edelmetallspenden von Gold und Silber zur Herrlichkeit des Tempelbaues beizutragen.

Etwa einen Monat später, im achten Monat des zweiten Jahres des Dareios (Sach 1,1) habe dann der Prophet Sacharja sich mit seiner kräftigen Umkehrpredigt zu Wort gemeldet (Sach 1,3-6a), die schließlich auch zur Umkehr seiner Hörer, der Jerusalemer, geführt habe (Sach 1,6b).[15]

Wiederum einen Monat später, am 24.9. ergreift erneut der Prophet Haggai das Wort. Die Einholung einer priesterlichen Tora führt zu der Feststellung, dass alles, was das Volk tut (כל־מעשה ידיהם) und alles, was sie dort (wahrscheinlich auf dem bereits neu errichteten Brandopferaltar[16]) darbringen, bisher noch (!) unrein sei (2,10-14). Der unübersehbare Zeitmarker ועתה

---

15 In der Sacharjaexegese ist umstritten, ob sich 1,6b auf die Generation der Väter bezieht (so H.-G. Schöttler, Gott, 47f. und R. Hanhart, Sacharja 31) oder auf die Hörer des Propheten (H. Graf Reventlow, Sacharja, 31). Der Gesamtduktus des Prologs spricht dafür, dass die Hörer des Propheten Subjekt der Umkehr sind. An sie, die *gegenwärtige Generation*, richtet sich der Umkehrruf in V 3, der auf dem Hintergrund des Zornes Gottes über die Väter (V 2) und der Aufforderung, nicht ihrem Negativbeispiel zu folgen (V 4), erging. In V 5-6a werden mögliche oder auch tatsächliche Einwände aus dem Weg geräumt. Das Gerichtswort Gottes hat die Väter erreicht. Diese Erinnerung an die Geschichtsmächtigkeit des Wortes Gottes führte die gegenwärtige Generation schließlich zu der Einsicht von der Notwendigkeit der Umkehr in V 6b. Dafür spricht auch Sach 7,7-14, ein Text der thematisch und lexematisch auf 1,1-6 bezogen ist. Auch in ihm ist mit keinem Wort von einer Umkehr der Väter die Rede.

16 Vgl. Esr 3,1-7. Es ist weithin eine ungeklärte Frage, wann der Opferdienst im Jerusalemer Tempel wieder aufgenommen wurde, und ob er nach der Zerstörung des Tempels überhaupt vollkommen zum Erliegen kam. Nach Jer 41,5 wurden auch weiterhin Speiseopfer und Weihrauch nach Jerusalem gebracht. I. Willi-Plein (Warum musste der Zweite Tempel gebaut werden, in: B. Ego/A. Lange/P. Pilhofer, Gemeinde ohne Tempel. Community without Temple. Zur Substituierung des Jerusalemer Kultes in der Zeit des Zweiten Tempels, WUNT 118, 1999, 61) rechnet mit der Wiedererrichtung eines (provisorischen?) Brandopferaltars spätestens zu Beginn der Tempelbaumaßnahmen, evtl. bereits unmittelbar nach 587 v.Chr. (so auch S. Japhet, The Temple in the Restoration Period: Reality and Ideology, USQR 34 [1991], 195-224). Dass man nach der Zerstörung von Kultstätten bemüht war, einen wenigstens eingeschränkten Kultbetrieb möglichst bald wieder aufzunehmen und dabei auch pragmatische Lösungen fand, hat A. Berlejung (Notlösungen – Altorientalische Nachrichten über den Tempelkult in Nachkriegszeiten, in: U. Hübner/E.A. Knauf (Hg.), Kein Land für sich allein. Studien zum Kulturkontakt in Kanaan, Israel/Palästina und Ebirnari, FS M. Weippert, OBO 186, 2002, 196-230) gezeigt. Sie weist allerdings darauf hin, dass im Falle der vollkommenen Zerstörung von Tempeln derartige pragmatische Lösungen schwieriger waren, da ein geregelter Kultbetrieb eine Wiederherstellung des Tempels und seine Weihe zur Voraussetzung hatten (ebd. 212).

in Hag 2,15 signalisiert dann, dass sich dies von diesem Tage an, dem 24.9., dem Tag der Grundsteinlegung zum Tempel, grundsätzlich ändern würde. Die dreimalige Nennung dieses Datums (2,10.18.20) markiert unübersehbar die Wende vom Unheil zum Heil. Sie steht unter der Verheißung JHWHs:

»Von diesem Tage an will ich segnen!« (2,19b)

Neben der Grundsteinlegung zum Zweiten Tempel verbindet Haggai mit diesem Tag dann auch die Erwählung des persischen Statthalters (פחה) Serubbabel (Hag 1,1.14; 2,2.21),[17] eines Davididen (I Chr 3,19), zum Siegelring JHWHs (Hag 2,23).

Wenn die Redaktoren des Zweiprophetenbuches Hag 1 – Sach 8 den Sacharjaprolog chronologisch in diese Ereigniskette eintakteten, dann verbanden sie damit wohl folgendes Umkehrkonzept:

1. Sie wollten sicherstellen, dass der Wiederaufbau des Tempels und mit ihm die Wende zum Heil nicht allein auf eine Wiederaufbauinitiative des Propheten Haggai zurückzuführen sei, sondern auch auf die Umkehrpredigt des Sacharja.[18]

2. Sie legten damit ein Verständnis von Umkehr nahe, wonach diese sich praktisch in der Wiederaufnahme der Arbeiten am Tempel und chronologisch in unmittelbarer Vorbereitung auf seine Grundsteinlegung vollzog.[19]

3. Dies impliziert eine Deutung der Verheißung von JHWHs Umkehr (Sach 1,3b) als *Rückkehr* nach Jerusalem in »sein Haus«, das sich bereits im Bau befand.[20]

---

17 Ob es sich bei dem Amt eines פחה, das Serubbabel innehatte, um die offizielle Funktion des Statthalters einer bereits bestehenden Provinz Jehud handelt (so zuletzt mit wichtigen Argumenten A. Meinhold, Serubbabel, der Tempel und die Provinz Jehud, in: Chr. Hardmeier (Hg.), Steine – Bilder – Texte. Historische Evidenz außerbiblischer und biblischer Quellen, ABG 5, 2001, 194ff. u. a.), oder doch eher um einen lediglich mit der Rückführung von Exulanten und dem Tempelbau beauftragten »Repatriierungskommissar« (A. Alt, Die Rolle Samarias bei der Enstehung des Judentums, in: ders., Kleine Schriften zur Geschichte des Volkes Israel II, ⁴1968, 335; H. Donner, Geschichte des Volkes Israel und seiner Nachbarn in Grundzügen, ATD ErgR 4/2, 1986, 411), wofür sich jüngst wieder Th. Pola (Priestertum, 12f. und 131) ausspricht, darüber ist noch nicht das letzte Wort gesprochen.

18 Diese Sicht der Dinge fand dann auch in Esra 5,1f. Eingang. Dabei ist davon auszugehen, dass dem Vf. von Esra 5 das Zweiprophetenbuch Hag 1 – Sach 8 einschließlich des Prologs Sach 1,1-6 bereits als Quelle vorgelegen hat.

19 So auch R. Hanhart, Sacharja, 35: »Die Umkehr Israels zu Jahwe besteht innerhalb des ganzen Zeugnisses in einem geschehenen Akt des Gehorsams: dem Beginn des Tempelbaus...«

20 Ebenso R. Hanhart, Sacharja, 35. I. Willi-Plein (Tempel, 59) interpretiert die Wurzel שוב in V 3 ebenfalls als Ausdruck der Rückkehr JHWHs zum Zion und entsprechend dazu möglicherweise auch der babylonischen Gola nach Jerusalem (ebd. Anm. 11). Letzteres halte ich für weniger wahrscheinlich, da der Sacharjaprolog von seiner literarischen Kon-

Wenn dies zutrifft, dann stellt sich die Frage, zu welchem Zeitpunkt diese Rückkehr JHWHs möglich war: noch vor und während der Bauarbeiten am Tempel, oder erst mit dessen Fertigstellung und Wiedereinweihung?

Zur Beantwortung dieser Frage ist ein Seitenblick auf das tempeltheologische Konzept des Ezechielbuches hilfreich.[21] Danach verlässt der כבוד יהוה Jerusalem, die Stadt und den Tempel (Ez 11,22-25), am fünften Tag im sechsten Monat des sechsten Jahres (Ez 8,1) nach der Wegführung Jojachins, also noch *vor* ihrer Zerstörung. Es ist davon auszugehen, dass dieser Auszug des כבוד יהוה die Preisgabe der Stadt, ihrer Einwohner und des Tempels impliziert. JHWH selbst soll durch die spätere Zerstörung nicht in Mitleidenschaft gezogen werden. Fünf Jahre später erhält der Prophet dann die Nachricht vom tatsächlichen Fall Jerusalems (Ez 33,21f.), mit dem die ihm in Ez 24,27 auferlegte Verstummung aufgehoben wird. Wiederum vierzehn Jahre nach der Eroberung Jerusalems (Ez 40,1) empfängt der Prophet schließlich im Rahmen des sogenannten Verfassungsentwurfes (Ez 40-48) seine große Tempelvision. In göttlichen Gesichten wird er – fast wie ein Heimwehtourist – in das Land Israel auf einen hohen Berg entführt, wo ihm ein »himmlischer Vermessungsingenieur« (Ez 40,3f.)[22] den künftigen Tempel schauen lässt.

---

zeption und seiner chronologischen Verortung her eher ein Aufruf an die Jerusalemer ist, die bereits das Tempelbauwerk in Angriff genommen hatten. Das schließt allerdings nicht aus, dass sich spätere Leser des Sacharjabuches in der Gola durch diesen Umkehrruf auch zur Rückkehr aufgerufen wissen sollten. Es ist daher zwischen dem literarischen Konzept und seiner möglichen Wirkung zu unterscheiden.

21 Dabei betrachte ich für meine weiteren Überlegungen dieses Tempelbaukonzept des Ezechielbuches synchron in seiner vorliegenden Endgestalt. Meine Absicht ist es, damit lediglich auf ein theologisches Konzept von Tempelzerstörung und Tempelerneuerung hinzuweisen, das in seiner vorliegenden Gestalt im Ezechielbuch ohne Zweifel Produkt eines diachronen Fortschreibungsprozesses ist, in seinen wichtigsten Elementen aber auf ein sehr viel älteres altorientalisches Konzept zurückgeht, welches die Krise und Erneuerung von Tempelkulten theologisch verarbeitet. Zu Ezechiel siehe vor allem Th. A. Rudnig, Heilig und Profan. Redaktionskritische Studien zu Ez 40-48, BZAW 287, 2000; ders., Ezechiel 40-48. Die Vision vom neuen Tempel und der neuen Ordnung im Land, in: K.-F. Pohlmann, Der Prophet Hesekiel/Ezechiel Kapitel 20-48, ATD 22/2, 2001, 527-631; M. Konkel, Architektonik des Heiligen. Studien zur zweiten Tempelvision Ezechiels (Ez 40-48), BBB 129, 2001; ders., Die zweite Tempelvision Ezechiels (Ez 40-48). Dimensionen eines Entwurfs, in: O. Keel/E. Zenger (Hg.), Gottesstadt und Gottesgarten. Zu Geschichte und Theologie des Jerusalemer Tempels, QD 191, 2002, 154-179. Dabei gehe ich mit Konkel davon aus, dass es sich bei der Tempelvision in Ez 40-48 um eine theologische Kritik an der Kultpraxis des bereits bestehenden Zweiten Tempels handelt, die das Programm eines Idealtempels der Endzeit entwirft.

22 Nach Th. A. Rudnig (Ezechiel 40-48, 538) gehört Ez 40,3f. zu einer sogenannten »Mann-Bearbeitung« aus einer Spätphase der Fortschreibung des Verfassungsentwurfes. Wenn diese redaktionsgeschichtliche Zuordnung richtig ist, dann diente der Text nicht als Vorlage für das dritte Nachtgesicht des Sacharja (Sach 2,5-9), das die Vermessung Jerusalems und die Einwohnung des כבוד יהוה in der Mitte der Stadt im Blick hatte, sondern knüpfte eher an dieses Nachtgesicht des Sacharja an und bezog es auf einen künftigen

Dieser wird in Ez 40,5-42,20 detailliert beschrieben.[23] Ezechiel sieht ihn aber nicht als eine Art Architekturmodell, einen תבנית, wie ihn Mose von der anzufertigenden Stiftshütte zu sehen bekam (Ex 25,9.40).[24] Vielmehr entführt ihn die Vision in eine vorweggenommene, »virtuelle Wirklichkeit«, in der er sich wie in der Realität bewegt. Er schreitet das komplette Tempelgelände ab. Diese visionäre Führung durch den in der Vision bereits bestehenden und fertiggestellten Tempel, schließt in Ez 43,1-12 mit der Schau der Rückkkehr des כבוד יהוה in den Tempel. Dem schließen sich dann mit der Weihe des großen Brandopferaltars (43,13ff.) und der Vermauerung des Osttores, durch das der כבוד יהוה Einzug hielt (Ez 44,1-3), weitere Ordnungen an, die den künftigen Tempeldienst und das Gemeinwesen betreffen. Der Tempel selbst wird durch den von ihm ausgehenden Tempelstrom zu einer Quelle der Fruchtbarkeit des Landes (Ez 47,1-12).[25] Die tempeltheologische Konzeption des Ezechielbuches lässt damit deutlich erkennen, dass sich die Verfasser des Verfassungsentwurfes eine Rückkehr JHWHs in sein Haus wohl erst nach dessen Fertigstellung vorstellen konnten.

Zwischen diesem tempeltheologischen Konzept des Ezechielbuches und der gemeinorientalischen Tempeltheologie gibt es eine Fülle von Berührungspunkten, die in ihrer Gesamtheit fast so etwas wie eine Strukturanalogie darstellen. *Angelika Berlejung* hat in einer Arbeit über den Tempelkult in

---

Idealtempel. Von einer Aufnahme von Ez 40-48 durch Sacharja geht neben den meisten Kommentaren auch noch H. Delkurt (Nachtgesichte, 138ff.) aus. Für ihn enthält Sach 2,5-9 eine »*Korrektur* der Erwartungen von Ez 40-48«, die den stark kultisch eingefärbten Tempelplan des Ezechiel auch auf den Profanbereich der Stadt Jerusalem bezogen habe. Liest man allerdings mit M. Konkel (Tempelvision, 164ff.) den Verfassungsentwurf des Ezechiel eher als eine Kritik an dem real existierenden Zweiten Tempel, dann dürfte Ez 40-48 wohl eher eine an der Heiligkeitstheologie orientierte Interpretation und Korrektur der Konzeption von Sach 2,5-9 enthalten, wonach die Stadt als profaner Lebensraum und der heilige Tempel noch nicht als Sonderbereiche ausgewiesen und getrennt worden waren, sondern ganz und gar miteinander verzahnt gewesen sind. Vgl. zu diesem sacharjanischen Konzept auch die redaktionelle Fortschreibung der Nachtgesichte in Sach 6,13, die wahrscheinlich noch von einem unmittelbaren Nebeneinander von Tempel und Palast sowie priesterlichem und königlichem Thron ausgeht.

23 Vgl. dazu den Tempelplan bei Th. A. Rudnig, Ezechiel 40-48, 631.

24 Zur Bedeutung des Nomens תבנית siehe S. Schroer, In Israel gab es Bilder. Nachrichten von darstellender Kunst im Alten Testament, OBO 74, 1987, 336f. Zu den archäologischen Befunden vgl. J. Bretschneider, Architekturmodelle in Vorderasien und der östlichen Ägäis. Vom Neolithikum bis in das 1. Jahrtausend, AOAT 229, 1991.

25 Siehe dazu W. Zwickel, Die Tempelquelle Ezechiel 47 – eine traditionsgeschichtliche Untersuchung, EvTh 55 (1995), 140-154, und vor allem B. Ego, Die Wasser der Gottesstadt. Zu einem Motiv der Zionstradition und seinen kosmologischen Implikationen, in: B. Janowski/B. Ego (Hg.), Das biblische Weltbild und seine altorientalischen Kontexte, FAT 32, 2001, 361-389.

Nachkriegszeiten[26] zeigen können, dass man im Falle von kriegerischen Auseinandersetzungen, durch die auch der Kultbetrieb der Besiegten in Mitleidenschaft gezogen wurde, häufig mit einer doppelten Bewältigungsstrategie rechnen muss. Für entweihte, geplünderte, um ihre Schätze und Götterbilder beraubte und teilweise auch beschädigte Heiligtümer fanden die Unterworfenen recht bald nach der Katastrophe *pragmatische* Lösungen, die eine wenigstens eingeschränkte Fortsetzung des Kultbetriebes ermöglichten. Die *ideologische* Bewältigung solcher Katastrophen folgte hingegen oft einem ganz anderen Muster.[27]

Beispielhaft dafür soll hier die Marduk-Prophetie aus der Zeit Nebukadnezars I. (1124-1103 v. Chr.) erwähnt sein. Zwar handelt es sich dabei um einen Text aus dem 2. Jt. v. Chr., aber er dürfte – so *Angelika Berlejung* – wohl auch für die Bewältigungsstrategie späterer Jahrhunderte exemplarisch sein. Danach wurde die Marduk-Statue infolge kriegerischer Auseinandersetzungen mehrfach aus ihrem Tempel in Babylon entführt. So kam es z. B. zu einer Verschleppung der Statue um 1160 v. Chr. als die Elamiter die Kassiten-Dynastie von Babylon beseitigten. Diese Verschleppung der Statue, die Zwischenzeit in Babylon und ihre Rückkehr wird wie folgt beschrieben:

»[18'] Ich bin Marduk, der große Herr. [19'] Der Herr der Geschicke und der Entscheidungen bin ich. [...] [22'] Ins Land Elam ging ich. [23'] Daß alle Götter (mit)gingen habe ich selbst befohlen. [24'] Die Speiseopfer in den Tempeln unterband ich selbst. [25'] Schakkan und Nisaba ließ ich zum Himmel emporsteigen. **Kol. II** [1] Siris machte das Herz des Landes krank. [2] Die Leichen der Menschen verstopften die Tore. [3] Einer aß den andern, [4] Freunde erschlugen einander mit der Waffe. [5] Die Freigeborenen [6] legten Hand [5] an die Abhängigen. [7] Das Szepter wurde kurz, das Land war in großen Schwierigkeiten. [8] Rebellenkönige verkleinerten das Land. [9] Löwen versperrten den Weg, [10] Hunde [wurden toll] und bissen die Menschen, [11] wen sie bissen, der gesundete nicht, sondern starb. [12] Ich erfüllte meine Tage, ich erfüllte meine Jahre. [14] Dann sehnte ich mich [13] nach meiner Stadt Babylon [14] und zum Tempel Sagila. [15] Ich rief die Göttinnen alle [und] [16] befahl: ›Bringt eure Abgaben, ihr Länder, nach Babylon,[18']...!‹ [19] Ein König von Babylon wird aufkommen und [20] das staunenswerte Haus, [21] den Tempel Sagila erneuern. [22] Die Pläne von Himmel und der Erde [23] wird er im Tempel Sagila aufzeichnen. [24] Dessen Höhe wird er vergrößern. Steuerfreiheit [25] wird er meiner Stadt Babylon gewähren. [26] Meine Hand wird er ergreifen und in meine Stadt Babylon [27] und in den ewigen Tempel Sagila [mich] eintreten lassen. [...] **Kol. III** [7] [Dieser Fürst] wird einen gnädigen [Go]tt sehen. [8'] Seine Regierungsj[ahre] werden lang sein. [...] **Kol. IV** [...] [4] Dieser Fürst wird mächtig sein und [seines]gleichen [nicht bekommen]. [...]

---

26 A. Berlejung, Notlösungen, 196-230.

27 A. Berlejung, Notlösungen, 223: »Während die kultische Realität von pragmatischem Katastrophenmanagement mit zügig betriebener Rückkehr zur Normalität des konventionellen Kultes geprägt ist, kennzeichnet die theologische Interpretation die Zeit bis zur offiziellen Wiederweihe eines Tempels als Ausnahme und Unheilszeit, in der um ein (wieder) intaktes Gottesverhältnis gerungen, oder auf den König, der dasselbe wieder herstellen kann, gewartet werden muß.«

[12] Dieser Fürst wird das Land seine üppigen Kräuter essen lassen. [13] Seine Tage werden lang sein.«[28]

Die Bewältigungsstrategie der hier geschilderten Kultkatastrophe besteht aus sechs Sequenzen, die unter Berücksichtigung der noch zu benennenden Differenzen auch die Tempeltheologie des Ezechielbuches prägen:

Mardukprophetie	Ezechiel
1. Die Gottheit verlässt aus eigenem Entschluss (und im Zorn) ihren Tempel und ihre Stadt, um diese zu bestrafen.	1. Götzendienst im Tempel (Ez 8) führt dazu, dass JHWH Jerusalem und seiner Führungsschicht das Gericht ankündigt (Ez 9;11) und seine Herrlichkeit die Stadt und den Tempel aus freiem Entschluss verlässt (Ez 11,22-25).
2. Mit dem Auszug der Gottheit bricht eine Unheilszeit an, die ein natürliches und gesellschaftliches Chaos zur Folge hat.	2. Dieser Preisgabe Jerusalems folgt eine Unheilszeit, die von gesellschaftlichem Chaos bestimmt ist, von Deportation (Ez 12), falscher Prophetie (Ez 13), Götzendienst (Ez 14;16) und Blutschuld (Ez 22). Sie findet mit dem Fall Jerusalems ihren Höhepunkt (Ez 33,21f.).
3. Nach einer durch die Gottheit festgesetzten Frist beschließt diese ihre Rückkehr.	3. Nach dem Ende der Straffrist verheißt JHWH, dass er sich wieder seinem Volk und seinem Land zuwenden wolle (Ez 36f.;39,25ff.), um die Notzeit zu beenden.
4. Voraussetzung für diese Rückkehr ist die Erneuerung und der Wiederaufbau des geschändeten und entweihten Heiligtums durch einen neu aufkommenden König.	4. Auf diese Verheißung hin erfolgt die Vision von der Errichtung des künftigen Tempels (Ez 40-42).
5. Den Abschluss findet die mit dem Verlassen von Stadt und Tempel anhebende Unheilszeit endgültig mit einem feierlichen Rückkehrritual der Gottheit in ihren Tempel.	5. Diese findet ihren Höhepunkt in der Schau des erneuten Einzugs der Herrlichkeit JHWHs in den Tempel (Ez 43).
6. Die Folge der wieder hergestellten Präsenz der Gottheit im Tempel besteht in einer Bewahrung und Förderung der königlichen Dynastie und einer wirtschaftlichen Prosperität seines Landes.	6. Abgeschlossen wird die Tempelvision mit der Schau der Tempelquelle, die sich in das ganze Land ergießt und es mit reicher Fruchtbarkeit segnet (Ez 47,1-12).

Die Gemeinsamkeiten sind unübersehbar. Da diese Sequenz nicht nur in der Mardukprophetie, sondern teilweise oder auch ganz in anderen altorientali-

---

28 Übersetzung nach K. Hecker, TUAT II/1, 1986, 66f.

schen Tempelbautexten begegnet,[29] dürfen wir vermuten, dass auch die frühnachexilische Tempelbautheologie daran partizipierte.[30]

Die Differenzen zum Tempelkonzept Ezechiels sind wohl vor allem auf
die Eigenart des exilischen und frühnachexilischen JHWH-Glaubens zurückzuführen. Das Verlassen von und die Rückkehr nach der Stadt und ihrem
Tempel durch die Gottheit hatte keinen materiellen Anhalt an der Verschleppung und Heimholung einer Götterstatue, die für den mesopotamischen Bereich als selbstverständlich vorauszusetzen ist.[31] Die hinter der Marduk-Prophetie stehende Realie Götterbild wird ersetzt durch den יהוה כבוד.[32] Und
so vollzieht sich sein Aus- und Einzug eben auch »nur« in der visionären
Schau. Ob der Prophet damit die Vorstellung von einem konkreten Kultritual

---

29 Als weiteres Beispiel soll hier lediglich der Bericht Nabonids über den Wiederaufbau des
    Echulchul in Harran (TUAT II/4, 493-496) genannt sein, ein Text, mit dem wir uns in
    unmittelbarer zeitlicher Nähe zum Wiederaufbau des Zweiten Tempels befinden. Danach
    zürnte der Mondgott Sin der Stadt Harran (1.), was die Zerstörung von Stadt und Tempel
    durch die Meder zur Folge hat (2.). Nach einer Zeit erbarmt sich Sin aus Liebe zu Nabo-
    nids Königtum seiner Stadt und seines Tempels (3.). In einem Traum beauftragt er den
    König mit dem Wiederaufbau des Tempels (4.), den dieser umgehend in Angriff nimmt.
    Nach der Fertigstellung führt Nabonid (die Götterbilder von) Sin, Ningal, Nusku und Sa-
    darnunna in einem feierlichen Akt in den wieder hergestellten Tempel, in dem diese
    Wohnung nehmen (5.). Als Folge davon verspricht sich Nabonid Gutes für die Stadt Har-
    ran und die Festigung seiner Dynastie (6.).
30 Damit wird selbstverständlich nicht irgendeine Form der literarischen Abhängigkeit der
    biblischen Tempelbauberichte des Ezechielbuches oder Haggais von den altorientalischen
    Tempelbautexten behauptet. Vielmehr wird man von einem gemeinorientalischen Vor-
    stellungsmuster ausgehen können, das je nach Bedarf literarisch individuell gestaltet
    werden konnte. Von einer derartigen altorientalischen »temple-building typology« gehen
    auch C. M. Meyers und E. M. Meyers (Haggai, Zechariah 1-8, AncB 25B, lviii) aus.
31 Siehe dazu weitere Belege bei H. Spieckermann, Juda unter Assur in der Sargonidenzeit,
    FRLANT 129, 1982, 348f. und A. Berlejung, Notlösungen, 199, Anm. 15.
32 Der יהוה כבוד ist als Ausdruck der Präsenztheologie auch sonst eng mit JHWHs sicht-
    bar/unsichtbarer Anwesenheit im Heiligtum verbunden. Vgl. dazu M. Weinfeld, כְּבוֹד,
    ThWAT IV, 1984, 30ff.; B. Janowski, Sühne als Heilsgeschehen. Studien zur Sühne-
    theologie der Priesterschrift und zur Wurzel KPR im Alten Orient und im Alten Testa-
    ment, WMANT 55, 1982, 303ff.; U.Struppe, Die Herrlichkeit Jahwes in der Priester-
    schrift. Eine semantische Studie zu kᵉbod YHWH, ÖBS 9, 1988; O. Kaiser, Der Gott des
    Alten Testaments. Wesen und Wirken. Theologie des Alten Testaments 2, UTB 2024,
    1998, 183-198. Dabei wird immer wieder darauf hingewiesen, dass es sich beim כבוד
    יהוה um ein Feuer-, Licht- und Glanzphänomen handelt (siehe dazu u. a. Ex 24,17; Lev
    9,23f.; Dtn 5,24; II Chr 7,1.3; Ps 97,3ff.; Jes 58,8;60,1; Ez 1,28;10,4 und bes. Th.
    Podella, Das Lichtkleid JHWHs. Untersuchungen zur Gestalthaftigkeit Gottes im Alten
    Testament und seiner altorientalischen Umwelt, FAT 15, 1996, 212ff.). Die damit
    verbundene Metaphorik assoziiert im Falle der Anwesenheit des כבוד den Zustand von
    Licht, Heil und Leben, im Fall seiner Abwesenheit Finsternis, Unheil und Tod (vgl.
    exemplarisch dazu Ps 104!). Vgl. für den altorientalischen Raum B. Janowski, Rettungs-
    gewißheit und Epiphanie des Heils. Das Motiv der Hilfe Gottes »am Morgen« im Alten
    Orient und Alten Testament. Band I: Alter Orient, WMANT 59, 1989, 56ff.

verband, das ganz sicherlich hinter der Mardukprophetie stand, ist eine offene Frage.[33]

Darüber hinaus verband Ezechiel (im Unterschied zu Haggai) mit dem Wiederaufbau des Tempels und der Rückkehr des יהוה כבוד keinerlei *königliche* Initiative. Vielmehr fällt auf, dass an die Stelle des מלך im Verfassungsentwurf des Ezechiel der נשׂיא tritt, der zwar auch im künftigen Tempelkult bestimmte Rechte und vor allem Pflichten wahrzunehmen hat (Ez 45,7ff.13ff.;46), nicht aber als Tempelbauer in Aktion tritt.[34] Trotz dieser Differenzen lässt sich festhalten, dass sowohl für die altorientalische Tempeltheologie als auch für Ezechiel eine endgültige Rückkehr der Gottheit in ihr Land und ihre Stadt erst nach der vollständigen Wiederherstellung und Erneuerung ihres Tempels möglich war.

Bezieht man in diese Überlegungen das Zweiprophetenbuch Hag 1 – Sach 8 ein, dann fällt auf, dass wohl auch Haggai und in geringerem Maße Sacharja[35] an dieser im Alten Orient verbreiteten Tempelideologie partizipier-

---

33 Siehe zu dieser Problematik die instruktiven Überlegungen von Chr. Ronning, Vom Ritual zum Text – und wieder zurück? Zur Problematik formalisierter Rede in der Antike, in: E. Zenger (Hg.), Ritual und Poesie. Formen und Orte religiöser Dichtung im Alten Orient, im Judentum und im Christentum, HBS 36, 2003, 1-24. Der rituelle Hintergrund der gemeinorientalischen Tempelbausequenz steht außer Frage, da sie ein stark formalisiertes Handeln noch deutlich erkennen lässt. Das besagt allerdings nicht, dass jeder Text, der sich an diesem formalisierten Handlungsmuster orientiert, die Wiedergabe eines konkreten Rituals darstellt. Vielmehr können Rituale auch in Texte abwandern und schließlich nur noch ein literarisches Nachleben führen.

34 Darin unterscheidet sich die die Rolle des נשׂיא in Ez 40-48 deutlich von der Rolle Serubbabels bei Haggai oder in Sach 4,6b-10. Zur Problematik bei Ezechiel siehe Th. A. Rudnig, Heilig, 137-164.

35 Im Unterschied zu Haggai spielt die Tempelbauthematik im Sacharjabuch eine untergeordnete Rolle. *Expressis verbis* ist davon lediglich in Sach 1,16; 4,6-10a und 8,9 die Rede. Alle drei Stellen sind in ihrer ursprünglichen Zugehörigkeit zu Sach 1-8 umstritten. Das hat P. Marinković (Was wissen wir über den zweiten Tempel aus Sach 1-8?, in: R. Bartelmus/Th. Krüger/H. Utzschneider (Hg.), Konsequente Traditionsgeschichte, FS K. Baltzer, OBO 126, 1993, 281-295) und in seiner Folge dann auch H. Delkurt (Sacharja und der Kult, in: A. Graupner/H. Delkurt/A. B. Ernst (Hg.), Verbindungslinien, FS W. H. Schmidt, 2000, 27-39) zu der These veranlasst, Sacharja habe ursprünglich zum Wiederaufbau des Tempels weder Stellung genommen, noch in irgendeiner Weise beigetragen (P. Marinković) und dem Kult insgesamt eher mit kritischer Reserve gegenübergestanden (H. Delkurt). An dieser Hypothese ist sicherlich so viel richtig, dass man die Nachtgesichte des Sacharja nicht durchweg als »Bilder vom Tempelbau« lesen sollte, wie das etwa noch von K. Seybold (Bilder zum Tempelbau. Die Visionen des Propheten Sacharja, SBS 70, 1974) und der älteren Forschung getan wurde. In ihnen geht es sehr viel umfassender um die »Neuordnung des Gottesvolkes« nach dem Exil, was von H.-G. Schöttler in seiner Studie zu Sach 1-6 (s. Anm. 8) im Untertitel zutreffend zum Ausdruck gebracht worden ist. Allein die Tatsache allerdings, dass spätere Bearbeiter der Haggai- und Sacharjaüberlieferung das Sacharjabuch chronologisch, literarisch und lexematisch derartig eng mit der »Tempelbauchronik« des Haggai verknüpft haben, sollte Warnung

ten. Dabei ist allerdings die geschichtliche Stunde der beiden frühnachexilischen Propheten zu berücksichtigen. Haggai und Sacharja übernehmen die hier kurz skizzierte Tempelbausequenz nicht vollständig, sondern passen sie ihrem besonderen Ort in diesem Geschehensablauf an. Sie berichten nicht explizit, sondern allenfalls implizit darüber, dass JHWH Tempel und Land verlassen habe (Sequenz 1).[36] Haggai setzt mit der Klage über den immer noch in Trümmern liegenden Tempel und über die Zögerlichkeit der Judäer ein, diesen wieder aufzubauen (Hag 1,2-4). Die Folge dieses kultischen Desasters besteht in der Andauer einer Unheilszeit, die gekennzeichnet ist durch Mangel an Nahrung, Kleidung und ausreichendem Lohn (Sequenz 2: Hag 1,5-11.16f.). Diese Schilderung impliziert zumindest, dass JHWH dem Volk seine heilvolle Zuwendung entzogen hat. Doch der historische Ort Haggais und Sacharjas ist das Ende dieser Unheilsepoche. JHWH hält die Zeit für eine Rückkehr seines כבוד für gekommen (Sequenz 3: Hag 1,8; 2,7; Sach 2,9)[37] und bindet diese an die Wiedererrichtung seines Tempels (Hag 1,8), für die nach Haggai und Sacharja vor allem der nach Jerusalem zurückgekehrte Davidide Serubbabel und der Hohepriester Joschua verantwortlich zeichneten (Sequenz 4: Hag 1,1.12.14; 2,2; Sach 4,6-10a). Da das Zweiprophetenbuch uns lediglich in die Anfänge des Tempelbaus unter Serubbabel führt, verwundert es nicht, dass über die Fertigstellung des Baus, seine feierliche Einweihung und die Rückkehr des כבוד noch nicht berichtet wird (Sequenz 5), sondern dass diese für die Zukunft erst noch erwartet werden. Gegen alle Entmutigungen (2,1-4) verheißt aber Haggai als Folge des Wiederaufbaus, dass sich die Notsituation vom Tag der Grundsteinlegung an ändern werde.[38] Dann würde JHWH seinen Segen nicht mehr zurückhalten (Sequenz 6: Hag 2,15-19).[39]

Auch für Haggai ist demnach die tempellose Zeit als Unheilszeit qualifiziert, in der JHWH seinem Volk seinen Segen entzogen hat. JHWH selbst

---

genug sein, die ursprüngliche Sacharjaüberlieferung vollkommen von der Tempelbauproblematik abzukoppeln.

36 Ausdruck der Verlassenheit des Landes durch JHWH ist die Unfruchtbarkeit und der daraus folgende Nahrungsmangel (Hag 1,6.9-11.16f.; Sach 8,10).

37 Zum Niederschlag der כבוד-Theologie bei Haggai und Sacharja siehe Th. Pola, Priestertum, 57f.

38 Haggai erwartete die Wende zum Heil offensichtlich nicht erst mit der Fertigstellung des Bauwerkes und der feierlichen Rückkehr des יהוה כבוד, sondern bereits mit der Grundsteinlegung. Es scheint so, dass die Nachtgesichte die Zeitperspektive dieser (ein wenig übereilten?) Erwartung korrigieren und auf die unmittelbar bevorstehende Zukunft übertragen. Möglicherweise hatte Sacharja dabei die absehbare Fertigstellung des Tempelbaus und seine Einweihung im Blick (vgl. Sach 4,9f.; 7,1-6; 8,19).

39 Sach 8,9-12 (wahrscheinlich eine redaktionelle Verklammerung mit Hag 2,15ff.) nimmt diese mit der Grundsteinlegung verbundene Heilserwartung (der chronologischen Einordnung nach, vgl. Sach 7,1) zwei Jahre später noch einmal auf und bezieht sie nunmehr auf die unmittelbar bevorstehende Jetztzeit. Vgl. das betonte ועתה in 8,11!

drängt auf eine Beendigung dieser Zeit durch den Wiederaufbau des Tempels. Er beauftragt damit durch seinen Propheten[40] den Davididen Serubbabel und Joschua den Hohenpriester. Und er verheißt für den Fall des Gehorsams das Ende der Unheilszeit, Fruchtbarkeit und reichen Segen. Der Wiederaufbau des Tempels ist damit die klare Bedingung für diese erneute Zuwendung JHWHs zu seinem Volk.

Wenn nun ein späterer Redaktor den Sacharjaprolog chronologisch noch vor dem Tag der Grundsteinlegung einordnete und den Visionär der Nachtgesichte damit eindeutig der Tempelbauthematik Haggais zuordnete, dann sollen wohl Gebot und Verheißung von Sach 1,3 auch in diesem Kontext interpretiert werden. Das Gebot umzukehren, das praktisch die Wiederaufnahme der Arbeiten am Tempel bedeutete,[41] bildete demnach die Voraussetzung und

---

40 In diesem Aspekt unterscheidet sich das Tempelbaukonzept Haggais deutlich von anderen altorientalischen Tempelbaukonzepten. Während im Alten Orient die Initiative zur Wiederherstellung eines Heiligtums ganz deutlich in der Hand des Königs liegt, der damit seiner herrschaftlichen Funktion als Tempelbauer nachkommt (vgl. R. Lux, Der König als Tempelbauer. Anmerkungen zur sakralen Legitimation von Herrschaft im Alten Testament, in: F.-R. Erkens (Hg.), Die Sakralität von Herrschaft. Herrschaftslegitimierung im Wechsel der Zeiten und Räume, 2002, 99-122), wird hier die Rolle der Propheten zur unabdingbaren Voraussetzung für den Wiederaufbau. Sie, Haggai (und Sacharja) erscheinen der Überlieferung nach als die eigentlichen Initiatoren des Wiederaufbaus und nicht etwa der persische Reichskönig, wie das nach Esr 1,2ff.;6,3ff. der Fall zu sein scheint. Da die Historizität des sogenannten Kyros-Ediktes überaus umstritten ist (vgl. zur Problematik O. Kaiser, Einleitung, 180f.; A. H. J. Gunneweg, Esra, KAT, 1985, 40ff., 105f.), sollte man Haggai und Sacharja auch nicht von dem dort begegnenden Geschichtskonzept her interpretieren, sondern zunächst einmal aus sich selbst heraus zu verstehen suchen. Diese methodische Forderung wird mit gutem Recht von P. R. Bedford (Temple Restoration in Early Achaemenid Judah, JSJ 65, 2001) erhoben. Er erklärt:»It will be argued that neither social conflict nor a specific Achaemenid Persian administrative policy is the context in which to understand the purpose and timing of the rebuilding of the Jerusalem temple of Yahweh« (32). Vgl. ders., Discerning the Time: Haggai, Zechariah and the ›Delay‹ in the Rebuilding of the Jerusalem Temple, in: S. W. Holloway/L. K. Handy (Hg.), The Pitcher is Broken. Memorial Essays for G. W. Ahlström, JSOT.S 190, 1995, 71-94. Jüngst kommt auch S. Grätz (Das Edikt des Artaxerxes. Eine Untersuchung zum religionspolitischen und historischen Umfeld von Esra 7,12-26, BZAW 337, 2004) zu dem Ergebnis, dass es sich beim Esrabuch (vor allem in Kap. 7ff.) um eine »Geschichtsfiktion« handle, was auch die dort verwendeten Urkunden und Dokumente einschließe (279f.). Nach alledem haben wir es bei Haggai und Sacharja wohl eher mit einem prophetischen und weniger mit einem königlichen Tempelbaukonzept zu tun, da es erst einer energischen Überzeugung des Davididen Serubbabel durch Haggai bedarf. Ähnlich S. Japhet, Sheshbazzar and Zerubbabel – Against the Background of the Historical and Religious Tendencies of Ezra-Nehemiah, ZAW 94 (1982), 66-98; 95 (1983), 218-229. Auch sie geht davon aus, dass die Initiative zum Tempelbau nach dem Scheitern unter Sheshbazzar später vor allem von Haggai ausging.

41 So auch R. Hanhart, Sacharja, 35.

wohl auch Bedingung für die Erfüllung der Verheißung, dass Gott seinerseits sich den Seinen wieder zuwenden würde, um in seiner Stadt und seinem Tempel erneut Wohnung zu nehmen.[42] Gottes Beschluss zur Rückkehr geht dem Gebot zur Umkehr voraus. Das Gebot steht im Zeichen der Verheißung! Aber damit aus dem Beschluss JHWHs auch Wirklichkeit werden kann, will das Gebot erfüllt sein, will der Grundstein gelegt und der Bau errichtet werden.

3. Zum literarischen Ort des Sacharjaprologs

Werfen wir abschließend noch einen Blick auf den *literarischen* Ort, den der Prolog einnimmt. Denn wenn es zutrifft, dass der Sacharjaprolog nachträglich in ein bereits bestehendes Zweiprophetenbuch eingebettet wurde, dann legten die Redaktoren offensichtlich auch Wert auf eine doppelte Lektüre, die nicht nur den chronologischen Ort des Textes, sondern auch seinen *literarischen* Kontext ernst nimmt. Literarisch folgt er auf die Verkündigung Haggais, die in der Erwählungszusage an Serubbabel als Siegelring JHWHs gipfelte (Hag 2,23) und leitet den Zyklus der Nachtgesichte ein (Sach 1,7-6,8). Darf man in dieser literarischen Verortung mehr sehen als nur die deutliche Separierung der Verkündigung Sacharjas von der Haggais?[43] Offensichtlich beabsichtigten die Redaktoren damit, dass die Umkehrpredigt des Sacharja auch als ein Präludium der Nachtgesichte gelesen werden sollte. Die mit dem Tempelbau vollzogene Umkehr der Hörer des Sacharja (1,6b) bildet damit zugleich auch die Voraussetzung für das Geschehen, das der Prophet etwa zwei Monate später, am 24.11. im zweiten Jahr des Dareios, schauen durfte.

Die eigentliche Intention der Nachtgesichte (Sach 1,7-6,8) besteht m.E. darin, die gespannte Erwartung, die mit der feierlichen Grundsteinlegung zum Tempel verbunden war, aufzunehmen und mit einem späteren Zeitpunkt

---

42 Allein diese durch den sekundären Einschub des Sacharjaprologs bewirkte Zusammenschau des Wirkens Haggais und Sacharjas sollte Mahnung genug sein, hinter die These von P. Marinković und H. Delkurt, dass Sacharja ursprünglich nichts Wesentliches zum Bau des Zweiten Tempels zu sagen hatte (vgl. Anm. 35) ein Fragezeichen zu setzen. Es ist kaum annehmbar, dass spätere, von der ursprünglichen Botschaft des Propheten nicht all zu weit entfernte Redaktoren diesen mit einem ihm völlig fremden Thema und Anliegen in Verbindung brachten.

43 Es liegt auf der Hand, dass mit der Einfügung des Prologs Sach 1,1-6 in das Zweiprophetenbuch Hag 1 – Sach 8 eine neue Überschrift fällig wurde, die jetzt an die Stelle der ursprünglicheren in Sach 1,7 trat, da aus dem Prolog sonst ein Epilog zum Haggaibuch geworden wäre. Den Redaktoren lag also daran, die Umkehrpredigt dem Traditionsgut Sacharjas zuzuordnen. Deswegen darf sie nicht allein in ihrer chronologischen Abfolge gelesen werden.

(dem der noch ausstehenden Tempelweihe?[44]) zu verknüpfen.[45] Sacharja entwirft gleichsam ein visionäres Programm das zur endgültigen Überwindung der Unheilszeit und dem Anbruch umfassenden Heils führt. Dieser Anbruch umfassenden Heils ist elementar mit JHWHs Aufbruch von seiner heiligen (himmlischen) Wohnung (מְעוֹן שׁ קֹדֶשׁ) verbunden (Sach 2,17) und seiner Zusage, in Gestalt seines כָּבוֹד in der Mitte der Stadt Jerusalem, und das heißt wohl im Tempel, wieder Wohnung zu nehmen (Sach 2,9).[46] So fordert er die Tochter Zion zu Freude und Jubel auf mit der Ankündigung:

> »Siehe, ich bin im Kommen und will in deiner Mitte wohnen, Spruch JHWHs.«
> (Sach 2,14)[47]

Wenn dieser von Sacharja geschauten unmittelbar bevorstehenden Rückkehrbewegung JHWHs der Sacharjaprolog durch einen Redaktor vorangestellt wurde, dann sollte er wohl auch die Funktion haben, die Leser der Nachtgesichte daran zu erinnern, dass JHWHs Rückkehr und mit ihr seine gnädige Zuwendung zu seinem Volk nicht unabhängig vom Verhalten dieses Volkes gesehen werden kann (vgl. Sach 5,1-4). Deswegen erinnert er sie eindringlich an die Väter und die früheren Propheten.

Der Prophet Sacharja wird demnach mit Sach 1,4 heimgeholt in die Reihe der vorexilischen Umkehrprediger, indem ihm der Prolog ein freies Jeremiazitat (Jer 25,4f.) in den Mund legt.[48] Der Auftrag der gegenwärtigen Generation, also der Leser der Nachtgesichte, bestand danach eindeutig darin, sich von dieser verfehlten Geschichte der Väter zu lösen, die hier lediglich noch als negatives *exemplum historiae* fungieren. Nur eine Umkehr von den bösen Wegen und Taten der Väter (Sach 1,4), könne aus dem Beschluss JHWHs, zu seinem Volk zurückzukehren, auch Wirklichkeit werden lassen. Daher ist die

---

44 In diese Richtung denken auch C. L. Meyers und E. M. Meyers. Sie vermuten, dass das Zweiprophetenbuch »was intended to be presented to the people in time for the rededication ceremony« (Haggai, Zechariah 1-8, xliii).

45 Dieser Zeitpunkt ist ganz offensichtlich bereits in Sach 4,9f. im Blick, ein Text, der zwar sekundär in Sach 4 eingefügt wurde, aber durchaus noch aus der Feder des Propheten stammen dürfte. Vgl. dazu O. Kaiser, Einleitung, 288.

46 Zur mit der Wurzel שׁכן verbundenen Einwohnung JHWHs im Tempel und in seinem Volk siehe B. Janowski, »Ich will in eurer Mitte wohnen«. Struktur und Genese der exilischen *Schekina*-Theologie, in: *ders.*, Gottes Gegenwart in Israel. Beiträge zur Theologie des Alten Testaments, 1993, 119-147.

47 Dabei ist allerdings nicht mit Sicherheit zu klären, ob es sich bei Sach 2,14-17 um einen redaktionellen Zusatz handelt.

48 Dass es sich bei Jer 25,1-13 und auch II Reg 17,7-18.21-23 um Texte aus dtr. Feder handelt, wird bereits daran deutlich, dass sie bestimmte Geschichtsepochen in einem deutlich identifizierbaren Sprachduktus zusammenfassen. Siehe zu Jer 25 G. Wanke, Jeremia I, ZBK 20,1, 1995, 224, und R. Albertz, Die Exilszeit. 6. Jahrhundert v. Chr., BE 7, 2001, 236f. Zu II Reg 17,7ff. vgl. E. Würthwein, Die Bücher der Könige. 1. Kön. 17 – 2. Kön 25, ATD 11,2, 1984, 395ff.

Feststellung, dass die Hörer des »Umkehrpredigers« Sacharja seiner Aufforderung auch wirklich nachkamen (Sach 1,6b)[49] *im gegenwärtigen literarischen Zusammenhang* das auslösende Moment für die Vision vom großen Aufbruch JHWHs zu seinem Volk. Dieser wird im ersten Nachtgesicht (Sach 1,7-17), einer Art Berufungsvision des Propheten,[50] ursprünglich bedingungslos angekündigt (Sach 1,16; 8,3). Mit der Vorschaltung des Prologs wird JHWHs Rückkehr aber unauflöslich an die Umkehr des Volkes gebunden. Während in den Nachtgesichten JHWH selbst das alleinige Subjekt des Handelns ist – er sendet seinen Spähtrupp aus, die himmlischen Reiter, um die Lage auf der Erde zu inspizieren (Sach 1,7ff.), er lässt die feindlichen Hörner der Völker durch die Schmiede zerschlagen (Sach 2,1-4), er lässt dem Jüngling mit der Messschnur den Weg verstellen (Sach 2,5-9), er lässt seine sieben Augen in Gestalt eines himmlischen Leuchters über die ganze Erde schweifen (Sach 4,1-14), von ihm geht die fliegende Buchrolle aus mit dem Fluch gegen alle Diebe und Meineidigen (Sach 5,1-4), er sorgt dafür, dass das Getreidemaß, in dem die widergöttliche רשעה sitzt, außer Landes transportiert wird (Sach 5,5-11), und er ist es, dessen רוח schließlich in Gestalt der vier Winde auf dem himmlischen Wagen ausfährt, um nun zu wirken, was der Prophet geschaut hat (Sach 6,1-8) – während also die Theologie Sacharjas ganz und gar vom souveränen und alleinigen Handeln JHWHs bestimmt ist, hat sie der Sacharjaprologist an das Handeln der Hörer und Leser, an ihre Umkehr rückgebunden. Und diese Aufforderung zur Umkehr galt eben nicht nur im Rückblick auf den Tempelbau, sie war vielmehr der beständige und bleibende Ruf der Propheten, damals, an die Generation der Väter, als der Tempel Salomos stand, damals auch, als Haggai zum Wiederaufbau des Tempels drängte, in den sich auch Sacharja mit einer kräftigen Umkehrpredigt eingeschaltet haben soll, und von nun an weiterhin für jeden Leser des Sacharjabuches.[51] JHWH, der Gott Israels, ist im Kommen. Seine Rückkehr ist beschlossene Sache. Aber er wartet mit seinem Kommen auf Israels Umkehr, darauf, dass auch sie ihm entgegenkommen.

Vielleicht ist ja die theologische Alternative, die bei *Hanhart* und *Graf Reventlow* aufgestellt worden ist, unbedingte Verheißung der Rückkehr JHWHs *contra* bedingte Verheißung durch die Umkehrforderung an Israel, eher an der lutherischen Verhältnisbestimmung von Gesetz und Evangelium orientiert als an der Wirklichkeit der Texte. Diese sprechen mir eher für ein

---

49 R. Hanhart (Sacharja, 31ff.) geht mit anderen davon aus, dass in V 6b von einer Umkehr *der Väter* die Rede sei. Diese These steht allerdings in Widerspruch zu der klaren Aussage von V 4, nach welcher die Väter *in toto* die Umkehr verweigert haben.
50 Vgl. zu diesem Verständnis Th. Pola, Priestertum, 44f.
51 In diese Richtung weisen schließlich ganz deutlich die ethischen Mahnungen, die im Zusammenhang mit der wieder aufgenommenen Rede von den früheren Propheten und dem Väterthema in Sach 7,7-14;8,14-17 begegnen. Sie stammen wohl auch aus der Hand des Sacharjaprologisten.

gegenseitiges Aufeinanderzugehen JHWHs auf sein Volk und Israels auf JHWH. Beides, die bleibende, heilsame Erfahrung, dass JHWHs Heil bereits beschlossene Sache ist, und die dauerhaft notwendige Mahnung, dass der Mensch sich aufmachen und umkehren soll, um das beschlossene Heil zu empfangen, bleibt eine Wirklichkeit, in der eben Gesetz und Evangelium unauflöslich miteinander und ineinander verwoben sind. Man mag das als einen Synergismus brandmarken. Ob das freilich die Redaktoren des Sacharjabuches erschüttert hätte, die sich zu einer anderen geschichtlichen Stunde mit anderen Problemen auseinander zu setzen hatten als einst Haggai und Sacharja? Möglicherweise war ihre Zeit wieder reif dafür, das Evangelium, die Verheißung, durch eine doppelte Konditionierung an das Gesetz anzubinden, an eine Umkehr in kultischen Fragen ebenso wie im sozialen und ethischen Verhaltenskodex.[52]

---

[52] Man mag da an die sozialen Verwerfungen in der Zeit Esras und Nehemias denken (Neh 5), die zu einer Neuakzentuierung der Sacharjalektüre Anlass gaben. Die Verbindung zwischen Sach 1,3; Mal 3,7 und II Chr 30,6ff. deutet auf kultische Missstände als einen weiteren Impuls für die Neudeutung von Sach 1-8 hin.